Musik in Baden-Württemberg | Quellen und Studien

Herausgegeben von der
Gesellschaft für Musikgeschichte in Baden-Württemberg e. V.

Band 10

Georg Günther

Friedrich Schillers
musikalische Wirkungsgeschichte

Ein Kompendium

Teil 2
Verzeichnis der musikalischen Werke

J. B. Metzler Verlag

Gesellschaft für Musikgeschichte in Baden-Württemberg e.V.
Schulberg 2, 72070 Tübingen

Präsident: Prof. Dr. Rainer Bayreuther
Vizepräsidentin: Dr. Bärbel Pelker
Vorsitzender des Wissenschaftlichen Beirats: Prof. Dr. Thomas Schipperges

Die Publikation erfolgt mit freundlicher Unterstützung der Wüstenrot Stiftung.
Satz: Dr. Bärbel Pelker, Mannheim
Die Abbildungsvorlagen stammen aus der Privatsammlung des Autors.

Der Autor
Georg Günther, Musikwissenschaftler und Germanist (Promotion 2005). Mehrere
Forschungsprojekte, darunter im Deutschen Literaturarchiv Marbach zur musikalischen
Wirkungsgeschichte von Schiller, Mörike und Hesse (Ludwig-Uhland-Förderpreis, 2013).

Bibliografische Information der Deutschen Nationalbibliothek
Die Deutsche Nationalbibliothek verzeichnet diese Publikation in der Deutschen
Nationalbibliografie; detaillierte bibliografische Daten sind im Internet über
http://dnb.d-nb.de abrufbar.

ISBN 978-3-476-04619-2
ISBN 978-3-476-04620-8 (eBook)

Dieses Werk einschließlich aller seiner Teile ist urheberrechtlich geschützt. Jede Verwertung
außerhalb der engen Grenzen des Urheberrechtsgesetzes ist ohne Zustimmung des Verlages
unzulässig und strafbar. Das gilt insbesondere für Vervielfältigungen, Übersetzungen,
Mikroverfilmungen und die Einspeicherung und Verarbeitung in elektronischen Systemen.

J. B. Metzler ist ein Imprint der eingetragenen Gesellschaft Springer-Verlag GmbH, DE
und ist Teil von Springer Nature
www.metzlerverlag.de
info@metzlerverlag.de

Einbandgestaltung: Finken & Bumiller, Stuttgart

J. B. Metzler, Stuttgart
© Springer-Verlag GmbH Deutschland, ein Teil von Springer Nature, 2018

Inhalt

Teil 1

Einleitung	1
Ein Versäumnis der geistesgeschichtlichen Forschung	1
Lange Zeit der populärste, aber keineswegs der meistvertonte deutsche Dichter	3
»Auf Eine und dieselbe Melodie etwas schwer zu singen«	5
»Ein für die Componisten gefährlicher Dichter«	7
Musikalische Adaptionen von Gedicht und Schauspiel	8
Schillers Gedichte in der Musik	9
Formen musikalischer Auseinandersetzung mit Schillers Schauspielen	16
Schillers »Geflügelte Worte« und der Kanon	22
Instrumentalmusik und Schillers Dichtungen	24
Eine nationale Ikone und die Musik	27
Stilistische Vielfalt oder schöpferische Ratlosigkeit? – Musik nach 1945	32
Abbildungen	37
Katalogisierungskonzept	51
Namensansetzung	52
Lebensdaten	53
Titelgebung und Ordnung der musikalischen Werke	53
Nummerierung	55
Die musikalischen Gattungen und Formen	55
Veröffentlichungen	56
Unveröffentlichte Kompositionen	58
Quellenbelege	58
Kommentar	58
Hinweise zum Register	59
Danksagung	61
Abkürzungen	65
Siglen	69
Register	101
Personen	101
Titel	257
Textincipits	363

Teil 2

Verzeichnis der musikalischen Werke	1
Anonym überlieferte Werke (Nrr. 1–23)	1
Mit Initialen gekennzeichnete Werke (Nrr. 24–35)	11
Die Komponisten und ihre Werke (Nrr. 36–3053)	13
Werke mit ungesichertem Schiller-Bezug (Nrr. 3054–3061)	695

Abbildung 18. »Holder Friede, süße Eintracht« für gemischten Chor mit vier Soli und Orchester aus der Kantate ›Das Lied von der Glocke‹ von Andreas Romberg (S. 55 der Partiturerstausgabe von 1809), der populärsten Schiller-Vertonung des 19. Jahrhunderts (→ 2089). Neben vielen Veröffentlichungen des vollständigen Werkes sind noch verschiedene Teilausgaben erschienen, unter denen dieser Satz am häufigsten zu finden ist.

Verzeichnis der musikalischen Werke

Anonym überlieferte Werke

Abweichend vom übrigen Katalogkonzept sind die Einträge dieses Kapitels alphabetisch nach den Titeln der Gedichte angeordnet. Einige anonym erschienene Drucke konnten mit Ausgaben, bei denen der Name des Komponisten nicht unterdrückt worden ist, verglichen und die Werke somit identifiziert werden. In diesen Fällen folgt hier lediglich ein Verweis auf den ermittelten Urheber samt vollständiger Titelaufnahme.

An die Freude (»Freude, schöner Götterfunken«)

Die anschließend nachgewiesenen Vertonungen sind nicht identisch.

1   *Ode an die Freude. Clavierauszug* [Klaviersatz mit unterlegtem Text]. – Hamburg: Böhme, o. A. – RISM A I: AN 2029. Original (Herzog August Bibliothek, Wolfenbüttel).

2   Hier in dänischer Übersetzung: *Til Glæden (»Skiønne Guddomstraale, Glæde!«)*, für eine Singstimme mit Klavierbegleitung. – 2. Bd., S. 30f., in: *Apollo. Et musikalsk Maanedsskrivt for Sang og Klaveer af forskiellige Componister*, 2. Jg. – Kopenhagen: Sønnichsen 1799. – RISM B II, S. 94. Original (Det Kongelige Bibliotek, Nationalbibliotek og Københavns Universitetsbibliotek). Fellinger, S. 74.

Die Übersetzung stammt wahrscheinlich von Adam Gottlob Oehlenschläger (vgl. die gleichfalls auf der dänischen Übersetzung beruhende, musikalisch aber nicht identische Vertonung von F. Kuhlau; → 1350).

3   Rundgesang. – Nr. 70 in: [112] *Melodien zu den* [!] *gesellschaftlichen Liederbuche*, 2. Teil. Hg. von Peter Grønland. – Leipzig / Altona: Kaven 1796. – RISM B II, S. 260. Original (Goethe-Museum). BUC, S. 406. MGG2 *Personenteil* Bd. 8, Sp. 74.

Urheber im Liederbuch nicht genannt. Wahrscheinlich handelt es sich um eine Originalkomposition P. Grønlands (→ 840). Gelegentlich wird die Vertonung auch dem Halbbruder des Komponisten, Johann Friedrich Grønland (1777–1834), zugesprochen (vgl. Friedländer/*Das dt. Lied*, Bd. 2, S. 391).

Paralleltitel der Sammlung: *Notenbuch zu dem akademischen Liederbuche.* – Vorausgegangen war 1783 das ›*Notenbuch zu des akademischen Liederbuchs erstem Bändchen*‹ (gleicher Verlag). Die ganze Veröffentlichung ist *meinem Freunde Christian Gotthilf Hensler in Kopenhagen gewidmet*.

Zwei weitere Vertonungen, die anonym veröffentlicht worden sind (s. RISM A I: AN 2030 bzw. ANAN 2488a), konnten identifiziert werden; die eine stammt von J. Chr. Müller (→ 1699), die andere vielleicht von J. G. Naumann (→ 1736).

An Emma (»Weit in nebelgrauer Ferne«)

Die beiden anschließend nachgewiesenen Vertonungen sind nicht identisch.

4 Für eine Singstimme mit Klavierbegleitung. – Reinschrift. – RISM A I: ANAN 128a (die kalligraphische Abschrift ist irrtümlich als Druck identifiziert worden). Original (Beethoven-Haus, Bonn).

5 Für eine Singstimme zur Gitarre. – Reinschrift. – Original (Beethoven-Haus, Bonn).

Das Lied von der Glocke (»Fest gemauert in der Erden«)

6 *Das Lied von der Glocke. Für die Bühne eingerichtet, mit lebenden Bildern. Musik von verschiedenen Componisten* [vermutlich mit Orchesterbegleitung]

Im 19. Jahrhundert sind szenische Aufführungen der ›Glocke‹ mehrfach belegt, wobei es unklar bleibt, ob es sich um verschiedene, jeweils immer wieder neu angefertigte Versionen handelte oder ob eine einzige Fassung mit einer gleich bleibenden Musikzusammenstellung kursierte (Namen der Komponisten werden in den bisher eingesehenen Nachweisen nicht genannt). – Der vorliegende Theaterzettel dokumentiert eine Aufführung im Rahmen der *Vorfeiern von Friedrichs von Schiller hundertjährigem Geburtstage* am 9. November 1859 in Dresden (Königliches Hoftheater). Es schlossen sich ›Wallensteins Lager‹ mit einer Ouvertüre von W. Fischer jun. (→ 655) und ›Die Braut von Messina‹ mit der Ouvertüre von F. Schneider (→ 2241) sowie der Schauspielmusik von B. A. Weber an (→ 2795).

QUELLE: Theaterzettel (DLA).

6+1 *La Gloche* [!]. *Grand Melodram. Original Parol* [!] *Du celebre Schiller. Mis en Musique pour grand Orchester* [Deklamation mit Orchesterbegleitung]
Undatierte handschriftliche Partitur. – RISM Arbeitsgruppe Deutschland (freundliche Mitteilung von Dr. Helmut Lauterwasser).

Die Handschrift stammt aus der 1. Hälfte des 19. Jahrhunderts. – Der Name des Komponisten auf der Titelseite mit der eigenwilligen französischen Aufschrift ist getilgt worden.

Das Mädchen aus der Fremde (»In einem Tal bei armen Hirten«)

7 *Das Männchen aus der Fremde (»In einem Tal bei jungen Hirten«)*; Textautor unbekannt
Für eine Singstimme zur Gitarre
Nr. 53, in: *Sechzig ausgewählte Deutsche Lieder mit Begleitung der Guitarre, gesammelt von Carl Seidenstricker (Als 2tes Heft der Stein'schen ausgewählten Lieder).* 2. Auflage. – Hanau: Edler, o. A. – HMB 1838/4, S. 62. Original (Antiquariat Drüner).

Bei der vorausgegangenen, damals aber noch nicht gezählten Sammlung handelt es sich um: *Sechzig ausgewählte Deutsche Lieder mit Begleitung der Guitarre*, gesammelt von Georg Stein (Hanau: Edler, o. A.); s. Hofmeister (1834–1838), S. 390. Die Formulierung auf der Titelseite legt nahe, dass Stein bzw. Seidenstricker lediglich als Herausgeber (allenfalls Bearbeiter) tätig waren.

Offenbar antisemitische Parodie, da darin einige physiognomische Klischees benannt werden (darunter das *»krausse Haar«*); hinzu kommen die ungewisse Herkunft des »Männchens« sowie dessen Unehrlichkeit (*»Man wusste nicht woher es kam«* bzw. *»stahl es sie auf fremder Flur«*). Der Text liegt nur in einer Quelle vor und ist deshalb anschließend nicht modernisiert worden.

In einem Thal bei jungen Hirten
Erschien in einem kraussen Haar,
Wo ellenlang sich Locken wirrten,
Ein Männchen gross und sonderbar.
Es war nicht in dem Land geboren,
Man wusste nicht woher es kam,
Doch war der Hirten Glück verloren,
Sobald das Männchen Sitz da nahm.

Steif wars vom Kopf bis auf die Zehe,
Ohn' Stock kam's nicht drei Schritte weit;
Vier Augen starrten in die Höhe
Sein Mund war sicher spannenbreit;
Es machte Reden und Gedichte
Gleich seiner eigenen Strucktur,
Zuweilen bracht's wohl süsse Früchte,
Doch stahl es sie auf fremder Flur.

Es theilte mit dem Hirtenstabe
Den Schäfchen reiche Spenden aus –
Und schwer beladen mit der Gabe
Kam manches keuchend oft nach Haus.
Doch seiner Gaben allerbeste,
Erhielt ein rabenschwarzes Haar!
Ihr reicht es seine Ueberreste,
Ja! ihr sein eignes Händchen dar.

Der Jüngling am Bache (»An der Quelle saß der Knabe«)

8   In zwei Varianten belegbare Melodie.

Variante a: Vierstimmiger gemischter Chor (SATB) a cappella; hier mit dem Herkunftsnachweis: *Volksweise. Um 1810*
Nr. 7 in: [8] *Schiller-Lieder (Erk)* → 587

Gelegentlich in Gesangbüchern enthalten (ein Klavierlied mit ähnlicher Melodie von *Ch. Schultz* → 2354).

Variante b: Für eine Singstimme zur Gitarre
Nr. 1 in: *Canzonetta* [Sammlung mit zehn Liedern zur Gitarre]. – Undatiertes Manuskript [1. Hälfte 19. Jahrhundert]. – Original (DLA).

Melodie wie vorstehend, hier jedoch mit zahlreichen Melismen ausgeziert.

9   *An der Quelle saß der Knabe*; Textincipit und -verfasser nicht nachweisbar
Couplet für eine Singstimme mit Klavierbegleitung
Nr. 70 in: *Berliner Leierkasten. Scenen, launige Lieder und Couplets mit leichter Klavierbegleitung.* – Berlin: Horn, o. A. – HMB 1881/7, S. 115.

Der Mensch (»Was ist der Mensch? Halb Tier, halb Engel«)

Schiller zugeschriebenes Gedicht von Joachim Lorenz Evers (zum Urheber sowie vollst. Wortlaut ↑275).

10   Alle acht der bisher nachweisbaren, um oder kurz nach 1800 anonym veröffentlichten Einzelausgaben geben die gleiche Vertonung wieder, als deren Urheber Johann Heinrich Carl Bornhardt zweifelsfrei identifiziert werden konnte (→ 275). Es handelt sich um: RISM A I: AN 1762 bis AN 1766 und ANAN 182a u. ANAN 1765a; ein weiterer, in RISM nicht berücksichtigter Druck.

Verzeichnis der musikalischen Werke

Außerdem existiert noch ein ›*Gegenstück zu der Ode Der Mensch*‹, dessen Textautor nicht bekannt und von dem eine anonym überlieferte Vertonung in drei verschiedenen Ausgaben nachweisbar ist (→ 15).

Die Macht des Gesanges (»Ein Regenstrom aus Felsenrissen«)

Clavierauszug [für eine Singstimme mit Klavierbegleitung]. – Hamburg/Altona: Rudolphus/Cranz, o. A. – RISM A I: AN 1620.

Das einzige bekannte Exemplar dieser Ausgabe (Stadtbibliothek am Gasteig, München) war nicht auffindbar und konnte deshalb nicht mit anderen Kompositionen verglichen werden. Aufgrund ihrer Entstehungszeit kämen aber nur zwei Vertonungen dieses Gedichts in Betracht, nämlich von J. F. Reichardt (→ 1948) oder von Chr. J. Zahn (→ 2947); letztere ist aber erst 1883 veröffentlicht worden und scheidet somit aus.

Die Räuber. Ein Schauspiel

– 4. Akt, 5. Szene (Räuber: »Ein freies Leben führen wir«)

Das sogenannte »Räuberlied« ist als Parodie der anonym überlieferten Melodie von »Gaudeamus igitur« seit Ende des 18. Jahrhunderts allgemein bekannt und findet sich in zahllosen Liederbüchern wieder. Hier wird lediglich ein in RISM nachgewiesener früher Einzeldruck berücksichtigt.

12 *Raeuber-Lied von Fr: Schiller*, für eine Singstimme mit Klavierbegleitung. – Hamburg: Böhme, o. A. – RISM A I: AN 2295. Original (DLA).

Diese Singweise mit ihrer latenten Konnotation des »Räuberliedes« ist zu einem musikalischen Versatzstück geworden und wurde immer wieder in anderen Kompositionen zitiert bzw. paraphrasiert (→ 222+1, 1136, 2439, 2574 u. 2643). Darüber hinaus hat man sie vielfach mit neuen Texten unterlegt, die anschließend alphabetisch nach Textanfängen (ggf. mit angehängter Überschrift) aufgelistet sind (Titel werden für Vertonungen immer wieder neu formuliert und sind also kein zuverlässiges Identifizierungsmerkmal). In allen genannten Liederbüchern ist auch das traditionelle »Gaudeamus igitur« enthalten.

1. »*Brüder, lasst uns fröhlich sein*« – ›*Flüchtigkeit des Lebens. Eine teutsche Umbildung des Gaudeamus*‹; Text von Carl Wilhelm Ramler nach Johann Christian Günther. – Nr. 467 in: *Musikalischer Hausschatz* → 1145

2. »*Brüder, lasst uns lustig sein*« – ›*Einladung zur Lebenslust*‹; Text von Johann Christian Günther. – Nr. 248 in: *Schauenburgs Allgemeines Deutsches Kommersbuch*. Ursprünglich hg. unter musikalischer Redaktion von Friedrich Silcher und Friedrich Erk. – Lahr: Schauenburg [1898]. – 63.–66. Aufl. – Original (Slg. GG).

3. »*Ein freies Eigen bauen wir*« – ›*Lied der Landwirte*‹; Text von Ludwig Eichrodt. – Nr. 485 in: *Allgemeines Deutsches Kommersbuch*. Unter musikalischer Redaktion von Friedrich Silcher und Friedrich Erk. – Lahr: Schauenburg 1886. – 30. Aufl. – Original (Slg. GG).

4. »*Ein freies Leben führen wir, im Wald und auf der Heide*« – ›*Sechzig Lieder in sechs Minuten zu singen*‹; Text: Hilarius Jocosus. – 1. Bd., S. 23, in: *Der Komiker & Coupletsänger. Eine Sammlung der besten und beliebtesten urkomischen Vorträge und Couplets*, hg. von Hilarius Jocosus (in 2 Bden.). – Reutlingen: Enßlin & Laiblin, o. A. – Original (Slg. GG).
Der Band enthält nur Texte (ggf. mit dem Hinweis, nach welcher Melodie sie zu singen sind). – Jeder der 48 (!) Verse des genannten Gedichts besteht aus dem Textbeginn eines bekannten Liedes.

5. »*Ein freies Leben führen wir, so weit's die Tugend leidet*« – [ohne Titel]; Textverfasser nicht genannt. – S. 389 in: Friedlaender, *Das dt. Lied* Bd. 2.
Einem ›*Fliegenden Blatt*‹ aus der Zeit um 1800 entnommen.

Anonym überlieferte Werke

6. »*Ein frohes Leben führen wir entfernt von dem Getümmel*« – ›*Die schöne Gegend bei Heinstedt*‹; Text von Christoph August Tiedge. – S. 389 in: Friedlaender, _Das dt. Lied_ Bd. 2.
   Dem ›*Voßischen Musen-Almanach für das Jahr 1800*‹ entnommen.

7. »*Ein freies Leben gibt's wohl nicht, als ein Künstlerleben*« – ›*Künstlerleben*‹; Textverfasser nicht genannt. – S. 389 in: Friedlaender, _Das dt. Lied_ Bd. 2.
   Der Notenbeilage von ›*Künstler-Lieder*‹ (Basel: Haas 1809) entnommen.

8. »*Ein Gaudeamus hoch erbraus'*« – ›*Ein deutsches Gaudeamus*‹; Text von Ferdinand Stolle. – Nr. 159 in: _Das Buch der Lieder. Eine Sammlung volksthümlicher Lieder und Gesänge. Für eine Singstimme, zum Theil auch mehrstimmig, und mit Begleitung sowohl des Pianoforte als auch der Guitarre. Bearbeitet und hg. von Thomas Täglichsbeck._ – Stuttgart: Göpel, o. A. – Original (Slg. GG).
   Der Titel des Bandes orientiert sich offensichtlich an dem der berühmten Gedichtsammlung von Heinrich Heine. Im Unterschied zu den meisten Liederbuchveröffentlichungen der Zeit ist hier kein Vorwort enthalten. – Es handelt sich um zwei Bände, die aber mit durchgehender Nummerierung bzw. Paginierung erschienen sind (Nrr. 1–80 / 81–197 bzw. S. 1–96 / 97–192) und deshalb meistens in einem Buchbinderband vorliegen.

9. »*Einen Edeln hat der Tod*« – ›*Ehre dem Toten*‹; Textverfasser nicht genannt. – Nr. 471 in: _Musikalischer Hausschatz_ → 1145

10. »*Frei und unerschütterlich wachsen uns're Eichen*« – ›*Unser Bundeszeichen*‹; Text von Heinrich Hoffmann von Fallersleben. – Nr. 161 in: _Das Buch der Lieder_ → Parodie 8

11. »*Fröhlich, lasst uns fröhlich sein*« – ›*Flüchtigkeit des Lebens. Deutsche Umbildung des Gaudeamus*‹; Text von Johann Gottfried Herder. – Nr. 160 in: _Das Buch der Lieder_ → Parodie 8

12. »*Gaudeamus igitur capita muscosa!*« – ›*Gaudeamus für alte Herren*‹; Text von _Baron Straßburg_. – S. 283f. (o. Nr.) in: _Allgemeines Deutsches Kommersbuch_ [...] 30. Aufl. → Parodie 3

13. »*Gaudeamus igitur hospites dum sumus*« – ›*Das neue Gaudeamus zur dritten Säcularfeier der Schulpforte am 21. May 1843*‹; Text von Gustav Schmid. – Ungezählt nach Nr. 466 in: _Musikalischer Hausschatz_ → 1145

14. »*Gaudeamus igitur juvenes de novo*« – ›*Ein Gaudeamus. Zu einem 50jährigen medicin. Doctorjubiläum*‹. Text von A. T. Brück. – Nr. 525 in: _Allgemeines Deutsches Kommersbuch_ [...] 30. Aufl. → Parodie 3

15. »*Gestern saß ich still beim Wein*« – ›*Gaudeamus igitur*‹; Text von Rudolf Baumbach. – Nr. 274 in: _Schauenburgs Allgemeines Deutsches Kommersbuch. Ursprünglich hg. unter musikalischer Redaktion von Friedrich Silcher und Friedrich Erk._ – Lahr: Schauenburg, o. A. – 53. Aufl. – Original (Slg. GG).

16. »*Lasset heut' im edlen Kreis meine Warnung gelten*« – ›*Generalbeichte*‹; Text von Johann Wolfgang Goethe. – Nr. 284 in: _Schauenburgs Allgemeines Kommersbuch_ [...] 53. Aufl. → Parodie 15

17. »*Lasst der Jugend Sonnenschein*« – ›*Ermunterung. Gesellschaftslied*‹; Textverfasser nicht genannt. – Nr. 468 in: _Musikalischer Hausschatz_ → 1145

18. »*Lasst uns, weil wir jung noch sind*« – ›*Übersetzung des Gaudeamus*‹; Textverfasser nicht genannt. – Nr. 158 in: _Buch der Lieder._ Ungezählt nach Nr. 466 in: _Musikalischer Hausschatz_ → 1145

19. »*Nehmt das volle Glas zur Hand*« – ›*Ännchen-Hymne*‹; Text von H. O. Simon. – Nr. 291 in: _Illustriertes Kommersbuch (Aennchen-Liederbuch), große Textbuch-Ausgabe. Sammlung von Aennchen Schumacher._ – Godesberg: Godesberger Kommersbuch-Verlag 1924. – Original (Slg. GG).
    Der Gasthof von Aennchen Schumacher (1860–1935), der legendären »Lindenwirtin« in Bad Godesberg, war seit Ende des 19. Jahrhunderts ein beliebter Treffpunkt für akademische Verbindungen. Schumacher sammelte die allabendlich hier angestimmten Studentenlieder und gab sie seit 1903 in immer wieder neu aufgelegten Kommersbüchern

Verzeichnis der musikalischen Werke

heraus. Einige Male wurde auch sie besungen, und ursprünglich handelte es sich bei der ›Ännchen-Hymne‹ um eine solche, 1913 entstandene Komposition von W. Arendt. Erst die vorliegende Ausgabe enthält neben dessen Originalmelodie den Hinweis: *Auch nach der Melodie: Gaudeamus igitur.*

20. *»Noch ein Glas, und noch eins drauf!«* – ›*Ein Mal ist nicht immer. Gesellschaftslied*‹; Textverfasser nicht genannt. – Nr. 469 in: *Musikalischer Hausschatz* → 1145

21. *»Stimmet an den Preisgesang«* – ›*Weihelied*‹; Text von Emanuel Geibel. – S. 281 (o. Nr.) in: *Allgemeines Deutsches Kommersbuch* [...] 30. Aufl. → Parodie 3

22. *»Wack're Burschen, Chorus singend«* – ›*Eine Burschenfeier*‹; Text von Eduard Brauer. – Nr. 229 in: *Allgemeines Deutsches Kommersbuch* [...] 30. Aufl. → Parodie 3

13 Nachträgliche Textunterlegung einer anonym überlieferten *slowenischen Volksweise*
S. 106 in: *Ars musica. Ein Musikwerk für höhere Schulen*, Bd. 1: *Singbuch.* In Zusammenarbeit mit Renate Krokisius hg. von Gottfried Wolters. Neubearbeitung. – Wolfenbüttel: Möseler 1968. – Original (Slg. GG).

Dithyrambe (»Nimmer, das glaubt mir, erscheinen die Götter«)

14 Vierstimmiger gemischter Chor a cappella
Nr. 2 der Notenbeilage 66 in: *Zeitschrift für Schulmusik*, hg. von Richard Münnich; 7. Jg., 11. Heft (1. September 1934). – Wolfenbüttel: Kallmeyer 1934. – Partitur. – Original (Slg. GG).

Redaktionsschluss des Heftes: 20. August 1934. – Die ganze Notenbeilage enthält ›Drei Chorlieder‹ (jeweils für die angegebene Besetzung), darunter noch Vertonungen nach Gedichten von Johann Wolfgang Goethe und Friedrich Rückert. Ein Komponist wird nirgends genannt, stattdessen erscheint die Werkzählung *Deutsche Romantik* Nr. 2 bis Nr. 4. Auf der letzten Seite des Heftes der Zeitschrift befindet sich die Rubrik ›Unsere Notenbeilage‹ mit folgendem, wenig erhellenden und in der Diktion der Zeit abgefasstem Kommentar: *Können wir nicht immer zeitgenössische Musik singen und spielen, – warum nach heutiger Mode immer gleich ins 17. Jahrhundert reisen? Gerade im unbegleiteten Chorliede ist das neunzehnte so reich! Darum gebe ich drei unbenannt überlieferte Stücke, die jeder gute, auch kleine Chor gut singen kann als Fortsetzung der Notenbeilage 60. Wer der heute hier und da sich wiedererhebenden wehleidigen Romantik zu Leibe gehen will, versuche es einmal mit gesunder deutscher Romantik. Hier ist sie!*

Gegenstück zu der Ode ›Der Mensch‹ (»Was ist der Mensch? Nicht Tier, nicht Engel«)

Offenbar hatte Joachim Lorenz Evers' Gedicht ›Der Mensch‹ um 1800 für einiges Aufsehen gesorgt (→ 275), und in solchen Fällen fühlten sich andere Dichter gelegentlich dazu veranlasst, ein »Gegenstück« anzufertigen um darin das gleiche Thema – jetzt aber als Widerspruch formuliert – aufzugreifen (vgl. hierzu auch die ›Ode an die Unschuld‹, dem »Gegenstück« zu ›An die Freude‹; → 1960). Da als Urheber von ›Der Mensch‹ damals im allgemeinen Schiller galt, muss bei einer umfassenden Darstellung über dessen musikalische Wirkungsgeschichte auch eine solche poetische Auseinandersetzung zur Schiller-Rezeption gerechnet werden, obwohl keiner der Texte authentisch ist. Sie gehören als These und Antithese zusammen und entfalten im übrigen erst durch die Vertonung eine größere Wirkung.

Auch das »Gegenstück« ist wenig bekannt und schlecht zugänglich, weshalb es anschließend vollständig wiedergegeben wird (Fassung in modernisierter Schreibweise nach RISM A I: AN 1109). Man erkennt im übrigen sofort, dass sich der bisher unbekannte Autor in Diktion und Struktur eng an seinem Vorbild orientiert hat.

> *Was ist der Mensch? Nicht Tier, nicht Engel*
> *Als Mensch vergöttlicht, herrlich, groß,*
> *Sein Schicksal spricht: Sei ohne Mängel,*

So ist der Liebe Glück dein Los!
Genießen sollst du still die Freude,
Wenn sie auch noch so schnell verdirbt;
Genügsam kämpfe Du im Leide,
Und wähl' das Beste, bis du stirbst.

Du höchstes Wesen dieser Erde!
Erkenne deine Stärke nur.
Jehova sprach zu Dir: »Mensch, werde!
Beherrsche du mir die Natur!«
Er, der dich schuf, er wird dich leiten
Zum besten Pfad des hellsten Lichts.
Doch musst du männlich steh'n und streiten.
Ohn' ernstes Wollen hast du nichts.

Das Straucheln ziemt den Kinderjahren,
Allein der Mann soll männlich sein.
Scheut er den Tod? Scheut er Gefahren?
Freut ihn das Irdische allein?
Er schaut empor zu einer Wahrheit.
Fest schaut er, braucht nicht mehr zu späh'n,
Denn er versteht's, der Sonnenklarheit
Sein ganzes Dasein hinzudreh'n.

Der Schöpfung übergroße Fülle,
Die blühende Unendlichkeit,
Ist ihm des großen Geistes Hülle,
Dem er sein ganzes Leben weiht.
Sollt' er des Vaters Huld erstaunen?
Des Vaters Liebe kennt den Sohn.
Im Staube mag das Tier erstaunen.
Der Mensch gehört um Gottes Thron.

Wer bist du, Bastard, der du sagtest,
Der Mensch sei schwach, vermöge nichts?
Du bist ein Tier, weil du es wagtest,
Und schämst dich deines Angesichts.
Entartung kann die Art nicht kümmern,
Entnervung ist des Lasters Frucht.
Sie kann nur Thoren lockend schimmern,
Sag, wer auf Dornen Feigen sucht.

Der kann die Wahrheit nicht erkennen,
Der noch im Joch der Wollust fröhnt.
Wie wagt er Heiliges zu nennen,
Da dies sein Tun so frech verhöhnt?
Ein Heuchler dürfte sich vermessen
Der Würde, die den Menschen ziert?
Dass den die jungen Raben fressen,
Der solche schnöde Reden führt!

Schaust du das Höchste nicht hienieden,
Rührt dich nicht hier schon Seeligkeit,
Wenn dich ein heit'rer Seelenfrieden
Am Busen der Geliebten freut:
So wirst du sie dort nimmer finden,
Und schweiftest du zum Sirius. –
Ich bleibe unter meinen Linden,
Und opf're meinen Genius.

Die drei folgenden Notenausgaben enthalten die gleiche Komposition eines unbekannten Urhebers, bei dem es sich um A. E. Rodatz handeln könnte. Dessen Vertonung, die – wie 15a – bei Schott erschienen ist (→ 2074), konnte bisher nur aufgrund eines Verzeichnisses nachgewiesen, im Original aber noch nicht eingesehen werden (im Verlagsarchiv nicht vorhanden). Außerdem hat Rodatz auch das Gedicht ›Der Mensch‹ von Evers vertont, welches als Nr. 21 in der gleichen Musikalienreihe erschienen ist (→ 2073). – Darüber hinaus wäre auch J. H. C. Bornhardt als Urheber denkbar (→ 275).

15a *Was ist der Mensch? nicht Thier, nicht Engel. Gegenstück zu der Ode: Was ist der Mensch? Halb Thier, halb Engel*, für eine Singstimme zur Gitarre. – Mainz: Schott, o. A. (= *Auswahl von Arien mit Guitarre-Begleitung*, Nr. 22). – Verl.-Nr. *448*. – RISM A I: AN 229. Original (Mainz: Schott, Verlagsarchiv; freundl. Mitteilung von Monika Motzko-Dollmann).

Vermutlich mit der unter A. E. Rodatz dokumentierten Ausgabe identisch (→ 2074).

15b *Gegenstück zu der Ode: Was ist der Mensch? Arie: Was ist der Mensch? nicht Thier nicht Engel etc.*, für eine Singstimme mit Klavierbegleitung. – Hamburg: Böhme, o. A. – RISM A I: AN 1109. Original (Wolfenbüttel – Herzog August Bibliothek).

15c Für eine Singstimme mit Klavierbegleitung. – Nr. 2 in: *Der Mensch [...] und Gegenstück Was ist der Mensch? nicht Thier, nicht Engel!* → 275

Sehnsucht (»Ach, aus dieses Tales Gründen«)
Zwei verschiedene, anonym veröffentlichte Kompositionen sind nachweisbar.

16 Für zwei oder drei hohe Stimmen a cappella
Nr. 1 in: *Sechs Schiller-Lieder* (Gild) → 761

17 Für eine Singstimme mit Klavierbegleitung
Nr. 2 des 1. Bandes in: *Unsere Lieder. Musikalischer Hausschatz*, bearb. von Franz Abt, Vinzenz Lachner und Ludwig Liebe (in 4 Bänden). – Frankfurt am Main/Lahr: Schauenburg, o. A. – Original (Slg. GG). HMB 1889/9, S. 374 (1. Lieferung), u. 1891/12, S. 465 (16. u. letzte Lieferung).

Zunächst sukzessive in Lieferungen erschienene Sammlung. Sie besteht aus 689 Volks- und Kunstliedern (alle für eine Singstimme mit Klavierbegleitung), die insgesamt nach Textanfängen alphabetisch angeordnet, aber in jedem Band neu gezählt worden sind. In einem knappen Vorwort heißt es zu dieser Edition: *Die Herren Herausgeber, deren Namen als Liederkomponisten wohl die beste Bürgschaft für den Wert dieser Sammlung sind, hatten nicht die Absicht, nur Volkslieder in dieselbe aufzunehmen, es sollte im Gegenteil auch das veredelte Kunstlied [...] in derselben reich vertreten sein, und außerdem sollte die Sammlung manches bisher ungedruckte Lied von jetzt noch lebenden Komponisten enthalten. Von Volksliedern wurden nur solche aufgenommen, die dem deutschen Volke in Fleisch und Blut übergegangen oder doch wert sind, nicht ganz in Vergessenheit zu geraten. Von den Liederkompositionen [...] wurde das Beste und Gediegenste ausgewählt, ... Außerdem habe man den Notentext in der denkbar größten Korrektheit hergestellt [...], so daß das vorliegende Werk auch in dieser Beziehung als eine Mustersammlung angesehen werden darf.*

Totengräberlied (»Kinder sammeln sich zu Greisen«)
Das Schiller zugeschriebene Gedicht, das mit den beiden häufig unter dem gleichen Titel veröffentlichten Gedichtvertonungen aus William Shakespeares ›Hamlet‹ (»In meiner Jugend als ich liebte« u. ä. Übersetzungen) bzw. von Ludwig Heinrich Christoph Hölty (»Grabe, Spaten, grabe«) nicht zu verwechseln ist, stammt aus der 1. Szene des 4. Aktes von ›Lohn der Wahrheit‹, Schauspiel in fünf Akten von August von Kotzebue (1801 erstmals veröffent-

Anonym überlieferte Werke

licht). Auch dieser Text ist nicht ohne weiteres zugänglich und wird hier deshalb vollständig, lediglich in modernisierter Rechtschreibung wiedergegeben; gegenüber der Originalfassung des Schauspiels bestehen in den Musikalien einige Abweichungen.

> _Kinder sammeln sich zu Greisen,_
> _Wunsch und Hoffnung geht zur Ruh,_
> _So den Narren, so den Weisen,_
> _Decket meine Schaufel zu._
>
> _Dem Erob'rer mit dem Schwerte_
> _Ist die halbe Welt zu klein;_
> _Und mit dieser Hand voll Erde_
> _Muss er doch zufrieden sein._
>
> _Schlummert, die ihr treu gewesen,_
> _Jedem Recht und jeder Pflicht;_
> _Meine Erde drückt die Bösen,_
> _Gute Menschen drückt sie nicht._

Die beiden nachstehenden Vertonungen, in denen Schiller ausdrücklich als Textverfasser
genannt wird und die in RISM fehlen, sind identisch.

18   _Todtengräber-Lied. Kinder sammeln sich zu Greisen, von Schiller_, für eine Singstimme mit Klavierbegleitung oder zur Gitarre. – Hamburg bzw. Altona: Rudolphus
bzw. Cranz, o. A. – Original (freundl. Mitteilung von Dr. Hans Rheinfurth).

Die gelegentliche Vermutung, dass das Stück von J. H. C. Bornhardt stammen könnte (vgl. etwa
Antiquariat Schneider Kat. 380, Nr. 164), beruht wohl auf einem Irrtum, da sich in dessen
Braunschweiger Verlag keine Vertonung dieses Textes finden lässt (vgl. WV/Bornhardt).

> · Für eine Singstimme zur Gitarre. – Nr. 4 des 1. Heftes in: _Beliebte Gesän-
> ge von Mozart, Zumsteeg, Ebers, Reichardt etc. mit leichter Begleitung der
> Gitarre eingerichtet_ von E. Seidler (in 4 Heften). – Leipzig: Hofmeister,
> o. A. – Verl.-Nr. _89_. – Hofmeister 1845 (_Vocalmusik_), S. 208. Original
> (freundl. Mitteilung von Dr. Hans Rheinfurth, der die Ausgabe auf _1809_
> datiert). Goethe-Museum (Katalog), Nr. 129.

> Angaben speziell zum Komponisten des ›Todtengräber-Liedes‹ liegen nicht vor.

Wallenstein. Ein dramatisches Gedicht

1. Wallensteins Lager

– vor V. 1 (Scharfschütze: »Es leben die Soldaten«); Text teilweise von Johann
Wolfgang Goethe

19   Für eine Singstimme mit Klavierbegleitung. – Hamburg/Altona: Vollmer, o. A.
(= _Fr. Schillers auserlesene Theatergesänge_, Nr. 1). – RISM A I: AN 1077.
Das einzige bisher nachweisbare Exemplar (Mainz: Schott, Verlagsarchiv) ist derzeit nicht
auffindbar (freundl. Mitteilung von Monika Motzko-Dollmann), kann mit anderen Vertonungen nicht verglichen und möglicherweise identifiziert werden.

20   Für eine Singstimme zur Gitarre. – S. 234 in: _Deutsche Soldatenlieder mit einer
volkstümlichen Gitarrebegleitung_, hg. von Heinrich Scherrer. Mit zehn Vollbil-
dern in Vierfarbendruck von J. A. Sailer, München. – Leipzig: Hofmeister 1914.
– Verl.-Nr. _9487_. – Original (Slg. GG).

Herkunftsnachweis der Melodie: _Aus der Gegend von Ansbach, 1850._ Ungenauer Kommentar
zum Text: _Goethe, 1799; eingelegt als Soldatenchor zu ›Wallensteins Lager‹._ Außerdem ist
S. 194 die populäre Vertonung des »Reiterliedes« (»Wohl auf, Kameraden, auf's Pferd«) von

Chr. J. Zahn (→ 2951) enthalten. – Obwohl die Vorbemerkung *im Mai 1914* datiert ist, kann die Sammlung erst kurz nach Beginn des Ersten Weltkriegs erschienen sein; bei einigen Liedern wurde nämlich angemerkt, dass sie *beim Ausmarsch 1914* gesungen worden seien. Noch fehlen allerdings Vertonungen der neuesten »Kriegslyrik«.

– V. 1052ff. (Zweiter Kürassier: »Wohl auf, Kameraden, auf's Pferd«)

21 Für eine Singstimme mit Klavierbegleitung. – Hamburg/Altona: Vollmer, o. A. (*Fr. Schillers auserlesene Theatergesänge*, Nr. 2). – RISM A I: AN 1078.

Das einzige bisher nachweisbare Exemplar (Verlagsarchiv von Schott in Mainz) ist derzeit nicht auffindbar (freundl. Mitteilung von Monika Motzko-Dollmann), kann mit anderen Vertonungen nicht verglichen und möglicherweise identifiziert werden.

2. Die Piccolomini

– V. 1757ff. (Thekla: »Der Eichwald brauset«)

Nachfolgend wird eine Vertonung in drei verschiedenen Varianten nachgewiesen.

22a *Thekla in Wallenstein*, für eine Singstimme mit Klavierbegleitung. – Notenbeilage Nr. 5 zum 25. März 1801 in: AMZ/1. – Leipzig: Breitkopf & Härtel. – Original (WLB).

In einer kurzen Anmerkung heißt es zu dieser Veröffentlichung: *Thekla's Lied, von der Guitarre begleitet, und von einer sehr achtungswerthen Liebhaberin komponirt* (AMZ/1 vom 25. März 1801, Sp. 452). Der Hinweis auf das Begleitinstrument stimmt zwar mit der Notenwiedergabe nicht überein, dürfte sich aber zum einen auf die szenische Anweisung im Schauspiel beziehen, die auch unter dem Titel in der Musikbeilage wiedergegeben ist: Thekla *präludirt einige Accorde mit der Guitarre und singt dann das folgende Lied.* Zum anderen besteht der Klaviersatz ausschließlich aus Arpeggien, die sich leicht auf die Gitarre übertragen lassen.

22b *Lied Der Eichwald braust* [!], *die Wolken ziehn*, für eine Singstimme zur Gitarre. – Hamburg: Böhme, o. A. – RISM A I: ANAN 1509a. Original (Kiel – Schleswig-Holsteinische Landesbibliothek).

22c *Thekla im Wallenstein von einer Dilettantin in Leipzig*, für eine Singstimme mit Klavierbegleitung. – Nr. 7 in: *Neun Kompositionen auf Schillers Thekla.* – Sammelhandschrift. – RISM-OPAC.

Die Formulierung des Urhebernachweises lässt vermuten, dass es sich bei 22c um die Abschrift von 22a handelt. – Die Entstehung des ganzen Heftes wird auf die Zeit zwischen 1790 und 1810 eingegrenzt, kann jedoch aufgrund der Veröffentlichung der Dichtung erst ab ca. 1800 entstanden sein. Den neun handschriftlich überlieferten Stücken wurden noch zwei gedruckte Schiller-Vertonungen beigefügt. – Das Heft enthält neben geläufigen Versionen noch die Vertonung einer weiteren ungenannten Komponistin; es wird deshalb nur noch letztere nachgewiesen (→ 30).

Wilhelm Tell. Schauspiel

– V. 2833ff. (Barmherzige Brüder: »Rasch tritt der Tod den Menschen an«)

23 Zweistimmige Singweise
Nr. 12 in: *Zwölf Schiller-Lieder* → 715

Mit Initialen gekennzeichnete Werke

Im 18. und zu Beginn des 19. Jahrhunderts erschienen mehrfach Notenausgaben, bei denen die Identität des (meist adeligen) Komponisten durch Initialen verschleiert worden ist. Diese folgen hier in der exakten Form der Quelle; bis auf eine Ausnahme (→ 30) unterblieb die (ohnehin spekulative) Differenzierung von Vor- und Nachname.

A. von K.

24 An den Frühling (»Willkommen, schöner Jüngling«)
Für eine Singstimme mit Klavierbegleitung
S. 12 in: ders./dies., *Sechs Gedichte von Schiller*. – Berlin: Werckmeister, o. A. – Verl.-Nr. *240*. – Original (DLA). RISM deest (Musikalien mit diesen Initialen sind aber bekannt; vgl. RISM A I: IN 15).
Ihro Königlicher Hoheit der Prinzessin Wilhelm von Preussen in tiefster Verehrung gewidmet.

25 Das Geheimnis (»Sie konnte mir kein Wörtchen sagen«)
Für eine Singstimme mit Klavierbegleitung
S. 6f. in: ders./dies., *Sechs Gedichte von Schiller* → 24

26 Das Mädchen aus der Fremde (»In einem Tal bei armen Hirten«)
Für eine Singstimme mit Klavierbegleitung
S. 4f. in: ders./dies., *Sechs Gedichte von Schiller* → 24

27 Der Alpenjäger (»Willst du nicht das Lämmlein hüten?«)
Für eine Singstimme mit Klavierbegleitung
S. 8f. in: ders./dies., *Sechs Gedichte von Schiller* → 24

28 Der Jüngling am Bache (»An der Quelle saß der Knabe«)
Für eine Singstimme mit Klavierbegleitung
S. 10f. in: ders./dies., *Sechs Gedichte von Schiller* → 24

29 Die Ideale (»So willst du treulos von mir scheiden«)
Für eine Singstimme mit Klavierbegleitung
S. 2f. in: ders./dies., *Sechs Gedichte von Schiller* → 24

Br., *Fräulein ... von*

Wallenstein. Ein dramatisches Gedicht – II. Die Piccolomini

30 – V. 1757ff. (Thekla: »Der Eichwald brauset«); hier unter dem Titel: *Lied der Thecla aus Wallensteins Tod* [!] *von Schiller in Musik gesetzt vom Frl. v. Br., berichtigt und verbessert von J.*[ohann] *H.*[einrich] *Grave*
Für eine Singstimme mit Klavierbegleitung
Nr. 9 in: *Neun Kompositionen auf Schillers Thekla* → 22c

D. J.

31 *Sechs Lieder* für eine Singstimme mit Klavierbegleitung
Wien: Diabelli, o. A. – HMB 1829/11+12, S. 98.
Der Nachweis nennt neben Schiller vier weitere Dichter, jedoch nicht die einzelnen Stücke.

G. G. v. W.

32   Das Geheimnis (»Sie konnte mir kein Wörtchen sagen«)
Für eine Singstimme zur Gitarre
Nr. 1 in: ders./dies., *Vier der ausgesuchtesten Gedichte v:*[on] *Schiller mit Begleitung der Guitarre.* – Ohne bibliographische Angaben. – Original (Slg. GG).
RISM A I deest.

Widmung: ... *dem Fræulein Caroline v. Marcantelli.* – Das Erscheinungsbild der gestochenen Ausgabe und die Beschaffenheit der Vertonungen (ausschließlich strophisch und zur Gitarre zu singen) vermitteln den Eindruck, dass der Druck im frühen 19. Jahrhundert veröffentlicht worden ist (um 1810/20).

33   Des Mädchens Klage (»Der Eichwald brauset«)
Für eine Singstimme zur Gitarre
Nr. 2 in: ders./dies., *Vier der ausgesuchtesten Gedichte v:*[on] *Schiller* → 32

34   Die Begegnung (»Noch seh' ich sie, umringt von ihren Frauen«)
Für eine Singstimme zur Gitarre
Nr. 4 in: ders./dies., *Vier der ausgesuchtesten Gedichte v:*[on] *Schiller* → 32

35   Ritter Toggenburg (»Ritter, treue Schwesterliebe widmet Euch dies Herz«)
Für eine Singstimme zur Gitarre
Nr. 3 in: ders./dies., *Vier der ausgesuchtesten Gedichte v:*[on] *Schiller* → 32

Die Komponisten und ihre Werke

Die wenigen Nachweise aus dem Bereich der Popmusik sind nicht unter dem Namen der Komponisten, sondern unter dem der Interpreten eingereiht, da Werke dieses Repertoires traditionell durch die Künstler und ihre Tonaufnahmen wahrgenommen werden (→ 271+1, 410+1ff., 535f. und 2907f.). Außerdem finden sich hier zwei wichtige Vertreter aus dem Bereich der Musiklexikographie (→ 739 und 2191). Weitere Ausnahmen bilden Veröffentlichungen, bei denen kein Urheber angegeben werden kann; diese Nachweise sind deshalb unter den Titeln der Publikationen zu finden (→ 1747 und 2671 bis 2673).

— A —

ABEILLE, Johann Christian Ludwig (1761–1838)

Brandstaeter nennt noch irrtümlich ein Heft mit acht Liedern, in denen eine Schiller-Vertonung enthalten sein soll.

36 Der Jüngling am Bache (»An der Quelle saß der Knabe«)
Für eine Singstimme mit Klavierbegleitung
Nach S. 424, *Musik-Beylage*, zu: *Morgenblatt für gebildete Stände*, Nr. 106 vom 2. Mai 1812. – Tübingen: Cotta. – Original (DLA).
· Idem (Einzelausgabe). – Leipzig: Breitkopf & Härtel, o. A. – Verl.-Nr. *1665*. – RISM A I: A 28.

ABENHEIM, Josef (1804–1891)

Wallenstein. Ein dramatisches Gedicht – II. Die Piccolomini

37 – V. 1757ff. (Thekla: »Der Eichwald brauset«); hier unter dem Titel: *Thekla's Lied aus Schiller's Wallenstein mit freier italienischer Nachbildung der Textesworte (»Che urlar del vento par spento il sol«)*; Übersetzer nicht bekannt
Für eine Singstimme mit Klavierbegleitung, op. 9
Stuttgart: Göpel, o. A. – HMB 1846/12, S. 199.
... dem Fräulein Pauline Marx hochachtungsvollst gewidmet.
· Nr. 31 des 1. Heftes in: *Orpheon. Album für Gesang mit Pianoforte in Original-Compositionen der berühmtesten deutschen Tonsetzer*. Hg. von Thomas Täglichsbeck. – Stuttgart: Göpel, o. A. – RISM-CH (Database).
Übertragungen:
· Für Klavier von Wilhelm Krüger unter dem Titel: *Theklas Gesang a.[us] Schillers Wallenstein*. – Nr. 3 in: Wilhelm Krüger, [3] *Lieder übertragen*, op. 6. – Stuttgart: Allgemeine Musikhandlung, o. A. – HMB 1843/10, S. 150.
· *Neue Ausgabe*. – Leipzig Hofmeister, o. A. – HMB 1858/8, S. 120.
· Für eine Singstimme zur Gitarre. – Nr. 8 des 2. Heftes in: *Orpheon. Album für Gesang, in [8] Original-Compositionen deutscher Tonsetzer*, hg. von Tho-

mas Täglichsbeck. Auswahl für Gitarre eingerichtet von Friedrich Siber. – Stuttgart: Göpel, o. A. – HMB 1847/1, S. 18.

ABERT, Johann Joseph (1832–1915)

38 *Schillerkantate (»Ein König über deinem Volke«);* Text von Johann Georg Fischer
Für gemischten Chor und Orchester

Unveröffentlicht. – Uraufführung: Stuttgart, 13. Mai 1883 (anlässlich der Schiller-Feier im Garten der Liederhalle), der Stuttgarter Liederkranz (zugleich Widmungsträger) unter der Leitung von Wilhelm Speidel. – Die Kantate sei *unter lebhaftem Beifall aufgeführt* [...] *und seitdem häufig wiederholt worden.*
QUELLE: WV/Abert, S. 98 u. 197.

ABT, Franz (1819–1885)

39 *Melodramatischer Prolog mit Bildern zur Braunschweiger Schiller-Feier;* Text von Adolf Glaser
Deklamation vermutlich mit Orchesterbegleitung

Uraufführung: Braunschweig, vermutlich 10. November 1859 (Stadttheater), *gesprochen von Hrn. Otto-Thate* [richtig wahrscheinlich die Schauspielerin Karoline Otto-Thate].
QUELLEN: *Recensionen und Mittheilungen über Theater und Musik* vom 16. November 1859, S. 744. NZfM vom 28. Oktober 1859, S. 155. – Beide Quellen ohne weitere Informationen (auch das Aufführungsdatum ist nicht festgehalten).

ACHLEITNER, Walter (1925–1947)

40 An den Frühling (»Willkommen, schöner Jüngling«)
Für eine Singstimme mit Klavierbegleitung

Nach 1945 komponiert; unveröffentlicht (*Steir. Musiklex./2,* S. 2).

ADAM, Johann Georg (1758–1848)

41 Das Lied von der Glocke (»Fest gemauert in der Erden«)
Für eine Singstimme mit Klavierbegleitung
Meissen: Goedsche, o. A. – Original (DLA). RISM A I deest. Whistling 1828, S. 1045.

ADAMS, John (geb. 1947)

Über naive und sentimentalische Dichtung

41+1 *Naïv and Sentimental Music* für großes Orchester

1. Satz: *Naïv and sentimental Music*
2. Satz: *Mother of the Man*
3. Satz: *Chain to the Rhythm*

New York: Boosey & Hawkes 1999. – Partitur (Verl.-Nr. *26168*). – Homepage von Boosey & Hawkes bzw. des Schott-Verlages (hier in Kommission).

Der Komponist ist zu dem Werk durch Schillers Aufsatz ›Über naive und sentimentalische Dichtung‹ inspiriert worden. Neben der traditionellen Orchesterbesetzung werden noch Klavier, Celesta, Gitarre und zwei Harfen sowie elektronische Hilfsmittel benötigt. – Uraufführung: Los Angeles, 19. Februar 1999 (Dorothy Chandler Pavillon), unter der Leitung von Esa-Pekka Salonen.

Die Komponisten und ihre Werke

ADELBURG, August Ritter von (1830–1873)

Gelegentlich kursiert als Geburtsjahr auch _1833_.

Wallenstein. Ein dramatisches Gedicht

42   _Wallenstein. Heroisch-tragische Oper_

Über eine Aufführung dieses Werkes ist nichts bekannt geworden. Die Zeit der Komposition desselben fällt jedenfalls in die sechziger Jahre (Schaefer, S. 37). – Auch bei Stieger mit der Bemerkung: nicht gegeben.

Daraus

· _Ouvertüre-Sinfonie zur heroisch-tragischen Oper ›Wallenstein‹ für_ Orchester

(Ur-?)Aufführung: Leipzig, 27. Oktober 1867 (Gewandhaus), unter der Leitung des Komponisten, _der durch verschiedene Leistungen auf »neudeutschem« Gebiet_ bekannt sei. Hinweis zur Ouvertüre: _Manuscript, mit paraphrasirten Anklängen des Reiterlieds: »Wohl auf, Kameraden«_, womit aber sicher die berühmte Vertonung von Chr. J. Zahn gemeint ist (→ 2951); s. AMZ/2, 6. November 1867, S. 362 (Konzertrezension).

Wallenstein. Ein dramatisches Gedicht – II. Die Piccolomini

43   – V. 1757ff. (Thekla: »Der Eichwald brauset«); hier unter dem Titel: _Thekla's Gesang aus ›Wallenstein‹_
Für eine Singstimme mit Klavierbegleitung
Nr. 2 in: ders., _Zwei Lieder_, op. 112. – Wien: Wiener Musik-Verlagshaus, o. A. – Hofmeister (1898–1903), S. 4.
   · Wien: Röhrich, o. A. – Hofmeister (1904–1908), S. 3.

AESCHBACHER, Karl (1886–1944)

Macbeth. Zur Vorstellung auf dem Hoftheater in Weimar eingerichtet von Friedrich Schiller

44   – V. 741ff. (Pförtner: »Verschwunden ist die finst're Nacht«)
Männerchor a cappella
Leipzig: Hug, o. A. – Partitur, Stimmen. – Hofmeister (1934–1940), S. 37.

AHRENS, Joseph (1904–1997)

Das Lied von der Glocke (»Fest gemauert in der Erden«)

45   – V. 311ff. (»Tausend fleiß'ge Hände regen«)
Für zwei Singstimmen und zwei Violinen
3. Lief. von: _Schiller-Liederblatt_ (in 6 Lief.). – Berlin: Volk und Wissen 1955 (_Liederblätter. Musik in der Schule_). – Hofmeister (1955), S. 280.

Das ›Schiller-Liederblatt‹ ist innerhalb der genannten Verlagsreihe erschienen; jede Lieferung enthält ein Werk (jeweils für zwei bis vier Singstimmen – teilweise mit Klavier- oder einer anderen Instrumentalbegleitung – bearbeitet). Bis auf die hier dokumentierte Komposition handelt es sich um bekannte und anderweitig leicht zugängliche Vertonungen.

AIGMÜLLER, Andreas (geb. 1952)

Maria Stuart. Ein Trauerspiel

46   Schauspielmusik

Uraufführung: Salzburg, 1991 (Landestheater); vgl. Datenbank music austria.

15

Verzeichnis der musikalischen Werke

ALARY, Georges (1850–1928)

Die Räuber. Ein Schauspiel

46+1 – 3. Akt, 1. Szene (Amalia: »Schön wie Engel, voll Walhallas Wonne«); hier in französischer Übersetzung unter dem Titel: _Chanson d'Amélie (Les brigands)_
Für eine Singstimme mit Klavierbegleitung (o. op.)
Paris: Durdilly, o. A. – Bibliothèque Nationale, Paris (Online-Katalog; demnach _1897_ veröffentlicht; Textincipit nicht nachgewiesen).

ALBAN, Walter (?–?)

47 _Schiller-Müller, der große Klassiker-Verbesserer oder: Kurzgefasste klassische Dramen_ (»Klassische Dramen! Ich mittemang«); Textverfasser unbekannt
Couplet für eine Singstimme mit Klavierbegleitung
Nr. 6 in: _Humoristika. Eine Sammlung_ [11] _beliebter Couplets._ Hg. von Paul Lincke und Walter Alban. – Leipzig: Lichtenberger, o. A. – HMB 1892/2, S. 66.

ALBRECHT, Stephan (?–?)

Wilhelm Tell. Schauspiel

– V. 1465ff. (Walter Tell: »Mit dem Pfeil, dem Bogen«)

48 _Mit dem Pfeil, dem Bogen_ (»Als kleine Jungens mochten wir gern in die Schule geh'n«); Textverfasser unbekannt
Couplet für eine Singstimme mit Klavierbegleitung
Leipzig: Dietrich, o. A. – HMB 1899/11, S. 545.

ALEKSÁNDROV, Anatólij Nikoláevič (1888–1982)

Nachname auch: _Alexandrow._

Don Carlos. Infant von Spanien. Ein dramatisches Gedicht

49 Schauspielmusik
QUELLE: MGG2 _Personenteil_ Bd. 1, Sp. 430.

Daraus

· Suite für Orchester, op. 43
1933 entstanden (MGG2 _Personenteil_ Bd. 1, Sp. 430).

ALETTER, Wilhelm (1867–1934)

Pseudonyme: _Barris-Melton_; _Fred Collins_; _Leo Norden_; _G. Novarra_; _A. Tellier_; _Sam Weller._

An die Freude (»Freude, schöner Götterfunken«)

– V. 10 (»Diesen Kuss der ganzen Welt«)

50 _Diesen Kuss der ganzen Welt_ (»Ach, könnt' ich hier auf Erden«); Textverfasser unbekannt
Walzerlied für eine Singstimme mit Klavierbegleitung
Wien: Eberle, o. A. – HMB 1899/7, S. 321.

Würde der Frauen (»Ehret die Frauen! Sie flechten und weben«)

– V. 1 (»Ehret die Frauen«)

Ehret die Frauen (»Als Gott in seiner großen Lieb'«); Textverfasser unbekannt
Walzerlied für eine Singstimme mit Klavier- oder Orchesterbegleitung
Leipzig: Schuberth, o. A. – HMB 1893/10, S. 372.

ALLAN, Rex (?–?)

Es ist keine Neunte Sinfonie! Text von Erwin W. Spann
Slow Fox für Salonorchester _mit Jazz-Stimmen_ bzw. für eine Singstimme mit
Klavierbegleitung
Berlin: Wiener Boheme-Verl. 1930. – Hofmeister (1929–1933), S. 25.

Der Titel spielt auf die berühmteste Schiller-Vertonung, nämlich Beethovens 9. Sinfonie mit
dem Schlusschor nach ›An die Freude‹, an (→ 144). – Im gleichen Verlag ist noch eine Ausgabe für Orchester _mit Jazz-Stimmen_ (bearbeitet von Hans Schneider) erschienen.

AMBROSCH, Joseph Karl (1759–1822)

An die Freude (»Freude, schöner Götterfunken«); hier unter dem Titel: _Schil-_
lers Ode an die Freude, lateinisch im Silbenmaasse des Originals von Füglistaller
(»Gaudium divinum! Claris genitum caelitibus«)
Vierstimmiger Männerchor (TTBB) a cappella
Berlin: Concha, o. A. – Whistling 1828, S. 1001. Ledebur, S. 9. RISM A I deest.
MGG2 datiert _vor 1818 (Personenteil_ Bd. 1, Sp. 587).

Der schweizerische Geistliche Leonz (eigentlich: Leontius) Füglistaller (1768–1840) war an
verschiedenen Orten v. a. als Schullehrer tätig (darunter in Luzern und St. Gallen) und trat
mehrfach mit lateinischen Nachdichtungen deutscher Poesie hervor (darunter auch Schillers ›Lied von der Glocke‹; ein Konzert mit der bekannten Kantate von A. Romberg, bei der
Füglistallers Übertragung gesungen worden ist, lässt sich belegen; → 2089 – Ausgabe 19). In
seinem Nachlass wurden noch weitere _Uebersetzungen [...] deutscher Lieder ins Lateinische_
gefunden (vgl. _Schweizerische Rütli- und Schillerfeier am 10. November 1859. Fest-Album und_
patriotisches Neujahrsblatt. Aarau: Christen 1860, S. 48). – Beide genannten lateinischen
Übertragungen sind später erneut veröffentlicht worden (Leonz Füglistaller: _Friedrich von_
Schillers Lied von der Glocke und Ode an die Freude mit lateinischer Übersetzung in Versen.
Neu hg. von Franz von Féringen. Innsbruck: Rauch 1935).

  · Berlin: Paez, o. A. – Hofmeister 1845 (_Vocalmusik_), S. 52.

AMBROSIUS, F. (?–?)

Wilhelm Tell. Schauspiel

– V. 1ff. (Fischerknabe: »Es lächelt der See«); hier unter dem Titel: _Lied des_
Fischerknaben aus Schiller's Wilhelm Tell
Für eine Singstimme mit Klavierbegleitung
Berlin: Bethge, o. A. – HMB 1834/11+12, S. 103.

AMBROSIUS, Hermann (1897–1983)

Das eleusische Fest (»Windet zum Kranze die goldenen Ähren«)

Ein eleusisches Fest, Scherzo für Orchester, op. 8
Leipzig: Kahnt 1925. – Partitur (Verl.-Nr. _8804),_ Orchesterstimmen. – Original
(Slg. GG).

Uraufführung: Leipzig, 7. Februar 1921; vgl. _Dt. Musiker-Lex._ 1929, Sp. 17.

AMMENDE, Dietrich (1901–1980)

56 Sehnsucht (»Ach, aus dieses Tales Gründen«)
Für eine Singstimme mit Klavierbegleitung
QUELLE: BSB-Musik Bd. 1, S. 96 (hier: Werke von Ammende auf Mikrofilm).

AMON, Johann Andreas (1763–1825)

57 Der Jüngling am Bache (»An der Quelle saß der Knabe«)
Für eine Singstimme mit Klavierbegleitung oder zur Gitarre
Nr. 2 in: ders., *Sechs Lieder*, op. 43 (6. Sammlung). – Offenbach am Main: André
[1806]. – Verl.-Nr. *2250*. – RISM A I: A 954. Constapel, S. 160.
Der hochwohlgebornen Freifrau Fräulein von Menzingen unterthänig zugeeignet.

ANDRÉ, Carl August (1806–1887)

58 An den Frühling (»Willkommen, schöner Jüngling«)
Für eine Singstimme mit Klavierbegleitung
Drei Handschriften (davon eine für eine Bassstimme). – RISM-OPAC.
Einmal mit der Ergänzung: *... aus den Gedichten erster Periode von Schiller für Fräulein Louise Mayer componirt und an ihrem Geburtstag den 25. Mai 1848 überreicht.*

ANDRÉ, Jean Baptiste (1823–1882)

59 Der Jüngling am Bache (»An der Quelle saß der Knabe«)
Für eine Singstimme mit Klavierbegleitung
Nr. 2 in: ders., *Drei Lieder*. – Offenbach am Main: André, o. A. – Verl.-Nr. *6349*. –
HMB 1841/2, S. 27. Constapel, S. 340.

ANDRÉ, Johann (1741–1799)

60 Dem Erbprinzen von Weimar, als er nach Paris reiste, in einem freundschaftlichen Zirkel gesungen (»So bringet denn die letzte volle Schale«)
Wurde nach der Melodie von J. Andrés ›Rheinweinlied‹ (»Bekränzt mit Laub«) am 22. Februar 1802 in Goethes »Mittwochskränzchen« angestimmt (der Erbprinz Karl Friedrich von Sachsen-Weimar-Eisenach verreiste am folgenden Tag). – Das ursprünglich vertonte Gedicht stammt von Matthias Claudius und ist zuerst im ›Vossischen Musenalmanach für 1776‹ veröffentlicht worden. Andrés Komposition erschien erstmals im ›Musikalischen Blumenstrauss für das Jahr 1776‹ (Offenbach am Main: André; vgl. RISM A I: AA 1057a) und gehört in der Originalgestalt zu den populärsten Studentenliedern.
QUELLEN: NA Bd. 2 II B, S. 105. Holzapfel, S. 164f.

ANDREE, Ferry (gest. 1967)
KUBANEK, Leopold (?-?) · WERNER, Hans (?-?)

Die drei lexikographisch nicht nachweisbaenr Künstler beschäftigen sich v. a. mit dem »Wiener Lied«.

61 *»Ja, der Goethe und der Schiller, Parkplatzwächter san's word'n«*; Textverfasser
unbekannt
Wiener Lied für eine Singstimme mit Klavierbegleitung
Wien: Krenn 1962. – Hofmeister (1963), S. 9.

ANGELIS, Guido de (geb. 1944)
ANGELIS, Maurizio de (geb. 1947)

Die Brüder haben Filmmusiken v. a. zu »Italowestern« beigesteuert und werden im Abspann oft als »Oliver Onions« bezeichnet.

Die Räuber. Ein Schauspiel

61+1 *Tod oder Freiheit*: Spielfim. Drehbuch von Wolf Gremm unter Mitarbeit von Fritz Müller-Scherz, Thomas Keck und Barbara Naujock frei nach Friedrich Schillers ›Die Räuber‹; Regie: Wolf Gremm
Filmmusik
Deutschland [Bundesrepublik Deutschland]: Paramount (Deutschland) und Regina Ziegler Filmproduktion 1977. – In Farbe; 94 Minuten. – Mit Peter Sattmann (Fritz von Buttlar), Malte Thorsten (sein Bruder Ludwig), Gert Fröbe (Graf von Buttlar, deren Vater), Erika Pluhar (Nicole von Beck) u. a.

Der Titel ist dem Ausruf Karl Moors zu Ende des 2. Aktes entlehnt: »Tod oder Freiheit! Wenigstens sollen sie keinen lebendig haben!« – Die Handlung spielt um 1750 in Süddeutschland: Ein despotischer Landesfürst verkauft die Bauernsöhne nach Amerika, um das kostspielige Hofleben zu finanzieren, womit ein Motiv aus Schillers ›Kabale und Liebe‹ aufgenommen wird. Fritz von Buttlar empört sich dagegen und gründet für den Kampf gegen die Obrigkeit eine Räuberbande: Aus weiteren vielfältigen Quellen gespeist, schwankt der Film zwischen Freilichtaufführung und Italowestern, so daß er weder unterhält noch tieferen Ansprüchen genügt (*Lex. d. Internat. Films*, S. 5692). – Uraufführung: Bad Urach, 25. Dezember 1977 (Residenz-Kino). Die Filmaufnahmen entstanden in der Umgebung von Coburg, Bamberg und Bad Urach sowie den Wasserschlössern Brennhausen und Irmelshausen. – Der Film auf ist derzeit (2016) nur auf YouTube zugänglich.

QUELLEN: *Lex. d. Internat. Films*, S. 5692. Internetrecherchen.

ANGYAL, Armand (1853–1931)

62 Des Mädchens Klage (»Der Eichwald brauset«)
Für eine Singstimme mit Klavierbegleitung
Nr. 3 in: ders., *Drei Lieder*. – Wien: Haslinger, o. A. – HMB 1880/12, S. 380.

ANNECCHINO, Arturo (?)

Lexikographisch nicht ermittelt, wird aber in der zeitgenössischen Presse als Urheber zahlreicher Schauspielmusiken genannt.

Wallenstein. Ein dramatisches Gedicht

63 Schauspielmusik zur ganzen Trilogie
Uraufführung im Rahmen der Premiere in Berlin, 19. Mai 2007; Regie: Peter Stein. Berliner Ensemble mit Klaus Maria Brandauer (Wallenstein), Frederike Brecht (Thekla) und Alexander Fehling (Max Piccolomini).

QUELLEN: Zeitgenössische Presseberichte.

ANSCHÜTZ, Joseph Andreas (1772–1855)

Mögliche Variante des Familiennamens: Anschuez; gelegentlich findet man Johann als ersten Vornamen. Es kursieren mitunter auch 1856 oder 1858 als Sterbejahr.

64 Der Kampf (»Nein, länger werd' ich diesen Kampf nicht kämpfen«); hier in der Gedichterstfassung: Freigeisterei der Leidenschaft. Als Laura vermählt war im Jahr 1782 (»Nein – länger, länger werd' ich diesen Kampf nicht kämpfen«)

Verzeichnis der musikalischen Werke

Vermutlich für eine Singstimme mit Klavierbegleitung

Ankündigung einer Vertonung im Vorwort seiner 1798 erschienenen ›Rhapsodischen Gesänge‹, op. 8 (Augsburg: Gombart, Verl.-Nr. *221*); s. Rheinfurth, Gombart, S. 162 (Nr. 46). Es ist unklar, ob die Komposition tatsächlich geschrieben und ggf. veröffentlicht worden ist. – WV/Anschütz deest.

65 Würde der Frauen (»Ehret die Frauen! Sie flechten und weben«)
Für eine Singstimme mit Klavierbegleitung
Nr. 1 in: ders., *Sechs Lieder von Goethe, Schiller und Matthisson*. – Bonn: Simrock, o. A. – Verl.-Nr. *414*. – WV/Anschütz, S. 110. Pazdírek Bd. 1, S. 243.
Der Frau v. Mastiaux, geborenen von Aurnhammer, gewidmet.

ANTOINE, Franz (1864–?)

66 Der Abend. Nach einem Gemälde (»Senke, strahlender Gott«)
Für eine Singstimme mit Klavierbegleitung, op. 13
Nr. 13 in: ders., [43] *Lieder* [opp. 1–43]. – Wien: Kulm, o. A. – Hofmeister (1919–1923), S. 9.

APEL, Johann Georg Christian (1775–1841)

67 An die Freude (»Freude, schöner Götterfunken«)
Chor mit Orchesterbegleitung
Veröffentlichung verschollen und bibliographisch nicht ermittelbar (s. MGG2 *Personenteil* Bd. 1, Sp. 806).

APPEL, Karl Friedrich (1868–1935)

68 Sehnsucht (»Ach, aus dieses Tales Gründen«)
Männerchor a cappella
Nr. 3 (einzeln) in: ders., *Drei Männerchöre*, op. 38. – Leipzig: Rahter, o. A. – Partitur, Stimmen. – Hofmeister (1904–1908), S. 19.

APPOLD, Georg Valentin (1793–1825)

69 Der Taucher (»Wer wagt es, Rittersmann oder Knapp'«)
Melodram in einem Aufzug
Großherzog Ludwig I. gewidmet. – Aufführung nicht nachweisbar; s. *Musik und Musiker am Mittelrhein. Ein biographisches, orts- und landesgeschichtliches Nachschlagewerk* (= *Beiträge zur mittelrheinischen Musikgeschichte*, Nr. 20), hg. von Hubert Unverricht, Bd. 1, Mainz: Schott 1974, S. 12.

ARDITI, Luigi (1822–1903)

Die Räuber. Ein Schauspiel
70 *I briganti*. Oper in einem Akt; Librettist nicht nachweisbar
Uraufführung: Mailand, 1841 (Konservatorium); s. MGG2 *Personenteil* Bd. 1, Sp. 884.

ARÉNSKIJ, Antón Stepánovič (1861–1906)

71 Der Taucher (»Wer wagt es, Rittersmann oder Knapp'«); hier in russische Übersetzung von Vasilij Andreevič Žukovskij: *Kubok* [Der Pokal]

20

Kantate (Ballade) für Solo, gemischten Chor und Orchester, op. 61
Moskau: Jurgenson [1902]. – Partitur, Chorstimmen, Klavierauszug. – Hofmeister (1898–1903), S. 25. MGG2 *Personenteil* Bd. 1, Sp. 890.

72 Die Künstler (»Wie schön, o Mensch, mit deinem Palmenzweige«); hier in russischer Übersetzung unter dem Titel: *Gimn iskusstvu* [Hymne an die Kunst]; Text von Aleksándr Nikoláevič Ostróvskij nach Schiller
Für zwei Soli, Chor und Orchester (o. op.)
1884 komponiert; offenbar unveröffentlicht (s. MGG2 *Personenteil* Bd. 1, Sp. 890).

ARNOLD, Carl (1794–1873)

73 Des Mädchens Klage (»Der Eichwald brauset«); hier unter dem Titel: *Lied von Schiller*
Für eine Singstimme mit Klavierbegleitung, op. 22
Berlin: Christiani [1821]. – WV/Arnold, S. 236 (hier aber irrtümlich als *Werk 24*). Original (DLA).

ARNOLD, Ernst (?–?)

74 Die Worte des Glaubens (»Drei Worte nenn' ich euch, inhaltschwer«); hier unter dem Titel: *Drei Worte*
Vierstimmiger Männerchor (TTBB) a cappella
Dresden: Günther, o. A. – Partitur, Stimmen. – HMB 1897/3, S. 124.

ARNOLD, Friedrich Wilhelm (1810–1864)

75 Der Jüngling am Bache (»An der Quelle saß der Knabe«)
Für Sopran oder Tenor mit Klavierbegleitung
Nr. 2 in: ders., *Sechs Gesänge*, op. 23. – Köln: Eck, o. A. – Verl.-Nr. *70.* – Original (Antiquariat Drüner).
Ihrer Königlichen Hoheit der Frau Prinzessin Friedrich von Preussen, gebornen Prinzessin von Anhalt-Bernburg in tiefster Ehrfurcht gewidmet.

ARNOLD, Gustav (1831–1900)

76 An den Frühling (»Willkommen, schöner Jüngling [hier: *Frühling*]«); mit englischer Übersetzung: *Spring Sung (»Kind youth be welcome hither thou nature's fairest charm«)*
Für eine Singstimme mit Klavierbegleitung, op. 1
Manchester: Hime & Addison, o. A. – RISM-OPAC.

77 Ritter Toggenburg (»Ritter, treue Schwesterliebe widmet Euch dies Herz«)
Für Bariton mit Klavierbegleitung (o. op.)
Undatiertes Autograph. – RISM-OPAC.

Wilhelm Tell. Schauspiel
78 – 1. und 2. Akt (Auszüge) unter dem Titel: *Der Rütlischwur. Dramatische Scene für Männerchor, [3] Soli [TBarB] und Orchester nach Worten aus Schiller's ›Wilhelm Tell‹. Zur Aufführung an der Schweizer Bundesfeier vom 2. August 1891*

Verzeichnis der musikalischen Werke _____

1. V. 748ff. (Melchthal: »In deine Hütte soll der Schweizer wallen«)
2. V. 960ff. (Melchthal: »Wir sind am Ziel, hier ist das Rütli«)
3. V. 1097ff. (Walter Fürst: »So müssen wir auf unser'm eignen Erb'«)
4. V. 1149ff. (Reding: »Was ist's, das die drei Völker des Gebirgs«)
5. V. 1154ff. (Stauffacher: »Wir stiften keinen neuen Bund«)
6. V. 1259ff. (Stauffacher: »Wir haben diesen Boden uns erschaffen«)
7. V. 1352ff. (Walter Fürst: »Abtreiben wollen wir verhassten Zwang«)
8. V. 1443ff. (Rösselmann: »Bei diesem Licht, das uns zuerst begrüßt«)
9. V. 743ff. (Melchthal: »Blinder alter Vater«)

Solistisch zu besetzen sind: Arnold vom Melchthal (T), Werner Stauffacher (Bar) und Walter Fürst (B). – Es handelt sich um Textabschnitte aus den ersten beiden Akten.

Veröffentlichungen (wohl 1891)

· Klavierauszug. – Zürich: Hug, o. A. – Verl.-Nr. *1035*.

· Chorpartitur. – Luzern: Buchdruckerei Burkhardt, o. A.
QUELLE: RISM-CH (Database).

ARRHÉN VON KAPFELMAN, E. J. (?–?)

Die Gunst des Augenblicks (»Und so finden wir uns wieder«)

– V. 3f. (»Und es soll der Kranz der Lieder«)

78+1 Motto zu: ders., *Blommorna*. [12] *Poesien af* [Per Daniel Amadeus] *Atterbom* für eine Singstimme und gemischtes Vokalquartett (SATB) mit Klavierbegleitung. – Ohne bibliogr. Angaben [Herstellervermerk: *Stentryck af C. F. Müller; Stockholm*]. – Original (Slg. GG).

Das originalsprachliche Motto befindet sich am unteren Rand der Titelseite. – Die Musikalien dürften um 1815/20 erschienen sein. – Nach einer Instrumentaleinleitung folgen elf Lieder und ein mit ›Choral‹ überschriebenes Vokalquartett mit Klavierbegleitung nach Åtterboms bekanntem Gedichtzyklus. – Für die Begleitung des ersten Liedes ist eine Alternativbesetzung angegeben: Harpa eller Piano-Forte.

ASÁF'EV, Boris Vladimirovič (1884–1949)

QUELLE der folgenden Nachweise: Mühlbach, Russ. Musikgeschichte, S. 430f.

Schauspielmusiken zu:

79 Die Verschwörung des Fiesco zu Genua. Ein republikanisches Trauerspiel
Uraufführung im Rahmen der Premiere in Petrograd, 25. November 1920 (Großes Schauspielhaus).

80 Don Carlos. Infant von Spanien. Ein dramatisches Gedicht
Uraufführung im Rahmen der Premiere in Petrograd, 15. Februar 1919 (Großes Schauspielhaus).

81 Kabale und Liebe. Ein bürgerliches Trauerspiel
1920 für das Große Schauspielhaus in Petrograd komponiert, aber offenbar nicht aufgeführt.

ASRIEL, Andre (1922–?)

Wilhelm Tell. Schauspiel

82 Schauspielmusik
1954 für das Deutsche Theater in Ost-Berlin entstanden; Inszenierung: Wolfgang Langhoff (s. *Musikgeschichte der DDR*, S. 181).

Die Komponisten und ihre Werke

ASSMAYER, Ignaz (1790–1862)

83 Resignation (»Auch ich war in Arkadien geboren«)
Für eine Singstimme mit Klavierbegleitung, op. 18
Wien: Sprenger [um 1825]. – Verl.-Nr. _693_. – Original (DLA).

ATHANASIU-GARDEEV, Esmeralda (1834–1917)

84 [2] _Lieder_, op. 35
Für eine Singstimme mit Klavierbegleitung
QUELLE: New Grove2 Bd. 2, S. 132 (demnach eine Schiller-Vertonung enthalten).

ATTWOOD, Thomas (1765–1838)

Die Räuber. Ein Schauspiel

85 Schauspielmusik zu einer englischen Adaption von Joseph George Holman unter dem Titel: _The Red Cross Knights. A play in five acts, founded on The Robbers by F. von Schiller_
Pasticcio (außerdem mit Musik von Samuel Arnold, John Wall Callcott und Wolfgang Amadeus Mozart)
London: Goulding, Phipps & D'Almaine, o. A. – Klavierauszug. – RISM A I: A 2724. BUC, S. 65 (datiert mit _1799_). Grove, _Opera_ Bd. 1, S. 242.
Uraufführung: London, 21. August 1799 (Theatre Royal, Haymarket).

AUBERLEN, Samuel Gottlob (1758–1829)

86 Würde der Frauen (»Ehret die Frauen! Sie flechten und weben«)
Besetzung nicht klärbar
QUELLE: Zugangsbuch des DLA (keine weiteren Angaben); Expl. verschollen. – RISM A I deest.

AUGUSTIN, F. H. (?–?)

87 _Schiller und Goethe (»In aner Tramway sitzt a Köchin«)_; Textverfasser unbekannt
Für zwei Singstimmen (SA) mit Klavierbegleitung
Wien: Eberle, o. A. – Hofmeister (1898–1903), S. 34. Pazdírek Bd. 1, S. 396.

— **B** —

BACH, M. (?–?)

88 An die Freude (»Freude, schöner Götterfunken«); hier unter dem Titel: _Ode an die Freude_
Nachweis ohne Besetzungsangaben [Rundgesang?]
Berlin: Ohne Verlagsangabe 1791. – Wurzbach, _Schiller-Buch_, Nr. 549. RISM A I deest.
Vielleicht irrtümlicher Nachweis von → 89.

BACH, Wilhelm Friedrich Ernst (1759–1845)

89   An die Freude (»Freude, schöner Götterfunken«)
Für eine Singstimme mit Klavierbegleitung

Um 1790 in Berlin erschienen; bisher kein Exemplar nachweisbar (s. MGG2 *Personenteil* Bd. 1, Sp. 1549).

90   *Erinnerung an Schillers Sterbetag (»Der Schmerz, der Trost«)*; Text von Hans von Held
Vokalquartett mit Klavierbegleitung

Unveröffentlicht (s. MGG2 *Personenteil* Bd. 1, Sp. 1548).

BACHMANN, Gottlob (1763–1840)

91   Des Mädchens Klage (»Der Eichwald brauset«)
Für eine Singstimme mit Klavierbegleitung
Augsburg: Gombart, o. A. – Verl.-Nr. *174*. – RISM A I: BB 537 I,22. Whistling 1828, S. 1048. Rheinfurth, *Gombart*, Nr. 61 (datiert mit *1799*). Original (DLA).

      · Mannheim: Heckel, o. A. – Wurzbach, *Schiller-Buch*, Nr. 552.

92   Die Bürgschaft (»Zu Dionys, dem Tyrannen, schlich Damon« – hier in der Gedichterstfassung: »... schlich Möros«)
Für eine Singstimme mit Klavierbegleitung
Wien: Kunst- und Industrie-Comptoire, o. A. – Verl.-Nr. *553*. – Original (DLA). RISM A I: BB 537 I,13. Weinmann (Kunst- u. Industrie Comptoire), S. 240 (datiert mit *1807*).

Ihrer Kaiserlichen Hoheit der Durchlauchtigsten Großfürstin und Erbprinzessin Maria von Sachsen Weimar und Eisenach unterthänigst gewidmet.

      · Wien: Haslinger, o. A. – Whistling 1828, S. 1048.

93   Die Schlacht (»Schwer und dumpfig eine Wetterwolke«)
Für eine Singstimme und Chor mit Klavierbegleitung
Wien/[Buda]Pest: Kunst- und Industrie-Comptoire/Schreyvogel, o. A. – Verl.-Nr. *552*. – Original (Slg. GG). RISM A I: BB 537 I, 23. Weinmann (Kunst- u. Industrie Comptoire), S. 240 (datiert mit 1807).

Es handelt sich eigentlich um eine dramatische Szene mit Rezitativen und ariosen Abschnitten für den Solisten; in etwas unregelmäßigen Abständen übernimmt ein dreistimmiger Chor (in ein System mit Violinschlüssel notiert) den Vokalpart.

      · Wien: Haslinger, o. A. – Whistling 1828, S. 1048.

94   Elysium. Eine Kantate (»Vorüber die stöhnende Klage«)
Für eine Singstimme mit Klavierbegleitung
Nr. 2 in: ders., *Gruppe aus dem Tartarus und Elysium; aus Schillers Gedichten.* – Wien: Kunst- und Industrie-Comptoir, o. A. – Verl.-Nr. *520*. – RISM A I: BB 537 I, 16. Weinmann (Kunst- u. Industrie Comptoir), S. 239 (datiert mit 1807).

      · Wien: Haslinger, o. A. – Hofmeister 1845 (*Vocalmusik*), S. 103.

95   Gruppe aus dem Tartarus (»Horch – wie Murmeln des empörten Meeres«)
Für eine Singstimme mit Klavierbegleitung
Nr. 1 in: ders., *Gruppe aus dem Tartarus und Elysium* → 94

      · Einzelausgabe. – Wien: Haslinger, o. A. – Whistling 1828, S. 1048.

96 Klage der Ceres (»Ist der holde Lenz erschienen?«)
Für eine Singstimme mit Klavierbegleitung
Wien: Bureau des arts et d'industrie, o. A. – Verl.-Nr. *423*. – RISM A I: BB 537 I,
19. MGG2 *Personenteil* Bd. 1, Sp. 1561 (datiert mit *1804*).

BÄBLER, Johann Jakob (1806–1875)

97 Sehnsucht (»Ach, aus dieses Tales Gründen«)
Dreistimmiger Kinder- oder Frauenchor (SSA) a cappella
Nr. 7 in: *Liederkranz. Eine Auswahl von sechzig drei- und vierstimmigen Liedern
für ungebrochene Stimmen. Zum Gebrauche für Sekundar- (Real-) und Oberschu-
len wie für Frauenchöre*, bearb. u. hg. von Sigmund Samuel Bieri. – 3., neu vermehrte u. verb. Aufl. – Bern: Commissionsverlag Antenen 1874. – Partitur. –
RISM-CH (Database).

Bisher war nur diese Bearbeitung nachweisbar. – S. S. Bieri (1827–?) wird auf der Titelseite
als *Sekundarlehrer in Interlaken* bezeichnet.

BÄRENZ, Joachim (?)

98 *Friedrich Schiller. Eine Dichterjugend.* Stummfilm in neun Akten. Drehbuch:
Kurt Götz [später: Curt Goetz] und Max Kaufmann; Regie: Kurt Götz
Filmmusik
Deutschland [Deutsches Reich]: Götzfilm 1923. – Schwarzweiß, viragiert; 102
Min. – Mit Theodor Loos (Friedrich Schiller), Hermann Vallentin (Karl Eugen,
Herzog von Württemberg), Isabel Heermann (Franziska von Hohenheim),
Paul Bildt (Andreas Streicher) u. a.

Für die DVD-Veröffentlichung (München: Edition Filmmuseum Nr. 2, 2005), die vom Münchener Filmmuseum zum Schiller-Jahr 2005 produziert worden ist, wurde die einzige bisher bekannte, aber unvollständige Kopie aus dem Gosfilmfond (Moskau) verwendet (von den ursprünglich 2617 Metern fehlen ca. 400 Meter); dafür sind zusätzliche Szenen aus dem Origi-
naldrehbuch und zwei Tonspuren mit verschiedenen, substantiell aber nur gering von einander abweichenden Versionen mit Bärenz' musikalischer Neubearbeitung (beide für Klavier);
einmal handelt es sich um den Livemitschnitt der improvisierten Begleitung vom 31. Juli 2005,
die innerhalb der Veranstaltungsreihe »Bonner Sommerkino« stattgefunden hatte (das Festival besteht seit 1985 und ist ausschließlich Stummfilmvorführungen gewidmet), das andere
Mal um eine unmittelbar zuvor hergestellte Studioproduktion. – Zu den Szenen, die den auf
dem Hohenasperg eingekerkerten Christian Daniel Friedrich Schubart zeigen, paraphrasiert
Bärenz die berühmte ›Marche funèbre‹ von Frédéric Chopin (3. Satz der Klaviersonate in
b-Moll, op. 35); sonst lassen sich keine weiteren bekannten Musikstücke identifizieren. – Bei
der Uraufführung des Stummfilmes in Stuttgart am 26. März 1923 (Landestheater, Kleines
Haus) hatte man eine Begleitmusik von Martin Niedermayr gespielt (nicht erhalten; → 1761). –
Danach wurde der Film am 25. März 2005 zum ersten Mal wieder in Stuttgart (Kammertheater) gezeigt, wobei eine neue musikalische Untermalung von Studierenden der Stuttgarter Musikhochschule erklang (vgl. *Stuttgarter Zeitung* vom 11. März 2005, S. 37; ohne detailliertere
Informationen).

BAILLE, Gabriel (1832–1909)

Thekla. Eine Geisterstimme (»Wo ich sei, und wo mich hingewendet«)

98+1 *La voix d'une ombre. 5e mélodie pour le piano*, op. 38
Paris: Benoît, o. A. – Verl.-Nr. *2970*. – Bibliothèque Nationale, Paris (Online-
Katalog; demnach *1872* veröffentlicht).

Mit Widmung: ... *à son élève Mademoiselle Fanny Malis*. – Gehört zu einer Reihe von Charakterstücken des Komponisten für Klavier mit dem Titel ›*Les ombres de la fou*‹.

BALATKA, Hans (1825–1899)

Vorname auch: *Jan*. Lange Zeit kursierte als Geburtsjahr *1826* bzw. *1827*.

99 Die Macht des Gesangs (»Ein Regenstrom aus Felsenrissen«); hier in englischer Übersetzung unter dem Titel: *The Power of Song*
Doppelmännerchor a cappella

1856 komponiert und im selben Jahr mit dem ersten Preis beim Sängerfest in Cincinnati ausgezeichnet (New Grove2 Bd. 2, S. 526).

BALDENECKER, Conrad (1828–?)

Wilhelm Tell. Schauspiel

99+1 *Wilhelm Tell. Melodramatic music for Schiller's drama*
Undatierte handschriftliche Partitur. – Library of Congress (Online-Katalog).

Aufgrund der dürftigen Katalogisierung können über den Charakter des Werkes keine genaueren Aussagen getroffen werden. Vermutlich handelt es sich aber nur um die Vertonung eines Textabschnitts.

BARBLAN, Otto (1860–1943)

Wilhelm Tell. Schauspiel

100 – V. 13ff. (Hirte: »Ihr Matten, lebt wohl«); hier unter dem Titel: *Lied des Hirten*; mit französischer Übersetzung von Emmanuel Barblan: *Chant du berger* (»*Montagnes, adieu*«)
Dreistimmiger Kinderchor (SSA) a cappella
Nr. 3 in: ders., *À la jeunesse suisse. Der schweizerischen Schuljugend. Six chants patriotiques. Sechs patriotische Gesänge* (zwei- und dreistimmig; mit deutsch-französischem Text). – Leipzig: Kommissionsverlag Hug, o. A. – Partitur (Verl.-Nr. *7358*). – Hofmeister (1929–1933), S. 48. RISM-CH (Database).

101 – V. 1447ff. (Rösselmann: »Wir wollen sein ein einzig' Volk von Brüdern«); hier unter dem Titel: *Der Grütli-Schwur*; mit französischer Übersetzung von Edouard Mercier: *Le Serment du Grütli* (»*Nous voulons être un peuple de vrais frères*«)
Gemischter Chor a cappella
Leipzig: Hug, o. A. – Partitur. – Hofmeister (1919–1923), S. 21.

   · Fassung für dreistimmigen Kinderchor (SSA mit S solo) a cappella. – Nr. 5 in: ders., *À la jeunesse suisse* → 100

BARNARD, J. G. (?–?)

101+1 Des Mädchens Klage (»Der Eichwald brauset«); hier mit englischer Übersetzung: *The Forest Roars (»The forest roars, the clouds drift o'ver«)*
Für eine Singstimme mit Klavierbegleitung
New York: Pont 1866. – Boston, Public Library (Online-Katalog).

Jenny Porter gewidmet.

Die Komponisten und ihre Werke

BARTELS, Johannes Nicolaus (1829–?)

Verwendete auch das Pseudonym _Nicolaus Hammer_.

102 Das Lied von der Glocke (»Fest gemauert in der Erden«)
Kantate in zwei Teilen für fünf Soli (SATBarB), vierstimmigen gemischten Chor (SATB) und Orchester, op. 7
Hamburg: Niemeyer, o. A. – Chor- und Orchesterstimmen, Klavierauszug (Verl.-Nr. _2219_). – Original (Slg. GG). HMB 1881/11+12, S. 301, bzw. 1882/8, S. 234.

Den lieben Geschwistern Gustav und Johannes Bartels zugeeignet in dankbarer Erinnerung an den 24. Mai 1880. – Das Werk besteht aus 35 Sätzen (2. Teil beginnt mit Nr. 24), darunter auch Frauen- bzw. Männerchöre, bei denen die Stimmen zusätzlich geteilt wurden. Der Solo-Bass trägt als einzige Partie eine Rollenbezeichnung: _Meister._ – In Zusammenhang mit der »Feuersbrunst« (erstmals nach V. 150, »Betet einen frommen Spruch«) zitiert Bartels drei Mal einige Takte des Chorals _»Was Gott tut, das ist wohl getan«_ (Melodie von Severus Gastorius), hier mit der Anmerkung: _Morgens 9 Uhr, kurz bevor auch der ehrwürdige St. Petri Thurm in Hamburg dem ungeheuren Brand_ [am 7. Mai 1842] _zum Opfer fiel._ Unmittelbar vor dem Einsturz habe das dortige _Glockenspiel noch »seinen frommen Spruch gebetet«_ – nämlich diesen Choral.

· Leipzig: Weinholtz, o. A. – Pazdírek Bd. 1, S. 614.

BARTHE, Adrien (1828–1898)

Eigentlich: _Grat-Norbert_ Barthe.

Don Carlos. Infant von Spanien. Ein dramatisches Gedicht

103 _Don Carlos._ Oper
Stieger (demnach nicht aufgeführt).

BARTOŠ, František (1905–1973)

Maria Stuart. Ein Trauerspiel

104 Schauspielmusik zur tschechischen Übersetzung mit dem Titel: _Marie Stuartovna_
QUELLE: MGG2 _Personenteil_ Bd. 2, Sp. 416.

BASELT, Fritz (1863–1931)

Die Räuber. Ein Schauspiel

105 – 4. Akt, 5. Szene (Räuber: »Ein freies Leben führen wir«)
Der gestörte Frühschoppen (»Ein freies Leben führen wir«); Textverfasser unbekannt
Humoristisches Duett (TBar) mit Klavierbegleitung, op. 49. – Leipzig: Siegel, o. A. – HMB 1889/11, S. 492. Pazdírek Bd. 1, S. 630 (nennt aber Tenor und Bass).

BATKA, J. N. (?–?)

106 Des Mädchens Klage (»Der Eichwald brauset«)
Für eine Singstimme mit Klavierbegleitung, op. 22
Karlsruhe: Giehne, o. A. – Hofmeister 1845 (_Vocalmusik_), S. 105. Schaefer, S. 39 (hier Name des Komponisten irrtümlich: _Bakka_).

Verzeichnis der musikalischen Werke

BAUER, Hannes (1890–?)

Wilhelm Tell. Schauspiel

107 — V. 921ff. (Attinghausen: »An's Vaterland, an's teure, schließ' dich an«); hier unter dem Titel: *Ans Vaterland*
Für Männerchor bzw. gemischten Chor a cappella oder für eine Singstimme mit Klavierbegleitung oder *im zweistimmigen Satz, dazu Blas- oder Streichermusikbegleitung*
Leipzig: Merseburger 1934 (= *Deutsche Trutz- und Trostlieder. Eine Chorliedersammlung zur Aufrüttelung und zum Aufbau des deutschen Volkes*, Nr. 18). – Verl.-Nr. *1454*. – Original (Slg. GG).

Mit der Anmerkung: *Gesungen bei der durch Kultusminister* [Fritz] *Wächtler 1933 vorgenommenen Grundsteinlegung der neuen Saalebrücke bei Jena.* – Die ideologisch geprägte Musikalienreihe ist von Hermann Grabner herausgegeben worden. Es handelt sich um Vertonungen älterer, klassischer und neuerer Dichtungen, die für nationale, nationalistische und parteipolitische Veranstaltungen des »Dritten Reiches« bestimmt waren.

BAUER, Michael (?–?)

107+1 An die Freude (»Freude, schöner Götterfunken«)
Gemischter Chor [vermutlich a cappella]

Sicher unveröffentlicht. – Für die Gedenkfeiern zu Schillers 100. Todestag komponiert und in diesem Rahmen uraufgeführt: Wien, 9. Mai 1905 (Prälatensaal des Sophienstifts), gesungen von Schülern des Obergymnasiums zu den Schotten unter Leitung von Benedikt Lofert. Letzterer und der Komponist dürften Lehrer des Schule gewesen sein (*Neue Freie Presse*, Abendblatt vom 10. Mai 1905, S. 7).

BAUERNFEIND, Hans (1908–1985)

108 *Nacht und Träume (»Heil'ge Nacht, du sinkest nieder«)*; Schiller zugeschriebener Text von Matthäus von Collin
Vierstimmiger Männerchor mit Klavierbegleitung
Wien: Robitschek, o. A. – Partitur, Stimmen. – Hofmeister (1934–1940), S. 58.
Der Nachdruck von 1958 nennt den richtigen Textautor.

BAUMANN, Herbert (geb. 1925)

Schauspielmusiken (alle unveröffentlicht):

109 Der Parasit. Ein Lustspiel (nach dem Französischen)
Uraufführung im Rahmen der Premiere in Wien, 1969 (Regie: Willi Schmidt). – WV/Baumann, S. 145.

110 Don Carlos. Infant von Spanien. Ein dramatisches Gedicht
Uraufführung im Rahmen der Premiere in München, 1974 (Regie: Hans Schweikart). – WV/Baumann, S. 146.

Maria Stuart. Ein Trauerspiel

111 1. Komposition – ca. 1951
Uraufführung im Rahmen der Premiere in Berlin, 1951 (Regie: Herwart Grosse). – WV/Baumann, S. 143.

112 **2. Komposition – ca. 1991**
Uraufführung im Rahmen der Premiere in Feuchtwangen, 1991 (Regie: Imo Moszkowicz). – WV/Baumann, S. 148.

Wallenstein. Ein dramatisches Gedicht

113 **1. Komposition – ca. 1949**
Uraufführung im Rahmen der Premiere in Berlin, 1949 (Regie: Willi Schmidt). – WV/Baumann, S. 143.

114 **2. Komposition – ca. 1972**
Uraufführung im Rahmen der Premiere in München, 1972 (Regie: Walter Felsenstein). – WV/Baumann, S. 146.

BAUMANN, Ludwig (1866–1944)

Wilhelm Tell. Schauspiel

115 – V. 1447ff. (Rösselmann: »Wir wollen sein ein einzig' Volk von Brüdern«); hier unter dem Titel: *Heiliger Schwur*
Vierstimmiger Männerchor (TTBB) mit Harmoniemusik oder Klavierbegleitung
Undatierte autographe Partitur. – RISM-OPAC
Besetzung: Je 2 Fl., Ob., Klar., Fg., Hr. u. Tr. sowie Pos. 1–3 u. Schlagwerk.

BAUMEISTER, Georg Ottomar (1800–?)

116 Dithyrambe (»Nimmer, das glaubt mir, erscheinen die Götter«)
Vierstimmiger Männerchor mit Soli (TTBB) a cappella
Nr. 157 in: *Liedertafel* [Sammelhandschrift mit 127 Männerchören, teilweise mit Instrumentalbegleitung], 1847. – Handschriftliche Partitur und Stimmen. – RISM-OPAC.

BAUMFELDER, Gustav (?–?)

Maria Stuart. Ein Trauerspiel

117 – V. 2098ff. (Maria Stuart: »Eilende Wolken, Segler der Lüfte«); hier unter dem Titel: *Sehnsucht (Arie der trauernden Thusnelda)*
Für eine Singstimme mit Klavierbegleitung, op. 1
Zittau: Schaeffer, o. A. – HMB 1894/6, S. 268.
Rätselhafte Titelgebung; der Textbeginn weist jedoch eindeutig auf den »Monolog der Maria Stuart« hin.

BAUMGARTEN, Chris (1910–?)

Turandot, Prinzessin von China. Ein tragikomisches Märchen nach Carlo Gozzi von Friedrich Schiller

118 Schauspielmusik
QUELLE: *Berliner Komponistinnen*, hg. von Bettina Brand, Martina Helmig, Barbara Kaiser, Birgit Salomon und Adje Westerkamp. Berlin: Musikfrauen e. V. 1987, S. 290.

BAUR, Jürg (1918–2010)

Die Räuber. Ein Schauspiel

Zwei Lieder für mittlere Stimme mit Cembalobegleitung

119 – 2. Akt, 2. Szene (Amalia: »Willst dich, Hektor, ewig mir entreißen«)
120 – 3. Akt, 1. Szene (Amalia: »Schön wie Engel, voll Walhallas Wonne«)

1951 im Auftrag von Gustaf Gründgens komponiert, der das Drama neu inszenierte und selbst in der Rolle von Franz Moor auftrat; unveröffentlicht (WV/Baur, S. 132). – Uraufführung im Rahmen der Premiere: Düsseldorf, 13. September 1951 (Schauspielhaus); Antje Weisgerber (Gesang), am Clavichord [!] der Komponist (zu den näheren Einzelheiten s. *Gustaf Gründgens. Eine Dokumentation des Dumont-Lindemann-Archivs anläßlich der Gustaf-Gründgens-Ausstellung zu seinem achtzigsten Geburtstag am 11. Dezember 1979. 2. Aufl. München: Langen Müller 1981, S. 239*).

BAUSZNERN, Dietrich von (1928–1980)

121 Der Pilgrim (»Noch in meines Lebens Lenze«)
Vierstimmiger Männerchor (TTBB) mit Bass solo a cappella
Darmstadt: Tonos 1972. – Partitur (Verl.-Nr. *3729*). – Original (Slg. GG).

BAUSZNERN, Waldemar von (1866–1931)

Auch: *Baussnern.*

Die Herrlichkeit der Schöpfung (»Vorüber war der Sturm, der Donner Rollen«)

122 – V. 31ff. (»Da schweb' ich nun in den saphirnen Höhen«)
Für gemischtes Vokalquartett (SATB), vierstimmigen gemischten Chor (SATB) und Orchester
S. 39ff. des Klavierauszugs in: ders., *Das Hohe Lied vom Leben und Sterben.* Kantate für vier Soli (SATB), vierstimmigen gemischten Chor (SATB), großes Orchester, Klavier und Orgel. – Leipzig: Leuckart, o. A. – Klavierauszug (Verl.-Nr. *8062*). – Original (Slg. GG). Hofmeister (1919–1923), S. 25.

1913 entstanden; die weiteren Texte stammen von Joseph von Eichendorff, Johann Wolfgang Goethe, Friedrich Hebbel, Gottfried Keller, Conrad Ferdinand Meyer, Eduard Mörike, Friedrich Nietzsche, [Julius?] Petri, Wilhelm von Polenz, Alexander Ritter und Maurice Reinhold Stern.

123 Punschlied (»Vier Elemente, innig gesellt«)
Für eine hohe bzw. tiefe Singstimme mit Klavierbegleitung
Nr. 33 (einzeln) des op. 1 in: ders., *Hundert Lieder und Gesänge*, opp. 1–5. – Leipzig: Hofmeister, o. A. – Zwei Ausgaben. – HMB 1888/10, S. 429.

Die ›Hundert Lieder und Gesänge‹ setzen sich aus fünf Opera zusammen, die jeweils aus unterschiedlich vielen Stücken mit eigener Nummerierung bestehen und nach der Besetzungen zusammengefasst sind (darunter Chorsätze a cappella in op. 4 und Duette mit Klavierbegleitung in op. 5). Op. 1 besteht aus 57 Nrr. für hohe bzw. tiefe Stimme mit Klavierbegleitung.

BAYERN, Ludwig Ferdinand Prinz von (1859–1949)

124 Der Graf von Habsburg (»Zu Aachen in seiner Kaiserpracht«)
Für eine Singstimme mit Klavierbegleitung
Berlin: Ahn 1907. – BSB (Online-Katalog).

Die Komponisten und ihre Werke

BAZZINI, Antonio (1818–1897)

Turandot, Prinzessin von China. Ein tragikomisches Märchen nach Carlo Gozzi von Friedrich Schiller

125   _Turanda. Azione fantastica_ in vier Akten; Libretto von Antonio Gazzoletti Mailand: Lucca, o. A. – Libretto. – Lo, S. 134 u. 200ff. (nur hier mit _1817_ als Geburtsjahr des Komponisten).

Es ist zu vermuten, daß die Vorlage für die Librettobearbeitung Gazzolettis die 1863 erschienene Rückübersetzung der Schillerschen Version ins Italienische von Andrea Maffei war. Zugleich handelt es sich um die wohl einzige italienische »Turandot«-Vertonung im 19. Jahrhundert und Bazzinis einzige Oper. – Uraufführung: Mailand, 13. Januar 1867 (Teatro alla Scala). Nach elf Folgeaufführungen im selben Jahr ist das Stück nie mehr gespielt worden.

Neben dem Libretto sind offenbar nur drei Musiknummern im Klavierauszug veröffentlicht worden (alle im gleichen Verlag):

- _Canzone_ (Adelma und Chor – 3. Akt, 3. Szene): »_Un giorno alla rosa_«
- _Recitativio e Romanza_ (Nadir – 3. Akt, 4. Szene): »_Ella è qui_«
- _Duetto_ (Turanda und Nadir – 4. Akt, 4. Szene): »_Tu m'hai vinta_«

BEACH, Amy Marcy (1867–1944)

Mädchenname: Cheney.

126   Der Graf von Habsburg (»Zu Aachen in seiner Kaiserpracht«); hier in englischer, vermutlich von der Komponistin stammenden Übersetzung: _The Minstrel and the King – Rudolf von Habsburg_
Ballade für zwei Soli (TBar), vierstimmigen Männerchor und Orchester, op. 16
Boston-Leipzig: Arthur P. Schmidt 1894. – Klavierauszug (Text: Deutsch/Englisch). – Block, S. 78, 163, 349 u. 356. HMB 1894/10, S. 449.

Dem Dirigenten Theodore Thomas gewidmet.

- Huntsville (Texas): Recital Publications, 1996. – Klavierauszug. – Chicago, Public library (Online-Katalog).

127   _Die vier Brüder (»Vier Brüder geh'n jahraus, jahrein«);_ hier mit englischer Übersetzung: _The four brothers (»Four Brothers are, yearout, yearin«);_ Schiller zugeschriebenes Gedicht von Caroline Stahl
Für eine Singstimme mit Klavierbegleitung
Nr. 4 (einzeln) in: dies., _Five Songs_ (o. op.). – Boston: Schmidt 1887. – Verl.-Nr. der Einzelausgabe _1469.6._ – Library of Congress (Digitalisat).

Zwischen 1885 und 1887 komponiert. – Als Urheber des Textes wird regelmäßig Friedrich Schiller genannt. Das Gedicht, in dem die vier Jahreszeiten besungen werden, stammt jedoch aus den 1818 erschienenen ›Fabeln, Märchen und Erzählungen für Kinder‹ von C. Stahl (1776–1837).

- Nr. 2 in: dies., [4 Lieder], op. 1. – Boston-Leipzig: Arthur P. Schmidt 1897. – Block, S. 57 u. 303.

  Ohne Sammeltitel veröffentlicht.

Maria Stuart. Ein Trauerspiel

128   – V. 2087ff. (Maria Stuart: »O Dank, Dank diesen freundlich grünen Bäumen«); hier in englischer, vermutlich von der Komponistin stammenden Übersetzung unter dem Titel: _Scena and Aria from Schiller's Mary Stuart (»O thanks to these trees so green and friendly«)_

Für Alt mit Orchesterbegleitung, op. 18
Boston-Leipzig: Arthur P. Schmidt, o. A. – Klavierauszug (Text: Deutsch/Englisch). – Block, S. 73ff., 175 u. 333 (demnach *1892* veröffentlicht). New Grove2 Bd. 3, S. 13f.

Erste Auftragskomposition für A. Beach und zugleich die erste der Symphony Society of New York, die an eine Komponistin vergeben worden ist. – Das Werk ist Mitte Juli 1892 abgeschlossen worden. Beach verwendete darin in der Art eines Leitmotivs die Melodie des Liedes »There's old Rob Morris« von Robert Burns. – Uraufführung: New York, 2. Dezember 1892 (Music Hall, der späteren Carnegie Hall), mit Carl Katie Alves (Alt), der das Werk auch gewidmet ist, unter der Leitung von Walter Damrosch. – Das Stück wird für gewöhnlich mit V. 2098ff. als Textincipit nachgewiesen (»Eilende Wolken, Segler der Lüfte« / »Wandering clouds, sail through the air«). Es schlägt sich dabei die alte Tradition nieder, das einleitende Rezitativ nicht zu zählen und lediglich den ariosen Teil bibliographisch zu berücksichtigen.

- Nr. 2 in: dies., [2 Kompositionen]. – Boston: Ditson, o. A. – Pazdírek Bd. 1, S. 703.

  Ohne Sammeltitel zusammen mit ›The rose of Avon-town‹ (vierstimmiger Frauenchor a cappella mit Sopran solo, op. 30; Text von Caroline Mischka) veröffentlicht. – Vgl. auch Block, S. 164f.

- Einzeln. – Boca Raton (Florida): Masters Music 1999. – Klavierauszug. – Chicago, Public library (Online-Katalog).

BECHER, Hugo (?–?)

Die Jungfrau von Orleans. Eine romantische Tragödie

129   *Die Jungfrau von Orleans. Posse für zwei Herren und eine Dame* mit Klavierbegleitung
Leipzig: Franz Dietrich, o. A. – Hofmeister (1909–1913), S. 44.

BECHT, J. A. (?–?)

130   Würde der Frauen (»Ehret die Frauen! Sie flechten und weben«)
Für eine Singstimme mit Klavierbegleitung
Mainz: Schott, o. A. – Verl.-Nr. *802*. – Original (DLA). Hofmeister 1845 (*Vocalmusik*), S. 106. RISM A I deest.

Auch mit alternativer Begleitung zur Gitarre nachgewiesen (vgl. Wurzbach, *Schiller-Buch*, Nr. 555).

BECKER, Adolf (1870–1941)

Wallenstein. Ein dramatisches Gedicht – I. Wallensteins Lager

131   *Wallensteins Lager*. Marsch für Harmoniemusik, op. 42
Berlin: Birnbach, o. A. – Hofmeister (1929–1933), S. 54.

BECKER, F. (?–?)

132   Der Alpenjäger (»Willst du nicht das Lämmlein hüten«)
Für eine Singstimme mit Klavierbegleitung oder zur Gitarre
Bonn: Dunst, o. A. – Hofmeister (1834–1838), S. 341.

BECKER, Philipp (?-?)

133   An Emma (»Weit in nebelgrauer Ferne«)
Für eine Singstimme mit Klavierbegleitung, op. 2
Wien: Diabelli, o. A. – Verl.-Nr. *2070*. – Weinmann (Diabelli), S. 135 (demnach *1826* veröffentlicht).

BECKER, Reinhold (1842–1924)

Macbeth. Zur Vorstellung auf dem Hoftheater in Weimar eingerichtet von Friedrich Schiller

134   – V. 741ff. (Pförtner: »Verschwunden ist die finst're Nacht«); hier unter dem Titel: *Morgenlied*
Vierstimmiger Männerchor (TTBB) a cappella, op. 120
Leipzig: Leuckart 1903. – Partitur (Verl.-Nr. *5599*), Stimmen. – BSB-Musik Bd. 1, S. 390.

BECKER, Valentin Eduard (1814–1890)

135   *Festgesang, Zur Erinnerung an Friedrich Schiller (»Lasst uns in frohem Sange preisen den Dichter und den deutschen Mann«)*; Textverfasser nicht bekannt
Für vierstimmigen gemischten Chor (SATB) und Harmoniemusik

1856 komponiert und wahrscheinlich in Beckers Heimatstadt Würzburg uraufgeführt. Vermutlich unveröffentlicht. – Auf der Titelseite der handschriftlichen Partitur befindet sich der Hinweis: *Preisgekrönt von der deutschen Tonhalle* [zu diesem Verein → 976] *im Jahre 1856*. – Orchesterbesetzung: Je 2 Fl., Ob., Klar., Fg., Hr. und Trp. sowie Pos. 1 2 3, Tb. und Pk.; hierzu heißt es in den Noten, dass die Trp., Pos, Tb. und Pk. *nach Belieben auch entbehrlich* seien.

QUELLEN: MGG2 *Personenteil* Bd. 2, Sp. 628. Für weitere detaillierte Informationen danke ich herzlich Prof. Dr. Friedhelm Brusniak, Universität Würzburg.

BECKERATH, Alfred von (1901–1978)

Das Lied von der Glocke (»Fest gemauert in der Erden«)

136   – V. 311f. (»Tausend fleiß'ge Hände regen«)
Nr. 2 in: ders., *Kantate zum Richtfest* für Sprecher, ein- bis vierstimmigen gemischten Chor a cappella oder mit beliebigen Instrumenten (Streicher, Bläser oder Klavier). – Mainz: Schott 1957. – Sing- und Spielpartitur (Verl.-Nr. *39533*). – Original (Mainz: Schott, Verlagsarchiv; freundl. Mitteilung von Monika Motzko-Dollmann). Hofmeister (1957), S. 29.

Neben den beiden Versen von Schiller wurden noch Textfragmente aus Gedichten von Robert Reinick und Ludwig Uhland sowie anonym überlieferte alte Volksdichtung (mit Quellenhinweisen wie *Aus Franken, Aus Schlesien* oder *Alter Glockenspruch*) vertont. – Ein Hinweis in den Musikalien (*Handwerker treten auf*) legt eine szenische Aufführung nahe.

BECKERATH, Kurt von (1864–1926)

137   Kassandra (»Freude war in Trojas Hallen«)
Kantate; nach Beckeraths Klavierparticell für zwei Soli (AT), vierstimmigen gemischten Chor (SATB) und Orchester instrumentiert von Max Reger

Vom Komponisten stammt nur die genannte Fassung. Mit der Orchestrierung wurde Reger beauftragt, der die Partitur Mitte/Ende Oktober 1897 in Wiesbaden beendete und diese am 25. Oktober Beckerath zuschickte. Das Werk blieb unveröffentlicht (s. WV/Reger Bd. 2, S. 1260).

Verzeichnis der musikalischen Werke

BECKERS, Hubert (?–?)

138 Punschlied (»Vier Elemente, innig gesellt«)
Für eine Singstimme mit Klavierbegleitung
S. 26 in: ders., *Liederkranz für eine Singstimme mit Begleitung des Pianoforte.* –
München: Ohne bibliographische Angaben. – Original (DLA).
... dem Zirkel seiner Freunde geweiht ... – Vermutlich aus der 1. Hälfte des 19. Jahrhunderts
stammender Druck mit insgesamt 15 Liedern.

139 Würde der Frauen (»Ehret die Frauen! Sie flechten und weben«)
Für eine Singstimme mit Klavierbegleitung
S. 20ff. in: ders., *Liederkranz* → 138

BECKMANN, Knut (?–?)

Wallenstein. Ein dramatisches Gedicht – I. Wallensteins Lager

140 – V. 1052ff. (Zweiter Kürassier: »Wohl auf, Kameraden, auf's Pferd«)
Für eine Singstimme mit Klavierbegleitung, op. 1
Dresden: Günther, o. A. – Hofmeister (1914–1918), S. 29.

BEČVAŘOVSKÝ, Antonín František (1754–1823)

Auch: *Beczwarzowsky, Betschwarzowski* oder *Betzwarzofsky*; in manchen Lexika mit dem
Vornamen *Felix*.

141 Würde der Frauen (»Ehret die Frauen! Sie flechten und weben«)
Für eine Singstimme mit Klavierbegleitung
Braunschweig: Musikalisches Magazin auf der Höhe, o. A. – Verl.-Nr. *517*. –
RISM A I: B 1563.

· Ohne bibliographische Angaben. – RISM A I: B 1564. Original (DLA).
· Notenbeilage zu S. 191 in: *Mnemosyne. Ein Handbuch für gebildete Frauen*, hg. W. Linck. – Frankfurt am Main: Körner 1803. – Original (DLA).
· Nr. 39 in: [41] *Frühe Schiller-Vertonungen bis 1825* (= *Denkmäler der Musik in Baden-Württemberg*, Bd. 18), vorgelegt von Georg Günther. – München: Strube 2005. – Original (Slg. GG).
Der in Zusammenarbeit mit dem Deutschen Literaturarchiv (Marbach am Neckar) herausgegebene Band enthält eine kritische Neuveröffentlichung von Schiller-Vertonungen (überwiegend für eine Singstimme mit Klavierbegleitung); die historischen Quellen stammen bis auf eine Ausnahme aus der Musikaliensammlung der genannten Institution. – In einem umfangreichen Textteil werden Forschungsergebnisse zum gesamten Thema und zu verschiedenen Einzelaspekten referiert. Darüber hinaus werden die musikalische Wirkungsgeschichte und die Vertonungstradition aller hier berücksichtigten Gedichte beleuchtet.

BEER, Julius (?–?)

Wilhelm Tell. Schauspiel

142 – V. 1ff. (»Es lächelt der See«); hier unter dem Titel: *Fischerlied*
Für Sopran oder Tenor mit Klavierbegleitung
Nr. 1 in: ders., [2 Lieder]. – Berlin: Bote & Bock, o. A. – Verl.-Nr. *1351*. – Original (Slg. GG). HMB 1850/4, S. 65.
Veröffentlichung ohne Sammeltitel.

BEETHOVEN, Ludwig van (1770–1827)

Das veröffentlichte Schaffen Beethovens ist durch WV/Beethoven-1 bzw. -2 erschlossen und in modernen Publikationen leicht zugänglich, so dass für das vorliegende Verzeichnis ein absolutes Minimum an bibliographischen Nachweisen ausreicht.

Neben den authentischen Werken wurden für dieses Verzeichnis auch jene Kompositionen berücksichtigt, deren Entstehung nach einer zweifelhaften Theorie Arnold Scherings durch Schillersche Dichtungen angeregt worden sein sollen. Der Musikwissenschaftler suchte dies in drei Abhandlungen zu rechtfertigen, die zwar ziemlich problematisch sind, aber ebenfalls zu Schillers musikalischer Wirkungsgeschichte gehören und deshalb hier einbezogen werden mussten. Scherings wissenschaftliche »Seriosität« dokumentiert sich in ideologischen Interpretationen, wie der 5. Sinfonie als *Symphonie der nationalen Erhebung* (Schering1, S. 34).

Schering begründet seine Darlegungen mit zeitgenössischen Berichten, die literarische Einflüsse auf Beethovens Schaffen belegen. So erklärte bspw. Ferdinand Ries in einer biographischen Notiz, dass sich Beethoven *bei seinen Compositionen oft einen bestimmten Gegenstand* [gedacht habe], *obschon er über musikalische Malereien häufig lachte und schalt, besonders über kleinliche der Art.* Noch genauer heißt es bei Carl Czerny, *daß Beethoven sich zu vielen seiner schönsten Werke durch ähnliche, aus der Lektüre oder aus der eignen regen Phantasie geschöpfte Visionen und Bilder begeisterte, und daß wir den wahren Schlüssel zu seinen Kompositionen und zu deren Vortrage nur durch die sichere Kenntnis dieser Umstände erhalten würden* ... Angeführt wird auch Anton Schindlers bekannte Aussage, wonach Beethoven auf dessen Frage nach dem »Schlüssel« zur Sonate op. 31, Nr. 2, geantwortet habe: *Lesen Sie nur Shakespeares ›Sturm‹* (zitiert nach Schering2, S. 7); das Stück trägt seither deshalb den Beinamen »Sturm-Sonate«.

An die Freude (»Freude, schöner Götterfunken«)

143 1. Komposition – ca. 1793
Besetzung unklar

Nicht ausgeführte oder verworfene Vertonung; verschollen (WV/Beethoven-2 Bd. 1, S. 814). – Am 26. Januar 1793 berichtete Bartholomäus Ludwig Fischenich aus Bonn in einem Brief an Schillers Frau Charlotte über Beethoven: *Er wird auch Schillers Freude und zwar jede Strophe bearbeiten. Ich erwarte etwas vollkommenes denn so viel ich ihn kenne, ist er ganz für das Große und Erhabene* (s. Kommentar in: NA Bd. 4 Teil II, S. 379). – Der Hinweis auf die »strophenweise Bearbeitung« deutet darauf hin, dass Beethoven schon damals keinen konventionellen Rundgesang geplant und somit von der üblichen Vertonungstradition des Gedichts abweichende Vorstellungen hatte. – Ob es sich bei Beethovens Vertonung des Gedichts, die Ferdinand Ries am 13. September 1803 dem Verlag Simrock zusammen mit anderen Kompositionen angeboten hat, um jene »1. Komposition« handelt, kann nicht mehr festgestellt werden; die Handschriften sind verloren.

144 2. Komposition – ca. 1822–1824
Für vier Soli (SATB), vierstimmigen gemischten Chor (SATB) und Orchester
4. Satz in: ders., Sinfonie Nr. 9 d-Moll, op. 125. – Mainz: Schott, o. A. – Partitur (Verl.-Nr. *2322*). – Original (DLA). WV/Beethoven-1, S. 371f., bzw. WV/Beethoven-2 Bd. 1, S. 828f. (demnach *1826* erschienen).

Teilvertonung des Gedichts: V. 1–20, 25–36, 45–48. – *Seiner Majestät, dem König von Preußen, Friedrich Wilhelm III. in tiefster Ehrfurcht zugeeignet.* – Uraufführung: Wien, 7. Mai 1824 (k. k. Hoftheater nächst dem Kärntnertor), mit Henriette Sontag (Sopran), Caroline Unger (Alt), Anton Haitzinger (Tenor) und Joseph Seipelt (Bass) unter der musikalischen Leitung des – allerdings völlig ertaubten – Komponisten, der deshalb von Michael Umlauf und Ignaz Schuppanzigh unterstützt wurde.

Beethoven hatte um 1811/12 geplant, eine Vertonung von ›An die Freude‹ in die Ouvertüre ›Zur Namensfeier‹, op. 115, einzubeziehen (vgl. WV/Beethoven-1, S. 332), was dann aber unterblieb. Erst um 1822–1824 griff er während der Entstehung der 9. Sinfonie das Vorhaben erneut auf und wollte daraus zunächst eine Huldigung des Dichters gestalten; das einleitende Rezitativ hatte er deshalb mit folgenden eigenen Worten unterlegt: *Lasst uns das Lied des unsterblichen Schiller singen!* Die endgültige Fassung lautet: *O Freunde, nicht diese*

Töne, sondern lasst uns angenehmere anstimmen und freudenvollere! Dies stieß im 19. Jahrhundert offenbar wiederholt auf Unverständnis, weshalb man den Text des Rezitativs mehrfach neu gestaltete. So ist bspw. von der Leipziger Erstaufführung (6. März 1826) eine Variante bekannt, die dort fast neun Jahre lang beibehalten wurde: *Verscheucht diese Töne, ihr Freunde, ihr Brüder! Freude, hohe, allgewaltige erscheine! Dir schalle unser Hochgesang!* Erst für das dortige Konzert vom 11. Februar 1835 unter der Leitung von Felix Mendelssohn Bartholdy wurde die originale Fassung wieder hergestellt. Auch für die Aufführung beim Aachener Musikfest (1825) kann eine Umtextierung des Rezitativs belegt werden: *Freunde, nicht doch diese Töne! Freuden Hymnen lass erschallen, Freud' im Herzen widerhallen!* (vgl. Dieter Hildebrandt: *Die Neunte. Schiller, Beethoven und die Geschichte eines musikalischen Welterfolgs.* München: Hanser 2005, S. 149–151). – 2012/13 komponierte Aribert Reimann hierzu einen ›Prolog zu Beethovens 9. Sinfonie‹ für Chor und Orchester, in dem einige der von Beethoven nicht vertonten Verse des Gedichts zu singen sind (→ 1983+1).

Wirkungsgeschichtliche Sonderfälle

Für Anfang der 1970er Jahre konnten vier Neutextierungen nachgewiesen werden, die wahrscheinlich alle mit Beethovens 200. Geburtstag zusammenhingen. 2010 kam eine weitere hinzu, die einen konkreten politischen Hintergrund hatte:

1. *A Song of Joy (»Come sing a song of joy«)*; Text von Miguel Rios

   Aus Anlass von Beethovens 200. Geburtstag vom spanischen Popsänger M. Rios geschriebene und interpretierte Neutextierung, die von Waldo de los Rios nach Beethovens Vertonung arrangiert worden ist und in dieser Schlagerfassung damals größte Verbreitung fand (in Deutschland hielt sie sich bspw. 15 Wochen auf dem ersten Platz der Hitliste).

   QUELLE: Internetrecherchen.

2. *Der Weg zum Glück (»Einigkeit und Recht und Freiheit sind der Völker höchstes Ziel«)*; Text von Ivo Mondry
   Für vierstimmigen gemischten Chor bzw. vierstimmigen Männerchor mit Klavierbegleitung, gesetzt von Albrecht Rosenstengel
   Hamm in Westfalen: Hoppe, 1971. – Partitur (zwei Ausgaben). – Hofmeister (1971), S. 30.

3. *Das Lied der Freude (»Singt mit uns das Lied der Freude«)*; Text von Heinz Haubrich
   Für vierstimmigen gemischten Chor bzw. vierstimmigen Männerchor bzw. dreistimmigen Jugend- oder Frauenchor jeweils a cappella oder mit Combo (Melodie- und Rhythmusgitarre sowie Bass), gesetzt von Hans-Jürgen Mardi
   Mülheim an der Ruhr: Haubrich 1971. – Chorpartitur (drei Ausgaben), Combostimmen. – Hofmeister (1972), S. 25.

4. *Gesang der Freude (»Freude, Freude, singet zur Freude«)*; Text von E. Geyer
   Für vierstimmigen Männerchor bzw. vierstimmigen Männerchor mit zweistimmigem Kinder- oder Frauenchor, gesetzt von Wolfgang Joachim
   Heidelberg: Hochstein 1971. – Partitur. – Hofmeister (1972), S. 25.

5. *»Freunde schöner Kopfbahnhöfe«*; Text von Timo Brunke

   Im Herbst 2010 in Zusammenhang mit den Protesten gegen das höchst umstrittene, von breiten Bevölkerungsschichten abgelehnte Bahnhofsprojekt »Stuttgart 21« als Widerstandslied entstanden.

   QUELLE: Zeitgenössisches Flugblatt (Slg. GG).

6. *The European Anthem. L'Hymne européen. Europäische Hymne.* Nach der Melodie des Schlusssatzes der 9. Sinfonie von Ludwig van Beethoven bearb. von Herbert von Karajan
   Für Klavier bzw. Blas- oder Sinfonieorchester

Mainz: Schott 1972. – Ausgaben für Klavier (Verl.-Nr. *5203*), Blasorchester (Verl.-Nr. *6489*), Sinfonieorchester (Verl.-Nr. *6488*). – Homepage des Verlages.

Der Europarat erklärte 1972 Beethovens Melodie zu seiner Hymne und beauftragte Herbert von Karajan, eine Bearbeitung in den oben genannten drei Versionen anzufertigen. Die Staats- und Regierungschefs der Europäischen Union nahmen sie 1985 als offizelle Hymne der Staatengemeinschaft an, weil sie nicht nur diesen politischen Zusammenschluss sondern *Europa in einem weiteren Sinne* ausdrücke: *Mit seiner ›Ode an die Freude‹ brachte Schiller seine idealistische Vision zum Ausdruck, dass alle Menschen zu Brüdern werden – eine Vision, die Beethoven teilte. [...] Ohne Worte, nur in der universellen Sprache der Musik, bringt sie die europäischen Werte Freiheit, Frieden und Solidarität zum Ausdruck. Die Europäische Hymne soll die Nationalhymnen der EU-Länder nicht ersetzen; sie steht vielmehr für die Werte, die diese Länder vertreten. Die Hymne erklingt bei offiziellen Feierlichkeiten unter Beteiligung der Europäischen Union und üblicherweise bei allen Veranstaltungen mit europäischem Charakter.* – Durch den Verzicht auf einen Text soll die Bevorzugung einer Sprache unterbunden werden. Natürlich gab es Überlegungen, ›An die Freude‹ in Esperanto übersetzen zu lassen, der einzigen übernationalen Sprache; letztlich konnte man sich darauf aber nicht verständigen.

Außergewöhnliche Aufführungen: Am 17. Februar 2008, dem Tag der Unabhängigkeit des Kosovo, wurde die Europäische Hymne als provisorische Nationalhymne der neuen Republik gespielt. – Nach den islamistischen Terroranschlägen in Brüssel (Flughafen und Metro) vom 22. März 2016, die 32 Todesopfer forderten, fand am 25. März eine Gedenkaufführung auf dem dortigen Börsenplatz statt; es spielten die Brüsseler Philharmoniker, es sang der Flämische Radiochor. Da Brüssel der wichtigste Sitz europäischer Behörden ist und deshalb umgangssprachlich als »europäische Hauptstadt« bezeichnet wird, lag die Aufführung dieses Stücks nahe. Hierbei sang man zwar den Originaltext, doch wurden Handzettel mit zahlreichen Übersetzungen verteilt; die Verse erklangen also mehrsprachig.

QUELLEN: Offizielle Website der Europäischen Union. Zeitgenössische Presseberichte.

145 – V. 15f. (»Wer ein holdes Weib errungen, / Mische seinen Jubel ein!« [hier: »*Stimm' in unser'n* Jubel ein«])
Für vierstimmigen gemischten Chor und Orchester
Schlusschor in: ders., *Leonore*. Oper in drei Aufzügen, bzw. *Fidelio*. Oper in zwei Aufzügen, op. 72. Libretto unter Beteiligung von Joseph Sonnleithner, Stephan von Breuning und Georg Friedrich Treitschke. – WV/Beethoven-1, S. 171ff., bzw. WV/Beethoven-2 Bd. 1, S. 398ff.

Beethovens schöpferische Auseinandersetzung mit dem Gedicht schlägt sich hier erstmals in einer überlieferten Komposition nieder. – Die Uraufführungen der verschiedenen Opernfassungen fanden in Wien statt: 20. November 1805 (Theater an der Wien); 29. März 1806 (ebd.); 23. Mai 1814 (Kärntnertortheater).

146 Das Geheimnis (»Sie konnte mir kein Wörtchen sagen«)

QUELLE: Brandstaeter, S. 34; hier zusammen mit ›Resignation‹ (→ 159) irrtümlich als op. 113 nachgewiesen, bei dem es sich aber um Beethovens Schauspielmusik zu ›*Die Ruinen von Athen*‹ von August von Kotzebue handelt.

147 Das Glück (»Selig, welchen die Götter, die gnädigen, vor der Geburt schon liebten«)
Angebliche Inspirationsquelle zum 3. Satz von: ders., Sinfonie Nr. 9 d-Moll, op. 125 → 144

Vgl. Schering3, S. 155ff.

Verzeichnis der musikalischen Werke

148 Das Mädchen aus der Fremde (»In einem Tal bei armen Hirten«)
Für eine Singstimme mit Klavierbegleitung und Klarinette
Kompositionsskizze. – Gustav Nottebohm, *Zweite Beethoveniana. Nachgelasse-
ne Aufsätze.* Leipzig: Rieter-Biedermann 1887, S. 282. Original (Homepage des
Beethoven-Hauses, Bonn). WV/Beethoven-1 bzw. -2 deest.

Der Spaziergang (»Sei mir gegrüßt, mein Berg«)

149 – V. 31ff. (»Tief an des Berges Fuß, der gählings unter mir abstürzt«) und
V. 179f. (»Brausend stürzt der Giesbach herab«)
Angebliche Inspirationsquelle zum 4. Satz von: ders., Sinfonie Nr. 4 B-Dur,
op. 60. – Bonn: Simrock, o. A. – Partitur (Verl.-Nr. *2078*). – WV/Beethoven-1,
S. 145, bzw. WV/Beethoven-2 Bd. 1, S. 337f. (demnach *1823* erschienen).
Schering3, S. 599f.

Im Jahr 1806 komponiert. – *Dediée à Monsieur le Comte* [Franz] *d'Oppersdorff.* – Uraufführung (nicht öffentlich): Wien, im März 1807 (in einem der beiden im Palais des Fürsten Lob-
kowitz veranstalteten Subskriptionskonzerte, die ausschließlich Werken Beethovens vor-
behalten waren), unter der Leitung des Komponisten. Öffentliche Erstaufführung (im Rahmen eines Wohltätigkeitskonzertes): Wien, 15. November 1807 (Theater an der Wien), unter der Leitung des Komponisten.
   Zunächst hatte Schering angenommen, dass *für das Finale der Symphonie ein Schiller-
sches Gedicht nicht in Frage kommt* [...]. *Sein Charakter ist frei von Pathos und Gefühlsüber-
schwang.* Allenfalls *ein Titel wie* »Spaziergang am Bach« [käme] *in Betracht,* womit aber
zumindestens ein Motiv seiner späteren Deutung anklingt (vgl. Schering1, S. 74).

150 Der Tanz (»Siehe, wie schwebenden Schritts im Wellenschwung«)
Angebliche Inspirationsquelle zum 2. Satz von: ders., Sinfonie Nr. 9 d-Moll,
op. 125 → 144

Vgl. Schering3, S. 148ff.

Die Bürgschaft (»Zu Dionys, dem Tyrannen, schlich Damon«)

150+1 *Die Bürgschaft.* Oper in drei Akten; Libretto von Ferdinand Leopold Karl von
Biedenfeld

Nicht verwirklicht. – Auf Initiative des Wiener Theaterdirektors Domenico Barbaja um 1823
entstandenes Libretto, worüber Biedenfeld berichtet: *Gegen manches Bedenken ließ ich mich
beschwatzen, Schiller's Bürgschaft möglichst getreu als Stoff zu wählen und zu den Gesangsstücken lediglich Schiller'sche Gedichte zu nehmen.* Nach der Fertigstellung wurde Biedenfeld aufgefordert, *das Buch selbst dem Meister Beethoven zu übergeben, der bereits Einladung zur Composition erhalten hatte. Glücklicher Weise traf ich den Meister bei sehr guter Laune. Er ließ sich
den Plan erklären, den ersten Act vorlesen, bezeigte seine Freude darüber* [...]. Beethoven habe
dann um ein paar Tage Bedenkzeit und nochmaligen Besuch gebeten: *Ich kam, er war wieder
sehr freundlich, sogar gesprächig, erklärte sich zur Composition bereit, jedoch nur zu Act 1 und 3,
weil der zweite Act sich lediglich um die Hochzeitsfeier drehte und solche seelige Heiterkeit seiner
ganzen Natur nicht zusagen könnte,* [Joseph] *Weigl soll den 2. Akt schreiben, dann würde ein
ganz gutes Werk daraus werden.* Barbarja wollte kein solches Pasticcio, und hatte wohl recht;
*Weigl würde sich sich wohl auch nie dazu verstanden haben, auf solche Weise unmittelbarst mit
Beethoven in die Schranken zu treten;* so fiel die Wahl auf C.[onradin] *Kreutzer;* dieser begann
mit der Komposition, die er aber bald abgebrochen hat (→ 1308+1). – Biedenfelds Libretto ist
danach drei Mal komponiert worden, nämlich von Georg Hellmesberger (→ 932), Franz Lachner (→ 1365) und Peter Lindpaintner (→ 1462).
   Biedenfeld hatte im Libretto Ausschnitte mehrerer Gedichte Schillers verarbeitet (bspw. aus
›Der Triumph der Liebe‹, ›Die Blumen‹, ›Morgenphantasie‹ und ›Sehnsucht‹ sowie aus der
›Bürgschaft‹). Teilweise handelt es sich um wörtliche Zitate; darüber hinaus wurden auch Passagen der jeweiligen Situation sprachlich angepasst (vgl. das Beispiel von ›Die Erwartung‹, wo-

Die Komponisten und ihre Werke

zu Beethoven bei einem Besuch Biedenfelds am Klavier improvisiert hat; → 151+1). – Rückblickend musste der Bearbeiter, der über die mangelhaften Erfolge der Opern von Lachner und Lindpaintner orientiert war, selbstkritisch einräumen: _Der Fehler liegt wohl in dem Buche, und die scheinbar glückliche Idee mit Einflechtung der Schiller'schen Gedichte kam mir später selbst als eine unglückliche vor, weil sie dem Tonsetzer die Aufgabe wesentlich erschwert und die Aufmerksamkeit der Zuhörer allzuhäufig vom Drama ab und zu den Gedichten des großen Allmeisters hinzieht. Aber ein hübsches Kunststückchen bleibt es doch._

QUELLEN: Biedenfeld, S. 216f. WV/Beethoven-2 Bd. 2, S. 617.

Die Erwartung (»Hör' ich das Pförtchen nicht gehen?«)

151 Angebliche Inspirationsquelle zum 1. Satz von: ders., Sinfonie Nr. 4 B-Dur, op. 60 → 149

Vgl. Schering1, S. 67ff.

151+1 Improvisation des Komponisten am Klavier

Ferdinand Leopold Karl von Biedenfeld hatte für Beethoven das Libretto zu einer Oper nach Schillers Ballade ›Die Bürgschaft‹ geschrieben, darin mehrere Gedichte des Dichters als Gesangstexte einbezogen (→ 150+1) und berichtet über die Besprechung des Plans mit dem Komponisten: [Dieser] _nahm mir das Buch aus der Hand, blätterte darin, stieß auf das »Hör' ich das Pförtchen nicht gehen etc.« nickte, lächelte, saß am Klavier und improvisirte einen köstlichen Anfang dazu, ..._ (Biedenfeld, S. 216). – Das Libretto enthält nur wenige, teils der Bühnensituation angepasste Verse: »Hör' ich _die Pforten_ nicht gehen, / Hat nicht der Riegel geklirrt? / Nein, es war des Windes Wehen, / Der durch _die Gewölbe_ schwirrt. / _Hörst du_ nicht Tritte erschallen? / Rauscht's nicht den _Bogen_gang her? / Nein, _es nahet diesen Hallen / Nicht der Fuß des Freundes mehr!«_ Zitiert nach S. 32 des Librettodrucks zu Lindpaintners Opernversion (→ 1462).

152 Die Gunst des Augenblicks (»Und so finden wir uns wieder«)
Angebliche Inspirationsquelle zum 3. Satz von: ders., Sinfonie Nr. 4 B-Dur, op. 60 → 149

Vgl. Schering1, S. 74.

Die Jungfrau von Orleans. Eine romantische Tragödie

153 Angebliche Inspirationsquelle zur Sonate _für das Hammerklavier_ B-Dur, op. 106

1. Satz: _Allegro_
Erster Monolog der Johanna (»Lebt wohl, ihr Berge, ihr geliebten Triften«); V. 383ff. (Prolog)

2. Satz: _Scherzo (Assai vivace)_
Zweiter Monolog der Johanna – 1. Teil (»Die Waffen ruh'n«); V. 2518ff. (4. Akt, 1. Auftritt)

3. Satz: _Adagio sostenuto_
Zweiter Monolog der Johanna – 2. Teil (»Frommer Stab! O hätt' ich nimmer mit dem Schwerte dich vertauscht«); V. 2582ff. (ebd.)

4. Satz: _Largo_
Johanna begegnet ihren Schwestern Margot und Louison. Sie stürzt verzweifelt aus der Kirche; (4. Akt, 6. Auftritt: _Zug der Großen des Reichs nach der Kathedrale_)
Fuge (Allegro risoluto)
Johanna umhergetrieben und von Gewissensbissen gefoltert; innere Kämpfe; endlich Aufstieg und Sieg (4. Akt, 8. Auftritt)

Vgl. Schering2, S. 98ff.

Wien: Artaria, o. A. – Verl.-Nr. _2588_. – WV/Beethoven-1, S. 295f., bzw. WV/Beethoven-2 Bd. 1, S. 666f. (demnach _1819_ erschienen).

Verzeichnis der musikalischen Werke

1817/18 komponiert. – *Seiner Kaiserlichen Königlichen Hoheit und Eminenz, dem Durchlauchtigsten Hochwürdigsten Herrn, Herrn Erzherzog Rudolph von Österreich, Kardinal und Erzbischof von Olmütz etc. etc. etc. in tiefster Ehrfurcht gewidmet.* – Die Erstausgabe kam gleichzeitig mit deutscher und französischer Titelseite heraus.

– Schlussvers (Johanna: »Kurz ist der Schmerz und ewig ist die Freude!«)

154 1. Komposition – 1813
Kanon zu drei Stimmen, WoO 163
Musikbeilage (Faksimile) Nr. 1 in: *Dr. Johann Severin Vaters Jahrbuch der häuslichen Andacht und Erhebung des Herzens.* – Halle: Renger, 1828. – WV/Beethoven-1, S. 671, bzw. WV/Beethoven-2 Bd. 2, S. 476.

Ende (23.?) November 1813 in das Stammbuch des Universitätsmusikdirektors Johann Friedrich Naue (Halle/Saale) eingetragene Gelegenheitskomposition. Zu Lebzeiten Beethovens nicht veröffentlicht.

Im Notendruck

- Faksimile; mit dem Untertitel: *Autographie aus dem Stammbuche eines Musikers.* – Berlin: Hirsch, o. A. – Hofmeister (1844–1851), S. 250.

- Im Notendruck. – In: *Sammlung von Musik-Stücken alter und neuer Zeit als Zulage zur neuen Zeitschrift für Musik*, 16. Heft. – Leipzig: Friese [1841]. – WV/Beethoven-1, S. 672.

155 2. Komposition – 1815
Kanon zu drei Stimmen, WoO 166
Musikbeilage (Faksimile) in: Louis Spohr, *Selbstbiographie*, 2. Bd. – Kassel-Göttingen: Wigand 1861; ungezähltes Blatt im Anhang. – WV/Beethoven-1, S. 674, bzw. WV/Beethoven-2 Bd. 2, S. 481.

Am 3. März 1815 für das Autographenalbum von Louis Spohr entstandene Gelegenheitskomposition. Zu Lebzeiten Beethovens nicht veröffentlicht. – Spohr berichtet darüber in seiner ›Selbstbiographie‹ (S. 213), dass er das Album extra für seine erste größere Europareise angelegt habe und hebt dann speziell diesen Eintrag hervor: *Der werthvollste Beitrag ist mir der von Beethoven. [...] Bemerkenswerth ist: 1) daß Beethoven, dessen Schrift, Noten wie Text, in der Regel fast unleserlich waren, dieses Blatt mit besonderer Geduld geschrieben haben muß; denn es ist sauber vom Anfange bis zum Ende, was um so mehr sagen will, da er sogar die Notenlinien selbst und zwar aus freier Hand, ohne Rostral [!], gezogen hat; 2) daß sodann nach dem Eintritte der dritten Stimme ein Takt fehlt, den ich habe ergänzen müssen. Die kleine Komposition ist mit folgendem Gruß unterzeichnet: Mögten Sie doch, lieber Spohr, überall, wo Sie wahre Kunst und wahre Künstler finden, gerne meiner gedenken, Ihres Freundes Ludwig van Beethoven.*

Im Notendruck

Nr. 256 / 3b in: *Ludwig van Beethoven's Werke*, Ser. 23. – Leipzig: Breitkopf & Härtel 1863. – Verl.-Nr. *B. 256*. – WV/Beethoven-1, S. 674, bzw. WV/Beethoven-2 Bd. 2, S. 481.

- S. 58 des 2. Bandes von: *Der Kanon. Ein Singbuch für alle*, hg. von Fritz Jöde (in 3 Bänden). – Wolfenbüttel: Kallmeyer 1926. – Original (Slg. GG).

  1. Bd.: *Von den Anfängen bis Bach*; 2. Bd.: *Von der Mitte des 18. Jahrhunderts bis Cherubini*; 3. Bd.: *Von der Mitte des vorigen Jahrhunderts bis zur Gegenwart.* – Nach dem Zweiten Weltkrieg bei Möseler (Wolfenbüttel) immer wieder aufgelegt (auch als Gesamtband erschienen).

- S. 260f. in: *Rundadinella* → 1300

Die Komponisten und ihre Werke

156   Gruppe aus dem Tartarus (»Horch – wie Murmeln des empörten Meeres«)
Angebliche Inspirationsquelle zum 1. Satz von: ders., *Symphonie* Nr. 9 d-Moll,
op. 125 → 144

Vgl. Schering3, S. 135ff.

157   Hero und Leander (»Seht ihr dort die altergrauen Schlösser«)
Angebliche Inspirationsquelle zur Sonate für Klavier c-Moll, op. 13 (»Sonate
pathétique«)

1. Satz: *Grave*
    – V. 161ff. (»»Wehe! Weh mir!‹ ruft die Arme«): *Die verzweifelte Hero ruft Zeus um*
     Erbarmen an
    Allegro di molto e con brio
    – V. 191ff. (»Und es wächst des Sturmes Toben«): *Meeressturm*
    – V. 201ff. (»Und sie fleht zu Aphrodite«): *Flehende Bittrufe an die Götter um Hilfe*
     für den Geliebten

2. Satz: *Adagio cantabile*
    – V. 221ff. (»Und die wilden Winde schweigen«): *Friedevolle Naturstimmung nach*
     dem Sturm. Hero erkennt die ans Ufer gespülte Leiche Leanders; Schmerzensaus-
     bruch und wehmütiger Verzicht

3. Satz: *Rondo (Allegro)*
    – V. 241ff. (»»Ich erkenn' euch, ernste Mächte‹«): *Seelenkämpfe und Rückblicke der*
     Hero; Entschluss und Todessturz

Vgl. Schering3, S. 547ff.

Wien: Eder, o. A. – Verl.-Nr. *128*. – WV/Beethoven-1, S. 30, bzw. WV/Beethoven-2 Bd. 1, S. 68 (datiert auf *1799*).

1798/99 komponiert. – *Dediée à Son Altesse Monseigneur le Prince Charles de Lichnowsky.*

Maria Stuart. Ein Trauerspiel

158   Angebliche Inspirationsquelle zur Sonate für Klavier As-Dur, op. 110

1. Satz: *Moderato cantabile, molto espressivo*
    – V. 2098ff. (Maria Stuart: »Eilende Wolken, Segler der Lüfte«): *Die zweite lyrische*
     Monologstrophe der Maria Stuart

2. Satz: *Allegro molto*
    – V. 2134ff. (Maria Stuart: »Hörst du das Hifthorn«): *Die vierte Monologstrophe der*
     Maria Stuart

3. Satz: *Adagio ma non troppo – Fuge (Allegro ma non troppo)*
    – V. 3735ff. (Maria Stuart: »Gott würdigt mich, durch diesen unverdienten Tod«):
     Abschluss der Beichte Marias); Abendmahlsszene; Melvil spendet ihr Hostie und
     Kelch, erteilt Absolution und verspricht ihr segnend Verklärung im Jenseits.

Vgl. Schering3, S. 521ff.

Berlin bzw. Paris: Schlesinger, o. A. – Verl.-Nr. *1159*. – WV/Beethoven-1, S. 315,
bzw. WV/Beethoven-2 Bd. 1, S. 707f. (1822 parallel erschienen).

Zwischen 1820 und 1822 entstanden.

159   Resignation (»Auch ich war in Arkadien geboren«)

QUELLE: Brandstaeter, S. 32; zusammen mit ›Das Geheimnis‹ irrtümlich als op. 113 nachgewiesen (→ 146).

160   Sehnsucht (»Ach, aus dieses Tales Gründen«)
Angebliche Inspirationsquelle zum 2. Satz in: ders., 4. Sinfonie, op. 60 → 149

Vgl. Schering1, S. 71ff. – Der gleiche Text wurde einer anderen Komposition Beethovens unterlegt: Klaviersonate op. 2 Nr. 1 in der Bearbeitung für eine Singstimme mit Klavierbegleitung durch Friedrich Silcher (→ 2451).

Wilhelm Tell. Schauspiel

161 – V. 2831ff. (»Rasch tritt der Tod den Menschen an«)
Für drei Männerstimmen (TTB) a cappella, WoO 104
Unter dem Titel: *Gesang der Mönche aus Schillers Wilhelm Tell*, S. 5 in: *Sammlung von Musikstücken alter und neuer Zeit als Zulage zur neuen Zeitschrift für Musik*, 6. Heft. – Leipzig: Friese, Juni 1839. – WV/Beethoven-1, S. 566f., bzw. WV/Beethoven-2 Bd. 2, S. 263.

Am 3. Mai 1817 in das Stammbuch des Musikforschers Franz Sales Kandler eingetragene Gelegenheits- und Gedenkkomposition: *... auch zur Erinnerung an den schnellen unverhofften Tod unseres [Wenzel] Krumpholz am 2. Mai 1817.* – Zu Lebzeiten Beethovens nicht veröffentlicht (später in zahlreichen Bearbeitungen erschienen).

· Nr. 121 in: *Deutscher Liederschatz* → 716
· Nr. 37 in: *Vierzig Schiller-Lieder* → 2685

BEEZ, Wilhelm (?–?)

Die Huldigung der Künste. Ein lyrisches Spiel

162 *Huldigung der Künste. Büttmarsch der großen Kölner Karnevalsgesellschaft 1889* für Klavier
Köln: Tonger, o. A. – HMB 1889/6, S. 290.

BEHRENS, Heinrich Christoph Theodor (1808–1843)

Wallenstein. Ein dramatisches Gedicht – I. Wallensteins Lager

163 Ouvertüre für Orchester
QUELLE: Mendel Bd. 1, S. 525. Pelker, S. 100.

BEHRENS, Johann Jacob (1788–?)

164 Die Blumen (»Kinder der verjüngten Sonne«); hier unter dem Titel: *Die Blumensprache*
Für eine Singstimme mit Klavierbegleitung
Hamburg: Cranz, o. A. – HMB 1837/8, S. 33.

BEIN, Wilhelm (1883–1966)

Macbeth. Zur Vorstellung auf dem Hoftheater in Weimar eingerichtet von Friedrich Schiller·

165 – V. 741ff. (Pförtner: »Verschwunden ist die finst're Nacht«); hier unter dem Titel: *Pförtners Morgenlied*
Für vierstimmigen Männer- und einstimmigen Frauenchor (letzterer ad libitum) a cappella
Hannover: Hampe 1950. – Partitur. – Hofmeister (1951), S. 32.

BELLA, Ján Levoslav (1843–1936)

Vornamen auch in deutscher Version geläufig: *Johann Leopold*.

166 An den Frühling (»Willkommen, schöner Jüngling«)
Kantate für vierstimmigen gemischten Chor (SATB) und Orchester

1905 komponiert; unveröffentlicht (s. MGG1 Bd. 15, Sp. 618, bzw. MGG2 *Personenteil* Bd. 2, Sp. 989).

BELLA, Rudolf (1890–1973)

Macbeth. Zur Vorstellung auf dem Hoftheater in Weimar eingerichtet von Friedrich Schiller

167 – V. 741ff. (Pförtner: »Verschwunden ist die finst're Nacht«); hier unter dem Titel: *Morgenlied*
Vierstimmiger Männerchor a cappella
Nr. 2 (einzeln) in: ders., [2 Männerchöre], op. 63. – Zürich: Eulenburg 1955. – Partitur. – Hofmeister (1957), S. 34.

Ohne Sammeltitel veröffentlicht.

BELLINI, Vincenzo (1801–1835)

Maria Stuart. Ein Trauerspiel

168 *Beatrice di Tenda. Tragedia lirica* in zwei Akten; Libretto von Felice Romani nach der Tragödie von Carlo Tebaldi-Fores
Rom: Pittarelli, o. A. – Partitur. – *Pipers Enzyklopädie* Bd. 1, S. 254ff.

Der Komponist selbst hat auf Ähnlichkeiten der letzten Szene des zweiten Opernaktes mit dem Schluss von Schillers ›Maria Stuart‹ ausdrücklich hingewiesen. – Uraufführung: Venedig, 16. März 1833 (Teatro La Fenice), mit Giuditta Pasta in der Titelrolle. – Der Klavierauszug ist ab ca. 1833 bei Ricordi in Mailand erschienen (zahlreiche Neuauflagen).

BELTJENS, Josef Matthias Hubert (1820–1909)

168+1 Der Jüngling am Bache (»An der Quelle saß der Knabe«); hier unter dem Titel: *Herzens Kummer*
Für eine Singstimme mit Klavierbegleitung
Nr. 1 in: ders., *Drei Gesänge mit Begleitung des Pianoforte*, op. 65. – Rotterdam: Vletter, o. A. – Verl.-Nr. *309*. – Original (Slg. GG). HMB 1854/12, S. 674.

Dem Fräulein Pauline Vollmeyer in Ehrerbietung gewidmet. – Alle drei Lieder stammen von deutschen Dichtern und sind ausschließlich originalsprachlich textiert.

BENDA, Georg (1722–1795)

Die Jungfrau von Orleans. Eine romantische Tragödie

169 – nach V. 2759: *Religiöser Marsch* für Orchester
Aus: ders., *Medea. Ein mit Musik vermischtes Drama* [Melodram] in einem Akt; Libretto von Friedrich Wilhelm Gotter nach Johann Jakob Engel
Leipzig: Breitkopf 1778. – Klavierauszug von Engelhardt Benjamin Schwickert. – RISM A I: B 1877 (weitere Ausgaben s. hier B 1878–1880). *Pipers Enzyklopädie* Bd. 1, S. 268ff.

Uraufführung von ›Medea‹: Leipzig, 1. Mai 1775 (Kochs Theater), mit Sophie Friederike Seyler (Medea). – In Zusammenhang mit der wegen ihrer prunkvollen Inszenierung legendären Berliner Erstaufführung der ›Jungfrau von Orleans‹ (Premiere: 23. November 1801; Französisches Schauspielhaus) berichtete Karl Eberwein in seinem Artikel ›Goethes Hausmusik‹ (erstmals in: *Deutsche Revue*, 1878, S. 120ff.): *Schiller wählte zum Krönungszuge einen religiösen Marsch aus der ›Medea‹ von Benda, der, sowie der Zug sich nahte, piano gespielt wurde, dann crescendo, bis zum Erscheinen des Königs und von da an wieder decrescendo* (zitiert nach: *Goethes Schauspieler und Musiker. Erinnerungen von Eberwein und Lobe. Mit Ergänzungen von Wilhelm Bode.* Berlin: Mittler 1912, S. 89).

BENDEL, Franz (1833–1874)

170 Der Gang nach dem Eisenhammer (»Ein frommer Knecht war Fridolin«)

1860 komponiert; unveröffentlicht (Brandstaeter, S. 35; ohne Angaben zur Besetzung).

171 entfällt

BENDER, Charlotte (?–?)

172 Sehnsucht (»Ach, aus dieses Tales Gründen«); hier unter dem Titel: *Die Sehnsucht* (Überschrift im Notenteil: *Sehnsucht aus der Ferne*)
Für eine Singstimme mit Klavierbegleitung und *einer obligaten* Klarinette
Augsburg: Gombart, o. A. – Verl.-Nr. *683*. – Original (DLA). Rheinfurth, *Gombart*, Nr. 83 (demnach *1821* veröffentlicht). Whistling 1828, S. 1050.

Es sind nur die ersten drei der vier Gedichtstrophen vertont. – *Ihro Durchlaucht der Frau Fürstin Amalie zu Fürstenberg gebornen Prinzessin zu Baaden* [!] *hochachtungsvoll zugeeignet.* – Brandstaeter nennt noch eine Alternativbesetzung mit Gitarre und Flöte (S. 38).

   • Nr. 41 in: [41] *Frühe Schiller-Vertonungen bis 1825* → 141

BENEKEN, Friedrich Burchard (1760–1814)

173 *Der Gottesacker (»Wie sie so sanft ruh'n, alle die Seligen«)*; Schiller zugeschriebener Text von August Cornelius Stockmann
Für eine Singstimme mit Klavierbegleitung
Undatierte Abschrift mit irrtümlicher Zuschreibung des Dichters. – RISM-OPAC.

Vertonung erstmals in Benekens ›Lieder und Gesänge für fühlende Seelen, nebst sechs Menuetten‹ erschienen (Hannover: Schmidt 1787 – RISM A I: B 1929, S. 6); und dann in zahlreichen Liederbüchern des 19. Jahrhunderts enthalten (vgl. Holzapfel, S. 1495). Die volkstümlich gewordene Singweise ist auch in frühen Einzeldrucken nachweisbar (vgl. RISM A I: B 1933 u. 1934).

BENNETT, William Sterndale (1816–1875)

Die Jungfrau von Orleans. Eine romantische Tragödie

174 *The Maid of Orleans.* Sonate für Klavier As-Dur, op. 46

1. Satz: *In the Fields*
2. Satz: *In the Field*
3. Satz: *In Prison*
4. Satz: *The End*

London: Lamborn Cock, o. A. – Verl.-Nr. *2*. – WV/Bennett, S. 297ff. (demnach *1873* veröffentlicht).

Die Komponisten und ihre Werke

1869 begonnen und im April 1873 beendet. – Im Autograph sind einige Verse des Gedichts
›Jeanne D'Arc‹ von Robert Stegall eingetragen: Zum 1. Satz »*Through Meadows wither Jeanne
was wont to lead Her father's cattle*«; zum 2. Satz »*Jeanne Darc, in princely wise from head to
feel / Clad in Sheen armour on a charger white, / And casting radiance round her as she
moved*«.

Dedicated to Madame Arabella Godard [Pianistin]. – Uraufführung (im Rahmen eines »Re-
becca Jewell's Concert«): London, 31. Mai 1873 (Hanover Square Rooms), *Miss* A. A. Chan-
nell. – Bearbeitungen des 3. Satzes für Harmonium bzw. Orgel sind beim Originalverlger erschienen (s. WV/Bennett, S. 299).

> • Leipzig: Kistner, o. A. – Verl.-Nr. *4629*. – WV/Bennett, S. 297ff. HMB
> 1876/2, S. 19. Schaefer, S. 53. Reischert, S. 509 (hier: *Sonate Nr. 2 in
> As-Dur*).

> 1. Satz: *Auf der Weide*
> 2. Satz: *Im Felde*
> 3. Satz: *Im Gefängnis*
> 4. Satz: *Ende*

> Die ganze Sonate wurde außerdem in anderen Ländern veröffentlicht (vgl. Pazdí-
> rek Bd. 1, S. 936).

BERGER, Heinrich (1844–?)

175 Der Taucher (»Wer wagt es, Rittersmann oder Knapp'«)
Für eine Singstimme mit Klavierbegleitung
Abschrift. – RISM-OPAC (demnach *um 1900/1910* entstanden).

BERGER »aus Berlin«, Ludwig (1777–1839)

Gelegentlich auch mit dem Vornamen *Louis* und anderen Varianten des Namenszusatzes
nachgewiesen (*von Berlin* oder *de Berlin*).

Im fraglichen Zeitraum lebten zwei Komponisten gleichen Namens (ein »Berliner« bzw. ein
»Karlsruher« Berger), die *in der bisherigen Literatur von Fétis über Ledebur, Eitner und Pazdírek bis zu MGG* [...] *vermischt* worden sind. Sofern man sie doch unterschieden hat, erhielt
der »süddeutsche« Musiker, dessen Lebensdaten Frank/Altmann mit 1782–1823 angibt,
den Namenszusatz »Sänger«. Es dürfte sich hier aber um jenen Gesangslehrer handeln, der
von 1774 bis 1828 lebte und nach Stationen in Würzburg, Frankfurt am Main und Stuttgart
ab 1811 in Karlsruhe wohnte (vgl. WV/Berger S. 246).

176 An den Frühling (»Willkommen, schöner Jüngling«)
Vermutlich für gemischten Chor mit Klavierbegleitung
Autographe Skizze, 1820. – RISM-OPAC. WV/Berger deest.

177 An die Freude (»Freude, schöner Götterfunken«); hier unter dem Titel: *Hymne
an die Freude*
Vierstimmiger Männerchor (TTBB) a cappella
Autographe Partitur, 1819. – RISM-OPAC (weist noch vier weitere Quellen
nach). WV/Berger, S. 259 (demnach unveröffentlicht).

Die genannte älteste Quelle befindet sich in einem umfangreichen Konvolut autographer
Männerchorkompositionen Bergers (darunter auch Entwürfe).

178 Des Mädchens Klage (»Der Eichwald brauset)
Für eine Singstimme mit Klavierbegleitung

Die beiden folgenden Nachweise mit den verschiedenen Opuszahlen sind durch WV/Berger
dokumentiert und werden in RISM-OPAC beibehalten, wo aber die Identität beider Vertonungen belegt ist.

Verzeichnis der musikalischen Werke

Nr. 9 in: ders., *Zwölf deutsche Lieder*, op. 2. – Leipzig: *In Commission bei Richter*, o. A. – WV/Berger, S. 250 u. 264 (nennt *Slg. 1802, Nr. 9*). Ledebur, S. 50.

Der Dlle. Wilhelmine Karges, seiner nachherigen Gattin, einer guten Sängerin, gewidmet (Ledebur, S. 50). – In der Literatur ist dieses Lied recht unterschiedlich nachgewiesen (u. a. kursiert mehrfach der Druckfehler *op. 55*).

· Nr. 3 in: ders., *Zehn Lieder*, op. 35 [!]. – Leipzig: Hofmeister, o. A. – WV/Berger, S. 253 u. 264. HMB 1841/10, S. 159.

Es handelt sich zugleich um die 5. Lieferung von Bergers ›*Sämmtliche Lieder, Gesänge und Balladen*‹, hg. von Ludwig Rellstab und Wilhelm Taubert. Von der auf acht Lieferungen geplanten Gesamtausgabe sind sieben Folgen erschienen (WV/Berger, S. 255 u. S. 278 Anm. 192); Hofmeister 1845 (*Vocalmusik*) nennt (wie ursprünglich beabsichtigt) acht Lieferungen (S. 108).

Wallenstein. Ein dramatisches Gedicht – I. Wallensteins Lager

179   – V. 1052ff. (Zweiter Kürassier: »Wohl auf, Kameraden, auf's Pferd«) Vierstimmiger Männerchor a cappella

1811 komponiert; unveröffentlicht (s. WV/Berger, S. 260).

BERGER, »Sänger« Ludwig – auch: Karl Ludwig (1774–1828)

Bezeichnung zur Unterscheidung von Ludwig Berger »*aus Berlin*« (↑176). – Frank/Altmann gibt wohl irrtümlich 1782–1823 als Lebensdaten an. Die drei anschließend genannten Stücke dürften von dem hier identifizierten Gesangslehrer stammen, der nach Stationen in Würzburg, Frankfurt am Main und Stuttgart ab 1811 in Karlsruhe tätig war (vgl. WV/Berger S. 246).

179+1   Das Mädchen aus der Fremde (»In einem Tal bei armen Hirten«) Für eine Singstimme zur Gitarre oder mit Klavierbegleitung Nr. 5 in: ders., *Sechs Deutsche Lieder mit Begleitung von Guitarre oder Pianoforte*, op. 11. – Offenbach am Main: André, o. A. – Verl.-Nr. *2636*. – Constapel, S. 178 (demnach *1808/09* erschienen).

Madame J. E. Bernard gebohrene Kuhnke ergebenst zugeeignet. – Als Primärquelle lag eine zeitgenössische akribische Abschrift des Druckes vor (weist allerdings nur die Klavierbegleitung auf; Urheberangabe hier: *C. Berger*). – In einer knappen und insgesamt ungünstigen Rezension des Sammelheftes heißt es: *Im Einzelnen werden No. 5. und No. 6., als wirklich artige Kleinigkeiten, die, gut vorgetragen, eine gewisse angenehme Wirkung nicht verfehlen, am meisten gefallen* (AMZ/1 vom 26. Juli 1809, Sp. 687f.).

180   Hektors Abschied (»Will sich Hektor ewig von mir wenden«) Für eine Singstimme zur Gitarre oder mit Klavierbegleitung Nr. 6 in: ders., *Sechs Gedichte von Goethe und Schiller*, op. 9. – Leipzig: *In Commission bei Richter*, o. A. – Ledebur, S. 50 (hier irrtümlich Ludwig Berger »*aus Berlin*« zugeschrieben).

· Offenbach am Main: André, o. A. – Verl.-Nr. *2611*. – Goethe-Museum (Katalog), Nr. 136. Constapel, S. 177 (demnach *1808* veröffentlicht).

Ihro Durchlaucht der Frau Herzogin von Sachsen Hildburghausen unterthänigst gewidmet. – Jetzt mit teilweise geänderter Reihenfolge der Lieder (›*Hektors Abschied*‹ dennoch erneut als Nr. 6). – Vermutlich bei Wurzbach, *Schiller-Buch* neben dem korrekten Nachweis (Nr. 562) irrtümlich unter dem Namen *Louis Breyer* nochmals dokumentiert (nahezu titelgleich und im selben Verlag; s. dort Nr. 567); ein Komponist dieses Namens war (selbst in variierenden Schreibweisen) jedenfalls bisher nicht identifizierbar.

Das Opus 9 ist außerdem in reduzierter Form unter dem Titel ›*Vier Gedichte von Goethe und Schiller*‹ erschienen (Würzburg: Bauer, o. A.). Hier sind nur die Nrr. 2–5 der Originalausgabe enthalten, bei denen es sich aber ausschließlich um Goethe-Vertonungen handelt; vgl. BSB-Musik Bd. 2, S. 563. Goethe-Museum (Katalog), Nr. 137.

181   Hoffnung (»Es reden und träumen die Menschen viel«)
Für eine Singstimme zur Gitarre oder mit Klavierbegleitung
Nr. 1 in: ders., *Sechs Gedichte*, op. 9 → 180

182   entfällt

BERGER, Wilhelm (1861–1911)

Die Kraniche des Ibykus (»Zum Kampf der Wagen und Gesänge«)

183   – V. 121ff. (»Wohl dem, der frei von Schuld und Fehle«); hier unter dem Titel: *Gesang der Erynnien*, op. 26
Für Chor und Orchester

1886 oder davor komponiert und in diesem Jahr seinem Verlag Praeger & Meier in Bremen zur Veröffentlichung angeboten. Das Werk, von dem eine autographe Partitur nebst Klavierauszug von fremder Hand erhalten sind, blieb ungedruckt und geriet in Vergessenheit (als Bergers op. 26 sind ›Vier Männerchöre‹ erschienen).

QUELLE: Alexander Butz, *Wilhelm Bergers ›Gesang der Geister über den Wassern‹ für Chor und Orchester op. 55*; in: *Wilhelm Berger (1861–1911). Komponist – Dirigent – Pianist* (= *Beiträge zur Kulturgeschichte der Musik*, Bd. 6). Vorträge der Tagung 2011, veranstaltet von der Sammlung Musikgeschichte der Meininger Museen/Max Reger-Archiv in Kooperation mit dem Musikwissenschaftlichen Seminar Detmold/Paderborn. Hg. von Irmlind Capelle und Maren Goltz. München: Allitera 2013, S. 121–148 (hier: S. 127).

Macbeth. Zur Vorstellung auf dem Hoftheater in Weimar eingerichtet von Friedrich Schiller

184   – V. 741ff. (Pförtner: »Verschwunden ist die finst're Nacht«); hier unter dem Titel: *Pförtners Morgenlied*
Für Bariton oder Alt mit Klavierbegleitung
Nr. 2 in: ders., *Vier Gesänge*, op. 27. – Bremen: Praeger & Meier, o. A. – HMB 1888/1, S. 21.

BERGFELD, A. F. (?–?)

Der lexikalisch nicht dokumentierbare Komponist könnte mit dem gleichfalls nicht nachweisbaren E. F. Waldberg identisch sein (→ 191). Die nachstehenden Musikalien sind im selben Verlag veröffentlicht worden, wie die Werke Waldbergs (→ 2773 bis 2775).

185   Das Ideal und das Leben (»Ewiglkar und spiegelrein«)
Vierstimmiger Männerchor (TTBB) a cappella
Stuttgart: Scholing 1967 (= *Stuttgarter Chorblätter / Männerchor*, Nr. *1230*). – Original (DLA).

186   Die Größe der Welt (»Die der schaffende Geist«)
Vierstimmiger Männerchor (TTBB) a cappella
Stuttgart: Scholing 1967 (= *Stuttgarter Chorblätter / Männerchor*, Nr. *1234*). – Original (DLA).

       · Fassung für dreistimmigen Chor a cappella. – Nr. 1 in: ders., [4] *Schiller-Chöre 3-stimmig* (für drei gleiche Stimmen oder zwei hohe Stim-

Verzeichnis der musikalischen Werke

men und eine Männerstimme). – Stuttgart: Scholing [um 1973]. – Partitur. – Original (DLA).

187 Die Gunst des Augenblicks (»Und so finden wir uns wieder«)
Vierstimmiger Männerchor (TTBB) a cappella
Stuttgart: Scholing [um 1967] (= *Stuttgarter Chorblätter / Männerchor, Nr. 971*). – Original (DLA).

> • Fassung für dreistimmigen Chor a cappella. – Nr. 2 in: ders., [4] *Schiller-Chöre* → 186

188 Die Ideale (»So willst du treulos von mir scheiden«)
Vierstimmiger Männerchor (TTBB) a cappella
Stuttgart: Scholing, 1967 (= *Stuttgarter Chorblätter / Männerchor, Nr. 1231*). – Original (DLA).

189 Die Macht des Gesanges (»Ein Felsenstrom aus Felsenrissen«)
Vierstimmiger Männerchor (TTBB) a cappella
Stuttgart: Scholing 1967 (= *Stuttgarter Chorblätter / Männerchor, Nr. 1237*). – Original (DLA).

190 Die Worte des Glaubens (»Drei Worte nenn' ich euch, inhaltschwer«)
Vierstimmiger Männerchor (TTBB) a cappella
Stuttgart: Scholing 1967 (= *Stuttgarter Chorblätter / Männerchor, Nr. 1236*). – Original (DLA).

> • Fassung für dreistimmigen Chor a cappella. – Nr. 3 in: ders., [4] *Schiller-Chöre* → 186

191 Hoffnung (»Es reden und träumen die Menschen«)
Dreistimmiger Chor a cappella
Nr. 4 in: ders., [4] *Schiller-Chöre* → 186

Ob es sich um eine Originalkomposition Bergfelds handelt, ist unklar, da die gleiche Vertonung als vierstimmiger Männerchor a cappella von E. F. Waldberg vorliegt (→ 2774).

192 Sehnsucht (»Ach, in dieses Tales Gründen«)
Vierstimmiger Männerchor (TTBB) a cappella
Stuttgart: Scholing 1967 (= *Stuttgarter Chorblätter / Männerchor, Nr. 1233*). – Original (DLA).

Sprüche des Konfuzius

193 – Nr. 1 (»Dreifach ist der Schritt der Zeit«)
Vierstimmiger Männerchor (TTBB) a cappella
Stuttgart: Scholing 1967 (= *Stuttgarter Chorblätter / Männerchor, Nr. 1235*). – Original (DLA).

194 – Nr. 2 (»Dreifach ist des Raumes Maß«)
Vierstimmiger Männerchor (TTBB) a cappella
Stuttgart: Scholing 1967 (= *Stuttgarter Chorblätter / Männerchor, Nr. 1229*). – Original (DLA).

195 Würde der Frauen (»Ehret die Frauen! Sie flechten und weben«)
Vierstimmiger Männerchor (TTBB) a cappella
Stuttgart: Scholing 1967 (= *Stuttgarter Chorblätter / Männerchor, Nr. 1229*). – Original (DLA).

Die Komponisten und ihre Werke

BERGH, Rudolph (1859–1924)

196 Kolumbus (»Steure, mutiger Segler«)
Für eine Singstimme mit Klavierbegleitung
Nr. 1 in: ders., _Fünf Lieder_, op. 21. – Charlottenburg: Mitteldeutscher Musikverlag, o. A. – Hofmeister (1904–1908), S. 65.

Maria Stuart. Ein Trauerspiel

197 – V. 2098ff. (Maria Stuart: »Eilende Wolken, Segler der Lüfte«)
Für eine Singstimme mit Klavierbegleitung
Nr. 3 (einzeln) in: ders., [5] _Lieder_, op. 23. – Berlin: Dreililien, o. A. – Hofmeister (1904–1908), S. 65.

BERGMANN, Gustav (1837–1892)

198 Sehnsucht (»Ach, aus dieses Tales Gründen«)
Vierstimmiger Frauenchor (SSMSA) mit Klavierbegleitung
Nr. 2 (einzeln) in: ders., _Drei Gesänge_, op. 23. – Leipzig: Kistner, o. A. – Partitur, Stimmen. – HMB 1890/10, S. 434. Pazdírek Bd. 1, S. 978.

BERGT, Christian Gottlob August (1772–1837)

An die Freude (»Freude, schöner Götterfunken«)

199 1. Komposition – vor 1802
Hymne
QUELLEN: NTL Bd. 1, Sp. 352 (Verzeichnis der vor 1802 komponierten Werke; hier unter der Rubrik: _Für die Kammer_ – sonst ohne nähere Besetzungshinweise). Brandstaeter, S. 32 (ohne weitere Angaben).

200 2. Komposition – 1802
Terzett (das Orchester begleitet mit Blas-Instrumenten)
S. 125 in: ders., _Des Dichters Geburtsfest. Ein Liederspiel in einem Aufzuge_ [Libretto]; Text: Georg Friedrich Treitschke
Vollst. Libretto, S. 103–142, in: _Wiener Hof-Theater Taschenbuch auf das Jahr 1807_, 4. Jg. – Wien: Wallishauser [1806]. – Original (Antiquariat Drüner).

Ohne Angabe der Stimmlagen. – Uraufführung: Leipzig, _im Winter_ 1802 (Stieger). – Im Mittelpunkt steht Schiller, der allen anderen hier genannten Dichtern (darunter Johann Wolfgang Goethe und Sophie Mereau) vorgezogen wird. – Offenbar ist nur das Libretto veröffentlicht worden.

201 Die Gunst des Augenblicks (»Und so finden wir uns wieder«)
Gemischtes Vokalterzett (STB) mit Klavierbegleitung
Nr. 1 des 6. Heftes in: ders., [3] _Terzette für drei Singstimmen_. – Leipzig: Hofmeister, o. A. – Verl.-Nr. 345. – Hofmeister 1845 (_Vocalmusik_), S. 54. Information von H. Rheinfurth (demnach _1815_ erschienen).

Im NTL (Bd. 1, Sp. 352) werden im Rahmen der bis 1802 komponierten Werke (und hier unter der Rubrik: _Für die Kammer_) die ersten vier Hefte, _Terzette für 3 Singstimmen mit dem Pianof._ (allerdings ohne Inhalt oder Umfang), nachgewiesen. – Pazdírek (Bd. 2, S. 2) weist die Hefte Nrr. 5–8 mit jeweils drei Stücken nach.

BERLIOZ, Hector (1803–1869)

Obwohl Berlioz weder Gedichte von Schiller vertont, noch dessen Schauspiele musikdramatisch bearbeitet hat, hegte er für den Dichter offenbar eine innige Sympathie, die im Gegensatz zu seiner kritischen Haltung gegenüber Johann Wolfgang Goethe stand. – Berlioz erinnerte sich in seinen ›Memoiren‹ an eine Reise nach Weimar (Januar 1843) und den Besuch der Wohnhäuser Goethes und Schillers. Trotz einiger historischer Irrtümer stellt jene Passage ein wirkungsgeschichtlich äußerst informatives Dokument dar, in dem sich die damals verbreitete Meinung über das persönliche Verhältnis zwischen den beiden »Klassikern« widerspiegelt: *Ist's möglich? In dieser ärmlichen Dachstube, die von zwei kleinen Fenstern Licht und Luft empfängt, hat Schiller gehaust. In diesem niedrigen Kämmerchen schrieb der große Sänger aller edeln Begeisterung ›Don Carlos‹ [!], ›Maria Stuart‹, die ›Räuber‹ [!], den ›Wallenstein‹! Hier lebte er wie ein armer Student! Ach! Ich verzeihe es Goethe nicht, daß er dies gelitten! Er, der reiche Minister ... Hätte er nicht das Los seines Freundes, des Dichters, verbessern können? ... Oder war nichts Echtes an dieser berühmten Freundschaft? ... Ich fürchte, sie ist nur von Schillers Seite wahrhaft gewesen! Goethe war zu eigenliebend; [...] Schiller! Schiller! Du hättest einen weniger menschlichen Freund verdient! [...] überwältigt von Ehrfurcht, Leid und den unermeßlichen Gefühlen, die der Genius manchmal über das Grab hinaus unbedeutenden Überlebenden einflößt, sinke ich an der niedern Schwelle in die Knie, und leidend, preisend, liebend, anbetend wiederhole ich: Schiller! ... Schiller! ... Schiller!* (Hector Berlioz: Memoiren. Aus dem Französischen von Hans Scholz. Hg. und kommentiert von Gunther Braam. Göttingen: Hainholz 2007, S. 456).

Die Räuber. Ein Schauspiel

202 – Dramatische Szene in französischer Sprache unter dem Titel: *Les Brigands*; Libretto von Thomas Gounet

1833 in einem Brief des Komponisten an Th. Gounet erwähntes, nicht ausgeführtes Projekt (WV/Berlioz, S. 423 Nr. VI).

BERLYN, Anton (1817–1870)

Auch: *Berlijn.*

203 *Epilog zu Schillers ›Glocke‹ (»Und so geschah's!«)*; Text von Johann Wolfgang Goethe; hier unter dem Titel: *Göthe's Worte über Schiller*
Für zwei Soli (TB) und vierstimmigen Männerchor (TTBB) mit Klavierbegleitung
Amsterdam: Roothaan, o. A. – HMB 1860/11, S. 188.

Später bei Alsbach in Amsterdam veröffentlicht (vgl. Pazdírek Bd. 2, S. 20).

204 Punschlied (»Vier Elemente, innig gesellt«)
Vierstimmiger Männerchor (TTBB) a cappella, op. 149
Leipzig: Kahnt, o. A. – Partitur, Stimmen. – HMB 1864/5, S. 98. Pazdírek Bd. 2, S. 20.

BERNARDS, Joseph (1844–?)

205 Sehnsucht (»Ach, aus dieses Tales Gründen«)
Vierstimmiger Männerchor (TTBB) a cappella
Nr. 3 in: ders., *Vier Lieder*, op. 40. – Aachen: Jacobi, o. A. – Partitur. – HMB 1891/10, S. 419. Pazdírek Bd. 2, S. 31.

Die Komponisten und ihre Werke

BERNEKER, Constanz (1844–1906)

Auch: _Bernecker._

206 An den Frühling (»Willkommen, schöner Jüngling«)
Gemischter Chor a cappella

Zum Schiller-Jahr 1905 komponiert; dem Konservatorium in Königsberg gewidmet; unveröffentlicht (WV/Berneker, S. 35f. u. 132).

207 Das Siegesfest (»Priams Feste war gesunken«)
Kantate für Soli, Chor und Orchester

Uraufführung (zur Einweihung des Schiller-Denkmals von Reinhold Begas auf dem Gendarmenmarkt in Berlin), allerdings mit Klavierbegleitung: Berlin, 10. November 1871 (Tonhalle), unter der Leitung des Komponisten. – _Der Einfluß der neudeutschen Schule beweist sich ganz unwiderleglich in seinem [Bernekers] ersten großen Werk für Männerchor und Orchester. In einem brieflichen Bericht vom 17. November 1871 wird über die Feierlichkeit berichtet: Denkt Euch, wie der Vorhang aufgeht, steht auf der Mitte der Bühne im Hintergrund Schillers lorbeerumkränzte Büste auf einem roten Postament; von beiden Seiten die Sänger, das Notenblatt in der Hand und auf dem linken Flügel ihr Dirigent C. Berneker. Den Glanzpunkt des Abends bildete Constanz' Siegesfest. Das wird einen pompösen Eindruck machen, wenn es ganz fertig und mit Orchester aufgeführt sein wird. Die Melodieen gehen mir noch immer im Kopfe herum_ (WV/Berneker, S. 14f.). – _Eine zweite Aufführung in Berlin am 29. April 1872 (Saal in Arnims Hotel, Unter den Linden) durch die Neue Akademie für Männergesang konnte erneut der hohen Kosten wegen_ nicht mit Orchesterbegleitung stattfinden, weshalb Berneker ein _Arrangement für Hornquartett_ angefertigt hat (WV/Berneker, S. 15). – _Auf Wunsch des Direktors des Königlichen Friedrichs-Kollegiums in Königsberg [...] hat Berneker das Werk auch für einen Gymnasialchor mit kleinem Orchester eingerichtet_ (WV/Berneker, S. 17 Anm. 2). – _An seinem Siegesfest hat Berneker später noch mannigfache Veränderungen, besonders in den Sätzen für die Solisten, vorgenommen_ (WV/Berneker, S. 17).

QUELLE: WV/Berneker, S. 14ff. u. 132 (demnach unveröffentlicht). MGG1 Bd. 15, Sp. 703.

Die Braut von Messina oder: Die feindlichen Brüder. Ein Trauerspiel mit Chören

208 – _Chorgesänge aus Schillers Braut von Messina_
Für zwei Soli (TB), Männerchor (teilweise zweichörig) und Orchester

Die angegebenen Überschriften nach WV/Berneker:

1. _Eintritt in die Königsburg_; V. 132ff. (Erster Chor: »Dich begrüß' ich in Ehrfurcht«)
2. _Begrüßung der Königin_; V. 328ff. (Erster Chor: »Ungleich verteilt sind des Lebens Güter«)
3. _Waffenruf_; V. 524ff. (Erster Chor: »Was stehen wir hier noch feindlich geschieden«)
4. _Brautchor_; V. 1174ff. (Chor: »Heil dir, o Jungfrau, liebliche Herrscherin«)
5. _Brudermord_; V. 1905ff. (Erster Chor: »Mord! Mord! Ggreift zu den Waffen alle«)
6a. _Totenklage_; V. 2267ff. (Erster Chor: »Durch die Straßen der Städte«)
6b. _Friedenssehnsucht_; V. 2561ff. (Chor: »Wohl dem! Selig muss ihn preisen«)
7. _Die Sühne_; V. 2818ff. (Chor: »Sie hat gesiegt! Dem rührenden Flehen«)

Bayreuth: Giessel 1910. – Chorstimmen, Klavierauszug. – WV/Berneker, S. 75ff. u. 132.

Uraufführung: Königsberg, 12. Dezember 1892 (Börsensaal), der Königsberger Sängerverein unter der Leitung von Robert Schwalm. Erstaufführung von _zwei Chören mit der orchestralen Trauermusik, die zur Vervollständigung der Totenklage nachkomponiert waren_: Königsberg, 21. Oktober 1901 (gleiche Ausführende). – _Das Ganze ist dem Sinne Schillers entsprechend für eine Bühnenaufführung gedacht, diese auch mehrfach in Angriff genommen, jedoch der hohen Anforderungen wegen, welche an den Chor gestellt werden, bisher [1909] noch unterlassen. Für die Konzertaufführung kommen kleine Zwischensätze, die von Berneker als_

51

nur für die Bühnenaufführung gültig bezeichnet sind, auch das Requiem aeternam am Schluß der Tragödie in Wegfall. Diese Männerchöre denke man sich nicht in dem üblichen Genre der Liedertafel. Sie sind hochdramatisch gestaltet, in freier und oft höchst eigenartiger Behandlung des Harmonischen. Die Führung der Chorstimmen ist meisterhaft. Der Glanz des modernen Orchesters erhöht die dramatische Wirkung. [...] Die Komposition der ganzen Chordichtung hätte das Zeitmaß einer Aufführung weit überschritten; auch mußte die Musik Wiederholungen, welche sich, wenn auch in gesteigerter Form, vorfinden, zu vermeiden suchen (WV/Berneker, S. 76).

209   Hero und Leander (»Seht ihr dort die altergrauen Schlösser«)
Für Soli und gemischten Chor mit Klavierbegleitung

1873 entstanden und im gleichen Jahr in Königsberg – vermutlich durch den »Neuen Gesangverein« – unter der Leitung des Komponisten uraufgeführt; unveröffentlicht (s. WV/Berneker, S. 24, 72 u. 131).

BERNHARDT, Friederike (geb. 1986)

Kabale und Liebe. Ein bürgerliches Trauerspiel

Lila und Fred. Hörspiel *frei nach Schillers ›Kabale und Liebe‹* von Cristin König

209+1   Hörspielmusik

Übertragung der Handlung ins 21. Jahrhundert: Lila, Tochter eines brotlosen Musikers, und Fred, Sohn eines Industriellen, sind ein Liebespaar. Freds Vater steht jedoch vor der Pleite und rechnet deshalb fest mit einer reichen Schwiegertochter, die letztlich seine Firma retten soll. – Ursendung: Deutschlandradio, 14. August 2016, mit Claudia Eisinger (Lila), Sebastian Schwarz (Fred), Jörg Hartmann (Schneider – im Original: Präsident von Walter), Arnd Klawitter (Kranz – im Original: Haussekretär Wurm) und Jenny Schily (Milla – im Original: Lady Milford); Regie: Cristin König. – Wurde von der Akademie der Darstellenden Künste nicht zuletzt wegen der besonderen Verbindung sprachlicher und musikalischer Mittel zum Hörspiel des Monats 2016 gewählt: *Schillers Rhetorik hat die Autorin in ein eigenwillig atemloses Stammeln übersetzt. Diese Kunstsprache entspricht exakt den Zumutungen eines moralisch korrupten Geldadels, die einem die natürliche Sprache verschlagen können. Mit der Zuspitzung der Ereignisse wandelt sie sich zum puren Angstdiskurs: Ihr steht akustisch sozusagen der Schweiß auf der Stirn. Mit sparsamen, aber extrem wirkungsvollen klanglichen Mitteln wird die Dramatik der Handlung geschärft. Kurze Phrasen, manchmal beiläufig gespielt im Hintergrund, manchmal als Interpunktion explodierend eingesetzt. Eine großartige Leistung von Friederike Bernhardt und der Regie.*

QUELLEN: Sendung. Hompage des Senders.

BERNINGER, F. (?–?)

210   Der Jüngling am Bache (»An der Quelle saß der Knabe«)
Für tiefe Stimme mit Klavierbegleitung
Nr. 1 in: ders., *Drei Lieder für tiefe Stimme.* – Mainz: Schott, o. A. – HMB 1851/3, S. 52.

BERTHOLD, Gotthelf Leberecht (1796–1851)

211   Dithyrambe (»Nimmer, das glaubt mir, kommen die Götter«)
Vierstimmiger gemischter Chor (SATB) a cappella
Autographes Fragment der Partitur, 1830. – RISM-OPAC.

Die Komponisten und ihre Werke

BERWALD, Franz (1796–1868)

212   Des Mädchens Klage (»Der Eichwald brauset«)
Für eine Singstimme mit Klavierbegleitung
Nr. 13 in: ders., _Sämtliche Werke_, 16. Bd.: _Sologesänge mit Klavierbegleitung_,
hg. von Margareta Rörby. – Kassel: Bärenreiter 1982. – WV/Berwald, S. 711.

Datierung des Liedes in einer Abschrift von unbekannter Hand: Berlin, 18. Juli 1831 (vgl.
WV/Berwald, S. 156); zu Lebzeiten des Komponisten unveröffentlicht.

Die Jungfrau von Orleans. Eine romantische Tragödie

213   – V. 383ff. (Johanna: »Lebt wohl, ihr Berge, ihr geliebten Triften«)
Für eine Singstimme mit Klavierbegleitung
Nr. 2 in: ders., _Drei Singlieder_; diese s. Nrr. 1–3 in: ders., _Sämtliche Werke_,
16. Bd. → 211

Am 1. August 1817 komponiert und zu Lebzeiten des Komponisten unveröffentlicht
(WV/Berwald, S. 34).

BESCHNITT, Johannes (1825–1880)

214   Würde der Frauen (»Ehret die Frauen! Sie flechten und weben«)
Männerchor mit Bariton solo a cappella
Nr. 2 (einzeln) in: ders., _Zwei Lieder für Männerchor und Bariton Solo_, op. 37. –
Stettin: Bulang, o. A. – HMB 1871/6, S. 116.

      · Idem. – Berlin: Simon, o. A. – Partitur, Stimmen. – HMB 1875/11, S. 260.

BEUTEL VON LATTENBERG, Félix Valois (1791–1860)

215   Das Mädchen aus der Fremde (»In einem Tal bei armen Hirten«)
Für Sopran mit Klavierbegleitung
Abschrift, 1830. – RISM-OPAC.

BEYERBÖCK-COVECCI, J. (?–?)

Hektors Abschied (»Will sich Hektor ewig von mir wenden«)

– V. 19 (»All mein Sehnen will ich, all mein Denken«)

216   _Liebessehnen (»All mein Sinnen, all mein Sehnen«)_; Textverfasser unbekannt
Walzer für eine Singstimme mit Klavierbegleitung
Berlin: Glas, o. A. – HMB 1891/7, S. 277.

BIAL, Rudolf (1834–1881)

Wirklicher Name: _Laib_.

Wallenstein. Ein dramatisches Gedicht – III. Wallensteins Tod

– V. 897 (Wallenstein: »Es gibt im Menschenleben Augenblicke«)

217   _Mehr wie rausgeschmissen kann man doch nicht werden (»Es gibt im Men-_
schenleben Augenblicke«); Textverfasser unbekannt
Couplet für eine Singstimme mit _leichter_ Klavierbegleitung
Nr. 73 (einzeln) in: _Norddeutsche Couplets_. – Berlin: Lassar, o. A. – Hofmeister (1874–1879), S. 100.

Verzeichnis der musikalischen Werke

Die Notenreihe umfasst weit über hundert Folgen; im angegeben Verzeichnis sind die Nrr. 46–113 nachgewiesen.

BIANCHI, Antonio (1758– nach 1817)

218 An Emma (»Weit in nebelgrauer Ferne«)
Für eine Singstimme zur Gitarre
Undatierte Abschrift. – RISM-OPAC.

BICKEL, Heinrich (?–?)

219 *Vergissmeinnicht (»Willkommen, liebes Blümchen«)*; Schiller zugeschriebener Text eines unbekannten Verfassers
Vierstimmiger gemischter Chor (SATB) a cappella
Undatiertes Autograph (mit irrtümlicher Zuschreibung des Dichters). – RISM-OPAC.

BIEDER, Eugen (1897–1952)

220 Das eleusische Fest (»Windet zum Kranze die goldenen Ähren«)
Für dreistimmigen gemischten Chor (SABar) und Orchester
Berlin: Glas, o. A. – Partitur, Chorpartitur, Instrumentalstimmen. – Hofmeister (1929–1933), S. 69.

BIEHL, Ed. (?–?)

221 Sehnsucht (»Ach, aus dieses Tales Gründen«)
Für eine Singstimme mit Klavierbegleitung
Nr. 5 in: ders., *Sechs Lieder*, op. 1. – Hamburg: Cranz, o. A. – HMB 1843/2, S. 28.

BIGLER, Franz Josef (?–?)

222 Sehnsucht (»Ach, aus dieses Tales Gründen«)
Für eine Singstimme mit Klavierbegleitung
Musikbeilage (S. 87f.) zu: *Deutsche Kunst- und Musik-Zeitung*, Nr. 29. – Wien: Eberle 1883. – ÖNB (Online-Katalog).

BINDER, Carl (1816–1860)

222+1 [Marsch zum Fackelzug aus Anlass der Wiener »Schillerwoche« 1859]
Für Harmoniemusik

Blieb offenbar unveröffentlicht. – Uraufführung: Wien, 8. November 1859 (»Großer Fackelzug«, der um 18 Uhr am Praterstern begann und an dem alle wichtigen Gremien und Vereine der Stadt teilgenommen haben). Es spielten *mehrere Militärbanden (Harmoniemusik).* – *Die HH. Titl* [→ 2643], *Hofburgtheater-Kapellmeister, v. Suppé* [vom Theater] *an der Wien*) [→ 2574], *Binder (Carltheater) haben die Komposition der Märsche übernommen, und benützen dazu die auf Schiller'sche Stücke bezughabende Melodien: »Ein freies Leben führen wir«* (›Räuber‹), *»Auf* [!], *auf, Kameraden, auf's Pferd, auf's Pferd«* (›Wallenstein's Lager‹) *und »Freude, schöner Götterfunken«* (Beethoven's *»Neunte«).* Zu den erwähnten Singweisen → 12 (nach der anonymen Melodie »Gaudeamus igitur«), → 2951 (Chr. J. Zahn) u. → 144 (L. van Beethoven).

QUELLE: *Recensionen und Mittheilungen über Theater und Musik*, Nr. 44 vom 2. November 1859, S. 697f.

BINDER, Paul (?–?)

Macbeth. Zur Vorstellung auf dem Hoftheater in Weimar eingerichtet von Friedrich Schiller

223 – V. 741ff. (Pförtner: »Verschwunden ist die finst're Nacht«); hier unter dem Titel: *Morgenlied*
Männerchor a cappella, op. 5
München: Seiling, o. A. – Partitur, Stimmen. – Hofmeister (1904–1908), S. 74.

BIRT, Theodor (?–?)

224 Sehnsucht (»Ach, aus dieses Tales Gründen«)
Für eine Singstimme mit Klavierbegleitung, op. 1
Marburg: Lorch, o. A. – HMB 1884/8, S. 225.

BISHOP, Henry Rowley (1786–1855)

Bishop ist weniger durch eigene Kompositionen, als durch seine zahlreichen, oftmals das Original geradezu entstellenden Bearbeitungen berühmt geworden (darunter auch zwei verschiedene Adaptionen von Rossinis ›Guillaume Tell‹, → 226 u. 227). Obwohl er in Schillers musikalischer Wirkungsgeschichte also nur indirekt eine Rolle spielt, darf man seine Bedeutung für das englische Musikleben nicht unterschätzen, da seine Werke seinerzeit hier außerordentlich populär waren (folgende Nachweise chronologisch geordnet).

Wilhelm Tell. Schauspiel

225 – Schauspielmusik; hier zu einer englischen Fassung: *William Tell. Historical play* in fünf Akten von James Sheridan Knowles
Uraufführung: London, 11. Mai 1825 (Drury Lane); s. New Grove2 Bd. 3, S. 633. – Es handelt sich offenbar um eine Originalkomposition. Ob und ggf. in welchem Umfang das Schauspiel von Schillers Drama beeinflusst ist, muss hier offen bleiben.

226 – *Hofer, the Tell of the Tyrol. Historical opera* in fünf Akten nach Gioacchino Rossinis ›Guillaume Tell‹ (→ 2123); Libretto von James Robinson Planché
Uraufführung: London, 1. Mai 1830 (Drury Lane); s. Grove, *Opera* Bd. 1, S. 484.

227 – *Guillaume Tell*. Oper in vier Akten nach Gioacchino Rossinis ›Guillaume Tell‹ (→ 2123); Libretto von Alfred Bunn
Uraufführung: London, 3. Dezember 1838 (Drury Lane); s. Grove, *Opera* Bd. 1, S. 484.

BITTNER, Julius (1874–1939)

Wilhelm Tell. Schauspiel

228 Schauspielmusik
Uraufführung im Rahmen der Premiere in Wien, 18. Mai 1920 (Volkstheater). – Unveröffentlicht; verschollen. Die Komposition soll *nur aus einigen opernhaften, aber charakteristischen Liedern (Fischerknabe, Alpenjäger)* bestanden haben; s. Hermann Ullrich, *Julius Bittner. Eine Studie* (= *Österreichische Komponisten des XX. Jahrhunderts*, Bd. 13). Wien: Lafite 1968, S. 68 u. 75.

Verzeichnis der musikalischen Werke

BLACHER, Boris (1903–1975)

Demetrius [dramatisches Fragment]

229 Musik zur Hörspielfassung; Bearbeitung und Regie: Ludwig Berger
Berlin: Sender Freies Berlin 1955. – Mit Peter Mosbacher (Demetrius), Miriam
Horwitz-Ziegel (Marfa), Martin Held (Erzbischof von Gnesen) u. a.

Im Unterschied zu den Angaben der CD-Produktion (Berlin: Der Audio-Verlag 2005) weist
WV/Blacher hierzu eine _Schauspielmusik_ aus dem Jahr _1969_ nach, die _für die Volksbühne
Berlin_ komponiert worden sei (S. 76).

Wilhelm Tell. Schauspiel

230 – V. 139 (Tell: »Der brave Mann denkt an sich selbst zuletzt«); hier im Textzu-
sammenhang als _Kernspruch des Tages_ bezeichnet
1. Teil, 1. Bild (Schluss) in: ders., _Preussisches Märchen_. Ballettoper in fünf
Szenen. Libretto von Heinz von Cramer nach dem Schauspiel ›Der Hauptmann von Köpenick‹ von Carl Zuckmayer. – Berlin: Bote & Bock 1950. – Partitur, Klavierauszug, Libretto. – WV/Blacher, S. 33. _Pipers Enzyklopädie_ Bd. 1,
S. 362f. _Boris Blacher 1903–1975. Dokumente zu Leben und Werk_. Zusammengestellt und kommentiert von Heribert Henrich. Berlin: Henschel 1993,
S. 105ff.

Vom Steuerinspektor Zitzewitz ausgegeben und dann als Chorfugato weitergeführt. Das
Zitat hat hier die Qualität eines »geflügelten Wortes«, mit dem die Handlungszeit ironisch
charakterisiert wird; ursprünglich war geplant, einen der berühmtesten Aussprüche Otto
von Bismarcks in leicht abgewandelter Form zu verwenden: »Der Deutsche fürchtet Gott
und sonst nichts auf der Welt« (aus der Rede vor dem Deutschen Reichstag am 6. Februar
1888). – Die Vorarbeiten zu dem Bühnenwerk reichen ins Jahr 1947 zurück (zuerst unter
dem Titel: _Der Hauptmann von Köpenick_). Es ist Dr. Rudolf Berger gewidmet. – Uraufführung im Rahmen der »Berliner Festwochen«: Berlin, 23. September 1952 (Städtische
Oper), unter der musikalischen Leitung von Arthur Rother.

BLAESING, Felix (1858–?)

231 Der Abend. Nach einem Gemälde (»Senke, strahlender Gott«)
Gemischter Chor a cappella
Nr. 1 (einzeln) in: ders., [2] _Gemischte Chöre_, op. 15. – Berlin: Triumph, o. A. –
Partitur, Stimmen. – Hofmeister (1919–1923), S. 43.

232 Hoffnung (»Es reden und träumen die Menschen viel«)
Gemischter Chor a cappella
Nr. 2 (einzeln) in: ders. [2] _Gemischte Chöre_, op. 15 → 231

Wilhelm Tell. Schauspiel

233 – V. 2831ff. (Barmherzige Brüder: »Rasch tritt der Tod den Menschen an«)
Männerchor a cappella
Nr. 2 in: ders., [3] _Männerchöre_, op. 17
Berlin: Triumph, o. A. – Partitur, Stimmen. – Hofmeister (1919–1923), S. 43.

BLEYLE, Carl (1880–1969)

Der Taucher (»Wer wagt es, Rittersmann oder Knapp'«)

234 _Der Taucher_. Sinfonische Dichtung für Orchester, op. 31

Leipzig: Breitkopf & Härtel 1939. – Partitur (Verl.-Nr. *30896*, zugl. *Partitur-Bibliothek*, Nr. *3466*), Taschenpartitur (= *Partiturbibliothek*, Nr. *3333*). – Original (DLA).

Uraufführung: Berlin, 28. April 1917, Philharmonisches Orchester, unter der musikalischen Leitung von Peter Raabe; hierbei ist erstmals das von Willi von Möllendorff erfundene Vierteltonharmonium verwendet worden (vgl. *Von deutscher Tonkunst. Festschrift zu Peter Raabes 70. Geburtstag*. In Gemeinschaft mit zweiundzwanzig Fachgenossen hg. von Alfred Morgenroth. Leipzig: Peters 1942, S. 231).

BLÜMEL, Franz (1839–1916)

Wilhelm Tell. Schauspiel

235   – V. 2831ff. (Barmherzige Brüder: »Rasch tritt der Tod den Menschen an«)
Vierstimmiger Männerchor a cappella
Nr. 3 in: ders., *Drei Trauerchöre*, op. 40a. – Graz: Wagner, o. A. – Partitur, Stimmen. – HMB 1895/6, S. 243.

BLUM, Carl Ludwig (1786–1844)

Nachname gelegentlich auch: *Blume*.

236   Der Jüngling am Bache (»An der Quelle saß der Knabe«)
Für eine Singstimme zur Gitarre

QUELLE: Brandstaeter, S. 37.

237   Die deutsche Muse (»Kein Augustisch' Alter blühte«)
Vierstimmiger Männerchor (TTBB) a cappella
Berlin: Trautwein, o. A. – Partitur, Stimmen. – Whistling 1828, S. 1004.

Brandstaeter weist die Vertonung für vier Männerstimmen mit Klavierbegleitung nach (S. 36).

    · Magdeburg: Heinrichshofen, o. A. – Pazdírek Bd. 2, S. 228.

238   Die Gunst des Augenblicks (»Und so finden wir uns wieder«); hier unter dem Titel: *Die Gewalt des Augenblicks*
Für acht Männerstimmen (Doppelchor – je TTBB mit Soli), op. 116
Leipzig: Breitkopf & Härtel, o. A. – Partitur (Verl.-Nr. *5059*). – Original (Slg. GG). HMB 1831/3+4, S. 28.

... der verehrlichen Liedertafel in Stuttgart gewidmet. – Besetzungsangabe auf der Titelseite: *... für vier* [!] *Männerstimmen mit Chor*; die Partitur gibt aber simultan zwei vierstimmige Männerpartien wieder. – Hinweis zu Beginn des Stücks: *Auch zu Anfang einer Sitzung zu singen*.

Maria Stuart. Ein Trauerspiel

239   – V. 2087ff. (Maria Stuart: »O Dank, Dank diesen freundlich grünen Bäumen«);
hier unter dem Titel: *Adieux de Marie Stuart*
Für eine Singstimme zur Gitarre
Leipzig: Breitkopf & Härtel 1814. – Ledebur, S. 61.

BLUM, Edi (?–?)

Ritter Toggenburg (»Ritter, treue Schwesterliebe widmet Euch dies Herz«)

240   *Modern und antik (»Der Toggenburg, der alte Narr«)*; Textverfasser unbekannt
Für zwei Singstimmen mit Klavierbegleitung
Leipzig: Otto Dietrich, o. A. – Hofmeister (1904–1908), S. 81.

Verzeichnis der musikalischen Werke

BLUM, Robert (1900–1994)

Wilhelm Tell. Schauspiel

241 – V. 1447ff. (Rösselmann: »Wir wollen sein ein einzig' Volk von Brüdern«); hier unter dem Titel: _Der Rütlischwur_
Für einstimmigen Chor und Blasorchester ad libitum
Zürich: Hug 1967. – Chorstimmen (Verl.-Nr. _10766_); Instrumentalstimmen leihweise. – Hofmeister (1967), S. 45.

Komponiert für eine Festaufführung im Rahmen der Weltausstellung; Uraufführung: Montreal (Kanada), 1. August 1967 (anlässlich des »Schweizertages«). – Mit Übersetzungen ins Rätoromanische (»_No lain frater namainge_«) von Andri Peer, ins Französische (»_Nous voulons être un peuple_«) von Maurice Zermatten und ins Italienische (»_Noi vogliam fare un popolo_«) von Guido Calgari. – Blum fertigte noch mehrere Versionen mit unterschiedlichen Begleitensembles an (vgl. Zentralbibliothek Zürich, »Nachlassverzeichnis Robert Blum«).

BLUMENRÖDER, Karl (1789–?)

Die Bürgschaft (»Zu Dionys, dem Tyrannen, schlich Damon«)

242 _Die Bürgschaft_. Große Oper in drei Akten; Libretto _nach Schillers Ballade bearbeitet_ von Carl Reger
Handschriftliche Partitur, 1823. – RISM-OPAC.

Ihro Königliche Hoheit der Frau Kronprinzessin von Preussen Elisabetha Ludovica gebornen Königlichen Kronprinzessin von Baiern in tiefster Ehrfurcht geweiht. – Uraufführung: Nürnberg, _im Oktober 1823_ (Stadttheater); s. Stieger. – Reischert weist die Oper irrtümlich Johann Ernst Gottfried Blumröder (→ 250) zu und datiert die Uraufführung auf den 8. Dezember 1823 in München (S. 218f.).

BLUMENTHAL, Casimir von (1787–1849)

243 An die Freunde (»Lieben Freunde! Es gab schön're Zeiten«)
Für eine Singstimme mit Klavierbegleitung oder zur Gitarre
Nr. 3 in: ders., _Drey Lieder_ [nach Gedichten von F. Schiller] _mit Klavier- oder Guitarre-Begleitung_. – Autograph, 28. Dezember 1808. – RISM-CH (Database).

244 Der Jüngling am Bache (»An der Quelle saß der Knabe«)
Für eine Singstimme mit Kavierbegleitung
Autograph, Wien, 20. Juni 1809. – RISM-CH (Database).

245 Die deutsche Muse (»Kein Augustisch' Alter blühte«)
Für eine Singstimme mit Klavierbegleitung oder zur Gitarre
Nr. 2 in: ders., _Drey Lieder_ → 243

246 Sehnsucht (»Ach, aus dieses Tales Gründen«)
Für eine Singstimme mit Klavierbegleitung oder zur Gitarre
Nr. 1 in: ders., _Drey Lieder_ → 243

BLUMENTHAL, Josef von (1782–1850)

Die Räuber. Ein Schauspiel

247 – 4. Akt, 5. Szene (Räuber: »Ein freies Leben führen wir«); hier unter dem Titel: _Das Räuberlied aus dem Trauerspiel ›Die Räuber‹_
Für eine Singstimme mit Klavierbegleitung oder zur Gitarre

Wien: Chemische Druckerei, o. A. – Verl.-Nr. *985*. – ÖNB (Online-Katalog; hier mit *1808* datiert).

Turandot, Prinzessin von China. Ein tragikomisches Märchen nach Carlo Gozzi von Friedrich Schiller

248   Schauspielmusik

Uraufführung im Rahmen der Premiere in Wien, 3. April 1813 (Theater an der Wien). – Schaefer datiert wohl irrtümlich die Uraufführung der Ouvertüre: Wien, 23. März 1829 (Rittersaal des gräflichen Löwenburgischen Konvikts).

QUELLEN: Aber, S. 99 (kennt jedoch nur die Ouvertüre). Stieger. Schaefer, S. 66.

Daraus

- *Drei Märsche aus Turandot* für Klavier. – Wien: Steiner, o. A. – Verl.-Nr. *2109*. – Weinmann (Senefelder etc.) Bd. 2, S. 119 (demnach *1813* veröffentlicht).

BLUMENTHAL, Paul (?–?)

Macbeth. Zur Vorstellung auf dem Hoftheater in Weimar eingerichtet von Friedrich Schiller

249   – V. 741ff. (Pförtner: »Verschwunden ist die finst're Nacht«); hier unter dem Titel: *Morgenlied*
Dreistimmiger Frauenchor a cappella
Nr. 1 in: ders., *Zwei Lieder für dreistimmigen Frauenchor*, op. 85. – Langensalza: Beyer, o. A. – HMB 1900/10, S. 541.

BLUMRÖDER, Johann Ernst Gottfried (1776–1858)

Turandot, Prinzessin von China. Ein tragikomisches Märchen nach Carlo Gozzi von Friedrich Schiller

250   *Turandot oder: Die Rätsel. Tragikomische Oper* in zwei Akten nach Carlo Gozzi und Friedrich Schiller

Uraufführung: München, 11. Oktober 1809 (Königliches Hoftheater).

QUELLEN: Schaefer, S. 66. Lo, S. 133.

BÖCK, Wendelin (?–?)

251   An den Frühling (»Willkommen, schöner Jüngling [hier: *Frühling*]«)
Für eine Singstimme zur Zither, op. 54
Nr. 1 in: ders., *Drei Lieder*; zugleich: *Liederkranz. Sammlung beliebter Lieder für eine Singstimme mit Zither*, 8. Heft. – Trier: Hoenes, o. A. – HMB 1877/1, S. 21.

Die drei Nummern sind einzeln mit den opp. 54, 60 und 53 (in dieser Reihenfolge!) nachgewiesen. Pazdírek, der die Sammlung ›Liederkranz‹ nicht kennt, fasst die Lieder wohl irrtümlich als op. 54 zusammen (vgl. Bd. 2, S. 265).

252   Der Triumph der Liebe (»Selig durch die Liebe«)
Für eine Singstimme zur Zither, op. 60
Nr. 2 in: ders., *Drei Lieder* → 251

253   In das Stammbuch Charlottens von Lengefeld (»Ein blühend' Kind von Grazien«); hier unter dem Titel: *Einer jungen Freundin ins Stammbuch*
Für eine Singstimme zur Zither, op. 53
Nr. 3 (auch einzeln) in: ders., *Drei Lieder* → 251

BÖHMIG, T. (?–?)

Die Verschwörung des Fiesco zu Genua. Ein republikanisches Trauerspiel

254 *Fiescowalzer* für Klavier, op. 1
Leipzig: Polet, o. A. – HMB 1842/3, S. 39.

BÖHNER, Johann Ludwig (1787–1860)

Böhner soll als Vorbild für die Figur des Kapellmeisters Johannes Kreisler in den ›Lebensansichten des Katers Murr‹ (hier: ›Kreisleriana‹) von Ernst Theodor Amadeus Hoffmann gedient haben, worüber die ältere Fachliteratur immer wieder und mit oftmals drastischer Charakterisierung des Komponisten berichtet (vgl. etwa Schilling Bd. 1, S. 707ff., oder Mendel Bd. 2, S. 100f.); dieser Bezug wird heute allerdings bezweifelt (vgl. MGG2 *Personenteil* Bd. 3, Sp. 262).

An die Freude (»Freude, schöner Götterfunken«)

255 1. Komposition – 1797
Für Soli, Chor und Orchester

1797 [!] komponiertes Jugendwerk. In seiner Autobiographie berichtet Böhner, dass er das Gedicht *als großen Hymnus* komponiert und dabei *jeden Vers bearbeitet* habe (vermutlich ist »Strophe« gemeint); die Vertonung sei für *vollständiges Orchester* [...] *wechselnd mit Chören, Arien und Rezitativen ausgearbeitet worden. Derselbe wurde einige Male mit vielem Beifall aufgeführt. Ich bedaure, daß mir dieser größere Erstlingsversuch* [...] *entwunden ist. Ein Schullehrer und Organist Frenzel, zuletzt in Holzhausen, bat sich als guter Bekannter Partitur und Stimmen zur Aufführung aus, und solche sind, da ich sie auf meinen Reisen außer Acht ließ, nach dessen Tode, wo ich sie zurückverlangte, nicht zu finden gewesen und abhanden gekommen* (s. WV/Böhner, S. 12 u. S. 154).

256 2. Komposition – 1859
Besetzung nicht ermittelbar

Nur Entwurf geblieben. – Der Dichter Friedrich Konrad von der Werra berichtet, dass er *unter des Meisters hinterlassenen Manuskripten und unvollständigen Kompositionsskizzen auch* »*den Entwurf zu einer neuen Bearbeitung des Liedes ›An die Freude‹, und zwar auf der Rückseite eines geschriebenen Konzertzettels vom 1. Oktober 1859, also wenige Wochen vor dem Schillerschen Jubelfeste, niedergeschrieben*«*, vorgefunden* habe (s. WV/Böhner, S. 154).

Wilhelm Tell. Schauspiel

257 – Auszüge unter dem Titel: *Deklamation aus Wilhelm Tell verbunden mit freier Phantasie*
Deklamation mit vermutlich improvisierter melodramatischer Klavierbegleitung

Uraufführung: Meiningen, 24. März 1811 (Sächsischer Hof), in einem Konzert unter Beteiligung der herzoglichen Kapelle mit dem Komponisten am Klavier (s. WV/Böhner, S. 19f.). Um welche Textausschnitte es sich gehandelt hatte, lässt sich nicht mehr rekonstruieren.

BÖIE, Heinrich (1825–1879)

Das Lied von der Glocke (»Fest gemauert in der Erden«)

259 Musik *für die dramatische Aufführung* vermutlich mit Orchester

Unveröffentlicht. Diese Komposition sei (wohl um 1860) *in Altona und Hamburg mit grossem Beifall zur öffentlichen Aufführung im Theater* gekommen (Mendel Bd. 2, S. 101); sie belegt einmal mehr die im 19. Jahrhundert verbreitete Praxis, das Gedicht szenisch zu geben.

BOH, Albert Ludwig (?–?)

Maria Stuart. Ein Trauerspiel

260 *Maria Stuart's letzte Stunde. Tongemälde* für Klavier, op. 70
Braunschweig: Weinholz, o. A. – Verl.-Nr. *884*. – HMB 1868/11, S. 186. BSB-Musik Bd. 2, S. 743.

BOHN, Emil (1839–1909)

261 *Festchor componirt zur Schillerfeier des Vereins für Poesie am 9ten November 1865 (»Erhebe dich auf starken Schwingen«)*; Text von Friedrich Barchewitz
Vierstimmiger Männerchor (TTBB) mit Klavierbegleitung
Autographe Partitur, 1865. – RISM-OPAC.

262 *Festchor zu Schiller's Säcularfeier (»Erhab'ner Geist, o schwebe nieder aus Himmelshöhen«)*; Textverfasser unbekannt
Vierstimmiger Männerchor (TTBB) mit Klavierbegleitung
Autographe Stimmen, 1859. – RISM-OPAC.

263 *Hymne zur Geburtsfeier Schillers im Verein für Poesie (»Begrüßt mit Liedersang und Preis die festgeweihte Stunde«)*; Text von Adolph Freyhan
Für Tenor solo, vierstimmiger Männerchor (TTBB) mit Klavierbegleitung
Autographe Partitur und Aufführungsmaterial, 1865. – RISM-OPAC.

BOHRER, Joseph Anton (1783–1863)

264 Der Pilgrim (»Noch in meines Lebens Lenze«)
Für eine Singstimme mit Klavierbegleitung
Nr. 1 in: ders., [6] *Romanzen und Lieder von Schiller*, op. 10. – Leipzig: Peters, o. A. – Whistling 1828, S. 1053.

Dédiée à Madame Elisabetha Kunst. – Zwischen 1801 und 1811 komponiert, da Bohrer sich im Autograph als Mitglied der Münchener Hofkapelle bezeichnet (vgl. RISM-OPAC).

265 Die Begegnung (»Noch seh' ich sie, umringt von ihren Frauen«)
Für eine Singstimme mit Klavierbegleitung
Nr. 6 in: ders., [6] *Romanzen und Lieder von Schiller*, op. 10 → 264

266 Die Gunst des Augenblicks (»Und so finden wir uns wieder«)
Für eine Singstimme mit Klavierbegleitung
Nr. 5 in: ders., [6] *Romanzen und Lieder von Schiller*, op. 10 → 264

267 Hoffnung (»Es reden und träumen die Menschen viel«)
Für eine Singstimme mit Klavierbegleitung
Nr. 2 in: ders., [6] *Romanzen und Lieder von Schiller*, op. 10 → 264

268 Licht und Wärme (»Der bess're Mensch tritt in die Welt«)
Für eine Singstimme mit Klavierbegleitung
Nr. 3 in: ders., [6] *Romanzen und Lieder von Schiller*, op. 10 → 264

Wallenstein. Ein dramatisches Gedicht – II. Die Piccolomini

269 – V. 1757ff. (»Der Eichwald brauset«); hier unter dem Titel: *Theckla*
Für eine Singstimme mit Klavierbegleitung
Nr. 4 in: ders., [6] *Romanzen und Lieder von Schiller*, op. 10 → 264

Verzeichnis der musikalischen Werke

BONA, Pasquale (1816–1878)

Don Carlos. Infant von Spanien. Ein dramatisches Gedicht

270 *Don Carlo. Dramma lirico.* Libretto von Giorgio Giacchetti

Uraufführung (Stieger): Mailand, 23. März 1847 (Teatro alla Scala); Clément/Larousse datiert hingegen irrtümlich: *1857.* – Ausgaben sind 1847 bei Ricordi in Mailand erschienen (vgl. HMB 1847/10, S. 158, u. 1847/11, S. 173 u. 178).

QUELLEN: Clément/Larousse, S. 344. Stieger. Reischert, S. 781.

BONAWITZ, Johann Heinrich (1839–1917)

Die Braut von Messina oder: Die feindlichen Brüder. Ein Trauerspiel mit Chören

271 *The Bride of Messina. Tragic Opera in three acts.* Libretto von Hermann Miller Philadelphia: Lee & Walker [1874]. – Klavierauszug. – Antiquariat Lubrano (Internetkatalog). Schaefer, S. 74 (Name des Komponisten hier irrtümlich *Bonewitz*). Stieger. Reischert, S. 211.

Uraufführung: Philadelphia, 22. April 1874 (Academy of Music), unter der Leitung des Komponisten. – Clément/Larousse nennt hiervon abweichend Mai 1874.

BONFIRE

Deutsche Hardrock-Band. 1972 in Ingolstadt als »Cacumen« von Hans Ziller gegründet und 1986 umbenannt. Mehrfache Besetzungswechsel.

Die Räuber. Ein Schauspiel

271+1 *The Räuber.* Rockoper

Bühnenvorstellung des Schauspiels mit einigen eingestreuten Musiknummern von »Bonfire«, bei denen auch die Schauspieler gelegentlich mitwirken. Der Terminus »Oper« ist demnach eigentlich nicht passend (vgl. die gleichartige und ebenso unzutreffende Bezeichnung für ›Die Räuber‹; → 2874+1). Überwiegend englischsprachige Gesangstexte mit einigen Originalzitaten (etwa »Lass die Toten schlafen ...«, 1. Szene des 3. Aktes). – Premiere: Ingolstadt, 10. Februar 2008 (Stadttheater – Großes Haus), mit Richard Putzinger (Karl von Moor), Olav Danner (Franz von Moor), Natalie Schott (Amalia – Teilrolle), Franziska Hartmann (Amalia – Teilrolle), Rolf Germeroth (Graf von Moor) u. a. Regie: Pierre Walter Politz (schlug »Bonfire« dieses Projekt vor). Die Band spielte live: Claus Lessmann (lead vocals, rhythm guitar), Hans Ziller (lead, rhythm & acoustic guitars), Chris »Yps« Limburg (Gitarre), Uwe Köhler (Bass) und Jürgen »Bam Bam« Wiehler (Schlagzeug). Bis 2010 mehr als fünfzig Mal gespielt. 2008 auf CD (Auskopplung der 17 Musiknummern, zugleich elftes Album der Band) und DVD veröffentlicht. – Es handelt sich um eines der seltenen Beispiele einer schöpferischen Auseinandersetzung in der Popmusik mit einem klassischen Drama, die über eine an ein großes Publikum gerichtete Musical-Adaption hinausgeht. Entfernt vergleichbare Versuche gibt es etwa für Shakespeares ›Macbeth‹ durch die deutschen Heavy-Metal-Bands »Rebellion« (2002) und »Macbeth« (2006).

QUELLEN: DVD. Zeitgenössische Presseberichte. Homepage des Stadttheaters Ingolstadt.

BONN, Hermann (?–?)

272 Der Handschuh (»Vor seinem Löwengarten, das Kampfspiel zu erwarten«) Deklamation mit melodramatischer Orchesterbegleitung Heterogenes Notenmaterial in Abschriften (Partitur, 1843, und Stimmen). – RISM-OPAC.

Offenbar lag die Originalkomposition nur in der Fassung mit Klavierbegleitung vor, da auf der Titelseite der Partitur angemerkt ist: ... *ins volle Orchester aus dem Claviera*[u]*szuge von*

Joseph Schmid. Die Autorschaft des bisher nicht identifizierbaren H. Bonn ist zudem unsicher, da hier in einer Zweitfassung der Titelaufschrift Anton Eberl (1765–1807) als Urheber genannt wird, von dem allerdings diese Vertonung anderweitig nicht nachweisbar ist. Zudem sollen die erhaltenen Musikalien, die von unterschiedlicher Hand stammen, in der Zeit zwischen 1800 und 1865 angefertigt worden sein.

BORNHARDT, Johann Heinrich Carl (1774–1840)

273   An die Freunde (»Lieben Freunde! Es gab schön're Zeiten«)
Rundgesang zur Gitarre
Nr. 1 in: ders., _Sechs Lieder von Schiller_, op. 75. – Braunschweig: Spehr auf der Höhe [nach 1797]. – Verl.-Nr. _988._ – Whistling 1828, S. 1110. Original (DLA).

WV/Bornhardt nennt Klavierbegleitung (so angezeigt in: AMZ/1, Intelligenzblatt Nr. 12 zum 14. November 1810, Sp. 49).

Der Antritt des neuen Jahrhunderts (»Edler Freund! Wo öffnet sich dem Frieden«)

274   – V. 33ff. (»In des Herzens heilig stille Räume«)
Kanon für gemischtes Vokalterzett (STB) mit Klavierbegleitung, op. 125
Braunschweig: Musikalisches Magazin von J. P. Spehr auf der Höhe, o. A. –
Verl.-Nr. _1189._ – Original (DLA). Whistling 1828, S. 1005.
    · Hannover: Bachmann, o. A. – Hofmeister 1845 (_Vocalmusik_), S. 56.

Der Mensch (»Was ist der Mensch? Halb Tier, halb Engel«); Schiller zugeschriebener Text von Joachim Lorenz Evers

Das um 1800 mehrfach vertonte Gedicht ist in damaligen Notenausgaben entweder ohne Nachweis des Textverfassers oder unter Schillers Namen veröffentlicht und in Zusammenhang mit Schiller-Vertonungen noch 1859 dokumentiert worden (vgl. Wurzbach, _Schiller-Buch_, Nrn. 565, 656 bzw. 657); allerdings rechnete Brandstaeter es wenig später zu den apokryphen Gedichten (S. 39). Es stammt von Joachim Lorenz Evers (1758–1807), einem aus Altona gebürtigen Goldschmied, Schriftsteller und Verleger, von 1800 bis 1802 Direktor des dortigen »Nationaltheaters« und seit 1790 Freimaurer (1796 Mitbegründer der heute noch bestehenden Loge »Carl zum Felsen«). Er veröffentlichte das Gedicht 1797 unter dem Titel ›Menschenbestimmung‹ in seiner _der geselligen und einsamen Fröhlichkeit gewidmeten_ Sammlung ›Vierhundert Lieder‹ unter der Nr. 369 (vgl. NA Bd. 2 I, S. 470, sowie Bd. 2 II B, S. 280; hier nur Titel sowie Textincipit nebst bibliogr. Hinweisen auf die Textquelle und die Vertonung durch A. E. Rodatz; → 2073). Es wurde bald so populär, dass ein unbekannter Autor dazu noch ein »Gegenstück« verfasst hat (→ 15). Der erste Vers von ›Der Mensch‹ gelangte nachmals sogar als »geflügeltes Wort« in den »Büchmann« (vgl. _Geflügelte Worte. Der Zitatenschatz des deutschen Volkes._ Gesammelt u. hg. von Georg Büchmann. Fortgesetzt von Walter Robert-tornow, Konrad Weidling, Eduard Ippel und Bogdan Krieger. _Volksausgabe nach der 28. Aufl._ Berlin: Haude & Spanersche Verlagsbuchhandlung Max Pascke 1941, S. 105). Da der ganze Text weitgehend unbekannt und nicht leicht zugänglich ist, wird er hier vollständig wiedergegeben (Fassung in moderner Schreibweise auf der Grundlage von RISM A I: AN 1765; gelegentlich kommen in den verschiedenen Ausgaben unbedeutende Formulierungsvarianten vor):

> _Was ist der Mensch? Halb Tier, halb Engel_
> _Klein, elend, dürftig, herrlich groß!_
> _Was ist sein Schicksal? Tausend Mängel,_
> _Und tausend Güter sind sein Los._
> _Ihm blühen manche schöne Freuden,_
> _Auch manche, die zu früh verdirbt;_
> _Ihn foltern schauervolle Leiden,_
> _Er reift, wird alt, entnervt und stirbt._

Ich seh' der Schöpfung große Fülle,
Erstaun' und sink' bewundernd hin;
Seh', dass ich, in der schönsten Hülle,
Der Erde erstes Wesen bin;
Schnell schafft die Phantasie mir Flügel,
Führt mich zu neuen Welten hin,
Und schnell bedeckt ein Erdenhügel
Mich, der ich Staub vom Staube bin!

Unendlich viel, unglaublich wenig,
Voll Schwachheit und voll Schöpfungskraft,
Der Länder und der Meere König,
Der Sklave jeder Leidenschaft;
So steigt der Mensch zur stolzen Größe
Und trotzt Natur und Zeit und Glück,
Er sinkt in Fesseln, darbt in Blöße,
Und setzt sich unter's Tier zurück.

Er predigt Weisheit, singt die Tugend,
Und drängt sich, Weihrauch ihr zu streu'n;
Vergisst sich selbst, verschwelgt die Jugend,
Und schläft im Arm des Lasters ein;
Träumt glücklich sich, und öd' und wüste
Erwacht er, schaudert und bereut;
Kämpft männlich gegen alle Lüste
Und fühlt sich voll Gebrechlichkeit.

Du Meisterwerk aus Gottes Händen,
Ist dies dein einz'ges Leben nur? –
Soll deiner Schöpfung Zweck hier enden? –
Bleibst du ein Rätsel der Natur? –
Nein! Gott schuf dich für Ewigkeiten,
Für höh'res Glück, für hell'res Licht;
Gab Mängel und Vollkommenheiten
Zur Prüfung dir, zum Unterricht.

Das Straucheln in den Jünglingsjahren
Soll einst dem Mann Erfahrung sein;
Nur nach den größesten Gefahren,
Kann Ruh' und Glück uns ganz erfreu'n.
Wenn wir, mit sehnsuchtsvollen Blicken
Nach Wahrheit, Licht und Weisheit späh'n,
Dann erst fühlt unser Herz Entzücken,
Wenn wir sie ohne Täuschung seh'n.

Dort, wo sich hehre Sonnen drehen,
Soll ich des Weltbaus Herrlichkeit,
Soll ich des Schöpfers Größe sehen,
Umstrahlt mich Licht und Seeligkeit!
Der Nebel flieht, mein Blick wird heiter,
Ich seh', was unerforschlich schien,
Mit Engelkräften eil' ich weiter,
Und Sonnen und Planeten flieh'n.

275 Für eine Singstimme zur Harfe
2. Heft, Nr. 7, in: *Magazin pour Harpe.* – Braunschweig: Musikalisches Magazin auf der Höhe, o. A. – Verl.-Nr. *571*. – Fellinger, S. 203.

Die Komponisten und ihre Werke

In sechs Heften 1805/06 erschienen, von denen Fellinger aber nur das zweite nachweisen konnte. – Vermutlich Erstausgabe der Vertonung, da in Bornhardts eigenem Verlag veröffentlicht; aufgrund der höheren Verl.-Nr. dürfte der anschließend genannte Einzeldruck später erschienen sein. – Das offenbar populäre Lied ist in zahlreichen weiteren, meistens aber anonym erschienenen Ausgaben der Zeit nachweisbar (außerdem mit gravierenden Änderungen der Gesangspartie irrtümlich auch unter dem Namen von F. H. Himmel; → 1002).

> · _Der Mensch. Ein Gedicht von Friedr. Schiller_, für eine Singstimme _mit Begleitung des Claviers oder der Harfe._ – Braunschweig: Musikalisches Magazin auf der Höhe, o. A. – Verl.-Nr. _752._ – RISM A I: AN 1766. Original (Basel – Öffentliche Bibliothek, Universität Basel).

Weitere Ausgaben (jetzt für eine Singstimme entweder zur Gitarre oder mit Klavierbegleitung) unter Bornhardts Name (alphabetisch nach Verlagen)

· Berlin: Concha, o. A. – Verl.-Nr. _23._ – Original (Slg. GG). Antiquariat Greve, Kat. 48, Nr. 169 (datiert mit _ca. 1805_).

· Leipzig: Kühnel, o. A. – Verl.-Nr. _767._ – Antiquariat Raab, Kat. 14, Nr. 47 (datiert mit _1809_).

> Nur diese Ausgabe im WV/Bornhardt. – Eitner (Bd. 2, S. 137) und MGG1 (Bd. 15, Sp. 961) nennen den Nachfolgeverlag Peters in Leipzig.

· Berlin: Schlesinger, o. A. – Hofmeister 1845 (_Vocalmusik_), S. 111 und S. 195.

Anonyme Veröffentlichungen (alphabetisch nach Verlagen)

· _Der Mensch. Arie_ für eine Singstimme mit Klavierbegleitung. – Hamburg: Böhme, o. A. – RISM A I: AN 1764. Original (Lübeck – Stadtbibliothek).

> Der Text weicht gelegentlich im Wortlaut von der oben wiedergegebenen Fassung ab (hier z. B. zu Beginn der 3. Strophe: »_Unglaublich viel, unglaublich wenig_«); auch die Reihenfolge der Strophen ist verändert (jetzt: 1., 5., 6., 2., 3., 4., 7.). – Neben dem Druck besitzt die Stadtbibliothek noch eine zeitgenössische Handschrift mit der um eine kleine Terz tiefer transponierten Fassung (D-Dur) und mit einer weiteren Variante der Strophenreihenfolge (nämlich: 1., 2., 5., 3., 6., 4., 7.).

· Für eine Singstimme mit Klavierbegleitung und _mit Begleitung einer Flöte._ – Ebd. – RISM A I: AN 1765. Original (Wolfenbüttel – Herzog August Bibliothek).

· Für eine Singstimme mit Klavierbegleitung. – Nr. 1 in: _Der Mensch. Was ist der Mensch? halb Thier, halb Engel! und Gegenstück Was ist der Mensch? nicht Thier, nicht Engel!_ – Altona: Rudolphus, o. A. – RISM A I: ANAN 182a. Original (Kiel – Schleswig-Holsteinische Landesbibliothek).

> Die Ausgabe enthält auf S. 2 beide, separat unter einander gedruckte und jeweils mit der ersten Strophe unterlegte Kompositionen (das _Gegenstück_ entspricht der anonym überlieferten Vertonung; → 15); auf S. 3 sind die übrigen sechs Strophen der Gedichte wiedergegeben. Beide Vertonungen könnten aufgrund der hier vorliegenden Zusammenfassung von Bornhardt stammen. Außerdem käme A. E. Rodatz als Urheber noch in Frage (→ 2073 u. 2074).

· _Der Mensch. Ein Gedicht von Schiller_ für eine Singstimme mit Klavierbegleitung. – Mainz: Schott, o. A. – Verl.-Nr. _535._ – Original (Mainz: Schott, Verlagsarchiv; freundl. Mitteilung von Monika Motzko-Dollmann). RISM deest.

· _Mennesket. En sang efter Schiller, med dansk text af Dr. Frankenau_ (»_Hvad troer du mennesket at vaere?_«) für eine Singstimme mit Klavierbegleitung. – Kopenhagen: Sønnichsen, o. A. – RISM A I: AN 1762. Original (Kopenhagen –

Det Kongelige Bibliotek, Nationalbibliotek og Københavns Universitetsbibliotek).

Ausgabe mit vollständigem deutschem und dänischem Text, wobei die Originalfassung gegenüber der vorstehend wiedergegebenen Version einige kleinere Textvarianten aufweist (z. B. beginnt die 5. Strophe nun: »Du Meister*stück von* Gottes Händen«); darüber hinaus wurde die Reihenfolge der Strophen geändert (jetzt: 1., 5., 6., 2., 3., 4., 7.). Die Textfassung stammt von dem dänischen Arzt, Schriftsteller und Übersetzer Rasmus Frankenau (1767–1814).

- *Andet oplag*, für eine Singstimme mit Klavierbegleitung. – Ebd. – RISM A I: AN 1763. Original (Kopenhagen – Det Kongelige Bibliotek, Nationalbibliotek og Københavns Universitetsbibliotek).

- *Der Mensch. Arie* [...] *in Musik gesezt für's Forte Piano*, für eine Singstimme mit Klavierbegleitung und Flöte. – Hamburg und Altona: Vollmer, o. A. – RISM A I: ANAN 1765a. Original (Kiel – Schleswig-Holsteinische Landesbibliothek).

Die Flöte wird im Titel nicht erwähnt. Ihr Part ist separat auf S. 3 neben dem Text der Strophen 2–7 wiedergegeben.

276 Der Pilgrim (»Noch in meines Lebens Lenze«)
Für eine Singstimme zur Gitarre
Nr. 5 in: ders., *Sechs Lieder von Schiller*, op. 75 → 273

277 Der Taucher (»Wer wagt es, Rittersmann oder Knapp'«)
Für eine Singstimme zur Gitarre, op. 65
Braunschweig: Musikalisches Magazin bei J. P. Spehr auf der Höhe, o. A. – Verl.-Nr. *973*. – Original (DLA). Whistling 1828, S. 1110. WV/Bornhardt (nennt Verl.-Nr. *1156*).

Ausgaben mit Klavierbegleitung, jetzt als op. 110 (so bei Brandstaeter, S. 35; s. auch WV/Bornhardt):

- Braunschweig: Spehr, o. A. – Verl.-Nr. *1123*. – Whistling 1828, S. 1053. WV/Bornhardt.

Mit Widmung an *Graf Joseph von Stollberg Stollberg*.

- Hannover: Bachmann, o. A. – Hofmeister 1845 (*Vocalmusik*), S. 110.

278 Die Begegnung (»Noch seh' ich sie, umringt von ihren Frauen«)
Für eine Singstimme zur Gitarre
Nr. 6 in: ders., *Sechs Lieder von Schiller*, op. 75 → 273

279 Die Erwartung (»Hör' ich das Pförtchen nicht gehen«)
Für eine Singstimme mit Klavierbegleitung, op. 57
Braunschweig: Musikalisches Magazin, o. A. – Verl.-Nr. *913*. – WV/Bornhardt.

280 Die Gunst des Augenblicks (»Und so finden wir uns wieder«)
Für eine Singstimme zur Gitarre
Nr. 4 in: ders., *Sechs Lieder von Schiller*, op. 75 → 273

Die Jungfrau von Orleans. Eine romantische Tragödie

281 – V. 383ff. (Johanna: »Lebt wohl, ihr Berge, ihr geliebten Triften«); hier unter dem Titel: *Johanna's Lebewohl*
Für eine Singstimme zur Gitarre, op. 102
Braunschweig: Musikalisches Magazin, o. A. – WV/Bornhardt.

Die Komponisten und ihre Werke

Mehrfach als op. 101 nachgewiesen (vgl. Brandstaeter, S. 37, Schaefer, S. 61, oder MGG1 Bd. 15, Sp. 961).

282   Die vier Weltalter (»Wohl perlet im Glase der purpurne Wein«)
Für eine Singstimme zur Gitarre, op. 76
Braunschweig: Musik-Magazin auf der Höhe 1811. – Verl.-Nr. _1005._ – WV/Bornhardt. MGG1 Bd. 15, Sp. 961.

283   Dithyrambe (»Nimmer, das glaubt mir, erscheinen die Götter«)
Für eine Singstimme zur Gitarre
Braunschweig: Musik-Magazin auf der Höhe 1811. – MGG1 Bd. 15, Sp. 961.

284   Hoffnung (»Es reden und träumen die Menschen viel«)
Für eine Singstimme zur Gitarre
Nr. 2 in: ders., _Sechs Lieder von Schiller_, op. 75 → 273

285   Licht und Wärme (»Der bess're Mensch tritt in die Welt«)
Für eine Singstimme zur Gitarre
Nr. 3 in: ders., _Sechs Lieder von Schiller_, op. 75 → 273

286   _Ode an die Unschuld. Versuch eines Gegenstücks zu Schillers Ode an die Freude_ (»_Unschuld, Strahl von jenem Glanze_«); Text von H.[einrich?] Schmidt (vollst. wiedergegeben → 1960)
Für eine Singstimme mit Klavierbegleitung
Braunschweig: Musik-Magazin, o. A. – MGG1 Bd. 15, Sp. 961 (datiert mit _1796_). NTL, S. 479 (datiert mit _1797_).

Nachgewiesen in: _Verzeichniß alter und neuer sowohl geschriebener als gestochener Musikalien ..._ (Wien: Traeg 1799, S. 193); vgl. Weinmann (Traeg), Bd. 1, S. 193 (Nr. 292).

Wallenstein. Ein dramatisches Gedicht – I. Wallensteins Lager

287   – V. 1052ff. (Zweiter Kürassier: »Wohl auf, Kameraden, auf's Pferd«); hier unter dem Titel: _Reiterlied aus Wallenstein_
Für eine Singstimme zur Gitarre
Berlin: Concha, o. A. – Verl.-Nr. _18._ – Eitner Bd. 2, S. 137. Antiquariat Greve Kat. 48, Nr. 168 (hier datiert: _ca. 1805_).
· Berlin: Paez, o. A. – Hofmeister 1845 (_Vocalmusik_), S. 195.

288   Würde der Frauen (»Ehret die Frauen! Sie flechten und weben«)
Für eine Singstimme zur Gitarre
Braunschweig: Musikalisches Magazin, o. A. – Verl.-Nr. _962._ – WV/Bornhardt. MGG1 Bd. 15, Sp. 961 (datiert vermutlich zu früh auf _1797_). Eitner Bd. 2, S. 137.

WV/Bornhardt verweist auf die Anzeige in: AMZ/1, _Intelligenzblatt_ Nr. 12 zum 14. November 1810, Sp. 49.

BOSSI, Marco Enrico (1861–1925)

Die Jungfrau von Orleans. Eine romantische Tragödie

289   _Johanna d'Arc. Ein Mysterium_ in einem Prolog und drei Teilen von Luigi Orsini
Für Soli, vierstimmigen gemischten Chor (SATB), Männerchor, Kinderchöre (Knaben- und Mädchenstimmen), großes Orchester und Orgel, op. 135

Leipzig: Leuckart 1914. – Chor- und Kinderstimmen; Klavierauszug (Verl.-Nr. 7291) mit deutscher Übersetzung von Wilhelm Weber. – Hofmeister (1914–1918), S. 51. Stieger (hier mit dem Titel: *Giovanna d'Arco*). BSB-Musik Bd. 2, S. 791. Antiquariat Voerster Kat. 14, Nr. 123. MGG2 *Personenteil* Bd. 3, Sp. 485.

Uraufführung: Köln, 20. Januar 1914.

BOUGHTON, Rutland (1878–1960)

290 Die unüberwindliche Flotte (»Sie kömmt – sie kömmt, des Mittags stolze Flotte«); hier in englischer Übersetzung von Edward George Bulwer-Lytton: *The Invincible Armada (»It comes, it comes – the haughty Southern fleet«)*
Sinfonie für Chor und Orchester, op. 12
London: Novello 1909. – New Grove2 Bd. 4, S. 93. MGG2 *Personenteil* Bd. 13, Sp. 524.

1901 komponiert.

BOUMAN, Franz Willem (1866–1896)

291 An den Frühling (»Willkommen, schöner Jüngling [hier: *Frühling*]«)
Für eine Singstimme mit Klavierbegleitung
Nr. 2 in: ders., *Vier Lieder*, op. 1. – Rotterdam: Alsbach, o. A. – HMB 1890/10, S. 444.

Pazdírek weist die Nr. 2 als ›Aan de Lente‹ in ›Vier Liederen (Holl. en Duitsche)‹ nach (s. Bd. 2, S. 447).

BOVY-LYSBERG, Charles Samuel (1821–1873)

Der Taucher (»Wer wagt es, Rittersmann oder Knapp'«)
292 *Il pescatore (»Era l'ora che i cieli«)*; Schiller zugeschriebener Text von Achille de Lauzières
Für eine Singstimme mit Klavierbegleitung
Undatiertes Autograph. – RISM-CH (Database).

Zur Textkritik s. die frühere Vertonung von G. Donizetti (→ 493).

BRAH-MÜLLER, Karl Friedrich Gustav (1839–1878)

Auch: *Müller.*

293 An die Freude (»Freude, schöner Götterfunken«)
Für eine Singstimme mit Klavierbegleitung
Nr. 3 in: ders., *Album für die Jugend*, op. 22. – Dresden: Arnold, o. A. – HMB 1872/4, S. 90.

BRAHMS, Johannes (1833–1897)

Das musikalische Werk von Brahms ist leicht zugänglich. Im folgenden werden lediglich die Erstausgaben nachgewiesen.

Das Lied von der Glocke (»Fest gemauert in der Erden«)
294 – V. 235ff. (»Dem dunkeln Schoß der heil'gen Erde«)
Vierstimmiger gemischter Chor (SATB) a cappella, WoO 20

S. 155f. in: ders., *Sämtliche Werke*, Bd. 21. – Leipzig: Breitkopf & Härtel 1927. – Partitur. – Hofmann, *Brahms*, S. 373. WV/Brahms, S. 536.

Vor 1880 komponiert und zu Lebzeiten des Komponisten nicht veröffentlicht.

295 Der Abend. Nach einem Gemälde (»Senke, strahlender Gott«)
Gemischtes Vokalquartett (SATB) mit Klavierbegleitung
Nr. 2 in: ders., *Drei Quartette für vier Solostimmen mit Klavierbegleitung*, op. 64. – Leipzig: Peters [1874]. – Partitur (Verl.-Nr. *5705*), Stimmen (Verl.-Nr. *5706*). – Hofmann, *Brahms*, S. 136f. WV/Brahms, S. 272ff.

Die Schiller-Vertonung ist in Rüschlikon (Sommer 1874) komponiert worden. – Uraufführung: Wien, 24. Februar 1875 (zweites Konzert der Singakademie), unter der Leitung von Rudolf Weinwurm.

296 Nänie (»Auch das Schöne muss sterben!«)
Vierstimmiger gemischter Chor (SATB) mit Orchesterbegleitung (Harfe ad lib.), op. 82
Leipzig: Peters [1881]. – Partitur (Verl.-Nr. *6525*), Chor- u. Orchesterstimmen (Verl.-Nrr. *6527* bzw. *6528*); Klavierauszug (Verl.-Nr. *6526*). – Hofmann, *Brahms*, S. 174f. WV/Brahms, S. 340ff.

Bereits 1875 hatte Brahms eine Vertonung des Gedichts in Betracht gezogen, darauf aber zunächst aus Rücksicht auf Hermann Goetz und dessen Komposition nach dem gleichen Text (→ 772) verzichtet. Unter dem Eindruck des Todes von Anselm Feuerbach (der befreundete Maler war am 4. Januar 1880 verstorben) arbeitete er im Sommer 1880 an ersten Skizzen, beendete das Werk im Sommer 1881 in Preßbaum bei Wien und schrieb an die Stiefmutter des Künstlers: *Ich habe in der letzten Zeit das Gedicht ›Nänie‹ von Schiller für Chor und Orchester komponiert. Gar oft mußte ich, wenn mir die schönen Worte durch den Sinn gingen, Ihrer und Ihres Sohnes gedenken, und ich empfand unwillkürlich den Wunsch, meine Musik seinem Gedächtnis zu widmen* (Müller-Reuter – Nachtrag, S. 178). Hiermit hängt auch die veröffentlichte Widmung zusammen: *Frau Hofrat Henriette Feuerbach zugeeignet*. – Uraufführung: Zürich, 6. Dezember 1881 (Extrakonzert der Tonhalle-Gesellschaft), unter der Leitung des Komponisten.

BRAMBACH, Karl Joseph (1833–1902)

297 Das eleusische Fest (»Windet zum Kranze die goldenen Ähren«)
Kantate für zwei Soli (SBar), vierstimmigen gemischten Chor (SATB) und Orchester, op. 32
Bonn: Cohen, o. A. – Partitur, Chor- und Orchesterstimmen; Klavierauszug (Verl.-Nr. *17*). – Original (DLA). HMB 1875/9, S. 198.

298 Die Macht des Gesanges (»Ein Regenstrom aus Felsenrissen«)
Kantate für Soli, Männerchor und Orchester, op. 6
Mainz: Schott, o. A. – Singstimmen; Klavierauszug. – HMB 1865/9+10, S. 172f.

299 Nänie (»Auch das Schöne muss sterben!«)
Vierstimmiger Männerchor (TTBB) mit Blechbläsern (4 Hr., 3 Pos., Tb.) und Pauken, op. 67
Leipzig: Kistner, o. A. – Partitur mit unterlegtem Klavierauszug, Chor- und Instrumentalstimmen. – HMB 1889/1, S. 23.

BRANDAUER, Christian (geb. 1963)
WEGNER, Gert-Matthias (geb. 1949)

Wilhelm Tell. Schauspiel

300 Schauspielmusik

Uraufführung im Rahmen der Premiere am Vierwaldstättersee (Freilichtaufführung): Wiese auf dem Rütli, 23. Juli 2004, mit dem Ensemble des Weimarer Nationaltheaters, darunter Roland Koch (Tell), Thomas Thieme (Gessler) und Wald Lüönd (Attinghausen); Regie: Stephan Märki; Bühnenskulpturen: Günther Uecker.

QUELLEN: Zeitgenössische Presseberichte. TV-Übertragung einer Gesamtaufführung im August 2004 (arte).

BRANDL, Johann Evangelist (1760–1837)

301 Würde der Frauen (»Ehret die Frauen! Sie flechten und weben«)
Für Vokalterzett (vermutlich mit Orchesterbegleitung)
S. 11ff. in: ders., *Schillers Andenken (»Warum trägt diese Halle der Wehmut Nachtgewand?«)*. Kantate für drei Soli, Chor und Orchester; Text von Wilhelmine Müller, geb. Maisch. – Karlsruhe: Müller 1806. – Textheft. – Original (DLA).

Uraufführung: Karlsruhe, 25. März 1806 (Hoftheater). – Offenbar ist von der Musik nur eine Teilausgabe veröffentlicht worden.

- Idem; Fassung für drei Singstimmen mit Klavierbegleitung als Musikbeilage in: *Taschenbuch für edle Frauen und Mädchen*, hg. von Wilhelmine Müller. – Klavierauszug. – Karlsruhe: Müller 1807. – Original (DLA; freundl. Mitteilung von Patrick Heinstein).

   Die Noten enthalten nur die jeweils erste des in Doppelstrophen aufgebauten Gedichts; es können hiernach also nur die ungeradzahligen Strophen (»Frauenstrophen«) gesungen werden.

BRANDNER, A. (?–?)

Wallenstein. Ein dramatisches Gedicht – Prolog

– V. 138 (»Ernst ist das Leben, heiter ist die Kunst«)

302 *Ernst ist das Leben, heiter die Kunst*. Walzer für Orchester
Dresden: Seeling, o. A. – HMB 1880/5, S. 158.

BRANDNER, Ernst (geb. 1921)

Don Carlos. Infant von Spanien. Ein dramatisches Gedicht

303 *Carlos*. Spielfilm. Drehbuch (*sehr frei nach Friedrich von Schiller*) und Regie: Hans W. Geissendörfer
Filmmusik
Deutschland [Bundesrepublik Deutschland]: Iduna-Film in Kooperation mit dem Westdeutschen Rundfunk und dem Bayerischen Rundfunk 1971. – In Farbe; 102 Minuten. – Mit Gottfried John (Carlos), Bernhard Wicki (Philipp), Geraldine Chaplin (Lisa), Horst Frank (Ligo) u. a.

Ursendung: 20. November 1971 (Bayerischer Rundfunk). – Ohne einen geographisch identifizierbaren Ort zu benennen, vermittelt der Spielfilm die mexikanische Region als Kulisse (gedreht wurde in Israel); Handlungszeit ist 1915. Unverkennbar ist der stilistische Einfluss des »Italo-Westerns«, was sich auch in Brandners Musik durch zahlreiche »Anleihen« bei den Filmkomponisten dieses Genres (hier v. a. Ennio Morricone) niederschlägt.

QUELLEN: DVD. Joe Hembus, *Das Western-Lexikon*. München: Heyne 1995 (*erweiterte Neuausgabe*), S. 93f. *Lex. d. Intern. Films* Bd. 1, S. 793. *Lex. z. dt. Musikkultur* Bd. 1, Sp. 276.

BRANDT, L. (?–?)

304 *Schiller-Festzugs-Marsch* für Klavier
Hamburg: Meyer & Brünner, o. A. – Hofmeister (1852–1859), S. 281.

Vermutlich für eine Freiluftaufführung zum »Schiller-Jahr« 1859 komponiert und deshalb ursprünglich sicher für Harmoniemusik konzipiert. In den Handel gelangte aber nur diese hausmusikalisch verwertbare Ausgabe.

BRAUN, Carl Anton Philipp (1788–1835)

Wallenstein. Ein dramatisches Gedicht – III. Wallensteins Tod

305 Schauspielmusik (Ouvertüre und Entreacts) zur schwedischen Übersetzung von Bengt Johan Törneblad unter dem Titel: *Wallensteins död*
Unveröffentlicht. – Uraufführung: Stockholm, 8. Dezember 1831.

QUELLEN: New Grove2 Bd. 4, S. 260. MGG2 *Personenteil* Bd. 3, Sp. 769.

BRAUN, Ch. (?–?)

306 *Schillerlied (»Lasset uns mit Festgesang«)*; Textverfasser nicht bekannt
Für Männerchor a cappella
Stuttgart: Zumsteeg, o. A. – Partitur, Stimmen. – Hofmeister (1904–1908), S. 98.

BRAUNE, Paul (1873–?)

Demetrius [dramatisches Fragment]

307 – V. 1172ff. (Marfa: »Es ist mein Sohn«); hier unter dem Titel: *Marfa-Szene*
Konzertszene für Sopran mit Orchesterbegleitung

1908 komponiert; unveröffentlicht. – Uraufführung: Berlin, 1913; s. *Dt. Musiker-Lex.* 1929, Sp. 151.

BRAUNFELS, Walter (1882–1954)

308 Der Alpenjäger (»Willst du nicht das Lämmlein hüten«)
Für eine Singstimme mit Klavierbegleitung

1892 komponiertes Strophenlied; unveröffentlicht (s. WV/Braunfels, S. 5).

BRAUNS, Carl (?–?)

309 An die Freude (»Freude, schöner Götterfunken«)
Vierstimmiger Männerchor (TTBB mit Soli) a cappella bzw. für eine Singstimme mit Klavierbegleitung
Nr. 3 in: ders., *Zu der im November des Jahres 1859 stattgehabten hundertjährigen Schiller-Geburtstagsfeier zu Berlin*, op. 13. – Magdeburg: Heinrichshofen, o. A. – Partitur mit unterlegtem Klavierauszug (Verl.-Nr. *1634*). – Original (DLA).

Den beiden Schiller-Vertonungen stellte der Komponist als Nr. 1 eine Introduktion für sechsstimmigen Männerchor a cappella mit Soli voran (»*Heilig, heilig, heilig ist der Herr Gott*

Zebaoth«), wozu in den Noten angemerkt wurde: *Dieser kleine Satz wird am passendsten bei Trauungen verwendet, wenn ausser dem gemeinschaftlichen Choral ein kurzer, festlicher Gesang stattfindet.* Die Beifügung eines quasi-liturgischen Textes (es handelt sich um die deutsche Paraphrasierung des »Sanctus« aus dem Ordinarium missae) belegt eindrücklich die religiöse Verehrung des Dichters.

Die Partiturausgabe bietet noch eine weitere Aufführungsmöglichkeit: *Für etwaige Theilnahme an Op. 13 ausserhalb der Singvereine ist [...] die Einrichtung für eine Singstimme allein mit der, aus den Originalstimmen bestehenden Pianoforte-Begleitung beigefügt.*

310   Das Mädchen aus der Fremde (»In einem Tal bei armen Hirten«)
Vierstimmiger gemischter Chor (SATB mit Soli) a cappella bzw. für eine Singstimme mit Klavierbegleitung
Nr. 2 in: ders., *Zu der [...] Schiller-Geburtstagsfeier*, op. 13 → 309

BRECHT, Jo (?)

Körners Vormittag

Es handelt sich um eine weitgehend unbekannt gebliebene heitere Szenenfolge, die Schiller 1787 zum Geburtstag seines Freundes Chr. G. Körner verfasst hatte und erst 1862 unter dem nicht authentischen Titel ›Ich habe mich rasieren lassen‹ veröffentlicht worden ist. 1868 erschien das Werkchen erneut, jetzt aber unter dem o. g. neuen und heute gebräuchlichen Titel, der vom damaligen Herausgeber stammt.

311   *Schiller! – Das Musical*. Libretto: Seminarkurs in Stufe 12 des Friedrich-Schiller-Gymnasiums in Marbach am Neckar

Uraufführung: Marbach am Neckar, 12. Juni 2009 (Stadthalle), mit Julian Werz (Bandleader), Schülern und Lehrern des örtlichen Friedrich-Schiller-Gymnasiums; Regie: Marie Helle; Choreographie: Susanne Boos; Tanzeinstudierung: Viola Kurz. – Am Vortag hatte die öffentliche Generalprobe stattgefunden.

QUELLEN: Zeitgenössische Presseberichte.

BREDE, Albrecht (1834–1920)

312   Das Lied von der Glocke (»Fest gemauert in der Erden«)
Kantate für Deklamation, zwei Soli (SA) und Chor (entweder dreistimmigen Frauenchor oder vierstimmigen gemischten Chor – SATB) mit Klavierbegleitung (Streichorchester ad libitum), op. 45
Kassel: Dufayel, o. A. – Ausgabe A bzw. B: Jeweils Partitur, Solo- und Chorstimmen, Orchesterstimmen leihweise; Klavierauszug (Ausgabe B mit Verl.-Nr. *15*). – Hofmeister (1904–1908), S. 98, bzw. Hofmeister (1909–1913), S. 94. Original der Ausgabe B (DLA).

Daraus

– V. 49ff. (»Denn mit der Freude Feierklange«)
Arie für Sopran mit Klavierbegleitung
Kassel: Dufayel, o. A. – Hofmeister (1904–1908), S. 98.

BREDEMEYER, Reiner (1929–?)

Die Räuber. Ein Schauspiel

313   Schauspielmusik

Für das Deutsche Theater in Ost-Berlin geschrieben; s. *Musikgeschichte der DDR*, S. 309 (Aufführungen nicht dokumentiert).

BREIDENSTEIN, Heinrich Carl (1796–1876)

Wilhelm Tell. Schauspiel

314 Schauspielouvertüre für Orchester

Unveröffentlicht (s. MGG2 *Personenteil* Bd. 3, Sp. 808).

BREITENBACH, Franz Joseph (1853–1934)

Wilhelm Tell. Schauspiel

315 – V. 2831ff. (Barmherzige Brüder: »Rasch tritt der Tod den Menschen an«);
hier unter dem Titel: *Chor der barmherzigen Brüder*
Vierstimmiger Männerchor (TTBB) a cappella
Undatierte Abschrift der Partitur. – RISM-CH (Database).

BREITENBACH, Joseph Heinrich (1809–1866)

Wilhelm Tell. Schauspiel

316 *Ouverture zu Wilhelm Tell* für gemischtes Vokalterzett (ATB) und Orchester
Undatierte autographe Partitur samt Stimmen. – RISM-CH (Database).

Nach drei Instrumentalsätzen tritt im 4. Satz das Vokalterzett mit den drei »Eingangsliedern« hinzu: V. 1ff. (Fischerknabe: »Es lächelt der See«); V. 13ff. (Hirte: »Ihr Matten, lebt wohl«); V. 25ff. (Alpenjäger: »Es donnern die Höhen«).

BRESGEN, Cesar (1913–1988)
LANG, Hans (1897–1968) · MAJEWSKI, Helmut (1909–1995) · SCHÄFER, Karl (1899–1970)

317 *Wir rufen das Reich*. Kantate für Sprecher, Chor und Orchester

Im Kapitel *Die neue oratorische Gesinnung* wird bei Kretzschmar/Schnoor 1939 über Werke berichtet, die bisher im bzw. für das »Dritten Reich« entstanden sind: *Auch das alte »Pasticcio« erlebt eine gewisse Neuauflage in Zusammenstellungen von Stücken der verschiedensten Meister wie* [Johann Sebastian] *Bach,* [Georg Friedrich] *Händel und moderneren Tonsetzern (Bresgen, Lang, Majewski* [bei Prieberg noch: *Schäfer]); zu diesen musikalischen Sätzen hat man geeignete Verse von Schiller,* [Friedrich] *Hölderlin,* [Friedrich] *Rückert,* [Joseph von] *Eichendorff,* [Ernst Moritz] *Arndt u. a. gefunden und das ganze als Kantate »Wir rufen das Reich« dem Gedanken der Feiergestaltung dienstbar gemacht.* – Uraufführung: München, 1936, im Rahmen der Reichstagung der »Nationalsozialistischen Kulturgemeinde« (NSKG). – Die hier einbezogenen Texte Schillers waren bisher ebenso wenig nachweisbar wie eine Veröffentlichung der Kantate.

QUELLEN: Kretzschmar/Schnoor 1939, S. 700. Prieberg/*Handbuch*, S. 4418 (nur unter H. Majewski nachgewiesen; allerdings werden die anderen beteiligten Komponisten genannt).

BRESSAN, Lina (?–?)

318 *Il segreto. Polka Mazurka* für Klavier
Triest: Anaclerio, o. A. – ÖNB (Online-Katalog; hier auf *ca. 1878* datiert).

Den 28. Februar 1878. Den Damen des Schiller-Vereins gewidmet.

319 *Un Gruppo di Rose. Mazurka* für Klavier
Triest: Anaclerio, o. A. – ÖNB (Online-Katalog; hier auf *ca. 1879* datiert).

Den Damen des Schiller-Vereins gewidmet.

BRETSCHNEIDER, Carl (1871–1937)

Gelegentlich auch: *Brettschneider.*

320 *Der Schillerpreis (»Was blasen die Trompeten?«);* Textverfasser unbekannt
Potpourri für eine Singstimme mit Klavierbegleitung
Nr. 6 (einzeln) in der Reihe: ders., *Original-Vorträge.* – Mühlhausen i. Th.:
Danner, o. A. – Hofmeister (1904–1908), S. 100.

Text könnte von Bretschneider stammen, der auch als Operetten- und Possenlibrettist tätig war.

BREU, Simon (1858–1933)

321 *Schiller-Hymne (»Heil Schiller dir, du teures Bild«);* Text von Georg Steinmüller
Für einstimmigen Volkschor und Blechbläser
Würzburg: Stürtz, o. A. – Partitur, Singstimme, Instrumentalstimmen. –
WV/Breu, S. 111 (demnach *1905* veröffentlicht). Original (DLA). Hofmeister
(1904–1908), S. 101.

BRIAN, Havergal (1876–1972)

Turandot, Prinzessin von China. Ein tragikomisches Märchen nach Carlo Gozzi
von Friedrich Schiller

322 *Turandot. Tragikomisches Märchen* in drei Akten; Libretto eines unbekannten
Verfassers

Zwischen 1949 und 1951 komponiert; nicht aufgeführt (s. Grove, *Opera*, Bd. 1, S. 602). – Um
1962 arrangierte Brian daraus drei Orchesterstücke (vgl. New Grove2 Bd. 4, S. 342).

BROD, Max (1884–1968)

323 Die Größe der Welt (»Die der schaffende Geist«)
Für eine mittlere Singstimme mit Klavierbegleitung
Nr. 3 in: ders., *Vier Lieder.* – Wien: Universal Edition 1927. – Verl.-Nr. *8726.* –
Original (Slg. GG).

Brod komponierte die vier Lieder in großem zeitlichen Abstand (zwischen 1908 und 1921 –
Nr. 3 im Jahr 1910). Mehrfach mit Opuszahl nachgewiesen, tatsächlich aber ohne Werkzählung
erschienen. – Aus einer Vorbemerkung dieser Ausgabe geht hervor, dass es sich dabei lediglich
um *eine Auswahl aus dem etwa 50 Lieder und Kompositionen umfassenden musikalischen Werk
des Autors* handle.

BRUCH, Max (1838–1920)

324 Das Lied von der Glocke (»Fest gemauert in der Erden«); hier mit der engli-
schen Übersetzung von Natalia Macfarren: *The Lay of the Bell (»Fast immurd in
earthy hollour«)*
Kantate für vier Soli (SATB), vierstimmigen gemischten Chor (SATB) und Or-
chester mit Orgel, op. 45
Berlin: Simrock 1879. – Partitur, Chor- und Orchesterstimmen; Klavierauszug
(Text: Deutsch/Englisch; Verl.-Nr. *8088*). – Fifield, S. 154ff. HMB 1879/6,
S. 182. Original (DLA).

Zueignung: *Dem Andenken Schillers.* – Anfang 1877 in Bonn begonnen, im Juni/Juli d. J. in Bergisch-Gladbach weitgehend ausgearbeitet und im April 1878 (wieder in Bonn) beendet. – Den

Die Komponisten und ihre Werke

Anstoß hatte offenbar der Präsident des Birmingham Triennal Festival gegeben, als er sich 1876 bei Bruch wegen eines größeren Beitrags für die nächste, drei Jahre später stattfindende Veranstaltung erkundigte. – Die Kantate setzt sich aus zwei Teilen mit insgesamt 27 Nummern zusammen, unter denen sich als Nr. 1 auch der für gewöhnlich nicht vertonte Vorspruch (»Vivos voco ...«) befindet (vollst. Übersicht s. Müller-Reuter Bd. 1, S. 558). Im Terzett »Holder Friede, süße Eintracht« zitiert Bruch die Melodie des Weihnachtsliedes _Stille Nacht, heilige Nacht_ von Franz Xaver Gruber. – Uraufführung der unveröffentlichten Erstfassung: Köln, 12. Mai 1878 (Gürzenich), mit Anna Walter-Strauss (Sopran), Auguste Hohenschild (Alt), Wilhelm Candidus (Tenor), Paul Bulss (Bass), einem Chor aus Kölner Gesangvereinen (400 Mitwirkende) und dem Gürzenich-Orchester unter der Leitung des Komponisten. Uraufführung der endgültigen Fassung am Eröffnungstag des Birmingham Triennal Festival, 26. August 1879.

Demetrius [dramatisches Fragment]

325 – V. 1172ff. (Marfa: »Es ist mein Sohn«); hier unter dem Titel: _Scene der Marfa aus Schillers unvollendetem Drama Demetrius_
Konzertszene für Mezzosopran und Orchester, op. 80
Berlin: Simrock 1906. – Partitur (Verl.-Nr. _12194_), Orchesterstimmen, Klavierauszug. – Fifield, S. 284f. Original (DLA). MGG2 _Personenteil_ Bd. 3, Sp. 1031.

1883/84 durch die Sängerin Hermine Spies angeregt, aber erst 1906 beendet. – Zueignung: _Dem Andenken Schillers._

Die Jungfrau von Orleans. Eine romantische Tragödie

326 Schauspielmusik
Bruch datiert in seinem 1889 angefertigten Verzeichnis die Entstehung des Werkes (_Ouverture, Marsch und Entreacte_[s]) ins Jahr _1856_ und die Uraufführung mit _Frühjahr 1857 im Kölner Stadttheater._ Schaefer nennt hingegen: Köln, 4. April 1859 (Stadttheater); hier heißt es noch: _Es_ [das Werk] _fand im Theater begeisterte Aufnahme, auch in künstlerischen Kreisen größte Anerkennung._
QUELLEN: Fifield, S. 93 (demnach unveröffentlicht; verschollen). Clément/Larousse, S. 603. Schaefer, S. 51.

327 Die Macht des Gesanges (»Ein Regenstrom aus Felsenrissen«)
Kantate für Bariton solo, vierstimmigen gemischten Chor (SATB) und Orchester, Orgel ad lib., op. 87
Berlin: Simrock, o. A. – Partitur (Verl.-Nr. _13035_), Chor- und Orchesterstimmen, Klavierauszug (Verl.-Nr. _13023_). – Fifield, S. 293f. (demnach _1912_ veröffentlicht). Hofmeister (1909–1913), S. 98. BSB-Musik Bd. 3, S. 915. MGG2 _Personenteil_ Bd. 3, Sp. 1031.

Im Sommer 1911 entstanden.

328 Die vier Weltalter (»Wohl perlet im Glase«); hier unter dem Titel: _Feierliches Tafellied_; mit englischer Übersetzung von Natalia Macfarren: _Solemn Song for a Banquet (»The winecup is flashing with purple and light«)_
Vierstimmiger gemischter Chor (SATB) a cappella
Nr. 5 in: ders., _Fünf Lieder für gemischten Chor a cappella_, op. 38. – Berlin: Simrock, o. A. – Partitur, Stimmen (Verl.-Nr. _7672_). – HMB 1875/11, S. 260. RISM-CH (Database).

1871 entstanden und wohl 1873 in Barmen mit dem Städtischen Singverein uraufgeführt.

329 Dithyrambe (»Nimmer, das glaubt mir, erscheinen die Götter«)
Kantate für Tenor solo, sechsstimmigen gemischten Chor (SSATBB) und Orchester, op. 39

Berlin: Simrock 1874. – Partitur (Verl.-Nr. *7445*), Orchester- und Chorstimmen; Klavierauszug. – Fifield, S. 113. Hofmeister (1874–1879), S. 79. Müller-Reuter Bd. 1, S. 569. Original (DLA).

1873 in Bonn komponiert. – *Dem Städtischen Singverein in Barmen zugeeignet.* – Uraufführung: Barmen, 7. Februar 1874 (Saal der Concordia), mit Joseph Wolff (Tenor), unter der Leitung des Komponisten.

BRÜGGEMANN, Kurt (1908–2002)

330 *Der goldene Grund. Ernte-Kantate* nach Texten verschiedener Dichter
Für zwei Soli (SB), kleinen Chor und kleines Orchester
Berlin: Vieweg, o. A. – MGG2 *Personenteil* Bd. 3, Sp. 1106. Nicht bei Prieberg/*Handbuch*.

1935 entstanden. – Brüggemann bezog noch Texte von Martin Greif, Friedrich Hebbel, Conrad Ferdinand Meyer, Eduard Mörike, Christian Morgenstern, Theodor Storm und Johann Heinrich Voss ein. – Eine Ausgabe war bisher nicht zugänglich und damit die Identifizierung des Schillerschen Textes nicht möglich.

BRUNNER, Armin (geb. 1933)

Maria Stuart. Ein Trauerspiel

331 Schauspielmusik
Für das Schauspielhaus Zürich komponiert. Mit Agnes Fink (Maria Stuart) und Maria Becker (Elisabeth); Regie: Gerd Heinz.
QUELLE: Homepage des Komponisten (Nachweis ohne weitere Angaben).

Wilhelm Tell. Schauspiel

332 *Wilhelm Tell.* Stummfilm. Buch u. Regie: Rudolf Dworsky u. Rudolf Walther-Fein
Filmmusik
Deutschland [Deutsches Reich]: Althoff-Ambos-Film 1923. – Schwarzweiß; 85 Min. – Mit Hans Marr (Wilhelm Tell), Conrad Veidt (Gessler), Eduard von Winterstein (Stauffacher), Otto Gebühr (Heinrich von Melchthal) u. a.
Die Uraufführung des Films hatte am 23. August 1923 stattgefunden (Komponist der damaligen Begleitmusik nicht klärbar). – Brunners Musik ist für die Wiederaufführung des Films neu komponiert worden. Sie besteht aus einer Collage von Motiven und Themen aus Werken von Antonio Vivaldi, Igor' Stravínskij und Othmar Schoeck. Uraufführung im Rahmen der Internationalen Musikfestwochen Luzern 1991 (mit Livezuspielung der Musik). – Fernsehpremiere: 27. Oktober 1991 (Schweizer Fernsehen).
QUELLEN: Homepage des Komponisten. *Lex. d. Internat. Films*, Bd. 9, S. 6495.

BRUNNER, Eduard (1843–1903)

Würde der Frauen (»Ehret die Frauen! Sie flechten und weben«)

332 *Würde der Schneider (»Ehret die Schneider, sie nähen und schaffen«)*; Textverfasser nicht bekannt
Humoristischer Walzerchor für Sopran und Alt (*nebst beliebiger Besetzung* von Tenor und Bass – *2-, 3- oder 4-stimmig ausführbar*) mit Klavierbegleitung, op. 161

> *Ehret die Schneider, sie nähen und schaffen*
> *Himmlische Kleider für irdische Laffen,*
> *Flechten der Mode beglückendes Band,*
> *Decken die Mängel mit Werg und mit Watte.*

Wo die Natur nur Äsopenform hatte,
Schaffet Apollo mit kundiger Hand.

Ewig in des Leders Schranken
Tummelt Schuster seine Kraft;
Ledern werden die Gedanken
Und das Herz zum Stiefelschaft.
Hastig greift er nach dem Riemen,
Wenn der Junge schlecht gepicht,
Rastlos bohrt er mit dem Pfriemen
Bis der Pechdraht Nähte flicht.

Aber mit zauberisch schaffender Nadel
Schmücket der Schneider die Fürsten, den Adel,
Hat ja auch Stutzer so göttlich wattiert.
Wer unterscheidet die Magd und die Zofe
Oft von der glänzenden Dame samt Hofe,
Wenn das Genie sie des Schneiders drapiert.

Feindlich ist des Fleischers Streben;
Mit zermalmender Gewalt
Geht er Ochsen an das Leben,
Macht er Schöps und Schweine kalt.
Was er schuf, verzehrt man wieder,
Nimmer ruht der Wurstgenuss,
Dass er, bis die Sonne nieder,
Ewig Därme füllen muss.

Aber zufrieden mit stillerer Größe,
Nähet der Schneider die Taschen, die Schöße,
Bügelt sie sorgsam mit liebendem Fleiß.
Frei sich gebärdend mit Schere und Elle,
Wirft er eroberte Stücke zur Hölle,
Fürchtet er nimmer, sie werden zu heiß.

Streng und stark den Hammer schwingend,
Kennt des Grobschmieds kalte Brust,
Stahl und Eisen stolz bezwingend,
Nur des Schlages rohe Lust.
Winket Ruhe andern labend,
Ist ihm Hämmern nur ein Schmaus,
Drum bläut er zum Feierabend
Noch der Frau den Rücken aus.

Aber wie leise vom Zephir erschüttert
Schnell die äolische Harfe erzittert,
Fürchtet der Schneider den häuslichen Brand.
Zärtlich geängstigt von zornigen Mienen
Suchet er kniend die Gattin zu sühnen,
Und der Pantoffel entsinkt ihrer Hand.

In des Wehrstands Herrschgebiete
Gilt der Stärke trotzig' Recht,
Mit der Knute lehrt der Scythe,
Der Besiegte sei sein Knecht!
In dem Exerziergetümmel
Schwingt den Stock der Korporal,
Und kuranzt den Bauernlümmel
Wie den Stutzer ohne Wahl.

Aber mit Sanftmut, hoch über dem Tadel,
Führen die Schneider den Szepter der Nadel;
Eilend versöhnend, was platzend getrennt,
Wissen die Stücke, die ewig nicht passen,
Wieder in liebliche Formen zu fassen,
Dass man das Alte vom Neuen nicht kennt.

Regensburg: Coppenrath (*H. Pawelek*) [1903]. – Vokalstimmen, Klavierpartitur (Verl.-Nr. *896*). – Original (Slg. GG).

Anmerkung zu den verschiedenen Aufführungsmöglichkeiten: *Zweistimmig gilt die in der Partitur enthaltene Besetzung; dreistimmig kommt der Bass hinzu und vierstimmig auch der Tenor.*

BUCHWALD, Magdalena (geb. 1972)

333   *Die Lebenskunst;* nach Texten von Schiller und Norbert Oellers
Für Sopran mit Klavierbegleitung

Vertonung einer Textcollage aus Versen Schillers und einiger Zeilen von Norbert Oellers (seit 1991 Herausgeber der NA) aus dessen Nachwort zur Anthologie ›Gedichte‹ von Friedrich Schiller (Stuttgart: Reclam 1999). – Das Werk ist nicht in eigenständige Sätze gegliedert, weshalb die zyklisch zusammengestellten Texte nicht getrennt (also einzeln und alphabetisch), sondern in der Gesamtabfolge dokumentiert werden.

1. Tabulae votivae – Sprache (»Lass die Sprache dir sein«)

2. Der Spaziergang (»Sei mir gegrüßt, mein Berg«)
   – V. 21f. (»Mich umfängt ambrosische Nacht«)

3. Tabulae votivae – An den Dichter (»Warum kann der lebendige Geist«)

4. Die Worte des Wahns (»Drei Worte hört man, bedeutungsschwer«)
   – V. 5ff. (»Verscherzt ist dem Menschen des Lebens Frucht«)

5. *»Die Hoffnung, dass die Dichtung, da sie herrlich ist ...«;* Text von N. Oellers

6. Tonkunst (»Leben atme die bildende Kunst«)

7. *»Gelegentlich dichtete er noch Klagelieder ...«;* Text von N. Oellers

8. Tabulae votivae – Das Naturgesetz (»So war's immer, mein Freund«)

9. Der Spaziergang (»Sei mir gegrüßt, mein Berg«)
   – V. 23f. (»In des Waldes Geheimnis entflieht mir auf einmal die Landschaft«)

Im Auftrag des Institutes für zeitgenössische Musik der Hochschule für Musik und Darstellende Kunst Frankfurt am Main als Beitrag zum Schiller-Jahr 2005 entstanden; offenbar nicht veröffentlicht. – Die Komponistin erklärt zum Stück, dass dessen *Konzept [...] die existentielle Situation des Menschen wider*[spiegelt]: *Er befindet sich in der Welt mit ihrer Schönheit und Brutalität, wo eine gewisse Sprachlosigkeit herrscht und auch die Kunst als Medium der Kommunikation scheitert. Hier verbinden sich die Kunst als lebensnotwendiges Ausdrucksmittel und das Leben als Kunst, wobei eine aktive Haltung im Leben über allen Künsten steht und – auf eine leicht provokante Weise – einen Weg aus der Ausweglosigkeit zeigen soll. Die musikalischen Mittel setzen die Ästhetik der Moderne fort, spielen jedoch gleichzeitig auf die Gestik der Tradition (Lyrik, Pathos) an.* – Uraufführung im Rahmen des Konzertes ›Friedrich Schiller im Lied – Liederabend zum 200. Todestag. Schillervertonungen gestern und heute‹: Wiesbaden, 9. Mai 2005 (Literaturhaus Villa Clementine), mit Carola Schlüter (Sopran) und John-Noel Attard (Klavier). Bei dieser Veranstaltung wurden noch zwei Schiller-Balladen von F. Schubert gesungen und zwei weitere Neuvertonungen von E. Garifzyanova (→ 713) bzw. E. Janson (→ 1084) uraufgeführt. – Das Werk ist offenbar nicht veröffentlicht worden.

QUELLE: Programmheft der Uraufführung (freundl. Mitteilung von Carola Schlüter).

Die Komponisten und ihre Werke

BUCK, Rudolf (1866–1952)

Macbeth. Zur Vorstellung auf dem Hoftheater in Weimar eingerichtet von Friedrich Schiller

334 – V. 741ff. (Pförtner: »Verschwunden ist die finst're Nacht«); hier unter dem Titel: _Morgenlied aus ›Macbeth‹_
Männerchor a cappella
Nr. 1 (einzeln) in: ders., [3 Männerchöre], op. 26. – Breslau: Hainauer, o. A. – Partitur, Stimmen. – Hofmeister (1924–1928), S. 123.
Ohne Sammeltitel veröffentlicht.

BÜCHNER, Emil (1826–1908)

Wallenstein. Ein dramatisches Gedicht

335 Ouvertüre zur Trilogie für Orchester
Unveröffentlicht. – Im Sommer 1853 komponiert. – Uraufführung: Leipzig, 10. November 1853 (Hotel de Pologne, im Rahmen des Schillerfestes), unter der Leitung des Komponisten. _Der Erfolg war ein außergewöhnlicher ... – Im Druck ist das Werk unseres Wissens nach noch nicht erschienen_ [1886], _doch ist die Herausgabe desselben lebhaft erwünscht, da die Ouverture eins der wenigen Werke ist, welche die großartige Schillersche Dichtung in ihrem ganzen Umfange veranschaulichen ..._ (Schaefer, S. 32f.); s. a. Pelker, S. 165.

BÜRDE, Jeanette Antonie (1799– nach 1851)

Mädchenname: _Milder._

336 Hektors Abschied (»Will sich Hektor ewig von mir wenden«)
Wechselgesang für Bass und Sopran mit Klavierbegleitung, op. 8
Magdeburg: Heinrichshofen, o. A. – HMB 1850/11, S. 169.
Ledebur weist die Komposition wohl irrtümlich als »Lied« nach (S. 81).

BÜRKHOLZ, Thomas (geb. 1949)

Die Räuber. Ein Schauspiel

337 Schauspielmusik
Uraufführung im Rahmen der Premiere: Leipzig, 26. Mai 1978 (Schauspielhaus); s. DDR-Uraufführungen 1985, S. 148.

BÜTOW, Leo (1896–?)

338 _Vier Schiller-Rätsel_ für vierstimmigen Kinderchor bzw. Soloquartett a cappella, op. 9
Unveröffentlicht; s. _Dt. Musiker-Lex._ 1929, Sp. 173. – Vermutlich stammen die Texte aus Schillers Sammlung ›Parabeln und Rätsel‹.

BÜTTNER, Paul (1870–1943)

339 Die Gunst des Augenblicks (»Und so finden wir uns wieder«)
Für Männerchor und Orchester
Unveröffentlicht; s. _Dt. Musiker-Lex._ 1929, Sp. 174.

79

BULLERIAN, Hans (1885–1948)

Nachname auch: *Bullerjahn.*

Don Carlos. Infant von Spanien. Ein dramatisches Gedicht

340 *Don Carlos.* Ouvertüre für Orchester, op. 23

Unveröffentlicht; s. *Dt. Musiker-Lex.* 1929, Sp. 176.

BUMCKE, Gustav (1876–1963)

341 An den Frühling (»Willkommen, schöner Jüngling«)
Männerchor a cappella
Nr. 1 in: ders., *Zwei Männerchöre*, op. 41

Unveröffentlicht (s. WV/Bumcke, S. 14).

Wallenstein. Ein dramatisches Gedicht – I. Wallensteins Lager

342 *Der König von Thule. Vorspiel zu ›Wallensteins Lager‹
Tondichtung in Form einer Passacaglia für Blasorchester*, op. 66

Wahrscheinlich 1936 entstanden; unveröffentlicht (WV/Bumcke, S. 9). – Die rätselhafte Titelgebung beruht vermutlich auf einem Missverständnis oder einem Irrtum. Das Stück dürfte mit Goethes Gedicht ›Der König in [!] Thule‹ zusammenhängen.

343 *Wohlauf Kameraden. Vorspiel zu ›Wallensteins Lager‹
Tondichtung, eine Fanfare für Blasorchester*, op. 69

1939 komponiert; unveröffentlicht (s. WV/Bumcke, S. 9).

BUND, Basti (geb. 1987)

343+1 *Und nachts die Freiheit. Auf der Schulbank mit Friedrich Schiller.* Singspiel für ein- bis zweistimmigen Kinder- und Jugendchor mit Instrumenten und Klavier, op. 21; Text: Michael Sommer
Stuttgart: Carus 2017. – Partitur (Verl.-Nr. *12.443*); Klavierfassung (Verl.-Nr. *2.443/03*). – Verlagsinformation. Programmheft der Uraufführung (von der Landesakademie für die musizierende Jugend in Baden-Württemberg, Ochsenhausen, freundlich überlassen).

Kompositionsauftrag der Landesakademie für die musizierende Jugend in Baden-Württemberg anlässlich des Jubiläums der 30jährigen Stiftungsgründung am 26. November 1986. – Handelnde Personen: Fritz (d. i. Friedrich Schiller), Karl Herzog (ein Schüler der heutigen Zeit), Schorsch (Georg Friedrich Scharffenstein, Karlsschüler), Rudi (Johann Rudolf Zumsteeg, Karlsschüler) sowie ein Lateinlehrer, Herzog Carl Eugen von Württemberg, Franziska von Hohenheim und Wachen. Instrumentalbesetzung: Vl. 1 2 3 oder Vl. 1 2 und Va., Vc. und Klav. – Handlungszeit ist 1773. Schiller leidet unter den Zwängen des militärischen Alltags an der Hohen Karlsschule, aus denen er nachts ausbricht und in den umliegenden Wäldern ein Gefühl von Freiheit zu erleben sucht. Hier begegnet er Karl Herzog, einem Jugendlichen unserer Zeit, der vor dem Leistungsdruck des modernen Lebens entflieht. Letzterer macht Schiller mit ›Der Räuber Hotzenplotz. Eine Kasperlgeschichte‹ von Otfried Preussler bekannt. Dadurch wird der angehende Dichter zu seinem ersten Schauspiel, ›Die Räuber‹, inspiriert und gibt einer der Hauptfiguren den Namen Karl. – Uraufführung: Ochsenhausen, 10. September 2016 (Landesakademie für die musizierende Jugend in Baden-Württemberg, Bräuhaussaal), mit Kindern der Ochsenhausener Kinder-Singtage unter der musikalischen Leitung von Barbara Comes und Klaus W. Weigele.

BURCKHARDT, Christian (1830–1908)

Wilhelm Tell. Schauspiel

344   – V. 1ff. (Fischerknabe: »Es lächelt der See«)
Gemischter Chor mit Instrumentalbegleitung bzw. a cappella
Bibliographisch bisher nicht nachweisbar. – Challier, *Chor-Katalog* (1903),
S. 80.

BURGMÜLLER, Norbert (1810–1836)

Die Bürgschaft (»Zu Dionys, dem Tyrannen, schlich Damon«)

345   *Dionys, Tyrann von Syrakus. Heroisch-romantische Oper* in drei Akten; Libretto
von Ferdinand Wilhelm Seidel
Fragment; bekannt sind folgende sechs Teile:

- Ouvertüre
- Männerchor
- Sklavenchor
- Chor der Krieger
- Marsch
- Duett (TT) mit Männerchor

Im Sommer 1832 begonnen, aber nur einige Musiknummern ausgeführt, die in mehreren
Konzerten bereits in diesem Jahr in Düsseldorf uraufgeführt worden und bis 1864 immer
wieder in den Programmen zu finden sind. Aus den Dokumenten kennt man deren Titel. Bis
auf die separat veröffentlichte Ouvertüre sind die Fragmente verschollen (s. WV/Burgmül-
ler, WoO 7).

Daraus

- *Ouvertüre zur unvollendeten Oper Dionys* für Orchester, op. 5 (Nr. 3 *der nachgelassenen Werke*). – Leipzig: Kistner, o. A. – Partitur, Stimmen; Bearbeitung
für Klavier zu 4 Händen von August Horn (Verl.-Nrr. *2782–2784*). – HMB
1864/3, S. 38. WV/Burgmüller, S. 65ff. (demnach erstmals am 17. November
1863 in den ›*Signalen für die Musikalische Welt*‹ angezeigt).

  Als einzelnes Orchesterwerk vermutlich schon im Sommer 1825 entstanden und erst
  1832 nach der Überarbeitung für die Oper bestimmt (Werkzählung nicht authentisch); ob
  die Instrumentierung vollst. von Burgmüller stammt, kann nicht zuverlässig geklärt werden; evtl. waren Wilhelm Schauseil oder Julius Tausch daran beteiligt. – Uraufführung:
  Düsseldorf, 6. März 1834, unter der Leitung von Felix Mendelssohn Bartholdy. – Pazdírek
  weist das Werk mit der irrtümlichen Titelergänzung *zur unvollendeten Oper Diogenes* [!]
  nach (Bd. 2, S. 74).

  - Nr. 1 in: *Denkmäler Rheinischer Musik*, Bd. 38 (*Ouvertüre op. 5 u. Vier
  Entr'Actes op. 17*), hg. von Klaus Martin Kopisch. – Köln: Dohr 2010. –
  Partitur. – WV/Burgmüller, S. 69.

    Zu op. 5 wurden die Orchesterstimmen separat im gleichen Verlag veröffentlicht.

BURGSTALLER, Siegfried (1883–1951)

346   Hektors Abschied (»Will sich Hektor ewig von mir wenden«)
Für hohe Stimme mit Klavierbegleitung, op. 22

QUELLEN: *Dt. Musiker-Lex.* 1929, Sp. 179 (demnach *1925* komponiert; unveröffentlicht).
Prieberg/*Handbuch*, S. 51.

Verzeichnis der musikalischen Werke

BURKHARDT, Salomon (1803–1849)

347 Berglied (»Am Abgrund leitet der schwindligte Steg«)
Für eine Bassstimme mit Klavierbegleitung
Nr. 5 in: ders., *Sechs Lieder für eine Bassstimme.* – Leipzig: Breitkopf & Härtel,
o. A. – Verl.-Nr. *5078.* – Original (Slg. GG). HMB 1831/7+8, S. 68.

Die Räuber. Ein Schauspiel

348 – 4. Akt, 5. Szene (Karl Moor: »Sei willkommen, friedliches Gefilde«); hier
unter dem Titel: *Brutus und Cäsar. Wechselgesang (Carl Moor)*
Für eine Bassstimme mit Klavierbegleitung
Nr. 1 in: ders., *Sechs Lieder* → 347

BURKHART, Wilhelm (?–?)

349 *Berglied (»Ja, wenn's nicht geht, so geht es nicht«)*; Schiller zugeschriebener
Text eines unbekannten Autors
Für Bariton oder Mezzosopran mit Klavierbegleitung
Nr. 5 in: *Siebzig Lieder und Arien für eine Bariton- oder Mezzosopranstimme mit
Begleitung des Pianoforte.* – Sammelhandschrift, 1839. – RISM-OPAC.

BURWIG, Gustav (?–?)

350 Die Teilung der Erde (»Nehmt hin die Welt!«)
Musikalisch-parodistisch illustriert für Gesang und Deklamation mit Klavierbegleitung
Berlin: Barth, o. A. – HMB 1884/11, S. 310.

• Nr. 1 (einzeln) in: ders., [19] *Humoristika.* – Brüssel: Schott *frères*, o. A. –
Pazdírek Bd. 2, S. 719.

BUTZE, Robert (?–?)

351 Der Gang nach dem Eisenhammer (»Ein frommer Knecht war Fridolin«)
Für eine Singstimme mit Klavierbegleitung
Meissen: Klinkicht, o. A. – Whistling 1828, S. 1055.

— C —

CABY, Robert (1905–1992)

351+1 Die Herrlichkeit der Schöpfung (»Vorüber war der Sturm, der Donner Rollen«); hier in französischer Übersetzung: *Le rage de la tempête s'apaise*
Für eine Singstimme mit Klavierbegleitung
Nr. 4 in: ders., *Le monde romantique.* – Paris: AARC [Association des amis de
Robert Caby] 1993 (*Collection de l'AARC*, Nrr. *17* u. *18*). – Bibliothèque Nationale, Paris (Online-Katalog).

Die Sammlung besteht aus 26 Liedern, davon 25 mit Klavierbegleitung und eines mit Ondes
Martenot und Klavier. Neben anonym überlieferten Texten stammen einige von internatio-

_____ Die Komponisten und ihre Werke

nalen Dichtern, darunter auch von deutschen Poeten (Joseph von Eichendorff, Heinrich Heine, Nikolaus Lenau, Eduard Mörike, Schiller und Ludwig Uhland).

Parabeln und Rätsel

351+2 – Nr. 6: »Der Baum, auf dem die Kinder der Sterblichen verblüh'n«; hier in
französischer Übersetzung mit hinzugefügtem Titel: *L'année (»L'arbre sur
lequel les enfants des mortels«)*
Für eine Singstimme mit Klavierbegleitung
Nr. 5 in: ders., *Le monde romantique* → 351+1

> Die ›Parabeln und Rätsel‹, die Schiller für die entsprechende Szene seiner Bearbeitung
> von Gozzis ›Turandot‹ entworfen hat, besitzen im Original keinen Titel. Der hier gewählte
> Begriff ist zugleich die Auflösung der allegorischen Beschreibung des »alten Baumes, der
> immer sich erneut / [...] / Er ist – das Jahr mit seinen Tagen und Nächten«. Aus der klei-
> nen Sammlung wählte Schiller nur einige für das Schauspiel aus (darunter auch das vor-
> liegende).

ČAJKÓVSKIJ, Pëtr Il'ič (1840–1893)

Transliteration des Familiennamens in zahlreichen Varianten, darunter *Chaikovsky, Tchaï-
kovsky* oder *Tschaikowsky*.

352 An die Freude (»Freude, schöner Götterfunken«); hier in russischer Übersetzung von Konstantin Aksakov, Vladimir Benediktov und Mikhail Dmitrijew: *K
radosti (»Radost'!«)*
Kantate für vier Soli (SATB), vierstimmigen gemischten Chor (SATB) und Orchester

> Im November/Dezember 1865 als Examensarbeit für die Abschlussprüfung des Konserva-
> toriums in St. Petersburg entstanden und zu Lebzeiten des Komponisten nicht veröffent-
> licht. Erstmals im Rahmen der Gesamtausgabe sind Partitur und der vom Komponisten an-
> gefertigte Klavierauszug erschienen (Moskau: Staatlicher Musikverlag, Bd. 27 bzw. Bd. 33,
> 1960 bzw. 1965).
> Voraufführung vor ausgewähltem Publikum: St. Petersburg, 17. [29.] Dezember 1865 (Mi-
> chajlovskij-Palast – Konservatorium, als Examensarbeit in der musiktheoretischen Ab-
> schlussklasse), unter der Leitung des Komponisten. Öffentliche Uraufführung im Rahmen
> der Prüfung: ebd., 29. Dezember 1865 [10. Januar 1866] (ebd.), unter der musikalischen Lei-
> tung von Anton Rubinstein, der die Aufgabe gestellt hatte: *Der Komponist erhielt dafür eine
> silberne Medaille, und das Diplom wurde ihm zugesprochen, obwohl er aus Furcht, vor der Öf-
> fentlichkeit reden zu müssen, zur mündlichen Prüfung gar nicht erschienen war* (Čajkóvskij,
> *Briefe*, S. 20f.). Es blieb bei den beiden Aufführungen (letztere zugleich erstes öffentliches
> Konzert mit einem Werk Čajkóvskijs). – Ein Teil des 3. Satzes verarbeitete Čajkóvskij im Du-
> ett Maria–Bastriukov (1. Akt, Nr. 5) seiner 1867/68 entstandenen ersten Oper ›Voevóda‹
> [›Der Woiwode‹] nach dem gleichnamigen Schauspiel von Aleksándr Nikoláevič Ostróvskij
> (Uraufführung: Moskau, 30. Januar [11. Februar] 1869).
> QUELLEN: WV/Čajkóvskij-1, S. 22f. WV/Čajkóvskij-2, Nr. 66. WV/Čajkóvskij-3, S. 124f. (ČS
> 62). MGG2 *Personenteil* Bd. 3, Sp. 1603f.

Die Jungfrau von Orleans. Eine romantische Tragödie

353 *Orleánskaja déva* [Das Mädchen von Orléans]. Oper in vier Akten (sechs Bilder); Libretto vom Komponisten nach der romantischen Tragödie von Friedrich Schiller in der russischen Übersetzung von Vassilij Andreevič Žukovskij,
dem Drama ›Jeanne d'Arc‹ von Jules Paul Barbier und dem darauf beruhenden
Libretto von Auguste Mermet zu dessen selbst vertonter Oper ›Jeanne d'Arc‹
sowie unter Verwendung der Biographien von Jules Michelet und Henri Wallon

Im Dezember 1878 begonnen und am 23. August 1879 beendet (Revisionen im Dezember 1880 und im September/Oktober 1882). – Čajkóvskij berichtete erstmals am 21. November 1878 aus Florenz an Nadeschda von Meck von seinem neuen Opernprojekt, mit dem er sich aber offenbar schon früher beschäftigt hatte: *Ich glaube, daß ich diesmal allen Ernstes mit der Arbeit an diesem Sujet beginnen werde.* [...] *Der Gedanke, eine Oper darüber zu komponieren, kam mir in Kamenka, als ich Shukowskis Übersetzung der Schillerschen ›Jungfrau von Orleans‹ las. Dieses Werk hat Stellen, die für Musik wunderbar geeignet sind, und der Stoff ist noch nicht abgedroschen, obwohl Verdi ihn bereits benutzt hat* (Čajkóvskij, *Briefe*, S. 235).
Uraufführung: St. Petersburg, 13. [25.] Februar 1881 (Mariinskij-Theater), u. a. mit Marija Kamenskaja (Johanna), Michail Wassiljew (König Karl VII.) und Ippolit Prjanischnikow (Lionel), unter der musikalischen Leitung von Eduard Nápravník (ihm ist das Werk gewidmet). Čajkóvskijs monumentalste Oper blieb trotz des Erfolgs zunächst nur für drei Spielzeiten im Repertoire, wurde aber sein erstes im Ausland gespieltes Bühnenwerk (Prag, 16. Juli 1882; hier in tschechischer Sprache). – 1873 hatte Charles Gounod zu Barbiers Drama eine Schauspielmusik komponiert.
Die Originalausgabe erschien bei Jurgenson in Moskau: Klavierauszug – 1881 (1884 in 2. Aufl. mit den im selben Jahr vorgenommenen Änderungen und 1899 in 3. Aufl., die der gleichzeitig veröffentlichten Partiturerstausgabe entspricht); Partitur – 1899 (mit einem Anhang der 1882 vorgenommenen Revisionen). – In Deutschland wurden mehrere Bearbeitungen bei Rahter (Leipzig) veröffentlicht; vgl. etwa Hofmeister (1898–1903), S. 960, oder Hofmeister (1904–1908), S. 808.
QUELLEN: WV/Čajkóvskij-1, S. 8f. WV/Čajkóvskij-2, Nr. 6. WV/Čajkóvskij-3, S. 47ff. (ČS 6). *Pipers Enzyklopädie* Bd. 6, S. 339ff.

CAMILLERI, Charles (1931–2009)

Die Malteser. Eine Tragödie [Fragment]

354   *The Maltese Cross.* Oper in drei Akten; Libretto von Peter Serracino-Inglott

1985 entstanden; gehört zu Camilleris zahlreichen Werken, die sich auf die Geschichte seines Vaterlandes, Malta, und die dortige traditionelle Musik beziehen. – Uraufführung (anlässlich der 500-Jahrfeiern Maltas): La Valetta, 4. Oktober 1995 (Mediterranean Conference Centre), mit Marina Edelhagen (Sopran), Nadia Klincherova (Mezzosopran), Karl R. Zeiss (Tenor), Leonardo Wolovsky (Bass) u. a., unter der musikalischen Leitung von Michael Laus; Regie: Richard England.
QUELLEN: New Grove2 Bd. 4, S. 881. MGG2 *Personenteil* Bd. 4, Sp. 28f. Internetrecherchen.

CANTHAL, August Martin (1804–1881)

Wallenstein. Ein dramatisches Gedicht

355   *Wallensteins Thekla. Dramatisch musikalisches Charakterbild* für Klavier, op. 261
Hamburg: Berens, o. A. – HMB 1863/9, S. 158.
   • Braunschweig: Kott, o. A. – Pazdírek Bd. 2, S. 802.

CAPPUS, P. C. (?–?)

356   Der Graf von Habsburg (»Zu Aachen in seiner Kaiserpracht«)
Für eine Singstimme mit Klavierbegleitung
Ohne bibliographische Angaben, [vermutlich Stuttgart 1835]. – Original (DLA). Nicht in HMB.

Seiner Hochwürden Herrn Oberhofprediger, Oberconsistorialrat und Prälaten von d'Autel, Ritter des Königlich Württembergischen Kronenordens unterthänigst gewidmet. Hier noch der Hinweis, dass *diese Komposition* [...] *bereits unter der Presse* gewesen sei, als er die Nachricht vom Tod des Widmungsträgers (1835) erhalten habe.

Die Komponisten und ihre Werke

CARAFA DE COLOBRANO, Michele (1787–1872)

Getauft auf die Vornamen Enrico Francesco Vincenzo Paolo.

Die Jungfrau von Orleans. Eine romantische Tragödie

357 *Jeanne d'Arc ou La Délivrance d'Orléans. Drame lyrique* in drei Akten; Libretto von Marie Emmanuel Guillaume Marguerite Théaulon de Lambert und Armand Dartois [d. i. d'Artois de Bournonville]
Paris: Carli [1821]. – Partitur; Klavierauszug. – Whistling 1828, S. 10, 567, 779 u. 980. MGG2 *Personenteil* Bd. 4, Sp. 170. Grove, *Opera* Bd. 1, S. 727.

Luigi Cherubini gewidmet. – Uraufführung: Paris, 10. März 1821 (Opéra comique); in der Literatur kursieren diesbezüglich allerdings mehrfach Abweichungen: Stieger und Reischert (S. 508) datieren einen Tag später, Schaefer, der zudem auf die ungewisse Verbindung mit Schillers Schauspiel hinweist, nennt als Aufführungsort das Théâtre Feydeau (S. 55), und Grove, *Opera*, dem als besonders zuverlässiger Informationsquelle das wahrscheinlich korrekte und deshalb zuerst genannte Uraufführungsdatum entnommen worden ist, gibt als Titel ›Jeanne d'Arc à Orléans‹ an (Bd. 1, S. 727). – Pazdírek verzeichnet die 19 Musiknummern des auch in Einzellieferungen erschienenen Klavierauszugs (Bd. 2, S. 826).

CASAGEMAS I COLL, Lluïsa (1863–1942)

Name auch: *Luisa Casagemas y Coll.*

Die Räuber. Ein Schauspiel

357+1 *I briganti.* Oper in vier Akten, op. 227. Libretto von Andrea Maffei

Um 1895 nach dem Libretto, das bereits Verdi für seine Oper ›I masnadieri‹ verwendet hatte (→ 2718), entstanden; die gelegentlich zu findende Angabe, es sei auch dasjenige zu Mercadantes ›I briganti‹ (→ 1623), ist falsch. Nicht aufgeführt.

QUELLEN: Grove, *Women Composers*, S. 108. Internetrecherchen (u. a. der spanische bzw. der katalanische Artikel über die Komponistin in Wikipedia). – Stieger deest.

CASTELNUOVO-TEDESCO, Mario (1895–1968)

358 Der Handschuh (»Vor seinem Löwengarten, das Kampfspiel zu erwarten«
Melodram für Sprecher, zwei Klaviere und Schlagzeug

Martha Frank in memoriam.

Nr. 2 in: ders., *Zwei Schiller-Balladen*, op. 193

QUELLEN: New Grove2 Bd. 5, S. 257 (demnach unveröffentlicht). Mario Castelnuovo-Tedesco-Collection in: The Music Library of South Carolina, Columbia (Online-Katalog).

359 Die Kraniche des Ibykus (»Zum Kampf der Wagen und Gesänge«)
Melodram für Sprecher, zwei Klaviere und Schlagzeug

To Hans and Rosaleen Moldenhauer.

Nr. 1 in: ders., *Zwei Schiller-Balladen*, op. 193 → 358

CATARGI, Alexis (1876–1923)

Die Jungfrau von Orleans. Eine romantische Tragödie

360 *Jeanne d'Arc.* Schattenballett

1906 uraufgeführt (s. New Grove2 Bd. 5, S. 280). – Stieger deest.

Verzeichnis der musikalischen Werke

CAVOS, Catterino (1775–1840)

Name auch in der Transliteration nach der russifizierten Form: *Katerino Al'bertovič Kavos.*

Semele. Eine lyrische Operette

361 Balletteinlagen nach der Choreographie von Charles Louis Didelot in: *Semela, ili Mščenie Junony* [Semele, oder Junos Rache]. Mythologisches Schauspiel von Andrej Andreevič Žandr nach Schiller

An der Komposition war Ferdinand Antonolini (gest. 1824) beteiligt; unveröffentlicht. – Uraufführung: St. Petersburg, 11. (23.) Februar 1818 (Bolschoi-Theater); s. MGG2 *Personenteil* Bd. 1, Sp. 798, u. Bd. 4, Sp. 496.

ČEREPNÍN, Nicoláj Nikoláevič (1873–1945)

Transliteration in mehreren Varianten: *Tchérepnine, Tcherepnin* oder *Tscherepnin.*

362 Punschlied (»Vier Elemente, innig gesellt«)
Vierstimmiger Männerchor (oder -quartett) a cappella
Nr. 3 in: ders., *Drei Chöre*, op. 15. – Moskau: Jurgenson 1902. – Partitur (deutscher u. russischer Text), Stimmen. – Hofmeister (1898–1903), S. 960. MGG2 *Personenteil* Bd. 4, Sp. 548.

CHAULIEU, Charles (1816–?)

Die Räuber. Ein Schauspiel

362+1 – 4. Akt, 5. Szene (Alle: »Karessieren, saufen, balgen«); hier in französischer Übersetzung: *Le chanson des brigands. Paroles imitées de Schiller* (»Assassiner et ravager«)
Für eine Singstimme mit Klavierbegleitung
Paris: Lemoine, o. A. – Verl.-Nr. *731.* – Bibliothèque Nationale, Paris (Online-Katalog)

CHAUSSON, Ernest (1855–1899)

363 [Opernprojekt nach einem unbekannten Schauspiel Schillers]

Unter den nachgelassenen Opernprojekten befand sich auch eines nach einem nicht genannten Bühnenwerk Schillers (s. Grove, *Opera* Bd. 1, S. 825).

CHELARD, Hippolyte-André-Baptiste (1789–1861)

Die Jungfrau von Orleans. Eine romantische Tragödie

364 – V. 383f. (»Lebt wohl, ihr Berge, ihr geliebten Triften«)
Einstimmige Singweise

Datierung: *Weimar, le 2 Mars, 1849.* Autographe Reinschrift in altertümelnd wirkenden langen Notenwerten und mit der Anmerkung: *Charakteristische Melodie (XV^{tes} Jahrhundert).*

Fol. 33 des 1. Bandes von: *Schiller-Album. Gesammelt und dem Schiller-Museum gewidmet von Ferdinand Jansen und Karl Voigt aus Weimar* (in 2 Bänden). – Mit handschriftlichen Einträgen bzw. mit speziell hierfür angefertigten Bildern [1848–1850; Nachträge bis 1851]. – Original (GSA).

Zur Bewertung dieses außerordentlichen Dokuments der Schiller-Verehrung ist es notwendig, nicht nur auf den Inhalt, sondern auch auf das Erscheinungsbild einzugehen. – Es handelt sich um zwei gleichartig gestaltete, nur in einem Detail (nämlich dem Medaillon auf der vorderen Buchdecke) sich unterscheidende Prachtbände (querfolio, dunkelgrünes Ganzleder) mit ornamentaler Blindprägung sowie verzierten Metallecken und -schließen, in denen die Blätter mit den Beiträgen eingebunden worden sind. Zu Beginn befindet sich jeweils ein *Verzeichnis derjenigen Blätter, welche bei Uebergabe des Albums an das Schiller-Museum (im Frühjahr 1850) eingegangen waren* (Namen der Beiträger des betreffenden Bandes), wobei man sich bemüht hat, die alphabetische Anordnung für das gesammte Material zu gewährleisten (bis auf wenige Ausnahmen konnte dies beim Binden auch eingehalten werden). Das Exemplar wurde 1850 anlässlich der Gründung des Schiller-Museums im ehemaligen Wohnhaus des Dichters (Weimar) überreicht.

Die Beiträge setzen sich aus allen für ein solches Gedenkbuch passenden Formen zusammen – u. a. Widmungs- und Huldigungsgedichte an Schiller bzw. Würdigungen des Dichters und einzelner Werke, teils gezeichnete, teils farbige Illustrationen (darunter Zeichnungen oder Aquarelle mit direktem Bezug auf sein Schaffen oder Landschaftsbilder); durch die Art und Weise ihrer Ausführung entsteht ein Gesamteindruck, wie man ihn aus Stammbüchern dieser Zeit kennt. Unter den Einsendern befinden sich u. a. Dichter (bspw. Charlotte Birch-Pfeiffer, Justinus Kerner und Gustav Schwab) und Nachkommen Schillers (darunter die Töchter Emilie von Gleichen-Rußwurm und Caroline Junot oder sein Sohn Carl Friedrich Freiherr von Schiller) sowie noch lebende Zeitgenossen (etwa Schillers Diener Johann Heinrich Schultheis oder sein Schreiber Wilhelm Schumann). Darüber hinaus sind einundzwanzig Komponisten mit zwanzig musikalischen Werken und einem Textbeitrag vertreten. Alle wurden im Rahmen des vorliegenden Handbuches dokumentiert, obwohl sich davon nur 13 Stücke auf Schiller bzw. dessen Werke beziehen.

· Band 1 (114 Bll. mit Beiträgen; es folgen 12 unbeschriebene Bll.)

In der Mitte des vorderen Buchdeckels befindet sich ein unter einem gewölbten Glas eingefügtes Porträt des Dichters in Elfenbeinmanier (Gemme). Nur dieses Teil enthält ein Titelblatt mit der Aufschrift *Schiller-Album*, welche von einem Zierrahmen mit zahlreichen Genien (Putti) eingefasst ist. Dem nachfolgenden Blatt (*Geschr.*[ieben] *von J. D. Haacke in Weimar*) sind die Namen der Künstler zu entnehmen, die an der Ausgestaltung beteiligt waren: *Die Muschel (Schiller's Portrait) auf der Aussenseite des 1. Bandes ist eine Gabe von Fräulein Angelica Facius, Bildhauerin in Weimar, das Titelblatt zum 1. Bande hat Herr S. Thon, Maler in Weimar, als Beitrag geliefert.* – Die genannten Künstler lebten in Weimar: Angelica Bellonata Facius (1806–1887) – Bildhauer, Medailleurin und Gemmenschneiderin; Sixt Armin Thon (1817–1901) – Maler, Radierer und Lithograph; der Kalligraph J. D. Haacke konnte bisher nicht identifiziert werden.

· Band 2 (120 Bll. mit Beiträgen; es folgen 11 unbeschriebene Bll.)

In gleicher Weise wie beim ersten Band wurde auf dem vorderen Buchdeckel ein gewölbtes Glas eingefügt, unter dem sich dieses Mal eine Haarlocke Schillers befindet. Auch hier sollte ein aufwendig gestaltetes Titelblatt eingefügt werden, das aber nicht geliefert wurde. An dessen Stelle informiert über die Planung nur eine kurze handschriftliche Notiz auf dem leeren Blatt: *Die hier noch vorhandene Lücke soll durch ein illustrirtes Titelblatt ergänzt werden, welches Herr Maler Deglimes in Weimar für diesen IIten Band liefern will, ähnlich dem von S. Thon für den Iten Band gelieferten.* Es schließt sich ein weiteres Blatt an (Aufschrift wieder von J. D. Haacke): *Die Haarlocke Schiller's auf der Aussenseite des 2. Bandes wurde dem Album von Frau Caroline Junot in Rudolstadt, der Tochter Schiller's, verehrt (als Beglaubigung ist der Brief von Frau C. Junot hier beigefügt). Das Titelblatt zum 2. Band hat Herr Deglimes geliefert* (dieser – vielleicht: de Glimes – konnte bisher nicht identifiziert werden).

CHIAROMONTE, Francesco (1809–1886)

Die Braut von Messina oder: Die feindlichen Brüder. Ein Trauerspiel mit Chören

365 *Le nozze di Messina. Tragedia lirica* in vier Akten; Libretto von Giovanni Emanuele Bidera

Uraufführung: Venedig, 18. März 1852 (Teatro La Fenice); s. Stieger bzw. Reischert, S. 211.

CHITZ, Arthur (1882–1944)

Zwischen 1918 und 1933 Kapellmeister und Musikdirektor am Schauspielhaus in Dresden (in diesem Zusammenhang sind die nachfolgend genannten Werke entstanden). Chitz starb als Opfer des Holocaust im Konzentrationslager Riga.

QUELLEN: *Dt. Musiker-Lex.* 1929, Sp. 194. *Lex. zur dt. Musikkultur* Bd. 1, Sp. 403f.

Schauspielmusiken zu:

366 Die Braut von Messina oder: Die feindlichen Brüder. Ein Trauerspiel mit Chören

367 Die Jungfrau von Orleans. Eine romantische Tragödie

368 Wilhelm Tell. Schauspiel

CHRISTMANN, Johann Friedrich (1752–1817)

369 An die Freude (»Freude, schöner Götterfunken«)
Rundgesang mit Klavierbegleitung
S. 6f. in: ders., [16] *Oden und Lieder für das Klavier.* – Leipzig: Breitkopf & Härtel, o. A. – Original (DLA). RISM A I: C 2096.

1. Nr. 2 in: *Schillers Ode an die Freude. In Musik gesetzt von Anonymus, Christmann, J. C. Müller, C. F. Schulz* [richtig: *Chr. G. Körner*], *W. Schulz, Seidel, Reichardt, Rellstab, Zelter.* – Berlin: Rellstab, o. A. – Verl.-Nr. *Op. CCLXIX.* – Bibliogr. Angaben gemäß der anschließend dokumentierten Quellen.

   Rellstabs Drucke wurden nicht mit den üblichen, oftmals durch Buchstabenkombinationen erweiterten Verlags- oder Platten-Nummern veröffentlicht, sondern mit römischen Opus-Zahlen ausgestattet. Dies hat immer wieder zu Missverständnissen geführt, weil man sie gelegentlich für die Werkzählung hielt.
   Bisher kein Exemplar nachweisbar (RISM A I deest), weshalb sich die Nummerierung des Inhalts an der Reihenfolge der Angaben auf der Titelseite orientiert. – Die Sammlung ist durch folgende Quellen belegt:

   - *Intelligenz-Blatt zur Allgemeine Musikalische Zeitung*, Nr. IV, November 1799, S. 16: *Schillers Ode an die Freude, in Musik gesetzt von 9 verschiedenen Komponisten. rb.* [Rellstab, Berlin], *8 Gr.*

   - *Verzeichniß der zur hundertjährigen Geburtstagsfeier Schiller's im Saale der Königlichen Akademie vom 12.–22. November 1859 aufgestellten Bildnisse, Handschriften, Drucke, Musikalien und Erinnerungen.* Berlin: Lange [1859], S. 37 (das dort ausgestellte Exemplar ist als *Eigenthum des Herrn L.[udwig] Erk* identifiziert). – Der bibliographischen Beschreibung folgt noch ein kurzer, als Zitat kenntlich gemachter Text, der vermutlich aus einer zeitgenössischen Verlagswerbung stammt: *Alle bekannten Compositionen vom obigen Liede erscheinen hier zusammengedruckt, und zwey davon waren bis jetzt noch Manuscript. Außer die von Tepper von Ferguson, (welche durchaus componirt und daher in diesen Plan nicht paßte)* [→ 2599], *hat der Verleger alle ihm bekannten Melodieen hier vereinigt. Man hat dies lange schon von ihm begehrt, und er glaubt dadurch den Musikliebhabern, die gern vergleichen, auch verschiedenen Geschmack haben, einen angenehmen Dienst erwiesen zu haben.* – Es fällt auf, dass hierbei mit J. R. Zumsteeg ein renommierter Komponist der Zeit nicht berücksichtigt worden ist. Seine einzige bis dahin veröffentlichte Vertonung war jedoch in einer damals sicher nur regional zugänglichen Ausgabe erschienen (›*Musikalischen Potpourri‹*; Stuttgart 1790; → 3031) und deshalb in Berlin wohl nicht bekannt. Seine Zweitvertonung hatte zwar durch die Ausgabe im 6. Heft der ›*Kleinen Balladen und Lieder‹* (Leipzig: Breitkopf & Härtel; → 3032.5) eine wesentlich größere Verbreitung, kam aber erst 1803 heraus.

   - Ledebur im Rahmen des Werkverzeichnisses von Johann Carl Friedrich Rellstab (S. 453): *An die Freude, v. Schiller: Freude, schöner Götterfunken, für 1 od. 2 Sgst. m. Chor (erschien*

Die Komponisten und ihre Werke

> _mit mehreren anderen Comp. von Christmann, J. C. Müller, C. F. Schulz, W. Schulz, Seidel, Reichardt und Zelter), Berlin bei Rellstab_; nochmals an gleicher Stelle beim Eintrag zu Friedrich Ludwig Seidel (S. 543): _Freude schöner Götterfunken, v. Schiller (in einer Sammlung von 9 verschiedenen Componisten). Berlin, Rellstab_ [beide undatiert].

- Friedländer, _Das dt. Lied_ Bd. 1 – 1. Abt., S. 363 (Nr. 799), bzw. Bd. 2, S. 391f.

Im 19. Jahrhundert geriet diese Ausgabe offenbar weitgehend in Vergessenheit. Sie fehlt bereits bei Gerber (→ 739) und später bei Eitner, die nur den anschließend genannten, etwas später erschienenen und auf 14 Beiträge erweiterten Böhme-Druck kannten.

Für eine Sammlung, die verschiedene Vertonungen nur eines Gedichtes enthält, gibt es in der Musikgeschichte nichts Vergleichbares. Sie dokumentiert eindrücklich, wie populär Schillers Gedicht damals war. Vermutlich handelt es sich zugleich um einen Raubdruck, da es noch kaum einen Urheberschutz gab. – Eine auf vierzehn Beiträge erweiterte Ausgabe, von der einige Exemplare nachweisbar sind und durch die der Inhalt des Rellstab-Drucks mit an Sicherheit grenzender Wahrscheinlichkeit rekonstruiert werden kann, ist kurze Zeit später unter dem Titel ›_Vierzehn Compositionen zu Schillers Ode an die Freude_‹ bei Böhme in Hamburg erschienen (→ anschließender Nachweis). Erstaunlicherweise sind (mindestens in den gängigen Fachblättern) zu beiden Drucken keine zeitgenössischen Rezensionen veröffentlicht worden.

2. Nr. 3 in: _Vierzehn Compositionen zu Schillers Ode an die Freude._ – Hamburg: Böhme, o. A. – RISM B II, S. 143. Original (DLA).

Mit dem vorstehend nachgewiesenen Rellstab-Druck inhaltsgleiche, aber um fünf Stücke erweiterte Sammlung; sie enthält noch die Vertonungen von J. F. H. Freiherr von Dalberg (→ 436), F. F. Hurka (→ 1058), A. B. Schulze (→ 2369) und J. L. Willing (→ 2866) sowie eine zusätzliche Variante der anonym überlieferten, vielleicht von J. G. Naumann stammenden Melodie (→ 1735+1).

Das Heft muss mit der Hamburger Ausgabe nahezu zeitgleich erschienen sein. Böhme vergab seinen Musikalien jedoch keine Verl.-Nrr., weshalb diese Datierungsmöglichkeit fehlt; auch eine Veröffentlichungsanzeige oder Besprechung in einer Zeitung oder Zeitschrift, mit der man den Erscheinungszeitpunkt eingrenzen könnte, ist bisher nicht bekannt. Doch die angegebene Verlagsadresse, _der Börse gegen über_, soll seit dem 30. September 1797 gültig gewesen sein, und die Ergänzung des Impressums mit _Kunst-, Musik und Instrumentenhandlung_ findet man nur bis zum 1. April 1799 (freundl. Mitteilung von Jürgen Köchel, Hamburg). – Bereits 1810, in der frühesten bisher auffindbaren Erwähnung der Sammlung, wurden die darin enthaltenen Vertonungen negativ beurteilt: ... _alle 14 unglüklich_ (Ignaz Ernst Ferdinand Arnold: _Gallerie der berühmtesten Tonkünstler des achtzehnten und neunzehnten Jahrhunderts_, 1. Teil. Erfurt: Müller, 1810; Beitrag über Johann Rudolf Zumsteeg, S. 31). Ähnlich hieß es noch fast hundert Jahre später bei Friedländer: _Die ganze Sammlung macht einen in hohem Grade unerfreulichen Eindruck_ (Friedländer, _Das dt. Lied_, Bd. 1 – 1. Abt., S. 364). Doch die ausschließlich an der musikalischen Qualität der Stücke orientierten Berwertung versperrt den Blick auf den außergewöhnlichen wirkungsgeschichtlichen Rang dieser Ausgabe und des Rellstab-Drucks.

3. Nr. 19 in: [41] _Frühe Schiller-Vertonungen bis 1825_ → 141

370 _An die Jünglinge meines Vaterlands (»Wie lange schlaft ihr, bess're Jünglingsseelen«)_; Text von Gotthold Friedrich Stäudlin
Für eine Singstimme mit Klavierbegleitung
S. 6f. in: ders., [26] _Vaterlandslieder für Wirtemberger und andere biedere Schwaben_. 1. Lieferung. – Stuttgart: _Auf Kosten des Verfassers_ bei Mäntler 1795. – Original (DLA). RISM A I: C 2095.

Alle vertonten Texte des Bandes beziehen sich auf Persönlichkeiten oder geschichtliche Ereignisse Württembergs. – Neben Johannes Kepler und Philipp Matthäus Hahn wird in einigen Versen des Gedichts Schiller gerühmt (»_Heb', Schiller, hoch – du Zaub'rer in Gesängen, / Dein Lorbeerhaupt empor!_«); ursprünglicher Text: »_Heb' hoch, o Wieland, Zaub'rer in Gesängen ..._« (vgl. G. F. Stäudlin: _Gedichte_, 1. Bd.; Stuttgart: Mäntler 1788, S. 178ff.).

Verzeichnis der musikalischen Werke

371 Fantasie an Laura (»Meine Laura! Nenne mir den Wirbel«)
Für eine Singstimme mit Klavierbegleitung
S. 8ff. in: ders., [16] *Oden und Lieder für das Klavier* → 369

372 Graf Eberhard der Greiner von Wirtemberg (»Ihr – ihr dort außen«)
Für eine Singstimme mit Klavierbegleitung
S. 8f. in: ders., [26] *Vaterlandslieder für Wirtemberger* → 370

CHWATAL, Franz Xaver (1808–1879)

373 *Zur Erinnerung an Friedrich von Schiller. Ein Melodienkranz aus den beliebtesten Compositionen der Lieder des gefeierten Dichters* für Klavier, op. 156
Magdeburg: Heinrichshofen, o. A. – HMB 1860/4, S. 68.

CLAEPIUS, Wilhelm (1801–1868)

374 An Emma (»Weit in nebelgrauer Ferne«)
Für Bass oder Alt mit Klavierbegleitung
S. 3ff. in: ders., *Vier Gesänge für Bass- oder Alt-Stimme* (o. op.). – Braunschweig: Meyer, o. A. – Verl.-Nr. *186.* – Original (DLA). HMB 1832/9+10, S. 79.
Herrn Oberbürgermeister und Landrath Francke, Ritter des rothen Adlerordens u. s. w. hochachtungsvoll zugeeignet.

375 Der Jüngling am Bache (»An der Quelle saß der Knabe«)
Für Alt oder Bariton mit Klavierbegleitung
Nr. 5 in: ders., *Sechs Lieder*, op. 6. – Berlin: Bote & Bock, o. A. – Verl.-Nr. *92.* – HMB 1838/7, S. 107. BSB-Musik Bd. 3, S. 1242.

> • Idem; Ausgabe für eine Singstimme zur Gitarre. – Nr. 3 in: *Liedertempel. Album für Gesang mit Gitarrenbegleitung*, arrangiert von Rudolf Gernlein und Johann Christoph Grünbaum, Heft 4. – Berlin: Bote & Bock, o. A. – HMB 1843/3, S. 44.
>
> 13 Jahre später erschien ebd. eine *Neue Ausgabe* (vgl. HMB 1856/3, S. 962).

376 Sehnsucht (»Ach, aus dieses Tales Gründen«)
Für Bariton oder Mezzosopran mit Klavierbegleitung
Nr. 1 in: ders., *Sechs Lieder (für eine Bariton- oder Mezzosopran-Stimme) mit Begleitung des Pianoforte.* – Abschrift, 1850. – RISM-OPAC.

CLAUDIUS, Otto (1795–1877)

377 Das Lied von der Glocke (»Fest gemauert in der Erden«)
Männerchor [vermutlich a cappella]
Wahrsch. nur Vertonung eines Textausschnitts (kurze Erwähnung in der *Neuen Musik-Zeitung* vom 1. September 1884, S. 210.

Der Gang nach dem Eisenhammer (»Ein frommer Knecht war Fridolin«)

378 *Der Gang nach dem Eisenhammer. Romantische Oper* in drei Akten; Libretto vom Komponisten (offenbar nach der damals bekannten Dramatisierung der Ballade, dem Schauspiel ›Fridolin‹, von Franz Ignaz von Holbein)
Undatierte, wahrscheinlich autographe Partitur. – RISM-OPAC.

Die Komponisten und ihre Werke

1844 komponiert, später überarbeitet; zu Lebzeiten des Komponisten nicht aufgeführt. – Vermutlich in der ersten Jahreshälfte 1845 schickte Claudius die Partitur zur Begutachtung an Richard Wagner (damals Königlicher Hofkapellmeister in Dresden), der am 29. Juni 1845 mit einem umfangreichen Brief darauf einging, sich zunächst aber _wegen des langen Ausbleibens meiner Mittheilung über Ihr Werk_ entschuldigte und dann betonte, dass seine _Bedenken über die Abfassung Ihrer Oper rein aus der Theilnahme erwachsen sind, die ich für das viele Schöne und Vortreffliche, was darin enthalten ist, gefaßt habe._ Die Musik sei _fast durchwegs gut, und einzelne Partien schätze ich höher, als ganze Opern und Oratorien neuerer Zeit, weil sie in Auffassung und Wiedergebung den edelsten Stempel der Romantik an_ [!] _sich tragen: So vieles, was mich wahrhaft entzückt hat, bestimmt mich nothwendig daran zu denken, daß ein solches Werk der Welt nicht vorenthalten bleiben dürfe._ Um _die Oper aus der jetzigen Fassung heraus zu einem konzentrirten, d. h. wirksameren musikalischen Drama umzubilden,_ müssten verschiedene Straffungen vorgenommen werden – jetzt gäbe es _zu viel Personen und zu viel Szenen. Ich wünschte, Sie hätten nie die desorganisirende, auseinanderzerrende fade Bearbeitung Hohlbein's_ [!] _kennen gelernt, ..._

Offenbar hat sich Claudius danach außerordentlich lang mit der Überarbeitung beschäftigt und sich wohl Ende 1868 bei Wagner erkundigt, ob er ihm die Neufassung nunmehr zuschicken dürfe, was dieser am 6. Februar 1869 bejahte. Cosima Wagner bestätigt den Eingang der Partitur, _die uns sehr rührte,_ für den 12. Februar: _Die Hand ist ganz zitternd; und das, was R._[ichard] _daraus spielt, eigentlich schön._ Erst am 12. Februar 1870 gab Wagner die Noten zurück und äußerte sich dazu in einem gleichzeitig verfassten Brief nochmals kritisch: _Was mich hierbei sogleich sehr bedrückte, war das Buch._ [...] _Sie haben Unrecht gethan, die litterarisch-dramatische Arbeit nicht berufenen und geübten Händen zu übergeben. Daß die verschiedenen sehr werthvollen Musikstücke mit diesem Buche bei einer Aufführung eine lohnende Wirkung hervorbringen sollten, bin ich unvermögend mir vorzustellen. Stünde ein Theater nach meinem Sinne unter meiner Leitung, so würde ich dennoch, eben jenen Musikstücken zu Liebe, einen Versuch damit machen._

Posthume Uraufführung sicherlich dieser Neufassung: Naumburg, 3. August 1884 (Stadttheater); zugleich siebter Todestag des Komponisten. Die ›Neue Musik-Zeitung‹ kündigte dies am 1. August 1884 an und wies dabei auf Wagners positive Reaktion hin (S. 186; mit einem ungenauen Zitat aus Wagners Brief vom 29. Juni 1845 an Claudius). Dasselbe Blatt berichtete einen Monat später von der Aufführung: _Es ist zweifellos, daß sich das melodienreiche und ansprechende Werk auf größeren Bühnen als lebensfähig erweisen wird_ (1. September 1884, S. 210). – Veröffentlicht wurde das Libretto (Naumburg a. d. Saale: Sieling, o. A.; vgl. das Digitalisat der BSB). – Stieger weist das Werk irrtümlich als vieraktige Oper nach.

QUELLEN: _Richard Wagner. Sämtliche Briefe,_ Bd. 2: _Briefe der Jahre 1842–1849;_ Leipzig: Deutscher Verlag für Musik 1970, S. 438f. [Wagners ausführliche Erläuterungen zur szenischen Planung sind für diese Ausgabe gestrichen worden!]. _Richard Wagner. Sämtliche Briefe,_ Bd. 21: _Briefe des Jahres 1869,_ hg. von Andreas Mielke. Wiesbaden: Breitkopf & Härtel 2013, S. 59. _Richard Wagner. Sämtliche Briefe,_ Bd. 22: _Briefe des Jahres 1870,_ hg. von Martin Dürrer. Wiesbaden: Breitkopf & Härtel 2012, S. 70. Cosima Wagner: _Die Tagebücher,_ Bd. 1: _1869–1877._ Ediert und kommentiert von Martin Gregor-Dellin und Dietrich Mack. München: Piper 1976, S. 55.

CLAUS, Hermann (?–?)

Würde der Frauen (»Ehret die Frauen! Sie flechten und weben«)

Die Würde des Menschen (»Ehret den Menschen! Er birgt in dem Kleide«); Textverfasser unbekannt
Hymne für großen und kleinen vierstimmigen Männerchor (TTBB) a cappella, op. 35
Leipzig: Siegel, o. A. – Partitur, Stimmen. – HMB 1894/10, S. 400. Pazdírek Bd. 3, S. 92.

Offensichtlich Parodie des o. g. Gedichts und nicht mit Schillers Epigramm ›Würde des Menschen‹ (»Nichts mehr davon, ich bitt' euch«) zu verwechseln.

CLEEMANN, Friedrich (1770–1825)

Cleemann suchte nach neuen Lösungen des Wort-Ton-Problems, wie es sich in der jungen klassischen Dichtung, voran in den bilder- und gedankenreichen Versen Schillers stellte (MGG1 Bd. 15, Sp. 1513). – Offenbar sind alle 26 [!] nachweisbaren Schiller-Vertonungen verloren.

An die Freude (»Freude, schöner Götterfunken«)

380   1. Komposition – um 1798
Rundgesang mit Klavierbegleitung
Nr. 1 in: ders., [17] *Gedichte von Schiller mit Melodien.* – Geplant bei Breitkopf & Härtel in Leipzig für 1799. – Rentzow, S. 98.

Strophische Konzeption. – Cleemann übermittelte dem Verlag am 13. Januar 1799 den Entwurf einer Anzeige für die AMZ/1 zur geplanten Liedersammlung, in dem die Einzeltitel aufgelistet sind; nur diese Reihenfolge ist bekannt und wird deshalb hier übernommen, auch wenn sie vermutlich nicht der tatsächlich vorgesehenen Position im Druck entspricht. Das Heft sollte zur *Ostermesse 1799* angekündigt werden, ist offenbar jedoch nie veröffentlicht worden. – Rentzow weist darauf hin, dass sich unter den ausgewählten Gedichten *sämtl. große Balladen* befunden hätten: *Danach wäre Cleemann der erste und einzige Komponist gewesen, der alle Schiller-Balladen vertont hat* (MGG1 Bd. 15, Sp. 1512). Allerdings muss man diese pauschale Aussage korrigieren, da Schiller nach 1799 noch ein paar Balladen geschrieben hat (darunter etwa ›Hero und Leander‹ oder ›Der Graf von Habsburg‹).

381   2. Komposition – um 1799; hier unter dem Titel: *Ode an die Freude*
Für eine Singstimme und Chor mit Klavierbegleitung

Durchkomponierte Konzeption. – Mit einem Choranhang und dem zusätzlichen Text: *»Wir sind unsterblich!«* (Rentzow, S. 105). – *Vor Beethoven* [im Finale seiner 9. Sinfonie; → 144] *wagte also Cleemann als erster die gedankenweite Menschheitsdichtung Schillers in einer breit angelegten Durchkomposition zu bewältigen, nachdem er gefühlt hatte, daß eine rein strophische Komposition den Geist dieser Verse nicht zu erschöpfen vermochte* (ebd., S. 106).

Nr. 20 in: ders., [28] *Oden und Lieder mit Klavierbegleitung.* – Ludwigslust: Selbstverlag, 1797. – Rentzow, S. 103 u. 111–113. MGG2 *Personenteil* Bd. 4, Sp. 1216.

382   Breite und Tiefe (»Es glänzen viele in der Welt«)
Für eine Singstimme mit Klavierbegleitung
Nr. 6 in: ders. [17] *Gedichte von Schiller mit Melodien* → 380

383   Das eleusische Fest (»Windet zum Kranze die goldenen Ähren«); hier in der Gedichterstfassung unter dem Titel: *Bürgerlied*
Für eine Singstimme mit Klavierbegleitung
Nr. 15 in: ders. [17] *Gedichte von Schiller mit Melodien* → 380

384   Das Geheimnis (»Sie konnte mir kein Wörtchen sagen«)
Für eine Singstimme mit Klavierbegleitung
Nr. 4 in: ders. [17] *Gedichte von Schiller mit Melodien* → 380

385   Das Mädchen aus der Fremde (»In einem Tal bei armen Hirten«)
Für eine Singstimme mit Klavierbegleitung
Nr. 24 in: ders., [28] *Oden und Lieder mit Klavierbegleitung* → 381

386   Der Abend. Nach einem Gemälde (»Senke, strahlender Gott«)
Für eine Singstimme mit Klavierbegleitung

QUELLE: Rentzow, S. 97 (demnach zurückgezogene Komposition, brieflich am 25. September 1796 erwähnt; verschollen).

387 Der Gang nach dem Eisenhammer (»Ein frommer Knecht war Fridolin«)
Für eine Singstimme mit Klavierbegleitung
Nr. 14 in: ders. [17] *Gedichte von Schiller mit Melodien* → 380

388 Der Kampf mit dem Drachen (»Was rennt das Volk, was wälzt sich dort«)
Für eine Singstimme mit Klavierbegleitung
Nr. 17 in: ders. [17] *Gedichte von Schiller mit Melodien* → 380

389 Der Ring des Polykrates (»Er stand auf seines Daches Zinnen«)
Für eine Singstimme mit Klavierbegleitung
Nr. 10 in: ders. [17] *Gedichte von Schiller mit Melodien* → 380

390 Der Taucher (»Wer wagt es, Rittersmann oder Knapp'«)
Für eine Singstimme mit Klavierbegleitung
Nr. 12 in: ders. [17] *Gedichte von Schiller mit Melodien* → 380

391 Des Mädchens Klage (»Der Eichwald brauset«)
Für eine Singstimme mit Klavierbegleitung
Nr. 8 in: ders. [17] *Gedichte von Schiller mit Melodien* → 380

392 Die Bürgschaft (»Zu Dionys, dem Tyrannen, schlich Damon« – hier sicher in
der Gedichterstfassung: »... schlich Möros«)
Für eine Singstimme mit Klavierbegleitung
Nr. 16 in: ders. [17] *Gedichte von Schiller mit Melodien* → 380
In der fraglichen Zeit war nur die Erstfassung der Ballade veröffentlicht.

393 Die Ideale (»So willst du treulos von mir scheiden«)
Für eine Singstimme mit Klavierbegleitung
Nr. 22 in: ders., [28] *Oden und Lieder mit Klavierbegleitung* → 381

394 Die Kindesmörderin (»Horch, die Glocken hallen dumpf zusammen«); hier in
der Gedichterstfassung: Die Kindsmörderin (»Horch – die Glocken weinen
dumpf zusammen«); hier unter dem Titel: *Die Kindermörderin*
Für eine Singstimme mit Klavierbegleitung
Nr. 13 in: ders., [28] *Oden und Lieder mit Klavierbegleitung* → 381

395 Die Kraniche des Ibykus (»Zum Kampf der Wagen und Gesänge«)
Für eine Singstimme mit Klavierbegleitung
Nr. 13 in: ders. [17] *Gedichte von Schiller mit Melodien* → 380

396 Die Worte des Glaubens (»Drei Worte nenn' ich euch, inhaltschwer«)
Für eine Singstimme mit Klavierbegleitung
Nr. 1 in: ders. [17] *Gedichte von Schiller mit Melodien* → 380

397 Die zwei Tugendwege (»Zwei sind der Wege«)
Für eine Singstimme mit Klavierbegleitung
Nr. 1 in: ders., [28] *Oden und Lieder mit Klavierbegleitung* → 381

398 Dithyrambe (»Nimmer, das glaubt mir, kommen die Götter«); hier unter dem
Titel der Gedichterstfassung: *Der Besuch*
Für eine Singstimme mit Klavierbegleitung
Nr. 7 in: ders. [17] *Gedichte von Schiller mit Melodien* → 380

399 Kolumbus (»Steure, mutiger Segler«)
Für eine Singstimme mit Klavierbegleitung
Nr. 7 in: ders., [28] *Oden und Lieder mit Klavierbegleitung* → 381

Verzeichnis der musikalischen Werke

400   Licht und Wärme (»Der bess're Mensch tritt in die Welt«)
Für eine Singstimme mit Klavierbegleitung
Nr. 5 in: ders. [17] *Gedichte von Schiller mit Melodien* → 380

401   Nadowessische Totenklage (»Seht! Da sitzt er auf der Matte«)
Für eine Singstimme mit Klavierbegleitung
Nr. 3 in: ders. [17] *Gedichte von Schiller mit Melodien* → 380

402   Ritter Toggenburg (»Ritter, treue Schwesterliebe widmet Euch dies Herz«)
Für eine Singstimme mit Klavierbegleitung
Nr. 11 in: ders. [17] *Gedichte von Schiller mit Melodien* → 380

Wallenstein. Ein dramatisches Gedicht – I. Wallensteins Lager

403   – V. 1052ff. (Zweiter Kürassier: »Wohl auf, Kameraden, auf's Pferd«); hier unter dem Titel: *Reiterlied*
Für eine Singstimme mit Klavierbegleitung
Nr. 2 in: ders. [17] *Gedichte von Schiller mit Melodien* → 380

404   Würde der Frauen (»Ehret die Frauen! Sie flechten und weben«)
Für eine Singstimme mit Klavierbegleitung

Brieflich am 25. September 1796 erwähnt; verschollen; s. Rentzow, S. 97 (demnach zurückgezogene Komposition).

405   – V. 49ff. (»In der Männer Herrschgebiete«)
Für eine Singstimme mit Klavierbegleitung

Brieflich am 16. August 1796 erwähnt; verschollen; s. Rentzow, S. 96 (demnach zurückgezogene Komposition).

CLÉMENT, Anton (?–?)

406   Der Abend. Nach einem Gemälde (»Senke, strahlender Gott«)
Für eine Singstimme mit Klavierbegleitung
Nr. 2 (einzeln) in: ders., *Zwei Lieder*. – Den Haag: Eck, o. A. – Hofmeister (1909–1913), S. 121.

CLEMENT, Reiko (geb. 1970)

Der Antritt des neuen Jahrhunderts (»Edler Freund! Wo öffnet sich dem Frieden«)

407   Paraphrase der V. 1–6
Für Sprecher, Bandoneon, Harfe und Streichorchester

Clements Textfassung (nicht authentische Passagen wurden kursiv wiedergegeben): »Wo öffnet sich ein Zufluchtsort für die Freiheit? Das Jahrhundert ist im Sturm geschieden, und das neue öffnet sich mit Mord. Das Band der Länder hat sich gefestigt, viele alte Formen stürzen ein. *Eigentlich sind es nur zwei Gewaltige, die um den Besitz der Welt ringen. Polypenarme ausgestreckt, es gibt ein feines Fressen, der Euro kann alles entschuldigen, zumindest seine Wahl.*«

T. 245ff. (S. 49ff. der Partitur) in: ders., *Gedanken über Deutschland*, op. 44, für Sprecher, Bandoneon, Harfe und Streichorchester. – Mainz: Astoria 2002. – Partitur (Verl.-Nr. *8224*). – Original (Leihmaterial des Schott-Verlags).

Der Komponist (selbst Bandoneonspieler) bezog noch Texte von Seneca, Gottfried Wilhelm Leibniz, Johann Wolfgang Goethe, Alexander von Humboldt und Heinrich Heine ein, wobei

_____ Die Komponisten und ihre Werke

er die kurzen Passagen willkürlich kürzte und stellenweise umformulierte. – Die Musikalien des Astoria-Verlags werden heute (2016) vom Schott-Verlag ausgeliefert.

Fantasie an Laura (»Meine Laura! Nenne mir den Wirbel«)

408 Paraphrase der V. 1f.
Für Sprecher, Bandoneon, Harfe und Streichorchester
Der betreffende Abschnitt lautet hier (nicht authentische Passagen wurden kursiv wiedergegeben): »*Der andre* Wirbel, der so mächtig reißt, *das ist die Liebe, sicherlich, doch welche?*«
T. 272f. (S. 56 der Partitur) in: ders., *Gedanken über Deutschland*, op. 44 → 407

CLEMENTI, Aldo (1925–2011)

409 Nänie (»Auch das Schöne muss sterben!«); hier in italienischer Übersetzung unter dem Titel: *Nenia*
Für eine Singstimme, Violine, Vibraphon, Gitarre und Klavier
Mailand: Zerboni, o. A. – Aufführungsmaterial. – Homepage des Schott-Verlages (in Kommission).
1997 entstanden (s. MGG2 *Personenteil* Bd. 4, Sp. 1240).

CLEUVER, Jos. (?–?)

Die Braut von Messina oder: Die feindlichen Brüder. Ein Trauerspiel mit Chören

410 – V. 981ff. (Beatrice: »Er ist es nicht«); hier unter dem Titel: *Szene und Arie der Beatrice*
Für Sopran mit Klavierbegleitung
Hameln: Oppenheimer, o. A. – HMB 1897/12, S. 69.

CLUB DER TOTEN DICHTER

2005 von Reinhardt Repke gegründete Popgruppe, die im Lauf der Zeit in verschiedenen Besetzungen auftrat; von ihm stammen auch alle Kompositionen. Zunächst wurden Gedichtvertonungen von Heinrich Heine (2005/06), Wilhelm Busch (2007) und Rainer Maria Rilke (2010) erarbeitet, woraus sich der Name des Ensembles rechtfertigt (zugleich Anspielung auf den titelgleichen Spielfilm aus dem Jahr 1989 von Peter Weir). Am neuen »Schiller-Projekt« wirkten Dirk Darmstädter (Gesang, versch. Zupfinstrumente, Mundharmonika), Tim Lorentz (Schlagzeug), Reinhardt Repke (Gitarre, Gesang), Markus Runzheimer (Bass, Gesang) und Andreas Sperling (Tasteninstrumente, Glockenspiel, Gesang) mit.

Die Gedichte wurden teilweise gekürzt oder textlich geringfügig bearbeitet. – Bis auf ›An den Frühling‹ sind alle Titel auf der CD ›*Freude schöner Götterfunken. Schiller neu vertont*‹ (Berlin: ZuG-Records 2013) eingespielt. – Original (Slg. GG).

410+1 An den Frühling (»Willkommen, schöner Jüngling«)
Diese Vertonung ist bisher nur im Internet abrufbar (www.vorleser.net).

410+2 An die Freude (»Freude, schöner Götterfunken«)

410+3 An Emma (»Weit in nebelgrauer Ferne«)

410+4 An Minna (»Träum' ich? Ist mein Auge trüber?«)

410+5 Breite und Tiefe (»Es glänzen Viele in der Welt«)

410+6 Das Glück und die Weisheit (»Entzweit mit einem Favoriten«)

410+7 Das Mädchen aus der Fremde (»In einem Tal bei armen Hirten«)

410+8 Der Jüngling am Bache (»An der Quelle saß der Knabe«)

410+9 Des Mädchens Klage (»Der Eichwald brauset«)

410+10 Die Antiken zu Paris (»Was der Griechen Kunst erschaffen«)

410+11 Die Begegnung (»Noch seh' ich sie, umringt von ihren Frauen«); hier unter dem Titel: *Begegnung*

410+12 Die Gunst des Augenblicks (»Und so finden wir uns wieder«)

Die Räuber. Ein Schauspiel

410+13 – 4. Akt, 5. Szene (Die Räuber: »Stehlen, morden, huren, balgen«); hier unter dem Titel: *Räuberlied*

410+14 Die seligen Augenblicke. An Laura (»Laura, über diese Welt zu flüchten«)

Der Vertonung liegt die Anfangsmelodie des 2. Satzes von L. van Beethovens 5. Sinfonie, op. 67, zugrunde.

410+15 Hoffnung (»Es reden und träumen die Menschen viel«)

410+16 *Liebesbündnis schöner Seelen (»Das Liebesbündnis schöner Seelen«)*; Schiller zugeschriebener Text von Christoph Martin Wieland

Die Verse, die Schiller im Juli 1784 ins Stammbuch des dänischen Dichters Knud Lyne Rahbeck anlässlich ihrer persönlichen Begegnung in Schwetzingen eingetragen hatte, ist ›*Idris. Ein heroisch-comisches Gedicht. Fünf Gesänge*‹ von Chr. M. Wieland entlehnt (erstmals 1768 bei Weidmann in Leipzig veröffentlicht); es handelt sich um die 93. Strophe des zweiten Gesanges, an die Schiller noch eine eigene Bemerkung angefügt hat. – Der Eintrag ist in den meisten Schiller-Ausgaben nicht berücksichtigt (Quelle für R. Repke: *Friedrich Schiller, Sämtliche Gedichte und Balladen*, hg. von Georg Kurscheidt. Frankfurt am Main: Insel 2005, S. 510).

410+17 Sehnsucht (»Ach, aus dieses Tales Gründen«)

COCCIA, Carlo (1782–1873)

Maria Stuart. Ein Trauerspiel

411 *Maria Stuarda, regina di scozia.* Opera seria in drei Akten; Libretto von Pietro Giannone

1827 für Giuditta Pasta komponiert. – Uraufführung: London, 7. Juni 1827 (King's Theatre). – Auswahlausgaben im Klavierauszug sind 1827 in London und 1828 bei Ricordi in Mailand (*Pezzi scelti*) erschienen.

QUELLEN: Grove, *Opera* Bd. 1, S. 891f. Hofmeister 1845 (*Vocalmusik*), S. 91.

COHEN, Léonce (?–1901)

411+1 Der Jüngling am Bache (»An der Quelle saß der Knabe«); hier in französischer Übersetzung von Emile Taillar: *La Nymphe des eaux. Ballade imitée de Schiller* (»*Sur les bordes d'un fleuve tranquille*«)
For eine Singstimme mit Klavierbegleitung
Paris: Margueritat, o. A. – Bibliothèque Nationale, Paris (Online-Katalog).

COLLIN, Willy (1876–1959)

Die Braut von Messina oder: Die feindlichen Brüder. Ein Trauerspiel mit Chören

412   *Die Braut von Messina*. Sinfonische Dichtung für Orchester

QUELLE: *Dt. Musiker-Lex.* 1929, Sp. 199 (demnach *1912* in Luzern uraufgeführt; unveröffentlicht).

COMBE, Edouard (1866–1942)

Wilhelm Tell. Schauspiel

413   *Ouverture pour Guillaume Tell* für Orchester

1901 komponiert; unveröffentlicht (s. MGG2 *Personenteil* Bd. 4, Sp. 1425).

COMMER, Franz (1813–1887)

414   An die Freude (»Freude, schöner Götterfunken«)
Vierstimmiger gemischter Chor (SATB) mit Soli a cappella
Nr. 4 in: ders., [Sammelhandschrift mit 10 Chorwerken]. – Autographe undatierte Partitur. – RISM-OPAC.

415   Hoffnung (»Es reden und träumen die Menschen viel«)
Vierstimmiger gemischter Chor (SATB) a cappella
Nr. 3 in: ders., [Sammelhandschrift mit 10 Chorwerken] → 414

CONCA, Filippo Buccico dei Marchesi della (?–?)

Wallenstein. Ein dramatisches Gedicht

416   *Wallenstein*. Oper

1881 komponiert, worüber Zeitungen damals berichtet hätten (Schaefer, S. 37). Eine Aufführung war bisher nicht nachweisbar. – Nicht bei Stieger.

CONRADI, August (1821–1873)

Der Gang nach dem Eisenhammer (»Ein treuer Knecht war Fridolin«)

417   *Ein neuer Fridolin. Schwank* nach dem Text eines unbekannten Librettisten

QUELLE: Blaschke, S. 400 (ohne weitere Angaben und Nachweise).

Würde der Frauen (»Ehret die Frauen! Sie flechten und weben«)

418   *Ehret die Frauen (»Wer kennt der Frauen Würde«)*; Textverfasser unbekannt
Soubrettenlied aus dem Zaubermärchen ›Alpenröschen‹ von Eduard Linderer
mit Klavierbegleitung
Nr. 4 in der Reihe: ders., *Couplets und komische Lieder*. – Leipzig: Forberg, o. A. –
Hofmeister (1868–1873), S. 100.

419   *Kein Vergnügen ohne Damen (»Ehrt die Frauen, denn sie weben«)*; Textverfasser unbekannt
Couplet für eine Singstimme mit Klavierbegleitung
Berlin: Lassar, o. A. – HMB 1873/8, S. 255.

Im selben Verlag zugleich als Lieferung Nr. 42 in: *Norddeutsche Couplets.*

Verzeichnis der musikalischen Werke

CONZE, Johannes (1875–1946)

420 Kolumbus (»Steu're, mutiger Segler!«)
Vierstimmiger Männerchor a cappella, op. 5
Coburg: Glaser, o. A. – Partitur, Stimmen. – HMB 1897/9, S. 390.

CORNELIUS, Peter (1824–1874)

Das Lied von der Glocke (»Fest gemauert in der Erden«)

421 – V. 244ff. (»Von dem Dome, schwer und bang«)
Vierstimmiger Männerchor (TTBB) a cappella
Nr. 5 in: ders., [5] *Trauerchöre für Männerstimmen*, op. 9 (in 3 Heften). –
Leipzig: Fritzsch 1871. – Partitur (Verl.-Nrr. *178, 179* bzw. *181*). –
WV/Cornelius, Nr. 163.

1. Heft: Nr. 1; 2. Heft: Nrr. 2–4; 3. Heft: Nr. 5. – Eine Einzelausgabe der Schiller-Vertonung
ist um 1905 als Nr. 541 in der Reihe ›*Deutsche Eiche. Lieblingsgesänge der Deutschen Män-*
nergesangvereine‹ bei Eulenburg in Leipzig erschienen (Partitur und Stimmen; Verl.-Nr.
2916); Original (DLA).

COSTA, Michael (1808–1884)

Eigentlicher Name: *Michele Andrea Agniello Costa*.

Don Carlos. Infant von Spanien. Ein dramatisches Gedicht

422 *Don Carlos. Tragedia lirica* in drei Akten; Libretto von Leopoldo Tarantini
London: Addison & Hodson 1844. – Klavierauszug. – Clément/Larousse,
S. 344. Grove, *Opera* Bd. 1, S. 970. Digitalisat der Librettoveröffentlichung.

Uraufführung (Datum dem damaligen Librettodruck entnommen): London, 20. Juni 1844
(Her Majesty's Theatre); Grove, *Opera* datiert irrtümlich auf den 29. Juni. – M. Costa leitete
am 4. Juni 1867 ebd. (Covent Garden) die englische Premiere von Verdis gleichnamiger
Oper (→ 2719).

COURVOISIER, Walter (1875–1931)

423 Gruppe aus dem Tartarus (»Horch – wie Murmeln des empörten Meeres«)
Für siebenstimmigen gemischten Chor (SSAATTB) und großes Orchester, op. 5
Berlin: Ries & Erler [1904]. – Partitur (Verl.-Nr. *7656*), Chorstimmen, Orches-
terstimmen *nach Vereinbarung*; Klavierauszug (Verl.-Nr. *7656*). – Original
(DLA). Hofmeister (1904–1908), S. 135. *Dt. Musiker-Lex.* 1929, Sp. 203. BSB-
Musik Bd. 4, S. 1332.

Im Februar 1904 komponiert. – *Herrn Professor Ludwig Thuille in Verehrung und Dankbar-*
keit zugeeignet. – Uraufführung: Basel, 1904.

COWEN, Frederic Hymen (1852–1935)

Die Jungfrau von Orleans. Eine romantische Tragödie

424 Schauspielmusik zur englischen Übersetzung unter dem Titel: *The Maid of Or-*
leans

QUELLEN: Stieger. New Grove2 Bd. 6, S. 631 (demnach *1871* in London erstmals aufgeführt).

CRAEYVANGER, Karel Arnoldus (?–?)

425 Der Jüngling am Bache (»An der Quelle saß der Knabe«)
Für eine Singstimme mit Klavierbegleitung
Utrecht: Rahr, o. A. – *2te verbesserte Ausgabe.* – Verl.-Nr. *100.* – Original (Slg. GG).
Herrn J. Ph. F. Filz gewidmet. – Stich und Druck von B. Schott's Söhnen in Mainz.

CRELLE, August Leopold (1780–1855)

426 Dithyrambe (»Nimmer, das glaubt mir, erscheinen die Götter«)
Vierstimmiger Männerchor (TTBB) mit Soli und Klavierbegleitung, op. 9
Berlin: Trautwein [1827]. – Klavierpartitur (Verl.-Nr. *4646*). – Whistling 1828,
S. 1006. Original (DLA).
Seinem Freunde, dem königlichen Sänger, Herrn Bader, zugeeignet [vermutlich ist der Tenor
Karl Adam Bader gemeint, der seit 1820 an der Berliner Hofoper engagiert war]. – Datierung aufgrund der Verl.-Nr.

427 Hektors Abschied (»Will sich Hektor ewig von mir wenden«)
Für zwei Singstimmen (SB) mit Klavierbegleitung, op. 5
Berlin: Maurer [1820]. – Whistling 1828, S. 1006. Ledebur, S. 95. Original
(DLA).
Datierung aufgrund der Verl.-Nr.
· Nr. 34 in: [41] *Frühe Schiller-Vertonungen bis 1825* → 141

428 Sehnsucht (»Ach, aus dieses Tales Gründen«)
Für eine Singstimme mit Klavierbegleitung (o. op.)
Leipzig: Breitkopf & Härtel [1812]. – Verl.-Nr. *1664.* – Whistling 1828, S. 1057.
Original (DLA).
Datierung aufgrund der Verl.-Nr.; Ledebur gibt hingegen als Erscheinungsjahr *1809* an (S 95).

CRUSELL, Bernhard Henrik (1775–1838)

429 Thekla. Eine Geisterstimme (»Wo ich sei, und wo mich hingewendet«); hier in
schwedischer Übersetzung: *Fragment af Schillers Thekla. Ett svar ur Andewerlden* (»*Hvar jag är du frågar, flygtig vorden*«)
Für eine Singstimme mit Klavierbegleitung
Nr. 4 in: ders., [10] *Sångstycken med accompagnement för Forte Piano.* – Stockholm: Scentryck & Müller, o. A. – Original (Slg. GG). MGG2 *Personenteil* Bd. 5,
Sp. 152 (demnach *1822* erschienen).
Vertonung der beiden ersten von sechs Strophen, worauf sich die schwedische Titelformulierung bezieht. – Es handelt sich um das (noch nicht gezählte) erste von drei Heften mit
›Sångstycken‹ (Nrr. 2 und 3 erschienen 1824 u. 1838).

CUNZER, C. (?–?)

430 Des Mädchens Klage (»Der Eichwald brauset«)
Für eine Singstimme mit Klavierbegleitung
Nr. 2 in: ders., [Fünf Lieder]. – Magdeburg: Heinrichshofen, o. A. – HMB
1833/11+12, S. 98 (ohne Sammeltitel veröffentlicht).

Verzeichnis der musikalischen Werke

CURSCHMANN, Karl Friedrich (1805–1841)

Als Geburtsjahr wird gelegentlich auch *1804* genannt.

431 Das Geheimnis (»Sie konnte mir kein Wörtchen sagen«)
Für eine Singstimme mit Klavierbegleitung
Nr. 4 in: ders., *Sechs Gedichte*, op. 4 (*4. Liederheft*). – Berlin: Trautwein, o. A. –
Verl.-Nr. *402*. – Original (DLA). HMB 1832/7+8, S. 63.

Später in Ausgaben für Sopran oder Tenor bzw. Alt oder Bass bei Schlesinger in Berlin erschienen; vgl. Hofmeister (1868–1873), S. 104.

Wilhelm Tell. Schauspiel

432 – V. 1ff. (Fischerknabe: »Es lächelt der See«); hier unter dem Titel: *Aus Wilhelm Tell*
Für eine Singstimme mit Klavierbegleitung
Nr. 4 in: ders., *Fünf Gedichte*, op. 2 (*2. Liederheft*). – Berlin: Cosmar & Krause,
o. A. – Verl.-Nr. *33*. – Goethe-Museum (Katalog), Nr. 204. Antiquariat Voerster Kat. 41, Nr. 20.

Seinem Freunde Kandelhardt gewidmet. – Eine Titelauflage ist bei Zesch in Berlin erschienen; vgl. das Original (DLA) u. Goethe-Museum (Katalog), Nr. 205. – Die Schiller-Vertonung gehörte zu den beliebtesten Liedern Curschmanns und ist regelmäßig in den Sammelbänden des Komponisten wieder veröffentlicht worden, wie bspw. bei Peters in Leipzig, vgl. Hofmeister (1868–1873), S. 104, bzw. bei Litolff in Braunschweig, vgl. Hofmeister (1874–1879), S. 102.

- *Neue Ausgabe.* – Berlin: Schlesinger, o. A. – HMB 1854/6, S. 569.

- Einzeln; bearbeitet *mit Beibehaltung der Klavierbegleitung* als Frauenterzett (SSA) mit Klavierbegleitung von Hugo Jüngst. – Wien: Rebay & Robitschek, o. A. – Klavierauszug, Chorstimmen. – HMB 1885/8, S. 213.

CURTI, Franz (1854–1898)

433 Die Schlacht (»Schwer und dumpfig, eine Wetterwolke«)
Dramatisches Chorwerk für vier Soli (STBarB) sowie acht bis sechzehn Solo-Bassstimmen, vierstimmigen Männerchor (TTBB) und Orchester, op. 45
Dresden: Bock, o. A. – Partitur, Chorstimmen; Klavierauszug. – HMB 1894/4,
S. 166.

- Für Tenor solo, zwei vierstimmige Männerchöre (TTBB sowie separat BBBB) und Orchester bearb. von Friedrich Brandes. – Dresden: Günther 1909. – Partitur und Orchesterstimmen *leihweise*, Chorstimmen; Klavierauszug (Verl.-Nr. *525*). – Hofmeister (1909–1913), S. 129. Original (DLA).

Semele. Eine lyrische Operette

434 *Semele.* Lyrische Operette in zwei Szenen
Uraufführung: Altenburg 10. November 1887 (Hoftheater); s. Stieger.

100

CZERNY, Josef (1785–1842)

435 Hoffnung (»Es reden und träumen die Menschen viel«)
Vermutlich für eine Singstimme mit Klavierbegleitung

Vielleicht in Wien bei Cappi veröffentlicht (Czerny war zeitweise Miteigentümer des Verlags) oder im eigenen Verlag erschienen (Expl. aber bisher nicht nachweisbar).

QUELLE: Blaschke, S. 400.

— D —

DALBERG, Johann Friedrich Hugo Freiherr von (1760–1812)

436 An die Freude (»Freude, schöner Götterfunken«)
Rundgesang mit Klavierbegleitung
Nr. 4 (auch einzeln) in: ders., *Zwölf Lieder in Musik gesetzt* (o. op.) – Bonn:
Simrock, o. A. – Verl.-Nr. *92.* – RISM A I: D 692 (Sammelwerk) bzw. D 708 (Einzelausgabe).

> · Idem. – Nr. 2 in: *Vierzehn Compostionen zu Schillers Ode an die Freude*
> → 369 (Ausgabe 2)
> · Idem. – Nr. 18 in: [41] *Frühe Schiller-Vertonungen bis 1825* → 141

437 Des Mädchens Klage (»Der Eichwald brauset«); hier unter dem Titel: *Der
Eichwald brauset. Lied der Thekla, oder Des Mädchens Klage*
Für eine Singstimme mit Cembalobegleitung, op. 21
Mainz: Zulehner, o. A. – Verl.-Nr. *34.* – RISM A I: D 707. Original (DLA).

Trotz des Hinweises auf die Figur aus ›Wallenstein‹ liegt die vierstrophige Gedichtversion zugrunde.

> · Idem. – Mainz: Schott, o. A. – Whistling 1828, S. 1057. Hofmeister 1845
> (*Vocalmusik*), S. 115. Pazdírek Bd. 3, S. 427.
> · Idem. – Nr. 37 in: [41] *Frühe Schiller-Vertonungen bis 1825* → 141

438 Die Erwartung (»Hör' ich das Pförtchen nicht gehen«)
Für eine Singstimme mit Klavierbegleitung
Nr. 6 in: ders., [6] *Deutsche Lieder*, op. 25 (in 2 Heften mit jeweils drei Liedern). – Bonn: Simrock, o. A. – Verl.-Nrr. *483* u. *496.* – RISM A I: D 694 u. 495.

439 Sehnsucht (»Ach, aus dieses Tales Gründen«)
Für eine Singstimme mit Klavierbegleitung
Nr. 4 in: ders., [6] *Deutsche Lieder*, op. 25 → 438

440 Würde der Frauen (»Ehret die Frauen! Sie flechten und weben«)
Für eine Singstimme mit Klavierbegleitung (o. op.)
Nr. 1 in: ders., *Zwoelf Lieder* (o. op.). – Erfurt: Beyer & Maring, 1799. – RISM A I:
D 691. Original (DLA).

> · Idem. – Nr. 1 in: ders., *Zwölf Lieder in Musik gesetzt* (o. op.) → 436
> Auch einzeln mit dem Untertitel: *Ein deutsches Lied* (RISM A I: D 699).
> · Idem. – Nr. 40 in: [41] *Frühe Schiller-Vertonungen bis 1825* → 141

DALLINGER, Fridolin (geb. 1933)

441 Die Teilung der Erde (»Nehmt hin die Welt«)
Für Bariton mit Klavierbegleitung

QUELLE: Datenbank music austria (demnach *1998* entstanden und in Wien uraufgeführt).

DALLMANN, ... (?–?)

Der Taucher (»Wer wagt es, Rittersmann oder Knapp'«)

442 *Der Taucher.* Ouvertüre in drei Teilen für Orchester

Unveröffentlicht. – Uraufführung: Berlin, Mai 1863 (Liebig'sche Kapelle); Pelker, S. 176. – Ein zeitgenössischer Bericht über ein Berliner Konzert im Jahr 1863, der unter der bezeichnenden Überschrift ›Curiosum‹ erschienen ist, enthält zunächst das musikalische Programm des Stücks, das wohl von Dallmann stammt und an »Genauigkeit« nichts zu wünschen übrig lässt: *I. Allegro. Charakteristik des Meeres. Aufforderung des Königs. Die Hörner etc.: »der Mensch versuche die Götter nicht« etc.; in den Zwischenspielen das Hohnlachen der Menschheit ob dieser Mahnung. – Charakter des Jünglings: sanft und keck – der Held. Theilnahme und Liebe der Königstochter, der übrigen Jungfrauen, des ganzen Volkes. Der Jüngling stürzt in die Wogen. Spannung. Rückkehr der Brandung, des Jünglings, Jubel. – II. Adagio. Die Liebe der Jungfrau und des Jünglings; die Liebe des Volkes. Minore. Aufforderung des Königs. Bitte der Tochter um Nachsicht. Sie wendet sich an die Ritter. Unwille und halbe Entschlossenheit derselben, doch Keiner tritt hervor. Innerer Kampf des Jünglings, des Königs und der Tochter. Endlich die letzte Aufforderung, die Angst und Verzweiflung. Der Jüngling stürzt noch einmal in die Fluthen. – III. Allegretto. Trauermarsch. Die Tochter blickt liebend in die Tiefe; trauernd antworten die Nymphen (in den Violinen). Allgemeine Klage und Schmerz. Da noch einmal der Chor der Götter »der Mensch« etc. als Strafspruch der frevelhaften Neugierde und Verwegenheit. Rückkehr der Brandung, des Trauermarsches. Endlich feierliche Ruhe.* Es folgt das ironische Fazit: *Das Publikum soll, wie uns berichtet wird, den Componisten ungenirt ausgelacht, die »feierliche Ruhe« am Schluss aber auf keinerlei Weise gestört haben* (AMZ/2, 3. Juni 1863, Sp. 410; s. a. Pelker, S. 51).

DAMROSCH, Leopold (1832–1885)

Die Jungfrau von Orleans. Eine romantische Tragödie

443 Schauspielmusik

Uraufführung im Rahmen der Premiere in Weimar, 26. März 1857 (Großherzogliches Hoftheater), unter der Leitung des Komponisten (Clément/Larousse, S. 603, bzw. Schaefer, S. 51). – Stieger nennt hingegen den 26. Februar 1857.

443+1 *Festouvertüre* [zur Schillerfeier 1859 in Breslau] für Orchester

Wohl unveröffentlicht. – Uraufführung: Breslau, 10. November 1859 (im *besonders dekorirten Kärger'schen Cirkus*), unter der Leitung des Komponisten(*Recensionen und Mittheilungen über Theater und Musik* vom 9. November 1859, S. 725).

Wilhelm Tell. Schauspiel

444 – V. 1ff. (Fischerknabe: »Es lächelt der See«); hier in englischer Übersetzung unter dem Titel: *Song of the Fisher Boy from Schiller's Tell*
Für eine Singstimme mit Klavierbegleitung
New York: Schirmer, o. A. – Pazdírek Bd. 3, S. 446.

DANZI, Franz (1763–1826)

445 An die Freude (»Freude, schöner Götterfunken«); hier unter dem Titel: *Ode an die Freude*
Rundgesang für vierstimmigen gemischten Chor (SSTB mit Sopran solo) und Klavier (o. op.)
Berlin: Günther, o. A. – WV/Danzi, P 165. RISM A I: D 923. Original (DLA).

446 Der Jüngling am Bache (»An der Quelle saß der Knabe«)
Für eine Singstimme mit Klavierbegleitung
Nr. 3 in: ders., [6] *Balladen und Romanzen*, op. 46. – Leipzig: Breitkopf & Härtel [um 1814]. – Verl.-Nr. *1868*. – WV/Danzi, P 185. RISM A I: D 948.

Die Braut von Messina oder: Die feindlichen Brüder. Ein Trauerspiel mit Chören

447 – Marsch für Harmoniemusik; hier unter dem Titel: *Hochzeitsmarsch zu Medea*

Ursprünglich zum Trauerspiel ›Medea‹ eines unbekannten Autors komponiert, soll das Stück auch für Schillers Schauspiel verwendet worden sein (entspr. Hinweis im Katalog der Badischen Landesbibliothek, Karlsruhe).
QUELLE: WV/Danzi, P 38 (demnach in der Originalfassung unveröffentlicht; Kriegsverlust).

· Ausgabe für Klavier. – In: ders., *Erholungen beim Klavier*, 8. Heft. – München: Falter [1807]. – RISM A I: D 1041. BSB-Musik Bd. 4, S. 1420. WV/Danzi, S. 27.

Die Räuber. Ein Schauspiel

448 – Zwischenaktsmusiken
Vermutlich für zwei Oboen und eine Trompete

Im Rahmen der Uraufführung von Schillers Schauspiel verwendet: Mannheim, 13. Januar 1782 (Nationaltheater) unveröffentlicht (s. WV/Danzi, P 27). – Schiller berichtet im ›Anhang über die Vorstellung der Räuber‹: ... *Hr. Danzi hatte auch die Zwischenakte neu aufgesetzt* ... (*Wirtembergisches Repertorium der Literatur. Eine Vierteljahrschrift*, 1. Heft, [Stuttgart] Ende März 1782, S. 165ff.). Es hat sich darüber hinaus eine Honorarquittung erhalten, in der als Musiker *2. Hautboisten mit Tromped* genannt werden (vgl. Hans Schneider, *Der Musikverleger Johann Michael Götz (1740–1810) und seine kurfürstlich privilegirte Notenfabrique. 1. Bd.: Verlagsgeschichte und Bibliographie.* Tutzing: Schneider 1989, S. 114).

449 *Lied (»Es ist so angenehm, so süß«)*; Textauthentizität unsicher
Für eine Singstimme mit Klavierbegleitung
Nr. 5 in: ders., *Sechs deutsche Gesänge* (o. op.). – Leipzig: Kühnel [ca. 1813]. – Verl.-Nr. *1108*. – RISM A I: D 959 (eines der Exemplare bereits mit dem Impressum Peters). WV/Danzi, P 183.

450 *Trost an Schillers Gattin (»O weine nicht, in einem bessern Leben«)*; Text vom Komponisten
Für eine Singstimme mit Klavierbegleitung
Nr. 4 in: ders., *Sechs deutsche Lieder gedichtet und in Musik gesetzt von Franz Danzi*, op. 15. – Leipzig: Breitkopf & Härtel, o. A. – RISM A I: D 942. WV/Danzi, P 172.

· Idem; hier unter dem Titel: *Lied.* – Musikbeilage Nr. 1 in: AMZ/1, 3. Oktober 1803.

Verzeichnis der musikalischen Werke

- Idem. – Nr. 24 in: *Le Souvenir des Ménestrels, 15e année*. – Paris: Au Magasin de Musique de la Lyre moderne 1828. – Fellinger, S. 470.

Turandot, Prinzessin von China. Ein tragikomisches Märchen nach Carlo Gozzi von Friedrich Schiller

451 *Turandot. Heroisch-komisches Singspiel* in zwei Akten; Libretto eines unbekannten Verfassers

Uraufführung *zur allerhöchsten Namensfeier Ihrer Königl. Hoheit der Großherzogin* [Stephanie] *von Baden*: Karlsruhe, 26. Dezember 1816 (Großherzogliches Hoftheater; ... *bei beleuchtetem Hause*). – *Das anonym überlieferte Libretto folgt Schillers Bearbeitung nicht nur in den drei Rätseln, sondern auch bei der Proklamation des »blutigen Mandats«* (Lo, S. 158).

QUELLEN: WV/Danzi, P 15 (demnach unveröffentlicht). Lo, S. 135ff.

Wilhelm Tell. Schauspiel

452 Schauspielmusik, darunter die Ouvertüre sowie Gesänge und Märsche

Zuverlässig identifizierbar sind die drei »Eingangslieder« (jeweils für eine Singstimme mit Begleitung zweier Klarinetten):

1. V. 1ff. (Fischerknabe: »Es lächelt der See«) – für Sopran
2. V. 13ff. (Hirte: »Ihr Matten, lebt wohl«) – für Tenor
3. V. 25ff. (Alpenjäger: »Es donnern die Höhen«) – für Bass

Uraufführung im Rahmen der Premiere in München, 11. September 1806; unveröffentlicht (WV/Danzi, P 36). – Eventuell ist dabei auch die Ouvertüre P 228 verwendet worden (vgl. WV/Danzi, S. 122).

DAROCY, ... (?–?)

Die Braut von Messina oder: Die feindlichen Brüder. Ein Trauerspiel mit Chören

453 *Les fiancées de Messine*. Oper in vier Akten; Text von ... Midér

Uraufführung: Douai, 25. Januar 1905 (Stieger).

DAVID, Ferdinand (1810–1873)

454 Dithyrambe (»Nimmer, das glaubt mir, erscheinen die Götter«)
Für eine Singstimme mit Klavierbegleitung
Nr. 2 in: ders., *Sechs Lieder*, op. 31 (*4. Liederheft*). – Leipzig: Breitkopf & Härtel, o. A. – HMB 1851/3, S. 52.

DE FERRARI, Serafino Amadeo (1824–1885)

Lexikographisch gelegentlich auch unter *Ferrari, Serafino Amadeo de* eingeordnet.

Don Carlos. Infant von Spanien. Ein dramatisches Gedicht

455 *Don Carlo. Opera semiseria* in drei Akten; Libretto von Giovanni Penachi

Uraufführung (nach Grove, *Opera* Bd. 1, S. 1103): Genua, 12. Februar 1854 (Teatro Carlo Felice); Clément/Larousse datiert bereits ein Jahr früher (S. 344).

- Neue Fassung unter dem Titel: *Filippo II*. Libretto von Raffaele Berninzone

Im Dezember 1856 im gleicher Theater uraufgeführt (s. Grove, *Opera* Bd. 1, S. 1103).

DE SIMONE, Roberto (geb. 1933)

Die Jungfrau von Orleans. Eine romantische Tragödie

456   *Mistero e processo di Giovanna d'Arco.* Melodramma; Libretto vom Komponisten

Uraufführung: Pisa, 26. Oktober 1989 (Teatro Verdi).

QUELLE: Internetrecherchen.

DECSÉNYI, János (geb. 1927)

457   [3] *Frauengesänge* für Mezzosopran mit Klavierbegleitung

Nach Texten von Schiller, Heinrich Heine und Rainer Maria Rilke komponiert; s. MGG2 *Personenteil* Bd. 5, Sp. 648 (keine Einzeltitel nachgewiesen).

DEHNOW, ... (?–?)

Wilhelm Tell. Schauspiel

458   – V. 2831ff. (Barmherzige Brüder: »Rasch tritt der Tod den Menschen an«)
Für eine Singstimme mit Klavierbegleitung
Nr. 3 in: ders., [5] *Totenlieder.* – Leipzig: Cosmopolite-Verl., o. A. – Hofmeister (1929–1933), S. 123.

DELCLISEUR, Ferdinand (?–?)

Wallenstein. Ein dramatisches Gedicht – Prolog

– V. 138 (»Ernst ist das Leben, heiter ist die Kunst«)

459   *Klassiker-Aussprüche (»Ernst ist das Leben«)*
Couplet für eine Singstimme mit Klavierbegleitung
Leipzig: Dietrich, o. A. – HMB 1889/8, S. 326.

DELVER, Friedrich (?–?)

460   *Der Mensch (»Was ist der Mensch, halb Tier, halb Engel«)*; Schiller zugeschriebener Text von Joachim Lorenz Evers
Arie für eine Singstimme zur Gitarre
Hamburg: Böhme, o. A. – RISM A I: DD 1507b.

DENZA, Luigi (1846–1922)

Wallenstein. Ein dramatisches Gedicht

461   *Wallenstein. Opera seria* in vier Akten; Libretto von Angelo Bruner

Uraufführung: Neapel, 13. Mai 1876 (Real Teatro Mercadante); Schaefer nennt das Teatro del Fondo, das aber 1871 wie angegeben umbenannt worden war. – *Dem Bühnenwerk ›Wallenstein‹ [...], Denzas einziger Oper, war kein Erfolg beschieden* (MGG2 *Personenteil* Suppl., Sp. 149); dafür ist sein Lied ›Funiculì funiculà‹ (»Aieressa, oì Nanninè«) nach dem Text von Peppino Turco ein Evergreen geworden.

QUELLEN: Schaefer, S. 37. Loewenberg, Sp. 1053f. Grove, *Opera* Bd. 1, S. 1126.; MGG2 *Personenteil* Suppl., Sp. 150 (hier als *Dramma lirico* bezeichnet).

DEPPE, Ludwig (1828–1890)

Don Carlos. Infant von Spanien. Ein dramatisches Gedicht

462   *Don Carlos.* Ouvertüre für Orchester

Unveröffentlicht. – Uraufführung: Berlin, zwischen dem 20. und 31. Dezember 1858, Liebig'sche Kapelle (Pelker, S. 178f.). Schaefer irrtümlich: 1863 in einem Konzert der Philharmonischen Gesellschaft, Hamburg, unter der Leitung von Friedrich Wilhelm Grund (S. 25). Die AMZ/2 berichtet am 8. Juni 1864 von einem Konzert am 15. Januar d. J. ebd., das unter der Leitung des Komponisten in gleichem Rahmen stattgefunden hat und ebenso *wie bei früheren Aufführungen, vom Publikum mit Beifall aufgenommen worden sei* (Sp. 404f.).

DERWORT, Georg Heinrich (?–?)

Maria Stuart. Ein Trauerspiel

463   – V. 2087ff. (Maria Stuart: »O Dank, Dank diesen freundlich grünen Bäumen«); hier unter dem Titel: *Gesaenge aus Maria Stuart*
Für eine Singstimme zur Gitarre

Unter dem angegebenen Namen in Katalogen und in der Literatur nachgewiesene Ausgabe (München: Falter). Es handelt sich aber um eine Bearbeitung der Vertonung von J. R. Zumsteeg (→ 3040 – Ausgabe 24), dessen Name hier nicht genannt wird.

DESLANDRES, Adolphe Ed. Maria (1840–1911)

Der Gang nach dem Eisenhammer (»Ein treuer Knecht war Fridolin«)

464   *Fridolin. Opéra comique* in einem Akt; Libretto von Guy Mariani, René de Saint Prest und René Gry
Paris: Feuchot, o. A. – Klavierauszug (Verl.-Nr. *2656*). – Digitalisat (Biblioteca Digital Hispánica).

Mehrmals wurde Schillers Ballade dramatisiert und dabei der Name des Protagonisten als Titel verwendet; bei der Prüfung der Quelle hat sich aber gezeigt, dass es sich hier um ein anderes Sujet handelt. – Mit Widmung: *à Monsieur* [Antoine François] *Marmontel.* – Uraufführung: Paris, 1. März 1876 (Théâtre de l'Alcazar); auch als *Operette* bezeichnet und ohne Premierendatum mit dem Hinweis: *au concert de l'Eldorado* (Clément/Larousse, S. 490).

    • Paris: Eveillard, o. A. – Orchestermaterial; Klavierauszug. – Pazdírek Bd. 3, S. 629.

DESSAUER, H. (?–?)

465   Sehnsucht (»Ach, aus dieses Tales Gründen«)
Vermutlich für eine Singstimme mit Klavierbegleitung

QUELLE: Brandstaeter, S. 39 (Komponist bisher nicht identifizierbar, vielleicht irrtümlich für Josef D.; → 467).

DESSAUER, Josef (1798–1867)

466   An Emma (»Weit, in nebelgrauer Ferne«)
Für eine Singstimme mit Klavierbegleitung
Nr. 2 (einzeln) in: ders., [Sechs Lieder], op. 46. – Wien: Müller, o. A. – HMB 1846/6, S. 98 (ohne Sammeltitel nachgewiesen).

    • Leipzig: Bosworth, o. A. – Pazdírek Bd. 3, S. 642 (hier als: *Sechs Lieder*, op. 46).

Die Komponisten und ihre Werke

467   Sehnsucht (»Ach, aus dieses Tales Gründen«); hier unter dem Titel: _Die Sehn-_
sucht
Vermutlich für eine Singstimme mit Klavierbegleitung

QUELLE: Wurzbach, _Schiller-Buch_, Nr. 576 (nur Titel nachgewiesen; Angaben zur Besetzung
und Veröffentlichung fehlen; anderweitig bisher nicht auffindbar; vielleicht identisch mit →
465).

DESSOFF, Otto (1835–1892)

468   _Schiller in Mannheim._ Melodram [vermutlich mit Orchesterbegleitung]
Nr. 4 in: [5] _Lebende Bilder_

Aufführung im Rahmen einer Festveranstaltung »Zur Feier der fünfundzwanzigjährigen
Regierung des Großherzogs« Friedrich I. von Baden am 29. April 1879 in Karlsruhe (Badisches Hoftheater); Wiederholung am 7. Mai d. J.

QUELLE: Joachim Draheim, _Otto Dessoff in Karlsruhe (1875–1880)_, in: _Otto Dessoff (1835–_
1892). Ein Dirigent, Komponist und Weggefährte von Johannes Brahms, hg. von Joachim Draheim, Gerhard Albert Jahn und dem Verein der Freunde der Wiener Philharmoniker. München: Katzbichler [2001], S. 73 (demnach unveröffentlicht; verschollen).

DESTOUCHES, Franz Seraph (1772–1844)

Über Destouches gibt es bislang keine Monographie, und die Musiklexika teilen nur wenig
und gelegentlich Widersprüchliches mit (anschließende Daten nach MGG2 _Personenteil_ Bd. 5,
Sp. 924). 1799 wurde er Konzertmeister am Weimarer Hoftheater, das Johann Wolfgang Goethe seit 1791 leitete, und wirkte hier zwischen 1802 und 1809 noch als Kapellmeister. Eine
besondere Bedeutung in Zusammenhang mit Schiller erlangte er durch Schauspielmusiken zu
mehreren dortigen Ur- bzw. Erstaufführungen von dessen Theaterstücken. Das dabei verwendete Notenmaterial fiel 1825 jedoch dem Hoftheaterbrand zum Opfer. – Schon die Zeitgenossen kritisierten Destouches Vorliebe für _Janitscharenmusik_ [auch: »Türkische Musik«,
d. h. die Einbeziehung von zu dieser Zeit wenig gebräuchlichen – »exotischen« – Schlaginstru-
menten]: _Selbst bei dem Kuhreigen im ›Tell‹ fehlt nicht große Trommel, Triangel etc._ (Schilling
Bd. 2, S. 396; → 474).

Die Braut von Messina oder: Die feindlichen Brüder. Ein Trauerspiel mit Chören

469   Schauspielmusik

Zur Uraufführung in Weimar am 19. März 1803 (Herzogliches Hoftheater) komponiert;
unveröffentlicht; verschollen. _Bekannt ist diese Musik nie geworden, da sie wegen Mangel an_
tieferem Gehalt das Interesse nicht auf Dauer fesseln konnte (Schaefer, S. 69).

Die Jungfrau von Orleans. Eine romantische Tragödie

470   Schauspielmusik

Zur Erstaufführung in Weimar am 23. April 1803 (Herzogliches Hoftheater) komponiert;
s. New Grove2 Bd. 7, S. 254 (Stieger nennt irrtümlich Weimar, 1801; MGG2 gibt hingegen
das Datum der Leipziger Uraufführung, den 11. September 1801, an – vgl. _Personenteil_ Bd. 5,
Sp. 925). – Die Komposition soll _aus der Ouvertüre, Zwischenaktsmusik und der zur Handlung_
nötigen Musik bestanden haben. Eine dauernde Anerkennung ist dem Werke übrigens nicht zu
teil geworden, da die Musik, wie man damals klagte, wenig charkteristisch und zu sehr auf den
modernen Geschmack berechnet war. Unveröffentlicht; verschollen (Schaefer, S. 47).

Daraus:

– V. 383ff. (Johanna: »Lebt wohl, ihr Berge, ihr geliebten Triften«); hier unter
dem Titel: _Abschied der Johanna aus dem Mädchen von Orleans_
Für eine Singstimme mit Klavierbegleitung

Verzeichnis der musikalischen Werke

Nürnberg: Buchner, o. A. – Original (DLA). Hofmeister 1845 (*Vocalmusik*), S. 116.

... gewidmet der Wohlgebornen Frau Consulentin Joph. [Josrphine?] *Kohler.* – Ob es sich hier um eine Neukomposition oder nur um die Entlehnung aus der Schauspielmusik handelt, ist nicht feststellbar. – Schaefer gibt als Jahr der Veröffentlichung *1810* an.

- Leipzig: Weygand, o. A. – Whistling 1828, S. 1058.
- Nr. 38 in: [41] *Frühe Schiller-Vertonungen bis 1825* → 141

Macbeth. Zur Vorstellung auf dem Hoftheater in Weimar eingerichtet von Friedrich Schiller

471 Schauspielmusik

Angeblich zur Uraufführung in Weimar am 14. Mai 1800 (Herzogliches Hoftheater) komponiert; unveröffentlicht; verschollen (s. MGG2 *Personenteil* Bd. 5, Sp. 925). Anderen Quellen zufolge sind dabei aber Teile der Schauspielmusik von J. F. Reichardt (→ 1958) mit Ergänzungen von J. F. A. Eylenstein verwendet worden (→ 610).

Turandot, Prinzessin von China. Ein tragikomisches Märchen nach Carlo Gozzi von Friedrich Schiller

472 Schauspielmusik

Bis auf eine Musiknummer unveröffentlicht; verschollen. – Schiller an Goethe (20. Januar 1802): *Destouches hat bereits einen Marsch dazu gesetzt und mir heute vorgespielt, der sich ganz gut ausnimmt.* – Zur Uraufführung in Weimar am 30. Januar 1802 (Herzogliches Hoftheater) komponiert. – *Wie man damals klagte, soll* [diese Komposition] *zu viel türkische Janitscharenmusik enthalten und schon deshalb einer größeren Anerkennung sich nicht erfreut haben* (Schaefer, S. 61).

Bearbeitete Teilausgabe

- *Turandot von Schiller* für Klavier und Violine, op. 15. – Augsburg: Gombart, o. A. – Rheinfurth, *Gombart*, Nr. 149 (demnach *1805/06* veröffentlicht).

Ein Exemplar hiervon war bisher nicht auffindbar (Inhalt und Verl.-Nr. deshalb unbekannt). – Erstmals durch eine Rezension in der AMZ/1 vom 14. Mai 1806 belegt und demnach aus *zwey Märschen und einem Zwischenakt* bestehend. Hier heißt es ironisch, dass Destouches *durch irgend einen, anderen Europäern unzugänglichen Kanal specielle Nachrichten über die Musik in China (die meistens, wie sich hier beweist, überraschende Aehnlichkeit hat mit dem, was wir schlechte Janitscharenmusik nennen)* [erhalten habe], *und diese Nationalmusik hat er hier kopirt. Da man nun bey einem Kunstwerke doch auch voraussetzt, es wolle, zum allerwenigsten nebenbey, einiges Wohlgefallen erregen: so sind wir auf den Gedanken gekommen, Hr. D. versuche dies dadurch, dass er eine so barbarische, gegen Ohr, wie gegen alles, was Regel heisst, gleichmässig anlaufende Komposition aufstellt, dabey Kenntnis und Gefühl für unsre bessere Musik voraussetzt, und so, vermittelst des überraschenden Kontrastes, Lachen, vermittelst des Gefühls von unsrer grossen Ueberlegenheit über jene Barbaren, ein geheimes Wohlbehagen erregt* (Sp. 521ff.).

Wallenstein. Ein dramatisches Gedicht – I. Wallensteins Lager

473 Schauspielmusik

Uraufführung im Rahmen einer Vorstellung in Weimar, 4. April 1804 (Herzogliches Hoftheater); s. MGG2 *Personenteil* Bd. 5, Sp. 925. – Weitgehend unveröffentlicht; verschollen (s. Schaefer, S. 30; datiert aber: 1805). – Als in der AMZ/1 am 22. Januar 1845 Destouches' Tod gemeldet wurde, rühmte man ihn als *Freund Mozart's, Weber's, Schiller's, zu dessen ›Wallenstein's Lager‹ er eine characteristische Musik schrieb* (Sp. 62).

Daraus

- V. 1052ff. (»Wohl auf, Kameraden, auf's Pferd«); hier unter dem Titel: *Marsch aus: Wallensteins Lager*
Für eine Singstimme zur Gitarre bearb. *von Bonaventura.* – S. 44 des 1. Heftes von: *Polyhymnia, eine Wochenschrift, gewidmet den Freunden der Musik*, 1. Jg. – Würzburg: Bauer 1808. – Fellinger, S. 278.

Fellinger weist von diesem Periodikum zwei Hefte (zugleich Jg.) mit insgesamt 54 Stücken nach. – Destouches wird bis in die neuere Zeit mehrfach als Komponist jener Vertonung des »Reiterliedes« genannt, die *populär geworden und bis auf den heutigen Tag geblieben sei* (Mendel Bd. 3, S. 124; vgl. auch MGG1 Bd. 3, Sp. 247); dabei handelt es sich jedoch offensichtlich um eine Verwechslung mit Christian Jakob Zahn (→ 2951). Schon 1845 sahen sich deshalb *die beiden Söhne des 1830 verstorbenen Dr. jur. Ch. Jacob Zahn von Hirsau* zu der Stellungnahme veranlasst, *dass ihr Vater Verfasser der bekannten Melodie des Schiller'schen Reiterliedes sei, nicht aber der verstorbene hessen-homburg'sche Hofcapellmeister v. Destouches* (AMZ/1 vom 25. Juni 1845, Sp. 446).

Wilhelm Tell. Schauspiel

474 Schauspielmusik, op. 14

Zur Uraufführung in Weimar, 17. März 1804 (Herzogliches Hoftheater), komponiert. – *Sicher ist, daß dieses Werk weder eine weite Verbreitung, noch größere Anerkennung erfahren, überhaupt nicht viel von sich reden gemacht hat. Die Berliner Aufführung [...] verursachte die Komposition einer anderen Musik [...], welche das Werk von Destouches gänzlich in den Hintergrund drängte* (Schaefer, S. 75); gemeint ist B. A. Webers außergewöhnlich populär gewordene Schauspielmusik (→ 2805).

Im Klavierauszug veröffentlicht (laut Schaefer *vollständig*):

1. *Ouvertüre*
2. V. 1ff. (Fischerknabe: »Es lächelt der See«); hier unter dem Titel: *Fischer Knabe.* – Für Sopran
3. V. 13ff. (Hirte: »Ihr Matten, lebt wohl«); hier unter dem Titel: *Hirten Junge.* – Für Tenor
4. V. 25ff. (Alpenjäger: »Es donnern die Höhen«); hier unter dem Titel: *Der Alpenjäger.* – Für Bass
5. 4. Akt, 3. Szene (nach V. 2650 bzw. nach V. 2797); hier unter dem Titel: *Schweizerische Hochzeit Musik.* – Für zwei Hörner, Triangel und Klavier (vgl. auch die Abb. MGG1 Bd. 3, Sp. 247).
6. *Kuhreih'n*

Augsburg: Gombart, o. A. – Verl.-Nr. *453.* – RISM A I: DD 1849b. Rheinfurth, *Gombart*, Nr. 148 (demnach *1806* erschienen).

DEUTSCHMANN, Gerhard (geb. 1933)

Die Macht des Gesanges (»Ein Regenstrom aus Felsenrissen«)

475 – V. 39f. (»Es schwinden jeden Kummers Falten«)
Kanon zu vier Stimmen
Nr. 2 (einzeln) in: ders., *Vier musikalische Sinnsprüche. Eine vergnügliche musikalische Formenlehre in vier Beispielen auf Worte aus alten Zeiten.* – Köln: Tonger, o. A. – Partitur (Verl.-Nr. *2090*). – Original (Slg. GG).

Verzeichnis der musikalischen Werke

DEYLEN, Christopher von (geb. 1970)

475+1   *Schiller*. Musikprojekt
Für (Sing-)Stimmen und Musikelektronik, teilweise mit akustischen Instrumenten (auch mit Orchester)

1998 von Chr. von Deylen und Mirko von Schlieffen in Hamburg gegründet (seit 2002 Sitz in Berlin). Angeblich hatte ersterer kurz zuvor das ›Lied von der Glocke‹ gelesen und in seiner Begeisterung das Projekt nach dem Dichter benannt (eine damals von ihm angefertigte Vertonung dieses Gedichts geistert immer wieder durch die Presse, scheint aber auf einem Missverständnis zu beruhen). Auch der Titel seines ersten und bisher größten Hits, ›*Das Glockenspiel*‹, soll damit zusammenhängen. Ansonsten besteht zwischen dem Projekt und dessen Namenspatron keine Beziehung. – Während von Deylen das Musikprojekt bis heute leitet, beendete M. von Schlieffen 2003 seine Mitarbeit; an dessen Stelle ist seit 2004 Harald Blüchel tätig. – Bei einzelnen Titeln haben namhafte Künstler als Gäste mitgewirkt, wie die Sänger Sarah Brightman, Xavier Naidoo und Anna Netrebko, die Instrumentalisten Hélène Grimaud, Lang Lang oder Mike Oldfield sowie die Schauspieler Anna Maria Mühe, Franziska Pigulla und Benjamin Völz.

Die von seinen Fans gerne als »sphärisch« oder »visionär« gefeierte Musik, deren Vorbilder unverkennbar bei »Elektronik-Klassikern« wie Tangerin Dream, Kraftwerk und Jean-Michel Jarre sowie besonders glanzvollen Filmmusiken zu suchen sind, ist melodiebetont und weist vorwiegend einen sanften, immer wieder monumental anwachsenden Charakter auf. Sie vermittelt den Eindruck einer unendlichen Reise im Cinemascope-Format und setzt dabei auf äußerlichen Schwulst, dessen unablässiger Hochglanz Tiefsinn vortäuscht und von einem bereitwilligen Publikum auch so aufgefasst wird. – Obwohl die elektronische Klangerzeugung dominiert, orientieren sich die Kompositionen stilistisch durchaus an klassischen Vorbildern, darunter nicht zuletzt mit »Anleihen« bei Opern des späten 19. Jahrhunderts. Von Deylen lässt sich dabei durch besonders populäre, auch von »bildungsfernen« Hörern leicht erkennbare »Evergreens« aus dem klassischen Repertoire inspirieren, wie z. B. ›*Solvejgs Lied*‹ aus der Musik zu ›*Peer Gynt*‹ von Edvard Grieg. – Neben den Studioproduktionen, die mit großem Erfolg auf Tonträgern veröffentlicht werden, finden weltweit auch bestens besuchte Livekonzerte mit aufwendiger Bühnentechnik statt, wobei sich der Komponist, Musikproduzent und Musiker ungefähr in der Mitte der Veranstaltung seinen begeisterten Zuschauern gerne mit den aufschlussreichen Worten präsentiert: »Mein Name ist Christopher von Deylen – und ich bin Schiller.«

QUELLEN: Homepage. Weitere Internetrecherchen (darunter zeitgenössische Presseberichte).

DIABELLI, Anton (1781–1858)

476   Hoffnung (»Es reden und träumen die Menschen viel«)
Für Sopran mit Klavierbegleitung
Nr. 12 in: ders., [14] *Lieder der Unschuld*, op. 118 (in 2 Heften). – Wien: Diabelli, o. A. – Verl.-Nr. *22* u. *23*. – WV/Diabelli Nr. 158 (demnach *1818* veröffentlicht).

1818 komponiert. – Jedes Heft enthält sieben Lieder. – Dem Titel des Sammelwerks wurde ein Motto vorangestellt: *Unschuld ist durchs Erdenleben wie ein fester Pilgerstab; wenn uns Nacht und Tod umgeben, leuchtet sie uns nach ins Grab.* Es handelt sich dabei um die letzten vier Verse des Gedichts ›*Unschuld*‹ (»Unschuld ist ein Myrthenkränzchen«) eines unbekannten Verfassers; vgl. *Allgemeines Liederbuch des deutschen Nationalgesanges – Zweyter Theil.* Altona: Pinkvoß 1798, S. 110f. (als Urheber wurde dort lediglich *Siede* angegeben, der bisher aber nicht identifiziert werden konnte).

· *Mit erleichterter Begleitung des Pianoforte.* – Braunschweig: Spehr, o. A. – HMB 1829/7+8, S. 67. WV/Diabelli deest.

- *Neue Ausgabe.* – Wien: Diabelli, o. A. – Verl.-Nr. *16740.* – Original (Antiquariat Drüner). HMB 1841/7, S. 109. WV/Diabelli deest.
- Fassung für Vokalterzett mit Gitarrenbegleitung und Csakan Undatiertes Autograph (Stimmlagen nicht angegeben). – ÖNB (Online-Katalog). – WV/Diabelli deest.

477 *Nacht und Träume (»Heil'ge Nacht, du sinkest nieder«);* Schiller zugeschriebenes Gedicht von Matthäus von Collin
Für Sopran mit Klavier- oder Hamoniumbegleitung, op. 43

1855 komponiert; unveröffentlicht (s. WV/Diabelli Nr. 164 (auch hier mit der irrtümlichen Autorschaft Schillers nachgewiesen).

DIECKMANN, Carl-Heinz (1923–?)

Die Ideale (»So willst du treulos von mir scheiden«)

478 *Die Ideale. Sinfonisches Poem (nach Schiller)* für Orchester

QUELLE: *Komponisten und Musikwissenschaftler in der Deutschen Demokratischen Republik. Kurzbiographien und Werkverzeichnisse.* Berlin: Verlag Neue Musik 1967 (*2., erweiterte Auflage*), S. 45.

Die Räuber

479 Schauspielmusik, bestehend aus:
1. 2. Akt, 2. Szene (Amalia: »Willst dich, Hektor, ewig mir entreißen«); hier unter dem Titel: *Canzone* für eine Singstimme mit Cembalobegleitung
2. [Position nicht lokalisierbar] *Air* für Cembalo
3. [Position nicht lokalisierbar] Fünf Fanfaren für Hr. u. Tr.
Handschriftliches Aufführungsmaterial, 1945. – RISM-OPAC.

DIENEL, Josef (1889–?)

Wallenstein. Ein dramatisches Gedicht

480 *Wallenstein. Phantasie-Ouvertüre* für großes Orchester

1934 komponiert; unveröffentlicht; verschollen. – Dienels bis 1945 entstandene Werke gingen nach Kriegsende bei seiner Flucht aus Eger verloren.

QUELLEN: Simbriger Erg.bd. 5, S. 50. *Lex z. dt. Musikkultur* Bd. 1, Sp. 499.

DIETMANN, Carl (?–?)

481 Die vier Weltalter (»Wohl perlet im Glase der purpurne Wein«)
Kantate für Solo-Tenor, vierstimmigen Männerchor mit Klavierbegleitung
Kempten: Kösel 1900. – Partitur, Stimmen. – BSB-Musik Bd. 4, S. 1549.

DISTLER, Hugo (1908–1942)

482 Das Lied von der Glocke (»Fest gemauert in der Erden«)
Kantate für Tenor (*Der Meister*), vierstimmigen gemischten Chor (mit Sopran- und Alt-Solo ad libitum) und Orchester, op. 9 Nr. 2
1. *Sinfonie (Festlicher Aufzug)*
Orchestersatz in der Funktion einer Ouvertüre.
2. *Meisterspruch I* (V. 1ff.: »Fest gemauert in der Erden«)

Der Meister im Wechsel bzw. zusammen mit dem ganzen Chor unisono und Orchester. – Die Musik dieses Teils wird bei allen folgenden »Meistersprüchen« wiederholt.

3. *Solokantate*: 1. *Rezitativ* (V. 9ff.: »Zum Werke, das wir ernst bereiten«), 2. *Arie* (V. 13ff.: »So lasst uns jetzt mit Fleiß betrachten«)
Der Meister, Orchester.

4. *Meisterspruch II* (V. 21ff.: »Nehmet Holz vom Fichtenstamme«)
Wie Nr. 2.

5. *Chorkantate I* (V. 29ff.: »Was in des Dammes tiefer Grube«)
Für Chor (mit Sopran- und Alt-Solo ad libitum) und Orchester.

6. *Meisterspruch III* (V. 41ff.: »Weiße Blasen seh' ich springen!«)
Wie Nr. 2.

7. *Solo-Szene I* (V. 49ff.: »Denn mit der Freude Feierklänge«)
Der Meister und zwei Klaviere (einzige Nummer mit vier Spielern).

8. *Meisterspruch IV* (V. 80ff.: »Wie sich schon die Pfeifen bräunen!«)
Wie Nr. 2.

9. *Solo-Szene II* (V. 88ff.: »Denn wo das Strenge mit dem Zarten«)
Der Meister und zwei Klaviere.

10. *Meisterspruch V* (V. 147ff.: »Wohl! Nun kann der Guss beginnen«)
Wie Nr. 2.

11. *Solo-Szene III* (V. 155ff.: »Wohltätig ist des Feuers Macht«)
Der Meister (mit rhythmisch deklamierten Abschnitten und einigen gesprochenen Versen) und zwei Klaviere.

12. *Meisterspruch IV* (V. 227ff.: »In die Erd' ist's aufgenommen«)
Wie Nr. 2.

13. *Solo-Szene IV* (V. 235ff.: »Dem dunkeln Schoß der heil'gen Erde«)
Der Meister (mit rhythmisch deklamierten Passagen) und zwei Klaviere.

14. *Meisterspruch VII* (V. 266ff.: »Bis die Glocke sich verkühlet«)
Wie Nr. 2.

15. *Solo-Szene V* (V. 274ff.: »Munter fördert seine Schritte«)
Der Meister und zwei Klaviere.

16. *Meisterspruch VIII* (V. 234ff.: »Nun zerbrecht mir das Gebäude«)
Wie Nr. 2.

17. *Solo-Szene VI* (V. 342ff.: »Der Meister kann die Form zerbrechen«)
Der Meister (mit gesprochenen und rhythmisch deklamierten Passagen), zwei Klaviere (hier aber mit drei Spielern zu besetzen) und vierstimmiger gemischter Chor.
Es handelt sich um den musikalisch originellsten, in Zusammenhang mit seiner Entstehungszeit aber auch problematischsten Teil des Werkes. Schiller spielte hier auf die Französische Revolution an, der er aber nach anfänglichen Sympathien spätestens ab 1793 (Hinrichtung des abgesetzten französischen Königs) kritisch gegenüberstand. – Zunächst trägt der *Meister* ohne Instrumentalbegleitung die V. 342–353 vor, die mit den Worten enden: »Wenn sich die Völker selbst befrei'n, / Da kann die Wohlfahrt nicht gedeih'n.« Es folgen, musikalisch spärlich untermalt und vom Solisten rhythmisch deklamiert, acht weitere Verse (bis: »... anstimmt zur Gewalt«), und bevor nun (in gleicher Weise vorgetragen) zentrale Begriffe der Französischen Revolution, »Freiheit und Gleichheit«, fallen und im folgenden auf den »terreur« hingewiesen wird, setzt der reduziert besetzte Chor mit der »Marseillaise« ein (Vortragsanweisung: ... *es mag das Bild eines in einiger Entfernung vorüberziehenden Heeres beschworen werden!*), die als klangliche Staffage für die weitere Deklamation des *Meisters* dient. Doch die berühmte Hymne gerät durch mehrfache Taktwechsel gleichsam aus dem Tritt; eingestreute Dissonanzen und »falsche« harmonische Wendungen verleihen dem Gesang ein fratzenartiges Gesicht. Was man bei einer ausschließlich werkbezogenen Betrachtung als künstlerisch überzeugenden Einfall bewerten dürfte, fordert zu Beginn des »Dritten Reiches« eine andere Beurteilung: Das braune Regime hatte für die demokratischen Werte nur Verachtung übrig und ihnen den bedingungslosen Kampf angesagt. Deshalb muss man diesen Satz als ideologisch konform, ja, als Huldigung an die neuen Machthaber bewerten.

Die Komponisten und ihre Werke

18. *Meisterspruch IX* (V. 382ff.: »Freude hat mir Gott gegeben«)
Wie Nr. 2.
19. *Chorkantate II* (V. 390ff.: »Herein! Herein! Gesellen alle, schließt den Reihen«)
Der Meister, Chor und Orchester.
20. *Meisterspruch X* (V. 418ff.: »Jetzo mit der Kraft des Stranges«)
Wie Nr. 2.

Kassel: Bärenreiter 1956. – Partitur (*BA 3860*). – Original (Stadtbibliothek Lübeck). Ursula Herrmann: *Hugo Distler. Rufer und Mahner.* Berlin: Evangelische Verlagsanstalt 1972 (3. Aufl., 1983), S. 81, 84–86 u. S. 204.

Das ganze op. 9 besteht aus zwei weltlichen Kantaten, die einzeln und ohne Sammeltitel erschienen sind (Nr. 1, ›An die Natur‹, für Sopran, vierstimmigen gemischten Chor und Streichquartett, nach einem unter dem Pseudonym »Franz Bayer« veröffentlichten Text des Komponisten).

Hugo Distler erhielt von der Reichsrundfunkgesellschaft anläßlich der bevorstehenden Schillerfeiern [175. Geburtstag] *den Auftrag, das ›Lied von der Glocke‹ neu zu vertonen* (Zeitschrift für Musik, 1934, Heft 8 – August, S. 896). Die Instrumentierung soll vom Lübecker Chordirektor Klaus Billing stammen, weil sich Distler diese Arbeit damals nicht zutraute. – Uraufführung: Sender Hamburg, 14. Dezember 1934, unter der Leitung von Gerhard Maasz (Zeitschrift für Musik, 1934, Heft 12 – Dezember, S. 1273); weitere Aufführungen haben nicht stattgefunden. – Neben dem konventionellen großen Orchester (mit doppelten Holzbläsern, zwei Hörnern, drei Trompeten sowie zwei Posaunen und Streichern) sind noch durchgehend zwei Klaviere zu besetzen (in Nr. 7 mit vier Spielern, in Nr. 17 mit drei Spielern). Die Partie des Meisters besteht aus gesprochenen bzw. rhythmisch deklamierten und gesungenen Passagen.
Trotz heftiger Kritik wurde Distler anschließend aufgefordert, *die in Hamburg nur gesprochenen Bilder aus dem Staats- und Bürgerleben* (vermutlich ab V. 301: »Heil'ge Ordnung, segenreiche Himmelstochter«) [...] *ebenfalls in Musik zu setzen und eine Bearbeitung des Orchesterparts für zwei Klaviere vorzunehmen, damit das Gesamtwerk auch in Schulen aufgeführt werden könne.*

DITFURTH, Franz Wilhelm Freiherr von (1801–1880)

483 Dithyrambe (»Nimmer, das glaubt mir, erscheinen die Götter«)

QUELLE: Brandstaeter, S. 34 (ohne nähere Angaben).

DITTRICH, Paul-Heinz (geb. 1930)

Die Braut von Messina oder: Die feindlichen Brüder. Ein Trauerspiel mit Chören

484 Musik zur Schauspielbearbeitung von Karl Michel

1989 entstanden; unveröffentlicht. – Premiere: Berlin, 3. Februar 1990 (Theater der Freien Volksbühne), u. a. mit Elisabeth Trissenaar (Donna Isabella), Lilian Neef (Beatrice) und Heino Ferch (Diego). Inszenierung: Ruth Berghaus.
QUELLEN: New Grove2 Bd. 7, S. 392. Internetrecherchen.

DOBRZYŃSKI, Ignacy Feliks (1807–1867)

485 Punschlied (»Vier Elemente, innig gesellt«); hier in polnischer Übersetzung unter dem Titel: *Spiewka o ponczu z Schillera*
Für Männerchor mit zwei Soli und Klavier, op. 16

1849 komponiert.
QUELLEN: New Grove2 Bd. 7, S. 415. Internetrecherchen.

113

DOEBBER, Johannes (1866–1921)

486 Hoffnung (»Es reden und träumen die Menschen viel«)
Für eine mittlere Singstimme und Harmonium oder Orgel
Nr. 4 in: ders., *Vier Lieder*, op. 7. – Berlin: Simon, o. A. – HMB 1889/5, S. 206.

DÖRING, Carl Heinrich (1834–1916)

487 *Nacht und Träume (»Heil'ge Nacht, du sinkest nieder«)*; Schiller zugeschriebe-
ner Text von Matthäus von Collin
Vierstimmiger Männerchor (TTBB) a cappella
Nr. 1 in: ders., *Zwei Männerchöre*, op. 78. – Leipzig: Eulenburg, o. A. – Partitur,
Stimmen. – HMB 1892/2, S. 57.

DÖRRJEN, Heinrich (?–?)

Familienname auch: *Dörrien*.

488 Dithyrambe (»Nimmer, das glaubt mir, erscheinen die Götter«); hier unter
dem Titel der Gedichterstfassung: *Der Besuch*
Vierstimmiger Männerchor (TTBB) mit Soli a cappella
Nr. 18 in: *Erste Leipziger Liedertafel* [176 Männerchöre]. – Undatierte Sammelhandschrift (Stimmen). – RISM-OPAC.

Zwischen 1815 und 1830 entstanden. – Diese Vertonung und ›Hoffnung‹ (→ 489) sind in einer zweiten vergleichbaren Sammelhandschrift unter den gleichen Nummern nachweisbar
(vgl. RISM-OPAC).

489 Hoffnung (»Es reden und träumen die Menschen viel«)
Dreistimmiger Männerchor (TBB) a cappella
Nr. 94 in: *Erste Leipziger Liedertafel* → 488

DOLEŽÁLEK, Jan Emanuel (1780–1858)

490 *Sechs Lieder von Schiller und Göthe* für eine Singstimme mit Klavierbegleitung
Wien: Maisch, o. A. – Verl.-Nr. *411*. – Weinmann (Maisch etc.), S. 23 (demnach
1810 erschienen). MGG1 Bd. 15, Sp. 1818. MGG2 *Personenteil* Bd. 5, Sp. 1209.

Inhalt bisher nicht klärbar.

- Wien: Artaria, o. A. – Whistling 1828, S. 1059.
- Wien: Diabelli, o. A. – Hofmeister 1845 (*Vocalmusik*), S. 117.

DOMEIER, Ferdinand (?–?)

Hektors Abschied (»Will sich Hektor ewig von mir wenden«)

491 *Hektors Abschied. Fantasiestück* für Klavier
Nr. 4 in: ders., *Aus Griechenlands Sagenkreis.* [4] *Fantasiestücke*, op. 12. –
Leipzig: Cranz, o. A. – HMB 1884/3, S. 57.

DOMMANN, Hanspeter (geb. 1954)

Wilhelm Tell. Schauspiel

492 Schauspielmusik

Uraufführung im Rahmen der Premiere: Altdorf, 29. August 1998; Regie: Barbara Schlumpf.
QUELLE: Tellspiele Altdorf (Homepage).

Die Komponisten und ihre Werke

DONIZETTI, Gaëtano (1797–1848)

Der Taucher (»Wer wagt es, Rittersmann oder Knapp'«)

493   *Il pescatore (»Era l'ora che i cieli«)*; Schiller zugeschriebener Text von Achille de Lauzières
Ballata für eine Singstimme mit Klavierbegleitung
Neapel: Girard, 1839. – WV/Donizetti, IN. 358.

Dedicata al principe Belgioso. – Der vielfach zu findende Hinweis, es handle sich bei diesem Text um die Übersetzung von Schillers Ballade ›Der Taucher‹, ist falsch. In dem vertonten Gedicht geht es (so die adäquate deutsche Fassung nach der Ausgabe von Breitkopf & Härtel, Leipzig) um einen »Fischer [!] *im leichten schwanken Nachen«*, der verzweifelt »*der Liebe Schmerz, der Liebe Leiden«* besingt: »*Ach, es fliehen die Tage, die Stunden, nicht gestillt wird mein banges Hoffen ...«* Dann vermeint er »*ein seltsam heimlich Singen«* zu vernehmen: »*Deiner Sehnsucht süße Lieder / Drangen tief zu mir hernieder, / Bei der Wellen sanftem Rauschen / Musst' ich diesen Tönen lauschen, / Ja die Fee der stillen Flut / Fühlt im Herzen Liebesglut.«* Verzweifelt und zugleich voller Hoffnung stürzt sich der Fischer ins Meer, und allenfalls in den schließenden Versen mag man Anklänge an Schillers Ballade wieder erkennen: »*Strahlend im Glanz der Morgen kam gezogen, / Leer trieb der Kahn des Fischers auf den Wogen, / Die Fluten rauschten auf und rauschten nieder, / Nie kehrt' er wieder.«* – Eine unveröffentlichte, vermutlich vom Komponisten stammende Fassung mit Orchesterbegleitung ist nachweisbar (vgl. WV/Donizetti, IN. 265).

> · Mit deutschem und italienischem Text; Übersetzung: *Der Fischer. Canzonette (»Leise sanken aus gold'nen Himmelsräumen«).* – Nr. 1 (auch einzeln) in: ders., *Rêveries Napolitaines. Six Ballades (Paroles Italiennes et Allemandes).* – Leipzig: Breitkopf & Härtel, o. A. – Einzelausgabe von ›Il pescatore‹ (Verl.-Nr. *6025).* – Original (Slg. GG). HMB 1839/4, S. 44.
> · *Nuova Edizione* (kplt.). – Mailand: Ricordi, o. A. – Pazdírek Bd. 3, S. 779.

Maria Stuart. Ein Trauerspiel

494   *Maria Stuarda*

Es existieren drei authentische Fassungen und eine posthume Bearbeitung. – Die anschließende Darstellung beruht im Wesentlichen auf *Pipers Enzyklopädie* Bd. 1, S. 759ff.

1. Fassung – Frühjahr 1834
Opera seria in drei Akten; Libretto von Giuseppe Bardari nach einer anonymen Prosabearbeitung und der italienischen Versübertragung von Andrea Maffei. – WV/Donizetti, IN. 52

Kontraktunterzeichnung am 12. April 1834; anschließend komponiert. Nach einer ersten Kostümprobe mit Giuseppina Ronzi de Begnis (Elisabetta) und Anna Del Serre (Maria) zur geplanten Uraufführung Ende September/Anfang Oktober 1834 in Neapel (Teatro San Carlo) *aufgrund einer Order König Ferdinands II., der am Thema und insbesondere an der Schlußszene Anstoß genommen hatte,* von der Zensur verboten. Der Versuch, das Werk in dieser Gestalt an der Mailänder Scala zu geben, scheiterte, und die Erstfassung ist nie gespielt worden. – Angeblich wurde zunächst unter dem Titel ›Giovanna Grey‹ ein neues Libretto entworfen, aber nicht vertont (vgl. Robert Steiner-Isenmann: *Gaetano Donizetti. Sein Leben und seine Opern.* Bern: Hallwag 1982, S. 173; ein Librettist wird nicht genannt).

2. Fassung – Herbst 1834
Jetzt unter dem Titel: *Buondelmonte. Tragedia lirica* in zwei Akten; neues Libretto von Pietro Saladino und dem Komponisten. – WV/Donizetti, IN. 50

Grundlegende und überstürzt verlaufende Umarbeitung unter Verwendung eines neuen Sujets *aus den Parteikämpfen der italienischen Renaissance.* – Uraufführung: Neapel, 18. Oktober 1834 (Teatro San Carlo), mit Giuseppina Ronzi de Begnis (Bianca degli Amidei) und An-

115

Verzeichnis der musikalischen Werke

na Del Serre (Irene dei Donati). Diese Fassung wurde ein völliger Misserfolg und nach 1834 nicht wieder gespielt.

3. Fassung – 1835
Wieder unter dem Titel: *Maria Stuarda. Tragedia lirica* in drei Akten; Libretto nach der stellenweise überarbeiteten Erstfassung von Giuseppe Bardari

Weitere Überarbeitung der Erstfassung durch den Komponisten (neue Ouvertüre, Änderungen verschiedener musikalischer Teile). – Uraufführung: Mailand, 30. Dezember 1835 (Teatro alla Scala), mit María Malibran in der Titelrolle (deshalb auch als »Malibran-Fassung« bezeichnet). Nach der sechsten Aufführung erneut von der Zensur verboten. – Seitherige Aufführungen orientieren sich an dieser Version.

4. Fassung – um die Mitte des 19. Jahrhunderts
Bearbeitung von Nicola De Giosa unter dem Titel: *Le due regine.* – WV/Donizetti, IN. 51
Opera lirica in vier Akten (*tratta della ›Maria Stuarda‹ di Schiller*)

Es handelt sich um eine Uminstrumentierung und die Einfügung einiger neuer Gesangsnummern durch den Donizetti-Schüler De Giosa (1820–1885). Diese Version ist im 19. Jahrhundert in Bari aufgeführt worden (nicht näher belegbar).

DORET, Gustave (1866–1943)

Eigentlich: *Mathey-Doret.*

Wilhelm Tell. Schauspiel

495 Schauspielmusik zur französischen Übersetzung von Émile Védel unter dem Titel: *Guillaume Tell*

Uraufführung im Rahmen der Premiere: Monte Carlo, im Dezember 1913 (s. Stieger).

DORN, Heinrich (1800–1892)

Allgemein gilt irrtümlich 1804 als Geburtsjahr (vgl. hierzu: *Lex. dt.-balt. Musik*, S. 58).

496 Dithyrambe (»Nimmer, das glaubt mir, erscheinen die Götter«)
Für Männerquartett a cappella
Nr. 1 des 2. Heftes in: *Rigaer Liedertafel.* – Leipzig: Kistner 1836. – HMB 1836/3, S. 28.

Jedes Heft dieser Reihe enthält sechs Stücke von verschiedenen (nur im 2. Heft: von fünf) Komponisten.

DRATHEN, Hermann (?–?)

497 Sehnsucht (»Ach, aus dieses Tales Gründen«)
Für eine Singstimme mit Klavierbegleitung
Nr. 3 in: ders., *Vier Lieder.* – Braunschweig: Bauer, o. A. – Hofmeister (1904–1908), S. 162.

DRECHSLER, Joseph (1782–1852)

Kabale und Liebe. Ein bürgerliches Trauerspiel

498 *Kabale und Liebe. Parodistisches Zauberspiel* in zwei Akten; Libretto von Adolf Bäuerle

Die Komponisten und ihre Werke

Uraufführung: Wien, 16. März 1827 (Theater in der Leopoldstadt); s. Stieger bzw. Grove, _Opera_ Bd. 1, S. 1243. Schaefer datiert einen Tag später und weist auf die Mitwirkung von Ferdinand Raimund in der Rolle des Stadtmusikanten Miller hin (S. 24).

Daraus

- _Einzelne Stücke._ – Wien: Haslinger, o. A. – Hofmeister 1845 (_Vocalmusik_), S. 92.

- _Aus der Parodie ›Kabale und Liebe‹ (»Setz dich her an meine Seite Louiserl«)_ für zwei Singstimmen (SS) mit Klavierbegleitung. – Undatierte Abschrift. – RISM-OPAC.

  Gemäß einer Notiz handelt es sich um die Nr. 62 aus der Verlagsreihe ›_Neueste Sammlung komischer Gesänge‹_ (vermutlich Diabelli, Wien). Die Abschrift wurde in der 1. Hälfte 19. Jahrhunderts angefertigt und stammt aus dem Mankopfschen Museum, Frankfurt am Main.

DRESSEL, Erwin (1909–1972)

Die Jungfrau von Orleans. Eine romantische Tragödie

499 Schauspielmusik

Uraufführung: Berlin, 1925 (Staatliches Schauspiel); unveröffentlicht; s. _Dt. Musiker-Lex._ 1929, Sp. 253.

DRESSEL, Richard (?–?)

500 Des Mädchens Klage (»Der Eichwald brauset«)
Für eine Singstimme mit Klavierbegleitung
Nr. 3 (einzeln) in: ders., _Sechs Lieder_, op. 2. – Berlin: Bote & Bock, o. A. – HMB 1863/12, S. 245.

DRESZER, Anastasius W. (1845–1907)

501 Die Entzückung, an Laura (»Laura! Welt und Himmel weggeronnen«); hier unter dem Titel: _Entzückung_
Phantasiestück für Klavier
Nr. 2 in: ders., _Zwei Phantasiestücke nach Schiller_, op. 10. – Leipzig: Hofmeister, o. A. – HMB 1872/4, S. 74.

502 Melancholie, an Laura (»Laura – Sonnenaufgangsglut brennt in deinen gold’nen Blicken«); hier unter dem Titel: _Melancholie_
Phantasiestück für Klavier
Nr. 1 in: ders., _Zwei Phantasiestücke nach Schiller_, op. 10 → 501

DREYSCHOCK, Felix (1860–1906)

503 Tonkunst (»Leben atme die bildende Kunst«)
Albumblatt. – Original (Slg. GG).

Mit _Berlin, Febr. 1895_, datiert: Zwei Takte eines unbekannten (aber sicher eigenen) Klavierstücks mit dem beigefügten Schiller-Zitat – ein schönes Dokument für die allgemeine Popularität des Dichters.

DROBISCH, Karl Ludwig (1803–1854)

Die Räuber. Ein Schauspiel

503+1   *Ouverture zu Schillers Räubern.* Für Orchester

1824 begonnene und am 21. September 1825 beendete Komposition; unveröffentlicht (autographe Partitur nachweisbar); Pelker, S. 193f.

504   Tabulae votivae – »Was der Gott mich gelehrt«
Devise zu: *»Heilig, heilig, heilig ist Gott, der Herr«* [Deutsches »Sanctus«]
Achtstimmiger gemischter Chor (SSAATTBB) a cappella
Fol. 41 des 1. Bandes in: *Schiller-Album* → 364

Autographe Reinschrift der Partitur mit der Datierung: *Augsburg im Februar 1848.* Vermutlich Fragment aus einer der vielen Messkompositionen Drobischs.

DROUET, Louis François (1792–1873)

505   *Kehr' ein bei mir (»Du bist die Ruh', der Friede mild«);* Text von Friedrich Rückert
Für eine Singstimme mit Klavierbegleitung
Fol. 107 des 1. Bandes in: *Schiller-Album* → 364

Datiertes Autograph: *Cobourg 1. Mai 1849. Composé pour l'album du Schiller.*

DRUSCHETZKY, Georg (1745–1819)

Familienname auch: *Druzechy* oder *Truschetzki* und weitere hiervon unwesentlich abweichende Varianten.

506   Punschlied (»Vier Elemente, innig gesellt«)
Vierstimmiger gemischter Chor (SATB) a cappella

In einer Sammelhandschrift enthalten (insgesamt fünf Chorsätze in gleicher Besetzung). Deren lexikalische Nachweise vermitteln allerdings den falschen Eindruck, dass es sich dabei ausschließlich um Schiller-Vertonungen handelt. Neben den beiden hier relevanten Stücken (506 u. 507) liegen aber vor:

- *Der Frühling I u. II (»Schon grünet die Flur, die ganze Natur«);* Textverfasser bisher nicht identifizierbar

- *Einladung zum Tanz (»Kein tödliches Sorgen beklemmet die Brust«);* hier V. 9ff. *(»Kommt, freundliche Schönen, gesellet euch hier«)* unter dem Titel: *Einladung zum Ball;* Text von Johann Wilhelm Ludwig Gleim

QUELLEN: Freundliche Mitteilung der Bibliotheca Nationalis Hungariae (Országos Széchényikönyvtár), Budapest (Fundort der Handschrift). New Grove2 Bd. 7, Sp. 618. MGG2 *Personenteil* Bd. 5, Sp. 1448 (demnach unveröffentlicht).

507   Sehnsucht (»Ach, aus dieses Tales Gründen«)
Vierstimmiger gemischter Chor (SATB) a cappella → 506

DRYGALSKI, A. v. (?–?)

508   Die Bürgschaft (»Zu Dionys, dem Tyrannen, schlich Damon«)
Für eine Singstimme mit Klavierbegleitung
Berlin: Challier, o. A. – HMB 1841/4, S. 60.

Die Ballade ist mit Eifer und Liebe gearbeitet, in der durchgeführten Weise, welche durch Zumsteeg Geltung gewann und sich lange der musikalischen Welt zu erhalten wusste (Rezension in der AMZ/1 vom 16. Juni 1841, Sp. 479f.).

Die Komponisten und ihre Werke

DÜNKI, Jean-Jacques (geb. 1948)

Wilhelm Tell. Schauspiel

509 *Musique pour un Guillaume Tell*
Suite für Oboe, Oboe d'amore und Englisch Horn (ein Spieler)
Luzern: SME/EMS, o. A. – Partitur. – Original (Slg. GG).

Entstehung: *été 1991* (im Explicit: *2. VIII. 91*). – Widmung: *Pour Omar Zoboli, l'interprète – et Georg-Albrecht Eckle, l'inspirateur.* – Bei den Noten handelt es sich um die Kopie der autographen Reinschrift. Hier liegt ein separates Blatt mit dem Titel *Ein Lesestück (zum Musikstück)* und 15 knappen Zitaten aus Schillers Schauspiel bei.

DÜRING, J. C. (?–?)

510 An Emma (»Weit in nebelgrauer Ferne«)
Für Bariton mit Klavierbegleitung
Nr. 2 in: ders., *Zwei Lieder für eine Baritonstimme, ein Walzer, eine Polka für das Pianoforte.* – Autograph, 1830. – RISM-OPAC.
Ihro Durchlaucht Carl Egon Fürst von Fürstenberg in tiefster Ehrfurcht dargebracht.

· Nr. 3 (hier für Alt) in: ders., [3 Lieder]. – Undatierte Handschrift (autograph?). – RISM-OPAC.

511 Thekla. Eine Geisterstimme (»Wo ich sei, und wo mich hingewendet«)
Vermutlich für eine Singstimme mit Klavierbegleitung

QUELLE: Brandstaeter, S. 36 (ohne nähere Angaben).

DÜRINGER, Richard (?–?)

512 Das Mädchen aus der Fremde (»In einem Tal bei armen Hirten«)
Vierstimmiger Männerchor mit Tenor solo und fünf Blechbläsern (Hr. 1–4, Pos.)
Wien: Haslinger, o. A. – Partitur, Gesangs- und Bläserstimmen (Verl.-Nr. *10719*). – Hofmeister (1929–1933), S. 143. ÖNB (Online-Katalog).

DÜRRNER, Johannes (1810–1859)

513 An die Freude (»Freude, schöner Götterfunken«)
Für Chor und Orchester

... eine Preiskomposition von Schillers Ode ›An die Freude‹ für Chor und Orchester [ist] *aus der Literatur bekannt, aber heute nicht mehr nachweisbar* (MGG2 *Personenteil* Bd. 5, Sp. 1701).

DÜTSCH, Otto (1823–1863)

War u. a. in Dänemark und Russland tätig, deshalb auch: *Djutš, Dytsch, Dütch, Dyuts, Djuts* bzw. *Dioutch.*

514 *Žaloba* [Klage]; vermutlich: Des Mädchens Klage (»Der Eichwald brauset«); hier in russischer Übersetzung
Für eine Singstimme mit Klavierbegleitung

QUELLE: MGG2 *Personenteil* Bd. 5, Sp. 1728 (demnach *1858* einzeln in St. Petersburg veröffentlicht).

DÜTSCHKE, Hans (1848–1928)

515 Der Abend. Nach einem Gemälde (»Senke, strahlender Gott«)
Vierstimmiger gemischter Chor (SATB) mit Orchester, op. 20
Abschrift des Klavierauszugs, 1920. – RISM-OPAC.

DUMITRESCU, Ion (1913–1996)

516 Zahlreiche Schauspielmusiken, auch zu einem oder mehreren Theaterstücken
Schillers

QUELLE: MGG2 *Personenteil* Bd. 5, Sp. 157 (Einzeltitel nicht nachgewiesen).

DUPON, Henri (1791–1887)

Die Räuber. Ein Schauspiel

517 *Les Brigands. Opéra-vaudeville* in zwei Akten. Parodie von Thomas Sauvage
nach der französischen Übersetzung von Auguste Creuzé

1828 Paris uraufgeführt. – ... *eine niedrige Bearbeitung des Schauspiels* (Schaefer, S. 18).

DURANOWSKI, August Fryderyk (ca. 1770–1834)

Auch: *Auguste-Frédéric Durand.*

518 Das Mädchen aus der Ferne (»In einem Tal bei armen Hirten«)
Für eine Singstimme zur Gitarre
Nr. 1 in: ders., *Sechs Lieder mit Gitarre-Begleitung.* – Offenbach am Main:
André, o. A. – Verl.-Nr. *3273.* – RISM A I: D 3942. Constapel, S. 205 (demnach
um 1813/14 erschienen).

Ihro Hochfürstlichen Durchlaucht der Prinzessin Auguste von Nassau unterthänigst gewidmet.
Hier wiedergegebene Namensversion des Komponisten: *A. F. Durand.* – Eine Kurzrezension
in der AMZ/1 vom 24. August 1814 fiel überwiegend negativ aus, wenn es darin auch heißt:
*... diese Melodien sind zwar nicht neu oder auch nur ungewöhnlich, aber leicht, fliessend und
gefällig* (Sp. 575f.). – In New Grove2 irrtümlich als Sammlung ausschließlich mit Schiller-
Vertonungen nachgewiesen (vgl. Bd. 7, S. 739).

519 Die Ideale (»So willst du treulos von mir scheiden«)
Für eine Singstimme zur Gitarre
Nr. 2 in: ders., *Sechs Lieder mit Gitarre-Begleitung* → 518

520 Sehnsucht (»Ach, aus dieses Tales Gründen«)
Für eine Singstimme zur Gitarre
Nr. 4 in: ders., *Sechs Lieder mit Gitarre-Begleitung* → 518

DVOŘÁK, Antonín (1841–1904)

Demetrius [dramatisches Fragment]

521 *Dimitrij.* Große Oper in vier Akten, op. 64; Libretto von Marie Červinková-
Riegrová nach der Bearbeitung des Dramas ›*Dimitr Ivanovič*‹ von Ferdinand
Břetislav Mikovec, das seinerseits auf Schillers Tragödienfragment beruht

1. Fassung – 1882
Prag: Starý 1886. – Klavierauszug von J. Zubatý und Jindřich z Albestů Kàan. –
WV/Dvořák B 127.

Zwischen dem 8. Mai 1881 und dem 23. September 1882 komponiert. – Uraufführung: Prag, 8. Oktober 1882 (Neues Tschechisches Theater), unter der musikalischen Leitung von Moritz Anger.

2. Fassung – 1894
Prag: Hudební matice Umělecke besedy 1912. – Klavierauszug *mit böhmischem Text*. – WV/Dvořák B 186.

Am 9. April 1894 begonnene und am 31. Juli beendete Umarbeitung (davon ausgenommen die Ouvertüre und der 2. Akt). – Uraufführung: Prag, 7. November 1894 (Nationaltheater), unter der musikalischen Leitung von Moritz Anger.

QUELLEN: *Pipers Enzyklopädie* Bd. 2, S. 94ff. BSB-Musik Bd. 5, S. 1706.

— E —

EBEL, Walther (1899–?)

522 An den Frühling (»Willkommen, schöner Jüngling«)
Vierstimmiger Männerchor a cappella
Berlin: Wrede 1959. – Partitur (= *Regina Chorbibliothek*, Nr. 1). – Hofmeister (1960), S. 81.

EBELL, Heinrich Carl (1775–1824)

Wallenstein. Ein dramatisches Gedicht – III. Wallensteins Tod
523 – V. 3155ff. (Thekla: »Sein Geist ist's, der mich ruft«); hier unter dem Titel: *Monolog der Thecla aus Wallensteins Tod*
Für eine Singstimme mit Klavierbegleitung
Berlin: Oehmigke 1801. – NTL 2. Teil, Sp. 3.

Der regierenden Königin von Preussen zugeeignet. – Ein Rezensent vermutete in der AMZ/1 vom 25. März 1801, dass es sich um die erste veröffentlichte Komposition Ebells handle. Die Textwahl sei zwar bedenklich, die Vertonung aber verhältnismäßig gut gelungen: *... einen Monolog, der nicht etwa wie Hamlets Seyn oder Nichtseyn auch ausser seinem Zusammenhange verstanden und genossen werden kann; einen Monolog, der nichts Allgemeines hat, als Eine sehr schöne Sentenz, der voller historischen Details und Beziehungen ist und mit dem Ganzen des Stücks in unzertrennlicher Verbindung stehet – diesen herauszureissen und als ein Einzelnes in Musik gesezt herauszugeben, ist keinesweges ein glücklicher Gedanke. So weit aber eine vortreffliche Ausführung mit einem solchen Gedanken auszusöhnen vermag, so weit wird gewiss jeder damit ausgesöhnt, der dies Werkchen durchgeht. Die Behandlung der Worte ist ganz so, wie sie seyn müsste, wenn der Monolog eine Scene aus einer heroischen Oper wäre [...]. Tiefes, schmerzliches Gefühl, das vom Speciellen ausgehet, dessen Dunkel dann vom Mondenschimmer süsser Erinnerung nur Einmal und zauberisch erleuchtet wird, das dann vom Speciellen zum Allgemeinen erhebt und nun sich selbst in schwarzer Nacht verliert: das ist der Gang der Gefühle, welche Thekla in diesem Monolog ausdrückt, und auf welchem der Komponist mit vielem Glück ihr gefolgt ist. [...] Dass übrigens diese Komposition mit sorgsamer Ueberlegung und wahrem Gefühl vorgetragen seyn will, und dass sie für den gar nicht ist, dem ein gewöhnliches passagenreiches Rondò über alles gehet, verstehet sich von selbst* (Sp. 445ff.). – Schilling bezeichnete die Komposition als ein Meisterstück hinsichtlich des Gesanges und der Declamation (Bd. 2, S. 541).

- Leipzig: Hofmeister, o. A. – Whistling 1828, S. 1059. Schaefer, S. 38.
- Mit zusätzlicher Gitarrenbegleitung von Francesco Calegari. – Leipzig: Hofmeister [1815]. – Verl.-Nr. *330*. – Original (DLA).

EBERS, Carl Friedrich (1770 oder 1772–1836)

524 Das Mädchen aus der Fremde (»In einem Tal bei armen Hirten«)
Für eine Singstimme mit Klavierbegleitung
2. Heft, Nr. 39, in: *Hundert auserlesene deutsche Volkslieder* → 2825

EBERT, Andreas (geb. 1947)

An die Freude (»Freude, schöner Götterfunken«)

– V. 6 (»Was die Mode streng geteilt«)

525 *Was die Mode streng vereint. Essay* für Flöte solo
Leipzig: Ebert 1991. – Verl.-Nr. *91023*. – Original (Slg. GG).
Noten ohne programmatische Hinweise.

EBERWEIN, Franz Carl Adalbert (1786–1868)

526 Des Mädchens Klage (»Der Eichwald brauset«)
Für eine Singstimme mit Klavierbegleitung
1. Jg., 9. Heft, Nr. 33 (S. 101f.) in: *Museum für Pianoforte Musik und Gesang*, hg.
von August Mühling. – Halberstadt: Brüggemann, 1828. – Fellinger, S. 886.
Jeder Jahrgang umfasst zwölf Hefte mit unterschiedlich vielen, jahrgangsweise durchnummerierten Kompositionen.

Die Huldigung der Künste Ein lyrisches Spiel

527 *Lasset eure Lieder hören! Aus Schillers Huldigung der Künste*
Besetzung unklar
Nr. 1 in: *Musicalische Unterhaltung, Erster Theil.* [Weimar] *Donnerstag, den
22. Februar 1810*
Beim Textincipit, das in Schillers Stück nicht vorkommt, dürfte es sich um hinzugefügte,
einleitende Worte handeln.
QUELLE: *Der Weimarer Musenhof. Dichtung, Musik und Tanz, Gartenkunst, Geselligkeit, Malerei.* Stuttgart/Weimar: Metzler 1995, S. 77 (Abb. des Programmzettels).

Wallenstein. Ein dramatisches Gedicht – I. Wallensteins Lager

528 Schauspielmusik
(Ur-?) Aufführung im Rahmen der *Vorfeier von Friedrich von Schillers hundertstem Geburtstage*: Görlitz, 9. November 1859 (Stadttheater); offenbar ohne Musikbegleitung war als *Fest-Prolog* J. W. Goethes ›Epilog zu Schillers Glocke‹ vorausgegangen. – Es ist zwar nur der Familienname des Komponisten nachgewiesen, Traugott Maximilian war damals jedoch längst verstorben.
QUELLE: Theaterzettel (DLA).

EBERWEIN, Traugott Maximilian (1775–1831)

529 An den Frühling (»Willkommen, schöner Jüngling«)
Für eine Singstimme mit Klavierbegleitung
Nr. 1 in: ders., *Sechs Lieder*, op. 94. – Rudolstadt: Müller, o. A. – Hofmeister
1845 (*Vocalmusik*), S. 118. MGG2 *Personenteil* Bd. 6, Sp. 34 (demnach *1827* erschienen).

_____ Die Komponisten und ihre Werke

530   Die Gunst des Augenblicks (»Und so finden wir uns wieder«)
       Für Soli, gemischten Chor und Orchester, op. 33
       1814 entstanden; unveröffentlicht (s. MGG2 *Personenteil* Bd. 6, Sp. 33).

       Die Jungfrau von Orleans. Eine romantische Tragödie

531   Schauspielmusik
       Unveröffentlicht; teilweise verschollen. – Bestand aus der Ouvertüre, fünf Zwischenaktsmu-
       siken, einer Inzidenzmusik und zwei Melodramen. – 1821 komponiert und am 25. Septem-
       ber 1823 in Rudolstadt uraufgeführt.
       QUELLE: Peter Larsen, *Schauspielmusik am fürstlichen Hoftheater in Rudolstadt 1816–1831. Zur
       »Macbeth-Ouvertüre« von Traugott Maximilian Eberwein und zur Aufführungspraxis seiner Zwi-
       schenaktmusiken*; in: *Musik zu Shakespeare-Inszenierungen* (= *Kleine Schriften der Gesellschaft
       für Theatergeschichte*, Heft 40/41). Berlin: Gesellschaft für Theatergeschichte 1999, S. 72.

532   Die Künstler (»Wie schön, o Mensch, mit deinem Palmenzweige«)
       QUELLE: Brandstaeter, S. 32 (*mit Orchester*; ohne weitere Angaben).

533   Punschlied (»Vier Elemente, innig gesellt«)
       Für eine Singstimme mit Klavierbegleitung
       Tafel 18 in: *Journal des Luxus und der Moden*, Bd. 24, hg. von Carl Bertuch. –
       Weimar: Landesindustrie-Comptoir 1809. – Goethe-Museum (Katalog), Nr. 256.
       Im 19. Jahrhundert offenbar recht populär und wiederholt in damaligen Liedersammlungen
       enthalten.

       · Idem. – Nr. 20 des 1. Heftes, in: *Hundert auserlesene deutsche Volkslie-
         der* → 2825
       · Idem. – Nr. 34 in: *Allgemeines Commers- und Liederbuch mit Melodien,
         enthaltend ältere und neuere Burschenlieder, Trinklieder, Vaterlandsge-
         sänge, Kriegs- und Turnlieder*, hg. von Albert Gottlieb Methfessel. – Ru-
         dolstadt: In Commission der Hofbuch- und Kunsthandlung 1818. –
         Goethe-Museum (Katalog), Nr. 19.
       · Idem. – Nr. 88 in: *Auswahl deutscher Lieder. Vaterländische Lieder,
         Trink- und Commerslieder, Wanderlieder, Des Turners Leben*. – O. O., Se-
         rig, 1825. – Goethe-Museum (Katalog), N 3.
       · Idem; für vier Männerstimmen (TTBB) a cappella. – Nr. 302 in: Conrad
         Kocher, *Bardenhain* → 1224
       · Idem; für vierstimmigen Männerchor a cappella bearb. von Ferdinand
         Tritremmel. – Nr. 39 in: *Vierzig Schiller-Lieder* → 2685

EBING, Jacob (1866–?)

534   Die Worte des Glaubens (»Drei Worte nenn' ich euch, inhaltschwer«)
       Dreistimmiger gemischter Chor mit Streichquartett, Klavier und Orgel
       Essen: Baedeker, 1904. – *Dt. Musiker-Lex.* 1929, Sp. 266.

EBSTEIN, Katja (geb. 1945)

Wirklicher Name: *Karin Witkiewicz.*
QUELLE der beiden folgenden Nachweise: Nr. 9 der CD ›*Katja Ebstein. Star Portrait*‹ (Königs-
dorf: Delta Music 1991).

123

Verzeichnis der musikalischen Werke

An die Freunde (»Lieben Freunde! Es gab schön're Zeiten«)

535 – V. 45 (»Auf den Brettern, die die Welt bedeuten«)
Refrain des Schlagers: *Theater, Theater*. Musik: Christian Bruhn; Text: Michael Kunze und Thomas Woitkowitsch

> *Theater, Theater, die große Illusion,*
> *Ich wär' so gern einmal ein kleiner Teil davon.*
> *Dann stände ich vor vielen Leuten*
> *Auf Brettern, die die Welt bedeuten.*

Das Stück ist 1976 produziert worden.

Die Jungfrau von Orleans. Eine romantische Tragödie

536 – V. 383f. (Johanna: »Lebt wohl, ihr Berge, ihr geliebten Triften«)
2. Strophe des Schlagers: *Theater, Theater* → 535

> gesprochen: *Vielleicht 'mal als Schillers Johanna:*
> »Lebt wohl ihr Berge, ihr geliebten Triften,
> Ihr traulich stillen Täler lebet wohl!«

> gesungen: *Einmal wie die Johanna sein, so tapfer und so frei,*
> *Selbst in der äußersten Gefahr dem Ruf des Herzens treu,*
> *Das wäre schön ...*

In gleicher Weise werden noch die Julia aus William Shakespears ›Romeo und Julia‹ und das Gretchen aus Johann Wolfgang Goethes ›Faust‹ – Teil I genannt.

ECKERSBERG, Johann Wilhelm (1762–1821)

537 Das Lied von der Glocke (»Fest gemauert in der Erden«)
Begleitmusik für Orchester zur (vielleicht szenisch aufgeführten) Deklamation

Eckersberg soll das Gedicht 1804 *für großes Orchester componirt und auch in einem öffentlichen Concerte* [vermutlich in Dresden] *mit Beifall aufgeführt* haben (Schilling Bd. 2, S. 555). Mendel berichtet, dass der Komponist u. a. *durch seine 1804 öffentlich aufgeführte Musik zu Schiller's ›Glocke‹ sich Anerkennung erworben* habe; sie sei aber unveröffentlicht (Bd. 3, S. 320).

ECKLEBE, Alexander (1904–1983)

Wilhelm Tell. Schauspiel

538 – V. 1ff. (Fischerknabe: »Es lächelt der See«); hier unter dem Titel: *Lied des Fischerknaben*
Für eine Singstimme mit Klavierbegleitung

Unveröffentlicht (s. Simbriger [Grundband], S. 154).

ECKSCHLAGER, August (?–?)

539 An Emma (»Weit in nebelgrauer Ferne«)
Für eine Singstimme zur Gitarre
Nr. 24 in: *Sammlung vier und zwanzig Lieder mit Begleitung der Guitarre.* – Sammelhandschrift, 1820. – RISM-OPAC.

_____Die Komponisten und ihre Werke

EDER, Helmut (1916–2005)

QUELLEN: *Lex. zeitgenöss. Musik aus Österreich* 1997, S. 383. Datenbank music austria.

Die Räuber. Ein Schauspiel

540 Schauspielmusik
Uraufführung: Linz, 1967 (Landestheater). – Unveröffentlicht.

Don Carlos. Infant von Spanien. Ein dramatisches Gedicht

541 Hörspielmusik
Produktion des ORF, 1974. – Unveröffentlicht.

Turandot, Prinzessin von China. Ein tragikomisches Märchen nach Carlo Gozzi von Friedrich Schiller

542 Hörspielmusik
Produktion des ORF, 1976. – Unveröffentlicht.

Wallenstein. Ein dramatisches Gedicht

543 Schauspielmusik
Uraufführung: Linz, 1967 (Landestheater). – Unveröffentlicht.

EDER, »Pater« Viktor (1863–1933)

Macbeth. Zur Vorstellung auf dem Hoftheater in Weimar eingerichtet von Friedrich Schiller

544 – V. 741ff. (Pförtner: »Verschwunden ist die finst're Nacht«); hier unter dem Titel: *Pförtners Morgenlied*
Für Mezzosopran und vierstimmigen Männerchor mit Klavierbegleitung
Autographe Partitur nebst Stimmen, 1905 bzw. 1910. – RISM-OPAC.

EDLER, Robert (1912–1986)

An die Freunde (»Lieben Freunde! Es gab schön're Zeiten«)

545 – V. 47ff. (»Alles wiederholt sich nur im Leben«)
Für vierstimmigen gemischten Chor (SATB) und Klavier
Nr. 8 in: ders., [9] *Aphorismen für gemischten Chor, Klavier und Schlaginstrumente*. – Darmstadt: Tonos 1976. – Partitur (Verl.-Nr. *4915*). – Original (Slg. GG). WV/Edler, S. 7 (hier: *op. 64*).

Irrtümlich wurden alle Textteile Schiller zugeschrieben, obwohl derjenige zu Nr. 6 von Tacitus stammt (→ 554). – Die Besetzung wechselt satzweise.

Das Lied von der Glocke (»Fest gemauert in der Erden«)

546 – V. 350f. (»Wo rohe Kräfte sinnlos walten«)
Für vierstimmigen gemischten Chor (SATB) und Klavier
Nr. 5 in: ders., [9] *Aphorismen* → 545

547 Das Unwandelbare (»Unaufhaltsam enteilet die Zeit«)
Für vierstimmigen gemischten Chor (SATB), Klavier und Schlaginstrumente
Nr. 2 in: ders., [9] *Aphorismen* → 545

Der Antritt des neuen Jahrhunderts (»Edler Freund! Wo öffnet sich dem Frieden«)

548 – V. 33ff. (»In des Herzens heilig stille Räume«)
Für vierstimmigen gemischten Chor (SATB), Klavier und Schlaginstrumente
Nr. 9 in: ders., [9] *Aphorismen* → 545

Hier mit der Textvariante zu Beginn: »In des *Herzens stille* Räume ...«.

549 Der Schlüssel (»Willst du dich selber erkennen«)
Für vierstimmigen gemischten Chor (SATB) und Klavier
Nr. 4 in: ders., [9] *Aphorismen* → 545

Deutsche Größe

550 – Textauschnitt: »Doch des Deutschen Tag wird scheinen, wenn der Zeiten Kreis sich füllt«
Für vierstimmigen Männerchor (TTBB) und großes Orchester
In: ders., *Wenn der Zeiten Kreis sich füllt.* Kantate für vierstimmigen Männerchor und großes Orchester. – Darmstadt: Tonos, o. A. – Partitur, Chor- und Orchesterstimmen; Klavierauszug (Verl.-Nr. *4962*). – Verlagsverzeichnis. Original (Slg. GG).

Es wurden außerdem Verse von Johann Wolfgang Goethe und Heinz Haubrich vertont. – Die Kantate ist nicht in einzelne Teile gegliedert, weshalb eine genaue Position der Textfragmente Schillers nicht angegeben werden kann. Der Ausschnitt des Gedichts ›Die Künstler‹ (→ 551) befindet sich ungefähr in der Mitte, das titelgebende Bruchstück aus dem Texttorso ›Deutsche Größe‹ am Schluss.

Die Künstler (»Wie schön, o Mensch, mit deinem Palmenzweige«)

551 – V. 443ff. (»Der Menschheit Würde ist in eu're Hand gegeben«)
Für vierstimmigen Männerchor (TTBB) und großes Orchester
In: ders., *Wenn der Zeiten Kreis sich füllt* → 550

552 Hoffnung (»Es reden und träumen die Menschen viel«)
Für vierstimmigen Männer- und zweistimmigen Frauenchor mit Orchesterbegleitung oder a cappella bzw. vierstimmigen Männerchor a cappella
Darmstadt: Tonos 1962. – Chorpartitur (Verl.-Nr. *4950*). – Original (Slg. GG).
WV/Edler, S. 6 (hier: *op. 40*).

Die Chorpartitur kann für alle Besetzungsvarianten verwendet werden.

Macbeth. Zur Vorstellung auf dem Hoftheater in Weimar eingerichtet von Friedrich Schiller

553 – V. 741ff. (Pförtner: »Verschwunden ist die finst're Nacht«)
Vierstimmiger Männerchor a cappella
Darmstadt: Tonos 1963. – Partitur (Verl.-Nr. *3975*). – Original (Slg. GG).

554 *»Mit der Größe der Aufgabe«*; Schiller zugeschriebener Text von Publius Cornelius Tacitus
Für eine Sing- und Sprechstimme und Klavier
Nr. 6 in: ders., [9] *Aphorismen* → 545

Sprüche des Konfuzius – Nr. 2 (»Dreifach ist des Raumes Maß«)

555 – V. 7ff. (»Rastlos vorwärts musst du streben«)
Für vierstimmigen gemischten Chor (SATB) und Klavier
Nr. 7 in: ders., [9] *Aphorismen* → 545

Hier mit einer Textkürzung zu Beginn: »Rastlos musst du streben ...«.

Tabulae votivae

556 – Pflicht für jeden (»Immer strebe zum Ganzen«)
Für vierstimmigen gemischten Chor (SATB), Klavier und Schlaginstrumente
Nr. 1 in: ders., [9] *Aphorismen* → 545

557 – Zweierlei Wirkungsarten (»Wirke Gutes, du nährst der Menschheit göttliche
Pflanze«)
Für eine Sprechstimme (Alt), zweistimmigen Frauenchor (SA), Klavier und
Schlaginstrumente
Nr. 3 in: ders., [9] *Aphorismen* → 545

EGGERT, Moritz (geb. 1965)

557+1 *Die Glocken (von Uschi). Eine Goethiade von Schiller* (»Aus, ein, aus, ein ...«); Text
vom Komponisten
Für Vokalquartett (SATB), Klavier und zwei Assistenten
Hamburg: Sikorski, o. A. – Partitur. – Original (Slg. GG).

Kompositionsauftrag für die Liederwerkstatt des Kissinger Sommers 2014. – *Kari-Kahl
Wolfsjäger in herzlicher Verehrung zugeeignet.* – Das Stück ist zur halbszenischen Aufführung bestimmt: *Die vier Sänger sitzen rechts in einer Reihe auf Stühlen, die Noten in der Hand.
Vor den Sängern und dem Klavier gibt es einen kleinen Tisch mit weiteren zwei Stühlen, der
von den Assistenten benutzt wird* (Anweisung in der Partitur). – Während die Gesangssolisten den Text vorwiegend deklamieren, werden im Klavierpart mehrfach bekannte Melodien
intoniert, darunter z. B. kurz nach Beginn das Volkslied *»Der Winter ist vergangen, ich seh'
des Maien Schein«.*

EGK, Werner Joseph (1901–1983)

Wirklicher Name: *Mayer*, seit 1923 »Egk« (Namensinitialen seiner Frau; seit 1937 legali-
siert).

Maria Stuart. Ein Trauerspiel

558 Schauspielmusik

1932 komponiert; unveröffentlicht; s. Alfred Böswald / Andrew D. McCredie / Franz R.
Miller / Helga-Maria Palm-Beulich: *Werner Egk* (= *Komponisten in Bayern*, Bd. 29). Tutzing:
Schneider 1997, S. 115 (W 69).

EHLERS, Wilhelm (1774–1845)

559 Der Jüngling am Bache (»An der Quelle saß der Knabe«); hier unter dem Titel:
Liebesklage
Für eine Singstimme zur Gitarre
Nr. 23 in: [24] *Gesänge mit Begleitung der Chittarra eingerichtet von Wilhelm
Ehlers.* – Tübingen: Cotta 1804. – Goethe-Museum (Katalog), Nr. 305.

Enthält eigene Vokalwerke und Stücke anderer Komponisten.

Verzeichnis der musikalischen Werke

EHRENBERG, Carl Emil Theodor (1878–1962)

Maria Stuart. Ein Trauerspiel

560 *Maria Stuart.* Schauspielouvertüre für Orchester

1896 komponiert; unveröffentlicht; s. *Dt. Musiker-Lex.* 1929, Sp. 274, bzw. MGG2 *Personenteil* Bd. 6, Sp. 134.

EHRFURT, Carl (1807–1856)

561 An den Frühling (»Willkommen, schöner Jüngling«)
Für eine Singstimme mit Klavierbegleitung
Nr. 2 in: ders., *Sechs Gesänge.* – Leipzig: Breitkopf & Härtel [um 1829]. – Verl.-Nr. *4629.* – Goethe-Museum (Katalog), Nr. 272.

Seiner Hochwohlgeboren dem Herrn Staatsrat Körner [also Schillers Freund] *hochachtungsvoll zugeeignet.*

EICHENWALD, Sylvia (geb. 1947)

Die Braut von Messina oder: Die feindlichen Brüder. Ein Trauerspiel mit Chören

562 – V. 1546 (Don Manuel: »Es löst der Mensch nicht, was der Himmel bindet«)
Für zwei Singstimmen (MSBar) mit Klarinette

1982 komponiert (vgl. *Women Composers*, S. 215).

EICHLER, Otto (?–?)

Wilhelm Tell. Schauspiel

563 – V. 1ff. (Fischerknabe: »Es lächelt der See«)
Für zwei Singstimmen (SA) oder für zweistimmigen Frauenchor mit Soli und Klavierbegleitung, op. 6
Dresden: Wagner, o. A. – Klavierauszug, Stimmen – Hofmeister (1904–1908), S. 176. Pazdírek Bd. 4, S. 56.

EIM, Paul (?–?)

Maria Stuart. Ein Trauerspiel

564 *Maria Stuart. Vorspiel zu Schillers Trauerspiel* für Klavier, op. 24a
Breslau: Sackur, o. A. – HMB 1888/3, S. 109.

• Ausgabe für Orchester. – Leipzig: Teich, o. A. – Pazdírek Bd. 4, S. 64.

EINEM, Gottfried von (1918–1996)

Kabale und Liebe. Ein bürgerliches Trauerspiel

565 *Kabale und Liebe.* Oper in zwei Teilen (neun Bildern), op. 44. Libretto von Boris Blacher und Lotte Ingrisch
London: Boosey & Hawkes 1976. – Partitur (Verl.-Nr. *20302*); Libretto. – *Lex. zeitgen. Musik aus Österreich* 1997, S. 390.

1974/1975 entstanden. – *Herma und Rudolf Kirchschläger zugeeignet* [R. Kirchschläger war zwischen 1974 und 1986 österreichischer Bundespräsident; ihm und seiner Frau gilt die Widmung]. – Hinweis im Libretto vor Handlungsbeginn (S. 4): *Angeregt von Robert Jungbluth* [Theatermanager; seit 1971 Generalsekretär des neu gegründeten Österreichischen Bundestheaterverbands]. – Uraufführung: Wien, 17. Dezember 1976 (Staatsoper), unter der musikalischen Leitung von Christoph von Dohnányi; Inszenierung: Otto Schenk.

EISENHOFER, Franz Xaver (1783–1855)

566 An die Freude (»Freude, schöner Götterfunken«)
Vermutlich Rundgesang mit Klavierbegleitung
QUELLE: Blaschke, S. 398 (ohne nähere Angaben).

567 An Emma (»Weit in nebelgrauer Ferne«)
Vierstimmiger Männerchor (TTBB) a cappella
Nr. 4 in: ders., *Sechs Gesänge für vier Männerstimmen*, op. 4. – München: Falter, o. A. – Schneider, *Falter*, S. 338 (demnach *1813* erschienen).

568 Sehnsucht (»Ach, aus dieses Tales Gründen«); hier unter dem Titel: *Die Sehnsucht*
Für eine Singstimme mit Klavierbegleitung
München: Falter, o. A. – Whistling 1828, S. 1060. Schneider, *Falter*, S. 339 (demnach *1827* veröffentlicht). Original (DLA).
   · Mainz: Schott, o. A. – Whistling 1828, S. 1060.

EISLER, Hanns (1898–1962)

Die Bürgschaft (»Zu Dionys, dem Tyrannen, schlich Damon«)

569 *Sonett über Schillers Gedicht ›Die Bürgschaft‹ (»O schöne Zeit! O menschliches Gebaren!«)*; Text von Bertolt Brecht
Für Alt, Klarinette und Bassklarinette
Nr. 2 in: ders., *Zwei Sonette*, op. 54. – Serie I, Bd. 20 (*Vokalmusik*) in: Hanns Eisler, *Gesammelte Werke* [EGW]. Begründet von Nathan Notowicz, hg. von Stephanie Eisler und Manfred Grabs im Auftrag der Akademie der Künste der Deutschen Demokratischen Republik. – Leipzig: Deutscher Verlag für Musik 1968ff. – WV/Eisler, Nr. 1.668.
Vermutlich im Frühjahr 1937 komponiert. – Zu Lebzeiten des Komponisten in dieser Fassung nicht veröffentlicht.
Ausgaben für eine Singstimme mit Klavierbegleitung
   · S. 92ff. in: ders., *Lieder und Kantaten*, Bd. 1. – Leipzig: Breitkopf & Härtel 1955. – WV/Eisler, Nr. 1.668.
   · Nr. 10 in: ders., *Ausgewählte Lieder*, Bd. 4: [8] *Hollywood-Elegien*, [3] *Sonette*, [7] *Lieder*. – Leipzig: Deutscher Verlag für Musik 1972. – Verl.-Nr. *9084*. – Original (Slg. GG).

Wallenstein. Ein dramatisches Gedicht – I. Wallensteins Lager

570 – V. 384ff. (Rekrut: »Trommeln und Pfeifen«)
Für eine Singstimme mit Klavierbegleitung
Serie I, Bd. 25 (*Supplement*) in: EGW → 569
WV/Eisler, Nr. 1.612. – Anfang 1959 entstanden und ursprünglich für eine Singstimme mit Bläsern (Picc. 1 2, Klar., Hr., Tr. 1 2, Pos.) und Schlagzeug (KlTr., Rührtr.) konzipiert; zu Lebzeiten des Komponisten in keiner Fassung veröffentlicht. – Uraufführung: Berlin, 6. März 1959 (Deutsches Theater). – Ursprünglich sollte H. Eisler die vollständige Schauspielmusik

Verzeichnis der musikalischen Werke

schreiben, komponierte aber nur das »Rekrutenlied«, worauf sie von Peter Fischer (→ 654) und Wolfgang Pietsch (→ 1850) vervollständigt wurde.

Wilhelm Tell. Schauspiel

571 Schauspielmusik für drei Vokalsolisten (MSTBar) und Orchester

1. *Vorspiel und Gesang*
   V. 1ff. (Fischerknabe: »Es lächelt der See«)
   V. 13ff. (Hirte: »Ihr Matten, lebt wohl!«)
   V. 25ff. (Alpenjäger: »Es donnern die Höhen«)
2. *Nach dem Rütlischwur*
3. *Nach dem Apfelschuss*
4. *Nach der »Hohlen Gasse«* (zwei Musiknrr.)
5. *Hochzeitmusik* Nrr. 1–3

Serie I, Bd. 8 (*Bühnenmusik*) in: EGW → 569

WV/Eisler, Nr. 1.630. – Anfang 1962 komponiert, wobei Musik aus ›*Der Rat der Götter*‹ (Filmmusik; WV/Eisler, Nr. 1.123), ›*Nuit et Brouillard*‹ (Musik zum Dokumentarfilm; WV/Eisler, Nr. 1.437) und ›*Tage der Kommune*‹ (Musik zum Schauspiel von Bertold Brecht; WV/Eisler, Nr. 1.548) eingeflossen ist. – Uraufführung im Rahmen der Premiere in Berlin: 10. März 1962 (Deutsches Theater). – Zu Lebzeiten des Komponisten nicht veröffentlicht.

Daraus

– V. 1ff. (Fischerknabe: »Es lächelt der See«); hier unter dem Titel: *Vorspiel und Gesang*
Für eine Singstimme mit Klavierbegleitung
Nr. 3 in: ders., *Lieder und Kantaten*, Bd. 10; hg. von Stephanie Eisler und Nathan Notowicz im Auftrag des Hanns-Eisler-Archivs bei der Deutschen Akademie der Künste zu Berlin. – Leipzig: Breitkopf & Härtel 1966. – Hofmeister (1966), S. 98. BSB-Musik Bd. 5, S. 1785.

EISRICH, Carl Traugott (um 1780–1835)

Die Jungfrau von Orleans. Eine romantische Tragödie

572 *Die neueste Jungfrau von Orleans*
Musik zum Schauspiel, vermutlich der Parodie eines unbekannten Autors
QUELLE: *Lex. dt.-balt. Musik*, S. 61.

EITNER, Robert (1832–1905)

Die Jungfrau von Orleans. Eine romantische Tragödie

572+1 Ouvertüre für Orchester

Uraufführung: Berlin, zwischen dem 11. und 17. Oktober 1858 (Pelker, S. 205).

ELLMENREICH, Albert (1816–1905)

Veröffentlichte auch unter dem Pseudonym *M. L. Ehrich*.

Punschlied (»Vier Elemente, innig gesellt«)

573 *Eiergrog-Lied (»Vier Elemente, innig gesellt«)*; Textautor unbekannt
Humoreske für Männerquartett mit Klavierbegleitung ad libitum
Berlin: Luckhardt, o. A. – Partitur, Stimmen. – HMB 1891/3, S. 93.

Die Komponisten und ihre Werke

ELSNER, Joseph Anton Franciskus (1769–1854)

574 An den Frühling (»Willkommen, schöner Jüngling«); hier unter dem Titel:
Gedicht an den Frühling
Für eine Singstimme mit Klavierbegleitung
Koblenz: Hergt, o. A. – HMB 1832/3+4, S. 30. RISM A I deest.

575 _Drei Gesänge von Schiller_ [vermutlich für eine Singstimme mit Klavierbeglei-
tung]
Breslau: Förster, o. A. – Eitner Bd. 3, S. 334. RISM A I deest.

Ausgabe nicht aufgefunden; Inhalt unbekannt.

Maria Stuart. Ein Trauerspiel

576 Schauspielmusik

QUELLE: MGG1 Bd. 3, Sp. 1315.

EMGE, Adolf (1874–1951)

577 Der Triumph der Liebe. Eine Hymne (»Selig durch die Liebe«); hier mit dem
Untertitel: _Lied der Eboli_
Für eine Singstimme, Streichquartett und Harfe
Autographe Partitur einschl. Stimmen, 1899. – RISM-OPAC.

Für den Gesang der Prinzessin Eboli (›Don Carlos‹, 2. Akt, Beginn der 7. Szene) hat Schiller
keinen Text entworfen. Offenbar wurde um 1900 bei Aufführungen des Schauspiels in Weimar dafür diese Vertonung verwendet. – Widmung: _Frau Lucie Lindner-Orben_ [recte: Orban;
Schauspielerin] _zur freundlichen Erinnerung._

EMMERICH, Robert (1836–1891)

578 _Nacht und Träume (»Heil'ge Nacht, du sinkest nieder«);_ Schiller zugeschriebe-
ner Text von Matthäus von Collin
Vierstimmiger gemischter Chor (SATB) a cappella
Nr. 5 in: ders., _Fünf Gesänge für gemischten_ Chor, op. 42. – Leipzig: Breitkopf &
Härtel, o. A. – Partitur, Stimmen (Verl.-Nr. _13487_). – HMB 1874/1, S. 11.

Frau Clara Schumann zugeeignet. – In einer Rezension der AMZ/2 vom 29. Juli 1874 (_Ver-
schiedene Novitäten_) wurde die Authentizität des Textes bezweifelt: _Dass aber die Textworte
von Schiller seien, wird jedem Kenner apokryph vorkommen, […]; wenn der Name sicher, so
ist's sicher nicht der Dichter des Wallenstein_ (Sp. 472f.).

ENGELSBERG, E. S. (1825–1879)

Wirklicher Name: _Eduard Schön._

579 Des Mädchens Klage (»Der Eichwald brauset«)
Vermutlich Männerchor a cappella

Der Nachweis beruht auf der Erwähnung in den _Akten des Wiener Männergesangvereins
betreffend den musikalischen Nachlaß Engelsbergs._ Unter den dort verzeichneten 96 Dokumenten befinden sich 42 Kompositionen (darunter auch diese Vertonung), _deren sonst nirgends Erwähnung geschieht._ Das Stück soll in der Olmützer Zeit des Komponisten (1835–
1846) entstanden sein; unveröffentlicht; verschollen (s. WV/Engelsberg, S. 362 – Nr. 19).

Verzeichnis der musikalischen Werke

Die Erwartung (»Hör' ich das Pförtchen nicht gehen«)

580   – V. 1–4 als Motto zu: *Die Erwartung. Melodie* für Klavier zu zwei Händen
Wien: Glöggl, o. A. – WV/Engelsberg, S. 208 u. S. 360f. HMB 1846/6, S. 92
(unter *Ed. T. Schön* nachgewiesen).

Herrn S. Thalberg gewidmet.

Maria Stuart. Ein Trauerspiel

581   – V. 2098ff. (Maria Stuart: »Eilende Wolken, Segler der Lüfte«); hier unter
dem Titel: *Gruß*
Männerchor mit Solo-Quartett und Klavierbegleitung
Nr. 4 in: ders., *Poeten auf der Alm.* – Wien: Wessely, o. A. – WV/Engelsberg,
S. 353. HMB 1866/3, S. 44.

*Uraufführung: Wien, 4. November 1865 (Wiener Männergesangverein). – Das Sammel-
werk, das dem Wiener Männergesangverein gewidmet ist, besteht aus fünf Chorstücken,
die zu Engelsbergs Tanzliedern gerechnet werden: Ihre Stileigentümlichkeit ist dadurch
gekennzeichnet, daß die Tanzform als solche [...] nicht um ihrer selbst willen als absolute
Ausdrucksform des musikalischen Gedankens auftritt, sondern durch den Inhalt der Dichtung bestimmt wird und lediglich als Mittel dient, um das vom Dichter entworfene Bild
durch eine rhythmisch zutreffende Form zu erfassen. Es handle sich um einen Zyklus von
Naturliedern von Eichendorff, Goethe und Schiller im Rhythmus der Ländlerweise.*

· Wien: Robitschek, o. A. – Partitur, Chorstimmen. – WV/Engelsberg,
S. 235 u. 352f. Hofmeister (1898–1903), S. 208.

Bearbeitungen

· Für gemischten Chor mit Klavierbegleitung bearb. von Max von Weinzierl.
– Wien: Kratochwill, o. A. – Partitur, Stimmen. – WV/Engelsberg deest.
HMB 1887/1, S. 27.

· Für Männerchor mit Orchesterbegleitung bearb. von Eduard Kremser. –
Wien: Robitschek, o. A. – Partitur, Orchesterstimmen. – WV/Engelsberg
deest. Hofmeister (1898–1903), S. 208.

EÖTVÖS, Peter (geb. 1944)

Über die ästhetische Erziehung des Menschen

– Auszüge

582   *Schiller – energische Schönheit*, für acht Singstimmen, acht Bläser, zwei Schlag-
zeuger und Akkordeon
Mainz: Schott 2011. – Dirigierpartitur. – Homepage des Komponisten bzw.
des Verlages.

*2010 im Auftrag des Westdeutschen Rundfunks (Köln), Aldeburgh Festival Musica, Festival
International des musiques d'aujourd'hui de Strasbourg und von Jacaranda music at the
edge (Los Angeles) komponiert. – Widmung: für Harry Voigt. – Uraufführung (im Rahmen
der Wittener Tage für Neue Kammermusik): Witten, 6. Mai 2011 (Festsaal), Ensemble Modern und Ensemble Klangforum (Heidelberg) unter der Leitung von Johannes Kalitzke.*

ERBAN, Franz (1865–?)

Das Lied von der Glocke (»Fest gemauert in der Erden«)

583   *Das Lied vom Klöppel (frei nach Schiller)* [Textincipit nicht nachgewiesen];
Textverfasser unbekannt

_____Die Komponisten und ihre Werke

Vierstimmiger Männerchor (TTBB) a cappella, op. 41
Wien: Wiener Musik-Verlagshaus, o. A. – HMB 1900/1, S. 28.
· Leipzig: Bosworth, o. A. – Partitur, Stimmen. – Pazdírek Bd. 4, S. 134.

ERDLEN, Hermann (1893–1973)

Macbeth. Zur Vorstellung auf dem Hoftheater in Weimar eingerichtet von
Friedrich Schiller

584 – V. 741ff. (Pförtner: »Verschwunden ist die finst're Nacht«); hier unter dem
Titel: *Morgenlied*
Vierstimmiger Männerchor (TTBB) a cappella
Mainz: Schott 1959. – Partitur (Verl.-Nr. *39994*; [= *Schotts Chorblätter*,
Nr. 150]). – Original (Slg. GG).

Wilhelm Tell. Schauspiel

585 – V. 1447ff. (Rösselmann: »Wir wollen sein ein einzig' Volk von Brüdern«);
hier unter dem Titel: *Der Rütlischwur*
Vierstimmiger Männerchor a cappella
Lindau am Bodensee: Kahnt 1958. – Partitur. – Hofmeister (1967), S. 88.

ERFURT, Karl Gottlieb (1807–1856)

586 An den Frühling (»Willkommen, schöner Jüngling«)
Für eine Singstimme mit Klavierbegleitung
Nr. 2 in: ders., *Sechs Gesänge* (o. op.). – Leipzig: Breitkopf & Härtel, o. A. –
Pazdírek Bd. 4, S. 136.

ERK, Ludwig (1807–1883)

587 *Das Lied vom Schiller* (»*Wie heißt der Mann, der deutsche Mann*«); Text von
Carl von Viebusch
Vierstimmiger Männerchor und Harmoniemusik

1859 in dieser offenbar nicht veröffentlichten Fassung komponiert und im Rahmen der
Schiller-Woche aus Anlass von dessen 100. Geburtstag (7. bis 12. November) uraufgeführt:
Berlin, 10. November 1859, *bei der feierlichen Grundsteinlegung zum Schiller-Denkmal auf
dem Gensdarmenmarkt vor der Freitreppe des Königl. Schauspielhauses* [...]. Nach Wilsings
»Morgenlied« (aus ›Macbeth‹ in Schillers Bearbeitung; → 2887) und *der Festrede des Ober-
bürgermeisters* [...] *während der Grundstein versenkt ward* [...] *von den Sängerchören unter
Musikbegleitung* wurde dieses ›Lied‹ angestimmt (s. NZfM vom 25. November 1859, S. 188).

Veröffentlich als vierstimmiger gemischter Chor (SATB) a cappella. – Nr. 8 in:
[8] *Schiller-Lieder* [...] *Festgabe für Schule und Haus*; für gemischten Chor bearb. von Ludwig Erk. – Berlin: Enslin 1859. – Partitur. – Original (DLA). Hofmeister (1852–1859), S. 334.

Das Heft enthält zunächst sieben bekannte Schiller-Vertonungen in entspr. Bearbeitung. Es
folgt Erks einziger eigener Beitrag (zugleich der einzige nach einem anderen Dichter, der bei
Ledebur irrtümlich als *Niebusch* nachgewiesen ist; vgl. S. 137). – Auf die Veröffentlichung
(*... nach bereits bekannten Melodien ...*) wird am 28. Oktober 1859 in der NZfM hingewiesen: *Ein
kleines Heftchen, zum Preis von 1 Sgr., das also der weitesten Verbreitung fähig ist* (S. 155).

133

Verzeichnis der musikalischen Werke

588   *Zu Schillers hundertjährigem Jubelfeste (»Auf, auf, du deutscher Bardenchor«)*;
Text von *Dr. Märker* [d. i. vermutlich Friedrich Adolf Märcker]
Vierstimmiger Männerchor a cappella
Nr. 6 in: *Sechs Männerlieder für die Schillerfeier.* – Berlin: Enslin 1859. – Ledebur, S. 137.

Ein Original konnte bisher nicht eingesehen werden. Vermutlich handelt es sich aber bei den anderen Stücken der kleinen Sammlung um Bearbeitungen bekannter Schiller-Vertonungen (wie bspw. → 587).

ERMATINGER, Erhart (1900–1966)

589   Die Worte des Glaubens (»Drei Worte nenn' ich euch, inhaltschwer«)
Für gemischten Chor, Kinderchor und Orchester, op. 18
Unveröffentlicht (s. MGG2 *Personenteil* Bd. 6, Sp. 446).

ERNST, Heinrich Wilhelm (1814–1865)

590   *Elegie. Adagio malinconia ed appassionato* c-Moll für Violine und Klavier, op. 10
Fol. 45 des 1. Bandes in: *Schiller-Album* → 364

Autographe Reinschrift der Violinstimme mit der Datierung: *Weymar 22. März 1849.* – Es handelt sich um das populärste, ca. 1840 erstmals erschienene Stück des berühmten Violinvirtuosen (vollständiger Titel: *Elégie sur la mort d'un objet chéri*), das im 19. Jahrhundert auch in zahlreichen Bearbeitungen veröffentlicht worden ist (vgl. Pazdírek Bd. 4, S. 148). Angeblich hat Ernst damit den Verlust seiner großen Jugendliebe betrauert, die er als Siebzehnjähriger auf Geheiß von deren Vater für sieben Jahre verlassen musste um zunächst seine Ausbildung abzuschließen; während dieser Frist war ihm jeder Kontakt untersagt. Unmittelbar vor seiner Rückkehr war die junge Frau verstorben, worauf er die ›Elegie‹ komponiert haben soll. – Demnach wäre das Stück *um 1838* entstanden und die Datierung mit *1829/1833* in MGG2 deutlich zu früh angesetzt (*Personenteil* Bd. 6, Sp. 449).

Wallenstein. Ein dramatisches Gedicht – Prolog

591   – V. 138 (»Ernst ist das Leben, heiter ist die Kunst«)
Kanon zu drei Stimmen
Autographes Albumblatt, *Weymar, 24. März 1849.* – RISM-OPAC.

Widmung: *An Fräulein Doris Genast.* Bei der Bedachten handelt es sich um die Schauspielerin D. Genast-Raff (1827–1912), Tochter des Komponisten Eduard Genast (→ 722) und spätere Ehefrau von Joachim Raff (→ 1897).

ERNST, Robert (1900–1977)

An Jakob Grimm (»Dahin ist längst der schöne Traum Deutschlands«); Text von Anastasius Grün

592   – V. 37ff. *(»Du aber, Mann der Treu' und Ehr'«)*; hier unter dem Titel: *An Friedrich von Schiller*
Achtstimmiger gemischter Chor a cappella
Autographe undatierte Partitur. – Original (ÖNB; freundl. Mitteilung von Dr. Teresa Hrdlicka).

Das Bruchstück des ursprünglich auf J. Grimm bezogenen Gedichts wurde auf Schiller umgewidmet. – Separat beiliegend eine Bemerkung zum Text: *Dem Gedenken an Friedrich Schiller* (mit der Datierung: *Neujahr 1838*).

Die Komponisten und ihre Werke

ERTEL, Jean-Paul (1865–1933)

Hero und Leander (»Seht ihr dort die altergrauen Schlösser«)

593 *Hero und Leander, des Meeres und der Liebe Wellen (Schiller-Grillparzer).* Sinfonische Dichtung für großes Orchester, op. 20
Leipzig: Junne 1908. – Partitur (Verl.-Nr. *4430*); Klavierauszug zu zwei Händen. – Sonneck, *Orchestral Music*, S. 118. *Dt. Musiker-Lex.* 1929, S. 298. BSB-Musik Bd. 5, S. 1842.

Franz Grillparzers fünfaktiges Trauerspiel ›Des Meeres und der Liebe Wellen‹, das auf dem gleichen Stoff wie Schillers Ballade beruht, ist am 3. April 1831 in Wien (Burgtheater) uraufgeführt, aber erst 1840 ebd. bei Wallishauser veröffentlicht worden.

Maria Stuart. Ein Trauerspiel

594 *Maria Stuart.* Sinfonische Dichtung für großes Orchester, op. 1
1896 komponiert und im selben Jahr in Berlin uraufgeführt.

QUELLEN: *Dt. Musiker-Lex.* 1929, Sp. 298. MGG2 *Personenteil* Bd. 6, Sp. 461 (demnach unveröffentlicht).

ESCHBORN, Joseph (1798–1881)

Bilder aus Schillers Leben. Festspiel; Text von Theodor Gaßmann
595 Begleitmusik [vermutlich für Orchester]
1. *Die Vorlesung der Räuber in der Karlsschule*
2. *Des Dichters Flucht*
3. *Des Dichters Triumph*
4. *Die Dichter-Freunde*
5. *Des Dichters Tod*
6. *Des Dichters Lorbeerkranz*

(Ur-?)Aufführung: Hamburg, 13. November 1859 (Stadttheater) im Rahmen einer Festveranstaltung in Zusammenhang mit Schillers hundertstem Geburtstag. Vorausgegangen war P. Lindpaintners Vertonung des ›Liedes von der Glocke‹ (→ 1459); es folgten C. M. v. Webers ›Jubel-Ouvertüre‹ und die szenische Aufführung von ›Wallensteins Lager‹ (ohne Nachweis einer Schauspielmusik).

QUELLE: Theaterzettel (DLA).

Das Lied von der Glocke (»Fest gemauert in der Erden«); hier: Als *Declamatorium* und für die Bühne eingerichtet von C. Simons
596 Begleitmusik
Krefeld: Funcke, 1827. – Klavierauszug. – Brandstaeter, S. 36. ÖNB (Online-Katalog).

597 Würde der Frauen (»Ehret die Frauen! Sie flechten und weben«)
Kantate
Uraufführung: Mannheim, 25. Dezember 1828. – Unveröffentlicht; verschollen; s. Karl-Hermann Schlage, *Geistliche Chormusik im Mannheimer Musikleben des 19. Jahrhunderts (1800–1918)* (= Quellen und Studien zur Musikgeschichte von der Antike bis zur Gegenwart, Bd. 35). Frankfurt am Main: Lang 1997, S. 23 und S. 50.

ESCHMANN, Johann Karl (1826–1891)

Wilhelm Tell. Schauspiel

598 – V. 2831ff. (Barmherzige Brüder: »Rasch tritt der Tod den Menschen an«); hier unter dem Titel: *Begräbnisgesang*
Vierstimmiger Männerchor (TTBB) mit Blasorchester (Klar. 1 2, Hr. 1–4, Tr. 1 2) ad lib.
Undatierte autographe Partitur. – RISM-CH (Database).

ESSER, Heinrich (1818–1872)

599 Die vier Weltalter (»Wohl perlet im Glase der purpurne Wein«); hier unter dem Titel: *Gesang und Liebe*
Für eine Singstimme mit Klavierbegleitung
Mainz: Schott, o. A. – Verl.-Nr. *6443*. – HMB 1842/5, S. 80. ÖNB (Online-Katalog).

Brandstaeter weist unter dem Original- bzw. Kompositionstitel irrtümlich zwei verschiedene Vertonungen nach und reiht letztere unter den apokryphen Texten ein (vgl. S. 36 u. 39).

ETT, Caspar (1788–1847)

600 Würde der Frauen (»Ehret die Frauen! Sie flechten und weben«)
Für Alt mit Klavierbegleitung
Nr. 3 in: ders., [3 Gesänge]. – Autographe undatierte Sammelhandschrift. – RISM-OPAC.

Diese Vertonung ist offenbar 1828 entstanden (entspr. Hinweis im Explicit).

ETTI, Karl (1912–1996)

Das Lied von der Glocke (»Fest gemauert in der Erden«)

601 – V. 88ff. (»Denn wo das Strenge mit dem Zarten«); hier unter dem Titel: *Der gute Klang*
Vierstimmiger Männerchor a cappella
Wien: Robitschek 1984 (= *Chorbibliothek*, Nr. *1025*). – Partitur (Verl.-Nr. *8549*). – ÖNB (Online-Katalog).

Die Künstler (»Wie schön, o Mensch, mit deinem Palmenzweige«)

602 – V. 443ff. (»Der Menschheit Würde ist in eu're Hand gegeben«); hier unter dem Titel: *An die Künstler*
Vierstimmiger Männerchor a cappella
Wien: Haslinger 1962. – Partitur. – Hofmeister (1965), S. 90.

Wallenstein. Ein dramatisches Gedicht – I. Wallensteins Lager

603 – V. 1452ff. (Zweiter Kürassier: »Wohl auf, Kameraden, auf's Pferd«)
Vierstimmiger Männerchor a cappella
Wien: Doblinger 1960 (= *Der Männerchor*, Nr. 100). – Hofmeister (1961), S. 75. BSB-Musik Bd. 5, S. 1855.

Zugleich ebd. als Nr. 9 (einzeln) in K. Ettis ›Zwölf alte Soldatenlieder‹ erschienen.

Wallenstein. Ein dramatisches Gedicht – III. Wallensteins Tod

604
– V. 306f. (Wallenstein: »Der Österreicher hat ein Vaterland«)
Vierstimmiger Männerchor bzw. vierstimmiger gemischter Chor (SATB) a cappella
Wien: Doblinger 1970. – Partitur (Verl.-Nr. *13827* [= *Der Männerchor*, Nr. 240]), Blattpartitur (Verl.-Nr. *13828* [= *Blätter für gemischten Chor*, Nr. 610]). – Original (DLA).

ETTINGER, Max (1874–1951)

Wirkliche Vornamen: *Markus Wolf.*

605
Die Worte des Glaubens (»Drei Worte nenn' ich euch, inhaltschwer«)
Vierstimmiger gemischter Chor a cappella
Nr. 3 in: ders., *Die »Drei«. Sprüche und Worte von Schiller für gemischten Chor a cappella*
Autographe Partitur, *Ascona, Dezemb.* [19]*36.* – Original (Israelitische Cultus-gemeinde, Zürich).

Unveröffentlicht. – Im WV/Ettinger sind lediglich die beiden ›Sprüche des Konfuzius‹ nach-gewiesen (S. 222). – Vgl. hierzu die ähnlich motivierte Sammelvertonung von Kurt Lissmann (→ 1475).

Sprüche des Konfuzius

606
– Nr. 1 (»Dreifach ist der Schritt der Zeit«)
Vierstimmiger gemischter Chor a cappella
Nr. 1 in: ders., *Die »Drei«* → 605

607
– Nr. 2 (»Dreifach ist des Raumes Maß«)
Vierstimmiger gemischter Chor a cappella
Nr. 2 in: ders., *Die »Drei«* → 605

ETZLER, ... (?–?)

608
Die Worte des Glaubens (»Drei Worte nenn' ich euch, inhaltschwer«)
Vierstimmiger Männerchor (TTBB) mit Soli a cappella
Nr. 48 in: *Liedertafel.* – Umfangreiche undatierte Sammelhandschrift (Partitur, Stimmbücher). – RISM-OPAC.

Das Notenmaterial stammt aus der 2. Hälfte des 19. Jahrhunderts (aus dem Vorbesitz der Breslauer Liedertafel).

EVERS, Carl (1819–1875)

609
An Emma (»Weit in nebelgrauer Ferne«)
Für eine Singstimme mit Klavierbegleitung
Nr. 3 in: ders., *Sechs Lieder*, op. 2. – Leipzig: Hofmeister, o. A. – HMB 1839/8, S. 109.

EYLENSTEIN, Johann Friedrich Adam (1757–?)

Macbeth. Zur Vorstellung auf dem Hoftheater in Weimar eingerichtet von Friedrich Schiller

610
Einrichtung der Schauspielmusik von J. F. Reichardt

Verzeichnis der musikalischen Werke

Reichardt hatte eine Schauspielmusik zur Übersetzung von Gottfried August Bürger komponiert, doch wurde diese auch für Schillers Bearbeitung mehrfach verwendet (→ 1958). – *Für die Aufführungen von Friedrich Schillers ›Macbeth‹-Übersetzung in Weimar wurden in Reichardts Partitur [...] keinerlei Sätze Franz Seraph von Destouches' als Ergänzung eingelegt; der Korrepetitor und Theater-Kapellmeister [...] Eylenstein fügte nur einige Satzübergänge neu zusammen bzw. nahm Kürzungen vor* (Radecke, S. 234).

— **F** —

FABRIZI, Paolo (1809–1869)

Auch: *Fabrizio* oder *Fabrizzi* (vgl. Mendel Bd. 3, S. 451).

Der Gang nach dem Eisenhammer (»Ein frommer Knecht war Fridolin«)

611 *Il conte di Saverna, ossia: Fridolin.* Oper; Libretto von Marco d'Arienzo
Uraufführung: Neapel, 9. März 1837 (Teatro nuovo); s. Stieger.

FÄSY – auch: FÄSI, Albert Rudolph (1837–1891)

Der Triumph der Liebe (»Selig durch die Liebe«)

612 *Vorspiel zu Friedrich von Schiller's Hymne* für großes Orchester
Autographe undatierte Partitur (mit programmatischen Erläuterungen). –
RISM-CH (Database).

613 Sehnsucht (»Ach, aus dieses Tales Gründen«)
Für Bariton mit Klavierbegleitung
Wien: Albrecht, o. A. – Verl.-Nr. *295.* – RISM-CH (Database).

FAHRBACH sen., Philipp (1815–1885)

614 *Schiller-Walzer* für Klavier, op. 227
Wien: Spina, o. A. – Verl.-Nr. *16845.* – Original (Slg. GG). HMB 1860/6, S. 106.

Ausgaben später bei Cranz in Leipzig und bei Ricordi in Mailand (vgl. Pazdírek Bd. 4, S. 208).

FAISST, Immanuel (1823–1894)

615 Die Macht des Gesanges (»Ein Regenstrom aus Felsenrissen«)
Für vier Soli (TTBB), vierstimmigen Männerchor (TTBB) und Harmoniemusik, op. 25
Breslau: Leuckart [1867]. – Partitur, Singstimmen; Klavierauszug (Verl.-Nr. *1995*). – HMB 1866/11, S. 177 (Klavierauszug, Stimmen), sowie 1867/11, S. 187 (Partitur). Original (DLA).

Im Januar 1866 suchte der Schlesische Sängerbund im Rahmen eines Preisausschreibens nach einer Komposition, die *für Massengesang geeignet, nicht allzugroße Schwierigkeiten bieten und bei der Aufführung die Dauer von 15 bis 20 Minuten nicht überschreiten* [sollte]. *Mendelssohns ›Festgesang an die Künstler‹* [→ 1618] *hat uns als Muster vorgeschwebt* (AMZ/2, 10. Januar 1866, Sp. 20). Faisst ging dabei als Sieger hervor, und auf der Titelseite der Veröffentlichung heißt es folglich: *Preisgekrönt von dem Ausschusse des Schlesischen Sängerbundes [...] und dem Schlesischen Sängerbunde gewidmet.* – Uraufführung: 1866 (Sängerfest des Schlesischen Sängerbundes). – Über die Auszeichnung mit dem ersten Preis be-

Die Komponisten und ihre Werke

richtet die AMZ/2 am 9. Mai 1866 und zitiert dabei aus der Begründung der Jury: ... _geeignet als eine wahrhafte Bereicherung der Literatur des deutschen Männergesangs [...]. Von allen bisherigen Compositionen des Schiller'schen Gedichtes ist diese die erste, in der wir uns wirklich einmal von der Gewalt des donnernden Bergstromes mächtiger und mächtiger fortgerissen fühlen, wirklich einmal etwas von dem »wollustvollen Grausen« des Wanderers empfanden_ (S. 155). – Weitere Rezensionen s. AMZ/2, 17. April 1867, S. 129 (kurze Erwähnung), und 7. August 1867, S. 257, sowie von Hermann Zopff mit kritischen Untertönen zu einigen Teilen in der NZfM, 3. Mai 1867, S. 166.

616   _Schiller-Kantate. Zur Enthüllung des Schiller-Standbildes in Marbach den 9ten Mai 1876 (»Frühling hallt um seine Wiege«)_; Text von Johann Georg Fischer
Für vier Soli (TTBB), vierstimmigen Männerchor (TTBB) und Harmoniemusik (mit Pauken ad lib.), op. 25
Stuttgart: Ebner, o. A. – Chorstimmen, Klavierauszug. – HMB 1877/3, S. 77.
Original (DLA).

FALTIS, Emanuel (1847–1900)

Wilhelm Tell. Schauspiel

617   _Drei Lieder zum Beginn des Dramas ›Wilhelm Tell‹_
Für drei Soli (SSB) und Orchester

1. V. 1ff. (Fischerknabe: »Es lächelt der See«) – Sopran
2. V. 13ff. (Hirte: »Ihr Matten, lebt wohl«) – Sopran
3. V. 25ff. (Alpenjäger: »Es donnern die Höhen«) – Bass

Autographe Partitur und Stimmen einschließlich Klavierauszug, 1869. – RISM-OPAC.

Vermerk in den Musikalien: _Zum ersten Male aufgeführt (auch zu dem Zweck componiert) an Schillers Geburtstag ([Ulm, 10.] November 1869). – Seiner Hochwohlgeboren dem Herrn Carl Freiherrn von Stengel hochachtungsvoll gewidmet._ – Die drei Lieder sind in einem durchkomponierten Stück zusammengefasst.

FANTO, Emil (?–?)

Das Mädchen von Orleans (»Das edle Bild der Menschheit zu verhöhnen«)

– V. 13 (»Es liebt die Welt, das Strahlende zu schwärzen«)

618   _Es liebt die Welt, das Strahlende zu schwärzen (»Man findet schon in jedem Städtchen«)_; Textverfasser unbekannt
Couplet für eine Singstimme mit Klavierbegleitung
Leipzig: Hofbauer, o. A. – HMB 1895/3, S. 108.

Weitere Ausgaben sind in Wien bei Robitschek bzw. Mozarthaus erschienen; vgl. Hofmeister (1892–1897), S. 208, bzw. Pazdírek Bd. 4, S. 232.

FASSBAENDER, Peter (1869–1920)

619   _Eine deutsche Messe_, op. 18
Für vierstimmigen gemischten Chor (SATB) und Orchester
Leipzig: Siegel, o. A. – Chorstimmen; Klavierauszug. – Hofmeister (1904–1908), S. 196. Pazdírek Bd. 4, S. 249.

Hierfür sind außerdem Texte von Johann Wolfgang Goethe, Conrad Ferdinand Meyer und Eduard Mörike zusammengestellt worden; eine Ausgabe konnte bisher nicht eingesehen werden.

Verzeichnis der musikalischen Werke

FAY, Gustav (?–1866)

Die Verschwörung des Fiesco zu Genua. Ein republikanisches Trauerspiel

620 *Fiesco*. Oper in drei Akten; Libretto eines unbekannten Verfassers *nach Schiller*

Posthume Uraufführung: Budapest, Mai 1868 (Stieger).

FEHR, Joseph Anton (1761–1807)

Gelegentlich kursiert als Geburtsjahr auch 1765.

621 An die Freude (»Freude, schöner Götterfunken«)
Für eine Singstimme mit Klavierbegleitung
Nr. 2 in: ders., *Friedens Lied* [»*Gold'ner Friede, sei willkommen*«], *das Lied an die Freude. Nebst sechs deutschen Tänzen fürs Klavier*. – Bregenz: Brentano 1798. – RISM A I: F 178.

FEININGER, Carl (?–?)

622 Des Mädchens Klage (»Der Eichwald brauset«)
Für eine Singstimme mit Klavierbegleitung
Nr. 2 in: ders., *Drei Lieder*, op. 16. – Hamburg: Böhme, o. A. – HMB 1877/5+6, S. 173.

     · Leipzig: Cranz, o. A. – Pazdírek Bd. 4, S. 281.

FELLENBERG, Gottfried von (1857–1924)

Wilhelm Tell. Schauspiel

623 – V. 921ff. (Attinghausen: »An's Vaterland, an's teure, schließ' dich an«); hier unter dem Titel: *Vaterlandslied*
Vierstimmiger gemischter Chor (SATB) a cappella
Undatierte autographe Partitur. – RISM-CH (Database).

Auf diesen Vers folgt ein zweiter von Heinrich Hugendubel: »*Der treue Gott sei stets dein Fels und Hort.*«

624 – V. 2831ff. (Barmherzige Brüder: »Rasch tritt der Tod den Menschen an«); hier unter dem Titel: *Chor der barmherzigen Brüder*
Dreistimmiger Kinderchor (SSA) a cappella
Autographe Partitur, 27. Februar 1893. – RISM-CH (Database).

FELLMER, Hellmut (?–?)

Die Jungfrau von Orleans. Eine romantische Tragödie

625 Schauspielmusik für Soli, Chor und Orchester
Undatierte, vermutlich autographe Partitur einschließlich Aufführungsmaterial [wahrsch. um 1933, der Zeit der Premiere]. – RISM-OPAC.

Besteht aus fünf Instrumental- und zwei Vokalsätzen (beide vertonte Texte nicht Teil des Schauspiels) sowie mehreren Bläsersignalen: Bei der Nr. 2 handelt es sich um den ›Troubadourgesang‹ (»*Mir g'liebt im grünen Maien die fröhliche Sommerzeit*« – Text von Georg Grünewald; auch bekannt als: »*Mir liebt im ...*«), der um 1580 erstmals nachweisbar ist (vgl. Holzapfel Bd. 2, S. 1071) und sich in der Bühnenhandlung nicht lokalisieren lässt; als Nr. 5 wurde – vermutlich vor V. 2795 – der Chorsatz »*Salvum fac regem*« eingelegt, der sich gele-

140

_____ Die Komponisten und ihre Werke

gentlich in den Schauspielmusiken zu dem Trauerspiel findet. – Uraufführung im Rahmen der Premiere: Weimar, Ende Mai 1933 (Deutsches Nationaltheater); Regie: Richard Salzmann; mit Cläre Kaiser in der Titelrolle (vgl. die Premierenkritik in der ›Allgemeinen Thüringischen Landeszeitung‹ vom 25. Mai 1933).

FELSBERG, Justinus (1780–1849)

626 Die Worte des Glaubens (»Drei Worte nenn' ich euch, inhaltschwer«)
Für bis zu dreistimmigen Männerchor mit Solo a cappella
Nr. 81 in: [109] *Gesänge der Loge Ernst zum Compass*. – Undatierte Sammelhandschrift (Partitur). – RISM-OPAC.
Die Handschrift dürfte zwischen 1820 und 1840 entstanden sein.

FELSZ, Richard (?–?)

627 Der Handschuh (»Vor seinem Löwengarten, das Kampfspiel zu erwarten«)
Großes humoristisches Potpourri für vier Männerstimmen (oder Soloquartett und Chor ad libitum) mit Klavierbegleitung, op. 20
Berlin: Simon, o. A. – HMB 1880/4, S. 128.

FESCA, Alexander (1820–1849)

628 Sehnsucht (»Ach, aus dieses Tales Gründen«)
Vermutlich für eine Singstimme mit Klavierbegleitung
QUELLE: Brandstaeter, S. 38 (hier als *op. 33*, ohne weitere Angaben).

FETZER, J. F. (?–?)

629 Des Mädchens Klage (»Der Eichwald brauset«)
Für eine Singstimme mit Klavierbegleitung
Nr. 11 in: ders., [11] *Lieder*, op. 3 (in 2 Heften). – Mainz: Schott, o. A. – HMB 1847/5, S. 85.
1. Heft: Nrr. 1–7; 2. Heft: Nrr. 8–11.

FEUERBACHER, W. (?–?)

630 Hoffnung (»Es reden und träumen die Menschen viel«)
Vierstimmiger Männerchor (TTBB) a cappella
Hektographie [wohl Mitte 20. Jahrhundert]. – Original (DLA).

631 Sehnsucht (»Ach, aus dieses Tales Gründen«)
Vierstimmiger Männerchor (TTBB) a cappella
Hektographie [wohl Mitte 20. Jahrhundert]. – Original (DLA).

FEYE, Carl (?–?)

Wilhelm Tell. Schauspiel
632 – V. 2831ff. (Barmherzige Brüder: »Rasch tritt der Tod den Menschen an«)
Vierstimmiger Männerchor (TTBB) a cappella
Nr. 6 in: ders., *Neun Lieder für vier Männerstimmen. Zum Gebrauch für Unterrichtsanstalten und Singvereine*, op. 33. – Offenbach am Main: André, o. A. – Partitur. – HMB 1861/3, S. 56.

Verzeichnis der musikalischen Werke

FEYHL, Johannes (1833–1905)

633 Sehnsucht (»Ach, aus dieses Tales Gründen«)
Für eine Singstimme mit Klavierbegleitung
Nr. 1 in: ders., *Die sieben Schwaben*, op. 4. – Stuttgart: Zumsteeg, o. A. – Verl.-
Nr. *55–61*. – HMB 1864/12, S. 258. Original (DLA).

Es handelt sich um ein Sammelwerk mit Liedern nach Texten von sieben schwäbischen
Dichtern.

Wallenstein. Ein dramatisches Gedicht – I. Wallensteins Lager

– V. 484ff. (Kapuziner: »Heisa, juchheia! Dudeldumdei! Das geht ja hoch her«)

634 *Eine Kapuzinerpredigt (»Warum ist die Zeit so schlecht«)*; Textverfasser un-
bekannt
Humoristischer vierstimmiger Männerchor (TTBB) a cappella, op. 78
Leipzig: Stoll, o. A. – Partitur, Stimmen. – HMB 1884/11, S. 316.

FIALA, J. A. (?–?)

635 *Abendlüfte. Polka-Mazur* für Klavier, op. 16
Wien: Spina, o. A. – Verl.-Nr. *19281*. – ÖNB (Online-Katalog).

... dem Vereine Schiller-Glocke gewidmet.

FIBICH, Zdeněk (1850–1900)

Die Braut von Messina oder: Die feindlichen Brüder. Ein Trauerspiel mit Chören

636 *Nevesta Messinská.* Tragische Oper in drei Akten, op. 18; Libretto von Otakar
Hostinský

Am 1. Januar 1882 begonnen und am 11. Februar 1883 beendet. Im Kompositionswettbe-
werb für das Nationaltheater mit dem ersten Preis in der Kategorie »Ernste Oper« ausgezeichnet. – Uraufführung: Prag, 28. März 1884 (Národní divadlo [Nationaltheater]), unter
der musikalischen Leitung von Adolf Čech, mit Betty Fibichová – der Ehefrau des Komponisten (Isabella), Marie Sittová (Beatrice), Leopold Stropnický (Don Manuel), Antonín Vávra
(Don César) und Vilém Heš (Diego). – Clément/Larousse weist das Werk irrtümlich unter
dem Librettisten nach (*... musique de M. Hostinsky*) und datiert die Uraufführung auf April
1884 (S. 452).

QUELLEN: WV/Fibich, Nr. 268. *Pipers Enzyklopädie* Bd. 2, S. 198ff.

Klavierauszug:

• Prag: Urbánek [1884]. – Verl.-Nr. *M. H. 8.* – Original (Slg. GG).

Erstausgabe. Es folgten Neudrucke z. B. 1922 bei Besedy bzw. 1950 (bereits in vierter
Auflage) bei Hudební Matice (jeweils in Prag; vgl. BSB-Musik Bd. 5, S. 1933, bzw. Slg. GG).
– Im Originalverlag erschien 1884/85 als Einzelausgabe noch der ›Trauermarsch‹ (Parti-
tur und in Bearbeitungen für Klavier zu zwei bzw. vier Händen).

Wallenstein. Ein dramatisches Gedicht – I. Wallensteins Lager

637 *Pochod Pappenheimů z Valdštýnůr tábora* [Pappenheimer Marsch aus ›Wallensteins Lager‹] für Orchester

Vermutlich für die Schauspielpremiere im Prager Interimtheater am 10. September 1877
komponiert. – Unveröffentlicht; verschollen (vgl. WV/Fibich, Nr. 914).

Wilhelm Tell. Schauspiel

638 – V. 1465ff. (Walter Tell: »Mit dem Pfeil, dem Bogen«); hier unter dem Titel:
Schützenlied
Für eine Singstimme mit Klavierbegleitung

Am 27. April 1871 komponiert; unveröffentlicht (vgl. WV/Fibich, Nr. 139).

FIBY, Heinrich (1834–1917)

639 An Emma (»Weit in nebelgrauer Ferne«)
Vermutlich für eine Singstimme mit Klavierbegleitung

QUELLE: Brandstaeter, S. 34 (Vorname hier wohl irrtümlich mit *G.* abgekürzt; auf *1859* datiert; keine weitere Angaben).

Das Lied von der Glocke (»Fest gemauert in der Erden«)

640 – V. 322ff. (»Holder Friede, süße Eintracht«)
Vierstimmiger Männerchor (TTBB) a cappella
Nr. 1 (einzeln) in: ders., [3] *Chöre*, op. 42. – Leipzig: Bosworth, o. A. – Partitur, Stimmen. – Hofmeister (1904–1908), S. 202.

Pazdírek weist das Sammelwerk als op. 43 nach (vgl. Bd. 4, S. 331).

641 *Das Lied von der Gurke (»And're Dichter mögen loben«)*; Textverfasser unbekannt
Humoristisches Männerquartett (TTBB) a cappella, op. 12
Wien: Wessely, o. A. – Partitur, Stimmen. – HMB 1873/7, S. 204. Pazdírek Bd. 4, S. 331.

642 Hoffnung (»Es reden und träumen die Menschen viel«); hier unter dem Titel:
Die Hoffnung
Vierstimmiger gemischter Chor (SATB) a cappella
Nr. 3 (einzeln) in: ders., [3] *Chöre*, op. 42 → 640

643 Hymne an den Unendlichen (»Zwischen Himmel und Erd', hoch in der Lüfte Meer«)
Vierstimmiger Männerchor (TTBB) mit Blechbläser, op. 5
Leipzig: Bosworth, o. A. – Partitur mit unterlegtem Klavierauszug, Stimmen. – NZfM, Nr. 17 vom 19. April 1905, S. 358 (Rezension). Pazdírek Bd. 4, S. 330f.

• Wien: Wesely, o. A. – Partitur, Stimmen (Verl.-Nr. *201*). – ÖNB (Online-Katalog).

644 *Nacht und Träume (»Heil'ge Nacht, du sinkest nieder«)*; Schiller zugeschriebener Text von Matthäus von Collin
Vierstimmiger gemischter Chor (SATB) a cappella
Nr. 2 (einzeln) in: ders., [3] *Chöre*, op. 42 → 640

FISCHEL, Ad. (?–?)

645 Laura am Klavier (»Wenn dein Finger durch die Saiten meistert«)
Für eine Singstimme mit Klavierbegleitung
Berlin: Bote & Bock, o. A. – HMB 1863/1, S. 13.

Verzeichnis der musikalischen Werke

FISCHER, Anton Joseph (1778–1808)

646 Das Mädchen aus der Fremde (»In einem Tal bei armen Hirten«)
Für eine Singstimme mit Klavierbegleitung
Nr. 3 in: ders., *Sechs Lieder*. – Stuttgart: Eichele, o. A. – Verl.-Nr. *2*. – Original
(DLA).

647 Hoffnung (»Es reden und träumen die Menschen viel«)
Für eine Singstimme mit Klavierbegleitung
Nr. 4 in: ders., *Sechs Lieder* → 646

FISCHER, H. C. (?–?)

648 An den Frühling (»Willkommen, schöner Jüngling«)
Dreistimmiger Knabenchor a cappella
Nr. 26 in: *Vierzig Schiller-Lieder* → 2685

FISCHER, Hans (1899–1962)

Wilhelm Tell. Schauspiel

649 – V. 1447ff. (Rösselmann: »Wir wollen sein ein einzig' Volk von Brüdern«)
Für gemischten Chor a cappella bzw. dreistimmigen Jugendchor a cappella
Berlin-Lichterfelde: Vieweg, o. A. – Partitur für beide Besetzungen. – Hofmeister (1934–1940), S. 214.

FISCHER, Heinrich (?–?)

650 An Emma (»Weit in nebelgrauer Ferne«)
Für drei Männerstimmen (TTB) a cappella
Nr. 6 in: ders., [6] *Gesänge für Drey Männerstimmen*, op. 2 (*4te Lieferung*). –
Wien: Artaria, o. A. – Stimmen (Verl.-Nr. *822*). – RISM-OPAC.

… seinem Freunde, Herrn Moritz Wolf, gewidmet. – Später von Diabelli in Wien vertrieben;
vgl. Hofmeister 1845 (*Vocalmusik*), S. 60.

Wallenstein. Ein dramatisches Gedicht – I. Wallensteins Lager

651 – V. 384ff (Rekrut: »Trommeln und Pfeifen«)
Für drei Männerstimmen (TTB) a cappella
Nr. 3 in: ders., [6] *Gesänge für Drey Männerstimmen*, op. 4 (*2te Lieferung*). –
Wien: Artaria, o. A. – Stimmen (Verl.-Nr. *860*). – RISM-OPAC.

… seinem Freunde, Herrn Moritz Wolf, gewidmet. – Später von Diabelli in Wien vertrieben;
vgl. Hofmeister 1845 (*Vocalmusik*), S. 60.

FISCHER, Kai (geb. 1980)

Arbeitete als Filmkomponist auch unter den Namen *KAB Fischer* oder *Jan Löwenherz*.

Kabale und Liebe. Ein bürgerliches Trauerspiel

652 Musik zur Verfilmung des Schauspiels. Drehbuch von Leander Haußmann und
Boris Naujoks; Regie: Leander Haußmann
Deutschland: Boje Buck (Berlin) und Lotus Film (Wien) in Kooperation mit dem
ZDF und 3sat 2005. – In Farbe; 100 Minuten. – Mit Paula Kalenberg (Luise),
August Diehl (Ferdinand), Götz George (Präsident), Katja Flint (Lady Milford),

144

Ignaz Kirchner (Musiker Miller), Katharina Thalbach (seine Frau), Detlev Buck (Sekretär Wurm) u. a.

Ursendung: 3. Oktober 2005 (3sat). – In der Filmmusik wird wiederholt das anonym überlieferte »Volkslied« *»Kein Feuer, keine Kohle, kann brennen so heiß«* zitiert und paraphrasiert.

QUELLE: DVD (Slg. GG).

FISCHER, Otto (?–?)

Des Mädchens Klage (»Der Eichwald brauset«)

653   *Des Mädchens Klage. Salonstück* für Klavier, op. 44
Bremen: Praeger & Meier, o. A. – HMB 1885/2, S. 35.

FISCHER, Peter (1929–?)

Wallenstein. Ein dramatisches Gedicht – I. Wallensteins Lager

654   Schauspielmusik

Uraufführung im Rahmen der Premiere in Berlin: 6. März 1959 (Deutsches Theater). – Ursprünglich sollte H. Eisler die vollständige Schauspielmusik schreiben (→ 570), komponierte aber damals nur das »Rekrutenlied« (»Trommeln und Pfeifen«), worauf Peter Fischer und Wolfgang Pietsch (→ 1850) die übrigen Teile übernahmen (vgl. WV/Eisler, S. 167).

FISCHER jun., Wilhelm (?–?)

Wallenstein. Ein dramatisches Gedicht – I. Wallensteins Lager

655   Schauspielouvertüre für Orchester

(Ur-?)Aufführung: Dresden, 9. November 1859 (Königliches Hoftheater). – Das Schauspiel bildete den zweiten Programmpunkt der *Vorfeier von Friedrichs von Schiller hundertjährigem Geburtstage*; es ging eine szenische Darstellung (*mit lebenden Bildern*) des ›Liedes von der Glocke‹ mit *Musik von verschiedenen Componisten* voraus (→ 6); ›Die Braut von Messina‹ folgte (Ouvertüre von F. Schneider → 2241, Schauspielmusik von B. A. Weber → 2795).

QUELLE: Theaterzettel (DLA).

FISCHER VON WALDHEIM, Gotthelf (1771–1853)

656   An die Freude (»Freude, schöner Götterfunken«); hier unter dem Titel: *Schiller's Hymnus an die Freude*
Für eine Singstimme mit Klavierbegleitung
S. 46 in: ders., [30] *Lieder seinen Freunden gewidmet.* – Moskau: Weintzell [1850]. – Original (Staatsbibl. zu Berlin).

Die Vertonung ist *Barbe Göhring, geb. Sprewitz,* gewidmet.

657   Punschlied (»Vier Elemente, innig gesellt«); hier unter dem Titel: *Schiller's Punschlied*
Für eine Singstimme mit Klavierbegleitung
S. 4 in: ders., [30] *Lieder seinen Freunden gewidmet* → 656

Die Vertonung ist *Joseph Genischta* gewidmet.

Verzeichnis der musikalischen Werke

FISHER, John (?)

Maria Stuart. Ein Trauerspiel

658   *Mary!* Musical nach Schiller

QUELLE: Reischert, S. 641 (undatierter Nachweis).

FITINGOF-ŠEL', Boris Aleksandrovič (1829–1901)

Maria Stuart. Ein Trauerspiel

659   *Marija Stjuart.* Oper

1889 begonnen, aber nicht beendet; unveröffentlicht (s. MGG2 *Personenteil* Bd. 6, Sp. 1288).

FLAMMER, Ernst Helmuth (geb. 1949)

Über die ästhetische Erziehung des Menschen

660   – Textfragmente aus den Briefen 1, 2, 4, 6, 13–15, 18, 23, 24, 26 und 27

Vorwiegend im zweiten (einige Fragmente noch im siebten) Teil enthalten, dem eine Zeile aus dem ersten Buch Mose (»Genesis«) als Motto vorangestellt ist: »*... und die Erde war wüst und leer, und Gott sah, dass es gut war*« (orientiert sich an Vers 2 des 1. Kapitels).

In: ders., *Der Turmbau zu Babel.* Oratorium in acht Teilen für Sprecher, zwei Soli (SBar), drei Chöre und drei Orchestergruppen sowie Live-Elektronik und quadrophones Zuspielband. – Bad Schwalbach: Edition Gravis, o. A. – Verl.-Nr. *1457.* – New Grove2 Bd. 8, S. 926. Original (Textbuch; Slg. GG).

1981/82 als Auftragskomposition zur 25. Wiederkehr der »Tage der Neuen Musik« in Hannover nach Textfragmenten aus Schriften von Niccolò Machiavelli, Friedrich Nietzsche, Schiller, Arthur Schopenhauer, Kurt Tucholsky und Richard Wagner entstanden; außerdem wurden zwei »Wandervogellieder« und das HJ-Lied ›*Uns're Fahne flattert uns voran*‹ (»*Vorwärts, vorwärts, schmettern die hellen Fanfaren*«), das Hans-Otto Borgmann nach einem Gedicht von Baldur von Schirach für den Propagandafilm ›Hitlerjunge Quex‹ (1933) komponiert hatte, einbezogen. – Zueignung: *... allen denjenigen gewidmet, die im Kampf für Freiheit und Gerechtigkeit und ein menschenwürdiges Zusammenleben ihr Leben lassen mussten; allen Unerschrockenen, die unter Inkaufnahme auch schwerwiegender persönlicher Nachteile ihren Weg aufrecht und geradlinig gehen; für Klaus Bernbacher.* – Uraufführung: Hannover, 29. Januar 1983 (NDR-Funkhaus – Großer Sendesaal).

Das Textbuch enthält ein längeres Vorwort, in dem Flammer wortreich und in dem sperrigen Stil der Zeit sein Werk erklärt und unter Hinweis auf dessen Aktualität zu rechtfertigen sucht: *Ein zeitkritisches Sujet hat nur eine vermeintliche, im Sinne eines auf den unmittelbaren Augenblick bezogenen Gegenwartsbegriffs verstandene Aktualität. Es ist vielmehr zu den Zeiten und ineins an den Orten aktuell, wo und wann immer Verhältnisse anzutreffen sind, die denen in diesem Sujet beschriebenen oder – beim Drama – abgehandelten Zuständen ähneln.* Für seine künstlerische Tätigkeit beansprucht Flammer mehr als nur eine tagesaktuelle Stellungnahme – er betreibe nämlich keine *Agitation,* sondern beziehe Position: *Eine implizite Vieldeutigkeit, die sich aus dem Verhältnis Musik und Text ergibt, ist zwar verallgemeinernd, jedoch in ihrer Eigenschaft des Allgemeinen allgegenwärtig, und deshalb gerade in einem höheren Grade allgemeinverbindlich, als wenn jedes Ausdrucksmittel einem eindeutigen Zwecke zugeordnet und zuzuordnen wäre* – die künstlerische Auseinandersetzung drängt zu einer Allgemeingültigkeit, *die Fragestellung* [wird] *drängender, konkreter, aktueller, als uns alle betreffend und damit verbindlicher.* Große Projekte würden immer mehr zur reinen Angelegenheit von Experten, *die mit ihrem wissenschaftlichen Kauderwelsch, ihren zahlreichen Neuschöpfungen von Worthülsen* [...] *erneut für Sprachverwirrung* sorgten. *Das ist die eine Seite meines Verständnisses von der Aktualität des Themas Turmbau zu Babel.* Die andere bestehe in der *Verwirrung des Einzelnen durch permanente Reizüberflutung,* wodurch man seine Umwelt nicht mehr real, sondern zunehmend *vermittelt* (nach heutigem Sprachgebrauch:

Die Komponisten und ihre Werke

»virtuell«) wahrnehme. Vor diesem Hintergrund _ersinnen Spezialisten, besessen von Größenwahn, großtechnologische Projekte [...], die den Menschen versklaven, weil er unfähig sein wird, jene Technologie und ihre Folgen zu beherrschen._ Doch die einstmals regional begrenzten Tätigkeiten hätten nunmehr globale Dimensionen angenommen. – Die Sprachverwirrung spiegelt sich in der kompositionstechnischen Vielfalt und der heterogenen Textzusammenstellung wider: _Der Text, vom idealistischen Denken Schillers über Schopenhauer, Nietzsche und Wagner zur Gewaltphilosophie Machiavellis, folgt einer Konzeption eines geistigen Turmbaus zu Babel_ und könne als _ein Stück komponierter Sprachverwirrung verstanden werden. Der Text wird stellenweise vertont, also illustriert und [...] distanziert von der Musik behandelt._

FLEMING, Alroy (1882–1961)

Wirklicher Name: _Matthew Leonhard._

Das Lied von der Glocke (»Fest gemauert in der Erden«)

Die zugänglichen Informationen über die Komposition sind sehr dürftig. Ob eine Gesamtvertonung wirklich vorliegt, ist unklar (es sind nur zwei Teile veröffentlicht). Offenbar handelt es sich aber bei der Originalfassung um ein Werk mit großer Besetzung: _Für drei Solisten und gemischten Chor mit Orchester oder Orgel_ (Hinweis in der Teilausgabe von Nr. 2; → 662).

661   – V. 147ff. (»Wohl, nun kann der Guss beginnen«); hier unter dem Titel: _Feuersbrunst_
Für eine Singstimme mit Klavierbegleitung
Nr. 1 (einzeln) in: ders., _Schillers ›Lied von der Glocke‹,_ op. 76. – Heidelberg: Neuenheimer Musikhaus (Reiher & Kurth) 1929. – Hofmeister (1929–1933), S. 174.

662   – V. 333ff. (»Nun zerbrecht mir das Gebäude«); hier unter dem Titel: _Revolutionsszene_
Für zwei Singstimmen (Bar oder A bzw. T oder S) mit Klavierbegleitung
Nr. 2 (einzeln) in: ders., _Schillers ›Lied von der Glocke‹_ → 661

Nur dieses Heft war bisher im Original zugänglich (DLA).

FLIEGEL, C. W. (?–?)

Wilhelm Tell. Schauspiel

663   – V. 2833ff. (Barmherzige Brüder: »Rasch tritt der Tod den Menschen an«)
Für eine Singstimme mit Klavierbegleitung
Nr. 8 in: ders., _Sechzehn Lieder von A. Knapp, B. v. Alberti, C. Barth u. A._ – Basel: Schneider, o. A. – HMB 1840/12, S. 172.

Es ist unklar, ob es sich um eine Originalkomposition handelt.

FLORSCHÜTZ, Eucharius (1756–1831)

Die Räuber. Ein Schauspiel

664   – 4. Akt, 5. Szene (Karl Moor: »Sei willkommen, friedliches Gefilde«); hier unter dem Titel: _Brutus und Caesar_
Für zwei Singstimmen (TB) mit Klavierbegleitung

1815 komponiert. Unveröffentlicht; verschollen (vgl. MGG2 _Personenteil_ Bd. 6, Sp. 1358).

Verzeichnis der musikalischen Werke

665   Hektors Abschied (»Will sich Hektor ewig von mir wenden«)
Musikalische Phantasie für Soli, Chor und Orchester

1817 komponiert; unveröffentlicht; verschollen; s. MGG1 Bd. 16, Sp. 314 (nennt als Textverfasser *Karl Krumbach* und Friedrich Schiller), bzw. MGG2 *Personenteil* Bd. 6, Sp. 1358 (Kompositionsjahr 1815; nennt nur *Carl Krumbach* als Autor).

FOCK, Dirk (1886–1973)

Die Jungfrau von Orleans. Eine romantische Tragödie

666   – V. 2518ff. (Johanna: »Die Waffen ruh'n, des Krieges Stürme schweigen«)
Konzertarie für dramatischen Sopran und Orchester, op. 6
Leipzig: Zimmermann, o. A. – Partitur, Orchesterstimmen; Klavierauszug. –
HMB 11/1914, S. 221.

FÖRSTER, Rudolf (1860–1894)

Würde der Frauen (»Ehret die Frauen! Sie flechten und weben«)

667   – *Der Mensch sei nie allein, viel schöner ist's zu Zwei'n* (»Ehret die Frauen«);
Textverfasser unbekannt
Couplet für eine Singstimme mit Klavierbegleitung, op. 370
Berlin: Augustin, o. A. – HMB 1892/3, S. 107.

668   – *Ehret die Frauen* (»*Wie war es im Paradies öde gar*«); Textverfasser unbekannt
Couplet für eine Singstimme mit Klavierbegleitung (o. op.)
Berlin: Glas, o. A. – HMB 1891/7, S. 279.

FRÄNZL, Ferdinand (1767–1833)

Die Verschwörung des Fiesco zu Genua. Ein republikanisches Trauerspiel

669   Schauspielmusik

Unveröffentlicht; verschollen. Bestand aus *Ouvertüre, Zwischenakten, und die darinnen vorkommende Musik*, wie der Theaterzettel zur Mannheimer Erstaufführung des Trauerspiels (... *neu bearbeitet für die hiesige Bühne*, sog. »Mannheimer Bühnenfassung«) am 11. Januar 1784 (Nationaltheater) vermerkt (Transkription des Theaterzettels s. NA Bd. 4, S. 270). Hier wird auch ausdrücklich Ferdinand Fränzl genannt, der damals erst 17 Jahre alt war; aufgrund seiner Jugend hat man dessen Urheberschaft der Schauspielmusik immer wieder bezweifelt und trotz dieses Dokuments seinen Vater, Ignaz Fränzl (1736–1811), als Komponisten angenommen. Es traten auf u. a. Johann Michael Boeck (Fiesco), August Wilhelm Iffland (Bourgognino), Karoline Beck (Leonore). – Die Uraufführung des ›Fiesco‹ hatte am 20. Juli 1783 in Bonn stattgefunden; über eine dortige Schauspielmusik ist bislang nichts bekannt; ihr lag der kurz zuvor bei Schwan in Mannheim veröffentlichte Erstdruck zugrunde.

670   *Operette*; Libretto von Schiller

Sujet unbekannt; Text wohl nur zu drei Musiknummern ausgeführt, worüber Schiller aus Dresden in seinem Brief vom 17. Mai 1786 an Ludwig Ferdinand Huber berichtete. Zunächst erzählte er, dass *ein gewißer Violinspieler* [Ignaz] *Fränzl aus Mannheim mit seinem Sohn* [Ferdinand Fränzl] *Conzertmeister und Musikdirektor des mir ewig theuren dortigen Theaters der 10. Tag hier war.* Nach mehreren Abschnitten mit Gedanken zu anderen Themen kommt Schiller völlig unvermittelt auf seine eigene Arbeit zu sprechen, die er allerdings selbst nicht wirklich ernst nahm: *Kannst Du Dir vorstellen, daß ich gestern 2 Arien und 1. Terzett zu einer Operette gemacht habe, und daß der Text schon in den Händen des Musikus ist. Ich hoffe, und das ist meine selige Zuversicht, ich hoffe, daß die Musik noch immer um einen Gran schlechter*

Die Komponisten und ihre Werke

als meine Arien ausfallen wird, und diese sind gewiß schlecht! Indeß es wird eine Oper unter dem Frisieren und ich thue es mit Absicht um – schmieren zu lernen. Obwohl ein Zusammenhang zwischen der Erwähnung von Ignaz Fränzl und dessen Sohn zu Beginn des Briefes mit Schillers späteren Ausführungen über die *Operette* nicht zu erkennen ist, wird vermutet, dass mit dem genannten *Musicus* einer der beiden gemeint sein könnte; deshalb ist dieser Nachweis – trotz aller Unsicherheiten – hier eingegliedert. Des weiteren nimmt man an, dass es sich um folgende Gedichte handelt (vgl. NA Bd. 2 II B, S. 275f.): *Lied (»Es ist so angenehm, so schön«)*; *Lied (»Es tönen die Hörner von ferne herüber«)*; *Ein Wechselgesang (»Delia – mein dich zu fühlen«)*; bei letzterem werden allerdings nur zwei Rollen, »Leontes« und »Delia«, genannt, was Schillers Bezeichnung als *Terzett* wiederspricht; Vertonungen des ›*Wechselgesanges*‹ sind nicht bekannt. Die Autorschaft der beiden ›Lieder‹ konnte bis heute nicht sicher geklärt werden. – Gelegentlich wird vermutet, dass es sich bei dem erwähnten *Musikus* um J. G. Naumann handelt. Von einem Opernlibretto für den Dresdner Kapellmeister ist aber erstmals ein Jahr später die Rede (→ 1738), und außerdem hätte Schiller diesen kaum wie einen Instrumentalisten, sondern mit dessen Rang bezeichnet.

FRANCK, Eduard (1817–1893)

QUELLEN: Paul und Andreas Feuchte, *Die Komponisten Eduard Franck und Richard Franck. Leben und Werk, Dokumente, Quellen.* Stuttgart: Selbstverlag 1993, S. 132. Dass., *2., vollst. überarb. Aufl.* Leipzig: Pfefferkorn 2010, S. 179.

Am 18. Januar 1860 schrieb E. Franck an Ferdinand Hiller: *Bei Gelegenheit der Schillerfeier* [sicher 1859] *habe ich Einiges zu Tell und Wallensteins Lager componirt.* – Näheres ist nicht mehr klärbar.

671 Wallenstein. Ein dramatisches Gedicht – I. Wallensteins Lager

672 Wilhelm Tell. Schauspiel

FRANKL, Arnold (?–?)

Wallenstein. Ein dramatisches Gedicht – III. Wallensteins Tod

– V. 897 (Wallenstein: »Es gibt im Menschenleben Augenblicke«)

673 *Es gibt im Menschenleben Augenblicke (»Herr Lehmann wollte einen Skat riskieren«)*; Textverfasser unbekannt
Couplet für eine Singstimme mit Klavierbegleitung, op. 116
Berlin: Glas, o. A. – HMB 1892/5, S. 204.

Bei Pazdírek als *op. 111* nachgewiesen (Bd. 4, S. 512).

FRANTZ, Klamer Wilhelm (1773–1857)

674 Hoffnung (»Es reden und träumen die Menschen viel«)
Für eine Singstimme mit Klavierbegleitung?
In: Josef Theodosius Abs, *300 Lieder und Gesänge.* – Halberstadt: o. bibliogr. Angaben, 1823. – Kurscheidt, S. 386. Friedländer, *Das deutsche Lied,* Bd. 2, S. 397 (hier: *Carl Wilhelm Frantz*).

FRANZ, Stefan (1785– nach 1850?)

675 Des Mädchens Klage (»Der Eichwald brauset«)
Für eine Singstimme zur Gitarre
Nr. 2 in: ders., *Sechs Lieder.* – Wien: Maisch, o. A. – Kurscheidt, S. 387.

FRECH, Johann Georg (1790–1864)

Das Lied von der Glocke (»Fest gemauert in der Erden«)

676 Ouvertüre zur Kantate ›Das Lied von der Glocke‹ von Andreas Romberg für Orchester

Unveröffentlicht; verschollen (s. Mendel Bd. 4, S. 50). Erstaunlicherweise besitzt Rombergs populäre Kantate (→ 2089) weder ein Vorspiel noch eine Instrumentaleinleitung. – Schilling berichtet über Frechs Ergänzung: *Im Manuscript [...] Ouverture für das Orchester zur »Glocke« von Romberg* (Bd. 3, S. 51). – Im Nachlass des Komponisten hat sich das Werk nicht erhalten (freundliche Auskunft des Stadtarchivs Esslingen am Neckar).

FRERKING, Wilhelm (1852–?)

Wilhelm Tell. Schauspiel

677 *Wie unsere Jungens Schillers ›Tell‹ spielen*
Besetzung nicht klärbar
Mühlhausen i. Th.: Danner, o. A. – Pazdírek Bd. 4, S. 532.

Ob es sich tatsächlich um eine Komposition handelt, muss hier offen bleiben; Frerking ist bisher lediglich als *Dramatiker* nachweisbar (Ulrich, *Index*, S. 543).

FREYMANN, Walter John Alexander (1886–1945)

678 Der Abend. Nach einem Gemälde (»Senke, strahlender Gott«)
Sechsstimmiger gemischter Chor a cappella

Wahrscheinlich 1913 in Riga komponiert (s. *Lex. dt.-balt. Musik*, S. 79).

FREYTAG, Ludwig (1864–1929)

679 Hoffnung (»Es reden und träumen die Menschen viel«); hier unter dem Titel: *Die Hoffnung*
Für eine Singstimme zur Zither, op. 9
Heft 23 in: *Liederkranz. Sammlung beliebter Lieder*. – Trier: Hoenes, o. A. – HMB 1886/5, S. 149.

FRIEDERICH, Franz Mathias (?–?)

680 An den Frühling (»Willkommen, schöner Jüngling«)
Für eine Singstimme mit Klavierbegleitung
Nr. 4 in: ders., *Fünf Lieder*, op. 2. – Berlin: Fürstner, o. A. – Hofmeister (1904–1908), S. 218.

FRIEDRICH, J. S. (?–?)

681 Die deutsche Muse (»Kein Augustisch' Alter blühte«)
Für eine Singstimme mit Klavierbegleitung
Nr. 11 in: ders., *Zwölf Lieder*. – Leipzig: Hofmeister, o. A. – Pazdírek Bd. 4, S. 550.

Die Komponisten und ihre Werke

FRIES, Philipp (?–1926)

682 Der Graf von Habsburg (»Zu Aachen in seiner Kaiserpracht«)
Melodramatisch für Deklamation und dreistimmigen Frauenchor mit Klavierbegleitung unter teilweiser Verwendung der Kompositionen von Carl Loewe [→ 1504] _und Andreas Romberg_ [→ 2091]
Zürich: Fries, o. A. – Chorstimmen, Klavierauszug. – Hofmeister (1904–1908), S. 220.

FRIES, Wulf (?–?)

682+1 Der Jüngling am Bache (»An der Quelle saß der Knabe«); hier mit englischer Übersetzung von J. Weiss: _By the stream a youth was sitting_
Für eine Singstimme mit Klavierbegleitung
Cleveland: Brainard 1856. – Verl.-Nr. _2731_. – Library of Congress (Digitalisat).
Mit Widmung an den Übersetzer: _To Rev. J. Weiss._

FRIGEL, Pehr (1750–1842)

683 An die Freude (»Freude, schöner Götterfunken«); hier in schwedischer Übersetzung von Carl Gustaf Leopold: _Sång till glädjen_ (»Sälhetsskapande förmåga«)
Rundgesang für einen Vorsänger und zweistimmigen Männerchor (TB) mit Klavierbegleitung
Undatierte Abschrift. – Partitur. – RISM-OPAC.

FRITSCH, Johannes (1941–2010)

QUELLE: Homepage des Verlags »Edition Fritsch«.

Schauspielmusiken zu:

684 Die Räuber. Ein Schauspiel

685 Die Verschwörung des Fiesco zu Genua. Ein republikanisches Trauerspiel

686 Don Carlos. Infant von Spanien. Ein dramatisches Gedicht

687 Maria Stuart. Ein Trauerspiel

FRÖLING, Carl (?–?)

688 Der Taucher (»Wer wagt es, Rittersmann oder Knapp'«)
Für eine Singstimme mit Klavierbegleitung
O. O.: Selbstverlag, o. A. – Verl.-Nr. _C.F.2._ – Original (DLA).
1916 dem DLA als Geschenk überreicht und vermutlich um diese Zeit veröffentlicht.

FROH, Max (?–?)

Wilhelm Tell. Schauspiel

689 _Aus Wilhelm Tell_ [Textincipit nicht nachgewiesen]
Deklamation mit Klavierbegleitung

Verzeichnis der musikalischen Werke

In: ders., *Eine Landpartie. Großes humoristisches gesangliches Kunterbunt* mit Klavierbegleitung *(Potpourri).* – Berlin: Simon, o. A. – HMB 1890/11, S. 506. Pazdìrek Bd. 4, S. 563.

Neben zahlreichen Liedern und Musikstücken aus Opern ist darin noch enthalten: *Melodie von Schubert »Der Eichwald brauset«* (d. i. dessen Lied ›Des Mädchens Klage‹, D 191, das damals als einzige seiner insgesamt drei Vertonungen dieses Gedichts veröffentlicht war; → 2307).

FROHWALT, H. L. (?–?)

Der Jüngling am Bache (»An der Quelle saß der Knabe«)

– V. 31f. (»Raum ist in der kleinsten Hütte«)

690   *Raum ist in der kleinsten Hütte für ein glücklich liebend Paar (»Ich weiß ein Mädchen wunderschön«)*; Textverfasser unbekannt
Walzerlied mit Klavierbegleitung oder zur Zither, op. 1
Freiburg im Breisgau: Franke, o. A. – HMB 1893/3, S. 79 u. 107.

FROMMELT, Richard (?–?)

691   Der Triumph der Liebe (»Selig durch die Liebe«); hier: *Triumph der Liebe*
Für hohe Stimme mit Klavierbegleitung
Nr. 2 in: ders., *Zwei Lieder.* – Leipzig: Grunert, o. A. – Hofmeister (1929–1933), S. 186.

FRÜH, Armin Leberecht (1820–1894)

692   Der Abend. Nach einem Gemälde (»Senke, strahlender Gott«)
Kantate für zwei Soli und vierstimmigen gemischten Chor (SATB) mit Klavierbegleitung, op. 4
Leipzig: Hofmeister, o. A. – Klavierauszug, Singstimmen. – HMB 1863/3, S. 50.

Vermutlich zur Schillerfeier 1859 komponiert und in Dresden am 10. November im Rahmen eines *Festaktes unter Mitwirkung der k. Hofkapelle und der Dreißig'schen Singakademie* aufgeführt (vgl. *Recensionen und Mittheilungen über Theater und Musik* vom 9. November 1859, S. 726).

FÜCHS, Ferdinand Carl (1811–1848)

693   Sehnsucht (»Ach, aus dieses Tales Gründen«)
Für eine Singstimme mit Klavierbegleitung, op. 5
Wien: Diabelli, o. A. – HMB 1841/5, S. 79. NZfM vom 9. Oktober 1843, S. 114f. (Rezension).

FÜNFGELD, Traugott (geb. 1971)

694   Hoffnung (»Es reden und träumen die Menschen viel«)
Für Tenor solo und vierstimmigen gemischten Chor (SATB) a cappella
München: Strube 2012. – Partitur (Verl.-Nr. *6732*). – Original (Slg. GG).

2012 entstandene Auftragskomposition für die Reihe »Das goldene Konzert« der Internationalen Stiftung zur Förderung von Kultur und Zivilisation. – Uraufführung im Rahmen des »Vierten Goldenen Konzerts«: Kloster Wiblingen, 9. Juni 2012 (Bibliothekssaal), die Basler Vokalsolisten unter der Leitung von Sebastian Goll. – Einige Abschnitte der Chorstimmen können auch solistisch ausgeführt werden.

Die Komponisten und ihre Werke

FÜRSTENAU, Caspar (1772–1819)

695   *Sechs Lieder von Schiller etc., 6te Sammlung. Für eine Singstimme mit Guitarre-begleitung.* – Hamburg: Böhme, o. A. – Whistling 1828, S. 1114. Wurzbach, *Schiller-Buch*, Nr. 585.

Inhalt in den zugänglichen Quellen nicht nachgewiesen.

· Mainz: Schott, o. A. – Eitner Bd. 4, S. 99.

FÜSSL, Karl Heinz (1924–1992)

Wilhelm Tell. Schauspiel

696   Schauspielmusik

Entstehung und Aufführungen nicht dokumentiert. Unveröffentlicht.

QUELLEN: *Lex. zeitgen. Musik aus Österreich* 1997, S. 445. Datenbank music austria.

FÜSSLEN, G. (?–?)

Des Mädchens Klage (»Der Eichwald brauset«)

697   *Des Mädchens Klage. Fantasiestück in Mollstimmung* für Zither
Trier: Hoenes, o. A. – HMB 1872/10, S. 202.

FUETSCH, Joachim Joseph (1766– nach 1835)

698   An den Frühling (»Willkommen, schöner Jüngling«)
Für drei Singstimmen a cappella
Nr. 1 des 2. Heftes in: ders., *Zehn Gesänge* […] *für drei Stimmen*, op. 3 (in 2 Heften). – Wien: Chemische Druckerei, o. A. – Stimmen (Verl.-Nrr. *1536* u. *1537*). – RISM A I / FF 2094 I,2. Original des 2. Heftes (BSB). Weinmann (Senefelder etc.), S. 89f. (demnach *1811* veröffentlicht).

Die beiden Hefte enthalten jeweils fünf Vertonungen (auf der Titelseite werden noch Gottfried August Bürger, Johann Wolfgang Goethe und Ludwig Heinrich Christoph Hölty genannt). – Obwohl seit Mitte September 1807 Sigmund Anton Steiner am Verlag beteiligt war und dessen Name dann auch angegeben wurde, ist diese Ausgabe nur mit dem genannten Impressum erschienen. – Nahezu gleichzeitig veröffentlichte man (ebenfalls in zwei Heften und mit den Verl.-Nrr. *1549* und *1550*) eine Version für vier Singstimmen a cappella.

699   Punschlied (»Vier Elemente, innig gesellt«)
Für drei Singstimmen a cappella
Nr. 4 des 2. Heftes in: ders., *Zehn Gesänge* → 698

FUSS, Johann Evangelist (1777–1819)

Auch: *János Fusz*.

Die Braut von Messina oder: Die feindlichen Brüder. Ein Trauerspiel mit Chören

700   Schauspielmusik

Besteht aus der Ouvertüre, den Chören und der zur Handlung gehörigen Musik (Schaefer, S. 70). – Das Jahr der Uraufführung in Wien wird sehr unterschiedlich dokumentiert: *1811?* (MGG2 *Personenteil* Bd. 7, Sp. 301); *1815* (Schaefer, S. 70; Mirow, S. 147); *1816* (Reischert, S. 211).

Verzeichnis der musikalischen Werke

Daraus veröffentlicht:

- Ouvertüre, op. 26. – Leipzig: Breitkopf & Härtel [1816]. – Stimmen. – Whistling 1828, S. 12. Hofmeister 1845 (*Instrumentalmusik*), S. 5. Eitner Bd. 4, S. 105. Schaefer, S. 70. Pazdírek Bd. 4, S. 616. MGG2 *Personenteil* Bd. 7, Sp. 301.

Soll aus einer ursprünglich für Klavier zu acht Händen komponierten Ouvertüre hervorgegangen sein, die Fuss für Schülerinnen der Wiener Pianistin Maria Theresia Paradis geschrieben hatte, und erst nach der Instrumentierung für das Drama bestimmt worden sein (New Grove2 Bd. 9, S. 362; Reischert, S. 211).

- Als op. 27 für Klavier zu vier Händen bearbeitet. – Wien: Maisch, o. A. – Verl.-Nr. *539*. – Original (Slg. GG).

... *dem Fräulein Constanze von Schönbauer gewidmet.* – Mehrfach mit Hinweisen zur Orchestrierung.

- Wien: Artaria, o. A. – Whistling 1828, S. 568.
- Wien: Diabelli, o. A. – Hofmeister 1845 (*Musik für das Pianoforte*), S. 115.

FUSSAN, Werner (1912–1986)

701 An die Freunde (»Lieben Freunde! Es gab schön're Zeiten«); hier unter dem Titel: *Festkantate »Unser sind die Stunden«*
Für vierstimmigen Männerchor, zweistimmigen Kinder- oder Frauenchor und Streichorchester, eine Trompete und zwei Pauken
Mainz: Schott 1970. – Partitur, *zugleich Klavierauszug* (Verl.-Nr. *6228*), Chorstimmen, Instrumentalstimmen. – Original (Slg. GG). Simbriger Erg.bd. 4, S. 125.

Fussans Titel bezieht sich auf die zweite Hälfte des neunten Verses aus dem vertonten Gedicht. – Widmung: *Dem MGV* [Männergesangverein] *Cäcilia Mainz-Gonsenheim zum 125jährigen Jubiläum.* – Im Titel der Partitur-Ausgabe wird zur Textgrundlage *nach einem Gedicht von Friedrich von Schiller* angegeben, was allerdings den Sachverhalt nicht richtig wiedergibt. Zur Vertonung der 1., 2. und 5. (letzten) Strophe von ›An die Freunde‹ kommt noch ein Lied von Jakob Kremberg hinzu *(»Grünet die Hoffnung, halb hab' ich gewonnen«)*, das dieser nach einem eigenem Text 1689 in seiner Ariensammlung ›*Musicalische Gemüths-Ergötzungen*‹ (Dresden: Selbstverlag; vgl. RISM A I: K 2009) veröffentlicht hatte. Diese Melodie taucht im Schlussteil der Kantate auf, was ca. einem Drittel der ganzen Komposition entspricht. – Wie bei diesem Repertoire üblich, ist die Instrumentalbegleitung des Werkes nach den Möglichkeiten des Aufführungsortes zu besetzen: *Das Orchester kann durch ein Klavier ersetzt und bei den Streichern die Bratschenstimme auch von einer dritten Violine ausgeführt werden; Trompete und Pauken sind ad libitum.*

— G —

GABRIEL, Richard (1874–1960)

702 [Schiller-Vertonungen für eine Singstimme mit Klavierbegleitung]

Gabriel soll *über 60 Sololieder mit Klavierbegleitung* komponiert haben (darunter auch nach Gedichten von Schiller). Einzelne Titel sind nicht dokumentiert. Nichts ist veröffentlicht worden (s. Simbriger Erg.bd. 1, S. 104).

Die Komponisten und ihre Werke

GADSCH, Herbert (1913–?)

Die Phönizierinnen. Aus dem Euripides übersetzt. Einige Szenen

703 – V. 456f. (»Übereilung tut nicht gut«)
Kanon zu drei Stimmen
S. 117 in: _Rundherum._ [437] _Leichte Kanons und Quodlibets._ Hg. von Egon
Rubisch. – Leipzig: Hofmeister 1986. – Original (unveränderte 2. Auflage aus
dem Jahr 1988; Slg. GG).

Einbandgestaltung und Illustrationen: Heiner Vogel (Mölkau). – Rubisch bezieht sich im Vorwort auf seine 25 Jahre zuvor veröffentlichte Kanonsammlung ›_Rundadinella_‹ (→ 1300), aus der er einige Stücke übernommen habe (jedoch keine der damaligen Schiller-Vertonungen). Während seine Ausführungen nun nicht mehr die ideologische Schärfe der früheren Ausgabe aufweisen, spiegelt sich der »real existierende Sozialismus« in einigen der vertonten Texte weiterhin ungebrochen wider (z. B. in den Kanons »_Proletarier aller Länder, vereinigt euch_« von Herbert Zimpel oder »_Den Sozialismus in seinem Lauf_« von Christian Lange).

GAEBLER, Gustav Wilhelm Ferdinand (1846–1914)

704 An den Frühling (»Willkommen, schöner Jüngling«)
Vierstimmiger gemischter Chor (SATB) a cappella
Nr. 1 in: ders., _Acht Chorlieder (Frühling-, Sommer-, Herbst- und Winter-Lieder),_
op. 27. – Berlin: Bahn, o. A. – Partitur (Verl.-Nr. _3817_), Stimmen. – HMB
1890/8, S. 335. Original (DLA).

GAEDE, Theodor (um 1787–1829)

705 Sehnsucht (»Ach, aus dieses Tales Gründen«)
Für eine Singstimme mit Klavierbegleitung (o. op.)
Berlin: Concha, o. A. – Ledebur, S. 177.

GÄNSBACHER, Johann Baptist (1778–1844)

706 _Des Dichters Geburtsfest_; Liederspiel nach einem Libretto von Georg Friedrich
Treitschke

1808 entstanden; unveröffentlicht (s. MGG2 _Personenteil_ Bd. 7, Sp. 499). – Wahrscheinlich nicht aufgeführt (s. August Schmidt, _Johann Gänsbacher_, in: ders., _Denksteine. Biographien._ Wien: Mechitharisten-Congregation 1848, S. 156). Nicht bei Stieger, der nur ein Liederspiel gleichen Titels von C. A. Bergt nachweist (→ 200).

707 Die Erwartung (»Hör' ich das Pförtchen nicht gehen«)
Ballade für eine Singstimme mit Klavierbegleitung, op. 7
Bonn: Simrock, o. A. – Whistling 1828, S. 1063 (hier o. op.).

Als op. 7 (MGG1 Bd. 4, Sp. 1233, und MGG2 _Personenteil_ Bd. 7, Sp. 499), mitunter auch als op. 57 nachgewiesen (Wurzbach, _Schiller-Buch_, Nr. 586); erstere Werkzahl dürfte richtig sein, da benachbarte Opera ebenfalls um 1810 erschienen sind. – Offenbar auch in einer Alternativbesetzung für eine Singstimme zur Gitarre veröffentlicht (vgl. New Grove2 Bd. 9, S. 515).

GALLENBERG, Wenzel Robert Graf von (1783-1839)

Die Jungfrau von Orleans. Eine romantische Tragödie

708 *Jeanne d'Arc. Grand Ballet historique* in vier Akten von Jean-Pierre Aumer

Uraufführung: Wien, 12. Februar 1821 (Kärntnertor-Theater); s. Stieger (hier unter dem Titel: *Johanna d'Arc*).

Daraus für Klavier zu zwei Händen veröffentlicht (Bearbeitung teilweise von Maximilian Joseph Leidesdorf)

1. *Ouverture*
2. *Ballet*
3. *Grande Polonaise de Jeanne d'Arc*
4. *Krönungsmarsch*
5. *Erster Triumphmarsch*
6. *Zweiter Triumphmarsch*
7. *Marche Triomphale* [auch als Einzelausgabe; Original (Slg. GG)]

Wien: Mechetti, o. A. – Verl.-Nr. *908* Weinmann (Mechetti), S. 25 und S. 27. Whistling 1828, S. 568, 631, 783 u. 876. Hofmeister 1845 (*Musik für das Pianoforte*), S. 274 u. 309.

Außerdem

- *Zwei Märsche aus dem Ballett und Marsch* [!] *du couronnement* [vermutlich für Klavier]
  Hamburg: Cranz, o. A. – Pazdírek Bd. 4, S. 661 (ohne Besetzungsangabe).
- Vier Stücke in: *Terpsichore. Journal périodique des Pièces choisies de Ballets, arrangées pour le Pianoforte.* – Wien: Mechetti 1827/28. – Fellinger, S. 863.
  2. Heft: *Pas de deux*; 4. Heft: *Scène du premier Acte*; 8. Heft: *Finale du premier Acte*; 11. Heft: *Deuxième Pas de deux*.

Wilhelm Tell. Schauspiel

709 *Wilhelm Tell.* Ballett in vier Akten; Choreographie von Louis Henry

Uraufführung: Wien, 12. Juli 1810 (Theater an der Wien); s. Stieger. – Weitere Musiken zu dieser Choreographie → 845, 1889 u. 2832.

GALLO, Franco (?-?)

Die Räuber. Ein Schauspiel

710 *Riccardo Moor.* Oper; Libretto von Achille de Lauzières

Uraufführung: Neapel im Dezember 1843 (Teatro nuovo); s. Stieger.

GANGLOFF, Karl (1790-1814)

Wilhelm Tell. Schauspiel

711 [Szenen aus ›Wilhelm Tell‹]

Unveröffentlicht; verschollen. – Justinus Kerner berichtet: *Karl Gangloff starb in seinem vierundzwanzigsten Jahre zu Merklingen. Ohne je Unterricht erhalten zu haben, schuf er in Umrissen die herrlichsten Kompositionen. Darunter hätten sich Szenen aus den Nibelungen, Axel und Walburg, Wilhelm Tell usw. befunden. Gangloff verlebte den blütenreichsten Teil seiner Jugend zu Weinsberg in Württemberg und starb den 16. Mai 1814 zu Merklingen* (J. Kerners Anmerkung zu seinem Gedicht ›An Gangloffs Geist‹).

Die Komponisten und ihre Werke

GANSSER, Hans (1884–1959)

Die Huldigung der Künste. Ein lyrisches Spiel

712 – V. 187ff. (Poesie: »Mich hält kein Band, mich fesselt keine Schranke«); hier
unter dem Titel: _Poesie (aus ›Huldigung der Künste‹)_
Für eine Singstimme mit Klavierbegleitung
Nr. 1 in: ders., _Noch singt das Herz._ [15] _Lieder._ – Stuttgart: Orplid 1954. –
Original (Slg. GG).

GARIFZYANOVA, Elvira (geb. 1976)

Die Jungfrau von Orleans.

713 _Hört ihr mich, ich bin Johanna. Fünf Episoden aus Johannas Leben_
Für Sopran mit Klavierbegleitung

1. _Erscheinung_ (V. 1078 u. a.: »Johanna ... Johanna ... Steh auf, Johanna«)
2. _Abschied_ (V. 383 u. a.: »Lebt wohl ihr Berge, ihr geliebten Triften«)
3. _Johanna zu Johanna_ (V. 2551 u. a.: »Wehe! Weh mir! Welche Töne!«)
4. _Interludium_ für Klavier solo
5. _Gebet_ (V. 3449 u. a.: »Gott! Gott! So sehr wirst du mich nicht verlassen«)

Luzern: Schweizer Musikedition, o. A. – Verl.-Nr. _19001._ – Homepage des Verlages.

Im Auftrag des Institutes für zeitgenössische Musik der Hochschule für Musik und Darstellende Kunst Frankfurt am Main als Beitrag zum Schiller-Jahr 2005 entstanden. – Es wurden – auch innerhalb der einzelnen Teile – Verse aus verschiedenen, teilweise weit auseinander liegenden Stellen von Johannas Partie ausgewählt und als komplexe Textcollage miteinander verbunden, was aus Platzgründen hier nicht detailliert dokumentiert werden kann. Die Komponistin betrachtet ihr Stück als einen _Versuch, mit Hilfe des Dramas ›Die Jungfrau von Orleans‹ und musikalischer Mittel durch Johanna ein Ich darzustellen, das unter seiner inneren Zerrissenheit leidet. Johanna, die zweifelt, verzweifelt und leidet, ist eine von uns. Jeder findet in ihr etwas eigenes. Und was genau – die Antwort ist offen._ – Uraufführung im Rahmen des Konzertes ›Friedrich Schiller im Lied – Liederabend zum 200. Todestag. Schillervertonungen gestern und heute‹: Wiesbaden, 9. Mai 2005 (Literaturhaus Villa Clementine), mit Carola Schlüter (Sopran) und John-Noel Attard (Klavier). Bei dieser Veranstaltung wurden noch zwei Schiller-Balladen von F. Schubert gesungen und zwei weitere Neuvertonungen von M. Buchwald (→ 333) bzw. E. Janson (→ 1084) uraufgeführt.

QUELLE: Programmheft der Uraufführung (freundl. Mitteilung von Carola Schlüter).

GAUDE, Theodor (1782–1834)

714 An Emma (»Weit in nebelgrauer Ferne«)
Für eine Singstimme zur Gitarre
Nr. 1 in: ders., _Sechs Lieder_, op. 19. – Bonn: Simrock, o. A. – Verl.-Nr. _1716._ –
Kurscheidt, S. 387. Pazdírek Bd. 4, S. 725.

GAULKE, Ludwig (?–?)

715 Hoffnung (»Es reden und träumen die Menschen viel«)
Zweistimmige Singweise
Nr. 3 in: _Zwölf Schiller-Lieder mit volksthümlichen Weisen_, hg. von Ludwig
Gaulke und Eduard Rohde. – Berlin: Geelhaar 1859. – Original (DLA).

Das Heft enthält neben bekannten Stücken und der hier dokumentierten Komposition noch sieben weitere Schiller-Vertonungen eines Anonymus und von Georg Plato bzw. Eduard

Verzeichnis der musikalischen Werke

Rohde, die bisher anderweitig nicht nachgewiesen werden konnten (→ 23, 1856 und 2081 bis 2085).

GEBHARDI, Ludwig Ernst (1787–1862)

716 Das Unwandelbare (»Unaufhaltsam enteilet die Zeit«)
Zweistimmiger Männerchor a cappella

Um 1850 in mehreren Abschriften nachweisbar (vgl. RISM-OPAC).

Nr. 247 in: *Deutscher Liederschatz. 250 männerstimmige Gesänge für die höheren Klassen der Gymnasien und Realschulen und für Seminarien. Hg. von Ludwig Erk. – Fünfte Auflage. –* Leipzig: Winkler 1893. – Partitur. – Original (Slg. GG).

Das erste Heft der Sammlung, die vorwiegend aus vierstimmigen Männerchören besteht, ist in der Originalausgabe 1859 in Berlin bei Enslin erschienen (bis 1872 folgten in unregelmäßigen Abständen fünf weitere Hefte). Zahlreiche Auflagen belegen die große Beliebtheit dieser Sammlung, deren Tradition sich außerdem im »Dritten Reich« durch die Titelformulierung der Reihe ›Nationalsozialistischer Liederschatz‹ widerspiegelt. – Die vorliegende, zehn Jahre nach Erks Tod herausgegebene fünfte Auflage ist zugleich die erste, die auch in einem Band zusammengefasst erschien, worauf die *Verlagshandlung* in einer kurzen Erklärung hinwies und dann ergänzte: *Durch diesen Neudruck sämtlicher sechs Hefte wurde es ermöglicht, mannigfache Vermehrungen und Verbesserungen eintreten zu lassen und die in Heft V und VI leider noch obwaltende Störung in der Nummernfolge der Lieder und Seitenzahlen zu beseitigen.*

Im Vorwort erklärt Erk zur Auswahl: *Bei Entstehung und Herausgabe des ›Deutschen Liederschatzes‹ leitete mich die Absicht, dessen textlichen und musikalischen Inhalt vornehmlich nach Schulzwecken zu bemessen [...].Leicht aber wird man erkennen, daß sich vorliegende Sammlung männerstimmiger Gesänge auch ebensowohl für den Gebrauch in den verschiedenen Gesangvereinen Deutschlands eignet, in denen man sich für die Kompositionen unserer klassischen Meister und für einen möglichst gediegenen Gesangstoff, besonders aus dem Bereiche des vaterländischen Volksliedes, interessiert.* Einige, aufgrund ihres Textes *für unterrichtliche Zwecke nicht passende* Stücke seien aber anderweitig veröffentlicht worden (Hinweis auf: *Deutsche Liedertafel. Auswahl ernster und heiterer Gesänge für Männerstimmen*). – Schließlich geht er noch auf einen aufführungspraktischen Aspekt ein, der mit der traditionellen Veröffentlichung von Chorsätzen in Partitur (für den Dirigenten) und Stimmen (für die Sänger) zusammenhängt: Er wünschte nämlich von den *Abnehmern und Verbreitern meines ›Liederschatzes‹ [...], ihre Sänger doch dazu anhalten zu wollen, daß die vorliegenden Gesänge nur nach der Partitur, und nicht erst nach ausgeschriebenen Stimmen [...] gesungen werden, was ja auch, wie die Erfahrung täglich lehrt, leicht zu erreichen, und noch obendrein als für die tiefere Musikbildung im Volke von ganz besonderem Werte zu erachten ist.*

GEIBEL, Conrad (1817–1872)

Die Jungfrau von Orleans. Eine romantische Tragödie

716+1 Ouvertüre für Orchester

Uraufführung: Lübeck, 10. November 1860 (Pelker, S. 248).

GEIJER, Erik Gustav (1783–1847)

Nachname auch: *Geyer.*

716+2 *Nya mårkvårdigheter (Frit efter Schiller) (»I verlden ses Stole Män allstäds«)* [sinngemäße Übersetzung: *Neue Denkwürdigkeiten (Frei nach Schiller) (»Auf der Welt sieht man überall große Männer«)*]; Text vom Komponisten
Für vier Männerstimmen (TTBB) a cappella

S. 27f. in: *Musik för Sång och för Fortepiano*, Heft 1, hg. von E. G. Geijer und Adolf Frederik Lindblad. – Uppsala: Palmblad 1824. – Original (Slg. GG). Brandstaeter, S. 36 (hier: *Geyer*). MGG2 *Personenteil* Bd. 7, Sp. 688. Kurscheidt, S. 387 (erwähnt nur → 717).

Das Heft enthält sieben Kompositionen von Geijer (fünf Klavierlieder, ein Männerquartett a cappella und ein ›Divertimernto‹ für Klavier) und acht Stücke von Lindblad (sieben Klavierlieder und ein Männerquartett a cappella), darunter auch drei Goethe-Vertonungen. – Auf welchen Text Schillers sich Geijers Dichtung bezieht, war nicht klärbar. – Für die Hilfe bei der Übersetzung danke ich herzlich Dr. Astrid Grieger.

717 Thekla. Eine Geisterstimme (»Wo ich sei und wo mich hingewendet«); hier mit schwedischer Übersetzung von *Gfm.: En Anderöst (»Hvar jag är, du frågar', flygtig vorden«)*
Für eine Singstimme mit Klavierbegleitung
S. 2f. in: *Musik för Sång* → 716+1

GEILSDORF, Paul (1890–1976)

Macbeth. Zur Vorstellung auf dem Hoftheater in Weimar eingerichtet von Friedrich Schiller

718 – V. 741ff. (Pförtner: »Verschwunden ist die finst're Nacht«); hier unter dem Titel: *Pförtners Morgenlied*
Männerchor a cappella (o. op.)
Heidelberg: Hochstein, o. A. – Partitur, Stimmen. – Hofmeister (1934–1940), S. 249.

Wilhelm Tell. Schauspiel

719 – V. 1447ff. (Rösselmann: »Wir wollen sein ein einzig' Volk von Brüdern«); hier unter dem Titel: *Rütlischwur*
Männerchor a cappella
Nr. 1 in: ders., *Drei vaterländische Männerchöre*, op. 44. – Leipzig: Eulenburg 1934. – Partitur, Stimmen. – Hofmeister (1934–1940), S. 248.

GEISLER, H. (?–?)

Wahrscheinlich mit dem bei Fellinger ohne Lebensdaten nachgewiesenen Heinrich Geissler [!] identisch (S. 785; hier mit einem 1831 veröffentlichten Werk vertreten).

Die Jungfrau von Orleans. Eine romantische Tragödie

720 – *Krönungsmarsch zu dem Schauspiele*
Für Klavier zu zwei Händen. – *Zweite Auflage*. – Hannover: Kruschwitz, o. A. – Verl.-Nr. *267*. – Whistling 1828, S. 876 (mit dieser Verlagsangabe, aber ohne einen Hinweis auf eine Neuauflage). RISM A I: GG 853 I, 4 (kennt nur diese Ausgabe).
  • *Neue Ausgabe*. – Hannover: Woltmann, o. A. – Hofmeister (1834–1838), S. 265 (hier mit der Namensschreibung *Geissler*).
  • Hannover: Bachmann, o. A. – Hofmeister 1845 (*Musik für das Pianoforte*), S. 309. Pazdírek Bd. 4, S. 754.
Für Klavier zu vier Händen. – Hannover: Bachmann, o. A. – Whistling 1828, S. 531. Schaefer, S. 53.

Verzeichnis der musikalischen Werke

· Hannover: Nagel, o. A. – Hofmeister 1845 (*Musik für das Pianoforte*), S. 85.

GEITSCH, Eduard (?–?)

Der Taucher (»Wer wagt es, Rittersmann oder Knapp'«)

721   *Der Elb-Taucher (»Wer wagt's von den Herrn«)*
Humoristischer Männerchor, op. 23
Coburg: Glaser, o. A. – Partitur, Stimmen. – HMB 1887/10, S. 483.

GENAST, Eduard (1797–1866)

722   Der Jüngling am Bache (»An der Quelle saß der Knabe«)
Für eine Singstimme mit Klavierbegleitung
Nr. 1 in: ders., *Drei deutsche Lieder*, op. 3. – Leipzig: *Auf Kosten des Componisten* (in Kommission bei Hofmeister) [1821/22]. – Original (freundl. Mitteilung von Dr. Hans Rheinfurth).
Dem Herrn Geheimen Hofrath Kirms, Ritter des Falkenordens, ehrfurchtsvoll gewidmet.

GENDT, Johan W. Merkes van (?–?)

723   Das Mädchen aus der Fremde (»In einem Tal bei armen Hirten«)
Für eine Singstimme mit Klavierbegleitung
Nr. 2 in: ders., *Drei Gedichte von Schiller*, op. 18. – Den Haag: Boshart & Osthoff, o. A. – Verl.-Nr. 47. – HMB 1874/1, S. 14. Original (Slg. GG).

724   Der Jüngling am Bache (»An der Quelle saß der Knabe«)
Für eine Singstimme mit Klavierbegleitung
Nr. 3 in: ders., *Drei Gedichte von Schiller*, op. 18 → 723

725   Hoffnung (»Es reden und träumen die Menschen viel«); hier unter dem Titel: *Die Hoffnung*
Für eine Singstimme mit Klavierbegleitung
Nr. 1 in: ders., *Drei Gedichte von Schiller*, op. 18 → 723

GENÉE, Franz Richard (1823–1895)

Die Worte des Glaubens (»Drei Worte nenn' ich euch, inhaltschwer«)

726   *Die vier Worte des Trinkers (»Vier Worte gibt es«)*; Textverfasser unbekannt
Vierstimmiger Männerchor (TTBB) a cappella
Nr. 3 in: ders., *Drei humoristische Lieder*, op. 77. – Leipzig: Siegel, o. A. – Partitur, Stimmen. – HMB 1862/9, S. 176.

GENERALI, Pietro (1783–1832)

727   Hero und Leander
Kantate

Ob das Werk tatsächlich mit Schillers musikalisch wenig beachteter Ballade zusammenhängt, muss offen bleiben.

QUELLE: Blaschke, S. 399.

Die Komponisten und ihre Werke

GENISCHTA, Joseph (1795–1853)

Die Schreibweise des Namens folgt der Quelle bzw. einer zeitgenössischen Widmung (→ 657). Moderne Form: _Iósif Iósifovič_ – auch: _Osip Osipovič_ – _Geníšta_.

728 Des Mädchens Klage (»Der Eichwald brauset«)
Für eine Singstimme mit Klavierbegleitung, op. 11
Leipzig: Schuberth, o. A. – Challier, _Lieder-Katalog_ (1885), S. 548.

Genischta war besonders _durch seine Lieder bekannt_ und hatte mit diesen _beachtlichen Erfolg_ (vgl. Mühlbach, _Russ. Musikgeschichte_, S. 44).

GENTES, Siegwart (?–1911)

An die Freude (»Freude, schöner Götterfunken«)

729 _Ach, ich war ein Ochse (»Freude, schöner Götterfunken«)_; Textverfasser unbekannt
Kostüm-Couplet für eine Singstimme mit Klavierbegleitung
Leipzig: Teich, o. A. – HMB 1900/7, S. 358.

GENZMER, Harald (1909–2007)

Gruppe aus dem Tartarus (»Horch, wie Murmeln des empörten Meeres«)

Die beiden folgenden Chorsätze weisen an einigen Stellen zwar unübersehbar musikalische Ähnlichkeiten auf, heben sich sonst aber auch vielfach von einander deutlich ab. Sie bilden einen Grenzfall zwischen eigenständigen Kompositionen und lediglich verschiedenen Fassungen einer Vertonung.

730 1. Komposition – 1988
Achtstimmiger gemischter Chor (SSAATTBB) a cappella
Nr. 2 in: ders., _Fünf Gesänge für gemischten Chor a cappella_. – Mainz: Schott 1989. – Partitur (Verl.-Nr. _46634_). – Original (Slg. GG). WV/Genzmer 39 Nr. 2.

1988 komponiert.

731 2. Komposition – vor 2003
Gemischter Chor (SATB mit mehrfachen Stimmteilungen) a cappella
Mainz: Schott 2010. – Partitur (Verl.-Nr. _53523_). – Original (Slg. GG). WV/Genzmer 48.

Aus einer knappen Vorbemerkung geht hervor, dass Genzmer 2003 einige Chorwerke an den Verlag geschickt habe, _darunter auch das undatierte Manuskript der vorliegenden Vertonung, die wohl um 2003 oder früher entstand. Das vorliegende Werk kann als eigenständige Komposition angesehen werden, wenn auch einige Anklänge an die früher veröffentlichte Version (zum Beispiel am Anfang) bestehen._

732 _Schiller-Kantate_ für hohe Stimme (S oder T), vierstimmigen Männerchor und Orchester

1968 entstanden; unveröffentlicht; s. WV/Genzmer Anhang (_Entwürfe und Skizzen_), Nr. 1 (ohne weitere Angaben).

GEORG V., Friedrich Alexander Carl Ernst August, König von Hannover, Prinz von Großbritannien (1819–1878)

Der 1851 zum letzten König von Hannover gekrönte Komponist wird in allen hier nachgewiesenen Musikalien noch als _Kronprinz von Hannover_ bezeichnet.

161

Verzeichnis der musikalischen Werke

733 An Emma (»Weit in nebelgrauer Ferne«)
Männerquartett (TTBB) a cappella
Nr. 1 in: ders., *Vier Gedichte von Friedrich Schiller für vier Männerstimmen.* –
Hannover: Nagel, o. A. – Partitur, Stimmen. – Original (Slg. GG). HMB
1839/2+3, S. 27. Intelligenzblatt zur NZfM, Nr. 6, April 1839 (Verlagsannonce:
Neue Musikalien). NZfM vom 14. Januar 1840, S. 18 (Rezension).

734 Das Mädchen aus der Fremde (»In einem Tal bei armen Hirten«)
Für eine Singstimme mit Klavierbegleitung
Nr. 6 (auch einzeln) in: ders., *Sechs Lieder.* – Hannover: Bachmann, o. A. –
Verl.-Nr. *612*. – HMB 1854/8, S. 596. Ledebur, S. 184. Antiquariat Schneider
Kat. 470, Nr. 65.

Die Liedersammlung ist *Seiner königlichen Gemahlin Ihrer Majestät der Königin Maria gewidmet*.

735 Der Jüngling am Bache (»An der Quelle saß der Knabe«)
Männerquartett (TTBB) a cappella
Nr. 2 in: ders., *Vier Gedichte von Friedrich Schiller* → 733

736 Die Entzückung, an Laura (»Laura, über diese Welt zu flüchten«)
Männerquartett (TTBB) a cappella
Nr. 4 in: ders., *Vier Gedichte von Friedrich Schiller* → 733

737 Sehnsucht (»Ach, aus dieses Tales Gründen«)
Männerquartett (TTBB) a cappella
Nr. 3 in: ders., *Vier Gedichte von Friedrich Schiller* → 733

738 Thekla. Eine Geisterstimme (»Wo ich sei und wo mich hingewendet«)
Für eine Singstimme mit Klavierbegleitung
Nr. 2 in: ders., *Sechs Lieder*, 1. Lief. – Wien: Haslinger, o. A. – HMB 1841/1,
S. 13.

GERBER, Ernst Ludwig (1746–1819)

739 [Personenartikel »Schiller, Friedrich«]
Sp. 71 des 4. Bd. in: ders., *Neues historisch-biographisches Lexikon der Tonkünstler [NTL], welches Nachrichten von dem Leben und den Werken musikalischer Schriftsteller, berühmter Komponisten, Sänger, Meister auf Instrumenten,
kunstvoller Dilettanten, Musikverleger, auch Orgel- und Instrumentenmacher,
älterer und neuerer Zeit, aus allen Nationen enthält* (in 4 Bden.). – Leipzig:
Kühnel 1812–1814. – Original (Antiquariat Drüner).

Wesentlich erweiterte Neuausgabe von Gerbers zweibändigem ›Historisch-Biographischem
Lexicon der Tonkünstler‹ (Leipzig: Kühnel 1790 u. 1792); letzteres wird als »Altes Tonkünst-
ler-Lexikon« (kurz »ATL«) bezeichnet und enthält noch keinen »Schiller-Beitrag«.
   Knapper Artikel; vermutlich frühester Schiller-Beitrag in einem Musiknachschlagewerk,
der allerdings nicht nur die zeitüblichen Ungenauigkeiten aufweist, sondern erstaunlich un-
kundig (das Geburtsjahr fehlt!) und sogar fehlerhaft ist – schließlich handelte es sich bereits
zu dieser Zeit um einen der angesehensten deutschen Dichter mit einer beachtlichen musikalischen Wirkungsgeschichte. – Schiller wird als *berühmter zu Ende des verflossenen und zu
Anfange des jetzigen Jahrhunderts blühender Dichter und Schriftsteller, geb. zu Ludwigsburg* [!],
bezeichnet. Weder seine Gedichte, noch die Schauspiele werden erwähnt, dafür ist aber ein
summarischer Hinweis auf seine Schriften zu den *schönen Wissenschaften* enthalten. In diesem Zusammenhang wird seine *Monatsschrift: Die Horen* erwähnt; doch die genannten Titel

zweier darin erschienener, angeblich von ihm verfasster Artikel, stammen in Wirklichkeit von Christian Gottfried Körner und Johann Heinrich Voss. Rezeptionsgeschichtlich bezeichnend ist hingegen folgender und zugleich einziger Hinweis auf Vertonungen: *In Hamburg sind 14 verschiedene Kompositionen seiner Ode an die Freude zusammengedruckt erschienen*; damit ist das um 1800 bei Böhme veröffentlichte Heft ›*Vierzehn Compositionen zu Schillers Ode an die Freude*‹ gemeint (→ 369 – Ausgabe 2).

Nachdem Schiller (ebenso wie andere Dichter) in der Musiklexikographie bis in die 2. Hälfte des 20. Jahrhunderts entweder ganz unberücksichtigt geblieben oder nur in belanglosen Beiträgen erwähnt worden ist (vgl. etwa den Personenartikel im ›*Musiklexikon in zwei Bänden*‹ von Horst Seeger; Leipzig: Deutscher Verlag für Musik 1966, Bd. 2, S. 384), enthalten wenigstens die großen Musikenzyklopädien mehr oder weniger umfangreiche Würdigungen (s. MGG1 Bd. 11, Sp. 1715ff., MGG2 *Personenteil* Bd. 14, Sp. 1345ff., sowie – allerdings sehr allgemein und knapp ausfallend – New Grove1 Bd. 16, S. 647, und New Grove2 Bd. 22, S. 504f.); da bisher umfassende Studien fehlen, konnten die Autoren nur ein recht vages Bild von der Bedeutung des Dichters in der Musik zeichnen.

GERHARD, Roberto (1896–1970)

QUELLE der anschließenden Nachweise: New Grove2 Bd. 9, S. 695f.

Schauspielmusiken zu den Radiofassungen von:

740   Don Carlos. Infant von Spanien. Ein dramatisches Gedicht

1959 entstanden.

741   Maria Stuart. Ein Trauerspiel

1956 entstanden.

GERKE, Otto Friedrich (1807–1878)

742   Der Jüngling am Bache (»An der Quelle saß der Knabe«)
Für eine Singstimme mit Klavierbegleitung
Nr. 2 in: ders. *Sechs Gesänge.* – Frankfurt am Main: Dunst, o. A. – HMB 1833/9+10, S. 80.

743   Des Mädchens Klage (»Der Eichwald brauset«)
Für eine Singstimme mit Klavierbegleitung
S. 3ff. in: ders., *Des Mädchens Klage* [2 Lieder]. – Ohne bibliographische Angaben, o. A. – Original (DLA).

Obwohl auf der Titelseite nur die Schiller-Vertonung genannt wird, enthält der Druck noch ein zweites Lied nach dem Text eines anderen Dichters.

GERNSHEIM, Friedrich (1839–1916)

744   Hektors Abschied (»Will sich Hektor ewig von mir wenden?«)
Kantate (o. op.)

QUELLE: Reischert, S. 445. – Im Personenartikel von MGG2 hingegen nicht erwähnt (vgl. *Personenteil* Bd. 7, Sp. 794f.).

745   Nänie (»Auch das Schöne muss sterben!«)
Gemischter Chor mit Orchesterbegleitung, op. 92

QUELLEN: New Grove2 Bd. 9, S. 745. MGG2 *Personenteil* Bd. 7, Sp. 794 (demnach unveröffentlicht).

GERSBACH, Joseph (1787–1830)

746 Das Mädchen aus der Fremde (»In einem Tal bei armen Hirten«)
QUELLE: Kurscheidt, S. 387 (ohne weiter Angaben; vermutlich für eine Singstimme mit Klavierbegleitung).

Wilhelm Tell. Schauspiel

747 – V. 1ff. (Hirte: »Ihr Matten, lebt wohl«); hier unter dem Titel: *Sommers Abschied*
Dreistimmiger Knabenchor a cappella
Nr. 28 in: *Vierzig Schiller-Lieder* → 2685

GERSPACHER, August Emanuel (1858–1930)

748 Der Abend. Nach einem Gemälde (»Senke, strahlender Gott«)
Gemischter Chor mit Klavierbegleitung, op. 16
Freiburg im Breisgau: Ruckmich 1912. – Partitur, Stimmen. – Hofmeister
(1909–1913), S. 230. *Dt. Musiker-Lex.* 1929, Sp. 405.

749 Dithyrambe (»Nimmer, das glaubt mir, erscheinen die Götter«)
Männerchor mit Orchesterbegleitung, op. 28
Freiburg im Breisgau: Ruckmich 1912. – Stimmen; Klavierauszug. – Hofmeister (1909–1913), S. 230. *Dt. Musiker-Lex.* 1929, Sp. 405.

GERSTER, Ottmar (1897–1969)

Wallenstein. Ein dramatisches Gedicht – I. Wallensteins Lager

750 – vor V. 1 (Scharfschütze: »Es leben die Soldaten«); Text teilweise von Johann
Wolfgang Goethe
Männerchor und Orchester
Mainz: Schott, o. A. – Chorstimmen, Orchestermaterial leihweise; Klavierauszug. – Hofmeister (1929–1933), S. 200.
Hier wird nur Johann Wolfgang Goethe als Textverfasser genannt.

GESELBRACHT, Erich (?–?)

Macbeth. Zur Vorstellung auf dem Hoftheater in Weimar eingerichtet von
Friedrich Schiller

751 – V. 741ff. (Pförtner: »Verschwunden ist die finst're Nacht«); hier unter dem
Titel: *Morgenlied*
Für vierstimmigen Männerchor bzw. vierstimmigen gemischten Chor a cappella
Münster in Westfalen: Lyra 1953. – Partitur (2 Ausgaben). – Hofmeister
(1953), S. 112.

GESSINGER, Julius (1899–1987)

Das Mädchen von Orleans (»Das edle Bild der Menschheit zu verhöhnen«)

752 – V. 13ff. (»Es liebt die Welt, das Strahlende zu schwärzen«)
Kanon zu vier Stimmen
Nr. 3 in: ders., *Sechs Kanons nach Worten von Friedrich Schiller*. – Schwäbisch Hall: Musikverlag Schwäbisch Hall 1964. – Original (DLA).

Drei der Kanons sind auch in Gessingers ›Hohenlohisch-fränkischem Sing- und Spielbuch‹ enthalten (→ 753, 755 und 757); in einer dortigen Anmerkung werden die ›Sechs Kanons‹, die demnach am 15. März 1959 entstanden sind, mit *op. 59* gezählt.

Die Jungfrau von Orleans. Eine romantische Tragödie

753 – V. 847f. (Dunois: »Nichtswürdig ist die Nation«)
Kanon zu drei Stimmen
Nr. 2 in: ders., *Sechs Kanons nach Worten von Friedrich Schiller* → 752

· Idem. – S. 73 (Nr. 2) in: ders., *Hohenlohisch-fränkisches Sing- und Spielbuch. Über 100 Lieder, Chöre, Gedichte und Sprüche.* – Schwäbisch Hall: Musikverlag Schwäbisch Hall 1960. – Original (Slg. GG).

Trotz der regionalen Thematik mit häufig mundartlich gefärbten Texten enthält die Sammlung auch Vertonungen von Versen von Marie von Ebner-Eschenbach, Hermann Hesse und Schiller. – Die ausgewählten drei der insgesamt sechs Kanons (→ noch 754 und 757) sind hier unter dem Titel ›Drei Sprüche von Friedrich Schiller‹ zusammengefasst.

754 Sprüche des Konfuzius – Nr. 1 (»Dreifach ist der Schritt der Zeit«)
Kanon zu vier Stimmen
Nr. 1 in: ders., *Sechs Kanons nach Worten von Friedrich Schiller* → 752

755 Tabulae votivae – Pflicht für jeden (»Immer strebe zum Ganzen«)
Kanon zu drei Stimmen
Nr. 4 in: ders., *Sechs Kanons nach Worten von Friedrich Schiller* → 752

· Idem. – S. 73 (Nr. 1) in: ders., *Hohenlohisch-fränkisches Sing- und Spielbuch* → 753

Wallenstein. Ein dramatisches Gedicht – III. Wallensteins Tod

756 – V. 2514f. (Butler: »Wo viel Freiheit, ist viel Irrtum«)
Kanon zu zwei Stimmen
Nr. 5 in: ders., *Sechs Kanons nach Worten von Friedrich Schiller* → 752

Wilhelm Tell. Schauspiel

757 – V. 1447f. (Rösselmann: »Wir wollen sein ein einzig' Volk von Brüdern«)
Kanon zu drei Stimmen
Nr. 6 in: ders., *Sechs Kanons nach Worten von Friedrich Schiller* → 752

· Idem. – S. 73 (Nr. 3) in: ders., *Hohenlohisch-fränkisches Sing- und Spielbuch* → 753

· Idem. – Nr. 3 in: ders., *Deutschland. Drei Chöre.* – Schwäbisch Hall: Selbstverlag, o. A. – Hofmeister (1961), S. 95.

758 entfällt

GEYER, Flodoard August (1811–1872)

Maria Stuart. Ein Trauerspiel

759 *Maria Stuart.* Lyrisches Monodram in neun Sätzen; Libretto vom Komponisten
Für Alt solo, Chor und Orchester
Berlin: Trautwein, o. A. – *Vollständiger Klavierauszug vom Verfasser* (Verl.-Nr. *565*). – HMB 1837/3+4, S. 46. Ledebur, S. 187. Staatsbibl. zu Berlin (Online-Katalog).

Uraufführung: Berlin, 3. August 1836 (Akademie der Künste). – *Als schaffender Tonkünstler machte er [Geyer] 1836 durch sein lyrisches Melodram [!] ›Maria Stuart‹ [...], wofür ihm von der königlichen Akademie der Künste in Berlin der erste Preis zuerkannt wurde, grosses Aufsehen* (Mendel Bd. 4, S. 232). – 1858 ging der Verlag Trautwein an Bahn über (so bei Schaefer nachgewiesen; vgl. S. 42).

· Magdeburg: Heinrichshofen, o. A. – Pazdírek Bd. 4, S. 400.

Hier irrtümlich als *Lyrisches Melodrama* von *Flod* [!] nachgewiesen.

GILBERT, Jean (1879–1942)

Wirklicher Name: *Max Winterfeld.*

Das Lied von der Glocke (»Fest gemauert in der Erden«)

– V. 75 (»Der ersten Liebe gold'ne Zeit«)

759+1   *Der ersten Liebe gold'ne Zeit.* Singspiel in drei Akten; Libretto: Leo Kastner
Hamburg: Benjamin, o. A. – Klavierauszug. – Staatsbibl. Berlin (Online-Katalog; demnach *1918* erschienen). Hofmeister (1914–1918), S. 129.

Uraufführung: Dresden, 8. März 1918 (Zentraltheater); s. Grove, *Opera* Bd. 2, S. 414. – Neben der genannten Hauptpublikation sind mehrere Gesangsnummern einzeln in der Fassung für eine Singstimme und Klavier und weitere Instrumentalbearbeitungen erschienen, darunter etwa auch ein Walzer mit demselben Titel und in mehreren Versionen (s. Hofmeister a. a. O.).

GILCHRIST, William Wallace (1846–1916)

760   Ritter Toggenburg (»Ritter, treue Schwesterliebe widmet Euch dies Herz«); hier in englischer Übersetzung: *The Knight of Toggenburg (»Sir knight! True sister-love«)*
Ballade für Alt oder Contra-Alt solo, vierstimmigen Frauenchor (SSAA) und Orchester
Boston: [Ditson] 1911. – Klavierauszug. – New Grove2 Bd. 9, S. 858. Free Library of Philadelphia (Online-Katalog).

GILD, Ph. (?–?)

761   Hoffnung (»Es reden und träumen die Menschen viel«)
Für zwei oder drei hohe Stimmen a cappella
Nr. 6 in: *Sechs Schiller-Lieder für die Schillerfeier in Schulen. Zwei- und dreistimmig gesetzt* von Ph. Gild. – Kassel: Hessische Schulbuchhandlung 1905. – Hofmeister (1904–1908), S. 238. Original (DLA).

Neben den meist gängigen Vertonungen verschiedener Komponisten (sämtliche Stimmen hier in einem Notensystem zusammengefasst) handelt es sich bei der Nr. 6 um den vermutlich eigens hierfür verfassten und zugleich Gilds einzigen Beitrag.

GIRSCHNER, Carl Friedrich Julius (1794–1860)

762   An den Frühling (»Willkommen, schöner Jüngling«)
Für eine Singstimme mit Klavierbegleitung
Nr. 6 in: ders., *Sechs Lieder* (o. op.). – Berlin: Ende, o. A. – HMB 1838/3, S. 44.

763   Das Geheimnis (»Sie konnte mir kein Wörtchen sagen«)
Für eine Singstimme mit Klavierbegleitung
Nr. 1 in: ders., *Sechs Lieder* → 762

_____Die Komponisten und ihre Werke

GIULIANI, Mauro (1781–1829)

764   *Abschied (»Lebe wohl, o mütterliche Erde«)*; Schiller zugeschriebener Text eines unbekannten Autors
Für eine Singstimme mit Klavierbegleitung oder zur Gitarre
Nr. 3 in: ders., *Sechs Lieder* [...] *für Gesang mit Clavier oder Guitarre*, op. 89. – Wien: Riedl, o. A. – Verl.-Nr. *782*. – Weinmann (Kunst- und Industrie-Comptoir), S. 248 (demnach wahrsch. *1817* erschienen).

Die falsche Zuschreibung des Gedichts wird bis in die neueste Zeit fortgeschrieben; vgl. etwa den von Maria Kämmerling herausgegebenen Neudruck mit Gitarrebegleitung (Wiesbaden: Breitkopf & Härtel 1978 [= Edition Breitkopf, Nr. *6793*]).

> · Wien: Haslinger, o. A. – Verl.-Nr. *4227*. – Whistling 1828, S. 1064. Weinmann (Senefelder etc.) Bd. 1, S. 220 (konnte die Ausgabe jedoch nicht datieren).

GIZYCKI, Gustav von (1856–1898)

Nachname auch: *Gyzicki*.

765   Die Bürgschaft (»Zu Dionys, dem Tyrannen, schlich Damon«)
Für Deklamation mit melodramatischer Klavierbegleitung *humoristisch bearbeitet*, op. 18
Berlin: Raabe & Plothow 1883. – *Lex. dt.-balt. Musik*, S. 86. HMB 1883/3+4, S. 66.

> · *Neuausgabe*. – Berlin: Simrock 1919. – Verl.-Nr. *22680*. – ÖNB (Online-Katalog). *Lex. dt.-balt. Musik*, S. 86.

GLÄSER, Josef Franz (1798–1861)

Die Jungfrau von Orleans. Eine romantische Tragödie

766   *Johanna Dalk, die Jungfrau von Oberlaus*. Parodie; Text von Franz Xaver Told
Uraufführung (Stieger): Wien, 3. März 1821 (Josefstädter Theater); Reischert nennt hingegen das Kärntnertor-Theater (S. 508)

GLINKA, Michael (1804–1857)

767   Des Mädchens Klage (»Der Eichwald brauset«); hier in russischer Nachdichtung von Vasilij Andreevič Žukovskij: *»Dubrava šumit«* [Rückübersetzung: »Der Laubwald rauscht«]
Für eine Singstimme mit Klavierbegleitung

In zwei Fassungen komponiert (1834 in Wien bzw. 1856 wohl in Berlin), von denen zu Lebzeiten nur die spätere in deren Entstehungsjahr veröffentlicht wurde (bibliographisch nicht ermittelt); die Erstkomposition erschien hingegen erst 1962 in Moskau; s. MGG2 *Personenteil* Bd. 7, Sp. 1081, bzw. Redepenning Bd. 1, S. 58.

768   Thekla. Eine Geisterstimme (»Wo ich sei, und wo mich hingewendet«); hier in russischer Übersetzung von Vasilij Andreevič Žukovskij unter dem Titel: *Golos s togo sveta* [Titelvarianten in Rückübersetzung: *A voice from the other world*; *Stimme aus dem Jenseits*; *Stimmen aus einer anderen Welt*]
Für eine Singstimme mit Klavierbegleitung

1829 komponiert und 1832 veröffentlicht (bibliographisch nicht ermittelt); s. New Grove2 Bd. 10, S. 11, MGG2 *Personenteil* Bd. 7, Sp. 1081, bzw. Mühlbach, *Russ. Musikgeschichte*, S. 465.

GOEBEL, Erich (1893– nach 1943)

Geburtsjahr s. *Dt. Musiker-Lex.* 1929; gelegentlich kursieren auch 1890 und 1891.

769 Der Jüngling am Bache (»An der Quelle saß der Knabe«)
Gemischter Chor a cappella (o. op.)

QUELLE: Simbriger Erg.bd. 3, S. 116 (ohne bibliographische Angaben; vielleicht unveröffentlicht).

GOELLER, Anton (?–?)

Der Jüngling am Bache (»An der Quelle saß der Knabe«)

770 *Lieder-Variationen (»An der Quelle saß der Knabe«)*; Textverfasser unbekannt
Couplet für eine Singstimme mit Klavierbegleitung
Nr. 11 (einzeln) in: ders., [11] *Wiener Couplets.* – Wien: Bussjäger, o. A. – HMB 1890/2, S. 77.

· Wien: Robitschek, o. A. – Pazdírek Bd. 4, S. 959.

GOETZ, Hermann (1840–1876)

Der Antritt des neuen Jahrhunderts. An *** (»Edler Freund! Wo öffnet sich dem Frieden«)

771 – V. 33ff. (»In des Herzens heilig stille Räume«)
Motto zur Sinfonie F-Dur für großes Orchester, op. 9
Leipzig: Kistner 1875. – Partitur (Verl.-Nr. *4561*), Orchesterstimmen. – WV/Goetz, S. 438 u. 626.

1873 in Zürich komponiert. – Uraufführung (Erstfassung): Mannheim, 25. Dezember 1874, unter der Leitung von Ernst Frank, dem die Sinfonie gewidmet ist.

772 Nänie (»Auch das Schöne muss sterben!«); hier unter dem Titel: *Nenie*
Vierstimmiger gemischter Chor (SATB) und Orchester, op. 10
Leipzig: Kistner 1875. – Partitur (Verl.-Nr. *4576*), Chor- und Orchesterstimmen; Klavierauszug (Verl.-Nr. *4579*). – WV/Goetz, S. 460ff. u. 634. Original (DLA).

1874 in Zürich bzw. Richisau komponiert und am 3. September beendet. – Einige rezitativisch vertonte Verse sind wohl solistisch vorzutragen, obwohl dies in den Noten nicht ausdrücklich gefordert wird (vgl. WV/Goetz, S. 464). – *Seinem lieben Freunde Friedrich Hegar zugeeignet.* – Uraufführung: Zürich, 31. Januar 1875 (2. Konzert der Tonhalle-Gesellschaft), unter der Leitung von Friedrich Hegar. – *Unter den bisher gedruckten Werken* [von Goetz] *nimmt die* [...] *›Nenie‹ einen hervorragenden Platz ein; auf sie Aufmerksamkeit der Concertinstitute und der Dirigenten hinzulenken, ist der Zweck dieser Zeilen, umsomehr, als diese werthvolle Composition sich ganz besonders für den Concertvortrag eignet, dieselbe aber bisher nur ganz vereinzelt zur Aufführung gelangt ist* [Zürich, Karlsruhe und Kaiserslautern werden genannt]. *Der formelle Satzbau ist sehr klar, übersichtlich, symmetrisch geordnet und fest gefügt; innerhalb der dadurch gezogenen Grenzlinien aber bewegt sich der Tonstrom in voller ungebundener Freiheit des modernen Stils; in seinen Accordfolgen und kürzeren, vorübergehenden Ausweichungen ist G.[ötz] durchaus nicht ängstlich, er greift energisch und kühn zu, auch das weitest Abgelegene ist ihm erreichbar* (NZfM vom 2. Februar 1877, S. 57ff.). – Auf dem Grabstein des Komponisten ist der vorletzte Vers des Gedichts eingemeißelt (»Auch ein Klaglied zu sein im Mund des Geliebten, ist herrlich«).

Die Komponisten und ihre Werke

773 Punschlied. Im Norden zu singen (»Auf der Berge freier Höhen«)
Vierstimmiger Männerchor (TTBB) a cappella (o. op.)

Um 1856/57 in Königsberg komponiert; unveröffentlicht (WV/Goetz, S. 632).

Wallenstein. Ein dramatisches Gedicht – Prolog

774 – V. 138 (»Ernst ist das Leben, heiter ist die Kunst«)
Motto zu: ders., *Der Widerspenstigen Zähmung*. Komische Oper in vier Akten;
Libretto von Joseph Viktor Widmann nach William Shakespeare
Leipzig: Kistner 1875. – Partitur (Verl.-Nr. *4520*); Klavierauszug (Verl.-Nr. *4521*). – WV/Goetz, S. 430 und S. 625.

1868 bis 1873 in Winterthur und Zürich komponiert. – Uraufführung der Ouvertüre: Zürich, 11. Februar 1873; Uraufführung der ganzen Oper: Mannheim, 11. Oktober 1874 (Großherzogliches Hof- und National-Theater), unter der Leitung von Ernst Frank.

GÖTZE, Heinrich (1836–1904)

775 An den Frühling (»Willkommen, schöner Jüngling«)
Für eine Singstimme mit Klavierbegleitung
Nr. 4 in: ders., [15 Stücke mit versch. Besetzungen]. – Autographe Sammelhandschrift, 1857. – RISM-OPAC.

GÖTZE, Johann Nikolaus Konrad (1791–1861)

776 Das Lied von der Glocke (»Fest gemauert in der Erden«)
Kantate für Deklamation (2 Rollen), sechsstimmigen gemischten Chor (SSTTBB) und Orchester
Autographe Partitur mit Stimmen, 1836. – RISM-OPAC.

(Ur-?)Aufführung: Weimar, 22. September 1836 (hier mit gesprochenen Partien zweier Gesellen). – Theaterzettel (DLA) mit weiterem Aufführungsnachweis (jetzt mit dem Titelzusatz: *Für die Weimar'sche Hofbühne eingerichtet*): Stuttgart, 6. Mai 1839 (Königliches Hoftheater), in Zusammenhang mit den Festlichkeiten zur Enthüllung des Schiller-Denkmals am 8. Mai. Nun sind sechs Rollen ausgewiesen: *Der Meister* und seine zwei *Töchter* sowie *Erster* bis *dritter Geselle*. Es schlossen sich noch die Ouvertüre zu ›Iphigenie in Aulis‹ von Chr. W. Gluck und ›Wallensteins Lager‹ an (ohne Angaben zur Schauspielmusik).

GÖTZE, Karl (1836–1887)

Die Verschwörung des Fiesco zu Genua. Ein republikanisches Trauerspiel

777 *Marsch* zum Schauspiel für Blechbläser (Hr. 1 2, Tr. 1 2, Pos.)
Undatierte handschriftliche Partitur mit Stimmen. – RISM-OPAC.

Wallenstein – I. Wallensteins Lager

778 – V. 384ff. (Rekrut: »Trommeln und Pfeifen«); hier unter dem Titel: *Rekrutenlied*
Für Tenor mit Harmoniemusik (Fl. 1 2, Fg., Hr. 1 2, Tamb.)
Handschriftliche Stimmen [vermutlich spätes 19. Jahrhundert]. – RISM-OPAC.

Ein Hinweis im Notenmaterial des Großherzoglichen Hoftheaters (Weimar) besagt, dass damit die entsprechende Nr. der Schauspielmusik von Wilhelm Reif ersetzt wurde (→ 1981).

GÖTZLOFF, Friedrich (?–?)

779 Der Jüngling am Bache (»An der Quelle saß der Knabe«)
Für eine Singstimme mit Klavierbegleitung
Notenbeilage nach Sp. 1090 in: *Zeitung für die elegante Welt* vom 13. November 1804. – Leipzig: Voß. – Original (DLA).

> • Idem. – Nr. 1 des 1. Heftes in: ders., [43] *Deutsche Lieder* (in 3 Heften). – Leipzig: Breitkopf & Härtel, o. A. – Goethe-Museum (Katalog), Nrr. 334–336.
>
> > 1. Heft (o. Verl.-Nr.): Nrr. 1–18; 2. Heft (Verl.-Nr. *638*): Nrr. 1–17 (hier keine Schiller-Vertonungen enthalten); 3. Heft (Verl.-Nr. *636*): Nrr. 1–8. Dieses Heft mit der niedrigsten Verl.-Nr. ist offenbar zuerst und noch ungezählt veröffentlicht worden (vgl. das entspr. Expl. im DLA).

780 Punschlied. Im Norden zu singen (»Auf der Berge freien Höhen«)
Für eine Singstimme mit Klavierbegleitung
Nr. 17 des 1. Heftes in: ders., [43] *Deutsche Lieder* → 779

Wilhelm Tell. Schauspiel

781 *Aus Wilhelm Tell, von Schiller. Idyllische Einleitung* [für eine Singstimme mit Klavierbegleitung]

1. V. 1ff. (Fischerknabe: »Es lächelt der See«)
2. V. 13ff. (Hirte: »Ihr Matten, lebt wohl«)
3. V. 25ff. (Alpenjäger: »Es donnern die Höhen«)

Notenbeilage nach Sp. 778 in: *Zeitung für die elegante Welt* vom 14. August 1804 → 779

> • Nr. 18 unter dem Gesamttitel für alle drei Lieder: *Idyllische Einleitung aus Wilhelm Tell* in: ders., [43] *Deutsche Lieder*, 1. Heft → 779
>
> • Für eine Singstimme zur Gitarre eingerichtet von Johann Heinrich Carl Bornhardt. – Nrr. 1 bis 3 in: ders., *Idyllische Einleitung zum Wilhelm Tell*. – Braunschweig: Musikalienverlag in der Neuenstraße, o. A. – Verl.-Nr. *91*. – RISM A I: GG 2970 I,5.

782 Würde der Frauen (»Ehret die Frauen! Sie flechten und weben«)
Für eine Singstimme mit Klavierbegleitung
Nr. 6 des 3. Heftes in: ders., [43] *Deutsche Lieder* → 779

GOLL, Karl (?–?)

Die anschließend nachgewiesenen Vertonungen sind bisher nur aus Handschriften des DLA bekannt (1. Hälfte des 20. Jahrhunderts; vermutlich autograph).

783 Berglied (»Am Abgrund leitet der schwindlichte Pfad«)
Für eine Singstimme mit Klavierbegleitung

784 Das Glück und die Weisheit (»Entzweit mit einem Favoriten«)
Für eine Singstimme mit Klavierbegleitung

785 Das Ideal und das Leben (»Ewigklar und spiegelrein«)
Für eine Singstimme mit Klavierbegleitung

Die Komponisten und ihre Werke

GOLLE, Jürgen (geb. 1942)

Wilhelm Tell. Schauspiel

786 – V. 13ff. (Hirte: »Ihr Matten, lebt wohl«)
Vierstimmiger gemischter Chor (SATB) a cappella
Nr. 8 in: ders., _Sonne, leuchte mir ins Herz hinein. Ein Zyklus auf Texte verschiedener Dichter._ – Köln: Tonger 1995. – Partitur (Verl.-Nr. _2432_). – Original (DLA).

Der Zyklus besteht aus acht Chorsätzen. Der Gesamttitel ist dem ersten Vers aus dem Gedicht ›Reiselied‹ von Hermann Hesse entlehnt (hier als Nr. 5 vertont).

GOLLENHOFER-MÜLLNER, Josefine (1768–1843)

Die Braut von Messina oder: Die feindlichen Brüder. Ein Trauerspiel mit Chören

787 – V. 871ff. (Einer aus dem Chor: »Schön ist der Friede! Ein lieblicher Knabe«) und
– V. 2561ff. (Chor: »Selig muss ich ihn preisen«); hier unter dem Titel: _Monolog, zusammengestellt aus den Chören des Trauerspiels_
Für eine Singstimme zur Harfe oder mit Klavierbegleitung
Wien: Haslinger, o. A. – Verl.-Nr. _5520_. – Original (ÖNB; freundl. Mitteilung von Dr. Teresa Hrdlicka). HMB 1831/9+10, S. 83. Weinmann (Senefelder etc.) Bd. 2, S. 24 (demnach _1831_ veröffentlicht).

Ihro Majestät Carolina Augusta, Kaiserinn von Österreich, Königinn von Ungarn, in tiefster Ehrfuchtt gewidmet. – Zuerst wurde ein umfangreicher Textteil vertont (bis V. 943; im Trauerspiel von verschiedenen Chorsolisten vorgetragen), worauf sich nur noch ein kurzes Bruchstück aus vier Versen anschließt.

Die Jungfrau von Orleans. Eine romantische Tragödie

788 – V. 383ff. (Johanna: »Lebt wohl, ihr Berge, ihr geliebten Triften«)
Für eine Singstimme zur Harfe oder mit Klavierbegleitung
Wien: Haslinger, o. A. – Verl.-Nr. _5521_. – Original (ÖNB; freundl. Mitteilung von Dr. Teresa Hrdlicka). HMB 1831/9+10, S. 83. Weinmann (Senefelder etc.) Bd. 2, S. 24 (demnach _1831_ veröffentlicht).

Ihro Majestat Anna Maria Carolina der jüngeren Königinn von Ungarn, Prinzessinn von Sardinien gewidmet. – Textquelle bei Weinmann irrtümlich mit 1. Akt, 4. Szene identifiziert; es handelt sich jedoch um den berühmten Monolog aus der vierten Szene des Prologs.

789 – V. 2518ff. (Johanna: »Die Waffen ruh'n, des Krieges Stürme schweigen«)
Für eine Singstimme zur Harfe oder mit Klavierbegleitung
Wien: Haslinger, o. A. – Verl.-Nr. _5522_. – Original (ÖNB; freundl. Mitteilung von Dr. Teresa Hrdlicka). HMB 1831/9+10, S. 83. Weinmann (Senefelder etc.) Bd. 2, S. 24 (demnach _1831_ veröffentlicht).

Ihro kaiserlichen königlichen Hoheit der durchlauchtigsten Frau Sophie Friederike Erzherzoginn von Osterreich, gebornen Prinzessin von Bayern gewidmet.

GOLTERMANN, Georg Eduard (1824–1898)

790 Die Worte des Glaubens (»Drei Worte nenn' ich euch, inhaltschwer«)
Gemischtes Vokalquartett (SATB) mit Orgel und Orchester

In dieser Fassung unveröffentlicht. – (Ur-?)Aufführung: Frankfurt am Main, 9. November 1859 (_Schiller-Feier im Theater_) als vierter und letzter Programmpunkt im Rahmen der _Vor-_

feiern von Schiller's hundertjährigem Geburtstage. Die Veranstaltung wurde mit einer Fest-ouvertüre von Gustav Schmidt eingeleitet, dem offenbar einzigen weiteren Musikbeitrag (→ 2225).

QUELLE: Theaterzettel (DLA).

Veröffentlicht als

- Gemischtes Vokalquartett (SATB) mit Klavierbegleitung, op. 33. ~ Frank-furt am Main: Henkel, o. A. – HMB 1861/6, S. 105.

  Offenbar nur in dieser Fassung erschienen; Pazdírek weist allerdings auf die Orches-terbegleitung hin, die aber wohl nur als handschriftliches Aufführungsmaterial erhält-lich war (vgl. Bd. 5, S. 19).

GONDOIS, Hyppolyte (1811?–1884)

Kabale und Liebe. Ein bürgerliches Trauerspiel

790+1 Ouvertüre zur französischen Bearbeitung von Raoul Bravard unter dem Titel: *Louise Miller*
Autographe Partitur, 1857. – Bibliothèque Nationale, Paris (Online-Katalog).
Uraufführung: Paris, 11. September 1857 (Odéon-Théâtre).

GOUVY, Théodore (1819–1898)

Wallenstein. Ein dramatisches Gedicht – I. Wallensteins Lager

790+2 – V. 1052ff. (Zweiter Kürassier: »Wohl auf, Kameraden, auf's Pferd«); hier auch in französischer Übersetzung von Édouard Bélanger: *Chant du cavalier* (*»Allons, allons! À cheval, mes amis!«*)
Vierstimmiger Männerchor (TTBB) a cappella
Nr. 10 in: ders., *Douze Chœurs pour quatre voix d'hommes*, op. 23. – Paris: Richault [1860]. – Partitur mit frz. u. dt. Text (Verl.-Nr. *4176*). – Original (Institut Théodore Gouvy, Hombourg-Haut).

  Hinweis auf der Titelseite: *Composés sur des Poësies Allemands.* Im Druck ist gleichwohl die französische Textfassung der deutschen vorangestellt.

  - Hombourg-Haut: Éditions de l'Institut Théodore Gouvy 2011. – Parti-tur (*Restitution Jonathan Auclair*). – Original (Slg. GG).

GRABERT, Martin (1868–1951)

Wilhelm Tell. Schauspiel

791 – V. 921ff. (Attinghausen: »An's Vaterland, an's teure, schließ' dich an«)
Gemischter Chor mit Instrumentalbegleitung (Vl. 1 2 3, Vc., Harm., Klav.)
Berlin-Lichterfelde: Vieweg, o. A. – Partitur, Chor- und Instrumentalstim-men. – Hofmeister (1919–1923), S. 141.

GRABNER, Hermann (1886–1969)

792 Hymne an den Unendlichen (»Zwischen Himmel und Erd', hoch in der Lüfte Meer«)
Für Chor, Orchester und Orgel
1946/47 komponiert; unveröffentlicht (*Steir. Musiklex/2*, S. 219).

GRÄDENER, Carl Georg Peter (1812–1883)

Die Verschwörung des Fiesco zu Genua. Ein republikanisches Trauerspiel

793 *Ouvertüre zu Schillers ›Fiesco‹* für großes Orchester, op. 30
Hamburg: Pohle, o. A. – Partitur (Verl.-Nr. *134*), Orchesterstimmen. – HMB
1873/9, S. 266. Schaefer, S. 19f. Sonneck, *Orchestral Music*, S. 169. Fleisher Collection, S. 331. Pelker, S. 265f.

1855 komponiert und dem Philharmonischen Konzert-Komitee in Hamburg gewidmet. –
Uraufführung: Hamburg, 10. November 1855 (Pelker, S. 266). Davon abweichend bei Schae-
fer: Altona, 10. November 1859 (Schillerfest), unter der Leitung des Komponisten (S. 19). –
Im selben Verlag ist gleichzeitig eine Bearbeitung für Klavier zu vier Händen erschienen
(HMB 1873/9, S. 276). – Beide Ausgaben sind 1873 von Schweers & Haake in Bremen über-
nommen worden (vgl. Pazdírek Bd. 5, S. 130; s. Pelker, S. 265).

GRAFF, Carl (1833–?)

Don Carlos. Infant von Spanien. Ein dramatisches Gedicht

794 Schauspielouvertüre für Orchester
QUELLE: Mendel Suppl., S. 133 (ohne weitere Angaben).

GRASMANN, Philipp (1842–1916)

795 Des Mädchens Klage (»Der Eichwald brauset«)
Für eine Singstimme zur Zither
Nr. 4 in: ders., *Sechs Volkslieder*. – Regensburg: Fritz, o. A. – Pazdírek Bd. 5,
S. 151.

GRAY, Alan (1855–1935)

Ritter Toggenburg (»Ritter, treue Schwesterliebe widmet Euch dies Herz«)

796 *Ritter Sockenburg (»Wie du zärtlich deine Wäsche«)*; Text von Joachim Ringel-
natz
Für eine Singstimme mit Klavierbegleitung
Nr. 4 in: ders., *Zwölf Chansons von heute*. – Leipzig: Musikverlag City 1933. –
Hofmeister (1929–1933), S. 219.

GREINDL, Joseph (1758–1826)

797 Hero und Leander (»Seht ihr dort die altergrauen Schlösser«)
Monodrama

Ob es sich tatsächlich um Schillers ziemlich selten vertonte Ballade handelt, ist nicht zweifelsfrei klärbar.
QUELLE: Mendel Bd. 4, S. 348 (auch von Kurscheidt erwähnt; s. S. 388).

GREITH, Carl (1828–1887)

798 An den Frühling (»Willkommen, schöner Jüngling«); hier unter dem Titel:
Frühlingslied
Für zwei Singstimmen (SA) mit Klavierbegleitung
Nr. 4 in: ders., *Acht zweistimmige Gesänge*, op. 17 (in 2 Heften). – München:
Falter, o. A. – HMB 1871/3, S. 49.

Verzeichnis der musikalischen Werke

1. Heft: Nrr. 1–5; 2. Heft: Nrr. 6–8. – Bei Pazdírek irrtümlich unter *Greilh* nachgewiesen (vgl. Bd. 5, S. 187).

GRELL, August Eduard (1800–1886)

Das Lied von der Glocke (»Fest gemauert in der Erden«)

799 – V. 235ff. (»Dem dunklen Schoß der heil'gen Erde«)
Vierstimmiger Männerchor mit Klavierbegleitung (o. op.)
Neu-Ruppin: Petrenz, o. A. – MGG1 Bd. 5, Sp. 804.

GRESSER, Hans (1921–?)

800 Sehnsucht (»Ach, aus dieses Tales Gründen«)
Für gemischten Chor und *Jugendorchester*

Variable Orchesterbesetzung (maximal: Fl., Ob., Klar., Fg., Hr. ad lib., Tr. 1 2, Str.); unveröffentlicht (Simbriger Erg.bd. 2, S. 98).

GREULICH, Carl Wilhelm (1796–1837)

801 An den Frühling (»Willkommen, schöner Jüngling«)
Für eine Singstimme mit Klavierbegleitung
Nr. 1 in: ders., [8] *Gesänge von verschiedenen Dichtern*. – Ohne bibliographische Angaben. – Verl.-Nr. *3767*. – Original (DLA).

Dem Herrn Christlieb Ferdinand Schwedersky mit größter Hochachtung gewidmet (die Vertonung eines seiner Gedichte ist enthalten). – Ledebur weist diese Ausgabe mit der Bemerkung nach: ... *ohne Angabe der Verlagshandlung gedruckt* (S. 207).

GRIEDER, Heinrich (1821–1913)

802 Das Mädchen aus der Fremde (»In einem Tal bei armen Hirten«)
Vierstimmiger gemischter Chor (SATB) a cappella
St. Gallen: Zweifel-Weber [1905]. – Partitur (Verl.-Nr. *315*). – Original (DLA).

Hier mit dem zusätzlichen bibliographischen Hinweis: *Beilage zu Nr. 8 der ›Schweizerischen Zeitschrift für Gesang und Musik‹, 12. Jg. (Zu Friedrich Schillers 100. Todestag).*

• Leipzig: Hug, o. A. – Partitur. – Hofmeister (1909–1913), S. 255.

GRIESINGER, G. L. (?–?)

803 Die Teilung der Erde (»Nehmt hin die Welt«)
Für eine Singstimme mit Klavierbegleitung
Stuttgart: Ohne Verlagsangabe 1837. – Original (DLA).

GRIMM, Johann Joachim Wilhelm (1833–1919)

Im DLA befindet sich ein Konzertprogramm vom 10. November 1909 (Aula der Kantonsschule; ohne Ortsangabe, vermutlich aber Schaffhausen) zur *Erinnerungs-Feier an Friedrich Schillers 150. Geburtstag*, aus deren Anlass das »Kürassierlied« (→ 804; hier von einem Bass gesungen) und die drei »Eingangslieder« aus ›Wilhelm Tell‹ (→ 805–807) von Grimm aufgeführt worden waren (letztere in einer Verteilung für Tenor, Sopran und Bass). Dabei wurde extra darauf hingewiesen: ... *aufgenommen in das Archiv des Schiller-Museums zu Marbach am Neckar.*

174

Die Komponisten und ihre Werke

Wallenstein. Ein dramatisches Gedicht – I. Wallensteins Lager

804 – V. 1052ff. (Zweiter Kürassier: »Wohl auf, Kameraden, auf's Pferd«); hier unter dem Titel: _Kürassierlied_
Für Bass mit Klavierbegleitung
Schaffhausen: Meili, o. A. – Original (DLA).

Die Melodie lehnt sich an die berühmte Vertonung von Chr. J. Zahn an (→ 2951). – Auf der Titelseite wird noch eine Ausgabe für Männerchor erwähnt.

Wilhelm Tell. Schauspiel

805 – V. 1ff. (Fischerknabe: »Es lächelt der See«)
Ein- oder zweistimmige Singweise a cappella
S. 2f. in: ders., [5] _Telllieder_. – Schaffhausen: Kühn 1905. – Original (DLA).
• Ausgabe für eine Singstimme mit Klavierbegleitung. – S. 2f. in: ders., [4] _Telllieder_ Schaffhausen: Kühn 1908. – Original (DLA).

806 – V. 13ff. (Hirte: »Ihr Matten, lebt wohl«)
Ein- oder zweistimmige Singweise a cappella
S. 4f. in: ders., [5] _Telllieder_ → 805
• Ausgabe für eine Singstimme mit Klavierbegleitung. – S. 2f. in: ders., [4] _Telllieder_ → 805

807 – V. 25ff. (Alpenjäger: »Es donnern die Höhen«)
Ein- oder zweistimmige Singweise a cappella
S. 6f. in: ders., [5] _Telllieder_ → 805
• Ausgabe für eine Singstimme mit Klavierbegleitung. – S. 2f. in: ders., [4] _Telllieder_ → 805

808 – zu V. 1465ff. (Walter Tell: »Mit dem Pfeil, dem Bogen«)
Untextierte Ergänzung _zu G. Webers Waltherlied aus Schillers Wilhelm Tell, Kehrreim (Jodler) auf farbigen Bergsilben_
Ein- oder zweistimmige Singweise a cappella
S. 7 in: ders., [5] _Telllieder_ → 805

Wahrscheinlich handelt es sich bei dem angegebenen Komponistenhinweis um einen Irrtum; es dürfte vielmehr Bernhard Anselm Weber gemeint sein, dessen Vertonung des »Jägerliedchens« längst volkstümlich geworden war (→ 2805).

809 – V. 2833ff. (Barmherzige Brüder: »Rasch tritt der Tod den Menschen an«)
Dreistimmiger Chor a cappella
S. 7f. in: ders., [5] _Telllieder_ → 805

Die Besetzung ist nicht näher bestimmt (vermutlich gleiche Stimmen).

• Ausgabe für vierstimmigen Männerchor (TTBB) a cappella. – S. 2f. in: ders., [4] _Telllieder_ → 805

GRINDEL, Georg (1810–1845)

810 Der Taucher (»Wer wagt es, Rittersmann oder Knapp'«)
Vermutlich für eine Singstimme mit Klavierbegleitung oder für Männerchor a cappella

Grindels Werkverzeichnis dokumentiert nur Kompositionen mit diesen beiden Besetzungen.

QUELLE: _Lex. dt.-balt. Musik_, S. 92 (ohne nähere Angaben und bibliographischen Nachweis).

Verzeichnis der musikalischen Werke

811 Punschlied (»Vier Elemente, innig gesellt«)
Männerchor a cappella
Nr. 38 in: *Georg Grindel's Dichtungen und Compositionen*. – Riga: Kymmel 1902. – *Lex. dt.-balt. Musik*, S. 92f.

In dieser Fassung offenbar zu Lebzeiten des Grindels nicht veröffentlicht.

Version für eine Singstimme mit Klavierbegleitung (s. *Lex. dt.-balt. Musik*, S. 93):
- Nr. 8 in: ders., [8] *Lieder mit Begleitung des Pianoforte*. – Dorpat: Kluge 1836.
- Nr. 95 in: *Baltisches Liederbuch*. – Riga: Plates 1861.

GRIPEKOVEN, Peter (1870–1925)

812 Der Jüngling am Bache (»An der Quelle saß der Knabe«)
Vierstimmiger Männerchor (TTBB) mit B solo a cappella, op. 2
Mülheim an der Ruhr: Engels, o. A. – Partitur, Stimmen (Verl.-Nr. *340*). – Original (Slg. GG). Hofmeister (1929–1933), S. 225.

Herrn Lehrer H. Augenendt freundlichst gewidmet.

GRIWING, Rudolph (um 1860–?)

Des Mädchens Klage (»Der Eichwald brauset«)

– V. 13 (»Ich habe genossen das irdische Glück«)

813 *Gelöbnis (»Wir haben genossen das irdische Glück«)*; Textverfasser unbekannt
Für eine Singstimme mit Klavierbegleitung, op. 4
Leipzig: Hesse, o. A. – HMB 1886/5, S. 142.

GRØNLAND, Peter (1761–1825)

814 An die Freude (»Freude, schöner Götterfunken«)
Rundgesang
Nr. 70 in: [112] *Melodien zu den* [!] *gesellschaftlichen Liederbuche* → 3

Autorschaft nicht gesichert.

GROSHEIM, Georg Christoph (1764–1841)

Nachname auch *Grossheim* oder *Großheim*.

Der Komponist bemühte sich zwei Mal – letztlich vergebens – um einen Kontakt mit Schiller. Am 6. November 1801 schrieb er erstmals dem Dichter und berichtete von seinem Plan, *eine Sammlung Ihrer Gedichte mit Musik von mir herauszugeben*. Er fügte dem Schreiben *eine Probe von diesem Unternehmen* bei (nicht erhalten; Titel nicht erwähnt) und meinte dann: ... *ich hoffe nehmlich daß Sie mir sagen ob ich ein berufener Diener des Apoll bin.* Schiller vermerkte zwar den Empfang der Sendung, hat aber – ebenso wie ein Jahr später auf einen weiteren Versuch Grosheims (→ 820) – nicht geantwortet.

815 An Emma (»Weit in nebelgrauer Ferne«); hier unter dem Titel: *Elegie an Emma*
Für eine Singstimme mit Klavierbegleitung
Nr. 2 in: ders., *Würde der Frauen und An Emma. Gedichte von Schiller nach der Ausgabe von 1800*. – Kassel: Wöhler & Grosheim, o. A. – Verl.-Nr. *27*. – RISM A I: GG 4709a. Antiquariat Schneider Kat. 278, Nr. 372 (hier auf *ca. 1805* datiert).

> · Nr. 7 in: ders., *Sammlung teutscher Gedichte*, 5. Teil [Ausgabe Schott] → 817

816 Das Geheimnis (»Sie konnte mir kein Wörtchen sagen«)
Für eine Singstimme mit Klavierbegleitung
In: ders., *Sammlung teutscher Gedichte in Musik gesetzt*, 6. Teil [8 Lieder]. – Braunschweig: *Auf Kosten des Verfassers (Musik-Comptoire)*, o. A. – Verl.-Nr. *88*. – RISM A I: G 4693. Kurscheidt, S. 388. MGG2 *Personenteil* Bd. 8, Sp. 78.

Die ganze Folge besteht aus acht Teilen mit insgesamt 97 Liedern. – Der 6. Teil ist (allerdings ohne bibliogr. Angaben und undatiert) noch in einer 2. Auflage erschienen (vgl. MGG2 a. a. O.; nicht in RISM).

817 Das Mädchen aus der Fremde (»In einem Tal bei armen Hirten«)
Für eine Singstimme mit Klavierbegleitung
Hamburg: Böhme, o. A. – RISM A I: G 4706.

Von allen Compositionen des Liedes ist die von Grosheim am bekanntesten geworden. Sie wird noch jetzt [1902] in den Schulen und im Volke gesungen (Friedlaender, *Das dt. Lied* Bd. 2, S. 395). Dies wird durch mehrere nachweisbare Abschriften bestätigt; vgl. RISM-OPAC. – Auch für eine Singstimme zur Gitarre dokumentiert (vgl. Wurzbach, *Schiller-Buch*, Nr. 589; hier jedoch ohne bibliogr. Angaben).

> · Altona: Rudolphus, o. A. – RISM A I: G 4707.

> · In: ders., *Sammlung teutscher Gedichte*, 5. Teil [10 Lieder]. – Kassel: Wöhler & Grosheim [1800?]. – RISM A I: G 4692. Kurscheidt, S. 388. MGG1 Bd. 5, Sp. 947. MGG2 *Personenteil* Bd. 8, Sp. 78.
>
> Widmung dieses Teils an den *Minister von Veltheim*.

> > · Nr. 5 in: dass. – Mainz: Schott, o. A. – Verl.-Nr. *430*. – RISM A I: G 4693. Digitalisat (Landesbibliothek Coburg). MGG1 Bd. 5, Sp. 947. MGG2 *Personenteil* Bd. 8, Sp. 78 (hier als *2. Auflage* klassifiziert).
> >
> > Jetzt als *op. 5* gekennzeichnet; Widmung an die *Bergräthin Stöcker zu Herbsen im Waldeckschen*.

Bearbeitungen

· Für eine Singstimme zur Gitarre mit Flöte ad libitum. – Nr. 6 in: Gottlieb Streitwolf, *Acht leichte Arien, zum Teil mit variierter Begleitung der Gitarre und einer willkürlichen Flöte*, op. 10. – Braunschweig: Musikalisches Magazin auf der Höhe, o. A. – Goethe-Museum (Katalog), Nr. 353* und Nr. 1402.

Das Heft enthält neben sieben Originalkompositionen von Streitwolf noch dieses Lied von Grosheim als einzige Bearbeitung eines anderen Komponisten.

· Für zwei- oder drei Stimmen a cappella. – Nr. 4 in: *Sechs Schiller-Lieder* (Gild) → 761

· Für vierstimmigen gemischten Chor (SATB) a cappella. – Nr. 4 in: [8] *Schiller-Lieder* (Erk) → 587

· Für zweistimmigen Knabenchor bzw. vierstimmigen gemischten Chor jew. mit Klavierbegleitung bearb. von Ferdinand Tritremmel. – Nr. 7 bzw. 8 in: *Vierzig Schiller-Lieder* → 2685

· Für vierstimmigen Männerchor (*Quartett*) a cappella bearb. von Ludwig Erk. – Nr. 138 in: *Deutscher Liederschatz* → 716

Verzeichnis der musikalischen Werke

- Für eine Flöte bearbeitet. – 1. Jg., 1. Quartal (*91 vermischte Lieder*), 2. Heft (ca. 1810), Nr. 17, in: *Neues musikalisches Wochenblatt für eine Flöte*. – Altona / Hamburg: Cranz / Rudolphus ca. 1810–1811. – Fellinger, S. 294.

  Erschien ab dem 2. Heft mit geändertem Impressum: *Hamburg und Altona bei L. Rudolphus*. – Fellinger weist zwei Jahrgänge mit eigener Nummerierung und Seitenzählung je Quartal nach.

818 Der Jüngling am Bache (»An der Quelle saß der Knabe«)
Für eine Singstimme mit Klavierbegleitung
In: ders., *Sammlung teutscher Gedichte in Musik gesetzt*, 6. Teil → 816

819 Dithyrambe (»Nimmer, das glaubt mir, erscheinen die Götter«)
Für eine Singstimme mit Klavierbegleitung
In: ders., *Sammlung teutscher Gedichte in Musik gesetzt*, 6. Teil → 816

820 Hektors Abschied (»Will sich Hektor ewig von mir wenden«)
Szene für zwei Singstimmen mit Klavierbegleitung
Kassel: Wöhler & Grosheim, o. A. – Verl.-Nr. *44*. – RISM A I: G 4703. Antiquariat Schneider Kat. 278, Nr. 373 (datiert auf *ca. 1810*).

  Die Stimmlagen sind nicht nachgewiesen.

  - Hamburg: Cranz, o. A. – Whistling 1828, S. 1010.
  - Hannover: Kruschwitz, o. A. – Whistling 1828, S. 1010.
  - Mainz: Schott, o. A. – Whistling 1828, S. 1010.

    Nochmals bei Hofmeister 1845 (*Vocalmusik*), jetzt aber zwei Mal nachgewiesen, nämlich unter den ›*Mehrstimmigen Gesängen*‹ (S. 62) sowie ›*... für eine Singstimme mit Pianoforte*‹ (S. 125).

  Weitere Besetzungsvarianten

  - Mit simultaner Gitarren- und Klavierbegleitung. – Mainz: Schott, o. A. – Verl.-Nr. *429*. – Hofmeister 1845 (*Vocalmusik*), S. 198. RISM A I: G 4704. Original (DLA).
  - Nr. 35 in: [41] *Frühe Schiller-Vertonungen bis 1825* → 141
  - Für eine Singstimme zur Gitarre. – Hannover: Kruschwitz, o. A. – Whistling 1828, S. 1115.
  - Für eine Singstimme zur Gitarre. – Mainz: Schott, o. A. – Whistling 1828, S. 1115.
  - Mit Orchesterbegleitung. – Leipzig: Joachim, o. A. – Whistling 1828, S. 986.
    Grosheim schickte am 12. November 1802 Noten zu dieser Fassung (mutmaßlich die Kopistenabschrift der Partitur) an Schiller und erklärte dazu: *Einliegende Orchester Begleitung zu Hektors Abschied, die ich dann erst sezte da ich fand daß ein simples Pianoforte mein ästhetisches Gefühl nicht zu dem Grade erhob, wie Ihr Gedicht fordert, habe ich nicht ermangeln wollen Ew. Hochwohlgeb, zu überreichen. Ich wünsche daß bey einer etwaigen Aufführung Ew. Hochwohlgeb. Ihr Gedicht nicht mißverstanden finden möge.* Der Brief blieb unbeantwortet.

821 Hoffnung (»Es reden und träumen die Menschen viel«)
Für eine Singstimme mit Klavierbegleitung
In: ders., *Sammlung teutscher Gedichte in Musik gesetzt*, 6. Teil → 816

822 Würde der Frauen (»Ehret die Frauen! Sie flechten und weben«)
Für eine Singstimme mit Klavierbegleitung
Nr. 1 in: ders., *Würde der Frauen und An Emma* → 815

Die Komponisten und ihre Werke

GROSS, G. A. (?-?)

823 Sehnsucht (»Ach, aus dieses Tales Gründen«)
Für eine Singstimme mit Klavierbegleitung
Nr. 3 in: ders., _Six Airs allemands_. – Lübeck: Rubeck, o. A. – HMB 1833/5+6,
S. 46.

Von Kurscheidt (S. 389) irrtümlich Heinrich Gross zugewiesen (→ 825).

GROSS, Heinrich (?-?)

Nachname auch: _Grosse_ (s. Ledebur, S. 210).

824 Das Geheimnis (»Sie konnte mir kein Wörtchen sagen«)
Für eine Singstimme mit Klavierbegleitung
2. Heft des 1. Jg. (August 1803), S. 12f., in: _Monats-Früchte für Clavier und Gesang, den Freunden des Schönen und Edeln gewidmet._ – Oranienburg: Werckmeister 1803ff. – Fellinger, S. 164ff. (hier: S. 165).

Dieses Heft mit der Verl.-Nr. _12._ – Die Reihe, die nur aus zwei Jahrgängen mit jew. sechs
Heften besteht, erschien ab dem 2. Heft des 2. Jg. in Berlin unter dem Titel ›_Monats-Früchte
für Piano-Forte und Gesang ..._‹.

· Idem. – Berlin: Paez, o. A. – Hofmeister 1845 (_Vocalmusik_), S. 126.

825 Sehnsucht (»Ach, aus dieses Tales Gründen«)
Vermutlich für eine Singstimme mit Klavierbegleitung

Es dürfte sich um eine Namensverwechslung und damit um die Vertonung von G. A. Gross
handeln (→ 823).

QUELLEN: Blaschke, S. 398 (allerdings nur Familienname angegeben). Kurscheidt, S. 389.

826 Würde der Frauen (»Ehret die Frauen! Sie flechten und weben«)
Für eine Singstimme mit Klavierbegleitung
5. Heft des 1. Jg. (Februar 1804), S. 6f., in: _Monats-Früchte_ → 824

Dieses Heft mit der Verl.-Nr. _36._ – Fellinger, S. 166.

GRUBER, Georg Wilhelm (1729–1796)

Nachname auch: _Grueber_.

827 An die Freude (»Freude, schöner Götterfunken«)
Ein Rundgesang
Nürnberg: _Auf Kosten des Tonsezers_, o. A. – Dupont, _Nürnberger Komponisten_,
S. 69. RISM A I deest.

Obwohl eine schlichte Vertonung dieser Textgattung absolut angemessen ist, bemängelte
gerade dies ein zeitgenössischer Rezensent: _Hätte sich Herr G. nicht bereits durch andere Arbeiten als einen Harmonisten von Geschmak und guten Kentnissen gezeigt: so könnte uns dieses fliegende Blatt_ [es handelt sich – wie aus den bibliographischen Angaben der Besprechung hervorgeht – um ein Doppelblatt] _ein wenig mißtrauisch gegen ihn machen: denn Rec.
fand in diesem Lied weder Mannigfaltigkeit in der Modulation noch rhythmische Precision und
richtiges ästhetisches Gefühl_ (vgl. _Musikalische Real-Zeitung_ vom 17. Dezember 1788, Sp. 193f.).

GRUBER, Ignaz (?-?)

828 An den Frühling (»Willkommen, schöner Jüngling«)
Gemischter Chor mit Klavierbegleitung, op. 90

179

Verzeichnis der musikalischen Werke

Leipzig: Hug, o. A. – Klavierpartitur, Stimmen. – Hofmeister (1909–1913), S. 260.

GRUBER, P. (?–?)

829   Hoffnung (»Es reden und träumen die Menschen viel«)
Vierstimmiger Männerchor mit Klavierbegleitung
Klagenfurt: Liegel, o. A. – Partitur, Stimmen. – Hofmeister (1860–1867), S. 399.

GRÜTERS, August (1841–1911)

830   Die Schlacht (»Schwer und dumpfig, eine Wetterwolke«)
Kantate für fünf Soli (TTBarBB), vierstimmigen gemischten Chor (SATB) und Orchester
Handschriftliche Partitur mit Klavierauszug (autograph?), 1868. – RISM-OPAC.

831   *Les Noces de Promethée (»Aux confins du vieil«)*; Schiller zugeschriebener Text von Romain Cornut, fils
Kantate für zwei Soli (SBar), dreistimmigen gemischten Chor (STB) und Orchester
Undatierte handschriftliche Partitur (autograph?). – RISM-OPAC.

Im Rahmen der Pariser Weltausstellung 1867 war u. a. ein Preisausschreiben für die Komposition einer weltlichen Kantate nach einem Text von R. Cornut ausgelobt worden (vgl. ›Journal des Instituteurs‹ vom 12. Mai 1867, S. 254f.; hier Erstveröffentlichung des Textes). Neben Grüters' Vertonung wurde auch diejenige von Camille Saint-Saëns ausgezeichnet (als dessen Opus 19 veröffentlicht). – Die nicht mit einer Jahreszahl datierte Partitur von Grüters wurde irrtümlich im RISM-OPAC mit *1861* datiert und dabei ausdrücklich *Schiller* als Dichter angegeben.

GRUND, Bert (1920–1992)

Wallenstein. Ein dramatisches Gedicht – II. Die Piccolomini / III. Wallensteins Tod

832   *Wallenstein.* Fernsehfilm in zwei Teilen nach Schillers Schauspiel. Drehbuch: Oliver Stortz und Franz Peter Wirth. Regie: Franz Peter Wirth
Filmmusik
Deutschland [Bundesrepublik Deutschland]: Bavaria Atelier 1962. – Schwarzweiß; 245 Min. – Mit Wilhelm Borchert (Wallenstein), Ernst Fritz Fürbringer (Octavio), Karl Michael Vogler (Max), Alexander Golling (Illo), Wolfgang Kieling (Terzky) u. a.

Ursendung: 15. und 22. April 1962 (ARD). – Für die Verfilmung wurde ›Wallensteins Lager‹ vollst. gestrichen und außerdem die Liebesgeschichte zwischen Max und Thekla ausgespart. Das Drehbuch konzentriert sich somit allein auf die Titelfigur.

Quelle: DVD (Slg. GG).

GRUND, Friedrich Wilhelm (1791–1874)

833   Die Worte des Glaubens (»Drei Worte nenn' ich euch, inhaltschwer«)
Vierstimmiger Männerchor a cappella
Nr. 3 in: *Vier Festgesänge* [verschiedener Komponisten]. – Sonnenberg: Mylius, o. A. – HMB 1847/7, S. 117.

GRUNEWALD, Gottfried (1857–1929)

834 An Emma (»Weit in nebelgrauer Ferne«)
Für eine Singstimme mit Klavierbegleitung
Weimar: Kühn, o. A. – HMB 1875/12, S. 310.

Die Jungfrau von Orleans. Eine romantische Tragödie

835 *Die Jungfrau von Orleans für Orchester* [vermutlich Sinfonische Dichtung]
Unveröffentlicht; s. *Dt. Musiker-Lex.* 1929, Sp. 459.

G'SCHREY, Richard (1872–?)

Nachname auch: *Gschrey*; gelegentlich kursiert *1876* als Geburtsjahr.

Das Lied von der Glocke (»Fest gemauert in der Erden«)

836 – V. 58ff. (»Vom Mädchen reißt sich stolz der Knabe«); hier mit dem Titel: *Aus Schillers Glocke*
Für eine Singstimme mit Klavierbegleitung, op. 6
Nr. 1 des 4. Heftes in: ders., *Lieder und Gesänge* (in 8 Heften). – Leipzig: Hofmeister, o. A. – Hofmeister (1909–1913), S. 265. *Dt. Musiker-Lex.* 1929, Sp. 440.
Jede Lieferung der Reihe (insgesamt 52 Lieder) enthält bis zu zwei Opera. 1. Heft: opp. 1 u. 4 (insgesamt 6 Lieder); 2. Heft: op. 2 (11 Lieder); 3. Heft: op. 5 (5 Lieder); 4. Heft: opp. 6 u. 11 (insgesamt 8 Lieder); 5. Heft: op. 12 (8 Lieder); 6. Heft: op. 13 (8 Lieder); 7. Heft: opp. 14 u. 15 (insgesamt 8 Lieder); 8. Heft: op. 18 (5 Lieder).

GUELDEN, Joseph Ernst (?–?)

837 Würde der Frauen (»Ehret die Frauen! Sie flechten und weben«)
Für eine Singstimme mit Klavierbegleitung
S. 3 in: ders., *Musikalisches Quodlibet.* – Berlin: *Auf Kosten des Verfassers* 1804. –
Kurscheidt, S. 389. RISM A I: GG 4825 I,1.

GÜNTHER, Anton (1876–1937)

838 *Erinnerung an die Schiller-Feier. Polka-Mazurka* für Klavier
Frankfurt am Main: Henkel, o. A. – HMB 1860/5, S. 88.

GUGGENBÜHLER, Xaver (?–?)

Wilhelm Tell. Schauspiel

839 – V. 1ff. (Fischerknabe: »Es lächelt der See«)
Vokalkomposition, die aber nur als Bearbeitung unter dem Titel ›Der Fischerknabe‹ für Blechbläserquartett (2 Flügelhörner, Tenorhorn, Baryton) nachweisbar ist
Nr. 12 des 1. Heftes in: Alfred Leonz Gaßmann, *Schweizer Quartette. 35 Solo-Quartette der beliebtesten Schweizerlieder*, op. 111 (in 2 Heften). – Zürich: Hug 1945. – Partitur. – Hofmeister (1949), S. 62.
Gaßmann ist lediglich Bearbeiter und Herausgeber, hat aber das Heft mit einer eigenen Opuszahl versehen.

Verzeichnis der musikalischen Werke

GUGLIELMI, Pietro Carlo (1772–1817)

Die Räuber. Ein Schauspiel

840   *Amalia e Carlo, ovvero L'arrivo della sposa.* Opera Semiseria in drei Akten; Libretto von Leone Andrea Tottola

Uraufführung: Neapel, 1812 (Teatro Nuovo).

QUELLEN: Stieger. Grove, *Opera* Bd. 2, S. 569. New Grove2 Bd. 10, S. 515.

GUNGL, Josef (1809 oder 1810–1889)

Nachname auch in der Schreibweise: *Gung'l.*

Das Ideal und das Leben (»Ewig klar und spiegelrein«)

841   *Ideal und Leben.* Walzer, op. 67
Berlin: Bote & Bock, o. A. – HMB 1848/3, S. 38–40 u. 45.

In Ausgaben für Violine und Klavier oder für Klavier zu zwei bzw. vier Händen erschienen.

GUNIA, Paul Vincent (geb. 1950)

Pseudonym: *Paul Vincent.*

Don Carlos. Infant von Spanien. Ein dramatisches Gedicht

842   Schauspielmusik

Für die Freilichtspiele in Schwäbisch Hall komponiert; undatiert (s. *Komp. d. Ggw.,* S. 312).

GYROWETZ, Adalbert (1763–1850)

843   An die Freude (»Freude, schöner Götterfunken«)
Rundgesang

QUELLE: Blaschke, S. 398 (ohne weiteren Angaben).

Macbeth. Zur Vorstellung auf dem Hoftheater in Weimar eingerichtet von Friedrich Schiller

844   – V. 741ff. (Pförtner: »Verschwunden ist die finst're Nacht«)
Für eine Singstimme zur Gitarre
Wien: Ohne bibliogr. Angaben. – MGG2 *Personenteil* Bd. 8, Sp. 323 (datiert auf *ca. 1810*). RISM A I deest.

Wilhelm Tell. Schauspiel

845   *Wilhelm Tell.* Großes pantomimisches Ballett in vier Akten; Choreographie von Louis Henry

Musik teilweise von Joseph Weigl (→ 2832). – Die Informationen über das Werk sind in der Literatur recht disparat; lediglich beim Ort der Uraufführung, dem Theater an der Wien, ist man sich einig, wo sie vermutlich 12. Juli 1810 stattgefunden hat. – Das Ballett wird gelegentlich entweder als vollständige Schauspielmusik bewertet (Stieger und MGG2) oder als Bestandteil einer Schauspielbearbeitung des ›Wilhelm Tell‹ von Franz Grüner verwechselt (Premiere: 30. Mai d. J.; vgl. Bauer, *Theater a. d. Wien,* S. 288). Schaefer, der die Komposition gleichfalls als Schauspielmusik einstuft, nennt hingegen den 14. Juni 1810 (S. 77) und beruft sich dabei auf einen zeitgenössischen Bericht der AMZ/1. – Schauspielaufführungen mit Musik von Gyrowetz (*Ouverture et Entre Actes*) sind für Darmstadt (Großherzogliches Hoftheater) ab 1822 belegbar (s. *Schauspielmusiken Darmstadt,* u. a. S. 40, 80 u. 270). – Weitere Musiken zu dieser Choreographie → 709, 845, 1889 u. 2832.

182

_____ Die Komponisten und ihre Werke

QUELLEN: New Grove2 Bd. 10, S. 622 und Bd. 27, S. 217. MGG2 *Personenteil* Bd. 8, Sp. 324.

Ausgaben für Klavier

· Vermutlich komplett, aber nur unter Joseph Weigls Namen erschienen in: *Pot Pourri für das Forte Piano* → 2795

Fellinger konnte nicht alle Hefte der Reihe nachweisen (vgl. S. 200), listet aber im 7. Jg. (1810), 74.–77. Heft (Verl.-Nr. *1142–1144 u. 1149*), zwanzig Musiknummern des Balletts auf, die aus dem 1. Akt (Nrr. 1–11; vermutlich vollst. in drei Abteilungen aufgeteilt) bzw. dem 2. Akt (Nrr. 12–20; hier mit der Angabe *erste Abtheilung* und demnach unvollst.) stammen.

· Offenbar komplett. – Wien: Weigl, o. A. – Whistling 1828, S. 869.

· Ouvertüre. – Wien: Artaria, o. A. – Whistling 1828, S. 785.

846   entfällt

— H —

HAAS, Joseph (1879–1960)

847   Die Worte des Glaubens (»Drei Worte nenn' ich euch, inhaltschwer«); hier unter dem Titel: *Schiller-Hymne*
Für Bariton solo, achtstimmigen gemischten Chor (SSAATTBB) und Orchester, op. 107
Mainz: Schott 1958 (= *Edition Schott*, Nr. *4771*). – Partitur, Chor- und Orchesterstimmen; Klavierauszug (Verl.-Nr. *39735*). – WV/Haas, S. 14. Original (DLA).

Der Mannheimer Liedertafel und ihrem Musikdirektor Max Adam zugeeignet. – Uraufführung: Mannheim, 20. Oktober 1957, mit der Mannheimer Liedertafel unter der Leitung von Max Adam.

HAEFELIN, Max (1898–1952)

Macbeth. Zur Vorstellung auf dem Hoftheater in Weimar eingerichtet von Friedrich Schiller

848   – V. 741ff. (Pförtner: »Verschwunden ist die finst're Nacht«); hier unter dem Titel: *Morgenlied*
Männerchor a cappella
Nr. 1 (einzeln) in: ders., *Drei Männerchöre*. – Zürich: Hug, o. A. – Partitur. – Hofmeister (1938), S. 52.

HÄNDEL, Georg Friedrich (1685–1759)

Semele. Eine lyrische Operette

849   *Semele von Georg Friedrich Händel für die deutsche Bühne, zu Schillers Dichtung ›Semele‹ eingerichtet und bearb. von Ferdinand Hummel*
Undatierte Partitur mit Stimmen. – RISM-OPAC.

Schillers aufführungspraktisch unbeachtetes Stück sollte durch die Verbindung mit Händels 1743 komponierter Musik zu seinem gleichnamigen Oratorium für das Theater gewonnen werden, was allerdings nicht gelang. – Es sind vier Sprechrollen mit melodramatischer Mu-

183

Verzeichnis der musikalischen Werke

sikbegleitung zu besetzen: Juno, Semele, Jupiter, Merkur. – Uraufführung: Berlin, 10. November 1900 (Königliches Schauspielhaus); s. Hermann Fähnrich, *Schillers Musikalität und Musikanschauung*. Hildesheim: Gerstenberg 1977, S. 23. – Weitere Aufführung: Weimar, 14. Mai 1905 (Großherzogliches Hoftheater), *bei Gelegenheit der Schillerfeier der Deutschen Schiller-Stiftung zum Vorteil der Deutschen Schiller-Stiftung*. Die zweiteilige Festvorstellung ist mit ›Nänie‹ von J. Brahms (→ 296) eröffnet worden (Theaterzettel im DLA).

HAENTJES, Werner (?–?)

Don Carlos. Infant von Spanien. Ein dramatisches Gedicht

850   Schauspielmusik

Uraufführung im Rahmen der Premiere in Stuttgart: 4. Oktober 1979 (Kleines Haus); Regie: Hansgünther Heyme.

QUELLE: Programmheft (*Stuttgarter Hefte 1*).

HÄSER, August Ferdinand (1779–1844)

851   An die Freude (»Freude, schöner Götterfunken«)
Gemischter Chor a cappella

QUELLEN: Brandstaeter, S. 32. Blaschke, S. 398.

852   Die Kindesmörderin (»Horch, die Glocken hallen dumpf zusammen«); hier in der Gedichterstfassung: Die Kindsmörderin (»Horch – die Glocken weinen dumpf zusammen«)
Für eine Singstimme mit Klavierbegleitung
Leipzig: Breitkopf & Härtel (*auf Kosten des Componisten*), o. A. – *Intelligenz-Blatt* Nr. 19 zum 11. August 1802 in: AMZ/1 (Aufruf zur *Subscription*). Original (DLA).

In seiner mit *Lemgo, im July 1802*, datierten *Subscriptions-Anzeige* schrieb Häser zur geplanten Veröffentlichung: *Der Wunsch mehrerer Musikfreunde veranlasst mich, das von mir für einen Sopran und Klavierbegleitung in Musik gesetzte Gedicht [...] im Druck herauszugeben. Ich wähle hierzu den Weg der Subscription, welche bis Anfang der Michaelmesse d. J. offen stehen soll.*

HÄSER, Christian Wilhelm (1781–1867)

853   Der Pilgrim (»Noch in meines Lebens Lenze«)
Für Bass mit Klavierbegleitung
Nr. 6 in: ders., *Sechs Gesänge für eine Bassstimme mit Klavierbegleitung*, op. 18. –
Leipzig: Breitkopf & Härtel, o. A. – Verl.-Nr. *5582*. – Original (DLA). HMB 1835/5, S. 47.

854   Des Mädchens Klage (»Der Eichwald brauset«)
Für eine Singstimme mit Klavierbegleitung
Nr. 2 des 2. Heftes in: ders., *Neun deutsche Lieder*, op. 34 (in 2 Heften). – Leipzig: Peters, o. A. – HMB 1854/12, S. 674.

HÄUSSLER, Ernst (1761–1837)

Nachname auch: *Häusler.*

855   An die Freude (»Freude, schöner Götterfunken«)
Für eine Singstimme mit Klavierbegleitung

Nr. 1 in: ders., *Zwei Gedichte.* – Augsburg: Böhm, o. A. – Verl.-Nr. *217.* – Eitner Bd. 4, S. 472. RISM A I: H 1675.

856 An Emma (»Weit in nebelgraue Ferne«)
Für eine Singstimme mit Klavierbegleitung
Nr. 1 in: ders., *Drey Gedichte von Schiller, Goethe und* [Gottlieb Konrad] *Pfeffel,* op. 43. – Augsburg: Gombart, o. A. – Verl.-Nr. *692.* – Hofmeister 1845 (*Vocalmusik*), S. 128. RISM A I: H 1673. Rheinfurth, *Gombart,* Nr. 307 (demnach *1821* erschienen). Original (DLA).

Madame A. Wohnlich, geb. Schaezler, gewidmet [d. i. Johanna Maria Anna Caroline Wohnlich, geb. Freiin von Schätzler].

857 *Schillers Totenfeier.* Kantate

Schilling berichtet: ... *1807 im Clavierauszuge gestochen* (Bd. 3, S. 515). – Weder das Werk, noch dessen Publikation waren in der einschlägigen Fachliteratur bisher nachweisbar (RISM A I deest); es fehlt auch im neuesten Werkverzeichnis (2002), das offenbar Vollständigkeit anstrebt (vgl. MGG2 *Personenteil* Bd. 8, Sp. 882f.).

858 Würde der Frauen (»Ehret die Frauen! Sie flechten und weben«)
Für eine Singstimme mit Klavierbegleitung, op. 25
Augsburg: Gombart, o. A. – Verl.-Nr. *496.* – RISM A I: H 1682. Rheinfurth, *Gombart,* Nr. 298 (demnach *1808* erschienen). Original (DLA).

HAGEN, ... (?-?)

859 Der Jüngling am Bache (»An der Quelle saß der Knabe«)
Vermutlich für eine Singstimme mit Klavierbegleitung

QUELLE: Brandstaeter, 37 (hier op. 1, Nr. 1; keine weiteren Angaben).

HAHN, Carl Theodor (1804–1864)

860 Das Lied von der Glocke (»Fest gemauert in der Erden«)
Kantate für acht Soli (SATBarB 1 2 3), achtstimmigen gemischten Chor (SSAATTBB) und Orchester
Handschriftliche Partitur, 1877. – RISM-OPAC.

(Ur-?)Aufführung: 31. August 1878 (ohne Ortsangabe).

HALACZINSKY, Rudolf (1920–?)

Die Verschwörung des Fiesco zu Genua. Ein republikanisches Trauerspiel

861 Schauspielmusik, op. 7 Nr. 4

Unveröffentlicht. – Unter op. 7 sind insgesamt sieben Schauspielmusiken nachgewiesen, darunter zu ›Faust‹ I von Johann Wolfgang Goethe und zu ›Hamlet‹ von William Shakespeare (vgl. Simbriger [Grundband], S. 192).

HALÉVY, Jacques-François-Fromental (1799–1862)

862 Die Erwartung (»Hör' ich das Pförtchen nicht gehen«); hier in der französischer Übersetzung des Komponisten: *L'attente*
Für eine Singstimme mit Klavierbegleitung

QUELLEN: New Grove1 Bd. 8, S. 46. New Grove2 Bd. 10, S. 691. MGG2 *Personenteil* Bd. 8, Sp. 430.

Verzeichnis der musikalischen Werke

HALVORSEN, Johan (1864–1935)

Maria Stuart. Ein Trauerspiel

863   Schauspielmusik

QUELLE: Reischert, S. 640 (hier mit _1929_ datiert; keine weiteren Angaben).

HAMM, Johann Valentin (1811–1874)

864   _Schillerfest-Marsch zur Gedächtnisfeier des 10. November 1859_ für Klavier
Nürnberg: Schmid, o. A. – Verl.-Nr. _82._ – HMB 1859/12, S. 205. Original (DLA).

Vermutlich für Harmoniemusik oder Orchester komponiert, aber nur in der hier dokumentierten Fassung veröffentlicht.

> • Mainz: Schott, o. A. – Hofmeister (1860–1868), S. 324.

HANKE, Karl (1749–1803)

Gelegentlich wird als Geburtsjahr auch _1750_ bzw. _um 1750_ mitgeteilt.

Die Verschwörung des Fiesco zu Genua. Ein republikanisches Trauerspiel

865   Schauspielmusik

QUELLEN: Mirow, S. 145 (datiert die Aufführung mit Hamburg _um 1787_). Stieger (ebd., _um 1785_).

HARDER, August (1775–1813)

866   An Emma (»Weit in nebelgrauer Ferne«)
Für eine Singstimme zur Gitarre (o. op.)
Leipzig: Berlin: Kunst- und Industrie-Comptoire, o. A. – Verl.-Nr. _481._ – Staatsbibl. zu Berlin (Online-Katalog).

Brandstaeter gibt zusätzlich _op. 43_ an (S. 34).

> • Berlin: Schlesinger, o. A. – Hofmeister 1845 (_Vocalmusik_), S. 198.

867   Der Triumph der Liebe (»Selig durch die Liebe«); hier unter dem Titel: _Seligkeit der Liebe_
Besetzung unklar

QUELLE: Brandstaeter, S. 31 (ohne weitere Angaben).

868   _Die Erscheinung (»Im Mondenschein rührt' sie die Laute«)_; Schiller zugeschriebenes Gedicht von Johann Gottfried Herder (eigentlich: »... rührt' sie die _Saiten_«)
Für eine Singstimme mit Klavierbegleitung
Nr. 2 in: ders., _Sechs Lieder_, op. 4. – Bonn: Simrock, o. A. – Verl.-Nr. _499._ – Original (Slg. GG).

Das Gedicht war im letzten der von Schiller herausgegebenen ›Musen-Almanache‹ erschienen (Tübingen: Cotta 1800, S. 231f.), wo man anstelle des Verfassernamens lediglich an den Schluss die Initiale »E.« gesetzt hatte (wird heute aber Herder zugeschrieben). Vermutlich stammt die irrtümliche Gleichsetzung von Herausgeber und Autor vom Komponisten.

869   _Lied (»Es tönen die Hörner von ferne herüber«)_; Textauthentizität unsicher; hier unter den Titeln: _Am Abend_ oder _Der Abend_
Für eine Singstimme zur Gitarre (o. op.)
Mehrere undatierte Abschriften. – RISM-OPAC.

Die Komponisten und ihre Werke

870 Sehnsucht (»Ach, aus dieses Tales Gründen«)
Für eine Singstimme mit Klavierbegleitung, op. 18
Berlin: Kunst- und Industrie-Comptoir, o. A. – Original (DLA).

Ihro Kaiserlichen Hoheit Marien Paulownen Grossfürstin von Russland und vermählten Erb-
prinzessin von Sachsen-Weimar in tiefster Ehrfurcht gewidmet. – Die Ausgabe ist unter der
Rubrik ›_Neue Bücher und Musikalien_‹ im ersten Halbjahresband 1808 von ›_Der Freimüthige_‹
angezeigt (ungez. S. 3).

· Berlin: Schlesinger, o. A. – Whistling 1828, S. 1066.

Diese Ausgabe ist auch in Wurzbach, _Schiller-Buch_, mit der Datierung _1805_ nachgewiesen (Nr. 594), was sich jedoch auf den Originaldruck beziehen muss, da
Schlesinger erst seit 1811 eigene Musikalien veröffentlichte.

Wilhelm Tell. Schauspiel

871 – V. 1465ff. (Walter Tell: »Mit dem Pfeil, dem Bogen«)
Für eine Singstimme zur Gitarre
Nr. 2 in: ders., _Eudora oder Lieder, Romanzen und Balladen_, 1. Heft. – Leipzig
/ Berlin: Kunst- und Industrie-Comptoir, o. A. – Verl.-Nr. _495_. – Kurscheidt,
S. 390. Staatsbibl. zu Berlin (Online-Katalog; weist nur das 1. Heft nach).

HARMSTON, Joh. William (1823–1881)

Der Alpenjäger (»Willst du nicht das Lämmlein hüten?«)

872 _Der Alpenjäger. Tonstück_ für Klavier
Leipzig-Rednitz: Rühle, o. A. – HMB 1893/11, S. 463.

HARTIG, Heinz Friedrich (1907–1969)

Die Räuber. Ein Schauspiel

873 Schauspielmusik

Mitschnitt einer Aufführung des Bayerischen Staatsschauspiels aus dem Jahr 1969 mit
Helmut Griem (Karl Moor), Martin Benrath (Franz, sein Bruder), Gisela Stein (Amalia) u. a.;
Regie: Hans Lietzau.
QUELLE: CD-Veröffentlichung (Hamburg: Deutsche Grammophon 2005; Slg. GG).

HARTL, Bruno (1880–1939)

Schauspielmusiken zu:

874 Die Jungfrau von Orleans. Eine romantische Tragödie

Uraufführung im Rahmen der Premiere bei den Römerberg-Festspielen Frankfurt am Main:
Anfang August 1933. Regie: Jakob Geis; mit Ellen Daub in der Titelrolle; s. _Völkischer Beob-_
achter vom 5. August 1933 (Premierenkritik).

875 Die Verschwörung des Fiesco zu Genua. Ein republikanisches Trauerspiel

Uraufführung im Rahmen der Premiere (_für den Römerberg eingerichtet und gestaltet von_
Hans Meißner): 3. Juli 1937. – In der ›_Amtlichen Festschrift_‹ werden die _Freilicht-Aufführun-_
gen der Städtischen Bühnen auf dem Römerberg als _Reichswichtige Festspiele laut Verordnung_
des Reichsministers für Volksaufklärung und Propaganda Dr. Joseph Goebbels qualifiziert
(s. Programmheft der Römerberg-Festspiele Frankfurt am Main vom 1. Juli bis 31. August
1937).

Verzeichnis der musikalischen Werke

HARTMANN, Johan Peter Emilius (1805–1900)

876 Der Taucher (»Wer wagt es, Rittersmann oder Knapp'«)
Deklamation mit melodramatischer Orchesterbegleitung, op. 21

1837 komponiert; unveröffentlicht (s. MGG2 *Personenteil* Bd. 8, Sp. 738). Stieger gibt jedoch *1834* als Jahr der Uraufführung an.

HARTMANN, Th. (?–?)

Wilhelm Tell. Schauspiel

877 *Wilhelm Tell oder: Ein Volksfest zu Neudorf*; Textverfasser unbekannt
Opernparodie (unter Benutzung beliebter Melodien) für gemischten Chor und Orchester, op. 3
Leipzig: Glaser, o. A. – Orchesterpartitur leihweise, Solo-, Chor- und Orchesterstimmen, Sopran und Alt, Klavierauszug, Rollenexemplare, Regiebuch. – Hofmeister (1904–1908), S. 283. Pazdírek Bd. 5, S. 533 (mit der Titelvariante *Ein Volksfest in Neudorf*).

HASLINGER, Carl (1816–1868)

878 An den Frühling (»Willkommen, schöner Jüngling«)
Für Tenor oder Sopran mit Klavierbegleitung, op. 45
Wien: Haslinger, o. A. – HMB 1847/9+10, S. 161.

Weinmann lagen nur die opp. 44 (Verl.-Nr. *10259*, Juli 1847) und 47 (Verl.-Nr. *10877*, Mai 1848) vor; vgl. Weinmann (Senefelder etc.) Bd. 3, S. 32 u. 51. – Bei Brandstaeter als *op. 44* nachgewiesen.

879 Das Lied von der Glocke (»Fest gemauert in der Erden«); hier unter dem Titel: *Die Glocke*
Kantate für vier Soli (SATB), vierstimmigen gemischten Chor (SATB) und Orchester, op. 42
Wien: Haslinger, o. A. – Klavierauszug *vom Componisten* (Verl.-Nr. *10.150*). – Weinmann (Senefelder etc.) Bd. 3, S. 29 (demnach *1847* erschienen). Original (DLA). HMB 1847/6, S. 104.

Dem Wohlgebornen Herrn J. [Giacomo] *Meyerbeer hochachtungsvoll gewidmet.* – Die Partitur ist offenbar nicht veröffentlicht worden.

Teilausgabe

– V. 418ff. (»Jetzo mit der Kraft des Stranges«)

Schluss-Arie des Meisters aus der Cantate: Die Glocke, für Bariton mit Klavierbegleitung und Violine
Wien: Haslinger, o. A. – Verl.-Nr. *10214*. – Weinmann (Senefelder etc.) Bd. 3, S. 31 (demnach *1847* erschienen). HMB 1847/6, S. 104.

· Für eine Singstimme mit Klavierbegleitung. – Wien: Haslinger, o. A. – HMB 1847/6, S. 107.

Vermutlich mit vorstehender Ausgabe identisch, die sicher auch ohne Violinstimme verwendet werden konnte.

Die Komponisten und ihre Werke

Bearbeitung

Motive aus der Kantate ›Die Glocke‹ für Physharmonika
5. Heft in der Verlagsreihe: _Hesperus. Erinnerungen aus den beliebtesten Opern und Werken berühmter Tonsetzer. Für Physharmonika von Carl Georg Lickl._ – Wien: Haslinger, o. A. – Verl.-Nr. _10755._ – Weinmann (Senefelder etc.) Bd. 3, S. 48 (demnach _1848_ erschienen).

880   Ritter Toggenburg (»Ritter, treue Schwesterliebe widmet Euch dies Herz«)
Deklamation mit melodramatischer Klavierbegleitung, op. 112
Wien: Haslinger, o. A. – Verl.-Nr. _12462._ – HMB 1861/1, S. 7. Weinmann (Senefelder etc.) Bd. 3, S. 108 (hier allerdings für eine Singstimme mit Klavierbegleitung; demnach _1860_ erschienen).

Hofmeister weist das Werk als op. 112b nach; bei op. 112a handelt es sich um eine ›_Elegie auf den Tod Meyerbeers‹_, der aber am 2. Mai 1864 [!] verstorben war (zur Veröffentlichung s. HMB 1865/4, S. 578; hier aber als _op. 112_).

· Nr. 3 in: _Auserlesene Melodramen._ – Berlin: Schlesinger, o. A. – MGG1 Bd. 3, Sp. 103f. (Abb. der Titelseite der Verlagsreihe).

Wilhelm Tell. Schauspiel

881   _Schützenszene_ [3. Szene des 3. Aktes]. Charakterstück für Klavier
Nr. 3 in: ders., [3] _Schützen-Scenen (Theodor Körner, Andreas Hofer, Wilhelm Tell),_ op. 125. – Wien: Haslinger, o. A. – Verl.-Nr. _13963._ – HMB 1868/10, S. 169. ÖNB (Online-Katalog).

Die Klavierstücke beziehen sich auf entsprechende Szenen aus Schauspielen nach den genannten Stoffen.

HASSE, Gustav (1834–1889)

Der Jüngling am Bache (»An der Quelle saß der Knabe«)

882   _An der Quelle saß der Knabe (»O unschuldvoller Kindersinn«);_ Textverfasser unbekannt
Humoristisches Lied für eine Singstimme mit Klavierbegleitung, op. 53
Bremen: Praeger & Meier, o. A. – HMB 1886/5, S. 142.

HASSLOCH, Karl (1769–1829)

Macbeth. Zur Vorstellung auf dem Hoftheater in Weimar eingerichtet von Friedrich Schiller

883   Schauspielmusik
Uraufführung im Rahmen der Premiere: Darmstadt, 8. Juni 1810 (Großherzogliches Hoftheater); s. _Schauspielmusiken Darmstadt,_ S. 140.

Wilhelm Tell. Schauspiel

884   Schauspielmusik
Früheste dokumentierbare Aufführung dieser Komposition: Darmstadt, 6. April 1813 (Großherzogliches Hoftheater); sie ist aber offenbar schon um 1811 in Frankfurt am Main gespielt worden (s. _Schauspielmusiken Darmstadt,_ S. 40f.).

Verzeichnis der musikalischen Werke

Veröffentlicht

Ouverture und Gesänge im Klavierauszug aus Schiller's Wilhelm Tell

1. S. 3ff. (ungezählt): *Ouvertüre*
   Darin: *Pastorale sul Teatro* und *Marcia nel Orgestro* [!]. – Bei Schauspielmusiken und Opern des frühen 19. Jahrhunderts wird die Ouvertüre innerhalb des ganzen Klavierauszugs üblicherweise nicht nummeriert.

2. S. 9f. (Nr. 1): V. 1ff. (Fischerknabe: »Es lächelt der See«); hier unter dem Titel: *Fischerlied mit untermischter Melodie des Kuhreihen.* – Für eine Singstimme mit Klavierbegleitung

3. S. 11f. (Nr. 2): V. 13ff. (Hirte: »Ihr Matten, lebt wohl«); hier mit dem Titel: *Hirtenlied. Melodie des Kuhreihen.* – Für eine Singstimme mit Klavierbegleitung
   Das dritte »Eingangslied« (V. 25ff. – Alpenjäger: »Es donnern die Höhen«) fehlt.

4. S. 13 (Nr. 3): V. 1465ff. (Walter Tell: »Mit dem Pfeil, dem Bogen«); hier mit der Rollenangabe: *Walter Tell.* – Für eine Singstimme mit Klavierbegleitung oder zur Gitarre
   Beide Begleitmöglichkeiten sind im Druck berücksichtigt.

5. S. 14 (Nr. 4): *Kuhreihen.* – Instrumentalstück (hier für Klavier)

6. S. 14ff. (Nr. 5): [Vertonter Text nicht von Schiller] *Schweizer Freiheitsgesang nach der Melodie des Kuhreihen* (»*Die Freiheit ist süß*«). – Für vierstimmigen gemischten Chor (SATB) mit Klavierbegleitung

7. S. 18f. (ohne Nr.): *Marsch als Entreacte.* – Instrumentalstück (hier für Klavier)

8. S. 19ff. (Nr. 6): [Vertonter Text nicht von Schiller] »*Die Freiheit ist köstlich, ist köstlich an eigenem Herd*«. – Für Bass solo (*Walter Fürst*), vierstimmigen gemischten Chor (SATB), zwei kleineren Soli (S – *Hedwig*; T – *Rudenz*) mit Klavierbegleitung

Frankfurt am Main: Simon (*gedruckt bei André in Offenbach*), o. A. – RISM A I: HH 2346 I, 1. Original (WLB). MGG1 Bd. 5, Sp. 1814 (hier – wohl etwas zu früh – auf *1804* datiert). Radecke, S. 245f.

Offenbar nur in dieser Ausgabe veröffentlicht. – Brandstaeter weist den Komponist irrtümlich unter dem Namen *Hasslach* nach (S. 38).

HAUER, Hermann (1812–1892)

Als *E.* Hauer bei Büchting (S. 65) bzw. Brandstaeter (S. 37) nachgewiesen, worauf ihn Kurscheidt unter zusätzlichem Bezug auf Mendel (Bd. 5, S. 93) irrtümlich als *Ernst* Hauer identifizierte, den bis 1840 in Halberstadt wirkenden und zur Zeit der Komposition vermutlich bereits verstorbenen Vater Hermanns (1840 letztmals in HMB vertreten); der Sohn lebte hingegen seit 1832 in Berlin, wo die Musikalien auch erschienen sind.

885 An die Freude (»Freude, schöner Götterfunken«)
Männerchor a cappella
Nr. 2 in: ders., *Zwei Gesänge.* – Berlin: Geelhaar 1859. – Hofmeister (1852–1859), S. 339 u. 402 (ohne Sammeltitel, aber mit dem Hinweis: ... *von Fr. Schiller*). Büchting, S. 65 (hier mit dem angegeben Sammeltitel).

Gleichzeitig im selben Verlag

- Idem (einzeln); jetzt aber *mehrstimmig für Solo und Chor (2 Soprane u. 2 Alt)* a cappella. – Partitur. – Büchting, S. 65. Antiquariat Greve Kat. 48, Nr. 266.

- Idem (einzeln); hier für eine Singstimme mit Klavierbegleitung. – Büchting, S. 65.

Die Komponisten und ihre Werke

886 Der Antritt des neuen Jahrhunderts (»Edler Freund! Wo öffnet sich dem Frieden«); hier unter dem Titel: _Wahres Glück_
Männerchor a cappella
Nr. 1 in: ders., _Zwei Gesänge_ → 885

HAUG, Hans (1900–1967)

Wilhelm Tell. Schauspiel

887 _Wilhelm Tell. Burgen in Flammen;_ Spielfilm. Drehbuch von Karl Hartl, Max Frisch, Luise Kaelin und Hannes Schmidhauser, nach dem ›_Chronicon Helveticum_‹ von Aegidius Tschudi aus ›_Das weiße Buch von Sarnen_‹ und dem Drama von Friedrich Schiller; Regie: Michel Dickoff
Filmmusik
Schweiz: Urs 1960. – In Farbe; 90 Min. – Mit Alfred Schlageter (Walter Fürst), Leopold Biberti (Stauffacher), Robert Freitag (Wilhelm Tell), Heinz Woester (Attinghausen), Wolfgang Rottsieper (Gessler), Hannes Schmidhauser (Melchtal), Maria Becker (Stauffacherin). – _Lex. d. Internat. Films,_ S. 6495.
Kinostart: 28. April 1961. – Es handelt sich um _keine reine Adaption des Dramas von Friedrich Schiller, sondern_ [um einen] _frei gestalteten Film im Bilderbuchstil mit hervorragenden Landschaftsaufnahmen._ – Er wurde in einer schweizerischen Dialektfassung sowie einer hochdeutschen Version hergestellt und unter den Titelvarianten ›_Wilhelm Tell. Flammende Berge_‹ und ›_Wilhelm Tell. Bergfeuer lodern_‹ gezeigt.

HAUK, Günter (geb. 1932)

Die Räuber. Ein Schauspiel

888 Schauspielmusik
1960 für das Maxim-Gorki-Theater in Ost-Berlin entstanden (s. _Musikgeschichte der DDR,_ S. 179).

HAUPTMANN, Moritz (1792–1868)

Wallenstein. Ein dramatisches Gedicht – II. Die Piccolomini

889 – V. 1757ff. (Thekla: »Der Eichwald brauset«)
Für eine Singstimme mit Klavierbegleitung
Nr. 13 in: [52 Vokalkompositonen]. – Undatierte Sammelhandschrift. – RISM-OPAC.

HAUS, Karl (geb. 1928)

Wilhelm Tell. Schauspiel

890 – V. 1465ff. (Walter Tell: »Mit dem Pfeil, dem Bogen«)
Chorsatz
Köln: Tonger, o. A. – Verl.-Nr. _2163-1_ u. _2164-1._ – Homepage des Verlages (ohne Besetzungsangaben).

HAUSIUS, Carl Gottlob (1755–?)

891 An die Freude (»Freude, schöner Götterfunken«)
Rundgesang mit Klavierbegleitung

S. 6 in: ders., *Frohe und gesellige Lieder für das Clavier.* – Leipzig: *Breitkopfische Musikhandlung*, o. A. – Friedlaender, *Das dt. Lied* Bd. 1, S. 53, u. Bd. 2, S. 391 (auf *1794* datiert). BUC, S. 454 (hier mit *ca. 1790* datiert). RISM A I: H 2372.

HAUSKA, Hans (1901–1965)

Des Mädchens Klage (»Der Eichwald brauset«)

892   *Des Mädchens Klage.* Tanzspiel nach Franz Schuberts Vertonung der gleichnamigen Dichtung

Zwischen 1945 und 1948 für das Theater in Ulm komponiert (s. *Lex. z. dt. Musikkultur* Bd. 1, Sp. 933). – Vermutlich diente von den drei Vertonungen Schuberts die bekannte zweite in der zweiten Fassung als Grundlage (→ 2307).

893   Hymne an den Unendlichen (»Zwischen Himmel und Erd', hoch in der Lüfte Meer«)
Vermutlich für eine Singstimme mit Klavierbegleitung

QUELLE: *Lex. z. dt. Musikkultur* Bd. 1, Sp. 933 (demnach *1946/47* entstanden).

HAWLEY, William (geb. 1950)

Die beiden anschließend nachgewiesenen Vertonungen sind im Auftrag des Ensembles »Singer Pur« als Doppelkomposition entstanden, können aber auch einzeln vorgetragen werden. – Uraufführung (im Rahmen der Ludwigsburger Schlossfestspiele): Marbach am Neckar, 30. Juli 2005 (Alexanderkirche), Singer Pur (→ 2910).

QUELLE: Konzertprogramm der Uraufführung (Slg. GG).

894   Abschied vom Leser (»Die Muse schweigt«)
Gemischtes Vokalsextett (STTTBarB) a cappella

895   Der Abend. Nach einem Gemälde (»Senke, strahlender Gott«)
Gemischtes Vokalsextett (STTTBarB) a cappella

HAYDN, Johann Michael (1737–1806)

896   An die Freude (»Freude, schöner Götterfunken«)
Rundgesang für Vokalquartett (SSSB) mit Generalbass
Wohl zwischen 1795 und 1799 komponiert; unveröffentlicht (s. WV/Haydn-Johann, Nr. 739).

HAYDN, Joseph (1732–1809)

Obwohl es keine authentische Schiller-Vertonungen von Joseph Haydn gibt, darf er im vorliegenden Verzeichnis nicht fehlen: Zum einen galt er bis ins 20. Jahrhundert als Urheber des vielfach unter seinem Namen veröffentlichten Liedes ›Die Teilung der Erde‹, das aber von F. de Paula Roser stammt (→ 2119), zum anderen kursierten seit 1810 zwei Kanons mit Versen aus Gedichten Schillers, deren Textunterlegungen allerdings nicht vom Komponisten stammen (→ 897 und 898). – Darüber hinaus taucht Haydns Name gelegentlich – allerdings in eher geringschätziger Weise – in Schillers Korrespondenz auf. So schrieb er etwa am 5. Januar 1801 an Chr. G. Körner nach einer in Weimar vier Tage zuvor besuchte Aufführung der ›Schöpfung‹, dass er daran *wenig Freude* gehabt habe, *weil sie ein charakterloser Mischmasch ist.* Körner antwortete am 18. d. M. und pflichtete dem Freund grundsätzlich bei: *Haydn ist ein geschickter Künstler, dem es aber an Begeisterung fehlt. Für den Musiker ist viel in diesem Werke zu studieren, aber das Ganze ist kalt.*

Das Lied von der Glocke (»Fest gemauert in der Erden«)

897 – V. 17ff. (»Das ist's ja [hier: *ist es*], was den Menschen zieret«); hier unter dem Titel: *Innerer Sinn*
Kanon zu zwei Stimmen mit unterschobenem Text von Schiller

In der Originalvertonung mit einem Text von Magnus Gottfried Lichtwer: ›Die Tulipane‹ (»*So war der Mensch zu allen Zeiten*«); vgl. WV/Haydn-Joseph, S. 331f. (Hob. XXVIIb:30).

Nr. 36 in: ders., *42 Canons für drey und mehrere Singstimmen [...] (Aus der Original-Handschrift des Componisten)*. – Leipzig: Breitkopf & Härtel, o. A. – Verl.-Nr. *1451*. – RISM A I: H 2613. WV/Haydn-Joseph, S. 310ff. (demnach *1810* erschienen).

Die Titelformulierung jener Erstausgabe ist in doppelter Hinsicht irreführend, da auch zweistimmige Kanons enthalten sind und nicht authentische Textunterlegungen vorkommen.

· Idem. – Nr. 1 in: ders., *24 Kanons*; hg. von Wilhelm Weismann. – Leipzig: Peters 1931. – Verl.-Nr. *10943* (= *Edition Peters*, Nr. *2965a*). – Original (Slg. GG).

Die Sammlung enthält zwei- bis fünfstimmige Kanons (darüber hinaus einen weiteren zu acht Stimmen) und besteht aus zwei Teilen: 1. *14 ausgewählte Kanons*; 2. *Die zehn Gebote (oder: Die zehn Gebote der Kunst)* [doppelt textiert]. *Alle Kanons können von Instrumenten begleitet, sowie auch einzelne Stimmen durch Instrumente besetzt werden. –* Im Vorwort heist es: *Dem gesunden Wirklichkeitssinn und bisweilen drastischen Humor, der sich in diesen scharfprofilierten Charakterstückchen spiegelte, wurde indessen von Friedrich Rochlitz, dem bedenklichen Herausgeber, durch Texterneuerungen nach Kräften gesteuert, so daß nicht wenige der Kanons musikalisch vollkommen unverständlich geworden waren.* Weismann behauptet dann, *die hier im I. Teil gebotene Auswahl von 14 Kanons im Originaltext zu bringen*; gleichwohl blieb die nicht authentische Parodie mit Schillers Versen aus dem ›Lied von der Glocke‹.

Die Ideale (»So willst du treulos von mir scheiden«)

898 – V. 5ff. (»Kann nichts dich, Fliehende, verweilen«); hier unter dem Titel: *Flucht der Zeit*
Kanon zu zwei Stimmen mit unterschobenem Text von Schiller
Nr. 10 in: ders., *42 Canons für drey und mehrere Singstimmen* → 897

In der Originalvertonung mit einem Text von Christian Fürchtegott Gellert: *Die Liebe der Feinde* (»*Nie will ich dem zu schaden suchen*«); vgl. WV/Haydn, S. 329 (Hob. XXVIIb:26).

· Idem. – S. 23 in: *Der Kanon*, 2. Bd. → 155

899 Die Maltheser. Tragödie mit Chören

Schiller beschäftigte sich zwischen 1788 und 1804 immer wieder mit diesem Projekt und plante, die Tragödie nach griechischem Vorbild mit Chören auszustatten. Körner empfahl ihm am 10. Juni 1797: *Wenn Du noch einmal zu den Malthesern einen Componisten brauchst, so würde ich Haydn vorschlagen. Freylich Salieri noch lieber, wenn er Deutsch versteht* (→ 2156).

900 Die Teilung der Erde (»Nehmt hin die Welt«)
Für eine Singstimme mit Klavierbegleitung,
Haydn unterschobene Komposition von Franz de Paula Roser, vgl. WV/Haydn (Hob. XXVIa:C1), S. 284 → 2119

901 Sehnsucht (»Ach, aus dieses Tales Gründen«)
Vermutlich für eine Singstimme mit Klavierbegleitung

Nicht realisiert. – Im ›*Taschenbuch zum seligen Vergnügen 1803*‹ (Leipzig: Hempel [1802]) sollten vier Gedichte Schillers veröffentlicht werden. Der Herausgeber, Wilhelm Gottlieb Becker, plante, wenigstens eines davon vertonen und hier als Notenbeilage erscheinen zu lassen. Am 28. März 1802 schrieb er dem Dichter: *Sehnsucht, das schöne Lied* [...] *muß eine gute musikalische Begleitung erhalten.* Wenig begeistert teilte Körner Schiller einen Tag später mit, dass Becker deshalb *Haydn darum bitten* wolle und fuhr dann fort: *Ich zweifle nur, ob er* [Haydn] *ein gutes Gedicht versteht, da er immer in sehr schlechter poetischer Gesellschaft gelebt hat, ...*

HEBENSTREIT, Michael (um 1812–?)

Wallenstein. Ein dramatisches Gedicht – I. Wallensteins Lager

902 Schauspielmusik

Uraufführung im Rahmen der Premiere in Wien: 3. Mai 1848 (Carl-Theater). – Theaterzettel dieses Datums mit den Hinweisen *zum 1. Mal* und *Musik vom Kapellmeister Hebenstreit* (s. Internetkatalog des Antiquariats Meindl & Sulzmann, Wien).

HECHT, Eduard (1832–1887)

Wallenstein. Ein dramatisches Gedicht – I. Wallensteins Lager

903 Ouvertüre

Das Werk ist in Manchester entstanden, wohin Hecht 1854 emigriert war. In der Ouvertüre wird die berühmte Vertonung des »Reiterliedes« von Chr. J. Zahn zitiert (→ 2951): s. Brandstaeter, S. 35.

HECHT, Gustav (1851–1932)

Die Braut von Messina oder: Die feindlichen Brüder. Ein Trauerspiel mit Chören

904 – V. 871ff. (Einer aus dem Chor: »Schön ist der Friede! Ein lieblicher Knabe«) Vierstimmiger Männerchor (TTBB) a cappella, op. 55 Berlin: Vieweg, o. A. – Klavierauszug, Stimmen. – Hofmeister (1904–1908), S. 290 (hier aber mit Klavierbegleitung nachgewiesen). Pazdírek Bd. 5, S. 628. *Dt. Musiker-Lex.* 1929, Sp. 510.

HEDWIG, Johann Lukas (1802–1849)

904+1 Der Jüngling am Bache (»An der Quelle saß der Knabe«) Für eine Singstimme mit Klavierbegleitung Nr. 1 in: ders., *Drey Gedichte.* – Wien: Paterno, o. A. – Verl.-Nr. *1064.* – Staatsbibl. zu Berlin (Online-Katalog; datiert mit *ca. 1825*).

HEFTI, Jacques (?–?)

Wilhelm Tell. Schauspiel

905 – V. 1447ff. (Rösselmann: »Wir wollen sein ein einzig' Volk von Brüdern«); hier unter dem Titel: *Rütlischwur* Vierstimmiger Männerchor a cappella, op. 4 Nr. 4 Volketswil-Zürich: Helbling 1967. – Partitur (Verl.-Nr. *121a*). – Hofmeister (1967), S. 125.

Das op. 4 ist ohne Sammeltitel und lediglich noch mit den Nrn. 5 und 8 nachgewiesen.

Die Komponisten und ihre Werke

HEIDER, Franz (?-?)

Das Lied von der Glocke (»Fest gemauert in der Erden«)

906 *Unsinnige Ballade nach Schiller (»Festgemauert in der Erde«)*; Textverfasser unbekannt
Nach bekannten Melodien arrangiert für vierstimmigen Männerchor (TTBB) a cappella, op. 1
Regensburg: Coppenrath, o. A. – Partitur, Stimmen. – Hofmeister (1904–1908), S. 292. Pazdírek Bd. 5, S. 638.

HEILAND, Tilman (geb. 1957)

Die Jungfrau von Orleans. Eine romantische Tragödie

907 – V. 2614ff. (Agnes Sorel: »Nein! Nicht so! Hier im Staub vor dir«); hier unter dem Titel: *Agnes und Johanna*
Szene für zwei Singstimmen (SMS) mit Klavierbegleitung

Im Auftrag von Cornelia Lanz zum Schiller-Jahr 2005 komponiert; unveröffentlicht. – Uraufführung: Bad Buchau, 22. Oktober 2005 (Goldsaal der Schlossklinik), Cornelia Lanz (Mezzosopran) und Raika Simone Maier (Mezzosopran) sowie Nadine Schube (Klavier).

QUELLEN: Freundliche Mitteilung des Komponisten bzw. von Cornelia Lanz.

HEILMANN, Harald (geb. 1924)

908 Hoffnung‹ (»Es reden und Träumen die Menschen viel«)
Nr. 1 in: ders., *An die Hoffnung. Kleine Kantate nach Texten von Friedrich von Schiller, W. Bumbaur, Johann Wolfgang von Goethe und Justinus Kerner* für bis zu vierstimmigen Chor (gleiche Stimmen oder gemischt), Flöte und Gitarre bzw. für Tenor oder Bariton, Chor und Orchester op. 76a bzw. op. 76b. – Heidelberg: Süddeutscher Musikverlag (Müller) 1970. – Partitur (Verl.-Nr. 2570). – Original (Ochsenhausen, Landesakademie für die musizierende Jugend, Musikbibliothek). *Harald Heilmann zum 75. Geburtstag. Festschrift.* Hg. von Ulrike Lausberg. Berlin: Astoria 1999, S. 46. Simbriger Erg.bd. 4, S. 129.

Uraufführung der Fassung op. 76b: Hameln, 30. September 1971. Erste bekannte Aufführung der Fassung op. 76a: Hilden, 17. Juni 1984.

HEINE, Friedrich Samuel (1764–1821)

909 Sehnsucht (»Ach, aus dieses Tales Gründen«)
Für eine Singstimme mit Klavierbegleitung
Nr. 4 in: ders., [11] *Lieder.* – Leipzig: Breitkopf & Härtel, o. A. – Rentzow, S. 137 (datiert auf *1803*). RISM A I: HH 4949 II,9.

Ihro Durchlaucht der Prinzessin Charlotte Friderike von Mecklenburg-Schwerin in tiefster Unterthänigkeit zugeeignet. – Gilt als Erstvertonung von Schillers Gedicht, das 1802 im ›Taschenbuch zum geselligen Vergnügen 1803‹ erstmals veröffentlicht worden war.

HEINEFETTER, Wilhelm (1833–1934)

Macbeth. Zur Vorstellung auf dem Hoftheater in Weimar eingerichtet von Friedrich Schiller

910 Schauspielmusik, op. 13

Das anschließende Verzeichnis folgt den Angaben bei Schaefer, der dabei ausdrücklich auf Schillers Schauspielbearbeitung hinweist; gleichwohl entsprechen nicht alle angegebenen Textausschnitte seiner Fassung.

1. Ouvertüre
2. 1. Akt, 5. Auftritt (nach V. 151): Fanfaren für vier Trompeten hinter der Szene *beim Auftritt Banquos und Macbeths*
3. 2. Akt, 2. Auftritt – V. 468 (König: »Erlaubt mir, meine angenehme Wirtin«). *Festliche Musik (gegen Ende der Musik erscheint Macbeth und spricht, wenn die Musik zu Ende ist)*
4. 4. Akt, 2. Auftritt – ca. V. 1458 (Hekate: *»Mich ruft der Geist hinweg von hier; beginnt das Werk, gehorchet mir«*)
5. ebd., 3. Auftritt – nach V. 1469 *(Hexenmusik. Die Musik beginnt. Die 3 Hexen tanzen um den Kessel, und sagen ihre Sprüche her. Bei den Schlußtakten tritt Macbeth auf)*
6. ebd., 4. Auftritt – V. 1589 (Macbeth: »Warum versinkt der Kessel?«). *Unterirdischer Donner beim Beginn der Musik. Dann erscheinen die Könige. Musik (beim Erscheinen der Könige). Während Macbeth spricht, geht die Musik bis zur Fermate; wenn die erste Hexe ausgesprochen hat, beginnt ein rasches Tempo. Die Hexen tanzen und verschwinden während der beiden vorletzten Takte dieses Tempos.*
7. *Zwischenakt (Siegesmarsch)*
8. 5. Akt, 2. Auftritt – V. 2008 (Lenox: »Dort wo das Recht, ist unser Vaterland«, Angus: »Auf gegen Birnam!«). *Trompetenfanfaren hinter der Scene und auf der Scene rechts. Trommelwirbel so lange die Trompeten blasen.*
9. ebd., 8. Auftritt – V. 2197 (Macduff: »Gebt Atem allen kriegerischen Trompeten«). *Trompeten erschallen von allen Seiten.*
10. ebd., 13. Auftritt – nach V. 2271: *Man bläst zum Abzug.*
11. ebd., letzter Auftritt – V. 2300 (Macduff: »Heil Schottlands König«). *Siegesmusik (zum Schluß des Stückes).*

Diese Disposition erscheint durchaus zweckmäßig: maßvolle Anwendung der Musik paart sich mit einer meisterhaften Charakteristik, so daß das Werk mit Recht als eine würdige, den heutigen Anforderungen entsprechende Macbethmusik zu bezeichnen ist. Es fällt jedoch auf, dass die am häufigsten vertonte, dann allerdings aus dem Gesamttext herausgelöste Stelle – das »Lied des Pförtners« (»Verschwunden ist die finst're Nacht«) – offenbar nicht einbezogen worden ist.

Weitgehend unveröffentlicht. – 1861 in Mainz komponiert; hier im selben Jahr Uraufführung der Ouvertüre in einem Konzert des Künstlervereins unter der Leitung des Komponisten. – Uraufführung der vollständigen Schauspielmusik im Rahmen der Premiere: Dessau, 27. November 1870 (Herzogliches Hoftheater). – Schaefer hob *die Musik zu den verschiedenenen Hexen- und Zauberscenen* besonders hervor, *welche sich in ihrer künstlerischen und geistreichen Darstellung des Unheimlichen und Grauenhaften den Situationen des Dramas mit außerordentlicher Feinheit anschließen. Der Siegesmarsch und die Schlußmusik sind von grandioser Wirkung.* – Alle Informationen nach Schaefer, S. 153f.

Daraus im Druck erschienen

· Ouvertüre. – Mainz: Schott. – Partitur. – HMB 1869/7, S. 116.

... ein großes, charakteristisches Tongemälde, welches bei seinen zahlreichen Aufführungen die glänzendsten Erfolge erzielte (Schaefer, S. 154; weist für 1878 noch die Veröffentlichung der Orchesterstimmen im gleichen Verlag nach).

Die Komponisten und ihre Werke

HEINRICH, Anton Philipp (1781–1861)

Familienname oft irrtümlich: _Heinrichs_. – Da Heinrich seit 1811 (lediglich von einigen Reisen unterbrochen) in den USA lebte, werden in vielen Lexika die Vornamen mit _Anthony Philip_ wiedergegeben.

911   _Schiller. Grande Sinfonia dramatica_ für großes Orchester

In den 1830er Jahren komponierte Heinrich unter dem Titel ›_Schiller_‹ eine Ouvertüre mit langsamer Einleitung, die vermutlich mit dem 75. Geburtstag des Dichters zusammenhing und von der eine datierte Kopistenabschrift erhalten ist (London, 13. Oktober 1834). Heinrich fertigte daraus später die beiden ersten Sätze der »Grande Sinfonia dramatica« an.

1. Satz: _Adagio misterioso_
2. Satz: _Allegro patetico concertante_
3. Satz: _Minuetto e Trio. A Chromatic Ramble_ (_Allegro con brio_)
    Mitte der 1830er Jahre als Einzelsatz unter dem Titel ›_The Condor_‹ komponiert (Abschluss der Partitur: London, 13. Oktober 1835) und 1847 überarbeitet, jetzt mit dem Titel ›_The Ornithological Combat of Kings_‹ (1856 nochmals revidiert).
4. Satz: _Romanza_ (_Andante_)
    Einziger Satz, der speziell für die Sinfonie entworfen und als letzter eingefügt worden ist (ca. 1857–1859 komponiert).
5. Satz: _For the Curious: Finale Doppio, or Avance et Retraite_
    Um 1820 hatte Heinrich zunächst ein zweiteiliges Klavierstück, ›_Avance et Retraite_‹, komponierte, das er 1831 in London und nochmals 1847 in New York überarbeitete; die orchestrierte Fassung bildet jetzt den Schlusssatz, der ungefähr die Hälfte der ganzen Sinfonie ausmacht und in dem aufgrund der ursprünglichen Konzeption militärmusikalische Elemente eine gewisse Rolle spielen (darin bspw. _Signals for the Retraite_).

Philadelphia: Kallisti Music Press 2003. – Partitur (mit einem Vorwort, auf dem die vorliegenden Informationen im wesentlichen beruhen), Stimmen. – Original (DLA).

Most Respectfully Dedicated to His Majesty Wilhelm Friedrich Carl, King of Wirtemberg. – Über Aufführungen ist nichts bekannt. Zu Lebzeiten des Komponisten nicht veröffentlicht und erst innerhalb der seit 1991 erscheinenden Gesamtausgabe der Werke Heinrichs von Andrew Stiller ediert. – Wie aus den oben zitierten Anmerkungen zu den Einzelsätzen hervorgeht, ist die Werkgeschichte außerordentlich lang (ca. 1820–1859) und komplex; die Teile sind weitgehend unabhängig von einander entstanden und erst nachträglich zusammengestellt worden. Im eigenhändigen Werkverzeichnis von 1845 bezeichnete Heinrich das bis dahin existierende Werk noch als »Sinfonie Poëtique«. – Bis auf die genannten Satzbezeichnungen enthält der Notenteil keinerlei programmatische Hinweise. Neben dem zeitüblichen großen Orchester sind u. a. noch ein Serpent und umfangreiches Schlagwerk (darunter Kleine und Große Trommel sowie Gong) zu besetzen; im Finale tritt noch eine Orgel hinzu.

HEINS, Carl (1859–1923)

Die Jungfrau von Orleans. Eine romantische Tragödie

– V. 383ff. (Johanna: »Lebt wohl, ihr Berge, ihr geliebten Triften«)

912   _Lebt wohl, ihr Berge. Lyrisches Tonstück_ für Klavier
Nr. 5 (einzeln) in: ders., [18] _Kompositionen für Klavier_, op. 104. – Berlin: Glas, o. A. – HMB 1892/2, S. 48. Pazdírek Bd. 5, S. 648.

Verzeichnis der musikalischen Werke

HEINZ, Peter (?–?)

Der Kampf mit dem Drachen (»Was rennt das Volk«)

913 *Der schneidige Ullrich (»Was rennt das Volk«)*; Textverfasser unbekannt
Kostüm-Couplet für eine Singstimme mit Klavierbegleitung (o. op.)
Leipzig: Rauh & Pohle, o. A. – Hofmeister (1904–1908), S. 297.

HEINZE, Richard (1845–1893)

Textverfasser der nachfolgenden Werke Heinzes sind in den Quellen nicht nachgewiesen.

Das Lied von der Glocke (»Fest gemauert in der Erdend«)

914 *Das Lied vom Schlüssel, frei nach Schiller (»Nur immer langsam voran«)*
Männerchor a cappella *mit verbindender Deklamation*, op. 87
Coburg: Glaser, o. A. – Partitur, Stimmen, Deklamation. – HMB 1889/10,
S. 428.

Der Taucher (»Wer wagt es, Rittersmann oder Knapp'«)

915 *Der Taucher. Karnevalistische Scene unter Benutzung beliebter Melodien*
Männerquartett (TTB oder Bar und Falsett oder weiterer T) mit Klavierbeglei-
tung, op. 141
Coburg: Glaser, o. A. – Klavierpartitur, Stimmen. – HMB 1893/9, S. 346.

Die Bürgschaft (»Zu Dionys, dem Tyrannen, schlich Damon«)

916 *Die Bürgschaft. Parodistische Scene unter Benützung beliebter Melodien*
Männerquartett mit Klavierbegleitung, op. 149
Coburg: Glaser, o. A. – Klavierpartitur, Stimmen. – HMB 1893/9, S. 346.

Die Macht des Gesanges (»Ein Regenstrom aus Felsenrissen«)

917 *Die Macht des Gesanges oder Musikalisch bis zum Nachtwächter (»Ich bin ein
Polizist«)*
Komisches Männerterzett (TTB oder TTBar) mit Klavierbegleitung, op. 34
Schleusingen: Glaser, o. A. – HMB 1884/11, S. 317.
 • Heidelberg: Hochstein, o. A. – Hofmeister (1924–1928), S. 273.

Die Räuber. Ein Schauspiel

– 2. Akt, 3. Szene (Karl Moor: »Ich kenne dich, Spiegelberg«)

918 *Spiegelberg, ich kenne dir (»Als der Abend sinkt zur Erde«)*
Humoristische Soloscene mit Klavierbegleitung
Nr. 34 (einzeln) in: ders., *Humoristische Soloscenen*, op. 51. – Coburg: Glaser,
o. A. – HMB 1892/9, S. 360.

Dieses »geflügelte Wort« wird häufig in dieser korrumpierten Form verwendet. – Während der Veröffentlichung des umfangreichen Sammelwerkes wechselte der Erscheinungsort (→ 922). – Pazdírek weist unter dieser Opuszahl ein anderes Werk nach.

– 4. Akt, 5. Szene (Räuber: »Ein freies Leben führen wir«)

919 *Der Wichsier (»Ein freies Leben führen wir«)*
Scene aus dem Studentenleben unter Benutzung beliebter Melodien für eine
Singstimme mit Klavierbegleitung, op. 138
Coburg: Glaser, o. A. – HMB 1892/9, S. 365.

Die Komponisten und ihre Werke

920   *Ein bemoostes Haupt (»Ein freies Leben führen wir«)*
Komisches Männerterzett (TTB oder TTBar) *aus dem Studentenleben mit Benutzung beliebter Melodien* mit Klavierbegleitung, op. 66
Coburg: Glaser, o. A. – HMB 1886/10, S. 365.

– 5. Akt, 2. Szene – Schlussworte (Karl Moor: »Dem Mann kann geholfen werden«)

921   *Dem Manne kann geholfen werden (»Ein Junggeselle seufzt und spricht«)*
Couplet für eine Singstimme mit Klavierbegleitung
Nr. 19 (einzeln) in: ders., *Humoristische Pillen. Original-Couplets*, op. 5. – Schleusingen: Glaser, o. A. – HMB 1883/11, 306.

Die verschiedenen Teile des op. 5 sind über einen längeren Zeitraum verteilt erschienen (→ 924).

Don Carlos. Infant von Spanien. Ein dramatisches Gedicht
– 1. Akt, 6. Szene, V. 865 (König Philipp II.: »Hier ist die Stelle, wo ich sterblich bin«)

922   *Das ist die Stelle, wo er sterblich ist (»Fein geschniegelt und gebügelt«)*
Humoristische Soloszene mit Klavierbegleitung
Nr. 23 (einzeln) in: ders., *Humoristische Soloszenen*, op. 51. – Schleusingen: Glaser, o. A. – HMB 1890/10, S. 447.

Während der Veröffentlichung des umfangreichen Sammelwerkes wechselte der Erscheinungsort (→ 918). – Pazdírek weist unter dieser Opuszahl ein anderes Werk nach.

Punschlied (»Vier Elemente, innig gesellt«)

923   *Die vier Elemente (»Das Bier, das ist mein Element«)*
Komische Szene für vier Männerstimmen mit Klavierbegleitung, op. 35
Schleusingen: Glaser, o. A. – Klavierpartitur, Singstimmen. – HMB 1884/11, S. 317.

Wallenstein. Ein dramatisches Gedicht – III. Wallensteins Tod
– V. 897 (Wallenstein: »Es gibt im Menschenleben Augenblicke«)

924   *Es gibt im Menschenleben Augenblicke (»Bei der Firma Meisenheimer«)*
Couplet für eine Singstimme mit Klavierbegleitung
Nr. 43 (einzeln) in: ders., *Humoristische Pillen. Original-Couplets*, op. 5. – Schleusingen: Glaser, o. A. – HMB 1887/10, S. 494.

– V. 3180 (Thekla: »Das ist das Los des Schönen auf der Erde«)

925   *Das ist das Loos* [!] *des Schönen auf der Erde (»Das schönste Pferd im Marstall hier«)*
Couplet für eine Singstimme mit Klavierbegleitung, op. 102
Leipzig: Forberg, o. A. – HMB 1890/2, S. 77.

HEISE, … (?–?)

926   Hoffnung (»Es reden und träumen die Menschen viel«); hier unter dem Titel: *Gedicht von Schiller*
Für eine Singstimme mit Klavierbegleitung
Erfurt: Meyer, o. A. – Hofmeister (1829–1833), S. 302.

      · Köln: Dunst, o. A. – Hofmeister 1845 (*Vocalmusik*), S. 128.

Verzeichnis der musikalischen Werke

HEISE, Oliver (geb. 1967)

QUELLE für beide Nachweise: Homepage der Regisseurin.

927 *Im Schatten Schillers.* Dokumentarfilm. Drehbuch und Regie: Sabine Willmann
Filmmusik

Im Auftrag des Südwestrundfunks entstandener Film, bei dem der Komponist auch als Produzent tätig war (in Farbe; 70 Min.). Es wird über drei freie Schriftsteller berichtet, die in der *Literaturstadt Marbach* am Neckar leben. – Voraufführung: Marbach am Neckar, 10. Mai 2009 (Deutsches Literaturarchiv). Ursendung: Südwestrundfunk, 29. Oktober 2009.

928 *Schiller steigt vom Sockel. Imagefilm* der Stadt Marbach am Neckar anlässlich des Schillerjahrs 2009. Drehbuch und Regie: Sabine Willmann
Filmmusik

Der Komponist ist auch der Produzent. Der Film (in Farbe; 8 Min.) ist auf der Homepage der Stadt Marbach am Neckar abrufbar.

HEISE, Oliver (geb. 1967)
MAHR, Alexander (?)

Das Lied von der Glocke (»Fest gemauert in der Erden«)

929 *Das Lied von Schillers Glocke. Eine Rockoper* in drei Akten; Buch: Dieter Fuchs; Gesangstexte: Friedrich Schiller und Markus Berkmann

Die Musik besteht aus klassischen Elementen (von O. Heise) und Rock-Passagen (von A. Mahr). – Uraufführung: Marbach am Neckar, 29. Oktober 2009 (Stadthalle); veranstaltet von Glocken-Rock. U. a. mit Wolf Maahn (Schiller, *der Meisterdichter*), Constanze Seitz sowie Lucia Schlör (Charlotte bzw. Marianne, *revolutionäre Dichterinnen*), Alge von Jeinsen (Metal-Master, *der Glockenmeister*), Enno Kalisch (erster Glockengießergeselle), das GlockenRock Orchestra (Rockband aus fünf Spielern) und ein Kammerensemble aus acht Musikern; musikalische Gesamtleitung: Oliver Heise. Regie: Sabine Willmann. Eine Produktion der GlockenRock GmbH.

QUELLEN: Zeitgenössische Presseberichte der regionalen Zeitungen.

HELBIG, William (?–?)

Der Kampf mit dem Drachen (»Was rennt das Volk, was wälzt sich dort«)

930 *Ullrich von der Feuerwehr (»Was rennt das Volk, was braust es dort«)*; Textverfasser unbekannt
Grotesk-Couplet für eine Singstimme mit Klavierbegleitung
Dresden: Seeling, o. A. – HMB 1892/10, S. 409.

HELD, Franz Xaver (?–?)

931 Würde der Frauen (»Ehret die Frauen! Sie flechten und weben«)
Für zwei Singstimmen (S oder T und B) mit Klavierbegleitung, op. 1
Augsburg: Rieger, o. A. – HMB 1833/7+8, S. 60.

HELLMESBERGER, Georg (1830–1852)

Die Bürgschaft (»Zu Dionys, dem Tyrannen, schlich Damon«)

932 *Die Bürgschaft.* Oper in drei Akten; Libretto *nach Schillers Ballade und unter Benützung Schillerscher Gedichte* von Ferdinand Leopold Karl Freiherr von Biedenfeld

Die Komponisten und ihre Werke

Libretto 1823 von Biedenfeld ursprünglich für Beethoven angefertigt, der es aber nicht vertont hat (→ 150+1). – Komposition: November 1847 bis April 1848 (WV/Hellmesberger, S. 80). – _Die Angabe, dass Hellmesberger auch seine Oper ›Die Bürgschaft‹ hier herausgebracht habe, ist irrthümlich_ (vgl. Georg Fischer: _Opern und Concerte im Hoftheater zu Hannover bis 1866._ Hannover: Hahn 1899, S. 146). – Stieger datiert die Oper in die 1850er Jahre und merkt an: _nicht gegeben._

Die Verschwörung des Fiesco zu Genua. Ein republikanisches Trauerspiel

933 _Die Verschwörung des Fiesco zu Genua._ Große Oper in vier Aufzügen; Libretto von Theodor Herzenskron

1848 entstanden (WV/Hellmesberger, S. 81). – In MGG2 wird diese Oper neben anderen Bühnenwerken erwähnt, _die offenbar unaufgeführt blieben_ (_Personenteil_ Bd. 8, Sp. 1260). – Nicht bei Stieger.

HELLWIG, Karl Friedrich Ludwig (1773–1838)

934 Amalia (»Schön wie Engel, voll Walhallas Wonne«)
Für eine Singstimme mit Klavierbegleitung

1809 entstanden; unveröffentlicht (MGG2 _Personenteil_ Bd. 8, Sp. 1263).

935 Die Teilung der Erde (»Nehmt hin die Welt«)
Für eine Singstimme mit Klavierbegleitung
Nr. 4 in: ders., _Sechs Lieder_, op. 3 (in 2 Heften). – Leipzig: Peters, o. A. – Verl.-Nr. _1104_. – Original (DLA).

Herrn Professor Zelter hochachtungsvoll zugeeignet. – 1. Heft: Nrr. 1–3; 2. Heft: Nrr. 4–6.

936 Die Worte des Glaubens (»Drei Worte nenn' ich euch, inhaltschwer«)
Für eine Singstimme mit Klavierbegleitung
Nr. 10 in: ders., _Sechzehn Lieder_ (o. op.). – Leipzig: Breitkopf & Härtel, o. A. – Goethe-Museum (Katalog), Nr. 408 (hier auf _1805_ datiert).

937 Hoffnung (»Es reden und träumen die Menschen viel«)
Für eine Singstimme mit Klavierbegleitung
Nr. 4 in: ders., _Sechzehn Lieder_ (o. op.) → 936

938 Würde der Frauen (»Ehret die Frauen! Sie flechten und weben«)
Für eine Singstimme mit Klavierbegleitung
Nr. 1 des 2. Heftes in: ders., _Sechs Lieder_, op. 3 → 935

HEMPEL, Ludwig (?–?)

Das Lied von der Glocke (»Fest gemauert in der Erden«)

939 _Glockenklänge (»Festgemauert_ [!] _in der Erden«)_
Humoristisches Potpourri für zwei Soli (TBar) und zweistimmigen Männerchor (TB) mit Klavierbegleitung, op. 14
Berlin: Eisoldt & Rohkrämer, o. A. – Klavierpartitur, Solostimmen (Bar – _Meister_ bzw. T – _Lehrling_), Chorstimmen. – Hofmeister (1898–1903), S. 353. Pazdírek Bd. 5, S. 695.

HENKEL, Georg Andreas (1805–1871)

940 Die Macht des Gesangs (»Ein Regenstrom aus Felsenrissen«)
Vierstimmiger Männerchor a cappella
Leipzig: Weber, o. A. – Partitur. – Hofmeister (1860–1867), S. 401.

Verzeichnis der musikalischen Werke

Wallenstein. Ein dramatisches Gedicht – I. Wallensteins Lager

941 *Charakteristische Ouvertüre zu Wallensteins Lager* für Orchester, op. 6
Fulda: *Verfasser*, o. A. – Orchesterstimmen. – Pelker, S. 292. HMB 1831/5+6,
S. 35 (nennt Hanau als Erscheinungsort).

Herrn Luigi Cherubini, Ritter des königlichen Ordens der Ehrenlegion &c. &c. gewidmet. – Die Ouvertüre ist durchaus kriegerisch, leicht und eingänglich; kann aber nur in sofern characteristisch heißen, als sie zu einem Kriegs-Schauspiele vorbereitet, mag dies nun Wallensteins Lager oder irgend ein anderes sein (Schilling Bd. 3, S. 552).

HENKEL, Heinrich (1822–1899)

Wilhelm Tell. Schauspiel

942 – V. 1465ff. (Walter Tell: »Mit dem Pfeil, dem Bogen«)
Vierstimmiger gemischter Chor (SATB) a cappella
Nr. 4 in: ders., *Sechs Gesaenge für gemischte Stimmen,* op. 20. – Undatierte
Sammelhandschrift. – RISM-OPAC.

Frau Clotilde Koch-Gontard verehrungsvoll gewidmet. – Hier wurde der Text irrtümlich *Göthe* zugeschrieben.

HENKEL, Johann Michael (1780–1851)

943 Hoffnung (»Es reden und träumen die Menschen viel«)
Gemischtes Vokalquartett (SATB) mit Klavierbegleitung
Nr. 9 in: ders., *Sechs* [insgesamt: 12] *Lieder für Sopran, Alt, Tenor & Bass* (in 2
Heften). – Berlin: Trautwein, o. A. – Verl.-Nr. *6579.* – Original (DLA).

Dem Kurfürstlichen Gymnasialdirektor Herrn Dr. Dronke zu Fulda ergebenst zugeeignet. –
1. Heft: Nrr. 1–6; 2. Heft: Nrr. 7–12; jeweils mit identischer Titelseite, die sich nur auf den Inhalt eines Heftes bezieht. – Die von Kurscheidt erwähnte Ausgabe (Offenbach am Main: André, o. A.) konnte bisher nicht nachgewiesen werden (nicht bei Constapel).

944 entfällt

HENN, Hans (?–?)

945 Punschlied (»Vier Elemente, innig gesellt«)
Vierstimmiger Männerchor a cappella
Darmstadt: Elscha 1963. – Partitur (Verl.-Nr. *428*). – Hofmeister (1966),
S. 155.

HENNIG, Walter (?–?)

Wallenstein. Ein dramatisches Gedicht – I. Wallensteins Lager

– vor V. 1 (Scharfschütze: »Es leben die Soldaten«); Text teilweise von Johann
Wolfgang Goethe

946 *Es leben die Soldaten.* Kantate für drei- bis vierstimmigen Chor mit Soli,
Streicher und Bläser
Kassel: Bärenreiter 1943. – Partitur, Chorpartitur, Stimmen. – Hofmeister
(1943), S. 55.

_____ Die Komponisten und ihre Werke

HENNING, Carl Wilhelm (1784–1867)

Schauspielmusiken zu:

947 Wallenstein. Ein dramatisches Gedicht – II. Die Piccolomini

Uraufführung im Rahmen der Premiere in Berlin: *um das Jahr 1828* (Königliches Schauspielhaus); Stieger nennt: Berlin, 1824 (ebd.). – Die Komposition umfasste die *Ouvertüre, Zwischenakts- und die zur Handlung gehörige Musik.* Mirow nennt hingegen nur die Vertonung von Theklas Lied mit dem späteren Titel ›Des Mädchens Klage‹ (S. 146).

QUELLEN: Ledebur, S. 234. Schaefer, S. 30f. (demnach unveröffentlicht).

948 Wallenstein. Ein dramatisches Gedicht – III. Wallensteins Tod

Uraufführung im Rahmen der Premiere in Berlin: 11. November 1829 (Königliches Opernhaus); unveröffentlicht. – *Die Musik bestand aus Ouverture, Zwischenakts- und der zur Handlung gehörigen Musik (Marsch und Schlachtmusik) und fand in den Zeitungen mehrfach lobende Erwähnung* (Schaefer, S. 31).

HENNING, Horst Heinz (1920–1998)

Die Braut von Messina oder: Die feindlichen Brüder. Ein Trauerspiel mit Chören

948+1 *Die Braut von Messina. Foxtrot.* Text von Benjamin Stern
Für Salon-Orchester bearb. von Heinz Gietz
Wien: Weinberger 1954. – Stimmen. – ÖNB (Online-Katalog).

Bisher nur in dieser Instrumentalfassung nachweisbar und deshalb ohne Textincipit.

HENNING, Paul (?–?)

Die Räuber. Ein Schauspiel

949 *Die Räuber oder Theaterprobe in der Kaserne. Militärische Gesangs-Posse für fünf Herren und eine Dame (oder sechs Herren)* mit Klavierbegleitung
Berlin: Meissner, o. A. – Klavierpartitur. – Hofmeister (1904–1908), S. 302.
Pazdírek Bd. 5, S. 707 (gibt als Mitverfasser *Carl Frank* an).

HENSCHEL, Fritz (?–?)

Die Macht des Gesanges (»Ein Felsenstrom aus Felsenrissen«)

950 *Die Macht des Gesanges oder Der entdeckte Liebhaber. Gesangs-Posse* für gemischtes Vokalterzett (STB) mit Klavierbegleitung, op. 5
Eythra: Jäckel, o. A. – Klavierpartitur, Stimmen. – Hofmeister (1892–1897), S. 332. Hofmeister (1898–1903), S. 354.

HENSEL, Fanny Caecilia (1805–1847)

Mädchenname: *Mendelssohn Bartholdy.*

Hero und Leander (»Seht ihr dort die altergrauen Schlösser«)

951 *Hero und Leander (»Still ruht das Meer und hat den weiten Farbenbogen«);* Text von Wilhelm Hensel (angeblich nach Schillers gleichnamiger Ballade)
Dramatische Szene für Sopran mit Orchesterbegleitung
Kassel: Furore 1995. – Partitur, hg. von Elke Mascha Blankenburg (= *Furore-Edition, Nr. 532*). – WV/Hensel-1, Nr. 262. Original (Slg. GG).

Zwischen dem 21. und 23. Dezember 1831 bzw. dem 4. und 21. Januar 1832 komponiert; zu Lebzeiten der Komponistin nicht veröffentlicht. – *Ihrer Freundin Ulrike Peters zugeeignet.* – Uraufführung vermutlich im Rahmen der familiären »Sonntagsmusiken« und nur mit Klavierbegleitung: Berlin, 15. September 1833 (Wohnung der Familie Hensel), mit Pauline Decker, geb. von Schätzel (Sopran). – Posthume Uraufführung der Orchesterfassung im Rahmen des ersten »Internationalen Komponistinnen-Festivals«: Unna, 30. Oktober 1987 (Stadthalle), mit Isabel Lipitz (Sopran) und dem Clara Schumann Orchester unter der Leitung von Elke Mascha Blankenburg.

In der Literatur wird immer wieder auf Schillers gleichnamige Ballade als Vorbild des Textes verwiesen, wobei man sich wohl zu sehr vom Titel bzw. Stoff leiten ließ. Fannys Ehemann ist davon jedoch allenfalls angeregt und nur ganz flüchtig beeinflusst worden. In seltenen Fällen klingen einzelne Wendungen aus Schillers Gedicht an, wie bspw. in V. 51f. (»Und in weichen Liebesarmen / Darf der Glückliche erwarmen« – bei Hensel »*Bald in diesen Armen wird er erwarmen ...*«) oder in V. 85 (»Sah hinab die Sonnenrosse« – jetzt »*Hinab, ihr Sonnenrosse*«). Im übrigen weicht der vertonte Text v. a. in seiner Konzeption als Monolog der Hero von der Ballade mit ihren erzählenden Abschnitten fundamental ab: *Wilhelm Hensels Gedicht ist ganz in den Mund der Hero gelegt; das Drama vollzieht sich aus ihrem Blickwinkel, wird zum Monodrama* (Gottfried Eberle: *Eroberung des Dramatischen. Fanny Hensels ›Hero und Leander‹;* in: *Fanny Hensel, geb. Mendelssohn Bartholdy. Das Werk*; hg. von Martina Helmig. München: text + kritik 1997, S. 131).

952 Sehnsucht (»Ach, aus dieses Tales Gründen«)
Für eine Singstimme mit Klavierbegleitung

Am 3. April 1824 beendet; unveröffentlicht (s. WV/Hensel-1, Nr. 117, bzw. WV/Hensel-2, Nr. 186).

Wallenstein. Ein dramatisches Gedicht – II. Die Piccolomini

953 – V. 1757ff. (Thekla: »Der Eichwald brauset«)
Für eine Singstimme mit Klavierbegleitung
Nr. 2 des 1. Bandes von: dies., *Ausgewählte Lieder*, hg. von Annette Maurer (in 2 Bden.). – Wiesbaden: Breitkopf & Härtel 1994. – WV/Hensel-1, Nr. 170. WV/Hensel-2, Nr. 53.

Zwischen dem 4. März und dem 6. Mai 1826 komponiert. – Zu Lebzeiten der Komponistin nicht veröffentlicht.

HENSEL, Walther (1887–1956)

Wirklicher Name: *Julius Janiczek.*

Maria Stuart. Ein Trauerspiel

954 – V. 2098ff. (Maria Stuart: »Eilende Wolken, Segler der Lüfte«)
Kanon zu zwei Stimmen (chorisch) mit zwei Trompeten und Pauken
S. 66f. in: *Finkensteiner Blätter*, 6. Jg. – Kassel: Bärenreiter, o. A. – Original (Slg. GG).

Die ›Finkensteiner Blätter‹ sind ab 1923 in zehn Jahrgängen erschienen und auch als Gesamtausgabe (allerdings weiterhin je Jahrgang einzeln paginiert) unter dem Titel ›Finkensteiner Liederbuch‹ 1929 bzw. 1934 im gleichen Verlag veröffentlicht worden. – Zu der hier nachgewiesenen einzigen Schiller-Vertonung der ganzen Sammlung wurde angemerkt: *Dieser Kanon ist für die Dortmunder Jugendmusikschule anläßlich des Besuches der Ozeanflieger Sommer 1928 komponiert und von 600 Kindern [...] gesungen worden;* bei den Geehrten handelte es sich um den Piloten Hermann Köhl und seine beiden Begleiter, Freiherr Günter von Hünefeld und James C. Fitzmaurice, die am 12. April 1928 als erste den Atlantik in westlicher Richtung überflogen hatten und nach ihrer Rückkehr in Deutschland mit zahlreichen Festveranstaltungen gefeiert wurden. Die Trompeten verdoppeln lediglich die Singstimmen; die Paukenpartie ist separat angehängt.

HENTSCHEL, Theodor (1830–1892)

954+1 *Festouverture* [zur Schillerfeier 1859 in Leipzig] für Orchester

Uraufführung im Rahmen der Feierlichkeiten zu Schillers 100. Geburtstag: Leipzig, 9. November 1859 (Stadttheater), Beginn des Festabends (es folgten das Schauspiel ›Des Dichters Liebe und Heimat‹ von Theodor Apel und die Kantate ›Das Lied von der Glocke‹ von A. Romberg; → 2089). Für diese Veranstaltung komponiert und wohl unveröffentlicht (s. NZfM, Nr. 21 vom 18. November 1859, S. 182).

HENZE, Wilhelm (1882–?)

Die Braut von Messina oder: Die feindlichen Brüder. Ein Trauerspiel mit Chören

955 Schauspielmusik

Vermutlich für das Stadttheater Hamburg komponiert, wo Henze 1910–1913 Kapellmeister und ab 1920 Dirigent war; unveröffentlicht; s. *Dt. Musiker-Lex.* 1929, Sp. 535.

HERBECK, Johann von (1831–1877)

Wallenstein. Ein dramatisches Gedicht – I. Wallensteins Lager

956 Schauspielmusik

1871 komponiert (vgl. MGG2 *Personenteil* Bd. 8, Sp. 1358).

HERING, Fr. (?–?)

Es handelt sich wohl nicht um Karl Friedrich Hering (1819–1889), obwohl dieser aus Berlin stammte und vorwiegend dort tätig gewesen ist. Bei dessen opp. 3 u. 4 handelt es sich um Liederhefte (letzteres 1846 erschienen; s. Ledebur, S. 236).

957 [2] *Schillerfest-Märsche* für Klavier, opp. 3 u. 4
Berlin: Bote & Bock, o. A. – HMB 1861/12, S. 213.

Besteht aus einem *Trauermarsch* und einem *Geschwindmarsch* (jew. mit eigener Opuszahl).

HERING, Karl Eduard (1807–1879)

958 Die Kraniche des Ibykus (»Zum Kampf der Wagen und Gesänge«)
Ballade für zwei Soli (TB), vierstimmigen gemischten Chor und Orchester
Autographe Partitur, 1843; weitere, vielleicht autographe Partitur, 1865; handschriftliche Partitur mit Stimmen, 1880. – RISM-OPAC.

Wallenstein. Ein dramatisches Gedicht

959 Drei Schauspielouvertüren zu ›Wallenstein‹

1. Ouvertüre zu ›Wallensteins Lager‹ für großes Orchester mit vierstimmigem Männerchor (TTBB)
   Anmerkung in den Noten: *Am Schlusse der Partitur ist ein Männerchor zum »Reiterliede« beigefügt, welcher zu dieser Musik [...] im Theater auf der Bühne gesungen werden kann.* Die hier dokumentierten Notenbeispiele zeigen, dass es sich dabei aber nicht um Chr. J. Zahns populäre Vertonung handelt (→ 2951).
2. Ouvertüre zu ›Die Piccolomini‹ für großes Orchester
3. Ouvertüre [zu ›Wallensteins Tod‹] für großes Orchester
   Der Titel des letzten Teils der Schauspieltrilogie wird in den Noten nicht extra genannt.

Mehrere undatierte handschriftliche Partituren mit Stimmen. – RISM-OPAC.

Verzeichnis der musikalischen Werke

HERMANN, Hans (1870–1931)

Wilhelm Tell. Schauspiel

960 – V. 1447ff. (Rösselmann: »Wir wollen sein ein einzig' Volk von Brüdern«); hier unter dem Titel: *Schwur*
Für eine Singstimme mit Klavierbegleitung
Nr. 3 in: ders.; [3] *Lieder aus der Kriegszeit.* – Berlin: Stahl, o. A. – Hofmeister (1924–1928), S. 280.

HERMANN, Paul (1904–1979)

Die Braut von Messina oder: Die feindlichen Brüder. Ein Trauerspiel mit Chören

961 – V. 259ff. (Erster Chor: »Schön ist des Mondes mildere Klarheit«); hier unter dem Titel: *Lob der Mutter*
Für hohe Stimme mit Klavierbegleitung
Nr. 4 in: ders., *Wenn der Abend kommt. Zwölf Lieder.* – Potsdam: Voggenreiter 1941. – Original (Slg. GG). Hofmeister (1943), S. 55.

HERRMANN, Gottfried (1808–1878)

962 Punschlied (»Vier Elemente, innig gesellt«)
Männerquartett (auch chorisch) a cappella
Nr. 4 in: ders., *Zehn Lieder für vier Männerstimmen* (o. op.)

QUELLE: Im Internet veröffentlichtes Werkverzeichnis Herrmanns von Martin Wulfhorst (demnach unveröffentlicht).

HERRMANN, Hugo (1896–1967)

963 Der Triumph der Liebe (»Selig durch die Liebe«); vollständiger Titel hier: *Triumph der Liebe. Hymne von Friedrich Schiller. Chorfeier [...] in Verbindung und Bearbeitung von Sätzen Franz Schuberts*
Für Männer-, Frauen- und gemischten Chor, Bläser und Sprecher (o. op.)
Mainz: Schott 1966. – Partitur (Verl.-Nr. *43419*). – Original (Schott-Verlag).

Der Text entspricht Schillers späterer Fassung, bei der Herrmann den Wortlaut gelegentlich aber noch geändert und einige Verse gekürzt hat. – Instrumentalbesetzung: Hr. 1 2, Tr. 1 2, Pos. 1 2, Tb., Pk. – Die »Chorfeier« besteht aus 17 Musiknummern, die mit rezitierten Teilen abwechseln. Zwischen Originalvertonungen, instrumentalen Vor- und Nachspielen sowie den Abschnitten des Sprechers fügte Herrmann seine Bearbeitung (jetzt teilweise mit Ergänzung eines zusätzlichen Bass 1 und damit in weitgehend vierstimmigem Satz) von Schuberts Männerterzett »Selig durch die Liebe« (→ 2301) an jenen vier Stellen ein, an denen dieser Text im Verlauf des Gedichts wiederholt erscheint. Des weiteren tauchen als Nr. 7 seine ältere Teilvertonung ›Hymne an Amor‹ auf (→ 964) und als Nr. 16 Schuberts Männerquartett »Liebe rauscht der Silberbach« (→ 2305). – In einem knappen Vorwort erklärt Herrmann: *In Verbindung und varianter [!] Bearbeitung der Schubert'schen Sätze komponierte ich die Chorfeier unter Beachtung eines stilistischen Ausgleichs. [...] Der Schwäbische Sängerbund 1849 beauftragte mich zu diesem Plan für eine besondere Chorfeier im Rahmen des großen Chorfestes des Deutschen Sängerbundes in Stuttgart 1968.* – MGG2 nennt irtümlich Sikorski in Hamburg als Verlag (*Personenteil* Bd. 8, Sp. 1428).

964 – V. 39ff. (»Ein jugendlicher Maienschwung«); hier unter dem Titel: *Hymne an Amor*
Vierstimmiger gemischter Chor (SATB) a cappella (o. op.)

Stuttgart: Scholing 1955. – *Hugo Herrmann. Leben und Werk. Festschrift zum 60. Geburtstag am 19. April 1956*, hg. von Armin Fett. Trossingen: Hohner 1956, S. 85.

Uraufführung: Ludwigsburg, 1955. – Herrmann fügte diesen Chorsatz später als Nr. 7 in die Gesamtvertonung des Gedichts ein (→ 963).

HERTEL, Franz Paul (geb. 1953)

QUELLEN: *Lex. zeitgen. Musik a. Österreich* 1997, S. 522 (alle Schauspielmusiken Hertels unter op. 23), bzw. Datenbank music austria.

Maria Stuart. Ein Trauerspiel

965 Schauspielmusik in drei Teilen für Sopran und kleines Instrumentalensemble, op. 23 Nr. 6a–c
1. *Die Sehnsucht*
2. *Die Macht*
3. *Das Chaos*

1987 entstanden. – Uraufführung im Rahmen der Premiere: Schwäbisch Hall, 19. Juni 1987 (Freilichtspiele), unter der Leitung des Komponisten. – Besetzung des Begleitensembles: Fl., Tr., Laute, Cemb. 1 2, Schlagwerk, Tonband, Synthesizer.

Wilhelm Tell. Schauspiel

966 Schauspielmusik in sechs Teilen für Tenor und Instrumentalensemble, op. 23 Nr. 16a–f
1. *Es lächelt der See (1)*
2. *Es lächelt der See (2)*
3. *Die Schloßmusik*
4. *Die Bauernhochzeit*
5. *Der Ausrufer*
6. *Die Bauernhochzeit II*

1991 entstanden. – Uraufführung im Rahmen der Premiere: Schwäbisch Hall, 28. Juni 1991 (Freilichtspiele), unter der Leitung des Komponisten. – Besetzung des Begleitensembles: Fl. 1 2, Ob., Fg., AlpHr. 1 2 3, Tr. 1 2 3, Cemb., Schlagwerk, Vl. 1 2, Va., Fiedel.

HERTEL, Peter Ludwig (1817–1899)

967 Sehnsucht (»Ach, aus dieses Tales Gründen«)
Arie für [eine Singstimme,] *das Clavier und* [richtig wohl: *oder*] *die Gütarre*
Undatiertes Autograph. – RISM-OPAC.

HERTEL, Thomas (geb. 1951)

Schauspielmusiken zu:

968 Don Carlos. Infant von Spanien. Ein dramatisches Gedicht
Uraufführung im Rahmen der Premiere: Leipzig, 2. Dezember 2005 (Schauspielhaus).
QUELLE: Werbezettel (DLA).

969 Wallenstein. Ein dramatisches Gedicht
Uraufführung im Rahmen der Premiere: Leipzig, 3. März 2007 (Schauspielhaus); Regie: Wolfgang Engel.
QUELLE: Internetrecherche.

Verzeichnis der musikalischen Werke

HERZBERG, Hans (1917–2009)

Die Jungfrau von Orleans. Eine romantische Tragödie

970 Schauspielmusik für großes Streichorchester

Uraufführung im Rahmen der Premiere: Magdeburg, 1952 (Städtische Bühnen); vgl. *Komp. d. Ggw.*, S. 358.

HERZOG, S. (?–?)

971 An den Frühling (»Willkommen, schöner Jüngling«)
Für eine Singstimme mit Klavierbegleitung
Nr. 2 in: ders., *Drei Lieder*. – Berlin: Bote & Bock, o. A. – HMB 1880/2, S. 67.

HESS, Karl (1840–1897)

Macbeth. Zur Vorstellung auf dem Hoftheater in Weimar eingerichtet von Friedrich Schiller

972 – V. 741ff. (Pförtner: »Verschwunden ist die finst're Nacht«); hier unter dem Titel: *Lied des Pförtners*
Für mittlere Singstimme mit Klavierbegleitung
Nr. 2 in: ders., *Fünf Lieder*, op. 28. – Berlin: Verlag der Freien musikalischen Vereinigung, o. A. – HMB 1896/7, S. 353.

973 Sehnsucht (»Ach, aus dieses Tales Gründen«)
Für mittlere Singstimme mit Klavierbegleitung
Nr. 1 in: ders., *Fünf Lieder*, op. 28 → 972

HETSCH, Louis (1806–1872)

Vollst. Taufname: *Carl Ludwig Friedrich Hetsch.*

974 *Chorlieder zu Schillersfesten*
Vierstimmiger gemischter Chor (SATB) mit Harmoniemusik

Unveröffentlicht; verschollen (WV/Hetsch, S. 291). – Schilling (Ergänzungsband, S. 208) weist im Verzeichnis von Hetschs Kompositionen, *wovon jedoch bis jetzt nur wenige öffentlich erschienen sind*, auf diese Stücke hin, nennt aber nur eines konkret (→ 977). – Es ist unklar, ob dabei Texte Schillers oder nur solche anderer Autoren vertont worden sind.

975 Des Mädchens Klage (»Der Eichwald brauset«)
Für eine Singstimme mit Klavierbegleitung

Unveröffentlicht; verschollen (WV/Hetsch, S. 292). – Das Lied wird von Hetsch am 17. Januar 1828 brieflich gegenüber Eduard Mörike erwähnt.

Die Jungfrau von Orleans. Eine romantische Tragödie

976 Schauspielmusik

Umfasst die Ouvertüre, Zwischenakte und die zur Handlung gehörende Musik. – 1857 komponiert und im gleichen Jahr von der »Deutschen Tonhalle – Verein zur Förderung der Tonkunst durch Preisausschreiben« (Mannheim) ausgezeichnet. Blieb aber unveröffentlicht (WV/Hetsch, S. 288). – Uraufführung im Rahmen der Premiere: Mannheim, 25. April 1857 (Nationaltheater). – Dass dieses Werk verbreitet gewesen ist, kann bspw. mit einem Theaterzettel des Großherzoglichen Hoftheaters, Darmstadt, vom 11. November 1859 belegt werden (DLA; Abb. s. *Schauspielmusiken Darmstadt*, S. 156); anlässlich dieser Aufführung des Schauspiels *Zur Nachfeier des hundertjährigen Geburtstags Schillers und zum Vortheil der allgemeinen deutschen Schillerstiftung* wurde ausdrücklich auf die *von der »deutschen Tonhalle« preisgekrönten Musik* von L. Hetsch hingewiesen.

977   *Kantate zum Schillersfest in Stuttgart 1831* [Textincipit nicht nachgewiesen]; Text von W. Zimmermann
Vierstimmiger gemischter Chor (SATB) mit Harmoniemusik

QUELLE: Schilling Ergänzungsband, S. 208. – WV deest.

978   *Zur Enthüllung des Schiller-Denkmals in Mannheim 1859* [Textincipit nicht nachgewiesen]
Vierstimmiger Männerchor a cappella

Musik vor und nach dem Festakt. – Unveröffentlicht; verschollen. – Uraufführung: Mannheim, 10. November 1859 (Mannheimer Liedertafel); s. WV/Hetsch, S. 292. – Es ist unklar, ob Hetsch dafür ein Gedicht Schillers oder eines anderen Autors vertont worden hat.

HETTERSDORF, Emmerich Joseph Otto von (1766–1830)

979   *Der Geist der Harmonie (»Von fernen Fluren weht ein Geist«)*; Schiller zugeschriebener Text von Christian Schreiber
Für eine Singstimme mit Klavierbegleitung oder zur Gitarre
Nr. 4 des 6. Heftes in: *Lieder Kranz.* – Augsburg: Gombart, o. A. – Verl.-Nr. *801.* – Rheinfurth, *Gombart*, Nr. 464 (demnach *1822* erschienen).

Der 1. Jg. dieser Verlagsreihe erschien in zwölf, die späteren in sechs Heften (mit jew. vier bis neun Stücken). Bibliographisch nachweisbar sind drei Jahrgänge (jedoch nur lückenhaft erhalten).

HEUCKE, Stefan (geb. 1959)

Die Künstler (»Wie schön, o Mensch, mit deinem Palmenzweige«)

979+1   – V. 443ff. (»Der Menschheit Würde ist in eure Hand gegeben«); hier unter dem Titel: *Der Menschheit Würde*
Variationen für Sopran, vierstimmigen gemischten Chor (SATB) und Orchester nach Worten von Friedrich Schiller, op. 83
Mainz: Schott 2017. – Partitur (Verl.-Nr. *58301*). – Homepage des Verlages. Freundliche Mitteilungen von Stefan Heucke.

Auftragswerk der Dresdner Philharmonie. Besteht aus der Orchesterintroduktion, dem Thema mit sechs Variationen und Coda. – ... *den Philharmonischen Chören Dresden zum 50jährigen Jubiläum gewidmet.* – Der Komponist berichtet, dass er 2015 bei einem Besuch in Dresden *den wandgroßen Schriftzug der Schillerworte* [›Die Künstler‹, V. 443f.] *auf der Hauptfront des Kulturpalastes* gesehen habe: *Spontan entstand in mir die Idee eines Chorwerkes über diesen Text. Dank eines längerfristig geplanten Projektes stand ich mit der Dresdner Philharmonie bereits in Verbindung und bot an, zu diesem Text ein Stück zu schreiben, für das ich kein Honorar haben wollte, sondern das als Anerkennung des gesellschaftlichen Engagements des Orchesters gedacht sein sollte. Mein Vorschlag wurde gerne angenommen.* – Zunächst in einer Fassung mit reduziertem Orchester geschrieben, in der außerdem ein Kinderchor zu besetzen ist; deren Uraufführung: Dresden, 5. Juni 2017 (Kulturpalast, Konzerthalle), mit Anne Steffens (Sopran), dem Philharmonischen Kinderchor bzw. Chor Dresden, der Dresdner Philharmonie und Mitgliedern des Jugend-Sinfonieorchesters am Heinrich-Schütz-Konservatorium Dresden, unter der musikalischen Leitung von Gunter Berger.

Nänie (»Auch das Schöne muss sterben«)

979+2 *Auch das Schöne muss sterben; Musik für 23 Soloinstrumente*, op. 15
Mainz: Schott 2011. – Aufführungsmaterial. – Homepage des Verlages (hier auch Werkverzeichnis des Komponisten). Freundliche Mitteilungen von Stefan Heucke.

Im Auftrag der Stadt Werl zum Mozartjahr 1991 für das Junge Orchester Nordrheinwestfalen komponiert (Besetzung: Jeweils 2 Ob., Klar., Fg. u. Hr. sowie 6 Vl., 6 Va. u. 3 Vc.). Zugrunde liegt das Thema des langsamen Satzes aus der Bläserserenade c-Moll (KV 388), das von Heucke als »das Schöne« aufgefasst wird. Die Besetzung des Stücks geht auf Mozarts Serenade zurück, nämlich auf das originale Bläserinstrumentarium bzw. die authentische Bearbeitung für Streichquintett (für op. 15 von Heucke verdreifacht). *Idealerweise werden die 23 Musiker rundherum um die Zuhörer positioniert, so dass sich die Musik in ständiger Wanderschaft befindet und sich in kleinen motivischen Elementen von einem Instrument zum anderen bewegt. Dabei nähert sie sich unmerklich dem Thema an, das dann in der Mitte auch wirklich original erklingt, und entfernt sich danach ganz langsam wieder von dem Thema* (Kommentar des Komponisten). – Uraufführung: Werl, 22. September 1991 (Stadthalle), das Junge Orchester Nordrheinwestfalen unter der Leitung von Joachim Harder.

HEUSCHKE, Fritz (?–?)

Das Lied von der Glocke (»Fest gemauert in der Erden«)

980   – V. 88ff. (»Denn wo das Strenge mit dem Zarten«); hier unter dem Titel: *Glocke*
Kanon zu drei Stimmen a cappella
1934 komponiert.

S. 3 der Nr. 72 (November 1934), *Ruf in die Zeit.* [7] *Sprüche und Lieder von Friedrich Schiller*, in der Verlagsreihe: *Die Singstunde*, hg. von Fritz Jöde. – Wolfenbüttel: Kallmeyer [1928–1938]. – Original (Slg. GG). MGG1 Bd. 7, Sp. 81.

Die ganze Reihe besteht aus *einer monatlichen Folge von Liederblättern [jew. 4 S.] für Jugend und Volk, in der die schönsten Lieder zu billigstem Preise für das offene Singen in Haus, Schule, Jugendkreis und Bund bereitgestellt werden. [...] Von jedem Liederblatt erscheint gleichzeitig eine Klavier=(Partitur) Ausgabe in großem Format (Umfang 8 Seiten), ...* Jede Ausgabe wurde offenbar unter einem eigenen Titel veröffentlicht.
   Hinweis am Schluss der Ausgabe Nr. 72 (Komponistenangaben fehlen): *Zu diesem Liederblatt gehören: 1. Der Kanon »Und setzet ihr nicht das Leben ein«* [von H. Spitta; → 2491 *(Singstunde Nr. 62), 2. »Freude, schöner Götterfunken«* [von L. van Beethoven; → 144 *(Singstunde Nr. 31) und 3. »Wohlauf, Kameraden«* [von Chr. J. Zahn; → 2951 *(Singstunde Nr. 10), die am Anfang und in der Mitte dieser Schillersingstunde einzubauen sind.*

HEUSER, Ernst (1863–1942)

981   An den Frühling (»Willkommen, schöner Jüngling«)
Koloraturlied für eine Singstimme mit Klavierbegleitung, op. 80
Leipzig: Leuckart, o. A. – Hofmeister (1909–1913), S. 312.

HEUSER, Kurt (1901–1965)

Die Räuber. Ein Schauspiel

982   Schauspielmusik

Uraufführung im Rahmen der Premiere: Berlin, 1. Oktober 1936, Theater am Horst-Wessel-Platz (vormals Volksbühne).

QUELLEN: Undatiertes Programmheft (Slg. GG). Internetrecherchen.

HEUSINGER, Edmund (?–?)

983 Des Mädchens Klage (»Der Eichwald brauset«)
Für eine Singstimme zur Gitarre oder mit Klavierbegleitung
Nr. 2 in: ders., [2 Gesänge]. – Antiquariat Voerster Kat. 8, Nr. 14 (wohl unveröffentlicht).

In einer Handschrift ohne Sammeltitel enthalten (Autograph?), die hier auf *ca. 1840* geschätzt wird. In der Beschreibung wird zwar zur Begleitung *Cithar* [!] *und Clavier* angegeben, doch dürfte die übliche Alternativbesetzung gemeint sein.

HEYDRICH, Arno (?–?)

984 Das Lied von der Glocke (»Fest gemauert in der Erden«)
Deklamation mit melodramatischer Klavierbegleitung und Harmonium ad libitum
Offenbach am Main: André, o. A. – Hofmeister (1904–1908), S. 311.

HEYLAND, Arthur (1876–1923)

985 *Goethe und Schiller. Plauderei zwischen Lehrern und Schülern, mit eingestreuten Liedern als Schulfestspiel gedichtet*
Ohne Angaben zur Besetzung
Groß-Lichterfelde: Vieweg, o. A. – Klavierauszug. – Hofmeister (1904–1908), S. 311.

Inhalt nicht nachgewiesen.

HILBER, Johann Baptist (1863–?)

Wilhelm Tell. Schauspiel

986 Schauspielmusik
Unveröffentlicht; vgl. *Dt. Musiker-Lex.* 1929, Sp. 561.

HILDACH, Eugen (1849–1924)

Wilhelm Tell. Schauspiel

987 – V. 1ff. (Fischerknabe: »Es lächelt der See«)
Für eine Singstimme mit Klavierbegleitung
Nr. 3 in: ders., *Drei Lieder*, op. 1. – Görlitz: Fries, o. A. – HMB 1876/10+11, S. 296.

HILLE, Eduard (1822–1891)

988 Das Mädchen aus der Fremde (»In einem Tal bei armen Hirten«)
Für zwei hohe Singstimmen (auch chorisch) mit Klavierbegleitung
In: ders., *Fünfundzwanzig* [zweistimmige] *Lieder* [...] *für große und kleine Kinder*, op. 40. – Göttingen: Vandenhoeck & Ruprecht, o. A. – HMB 1876/12, S. 321.

Gesamtinhalt bisher nicht klärbar; drei Schiller-Vertonungen werden ohne Angaben zur Position in den beiden folgenden Texten erwähnt. – Hille erklärt in seiner Selbstrezension, dass man die Vertonungen solistisch oder chorisch aufführen könnte: *Es sind durchweg Strophenlieder und ich habe mich bemüht, sie möglichst einfach und im volksthümlichen Ton*

Verzeichnis der musikalischen Werke

zu halten. [...] Die Begleitung zu den Liedern wird jeder mittelmässige Spieler leicht bewältigen können (AMZ/2 vom 13. Dezember 1876, Sp. 795f.). – In einer späteren Kurzrezension heißt es zu der Sammlung: Volksliedmässige Schlichtheit und leichte Ausführbarkeit in Gesang wie Begleitung, aber überall sangbare Melodie und Wohlklang, Natürlichkeit des Gefühls und treffende musikalische Wiedergabe der Stimmung der gut ausgewählten Gedichte – dies Lob wird jeder diesen Liedern zollen müssen. Es handle sich um Hausmusik im besten Sinne des Wortes; Ton für Ton ist so recht aus dem Herzen gesungen, Liebenswürdigkeit und Anmuth der Gesammteindruck. [...] Das Liederheft sollte in jedem deutschen Hauswesen vorhanden sein; wir empfehlen es auf das Wärmste (AMZ/2 vom 30. April 1879, Sp. 280f.).

989 Hoffnung (»Es reden und träumen die Menschen viel«)
Für zwei hohe Singstimmen mit Klavierbegleitung
In: ders., *Fünfundzwanzig Lieder*, op. 40 → 988

990 Sehnsucht (»Ach, aus dieses Tales Gründen«)
Für zwei hohe Singstimmen mit Klavierbegleitung
In: ders., *Fünfundzwanzig Lieder*, op. 40 → 988

HILLE, Johannes (?–?)

Wilhelm Tell. Schauspiel

991 *Die [3] Lieder aus Schillers Tell*, op. 26, Nr. 1 (= 1. Heft)
Für eine Singstimme mit Klavierbegleitung

1. V. 1ff. (Fischerknabe: »Es lächelt der See«)
2. V. 13ff. (Hirte: »Ihr Matten, lebt wohl«)
3. V. 25ff. (Alpenjäger: »Es donnern die Höhen«)

Hamburg: Leichssenring, o. A. – Hofmeister (1909–1913), S. 314.

Das op. 26 besteht aus zwei Heften (ohne Gesamttitel), von denen das zweite nur das Lied ›Der Postillon‹ (nach einem Gedicht von Nikolaus Lenau) enthält.

HILLER, Ferdinand (1811–1885)

992 *An Schiller's Wiege (»Welch ein Weben, welch ein Klingen«)*; Text von Ludwig Bischoff
Fest-Cantate für vier Soli, Chor und Orchester

Offenbar unveröffentlicht. – Uraufführung: Köln, 10. November 1859 (Gürzenich; zweites Gesellschaftskonzert: *Zur Feier des hundertjährigen Geburtstages Schiller's*), unter der Leitung des Komponisten (*Niederrhein. MZtg.* vom 12. November 1859, S. 366f.; hier Konzertankündigung und vollst. Kantatentext). – In einem kurzen Konzertbericht heißt es, dass sich das Werk, *abgesehen von seiner ursprünglichen Bestimmung, sehr wohl für Concert-Aufführung eignet, [...]. Die Composition spricht im Allgemeinen durch melodische Vorzüge an und enthält besonders in der ersten Hälfte des Werkes und am Schlusse schöne Sätze (Niederrhein. MZtg.* vom 19. November 1859, S. 374*).*

Demetrius [dramatisches Fragment]

993 *Demetrius. Ouvertüre für großes Orchester*, op. 145
Leipzig: Kistner, o. A. – Partitur (Verl.-Nr. *3736*), Orchesterstimmen. – HMB 1871/11, S. 242. Sonneck, *Orchestral Music*, S. 200. Pelker, S. 316f.

Uraufführung: Hamburg, vermutlich 1. September 1869 (Stadttheater), als *neue Ouvertüre* zu einer Schauspielaufführung *nach Laube's Ausarbeitung* (vgl. die Notiz in der AMZ/2 vom 8. September 1869, S. 287). Schaefer nennt hingegen den 9. September d. J. *zur Eröffnung der neuen Saison; unter Leitung des Komponisten* (S. 84). – Ebenfalls 1871 bei Kistner sind

Die Komponisten und ihre Werke

Bearbeitungen für Klavier zu vier Händen bzw. für Violine und Klavier erschienen (s. HMB 1871/11, S. 245).

994 – V. 1172ff. (Marfa: »Es ist mein Sohn«)
Konzertszene für Sopran und Orchester (o. op.)

Offenbar unveröffentlicht. – Ein Konzert – vermutlich zugleich Uraufführung – ist für das 16. Gewandhauskonzert am 19. Februar 1874 in Leipzig mit Minna Peschka-Leutner (Sopran) belegbar (AMZ/2 vom 4. März 1874, Sp. 137). – Der Text wird nicht erwähnt, doch dürfte es sich um den mehrfach vertonten »Monolog der Marfa« gehandelt haben.

995 Die Bürgschaft (»Zu Dionys, dem Tyrannen, schlich Damon«)
Deklamation mit improvisierter Klavierbegleitung

Aufführung: Köln, 11. November 1859 (Gürzenich; _zur Schiller-Feier_), mit Wolfgang Müller (Deklamation) und Hiller _mit vortrefflicher Improvisation auf dem Flügel_; s. _Niederrhein. MZtg._, Nr. 47 vom 19. November 1859, S. 37 (Konzertbericht), bzw. Brandstaeter, S. 35.

Maria Stuart. Ein Trauerspiel

996 Schauspielmusik (Ouvertüre und Zwischenaktsmusiken)

Seinem Lehrer, Herrn Vollweiler in Frankfurt am Main in tiefster Hochachtung und inniger Liebe zugeeignet. – Durch Vermittlung von Johann Nepomuk Hummel, bei dem Hiller Unterricht hatte, um 1825/26 komponiert. – Uraufführung im Rahmen der Premiere: Weimar, 13. Mai 1826 (Großherzogliches Hoftheater).

QUELLEN: Schaefer, S. 39 (bezieht sich auf Hillers Autobiographie ›_Künstlerleben‹_; demnach unveröffentlicht). Mendel Bd. 5, S. 237. Goethe-Museum (Katalog), Nr. 433 (Autograph). RISM-OPAC (handschriftliche Partitur, 1827).

997 Tabulae votivae – An *** (»Dich erwähl' ich zum Lehrer«); hier unter dem Titel: _An Schiller_
Fol. 78 des 1. Bandes in: _Schiller-Album_ → 364

Autographer Eintrag (ohne Noten): _Düsseldorf d. 12. März 1848._ Hiller widmete Schillers Epigramm durch den neu formulierten Titel in eine Huldigung an den Dichter um und erklärte anschließend: _Nur mit des großen Mannes eigenen Worten darf ich es wagen auszudrücken, was ich für ihn empfinde._

HILLER, Friedrich Adam (ca. 1767–1812)

998 _Friedrich von Schiller's Manen._ Festspiel in einem Akt; Textverfasser unbekannt

QUELLEN: Schilling Bd. 3, S. 587. Mendel Bd. 5, S. 241. Stieger (demnach _1812_ in Königsberg uraufgeführt).

HILPRECHT, Uwe (geb. 1939)

Kabale und Liebe. Ein bürgerliches Trauerspiel

999 Musik zum gleichnamigen Fernsehfilm; Regie: Piet Drescher

Ursendung: 27. Dezember 1981, Fernsehen der DDR (s. DDR-Uraufführungen 1981, S. 75).

Maria Stuart. Ein Trauerspiel

1000 Schauspielmusik

Uraufführung im Rahmen der Premiere: Berlin, 23. Dezember 1980 (Deutsches Theater); Regie: Thomas Langhoff.

QUELLE: Theaterzettel (Slg. GG).

Verzeichnis der musikalischen Werke

HIMMEL, Friedrich Heinrich (1765–1814)

1001 An Emma (»Weit in nebelgrauer Ferne«)
Für eine Singstimme mit Klavierbegleitung
Nr. 3 in: ders., *Sechs Lieder*, op. 42. – Leipzig: Kühnel (Bureau de musique),
o. A. – Verl.-Nr. *1059*. – RISM A I: H 5409. Original (Slg. GG)

... *dem Herrn Grafen Moritz von Dietrichstein zugeeignet.* – In anderen Verzeichnissen wird
die um 1813 veröffentlichte Titelauflage bei Peters in Leipzig nachgewiesen (s. bspw. Ledebur, S. 246, oder Whistling 1828, S. 1069).

1002 *Der Mensch (»Was ist der Mensch? Halb Tier, halb Engel«)*; Schiller zugeschriebener Text von Joachim Lorenz Evers
Für eine Singstimme mit Klavierbegleitung bzw. zur Gitarre
In zwei Sammelhandschriften nachweisbar, davon eine undatiert, die andere
von 1805. – RISM-OPAC.

Irrtümlich Himmel zugeschriebene Vertonung von J. H. C. Bornhardt (→ 275), hier aber mit
einigen, teilweise gravierenden Varianten in der Singstimmenpartie.

1003 Des Mädchens Klage (»Der Eichwald brauset«)
Für eine Singstimmen mit Klavierbegleitung
Nr. 3 in: ders., [6] *Gesänge mit Begleitung des Pianoforte* (o. op.). – Abschrift,
1814. – RISM-OPAC.

Heft mit der (vermutl. autographen) Widmung: *Ihro Majestaet der Königin von Bayern allerunterthänigst zu Füssen gelegt.* – Im gleichen Online-Katalog ist eine zweite handschriftliche Quelle mit geänderter Reihenfolge der Lieder nachgewiesen (die Schiller-Vertonung
jetzt als Nr. 2).

1004 *Die Freuden des Lebens (»Die Freuden des Lebens sind schnell auf der Flucht«)*;
Schiller zugeschriebener Text von Christian Adolph Overbeck
Für eine Singstimme mit Klavierbegleitung
In zwei undatierten Sammelhandschriften nachweisbar. – RISM-OPAC.

1005 *Gesellschaftslied (»Es kann schon nicht alles so bleiben«)*; Schiller zugeschriebener Text von August von Kotzebue
Für eine Singstimme mit Klavierbegleitung
Nr. 4 in: [8] *Piecen* [Lieder] *mit Gesang pour Forte-Piano.* – Sammelhandschrift
mit Werken von drei Komponisten, 1805. – RISM-OPAC.

HINDEMITH, Paul (1895–1963)

Turandot, Prinzessin von China. Ein tragikomisches Märchen nach Carlo Gozzi
von Friedrich Schiller

1006 Bearbeitung der Ouvertüre aus Carl Maria von Webers Schauspielmusik (→
2808)
2. Satz (*Scherzo*) in: ders., *Symphonic Metamorphosis of Themes by Carl Maria
von Weber* für großes Orchester. – New York: Associated Music Publications
1945. – Lo, S. 105ff.

1943 im Auftrag des Tänzers und Choreographen Leonide Massine in New Haven komponiert, der ein Ballett nach C. M. v. Webers Musik plante, und am 29. August 1943 beendet. –
Konzertante Uraufführung: New York, 20. Januar 1944, die New Yorker Philharmoniker unter der Leitung von Artur Rodzinsky. Lo weist darauf hin, Hindemith habe *die gesamte Satz-
struktur* von Webers Ouvertüre übernommen, und beschreibt die Veränderungen wie folgt:
Er unterzog sie einer Metamorphose durch Abspaltung einzelner Motivelemente, gruppenwei-

Die Komponisten und ihre Werke

se Behandlung der Instrumente, Hinzufügung kontrapunktischer Gegenstimmen und durch motivisch-thematische Verwendung des Schlagzeugs. Obwohl Beweise fehlen, daß Hindemith sich jemals mit chinesischer Musik beschäftigt hat, weist der zweite Satz der Sinfonischen Metamorphosen zwei fraglos »chinesische« Elemente auf: Die Rolle der einzelnen Glockenschläge des Beginns als Gliederungselement des ganzen Satzes, sowie die Zuweisung jeweils einheitlicher Rhythmusstrukturen an eine Instrumentengruppe, vor allem aber an das Schlagwerk (S. 112f.). – Im 1. u. 4. Satz werden noch Themen aus Webers op. 60 (›Huit Pièces pour le Pianoforte à quatre mains‹ – 4. bzw. 7. Satz), im 3. Satz aus dessen op. 10 (›Six Pièces pour le Pianoforte à quatre mains‹ – 2. Satz) verwendet. – Massine konnte sich mit Hindemiths Musik offenbar nicht »anfreunden« und verzichtete auf eine Verwirklichung seines Vorhabens. 1952 entwarf Georges Balanchine dazu eine Choreographie, die am 25. November 1952 uraufgeführt worden ist (New York City Ballet).

- Deutsche Ausgabe unter dem Titel: *Symphonische Metamorphosen nach Themen von Carl Maria von Weber.* – Mainz: Schott 1945 (= *Edition Schott*, Nr. *3541*). – Partitur (Verl.-Nr. *37135*). – ÖNB (Online-Katalog).

Wallenstein. Ein dramatisches Gedicht

1007 *Die Harmonie der Welt.* Oper in fünf Aufzügen; Libretto vom Komponisten
Mainz: Schott 1957. – Aufführungsmaterial; Klavierauszug vom Komponisten; Textbuch. – *Pipers Enzyklopädie* Bd. 3, S. 77ff. WV/Hindemith, S. 274f.

Nach ersten Ideen zu einer »Kepler-Oper« aus dem Jahr 1939 wurde das Werk erst in den 1950er Jahren ausgearbeitet (Fertigstellung: 30. Mai 1957; vgl. WV/Hindemith, S. 245). – Uraufführung: München, 11. August 1957 (Prinzregententheater), u. a. mit Josef Metternich (Kepler), Richard Holm (Wallenstein), Liselotte Fölser (Susanna) und Hertha Töpper (Katharina), unter der Leitung des Komponisten; Regie: Rudolf Hartmann. – Bei der Gestaltung der Figur Wallensteins (Auftritt im vierten Aufzug und nach seiner Verwandlung zu Jupiter im fünften Aufzug) soll Hindemith auch von Schillers »dramatischem Gedicht« beeinflusst worden sein.

Daraus

- Sinfonie ›*Die Harmonie der Welt*‹ in drei Sätzen (I. *Musica Instrumentalis*; II. *Musica Humana*; III. *Musica Mundana*). – Mainz: Schott 1952. – WV/Hindemith, S. 275.

  Für Paul Sacher und das Basler Kammerorchester (25jähriges Jubiläum); Eintrag im eigenhändigen Werkverzeichnis des Komponisten (zitiert nach WV/Hindemith, S. 228). – Die Titel der Sätze beziehen sich auf die bei den Alten oft anzutreffende Einteilung der Musik in drei Klassen und wollen damit auf all die früheren Versuche hinweisen, die Weltharmonie zu erkennen und die Musik als ihr tönendes Gleichnis zu verstehen (Hindemith im Vorwort der Partitur). – Uraufführung: Basel, 25. Januar 1952, unter der Leitung von Paul Sacher.

HIRSCH, Carl (1858–1918)

Wallenstein. Ein dramatisches Gedicht – I. Wallensteins Lager

1008 – V. 1052ff. (Zweiter Kürassier: »Wohl auf, Kameraden, auf's Pferd«)
Männerchor mit Klavierbegleitung
Nr. 4 (auch einzeln) in: ders., *Reiterleben. Eine Liederkantate*, op. 106. – Leipzig: Hug, o. A. – Stimmen, Klavierauszug. – Hofmeister (1904–1908), S. 314.

Im gleichen Verlag erschienen noch drei weitere Ausgaben: Für Männerchor mit Orchester (Partitur, Chor- und Orchesterstimmen), für Männerchor mit Blechmusik bearbeitet von August Reckling (Partitur, Bläserstimmen) sowie für zwölfstimmige Blechmusik; vgl. Hofmeister (1909–1913), S. 316:

HIRSCHFELD, Caspar René (geb. 1965)

Parabeln und Rätsel

1009 – Nr. 5: »Zwei Eimer sieht man ab und auf«; hier unter dem Titel: *Zwei Eimer*
Vierstimmiger gemischter Chor (SATB) a cappella
Nr. 14 des 1. Bandes (enthält 20 Kompositionen) in: ders., *Deutsche Lieder.* –
Leipzig: Hofmeister 2003. – Verl.-Nr. *2829.* – Original (Slg. GG).

Vorwiegend handelt es sich um Lieder zur Gitarre (außerdem einige Melodien ohne Begleitung u. Chorkompositionen).

HLOUSCHEK, Theodor (1923–2010)

Sprüche des Konfuzius

1010 – Nr. 1 (»Dreifach ist der Schritt der Zeit«)
Für Bariton und Streicher
Nr. 1 in: ders., *Zwei Orchesterlieder*

Uraufführung: Gotha, 14. Mai 1981 (Kreiskulturhaus), mit Johannes Prkno (Bariton) und dem Staatlichen Sinfonieorchester Thüringen unter der musikalischen Leitung von Lothar Seyfarth (s. DDR-Uraufführungen 1981, S. 108).

1011 – Nr. 2 (»Dreifach ist des Raumes Maß«)
Für Bariton und Streicher
Nr. 2 in: ders., *Zwei Orchesterlieder* → 1010

Wallenstein. Ein dramatisches Gedicht – II. Die Piccolomini / III. Wallensteins Tod

1012 *Vier Wallenstein-Monologe* für Bariton und Klavier oder Orchester
Unveröffentlicht; Texte nicht nachgewiesen. – Uraufführung: Weimar, 7. Februar 1989 (Neue Musik im Saal, Am Palais), mit Frank Schiller (Bariton) und Thomas Hannig (Klavier); s. DDR-Uraufführungen 1989, S. 99.

HOCHBERG, Hans Heinrich XIV. Bolko Graf von (1843–1926)

Verwendete auch das Pseudonym *J. H. Franz.*

Wilhelm Tell. Schauspiel

1013 *Drei Gesänge aus Schillers ›Wilhelm Tell‹,* op. 29
Für eine Singstimme mit Klavierbegleitung

1. V. 1ff. (Fischerknabe: »Es lächelt der See«)
2. V. 13ff. (Hirte: »Ihr Matten, lebt wohl«)
3. V. 25ff. (Alpenjäger: »Es donnern die Höhen«)

Berlin: Raabe & Plothow, o. A. – HMB 1895/4, S. 166.

HÖFFER, Paul (1895–1949)

Macbeth. Zur Vorstellung auf dem Hoftheater in Weimar eingerichtet von Friedrich Schiller

1014 – V. 741ff. (Pförtner: »Verschwunden ist die finst're Nacht«)
Vierstimmiger gemischter Chor (SATB) mit Orchesterbegleitung
Im 1. Satz – zugl. 1. Teil (Klavierauszug, S. 13ff.) von: ders., *Der reiche Tag.*
Oratorium [in vier Teilen bzw. zwölf Sätzen] für Sopran- und Bariton-Solo,

gemischten Chor und Orchester. Textzusammenstellung vom Komponisten. – Leipzig: Kistner & Siegel 1938. – Partitur und Orchesterstimmen *nach Vereinbarung*, Chorstimmen; Klavierauszug (Verl.-Nr. *29447*); Textbuch (Verl.-Nr. *29449*). – Original (Slg. GG).

1938 komponiert. – Uraufführung: Graz, 26. Juni 1939 (Fest der Deutschen Chormusik), mit G. Weber (Sopran), G. Bau (Bariton) und dem Städtischen Chor Potsdaym unter der Leitung von Karl Landgrebe (Besetzungsangabe nach: *Komponisten der Gegenwart*, S. 375). – Neben Schillers Gedicht enthält das Libretto noch Texte von Alkaios, Matthias Claudius, Max Dortu, Joseph von Eichendorff, Paul Fleming, Johann Wolfgang Goethe, Friedrich Hebbel, Justinus Kerner, Heinrich Lersch, Conrad Ferdinand Meyer und Theodor Storm; Höffer ergänzte diese Kompilation mit eigenen Versen. – Die Zusammenstellung wurde als Zeugnis nationalsozialistischer Gesinnung verstanden und war vom Komponisten auch sicher so gemeint: *Die Beziehungen zur neuen Zeit liegen textlich nicht nur in der Erwähnung der »stählernen Flügel«, Hochöfen, Drehbänke und Maschinen und in der Verwendung packender Verse unserer Arbeiterdichter Dortu und Lersch. Es ist die neue Wertung der Produktion, die die Worte vertonen ließ: »Tretet beiseite, laßt uns vor, wir haben nicht Zeit zu schwätzen!« Es kennzeichnet deutschen Geist, wenn es später heißt: »Das tägliche Mühen wird ihm zum Spiel«, denn nur der deutsche Mensch, dessen Wesen in der Kunst so lange Jahre verzeichnet wurde, braucht die Arbeit, um glücklich zu werden. [...] Es ist der Tag eines deutschen Menschen, und darum heißt er der »reiche« Tag* (Rezension zur Uraufführung in Graz, *Tagespost* Nr. 175 vom 28. Juni 1939; zitiert nach Prieberg/*Handbuch*, S. 3151f.). – Auf der anderen Seite warf man dieser Textmischung in einer zeitgenössischen, mit Kritik für gewöhnlich sehr zurückhaltenden »Kunstbetrachtung« *Unbekümmertheit und Verantwortungslosigkeit* vor, *die zu einer bedenklichen »Stilmengerei« führt.* Die damit verbundene musikalische Vielfalt könne nicht darüber hinwegtäuschen, *daß dem Ganzen eine ebenmäßige, einheitliche und beispielgebende Haltung fehlt* (*Die Musik*, 31. Jg., 7. Heft – April 1939, S. 473).

Wallenstein. Ein dramatisches Gedicht – I. Wallensteins Lager

1015 – vor V. 1 (Scharfschütze: »Es leben die Soldaten«); Text teilweise von Johann Wolfgang Goethe

Es leben die Soldaten. Marschmusik für vierstimmigen Männerchor und Blasorchester
Hamburg: Hanseatische Verlagsanstalt 1938. – Partitur, Chor- und Bläserstimmen. – Hofmeister (1938), S. 61.

Ursendung: Reichssender Köln, 5. November 1938 (s. Prieberg/*Handbuch*, S. 3151). – In einer zeitgenössischen Besprechung ist von *zwei neueren Soldatenliedern (Es leben die Soldaten, Ich habe Lust, im weiten Feld zu streiten)* die Rede, denen *ein altes Landsknechtslied folgt (Reif und Schnee tut dem Landsknecht weh). [...] Der straffe und anfeuernde Rhythmus der instrumentalen Teile und die lebendige, natürliche Stimmung der Liedbearbeitungen sichern dem Werk eine starke Wirkung* (in: *Die Musik*, 31. Jg., 7. Heft, April 1939, S. 472).

1016 – V. 1104 (Erster Jäger: »Und setzet ihr nicht das Leben ein«)

Und setzet ihr nicht das Leben ein. Kantate nach Worten aus Schillers ›Wallensteins Lager‹ für gemischten Chor [SATB], drei Geigen, Violoncello und Klavier, nach Belieben mit Holzbläsern

1. Satz: V. 1104f. (Erster Jäger: »Und setzet ihr nicht das Leben ein«)
2. Satz: V. 919ff. (Erster Kürassier: »Das Schwert ist kein Spaten«)
3. Satz: V. 384ff. (Rekrut: »Trommeln und Pfeifen«)
    Nur hier mit reduzierter Besetzung (SA mit drei Violinen nebst Blockflöte).
4. Satz: V. 971ff. (Erster Kürassier: »Bruder, den lieben Gott da droben«)
5. Satz: V. 1104f. (Erster Jäger: »Und setzet ihr nicht das Leben ein«)

Berlin-Lichterfelde: Vieweg 1937. – Klavierpartitur, Chor- und Instrumentalstimmen (Verl.-Nr. *2093*). – Original (Slg. GG). MGG1 Bd. 6, Sp. 513 (hier: *Schulorchester*).

Auf dem Umschlag der Klavierpartitur befindet sich eine Liste mit dem Titel ›*Chormusik im neuen Deutschland*‹, in die auch Höffers Kantate eingereiht ist. Dieser Werkbestand besteht vorwiegend aus Vertonungen glühender »Parteilyrik« – etwa ›*Dem Volkskanzler Adolf Hitler*‹ (»*Viel Jahre gingen ins deutsche Land*«; Text: Ewald Kissing) und ›*Bekenntnis*‹ (»*Ich glaub' an Deutschland, wie an Gott*«; Text: Heinrich Lersch), beide mit Musik von Hans Fischer (→ 649), oder um *gangbare ältere Werke*, die mit vergleichbarer Dichtung neu unterlegt worden sind – bspw. ›*Germania*‹ (»*Germania, Germania, wie willensstark stehst du jetzt da*«; Originaltext von Friedrich Treitschke aus seinem Singspiel ›*Die gute Nachricht*‹, hier in der Textbearbeitung von Willy Herrmann) mit Musik von Ludwig van Beethoven (WoO 94), ›*Heil dir, mein Deutschland. Ein Festgesang*‹ (neuer Text: Paul Wagner) mit Musik von Georg Friedrich Händel (Originalkomposition nicht identifiziert) oder ›*Heil, deutsche Kunst!*‹ (neuer Text: Franz Wagner) mit Musik von Richard Wagner (Originalkomposition nicht identifiziert). Das genannte Repertoire belegt nicht zuletzt die unrühmliche Rolle, der der Vieweg-Verlag damals bei der Verbreitung nationalsozialistischer »Gebrauchsmusik« spielte.

Eine knappe Notiz weist auf die variablen Besetzungs- und Aufführungsmöglichkeiten von Höffers Kantate hin: *Das Stück kann auch ohne Celli, oder, wenn diese vorhanden, auch ohne Klavier gespielt werden. – Bei größerer Besetzung ist Verstärkung der Celli durch Kontrabaß in der Oktave zu empfehlen. – Die Geigen können immer durch Holzbläser verstärkt werden. – Es ist möglich, einzelne Sätze der Kantate für sich aufzuführen.*

Eine zeitgenössische »Kunstbetrachtung« sprach von einer *frisch und elementar wirkenden Kantate* und hob dabei hervor, dass *der Charakter der Soldatentugenden [...] in den fünf Sätzen wunderbar zum Ausdruck käme. Die Worte des ersten Kürassiers »Das Schwert ist kein Spaten« und »Bruder, den lieben Gott da droben« werden umrahmt von den Schlußversen »Und setzet ihr nicht das Leben ein, Nie wird euch das Leben gewonnen sein«; in der Mitte steht das Rekrutenlied »Trommeln und Pfeifen«. Das satztechnisch gut fundierte Werk ist leicht zu bewältigen und wird erfolgreichen Eingang in Gemeinschaften und Verbände finden* (Paul Egert in: *Die Musik*, November-Heft 1937, S. 112).

HÖLZEL, Gustav (1813–1883)

1017 Das Mädchen aus der Fremde (»In einem Tal bei armen Hirten«)
Für Sopran oder Tenor mit Klavierbegleitung, op. 96
Wien: Spina, o. A. – Verl.-Nr. *10268*. – HMB 1855/7, S. 800. BSB-Musik Bd. 7, S. 2889.

Später erschien im Nachfolgeverlag (Cranz in Hamburg) noch eine Ausgabe für vierstimmigen Chor (SATB) a cappella (vgl. Pazdírek Bd. 5, S. 918).

1018 Die Macht des Gesanges (»Ein Regenstrom aus Felsenrissen«)
Für eine Singstimme mit Klavierbegleitung
Nr. 2 in: *Zwei Lieder*, op. 21. – Wien: Haslinger, o. A. – HMB 1846/10, S. 168. Nicht bei Weinmann (Senefelder etc.).

Pazdírek weist eine Ausgabe bei Schlesinger in Berlin nach (vgl. Bd. 5, S. 917).

HÖLZL, Franz Seraph (1808–1884)

1019 An die Freude (»Freude, schöner Götterfunken«)
Vierstimmiger Männerchor a cappella, op. 30
Wien: Spina, o. A. – Partitur, Stimmen. – HMB 1861/11, S. 268.

· Wien: Glöggl, o. A. – Partitur (Verl.-Nr. *1708*). – ÖNB (Online-Katalog; hier noch ein handschriftlicher Stimmensatz aus dem *Archiv des Vereines zur Schiller-Gedächtnis Feier ›Die Glocke‹*).

HOÉRÉE, Arthur (1897–1986)

Die Verschwörung des Fiesco zu Genua. Ein republikanisches Trauerspiel

1020 Schauspielmusik zu einer französischen Übersetzung unter dem Titel: *La Conjuration de Fiesque*

1950 entstanden (s. New Grove2 Bd. 11, S. 579).

HOFFMANN, Ernst Theodor Amadeus (1776–1822)

Die Braut von Messina oder: Die feindlichen Brüder. Ein Trauerspiel mit Chören

1021 *Märsche und Chor*

Unveröffentlicht; verschollen. – In Bamberg Anfang März 1813 komponiert und hier am 12. März 1813 uraufgeführt (s. WV/Hoffmann; Nr. 69).

HOFFMANN, Immanuel (?–?)

1021+1 Hektors Abschied (»Will sich Hektor ewig von mir wenden«)
Für eine Singstimme mit Klavierbegleitung
Nr. 9 in: ders., [12] *Lieder und Balladen*. – Ohne bibliographische Angaben [als Manuskript gedruckt]. – Staatsbibl. zu Berlin (Online-Katalog).

HOFMANN, Heinrich (1842–1902)

Die Jungfrau von Orleans. Eine romantische Tragödie

1022 *Johanna von Orleans.* [3] *Szenen nach Schiller's Drama*
Für zwei Soli (SBar), vierstimmigen Männerchor (TTBB) und Orchester, op. 105

1. *Chor der Winzer (»Der Herbst ist gekommen«)*; Text eines unbekannten Verfassers
2. *1. Akt, 10. Auftritt (»Willkommen seid mir, edler König«)*
3. *5. Akt, 14. Auftritt (»Klaget um uns're Heldin«)*

Leipzig: Siegel, o. A. – Partitur (Verl.-Nr. *9379*), Solo-, Chor- und Orchesterstimmen; Klavierauszug. Text: Deutsch/Englisch (*by Mrs. John P. Morgan*). – HMB 1891/5, S. 187, u. 1891/9, S. 360. BSB-Musik Bd. 7, S. 2906. Original (DLA).

Bei den Texten zu Nr. 2 und 3 handelt es sich um paraphrasierende Nachdichtungen.

HOFMANN, Johannes Alexander (geb. 1981)

Die anschließenden Einträge beruhen auf den freundlichen Informationn des Komponisten.

Der Geisterseher. Eine Geschichte aus den Memoires des Grafen von O**; hier in einer Schauspielbearbeitung von Antú Romero Nunes

1022+1 Schauspielmusik für verschiedene Instrumente mit elektronischer Klangerzeugung sowie vierstimmigen gemischten Chor, op. 1

Neben instrumentalmusikalischen Abschnitten (u. a. ›Venedig‹, ›Schwarze Gestalten‹ und ›Jahrmarkt‹) wurde zusätzlich das »Kyrie eleison« aus dem Messordinarium vertont und in die Handlung einbezogen. – Uraufführung im Rahmen der Premiere: Berlin, 30. Januar 2009 (Maxim Gorki Theater), u. a. mit Paul Schröder und Jirka Zett. Regie: Antú Romero Nunes.

Die Räuber

1022+2 Schauspielmusik für Orchester mit elektronischer Klangerzeugung, Violoncello solo und 1 Singstimme, op. 20

Die Schauspielmusik besteht aus den zwei Gesängen Amalias (»Willst dich, Hektor, ewig mir entreißen« bzw. »Schön wie Engel, voll Walhallas Wonne«) sowie instrumentalmusikalischen Abschnitten (darunter ›Der alte Moor‹, ›Karls Thema‹ und ›Vaterlandserde‹). – Uraufführung im Rahmen der Premiere einer Schauspielbearbeitung, bei der nur drei Rollen besetzt wurden: Berlin, 30. August 2012 (Maxim Gorki Theater), mit Michael Klammer (Karl Moor), Paul Schröder (sein Bruder Franz) und Aenne Schwarz (Amalia). Regie: Antú Romero Nunes.

Wilhelm Tell; hier mit dem Untertitel: *Ein Festspiel der Freiheit* nach Friedrich Schiller. Textfassung von Philipp Becker und Gerhild Steinbach

1022+3 Schauspielmusik für großes Blechbläserorchester und Schlagwerk, op. 42

Aus dem Schauspieltext wurden die drei »Eingangslieder« (»Es lächelt der See«, »Ihr Matten, lebt wohl«, »Es donnern die Höhen«) sowie der »Gesang der barmherzigen Brüder« (»Rasch tritt der Tod den Menschen an«) vertont; hinzu kommen die 2. Strophe aus Schillers Gedicht ›An Karl Theodor von Dalberg mit dem Wilhelm Tell‹, das Volkslied *»Auf einem Baum ein Kuckuck saß«* und instrumentalmusikalische Abschnitte (darunter Sätze wie ›Gewitter und Überfahrt‹ und ›Das Rütli und Hörner von Uri‹). – Uraufführung im Rahmen der Premiere: Altdorf, 20. August 2016 (Tellspiele), u. a. mit Pan Aurel Bucher (Wilhelm Tell) und Arianit Sakiri (Gessler). Musikalische Leitung: Michel Trunniger. Regie: Philipp Becker.

HOFMANN, Kazimierz (1842–1911)

Das Lied von der Glocke (»Fest gemauert in der Erden«)

1023 *Dzwon. Bühnenmusik nach Friedrich Schiller, Die Glocke*

Vermutlich für eine Aufführung mit »lebenden Bildern« komponiert. – Übersetzer nicht dokumentiert (MGG2 *Personenteil* Bd. 9, Sp. 147); wahrscheinlich handelt es sich aber um Adam Gorczyński, dessen Fassung 1844 in Krakau veröffentlicht worden ist (s. Wurzbach, *Schiller-Buch*, Nr. 262).

HOHENSEE, Wolfgang (1927–?)

Die Jungfrau von Orleans. Eine romantische Tragödie

1024 [Vermutlich Bestandteil einer Schauspielmusik: 2 Sätze ohne Titel für großes Orchester]
Handschriftliche Stimmen, 1945. – RISM-OPAC.

HOHENZOLLERN, Albrecht Prinz von (1898–1977)

Wallenstein. Ein dramatisches Gedicht – II. Die Piccolomini

1025 – V. 1757ff. (Thekla: »Der Eichwald brauset«)
Für eine Singstimme mit Klavierbegleitung
Nr. 1 in: ders., *Drei Lieder*, op. 28. – Ohne bibliographische Angaben (vermutlich Selbstverlag). – Original (Slg. GG).

Auf der letzten Seite mit dem Druckervermerk: *ALLFOTO G. m. b. H. Minden i. W.*

Die Komponisten und ihre Werke

HOHENZOLLERN-HECHINGEN, Friedrich Wilhelm Constantin, Fürst zu (1801–1869)

1026 Des Mädchens Klage (»Der Eichwald brauset«)
Für eine Singstimme mit Klavierbegleitung
Offenbach.: André, o. A. – Verl.-Nr. _6816._ – Original (DLA). HMB 1847/2, S. 37.
Herrn Wilhelm Speier freundlichst gewidmet.

HOHLFELD, Christoph (1922–2010)

1027 Das Spiel des Lebens (»Wollt ihr in meinen Kasten seh'n?«)
Vierstimmiger gemischter Chor a cappella
Nr. 4 in: ders., _Sechs Chöre_ (in 3 Heften). – Wiesbaden: Breitkopf & Härtel
1964. – Partitur. – Hofmeister (1964), S. 165.

HOLLAENDER, Alexis (1840–1924)

Macbeth. Zur Vorstellung auf dem Hoftheater in Weimar eingerichtet von
Friedrich Schiller

1028 – V. 741ff. (Pförtner: »Verschwunden ist die finst're Nacht«); hier unter dem
Titel: _Morgenlied_
Für drei- oder vierstimmigen Frauen- oder Schulchor mit Klavierbegleitung
ad libitum, op. 62
Berlin: Stahl, o. A. – Stimmen, Klavierauszug. – Hofmeister (1904–1908),
S. 322.

HOLLAENDER, Friedrich (1896–1976)

Das Lied von der Glocke (»Fest gemauert in der Erden«)

1029 _Das Lied von der Glocke (»Ein Brautvater tritt bei 'nem Küster ein«)_; Textver-
fasser unbekannt
Chanson für eine Singstimme mit Klavierbegleitung
München: Cherubin, o. A. – Hofmeister (1924–1928), S. 298.

HOLSTEIN, Franz von (1826–1878)

Die Braut von Messina oder: Die feindlichen Brüder. Ein Trauerspiel mit Chören

1030 – V. 981ff. (Beatrice: »Er ist es nicht«); hier unter dem Titel: _Beatrice. Scene
aus Schiller's ›Braut von Messina‹_
Konzertszene für Sopran und Orchester, op. 38
Leipzig: Breitkopf & Härtel, o. A. – Partitur (Verl.-Nr. _14442_), Orchester-
stimmen, Klavierauszug. – AMZ/2, 7. Februar 1877, Sp. 95 (Verlagsannonce:
Neue Musikalien). HMB 1877/2, S. 46, bzw. 1877/3, S. 76. Original (DLA).

_... im Ganzen waltet das ariose Recitativ vor, nur an den Höhepunkten der Leidenschaft zu
lyrischer Liedhaftigkeit hinüber winkend, übrigens doch gar sehr an die »unendliche« Melodie erinnernd (AMZ/2, 10. Juli 1878, Sp. 444f.)._

Verzeichnis der musikalischen Werke

HOLTER, Iver (1850–1941)

1031 Des Mädchens Klage (»Der Eichwald brauset«)
Für mittlere Stimme mit Klavierbegleitung
Nr. 3 in: ders., *Vier Gesänge*, op. 5. – Offenbach am Main: André, o. A. – HMB
1881/8, S. 313.

HOOF, Eugenie van (?–?)

1032 Der Handschuh (»Vor seinem Löwengarten, das Kampfspiel zu erwarten«)
Melodramatische Parodie mit Klavierbegleitung
Offenbach am Main: André, o. A. – HMB 1889/8, S. 313.

HORN, Camillo (1860–1941)

1033 Sprüche des Konfuzius – Nr. 2 (»Dreifach ist des Raumes Maß«)
Für mittlere Stimme mit Klavierbegleitung
Nr. 1 in: ders., [Zwei Lieder], op. 59. – Leipzig: Kahnt, o. A. – Hofmeister
(1909–1913), S. 329. *Dt. Musiker-Lex.* 1929, Sp. 599.

Ohne Sammeltitel veröffentlicht.

HORNBOSTEL, Erich Moritz (1877–1935)

Die Macht des Gesanges (»Ein Regenstrom aus Felsenrissen«)

1034 *Die Macht des Gesanges.* Ländler für Klavier
Nr. 3 in: ders., [3 Klavierstücke], op. 1

Unveröffentlicht. – Das op. 1 ist ohne Sammeltitel nachgewiesen (s. MGG2 *Personenteil* Bd. 9,
Sp. 357).

HORSTIG, Susanne, (?–?)

Mädchenname: *S. d'Aubigny von Engelbrunner* (auch: *Engelbronner*).

1035 Des Mädchens Klage (»Der Eichwald brauset«)
Für Sopran oder Tenor mit Klavierbegleitung oder zur Gitarre
S. 10f. in: dies., *Gesänge für gebildete Freunde der Tonkunst, 1. Sammlung, mit
Begleitung des Pianoforte und der Guitarre*. – Ohne bibliogr. Angaben. – Staats-
bibl. zu Berlin (Online-Katalog; demnach *um 1800*). Kurscheidt, S. 392.

Simultane Wiedergabe beider Begleitsätze, die aber ungeachtet dessen und der Titelangabe
wahlweise auszuführen sind.

HUBER, Ferdinand Fürchtegott (1791–1863)

1036 Das Mädchen aus der Fremde (»In einem Tal bei armen Hirten«)
Für eine Singstimme mit Klavierbegleitung
Nr. 51 in: *Unterhaltungen am Klavier*. – Sammelhandschrift, 1812ff. – RISM-CH
(Database).

1812 angefangene, sehr umfangreiche Sammlung; enthält eigene und fremde Kompositionen für eine oder mehrere Singstimmen mit Klavierbegleitung (darunter auch einige Stücke
im Klavierauszug).

222

Die Komponisten und ihre Werke

HUBER, Georg Walter (1874–?)

Das Lied von der Glocke (»Fest gemauert in der Erden«)

– V. 374 (»Gefährlich ist's, den Leu zu wecken«)

1037 *Gefährlich ist's, den Leu zu wecken* (»Kaum dass ich bring' neue Sachen«); Textverfasser unbekannt
Couplet für eine Singstimme mit Klavierbegleitung
Nr. 21 (einzeln) in: *Münchener Original-Couplets*, hg. von Karl Wilhelm. – Leipzig: Franz Dietrich, o. A. – HMB 1897/4, S. 192.

HUBER, Hans (1852–1921)

1038 Die Macht des Gesanges (»Ein Regenstrom aus Felsenrissen«)
Vierstimmiger Männerchor mit Soli (TTBB) a cappella
Autographe Partitur, 1884. – RISM-CH (Database).

> 1884 komponiert. – Uraufführung: Basel, 8. Juni 1884 (Basler Sängertag), mit der Basler Liedertafel unter der Leitung von Alfred Volkland. – Anmerkung in der Handschrift: *nicht veröffentlicht.*

Wilhelm Tell. Schauspiel

1039 *Eine Tell-Symphonie* für großes Orchester, op. 63
Leipzig-Winterthur: Rieter-Biedermann 1881. – Partitur (Verl.-Nr. *1154*), Orchesterstimmen; Bearbeitung für Klavier zu vier Händen. – HMB 1882/4, S. 106 u. 109. Sonneck, *Orchestral Music*, S. 210. Schaefer, S. 80.

HUBER, Paul (1918–2001)

1040 Sehnsucht (»Ach, aus dieses Tales Gründen«)
Für Sopran mit Klavierbegleitung und Horn
Autographe Reinschrift, St. Gallen, 15. Dezember 1966. – Photokopie des Originals (DLA). WV/Huber, S. 90.

> Am 15. Dezember 1966 komponiert; unveröffentlicht. – Widmung: *Für Louise Michael, Zürich.* – Uraufführung: Zürich, 17. März 1968 (Tonhalle), mit Louise Michael (Sopran), Gerhard Görmer (Horn) und Hans-Willi Haeusslein (Klavier).

HÜBNER, Otto R. (1860–1928)

1041 An den Frühling (»Willkommen, schöner Jüngling«)
Für eine Singstimme mit Klavierbegleitung
S. 2 des 3. Heftes in: ders., *Schlichte Lieder*, 1. Sammlung. – Leipzig: Pabst, o. A. – Verl.-Nr. *S. L. I. 3.* – Hofmeister (1909–1913), S. 333. Original (DLA).

> Die ›Schlichten Lieder‹ sind in drei Sammlungen mit jeweils zwanzig Gesängen erschienen.

1042 An Emma (»Weit in nebelgrauer Ferne«)
Für eine Singstimme mit Klavierbegleitung
S. 3 des 3. Heftes in: ders., *Schlichte Lieder*, 1. Sammlung → 1041

HÜNTEN, Franz (1793–1878)

1043 Sehnsucht (»Ach, aus dieses Tales Gründen«)
Für eine Singstimme mit Klavierbegleitung

Nr. 4 in: ders., *Sechs Lieder* (o. op.). – Mainz: Schott, o. A. – HMB 1834/3+4, S. 33. Goethe-Museum (Katalog), Nr. 493. Gerd Zöllner: *Franz Hünten. Sein Leben und sein Werk* (= *Beiträge zur rheinischen Musikgeschichte*, Bd. 34). Köln: Volk 1959, S. 291.

Seinem Freunde Georg Osterwald gewidmet.

HÜTTENBRENNER, Anselm (1794–1868)

Hüttenbrenner hat nur selten Opuszahlen vergeben. – Bis auf eine Ausnahme (→ 1044) ist keines der hier nachgewiesenen Werke bisher veröffentlicht worden.

An die Freude (»Freude, schöner Götterfunken«)

1044 – V. 9ff. (»Seid umschlungen, Millionen«); mit englischer Übersetzung von Christopher Inman (*»Let me embrace you, all you millions«*)
Für vier Männerstimmen (TTBB) a cappella (o. op.)
Nr. 8 in: ders., *Weltliche Chorlieder für Männerstimmen. Kritische Erstausgabe*, hg. von Michael Aschauer. – Esslingen: Helbling 2010. – Partitur. – Verlagskatalog. WV/Hüttenbrenner, Nr. 510.

Am 12. Februar 1847 komponiert und zu Lebzeiten des Komponisten unveröffentlicht.

Das Lied von der Glocke (»Fest gemauert in der Erden«)

1045 – V. 74ff. (»O! Zarte Sehnsucht, süßes Hoffen«)
Gemischtes Vokalterzett (STB) a cappella, op. 8

1814 komponiert (s. WV/Hüttenbrenner, Nr. 37).

Die Jungfrau von Orleans. Eine romantische Tragödie

1046 Schauspielouvertüre für Orchester (o. op.)

Im August 1857 komponiert. – (Ur-?)Aufführung: Graz, 30. November 1857 (Städtisches Theater); s. WV/Hüttenbrenner, Nr. 606 u. S. 146.

Die Räuber. Ein Schauspiel

Schauspielouvertüre für Orchester (o. op.)

1047 1. Komposition – 1813

1813 komponiert; nur als Klavierauszug zu vier Händen erhalten (erst 1816 angefertigt); mit Hüttenbrenners Anmerkung: *War in Beethovens Händen* (s. WV/Hüttenbrenner, Nr. 600 u. S. 99f.).

1048 2. Komposition – 1857

Im Oktober 1857 komponiert. – Partitur und vierhändiger Klavierauszug erhalten (s. WV/Hüttenbrenner, Nr. 607).

Don Carlos. Infant von Spanien. Ein dramatisches Gedicht

1049 Schauspielouvertüre für Orchester (o. op.)

Im November 1857 komponiert (s. WV/Hüttenbrenner, Nr. 608).

Maria Stuart. Ein Trauerspiel

1050 Schauspielouvertüre für Orchester (o. op.)

Im Dezember 1857 komponiert (s. WV/Hüttenbrenner, Nr. 609).

1051 Thekla. Eine Geisterstimme (»Wo ich sei, und wo mich hingewendet«); hier mit der nicht korrekten Titelergänzung: ... *aus Schillers Wallenstein*
Für Sopran mit Klavierbegleitung oder mit Violine und Violoncello (o. op.)

Die Komponisten und ihre Werke

1815 komponiert. – Hüttenbrenner stellte sich eine inszenierte Aufführung vor und gab deshalb auf dem Autograph an: _Die Production geschehe im Finstern; auch sey die Sängerin ungefähr 10 Schritte vom Flügel entfernt_ (Begleitung der Streichinstrumente _mit Sordinen_); sWV/Hüttenbrenner, Nr. 38 u. S. 77.

1052 _Totengesang von Schiller_ [Textincipit nicht nachgewiesen]
Für vier Männerstimmen (TTBB) a cappella, op. 24

1815 komponiert (s. WV/Hüttenbrenner, Nr. 300). – Vielleicht handelt es sich um den »Gesang der barmherzigen Brüder« aus ›Wilhelm Tell‹ (V. 2833ff.: »Rasch tritt der Tod den Menschen an«).

1053 _Totengräberlied (»Kinder sammeln sich zu Greisen«)_; hier unter dem Titel: _Ein Grabgesang_ bzw. _Grabgesang von Schiller_; diesem zugeschriebener Text von August von Kotzebue (→ 18)
Für vier Männerstimmen (TTBB) a cappella, op. 25

1815 komponiert (s. WV/Hüttenbrenner, Nr. 299).

HUMMEL, Johann Bernhard (1760– um 1805)

1054 Nadowessische Totenklage (»Seht! Da sitzt er auf der Matte«); hier unter dem Titel: _Nadowessirsche Todtenklage_
Für eine Singstimme mit Klavierbegleitung
Nr. 3 in: ders., _Zwölf deutsche Lieder_. – Berlin: _... gedruckt auf Kosten des Verfassers in der Maaßschen Notendruckerey_, 1799. – Ledebur, S. 260. RISM A I: H 7888. Staatsbibl. zu Berlin (Online-Katalog).

Ihrer Majestät, der Königin von Preussen gewidmet.

· _Zweite Auflage._ – Berlin: Maass, o. A. – RISM A I: H 7889.

HUMPERDINCK, Engelbert (1854–1921)

Das Lied von der Glocke (»Fest gemauert in der Erden«)

1055 _Suite zu Schillers Lied von der Glocke_ für Klavier zu zwei Händen

1878 begonnen; nicht veröffentlicht; vgl. WV/Humperdinck-1 Nr. 62, bzw. WV/Humperdinck-2 Nr. 5.4.1 (nennt irrtümlich die ›Ton-Dichtungen deutscher Meister‹ als Veröffentlichung; → 1056).

1056 _Tonbilder zu Schillers Lied von der Glocke_ für Klavier zu vier Händen
Nr. 2 in: _Ton-Dichtungen deutscher Meister_, Bd. 1: _Für Klavier zu vier Händen_. – München: Schmid & Aibl 1897. – Verl.-Nr. _83_. – WV/Humperdinck-1 Nr. 62.1. WV/Humperdinck-2 Nr. 5.4.2. HMB 1897/11, S. 452.

1884 komponiert. – Die Sammlung besteht aus zwei Bänden, von denen der letzte Vokalkompositionen enthält.

Daraus

· _Präludium_, bearbeitet für kleines Orchester vom Komponisten

1905 komponiert; nicht veröffentlicht; auch mit dem Alternativtitel: _Die Glocken von Siegburg_. – In umgearbeiteter Form 1910 als Vorspiel der Bühnenmusik zu ›Der blaue Vogel‹ (Märchendrama von Maurice Maeterlinck) verwendet.

QUELLE: WV/Humperdinck-1 Nr. 129. WV/Humperdinck-2 Nr. 2.9, 5.4.3 u. 5.5.

HUPPERTZ, Gottfried (1887–1937)

An die Freude (»Freude, schöner Götterfunken«)

1057 *An die Freude.* Suite in drei Sätzen für großes Orchester
1. *Blaue Gestade (Serenade)*
2. *Im Garten Eden (Walzer-Intermezzo)*
3. *Fest der Freude*

Berlin: Rühle, o. A. – Hofmeister (1935), S. 68 (auch arr. für Salon-Orchester).

HURKA, Friedrich Franz (1762–1805)

1058 An die Freude (»Freude, schöner Götterfunken«)
Rundgesang mit Klavierbegleitung
S. 20f. in: ders., *Scherz und Ernst in zwölf Liedern.* – Dresden: *Auf Kosten des Verfassers*, o. A. – RISM A I: H 7952. Original (DLA). Ledebur, S. 261 (datiert auf *1787*).

Widmung des ganzen Heftes: *Johann Heinrich Grafen von Knuht [...] Seiner königlichen Majestät zu Dänemark und Norwegen hochbestallten Kammerherrn [...] Meinem gnädigen Herrn.* – Im Vorwort weist Hurka darauf hin, *daß man sie* [die Lieder] *nicht als Volkslieder zu betrachten hat. Sie sind blos für schon etwas geübtere Musickverständige, nicht für die gewöhnliche Volksleyer bestimmt; und diese werden schon selbst einsehen, dass sie nicht von einem und demselben gesungen und zugleich gespielt werden können; sondern dass der Gesang und der Vortrag auf dem Fortepiano, für welches ich dieselben bestimmt habe, jedes seinen eignen Mann erfordert.* – Aus zwei Randbemerkungen in der AMZ/1 geht hervor, dass diese Vertonung um 1800 recht populär gewesen sein muss; vgl. dort im Rahmen einer Rezension vom 24. Oktober 1798, Sp. 57 (... *die bekannte brave* [Melodie] *von Hurka*), sowie in einer Anekdote am 13. November 1799, Sp. 135 (... *aus Hurka's Liedern die bekannte Melodie zu Schillers Ode*).

- *Zweite Auflage.* – Dresden: Hilscher 1789. – RISM A I: 7953. Ledebur, S. 261.

  Es ist schon ein seltenes Phänomen, wenn irgend ein musikalischer Verlagsartikel zum zweitenmal aufgelegt wird. Und wenn auch dieser Umstand nicht gerade für [richtig: über] *den innern Werth derselben entscheidet: so ist er doch ein Beweis, daß die Arbeit des Schriftstellers* [richtig: des Komponisten] *von dem Publikum mit Beifall aufgenommen wurde.* Eine Einzelbesprechung der Schiller-Vertonung fehlt zwar, doch heißt es zusammenfassend: *Ueberall sieht man es diesen Liedern an, daß sie nicht nur mit dem Kopf; sondern auch mit dem Herzen ausgearbeitet sind* (Musikalische Real-Zeitung vom 8. April 1789, Sp. 109).

- Idem. – Nr. 14 in: *Vierzehn Compostionen zu Schillers Ode an die Freude* → 369 (Ausgabe 2)

  Hier mit dem Nachweis: *Von einem Ungenannten.*

- Idem. – Nr. 10 in: *Auswahl maurerischer Gesänge von verschiedenen Komponisten.* – Ohne Verlagsangaben. – Ledebur, S. 262.

  Seiner Königlichen Hoheit dem Prinzen August Friedrich von Großbritannien, Herzog von Sussex dedicirt.

- Idem; hier unter dem Titel: *Freude. Frohsinn* (einstimmige Singweise). – Nr. 13 in: *Gesänge für die Loge Amalia. Neue Bearbeitung.* – Weimar: o. Verlagsangabe 1851. – Original (Goethe-Museum; im dortigen Katalog Nr. 303).

  Hier ohne Nachweis des Komponisten, aber zweifelsfrei identifiziert.

Die Komponisten und ihre Werke

> • Idem. – Nr. 12 in: _Gesänge für die Loge Amalia_. – Weimar: o. Verlagsangabe 1898. – Goethe-Museum (Katalog), Nr. 304.

> • Idem. – Nr. 30 in: [41] _Frühe Schiller-Vertonungen bis 1825_ → 141

1059 Das Lied von der Glocke (»Fest gemauert in der Erden«)
Für eine Singstimme mit Klavierbegleitung
Braunschweig: Magazin auf der Höhe, o. A. – Verl.-Nr. _411_. – RISM A I: H 7980.
Intelligenz-Blatt Nr. 19 in: AMZ/1 vom 11. August 1802.

> • Ohne bibliographische Angaben – Ledebur, S. 261. RISM A I: H 7983 (35 S.) bzw. RISM A I: H 7982 (33 S.). Original (DLA).
>
> Die beiden Ausgaben unterscheiden sich nur in der (vermutlich durch verschiedenen Stich hervorgerufenen) Seitenzahl:
>
> _Seiner Käyserlichen Majestät, Selbstherscher_ [!] _aller Reussen Alexander I. allerunterthänigst zugeeignet._

Version für eine Singstimme und Chor mit Klavierbegleitung; hier unter dem Titel: _Die Glocke_

> • Braunschweig: Spehr, o. A. – Whistling 1828, S. 1013. Ledebur, S. 261.

> • Hamburg: Böhme, o. A. – Whistling 1828, S. 1013. Vermutlich RISM A I: H 7981 (hier keine Angaben zur Besetzung).

> • Hannover: Bachmann, o. A. – Hofmeister 1845 (_Vocalmusik_), S. 64.

1060 Das Mädchen aus der Fremde (»In einem Tal bei armen Hirten«)
Für eine Singstimme mit Klavierbegleitung
S. 7 in: _Musikalisches Journal_, hg. von Friedrich Franz Hurka (Ausgabe Mai, o. A.). – Berlin: Maaß, o. A. – Kurscheidt, S. 392.

> • Idem. – Nr. 1 in: ders., [10] _Lieder mit Begleitung des Clavier_, 1. Lief. – Braunschweig: Musikalisches Magazin, o. A. – Ledebur, S. 261.
>
> Die 2. Lieferung mit nochmals zehn Liedern erschien im gleichen Verlag (vgl. Ledebur, S. 261).

> • Idem; hier auch mit flämischer Übersetzung von J. J. F. Wap: _Het meisje uit vreemde streek_ (»By arme herders, in der dalen«). – S. 8f. in: _Erato. Derde stuk. Bevattende. Zes liederen, met muzijk voor den Zang en het Klavier_. – Brüssel: Sacré, o. A. – Original (Slg. GG).

1061 Des Mädchens Klage (»Der Eichwald brauset«)
Für eine Singstimme mit Klavierbegleitung
S. 1ff. in: ders., _Sechs deutsche Lieder als Neujahrs-Geschenk_. – Hamburg: Meyn, o. A. – Original (Leipziger Städtische Bibliotheken; freundl. Mitteilung von Brigitte Geyer). RISM A I: H 7966. Ledebur, S. 261 (hier mit _1799_ datiert).
Die Schiller-Vertonung sei neben einer Komposition nach einem Text von Metastasio die Gelungenste des Sammelheftes (Rezension in der AMZ/1, 6. März 1799, Sp. 363).

1062 Die Worte des Glaubens (»Drei Worte nenn' ich euch, inhaltschwer«)
Für eine Singstimme und Chor mit Klavierbegleitung
6. Heft des 1. Jg., (Februar 1804), S. 6f., in: _Monats-Früchte_ → 824
Dieses Heft mit der Verl.-Nr. _46_. – Fellinger, S. 166.

1063 Sehnsucht (»Ach, aus dieses Tales Gründen«)
Für eine Singstimme mit Klavierbegleitung

227

Vor S. 251 in: *Taschenbuch zum geselligen Vergnügen* (13. Jg.), hg. von Wilhelm Gottlieb Becker. – Leipzig: Hempel 1803. – Original (DLA).

Es dürfte sich um die Erstvertonung des Gedichts handeln, wofür Becker zuerst J. Haydn vorgesehen hatte (→ 901).

· Idem; mit englischer Übersetzung von W. Spencer: *Longing for happiness (»From this dismale vale«)*. – Nr. 8 des 2. Heftes in: *A Selection of German National Melodies, with the Words both in the Original, and Translated into English* (in 2 Heften). – London: Goulding, d'Almaine, Potter & Co. 1816. – Goethe-Museum (Katalog), Nr. 1358.

Die Hefte enthalten insgesamt zwanzig Gesänge (jeweils zehn Nrr.).

1064 Würde der Frauen (»Ehret die Frauen! Sie flechten und weben«)
Für eine Singstimme mit Klavierbegleitung
6. Heft des 2. Jg. (1806; ohne Monatsangabe), S. 1ff., in: *Monats-Früchte* → 824

Dieses Heft mit der Verl.-Nr. *170*. – Fellinger, S. 168.

· Idem. – Nr. 36 in: *Auswahl maurerischer Gesänge von verschiedenen Componisten* → 1058

HUTH, J. D. (?–?)

Wohl nicht identisch mit dem *beliebten Lieder-Componisten* Ludwig Huth (geb. um 1810 – gest. nach 1849), der u. a. in Berlin, Potsdam und Sondershausen, zuletzt in *Mecklenburg, seinem Geburtslande*, tätig war (vgl. Ledebur, S. 262).

1065 *Sechs Lieder von Schiller, Goethe,* [wohl: Friederike] *Brun u. s. w.*
Für eine Singstimme mit Klavierbegleitung
Wien: Diabelli, o. A. – Wurzbach, *Schiller-Buch*, Nr. 604. (Online-Katalog der ÖNB deest).

— I —

IHME, Hans-Friedrich (geb. 1940)

Die Jungfrau von Orleans. Eine romantische Tragödie
1066 Musik zum gleichnamigen Fernsehfilm

Ursendung: 12. September 1977, Fernsehen der DDR (s. DDR-Uraufführungen 1985, S. 143).

ILINSKI, Graf Janos von (1795–1860)

Auch: *Jan Stanisław Graf Iliński.*

Maria Stuart. Ein Trauerspiel
1067 *Maria Stuart.* Ouvertüre für Orchester, op. 20
Wien: Mechetti, o. A. – Weinmann (Mechetti), S. 76 (kann nur eine Zeitungsanzeige aus dem Jahr 1838 nachweisen). Hofmeister (1834–1838), S. 2.

INDY, Vincent d' (1851–1931)

Das Lied von der Glocke (»Fest gemauert in der Erden«)

1068 *Le chant de la cloche. Légende dramatique en un prologue et sept tableaux,* op. 18. Libretto vom Komponisten

> *Prologue*
> 1. Bild: *Le Baptême – Die Taufe*
> 2. Bild: *L'Amour – Die Liebe*
> 3. Bild: *La Fête – Das Fest*
> 4. Bild: *Vision – Die Vision*
> 5. Bild: *L'Incendie – Die Feuersbrunst*
> 6. Bild: *La Mort – Der Tod*
> 7. Bild: *Triomphe – Der Triumph*

Prologue: Der alte, von Todesgedanken geplagte Glockengießer Wilhelm betritt am Abend seine Stube und versinkt vor dem Guss seiner letzten Glocke in Erinnerungen (1.–5. Bild). Ab dem 6. Bild (spielt wieder in der Zeitebene des Prologs): Tod des Meisters mit Apotheose. – Mehrfach wird auf Bühnenwerke Schillers angespielt – etwa mit dem Handlungsort, *... in einer Freistadt der nördlichen Schweiz*, und mit der zeitlichen Vorgabe, *... gegen Ende des XIV^{ten} und zu Anfang des XV^{ten} Jahrhunderts*, auf ›Wilhelm Tell‹ bzw. auf ›Die Jungfrau von Orleans‹, deren berühmter Monolog (»Lebt wohl, ihr Berge«) im zweiten Bild anklingt (Lenore, Wilhelms Verlobte: *»Leb' wohl, du Nacht der Liebe! Lebt wohl, ihr trauten Fluren ...«*).

Paris: Hamelle, o. A. – Klavierauszug mit der deutschen Übersetzung von F. Clemar (Verl.-Nr. *2438*). – Original (Slg. GG). Original (DLA). New Grove2 Bd. 12, S. 372.

Widmung: *Au maître César Franck*. – Es handelt sich um das erste musiktheatralische Werk d'Indys, das er 1879 bis 1883 offenbar in Erinnerung an einen Besuch Nürnbergs (1873) geschrieben hatte. Es ist mit einem Preis beim *Concours musical de la Ville de Paris 1885* ausgezeichnet worden. – Uraufführung (Angabe auf der Titelseite des Klavierauszugs): Paris, 28. Januar 1885, unter der musikalischen Leitung von Charles Lamoureux (bei Stieger bzw. MGG2 *Personenteil* Bd. 9, Sp. 635, beide Male irrtümlich auf den 25. Februar 1886 datiert; hier jeweils mit dem Hinweis auf eine spätere Bearbeitung für Brüssel: Premiere am 21. Dezember 1912 im Théâtre de la Monnaie).

Wallenstein. Ein dramatisches Gedicht

1069 *Wallenstein. Trilogie d'après le poème dramatique de Schiller*. Sinfonische Dichtung in drei Teilen für Orchester, op. 12

Partie 1er: Le Camp de Wallenstein
1879 komponiert und erst im Rahmen der Gesamtaufführung der Sinfonischen Dichtung uraufgeführt. – Widmung: *à Henri Duparc*.

Partie 2me: Max et Thécla (Les Piccolominis)
1873 komponiert. – Uraufführung dieses Teils (zugleich des ersten Orchesterwerkes von d'Indy) im Jahr 1875 (Orchestre Pasdeloup). – Widmung: *à Jules Pasdeloup*.

Partie 3me: La Mort de Wallenstein
1874 komponiert. – Uraufführung dieses Teils: Paris, 14. März 1880 im Rahmen der Pasdeloup-Konzerte; Schaefer, S. 35. – Widmung: *à Camille Benoît*.

Paris: Durand & Schoenewerk, o. A. – Partitur in drei Bänden (Verl.-Nr. *3791*). – HMB 1888/3, S. 90. Sonneck, *Orchestral Music*, S. 216 (Impressum des dortigen Exemplars: Durand & Fils).

Uraufführung der ganzen Trilogie: Paris, 26. Februar 1888 (Concerts Lamoureux).

- Paris: Durand, o. A. – Ausgabe als Studienpartitur in 3 Heften (Verl.-Nrr. *6893–6895*). – Original (Slg. GG).

Verzeichnis der musikalischen Werke _____

Bearbeitungen (alle bei Durand in Paris erschienen)

· In drei Einzelbänden für Klavier zu vier Händen. – Verl.-Nrr. *3789, 3869* u. *3882.* – HMB 1888/3, S. 102. Original (mit *1887* datiert; Slg. GG).

· Für Klavier zu zwei Händen von Gustave Samazeuilh. – Hofmeister (1909–1913), S. 353.

· Für Violine, Violoncello und Klavier von Hubert Mouton. – Bibliothèque Nationale, Paris (Online-Katalog; hier mit *1913* datiert).

Wallenstein. Ein dramatisches Gedicht – II. Die Piccolomini

1070   – V. 1757ff. (Thekla: »Der Eichwald brauset«); hier in französischer Übersetzung von Pierre-Elzéar Bonnière-Ortolan unter dem Titel: *Plainte de Thécla*
Für eine Singstimme mit Klavierbegleitung, op. 10
Paris: Hamelle, o. A. – Pazdírek Bd. 6, S. 144. MGG2 *Personenteil* Bd. 9, Sp. 635.

INGELIUS, Axel Gabriel (1822–1868)

1071   [Unter den Werken des finnischen Komponisten finden sich auch Schiller-Vertonungen]

Quelle: New Grove2 Bd. 12, S. 382 (ohne Einzelnachweise).

IRRGANG, Horst (1929–1997)

An die Freude (»Freude, schöner Götterfunken«)

1072   – V. 39f. (»Freude, Freude treibt die Räder«); hier unter dem Titel: *Freude*
Kanon zu drei Stimmen mit einem unterlegten, als Kanon zu zwei Stimmen ausgeführten Vokalostinato
S. 168 in: *Rundherum* → 703

Textierung des Ostinatos: »*Ding-dong, ding-dong, in der großen Weltenuhr*«.

ISAAC, M. (?–?)

Wilhelm Tell. Schauspiel

1072+1 Ouvertüre für Orchester

Unveröffentlicht. – Für die Hauptprüfung am Leipziger Konservatorium komponiert und dort am 10. April 1853 uraufgeführt (Pelker, S. 336).

ISENMANN, Carl (1839–1889)

Wilhelm Tell. Schauspiel

1073   – V. 2833ff. (Barmherzige Brüder: »Rasch tritt der Tod den Menschen an«); hier unter dem Titel: *Gesang der Mönche*
Vierstimmiger Männerchor (TTBB) mit vier Hörnern und Bassposaune, op. 21
Köln: Tonger, o. A. – Partitur, Stimmen. – HMB 1879/9, S. 277. Schaefer, S. 84 (mit irrtümlicher Namensangabe: *Isemann*).

· Leipzig: Rühle, o. A. – Partitur, Stimmen. – Pazdírek Bd. 6, S. 153.

230

ISLER, Ernst (1879–1944)

1074 Die Schlacht (»Schwer und dumpfig«)
Für Soli, Männerchor und Orchester
1909 in Zürich uraufgeführt; unveröffentlicht; s. *Dt. Musiker-Lex.* 1929, Sp. 616.

1075 Sehnsucht (»Ach, aus dieses Tales Gründen«)
Kantate
QUELLE: Kretzschmar/Schnoor 1939, S. 716.

— J —

JACOBI, Leopold (?–?)

1076 *Schillerfest-Marsch über das Lied: Freude, schöner Götterfunken* für Klavier,
op. 22
Erfurt: Bartholomäus, o. A. – HMB 1861/7, S. 127.
Vermutlich eine Bearbeitung der populären, anonym überlieferten und evtl. von J. G. Naumann stammenden Melodie (→ 1736).

JÄGER, Felix (?–?)

Don Carlos. Infant von Spanien. Ein dramatisches Gedicht

– V. 48 (Domingo: »Wo alles liebt, kann Karl allein nicht hassen«)

1077 *Wo alles liebt, kann Karl allein nicht hassen (»Sowohl der Mensch, als auch das Tier«)*; Textverfasser unbekannt
Couplet für eine Singstimme mit Klavierbegleitung
Berlin: Kunz, o. A. – Hofmeister (1909–1913), S. 342.

JÄGER, Fr. (?–?)

Vermutlich der Sänger und Komponist Franz Jäger (1796–1852).

1078 An den Frühling (»Willkommen, schöner Jüngling«)
Für eine Singstimme mit Klavierbegleitung
Nr. 1 in: ders., *Drei Gesänge.* – Wien: Diabelli, o. A. (zugleich Nr. 223 in: *Philomele, eine Sammlung der beliebtesten Gesänge mit Begleitung des Pianoforte*). –
Verl.-Nr. *2648.* – Weinmann (Diabelli), S. 79 u. 167 (demnach *1827* erschienen).

JÄGER, Th. (?–?)

Die Macht des Gesanges (»Ein Regenstrom aus Felsenrissen«)

1079 *Der alte Nachtwächter, oder: Die Macht des Gesanges (»Gute Nacht, mein Herzenslieb«)*; Textverfasser unbekannt
Heitere Aufführung für ein Gesangsquartett
Mühlhausen i. Th.: Danner, o. A. – Hofmeister (1924–1928), S. 307.

JÄGERMEIER, Otto (1879–1933)

Nicht zuletzt wegen einer höchst bedenklichen Quellenlage hält sich bis heute das Gerücht, Jägermeier sei lediglich das Phantasieprodukt einiger überspannter Fachgelehrter. Dies schlug sich in der bestürzenden Behauptung nieder, er sei *sicherlich der bedeutendste Komponist, der nie gelebt hat* (MGG2 *Personenteil* Bd. 9, Sp. 849). Die Würdigung von Jägermeiers ebenso hypothetischem wie epochalem Schaffen stellt deshalb ein musikwissenschaftliches Desiderat ersten Ranges dar und rechtfertigt den ungewöhnlich detaillierten Kommentar.

Maria Stuart. Ein Trauerspiel · Die Jungfrau von Orleans. Eine romantische Tragödie · Wilhelm Tell. Schauspiel

1080 *Marie Tell et Guillaume Stuart à Reims. Tragédie à la Potpourri en forme d'un Mélodrame d'après Frédéric Rellisch*; Textbearbeitung: Joe G. Weth
Deklamation mit Klavierbegleitung und drei obligaten gedämpften Zimbeln

Sicher unveröffentlicht; verschollen. – Im Nachlass des kaum bekannten Forschungsreisenden M. A. de Gasse fand sich ein winziger Zeitungsausschnitt (ohne Quellenangaben, vielleicht aus der *Revue musicale Tananarivois* – Jägermeier lebte spätestens seit 1907 auf Madagaskar) mit der Konzertankündigung eines *Mélodrames, Musique d'O. Jaegermeyer*. Bekanntlich war der Komponist ein leidenschaftlicher Anagrammatiker, und es spricht daher viel dafür, dass er die Textherkunft und den -autor auf diese Weise zu verschleiern suchte; folgt man dieser Annahme, so ergibt sich das Weitere von selbst: Die Titelfiguren zweier Schauspiele sind zu neuen Persönlichkeiten umgeschmolzen worden, und darüber hinaus weist der genannte Handlungsort auf Schillers *Romantische Tragödie* hin. – Textbearbeiter soll übrigens ein *Joe G. Weth* gewesen sein, sicherlich ein weiteres Beispiel für Jägermeiers Bildungshumor: Der Name ist wohl als »J. W. Goethe« aufzulösen.

Erstaunt entnimmt man der Pressenotiz noch, dass sich der Komponist zur Deklamation selbst begleiten würde. Wie die bisher von Jägermeiers Verwandtschaft immer noch mit Erfolg unterdrückte Studie des schottischen Musikwissenschaftlers A. N. O'Nym glaubhaft nachweist, ist unser Held nämlich nie über die bescheidensten Anfänge des Klavierspiels hinaus gekommen. Die 1932 in nur 13 Exemplaren auf handgeschöpftem Bütten hergestellte und zugleich einzige deutschsprachige Veröffentlichung O'Nyms ist damals zwar komplett aus der Buchbinderei gestohlen worden, doch gelangte eine jener musikwissenschaftlichen Rarissima unlängst dem Verfasser des vorliegenden Bandes unter mysteriösen Umständen kurzzeitig in die Hände (leider inzwischen wieder verloren). Die ebenso sensationellen wie brisanten Informationen dieses fachliterarischen Kleinods dürfen hier nicht verschwiegen werden.

O'Nym dokumentierte darin Jägermeiers einzigen öffentlichen Auftritt als Pianist am 1. April 1899 in Berlin [nicht München, wie gelegentlich berichtet wird!], welcher zunächst aus dem Kalender getilgt, in der bisherigen Spezialliteratur aus Scham »vergessen« und später in böswilliger Absicht auf den 30. [!] Februar datiert worden ist. Hier hatte Jägermeier – allerdings in einem nachschöpferischen Vorgang verfremdet – das C-Dur Präludium aus Johann Sebastian Bachs erstem Teil des ›Wohltemperierten Klaviers‹ vortragen wollen und dabei zunächst alle originalen Töne bewusst vermieden; bereits in Takt 13 musste er abbrechen, obwohl mit dem »a« in der linken Hand jetzt erstmals eine »richtige« Note erklungen war (welch bewundernswürdig subtiler Zitatcharakter!), und unter einem Hagel fauler Eier und Tomaten vom Podium flüchten. Die meisten Zeitzeugen verdrängten das schockierende Konzerterlebnis und verleugneten jede Erinnerung oder beriefen sich auf eine selektive Amnesie. Aus einem geheim gehaltenen Versteck (man munkelte von einem »Tunnel unter der Spree«) ließ der von Morddrohungen verfolgte Komponist anschließend verbreiten, er habe *in einem komplexen kompositorisch-interpretatorischen Diskurs* das Präludium lediglich *auf sein seiendes Wesens-Substrat* reduziert. Rückblickend muss Jägermeiers Vortrag demnach als genialisch-intuitive Attacke und erschreckend avantgardistisch-kreative Vorwegnahme von musikalischen Schaffensprozessen der 1960er und 1970er Jahre bewertet werden. Es gehört vermutlich zu den größten verpassten Chancen der musikgeschichtlichen Entwicklung, dass der Eingeschüchterte auf weitere Versuche in dieser Richtung verzichtet hat.

Die Komponisten und ihre Werke

QUELLEN: Notiz einer nicht mehr identifizierbaren (vermutlich madegassischen) Zeitung. A.[llen] N.[igel] O'Nym: _Ein aufführungsgeschichtliches Desaster. Otto Jägermayers_ [!] _pianistischer Ausflug nach Berlin und seine Folgen._ Oranienburg: Kasper & Schelm 1932; hier besonders S. 23–43.

JÄHNS, Friedrich Wilhelm (1809–1888)

1081   _Schillers Genius (»Noch einmal zieht es mich zur Erde nieder«)_, hier mit dem Untertitel: _Zum 7ten Mai 1862_; Textverfasser unbekannt
Für eine Singstimme mit Klavierbegleitung
Autograph, 1862. – Original (DLA).

JAKSCH, Moe (?)

Die Räuber. Ein Schauspiel

1082   Schauspielmusik

Uraufführung im Rahmen der Premiere: Jena, 11. Juli 2002 (Theatervorplatz), unter der musikalischen Gesamtleitung von Oliver Weder; Regie: Helmut von Pfeil. – _Die eigens für die Kulturarena entstandene Neukomposition wird in Zusammenarbeit mit der Berliner Band_ ›_Dziuk's Küche‹, der_ [Jenaer] _Philharmonie sowie mit Schauspielern und Akteuren aus ganz Deuschland zu einem Showdown im Breitwandformat_ (außerdem wird die Veranstaltung als ein _furioses Spektakel_ charakterisiert).

QUELLE: Einladungsschreiben des Kulturamts Jena (DLA).

JANKE, Gustav (1838–?)

Nachname bei Büchting _Jahncke_ (S. 65) bzw. bei Brandstaeter _Jahnke_ (S. 32). Bei Mendel, dem bisher einzigen lexikographischen Nachweis, jedoch wie oben angegeben (Bd. 5, S. 364). In HMB tauchen im fraglichen Zeitraum die Varianten _Jahnke_ und _Janke_ auf.

1083   An die Freude (»Freude, schöner Götterfunken«)
Für drei Knaben- und eine Männerstimme a cappella
Hamburg: Schuberth 1859. – Büchting, S. 65.

Ergänzende Information zum Titel: _Mit Schiller's Portrait._

JANSON, Erik (geb. 1967)

1084   Die Größe der Welt (»Die der schaffende Geist einst aus dem Chaos schlug«)
Für Sopran mit Klavierbegleitung
Nr. 1 in: ders., [4] _Fragmente nach Schiller_

Der Zyklus mit meist gekürzten Texten ist im Auftrag des Institutes für Zeitgenössische Musik der Hochschule für Musik und Darstellende Kunst Frankfurt am Main als Beitrag zum Schiller-Jahr 2005 entstanden; die vier Teile _sollen immer zusammen aufgeführt werden und attacca, d. h. ohne Satzpausen, ineinander übergehen._ Der Komponist teilt noch mit: _Mich reizte insgesamt gerade der unbekanntere, unpathetische Schiller, der sich eher mit Zweifeln und der Begrenztheit des Menschen, mit seinem Irren inmitten der großen Welt und der Unendlichkeit auseinandersetzte._ – Uraufführung im Rahmen des Konzertes ›Friedrich Schiller im Lied – Liederabend zum 200. Todestag. Schillervertonungen gestern und heute‹: Wiesbaden, 9. Mai 2005 (Literaturhaus Villa Clementine), mit Carola Schlüter (Sopran – zugleich Widmungsträgerin) und John-Noel Attard (Klavier). Bei dieser Veranstaltung wurden noch zwei Schiller-Balladen von F. Schubert gesungen und zwei weitere Neuvertonungen von M. Buchwald (→ 333) bzw. E. Garifzyanova (→ 733) uraufgeführt. – Das Werk ist offenbar bisher nicht verlegt worden.

QUELLEN: Programmheft der Uraufführung (freundl. Mitteilung von Carola Schlüter). Homepage des Komponisten.

Resignation (»Auch ich war in Arkadien geboren«)

1085 — V. 66ff. (»Ein Lügenbild lebendiger Gestalten«)
Für Sopran mit Klavierbegleitung
Nr. 2 in. ders., [4] *Fragmente nach Schiller* → 1084

Tabulae votivae – An den Dichter (»Warum kann der lebendige Geist«)

1086 — V. 2 (»Spricht die Seele«)
Für Sopran mit Klavierbegleitung
Nr. 4 in: ders., [4] *Fragmente nach Schiller* → 1084

1087 Zenith und Nadir (»Wo du auch wandelst im Raum«)
Für Sopran mit Klavierbegleitung
Nr. 3 in: ders., [4] *Fragmente nach Schiller* → 1084

JELINEK, Hanns (1901–1969)

Wirklicher Vorname: *Johann*; Veröffentlichte auch unter dem Pseudonym: *Hanns Elin.*

Tabulae Votivae

1088 *Zehn zahme Xenien* für Violine und Klavier, op. 32
München: Edition modern 1960. – Partitur (Verl.-Nr. *955*). – BSB-Musik Bd. 8,
S. 3104.

Parallel zu den angriffslustigen und polemischen ›Xenien‹, mit denen Goethe und Schiller seinerzeit verschiedene Zeitgenossen angegriffen hatten, entstanden noch weitere, ebenfalls gemeinsam verfasste Distichen, denen aber jene Aggressivität fehlt. Sie sind unter dem Titel ›Tabulae Votivae‹ zusammengefasst und werden auch als ›zahme Xenien‹ bezeichnet.

JENNEFELT, Thomas (geb. 1954)

Maria Stuart. Ein Trauerspiel

1089 Schauspielmusik zur schwedischen Übersetzung von Britt Gerda Hallqvist
Uraufführung: 1. April 1989 (Ort nicht dokumentiert).
QUELLEN: New Grove2 Bd. 12, S. 950. Internetrecherchen.

JENSEN, Adolf (1837–1879)

1090 Des Mädchens Klage (»Der Eichwald brauset«); hier unter dem Titel: *Thekla's Gesang*
Für eine Singstimme mit Klavierbegleitung
Nr. 5 in: ders., *Sechs Lieder mit deutschen und dänischen Texten*, op. 23. –
Leipzig: Peters, o. A. – Verl.-Nr. *4473*. – HMB 1865/5, S. 85. BSB-Musik Bd. 8,
S. 3111.

Kassandra (»Freude war in Trojas Hallen«)

1091 *Kassandra*. Klavierstück
Nr. 1 in: ders., *Erotikon. Sieben Klavierstücke*, op. 44. – Berlin: Erler, o. A. –
HMB 1873/7, S. 191.

Turandot, Prinzessin von China. Ein tragikomisches Märchen nach Carlo Gozzi von Friedrich Schiller

1092 *Turandot.* Oper mit Ballett in drei Aufzügen (op. posth.); Libretto von Egbert Jensen [d. i. Elsbeth Jensen]
Dresden: Hoffart, o. A. – Klavierauszug von Wilhelm Kienzl. – HMB 1888/4, S. 161.

Es handelt sich um die von W. Kienzl angefertigte Umarbeitung der zweiaktigen Oper ›Die Erbin von Montfort‹, die Jensen zwischen 1858 und 1865 komponiert hatte; sowohl das Original als auch diese Bearbeitung sind nie aufgeführt worden (vgl. Grove, *Opera* Bd. 2, S. 889, bzw. MGG2 *Personenteil* Bd. 9, Sp. 1018).

JESSLER, Fritz (1924–?)

1093 Tabulae votivae – Pflicht für jeden (»Immer strebe zum Ganzen«)
Drei- bis vierstimmiger gemischter Chor a cappella
Godesberg: Voggenreiter 1979. – Partitur (*Schlesische Chorblätter*); darin sind ohne Sammeltitel sieben weitere Chorsätze von Jeßler enthalten. – Hofmeister (1980), S. 123.

JOACHIM, Joseph (1831–1907)

Demetrius [dramatisches Fragment]

1094 – V. 1172ff. (Marfa: »Es ist mein Sohn«); hier unter dem Titel: *Szene der Marfa aus Schiller's unvollendetem Drama ›Demetrius‹*; mit englischer Übersetzung von Natalia Macfarren (»*It is my son*«)
Konzertarie für Mezzosopran und Orchester, op. 14
Berlin: Simrock 1878. – Partitur (Verl.-Nr. *8016*; Text: Deutsch/Englisch), Orchesterstimmen, Klavierauszug. – Original (DLA). Schaefer, S. 85. HMB 1878/5+6, S. 67 u. S. 176.

Über ein Konzert in Hamburg vom 4. Januar 1878 (Uraufführung?) unter der Leitung des Komponisten und seiner Frau Amalie als Solistin (*... unübertrefflich gesungen ...*) berichtet die AMZ/2 bereits am 9. Januar d. J. und hebt dabei hervor, dass das Werk *noch nicht gedruckt* sei: [Joachim] *hat den Worten Schiller's Töne verliehen, die im Recitativ ebenso eindrucksvoll und dramatisch lebendig wie in der Schlussarie (die bei den Worten »Du ew'ge Sonne« beginnt) melodiereich sind. Die begleitenden Instrumente fügen sich so schön zu dem Gesungenen, dass sie an einigen Stellen der Arie wie mehrstimmiger Gesang klingen. Bei seiner populären Haltung wird dieses Stück sich nur um so schneller verbreiten* (Sp. 28f.). – Joachims unveröffentlichte Schauspielouvertüre zu ›Demetrius‹, op. 6, bezieht sich auf das Drama von Hermann Grimm.

JOACHIM ALBRECHT, Prinz von Preussen (1876–1939)

1095 Der Abend. Nach einem Gemälde (»Senke, strahlender Gott«)
Für Bariton mit Klavierbegleitung
Berlin: Sulzbach, o. A. – Hofmeister (1909–1913), S. 354.

1096 Der Handschuh (»Vor seinem Löwengarten, das Kampfspiel zu erwarten«)
Ballade für Bariton mit Klavierbegleitung
Berlin: Sulzbach, o. A. – Hofmeister (1909–1913), S. 354.

JOCHUM, Otto (1898–1969)

1097 Elysium. Eine Kantate (»Vorüber die stöhnende Klage«)
Kantate für zwei Soli (SBar), *Oberchor* (dreistimmiger Frauenchor) mit Klavierbegleitung *nach Liedern und Chören von Franz Schubert*, op. 82
Augsburg: Böhm 1955. – Partitur (Verl.-Nr. *9373*), Chorpartitur. – WV/Jochum, S. 97. Hofmeister (1955), S. 147. BSB-Musik Bd. 8, S. 3129.

1098 Unsterblichkeit (»Vor dem Tod erschrickst du?«)
Dreistimmiger Oberchor mit Klavierbegleitung
Lörrach: Ricordi, o. A. – WV/Jochum, S. 104.

JOCKEL, Carl F. (?–?)

1098+1 Würde der Frauen (»Ehret die Frauen! Sie flechten und weben«); hier in englischer Übersetzung: *The Worth of Woman (»Honored be woman; she beams on the sight«)*
Für eine Singstimme mit Klavierbegleitung
New York: Nunns 1844. – Library of Congress (Digitalisat).

Mit Widmung: *To Miss Rose E. Harrison.* – Die Texterung umfasst die erste Doppelstrophe und die sich anschließende »Frauen-Strophe«.

JÖRNS, Helge (geb. 1941)

Die Teilung der Erde (»Nehmt hin die Welt!«)
1099 *Die Teilung der Erde.* Ballett mit Bariton, drei Violinen, Violoncello, Cembalo und Kammerorchester
München: Edition modern, o. A. – *Komp. d. Ggw.*, S. 422.

Hier mit dem ausdrücklichen Hinweis, dass das Werk auf Schillers Gedicht beruht. – Uraufführung: Mannheim, 1980 (Nationaltheater).

JONCIÈRES, Victorin de (1839–1903)

Wirklicher Name: *Félix-Ludger Rossignol.*

Demetrius [dramatisches Fragment]
1100 *Dimitri.* Oper in fünf Akten; Libretto von Henri de Bornier, Alexandre Silvestre und Léon Carvalho nach Schiller
Paris: Grus 1876. – Orchesterstimmen; Klavierauszug. – Pazdírek Bd. 6, S. 279f. (hier u. a. 15 Musik-Nummern des Klavierauszugs in Einzelausgaben).

Gilt als beste Oper des Komponisten. – Uraufführung: Paris, 5. Mai 1876 (Eröffnung der Opéra National Lyrique, der späteren Opéra Gaîté). – Während das Libretto offenbar als problematisch galt, schätzte man seinerzeit die Musik: *La partition est l'œuvre d'un musicien fort habile, doublé d'un homme d'esprit. Les récitatifs sont phrasés et accentués avec intelligence et une volonté de les rendre expressifs qui ne se dément nulle part* (Clément/Larousse, S. 333).

QUELLEN: Stieger (nennt als Librettisten nur Bornier und Silvestre). Loewenberg, Sp. 1053. MGG2 *Personenteil* Bd. 9, Sp. 1163f.

Die Komponisten und ihre Werke

JONES, Sterling (?–?)

Wilhelm Tell. Schauspiel

1101   Schauspielmusik

Uraufführung: Altdorf, 27. Juli 1985; Fortsetzung der seit 1976 gespielten Inszenierung von Erwin Kohl und mit neuer Musik (ursprünglich von Peter Sigrist; → 2446).

QUELLE: Tellspiele Altdorf (Homepage).

JUNGMANN, Albert (1823–1892)

Des Mädchens Klage (»Der Eichwald brauset«)

1102   *Mädchens Klage. Tonstück* für Klavier, op. 167
Leipzig: Siegel, o. A. – HMB 1862/6, S. 106.

JUON, Paul (1872–1940)

Über Anmut und Würde

1103   *Anmut und Würde.* Suite für Orchester, op. 94

1. Satz: *Sonne auf grüner Flur (Pastorale)*
2. Satz: *Flüchtige Schatten (Valse-Intermezzo)*
3. Satz: *Nachteinsamkeit (Notturno)*
4. Satz: *Neckisches Spiel (Capriccietto)*
5. Satz: *Tanz der Pfauen (Menuetto)*

Berlin-Lichterfelde: Lienau 1938. – Partitur (Verl.-Nr. *10834*), Stimmen. – WV/Juon, S. 108. Hofmeister (1938), S. 68.

Dem Verleger zugeeignet: *Meinem Freunde Robert Lienau.*

JURISCH, Hugo (1887–1965)

1104   *Acht Kanons für vier Stimmen* nach Gedichten von Johann Wolfgang Goethe, Schiller und Gottfried Herder

Nach 1945 komponiert; wohl unveröffentlicht (s. *Lex. z. dt. Musikkultur* Bd. 1, Sp. 1102; Einzeltitel nicht nachgewiesen).

— **K** —

KABAK, Milton (?–?)
PRIMA, Louis (?–?)

Wallenstein. Ein dramatisches Gedicht – III. Wallensteins Tod

– V. 1871 (Wallenstein: »Daran erkenn' ich meine Pappenheimer«)

1105   *Ich kenne meine Pappenheimer.* Foxtrott für eine Harmonika (eine zweite ad lib.)
Zürich: Schaeffers 1951. – Hofmeister (1960), S. 263.

Titel mit der volkstümlich gewordenen Verschleifung des Zitats.

Verzeichnis der musikalischen Werke

KABISCH, Ernst (?–?)

1106   Der Abend. Nach einem Gemälde (»Senke, strahlender Gott«)
Für eine mittlere Singstimme mit Klavierbegleitung
Nr. 8 in: ders., _Neun Lieder und Gesänge._ – Köln: Tischer & Jagenberg, o. A. –
Verl.-Nr. _1243–1251._ – Original (Slg. GG). Hofmeister (1935), S. 71.

KÄMPF, Karl (1874–1950)

1107   _Schillers Bestattung (»Ein ärmlich düster brennend' Fackelpaar«)_; Text von
Conrad Ferdinand Meyer
Männerchor a cappella, op. 89 Nr. 1
Mönchen-Gladbach: Kämpf, o. A. – Partitur. – Hofmeister (1935), S. 72 (ohne
weiteren Angaben zum op. 89).

Wallenstein. Ein dramatisches Gedicht – I. Wallensteins Lager

1108   – vor V. 1 (Scharfschütze: »Es leben die Soldaten«); Text teilweise von Johann
Wolfgang Goethe
Volkslied, bearbeitet für Männerchor, op. 74
Mönchen-Gladbach: Kämpf, o. A. – Partitur, Stimmen. – Hofmeister (1935),
S. 72.

KÄSER, Fred (?–?)

1109   Das Mädchen aus der Fremde (»In einem Tal bei armen Hirten«)
Männerchor a cappella, op. 40
Leipzig: Reinecke, o. A. – Partitur, Stimmen. – Hofmeister (1919–1923), S. 207.

KAGEL, Mauricio (1931–2008)

Des Mädchens Klage (»Der Sturmwind brauset«)

1109+1 – V. 15ff.: »Es rinnet der Tränen vergeblicher Lauf«
10. Bild in: ders., _Aus Deuschland. Eine Lieder-Oper_ in 27 Bildern; Libretto
vom Komponisten. – Frankfurt am Main: Peters/Litolff 1982. – Partitur
(Faksimile des Autographs), zugleich Klavierauszug (Verl.-Nr. _31212_).

Zwischen 1977 und 1980 entstanden. Das Libretto besteht überwiegend aus Gedichtzita-
ten verschiedener Dichter (darunter Adelbert von Chamisso, Joseph von Eichendorff, Johann Wolfgang Goethe, Heinrich Heine oder Wilhelm Müller), die durch Liedvertonungen
(z. B. von C. Loewe, F. Schubert oder R. Schumann) besonders bekannt geworden sind;
deren Musik spielt hier jedoch keine Rolle. Beim einzigen Textfragment Schillers bezieht
sich Kagel auf Schuberts 2. Komposition des Gedichts (→ 2307). – Zueignung: _Dem Andenken Heinrich Heines._ – Uraufführung: Berlin, 9. Mai 1981 (Deutsche Oper), mit Vera Little,
David Knutson, Barry McDaniel und Peter Maus unter der Leitung von Michael Gielen;
Regie: M. Kagel.
_Das Werk hat keine Handlung, sondern ein Thema: die deutsche Romantik. Ihre Epoche
wird mittels einer typisch romantischen Kunstform analysiert: des Lieds mit Klavierbegleitung [...]. Zentral sind die romantischen Themen der unglücklichen Liebe, der Einsamkeit,
der Natur und des Tods._ – Das 10. Bild spielt in einer dunklen Mansarde, wo das Mädchen
dem Tod begegnet. Den Versen Schillers gehen Zitate aus Gedichten von Matthias Claudius (›Der Tod und das Mädchen‹) und von Heinrich Heine (»Der Tod, das ist die kühle
Nacht«) voraus.
QUELLEN: Programmheft zur Uraufführung (Slg. GG). _Pipers Enzyklopädie_ Bd. 3, S. 235ff.

Die Komponisten und ihre Werke

KAGERER, Christoph Lorenz (1886–1975)

Wilhelm Tell. Schauspiel

1110 – V. 921ff. (»An's Vaterland, an's teure, schließ' dich an«)
Für verschiedene Chorbesetzungen mit Klavierbegleitung und kleinem Orchester ad lib., op. 68
Augsburg: Böhm, o. A. – Klavierauszug, Chor- und Orchesterstimmen. – HMB 1934/5, S. 86.

Die Ausgaben erlauben Aufführungen mit gemischtem Chor, Männerchor oder dreistimmigem Frauen- bzw. Kinderchor. – Es handelt sich um eines von vielen Beispielen jener Zeit, mit dem hinter der Fassade eines klassischen Zitats das soeben ausgerufene »Dritte Reich« gefeiert wurde.

KAHN, Robert (1865–1951)

1111 Der Abend. Nach einem Gemälde (»Senke, strahlender Gott«)
Für eine Singstimme mit Klavierbegleitung
Nr. 2 in: ders., _Zwei Lieder nach Gedichten Friedrich Schillers_, op. 44. – Berlin: Simrock, o. A. – Hofmeister (1904–1908), S. 361. KDG, WV Seite I.

Uraufführung: Berlin, 1905.

· Idem; bearb. für dreistimmigen Frauenchor mit Klavierbegleitung vom Komponisten. – Nr. 1 in: ders., _Drei Gesänge_, op. 70. – Berlin: Simrock, o. A. – Partitur, Chorpartitur. – Hofmeister (1919–1923), S. 204. KDG, WV Seite M.

Uraufführung: Berlin, 1919.

1112 Die Huldigung der Künste. Ein lyrisches Spiel
Für dreistimmigen Frauenchor und Klavier, Orgel oder Harmonium
Nr. 2 in: ders., _Drei Hymnen_, op. 82

Unveröffentlicht (s. KDG, WV Seite O: _Manuskript im privaten Nachlass_).

1113 Nänie (»Auch das Schöne muss sterben!«)
Für eine Singstimme mit Klavierbegleitung
Nr. 2 in: ders., _Zwei Lieder_, op. 44 → 1111

Wilhelm Tell. Schauspiel

1114 _Drei Lieder aus ›Wilhelm Tell‹ von Schiller_
Für eine Singstimme mit Klavierbegleitung, op. 51

1. V. 1ff. (Fischerknabe: »Es lächelt der See«); hier unter dem Titel: _Lied des Fischerknaben_
2. V. 13ff. (Hirte: »Ihr Matten, lebt wohl«); hier unter dem Titel: _Lied des Hirten_
3. V. 25ff. (Alpenjäger: »Es donnern die Höhen«); hier unter dem Titel: _Lied des Alpenjägers_

Berlin: Stahl, o. A. – Verl.-Nrr. _420–422._ – Original (Slg. GG). Hofmeister (1904–1908), S. 361.

239

Verzeichnis der musikalischen Werke

KALLENBACH, Georg Ernst Gottlieb (1765–1832)

1115 An die Freude (»Freude, schöner Götterfunken«); hier unter dem Titel: _Gesang an die Freude_
Für vier Soli (SATB), vierstimmigen gemischten Chor (SATB) und Orchester
Undatierte handschriftliche Partitur. – RISM-OPAC.

Unveröffentlicht (MGG1 Bd. 7, Sp. 453, bzw. MGG2 _Personenteil_ Bd. 9, Sp. 1403).

KALLENBERG, Siegfried Garibaldi (1887–1944)

Die Jungfrau von Orleans. Ein romantische Tragödie
1116 [Instrumentalsatz ohne Titel zur Schauspielmusik]
Für Fl. 1 2, Ob. 1 2, Klar. 1 2, Va. und Vc.
Undatierte, vielleicht autographe Partitur mit Stimmen. – RISM-OPAC.

KALLIWODA, Johann Wenzel (1801–1866)

1117 Das Geheimnis (»Sie konnte mir kein Wörtchen sagen«)
Für eine Singstimme mit Klavierbegleitung
Nr. 5 in: ders., [5 frühe Lieder]

Unveröffentlicht; ohne Gesamttitel nachgewiesen; s. WV/Kalliwoda, S. 351 (WoO IX/02).

Die Bürgschaft (»Zu Dionys, dem Tyrannen, schlich Damon«)
1118 _Die Bürgschaft._ Oper; Librettist unbekannt

Unveröffentlicht. – Kalliwoda rechnete das Werk zu seinen _Jugendarbeiten_, die vor 1822 in Prag entstanden waren. Es sind lediglich zwei Musiknummern der autographen Partitur erhalten: 1. Vokalquartett Aristomache–Dorinda–Dion–Dionys (»_Weiter will ich nichts mehr hören_«) – in zwei Fassungen; 2. Arie des Dionys (»_Nein, länger kann ich mich nicht halten_«); s. WV/Kalliwoda, S. 266f. (WoO V/05).

1119 _Hymnus zur Schillerfeier (»Wenn die Gottheit beschließt, in ihrer unendlichen Liebe«)_; Textverfasser unbekannt
Für vierstimmigen gemischten Chor und Orchester

Unveröffentlicht. – Uraufführung: Donaueschingen, 10. November 1859. – Wird kurz als »Schillerkantate« bezeichnet; s. WV/Kalliwoda, S. 327 (WoO VII/15).

1120 _Lied (»Es ist so angenehm, so süß«)_; Textauthentizität unsicher
Für eine Singstimme mit Klavierbegleitung
Nr. 4 in: ders., _Vierzehn frühe Lieder._ – Undatiertes Autograph. WV/Kalliwoda, S. 352 (WoO IX/03; hier ohne Dichternachweis). RISM-OPAC.

Vermutlich um 1820 entstanden.

KAŇKA, Jan Nepomuk (1772–1863)

1121 Der Gang nach dem Eisenhammer (»Ein treuer Knecht war Fridolin«); hier unter dem Titel: _Fridolin oder: Der Gang nach dem Eisenhammer_
Für Sopran und vierstimmigen gemischten Chor (SATB) mit Klavierbegleitung
Undatierte autographe Partitur. – RISM-OPAC.

Die Komponisten und ihre Werke

KANNE, Friedrich August (1778–1833)

1122 An die Freude (»Freude, schöner Götterfunken«)

QUELLE: Blaschke, S. 398 (ohne weitere Angaben; vermutlich ein Rundgesang).

1123 Der Taucher (»Wer wagt es, Rittersmann oder Knapp'«)
Für eine Singstimme mit Klavierbegleitung (o. op.)
Penig: Dienemann, o. A. – Original (DLA).

Wie aus einer zeitgenössischen Ankündigung hervorgeht, sollte das Stück ursprünglich im Selbstverlag veröffentlicht werden: _Der Verfasser hat sich auf Verlangen seiner Freunde entschlossen, diese Musik selbst herauszugeben und schlägt daher den Weg der Pränumeration ein. Diese Ballade wird in der Breitkopf und Härtelschen Notendruckerey sauber gedruckt, zu Ende nächsten Monats März 1802 erscheinen_ [Kanne war zu dieser Zeit dort als Korrektor tätig]; vgl. _Intelligenz-Blatt_ Nr. 3 der AMZ/1, Nr. 9 vom 23. November 1801.

Es giebt wenige deutsche Balladen von so verführerischer lyrischer Tendenz, wie Schillers Taucher, und doch ist uns unter den Komponisten, die sich an dies Gedicht gewagt haben, noch keiner bekannt worden, der reinen Geschmack, Kunst und Verleugnung genug besessen hätte, dem grossen Dichter sein Werk mit Vortheil zurückzugeben, um es mit Freuden wieder zu erkennen. [...] _Kanne sei zwar auf dem rechten Wege, aber er würde sich irren, wenn er sich dem Ziele nahe glaubte. Die Behandlung des Versmaases ist nicht würdig genug_ [...]. _Es fehlt an Simplizität, an Ordnungsgeist, und an modulatorischer Gewandheit. Die Harmonie ist arm, und die Gedanken sind oft gemein._ [...] _Der Satz ist, bis auf Kleinigkeiten, wohl rein, aber nirgends dreist und meisterhaft. Die eigentliche Kunst besteht darin: mit wenigem viel, nichts ohne Ursache zu thun; da, wo es frommt, so in die Saiten zu greifen, dass etwas herauskommt, was bey der Wiederholung noch gern genossen werden mag, und kurz, dass man die Gewalt des Meisters fühlt, und gern die Worte des Dichters über dem Komponisten vergisst_ (Rezension in der AMZ/1 vom 30. März 1803, Sp. 459f.).

· Leipzig: Leich, o. A. – Whistling 1828, S. 1072.

· _Neue Ausgabe mit Vignette._ – Leipzig: Peters, o. A. – Verl.-Nr. _2247._ – Whistling 1828, S. 1072. Original (Slg. GG; mit dem bei Dienemann erschienenen Druck nicht völlig identisch).

1124 Die Bürgschaft (»Zu Dionys, dem Tyrannen, schlich Damon«)
Vermutlich für eine Singstimme mit Klavierbegleitung oder zur Gitarre

QUELLE: Blaschke, S. 399 (ohne weiteren Angaben).

1125 Die Erwartung (»Hör' ich das Pförtchen nicht gehen«)
Für eine Singstimme zur Gitarre, op. 1
Braunschweig: Spehr [1802]. – Whistling 1828, S. 1116.

Ihrer Durchlaucht der verwitweten Frau Herzogin von Kurland und Sachsen etc. ehrfurchtsvoll gewidmet. – In einer handschriftlichen Musikaliensammlung unter dem Titel ›_Im Garten_‹ enthalten; vgl. Goethe-Museum (Katalog), Nr. 730.

· Ausgabe für eine Singstimme mit Klavierbegleitung. – Leipzig: Hoffmeister & Kühnel, o. A. – Verl.-Nr. _132._ – Original (DLA). Wurzbach, _Schiller-Buch_, Nr. 606 (mit _1802_ datiert).

KAPP, Artur (1878–1952)

Don Carlos. Infant von Spanien. Ein dramatisches Gedicht

1126 _Don Carlos._ Sinfonische Dichtung für Orchester

1900 entstanden (s. New Grove2 Bd. 13, S. 359).

241

Verzeichnis der musikalischen Werke

KASTNER, Jean-Georges (1810–1867)

Vornamen auch: *Johann Georg*.

Die Braut von Messina oder: Die feindlichen Brüder. Ein Trauerspiel mit Chören

1127 *Beatrice oder Das Klosterfräulein. Große Oper* in zwei Akten; Libretto von Gustav Schilling
Ohne bibliogr. Angaben, 1840. – Original (DLA).

Fétis gibt 1839 als Entstehungsjahr an und charakterisiert das Werk als *opéra destiné aux théâtres de l'Allemagne, et bien accueilli partout où il avait été représenté* (Bd. 4, S. 482). Auch Clément/Larousse geht von Aufführungen im Jahr 1839 in Deutschland aus (S. 132). Schilling berichtet allerdings um 1842 über die Oper, dass *dieselbe noch nicht zur Aufführung gekommen ist, welche gleichzeitig aber Frankreich und Deutschland statt haben wird*. Allerdings könne er versichern, *daß, soweit wir die Partitur gesehen, die Béatrice eines der schönsten Werke ihrer Gattung ist und unbezweifelt den glänzendsten Beifall erringen wird* (Schilling Suppl., S. 237). Offenbar ist die Oper jedoch nie aufgeführt worden (vgl. Grove, *Opera* Bd. 2, S. 957). – Auf der Titelseite des Librettos befindet sich noch der Hinweis: *Als Manuskript gedruckt* (womit das Notenmaterial gemeint sein dürfte, das vermutlich nur leihweise erhältlich war).

KATTIOFSKY, Fritz (1875–1940)

1128 Hoffnung (»Es reden und träumen die Menschen viel«)
Männerchor a cappella
Nr. 2 (einzeln) in: ders., [2 Männerchöre], op. 17. – Selbstverlag, o. A. – *Dt. Musiker-Lex.* 1929, Sp. 662 (ohne Sammeltitel nachgewiesen).

KAUFFMANN, Emil (1836–1909)

1129 An Emma (»Weit in nebelgrauer Ferne«)
Für Sopran oder Tenor mit Klavierbegleitung
Nr. 10 (auch einzeln) in: ders., *Zehn Lieder*, op. 17 (in 4 Heften). – Tübingen: Laupp, o. A. – HMB 1884/1, S. 10.

Die Hefte sind jeweils einer bestimmten Stimmlage zugewiesen. – 1. Heft (Mezzosopran oder Bariton): Nrr. 1 u. 2; 2. Heft (Alt oder Bariton): Nrr. 3–5; 3. Heft (Sopran oder Tenor): Nrr. 6 u. 7; 4. Heft (Sopran oder Tenor): Nrr. 8–10.

> • Idem (Einzelausgabe). – Stuttgart: Zumsteeg, o. A. – Verl.-Nr. *1271.* – HMB 1899/11, S. 549. Original (Slg. GG).

Die deutsche Muse (»Kein Augustisch' Alter blühte«)

1130 – V. 10ff. (»Rühmend darf's der Deutsche sagen«)
Gemischter Chor a cappella

Zur akademischen Schillerfeier in Tübingen 1905 komponierte, nicht veröffentlichte und verschollene Teilvertonung.

QUELLE: Wilhelm Schmid, *Emil Kauffmann. Universitätsmusikdirektor*, in: *Schwäbische Lebensbilder*. Im Auftrag der Württembergischen Kommission für Landesgeschichte hg. von Hermann Haering und Otto Hohenstatt, 3. Bd. Stuttgart: Kohlhammer 1942, S. 308.

KAUFFMANN, Ernst Fritz (1803–1856)

1131 Berglied (»Am Abgrund leitet der schwindligte Steg«); hier unter dem Titel: *Die Alpen*
Für eine Singstimme zur Gitarre

Unveröffentlicht (s. Rebmann, EFK 56).

KAUFMANN, Dieter (geb. 1941)

Die Räuber. Ein Schauspiel

1132 Schauspielmusik

Uraufführung: Wien (Burgtheater). – Unveröffentlicht. – Keine weiteren Details dokumentierbar.

QUELLEN: *Lex. zeitgen. Musik a. Österreich* 1997, S. 568. Datenbank music austria.

KAUFMANN, Willi (1887–1942)

Wilhelm Tell. Schauspiel

1133 – V. 1447ff. (Rösselmann: »Wir wollen sein ein einzig' Volk von Brüdern«);
hier unter dem Titel: *Rütlischwur*
Männerchor a cappella
Zürich: Hug, o. A. – Partitur. – Hofmeister (1940), S. 46.

KAULICH, Joseph (1830–1901)

1134 *Schiller-Marsch zur Enthüllung des Schiller-Monuments in Wien am 10. November 1876*, op. 134, für Klavier
Wien: Haslinger, o. A. – Verl.-Nr. *14971*. – Weinmann (Senefelder etc.) Bd. 3,
S. 194 (demnach *1876* erschienen).

Das Denkmal, in dessen Fundament eine Haarlocke des Dichters eingemauert worden ist,
beruht auf einem Entwurf von Johann Schilling und befindet sich auf dem Schillerplatz an
der Ringstraße. – Für Militärmusik bzw. Streichorchester in Partitur bei Glöggl in Wien veröffentlicht; vgl. ÖNB (Online-Katalog).

KEHRER, Willy (1902–1976)

1135 *Neuklassische Trilogie*. Oratorium

1959 nach Texten von Johann Wolfgang Goethe, Hermann Hesse und Schiller komponiert;
Bestandteile nicht nachgewiesen (s. MGG2 *Personenteil* Bd. 9, Sp. 1589).

KÉLER, Béla (1820–1882)

1136 *Schiller-Marsch und Fest-Musik für Pianoforte eingerichtet*, op. 45

1. *Schiller-Marsch*

2. *Die hundertjährige Schillerfeier. Dramatisches Festspiel* von Lodoiska Meyer

    a. *Einleitungs-Musik*
    Im Verlauf des Stücks wird auf zwei darin zitierte Melodien hingewiesen: ›Des Mädchens Klage‹ (»Der Eichwald brauset«), D 191 (→ 2307), von Franz Schubert bzw.
    (mit dem Vermerk: *Banda auf der Bühne*) »Ein freies Leben führen wir« [d. h. nach
    der volkstümlichen Singweise »Gaudeamus igitur«; → 12]. Szenische Angabe (kurz
    vor Schluss): *Der Vorhang geht auf. Von einer Wolke getragen, schweben die drei Musen Melpomene, Clio und Thalia auf die Erde herab.*

    b. *Schluss Jubel Marsch*
    Vorangestellte Stichworte: *In allen Herzen tönt das stolze Wort: / Unsterblich lebt der
    Schiller fort.*

Hermannstadt: ... *in Commission bei Filtsch* [1859]. – Original (GSA).

Hinweis auf der Titelseite: *Der Reinertrag ist der Schiller-Stiftung gewidmet.* – Aus dem
Begleitbrief des Komponisten, Eperies (Oberungarn), 23. Dezember 1860, geht hervor, dass

Kéler im Vorjahr in Hermannstadt stationiert war und diese Komposition (vermutlich original mit Orchester oder Harmoniemusik) bei der dortigen Schillerfeier *im November* 1859 uraufgeführt hat. Bis auf die szenische Angabe am Ende der Einleitungs-Musik und die Stichworte zu Beginn des letzten Teils enthält der Druck keinerlei Informationen über das Festspiel.

Würde der Frauen (»Ehret die Frauen! Sie flechten und weben«)

1137 *Ehret die Frauen (Honneur aux dames).* Walzer, op. 113
Für Orchester bzw. Klavier zu vier Händen bzw. Flöte mit Klavierbegleitung bzw. für Zither (bearbeitet von Friedrich Gutmann)
Berlin: Bote & Bock, o. A. – HMB 1877/3, S. 58, 60 u. 71, sowie 1877/9, S. 234, und 1877/10, S. 280.

KELLER, Wilhelm (1920–2008)

1138 Der Tanz (»Siehe, wie schwebenden Schritts im Wellenschwung«)
Für bis zu sechsstimmigem gemischten Chor (SAATBB) mit Instrumentalbegleitung ad libitum (ein Solo-Blas- oder -Streichinstrument, zwei Bassinstrumente und eine Trommel)
Boppard am Rhein: Fidula 1995. – Partitur (Verl.-Nr. *6022*). – Original (Slg. GG).

In der Partitur wird als solistisches Blas- oder Streichinstrument eine *Flöte, Violine oder ein anderes Melodieinstrument* verlangt: *Dieses Chorlied ist sowohl a cappella als auch mit Instrumenten (oder teilweise mit solchen, z. B. nur mit der Bassbegleitung und ohne das Soloinstrument) aufführbar. Der Chor kann auch auf eine kleine Besetzung oder Solostimmen (bis zu 6, je drei Frauen- und Männerstimmen) beschränkt werden. Die Solopartie kann von allen möglichen Blas- oder Streichinstrumenten übernommen werden, wobei die günstigste oder vom Spieler beherrschte Oktavlage zu wählen ist: Die Querflöte z. B. könnte die um eine Oktave höhere Lage spielen, aber auch die notierte; bei einer Piccoloflöte ergibt sich die oktavierende Lage von selbst, ebenso für eine Sopranblockflöte, die allerdings schon sehr fortgeschrittenes Können voraussetzt. Mit der Violine können wieder, wie bei der Querflöte, beide Lagen gewählt werden. [...] Für den Instrumentalbass sind ein chromatisches Bassxylophon und eine Gitarre gedacht, doch auch diese Instrumente können durch andere ersetzt werden, z. B. durch Harfe, Cello (pizzicato) oder Tasteninstrumente (Klavier, Cembalo), welch letztere auch den ganzen Instrumentalpart samt Solostimme übernehmen könnten. [...] Die Trommelpartie (Handtrommel, Große Trommel oder andere, nicht stimmbare Schlaginstrumente, also keine Pauken) sollte sehr diskret, mehr als Andeutung tänzerischer Rhythmik wirken und keinesfalls als vordergründige Tanzbegleitung. [...] Den unbedingten Vorrang hat immer das Wort, also die Textverständlichkeit!*

KELLNER, Alexander (?–?)

Wilhelm Tell. Schauspiel

1139 – V. 921ff. (Attinghausen: »An's Vaterland, an's teure, schließ' dich an«)
Vierstimmiger Männerchor (TTBB) a cappella, op. 20
Sondershausen: Krüger, o. A. – Partitur. – Hofmeister (1904–1908), S. 374.
Pazdírek Bd. 6, S. 420.

1140 – V. 2833ff. (Barmherzige Brüder: »Rasch tritt der Tod den Menschen an«)
Männerchor a cappella, op. 10
Sondershausen: Krüger, o. A. – Partitur. – Hofmeister (1904–1908), S. 374.

Die Komponisten und ihre Werke

KELSEN, Paul (?–?)

Maria Stuart. Ein Trauerspiel

1141   *Maria Stuart.* Ouvertüre für Harmoniemusik mit Fanfaren
Paris: Evette, o. A. – Direktionsstimme. – Pazdírek Bd. 6, S. 423.

KELTERBORN, Louis Rudolf Emanuel (1891–1933)

Wallenstein. Ein dramatisches Gedicht – I. Wallensteins Lager

1142   – V. 384ff. (Rekrut: »Trommeln und Pfeifen«); hier unter dem Titel: *Rekruten-lied*
Für Tenor, Picc. und Rolltrommeln
Unveröffentlicht. 1924 in Burgdorf uraufgeführt; s. *Dt. Musiker-Lex.* 1929, Sp. 674.

KELZ, Johann Friedrich (1786–1862)

1143   *Fünf deutsche Gesänge* für eine Singstimme mit Klavierbegleitung
Berlin: Concha, o. A. – Ledebur, S. 281. Whistling 1828, S. 1073.
Vertonungen nach Gedichten von Schiller, August Ernst von Steigentesch und Ludwig Tieck;
Inhalt bisher nicht klärbar.

KEMPT, F. A. (?–?)

1144   An die Freunde (»Lieben Freunde! Es gab schön're Zeiten«)
Vierstimmiger Männerchor (TTBB) a cappella
Nr. 1 in: ders., *Drei vierstimmige Männergesänge*, op. 2. – Leipzig: Whistling,
o. A. – HMB 1842/11, S. 174.

Der Antritt des neuen Jahrhunderts (»Edler Freund! Wo öffnet sich dem Frieden«)

1145   – V. 25ff. (»Ach umsonst auf allen Länderkarten«); hier unter dem Titel:
Traum und Gesang
Für eine Singstimme mit Klavierbegleitung
Nr. 995 in: *Musikalischer Hausschatz der Deutschen. Eine Sammlung von
1000 Liedern und Gesängen mit Singweisen und Klavierbegleitung. Gesammelt und hg. von Gottfried Wilhelm Fink. – Leipzig: Mayer & Wigand 1842. –*
Original (Slg. GG).
Die Sammlung ist unter thematischen Gesichtspunkten in zwölf Abteilungen gegliedert
(darunter ›Volkslieder‹, ›Jugendlieder‹, ›Studentenlieder‹ und ›Minnelieder‹). Fink unterstreicht im Vorwort, dass *das Buch ein allgemeines für Jedermann ohne alle Ausnahme zu
sein wünscht. […] so haben wir weder auf irgend einen besondern bürgerlichen Stand, noch
auf irgend ein Alter vorzugsweise unsere Aufmerksamkeit richten, haben also auch auf keinen einseitigen Geschmack, am wenigsten der bloßen Fachmänner, noch einer vorübergehenden Tagesliebhaberei allein, selbst da nicht, wo von einer besondern Liedgattung, z. B.
Jugendlieder, die Rede ist, zu sehen uns zur Aufgabe machen dürfen. Entscheidungsgrundla-
ge für die Auswahl sei die Volksstimme, das Volksurtheil [gewesen], nicht das oft getrübte,
künstlich behörte des Moments, sondern das durch Zeit und Dauer geheiligte. […] Alles aber,
was wir geben, ist echt deutsch-volksthümlich.*

    · Idem; hier für Chor (zwei hohe Stimmen) mit Klavierbegleitung bearb.
von Ferdinand Tritremmel. – Nr. 18 in: *Vierzig Schiller-Lieder* → 2685

Verzeichnis der musikalischen Werke

1146 Der Pilgrim (»Noch in meines Lebens Lenz«)
Vierstimmiger Männerchor (TTBB) a cappella
Nr. 2 in: ders., *Drei vierstimmige Männergesänge*, op. 2 → 1144

KEMPTER, Lothar (1844–1918)

Nachname auch: *Kempter-Leonoff.*

QUELLE der anschließend nachgewiesenen Stücke: RISM-CH (Database). – Es handelt sich um handschriftliches, teilweise autographes Notenmaterial, das aus dem Vorbesitz des Stadttheaters Zürich stammt, wo Kempter zwischen 1875 und 1915 erster Kapellmeister war.

Die Braut von Messina oder: Die feindlichen Brüder. Ein Trauerspiel mit Chören

1147 [Orchester-]*Stimmen zum Auftritt der Chöre*

Die Jungfrau von Orleans. Eine romantische Tragödie

1148 Schauspielmusik
1. *Entr'acte* für Orchester
   Vermutliche Uraufführung (als *Novität*): Zürich, 9. April 1878 (im *alljährlichen Concert der hiesigen Musiker zum Besten der Deutschen Pensionskasse*) unter der Leitung von [?] Grosser. Das Stück ist *wirklich grossartig, im symphonischen Stile, folglich streng thematisch angelegt, dabei trefflich erfunden und höchst effectvoll instrumentirt* (Konzertbericht in der AMZ/2, 1. Mai 1878, Sp. 286). – Wo das Stück im Schauspiel eingefügt werden sollte, ist nicht angegeben.
2. *Krönungsmarsch* (vor V. 2762)
3. *»Te Deum laudamus«* für vierstimmigen gemischten Chor (SATB) und Harmonium
   Nicht Teil des Originaltextes. Der Chorsatz dürfte aber während des Gottesdienstes hinter der Szene (zwischen dem 7. und 10. Auftritt des 4. Aktes) gesungen worden sein.
4. *Schlußmusik* für Orchester

Don Carlos. Infant von Spanien. Ein dramatisches Gedicht

1149 *»Dem König Heil, Preis ihm und Ehr'«* für Chor und Orchester

Irrtümlich Schillers Schauspiel zugeschrieben. – Das Stück ist unter dem Titel ›Bühnen-Musik‹ mit zwei Notenincipits nachgewiesen (beide cis-Moll). Es lässt sich zweifelsfrei der Bühnenmusik zum 2. Teil des 2. Aktes (großes Finale – sogenannte »Autodafé-Szene«) von Verdis ›Don Carlos‹ zuordnen (→ 2719).

Wilhelm Tell. Schauspiel

1150 Schauspielmusik
1. *Musik zu Schillers ›Wilhelm Tell‹* für Oboe solo (wohl zu Beginn der Aufführung, vor V. 1)
   Es liegt eine Oboenstimme mit dem Hinweis *Fischerknabe* vor (laut RISM-CH »unvollständig«). Vermutlich handelt es sich aber um jene Musik, die zu Beginn des 1. Aktes gefordert wird: *Noch ehe der Vorhang aufgeht, hört man den Kuhreihen ...* (szenische Anweisung vor V. 1). – Die Noten sind mit dem 31. Dezember 1903 datiert; ob die beiden anderen Stücke aus der gleichen Zeit stammen, ist nicht bestimmbar.
2. *Musik zum Schluß der Rütliszene* für Orchester (nach V. 1464)
   Seltener Fall einer Komposition für diese Stelle, für die Schiller allerdings Musik vorgesehen hatte (szenische Anweisung nach V. 1464): *Indem sie* [die Beteiligten am Rütli-Schwur] *zu drei verschiedenen Seiten in größter Ruhe abgehen, fällt das Orchester mit einem prachtvollen Schwung ein.*
3. *Gesang der Mönche* (alternativer Titel: *Chor der barmherzigen Brüder*) für einstimmigen Chor (B) mit Instrumentalbegleitung (V. 2833ff. – Barmherzige Brüder: »Rasch tritt der Tod den Menschen an«)

Die Komponisten und ihre Werke

Notenmaterial unvollständig erhalten; Instrumentalbegleitung deshalb nicht näher bestimmbar.

KERLING, Sigmund (?-?)

Wallenstein. Ein dramatisches Gedicht – I. Wallensteins Lager

1151 Schauspielouvertüre für Orchester, op. 62
Bremen: Fischer, o. A. – Orchesterstimmen. – HMB 1876/3+4, S. 38.

Die Ouvertüre ist _im einfachen, populären Stile geschrieben, für die Kunst von geringer Bedeutung, für das Schauspiel aber von guter, wirksamer Charakteristik. Sie figuriert ihrer Gefälligkeit wie ihrer leichten Ausführbarkeit halber oft auf den Programmen populärer Konzerte._ Am Schluss des Stücks wird _in wirkungsvoller Instrumentation die Melodie des populären Reiterliedes_ »Wohl auf, Kameraden« [von Chr. J. Zahn; → 2951] _mit voller Kraft von den Trompeten und den Posaunen unisono vorgetragen [...]. Wir können diese Ouverture auch denjenigen Kapellen und Theatern, welche nur über wenig Mittel zu verfügen haben, empfehlen_ (Schaefer, S. 34f.).

Weitere Ausgaben im gleichen Verlag

· Für Klavier bearb. von Carl Börner. – HMB 1879/4, S. 122.

· Für Harmoniemusik (8–20stimmig). – Nr. 57 in der Verlagsreihe: _Sammlung von Potpourris, Ouvertüren, Arien, Tänzen und Märschen._ – HMB 1876/6, S. 123.

Pazdírek differenziert zwei Besetzungsvarianten: 10–14stimmig bzw. 15–30stimmig (s. Bd. 6, S. 434).

· Für Streichorchester. – Pazdírek Bd. 6, S. 434.

KERN, Alois (?-?)

1152 Sehnsucht (»Ach, in dieses Tales Gründen«)
Für eine Singstimme mit Klavierbegleitung
Nr. 1 in: ders., _Zwei Gedichte,_ op. 5. – Wien: Haslinger, o. A. – Verl.-Nr. _11773._ – Weinmann (Senefelder etc.) Bd. 3, S. 82. HMB 1856/3, S. 961.

· Berlin: Schlesinger, o. A. – Pazdírek Bd. 6, S. 434.

KES, Willem (1856-1934)

1153 Der Taucher (»Wer wagt es, Rittersmann oder Knapp'«)
Kantate für Soli (SATBarB), vierstimmigen gemischten Chor (SATB) und Orchester, op. 9
Ohne bibliographische Angaben. – Partitur. – Original (DLA).

Kommerzienrat Carl Wegeler gewidmet. – 1929 noch als _Mscr._ nachgewiesen; vgl. _Dt. Musiker-Lex._ 1929, Sp. 680.

KESSLER, Joseph Christoph (1800-1872)

... _eigentlich Kötzler geheissen_ (Mendel Bd. 6, S. 37).

Wilhelm Tell. Schauspiel

1154 – V. 2833ff. (Barmherzige Brüder: »Rasch tritt der Tod den Menschen an«)
Männerchor mit Harmoniemusik oder mit Klavierbegleitung
Nr. 1 in: ders., _Zwei geistliche Gesänge für Männerchor mit Begleitung von einer Trompete, drei Posaunen, einer Ophicleïde und Pauken oder des Pianofor-_

te, op. 50. – Lemberg: Wild, o. A. – Partitur, Stimmen. – Original (Slg. GG). HMB 1853/11, S. 447.

... dem Andenken des grossen, unsterblichen Tonmeisters Felix Mendelssohn-Bartholdy gewidmet. – Mit kurzer, *Lemberg im November 1852* datierter Vorbemerkung des Komponisten: *Ich schrieb diese beiden Chöre schon im Jahre 1847, dem Todesjahre Mendelssohn's, war aber erst jetzt so glücklich einen Verleger dafür und hierdurch die Gelegenheit zu finden, die hohe Verehrung, welche ich für den grossen, unsterblichen Tonmeister und dessen unvergängliche Werke fühle, an den Tag zu legen.* – Bei Nr. 1 sind noch eine Große Trommel und Becken zu besetzen.

KESTNER, August (1777–1853)

1155 An die Freude (»Freude, schöner [hier: *holder*] Götterfunken«); hier unter dem Titel: *Ode an die Freude*
Für eine Singstimme mit Klavierbegleitung
Undatierte Abschrift. – RISM-OPAC.

KIELMAN, Daniel (1778–1829)

Nachname gelegentlich auch: *Kielmann*.

1156 Gruppe aus dem Tartarus (»Horch – wie Murmeln des empörten Meeres«)
Für eine Singstimme mit Klavierbegleitung
Nr. 8 des 1. Heftes in: ders., *Zwölf Lieder*. – Berlin: Trautwein 1842. – Verl.-Nr. *796*. – Original (DLA). HMB 1842/11, S. 177.

... den Freunden des verstorbenen Komponisten gewidmet. – Ein weiteres Heft konnte nicht nachgewiesen werden.

KIENBERGER, Jürg (geb. 1958)

Wilhelm Tell. Schauspiel

1157 Schauspielmusik

Premiere (anlässlich der Festaufführungen im Rahmen »500 Jahre Tellspiele Altdorf«): Altdorf, 18. August 2012; Inszenierung: Volker Hesse (seit 2008 gespielt, ursprünglich mit Musik von Töbi Tobler; → 2645).

QUELLE: Tellspiele Altdorf (Homepage).

KIENLEN, Johann Christoph (1784–1829)

Gelegentlich wird auch 1783 als Geburtsjahr nachgewiesen.

1158 An Emma (»Weit in nebelgrauer Ferne«)
Für eine Singstimme mit Klavierbegleitung
Nr. 6 in: ders., *Zwölf Lieder*, 1. Lieferung. – München: Ohne Verlagsangaben 1810. – Goethe-Museum (Katalog), Nr. 645.

Ihro Exzellenz der Frau Baronesse von Gravenreuth, geborne Baronesse von Zweibrücken, in tiefster Ehrfurcht geweiht. – Die zweite Lieferung (wieder mit zwölf Liedern) ist ebenfalls 1810 erschienen; vgl. Goethe-Museum (Katalog), Nr. 646.

KIENZL, Wilhelm (1857–1941)

Wallenstein. Ein dramatisches Gedicht – I. Wallensteins Lager

– V. 484ff. (Kapuziner: »Heisa, juchheia! Dudeldumdei! Das geht ja hoch her«)

Die Komponisten und ihre Werke

1159 _Kapuzinerpredigt_ (»_Die Ursach' von allen Schlechtigkeiten_«)
Für Bariton mit Klavierbegleitung
Einzelausgabe aus: ders., _Das Testament. Eine musikalische Komödie in zwei Aufzügen_, op. 90. Libretto vom Komponisten nach Peter Rosegger. – Leipzig: Weinberger, o. A. – Hofmeister (1914–1918), S. 217.

> ... _dem großen Sohn der Steiermark, Peter Rosegger, in Liebe und Verehrung zugeeignet._ – Uraufführung: Wien, 6. Dezember 1916 (Volksoper), unter der Leitung von Wilhelm Grümmer, wobei die aktuellen Kriegsereignisse die Vorstellung beeinflussten: _Noch vor der Aufführung hatte Direktor Rainer Simons dem vollen Hause die Einnahme von Bukarest mitgeteilt._ – Vollständiger Klavierauszug im gleichen Verlag erschienen. – Kienzl hat aus Roseggers Sammlung einige steirische Volkslieder einbezogen. – Bei der »Kapuzinerpredigt« handelt es sich um den polternden Auftritt des Bürgermeisters, der die missgünstigen Reden einer Trauergesellschaft über sich belauscht hat (alle Zitate und Informationen aus: _Neues Wiener Journal_ vom 7. Dezember 1916, S. 13).

KIESL, Josef (?–?)

1160 An den Frühling (»Willkommen, schöner Jüngling«)
Für eine Singstimme mit Klavierbegleitung
Nr. 1 in: ders., _Mella. Drei Lieder_, op. 38. – Wien: Tandler, o. A. – Hofmeister (1898–1903), S. 437.

1161 Der Jüngling am Bache (»An der Quelle saß der Knabe«)
Für eine Singstimme mit Klavierbegleitung
Nr. 3 in: ders., _Mella_ → 1160

1162 Des Mädchens Klage (»Der Eichwald brauset«)
Für eine Singstimme mit Klavierbegleitung
Nr. 2 in: ders., _Mella_ → 1160

KIESSIG, Georg (1885–1945)

Die Jungfrau von Orleans. Eine romantische Tragödie

1163 Schauspielmusik

> Uraufführung von Kießigs Beitrag im Rahmen der Premiere: Leipzig, Mitte September 1934 (Altes Theater), mit Ruth von Zerbours in der Titelrolle; Regie: Detlef Sierck (unter dem Namen Douglas Sirk nachmals berühmter Filmregisseur); s. die Premierenkritik _Neue Leipziger Zeitung_ vom 18. September 1934 (DLA).

KILLMAYER, Wilhelm (geb. 1927)

1164 Ritter Toggenburg (»Ritter, treue Schwesterliebe widmet Euch dies Herz«)
Für zwei Singstimmen (SBar) mit Klavierbegleitung

> Uraufführung (»Reichenhaller Liederwerkstatt II« im Rahmen des »Sommerfestival Alpenklassik«): Bad Reichenhall, 9. August 2005 (Altes Königliches Kurhaus), mit Mojca Erdmann (Sopran), Peter Schöne (Bariton) und Axel Bauni (Klavier).
>
> QUELLE: Programmheft der Uraufführung.

KILPINEN, Yrjö (1892–1959)

1165 An Emma (»Weit in nebelgrauer Ferne«)
Für eine Singstimme mit Klavierbegleitung

Verzeichnis der musikalischen Werke

Nr. 2 in: ders., [3 Lieder], op. 2. – WV/Kilpinen, S. 69 (demnach unveröffentlicht).

Die Nrr. 1 und 3 sind 1915 bzw. 1912 entstanden; die Schiller-Vertonung ist nicht datiert. – Werkzählung nicht authentisch; sie stammt aus der Biographie von Tauno Karila (*Yrjö Kilpinen. Säveltäjäkuvan ääriviivoja.* Porvoo u. Helsinki: Söderström 1964) und wurde im WV/Kilpinen übernommen.

KINZEL, F. (?–?)

1166 Der Alpenjäger (»Willst du nicht das Lämmlein hüten«)
Für eine Singstimme mit Klavierbegleitung
Graz: Wiessner, o. A. – HMB 1868/3, S. 46.

KINZI, Henri (?–?)

Die Schlacht (»Schwer und dumpfig, eine Wetterwolke«)
1167 Ouvertüre zum *Melodramma* für kleines Orchester (Fl., Klar., Hr. 1 2, Vl. 1 2, Va., Kb.)
Undatierte autographe Partitur. – RISM-OPAC.

KIRCHL, Adolf (1858–1936)

1168 An die Freude (»Freude, schöner Götterfunken«)
Für Kinderchor mit Klavierbegleitung oder mit Harmonium
Nr. 1 in: ders., *Vier Gedichte von Schiller für Kinderchor mit Klavierbegleitung (oder Harmonium).* – Wien: Pichler, o. A. – Partitur, Stimmen. – Hofmeister (1904–1908), S. 380.

Macbeth. Zur Vorstellung auf dem Hoftheater in Weimar eingerichtet von Friedrich Schiller
1169 – V. 741ff. (Pförtner: »Verschwunden ist die finst're Nacht«); hier unter dem Titel: *Morgenlied*
Für Kinderchor mit Klavierbegleitung oder mit Harmonium
Nr. 2 in: ders., *Vier Gedichte von Schiller* → 1168

1170 Sehnsucht (»Ach, aus dieses Tales Gründen«)
Für Kinderchor mit Klavierbegleitung oder mit Harmonium
Nr. 3 in: ders., *Vier Gedichte von Schiller* → 1168

Wilhelm Tell. Schauspiel
1171 – V. 13ff. (Hirte: »Ihr Matten, lebt wohl«); hier unter dem Titel: *Abschied des Sennen von der Alpe*
Für Kinderchor mit Klavierbegleitung oder mit Harmonium
Nr. 4 in: ders., *Vier Gedichte von Schiller* → 1168

KIRCHNER, Carl F. (?–?)

Wilhelm Tell. Schauspiel
1172 – V. 921ff. (Attinghausen: »An's Vaterland, an's teure, schließ' dich an«); hier unter dem Titel: *Sänger-Wahlspruch*
Vierstimmiger Männerchor (TTBB) a cappella
Handschriftliche Partitur mit Stimmen, 1862. – RISM-OPAC.

250

_____ Die Komponisten und ihre Werke

KIRCHNER, Fritz (1840–1907)

Wilhelm Tell. Schauspiel

– V. 1ff. (Hirte: »Ihr Matten, lebt wohl«)

1173   *Ihr Matten, lebt wohl! Stimmungsbild* für Klavier, op. 40
Leipzig: Kistner, o. A. – HMB 1876/3+4, S. 54.

KIRCHNER, Hermann (1861–1928)

1174   Das Mädchen aus der Fremde (»In einem Tal bei armen Hirten«)
Dreistimmiger Frauenchor mit Klavierbegleitung oder mit kleinem Orchester
Unveröffentlicht (s. Simbriger [Grundband], S. 120).

1175   Der Alpenjäger (»Willst du nicht das Lämmlein hüten?«)
Ballade für eine mittlere Singstimme und kleines Orchester
Unveröffentlicht (s. Simbriger [Grundband], S. 124).

KIRCHNER, Johann Heinrich (1765–1831)

1176   An die Freude (»Freude, schöner Götterfunken«)
Vierstimmiger [gemischter?] Chor a cappella
S. 19 in: ders., *Zwölf Arien zum Gebrauch für Singchöre, Erste Sammlung.* – Rudolstadt: Langbein & Klüger *in Commission* 1800. – Partitur. – RISM A I: K 629.
Kurscheidt, S. 393.
RISM weist noch auf eine *2te Sammlung* von 1801 hin, ohne auf diese näher einzugehen.

KIRMESSE, Herbert (1924–?)

Wilhelm Tell. Schauspiel

1177   – V. 1447ff. (Rösselmann: »Wir wollen sein ein einzig' Volk von Brüdern«)
Achtstimmiger Männerchor mit Tenor solo a cappella
Wohl unveröffentlicht (s. *Komponisten und Musikwissenschaftler in der Deutschen Demokratischen Republik. Kurzbiographien und Werkverzeichnisse. 2., erweiterte Auflage.* Berlin: Verlag Neue Musik 1967, S. 91.

KLAGE, Carl (1788–1850)

1178   An Emma (»Weit in nebelgrauer Ferne«)
Für eine Singstimme zur Gitarre
Berlin: Kraft & Klage, o. A. – HMB 1831/1+2, S. 16.
Hofmeister 1845 (*Vocalmusik*) weist die Ausgabe bei Krigar in Berlin nach (vgl. S. 200), Ledebur erklärt hingegen, dass nach Klages Tod *die Verlags-Artikel auf die Handlung Trautwein* (ebd.) übergegangen seien (vgl. S. 286).

KLAUWELL, Otto (1851–1917)

1179   *Nacht und Träume* (»Heil'ge Nacht, du sinkest nieder«); hier unter dem Titel:
Nachtfeier; Schiller zugeschriebener Text von Matthäus von Collin
Gemischter Chor a cappella
Nr. 1 (einzeln) in: ders., *Drei Gesänge*, op. 41. – Köln: Weber, o. A. – Partitur, Stimmen. – Hofmeister (1904–1908), S. 383.

Verzeichnis der musikalischen Werke

KLEBE, Giselher (1925–2009)

Die Jungfrau von Orleans. Eine romantische Tragödie

1180 *Das Mädchen von Domrémy.* Oper in zwei Akten (vier Szenen), op. 72; Libretto von Lore und Giselher Klebe nach Schiller sowie nach den historischen Prozessakten
Kassel: Bärenreiter 1976. – Klavierauszug (Verl.-Nr. *6708*). – WV/Klebe, S. 157ff.

1974 in Pivitsheide begonnenes Auftragswerk der Württembergischen Staatstheater Stuttgart; am 3. Februar 1976 beendet. – Uraufführung: Stuttgart, 19. Juni 1976 (Württembergische Staatstheater), unter der musikalischen Leitung von Janos Kulka; Regie: Kurt Horres. – Für Aufführungen im Staatstheater Oldenburg (1980) fertigte Klebe noch eine Version für drei Klaviere (3. auch Cembalo), Harfe, Schlagzeug und Tonband an (MGG2 *Personenteil* Bd. 10, Sp. 210).

Daraus

- *Quattrofonia* für zwei Klaviere und Schlagzeug, op. 89. – Kassel: Bärenreiter 1982. – Spielpartitur (Verl.-Nr. *7083*). – WV/Klebe, S. 192.

  Zwischen dem 23. November 1981 und dem 6. Januar 1982 entstanden, wobei Klebe in den Sätzen 1, 2 und 4 musikalisches Material aus der Oper ›*Das Mädchen von Domremy*‹ verarbeitet hat. – *Martin Stephani in Freundschaft gewidmet.* – Uraufführung: Detmold, 9. Juli 1982 (Nordwestdeutsche Musikakademie, zur Verabschiedung des dortigen Direktors, zugleich des Widmungsträgers), Mitglieder des Ensembles »Kontraste« (Friedrich Wilhelm Schnurr und Wilfried Kassebaum – Klavier; Waldemar Döling und Martin Christoph Redel – Schlagzeug).

Die Räuber. Ein Schauspiel

1181 *Die Räuber.* Oper in vier Akten, op. 25; Libretto vom Komponisten
Berlin: Bote & Bock 1957. – Aufführungsmaterial leihweise; Klavierauszug vom Komponisten (Verl.-Nr. *21311*); Textbuch. – WV/Klebe, S. 61ff. Original (DLA).

Dem Andenken Giuseppe Verdis gewidmet. – In Berlin-Frohnau zwischen Mai 1952 und September 1956 entstanden (zugleich Klebes erste Oper). – Uraufführung im Rahmen der Woche »Musiktheater des 20. Jahrhunderts«: Düsseldorf, 3. Juni 1957 (Deutsche Oper am Rhein), unter der Leitung von Reinhard Peters. – Von Schillers originalem Text übernahm Klebe lediglich die »Räuberlieder«, die aber nicht von verschiedenen Solisten, sondern von einem vierstimmigen Männerchor mit Orchester vorzutragen sind.

- *Neufassung 1962.* – Berlin: Bote & Bock 1962. – Aufführungsmaterial leihweise; Klavierauszug (*als Manuskript gedruckt*). – Hofmeister (1962), S. 143.

  Überarbeitung: Winter 1961/62; die *Grundstruktur blieb bei der […] Neufassung unangetastet. Die Änderungen bestehen in einer Vereinfachung aller Chornummern, in einer Umgestaltung des zweiten Aktes, dessen Rezitative gekürzt und dafür je eine Arie für den alten Moor und für Amalia neukomponiert wurden und in einer Revision der Tenorpartie des Karl* (Klebe im Programmheft der Kasseler Uraufführung der Neufassung; zitiert nach WV/Klebe, S. 64). – Uraufführung dieser Fassung: Kassel, 28. Juni 1962.

KLEIN, Bernhard Joseph (1793–1832)

1182 Des Mädchens Klage (»Der Eichwald brauset«)
Für Sopran mit Klavierbegleitung
Nr. 6 in: ders., *Sechs Lieder.* – Berlin: Christiani, o. A. – Ledebur, S. 289. Schaefer, S. 39.

> · Leipzig: Breitkopf & Härtel, o. A. – Verl.-Nr. *3739*. – Goethe-Museum
> (Katalog), Nr. 663 (hier *um 1823/24* datiert).

1183 *Die Braut von Corinth (»Nach Corinthus von Athen gezogen«)*; Schiller zuge-
schriebene Ballade von Johann Wolfgang Goethe
Für eine Singstimme mit Klavierbegleitung
QUELLE: MGG2 *Personenteil* Bd. 10, Sp. 237.

1184 Die Worte des Glaubens (»Drei Worte nenn' ich euch, inhaltschwer«)
Kantate
Uraufführung: Köln, 1817, vermutlich im Dom, wo Klein damals den Domchor und die re-
gelmäßig stattfindenden geistlichen Konzerte leitete; vgl. Schilling Bd. 4, S. 140, bzw. Mendel
Bd. 6, S. 91 (Besetzung jeweils nicht dokumentiert).

1185 Ritter Toggenburg (»Ritter, treue Schwesterliebe widmet Euch dies Herz«)
Für eine Singstimme mit Klavierbegleitung
Elberfeld: Betzhold 1836 (*Original-Gesang-Magazin*, Bd. 1, Heft 3). – Verl.-Nr.
16. – HMB 1836/11, S. 126. Ledebur, S. 289. Hirsch Bd. 3, Nr. 864. NZfM vom
25. August 1835, nach S. 64 (Verlagsannonce auf ungezähltem Bl.).

> · Nr. 2 (einzeln) in: ders., *Nachgelassene Balladen und Gesänge*. –
> Leipzig: Hofmeister, o. A. – Hofmeister (1834–1838), S. 357.
>
> Es handelte sich um die *einzig rechtmässige durch Jos. Klein (Bruder des Componis-
> ten) besorgte Original-Ausgabe*. – Angezeigt in der NZfM, Nr. 16 vom 25. August
> 1835, hier allerdings noch bei Betzhold in Elberfeld (unpaginiertes Blatt nach
> S. 64).

Wilhelm Tell. Schauspiel

1186 – V. 1ff. (Fischerknabe: »Es lächelt der See«)
Gemischtes Vokalquartett (SSTB) a cappella
Nr. 1 in: ders., *Drei Gesänge für zwei Soprane, Tenor und Bass*. – Leipzig:
Breitkopf & Härtel [um 1824]. – Partitur (Verl.-Nr. *3738*). – Ledebur, S. 289.
Goethe-Museum (Katalog), Nr. 655.
An Stelle des dritten »Eingangsliedes« aus ›Wilhelm Tell‹ (V. 25ff. – Alpenjäger: »Es don-
nern die Höhen«), das man in der kleinen Sammlung hätte erwarten dürfen, enthält das
Heft eine Vertonung von Johann Wolfgang Goethes ›Wand'rers Nachlied‹ (»Über allen Gip-
feln ist Ruh'«).

1187 – V. 13ff. (Hirte: »Ihr Matten, lebt wohl«)
Gemischtes Vokalquartett (SSTB) a cappella
Nr. 2 in: ders., *Drei Gesänge* → 1186

1188 – V. 2833ff. (Barmherzige Brüder: »Rasch tritt der Tod den Menschen an«)
Vierstimmiger gemischter Chor (SATB) a cappella
Nr. 2 in: ders., [2 Chorsätze]. – Abschrift (Partitur, Stimmen), 1852. – RISM-
OPAC.

KLEIN, Josef (1802–1862)

Die Jungfrau von Orleans. Eine romantische Tragödie

1189 *Ouvertüre zu Schillers Tragödie: Die Jungfrau von Orleans für's Orchester*, op. 12
Bonn: Simrock, o. A. – Orchesterstimmen (Verl.-Nr. *3052*). – HMB 1833/5+6,
S. 34. Original (DLA). Pelker, S. 382f.

Verzeichnis der musikalischen Werke

Uraufführung: Berlin, Frühjahr 1832 (Pelker, S. 383). Schaefer datiert die Komposition deutlich zu spät auf *1843* und weist die Uraufführung irrtümlich erst für Köln, Wintersaison 1843/44 (Konzert der Musikgesellschaft), unter der musikalischen Leitung von Heinrich Dorn nach (S. 53).

- Für Klavier zu vier Händen bearbeitet. – Bonn: Simrock, o. A. – HMB 1832/9+10, S. 72. Pelker, S. 382.
- Für Klavier zu zwei Händen bearbeitet vom Komponisten. – Berlin: Westphal, o. A. – HMB 1834/9+10, S. 78. Ledebur, S. 290. Pelker, S. 382.
  - Bonn: Simrock, o. A. – Hofmeister 1845 (*Musik für das Pianoforte*), S. 256. Pelker, S. 382.

KLEIN, Richard (?–?)

Wallenstein. Ein dramatisches Gedicht – Prolog

– V. 138 (»Ernst ist das Leben, heiter ist die Kunst«)

1190 *Ehrenmitglied Ziegenspeck* (»Ernst ist das Leben und heiter die Kunst«); Textverfasser unbekannt
Urkomische Soloscene für eine Singstimme mit Klavierbegleitung
Leipzig: Gleissenberg, o. A. – Hofmeister (1904–1908), S. 384.

KLEIN, Richard Rudolf (1921–?)

An die Freude (»Freude, schöner Götterfunken«)

1191 – V. 39f. (»Freude, Freude, treibt die Räder«)
Kanon zu drei Stimmen
S. 10 in: ders., *Weggefährten*, 1. Heft: *Lieder und Kanons*. – Boppard am Rhein: Fidula 1971. – Original (Slg. GG).
Die kleine Notenreihe besteht aus insgesamt fünf Heften.

Macbeth. Zur Vorstellung auf dem Hoftheater in Weimar eingerichtet von Friedrich Schiller

1192 – V. 741ff. (Pförtner: »Verschwunden ist die finst're Nacht«); hier unter dem Titel: *Morgenlied. Gesang des Pförtners aus ›Macbeth‹*
Dreistimmiger Chor a cappella
S. 3 in: ders., *Weggefährten*, 1. Heft → 1191

1193 Tabulae votivae – Pflicht für jeden (»Immer strebe zum Ganzen«)
Kanon zu vier Stimmen
S. 12 in: ders., *Weggefährten*, 4. Heft: *Allerlei Kanons*. – Boppard am Rhein: Fidula 1972. – Original (Slg. GG).

KLEINBUB, Wieland (geb. 1961)

Parabeln und Rätsel

1194 – Nr. 4 (»Von Perlen baut sich eine Brücke«); hier unter dem Titel: *Rätselbrücke*
Für einstimmigen Kinderchor mit Klavierbegleitung
Nr. 4 in: ders., *Morgenstern, Schiller & Co. Elf jazzige Chorlieder für eine Stimme und Klavier*. – Boppard am Rhein: Fidula 2008 (= *Der Kinderchor*, Bd. 6). – Verl.-Nr. *516*. – Original (Slg. GG).

Die Komponisten und ihre Werke

In seinem knappen Vorwort spricht der Komponist von einer _angejazzten einfachen Klavierbegleitung_ und weist noch auf mehrere Aufführungsmöglichkeiten im Rahmen des Schulunterrichts hin (variable Besetzungen und auch szenisch).

KLEINHEINZ, Franz Xaver (1765–1832)

Der Komponist ist in RISM A I nicht berücksichtigt.

1195 Der Handschuh (»Vor seinem Löwengarten, das Kampfspiel zu erwarten«)
Für eine Singstimme mit Klavierbegleitung, op. 11
Wien: Kunst- und Industrie-Comptoir, o. A. – Verl.-Nr. _37._ – Weinmann (Kunst- und Industrie-Comptoir), S. 221 (demnach _1802_ veröffentlicht). Original (DLA).

Dem Herrn Grafen Georg von Bérényi gewidmet. – RISM-OPAC weist ein undatiertes, vermutlich autographes Exemplar aus Vorbesitz C. F. Zelters mit einer zusätzlichen Widmung nach: _Herrn Zelter zur Belehrung gewidmet und zugeeignet._ Demnach dürfte es sich um eine Reaktion auf dessen Vertonung handeln (→ 2971). – Ein zeitgenössischer Rezensent wies zunächst auf die Gelegenheit hin, die das Gedicht _zu zweckmässigen musikalischen Malereyen_ biete, weshalb es für eine Vertonung besonders interessant sei. Kleinheinz habe _das Ganze ganz richtig aufgefasst, indem er durch malerische und sich dem Dramatischen nähernde Behandlung den Sänger und Zuhörer in die Scene selbst zu versetzen sucht; und es ist ihm dies meistens recht gut gelungen_ (AMZ/1 vom 17. August 1803, Sp. 780ff.).

1196 Der Kampf (»Nein, länger werd' ich diesen Kampf nicht kämpfen«)
Für eine Singstimme mit Klavierbegleitung, op. 14
Wien: Kunst- und Industrie-Comptoir, o. A. – Verl.-Nr. _177._ – Weinmann (Kunst- und Industrie-Comptoir), S. 226 (demnach _1803_ veröffentlicht). AMZ/1 vom 7. August 1805, Sp. 721ff. (Rezension).
· Wien: Haslinger, o. A. – Hofmeister 1845 (_Vocalmusik_), S. 135.

1197 Die Erwartung (»Hör' ich das Pförtchen nicht gehen«)
Für eine Singstimme mit Klavierbegleitung, op. 13
Wien: Kunst- und Industrie-Comptoir, o. A. – Verl.-Nr. _206._ – Weinmann (Kunst- und Industrie-Comptoir), S. 227 (demnach _1803_ veröffentlicht).

1198 Hektors Abschied (»Will sich Hektor ewig von mir wenden«)
Für eine Singstimme mit Klavierbegleitung, op. 10
Wien: Kunst- und Indrustrie-Comptoir, o. A. – Verl.-Nr. _35._ – Weinmann (Kunst- und Industrie-Comptoir), S. 221 (demnach _1802_ veröffentlicht). Original (Slg. GG).

Dem Herrn Grafen Georg von Bérényi gewidmet. – Im Gegensatz zum ›Handschuh‹ (→ 1195) hielt der zeitgenössische Rezensent dieses Gedicht weniger zur Vertonung geeignet, beließ es aber bei der Beanstandung einiger Stellen und meinte zusammenfassend, dass man _an diesem Musikstück, das besonders so schöne Stellen im Ausdruck des Zarten hat_ [...], viel Vergnügen finden könne (AMZ/1 vom 17. August 1803, Sp. 780ff.).
· Wien: Haslinger, o. A. – Whistling 1828, S. 1073.
· Ausgabe für eine Singstimme zur Gitarre. – Augsburg: Mielach, o. A. – Whistling 1828, S. 1117.

KLEMM, Ehrhard (?–?)

Wilhelm Tell. Schauspiel

1199 – V. 1447ff. (Rösselmann: »Wir wollen sein ein einzig' Volk von Brüdern«)

255

Vierstimmiger Männerchor a cappella
Leipzig: Hofmeister 1959. – Partitur. – Hofmeister (1959), S. 169.

KLERR, Johann Baptist (1830–1875)

Der Gang nach dem Eisenhammer (»Ein frommer Knecht war Fridolin«)

1200 *Fridolin.* Operette in einem Akt; Libretto von Clemens Franz Stix

Uraufführung: Wien, 24. November 1867 (Harmonie-Theater, dessen Direktor Klerr damals war); vgl. Mendel Bd. 6, S. 97, bzw. Stieger. – In einer kurzen Rezension heißt es, dass die *burleske Operette* [...] *nach der lustig parodirten Schiller'schen Ballade* [...] *zu dem Wirksamsten* [*gehöre*]*, was dieser Componist bis jetzt geschrieben.* [...] *Die Musik ist melodiös, besitzt wirklich komisches Element, wie es nur* [Jacques] *Offenbach gegenwärtig zu bieten versteht, wozu die Instrumentation einen drastischen Beitrag liefert; ...* (*Zellner's Blätter für Theater, Musik und bildende Kunst* vom 26. November 1867, S. 379). Auch in der AMZ/2 wird das Stück als *hübsche Operette* bewertet, die *ein Cassestück geworden* sei (8. Januar 1868, S. 13).

KLING, Henri (1842–1918)

Maria Stuart. Ein Trauerspiel

1201 *Marie Stuart.* Ouvertüre für Orchester

QUELLE: Riemann/Gurlitt 1959 *Personenteil* Bd. 1, S. 935.

Wilhelm Tell. Schauspiel

1202 – V. 13ff. (Hirte: »Ihr Matten, lebt wohl«)
Singweise für zwei hohe Stimmen
Nr. 37 in: Henri Kling und Louis Favre, *Blumenlese, Recueil de chants allemands.* – Genf: Burkhardt 1905. – Original (DLA).

Enthält Volkslieder und volkstümlich gewordene Kunstlieder, die für den Deutschunterricht in der Schule bestimmt sind und den Kindern das Erlernen der deutschen Sprache durch Singen erleichtern sollen.

KLOSE, Friedrich (1862–1942)

Der Antritt des neuen Jahrhunderts (»Edler Freund! Wo öffnet sich dem Frieden«)

1203 – V. 33ff. (»In des Herzens heilig stille Räume«)
Motto zum 4. Satz in: ders., Streichquartett Es-Dur. *Ein Tribut, in vier Raten* [Sätzen] *entrichtet an seine Gestrengen, den* [!] *deutschen Schulmeister*
Karlsruhe: In Kommission bei Kuntz 1911. – Partitur, Stimmen (Verl.-Nr. 11). – Original (Slg. GG).

Auf das Motto zum letzten Satz, das im vorliegenden Stimmensatz dieser Ausgabe jedoch nicht wiedergegeben ist, wird in der Literatur mehrfach hingewiesen. So besitze *das ganz herrliche Streichquartett in Es dur programmatischen Charakter,* wie z. B. Karl Storck feststellt und unter Bezugnahme auf dieses Schiller-Zitat noch eine längere Interpretation liefert: *Das vom Unisono-Rezitativ der vier Instrumente im Schlußsatz eindringlich deklamierte Motto enthüllt des Künstlers ganze Persönlichkeit. Es sind Schillers Verse* [folgen V. 33–36]. *Das Rezitativ klingt an das Hauptthema des ersten Satzes an. Damit ist ohne jeden Zwang der Inhalt dieser Tondichtung gegeben: Auch den Künstler drängt es in die Welt, ja eigentlich empfindet keiner stärker den sozialen Drang der Mitteilung an die Welt als er. Aber je stärker, je reiner sein Künstlertum in ihm entwickelt ist, um so spröder wird sich die Welt ihm gegenüber verhalten, um so mehr muß er sich stoßen an den Kanten des Lebens, um so schwerer wird auf ihm lasten der Zwang dieses Lebens. Ein Neues will er bringen, die* _äußeren Gesetze des Lebens aber können nur gewonnen werden aus dem Alten. Da gibt es eben nur eins: Du mußt verzichten auf die Welt! Hinein mußt du dich finden in deines eigenen Herzens Räume, dein eigen Reich dir bauen und nun in Freiheit singen, was dein Traum dir kündet. Dann git das in Einsamkeit Geschaffene hinaus an die Welt, sie wird sich einmal zu ihm hinfinden,wenn es die Schöpfung eines reines Herzens ist. Diese reine Künstlerseele fühlen wir in Kloses Schöpfungen am Werke; ein gütiges Geschick hat ihm auch Humor verliehen und einen kräftigen Einschuß gesunder Erdhaftigkeit_ (Karl Storck: _Die Musik der Gegenwart_. 2. Aufl., Stuttgart: Metzler 1922, S. 140f.).

> · Leipzig: Peters, o. A. – Partitur, Stimmen (Verl.-Nr. _9730_). – Hofmeister (1909–1913), S. 391. BSB-Musik Bd. 9, S. 3353.

Die Jungfrau von Orleans. Eine romantische Tragödie

1204   _Jeanne d'Arc._ Sinfonische Dichtung für Orchester

Vor 1881 komponiert; unveröffentlicht (s. MGG2 _Personenteil_ Bd. 10, Sp. 305).

KLUGHARDT, August (1847–1902)

1205   An den Frühling (»Willkommen, schöner Jüngling«)
Für eine Singstimme mit Klavierbegleitung
Nr. 1 in: ders., _Drei Lieder_, op. 12. – Leipzig: Seitz, o. A. – HMB 1870/4, S. 57.

KNAB, Armin (1881–1951)

1206   Tabulae votivae – Pflicht für jeden (»Immer strebe zum Ganzen«); hier unter dem Titel: _Pflicht_
Für einen Vorsänger und einstimmigen Chor a cappella
S. 2 der Ausgabe Nr. 72 von: _Die Singstunde_ → 980

> · Idem. – S. 68 in: _Ars musica_ Bd. 1 → 13

Bearbeitungen

- Einzelausgabe für einstimmigen Chor und Streichquartett (Vl. 1 2 3, Vc.). – Wolfenbüttel: Moeseler 1955 (= _Das singende Jahr. Satz-Archiv_, Nr. _130_). – Direktionsstimme, Instrumentalstimmen. – Hofmeister (1955), S. 161.
- Einstimmig mit Instrumentalbegleitung. – 5. Lief. in: _Schiller-Liederblatt_ → 45
- Ausgaben _für Gemeinschaftsmusik_ oder für einstimmigen Chor mit Instrumentalbegleitung. – In: _Über Jahr und Tag. Liedsätze zum Singen und Spielen_, mit Vorwort hg. von Willi Träder. – Mainz: Verlag Junge Musik (Schott) 1956 (= _Bausteine für Musikerziehung und Musikpflege_, Werkreihe B, Nr. _128_). – Hofmeister (1956), S. 385.
- Hier unter dem Titel: _Hymne_; in Einzelausgaben für vierstimmigen Frauen- oder Männerchor a cappella. – Wolfenbüttel: Möseler 1957 (= _Das singende Jahr. Chorblattreihe_, zugl.: _Lose Blätter_, Nr. _534_). – Hofmeister (1957), S. 173 u. S. 343.
- Für vierstimmigen gemischten Chor a cappella bearb. von Willi Träder. – Nr. 5 in: _Immer strebe zum Ganzen._ [11] _Chorlieder_, hg. von Hermann Wagner. – Wolfenbüttel: Möseler 1964. – Partitur. – Hofmeister (1964), S. 383.

Verzeichnis der musikalischen Werke

KNAN jr., Anton (?-?)

1206+1 Das Lied von der Glocke (»Fest gemauert in der Erden«); hier unter dem Titel: *Die Glocke*
Kantate für vier Soli (SATB), gemischten Chor, Streichorchester, Klavier und Harmonium
Amberg: Mayr, o. A. – Programminformation. – Original (Slg. GG).

Vermutlich einzige Veröffentlichung (8 S.); aus dem dortigen Vorwort stammen alle hier referierten Informationen. Darin enthalten ist außerdem das vollständige Gedicht einschließlich der Hinweise auf die wechselnden Vokalbesetzungen (darunter als einzige Rolle der *Meister*, dessen Stimmfach aber nicht angegeben ist). Datierungen fehlen völlig, allerdings kann man aufgrund einer Angabe den Zeitraum ungefähr eingrenzen (wohl um oder kurz nach 1891). – Dem Vorwort ist zu entnehmen, dass Knan zu dieser Zeit erst *17½ Jahre* alt war und sich nur auf Anraten eines *in Musikkreisen geschätzten Mannes, Herrn Domkapellmeister Englhardt von Regensburg* [d. i. sicher Franz Xaver Engelhardt, der seit 1891 dieses Amt bekleidete] um eine Aufführung bemüht hatte: *Die ›Glocke‹ gereicht Ihnen nur zur Ehre. Es verrät einen ernstbestrebten Musiker, der sich gründliche elementare Kenntnisse angeeignet und nun vorwärts arbeitet und Ideale erreichen will.* – Die Uraufführung hatte bei Drucklegung der kleinen Broschüre bereits stattgefunden, nämlich am *ersten Margarethentag* [13. Juli] in Amberg mit dem dortigen Elisabethenverein unter der Leitung des Komponisten. *Bei der Aufführung wird eine Zweiteilung des Werkes vorgenommen, die weder durch den Text noch durch die Komposition gerechtfertigt ist; aber praktische Gründe bestimmen hiezu* (der erste Teil endet mit V. 226: »Und sieh! Ihm fehlt kein teures Haupt«).

KNAPP, Friderich (1784-1817)

1207 Der Gang nach dem Eisenhammer (»Ein frommer Knecht war Fridolin«)
Für eine Singstimme mit Klavierbegleitung
Stuttgart: Ohne bibliogr. Angaben. – Original (DLA).
• Nr. 32 in: [41] *Frühe Schiller-Vertonungen bis 1825* → 141

KNAPPE, Franz (1848-1888)

Das Lied von der Glocke (»Fest gemauert in der Erden«)

1208 *Bilder aus Schillers Glocke* für drei Soli (STBar), vierstimmigen Männerchor (TTBB) und Orchester oder mit Klavierbegleitung, op. 9

1. *Einleitung* mit Bariton solo – V. 9ff. (»Zum Werke, das wir ernst bereiten«)
2. *Erstes Bild* mit Terzett (STBar) und Chor – V. 74ff. (»O! Zarte Sehnsucht, süßes Hoffen«)
3. *Zweites Bild* mit Sopran solo und Chor – V. 244ff. (»Von dem Dome schwer und bang«)
4. *Drittes Bild* mit Sopran solo und Chor – V. 274ff. (»Munter fördert seine Schritte«)
5. *Viertes Bild* mit Duett (SBar) und Chor – V. 301ff. (»Heil'ge Ordnung, segensreiche Himmelstochter«)

Leipzig: Rühle, o. A. – Solo- und Chorstimmen, Klavierauszug. – Pazdírek Bd. 6, S. 571.

Offensichtlich wurden nur einige Textpassagen vertont.

KNECHT, Justin Heinrich (1752-1817)

1209 Das Lied von der Glocke (»Fest gemauert in der Erden«)
Deklamation mit melodramatischer Klavierbegleitung
Undatiertes Autograph. – RISM-OPAC.

Die Komponisten und ihre Werke

Uraufführung: Stuttgart, 24. Februar 1807 (Königliches Hoftheater); einzige Wiederholung am 5. Juli d. J.. Unveröffentlicht (s. WV/Knecht, S. 600f.). – Der Text wurde offenbar mit verteilten Rollen deklamiert, da an der Aufführung zwei Schauspieler und eine Schauspielerin mitgewirkt hatten.

KNEIFEL, Gerhard (1927–2002)

An die Freunde (»Lieben Freunde! Es gab schön're Zeiten«)

– V. 45 (»Auf den Brettern, die die Welt bedeuten«)

1210   _Bretter, die die Welt bedeuten._ Musical; Libretto von Helmut Bez und Jürgen Degenhardt
Berlin: Lied der Zeit (Musikverlag) 1970. – Klavierauszug. – Original (Slg. GG).

> Das Stück spielt im Theatermilieu. – Uraufführung: Berlin (Ost), 24. April 1970 (Metropol-Theater). – Das gesamte Aufführungsmaterial ist heute im Schott-Verlag (Mainz) erhältlich.

KNOBLAUCH, Agnes von (?–?)

1211   _Sechs Gedichte von Schiller_ [vermutlich für eine Singstimme mit Klavierbegleitung]

> Unveröffentlicht (s. Eitner Bd. 5, S. 394: _Von einer Agnes von Knoblauch besitzt die Kgl. Hausbibl. zu Berlin_ [...] _6 Gedichte von Schiller_).

KNORR, Ernst-Lothar von (1896–1973)

Die Braut von Messina oder: Die feindlichen Brüder. Ein Trauerspiel mit Chören

1212   – V. 1542f. (Don Manuel: »Das ist der Liebe heil'ger Götterstrahl«)
Kanon zu zwei Simmen

> 1971 komponiert; unveröffentlicht (Manuskript in der Ernst-Lothar von Knorr-Stiftung; freundl. Mitteilung von Hsing-Hua Fang). – WV/Knorr deest.

Wallenstein. Ein dramatisches Gedicht – I. Wallensteins Lager

1213   – V. 911 (Erster Kürassier: »Der Soldat muss sich können fühlen«)
Kanon zu drei Stimmen
S. 50 in: _Soldaten, Kameraden. Liederbuch für Wehrmacht und Volk._ 2. Auflage. Hg. von Gerhard Pallmann und Ernst Lothar von Knorr. – Hamburg: Hanseatische Anstalt 1938. – Original (Slg. GG).

> Der Titel des Heftes wurde dem gleichnamigen, 1781/82 entstandenen und anonym überlieferten Lied entlehnt (»Ein Schifflein sah ich fahren«), das auf S. 60f. wiedergegeben ist. – Enthalten sind v. a. ein- oder zweistimmige Singweisen, darunter nicht nur mehrere Parteilieder (etwa ›Der Führer hat gerufen‹ oder ›Lied vom Führer‹), sondern auch zahlreiche Gesänge, die im Ersten Weltkrieg entstanden sind. – Im Geleitwort des Reichskriegsministers Werner von Blomberg heißt es zunächst: _Das Lied ist des Soldaten guter Kamerad. Es schmiedet die Truppe zusammen in frohen und ernsten Stunden. Es gibt ihr Kraft und Zuversicht. Kameradschaft und Korpsgeist sind ohne das deutsche Soldatenlied nicht denkbar._ – G. Pallmann erklärt dann in seinem Vorwort: _Deutsche Art war, daß die wehrhafte Mannschaft singend marschierte, singend kämpfte und singend in den Tod ging._ [...] _Das deutsche Volk ist immer ein Volk von Kämpfern gewesen, wenn es sich selbst treu war. Aus diesem Grund sind es oft gerade Soldatenlieder, die wir Deutschen als den Inbegriff des Volksliedes überhaupt empfinden_ [...]. Zur vorliegenden Neuausgabe folgt noch der Hinweis: _Für die zweite, stark erweiterte Auflage konnte Herr Hauptmann Ernst Lothar von Knorr gewonnen werden. Er steuerte auch eine Anzahl eigener Weisen bei._

Verzeichnis der musikalischen Werke

1214 Würde der Frauen (»Ehret die Frauen! Sie flechten und weben«)
Kantate oder Chorsatz mit Instrumentalbegleitung
... in den dreißiger Jahren komponiert; unveröffentlicht; verschollen (s. WV/Knorr, S. 173).

KOCH, Friedrich Ernst (1862–1917)

1215 Der Abend. Nach einem Gemälde (»Senke, strahlender Gott«)
Männerchor a cappella
Nr. 3 (auch einzeln) in: ders., *Fünf Dichtungen von Friedrich von Schiller*, op. 33. –
Berlin: Simrock, o. A. – Gesamtpartitur, Stimmen. – Hofmeister (1909–1913),
S. 395.

1216 Die Teilung der Erde (»Nehmt hin die Welt«)
Männerchor a cappella
Nr. 5 (auch einzeln) in: ders., *Fünf Dichtungen von Friedrich von Schiller*, op. 33
→ 1215

1217 Dithyrambe (»Nimmer, das glaubt mir, erscheinen die Götter«)
Männerchor a cappella
Nr. 1 (auch einzeln) in: ders., *Fünf Dichtungen von Friedrich von Schiller*, op. 33
→ 1215

Macbeth. Zur Vorstellung auf dem Hoftheater in Weimar eingerichtet von
Friedrich Schiller

1218 – V. 741ff. (Pförtner: »Verschwunden ist die finst're Nacht«); hier unter dem
Titel: *Türmers Morgengesang*
Männerchor a cappella
Nr. 4 (auch einzeln) in: ders., *Fünf Dichtungen von Friedrich von Schiller*,
op. 33 → 1215

Wilhelm Tell. Schauspiel

1219 – V. 25ff. (Alpenjäger: »Es donnern die Höhen«)
Männerchor a cappella
Nr. 2 (auch einzeln) in: ders., *Fünf Dichtungen von Friedrich von Schiller*,
op. 33 → 1215

KOCH, Josef, Edler von Langentreu (1833–1905)

Das Lied von der Glocke (»Fest gemauert in der Erden«)

– V. 225 (»Er zählt die Häupter seiner Lieben«)

1220 *Poesie und Prosa* (»*Er zählt die Häupter seiner Lieben*«); Textverfasser unbe-
kannt
Quadrille für vierstimmigen Männerchor (TTBB) mit Klavierbegleitung, op. 58
Wien: Bösendorfer, o. A. – Partitur, Stimmen. – HMB 1874/3, S. 60.
Pazdírek nennt den Nachfolgeverlag Siegel in Leipzig (vgl. Bd. 6, S. 584).

– V. 374 (»Gefährlich ist's, den Leu zu wecken«)

1221 *Schund und Kompagnie* (»*Gefährlich ist's, den Leu zu wecken*«); Textverfasser
unbekannt
Komischer Männerchor a cappella, op. 14
Wien: Spina, o. A. – Partitur, Stimmen. – Hofmeister (1860–1867), S. 405.

_____ Die Komponisten und ihre Werke

· Der Handschuh (»Vor seinem Löwengarten, das Kampfspiel zu erwarten«)

1222 *Der Handschuh. Heiteres Oratorium*
Für Vokalquartett (ohne Besetzungsangabe), vierstimmigen Männerchor
(TTBB) und Klavier, op. 63
Leipzig: Siegel, o. A. – Pazdírek Bd. 6, S. 584. Hofmeister (1874–1879), S. 273.

Pazdírek erwähnt noch eine nicht veröffentlicht Fassung mit Orchesterbegleitung (vgl. Bd. 6, S. 583).

1223 *Frei nach Schiller (»Trompetenschall klingt durch den Saal«)*; Textverfasser
unbekannt
Heitere Quadrille für vierstimmigen Männerchor oder -quartett mit Klavierbegleitung, op. 41
Wien: Bösendorfer, o. A. – Partitur, Stimmen. – HMB 1871/10, S. 229.

Parallelkomposition zu ›*Frei nach Goethe*‹ (»*Ich muss dich vor allen Dingen*«), heitere Quadrille für vierstimmigen Männerchor (TTBB) mit Klavierbegleitung, op. 49.

· Leipzig: Siegel, o. A. – Partitur, Stimmen. – HMB 1879/10, S. 308.

Pazdírek weist auf eine alternative Orchesterbegleitung hin, doch ist wohl nur die
Klavierausgabe erschienen (vgl. Bd. 6, S. 583).

· Bearb. für Klavier. – Leipzig: Siegel, o. A. – HMB 1880/9, S. 254.

KOCHER, Conrad (1786–1872)

1224 An die Freude (»Freude, schöner Götterfunken«)
Für vier Männerstimmen (TTBB) mit vier Soli (TTBB) a cappella
Nr. 20 in: ders., *Bardenhain. Eine Sammlung [...] auserlesener Lieder der Dichter
deutscher Zunge, zu Erhöhung und Belebung gesellschaftlichen Lebens, mit vierstimmig gesetzten alten und neuen Weisen, teils für Männerstimmen allein, teils
für Männer- und Frauen-Stimmen* (in 6 Heften). – Stuttgart: Erhard 1833. –
Partitur. – Original (WLB; freundl. Mitteilung von Martin Mezger). HMB
1834/9+10, S. 82.

Die Sammlung enthält 335 Stücke: 1. Heft (Nrr. 1–55); 2. Heft (Nrr. 56–97); 3. Heft (Nrr. 98–
165); 4. Heft (Nrr. 166–216); 5. Heft (Nrr. 217–275); 6. Heft (Nrr. 276–335). – Die mehrstimmigen Vokalsätze sind zwar a cappella notiert, doch entspricht die Beifügung einer Instrumentalbegleitung nach Bedarf und den örtlichen Möglichkeiten der damaligen Aufführungspraxis. Die Vertonungen stammen vorwiegend von C. Kocher; daneben sind noch Bearbeitungen von Stücken anderer Komponisten enthalten, darunter vier Schiller-Vertonungen (→ 533, 1297 bzw. 2132); »Mit dem Pfeil, dem Bogen« aus der Schauspielmusik zu
›Wilhelm Tell‹ von B. A. Weber (→ 2805) für vier Männerstimmen (TTBB) a cappella (›*Bardenhain*‹ Nr. 227; ohne Komponistenangabe), wird aufgrund der großen Verbreitung der
Singweise nicht einzeln nachgewiesen.

1225 Das Mädchen aus der Fremde (»In einem Tal bei armen Hirten«)
Für vier gemischte Singstimmen (SSTB) a cappella
Nr. 5 in: ders., *Bardenhain* → 1224

1226 Der Jüngling am Bache (»An der Quelle saß der Knabe«); hier unter dem Titel:
Sehnsucht
Für vier Männerstimmen (TTBB) a cappella
Nr. 150 in: ders., *Bardenhain* → 1224

Hier ohne entsprechende Verfasserangabe veröffentlicht; Urheberschaft Kochers deshalb
nicht völlig sicher.

Die Künstler (»Wie schön, o Mensch, mit deinem Palmenzweige«)

1227 – V. 34ff. (»Nur durch das Morgentor des Schönen«)
Motto zum Chorsatz ›Die Macht des Gesanges‹ → 1228

1228 Die Macht des Gesanges (»Ein Regenstrom aus Felsenrissen«)
Für vier Männerstimmen (TTBB) mit Soli a cappella
Stuttgart: Metzler 1826. – Stimmen. – Original (WLB).

Vor Beginn des Notentextes wurden jedem Stimmheft acht Verse aus Schillers Gedicht ›Die Künstler‹ als Motto vorangestellt (→ 1227).

• Nr. 179 (mit dem Untertitel *Cantate*) in: ders., *Bardenhain* → 1224

1229 Die vier Weltalter (»Wohl perlet im Glase der purpurne Wein«)
Eine Cantate für vier Männerstimmen (TTBB) mit Soli a cappella
Nr. 5 in: ders., *Bardenhain* → 1224

Mit 18 Seiten handelt es sich um eines der umfangreichsten Stücke der Sammlung, womit die Gattungsbezeichnung zusammenhängt.

1230 Die Worte des Glaubens (»Drei Worte nenn' ich euch, inhaltschwer«)
Für vier Männerstimmen (TTBB) mit Bass solo a cappella
Nr. 193 in: ders., *Bardenhain* → 1224

1231 Dithyrambe (»Nimmer, das glaubt mir, erscheinen die Götter«)
Für vier Männerstimmen (TTBB) mit Soli a cappella
Nr. 84 in: ders., *Bardenhain* → 1224

Aus einem umfangreichen Beitrag der ›Schwäbische Kronik‹ vom 22. Mai 1875 über ›Die Schillerfeste in Stuttgart 1825–1874‹ geht hervor, dass das Stück bei diesen Anlässen in den 1820er Jahren immer wieder aufgeführt worden ist (S. 1157).

1232 Hoffnung (»Es reden und träumen die Menschen viel«); hier unter dem Titel:
Die Hoffnung
Für vier Männerstimmen (TTBB) a cappella
Nr. 209 in: ders., *Bardenhain* → 1224

Macbeth. Zur Vorstellung auf dem Hoftheater in Weimar eingerichtet von Friedrich Schiller

1233 – V. 741ff. (Pförtner: »Verschwunden ist die finst're Nacht«); hier unter dem Titel: *Morgenlied*
Für vier gemischte Singstimmen (SSTB) a cappella
Nr. 3 in: ders., *Bardenhain* → 1224

KOCHER-KLEIN, Hilda (1894–1974)

Macbeth. Zur Vorstellung auf dem Hoftheater in Weimar eingerichtet von Friedrich Schiller

1234 – V. 741ff. (Pförtner: »Verschwunden ist die finst're Nacht«); hier unter dem Titel: *Morgengesang*
Nr. 3 in: dies., *Wir singen den Tag. Kantate* [in 20 Sätzen] für Sprecher, siebenstimmigen gemischten Chor (vierstimmiger gemischter Chor, drei- bis vierstimmiger Männerchor, dreistimmiger Frauenchor, Soli ad libitum) mit kleinem Orchester (Fl., Klar., Streicher) oder mit Klavierbegleitung. – Augs-

burg: Böhm 1959. – Klavierpartitur. – Hofmeister (1960), S. 173. BSB-Musik Bd. 9, S. 3389.

KOCIPIŃSKI, Anton (?–?)

1235 Sehnsucht (»Ach, aus dieses Tales Gründen«); hier mit polnischer Übersetzung: *Tesknota (»Z tych nizin, z tych ciemnosci«)*
Für Alt mit Physharmonika- und [richtig wohl: oder] Klavierbegleitung, op. 11
Kiew: Kocipinski, o. A. – HMB 1860/4, S. 64.

Hinweis zur Textierung: ... *mit polnischer und italienischer Übersetzung*.

Außerdem
· Für Alt, Violoncello, Physharmonika und Klavier bzw. mit Klavierbegleitung. – Kiew: Kocipinski, o. A. – HMB 1860/4, S. 65 bzw. S. 76.

Weitere Ausgaben (alle bei Gebethner in Warschau)
· Für Alt, Bratsche, Physharmonika und Klavier. – Hofmeister (1860–1867), S. 341.
· Originalbesetzung. – Pazdírek Bd. 6, S. 585.
· Für Alt mit Klavierbegleitung und Violoncello. – Pazdírek Bd. 6, S. 585.

KÖBELE, Hermann (1897–1945)

Wilhelm Tell. Schauspiel
1236 – V. 2833ff. (Barmherzige Brüder: »Rasch tritt der Tod den Menschen an«)
Vierstimmiger gemischter Chor (SATB) mit Blechbläsern
Zweiter Teil in: ders., *Grablied*. – Autographer Klavierauszug mit Stimmen, 1934. – RISM-OPAC.

Im ersten Teil hat Köbele einen eigenen Text vertont (»*Dein Wille, Herr, gescheh' allzeit*«).

KÖCHEL, Ludwig Ritter von (1800–1877)

1237 Punschlied (»Vier Elemente, innig gesellt«)
Für vier Männerstimmen mit Klavierbegleitung

1823 entstanden; unveröffentlicht (s. MGG2 *Personenteil* Bd. 10, Sp. 382). – Köchel ist durch sein Werkverzeichnis für W. A. Mozart in die Musikgeschichte eingegangen, hat aber bis ca. 1828 auch selbst komponiert (nichts davon veröffentlicht).

KOEGEL, Fritz (1860–1904)

Wallenstein. Ein dramatisches Gedicht – I. Wallensteins Lager
1238 – V. 384ff. (»*Mit* [!] Trommeln und Pfeifen«)
Für eine Singstimme mit Klavierbegleitung
Nr. 1 (einzeln) in: ders., [7] *Lieder*. – Leipzig: Breitkopf & Härtel, o. A. – Hofmeister (1904–1908), S. 391. Pazdírek Bd. 6, S. 590.

KOEHLER, L. Uniko (1831–1899)

Die Braut von Messina oder: Die feindlichen Brüder. Ein Trauerspiel mit Chören
1239 Ouvertüre für Orchester

Koehler war 1869/70 am Rigaer Stadttheater tätig; während dieser Zeit ist die Ouvertüre uraufgeführt worden (s. *Lex. dt.-balt. Musik*, S. 135).

KÖNITZER, Günther (?–?)

Die Räuber. Ein Schauspiel

1240 – 4. Akt, 5. Szene (»Stehlen, morden, huren, balgen«)
Einstimmiger Chor mit Orchester
2. Satz in: ders., *Bankett Musik*. – Undatierte handschriftliche Partitur mit Stimmen und Klavierauszug. – RISM-OPAC.

Offensichtlich Teil einer Schauspielmusik (wohl 2. Hälfte 20. Jahrhundert). Voraus geht ein Menuett, und als Abschluss folgt ein weiteres Vokalstück: *Schnitterlied* (»Nun ziehen hinaus die Schnitter«; Textherkunft unbekannt).

Maria Stuart. Ein Trauerspiel

1241 *Festmusik zu ›Maria Stuart‹ für Orchester*
Handschriftliche Partitur mit Stimmen (autograph?), 1956 – RISM-OPAC.

Notenmaterial aus dem Bestand des Deutschen Nationaltheaters, Weimar.

KÖRNER, Christian Gottfried (1756–1831)

Unter den wenigen Komponisten, die in direkter Verbindung mit Schiller gestanden haben, kommt Körner in künstlerischer Hinsicht sicher kein besonderer Rang zu – schließlich war er »nur« ein Dilletant. Für gewöhnlich berücksichtigen die großen deutschen Musiklexika Körner zwar in einem selbstständigen Artikel (etwa schon 1837 bei Schilling Bd. 4, S. 203f.), würdigen darin aber nur seine geistesgeschichtliche Bedeutung (hier v. a. seinen Aufsatz ›Ueber Charakterdarstellung in der Musik‹ von 1795), seine wichtige Rolle im Dresdner und Berliner Kulturleben sowie seine enge Beziehung zu Schiller. *Einige kleine Kompositionen, meist Lieder, sind von ihm überliefert* – so der einzige Hinweis in neuerer Zeit auf sein Musikschaffen (MGG2 *Personenteil* Bd. 10, Sp. 533).

Bereits seine erste Kontaktaufnahme mit Schiller war gleichsam musikalisch »eingefärbt«. Anfang Juni 1784 erhielt dieser in Mannheim ein Päckchen, in dem sich einige Gaben von vier anonymen Verehrern aus Leipzig befanden, darunter eine Vertonung Körners von Amalias Lied »Schön wie Engel, voll Walhallas Wonne« aus dem Schauspiel ›Die Räuber‹ (→ 1251). Die Identität der Absender blieb nicht lange verborgen, bald wurden erste Briefe gewechselt, und im Januar 1785 erhielt Schiller eine Einladung nach Leipzig, wohin er aber erst Mitte April aufbrach. Zuvor hatte er nochmals aus Mannheim geschrieben, und dieser Brief (am 10. Februar 1785 begonnen, aber erst zwei Wochen später beendet und abgeschickt) wies erneut musikalische Motive auf: *Große Tonkünstler kennen sich oft an den ersten Akkorden*, meine er z. B. in der Vorfreude auf das Kennenlernen offensichtlich verwandter Seelen. Er versprach sich von der Begegnung einen besonderen Schaffensansporn für den gerade entstehenden ›Don Carlos‹: *... in Ihrem Zirkel will ich froher und inniger in meine Laute greifen.* Schiller zog bald ins nahe Leipzig gelegene Gohlis und stand mit Körner, der damals in Dresden lebte, weiterhin v. a. brieflich in Verbindung. Dieser bemühte sich am 14. Mai 1785 um einen vertrauteren Umgangston: *Wir sind Brüder durch Wahl, mehr, als wir es durch Geburt sein können.* Er bot Schiller das »Du« an und besiegelte so eine außergewöhnliche Freundschaft. Zwischen Herbst 1785 und Sommer 1787 wohnte Schiller in Dresden und wurde von Körner dort unterstützt.

Als engster Freund des Dichters hatte Körner sicher größten Einfluss auf dessen musikalische Ansichten; außerdem diskutierten beide immer wieder über dichtungsästhetische Fragen, was sich auf die endgültigen Textgestalt von Gedichten und Schauspielen niederschlug (vgl. die zahlreichen Dokumente dieses Meinungsaustausches in deren Korrespondenz). Trotz jener innigen Verbindung war sich Körner der Problematik bewusst, die Schillers Gedichte einem Komponisten nicht zuletzt aus inhaltlichen Gründen bereiten können. Dies lässt sich an einer ebenso allgemein wie eindeutig und doch freundschaftlich formulierten Bemerkung seines Briefes vom 30. Juli 1797 an den Dichter entnehmen. Der Bitte,

Die Komponisten und ihre Werke

ihm fortlaufend _Lieder_ [d. h. »lyrische Gedichte«] zu schicken, fügte er an: _Bisher hast Du's immer dem Musiker nicht leicht gemacht, und es ist manches in Deine musikalischen Gedichte eingeflossen, was besser gelesen als gesungen werden kann._

In den Kommentaren zu den folgenden Nachweisen sind die jeweiligen persönlichen Hintergründe dokumentiert, doch soll an dieser Stelle noch darauf hingewiesen werden, dass Schillers berühmtestes Gedicht, ›An die Freude‹ (wohl im Sommer 1785 entstanden), das Ergebnis dieser besonderen Freundschaft ist. Die unmittelbar vorausgegangenen Briefe an Körner sind nicht nur in dem gleichen verzückten Ton abgefasst, der dann die Dichtung bestimmt – hier scheinen überdies einige zentrale Begriffe des Gedichts bereits auf (etwa _Elysium_ oder _Mode_), und mit Vers 15, »Wer ein holdes Weib errungen ...«, spielte Schiller wahrscheinlich auf Körners Hochzeit am 7. Juli an.

1242 Abschied vom Leser (»Die Muse schweigt, mit jungfräulichen Wangen«)
Wahrscheinlich für eine Singstimme mit Klavierbegleitung

Nicht ausgeführter Vertonungsvorschlag von Schiller. – Gegen Ende der Vorbereitungszeit für den ›Musen-Almanach für das Jahr 1796‹ schlug Schiller dem Freund einige weitere Gedichte zur Vertonung vor (vgl. dessen Brief vom 25. September 1795): _Hier sind noch einige Kleinigkeiten für den Almanach [...]. Vielleicht qualificirt sich diese Kleinigkeit zur musikalischen Composition. Die Stanzen an den Leser sollen den Almanach, den mein Gedicht: die Macht des Gesanges eröffnet, beschließen, und den Leser auf eine freundliche Art verabschieden._

An die Freude (»Freude, schöner Götterfunken«)

1243 1. Komposition – 1785
Rundgesang mit Klavierbegleitung
Musikbeilage zum 2. Heft des 1. Bd. in: _Thalia_, hg. von Friedrich Schiller. – Leipzig: Göschen, Februar 1786. – RISM A I: KK 1281 I,2. Original (DLA).

Vermutlich Erstvertonung des Gedichts, die Schiller immer wieder sehr gelobt hat (vgl. hierzu auch die Kommentare zu den nahezu gleichzeitig entstandenen Kompositionen von Joh. Chr. Müller und J. G. Naumann; → 1699 und 1735+1). Bereits bei ihrer ersten Erwähnung in einem Brief (29. November 1785), empfahl der Dichter sie seinem Verleger G. J. Göschen: _Das Gedicht an die Freude ist von Körnern sehr schön komponiert. Wenn Sie meinen, so können wir die Noten, welche nur 1/2 Seite betragen, dazu stechen lassen?_ Bei der Veröffentlichung wurde der Name des Komponisten lediglich mit der Initiale _K._ gekennzeichnet (bis auf das ›Mildheimische Liederbuch‹ unterdrückten offenbar alle zeitgenössischen Veröffentlichungen Körners Namen). – Anscheinend ist die ganze Musikbeilage auch unabhängig von der Zeitschrift vertrieben worden. – Nicht ganz zu Unrecht sah man Körners seinerzeit ziemlich bekannte Vertonung später recht kritisch; Friedlaender bezeichnete sie bspw. als eine _von allen Musen verlassene dilettantische Composition_ (Friedlaender, _Das dt. Lied_ Bd. 2, S. 579).

Zeitgenössische Einzelausgaben

· Anonym veröffentlicht. – Ohne bibliographische Angaben, 1786. – RISM A I deest. Original (DLA).

· Mit falscher Urheberangabe: ... _Musik von Iohann Abraham Peter Schulz._ – Berlin: Rellstab, o. A. – RISM A I: S 2391 (hier mit dem Hinweis: _falsche Zuschreibung_). Original (Staatsbibl. zu Berlin).

Schulz veröffentlichte wohl kurz nach dem Erscheinen dieser Ausgabe folgende Erklärung: _Daß die Musik zu der in Berlin in der Rellstabschen Musikdruckerei gedruckten Ode an die Freude, von Schiller, nicht von mir seyn könne, obgleich der Titel mich für den Verfasser derselben ausgiebt, werden Sachverständige, die nur einigermaßen mit meinen Werken bekannt sind, leicht von selbst bemerken_ (Korrespondenz der teutschen Filarmonischen Gesellschaft vom 13. April 1791, Sp. 119f.).

· Statt eines Namens mit der Initiale _S._ veröffentlicht. – Berlin: Böheim, o. A. – RISM A I deest; Original (DLA).

265

Verzeichnis der musikalischen Werke

Zeitgenössische Sammlungen (Auswahl)

- Nr. 4 (als *C. F. Schulz*) in: *Schillers Ode an die Freude* → 369 (Ausgabe 1)
- Nr. 7 (als *C. F. Schulz*) in: *Vierzehn Compositionen zu Schillers Ode An die Freude* → 369 (Ausgabe 2)
- S. 116 des Notenanhangs zu: *Mildheimisches Liederbuch.* – Gotha: Becker 1815. – Original (Antiquariat Drüner).

  Offenbar einzige frühe Veröffentlich mit der korrekten Namensnennung.

  - Nr. 414 in: *Melodien zu dem Mildheimischen Liederbuch. Neue vollständige Ausgabe.* – Gotha: Becker 1817. – Original (DLA).

    Enthalten sind 800 Stücke im Klaviersatz, der jeweils mit einer (i. d. R. der ersten) Textstrophe unterlegt ist.

Moderne Ausgabe

- Nr. 23 in: [41] *Frühe Schiller-Vertonungen bis 1825* → 141

1244 **2. Komposition – 1790**
Vermutlich für eine Singstimme mit Klavierbegleitung

Unveröffentlicht; verschollen. – Am 23. April 1790 schrieb Körner an Schiller: *Von der Freude habe ich eine neue* [Komposition] *gemacht, weil die gedruckte zum Alleinsingen beym Clavier weniger brauchbar ist. Auch lege ich die gedruckte mit kleineren Abänderungen bey* (beide Anlagen nicht erhalten).

1245 **An die Freunde (»Lieben Freunde! Es gab schön're Zeiten«)**
Rundgesang mit Klavierbegleitung oder zur Gitarre

Unveröffentlicht; verschollen. – Schiller schickte das Gedicht am 4. Februar 1802 zusammen mit ›Die vier Weltalter‹ (damaliger Titel: ›Der Sänger‹) an Körner mit der Bitte, beide – obwohl sie *noch nicht die letzte Hand erhalten* – zu vertonen. *Es wäre hübsch, wenn Du mir die Melodien dazu früh genug schicken könntest, um bei unserm nächsten Kränzchen, welches 17. des Monats ist, gesungen werden zu können;* damit sind die zwischen Oktober 1801 und März 1802 regelmäßig alle vierzehn Tage geplanten, in Wirklichkeit aber seltener zustande gekommenen Treffen im vertrauten Kreis bei Goethe gemeint, die »Mittwochskränzchen«; wegen Goethes Abwesenheit traf man sich im konkreten Fall aber erst am 22. Februar. Für ›An die Freunde‹ wünschte sich Schiller, dass *die 4 lezten Zeilen immer einen muntern Gang hätten, und auch vom Chor wiederholt würden.* – Körner, der die beiden vertonten Gedichte brieflich gegenüber Schiller am 10. Februar 1802 als *TafelGesänge* bezeichnete und hier bereits die Komposition von ›Der Sänger‹ beilegte (→ 1252), hatte mit ›An die Freunde‹ zunächst Probleme: *Das* [...] *Gedicht hat für den Musiker mehr Schwierigkeit. Die langen Zeilen und der Bau der ganzen Strophe machen die musikalischen Perioden nicht leicht.* Deshalb reichte er diese Vertonung erst etwas später nach, doch konnte der Dichter beide Stücke zwischen dem 15. und 17. Februar 1802 an Henriette von Egloffstein weiterleiten. Am 28. Februar berichtete Schiller dem Freund: *Deine Melodien zu den zwei Liedern haben mir unsre Damen beim letzten Kränzchen* [also am 22. Februar] *noch nicht vortragen wollen, weil sie noch nicht gut einstudiert waren und sie sie nicht gern verpfuschen wollen.* Hier ist außerdem zu erfahren, dass dann *an die Freunde* [...] *auch mit der Guitarre accompagniert werden* sollte. Nachdem weitere »Kränzchen« abgesagt werden mussten, sind die beiden Lieder vermutlich erst im Rahmen eines Konzertes am 14. März in Weimar uraufgeführt worden (vgl. NA Bd. 31, S. 457). Am 17. März teilte Schiller, der mit dem Vortrag allerdings unzufrieden war, dem Komponisten mit: *Deine Melodien, die wir jezt gehört haben, machen uns viel Freude* [...]. *Ich wünschte nur, daß ich sie beßer könnte vortragen hören, denn so gern unsre Damen singen, so wenig Musik verstehen sie.*

1246 **Das Mädchen aus der Fremde (»In einem Tal bei armen Hirten«)**
Vermutlich für eine Singstimme mit Klavierbegleitung

Die Komponisten und ihre Werke

Unveröffentlicht; verschollen. – Körner schickte seine Vertonung am 28. Oktober 1796 an Schiller, welcher am 21. November antwortete: _Für Deine Composition meines Mädchens aus der Fremde habe ich Dir noch nicht gedankt. Sie war mir sehr willkommen und gefällt mir wohl._

1247 Der Tanz (»Siehe, wie schwebenden Schritts im Wellenschwung« – hier Gedichterstfassung: »Sieh, wie sie durcheinander in kühnen Schlangen sich winden«)
Vermutlich für eine Singstimme mit Klavierbegleitung
Neustrelitz: Michaelis 1796.

Verschollen. Existenz des Druckes nur durch Erwähnungen in der Korrespondenz dokumentiert. – Ende August bzw. Anfang September 1795 während der Planung des ›Musen-Almanachs für das Jahr 1796‹ entstandene und zunächst dafür bestimmte Vertonung der Gedichterstfassung, auf die sich im anschließenden Kommentar die Verszählung bezieht. – Da man aus Platzgründen in Almanachen nur verhältnismäßig kurze Stücke veröffentlichen konnte (in der Regel Strophenlieder), Körners Komposition aber offenbar als durchkomponiertes Lied konzipiert war (vgl. dessen anschließend dokumentierte Korrespondenz mit Schiller) und deshalb zu viel Platz beansprucht hätte, konnten die Noten dort nicht einbezogen werden.
Körner hatte Schiller das Musikstück am 9. September 1795 geschickt und auf die besonderen Schwierigkeiten bei der Vertonung hingewiesen (dabei ist zu berücksichtigen, dass es sich beim ›Tanz‹ um kein »lyrisches Gedicht« handelt und es der damaligen Liedästhetik nicht entsprach): _Hier hast Du eine Composition des Tanzes. Anfänglich verzweifelte ich an der Möglichkeit. Indeß nutzte ich die ersten Momente, da die Wirkung des Gedichts noch durch nichts gestört war, und ließ mich nachher nicht durch Schwierigkeiten abschrecken. Sorge nur, daß beim Vortrage das Tempo allmählig langsamer wird, doch so, daß der letzte langsamste Satz immer noch Bewegung genug behält. Dieser darf durchaus nicht schleppend werden. Durch ein volles Orchester würden freilich manche Stellen gewinnen. Was ich am meisten wünschte, wären Posaunen im letzten Satze für die langsamen Stellen des Basses. Auch vorher könnte man durch andere Blasinstrumente die Wirkung verstärken, etwa durch Clarinetten oder Bassetthörnern an der Stelle: Es ist des Wohllauts – zähmt [V. 23–26] – durch Fagott bei den Worten: Ewig zerstörte – entgegen ihm stimmt [recte: stürmt; V. 17–23] – durch Flöten mit Bratschen bei: Keinen drängend – Gewühl [V. 9f.]. Wirklich hat mir die Arbeit einiges Zutrauen zu mir gegeben. Wenigstens kenne ich unter meinen musikalischen Producten keins, das mir lieber wäre. Bei einigen Tactarten machte der Pentameter eine eigene Schwierigkeit. Man ist gewöhnt, die Glieder des musikalischen Ganzen, besonders bei Tanzmusik von gleicher Länge zu haben. Da gibt es nun immer Lücken gegen die Melodie des Hexameters, die man bald durch Dehnungen, bald durch Einschiebsel ausfüllen muß._ Danach geht Körner noch auf einige ästhetische Problemstellen des Gedichts ein.
Darum bemüht, Körners Vertonung noch in den Almanach aufnehmen zu lassen, teilte Schiller ihm am 21. September 1795 mit: _Deinen Tanz habe ich nach Berlin gesendet, wenn es etwa noch Zeit wäre ihn zu stechen. Es machte mir viel Freude, und Du könntest in anonymer Stille über Deinen musikalischen Beruf urtheilen hören._ Doch der Verleger teilte Schiller am 27. September mit, dass die ihm zuvor geschickten Kompositionen schon beim Stecher seien; _... ich erhalte so eben aber die Composition zum Tanz [...]. Die Musik zum Tanz ist zu groß, und würde für keinen Preiß mehr von einem Notenstecher verfertiget werden können. ich habe mich daher entschließen müssen, die Musik drucken zu lassen_ [also wohl im Typendruck]. _Sie erhalten in den nächsten Tagen einen Probeabdruck, und werden gewiß damit zufrieden sein, da der Druck sehr schön ist._ Wie aus Michaelis' Brief vom 25. November 1795 an Schiller hervorgeht, wurde die Ausgabe bei Breitkopf & Härtel in Leipzig hergestellt, aber erst über ein halbes Jahr später ausgeliefert. Am 16. Juli 1796 kündigte der Verleger Schiller 6 _Exemplare Musik zum Tanz_ [an], _wovon Sie von Leipzig aus, mehrere erhalten werden._
Am 25. September 1795 hatte Schiller die Noten noch an Johann Gottfried Herder geschickt (Brief nicht erhalten), worauf sich letzterer am 30. September meldete. Dabei erörterte dieser recht ausführlich, wie eine passende Vertonung auszuführen sei: _... aber doch berge ich nicht den Wunsch, daß außer dieser wirklich schönen Musik, den Tanz ein eigentli-_

267

Verzeichnis der musikalischen Werke

cher Ton-Künstler componirte. Laßen Sie sich dabei nicht merken, wie Sie es wünschten, sondern laßen Ihn walten. Ein Stück dieser Art erfordert eine Gewandheit in luftigen Tönen, Sätzen, Sprüngen, Declamation, zu der der beste Liebhaber doch immer nur mit Mühe gelangt. Von selber werden sich im[m]er solche finden; und Reichard [also J. F. Reichardt, der aber dieses auch ihm angetragene Gedicht nicht vertont hat; → 1934] *sehe ich schon hüpfen, so bald er Text und Musik sieht.* Vorsichtshalber schloss er mit der Bitte, *dies Ihnen allein geschrieben seyn zu lassen; die Musik ist wirklich sehr schön. Nur sie ist – vielleicht von Ihnen selbst verleitet.* – Schiller, der wegen seine Freundschaft mit Körner natürlich etwas befangen war, ging in seiner Antwort gegenüber Herder am 3. Oktober 1795 auf die Vertonung nochmals ein und meinte: *Wenn Sie Körnern bloß einiges Dilettantenverdienst um den ›Tanz‹ zugestehen, so wird er zufrieden seyn. Den Gedanken in diesem Stück musicalisch auszudrücken, erfordert, da die Macht der Musik gewissermaßen der Gegenstand desselben ist, den ganzen Tonkünstler. Meine Instignationen, hoffe ich, sollen wenig Einfluß darauf gehabt haben, da mich Körner als einen vollkommenen Laien im Musikfache kennt. Auch habe ich bloß den Wunsch gegen ihn geäußert, daß die Idee eines Tanzes in der Composition möchte beibehalten werden, was ich auch noch jetzt für nothwendig halte.*

1248   Der Taucher (»Wer wagt es, Rittersmann oder Knapp'«)

Fehlzuschreibung (s. Brandstaeter, S. 35). – Am 19. Januar 1798 kommentierte Körner gegenüber Schiller einige Gedichte verschiedener Autoren, die im aktuellen ›Musen-Almanach‹ erschienen waren, und meinte dabei über den ›Taucher‹: *Ich weiß kein Gedicht, das mir beim Vorlesen so viel Genuß gäbe. So wenig es componirt werden kann, so sehr verträgt es, und fordert sogar eine gewiße Einheit der Melodie in der Declamation, die sich dem Gesang nähert.* Eine Vertonung kam für Körner selbst also nicht in Betracht. Erst in Zusammenhang mit C. F. Zelters Komposition, die Anfang 1802 fertig war und von Schiller sehr geschätzt wurde (→ 2973), brachte er gegenüber dem Dichter seine musikalischen Bedenken nochmals vor.

Nachdem Körner von Charlotte Schiller Mitte Juni 1802 eine Kopie von Zelters Lied erhalten hatte, schrieb er dem Dichter am 20. Juni 1802 und stimmte dessen günstiger Beurteilung nun zwar grundsätzlich zu, wobei er ebenfalls die *sehr glücklich gewählte* Melodie lobte. Dennoch kritisierte er das für einen Sänger aufgrund seiner Länge sehr anstrengende Stück: *Nur möchte ich wissen ob Zelter allein alle Strophen bis zu Ende singt. Da das Clavier keine Zwischenspiele hat, so ist es für die Brust des Sängers sehr angreifend, oder wenn er sich im Anfange schonen will, wird der Vortrag matt. Ich getraue mir nicht alle Strophen durchzusingen, ohngeachtet die Melodie sehr passend für meine Stimme ist. Auch verliert die schönste Musik ihren Reiz, wenn man sie über 20mal nacheinander unverändert hört.*

Ohne dies für sich selbst in Betracht zu ziehen, entwarf Körner anschließend eine originelle Lösung für die Vertonung: *Ich würde vorschlagen einen Theil der Ballade in der Mitte zu declamiren, etwa von dem Verse an: Und stille wirds über dem Wasserschlund bis zur Erzählung der Knappen* [entspricht den V. 49–90]. *Mit dieser träte die Musik wieder ein bis zum Schluß. Oder verschiedene Personen singen zu lassen, den König, den Erzähler, den Knappen, die Zuschauer, die Tochter des Königs.* – Brandstaeter bezog sich auf diese Überlegungen und interpretierte sie als Beleg, dass Körner die Ballade auf Schillers Wunsch tatsächlich vertont habe: Der Dichter *versuchte trotz der breiten Schilderung Körner zur Composition (die er 1802 sogar dramatisch zu besetzen dachte).*

1249   Der Triumph der Liebe, eine Hymne (»Selig durch die Liebe«)
        Besetzung nicht klärbar

Unveröffentlicht; verschollen. – Körner schrieb am 31. Oktober 1788 an Schiller, dass er *jetzt mit dem letzten Theil von der Hymne an die Liebe beschäftigt* [sei], *aber es geht langsam von Statten, weil ich mich selten in Stimmung fühle, und nicht gern etwas mittelmäßiges machen möchte.* Vermutlich setzte Körner seine Bemühungen noch einige Zeit fort, da Schiller noch am 12. Dezember 1788 Caroline von Beulwitz mitteilte: *Ich hoffe auch, daß seine* [Körners] *Composition auf die Hymne, die er mir versprochen hat, nun bald fertig seyn soll.* Indessen hatte Körner seine Bemühungen damals offenbar schon aufgegeben; von einer Zusendung (auch einzelner Teile) an Schiller ist nichts bekannt.

_____ Die Komponisten und ihre Werke

1250 Des Mädchens Klage (»Der Eichwald brauset«)
Für eine Singstimme mit Klavierbegleitung

QUELLE: WV/Körner, S. 39 (mit der vollständigen Wiedergabe einer Strophe, sonst unveröffentlicht) und S. 161.

Die Räuber. Ein Schauspiel

1251 – 3. Akt, 1. Szene (Amalia: »Schön wie Engel, voll Walhallas Wonne«)
Vermutlich für eine Singstimme mit Klavierbegleitung

Unveröffentlicht; verschollen (vgl. WV/Körner, S. 160). – Musikbeilage zum Päckchen, das Körner am 4. oder 5. Juni 1784 zusammen mit seinen Leipziger Freunden anonym an Schiller geschickt hatte (zugleich erste Kontaktaufnahme): *Zur Probe ob ich Sie verstanden habe ich ein Lied von Ihnen zu componiren versucht. Außer der Art die ich gewählt habe, gab es noch zwey: jede Strophe anders, oder wenigstens 3 Melodien, für die 1ste und 3te, für die 2te und 4te, und für die letzte. Aber beydes schien mir dem Charackter eines für sich bestehenden Liedes weniger angemessen. Abänderungen in Rücksicht auf Tempo, Tackt, Stärke und Schwäche bleiben natürlicher Weise bey jeder Strophe nothwendig, und die angegebenen sind bloß die unentbehrlichsten.* – Brandstaeter nennt stattdessen unter Hinweis auf die erste Korrespondenz mit Schiller irrtümlich ›Hektors Abschied‹ (S. 31).

Die vier Weltalter (»Wohl perlet im Glase der purpurne Wein«); hier in der Gedichterstfassung mit dem Titel: Der Sänger

In zwei Vertonungen belegbar, deren Chronologie aber nicht sicher bestimmt werden kann.

1252 Vertonung A
Rundgesang für drei Solosänger, Chor und Generalbass

Schiller hatte die Erstfassung des Gedichts zusammen mit ›An die Freunde‹ am 4. Februar 1802 an Körner mit der Bitte um möglichst rasche Vertonung geschickt. Sie sollten bereits im für den 17. Februar geplanten »Mittwochskränzchen« gesungen werden (dieses Treffen kam aber nicht zustande; vgl. hierzu den Kommentar zu Körners Vertonung ›An die Freunde‹; → 1245). – Zur Musik erklärte Schiller im selben Brief: *Zu dem Sänger wünschte ich eine recht belebte, dithyrambische* [wohl gemeint »begeisterte« oder »schwungvolle«] *Musik, um eine recht exaltierte Stimmung auszudrücken. Die 2 lezten Verse würden immer im Chor wiederhohlt und erforderten also eine Variation.* – Körner schickte diese Vertonung am 10. Februar nach Weimar und meinte (mit vorsichtigem Hinweis auf das nicht immer exakt durchgehaltene Versmaß) dazu: *Wo statt des Anapästs andre Füße gebraucht sind, werden kleinere Abänderungen nöthig. Wer sich auf Musik und Rhythmus versteht, bedarf darüber keines Fingerzeigs.* Die anschließende Bemerkung lässt darauf schließen, dass es sich bei dieser Version um die Erstvertonung handelt: *Der letzte Vers wird zuletzt nur von den drey* [!] *besten musikalischen Stimmen wiederholt. Ich wünschte, daß diese Stelle vorher probirt würde, weil ich mir von der richtigen Ausführung eine gute Wirkung verspreche* (im Kommentar der NA wird dies jedoch umgekehrt vermutet; vgl. Bd. 31, S. 400). – Uraufführung in Weimar, vermutlich im Rahmen eines Konzertes, am 14. März 1802 (ebd., S. 457).

QUELLE: WV/Körner, S. 159 (unveröffentlichtes Autograph der Vokalpartien mit unbeziffertem Instrumentalbass).

1253 Vertonung B
Rundgesang für zwei Singstimmen mit Klavierbegleitung

QUELLE: WV/Körner, S. 161 (demnach unveröffentlicht; autographe Niederschrift der Vokalpartien mit vollständig ausgesetztem Klaviersatz erhalten).

1254 Dithyrambe (»Nimmer, das glaubt mir, erscheinen die Götter«); hier unter dem Titel der Gedichterstfassung: Der Besuch
Vermutlich für eine Singstimme mit Klavierbegleitung

Unveröffentlicht; verschollen. – Nachdem sich Schiller gegenüber Körner am 21. November 1796 über Zelters für den ›Musen-Almanach für das Jahr 1797‹ bestimmte Vertonung des

269

Verzeichnis der musikalischen Werke

Gedichts (→ 2983) vorsichtig-positiv geäußert hatte, antwortete der Freund am 25. November deutlich kritischer und fügte gleich noch eine eigene Version bei (Noten nicht erhalten): *An Zelters Composition des Besuchs habe ich nur zu tadeln, daß er den lieblichen Rhythmus des Gedichts zerstört hat. Diesen Fehler wenigstens hoffe ich in der Beylage vermieden zu haben.*

1255 Kassandra (»Freude war in Trojas Halle«)
Besetzung nicht bestimmbar

Begonnene, aber nicht beendete Vertonung. – Schiller hatte am 9. September 1802 das noch unveröffentlichte Gedicht an Körner geschickt: *Vielleicht reizt es Dich, eine Melodie dazu zu setzen.* Körner antwortete am 19. September 1802 und äußerte sich zunächst über eine adäquate dichterischen Bearbeitung des Sujets: *Beym ersten Lesen der Cassandra entstand freylich die Idee, daß ich für diesen Stoff eine dramatische Behandlung von Dir gewünscht hätte. Ich dachte schon auf einen Plan, musikalische Pracht mit der Darstellung zu verbinden. Die Chöre der Griechen und Trojaner, und die festlichen Handlungen im Tempel gäben einen herrlichen Stoff zu einer Oper. Nur giebt es für das Drama keinen befriedigenden Schluß. Der eigentliche Schluß ist die Zerstörung von Troja, und bey Deiner Behandlung erscheint sie im Hintergrunde. [...] Eine Composition des Gedichts halte ich für sehr schwer. Einzelne Materialien dazu sind mir eingefallen, aber ich zweifle an dem Erfolg.*

Wallenstein. Ein dramatisches Gedicht – I. Wallensteins Lager

1256 – V. 1052ff. (Zweiter Kürassier: »Wohl auf, Kameraden, auf's Pferd«)
Vermutlich Rundgesang; Besetzung nicht zuverlässig klärbar

Unveröffentlicht; verschollen. – Schiller hatte Körner am 7. April 1797 den Text des Gedichtes zugeschickt und dazu eher beiläufig bemerkt: *Innliegendes Reiterlied ist aus dem Wallenstein. Vielleicht hast Du Lust, es zu componieren.* Körner legte die Vertonung seinem Brief vom 29. Mai an den Dichter bei, worauf dieser am 18. Juni antwortete: *Deine Composition habe ich noch nicht recht ordentlich singen hören. So wie sie mir jezt ist gespielt und gesungen worden, hat sie mir zu wenig Feuer, und die dritte und vierte Zeile jeder Strophe, worauf gewöhnlich der Accent des Sinnes liegt, scheinen mir zu schwach angedeutet.* Körner suchte am 25. Juni 1797 nach Erklärungen für den ungünstigen Eindruck und ging dabei noch grundsätzlich auf seine Ansichten zur Vertonung ein: *Bey meiner Composition des Reuterliedes ist freylich viel vom Tempo und von einem gewissen Nachdruck beym Singen abhängig. Vielleicht wurde es zu langsam gespielt. Auch muß es mehr gesprochen als gesungen werden. Die Mitte mag vielleicht nicht das beste seyn; aber dieß ist der Fall bey den meisten von meinen Liedern. Anfang und Schluß sind mir das wichtigste, und wenn ich hierzu einen brauchbaren Gedanken habe, so fange ich an aufzuschreiben und das Mittel, was allemal zuletzt fertig wird, suche ich darnach einzurichten, mache es auch zuweilen mit Fleiß des Contrasts wegen schwächer.* Am 7. November 1797 schickte Körner sein »Reiterlied« an Schiller *in einer anderen Form, so daß jeder Vers* [sicherlich Strophe gemeint] *besonders geschrieben ist*; es dürfte sich dabei also weniger um eine musikalisch überarbeitete Version gehandelt haben, sondern nur um eine ausnotierte Fassung der zweifellos strophischen Vertonung – so konnten die durch die Unregelmäßigkeiten im Versbau erzwungenen Varianten in der Melodie eindeutig dargestellt werden. – Wilhelm von Humboldt lernte die erste Version dieser Vertonung übrigens am 17. Juni kennen und berichtete Schiller am folgenden Tag, dass Körner sie ihm vorgesungen habe. [Sie] *macht eine sehr lebendige Wirkung, und zeichnet mit den wenigen, aber so festen und bestimmten Strichen auf eine unnachahmliche Weise den Charakter dieses wilden wüsten ewig umgetriebenen Lebens, den es zu schildern bestimmt ist. Dabei hat es in so hohem Grade die Natur eines Liedes, das[s] es gewiß, in einer glücklichen und leichten Melodie vorgetragen, eine sehr populäre Verbreitung gewinnen wird.*

KÖRNER, Georg (1867–1953)

1257 Sehnsucht (»Ach, aus dieses Tales Gründen«)
Vierstimmiger Männerchor (TTBB) a cappella, op. 17

_____ Die Komponisten und ihre Werke

Dresden: Seeling 1905. – Partitur, Stimmen. – Hofmeister (1904–1908), S. 397. Pazdírek Bd. 6, S. 622. *Dt. Musiker-Lex.* 1929, Sp. 728. Dupont, *Nürnberger Komponisten*, S. 140.

KÖRNER, Theodor (?–?)

1258   Der Alpenjäger (»Willst du nicht das Lämmlein hüten«)
Für eine Singstimme zur Gitarre
Nr. 1 in: ders., *Drei Lieder* [nach Gedichten von Friedrich Schiller]. – München: Lewy, o. A. – Hofmeister (1904–1908), S. 397.

1259   Die Teilung der Erde (»Nehmt hin die Welt«)
Für eine Singstimme zur Gitarre
Nr. 2 in: ders., *Drei Lieder* → 1258

1260   Hoffnung (»Es reden und träumen die Menschen viel«)
Für eine Singstimme zur Gitarre
Nr. 3 in: ders., *Drei Lieder* → 1258

KÖSZEGHY, Pèter (geb. 1971)

1261   Die Macht des Gesanges (»Ein Regenstrom aus Felsenrissen«)
Für Sprecher/in und Streichquartett *zum 200. Todestag Friedrich Schillers*
Berlin: Edition Juliane Klein 2006. – Partitur (Verl.-Nr. *EJK 0174*). – Original (Slg. GG).

Mit kurzer Vorbemerkung, in der einige Besonderheiten der Notation erläutert werden. – *Das Stück ist Karin Riemann gewidmet. Ohne ihre Hilfe hätte ich den Geist Schillers nie verstanden. Danke* (auf der ersten Partiturseite nochmals, aber in verkürzter Form: *für Karin*); hier auch der Hinweis: *Die Besetzung mit einer Sprecherin wäre von Vorteil.*

KÖTTLITZ, Adolf (1820–1860)

Wilhelm Tell. Schauspiel

1262   – V. 1ff. (Fischerknabe: »Es lächelt der See«)
Für eine Singstimme mit Klavierbegleitung
Nr. 1 in: ders., *Frühlings-Album. Sechs Gesänge.* – Königsberg in Preussen: Pfitzer & Heilmann, o. A. – HMB 1852/2, S. 36.

KOLB, Gustav (?–?)

1263   Der Alpenjäger (»Willst du nicht das Lämmlein hüten«)
Für zweistimmigen Schüler- oder Kinderchor mit Klavierbegleitung ad libitum
Nürnberg: Schmid 1900. – Klavierpartitur, Singstimmen. – Hofmeister (1904–1908), S. 393.

KOLBE, Oscar (1836–1878)

Wallenstein. Ein dramatisches Gedicht – III. Wallensteins Tod

1264   *Wallensteins Tod.* Ouvertüre für Orchester
Undatierte handschriftliche (autographe?) Partitur. – Sonneck, *Orchestral Music*, S. 241.

271

Verzeichnis der musikalischen Werke

KOLLER, Philipp (?–?)

Wilhelm Tell. Schauspiel

1265 – V. 1447ff. (Rösselmann: »Wir wollen sein ein einzig' Volk von Brüdern«) Lebendes Bild mit Orchesteruntermalung, hier unter dem Titel: *Rütlischwur* Zu den ca. letzten zwölf Takten in: ders., *Rütli-Fantasie. Schweizer Weisen* [für großes Orchester mit Violinsolo und unsichtbarem vierstimmigen Männerchor (TTBB) ad libitum], op. 11. – Offenbach am Main: André, o. A. – Orchester- und Chorstimmen; Klavierauszug (Verl.-Nr. *16728*). – Original (Slg. GG). Hofmeister (1914–1918), S. 227.

Der hohen Bundesversammlung der Schweizerischen Eidgenossenschaft gewidmet. – Motto eines unbekannten Verfassers auf der Titelseite: *Von ferne sei herzlich gegrüßet, / Du stilles Gelände am See, / Wo spielend die Welle zerfließet, / Genähret vom ewigen Schnee* (zugleich Text des Männerchors). – Das »lebende Bild« bildet die Schlussapotheose mit dem szenischen Hinweis: *Bei patriotischen Anlässen kann zum Schluss der Komposition ein lebendes Bild (ev. Marmorgruppe) »Rütlischwur« erscheinen.*

KOLLO, Walter (1883–1940)

Das Lied von der Glocke (»Fest gemauert in der Erden«)

– V. 318 (»Arbeit ist des Bürgers Zierde«)

1266 *Aber Sonntags (»Arbeit ist des Bürgers Zierde«)*; Textverfasser unbekannt Couplet für eine Singstimme mit Klavierbegleitung Berlin: Universal-Verlag »Favorit«, o. A. – Hofmeister (1904–1908), S. 393.

KOMMA, Karl Michael (1913–2012)

1267 Das Unwandelbare (»Unaufhaltsam enteilet die Zeit«) Für Sopran mit Klavierbegleitung Nr. 3 in: ders., *Sieben Epigramme für Sopran und Klavier* Kopie der autographen Reinschrift, 2005. – Freundliche Zusendung vom Komponisten.

Widmung: Meiner lieben Charlotte zum 1. Februar 2005. – Uraufführung: Stuttgart, 25. April 2005 (Stadtbücherei im Wilhelmspalais); Ulrike Sonntag (Sopran) und Thomas Seyboldt (Klavier).

1268 Der Gürtel (»In dem Gürtel bewahrt Aphrodite der Reize Geheimnis«) Für Sopran mit Klavierbegleitung Nr. 6 in: ders., *Sieben Epigramme* → 1267

1269 Jugend (»Einer Charis erfreuet sich jeder im Leben«) Für Sopran mit Klavierbegleitung Nr. 2 in: ders., *Sieben Epigramme* → 1267

Sprüche des Konfuzius

1270 – Nr. 1 (»Dreifach ist der Schritt der Zeit«)
1271 – Nr. 2 (»Dreifach ist des Raumes Maß«)

Gemischtes Vokalterzett (SAT) mit Instrumentalbegleitung (Fl., Klar., Fg., Vl., Va., Vc.)

2004 als Auftragswerk der Internationalen Hugo-Wolf-Akademie zum Schiller-Jahr 2005 komponiert. – Uraufführung: Stuttgart, 26. Februar 2005 (Kultur- und Kongresszentrum

Die Komponisten und ihre Werke

Liederhalle, Mozartsaal), mit JaeEun Lee (Sopran), Fumiko Hatayama (Alt) und Christoph Späth (Tenor). – Zur Textwahl erklärte Komma: _Es war klar, dass Balladen oder umfangreiche Gedichte ebenso wenig in Frage kamen wie Texte, die in der großen Musikliteratur bereits gültige Vertonungen erfahren hatten. Mein Blick fiel auf Gedankenlyrik mit Symbolcharakter._ Bei der Konzeption der Komposition spiegelt sich die in den Gedichten angesprochene Dreizahl nicht nur in der musikalischen Ausführung wider (etwa bei der Anzahl der Formabschnitte, der Taktwahl oder der Intervallik), sondern auch in der Besetzung mit je drei Vokalsolisten, Holzbläsern und Streichinstrumenten.

QUELLE: Programmheft der Uraufführung (Slg. GG).

1272   Tabulae votivae – An den Dichter (»Lass die Sprache dir sein«)
Für Sopran mit Klavierbegleitung
Nr. 5 in: ders., _Sieben Epigramme_ → 1267

1273   Tonkunst (»Leben atme die bildende Kunst«)
Für Sopran mit Klavierbegleitung
Nr. 7 in: ders., _Sieben Epigramme_ → 1267

1274   Unsterblichkeit (»Vor dem Tod erschrickst du?«)
Für Sopran mit Klavierbegleitung
Nr. 4 in: ders., _Sieben Epigramme_ → 1267

1275   Zenith und Nadir (»Wo du auch wandelst im Raum«)
Für Sopran mit Klavierbegleitung
Nr. 1 in: ders., _Sieben Epigramme_ → 1267

KOMZÁK, Karl (1850–1905)

Es könnte sich auch um eine Komposition von Karl Komzák jr. (1878–1924) handeln.

1276   Das Mädchen aus der Fremde (»In einem Tal bei armen Hirten«)
Vierstimmiger Männerchor (TTBB) mit Tenor solo a cappella, op. 305
Leipzig: Robitschek, o. A. – Partitur, Stimmen. – Hofmeister (1904–1908), S. 394.
Pazdírek Bd. 6, S. 637.

KONNERKNECHT, Hans (?–?)

Die Jungfrau von Orleans. Eine romantische Tragödie

1277   Schauspielmusik

Uraufführung im Rahmen der Premiere: Trier, Mitte November 1934 (Stadttheater), mit Anneliese Schulze in der Titelrolle.

QUELLE: _Nationalblatt Trier_ vom 15. November 1934 (Premierenkritik; DLA).

KONRADIN, Karl Ferdinand (1833–1884)

Nachname gelegentlich auch: _Conradin._

Turandot, Prinzessin von China. Ein tragikomisches Märchen nach Carlo Gozzi von Friedrich Schiller

1278   _Turandot. Singspiel_ in einem Akt; Libretto von Erik Neßl [d. i. Hippolyt-Joseph Kneißler – auch: Kneisser]

Uraufführung: Wien, 29. November 1866 (Harmonietheater). – Offenbar handelte es sich mindestens z. T. um ein Pasticcio: ... _in der Operette [...] gefielen nur einige eingelegte Offenbach'sche Melodien_ (unpaginierte _Beilage zu Nr. 810 der ›Neuen Freien Presse‹,_ Morgenblatt

Verzeichnis der musikalischen Werke

vom 30. November 1866, [S. 5]). – Des weiteren s. Schaefer, S. 68 (hier als *Operette* bezeichnet), bzw. Stieger (gibt den Namen des Librettisten mit *Kreißler* wieder).

KOPETZKY, Wendelin (1844–1899)

Des Mädchens Klage (»Der Eichwald brauset«)

1279 *Des Mädchens Klage.* Lied ohne Worte für Klavier
Leitmeritz: Martin, o. A. – HMB 1876/2, S. 21.

KOPF, Klaus-Dieter (geb. 1941)

1280 Punschlied (»Vier Elemente, innig gesellt«)
Gemischter Chor a cappella
In: ders., *Fünf Lieder für gemischten Chor*

Uraufführung dieses Chorsatzes: Magdeburg, 23. Juni 1988 (Konzerthalle), der Singkreis Magdeburg unter der musikalischen Leitung von Frank Satzky (s. *DDR-Uraufführungen* 1988, S. 120; ohne weitere Informationen).

KORN, Peter Jona (1922–1998)

Turandot, Prinzessin von China. Ein tragikomisches Märchen nach Carlo Gozzi von Friedrich Schiller

1281 *Turandot-Variationen über ein Thema von Carl Maria von Weber* für Klavier, op. 53
München: Korn, o. A. – Homepage des Verlages.

1973 komponiert; wird bei Simbriger noch als unveröffentlicht erwähnt (vgl. Erg.bd. 6, S. 91). – Uraufführung: Vaterstetten bei München, 1982, von Barbara Korn, die Ehefrau des Komponisten (Klavier). – Es handelt sich um Variationen über das *ächt chinesische Thema* der Ouvertüre aus C. M. v. Webers Schauspielmusik (→ 2808).

KORNGOLD, Erich Wolfgang (1897–1957)

Der Ring des Polykrates (»Er stand auf seines Daches Zinnen«)

1282 *Der Ring des Polykrates.* Oper in einem Akt, op. 7; Libretto von Leo Feld (d. i. Leo Hirschfeld) und Julius Leopold Korngold frei nach dem gleichnamigen Lustspiel von Heinrich Teweles
Mainz: Schott 1916. – Partitur (Verl.-Nr. *30240*); Klavierauszug von Ferdinand Rebay (Verl.-Nr. *30341*). – BSB-Musik Bd. 9, S. 3453. Original (Slg. GG). *Pipers Enzyklopädie* Bd. 3, S. 316ff.

Im wesentlichen 1914 komponiert. – Uraufführung: München, 28. März 1916 (Königliches Hoftheater), mit Karl Erb (Wilhelm) und Maria Ivogün (Laura), unter der Leitung von Bruno Walter. – Das zentrale Motiv der Ballade – die Opferung persönlich besonders wertvoller Gegenstände um die Gunst der Götter zu erlangen – wurde in eine Bühnenhandlung übertragen. Wilhelm und seine Frau Laura führen ein außergewöhnlich glückliches Leben. Doch in der 6. Szene (Klavierauszug, S. 44ff.) erzählt Peter Vogel seinem Freund Wilhelm von Schillers Ballade, die er soeben im neuesten Almanach kennen gelernt habe: »*Wo so ein König da drunten am Meer sein Glück umfasst von seines Daches Zinnen, na kurz, ein Glückskind, so wie du! Dem ruft der Gastfreund warnend zu: ›Um zu versöhnen der Götter Neid, zu einem Opfer sei bereit!‹*« Beim letzten, in den Musikalien wie ein Zitat gekennzeichneten Satz handelt es sich gleichwohl um keinen originalen Vers aus Schillers Ballade. – Da es sich um kein abendfüllendes Werk handelt, wurde damals noch Korngolds gleichfalls einaktige Oper ›*Violanta*‹ uraufgeführt.

Daraus

· *Tagebuch-Szene der Laura* für Sopran und Klavier (*»Kann's heut' nicht fassen, nicht versteh'n«*). – Ebd. – Verl.-Nr. *30351*. – Antiquariat Schneider Kat. 454, Nr. 221.

Es handelt sich um die 4. Szene mit einer liedhaften Gesangsnummer (Klavierauszug, S. 25ff.).

KOTHE, Wilhelm (1831–1899)

Macbeth. Zur Vorstellung auf dem Hoftheater in Weimar eingerichtet von Friedrich Schiller

1283 – V. 741ff. (Pförtner: »Verschwunden ist die finst're Nacht«); hier unter dem Titel: *Morgenlied* (Untertitel: *Pförtnerlied*)
Vierstimmiger gemischter Chor (SATB) a cappella
Nr. 59 in: *Cäcilia. Sammlung vierstimmiger gemischter Chöre, meistens Originalkompositionen deutscher Tonsetzer der Gegenwart für Cäcilienvereine und höhere Lehranstalten*, hg. von Johannes Diebold. – Regensburg: Feuchtinger & Gleichauf, o. A. – Partitur (Verl.-Nr. *1005*). – HMB 1893/11, S. 482. Original (Slg. GG; hier die 5. Auflage, jetzt nur bei Feuchtinger und als *op. 50* gezählt).

Das mit *Freiburg, 1893* datiert Vorwort enthält keine Hinweise auf inhaltliche Veränderungen (der Werkbestand von insgesamt 130 Nrn. dürfte also bisher unverändert geblieben sein). – Die vorgelegte Sammlung solle *auf katholische Verhältnisse gebührend Rücksicht* nehmen und *textlich wie musikalisch nur Wertvolles bieten* [...]. *Es wurde darum nicht allzuviel aus dem soliden, reinen Quell der älteren Meister, auch nicht aus dem schon bekanntem Neuen geschöpft*, sondern *eine weitüberwiegende Anzahl von Originalkompositionen bedeutender Tonsetzer jetziger Zeit* eingefügt (auch bei W. Kothes Schiller-Vertonung scheint es sich um einen solchen Originalbeitrag zu handeln). Wegen den Zielgruppen sei darauf geachtet worden, *in Bezug auf die Liedertexte* [...] *möglichst alles Erotische* zu vermeiden; in musikalischer Hinsicht habe man Begrenzungen beim *Tonumfang, der Ausdehnung, musikalischen Faßlichkeit und technischen Schwierigkeit* berücksichtigt. *Am stärksten vertreten ist das Volkslied, sowie das volkstümliche Strophenlied, da es ohne Zweifel durch seine mächtige Wirkung (besonders im Massengesang) mehr geeignet ist, Herz und Geschmack alltäglicher Sänger zu bilden, als alle ferne liegenden, hochfliegenden Bestrebungen.*

KRACKE, Hans (1910–1989)

1284 Punschlied (»Vier Elemente, innig gesellt«)
Vierstimmiger Männerchor a cappella
Wien: Robitschek 1978. – Partitur (*Chorblattreihe Robitschek*, Nr. *688*). – Partitur (Verl.-Nr. *8426*). – Hofmeister (1981), S. 145. ÖNB (Online-Katalog).

KRAFT, Anton (1749–1820)

1285 An die Freude (»Freude, schöner Götterfunken«)
Vierstimmiger gemischter Chor (SATB) mit Streichern (Vl. 1 2, Va., Kb.) oder mit Klavierbegleitung
Nr. 9 in: [9] *Chöre für vier Singstimmen mit Begleitung eines Streichquartetts oder Pianoforte*. – Undatierte Abschrift (Stimmen). – RISM-OPAC.

KRAKAUER, Erich (1887–?)

Veröffentlichte auch unter dem Pseudonym *Edgar Cleve*.

Wilhelm Tell. Schauspiel

1286 – V. 1ff. (Fischerknabe: »Es lächelt der See«); hier unter dem Titel: *Lied des Fischerknaben*
Für eine Singstimme mit Klavierbegleitung
Nr. 1 (einzeln) in: ders., *Vier Lieder*. – Berlin: Ries & Erler, o. A. – Hofmeister (1909–1913), S. 409.

KRALL, Johann Baptist (?–?)

1287 An Emma (»Weit in nebelgrauer Ferne«)
Für eine Singstimme mit Klavierbegleitung, op. 14
Wien: Mechetti, o. A. – Weinmann (Mechetti), S. 44 (demnach *1828* erschienen).

KRAMM, Georg (1856–1910)

Don Carlos. Infant von Spanien. Ein dramatisches Gedicht

1288 Schauspielouvertüre für Orchester
1884 in Düsseldorf komponiert und dort am 16. Oktober d. J. in einem Symphoniekonzert der städtischen Kapelle uraufgeführt (Tonhalle); unveröffentlicht (s. Schaefer, S. 26f.).

KRANNIG, Simon (1866–1936)

Wilhelm Tell. Schauspiel

1289 – V. 1447ff. (Rösselmann: »Wir wollen sein ein einzig' Volk von Brüdern«)
Männerchor a cappella, op. 73
Leipzig: Forberg, o. A. – Partitur, Stimmen. – Hofmeister (1919–1923), S. 233.

KRANZ, Johann Friedrich (1752–1810)

1290 Oberon. Oper. Libretto von Schiller nach Christoph Martin Wielands ›*Oberon. Ein Gedicht in 14 Gesängen*‹
Bis auf den Text zu einer Arie des Scherasmin (»Ich wag's mit jedem andern«) nicht ausgeführt (wiedergegeben in NA Bd. 2 I, S. 421). – In seinem Brief vom 19. Dezember 1787 an Körner ging Schiller auf dessen Anregung ein, sich auch einmal mit einem Opernlibretto zu beschäftigen, und berichtete dann, *daß ich Wieland habe versprechen müssen den Oberon doch noch zu bearbeiten und ich halte es wirklich für ein treffliches Sujet zur Musik. Es wird hier ein Musicus Kranz von Reisen zurück erwartet, der sehr große Erwartungen erregt und dem ich es wahrscheinlich übergebe.* Körner, der sowohl mit der literarischen Vorlage als auch mit dem gewählten Komponisten unzufrieden war, antwortete am 24. Dezember 1787: *Daß Du aus dem Oberon eine Oper machen willst, behagt mir nicht. Warum nicht selbst ein Sujet erfinden? […] Auch mußt Du einen berühmten Componisten anstellen. Naumann wird gern für Dich arbeiten* [→ 1738]. *Warum willst Du Dich mit einem Anfänger einlassen?* – Kranz war seit 1778 Hofmusikus in Weimar, befand sich aber seit 1781 zur weiteren Ausbildung in Italien, von wo er erst 1789 wieder zurückkehrte.

Die Komponisten und ihre Werke

Wallenstein. Ein dramatisches Gedicht – I. Wallensteins Lager

1291 Teile der Schauspielmusik

1. _Rekrutenlied_ – V. 394ff. (Rekrut: »Trommeln und Pfeifen«)

2. _Marsch_

Unveröffentlicht; verschollen? (MGG2 _Personenteil_ Bd. 10, Sp. 612). – Anlässlich der Uraufführung von Schillers Schauspiel komponiert und in diesem Zusammenhang am 12. Oktober 1798 zur Wiedereröffnung des Hoftheaters in Weimar erstmals gespielt. Karl Eberwein, der die Vorstellung allerdings irrtümlich auf den 18. Oktober datiert, berichtet darüber in seinem Aufsatz ›Goethe als Theaterdirektor‹, der 1857 in der Zeitschrift ›Europa‹ (Nr. 17) erschien: _Der Marsch und das Rekrutenlied sind von Kranz_ (zitiert nach: _Goethes Schauspieler und Musiker. Erinnerungen von Eberwein und Lobe._ Mit Ergänzungen von Wilhelm Bode. Berlin: Mittler 1912, S. 41). – Beim »Reiterlied« (»Wohl auf, Kameraden, auf's Pferd«), das RISM-OPAC unter Kranz' Namen nachweist, handelt es sich allerdings um die Bearbeitung der berühmten Vertonung von Chr. J. Zahn (→ 2951).

KRAUS, Joseph Martin (1756–1792)

Maria Stuart. Ein Trauerspiel

1292 Zwischenaktsmusiken (vier Sätze) für kleines Orchester (Ob. 1 2, Fg., Hr. 1 2, Vl. 1 2, Va., Kb.)
Undatierte handschriftliche Partitur. – RISM-OPAC.

Für Aufführungen des Trauerspiels im späten 19. Jahrhundert angefertigt, mit der Aufschrift auf dem Umschlag: _Zwischenakts=Musik zu_ [Johan Henrik] _Kellgrens ›Olimpie‹, späterhin benutzt zu ›Maria Stuart‹._ Kraus' Schauspielmusik zu einer schwedischen Adaption des gleichnamigen Schauspiels von Voltaire, die am 7. Januar 1792 in Stockholm uraufgeführt worden war, ist wesentlich umfangreicher.

KRAUSS, Rudolf (1889–1960)

1293 Hoffnung (»Es reden und träumen die Menschen viel«)
Vierstimmiger gemischter Chor a cappella
Nr. 3 in: ders., _Vier Lieder für vierstimmigen gemischten Chor_

Wohl unveröffentlicht (s. Simbriger Erg.bd. 3, S. 118).

1294 Punschlied (»Vier Elemente, innig gesellt«)
Vierstimmiger gemischter Chor a cappella
Nr. 4 in: ders., _Vier Lieder für vierstimmigen gemischten Chor_ → 1293

KREBS, Franz Xaver Cajetan (1763–1841)

Brandstaeter weist den Komponisten der beiden anschließend genannten Vertonungen als _H. Krebs_ nach (S. 35).

1295 Der Gang nach dem Eisenhammer (»Ein frommer Knecht war Fridolin«); hier unter dem Titel: _Fridolin_
Ballade ganz durchgeführt für eine Singstimme zur Gitarre, op. 11
Leipzig: Peters [1816]. – Verl.-Nr. _1237._ – RISM KK 1939 I,4. Whistling 1828, S. 1117.

1296 Die Bürgschaft (»Zu Dionys, dem Tyrannen schlich Damon«)
Für eine Singstimme zur Gitarre (o. op.)
Leipzig: Peters [1817]. – Verl.-Nr. _1310._ – RISM KK 1939 I,3. Whistling 1828, S. 1117.

Verzeichnis der musikalischen Werke

KREBS, Helmut (1913–2007)

Der Parasit. Ein Lustspiel (nach dem Französischen)

1296+1 *Der Parasit.* Musikalische Komödie in drei Akten nach Friedrich Schiller und Louis-Benoit Picard, op. 15; Libretto von Werner E. Hinz
Mainz: Astoria, o. A. – Aufführungsmaterial (Verl.-Nr. *2963*). – Original (Leihmaterial; vom Schott-Verlag in Mainz erhalten).

In Versionen mit kleinem bzw. großem Orchester aufführbar (je 1 Fl., Ob., Klar., Fag., Trp., Pos., 2 Hr., Schlagwerk, Klav. u. Str., bzw. je 2 Fl. m. Picc., Ob., Klar., Fag., 4 Hr., 2 Trp., 3 Pos., Schlagwerk, Klav. u. Str.).

KREBS, Johann Baptist (1774–1851)

1297 Sehnsucht (»Ach, aus dieses Tales Gründen«)
Für eine Singstimme mit Klavierbegleitung
Undatierte Abschrift (vermutl. Anfang 19. Jahrhundert). – Original (DLA).

· Fassung für vierstimmigen gemischten Chor (SSTB) a cappella; Nr. 156 in: Conrad Kocher, *Bardenhain* → 1224

KREBS, K. (?–?)

Vielleicht identisch mit Carl Krebs (1857–1937), der seit 1881 in Berlin lebte, in der Literatur allerdings nur als Musikschriftsteller nachgewiesen ist; vgl. *Dt. Musiker-Lex.* 1929, Sp. 754f.

1298 Sehnsucht (»Ach, aus dieses Tales Gründen«)
Für eine Singstimme mit Klavierbegleitung
Adliswil-Zürich: Ruh, o. A. – Hofmeister (1909–1913), S. 414.

KREBS, Karl August (1804–1880)

Wirklicher Name (vor Adoption): *Miedcke* bzw. *Miedke* (vgl. Mendel Bd. 6, S. 145, bzw. Frank/Altmann Bd. 1, S. 317).

1298+1 *Festkantate* [zur Schiller-Feier 1859 in Dresden]; Text: [Julius?] Pabst
Für vier Soli (SATBar), Chor und Orchester

Aus diesem Anlass komponiert; wohl nicht veröffentlicht. – Uraufführung: Dresden, 10. November 1859, *Soli gesungen von den Damen* [Jenny] *Bürde-Ney*, [Aloysia] *Krebs-Michalesi* [Ehefrau des Komponisten], den HH. Rudolf und [Anton] Mitterwurzer, vermutlich unter der Leitung des Komponisten (s. *Recensionen und Mittheilungen über Theater und Musik* vom 9. November 1859, S. 726).

KREIS, Otto (1890–1966)

Wilhelm Tell. Schauspiel

1299 – V. 1447ff. (Rösselmann: »Wir wollen sein ein einzig' Volk von Brüdern«)
Männerchor a cappella
Nr. 1 (einzeln) in: ders., *Sechs Gesänge für Männerchor*, op. 33. – Zürich: Hug, o. A. – Partitur. – Hofmeister (1940), S. 52.

278

KREMPLSETZER, Georg (1827–1871)

Gelegentlich auch: *Krempelsetzer* (s. Mendel Bd. 7, S. 152).

Der Ring des Polykrates (»Er stand auf seines Daches Zinnen«)

1299+1 *Der Ring des Polykrates.* Burleske mit Gesang und Tanz in einem Akt; Libretto von August Schäffler
[München] ohne bibliogr. Angaben, 1869. – Libretto. – BSB (Online-Katalog).

Offenbar ist nur das Libretto veröffentlicht worden (ohne Erscheinungsvermerk; Ortsangabe erschlossen, s. den Online-Katalog der BSB). – Uraufführung: Sicher in München, 1869, der Akademische Gesangverein: *Lieder, Duette und Scenen von überwältigender Komik wechselten mit den gelungenen Nummern, die er zu einer Reihe von Possen für den akademischen Gesangverein schrieb* (Mendel Bd. 7, S. 153). – Kremplsetzer, der als einer der ersten Komponisten Texte von Wilhelm Busch vertont hat und v. a. deswegen musikgeschichtlich bekannt ist, war in dieser Zeit zwar Kapellmeister in Görlitz, aber aufgrund des Druckortes und der Nennung der Ausführenden in der Ausgabe des Librettos dürfte die Uraufführung in München nicht zu bezweifeln sein (nicht bei Stieger).

KREMSER, Albert (1903–1972)

Wilhelm Tell. Schauspiel

1300 – V. 921ff. (Attinghausen: »An's Vaterland, an's teure, schließ' dich an«)
Kanon zu drei Stimmen

Aufführungshinweis: *Bei gemischtstimmiger Besetzung Einsätze in der Reihenfolge: Sopran – Alt – Männerstimme.*

S. 230 in: *Rundadinella. Eine Sammlung alter und neuer geselliger Kanons und Quodlibets* [565 Beiträge]. Hg. von Egon Rubisch. – Leipzig: Hofmeister 1961. – Original (Slg. GG).

Illustrationen und Buchschmuck von Paul Zimmermann. – Im Vorwort stellt Rubisch seine Veröffentlichung auf der einen Seite in die Tradition von Fritz Jödes berühmter Sammlung ›Der Kanon‹ (→ 155), die er als zentrale Arbeit auf diesem Gebiet bewertet und die folglich für alle entsprechenden Publikationen in neuerer Zeit richtungsweisend sei. Auf der anderen Seite spiegle sich in dieser Form des Musizierens die sozialistische Weltanschauung wieder, und Rubisch wiederholt damit – lediglich mit anderem politischem Vorzeichen – einen Versuch, den Edgar Rabsch 1938 in Zusammenhang mit seiner Kanonsammlung ›Das Singe-Rad‹ für den Nationalsozialismus unternommen hatte (→ 1894): Demnach sei der *Kanon ein Sinnbild alles gemeinschaftlichen mehrstimmig-chorischen Musizierens, bei dem der Eigenwert der zusammenwirkenden Einzelpersönlichkeiten durch Einordnung in das Kollektiv das klingende Gesamtwerk ermöglicht […].* Bereits in der Singbewegung der 1920er Jahre habe man dergleichen beabsichtigt, dabei aber *lediglich eine ethisch-ideelle und ästhetische Reform angestrebt […], wo es zunächst gesellschaftlicher Erneuerung bedurft hätte. Ausgehend von der Entwicklung der sozialistischen Gesellschaft, liegt es daher in der Aufgabe dieses Bandes, Sing- und Musiziergut zu bieten, das in Auswahl und Zusammenstellung den veränderten gesellschaftlichen Anschauungen und neuen Lebensgrundsätzen entspricht.* Deshalb wurden *eine Anzahl neuvertonter Losungen zu Grundsätzen und Aufgaben des werktätigen Lebens, Verse oppositionell-demokratischer Dichter und Sprüche sozialistischer Lyriker unserer Zeit* berücksichtigt (u. a. von Johannes R. Becher, Bertolt Brecht, Kuba – d. i. Kurt Barthel – und Erich Mühsam). – 25 Jahre später gab E. Rubisch eine neue Kanonsammlung unter dem Titel ›Rundherum‹ heraus (→ 703), für die der vorliegende Band als Grundlage diente (die Schiller-Vertonungen wurden allerdings nicht übernommen, dafür aber dort zwei neue entspr. Kanons eingefügt).

1301 – V. 1447ff. (Rösselmann: »Wir wollen sein ein einzig' Volk von Brüdern«)
Kanon zu drei Stimmen
S. 231 in: *Rundadinella* → 1300

Verzeichnis der musikalischen Werke

KRENEK, Ernst (1900–1991)

Die Verschwörung des Fiesco zu Genua. Ein republikanisches Trauerspiel

1302 Schauspielmusik

1922 für das Berliner Staatliche Schauspielhaus komponiert (Aufführungsdaten nicht nachgewiesen); unveröffentlicht (WV/Krenek, W 69).

KRETSCHMAR, Friedrich Wilhelm (?–?)

Nachname selten auch: *Kretzschmar.*

1303 *Schiller-Klänge. Potpourri über Schiller-Lieder-Compositionen. Zur Erinnerung an die 100jährige Geburtstagsfeier des großen Dichters (am 10. November 1859)* für Klavier, op. 75
Leipzig: Stoll, o. A. – Verl.-Nr. *384.* – HMB 1860/3, S. 48. BSB-Musik Bd. 9, S. 3515. Büchting, S. 65f. Brandstaeter, S. 2.

Titelergänzung: *... und allen Schillerfreunden gewidmet.*

KREUDER, Peter (1905–1981)

Die Jungfrau von Orleans. Eine romantische Tragödie

1304 *Das Mädchen Johanna.* Spielfilm. Buch: Gerhard Menzel; Regie: Gustav Ucicky
Filmmusik
Deutschland [Deutsches Reich]: UFA 1935. – Schwarzweiß; 87 Minuten. – Mit Angela Salloker (Johanna), Gustaf Gründgens (König Karl VII.), Heinrich George (Herzog von Burgund), Erich Ponto (Lord Talbot) u. a. – *Lex. d. Internat. Films,* S. 3572f.

Uraufführung: 26. April 1935. – Prädikate: *Staatspolitisch und künstlerisch besonders wertvoll.* – Nach Ende des Zweiten Weltkrieges von den Alliierten verboten.

Die Räuber. Ein Schauspiel

1305 Schauspielmusik

Uraufführung im Rahmen der Premiere: München, 31. Oktober 1934 (Kammerspiele); Inszenierung: Otto Falckenberg.

QUELLE: Website für den Komponisten.

KREUTZER, Conradin (1780–1849)

Der Gang nach dem Eisenhammer (»Ein frommer Knecht war Fridolin«)

1306 *Fridolin, oder: Der Gang nach dem Eisenhammer.* Romantische Oper in drei Akten (o. op.); Libretto von Johann Anton Friedrich Adam Reil
Braunschweig: Meyer, o. A. – Klavierauszug. – WV/Kreutzer (KWV) 1137. Grove, *Opera* Bd. 2, S. 1948.

Uraufführung: Wien, 16. Dezember 1837 (Kärntnertortheater).

1307 Der Pilgrim (»Noch in meines Lebens Lenze«)
Für eine Singstimme mit Klavierbegleitung (o. op.)
Nr. 88 des 3. Heftes in: *Orpheon* → 37

WV/Kreutzer (KWV) 9145.

280

Die Komponisten und ihre Werke

Der Taucher (»Wer wagt es, Rittersmann oder Knapp'«)

1308 *Der Taucher. Romantische Oper in zwei Aufzügen*, op. 50; Libretto von Samuel Gottlieb Bürde

1. Fassung – 1813

Uraufführung: Stuttgart, 19. April 1813 (Königliches Hoftheater); hier die einzige Wiederholung am 7. Juni d. J. – Bei Stieger irrtümlich in drei Akten.

QUELLE: WV/Kreutzer (KWV) 1110 (demnach unveröffentlicht).

2. Fassung – 1823/24

Umarbeitung für Wien; hier Premiere der Neufassung am 24. Januar 1824 (Kärntnertortheater).

Vollständiger Klavierauszug

Wien: Pennauer, o. A. – Verl.-Nrr. *50* (Ouvertüre) und *1–15* (für die Einzelveröffentlichung jeder Musiknummer). – Original (DLA). Whistling 1828, S. 1036.

Ihrer Majestät Carolina Augusta, Kaiserinn von Östereich in tiefster Ehrfurcht zugeeignet. – Im gleichen Verlag kam parallel ein Klavierauszug *mit Hinweglassung der Singstimmen* heraus; vgl. WV/Kreutzer (KWV) 1110.

- Wien: Diabelli, o. A. – Hofmeister 1845 (*Vocalmusik*), S. 94.

Ouvertüre

- Für Klavier zu vier Händen. – Wien: Pennauer, o. A. – Whistling 1828, S. 569. Weinmann (Pennauer), S. 19 (demnach *1824* erschienen).
- Für Klavier zu zwei Händen. – Braunschweig: Spehr, o. A. / Hamburg: Cranz, o. A. – Whistling 1828, S. 787.
- Für Flöte, Violine und Klavier. – Hamburg: Cranz, o. A. – Whistling 1828, S. 787.

Weitere Einzelstücke

- *Marsch*; bearb. für Klavier. – Braunschweig: Spehr, o. A. – Whistling 1828, S. 878
- *Matrosentanz*; bearb. für Klavier. – Braunschweig: Spehr, o. A. – Whistling 1828, S. 835.
- *Rezitativ und Arie (»Verlassen sollte ich den Vater«)*; für eine Singstimme mit Klavierbegleitung. – Leipzig: Cranz, o. A. – Pazdírek Bd. 6, S. 720.
- *Recitativo und Cavatina der Alphonsine (»Gerettet bin ich« / »Das Rauschen der Blätter auf wankenden Zweigen«)*; für eine Singstimme mit Klavierbegleitung. – 2. Bd., 6. Heft (1824/25), Nr. 25, in: *Musikalisch-Dramatische Blumenlese für's Piano-Forte.* – Freiburg im Breisgau: Herder 1824/25. – Fellinger, S. 679ff. (hier: S. 681).

  Die Reihe erschien in vier *Bändchen* mit insgesamt zwölf Heften, in denen mit fortlaufender Nummerierung 47 Stücke veröffentlicht worden sind.

- *Fantasie oder Potpourri* für Klavier. – Wien: Pennauer, o. A. – Whistling 1828, S. 649.

Die Bürgschaft (»Zu Dionys, dem Tyrannen, schlich Damon«)

1308+1 *Die Bürgschaft.* Oper in drei Akten; Libretto von Ferdinand Leopold Karl Freiherr von Biedenfeld

Verzeichnis der musikalischen Werke

Komposition begonnen, aber nicht beendet; verschollen. WV/Kreutzer (KWV) deest. – Biedenfeld hatte das Libretto um 1823 für Beethoven entworfen; die Vertonung kam aber nicht zustande (→ 150+1): *... so fiel die Wahl auf C. Kreutzer, der mich dann auch bald überzeugte, wie eifrig und beharrlich er sich an das Werk gemacht. Da änderten sich die Constellationen, ich selbst verließ bald danach Wien, C. Kreutzer kam nicht zum Schluß. [...] Der gute Kreutzer hat viel Zeit und Lust darauf verwendet ...* (Biedenfeld, S. 216f.).

1309 Die Worte des Glaubens (»Drei Worte nenn' ich euch, inhaltschwer«)
Für eine Singstimme mit Klavierbegleitung
Nr. 1 in: ders., *Drey Gedichte von Schiller*, op. 32. – Augsburg: Gombart, o. A. –
Verl.-Nr. *597*. – WV/Kreutzer (KWV) 9104. Rheinfurth, *Gombart*, Nr. 391
(demnach *1818* erschienen). Original (DLA).

1310 Dithyrambe (»Nimmer, das glaubt mir, erscheinen die Götter«)
Für eine Singstimme und vierstimmigen gemischten Chor mit Klavierbegleitung
Nr. 5 in: ders., *Zwölf Lieder und Romanzen für eine oder zwei Singstimmen mit Klavierbegleitung*, op. 75 (in 2 Heften). – Leipzig: Probst, o. A. – Verl.-Nr. *350a*.
– WV/Kreutzer (KWV) 9111 (demnach *ca. 1827* veröffentlicht). Original (Antiquariat Drüner).

Entgegen der Besetzungsangabe im Titel ist in der Schiller-Vertonung neben dem Gesangssolisten noch ein Chor erforderlich. – 1. Heft: Nrr. 1–6; 2. Heft: Nrr. 7–12.

• Leipzig: Kistner, o. A. – Pazdírek Bd. 6, S. 719.

1311 Hoffnung (»Es reden und träumen die Menschen viel«)
Für eine Singstimme mit Klavierbegleitung
Nr. 3 in: ders., *Drey Gedichte von Schiller*, op. 32 → 1309

1312 Sehnsucht (»Ach, aus dieses Tales Gründen«); hier unter dem Titel: *Die Sehnsucht*
Für eine Singstimme mit Klavierbegleitung
Nr. 2 in: ders., *Drey Gedichte von Schiller*, op. 32 → 1309

• Idem; Einzelausgabe. – Hannover: Bachmann, o. A. – Whistling 1828, S. 1075.

• Idem; Einzelausgabe. – Hannover: Nagel, o. A. – Hofmeister 1845 (*Vocalmusik*), S. 138.

1313 Thekla. Eine Geisterstimme (»Wo ich sei und wo mich hingewendet«); hier unter dem Titel: *Tecklens* [!] *Gesang*
Für eine Singstimme mit Klavierbegleitung
Nr. 4 in: ders., [4] *Arien und Gesänge*. – Sammelhandschrift. – RISM-OPAC.
WV/Kreutzer (KWV) deest.

1314 Würde der Frauen (»Ehret die Frauen! Sie flechten und weben«)
Für eine Singstimme und dreistimmigem gemischten Chor (STB) mit Klavierbegleitung, op. 78
Leipzig: Probst, o. A. – Partitur (Verl.-Nr. *540*). – WV/Kreutzer (KWV) 9114.
HMB 1830/3+4, S. 31.

Ihro Hoheit der Frau Fürstin Amalie von Fürstenberg, geborene Prinzessin von Baden in tiefer Ehrfurcht gewidmet.

• Leipzig: Kistner, o. A. – Hofmeister (1829–1833), S. 304.

Die Komponisten und ihre Werke

KREYMANN, Louis (?–?)

Der Kampf mit dem Drachen (»Was rennt das Volk, was wälzt sich dort«)

1315   _Der Kampf mit dem Drachen_ [ohne Textincipit]. _Musikalisch-dramatische Burleske mit Benutzung bekannter Melodien_
Für Männerchor (TTBB) mit Soli und Klavierbegleitung, op. 118
Mühlhausen i. Th.: Danner, o. A. – Klavierauszug, Stimmen. – Hofmeister (1898–1903), S. 476. Pazdírek Bd. 6, S. 729.

KRIEBAUM, Franz (1836–1900)

Die Kindesmörderin (»Horch, die Glocken hallen dumpf zusammen«)

1316   _Schiller's ›Kindesmörderin‹. Ein Scherz zum Vortrage in geselligen Kreisen. Aus dem Repertoire des Gesangskomikers Fr. Kriebaum_
Vermutlich für eine Singstimme mit Klavierbegleitung
Wien: Moßbeck, o. A. – Textheft. – ÖNB (Online-Katalog: keine andere Ausgabe nachgewiesen).

Ob die Vertonung tatsächlich von Kriebaum stammt, ist nicht zuverlässig nachweisbar.

KRIEGESKOTTEN, Friedrich (?–?)

Die Braut von Messina oder: Die feindlichen Brüder. Ein Trauerspiel mit Chören

1317   – V. 871ff. (Einer aus dem Chor: »Schön ist der Friede! Ein lieblicher Knabe«)
Duett (SA) bzw. Terzett (SSA oder SABar) oder Quartett (SATB) mit Klavierbegleitung, op. 50 Nr. 2
Nr. 10 in: _Schiller-Feier für höhere Lehranstalten zum 100. Todestage des Dichters_, zusammengestellt von Heinrich Drees und Friedrich Kriegeskotten. – Groß-Lichterfelde: Vieweg, o. A. – Klavierauszug (Verl.-Nr. _582_), Chorstimmen. – Original (DLA). Hofmeister (1904–1908), S. 163.

Es handelt sich um den Programmentwurf zu einer Schiller-Feier, der aus 16 Nrn. besteht: Sieben Kompositionen (hier in Simultanpartitur für alle Besetzungsvarianten) und neun Textbeiträge. Bei letzteren handelt es sich um acht Deklamationen Schillerscher Texte (Gedichte oder Verse aus den Bühnenwerken ohne Musikbegleitung). Zum Abschluss sollen noch die Nationalhymne (»_Deutschland, Deutschland, über alles_«) und – nach _Wagners Meistersingern_ [unter Bezug auf die dortige Schlussansprache von Hans Sachs und des anschließenden Chores] – folgende Verse gesungen werden (nur Hinweis ohne Noten, keine Verfasserangabe): »_Vaterland, du Hort der Lieder, hell erklingt dir Ruhm und Preis; / In der Dichtung Zaubergarten pflücktest du ein prangend' Reis. / Ehre deine deutschen Meister, gib der Sänger Wirken Gunst, / Also bannst du gute Geister! Heil dir, Heil dir, deutsche Kunst._« – Nur bei den drei hier nachgewiesenen Schiller-Vertonungen von Kriegeskotten handelt es sich um Neukompositionen; die übrigen Stücke sind allgemein bekannt und blieben deshalb im vorliegenden Verzeichnis unberücksicht.

Wilhelm Tell. Schauspiel

1318   – V. 25ff. (Alpenjäger: »Es donnern die Höhen«)
Für zwei Singstimmen (SA) mit Klavierbegleitung, op. 50 Nr. 1
Nr. 6 in: _Schiller-Feier_ → 1317

1319   – V. 921ff. (Attinghausen: »An's Vaterland, an's teure, schließ' dich an«)
Duett (SA) bzw. Terzett (SSA oder SABar) oder Quartett (SATB) mit Klavierbegleitung (o. op.)
Nr. 14 in: _Schiller-Feier_ → 1317

Verzeichnis der musikalischen Werke

KRIGAR, Julius Hermann (1819–1880)

1320 An Emma (»Weit in nebelgrauer Ferne«)
Für eine Singstimme zur Gitarre (o. op.)
Magdeburg: Heinrichshofen, o. A. – Pazdírek Bd. 6, S. 735.

KROHN, Max (1886–1988)

Die Jungfrau von Orleans. Eine romantische Tragödie

1321 Schauspielmusik

Uraufführung im Rahmen der Premiere am Staatlichen Schauspielhaus Hamburg; Regie: Günther Haenel; mit Hildegard Clausnizer in der Titelrolle.
QUELLE: *Hamburger Tagblatt* vom 1. September 1934 (Premierenkritik; DLA).

KROISS, Karl (1890–?)

1322 Das Siegesfest (»Priams Feste war gesunken«)

– *Chor-Finale (nach Worten von Fr. Schiller) aus dem ›Siegesfest‹* für Chor und Orchester

QUELLE: Antiquariat Schneider Kat. 306, Nr. 260 (autographe Partitur; Textausschnitt nicht nachgewiesen).

KRON, Louis (1842–1907)

Die Räuber. Ein Schauspiel

– 4. Akt, 5. Szene (Räuber: »Ein freies Leben führen wir«)

1323 *Die Ritter von der Nadel* (»*Ein freies Leben führen wir*«); Textverfasser unbekannt
Für vier Männerstimmen (TTBB) mit Klavierbegleitung
Nr. 1 (einzeln) in: ders., *Die Quartett-Humoristen. [6] Humoristische Männerquartette mit Klavierbegleitung*, op. 148. – Offenbach am Main: André, o. A. – Klavierpartitur, Stimmen. – HMB 1890/12, S. 558. Pazdírek Bd. 6, S. 749.

Don Carlos. Infant von Spanien. Ein dramatisches Gedicht

1324 *Marquis Posa im Liebhabertheater* (»*Theaterspielen ist sehr schön*«); Textverfasser unbekannt
Original Solo-Szene für eine Singstimme mit Klavierbegleitung (o. op.)
Braunschweig: Schüppel, o. A. – HMB 1892/11, S. 491.
    · Leipzig: O. Dietrich, o. A. – HMB 1896/12, S. 636.

Maria Stuart. Ein Trauerspiel

– V. 2134 (Maria Stuart: »Hörst du das Hifthorn? Hörst du's klingen«)

1325 *Die Frau des Försters* (»*Hörst du des Hüfthorns Klang?*«); Textverfasser unbekannt
Heiteres Lied für eine Singstimme mit Klavierbegleitung, op. 413
Pankow: Feldow-Bechly, o. A. – Hofmeister (1904–1908), S. 412.

Die Komponisten und ihre Werke

KRONSTEINER, Hermann (1914–1994)

Wallenstein. Ein dramatisches Gedicht – III. Wallensteins Tod

1326   – V. 306ff. (Wallenstein: »Der Österreicher hat ein Vaterland«)
Vierstimmiger gemischter Chor a cappella bzw. für drei bis vier gleiche
Stimmen a cappella
Nr. 4 in: ders., _Zwölf vaterländische Chöre._ – Wien: Styria 1965. – Partitur (in
zwei Ausgaben). – Hofmeister (1965), S. 180.

KRÜGER, Carl (1867–1930)

1327   Der Handschuh (»Vor seinem Löwengarten, das Kampfspiel zu erwarten«)
Humoristisches Quodlibet für vierstimmigen Männerchor (TTBB) a cappella,
op. 21a
Leipzig: Bosse, o. A. – Partitur, Stimmen. – HMB 1896/6, S. 295.

> · Köln: Tonger, o. A. – Partitur, Stimmen – Hofmeister (1904–1908),
> S. 416. Pazdírek Bd. 6, S. 761 (hier als erstes zweier unter op. 21 nach-
> gewiesener Stücken).

KRÜGER, H. (?–?)

1328   Des Mädchens Klage (»Der Eichwald brauset«)
Für eine Singstimme mit Klavierbegleitung
Nr. 1 in: ders., _Vier Lieder_, op. 2. – Elberfeld: Arnold, o. A. – HMB 1864/7,
S. 146.

> · Berlin: Fürstner, o. A. – Pazdírek Bd. 6, S. 762.

Die Jungfrau von Orleans. Eine romantische Tragödie

1329   _Dramatische Scene aus Schiller's Jungfrau von Orleans_ [ohne Textincipit]
Für Sopran mit Klavierbegleitung, op. 9
Elberfeld: Arnold, o. A. – HMB 1867/1, S. 19.

Am Schluss einer Sammelrezension in der AMZ/2 vom 16. September 1868 wird Krügers
›Dramatische Scene‹ zusammen mit zwei weiteren Stücken anderer Komponisten zwar erwähnt, man habe aber alle drei Werke _wegen zu grosser Schwäche_ nicht näher besprechen
wollen (S. 303).

> · Berlin: Fürstner, o. A. – Pazdírek Bd. 6, S. 762.

KRUFFT, Nicolaus Freiherr von (1779–1818)

1330   An die Freude (»Freude, schöner Götterfunken«)
Rundgesang für Vorsänger und vierstimmigen gemischten Chor (SBBB) mit
Klavierbegleitung
Wien: Kunst- und Industrie-Comptoir, o. A. – Verl.-Nr. _715_. – Weinmann
(Kunst- und Industrie-Comptoir), S. 252 (demnach _1812_ veröffentlicht). ÖNB
(Online-Katalog).
... dem Herrn Grafen Moritz von Dietrichstein gewidmet.

> · Wien: Haslinger, o. A. – Whistling 1828, S. 1015.
>
> > Hier wird das Stück auch für eine Singstimme mit Klavierbegleitung nachgewiesen
> > (S. 138), wofür sicher die gleiche Ausgabe verwendet wurde.

Verzeichnis der musikalischen Werke

1331 An Emma (»Weit in nebelgrauer Ferne«)
Für eine Singstimme mit Klavierbegleitung
Nr. 6 in: ders., *Sammlung deutscher Lieder.* – Wien: Strauss 1812. – ÖNB (Digitalisat).

Der verdienstvollen Sängerinn Therese Fischer zugeeignet. – In einem kurzen Vorwort heißt es: [Die Sammlung] begreift theils dem Publicum ganz unbekannte, in der letzten Zeit gesetzte Lieder, theils ältere Melodien, welche neu umgearbeitet, oder sorgfältuig verbessert und ausgefeilt wurden [...]. Ziel war richtige Declamation in dem Geiste der Gedichte und mit Beziehung auf alle Strophen; möglichste Klarheit und Abründung der Melodie; unabhängige Clavier-Begleitung, so viel sich dieß mit der erforderlichen Unterstützung der Stimme vereinigen ließ. [...] Die Verbannung der italienischen Sprache bey Angabe des Zeitmaßes und der verschiedenen Bezeichnungen, ist wohl der geringste Zoll, welchen wir in deutscher Gesangmusik unsrer überreichen Muttersprache bringen können.

1332 Das Geheimnis (»Sie konnte mir kein Wörtchen sagen«)
Für eine Singstimme mit Klavierbegleitung
Nr. 4 in: ders., *Sechs Gesänge von Schiller.* – Wien: Mechetti, o. A. – Verl.-Nr. *227.* – Weinmann (Mechetti), S. 8 (demnach *um 1813/14* veröffentlicht). Whistling 1828, S. 1075. ÖNB (Digitalisat).
Der Freyin von Münck gebohrnen von Holzmeister gewidmet.

1333 Der Abend. Nach einem Gemälde (»Senke, strahlender Gott«)
Für eine Singstimme mit Klavierbegleitung
Nr. 1 in: ders., *Sechs Gesänge von Schiller* → 1332

1334 Des Mädchens Klage (»Der Eichwald brauset«)
Für eine Singstimme mit Klavierbegleitung
Nr. 5 in: ders., *Sechs Gesänge von Schiller* → 1332

1335 Die Blumen (»Kinder der verjüngten Sonne«)
Für eine Singstimme mit Klavierbegleitung
Nr. 2 in: ders., *Sechs Gesänge von Schiller* → 1332

1336 Die Erwartung (»Hör' ich das Pförtchen nicht gehen«)
Für eine Singstimme mit Klavierbegleitung
Nr. 3 in: ders. *Sechs Gesänge von Schiller* → 1332

1337 Hoffnung (»Es reden und träumen die Menschen viel«)
Für Bass mit Klavierbegleitung, op. 3
Wien: Kunst- und Industrie-Comptoire, o. A. – Verl.-Nr. *22.* – AMZ/1, 13. Juni 1804, Sp. 624 (Kurzrezension). Weinmann (Kunst- und Industrie-Comptoir), S. 221 (demnach *1802* erschienen).

- Nr. 4 in: ders., *Zwölf Lieder für eine Bassstimme,* op. 25. – Leipzig: Breitkopf & Härtel, o. A. – Verl.-Nr. *1780.* – Goethe-Museum (Katalog), Nr. 688 (datiert *um 1813*). Original (DLA).

  Dem Herrn Hofrat von Kiesewetter zugeeignet. – Neue Ausgabe (ebd.) s. HMB 1832/7+8, S. 64.

- Wien: Czerny, o. A. – Verl.-Nr. *575.* – Antiquariat Schneider Kat. 280, Nr. 243 (auf *ca. 1830* datiert).

  Zugleich 5. Heft der Verlagsreihe: Favorit Gesänge für eine Baß-Stimme, hg. von Joseph Czerny.

> · Jetzt unter dem Titel: *Die Hoffnung.* – Wien: Witzendorf, o. A. – Hofmeister 1845 (*Vocalmusik*), S. 138.

1338 Sehnsucht (»Ach, aus dieses Tales Gründen«); hier unter dem Titel: *Die Sehnsucht*
Für eine Singstimme mit Klavierbegleitung (o. op.)
Wien: Mechetti, o. A. – Hofmeister 1845 (*Vocalmusik*), S. 138. Weinmann (Mechetti) deest.

> · Nr. 6 in: ders., *Sechs Gesänge von Schiller* → 1332

Wallenstein. Ein dramatisches Gedicht – I. Wallensteins Lager

1339 – V. 1052ff. (Zweiter Kürassier: »Wohl auf, Kameraden, auf's Pferd«)
Für eine Singstimme mit Klavierbegleitung
Wien: Mechetti, o. A. – Hofmeister 1845 (*Vocalmusik*), S. 138. Weinmann (Mechetti) deest.

Kurscheidt weist eine andere Version der Vertonung im gleichen Verlag als Partitur nach (S. 395): *Reiterlied* [...] *aus Schiller's Wallenstein, in Musik gesetzt (f. 4 Männerstimmen) nebst Marsch für's Clav. (über dasselbe Lied).*

1340 Würde der Frauen (»Ehret die Frauen! Sie flechten und weben«)
Für eine Singstimme mit Klavierbegleitung
Nr. 1 in: ders., *Sammlung deutscher Lieder* → 1331

KRUG, Friedrich (1812–1892)

Vor hundert Jahren. Allegorisches Festspiel in einem Akt; Text von Friedrich Halm [d. i. Eligius Franz Joseph Freiherr von Münch-Bellinghausen]

1341 Schauspielmusik

Zum hundertsten Geburtstag Schillers für das Hofburgtheater gedichtetes Festspiel, dessen Originalmusik wohl von A. E. Titl stammt (→ 2644). – Offenbar sind zeitgleich für Aufführungen an anderen Orten weitere Schauspielmusiken entstanden (neben der vorliegenden konnte noch eine weitere von Franz Liszt nachgewiesen werden; → 1488).
Uraufführung mit der Musik von Krug im Rahmen der Premiere: Karlsruhe, 10. November 1859 (Großherzogliches Hoftheater), anlässlich der *Feier des hundertsten Geburtsfestes Friedrich von Schillers. Zum Besten der Schillerstiftung und des Marbachdenkmals.* Es schloss sich eine szenische Aufführung des ›Liedes von der Glocke‹ in P. Lindpaintners Vertonung an (→ 1459).
QUELLE: Theaterzettel (DLA).

KRUSE, Georg Richard (1856–1944)

1342 Punschlied (»Vier Elemente, innig gesellt«)
Für Bass und einstimmigen Chor mit Klavierbegleitung
Autographe Partitur, 1. Oktober 1939 (Datierung des Explicits). – RISM-OPAC.

Das Stück wird mit den Worten eingeleitet: *»So, Kinder, nun kommt alle 'rein«* (Text vermutlich vom Komponisten).

KRZYZANOWSKI, Rudolf (1862–1911)

Totenfeier am Grabe Philipp Friederich von Riegers (»Noch zermalmt der Schrecken uns're Glieder«)

1343 – V. 69ff. (»Aber Heil dir! Seliger! Verklärter«); hier unter dem Titel: *Maskenzug*

Verzeichnis der musikalischen Werke

Vierstimmiger gemischter Chor (SATB) mit Bläserbegleitung (Klar. 1 2, Fg. 1 2, Hr. 1 2)
Handschriftlicher Klavierauszug mit Stimmen (autograph?), undatiert. – RISM-OPAC.

Der Komponist bezeichnet sich in den Musikalien als Weimarer Hofkapellmeister; diese Stellung bekleidete er seit 1898.

KÜCKEN, Friedrich Wilhelm (1810–1882)

1344   *Dem Andenken Schillers (»Die Freude glüht«)*; Text von Johann Georg Fischer
Festkantate für Soli, Chor und großes Orchester oder Harmoniemusik, op. 68
Leipzig: Kistner, o. A. – Partitur. – HMB 1861/3, S. 56. Pazdírek Bd. 6, S. 793.

Zur Schiller-Feier 1859 komponiert und uraufgeführt: Stuttgart, 10. November 1859 (königliche Reithalle); vgl. *Recensionen und Mittheilungen über das Theater* vom 9. November 1859, S. 727.

KÜHNER, Conrad (1851–1909)

Maria Stuart. Ein Trauerspiel

1345   *Maria Stuart.* Sinfonische Dichtung für Orchester (o. op.)

QUELLE: Reischert, S. 640 (auf *1895* datiert).

KÜHNER, Wassili (1840–1911)

Wirklicher Name: *Peter Großherzog von Oldenburg*; die Auflösung des Pseudonyms, welches offenbar sorgsam geheimgehalten worden ist, war bisher nur einmal nachweisbar (vgl. *Werke Kleists auf dem modernen Musiktheater.* Hg. von Klaus Kanzog und Hans Joachim Kreutzer. Berlin: Schmidt 1977, S. 188).

Ritter Toggenburg (»Ritter, treue Schwesterliebe widmet Euch dies Herz«)

1346   Begleitmusik zu: *Ritter Toggenburg. Parodie.* Text von Franz Dingelstedt

Vor 1864 für das vom nachmaligen Württembergischen König Karl eingerichtete *Liebhabertheater* im Residenzschloss Ludwigsburg verfasstes Bühnenstück; s. Krauß, *Stuttgarter Hoftheater*, S. 211.

1347   *Schillersfest Marsch für's Piano Forte gesetzt.* – Stuttgart: Zumsteeg, o. A. – Original (DLA).

Hinweis auf der Titelseite: *Aufgeführt durch das Musikpersonale der 1. Infant. Brigade*; demnach im Original wohl für Harmoniemusik, aber nur als Klavierausgabe veröffentlicht. – Mit dem Stuttgarter Schiller-Denkmal von Bertel Thorvaldsen, das am 8. Mai 1839 enthüllt worden ist, auf der Titelseite.

KÜNSTLER, Alois (1905–1991)

Das eleusische Fest (»Windet zum Kranze die goldenen Ähren«)

1348   – V. 209ff. (»Windet zum Kranze die goldenen Ähren [...] Die uns die süße Heimat gegeben«)
Für drei gleiche oder gemischte Stimmen (auch mit Flöten)

Vertonung der letzten Strophe, deren Beginn (V. 209–212) mit den ersten vier Versen des Gedichts identisch ist. – 1937 erstmals in einem ungezählten Einzelheft mit dem Titel ›Feierlieder des Jahres‹ und dem auch in späteren Auflagen beigefügten Geleitwort von Caroline von Heydebrand veröffentlicht (bibliographisch bisher nicht ermittelt).

Nr. 16 in: ders., *Windet zum Kranze!* [30] *Feierlieder des Jahres*. Mit Geleitwort von Caroline von Heydebrand. – Bingenheim (Hessen): Verlag ›Das seelenpflege-bedürftige Kind‹ 1963 (*Schriftenreihe für das seelenpflegebedürftige Kind*, 3. Heft). – *Erweiterte Neuauflage*. – Hofmeister (1967), S. 180. Original (Slg. GG).

Diese Sammlung, die erst später als 3. Heft gezählt wurde, ist zunächst als Einzelheft veröffentlicht worden, dem 1965 ein weiteres Heft unter gleichem Gesamttitel, jetzt aber mit dem Untertitel ›Feiermusik des Jahres‹, folgte (nachmals Heft 1); dieses enthält nun 32 zwei- bis dreistimmige Instrumentalsätze, die *auf Geige, Flöte, Leier und Cello (notfalls Klavier) spielbar* sind (Vorbemerkung des Komponisten). 1979 erschienen 28 neue, gleichartige Instrumentalsätze in einem weiteren Heft (völlig gleicher Titel wie 1965, jetzt als Heft 2 gezählt; eine Komposition stammt aber von Walter Hoffmann). Erst jetzt liegt die dreiteilige Musikalienreihe vor, für die der Beginn des genannten Gedichts titelgebend ist (die ›Feierlieder‹ mit den Vokalkompositionen blieb aber ohne Nummerierung). Sie wird heute über den Verlag Freies Geistesleben (Stuttgart) vertrieben (hier mit ›Edition Bingenheim‹ bezeichnet).

Nur das Heft ›Feierlieder des Jahres‹ enthält ein Vorwort, in dem aus anthroposophischer Sicht die Voraussetzungen und Ziele dieser Sammlung erläutert werden: *Der Mensch, der es vermag, durch die Oberfläche der Bewußtseinserscheinungen in die Tiefe zu tauchen, wird die Erfahrung machen, daß der Rhythmus zu den verborgenen, aber starken Kräften gehört, deren er zum Wachstum seines Wesens bedarf. Der rhythmische Ablauf des Jahres mit seinen Monaten, Wochen und Tagen, die ein Gleiches immer erneut wiederkehren lassen, bildet die ruhevolle Grundlage, auf der sich das Leben vollzieht. [...] Der heranwachsende Mensch, dessen Seelenleben noch eng an die rhythmisch verlaufenden organischen Prozesse gebunden ist und den intellektuellen Bewußtseinskräften – denen Rhythmus gleichgültig ist – noch ferne steht, verlangt für sein körperliches und seelisches Wohlbefinden nach rhythmischer Wiederholung* [dies betrifft ebenso den Tagesablauf wie gleiche Geschichten oder Lieder]. *Es ist daher einer der wesentlichsten erzieherischen Gesichtspunkte, Leben und Arbeit der Kinder streng rhythmisch zu gestalten* [...]. *Heilvolles geschieht für die Seelen- und Geistesbildung der jungen Menschen dadurch, daß man ihrem Lebenslauf den goldenen Kranz der Jahresfeste eingliedert.* Dementsprechend ist der Inhalt nach den Jahresfesten (von Ostern bis Weihnachten) gegliedert. – Eine ergänzende Bemerkung des Komponisten (*Benefeld, den 27. Februar 1962*) verweist auf die Erstausgabe dieses Einzelheftes *vor 25 Jahren*.

KUFFERATH, Hubert-Ferdinand (1818–1896)

1349 *Festkantate* [zur Schiller-Feier 1859 in Brüssel] vermutlich für Soli, Chor und Orchester

Kurze Notiz der NZfM vom 18. November 1859, S. 183, innerhalb der Rubrik *Tagesgeschichte* mit Berichten über verschiedene Schiller-Feiern; demnach hat die (Ur-?)Aufführung in Brüssel stattgefunden (wohl um den 10. November 1859). In der Quelle wird zwar nur der Familienname angegeben, doch ist die hier getroffene Identifizierung kaum zu bezweifeln: Johann Hermann Kufferath (1797–1864), der ältere Bruder, war zwischen 1830 und 1862 in Utrecht, der jüngere, Louis Kufferath (1811–1882), hat nahezu ausschließlich Klaviermusik komponiert und lebte außerdem seit 1850 in Gent, während Hubert-Ferdinand ab 1844 in Brüssel wirkte.

KUHLAU, Friedrich (1786–1832)

1350 An die Freude (»Freude, schöner Götterfunken«); hier in dänischer Übersetzung von Adam Oehlenschläger: *Til glæden (»Skiønne Guddomsstraale, Glæde!«)* Für drei Soli (SBB), gemischten Chor und Orchester

Verzeichnis der musikalischen Werke

1813 komponiert. – Nachweis eines Konzerts (vermutlich Uraufführung): Kopenhagen, 23. Mai 1816 (Saal der Musikalischen Akademie).

QUELLEN: WV/Kuhlau, Nr. 132 (demnach unveröffentlicht; bis auf drei handschriftliche Chorstimmen verschollen). MGG2 *Personenteil* Bd. 10, Sp. 809.

KULENKAMPFF, Gustav (1849–1921)

Maria Stuart. Ein Trauerspiel

1351 – V. 2075ff. (Maria Stuart: »Lass mich der neuen Freiheit genießen«); hier unter dem Titel: *Szene aus ›Maria Stuart‹*
Für Alt oder Mezzosopran mit Klavierbegleitung
Nr. 1 (einzeln) in: ders., *Zwei Lieder*, op. 12. – Berlin: Ries & Erler, o. A. – HMB 1893/10, S. 428.

Pazdírek weist die Lieder op. 12 mit Orchesterbegleitung nach (Bd. 6, S. 836); offenbar sind sie aber nur in der Klavierfassung veröffentlicht worden.

KUNAD, Rainer (1936–1995)

Die Räuber. Ein Schauspiel

1352 – 2. Akt, 2. Szene (Amalia: »Willst dich, Hektor, ewig mir entreißen«); hier unter dem Titel: *Musik zu ›Die Räuber‹*
Für eine Singstimme zur Gitarre
Undatiertes Autograph. – RISM-OPAC.

Uraufführung im Rahmen der Premiere: Dresden, 4. November 1971 (Großes Haus); Regie: Otto Dierichs. – Offenbar die einzige ausgeführte Komposition; in der Handschrift befindet sich aber noch eine Skizze mit der Überschrift: *Lied Amalia* (vermutlich eine Vertonung von: »Schön wie Engel, voll Walhallas Wonne«).

Maria Stuart. Ein Trauerspiel

1353 *Musik zu ›Maria Stuart‹* [für Bläser, Schlagzeug und Cembalo]
Autographe Partitur mit Stimmen, undatiert. – RISM-OPAC.

Uraufführung im Rahmen der Premiere: Dresden, 3. Oktober 1965 (Großes Haus); Regie: Gotthard Müller. – Offenbar nur aus einem Stück bestehend (ohne Angabe zur Position).

KUNTZE, Carl (1817–1883)

Die Macht des Gesanges (»Ein Regenstrom aus Felsenrissen«)

1354 *Schön Suschen's Leid, oder: Die Macht des Gesanges* [ohne Textincipit nachgewiesen]
Heiterer Männergesang für Soloquartett und Chor (TTBB) a cappella, op. 28
Leipzig: Kistner, o. A. – Partitur, Stimmen. – HMB 1855/7, S. 799. Pazdírek Bd. 6, S. 856.

KUNTZSCH, Alfred (1904–1969)

Die Jungfrau von Orleans. Eine romantische Tragödie

1355 Schauspielmusik

Uraufführung im Rahmen der Premiere: Karlsruhe, Mitte September 1934 (Badisches Staatstheater), mit Elfriede Paust in der Titelrolle; Regie: Felix Baumbach.

QUELLE: *Badischer Beobachter* vom 16. September 1934 (Premierenkritik; DLA).

Die Komponisten und ihre Werke

KUNZ, Ernst (1891–1980)

1356 Der Pilgrim (»Noch in meines Lebens Lenze«)
Männerchor a cappella
Zürich: Hug, o. A. – Hofmeister (1937), S. 88.

1357 Die Teilung der Erde (»Nehmt hin die Welt«)
Für Bariton oder Tenor solo, vierstimmigen Männerchor und Orchester (oder mit Klavierbegleitung) oder mit Streichorchester (Bläser ad libitum) und Klavier
Zürich: Hug 1953. – Orchesterstimmen leihweise; Klavierpartitur (Verl.-Nr. _9916_). – Hofmeister (1953), S. 201.

KUPSCH, Karl Gustav (1807–1846)

Der Gang nach dem Eisenhammer (»Ein frommer Knecht war Fridolin«)

1358 _Fridolin_. Oper in drei Akten; Libretto von Gotthilf August von Maltitz
Uraufführung: Freiburg im Breisgau, 1845 (Stadttheater, dessen Direktor Kupsch in diesem Jahr war).
QUELLEN: Ledebur, S. 311f. Mendel Bd. 6, S. 203. Stieger (dortiger Komponistennachweis: _W._ [!] _G. Kupsch_).

Wallenstein. Ein dramatisches Gedicht – III. Wallensteins Tod

1359 Schauspielmusik
Unveröffentlicht; verschollen. – Uraufführung wahrscheinlich Freiburg im Breisgau, 1845. – _Die Musik [...] bestand aus der Ouverture, 4 Zwischenaktsmusiken und der zur Handlung gehörigen Musik, als: Marsch und Kriegsmusik (3. Aufzug 23. Auftritt), Hörner- und Trompetenfanfaren hinter der Scene für den 3. und 5. Aufzug_ (Schaefer, S. 31).

— **L** —

LA TROBE, Johann Friedrich de (1769–1845)

Name auch: _Latrobe._

1360 Hoffnung (»Es reden und träumen die Menschen«)
Für eine Singstimme mit Klavierbegleitung
Nr. 10 in: ders., _Zwölf deutsche Lieder_. – Dorpat: Sticinsky 1826. – Verl.-Nr. _33._ – _Lex. dt.-balt. Musik_, S. 146. Goethe-Museum (Katalog), Nr. 1632. RISM A I deest.

Beim Exemplar des Goethe-Museums fehlt das Titelblatt, weshalb es dort unter den Anonymi katalogisiert worden ist. Auf S. 24 befindet sich jedoch ein Druckprivileg mit der Datierung: _Dorpat, am 29. October 1826. Stellvertr. Präsident der Dorpatischen Censur-Comität G. Ewers._ – Für die Identifizierung der Ausgabe danke ich herzlich Helmut Scheunchen (Esslingen am Neckar).

Wallenstein. Ein dramatisches Gedicht – II. Die Piccolomini

1361 – V. 1757ff. (Thekla: »Der Eichwald brauset«); hier unter dem Titel: _Aus ›Wallenstein‹_
Für eine Singstimme mit Klavierbegleitung
Nr. 12 in: ders., _Zwölf deutsche Lieder_ → 1360

Verzeichnis der musikalischen Werke

LACHNER, Franz (1803–1890)

1362 *Bundeslied (»Schwebe uns vom Himmel nieder, deutscher Treue Feuergeist«)*; Text von Karl Theodor Heigel
Vierstimmiger Männerchor (TTBB) *mit Instrumental- [= Bläser-] oder Klavierbegleitung*, op. 118
Leipzig: Sigel, o. A. – Partitur, Singstimmen; Klavierauszug (*Verl.-Nrr. 2727 u. 2728*); Instrumentalstimmen *in correcter Abschrift von der Verlagshandlung*. – Digitalisat (BSB). HMB 1864/11, S. 228, u. 1864/12, S. 255.

Vermutlich aus derm ›*Festlied zur Schillerfeier*‹ (→ 1367) hervorgegangen (Umarbeitung bzw. Neutextierung). – Otto Kronseder merkt in seinem Verzeichnis der Werke Franz Lachners an, das ›*Bundeslied*‹ sei *1859* komponiert und *ursprünglich zur Schillerfeier* geschrieben worden (WV/Lachner1903, S. 93). Seine gesamte Übersicht fußt auf einer älteren, *unter der Assistenz des noch lebenden Meisters mit großem Fleiße angelegten* Liste von Franz Stetter, der zum op. 118 allerdings keine Angaben macht und dessen Veröffentlichung (zu spät) ins Jahr *1866* verweist (WV/Lachner1890, S. 81). Der Text des ›*Bundesliedes*‹ lässt indessen keinen Bezug zu Schillers Geburtstag erkennen und dürfte vielmehr mit dem preußisch-österreichischen Sieg über Dänemark im Krieg um Schleswig-Holstein zusammenhängen, welcher (obwohl noch kein deutscher Gesamtstaat existierte) 1864 als nationales Ereignis gefeiert wurde. Die gleiche Strophenstruktur der Gedichte zu beiden Kompositionen kann als weiteres Indiz für die vermutete Verbindung interpretiert werden.

1363 Das Mädchen aus der Fremde (»In einem Tal bei armen Hirten«)
Für eine Singstimme mit Klavierbegleitung

Vermutlich vor 1824 enstanden, gehört es zu den frühesten Liedern Lachners: *Die unbeholfene, ja fehlerhafte Setzweise der Komposition läßt sogar den Schluß zu, daß sie noch aus der Neuburger Studienzeit [1816–1822] stammt*; unveröffentlicht (s. WV/Lachner-Lieder, S. 267).

Das Siegesfest (»Priams Feste war gesunken«)
1364 – V. 101ff. (»Von des Lebens Gütern allen«)
Motto zum ›*Festlied zur Schillerfeier*‹ → 1367

Die Bürgschaft (»Zu Dionys, dem Tyrannen, schlich Damon«)
1365 *Die Bürgschaft*. Große Oper in drei Akten; Libretto von Ferdinand Leopold Karl Freiherr von Biedenfeld

Das Libretto hatte Biedenfeld 1823 für Beethoven angefertigt; die Komposition kam jedoch nicht zustande (→ 150+1). Der daraufhin vorgesehene Conradin Kreutzer hat eine Vertonung zwar begonnen, dann aber abgebrochen (→ 1308+1): *Nicht lange, so erschien die Oper von Lachner componirt auf der Pesther Bühne, ohne daß ich mich entsinnen könnte, ihm ein Recht auf mein Manuscript eingeräumt zu haben ...* (Biedenfeld, S. 216). – Uraufführung: Budapest, 30. Oktober 1828 (Városí Színház); Stieger datiert fünf Tage früher.
QUELLEN: MGG2 *Personenteil* Bd. 10, Sp. 979 (demnach unveröffentlicht). Grove, *Opera* Bd. 2, S. 1073.

1366 *Festchor zur Enthüllung des Schillerstandbildes in München* [Textincipit nicht nachgewiesen]
Besetzung unklar

Das Denkmal am Maximiliansplatz in München nach einem Modell von Max von Widnmann ist am 9. Mai 1863 (zugleich Schillers 58. Todestag) enthüllt worden unveröffentlicht (s. WV/Lachner1903, S. 91).

1367 *Festlied zur Schillerfeier (»Freude herrscht in Deutschlands Gauen«)*; Text von Friedrich von Bodenstedt
Besetzung unklar [vermutlich einstimmige Singweise mit Harmoniemusik]

Die Komponisten und ihre Werke

München: Wolf 1859. – Textheft. – Wilpert/Gühring, S. 146. Digitalisat (BSB).

Offenbar ist nur das Textheft veröffentlicht worden (gedruckte Musikalien sind nicht nachweisbar). – Auf der Titelseite mit der Bemerkung: ... *zu singen beim großen Fackelzuge der Studenten, vor der Feldherrnhalle, Mittwoch den 9. November, Abends 8 ½ Uhr.* Hier sind als Motto vier Verse aus Schillers Gedicht ›Das Siegesfest‹ beigefügt (→ 1364). – Das ›Festlied‹ besteht aus sieben Strophen, von denen aber gemäß eines Hinweises im Heft nur vier zu singen waren (die wegzulassenden Strophen sind im Textheft kenntlich gemacht). – Vermutlich hat Lachner das ›Festlied‹ zum ›Bundeslied‹, op. 118, umgearbeitet (→ 1362).

1368 Hoffnung (»Es reden und träumen die Menschen viel«)
Für Bariton oder Alt mit Klavierbegleitung
Nr. 1 in: ders., *Sechs deutsche Gesänge*, op. 54 (in 2 Heften). – Leipzig: Klemm, o. A. – Verl.-Nrr. *36* u. *37*. – WV/Lachner-Lieder, S. 178. HMB 1837/11+12, S. 141 (drei Lieder je Heft).

LACHNER, Vinzenz (1811–1893)

1369 Das eleusische Fest (»Windet zum Kranze die goldenen Ähren«); hier unter dem Titel: *Erntelied*
Gemischtes Vokalquartett (SATB) a cappella
Nr. 12 in: ders., *Zwölf Gesänge*, op. 110 (in 3 Heften). – Leipzig: Rieter-Biedermann, o. A. – Partitur, Stimmen. – HMB 1859/2, S. 30. Pazdírek Bd. 6, S. 897 (jedes Heft mit vier Vertonungen).

Demetrius [dramatisches Fragment]

1370 *Demetrius*. Ouvertüre für großes Orchester, op. 44
Leipzig: Siegel, o. A. – Partitur (Verl.-Nr. *2759*), Orchesterstimmen; für Klavier zu vier Händen bearb. vom Komponisten. – Pelker, S. 422f. HMB 1865/9+10, S. 146 u. 153. Sonneck, *Orchestral Music*, S. 249.

Herrn Hofkapellmeister Wilh.[elm] *Taubert zugeeignet.* – Uraufführung: Mannheim, 9. November 1862 (zur Enthüllungsfeier des dortigen Schiller-Denkmals), unter Leitung des Komponisten (Schaefer, S. 84).

Turandot, Prinzessin von China. Ein tragikomisches Märchen nach Carlo Gozzi von Friedrich Schiller

1371 Schauspielmusik, op. 33
1. (o. Nr.) Ouvertüre [wird in Notenausgaben musiktheatralischer Werke traditionell nicht gezählt]
2. Nr. 1 (2. Akt, Schluss der 1. und Übergang zur 2. Szene): Marsch zum Auftritt des Kaisers mit Gefolge
3. Nr. 2 (2. Akt, Beginn der 4. Szene): Marsch zum Auftritt der Turandot mit Gefolge
4. Nr. 3 (2. Akt, 4. Szene – V. 840ff.): Melodram (Pantalon: »Es kann sich jeder Prinz um Turandot bewerben«)
5. Nr. 4 (2. Akt, 4. Szene – V. 876ff. u. V. 912ff.): Musik nach Lösung der beiden ersten Rätsel (beginnt nach den Worten der Doktoren: »Optime! Das Jahr« bzw. »Optime! Das Auge«)
6. Nr. 5 (2. Akt, 4. Szene – V. 963): Musik nach den Worten des Kalaf: »O Himmelsglanz! O Schönheit, die mich blendet«
7. Nr. 6 (2. Akt, 4. Szene – V. 995): Musik nach Lösung des dritten Rätsels (Doktoren: »Der Pflug!«)
8. Nr. 7: Marsch zum Schluss des 2. Aktes
9. Nr. 8: Intermezzo zwischen 3. und 4. Akt
10. Nr. 9: Verwandlungsmusik zwischen der 6. und 7. Szene des 4. Aktes

Verzeichnis der musikalischen Werke

11. Nr. 10 (4. Akt, Ende der 9. und Übergang zur 10. Szene): Traum des Kalaf
12. Nr. 11: Vorspiel (*Entreacte*) zum 5. Akt
13. Nr. 12 (5. Akt, kurz vor Schluss der 1. Szene – nach V. 2417): Trauermarsch (*Man hört einen lugubren Marsch mit gedämpfter Trommel*; nochmals V. 2419f. (Pantalon: »Welch' trauriges Gepräng! Ein Hochzeitsmarsch, / Der völlig einem Leichenzuge gleicht!«)
14. Nr. 13: Schlussmusik

1842/43 komponiert. – Uraufführung im Rahmen der Premiere: Mannheim, 3. November 1843 (Großherzogliches Hoftheater). – Uraufführung der umgearbeiteten Fassung im Rahmen der Premiere: München, 12. November 1852 (Königliches Hoftheater). – Mendel weist 1876 auf die immer noch *viel aufgeführte Musik* hin (Bd. 6, S. 217). – *In Köln ist das vollständige Werk 1882 mit verbindendem Texte, unter Leitung des Komponisten, im Konzertsaale mit großem Beifall aufgeführt worden* (Schaefer, S. 66).

Schaefer betont, dass *wir es hier mit einer groß angelegten Musik zu thun haben, mit einer Schöpfung, welche jede Gelegenheit zu einer musikalischen Illustration im Drama erfaßt und ausgedeutet hat und zwar mit größtem Glück. Lachner hat das Schauspiel weit reicher mit Musik ausgestattet, als es Schiller ursprünglich verlangt hat; er ist hierin vielleicht dem schönen Vorbilde Beethovens gefolgt. Daher kann seine Turandot-Musik mit Recht zu den vollständigsten, nicht weniger aber auch zu den besten und gediegensten Erzeugnissen dieser Gattung gezählt werden. Das chinesische Element ist in der Musik durch die Verwendung der Schlaginstrumente (Triangel, Tamburin, Becken und Trommeln), welche hie und da, stets aber in maßvoller Anwendung mitarbeiten, treffend charakterisirt* (S. 64f.).

QUELLEN: Schaefer, S. 64ff. MGG2 *Personenteil* Bd. 10, Sp. 983.

Daraus veröffentlicht

- Ouvertüre. – Leipzig: Siegel 1865. – Partitur, Stimmen (Verl.-Nrr. *2807* u. *2808*). – HMB 1865/5, S. 70. Original (Slg. GG).

    Schon zu Lebzeiten des Komponisten sind mehrer Bearbeitungen erschienen (bei Siegel, soweit ohne Angaben); vgl. HMB 1860/1, S. 5 (Klavier zu 4 Händen vom Komponisten; Mannheim: Heckel). HMB 1865/3, S. 70 (Titelauflage der Heckel-Ausgabe). HMB 1869/11, S. 184 (für 2 Klaviere zu 8 Händen von Theodor Herbert) u. S. 190 (für Klavier zu 2 Händen). Spätere Arrangements s. Hofmeister (1909–1913), S. 435, bzw. Hofmeister (1919–1923), S. 246.

- *Chinesischer Kaisermarsch* [Nr. 1]. – Für Militärmusik arrangiert von Friedrich Rosenkranz. – Hamburg: Leichssenring, o. A. – HMB 1885/5, S. 119.

- *Zweiter Marsch* [Nr. 2]. – Leipzig: Siegel 1865. – Verl.-Nr. *283* (Partitur), Orchesterstimmen. – AMZ/2, 17. Mai 1865, Sp. 335 (Verlagsannonce: *Neue Musikalien*). HMB 1865/6, S. 90. Sonneck, *Orchestral Music*, S. 249.

    Weitere Bearbeitungen im gleichen Verlag s. BSB-Musik Bd. 9, S. 3635, bzw. Hofmeister (1868–1873), S. 257.

- *Entreacte* [Nr. 11]. – Für Militärmusik arrangiert von Friedrich Rosenkranz. – Hamburg: Leichssenring, o. A. – HMB 1885/5, S. 119.

LADÉ, E.-A. (?–?)

1372 Amalia (»Schön wie Engel, voll Walhallas Wonne«)
Für Sopran mit Klavierbegleitung
Paris: Thiébaux, o. A. – Bibliothèque Nationale, Paris (Online-Katalog; hier mit *1875* datiert).

Druck in deutscher Sprache, hier mit der Widmung: ... *dem Andenken an seinen Vater.*

· Leipzig: [wahrsch. Selbstverlag], o. A. – Verl.-Nr. *2*. – Original (DLA; ohne Angabe einer Stimmlage; ohne Widmung; Name des Komponisten: *A. Lade*). HMB 1879/9, S. 282 (demnach erfolgte die Auslieferung über Kistner in Leipzig).

1373 Die Kindesmörderin (»Horch, die Glocken hallen dumpf zusammen«)
Für eine Singstimme mit Klavierbegleitung
Leipzig: [wahrsch. Selbstverlag], o. A. – Verl.-Nr. *1*. – Original (DLA). HMB 1879/9, S. 282 (demnach erfolgte die Auslieferung über Kistner in Leipzig).

LADENDORFF, Otto (?–?)

Das Siegesfest (»Priams Feste war gesunken«)
1374 – V. 121ff. (»Nestor jetzt, der alte Zecher«); hier unter dem Titel: *Nestor's Ansprache an Hekuba*
Für Bass mit Klavierbegleitung, op. 7
Berlin: Paez, o. A. – HMB 1886/7, S. 213.
· Berlin: Eisoldt & Rohrkrämer, o. A. – Pazdírek Bd. 6, S. 923.

LÄTE, Aleksander (1860–1948)

1375 An die Freude (»Freude, schöner Götterfunken«); hier in estnischer Übersetzung von Juhan Kunder unter dem Titel: *Laul rõõmule*
Für gemischten Chor, Männerchor und Blasorchester
1887 komponiert (s. MGG2 *Personenteil* Bd. 10, Sp. 1312).

LAFITE, Carl (1872–1944)

Wallenstein. Ein dramatisches Gedicht – I. Wallensteins Lager
1376 – V. 1052ff. (Zweiter Kürassier: »Wohl auf, Kameraden, auf's Pferd«); hier unter dem Titel: *Reiterlied*
Bearbeitet für vierstimmigen Männerchor (TTBB) mit Klavierbegleitung, op. 15
Leipzig: Bosworth, o. A. – Klavierpartitur, Stimmen. – Hofmeister (1898–1903), S. 498. Pazdírek Bd. 6, S. 927.
Vermutlich eine Bearbeitung der bekannten Melodie von Chr. J. Zahn (→ 2951).

LAHUSEN, Christian (1886–1975)

Die Jungfrau von Orleans. Eine romantische Tragödie
1377 – V. 847f. (Dunois: »Nichtswürdig ist die Nation«); hier unter dem Titel: *Die Ehre der Nation*
Kanon zu vier Stimmen
S. 8 in: ders., *Deutscher Kanon.* [96] *Kanons nach Volkssprüchen und Sprüchen großer deutscher Dichter.* – Kassel: Bärenreiter, o. A. – *Bärenreiter-Ausgabe 1221.* – Original (Slg. GG). Hofmeister (1938), S. 83.
Motto zum ersten Teil des Heftes (S. 5): *Lewer dod as Slav!* Mit dem Herkunftsvermerk *Friesischer Spruch* folgt S. 6 als erster Kanon eine Vertonung dieser Zeile. Es soll sich dabei um den Kampfruf der Einwohner Stedingens handeln, die sich 1233/34 (letztlich vergebens) gegen die Truppen des Bremer Erzbischofs und der Oldenburger Grafen verteidig-

Verzeichnis der musikalischen Werke

ten. Während dies zur verrohten Sprache des nationalsozialistischen Regimes bestens passt, wurden für die Sammlung solche Schiller-Zitate ausgewählt, die sich für die ideologischen Ziele des »Dritten Reiches« leicht missbrauchen ließen.

> • Idem, S. 5 in: *Singende Mannschaft. Einfache Chorlieder für drei gleiche Stimmen, gesetzt von Georg Götsch, nebst volkstümlichen Kanons.* – Kassel: Bärenreiter, o. A. – *Verbesserte Auflage.* – Bibliothèque Nationale, Paris (Online-Katalog; demnach *1940* veröffentlicht).

> Die Sammlung von Soldaten-Gesängen, die Parteilyrik einschließt, enthält nicht nur 3stimmige Sätze.

1378   – V. 2450 (Johanna: »Wen fürcht' ich mit dem Schwerte meines Gottes?«)
Kanon zu drei Stimmen
S. 6 in: ders., *Deutscher Kanon* → 1377

Die Phönizierinnen. Aus dem Euripides übersetzt. Einige Szenen

1379   – V. 334 (Polynices: »[Und] nach der Heimat stehen die Gedanken«)
Kanon zu drei Stimmen
S. 30 in: ders., *Deutscher Kanon* → 1377
Das erste Wort des Verses wurde ausgelassen.

Macbeth. Zur Vorstellung auf dem Hoftheater in Weimar eingerichtet von Friedrich Schiller

1380   – V. 741ff. (Pförtner: »Verschwunden ist die finst're Nacht«)
Dreistimmiger Frauenchor a cappella
Nr. 1 in: ders., *Blüte, Frucht und Kern. Neue Lieder für Frauenchor*, 6. Heft: [15] *Morgenlieder.* – Kassel: Bärenreiter 1948. – Partitur (Verl.-Nr. *2186*). – Original (Slg. GG).

Maria Stuart. Ein Trauerspiel

1381   – V. 1292 (Shrewsbury: »Gehorcht der Zeit und dem Gesetz der Stunde«)
Kanon zu vier Stimmen
S. 14 in: ders., *Deutscher Kanon* → 1377

Wallenstein. Ein dramatisches Gedicht – I. Wallensteins Lager

1382   – V. 911 (Erster Kürassier: »Der Soldat muss sich können fühlen«)
Kanon zu drei Stimmen
S. 16 in: ders., *Deutscher Kanon* → 1377

Wilhelm Tell. Schauspiel

1383   – V. 921ff. (Attinghausen: »An's Vaterland, an's teure, schließ' dich an«)
Kanon zu drei Stimmen
S. 7 in: ders., *Deutscher Kanon* → 1377

> • Idem, S. 22 in: *Frisch auf, singt all, ihr Musici. 7. und 8. Klasse.* Zusammengestellt und Redaktion: Annina Hartung und Erika Penner. – Berlin (Ost): Volk und Wissen 1957. – Verl.-Nr. *15701*. – Original (Slg. GG).

1384   – V. 1202ff. (Auf der Mauer – Alle: »Ja, wir sind eines Herzens«); hier unter dem Titel: *Wir sind ein Volk*
Kanon zu vier Stimmen
S. 7 in: ders., *Deutscher Kanon* → 1377

> • Idem, S. 54 in: *Singende Mannschaft* → 1377

1385   – V. 1286f. (Stauffacher: »Wir steh'n vor unser Land«; hier mit der Textvariante »... steh'n *für* unser ...«)
Kanon zu drei Stimmen
S. 8 in: ders., *Deutscher Kanon* → 1377

1386   – V. 1447ff. (Rösselmann: »Wir wollen sein ein einzig' Volk von Brüdern«)
Kanon zu vier Stimmen
S. 6 in: ders., *Deutscher Kanon* → 1377

    · Kassel: Bärenreiter, o. A. (*Einblatt-Drucke*, Nr. 47). – Hofmeister (1934–1940), S. 191.

LALO, Édouard (1823–1892)

Die Verschwörung des Fiesco zu Genua. Ein republikanisches Trauerspiel

1387   *Fiesque. Grand opéra* in drei Akten; Libretto *imité de Schiller* von Charles Beauquier
Paris: Hartmann, o. A. – Partitur, Klavierauszug. – Schaefer, S. 21f. MGG2 *Personenteil* Bd. 10, Sp. 1064f. Bibliothèque Nationale, Paris (Online-Katalog).

Lalos erste Oper ist zwischen 1866 und 1868 entstanden und damals im Rahmen eines Wettbewerbs beim Théâtre Lyrique (Paris) eingereicht worden. Obwohl man sie mit dem dritten Preis ausgezeichnet und die Noten 1872 veröffentlicht hat, fand zu Lebzeiten des Komponisten keine Aufführung statt (der Hinweis in MGG2 *Personenteil*, ›Fiesque‹ sei in den 1870er Jahren *am Brüsseler Théâtre de la Monnaie erfolgreich aufgeführt worden*, ist falsch). – Hans von Bülow, der die zeitgenössische Ausgabe offenbar kannte, berichtete am 13. April 1885 aus Paris der Konzertagentur Hermann Wolff in Berlin zunächst wenig begeistert von Camille Saint-Saëns' Oper ›Henry VIII‹ und fuhr dann fort: *Dagegen gefällt mir Lalo's Fiesque ausnehmend. Können Sie Pollini* [Bernhard Pollini; Direktor des Hamburger Stadttheaters] *nicht dazu verleiten? Costüme und Dekorationen sind ja vorhanden – Musik sehr sangbar – Alles hat Hand und Fuß, Stiel und Schaft* (Wortlaut und Beschreibung des Briefes in einem Internetangebot des Antiquariats ›Autographen & Bücher Eberhard Köster‹). – Joël-Marie Fauquet charakterisiert die Oper als *ein verschleiertes republikanisches Manifest.* Außerdem habe Lalo *Fragmente des Werks* [...] *in späteren Kompositionen* verarbeitet und *dem Ballett das Material für das ›Divertissement‹ für Orchester* entnommen (MGG2 *Personenteil*; a. a. O.).
Konzertante Uraufführung: Montpellier, 27. Juli 2006, im Rahmen des jährlich von Radio France veranstalteten Festivals (Opéra Berlioz-Le Corum), mit Roberto Alagna (Fiesque) und Angela Gheorghiu (Léonore), unter der musikalischen Leitung von Alain Altinoghu. – Szenische Uraufführung im Rahmen der »Schiller-Tage«: Mannheim, 16. Juni 2007 (Nationaltheater), mit Francesco Petrozzi (Fiesque) und Galina Shesterneva (Léonore), unter der musikalische Leitung von Alexander Kalajdic.

Daraus einzeln

    · Ouvertüre. – Paris: Durand & Schœnewerk, o. A. – Partitur (Verl.-Nr. *2162*); Bearbeitung für Klavier zu vier Händen. – HMB 1882/6, S. 162 u. S. 168. Sonneck, *Orchestral Music*, S. 254.

Vollständige Neuveröffentlichung

    · Hg. von Hugh Macdonald. – Kassel: Bärenreiter 2006. – Partitur, Chorpartitur, Orchesterstimmen; Klavierauszug (= *Edition Bärenreiter*, Nr. *8703*). – Freundliche Mitteilung des Verlags.

Verzeichnis der musikalischen Werke

LAMMERS, Julius (1829–1888)

Wilhelm Tell. Schauspiel

1388 *Drei Gesänge aus Wilhelm Tell*, op. 17
Für Tenor oder Sopran mit Klavierbegleitung
1. V. 1ff. (Fischerknabe: »Es lächelt der See«)
2. V. 13ff. (Hirte: »Ihr Matten, lebt wohl«)
3. V. 25ff. (Alpenjäger: »Es donnern die Höhen«)
Bremen: Praeger & Meier, o. A. – HMB 1867/2, S. 27.

LANDSBERGER, Silvius (wahrsch. 1826 – um 1899)

Veröffentlichte auch unter dem Pseudonym *Livius Sandberg*. – Da es sich bei dem hier nachgewiesenen Stück um keine Originalkompositionen handelt und die Parodie ausschließlich mit Musikbeiträgen verschiedener Komponisten ausgestattet ist, wurde sie ausnahmsweise unter dem Textverfasser eingeordnet.

Don Carlos. Infant von Spanien. Ein dramatisches Gedicht

1389 *Don Carlos, der Infanterist von Spanien, oder: Das kommt davon, wenn man seine Stiefmutter liebt. Spanische Lokalposse mit starkem Berliner Beigeschmack und sehr vielen Couplets, in drei lustigen Akten, frei nach Schiller, aber bedeutend verbessert.* Puppenspiel mit *Musik von* [Christoph Willibald] *Gluck,* [Joseph] *Heyd'n* [!]*,* [Josef] *Lanner,* [Johann] *Strauß* [wohl: Vater]*,* [Giacomo] *Meyerbeer,* [Josef] *Gung'l und Mehreren*
Berlin: Landsberger 1852. – Libretto. – Bibliogr. Angaben nach der Neuausgabe.

> • *Neu herausgegeben und mit einem biographischen Nachwort sowie einer Abhandlung über Berliner Puppenspiele versehen.* – Nr. 2 in der Reihe: *Berliner Curiosa,* hg. von Gotthilf Weisstein. – Berlin: Frensdorff [um 1905]. – Original (Slg. GG).

Eine Veröffentlichung der Noten ist nicht nachweisbar. – Uraufführung: Berlin, 7. Dezember 1851 (Kellners Hotel); zunächst fünf Vorstellungen in Folge und bis zum 5. Januar 1852 (letztmalig) insgesamt 104 Aufführungen. – Neben der aktualisierenden Veralberung von Schillers Schauspiel dokumentiert sich noch ein latent antisemitischer Zug in der Rollenbeschreibung des Marquis Posa: *Ist der Sohn eines jüdischen Irrenarztes aus Posemuckel. Zweideutiger Charakter.* – Aufführungen in neuester Zeit sind nachweisbar (etwa vom Theater Karlshorst – Berlin, 1999, oder vom Figurentheater Gingganz, Meesen, 2010/11).
Innerhalb des vorwiegend gesprochenen, gelegentlich mit Passagen im Berliner Dialekt durchsetzten Textes sind mehrere Gesangsnummern eingefügt. Es handelt sich dabei um seinerzeit populäre Musikstücke mit dementsprechend ungenauen Herkunftsnachweisen, die heute nur teilweise identifiziert werden können. Über die Instrumentalbesetzung liegen keine Informationen vor.

1. Akt:	Kasper	*»Residenz, sagt er, ist 'ne Stadt«* (Bekannte Melodie)
	Prinzessin Eboli	*»Die Spanierin liebt fürchterlich«* (Melodie: *Im Januar, da führen uns*)
	Kasper	*»Jeder Mensch hat sein Vergnügen«* (Melodie: *Schornsteinfeger-Lied*)
	Königin Hulda	*»Wenn ich am Fenster steh'«* (Bekannte Melodie)
	Marquis Posa	*»Denkst du daran, als wir bei Waßmann kneipten«* (Bekannte Melodie)

298

Die Komponisten und ihre Werke

2. Akt:	König Philipp	_»Nichts Schlimm'res auf der Welt«_ (Melodie: _Aschelied_ [»So mancher steigt herum«] aus ›Der Bauer als Millionär‹) Original: _Das Mädchen aus der Feenwelt, oder: Der Bauer als Millionär._ Zaubermärchen in drei Akten von Ferdinand Raimund; Musik von Joseph Drechsler. Uraufführung: Wien, 10. November 1826 (Theater in der Leopoldstadt).
	Duett (König Philipp, Marquis Posa)	_»Geben Sie Gedankenfreiheit«_ (ohne Herkunftsnachweis)
	Prinzessin Eboli	_»Widdewiddewitt, mein Mann ist Schneider«_ (ohne Herkunftsnachweis)
	Kasper	_»Da streiten sich die Leute 'rum«_ (Melodie: _Hobellied_ aus dem _Verschwender_) Original: _Der Verschwender._ Zaubermärchen in drei Akten von Ferdinand Raimund; Musik von Conradin Kreutzer. Uraufführung: Wien, 20. Februar 1834 (Theater in der Josefstadt).
3. Akt:	Königin Hulda	_»O Traurigkeit! O Herzeleid!«_ (Melodie: _Hamburger Polka_)
	König Philipp	_»Kein Glück ist's, wenn beschieden«_ (Melodie: _Als ich auf meiner Bleiche_)
	Schluß-Couplet (Carlos, Marquis Posa, Kasper und Chor)	_»Gelingt ein solcher Staatsstreich«_ (Melodie: _Es anders auszudrücken, aus: Die Wiener in Berlin_) Original: _Die Wiener in Berlin._ Liederspiel (Pasticcio) in einem Akt; Libretto von Carl Eduard von Holtei; Musik von Heinrich Marschner. Uraufführung: Dresden, 24. August 1825 (Am Linkeschen Bade).

LANG, ... (?–?)

1390 Die Kindesmörderin (»Horch, die Glocken hallen dumpf zusammen«); hier in der Gedichterstfassung: Die Kindsmörderin (»Horch – die Glocken weinen dumpf zusammen«)
Für eine Singstimme mit Klavierbegleitung
Nr. 4 in: [40 Vokal- bzw. Klavierstücke verschiedener Komponisten]. – Undatierte Sammelhandschrift [wohl Anfang 19. Jahrhundert]. – RISM-OPAC.

LANG, Adolf (1830–1912)

Kabale und Liebe. Ein bürgerliches Trauerspiel

1391 _Jettchens Liebe und Kabale. Originalposse mit Gesang_ in einem Akt; Libretto von Hermann Salingré
Handschriftliche Partitur, undatiert. – RISM-OPAC (demnach _ca. 1850–1870_ geschrieben).
Besetzung: Vier Sopransoli (_Jette, Purps, Pinte, Elvira_), vierstimmiger gemischter Chor (SSTT) und Orchester.

LANG, Alexander (1806–1837)

1392 _Sechs Gedichte von J. Paul Richter, Schiller,_ [Ludwig] _Tieck,_ [?] _Schuster und v._ [Christoph Ernst von] _Houwald_ für eine Singstimme mit Klavierbegleitung, 3. Heft. – München: Sidler, o. A. – Whistling 1828, S. 1076.

Verzeichnis der musikalischen Werke

Es ist lediglich *A. Lang* nachgewiesen, doch kommt als einziger der lexikalisch identifizierbaren Komponisten der hier genannte in Betracht (vgl. Mendel Bd. 6, S. 239f.). – Inhalt der Ausgabe nicht dokumentiert.

LANG, Hans (1897–1968)

Wallenstein. Ein dramatisches Gedicht – I. Wallensteins Lager

1393 – vor V. 1 (Scharfschütze: »Es leben die Soldaten«); Text teilweise von Johann Wolfgang Goethe
Vierstimmiger gemischter Chor a cappella
Nr. 2 (einzeln) in: ders., *Fränkische Volkslieder*. – Mainz: Schott, o. A. – Partitur, Stimmen. – Hofmeister (1929–1933), S. 372 (hier wird lediglich *Goethe* als Autor genannt).

LANG, Josephine (1815–1880)

Nach ihrer Heirat mit Chr. R. Köstlin (1842) häufig auch mit dem Doppelnamen *Lang-Koestlin* katalogisiert.

Neben den anschließend genannten Kompositionen ist noch ein Lied für eine Singstimme mit Klavierbegleitung mit Textincipit »Lebt wohl, ihr Berge« nachweisbar. Dabei handelt es sich jedoch um die Nr. 5 aus: dies., *Sechs deutsche Lieder*. Gedichtet von C. Reinhold [d. i. Christian Reinhold Köstlin], op. 27 (2. Heft). Stuttgart: Ebner, o. A. (vgl. HMB 1872/3, S. 57).

1394 An den Frühling (»Willkommen, schöner Jüngling«)
Für eine Singstimme mit Klavierbegleitung
Nr. 2 in: dies., *Sechs Lieder*, op. 1. – München: Falter 1831. – Internetrecherche (Sharon Krebs: Artikel »Josephine Lang«; in: *Musikvermittlung und Genderforschung im Internet – MuGI*, Hochschule für Musik und Theater, Hamburg).
1828 komponiert und der *Prinzessin Maria Anna Leopoldine von Bayern gewidmet*. – Im Werkverzeichnis von R. Werner als unveröffentlicht kategoristert (vgl. [Sister] Roberta (Carol) Werner, OSB: *The Songs of Josephine Lang. The Expression of a Life*. Minnesota: Dissertation, 1992, S. 87).

1395 *Apollo-Marsch. Zur Gedächtnisfeier Schiller's* für Klavier
S. 766f. in: *Ueber Meer und Land. Allgemeine Illustrirte Zeitung*; Fest-Nummer zum 10. November 1859. – Stuttgart: Hallberger 1859. – Original (DLA).

1396 Des Mädchens Klage (»Der Eichwald brauset«)
Für eine Singstimme mit Klavierbegleitung
Fragmentarische Vertonung.
QUELLE: Internetrecherche (Sharon Krebs → 1394).

LANGE, Gustav (1830–1889)

Das Mädchen aus der Fremde (»In einem Tal bei armen Hirten«)

1397 *Das Mädchen aus der Fremde. Fantasie-Mazurka* für Klavier, op. 189
Berlin: Bote & Bock, o. A. – HMB 1874/9, S. 172.
Bei Ricordi (Mailand) erschien das Stück unter dem Titel ›Fanciulla di ritorno in Patria‹ (Pazdírek Bd. 6, S. 997).

300

_____ Die Komponisten und ihre Werke

LANGER, Johann (1861–?)

Wilhelm Tell. Schauspiel

1398 *Vorspiel zu einer Tellszene für Orchester*
1922 komponiert; unveröffentlicht; s. *Dt. Musiker-Lex.* 1929, Sp. 807.

LANGERT, August (1836–1920)

Die Jungfrau von Orleans. Eine romantische Tragödie

1399 *Die Jungfrau von Orleans.* Große Oper in vier Akten; Libretto von Georg Reiss
Uraufführung: Coburg, 25. Dezember 1861 (Hoftheater).
QUELLEN: Stieger (Librettist hier: *C. G. Reiss*). Reischert, S. 509.

LANGGAARD, Siegfried (1852–1914)

Gelegentlich mit der fehlerhaften Schreibweise *Langaard* nachgewiesen.

1400 Berglied (»Am Abgrund leitet der schwindlichte Pfad«)
Für eine Singstimme mit Klavierbegleitung
Nr. 2 in: ders., *Drei Lieder.* – Weimar: Guthmann, o. A. – HMB 1878/8, S. 251.

1401 Die Entzückung, an Laura (»Laura, über diese Welt zu flüchten«)
Für eine Singstimme mit Klavierbegleitung
Nr. 3 in: ders., *Drei Lieder* → 1400

1402 entfällt

LÁNYI, Ernest (?–?)

Nänie (»Auch das Schöne muss sterben!«)

1403 *Nänie.* Klavierstück (o. op.)
Stuttgart: Grüninger 1905. – Hofmeister (1904–1908), S. 431 (demnach als
Beilage zur ›Neuen Musik-Zeitung‹, Nr. 22, veröffentlicht).
Ein Bezug zu Schillers Gedicht wird zwar nicht ausdrücklich hergestellt, doch liegt die Ver-
bindung im »Schiller-Jahr« 1905 nahe.

LÁSKA, Gustav (1847–1928)

Der Abend. Nach einem Gemälde (»Senke, strahlender Gott«)

1404 *Der Abend.* Klavierstück *nach Schiller*
Nr. 2: ders., *Sechs Klavierstücke*, op. 12. – Kassel: Voigt, o. A. – HMB 1879/11,
S. 331.

LASSEN, Eduard (1830–1904)

1405 Die Künstler (»Wie schön, o Mensch, mit deinem Palmenzweige«)
Vierstimmiger Männerchor (TTBB) a cappella, op. 56
Breslau: Hainauer, o. A. – Partitur, Stimmen. – HMB 1875/8, S. 179.

Wallenstein. Ein dramatisches Gedicht – I. Wallensteins Lager

1406 – V. 384ff. (Rekrut: »Trommeln und Pfeifen«); hier unter dem Titel: *Rekrutenlied*

Für eine Singstimme mit Klavierbegleitung
Nr. 6 (einzeln) in: ders., *Sechs Lieder*, op. 61. – Breslau: Hainauer, o. A. – HMB 1879/4, S. 135.

> · Leipzig: Bosworth, o. A. – Pazdírek Bd. 7, S. 28 (hier auch als Ausgabe in einem Heft).

LAU, Heinz (1925–1975)

An die Freude (»Freude, schöner Götterfunken«)

1407 – V. 37ff. (»Freude heißt die starke Feder«)
Achtstimmiger gemischter Chor a cappella
Wolfenbüttel: Möseler 1951. – Partitur. – Hofmeister (1951), S. 171.

LAUR, Franz (1791–1854)

Die beiden nachfolgenden Vertonungen sind ohne Urhebernachweis in einer Sammlung enthalten, die Laur herausgegeben hat; es dürfte sich aber um seine Kompositionen handeln.

Der Antritt des neuen Jahrhunderts (»Edler Freund! Wo öffnet sich dem Frieden«)

1408 – V. 25f. (»Ach, umsonst auf allen Länderkarten«); hier unter dem Titel: *Echtes Glück*
Für zweistimmigen Kinderchor (SA) a cappella
Nr. 25 in: *Fünfzig zweistimmige Gesänge in den gebräuchlichsten Dur und Moll Tonarten für Schulen und Gymnasien*, hg. von Ferdinand Laur. 1. Sammlung. – Basel: Selbstverlag, o. A. – RISM-CH (Database).

1409 Die Gunst des Augenblicks (»Und so finden wir uns wieder«)
Für zweistimmigen Kinderchor (SA) a cappella
Nr. 12 in: *Fünfzig zweistimmige Gesänge* → 1408

LAUSKA, Franz (1764–1825)

1410 An Emma (»Weit in nebelgrauer Ferne«)
Für eine Singstimme zur Gitarre
S. 8 in: ders., *Zwölf Lieder mit Gitarrenbegleitung* (o. op.). – Hamburg: Böhme, o. A. – MGG2 *Personenteil* Bd. 10, Sp. 1344 (demnach *1804* veröffentlicht). RISM A I: LL 1120 I,72.
Kurscheidt weist eine bisher nicht identifizierbare Ausgabe des Schott-Verlags (Mainz) nach (S. 395).

1411 Sehnsucht (»Ach, aus dieses Tales Gründen«)
Für eine Singstimme zur Gitarre
S. 12 in: ders., *Zwölf Lieder* → 1410

LAVELLO, Rodolphe (?–?)

Maria Stuart. Ein Trauerspiel

1412 *Marie Stuart. Drame lyrique* in fünf Akten. Libretto von Julien Goujon (*poème imité de la tragédie de Schiller*)

Paris: Gregh, o. A. – Klavierauszug. – Clément/Larousse, S. 707. Pazdírek Bd. 7, S. 62.

Uraufführung: Rouen, 27. November 1895 (Théâtre des Arts).

LECERF, Justus Amadeus (1789–1868)

Zweiter Vorname gelegentlich auch: *Amandus.*

1413 Der Alpenjäger (»Willst du nicht das Lämmlein hüten«)
Für eine Singstimme mit Klavierbegleitung
S. 8ff. in: ders., *Sechs Gesänge.* – Leipzig: Peters [um 1818]. – Verl.-Nr. *1439.* – Original (DLA).

Sr. Durchlaucht dem regierenden Fürsten Heinrich von Carolath-Schönaich in reiner Verehrung gewidmet.

- Idem; hier für Mezzo-Sopran oder Alt. – Nr. 2 des 1. Heftes in: ders., *Zwölf Balladen und Lieder* (in 4 Heften). – Berlin: Kuhe (Lischke), o. A. – HMB 1838/8+9, S. 127 (nur 1. Heft mit drei Nrr. nachweisbar).
- Idem; hier für Alt oder Bass. – Nr. 11 (einzeln) in: ders., [15] *Musikalische Gedenkblätter.* – Leipzig: Whistling, o. A. – HMB 1848/2, S. 33.
- Dresden: Schönfeld, o. A. – HMB 1851/1, S. 16.

1414 Sehnsucht (»Ach, aus dieses Tales Gründen«)
Für Mezzo-Sopran oder Alt mit Klavierbegleitung
Im 3. Heft enthalten von: ders., *Zwölf Balladen und Lieder* → 1413

Ungenaue, bisher aber einzig mögliche Angabe (Brandstaeter, S. 39).

- Für Alt oder Bass. – Nr. 4 (einzeln) in: ders., [15] *Musikalische Gedenkblätter* → 1413

LEE, Louis (1819–1896)

Schauspielmusiken zu:

1415 Die Jungfrau von Orleans. Eine romantische Tragödie
QUELLEN: *Conversations-Lexikon der Tonkunst*, S. 141 (… aus dem *Manuscript aufgeführt* – sicherlich in Hamburg; undatiert). Brandstaeter, S. 37 (… mit *Decl. v. H. Zeise*; datiert auf *1859*). Reischert, S. 509 (datiert auf *1875*).

1416 Wilhelm Tell. Schauspiel
QUELLE: *Conversations-Lexikon der Tonkunst*, S. 141 (… aus dem *Manuscript aufgeführt* – sicherlich in Hamburg; undatiert).

LEEFLANG, J. (?–?)

Familienname auch: *Lefflang.*

1417 Der Jüngling am Bache (»An der Quelle saß der Knabe«)
Für eine Singstimme mit Klavierbegleitung
Undatierte Reinschrift [vermutl. Mitte des 19. Jahrhunderts]. – Original (Antiquariat van Kuik; s. auch dessen Katalog 69, Nr. 288).

Veröffentlichung bisher nicht nachweisbar. – Namensschreibweise des Komponisten auf der Titelseite *Lefflang*, zu Beginn des Notentextes aber *Leeflang*. – Für die Überlassung einer Kopie danke ich herzlich Paul van Kuik.

Verzeichnis der musikalischen Werke

LEFEBVRE, Charles Edouard (1843–1917)

Die Verschwörung des Fiesco zu Genua. Ein republikanisches Trauerspiel

1418 *Ouverture de Fiesque* für Orchester (o. op.)
1866 komponiert (s. New Grove2 Bd. 14, S. 473).

Ritter Toggenburg (»Ritter, treue Schwesterliebe widmet Euch dies Herz«)

1419 *Ouverture de Toggenburg (d'après la ballade de Schiller)* für Orchester, op. 113
Paris: Noël, o. A. – Klavierauszug zu vier Händen *par l'auteur.* – Bibliothèque
Nationale, Paris (Online-Katalog; hier mit *1905* datiert). Pazdírek Bd. 7, S. 145
(nur hier mit Opuszahl nachgewiesen). New Grove2 Bd. 14, S. 473.
1905 (also vermutlich zum »Schiller-Jahr«) komponiert.

LEGRAND, Wilhelm (1770–1840er Jahre)

Die Jungfrau von Orleans. Eine romantische Tragödie

1420 *March* [!] *von W: Legrand aus der Jungfrau von Orleans* für Klavier
München: Falter, o. A. – BSB-Musik Bd. 9, S. 3754. Schneider, *Falter*, S. 352
(wohl *1812* veröffentlicht). Whistling 1828, S. 878.
Vermutlich handelt es sich um den »Krönungsmarsch«.

LEHMANN, Friedrich Adolph Freiherr von (1768–1841)

1421 Des Mädchens Klage (»Der Eichwald brauset«)
Für eine Singstimme mit Klavierbegleitung
Leipzig: Breitkopf & Härtel, o. A. – RISM A I: L 1644 (allerdings mit der Be-
merkung: *Zuweisung fraglich*). Schaefer, S. 39. Antiquariat Greve Kat. 51,
Nr. 193 (datiert auf *1801*).

... der Frau Gräfin von Waldersee, geb. Gräfin zu Anhalt gewidmet. – Die Komposition wird im
Rahmen einer Rezension zu C. F. Zelters ›Zwölf Lieder am Klavier zu singen‹ erwähnt, unter
denen sich ebenfalls eine Vertonung dieses Gedichts befindet (→ 2974); hierzu heißt es er-
gänzend: *... was unlängst Hr. v. Lehmann in Dessau sehr brav durchcomponirt hat* (AMZ/1
vom 27. Januar 1802, Sp. 289). Lehmanns Autorschaft ist demnach sicher.

LEHNER, J. L. (?–?)

1422 *Festgesang zur Schillerfeier in Weiden (»Durch die deutschen Auen klinget heute
heller Festgesang«)*; Text von Franz Sailer
Vierstimmiger gemischter Chor (SATB mit Soli) a cappella
Undatierte handschriftliche Partitur. – Original (GSA).

Für die Feierlichkeiten von 1859 bestimmter Chorsatz. – Hinweis zum Komponisten: *Organist daselbst* [in Weiden].

LEIBROCK, Joseph Adolph (1808–1886)

Die Räuber. Ein Schauspiel

1423 Schauspielmusik

1. Ouvertüre
Uraufführung: Braunschweig, 25. Januar 1834 (2. Abonnementskonzert der herzoglichen
Hofkapelle).
2. Vier Entr'actes

Die Komponisten und ihre Werke

3. 3. Akt, 1. Szene (Amalia: »Schön wie Engel, voll Walhallas Wonne«)
   Deklamation mit melodramatischer Orchesterbegleitung
4. 4. Akt, 5. Szene (Räuber: »Ein freies Leben führen wir«)
   Männerchor a cappella
   ... der sicheren Intonation wegen durch einen Akkord der Flöten, Klarinetten, Fagotte und Hörner vorbereitet und mit einem kurzen Refrain zwischen den Versen [recte: Strophen] _versehen_ (Schaefer, S. 15).

Gesamte Uraufführung in Zusammenhang mit der Premiere des Schauspiels: Braunschweig, 20. April 1846 (Herzogliches Hoftheater).

QUELLEN: Mendel Bd. 6, S. 287 (wird hier zu Leibrocks _bekannten_ Werken gerechnet). Aber, S. 95.

LEIDEL, Wolf-Günter (geb. 1949)

Don Carlos. Infant von Spanien. Ein dramatisches Gedicht

1424 Schauspielmusik, op. 184 Nr. 50
      Uraufführung im Rahmen der Premiere: Weimar, 15. August 1983 (Deutsches Nationaltheater); s. DDR-Uraufführungen 1983, S. 71.

Wilhelm Tell. Schauspiel

1425 Schauspielmusik, op. 187 Nr. 50
      Uraufführung im Rahmen der Premiere: Weimar, 1982 (Deutsches Nationaltheater); s. DDR-Uraufführungen 1982, S. 78.

      Daraus

1426 – V. 1ff. (Fischerknabe: »Es lächelt der See«)
      Für eine Singstimme, vierstimmigen Männerchor und Harmoniemusik
      Autographe Partitur mit Stimmen, 1982. – RISM-OPAC (hier als op. 187 Nr. 50).

LEIDESDORF, Maximilian Joseph (1787–1840)

1427 Sehnsucht (»Ach, aus dieses Tales Gründen«); hier unter dem Titel: _Die Sehnsucht_
      Für eine Singstimme mit Klavierbegleitung, op. 127
      Wien: Mechetti, o. A. – Verl.-Nr. _1099._ – Weinmann (Mechetti), S. 27 (demnach _1821_ erschienen). Whistling 1828, S. 1077.

      · Nr. 122 in: _L'Aurora d'Italia e di Germania – Sammlung der beliebtesten Gesänge mit Begleitung des Pianoforte._ – Ebd., 1830. – Verl.-Nr. _2046._ – Original (Slg. GG). Weinmann (Mechetti), S. 49. Hofmeister 1845 (_Vocalmusik_), S. 142.

      Hier fehlt die Opuszahl. – Es handelt sich um eine zweisprachige Ausgabe mit italienischer Übersetzung eines nicht genannten Verfassers: _L'ardente desio_ (»Ah dal fondo d'esta valle«).

LEIPOLD, Bruno (1879–1949)

1428 _Zwei Lieder_ [nach Schiller-Gedichten] für dreistimmigen gemischten Chor a cappella, op. 28
      Hildburghausen: Gadow, o. A. – _Dt. Musiker-Lex._ 1929, Sp. 825 (ohne Einzelnachweise).

305

Verzeichnis der musikalischen Werke

LEMACHER, Heinrich (1891–1966)

1429 Die Gunst des Augenblicks (»Und so finden wir uns wieder«)
Für eine Singstimme mit Klavierbegleitung, op. 27
Unveröffentlicht; s. *Dt. Musiker-Lex.* 1929, Sp. 830.

LEMMERMANN, Heinz (1930–2007)

Macbeth. Zur Vorstellung auf dem Hoftheater in Weimar eingerichtet von Friedrich Schiller

1430 – V. 741ff. (Pförtner: »Verschwunden ist die finst're Nacht«); hier unter dem Titel: *Morgenlied*
Vierstimmiger gemischter Chor a cappella
Bremen: Edition Eres 1967. – Partitur (*Bremer Chorblätter*, Nr. 442). – Hofmeister (1967), S. 191.

LENDVAI, Erwin (1882–1949)

Die Worte des Glaubens (»Drei Worte nenn' ich euch, inhaltschwer«)

1431 – V. 7ff. (»Der Mensch ist frei geschaffen«)
Sechsstimmiger gemischter Chor (SSATBB) a cappella
Darmstadt: Tonos, o. A. – Partitur (Verl.-Nr. *4115*). – Original (Slg. GG).

LENHUK, ... (?–?)

1432 Der Abend. Nach einem Gemälde (»Senke, strahlender Gott«)
Für eine Singstimme mit Klavierbegleitung
Nr. 1 in: ders., *Zwölf Gedichte von Goethe und Schiller in Musik gesetzt.* – Wien: Kunst- und Industrie-Comptoir, o. A. – Pl.-Nr. *633.* – Weinmann (Kunst- und Industrie-Comptoir), S. 243 (demnach *1810* erschienen).
In den Katalogen von Weinmann hat sich ein Übertragugsfehler eingeschlichen; dort wird der Name des Komponisten immer mit *Leuhük* wiedergegeben.
- Wien: Riedl, o. A. – Verl.-Nr. *633.* – Goethe-Museum (Katalog), Nr. 716 (hier auf *vor 1815* datiert). ÖNB (Online-Katalog; hier auf *1810* datiert).
- Wien: Steiner, o. A. – Verl.-Nr. *4322.* – Weinmann (Senefelder etc.) Bd. 1, S. 222 (demnach nach dem 10. September 1821 erschienen).
- Wien: Haslinger, o. A. – Whistling 1828, S. 1077.

1433 Punschlied (»Vier Erlemente, innig gesellt«)
Für eine Singstimme mit Klavierbegleitung
Nr. 12 in: ders., *Zwölf Gedichte* → 1432

Wilhelm Tell. Schauspiel
Das dritte »Eingangslied« zum Schauspiel (V. 25ff.: »Es donnern die Höhen«) ist in dem Sammelwerk nicht enthalten.

1434 – V. 1ff. (Fischerknabe: »Es lächelt der See«)
Für eine Singstimme mit Klavierbegleitung
Nr. 5 in: ders., *Zwölf Gedichte* → 1432

1435   – V. 13ff (Hirte: »Ihr Matten, lebt wohl«); hier unter dem Titel: *Des Senners Abschied von den Alpen*
Für eine Singstimme mit Klavierbegleitung
Nr. 6 in: ders., *Zwölf Gedichte* → 1432

LENZ, Leopold (1803–1862)

1436   An den Frühling (»Willkommen, schöner Jüngling«)
Für eine Singstimme mit Klavierbegleitung
Nr. 5 in: ders., *Sechs Lieder von Göthe und Schiller*, op. 4. – Mainz: Zimmermann, o. A. – Verl.-Nr. *191*. – Original (BSB). Hofmeister (1829–1833), S. 306.

Herrn Aloys Bayer Koenigl. Bayerischen Hofsänger freundschaftlichst zugeeignet.

      • Idem; Nr. 7 in: ders., *Neun Gesänge*, op. 16. – München: Falter, o. A. – Verl.-Nr. *378*. – HMB 1834/7+8, S. 65. Original (Slg. GG).

Wiederveröffentlichung mit neuer Opuszahl in stark überarbeiteter und transponierter Fassung (Strophen in fast doppelter Länge: jetzt wird der Vokalpart – durch eine kurze Überleitung verbunden – wiederholt, die Begleitung ist prägnanter und etwas selbstständiger).

Macbeth. Zur Vorstellung auf dem Hoftheater in Weimar eingerichtet von Friedrich Schiller

1437   – V. 741ff. (Pförtner: »Verschwunden ist die finst're Nacht«); hier unter dem Titel: *Des Pförtners Morgenlied*
Für Bass mit Klavierbegleitung
Nr. 4 in: ders., *Sieben Gesänge*, op. 5. – München: Sidler, o. A. – Verl.-Nr. *71*. – Goethe-Museum (Katalog), Nr. 722.

Seiner Hochwohlgebohren Herrn Clemens Zimmermann, Professor der Historienmalerey, mit Hochachtung zugeeignet.

1438   Sehnsucht (»Ach, aus dieses Tales Gründen«)
Für eine Singstimme mit Klavierbegleitung
Nr. 6 in: ders., *Sechs Lieder von Goethe und Schiller*, op. 4 → 1436

LEONHARDT, F. E. (?–?)

1439   *Lieder von Goethe, Schiller und Langereit* für eine Singstimme zur Gitarre. – Wien: Paterno, o. A. – Whistling 1828, S. 1118. Wurzbach, *Schiller-Buch*, Nr. 625 (Inhalt nicht nachgewiesen).

LERCHE, A. Rudolf (1851–?)

An Emma (»Weit in nebelgrauer Ferne«)

1440   *An Emma! Elegie* für Zither
Nr. 19 in: ders., *Musestunden. 24 leichte Musikstücke für Zither* (in 3 Heften). – Wien: Ludewig, o. A. – Hofmeister (1880–1885), S. 365. HMB 1879/7, S. 200.

Die Reihe besteht aus: 1. Heft (*Ländler-Guirlanden* mit den Nrn. 1–12 – nur dieses Heft hat einen eigenen Titel); 2. Heft (Nrr. 13–19); 3. Heft (Nrr. 20–24). – Mit Nr. 22, ›*An die Entfernte*‹, ist noch ein weiteres Stück enthalten, das ebenfalls auf einen bekannten Gedichttitel (hier von Johann Wolfgang Goethe) anspielt.

Verzeichnis der musikalischen Werke

LETZNER, Johann David (1820–1881)

1441 Des Mädchens Klage (»Der Eichwald brauset«)
Für eine Singstimme mit Klavierbegleitung
Nr. 4 in: ders., [5 Vokalstücke]. – Autograph, 1860. – RISM-OPAC.

1442 entfällt

LEVY, Eduard (1862–1921)

Die Braut von Messina oder: Die feindlichen Brüder. Ein Trauerspiel mit Chören

1443 *Die Braut von Messina.* Oper
QUELLE: Reischert, S. 211 (ohne nähere Informationen).

LEVY, Ernst (1895–1981)

1444 *Kantate* Nr. 8 für Bariton und Streichorchester
1976 komponiert. Unter den Textverfassern wird Schiller ausdrücklich genannt; s. WV/Levy, S. 28.

LEWANDOWSKI, Louis (1823–1894)

1445 *Festlied zur Schiller-Säcular-Feier (»Was von Staub, geht heim zum Staub«);* Text von Aron Horwitz
Für zwei Singstimmen (SS) mit Klavierbegleitung
Berlin: Stuhr [1859]. – Original (GSA).
Anmerkung auf der Titelseite: *Gesungen von den Zöglingen der jüdischen Gemeinde-Knaben-schule.*

LEYDECKER, Adam (?–?)

1446 Das Mädchen aus der Fremde (»In einem Tal bei armen [hier: *frommen*] Hirten«)
Dreistimmiger Frauenchor mit Klavierbegleitung (o. op.)
Mainz: Ebling, o. A. – Klavierpartitur, Stimmen. – Hofmeister (1904–1908), S. 448.

LICHTENSTEIN, Karl August Ludwig Baron von (1767–1845)

Das Mädchen aus der Fremde (»In einem Tal bei armen Hirten«)

1447 *Das Mädchen aus der Fremde.* Operette; Verfasser des Librettos unbekannt
Uraufführung: Bamberg, 1821 s. Stieger).

LICHTENTHAL, Peter (1780–1853)

Die Jungfrau von Orleans. Eine romantische Tragödie

1448 *Giovanna d'Arco.* Ballett; Choreographie von Salvatore Viganò
Uraufführung: Mailand, 3. März 1821 (Teatro alla Scala).
QUELLEN: Stieger. Reischert, S. 508. – In MGG2 *Personenteil* unter P. Lichtenthal, außerdem aber noch unter den zweifelhaften Werken von Paolo Brambilla (1786–1838) nachgewiesen (vgl. Bd. 3, Sp. 721, bzw. Bd. 11, Sp. 85).

Die Komponisten und ihre Werke

LICHTFUSS, Martin (geb. 1959)

Kabale und Liebe. Ein bürgerliches Trauerspiel

1449 Schauspielmusik für Oboe, Trompete, Posaune, Klavier (oder Cembalo), Schlagzeug und Streichquartett

1985 im Auftrag des Tiroler Landestheaters und des Orchesters Innsbruck komponiert und dort uraufgeführt.

QUELLE: Datenbank music austria (demnach unveröffentlicht).

LIEBE, Eduard Ludwig (1819–1900)

Wilhelm Tell. Schauspiel

1450 Ouvertüre für Orchester

QUELLEN: Mendel Bd. 6, S. 319 (... _als grösseres Erstlingswerk_ [...] _mit Anerkennung aufge-nommen_). Schaefer, S. 79 (... _mit gutem Beifall aufgeführt um das Jahr 1840 in Kassel_). Pelker, S. 432.

LIECK, X. (?–?)

1451 Der Taucher (»Wer wagt es, Rittersmann oder Knapp'«)
Humoristische Szene für Soli (TBarB), vierstimmigen Männerchor (TTBB) und Klavier
Mainz: Schott, o. A. – Verl.-Nr. _23707_. – Klavierpartitur, Chorstimmen. – Origi-nal (DLA). HMB 1884/12, S. 357 (hier: _Große_ [...] _Oper_ ...), bzw. 1893/9, S. 346 (hier: _Humoristische Szene_).

Zusätzliche Titelseite mit der Bezeichnung: _Große dramatisch-akrobatisch-nautische Oper, nach einer Schiller'schen Idee verarbeitet und vermeert_ [!]. – _Dem Männergesangverein »Lie-derkranz« in Frankfurt a/M. freundschaftlichst gewidmet._

LIESE, ... (?–?)

1452 An Emma (»Weit in nebelgrauer Ferne«); hier unter dem Titel: _Ode an Emma_
Für eine Singstimmer mit Klavierbegleitung

QUELLE: Brandstaeter, S. 34; bisher nicht näher identifizierbar (irrtümlich für Linse? → 1473).

LINCK, H. E. (?–?)

Wilhelm Tell. Schauspiel

1453 – V. 1ff. (Fischerknabe: »Es lächelt der See«); hier unter dem Titel: _Der Fi-scherknabe_
Für Sopran oder Tenor mit Klavierbegleitung
Stuttgart: Ebner, o. A. – HMB 1853/12, S. 472. Brandstaeter, S. 38.

LINCKE, Paul (1866–1946)

1454 _Das ist von Goethe, nicht von Schiller kein Gedicht (»Ein Liedchen ist es, das ein jeder kennt«)_; Textverfasser unbekannt
Couplet für eine Singstimme mit Klavierbegleitung
Nr. 2 (einzeln) in: ders., _Alfred Bender's Berliner Repertoire-Couplets._ – Berlin: Glas, o. A. – HMB 1891/7, S. 277.

Verzeichnis der musikalischen Werke

Der Ring des Polykrates (»Er stand auf seines Daches Zinnen«)

1455 *»Er stand auf seines Daches Zinnen«*; Textverfasser unbekannt
Couplet für eine Singstimme mit Klavierbegleitung
Berlin: Bloch, o. A. – Hofmeister (1892–1897), S. 508.

Die Worte des Glaubens (»Drei Worte nenn' ich euch, inhaltschwer«)

1456 *Drei Worte nenn' ich euch, inhaltschwer (»Weshalb sing' ich wohl mein Couplet?«)*; Textverfasser unbekannt
Couplet für eine Singstimme mit Klavierbegleitung
Magdeburg: Haushahn, o. A. – HMB 1891/11, S. 501.

1457 entfällt

LINDPAINTNER, Peter Joseph (1791–1856)

1458 An die Freude (»Freude, schöner Götterfunken«)
Vierstimmiger Männerchor (TTBB) a cappella
Nr. 2 (Anhang) in: ders., *Zwölf* [später: 14] *Gesänge für vier Männerstimmen*

In Langenargen im Juli 1836 komponiert. – Zunächst handelte es sich um ein Sammelwerk aus zwölf Chorsätzen, das auch unter dem angegebenen Titel im WV/Lindpaintner nachgewiesen ist. Später ergänzte Lindpaintner die Sammlung und notierte ebd.: *dazu 2 weitere* (darunter auch die Schiller-Vertonung). – Der Komponist bot die Gesänge am 3. August 1836 vergeblich Peters (Leipzig) und am 12. September des Jahres Simrock (Bonn) an; sie sind nie veröffentlicht worden.

QUELLEN: WV/Lindpaintner, Nr. 285. Lindpaintner, *Briefe*, S. 221 u. 224.

1459 Das Lied von der Glocke (»Fest gemauert in der Erden«); hier unter dem Titel: *Die Glocke*
Deklamation (zwei Sprecher) mit melodramatischer Orchesterbegleitung, op. 80
Autographe Reinschrift der Partitur. – Original (DLA).

Die Komposition ist am 18. Dezember 1831 in Stuttgart beendet worden. Es werden zwei Rezitatoren benötigt: ... *denn der Meister und der Declamator müssen von verschiedenen Personen gesprochen werden* ... (so Lindpaintner am 8. Februar 1832 an Heinrich Bärmann; s. Lindpaintner, *Briefe*, S. 184). – Uraufführung: Stuttgart, 25. Dezember 1831, die Königlich-Württembergische Hofkapelle unter der Leitung des Komponisten, mit Carl Seydelmann und Amalie Stubenrauch (Deklamation); den beiden letztgenannten ist das Werk gewidmet. – Die Partitur kursierte offenbar in mehreren Abschriften, da um die Mitte des 19. Jahrhunderts zahlreiche Aufführungen im deutschen Sprachraum nachweisbar sind. – Außerdem fand noch am 9. November 1881 im Königlichen Hoftheater zu Stuttgart eine Aufführung mit lebenden Bildern statt.

QUELLE: WV/Lindpaintner, Nr. 269.

Veröffentlicht wurde

· Für Klavier zu vier Händen bearb. vom Komponisten. – Mainz: Schott, o. A. – Verl.-Nr. *13490*. – Original (DLA). HMB 1855/7, S. 791.

Außerdem eine autographe Teilabschrift

· V. 418ff. (»Jetzo mit der Kraft des Stranges«)
Deklamation mit melodramatischer Klavierbegleitung
Fol. 99 des 1. Bandes in: *Schiller-Album* → 364

Datiertes Autograph: *Stuttgart am 23ten April 1849.* Es handelt sich um den letzten Teil der Vertonung (hier im Klavierauszug wiedergegeben).

Die Komponisten und ihre Werke

1460 Der Jüngling am Bache (»An der Quelle saß der Knabe«)
Für zwei Singstimmen mit Klavierbegleitung

Komposition: November 1834; unveröffentlicht. – Anmerkung im WV/Lindpaintner: ... *die 4te Strophe ist von einer 2ten Stimme begleitet.*
QUELLEN: WV/Lindpaintner, Nr. 277. Rebmann, S. 429 (PJL 206).

1461 Der Taucher (»Wer wagt es, Rittersmann oder Knapp'«)
Deklamation mit melodramatischer Orchesterbegleitung
Autographe Reinschrift der Partitur. – Original (DLA).

Zwischen dem 27. November und dem 11. Dezember 1855 in Stuttgart komponiert; unveröffentlicht. – Uraufführung: Stuttgart, 12. Februar 1856, Königlich-Württembergische Hofkapelle unter der Leitung des Komponisten, mit Carl Friedrich Grunert (Deklamation), dem das Werk gewidmet ist. – Im WV/Lindpaintner nicht mehr berücksichtigt.

Die Bürgschaft (»Zu Dionys, dem Tyrannen, schlich Damon«)

1462 1. Komposition – um 1833/34 (WV/Lindpaintner, Nr. 275)
Große heroische Oper in drei Akten; Libretto von Ferdinand Ludwig Karl Freiherr von Biedenfeld
Stuttgart: Eichele, o. A. – Libretto. – Original (Digitalisat der BSB).

Nur in dieser Ausgabe veröffentlicht (sicher 1834 erschienen). – Ursprünglich hatte Biedenfeld das Libretto um 1823 für Beethoven bestimmt, der es aber nicht komponierte (→ 150+1); auch der anschließende Auftrag an C. Kreutzer scheiterte (→ 1308+1). Nachdem F. Lachner den Text offenbar unberechtigt vertont hatte und dessen Oper 1828 uraufgeführt worden war (→ 1365), gab Biedenfeld *mehrere Jahre später* [...] *das Buch an Lindpaintner, der eine Composition für Stuttgart dazu schrieb* (Biedenfeld, S. 216).

1833 begonnen und *erst nach der 8 monatlichen Krankheit ganz vollendet im Mai 1834* (WV/Lindpaintner); Lindpaintner bot die Ouvertüre (einschließlich eines selbst angefertigten Arrangements für Klavier zu vier Händen) am 28. Februar 1834 dem Musikverlag Peters in Leipzig zur Veröffentlichung an (Lindpaintner, *Briefe*, S. 206); ein Druck ist jedoch nie erschienen. – Uraufführung aus Anlass des Geburtstags von König Wilhelm I. von Württemberg: Stuttgart, 28. September 1834 (Königliches Hoftheater); es blieb bei dieser einzigen Vorstellung (auch an keinem anderen Theater gegeben). – In einer späteren Rezension der AMZ/1 vom 28. Januar 1835 (Sp. 66f.) heißt es gleichwohl: *Mehr noch als alle früher Operncompositionen dieses geschätzten Componisten zeichnet sich diese durch einen sich treu bleibenden Guss der Gedanken, durch Schönheit und glückliche Oekonomie der Instrumentirung, durch feste Haltung der Charaktere, durch eine nicht geringe Zahl lieblicher, sogleich ansprechender Melodieen und durch meist reine, prosodisch richtige, auch in den grossartigen Recitativen treffende Declamation aus.* Besonders wurden die Sänger gelobt, und *die Darstellung gehörte zu den gelungenen.* Abschließend wurde darauf hingewiesen, dass Biedenfeld für das Libretto *meist und sehr glücklich Schillers eigene Worte aus der Ballade und aus dessen Gedichten benutzt* hat (→ 151+1). – In seinem WV äußerte sich Linpaintner sehr verbittert darüber, dass es *trotz dem gegebenen Ehrenworte des Grafen von Leutrum* [d. i. der damalige Stuttgarter Intendant Carl Emanuel Victor Philipp Graf Leutrum von Ertingen] nur zu einer Aufführung gekommen war. Wegen des besonderen Anlasses fehlten *die öffentlichen Äußerungen des Publicums* [bei Festveranstaltungen zu Ehren des Königshauses unterblieben damals die Beifallsbekundungen]. *Die Sänger aber leisteten Außergewöhnliches, und alle Urtheile stimmten überein, daß sie* [die Oper] *eine meiner großartigsten gelungensten Arbeiten sey. Es ist somit mehr einer Intrigue als dem Unverdienste der Sache zuzuschreiben, daß die Oper nicht auf dem Repertoire erhalten wurde. Auch Seydelmann* [Widmungsträger der späteren Vertonung als Melodram (→ 1463) und Rezitator bei dessen Uraufführung] *war hierbei nicht unthätig.*

1463 2. Komposition – 1837 (WV/Lindpaintner, Nr. 287)
Deklamation mit melodramatischer Orchesterbegleitung
Autographe Reinschrift der Partitur. – Original (DLA).

Verzeichnis der musikalischen Werke

Am 13. März 1837 in Stuttgart beendet (... *meißt mit Themanten aus der Oper*; s. WV). Lindpaintner berichtet am 20. April 1837 in einem Brief: *Dies* [...] *Gedicht eignet sich vorzüglich zu musikalischer Bearbeitung u. macht besonders guten Effekt* (Lindpaintner, *Briefe*, S. 231). – Uraufführung: Stuttgart, 11. April 1837, die Königlich-Württembergische Hofkapelle unter der Leitung des Komponisten mit Carl Seydelmann (Deklamation); ihm ist auch das Werk gewidmet, obwohl Lindpaintner diesen verdächtigt hatte, für die Verhinderung weiterer Aufführungen seiner vorausgegangenen Opernversion des Gedichts verantwortlich zu sein (→ 1462).

1464   *Frühlingslied am Todestage Schillers* (»*Regst du, o Lenz, die jungen Glieder*«); Text von Friedrich Ritter
Für Bariton solo, vierstimmigen gemischten Chor und Harmoniemusik

Im März 1830 komponiert und in dieser Besetzung unveröffentlicht; zusammen mit der von G. Schwab gedichteten ›*Kantate zum Schillersfeste*‹ (→ 1466) am 9. Mai d. J. in Stuttgart uraufgeführt und danach für lange Zeit anlässlich der vom Stuttgarter Liederkranz jährlich veranstalteten Schiller-Gedenkfeiern regelmäßig gesungen. – In seinem WV bemerkte Lindpaintner: ... *ist alle Jahre bis jezt (1839) wiederholt bey den Festen* [gemeint sind die »Schiller-Feiern«] *gesungen worden, und hat sich s. z.* [seiner Zeit] *zum Volksliede erhoben.*

QUELLE: WV/Lindpaintner, Nr. 267 (hier unter dem Titel: *Frühlingslied zum Schillerfeste 1830*).

· Ausgabe als Rundgesang für Vorsänger und vierstimmigen gemischten Chor (SATB) mit Klavierbegleitung oder zur Gitarre. – Stuttgart: Zumsteeg, o. A. – Partitur. – Original (Slg. GG). HMB 1836/6, S. 61.

Erschien ungefähr 28 Jahre später im gleichen Verlag in einer *Neuen Ausgabe* (vgl. HMB 1864/3, S. 57).

· Ausgabe für vierstimmigen gemischten Chor (SATB) a cappella. – Nr. 162 in: *Sammlung leicht ausführbarer vierstimmiger Gesänge (geistlich u. weltlich) für den gemischten Chor*, hg. von Joseph Heinrich Breitenbach. – Zweite stark vermehrte Ausgabe. – [Wettingen]: Selbstverlag, o. A. – RISM-CH (Database).

Die Sammlung enthält 200 Chorsätze. – Der Herausgeber wird auf der Titelseite als *Musik- u. Gesanglehrer am aargauischen Lehrerseminar in Wettingen* bezeichnet.

· Ausgabe für vierstimmigen Männerchor (TTBB) a cappella. – Stuttgart: Zumsteeg, o. A. – Partitur, Stimmen. – Hofmeister (1904–1908), S. 458. Pazdírek Bd. 7, S. 354.

1465   Hero und Leander (»Seht ihr dort die altergrauen Schlösser«)
Deklamation mit melodramatischer Orchesterbegleitung
Autographe Reinschrift der Partitur. – Original (DLA).

Am 28. März 1835 beendet; unveröffentlicht. – Uraufführung: Stuttgart, 25. Dezember 1835 (Konzertsaal im Königsbau), die Königlich-Württembergische Hofkapelle unter der Leitung des Komponisten, mit Amalie Stubenrauch (Deklamation); letzterer ist das Stück gewidmet (vgl. WV/Lindpaintner, Nr. 279).

1466   *Kantate zum Schillersfeste 1830* (»*Feuerflüsse dunkel glühen*«); Text von Gustav Schwab
Für vier Soli (SATB), Chor und *Harmoniemusik*

1. Einleitung und Chor (»*Feuerflüsse dunkel glühen*«)
2. Vokalquartett (»*Über Flammen, über Quellen*«)
3. Schlusschor (»*Quellenstrahlen, Feuerstrahlen*«)

Im April 1830 komponiert; unveröffentlicht. – Uraufführung (zusammen mit → 1464): Stuttgart, 9. Mai 1830 (s. WV/Lindpaintner, Nr. 266).

312

Die Komponisten und ihre Werke

1467   *Kantate zum Schillersfeste 1835 (»Wer ist der Held, den wir bekränzen«)*; Text
von Carl Grüneisen
Für vier Soli (SATB), Chor und *große Harmoniebegleitung*

1. Einleitung und Chor (»*Wer ist der Held, den wir bekränzen*«)
2. Arie für Bass (»*Was in ahnendem Gemüte*«)
3. Duett (SA) mit Chor (»*Wer hat in lebensvollen Bildern*«)
4. Quartett (SATB) (»*Das große Buch der Weltgeschichte*«)
5. Schlusschor (»*Höre, uns'rer Chöre feierlichen Gang*«)

Im März 1835 komponiert; unveröffentlicht. – Uraufführung: Stuttgart, 9. Mai 1835;
s. WV/Lindpaintner, Nr. 280 (hier mit dem Hinweis: *Die Cantate wurde 2 Jahre später bei
demselben Feste wiederholt*).

1468   *Kantate zur Feier der Enthüllung des Schiller'schen Denkmals (»Dem heiter'n
Himmel ew'ger Kunst entstiegen«)*; Text von Eduard Mörike
Für Soli, vierstimmigen gemischten Chor (SATB) und Orchester

1. *Festmarsch* mit Trio (letzteres für vier Hörner)
2. Chor (»*Dem heiter'n Himmel ew'ger Kunst entstiegen*«)
3. Wechselgesang [ohne Textnachweis]

Ohne bibliographische Angaben [Stuttgart 1839]. – Chorstimmen. – Original
(DLA).

Uraufführung: Stuttgart, 8. Mai 1839, aus Anlass der Enthüllung des von Bertel Thorvaldsen
geschaffenen Schiller-Denkmals auf dem Alten Schlossplatz (heute: Schillerplatz): *Von 3fach
verstärkter Harmonie und dem Stuttgarter Liederkranze exekutirt* (WV/Lindpaintner, Nr. 297).
– In einem undatierten, aber wenig später geschriebenen Brief berichtet Lindpaintner: *Unsere
Schiller's und Vermählungsfeste* [Hochzeit der Prinzessin Sophie Friederike Mathilde von Würt-
temberg mit dem Erbprinzen Wilhelm Alexander Paul Friedrich Ludwig von Oranien, wozu
Lindpaintner eine weitere Kantate komponiert hatte] *sind nun auch glüklich überstanden. Sie
kosteteten mich viele Tropfen edlen Schweißes, denn es ist wahrlich keine Kleinigkeit bey 26 Grad
Hitze mit 4 bis 500 Sängern, meist in unbequemen kleinen Locals Studierproben zu halten. Meine
Schillers-Cantate, von 500 Sängern gesungen, von 3fachen Blas- und Blechinstrumenten mit 6
Contrabässen unterstüzt begleitet machte im Probesaale einen ganz merkwürdigen Effect, der
mich stellenweise selbst erschrekte, doch in der freyen Luft machte es gar keinen Eindruk mehr.
Die Sonne brannte uns unverschämt auf die Scheitel, die Damen mußten sich mit ihren Sonnen-
schirmen helfen [...] und alle erwartete Effecte blieben – für mich wenigstens – aus* (Lindpaintner,
Briefe, S. 262).

1469   *Schillers Standbild*. Bühnenbild. Begleitmusik für Orchester
3. Bild innerhalb der Nr. 16 (*Traumscene. Festspiel*) in: ders., *Lichtenstein.*
Große Oper in fünf Akten; Libretto von Franz Dingelstedt nach Wilhelm Hauffs
gleichnamigem Roman. – Hamburg: Schuberth, o. A. – Klavierauszug *vom
Componisten* (Verl.-Nr. *918*). – WV/Lindpaintner, Nr. 364. Lindpaintner, *Briefe*,
S. 161 (Abb. der Titelseite). HMB 1846/11, S. 178.

*Seiner Erlaucht dem Herrn Grafen Wilhelm von Württemberg, Königlich Württembergischem
General etc. etc. ehrfurchtsvoll gewidmet.* – Dass sich Lindpaintner schon seit Januar 1830 mit
einer Oper nach Hauffs historischem Roman ›Lichtenstein‹ beschäftigte, geht aus einem damaligen Brief an den Vizedirektor des Dresdner Hoftheaters, Karl Gottfried Theodor Winkler,
hervor, der ursprünglich als Librettist vorgesehen war (s. Lindpaintner, *Briefe*, S. 160ff.). Bis
auf die Ouvertüre, die Lindpaintner erst nach der Vertonung des gesamten Librettos komponierte (8. Februar 1846: *Ouvertüre fertig*; WV/Lindpaintner), zwischen dem 3. September
1845 und dem 18. Januar 1846 entstanden. – Uraufführung: Stuttgart, 26. August 1846; es handelte sich um die erste Vorstellung im Königlichen Hoftheater nach einer längeren Schließung,
die durch einen Umbau verursacht worden war (in seinem WV hierzu der irreführende Hin-

313

Verzeichnis der musikalischen Werke _____

weis: ... *neu erbautes Hoftheater damit eröffnet. Sie* [die Aufführung] *gieng mit aller Pracht an Costüms u. Decorationen in Scene.*

Die Oper umfasst die Ouvertüre und insgesamt 21 Musiknummern, von denen die Nr. 16 aus der fünfteiligen *Traumscene* besteht, in der Bilder aus Stuttgart (offenbar nur mit Orchesterbegleitung) gezeigt wurden: 1. *Das Königliche Schloss*; 2. *Die Jubiläumssäule*; 3. *Schillers Standbild*; 4. *Volksfest in Cannstatt*; 5. *Rosenstein mit dem Eisenbahntunnel*. Soweit es dem Notenincipit seines WV entnommen werden kann, verwendete der Komponist für die Nr. 3 allerdings keine Musik aus der ›*Kantate zur Feier der Enthüllung des Schiller'schen Denkmals*‹ (→ 1468).

Einzeln

- Libretto. – Stuttgart: Beck & Fränkel 1846. – HMB 1846/11, S. 183.
- Ouvertüre. – Hamburg: Schuberth, o. A. – Orchesterstimmen; bearb. für Klavier zu 2 bw. 4 Händen. – HMB 1847/4, S. 58. HMB 1846/11, S. 172 u. 174.

Turandot, Prinzessin von China. Ein tragikomisches Märchen nach Carlo Gozzi von Friedrich Schiller

1470   *Zusätze von Trios, Märsche etc. zu C. M. v. Webers* [Schauspiel-] Musik (→ 2808)

1832 komponiert; unveröffentlicht; s. WV/Lindpaintner, Nr. 270 (näheres zu Inhalt und Besetzung nicht nachgewiesen).

LINK, Joachim Dietrich (1925–2001)

Wilhelm Tell. Schauspiel

1471   Orchesterstück [Schauspielouvertüre?]
Handschriftliche Stimmen, 1951. – RISM-OPAC.

Mit (Ur-?)Aufführungsnachweis: Weimar, 4. September 1951 (Deutsches Nationaltheater).

LINNER, Josef (?–?)

1472   *Der blinde König (»Was steht der nord'schen Fechter Schar«)*; Schiller zugeschriebener Text von Ludwig Uhland
Ballade für zwei Soli (TB), Männerchor und Orchester

Wohl unveröffentlicht (s. Simbriger Erg.bd. 6, S. 119).

LINSE, ... (?–?)

1473   An Emma (»Weit in nebelgrauer Ferne«); hier unter dem Titel: *Ode an Emma*
Für eine Singstimme mit Klavierbegleitung oder zur Gitarre
Mainz: Schott, o. A. – Hofmeister 1845 (*Vocalmusik*), S. 143. Wurzbach, *Schiller-Buch*, Nr. 628.

- Mannheim: Heckel, o. A. – Hofmeister 1845 (*Vocalmusik*), S. 143. Wurzbach, *Schiller-Buch*, Nr. 628.

LISSMANN, Kurt (1902–1983)

Die Künstler (»Wie schön, o Mensch, mit deinem Palmenzweige«)

1474   – V. 443 (»Der Menschheit Würde ist in eu're Hand gegeben«); hier unter dem Titel: *Mahnung*
Hymnus für vierstimmigen Männerchor (TTBB) und großes Blasorchester mit Schlagzeug

Köln: Tonger, o. A. – Partitur mit unterlegtem Klavierauszug (Verl.-Nr. *1631-1*).
– Original (Slg. GG). Hofmeister (1967), S. 184.

1475 Die Worte des Glaubens (»Drei Worte nenn' ich euch, inhaltschwer«)
Für vierstimmigen Männerchor (TTBB) mit Sopran solo und Blasorchester mit
Schlagzeug
4. Teil in: ders., *Dreifach ist der Schritt der Zeit. Kantate auf Worte von Friedrich v. Schiller*. – Rodenkirchen: Tonger 1967 (*Männer-, Frauen- und gemischte
Chöre zeitgenössischer Komponisten*). – Klavierauszug, Chorstimmen (Verl.-Nr.
1352). – Original (Slg. GG).

Vertonung von insgesamt vier Gedichten Schillers, in denen ein dreiteiliges Phänomen
umschrieben wird. Das Werk weist keine konventionelle Satzgliederung auf. – Vgl. die ähnlich motivierte Sammelvertonung von M. Ettinger (→ 605).

1476 Die Worte des Wahns (»Drei Worte hört man, bedeutungsschwer«)
Für vierstimmigen Männerchor (TTBB) mit Sopran solo und Blasorchester mit
Schlagzeug
2. Teil in: ders., *Dreifach ist der Schritt der Zeit* → 1475

Sprüche des Konfuzius

1477 – Nr. 1 (»Dreifach ist der Schritt der Zeit«)
Für vierstimmigen Männerchor (TTBB) und Blasorchester mit Schlagzeug
1. Teil in: ders., *Dreifach ist der Schritt der Zeit* → 1475

1478 – Nr. 2 (»Dreifach ist des Raumes Maß«)
Für vierstimmigen Männerchor (TTBB) mit Sopran solo und Blasorchester
mit Schlagzeug
3. Teil in: ders., *Dreifach ist der Schritt der Zeit* → 1475

LISZT, Franz (1811–1886)

Die veröffentlichten Werke sind heute leicht zugänglich, weshalb vorwiegend Erstausgaben
nachgewiesen wurden.

Die Ideale (»So willst du treulos von mir scheiden«)

1479 *Die Ideale*. Sinfonische Dichtung Nr. 12 für großes Orchester

1. *Aufschwung* (nach T. 25) – V. 33ff. (»Es dehnte mit allmächt'gem Streben«)
2. *Enttäuschung* (nach T. 453) – V. 57ff. (»Doch, ach! Schon auf des Weges Mitte«)
3. *Beschäftigung* (nach T. 570) – V. 81ff. (»Und du, die gern sich mit ihr gattet«)
4. *Apotheose* (nach T. 682) – Mit folgendem von Liszt hinzugefügtem Text: *Das Festhal-
ten und dabei die unaufhaltsame Betätigung des Ideals ist unseres Lebens höchster
Zweck. In diesem Sinne erlaubte ich mir das Schillersche Gedicht zu ergänzen durch
die jubelnd bekräftigende Wiederaufnahme der im ersten Satz vorausgegangenen Motive als Schluss-Apotheose.*

Leipzig: Breitkopf & Härtel, o. A. – Partitur; Bearbeitung für zwei Klaviere zu
vier Händen vom Komponisten. – WV/Liszt, Nrr. 423 u. 368. HMB 1859/2,
S. 2. Müller-Reuter Bd. 1, S. 330ff.

Soll aus einer geplanten »Schiller-Sinfonie« hervorgegangen sein (→ 1486). – Bis Ende Juli
1857 in Weimar und Aachen komponiert. – Uraufführung (gemeinsam mit Liszts ›Faust-
Sinfonie‹) zum Abschluss der zwischen dem 3. und 5. September 1857 veranstalteten Feierlichkeiten zum 100. Geburtstag des Großherzogs von Sachsen-Weimar-Eisenach Karl August: Weimar, 5. September 1857 (Großherzogliches Hoftheater), unter der Leitung des
Komponisten; vorausgegangen waren dort am 3. September die Grundsteinlegung für das

Denkmal des Großherzogs und am 4. September die Enthüllung des Goethe-Schiller-Denkmals von Ernst Rietschel sowie der Wieland-Statue von Hans Gasser. – *Nach den ersten drei Aufführungen* [davon die letzte am 14. Janar 1859 unter der Leitung von Hans von Bülow in Berlin] *hat Liszt an dem Werke noch allerhand Umänderungen vorgenommen und für die Aufführung in Berlin unter seiner Leitung* [27. Februar 1859] *Striche angebracht* (Müller-Reuter Bd. 1, S. 333). Die veröffentlichte Fassung enthält darüber hinaus eine Kürzungsmöglichkeit von ca. 100 Takten. – Ein Motiv entlehnte Liszt seiner älteren Schiller-Vertonung ›An die Künstler‹ (→ 1482); musikalische Themen aus ›Die Ideale‹ sind später in den ›Künstlerfestzug zur Schillerfeier 1859‹ eingeflossen (→ 1484).

Während Liszts die programmatischen Erläuterungen zu seinen Sinfonischen Dichtungen sonst in einem Vorwort zusammengefasst hat, leitete er hier den Notentext zunächst mit den ersten zwölf Versen aus Schillers Gedicht ein (hauptsächlich im Wortlaut der 1796 veröffentlichter Erstfassung, aber mit gelegentlichen Änderungen). In der Partitur folgen nun an insgesamt acht Stellen weitere Textausschnitte; oben sind nur die Incipits angegeben, mit denen ein neuer Teil eingeleitet wird (die jeweiligen Titel stammen jeweils von Liszt). Ob dieses für Liszt untypische Verfahren dahingehend zu interpretieren ist, die Textabschnitte bei einer Aufführung an den betreffenden Stellen rezitieren zu lassen, kann bisher durch kein authentisches Zeugnis belegt werden. Über die *Schillerfeier in Form eines Konzertes*, das unter der Leitung von Carl Pohlig in der ersten Jahreshälfte 1905 *zum Besten des Bayreuther Stipendienfonds* in der Berliner Philharmonie stattgefunden hat, wird jedoch berichtet, dass man dabei ›Die Ideale‹ so gespielt habe, *wie Liszt es verlangt* [!], *indem zwischen den einzelnen Abteilungen der Musik die betreffenden Strophen des Schillerschen Gedichtes rezitiert wurden; dadurch trat nicht nur die intime Beziehung der Musik zu dem Inhalt des Gedichtes, sondern auch die Entwicklung des musikalischen Gedankenganges weit klarer in Erscheinung, als wenn das Musikstück ohne Gliederung hintereinander weggespielt wird* (*Die Musik*, 4. Jg., 1904/1905, Heft 17: *Erstes Juniheft* – zugleich *Viertes Tonkünstler-Fest-Heft*; Berlin: Schuster & Loeffler, S. 381).

Die Huldigung der Künste. Ein lyrisches Spiel

1480   *Festklänge.* Sinfonische Dichtung Nr. 7 für großes Orchester

Im Sommer 1853 als »Hochzeitsmusik« zur geplanten (aber nicht zustande gekommenen) Heirat des Komponisten mit der Fürstin Caroline von Sayn-Wittgenstein entstanden. Zugleich einzige Sinfonische Dichtung, zu der Liszt kein Programm veröffentlicht hat. – Uraufführung als Ouvertüre zu ›Die Huldigung der Künste‹: Weimar, 9. November 1854 (Großherzogliches Hoftheater), unter der Leitung des Komponisten; zu Schillers Stück wurde dann Musik von C. Stör gespielt (→ 2532). Schiller hatte sein »Lyrisches Spiel« im Herbst 1804 für die Rückkehr des jungvermählten Weimarer Erbprinzenpaares in der Heimat geschrieben (die Hochzeit von Karl Friedrich, Erbprinz von Sachsen-Weimar-Eisenach, und der Zarentochter Maria Paulowna hatte Anfang August d. J. in St. Petersburg stattgefunden); es war damals am 12. November uraufgeführt worden. 1854 erinnerte man daran mit einer Festveranstaltung zum 50. Jubiläum, an der die inzwischen verwitwete Großherzogin Maria Paulowna teilnahm. Es schloss sich die Uraufführung von Anton Rubinsteins einaktiger Oper ›Die sibirischen Jäger‹ an.

Leipzig: Breitkopf & Härtel, o. A. – Partitur; Bearbeitung für zwei Klaviere zu vier Händen vom Komponisten. – WV/Liszt, Nr. 418. Müller-Reuter Bd. 1, S. 320ff. HMB 1856/9+10, S. 1044.

Danach umfangreiche Überarbeitungen (Varianten und Kürzungsvorschläg), die in die Neuveröffentlichung von 1861 eingeflossen sind (im gleichen Verlag erschienen; Partitur angezeigt in HMB 1861/9+10, S. 158, Arrangement für Klavier zu vier Händen in HMB 1861/11, S. 197).

Die Jungfrau von Orleans. Eine romantische Tragödie

1481   Jeanne d'Arc. Oper

Liszt erwähnte den letztlich nicht ausgeführten Plan 1858/59 in einigen Briefen (s. WV/Liszt, S. 362).

Die Künstler (»Wie schön, o Mensch, mit deinem Palmenzweige«)

1482 – V. 443ff. (»Der Menschheit Würde ist in eure Hand gegeben«); hier unter dem Titel: *An die Künstler*

Vertont wurden die V. 443–461 und 466–473; zwei der hierbei ausgesparten Verse (V. 464f.: »Was schöne Seelen schön empfunden, / Muss trefflich und vollkommen sein.«) sind der Partitur als Motto vorangestellt. – Ein Motiv der Komposition verarbeitete Liszt in seiner Sinfonischen Dichtung ›Die Ideale‹ (→ 1479).

1. Fassung – 1853
Für acht Soli, Männerchor und Harmoniemusik

Von Joachim Raff instrumentierte Version; nicht erhaltene. – Uraufführung: Karlsruhe, 3. Oktober 1853 (Großherzogliches Hoftheater; im Rahmen des Musikfestes), unter Teilnahme *von Musikern und Sängern der Großherzoglichen Hoftheater von Darmstadt, Mannheim und Karlsruhe*, unter der Leitung des Komponisten.

QUELLE: Programmzettel (s. Joachim Draheim: *Karlsruher Musikgeschichte*. Mit einem Geleitwort von Frithjof Haas. Karlsruhe: Info Verlag 2004, S. 76).

2. Fassung – 1853/54
Für vier Soli (TTBB), vierstimmigen Männerchor (TTBB) und Orchester
Weimar: *In Commission bei Schlesinger* 1854. – Partitur mit unterlegtem Klavierauszug. – WV/Liszt, Nr. 540. Original (DLA). MGG2 *Personenteil* Bd. 11, Sp. 226.

Orchestrierung von Liszt. – Uraufführung: Weimar, 23. Februar 1854 (Hoftheater), unter der Leitung des Komponisten. – Die Ausgabe wurde offenbar vier Jahre später von Schlesinger (Berlin) übernommen (vgl. HMB 1858/9+10, S. 153).

3. Fassung – 1856/57
Für vier Soli (TTBB), vierstimmigen Männerchor (TTBB) und Orchester mit Orgel
Weimar: Kühn, o. A. – Klavierauszug. – WV/Liszt, Nr. 540. HMB 1858/9+10, S. 153 (aber Erscheinungsort: *Leipzig*). MGG2 *Personenteil* Bd. 11, Sp. 226 (nennt als Erscheinungsjahr *1856*).

Ergänzung der Orgel-Stimme von Liszt. – Uraufführung: Weimar, 5. September 1857.

· Leipzig: Kahnt, o. A. – HMB 1865/1, S. 13.

1483 *Festvorspiel (Bei der Fest-Vorstellung am Tage der Einweihung der Dichtergruppe Schiller und Goethe in Weimar)* für großes Orchester
Stuttgart: Hallberger 1858. – Partitur (Verl.-Nr. *218*). – WV/Liszt, Nr. 431. HMB 1858/9+10, S. 130. Sonneck, *Orchestral Music*, S. 267.

Uraufführung: Weimar, 4. September 1857 (Hoftheater). – Das Denkmal wurde von Ernst Rietschel entworfen und befindet sich vor dem Hoftheater (heute: Deutsches Nationaltheater).

1484 *Künstler-Festzug zur Schillerfeier 1859*. Marsch für großes Orchester
Weimar: Kühn, o. A. – Partitur (Verl.-Nr. *85*); bearb. für Klavier zu zwei Händen. – WV/Liszt, Nr. 432. Original (DLA). HMB 1860/4, S. 62.

Liszt verwendete Motive aus seiner großen Chorkomposition ›An die Künstler‹ (→ 1482) und aus der Sinfonischen Dichtung ›Die Ideale‹ (→ 1479). – Uraufführung: Weimar, 8. November 1860 (Hoftheater). – Später von Kahnt (Leipzig) übernommen (vgl. HMB 1865/1, S. 8).

Morgenphantasie (»Frisch atmet des Morgens lebendiger Hauch«)

1485 – V. 16ff. (»In säuselnder Kühle / Beginnen die Spiele / Der jungen Natur«)

Verzeichnis der musikalischen Werke _____

Motto zu: ›*Au bord d'une source*‹ für Klavier

Diese Komposition ist in zwei Sammelwerken Liszts mit Klavierstücken enthalten. Es ist hier nicht der Ort, die komplizierte Entstehungs- und Publikationsgeschichte in allen Details darzustellen. Stattdessen beschränke ich mich weitgehend mit dem Nachweis und der Kommentierung der Erstdrucke der beiden vollständigen Sammelwerke. – Das Motto zu dem dort enthaltenen Klavierstück ›*La chappelle de Guillaume Tell*‹ (»*Einer für Alle – Alle für Einen*«) stammt nicht von Schiller, wie dies bspw. irrtümlich bei MGG2 angegeben ist (*Personenteil* Bd. 11, Sp. 246).

1. Fassung – 1835/36

Nr. 2b in: ders., *Album d'un Voyageur*. [19] *Compositions pour le Piano*, Teil 1 von 3: *Suisse* [enthält 7 Stücke]. – Wien: Haslinger, o. A. – Verl.-Nr. *8200* (vollst. Ausgabe) bzw. *8201–8212* (Einzelausgaben). – WV/Liszt, Nr. 8. Abb. der Titelseite bei Burger, S. 83. HMB 1842/11, S. 171 (in drei Varianten erschienen: als *Prachtausgabe in englischem Bande*; jeder Teil bzw. jede Nr. einzeln). Weinmann (Senefelder etc.) Bd. 2, S. 123 (demnach am 17. Oktober 1842 in der ›*Wiener Zeitung*‹ angezeigt).

Als Nr. 2a ging ›*Au lac de Wallenstadt*‹ voraus. – Nachdem die Klavierstücke des späteren zweiten Teils bereits 1840 unter dem Titel ›*Fleurs mélodiques des Alpes*‹ bei Latte in Paris erschienen waren, kamen die des nachmals ersten Teils (*Impressions et poésies*) 1841 bei Richault in Paris heraus (vgl. MGG2 *Personenteil* Bd. 11, Sp. 245). Erst die Ausgabe von Haslinger enthält dann den ganzen Zyklus, der allerdings in zwölf Nummern gliedertt wurde (z. B. erschienen drei Stücke mit den Nrn. 7a–c). Die sieben Kompositionen des ersten Heftes wurden mit sechs Nummern gezählt (nämlich 1, 2a, 2b, 3–6).

2. Fassung – 1853

Nr. 4 (einzeln) in: ders., *Années de pellerinage. Suite de* [9] *compositions*, 1. Heft von 3: *1re année – Suisse*. – Mainz: Schott, o. A. – Verl.-Nr. *13377.1–9*. – WV/Liszt, Nr. 10a. HMB 1855/8, S. 809. Original (Slg. GG).

Neuordnung der überarbeiteten Klavierstücke des ersten Teiles von ›*Album d'un Voyageur*‹ mit zusätzlichen Kompositionen; die ehemalige Nr. 1, ›*Lyon*‹, wurde ausgeschieden. Jede Nummer erschien mit einer formatfüllenden und detailliert ausgearbeiteten Titellithographie von Friedrich Krätzschmer (vgl. Abb. der Nrr. 4 u. 5 bei Burger, S. 83), wobei nur der Titel und ggf. ein beigefügtes Motto vorhanden sind (bibliographische Angaben sowie die Nennung des Komponisten fehlen). – Im Unterschied zur damit abgeschlossenen Veröffentlichung Haslingers folgten jetzt noch zwei weitere Jahrgänge der ›*Années*‹ (1858 und 1883).

1486 *Schiller-Sinfonie in drei Teilen*

Aus diesem Werk soll die Sinfonische Dichtung Nr. 12, ›*Die Ideale*‹ (→ 1479), hervorgegangen sein (s. Müller-Reuter Bd. 1, S. 333). Vermutlich handelt es sich aber um die ursprünglich in drei Sätzen geplante Version (vgl. WV/Liszt, S. 93).

Semele. Eine lyrische Operette

1487 *Semele*. Oper; Libretto von Karl Ritter

Nicht ausgeführtes Projekt (s. New Grove2 Bd. 14, S. 868).

Vor hundert Jahren. Allegorisches Festspiel in einem Akt; Text von Friedrich Halm [d. i. Eligius Franz Joseph Freiherr von Münch-Bellinghausen]

1488 Schauspielmusik nach Volksweisen der Dichtung angeeignet

Zum hundertsten Geburtstag Schillers für das Hofburgtheater gedichtetes Festspiel (Originalmusik wohl von A. E. Titl; → 2644). – Offenbar sind zeitgleich an verschiedenen Orten andere Schauspielmusiken entstanden, wie etwa für Karlsruhe die von F. Krug (→ 1341).

318

Die Komponisten und ihre Werke

Unveröffentlicht. – Uraufführung im Rahmen der Premiere: Weimar, 9. November 1859 (Großherzogliches Hoftheater), anlässlich der _Vorfeier von Schillers hundertjährigem Geburtstage_. Es schlossen sich die szenisch dargestellten ›_Tonbilder für Orchester zu Schiller's Lied von der Glocke_‹ von C. Stör (→ 2531) und (aber offenbar ohne Musik) J. W. Goethes ›_Epilog zu Schillers Glocke_‹ an. – Weiterer Aufführungsnachweis: _Neustädter Theater_, 9. November 1859 in einer _Festvorstellung am Vorabende des hundertjährigen Geburtsfestes Friedrich von Schillers_; dort folgte ›Wallensteins Lager‹, wozu eine Schauspielmusik allerdings nicht erwähnt ist.

QUELLEN: Theaterzettel (DLA). WV/Liszt, Nr. 655 (hier unter den »Melodramen« eingeordnet).

1489   _Weimars Toten. Dithyrambe (»Weimars Toten will ich's bringen«)_; Text von Franz von Schober
Für Bariton oder Bass mit Klavierbegleitung
Leipzig: Schuberth 1849. – WV/Liszt, Nr. 584.

1848 komponiert; Liszt fertigte davon noch eine Fassung mit Orchesterbegleitung an, die aber nicht veröffentlicht worden ist. – Im Verlauf des Gedichtes heißt es: »_Wieland, Herder, Schiller, Goethe! / Gießt die neue Morgenröte / Über die Lebend'gen aus ..._«

Wilhelm Tell. Schauspiel

1490   _Drei Lieder aus Schiller's_ ›_Wilhelm Tell_‹ für Tenor mit Klavierbegleitung

1. V. 1ff. (Fischerknabe: »Es lächelt der See«); hier unter dem Titel: _Der Fischerknabe ... in Des-Dur, modulirt durch 4 Tonarten, um endlich sehr mühsam das Kind musikalisch umzubringen_ (Brandstaeter, S. 72).
2. V. 13ff. (Hirte: »Ihr Matten, lebt wohl«); hier unter dem Titel: _Der Hirt_
3. V. 25ff. (Alpenjäger: »Es donnern die Höhen«); hier unter dem Titel: _Der Alpenjäger_

Wien: Haslinger [1845]. – WV/Liszt, Nr. 582. Hofmeister (1844–1851), S. 333.

- Nrr. 7–9 in: ders., [34] _Gesammelte Lieder_ (in 6 Heften). – Leipzig: Kahnt [1859]. – WV/Liszt, Nr. 582. Hofmeister (1860–1867), S. 493.

  1. Heft: Nrr. 1–6; 2. Heft: Nrr. 7–9; 3. Heft: Nrr. 10–16; 4. Heft: Nrr. 17–20; 5. Heft: Nrr. 21–27; 6. Heft: Nrr. 28–34. Alle Lieder sind in diesem Rahmen auch einzeln erschienen.

- Mit Orchesterbegleitung bearb. vom Komponisten. – Leipzig: Kahnt [1872]. – Partitur (Verl.-Nr. _1526_). – WV/Liszt, Nr. 645. Hofmeister (1868–1873), S. 283. Original (DLA).

- 2. Heft in: ders., _Mélodies pour chant avec Piano_ (in 8 Heften). – Leipzig: Kahnt, o. A. – Text: Deutsch/Französisch. – Hofmeister (1886–1891), S. 454.

  Französische Übersetzung: 1. _Le Fils du Pêcheur_ (»Si fraîche est la mer«); 2. _Le Chanson du Berger_ (»O pentes fleuris«); 3. _Le Chasseur des Alpes_ (»L'orage s'amasse«).

1491   _Zu Schillers Jubelfeier (»Wir grüßen dich, du gold'ne Sonne«)_; _Festlied_ von Franz Dingelstedt
Weise (im Volkston) für Bariton oder Bass solo und vierstimmigen Männerchor (TTBB) a cappella
S. 329f. in: _Illustrierte Zeitung_, Nr. 854 vom 12. November 1859 (_mit Schillers Bildnis_). – Leipzig: Weber, o. A. – Burger, S. 214f. (vollst. Wiedergabe).

Uraufführung: Weimar, 10. November 1859. – Nicht ganz zu Unrecht kritisiert Brandstaeter die Komposition: ..._gar nicht volkstümlich, wie doch der Titel sagte_ (S. 3).

- Idem. – Nr. 11 (einzeln) in: ders., _Männerchöre_, Reihe A: _Ohne Begleitung_. – Leipzig: Kahnt, o. A. – Partitur (Verl.-Nr. _753_), Stimmen. –

WV/Liszt, Nr. 560 Nr. 11. HMB 1861/7, S. 130. BSB-Musik Bd. 10, S. 3887.

LJÁDOV, Anatólij Konstantinovič (1855–1914)

Auch: *Liadow* oder *Lyadov*.

Die Braut von Messina oder: Die feindlichen Brüder. Ein Trauerspiel mit Chören

1492 – V. 2778ff. (Don Cesar: »O Mutter! Mutter! Was ersannest du?«); hier unter dem Titel: *Scène finale de ›La Fiancée de Messine‹ d'après Schiller / Zakjučitel' naja scena iz Messinshoj nevesty po Šilleru*
Kantate für vier Soli (SATB), vierstimmigen gemischten Chor (SATB) und Orchester, op. 28
Leipzig: Belaieff 1891. – Partitur, Chorstimmen mit russischem Text, Orchesterstimmen; Klavierauszug von J. Tchernoff mit französischem und deutschem Text. – HMB 1892/3, S. 98. HMB 1893/8, S. 296 (heute in Kommission bei Schott, Mainz; s. Homepage des Verlages).

1878 als Examensarbeit am Konservatorium in St. Petersburg komponiert, aber erst viel später veröffentlicht; Ljádov erhielt dafür das *Diplom als freier Komponist* (MGG2 *Personenteil* Bd. 11, Sp. 328). Redepenning bewertet das Stück, das Cézar' Kjui gewidmet ist, *als Hommage an das »Mächtige Häuflein«* (Bd. 1, S. 410); zu jener Gruppe, deren leicht ironisch gefärbte Bezeichnung 1867 durch den Musikkritiker Vladímir Stásov geprägt worden war, rechnet man für gewöhnlich die Komponisten Mílij Balákirev, Aleksándr Borodin, Cézar' Kjui, Modést Músorgskij und Nikoláj Rímski-Kórsakov (zeitweilig gehörten der Vereinigung noch weitere Musiker an).

LLOYD, Charles Harford (1849–1919)

Hero und Leander (»Seht ihr dort die altergrauen Schlösser«)

1493 *Hero and Leander. A dramatic Cantata* in zwei Teilen; Text von Frederic E. Weatherly
Für zwei Soli (S – Hero, Bar – Leander), vierstimmigen gemischten Chor *of people of Abydos and Sestos* (SATB) und Orchester
London: Novello, Ewer & Co., o. A. – Partitur, Bläserstimmen; Klavierauszug. – HMB 1884/10, S. 278. Pazdírek Bd. 7, S. 409. New Grove1 Bd. 11, S. 98. Original (Slg. GG).

Falschzuweisung; wird aber vereinzelt mit Schillers Ballade in Verbindung gebracht. Aus einer knappen Vorbemerkung geht jedoch hervor, dass dies nicht der Fall ist. – *This cantata was written, by request, for performance at the Worcester triennal musical festival, in september, 1884* (Titelseite des Klavierauszugs). – Widmung: *To the memory of my mother. In obedience to whose oft-expressed wish I have chosen this old-world theme for musical illustration.*

LOBE, Johann Christian (1797–1881)

1494 Vierstimmige *Fuga* in f-Moll für Klavier
Fol. 100 des 1. Bandes in: *Schiller-Album* → 364

Autographe Reinschrift der ersten 13 Takte mit der Datierung: *Leipzig den 29. Januar 1848.* – Aufgrund des Zitatcharakters dürfte es sich um eine veröffentlichte Komposition handeln (eine einzeln erschienene vierstimmige Fuge, o. op., allerdings für Orgel, käme evtl. in Betracht; s. Pazdírek Bd. 7, S. 413).

Die Komponisten und ihre Werke

LÖFFEL, Walther (1899–?)

1495   An die Freude (»Freude, schöner Götterfunken«)
Männerchor a cappella

1927 komponiert und in Bern uraufgeführt; s. _Dt. Musiker-Lex._ 1929, Sp. 856.

LÖFFLER, Helmuth (um 1910–?)

Maria Stuart. Ein Trauerspiel

1496   Schauspielmusik

Belegbare Aufführung bei der _Festvorstellung aus Anlaß der 150. Wiederkehr von Schillers Todestag in Anwesenheit von Bundespräsident Theodor Heuss und Thomas Mann_: Stuttgart, 8. Mai 1955 (Großes Haus).

QUELLE: Theaterzettel (DLA).

LOEFFLER, Otto (1871–1949)

Macbeth. Zur Vorstellung auf dem Hoftheater in Weimar eingerichtet von Friedrich Schiller

1497   – V. 741ff. (Pförtner: »Verschwunden ist die finst're Nacht«); hier unter dem Titel: _Morgenlied_
Zweistimmiger Frauenchor (SA) a cappella, op. 65
Leipzig: Hofmeister, o. A. – Partitur, Stimmen. – Hofmeister (1909–1913), S. 475.

Wilhelm Tell. Schauspiel

1498   – V. 13ff. (Hirte: »Ihr Matten, lebt wohl«)
Zweistimmiger Schülerchor a cappella, op. 34
Leipzig: Hofmeister, o. A. – Partitur, Stimmen. – Hofmeister (1909–1913), S. 475.

LÖHLE, Franz Xaver (1792–1837)

1499   Des Mädchens Klage (»Der Eichwald brauset«)
Fünfstimmiger Männerchor (TTTBB) a cappella
Nr. 11 in: [98 Vokalstücke]. – Undatierte handschrifliche Partitur mit Stimmen [wohl 1. Hälfte 19. Jahrhundert]. – RISM-OPAC.

LÖSACKER, … (?–?)

1500   Sehnsucht (»Ach, aus dieses Tales Gründen«)
Für eine Singstimme mit Klavierbegleitung

QUELLE: Brandstaeter, S. 39 (datiert auf _1861_; Komponist bisher nicht identifizierbar).

LOESCHINGER, … (?–?)

Die Räuber. Ein Schauspiel

1501   _Die Räuber._ Oper in vier Akten; Librettist unbekannt [Jacopo Crescini?]

Uraufführung: Ofen, im Dezember 1843 (s. Stieger). – Am 5. Februar 1844 meldete die NZfM in einer kurzen Notiz: _Schillers Räuber sind zu einem Operntext umgeschaffen, den Löschinger in Ofen componirte. Schon von Mercadante wurde das Stück zu einer Oper bearbeitet._ – Die von

Löschinger wurde in Ofen gegeben, sprach aber nicht an (S. 44). Ob der Komponist das Libretto von Jacopo Crescini, das Mercadantes Oper (jedoch in drei Akten) zugrunde lag (→ 1623), erneut verwendet oder wenigstens in bearbeiteter Form herangezogen hat, ist unklar.

LOEWE, Carl (1791–1869)

Das Lied von der Glocke (»Fest gemauert in der Erden«)

1502 – ... *die letzten Verse* [vermutlich ab V. 418: »Jetzo mit der Kraft des Stranges«]
Deklamation mit melodramatischer Klavierbegleitung (o. op.)

Es soll sich um eine Musik zu den *letzten Versen* gehandelt haben, die dann in den ›*Epilog*‹ [zu Schillers Glocke] von Ludwig Giesebrecht überleiteten (→ 1509); s. *Die Musik* 1905 (»*Schiller-Heft*«), S. 189.

1503 Der Gang nach dem Eisenhammer (»Ein frommer Knecht war Fridolin«)
Für eine Singstimme mit Klavierbegleitung, op. 17

Bearbeitung des Melodrams von B. A. Weber (→ 2792), der Loewe gleichwohl eine eigene Opuszahl vergab.

1504 Der Graf von Habsburg (»Zu Aachen in seiner Kaiserpracht«)
Für eine Singstimme mit Klavierbegleitung, op. 98
Dresden: Paul 1844. – HMB 1844/10, S. 168.

WV/Loewe weist 1886 nicht die genannte Erstausgabe nach, sondern die von Peters vertriebene und seinerzeit noch erhältliche Veröffentlichung (S. 11). – Verschiedene Bearbeitungen s. Hofmeister (1904–1908), S. 467 u. 820, bzw. (1909–1913), S. 480; Pazdírek Bd. 7, S. 452. – Philipp Fries komponierte ein Melodram (→ 682), in das er Musik aus Loewes bzw. A. Rombergs Vertonung (→ 2091) einbezog.

Der Triumph der Liebe (»Selig durch die Liebe«)

1505 – V. 153ff. (»Liebe rauscht der Silberbach«)
Kanon zu vier Stimmen mit Klavierbegleitung (o. op.)

1817 komponiert.

S. 166ff. in: ders., *Gesamtausgabe der Balladen, Legenden, Lieder und Gesänge für eine Singstimme*, Bd. 17: *Lieder Kreise*. Im Auftrag der Loewe'schen Familie hg. von Max Runze. – Leipzig: Breitkopf & Härtel 1904. – Verl.-Nr. *V.A.1817*. – BSB-Musik Bd. 10, S. 3921. MGG2 *Personenteil* Bd. 11, Sp. 390.

Die Braut von Messina oder: Die feindlichen Brüder. Ein Trauerspiel mit Chören

1506 – V. 255ff. (Chor: »Preis ihr und Ehre, die uns dort aufgeht«); hier unter dem Titel: *Isabella. Lyrisch-dramatische Versöhnungsszene aus Schillers Braut von Messina*
Für Alt solo, vierstimmigen Männerchor (TTBB) und großes Orchester (o. op.)

1835 komponiert (MGG2 *Personenteil* datiert auf *1836*; vgl. Bd. 11, Sp. 395); auf dem Autograph habe sich folgende (vermutlich von einer Verlagskanzlei stammende) Datierung befunden: *Eingegangen den 9. Januar 1836*; die Vertonung blieb jedoch unveröffentlicht. – Originaltext nur teilweise vertont: *Mit geschicktem Griff hat Loewe aus dem Gesamtvorgange der Tragödie den eigentlichen Kern herausgenommen und zur Abrundung eines für sich bestehenden Ganzen gebracht, also ein Kunstganzes in kleinerem Rahmen geformt [...]. Loewe hat uns mit diesem seinem Werk eine Versöhnungs-Ballade geschaffen, die in der Aufforderung der Isabella ihren Höhepunkt gewinnt* [V. 428]: »Der Siege göttlichster ist das Vergeben«; s. *Die Musik* 1905 (»*Schiller-Heft*«), S. 186.

Die Komponisten und ihre Werke

1507 Die Hochzeit der Thetis (»Wie lieblich erklang Hochzeitsgesang«); hier mit dem Untertitel: _Uebersetzung aus Iphigenie in Aulis des Euripides_
Grosse Cantate für vier Soli (SATB), achtstimmigen gemischten Chor (SSAATTBB) und Orchester, op. 120
Berlin: Schlesinger, o. A. – Partitur abschriftlich, Chorstimmen; Klavierauszug vom Komponisten (Verl.-Nr. _3736_). – HMB 1851/10, S. 198. WV/Loewe, S. 12. Original (DLA).
1850 _zur feierlichen Vermählung Ihrer Königlichen Hoheit der Prinzessin Charlotte von Preussen und Seiner Hoheit des Erbprinzen von Sachsen-Meiningen_ komponiert.

1508 Die Kraniche des Ibykus (»Zum Kampf der Wagen und Gesänge«)
Für eine Singstimme mit Klavierbegleitung (o. op.)
Im Sommer 1837 _im Hause des Hofgerichtsrat Ziemssen_ (Stettin) improvisiert, wobei Loewe selbst gesungen und sich am Klavier begleitet habe; s. _Die Musik_ 1905 (»_Schiller-Heft_«), S. 187f.

1509 _Epilog_ [zu Schillers Glocke] _(»Ferne, ferne Glockenschläge, weht der Wind euch an mein Ohr?«)_; Text von Ludwig Giesebrecht
Für fünf Singstimmen (wohl ein Schülerchor, d. h. hohe Stimmen) und Streicher (o. op.)
Beim Abgange des Gymnasialdirektors Hasselbach wurde [in Stettin] _zu dessen Feier von Schülern Schillers ›Lied von der Glocke‹ vorgetragen. Ludwig Giesebrecht, des Jubilars Schwager, dichtete, daranknüpfend, in Bezug auf die Feier einen Epilog_ [...] _Nicht nur die Worte seines Freundes komponierte Loewe, sondern er begleitete auch die letzten Verse der Schillerschen Dichtung mit einer Komposition glockenähnlicher Klänge, aus denen dann jener Gesang hervorwuchs_; s. _Die Musik_ 1905 (»_Schiller-Heft_«), S. 189 (ohne Datumsangaben); MGG2 _Personenteil_ Bd. 11, Sp. 391.

1510 Würde der Frauen (»Ehret die Frauen! Sie flechten und weben«)
Vierstimmiger Männerchor (TTBB) a cappella
Nr. 3 in: ders., _Sechs vierstimmige Gesänge für Männerstimmen_ (o. op.). – Mainz: Schott, o. A. – Partitur (Verl.-Nr. _5358_), Stimmen. – WV/Loewe, S. 14. Pazdírek Bd. 7, S. 452. BSB-Musik Bd. 10, S. 3918.

LØWENSKJOLD, Hermann Severin Baron von (1815–1870)

Auch: _Løvenskiold._

Turandot, Prinzessin von China. Ein tragikomisches Märchen nach Carlo Gozzi von Friedrich Schiller

1511 _Turandot. Romantisk Syngespiel_ in zwei Akten; Libretto von Hans Haagen Nyegaard
Uraufführung: Kopenhagen, 3. Dezember 1854 (s. Loewenberg, Sp. 916, bzw. Lo, S. 134). – Stieger weist das Werk als Oper in drei Akten nach. – ... _mit nur geringem Erfolge. Das Werk soll lebhafte Phantasie, wie auch dramatische Fähigkeiten des Autors aufweisen, so daß es einer weiteren Beachtung wohl nicht unwert gewesen wäre_ (Schaefer, S. 68).

LOOS, V. A. (?-?)

Das Lied von der Glocke (»Fest gemauert in der Erden«)

1512 _Bilder aus Schiller's Glocke._ Sonate für Klavier, op. 9
Leipzig: Breitkopf & Härtel, o. A. – HMB 1872/1, S. 10.
Vermutlich aus einer Klavierimprovisation hervorgegangen, mit der _Herr Musik-Director V. A. Loos_ am 10. November 1859 bei der Schiller-Feier in Iserlohn die Deklamation des Gedichts

323

begleitet hatte. *Viele der ergreifendsten Momente des Gedichtes waren höchst charakteristisch behandelt* (vgl. *Niederrhein. MZtg.* vom 19. November 1859, S. 375).

LORENS, Carl (1851–1909)

Nachname auch: *Lorenz.*

Wallenstein. Ein dramatisches Gedicht – II. Die Piccolomini

– V. 2452 (Octavio: »Das eben ist der Fluch der bösen Tat«)

1513 *Der Fluch der bösen Tat* (»*Mit der Gitarr' steht einer unterm Fenster*«); Textverfasser unbekannt
Couplet für eine Singstimme mit Klavierbegleitung (o. op.)
Nr. 13 (einzeln) in: ders., *Wiener Couplets.* – Leipzig: Dietrich, o. A. – HMB 1897/4, S. 187.

1514 *Der Fluch der bösen Tat* (»*Verehrtes Publikum, hör', was ich singe*«); Textverfasser unbekannt
Ein- oder zweistimmiger *Bänkelgesang in Balladenform* mit Klavierbegleitung (o. op.)
Wien: Blaha, o. A. – HMB 1894/10, S. 462.

- Für Zither bearb. von Theodor F. Schild, hier unter dem Titel: *Schaurige Ballade.* – Wien: Blaha, o. A. – HMB 1894/12, S. 537.

- *Ballade* für ein oder zwei mittlere Stimmen mit Klavierbegleitung. – Nr. 2 in: ders., [4] *Wiener Duette.* – Wien: Blaha, o. A. – Hofmeister (1898–1903), S. 186 (hier nochmals in einer Sammlung gleichen Titels mit Stücken verschiedener Komponisten), bzw. S. 540 (unter dem Komponisten). Pazdírek Bd. 7, S. 477.

LORENZ, Carl Adolf (1837–1923)

Die Jungfrau von Orleans. Eine romantische Tragödie

1515 *Die Jungfrau von Orleans.* Weltliches Oratorium für vier Soli (STBarB), gemischten Chor und Orchester (o. op.)
Berlin: Schlesinger, o. A. – Chorstimmen; Klavierauszug; Textbuch. – HMB 1897/12, S. 556 u. S. 581. Stieger. Gatti Bd. 2, S. 142. Reischert, S. 510.
Uraufführung: Stettin, im November 1897 (Gatti weist hingegen *Stralsund* nach).

1516 »*Hier stehen froh aus allen deutschen Gauen*«; Text von Wilhelm Arnold
Vierstimmiger Männerchor (TTBB) und Orchester
Nr. 2 in: ders., *Zwei Festgesänge*, op. 2. – Berlin: Paez, o. A. – Klavierauszug (Verl.-Nrr. 2955 bzw. 2956). – Original (DLA bzw. GSA). HMB 1860/2, S. 31.
Uraufführung aus Anlass von Schillers hundertstem Geburtstag: Berlin, 11. November 1859 (Aula der Königlichen Friedrich-Wilhelms-Universität), unter der Leitung des Komponisten. – Es ist nur die Ausgabe mit Klavierbegleitung veröffentlicht worden (Partitur und Orchesterstimmen *in Abschrift*).

1517 »*Verrauscht, Jahrhunderte, auf ew'gen Schwingen*«; Text von Franz Leibing
Vierstimmiger Männerchor (TTBB) mit Orchester
Nr. 1 in: ders., *Zwei Festgesänge*, op. 2 → 1516

LORENZ, Felix (?–?)

Die Räuber. Ein Schauspiel

1518 *Die Räuber. Operette* für vierstimmigen Männerchor (TTBB) mit Soli und Klavierbegleitung, op. 96
Leipzig: Glaser, o. A. – Solo- und Chorstimmen; Klavierauszug; Regie- und Soufflierbuch. – Hofmeister (1904–1908), S. 464. Pazdírek Bd. 7, S. 480.

LORTZING, Albert (1801–1851)

1519 An den Frühling (»Willkommen, schöner Jüngling«)
Männerquartett (TTBB) a cappella
Nr. 1 in: ders., [6] *Ernste und heitere Festgesänge* (in 3 Heften). – Leipzig: Klemm, o. A. – Partitur, Stimmen (Verl.-Nrr. *550–552*). – WV/Lortzing (LoWV) 67 Nr. 1. HMB 1847/2, S. 35.

Zunächst war am 4. November 1844 in Leipzig diese Schiller-Vertonung entstanden, die im Rahmen des Schiller-Festes ebd. am 10. November d. J., wohl unter der Leitung des Komponisten, uraufgeführt und erst später den ›Festgesängen‹ beigefügt worden ist (jedes Heft enthält zwei Chorsätze).

1520 An die Freude (»Freude, schöner Götterfunken«)
Für vierstimmigen gemischten Chor (SATB) und Orchester

Unveröffentlicht. – Es handelt sich um die Bearbeitung der seinerzeit und noch bis ins 20. Jahrhundert hinein weit verbreiteten Melodie, die vielleicht von J. G. Naumann stammt (→ 1736), aber im WV/Lortzing (LoWV) 47 irrtümlich *C. F. Schulz* zugewiesen wird. – Uraufführung: Leipzig, 9. November 1840 (1. Schillerfest); bei dieser Gelegenheit wurden zwei weitere Schiller-Vertonungen Lortzings uraufgeführt (→ 1521 und 1523); s. LoWV a. a. O.

1521 Das Mädchen aus der Fremde (»In einem Tal bei armen Hirten«)
Gemischtes Vokalquartett (SSTB) a cappella
Wien: Haslinger, o. A. – Verl.-Nr. *9359*. – WV/Lortzing (LoWV) 45. HMB 1844/7, S. 106. Weinmann (Senefelder etc.) Bd. 3, S. 1 (demnach *1844* veröffentlicht).

Uraufführung: Leipzig, 9. November 1840 (1. Schillerfest); bei dieser Gelegenheit wurden zwei weitere Schiller-Vertonungen Lortzings uraufgeführt (→ 1520 und 1523).

1522 Die Bürgschaft (»Zu Dionys, dem Tyrannen, schlich Damon«)
Für eine Singstimme mit Klavierbegleitung

Nicht datierbare Jugendkomposition; unveröffentlicht; verschollen; s. WV/Lortzing (LoWV) 2.

1523 Hoffnung (»Es reden und träumen die Menschen viel«)
Gemischtes Vokalquartett (wahrsch. SATB) a cappella

Uraufführung: Leipzig, 9. November 1840 (1. Schillerfest); bei dieser Gelegenheit wurden zwei weitere Schiller-Vertonungen Lortzings uraufgeführt (→ 1520 und 1521). – Unveröffentlicht; verschollen; s. WV/Lortzing (LoWV) 46.

1524 *Kantate zur Schillerfeier 1842 (»Sel'ger Verklärter dort über den Sternen«)*;
Textverfasser unbekannt (vermutlich Robert Blum)
Kantate für zwei Soli (TB), vierstimmigen Männerchor (TTBB) und Orchester

Im Oktober/November 1842 entstanden; unveröffentlicht. – Uraufführung: Leipzig, 11. November 1842 (zum Abschluss des Schillerfestes), *unter gefälliger Mitwirkung des philharmonischen Vereins*, wohl unter Leitung des Komponisten; s. WV/Lortzing (LoWV) 57. – Bis auf ein zusätzliches viertaktiges Rezitativ handelt es sich um den zweiten Teil von Lortzings An-

Verzeichnis der musikalischen Werke

fang 1841 komponierter ›Kantate zur Säkularfeier der Loge Minerva zu den drei Palmen‹ (LoWV 49), die lediglich mit neuem Text unterlegt worden ist.

1525 Tonkunst (»Leben atme die bildende Kunst«)
Vierstimmiger Männerchor (TTBB) a cappella
Fol. 103 des 1. Bandes in: *Schiller-Album* → 364

Autographe Reinschrift der Partitur mit der Datierung: *Wien im März 1848*. – Unveröffentlicht; s. WV/Lortzing (LoWV) 79.

Wallenstein. Ein dramatisches Gedicht – I. Wallensteins Lager

1526 – V. 1052ff. (Zweiter Kürassier: »Wohl auf [hier: *Frisch auf*], Kameraden, auf's Pferd«)
Rundgesang für Vorsänger, dreistimmigen Männerchor (TTB) und Harmoniemusik

Unveröffentlicht. – Uraufführung: Münster, 24. März 1828, im Rahmen einer Vorstellung des Schauspiels mit der Hoftheatergesellschaft Detmold unter der musikalischen Leitung Lortzings; s. WV/Lortzing (LoWV) 14. – Es handelt sich um eine Bearbeitung der berühmten Melodie von Chr. J. Zahn (→ 2951). Eine andere Bearbeitung Lortzings (mit je zwei Hörnern, Trompeten und Posaunen) ist Teil seiner Schauspielmusik zu ›*Ferdinand von Schill*‹ (*Vaterländisches Drama* in fünf Aufzügen von Rudolph Gottschall), die am 20. November 1850 im Friedrich-Wilhelmstädtischen Theater zu Berlin unter der Leitung des Komponisten uraufgeführt wurde (vgl. LoWV 101).

1527 Würde der Frauen (»Ehret die Frauen! Sie flechten und weben«)
Vierstimmiger Männerchor (TTBB) a cappella
Leipzig: Klemm, o. A. – WV/Lortzing (LoWV) A-2 (in HMB nicht nachweisbar).

Im Autograph sind (teilweise von fremder Hand) nur die »Frauen-Strophen« des Gedichts eingetragen.

LOSCHKY, Wilhelm Matthias (1862–1933)

Wilhelm Tell. Schauspiel

– V. 1447ff. (Rösselmann: »Wir wollen sein ein einzig' Volk von Brüdern«)

1528 *Wir wollen sein ein einig'* [!] *Volk von Brüdern* (Textincipit nicht nachgewiesen); Text von Rudolf Nawrocki
Männerchor a cappella, op. 54
München: Oldenbourg, o. A. – Partitur. – *Dt. Musiker-Lex.* 1929, Sp. 862. BSB-Musik Bd. 10, S. 3937 (hier: *Separat-Abdruck aus dem Taschenkalender für Lehrer 1901*).

LOTHAR, Mark (1902–1985)

Wirklicher Name: *Lothar Hundertmark.*

Schauspielmusiken zu:

1529 Der Parasit. Ein Lustspiel (nach dem Französischen)
Uraufführung im Rahmen der Premiere: Berlin, 28. November 1942 (Staatstheater); s. WV/Lothar, S. 213.

1530 Die Jungfrau von Orleans. Eine romantische Tragödie
Uraufführung im Rahmen der Premiere: Berlin, 16. Januar 1939 (Staatstheater); s. WV/Lothar, S. 212.

Die Komponisten und ihre Werke

1531 Die Räuber. Ein Schauspiel

Uraufführung im Rahmen der Premiere: Berlin, 24. Juni 1944 (Staatstheater). – Nochmals für Hamburg (Neukomposition?); Premiere: 23. November 1953 (Deutsches Schauspielhaus), unter der Regie von Gustaf Gründgens; s. WV/Lothar, S. 213 u. 215.

1532 Die Verschwörung des Fiesco von Genua

Uraufführung im Rahmen der Premiere: Berlin, 4. April 1940 (Staatstheater). – Nochmals für Hamburg (Neukomposition?); Premiere: 24. September 1959 (Deutsches Schauspielhaus), unter der Regie von Gustaf Gründgens; s. WV/Lothar, S. 212 u. 215.

1533 Kabale und Liebe. Ein bürgerliches Trauerspiel

Uraufführung im Rahmen der Premiere: Hamburg, 23. Oktober 1953 (Deutsches Schauspielhaus), unter der Regie von Gustaf Gründgens; s. WV/Lothar, S. 216.

1534 Phädra. Trauerspiel von Jean Baptiste Racine, übersetzt von Friedrich Schiller

Uraufführung im Rahmen der Premiere: München, 9. Oktober 1946 (Bayerisches Staatsschauspiel im Brunnenhoftheater der Residenz); s. WV/Lothar, S. 213.

1535 Turandot, Prinzessin von China. Ein tragikomisches Märchen nach Carlo Gozzi von Friedrich Schiller

Uraufführung im Rahmen der Premiere: Berlin, 20. September 1941 (Staatstheater); s. WV/Lothar, S. 212.

1536 Wallenstein. Ein dramatisches Gedicht

Wohl zur ganzen Trilogie komponiert; Premiere nicht nachgewiesen (s. WV/Lothar, S. 213).

1537 Wilhelm Tell. Schauspiel

Uraufführung im Rahmen der Premiere: Berlin, im Juni 1933 (Deutsches Theater), unter der Regie von Max Reinhardt; s. WV/Lothar, S. 210.

LUBIN, Napoleon Antoine Eugène Léon de St. (1805–1850)

Lexikalisch auch unter _Léon de Saint Lubin_ eingeordnet.

Das Lied von der Glocke (»Fest gemauert in der Erden«)

1538 _Die Glocke._ Schauspiel mit Chören in vier Akten; Textbearbeiter nicht bekannt

Uraufführung: Wien, 12. September 1825 (Josefstädter Theater); s. Ledebur, S. 337, bzw. Stieger.

LUBRICH jun., Fritz (1888–1971)

Nicht zu verwechseln mit seinem Vater, Fritz Lubrich sen. (s. anschließenden Nachweis).

Das Lied von der Glocke (»Fest gemauert in der Erden«)

1539 – Vorspruch (»Vivos voco«); hier unter dem Titel: _Glockenspruch_
Gemischter Chor a cappella

Quelle undatiert; unveröffentlicht (s. WV/Lubrich, S. 131).

LUBRICH sen., Fritz (1862–1952)

Nicht zu verwechseln mit seinem Sohn, Fritz Lubrich jun. (s. vorstehenden Nachweis).

Wilhelm Tell. Schauspiel

1540 – V. 1447ff. (Rösselmann: »Wir wollen sein ein einzig' Volk von Brüdern«)
Männerchor a cappella
Heidelberg: Hochstein, o. A. – Partitur, Stimmen. – Hofmeister (1939), S. 76.

327

LUDWIG, Franz (1889–1955)

Wird gelegentlich auch als »der Jüngere« bezeichnet (sein Vater hat den gleichen Vornamen).

Die Braut von Messina oder: Die feindlichen Brüder. Ein Trauerspiel mit Chören

1541 Schauspielmusik

1912 komponiert; Aufführungen nicht dokumentiert; unveröffentlicht; s. *Dt. Musiker-Lex.* 1929, Sp. 868.

LÜBCKE, Adolf (?–1838)

Name auch: *Lübecke*.

Das Lied von der Glocke (»Fest gemauert in der Erden«)

1542 *Der Glockengießer*. Romantische Oper in drei Akten; Libretto von Ludwig Storch

Uraufführung: Gotha, im März 1832 (Hoftheater); s. Stieger. – Bezug zu Schillers Gedicht bisher nicht zweifelsfrei klärbar.

Die Verschwörung des Fiesco zu Genua. Ein republikanisches Trauerspiel

1543 *Fiesco*. Oper in vier Akten; Libretto eines unbekannten Autors *nach Schiller*
Uraufführung: Gotha, im April 1830 (Hoftheater); s. Stieger.

LÜDICKE, Chr. H. (?–?)

1543+1 Hoffnung (»Es reden und träumen die Menschen viel«)
Zweistimmiger Chor (für gleiche Stimmen) a cappella
Nr. 72 des 3. Teils in: Lüdicke, Chr. H., *Liederwald.* [488] *Lieder für deutsche Schulen. Mit Originalkompositionen von Hofkpm. Franz Abt-Braunschweig, Konzertmstr. K.[arl] Appel-Dessau, Univers.-Musikdir. Dr. H.[einrich] K.[arl] Breidenstein-Bonn [etc.] (in 4 Teilen).* – Leipzig: Siegismund & Volkening, o. A. – Original (Slg. GG; versch. Auflagen der Teile des unverändert immer wieder gedruckten Liederbuchs). HMB 1881/3, S. 63 (*2. Stereotypausgabe*; frühester Nachweis).

Teil 1: *120 Kinderlieder in entsprechender Tonhöhe für die Unterstufe*; Teil 2: *120 1-, 2- u. 3stg Lieder und eine Tabelle mitt Noten- und Singübungen für die Mittelstufe*; Teil 3: *155 Lieder und Gesänge für die Oberstufe, von denen 102 2stg., 114 aber 3stg. gesungen werden können*; Teil 4: *83 Nummern (74 3stg., 3 4stg. und 6 Kanons) für Oberklassen der Volksschulen und für höhere Lehranstalten. – Das vorliegende Liederbuch will ein brauchbares Hilfsmittel zur Pflege des deutschen Sanges sein und für diesen Zweck einen Stoff bieten, der in seinem textlichen und melodischen Gehalte der Schule würdig und von bleibendem Werte für das spätere Leben ist. Um die zur Belebung unseres Volksgesanges nötige Gesangeinheit fördern zu helfen, erfolgte die Auswahl der Lieder diesmal vorzugsweise nach Lehrplänen von mehrklassigen Volks-, Mittel- und höheren Töchterschulen aus den verschiedensten Gegenden Deutschlands. Dabei unterscheidet Lüdicke zwischen »Normalliedern« (die in Deutschland allgemein zur Einübung vorgeschriebenen Lieder) und Original-Kompositionen der hevorragendsten jetzt lebenden Tondichter. [...] Bei Bearbeitung der Lieder wurden insbesondere Volksweisen berücksichtigt, damit dieselben auch nach der Schulzeit mit den ursprünglichen Texten, die sich nur zum Teil für Kinder eignen, gesungen werden können. [...] Bezüglich der harmonischen Bearbeitung ist der dem Volksgesange entsprechende zweistimmige Satz in den ersten drei Teilen vorherrschen (ca. 300 Lieder), doch dürfte auch der dreistimmige (ca. 200 Lieder) hinreichend vertreten sein (aus dem undatierten Vorwort, das in allen vier Teilen unverändert enthalten ist;*

aus diesem geht außerdem der Wirkungsort des bisher nicht identifizierbaren Herausgebers hervor: Eichberg, bei Hirschberg i. Schl.[esien]).

LUTTER, Wilhelm (1914–?)

1544   *Spruch* [nach einem bisher nicht identifizierbaren Gedicht Schillers]
Für Bariton und mehrere Instrumente, op. 34a (2. Fassung)

Uraufführung: Thal, 12. April 1981, mit Ernst Volker Schwarz (Bariton), dem Collegium musicum der Gewerkschaft Unterricht und Erziehung (Eisenach), unter der musikalischen Leitung des Komponisten. – Unveröffentlicht; s. DDR-Uraufführungen 1981, S. 104 (hier mit ausdrücklichem Hinweis auf Schiller als Textverfasser).

LUTZ, Ernst (1887–1929)

1545   Das Lied von der Glocke (»Fest gemauert in der Erden«); hier unter dem Titel:
Die Glocke
Kantate für Soli, gemischten Chor und Orchester

1927 komponiert; unveröffentlicht. – Uraufführung: Saaz (dt. Name für das tschechische Žatec); s. *Dt. Musiker-Lex.* 1929, Sp. 873.(ohne weitere Angaben).

LUX, Friedrich (1820–1895)

Wallenstein. Ein dramatisches Gedicht – I. Wallensteins Lager

1545+1 Schauspielmusik

Uraufführung im Rahmen einer Sondervorstellung zum Schiller-Fest: Mainz, 10. November 1859 (Stadttheater), *wobei sechzig Mitglieder des Mainzer Männergesang-Vereins mitwirkten. Von der Musik verdient vor Allem die Ouverture als sehr charakteristisch bezeichnet zu werden, indem die Motive der drei Soldatenchöre zuerst einzeln auftreten und dann bei der Durchführung contrapunktisch mit einander verwebt sind. Zu dem letzten Chor: »Frisch [!] auf, Cameraden!« ist natürlich die ursprüngliche Volks-Melodie* [von Chr. J. Zahn; → 2951], *jedoch mit glänzender Instrumentirung, benutzt worden* (Niederrhein. MZtg. vom 26. November 1859, S. 1859).

1546   Würde der Frauen (»Ehret die Frauen! Sie flechten und weben«)
Vierstimmiger Männerchor (TTBB) a cappella, op. 65
Mainz: Diemer, o. A. – Partitur, Stimmen. – Hofmeister (1880–1885), S. 394.
Pazdírek Bd. 7, S. 557.

LYNGBYE, Hans Peter Johan (1803–1834)

1547   Die Ideale (»So willst du treulos von mir scheiden«)
Romanze für eine Singstimme mit Klavierbegleitung
Kopenhagen: Lose 1828. – Fog-Verlagskatalog, S. 89.

Verzeichnis der musikalischen Werke

— M —

MAASZ, Leopold (1872–?)

Gelegentlich auch mit der Namensschreibung *Maas* oder *Maaß*.

Ritter Toggenburg (»Ritter, treue Schwesterliebe widmet Euch dies Herz«)

1548 *Das Lied vom Toggenburg – Die Mägdlein heutzutage (»Vom Toggenburg kennt ihr das Lied«)*
Für eine Singstimme mit Klavierbegleitung
Aus der Posse: ders., *Der Raub der Europa*. Librettist unbekannt. – Leipzig: Dietrich, o. A. – Hofmeister (1914–1918), S. 284. Stieger deest.

MACDOWELL, Edward (1860–1908)

Wilhelm Tell. Schauspiel

1549 – V. 1–12 (Fischerknabe: »Es lächelt der See«); hier auch mit englischer Übersetzung des Komponisten: *The Fisherboy (»The glittering waves«)*
Vierstimmiger Männerchor (TTBB) a cappella
Nr. 3 (einzeln) in: ders., *Drei Lieder für vierstimmigen Männerchor*, op. 27. – Boston/Leipzig: Schmidt 1890. – Partitur, Stimmen (Verl.-Nr. *2572*). – WV/MacDowell, S. 22. HMB 1890/1, S. 19.

Widmung: *Meinem Freunde, Herrn Gottfried Angerer, Dirigent des Züricher Gesangvereins ›Harmonie‹.*

MACFARREN, George (1813–1887)

Don Carlos. Infant von Spanien. Ein dramatisches Gedicht

1550 *Don Carlos*. Ouvertüre für Orchester
1842 komponiert (s. New Grove2 Bd. 15, S. 473).

MACHADO, Augusto (1845–1924)

Die Verschwörung des Fiesco zu Genua. Ein republikanisches Trauerspiel

1551 *I Doria*. Oper in vier Akten; Libretto von Anton Ghislanzoni
Uraufführung: Lissabon, 16. Januar 1887 (Teatro San Carlos); s. Grove, *Opera* Bd. 3, S. 120. – Stieger und Reischert (S. 363) datieren einen Tag früher.

MACHHOLDT, J. H. C. (?–?)

1552 Das Mädchen aus der Fremde (»In einem Tal bei armen Hirten«)
Für eine Singstimme mit Klavierbegleitung
S. 17 in: ders., *Zwölf Lieder verschiedener Dichter*. – Braunschweig: Auf Kosten des Verfassers, o. A. – Verl.-Nr. *96*. – Kurscheidt, S. 396. Staatsbibl. zu Berlin (Online-Katalog). RISM A I deest.

MADERNA, Bruno (1920–1973)

Die Verschwörung des Fiesco zu Genua. Ein republikanisches Trauerspiel

1553 Schauspielmusik
QUELLE: Reischert, S. 363 (ohne weitere Angaben).

330

MAI, Julius (1862–1938)

Die Braut von Messina oder: Die feindlichen Brüder. Ein Trauerspiel mit Chören

1554   *Die Braut von Messina.* Oper in drei Akten; Libretto (*mit teilweiser Benützung der Tragödie Schillers*) wahrscheinlich vom Komponisten
Berlin: Thespis 1915. – Klavierauszug. – Original (DLA). *Dt. Musiker-Lex.* 1929, Sp. 880f. (demnach allerdings im Selbstverlag).

> Uraufführung: Bern, 11. Dezember 1904 (Stieger nennt jedoch den *10.* Dezember). – Reischert weist das Werk irrtümlich als Oper in vier Akten nach (S. 211).

1555   Die Schlacht (»Schwer und dumpfig, eine Wetterwolke«)
Für Männerchor und Orchester
O. O.: Selbstverlag, o. A. – *Dt. Musiker-Lex.* 1929, Sp. 881.

1556   *Drei Lieder* [nach Gedichten von Heinrich Heine und Friedrich Schiller]
O. O.: Selbstverlag, 1889. – *Dt. Musiker-Lex.* 1929, Sp. 881.

> Die Einzeltitel konnten bisher nicht nachgewiesen werden.

1557   *Friedenshymne*; Text von Friedrich Schiller
Chor und Orchester
O. O.: Selbstverlag, o. A. – *Dt. Musiker-Lex.* 1929, Sp. 881.

> Um welchen Text es sich dabei handelt, war bisher nicht klärbar. – Uraufführung: Bern, 1903.

1558   Kassandra (»Freude war in Trojas Hallen«)
Kantate für Sopran solo, Chor und Orchester
Bern: Müller & Schade 1899. – *Dt. Musiker-Lex.* 1929, Sp. 880.

> Uraufführung: Ludwigshafen, 1892. – Reischert weist die Vertonung als Männerchor nach (S. 563).

1558   Punschlied (»Vier Elemente, innig gesellt«)
Männerchor a cappella
Heidelberg: Hochstein, o. A. – Partitur, Stimmen. – Hofmeister (1909–1913), S. 488.

MAIR, Franz (1821–1893)

1559   An die Freude (»Freude, schöner Götterfunken«)
Rundgesang (Chor für drei hohe Stimmen) mit Klavierbegleitung
In: ders., *Zehn leicht ausführbare Schulfestlieder mit Pianoforte oder Harmonium zum Gebrauch bei einer Schluss- oder Schillerfeier in österreichischen Volks- und Bürgerschulen*, op. 45. – Wien: Pichler, o. A. – HMB 1879/10, S. 309.

> Diese und eine weitere Schiller-Vertonung (→ 1561) kannn aufgrund der bibliogr. Angaben aus nachstehender Veröffentlichung bestimmt werden. – Die Sammlung ist später in dritter Aufl. im gleichen Verlag erschienen (vgl. HMB 1896/4, S. 191).

>   • Idem. – Nr. 5 in: *Vierzig Schiller-Lieder* → 2685

>> Hier mit dem Hinweis: *Aus ›Zehn leicht ausführbare Schulfestlieder‹ von Fr. Mair* (vermutlich für die gleichen Besetzung).

Die Jungfrau von Orleans. Eine romantische Tragödie

1560   Schauspielmusik

> QUELLE: ÖNB (Online-Katalog: Handschrift).

Verzeichnis der musikalischen Werke

Daraus veröffentlicht:

– *Krönungsmarsch zu Schillers Jungfrau von Orleans* für Klavier zu vier Händen
Wien: Haslinger, o. A. – Verl.-Nr. *13583*. – Weinmann (Senefelder etc.) Bd. 3,
S. 148 (demnach *1867* erschienen). Schaefer, S. 53. HMB 1867/6, S. 93.

  · Berlin: Schlesinger, o. A. – Schaefer, S. 53. Pazdírek Bd. 7, S. 662.

1561   Hoffnung (»Es reden und träumen die Menschen viel«)
Chor (für hohe Stimmen) mit Klavierbegleitung
In: ders., *Zehn leicht ausführbare Schulfestlieder* → 1559

  · Idem. – Nr. 16 in: *Vierzig Schiller-Lieder* → 2685

MANGOLD, Carl Amand (1813–1889)

1562   Der Abend. Nach einem Gemälde (»Senke, strahlender Gott«)
Gemischtes Vokalquartett (SATB) mit Klavierbegleitung
Nr. 12 in: ders., *Zwölf vierstimmige Gesänge*, op. 22 (in 4 Heften). – Speyer:
Lang, o. A. – Stimmen, Partitur. – HMB 1845/8, S. 123.

1. Heft: Nrr. 1–3; 2. Heft: Nrr. 4–7; 3. Heft: Nrr. 8–10; 4. Heft: Nrr. 11 u. 12.

Die Jungfrau von Orleans. Eine romantische Tragödie

1563   – [Textincipit nicht nachweisbar]; hier unter dem Titel: *Johanna d'Arc*
Scene und Arie für Sopran mit Klavierbegleitung, op. 63
Winterthur: Rieter-Biedermann, o. A. – HMB 1861/5, S. 91. Pazdírek Bd. 7,
S. 694.

Das Stück *ist vom Fürsten von Hohenzollern-Hechingen mit dem Preise prämiirt worden*
(Mendel Bd. 7, S. 39).

Die Verschwörung des Fiesco zu Genua. Ein republikanisches Trauerspiel

1564   *Fiesco*. Oper; Librettist unbekannt

1840 begonnen, aber nicht fertiggestellt (s. MGG2 *Personenteil* Bd. 11, Sp. 975).

1565   Elysium. Eine Kantate (»Vorüber die stöhnende Klage«)
Sinfonie-Kantate für Soli, Chor und Orchester

Auf Anregung von Felix Mendelssohn Bartholdy entstanden; vermutlich unveröffentlicht. –
Teiluraufführung (ein Duett für Sopran und Bariton sowie die Schlussfuge): Leipzig, 11. November 1845 (Schiller-Feier), unter der Leitung von Albert Lortzing, *gesungen von Frl.* [Karoline] *Mayer, Hrn.* [August] *Kindermann und dem Thomanerchor* (Konzertankündigung in der
›*Leipziger Zeitung*‹ vom 8. November).

Mangold schickte die Kantate vermutlich im September 1845 zur Begutachtung an Albert
Lortzing, der ihm am 24. Oktober 1845 antwortete: *Hiermit erlaube ich mir Ihnen meine vollkommenste Hochachtung wegen Ihrer vortrefflichen Komposition darzubringen. Das ist ein Werk von dem man sagen kann, es hat Kopf, Hand und Fuß, und wäre ich Direktor am hiesigen Gewandhaus-Konzerte, so würde es sogleich zur Aufführung vorbereitet; leider aber* [...] *sind die Mittel und Kräfte über welche wir, die Vorsteher des Schiller-Vereins, nicht ausreichend genug, um ein so schönes Werk dem Publikum würdig vorzuführen, anderen Theils dürfte auch die Aufführung des Ganzen zu viel Zeit in Anspruch nehmen, da außerdem noch verschiedene Vorträge gehalten werden; ich habe mir daher erlaubt, ihrem schönen Werk das Duett für Sopran und Bariton und den grandiosen Schlußchor zu entnehmen und hoffe so einen brillanten Schluß und Erfolg der geistigen Aufführung zu erzielen ...* (Original des Briefes; freundlicherweise vom Antiquariat Voerster, Stuttgart, zur Verfügung gestellt; s. a. dessen Kat. 28, Nr. 79). – Im gleichen
Konzert wurde Mendelssohn Bartholdys ebenfalls hierfür komponiertes Vokalquartett ›*Die*

Frauen und die Sänger‹, eine Teilvertonung von Schillers Gedicht ›Die vier Weltalter‹, uraufgeführt (→ 1619).

(Ur-?)Aufführung des vollst. Werkes (im Rahmen der Schiller-Feier): Darmstadt, 9. November 1859, in einem Konzert des Musikvereins und der Hofkapelle.

QUELLEN: Karl-Heinz Köhler, _Vorbemerkung_, in: Felix Mendelssohn Bartholdy, _Die Frauen und die Sänger_. Basel: Bartholdy 1959, S. 10f. Brandstaeter, S. 32 (nennt irrtümlich _F._ Mangold). _Recensionen und Mittheilungen über Theater und Musik_ vom 9. November 1859, S. 725.

1566   Sehnsucht (»Ach, aus dieses Tales Gründen«)
Vierstimmiger Männerchor (TTBB) a cappella
Nr. 2 (einzeln) in: ders., _Drei Lieder für vier Männerstimmen_, op. 33. – Offenbach am Main: André, o. A. – Partitur, Stimmen. – HMB 1868/5, S. 78, bzw. 1894/7, S. 312. Pazdírek Bd. 7, S. 694.

Das Lied von der Glocke (»Fest gemauert in der Erden«)

1566+1 _Ouvertüre zu Schillers Glocke für grosses Orchester und gem._[ischten] _Chor_

Unveröffentlicht; liegt als autographe Partitur mit datierten Korrekturen (21. August 1827) vor (Pelker, S. 459 Anm. 73).

MANTOVANI, Bruno (geb. 1974)

1567   Abschied vom Leser (»Die Muse schweigt. Mit jungfräulichen Wangen«)
Für vierstimmigen gemischten Chor (SATB) und Orchester
6. Abschnitt in: ders., _Cantate_ Nr. 3 für gemischten Chor und Orchester in sieben Abschnitten nach sieben (teilweise fragmentarischen) Texten von Friedrich Schiller. – Paris: Lemoine 2013. – Partitur (Verl.-Nr. _29056_). – Homepage des Komponisten. Programmheft der Uraufführung (2. Fassung).

Kompositionsauftrag des Südwestrundfunks (SWR). – 2012 zunächst in einer kürzeren Fassung entstanden und so in Paris am 15. November 2012 (Théâtre des Champs-Elysées) uraufgeführt, Choeur de Radio France und Orchestre Nationale de France unter der Leitung von Daniele Gatti. _Diese Version wurde zunächst überarbeitet und verdichtet und dann zu der dreißigminütigen der hier vorliegenden Version, die François-Xavier Roth gewidmet ist, erweitert_ (Erklärung des Komponisten im Programmheft, S. 89). – Uraufführung der endgültigen Fassung im Rahmen der Donaueschinger Tage für neue Musik (Abschlusskonzert): Donaueschingen, 20. Oktober 2013 (Baarsporthalle), mit dem SWR Vokalensemble und dem SWR Sinfonieorchester Baden-Baden und Freiburg unter der Leitung von François-Xavier Roth. – Mantovani bezeichnete das Werk als eine doppelte Hommage, nämlich an Schiller und L. van Beethoven (hier dessen 9. Sinfonie; → 144).

1568   Das Ideal und das Leben (»Ewig klar und spiegelrein«)
Für vierstimmigen gemischten Chor (SATB) und Orchester
7. Abschnitt in: ders., _Cantate_ Nr. 3 → 1567

1569   Der Pilgrim (»Noch in meines Lebens Lenze«)
Für vierstimmigen gemischten Chor (SATB) und Orchester
1. Abschnitt in: ders., _Cantate_ Nr. 3 → 1567

Die Freundschaft (»Freund! Genügsam ist der Wesenlenker«)

1570   – V. 31ff. (»Schwermut wirft die bange Tränenlasten«)
Für vierstimmigen gemischten Chor (SATB) und Orchester
2. Abschnitt in: ders., _Cantate_ Nr. 3 → 1567

Verzeichnis der musikalischen Werke

1571   – V. 37ff. (»Stünd' im All der Schöpfung ich alleine«)
Für vierstimmigen gemischten Chor (SATB) und Orchester
4. Abschnitt in: ders., *Cantate* Nr. 3 → 1567

Die Götter Griechenlands (»Da ihr noch die schöne Welt regieret«)

1572   – V. 89ff. (»Schöne Welt, wo bist du? Kehre wieder«)
Für vierstimmigen gemischten Chor (SATB) und Orchester
5. Abschnitt in: ders., *Cantate* Nr. 3 → 1567

1573   Sprüche des Konfizius – Nr. 1 (»Dreifach ist der Schritt der Zeit«)
Für vierstimmigen gemischten Chor (SATB) und Orchester
3. Abschnitt in: ders., *Cantate* Nr. 3 → 1567

MARGENBURG, Erich (1903–1988)

1574   Die zwei Tugendwege (»Zwei sind der Wege«)
Für Sopran solo, vierstimmigen gemischten Chor (SATB) und kleines Orchester
Nr. 4 in: ders., *Immer strebe zum Ganzen.* Kantate nach Worten von Friedrich Schiller und Johann Wolfgang Goethe für zwei Soli (SB), vierstimmigen gemischten Chor (SATB) und kleines Orchester. – Leipzig: Peters 1955. – Partitur (= *Collection Litolff,* Nr. *5177*). – Hofmeister (1955), S. 200. Original (DLA).

Bei drei der sechs Sätze handelt es sich um Schiller-Vertonungen.

1575   Tabulae votivae – Pflicht für jeden (»Immer strebe zum Ganzen«)
Für vierstimmigen gemischten Chor (SATB) und kleines Orchester
Nr. 2 in: ders., *Immer strebe zum Ganzen* → 1574

1576   Unsterblichkeit (»Vor dem Tod erschrickst du?«)
Für Bass solo, vierstimmigen gemischten Chor (SATB) und kleines Orchester
Nr. 6 in: ders., *Immer strebe zum Ganzen* → 1574

MARKOWSKI, Andrzej (1924–1986)

Der polnische Komponist veröffentlichte auch unter dem Pseudonym *Marek Andrzejewski.*

Maria Stuart. Ein Trauerspiel

1577   Schauspielmusik zur polnischen Übersetzung von Juliusz Słowacki

1947 komponiert; Aufführungen nicht dokumentiert (s. Gatti Bd. 2, S. 233).

MARKULL, Friedrich Wilhelm (1816–1887)

1578   Die Gunst des Augenblicks (»Und so finden wir uns wieder«)
Kantate für Soli, vierstimmigen Männerchor und Harmoniemusik ad lib., op. 79
Neuruppin: Petrenz, o. A. – Partitur, Singstimmen. – HMB 1862/1, S. 51 (bei Brandstaeter, S. 37: *erschienen 1860*). AMZ/2, 14. Dezember 1864, Sp. 838 (Rezension).

Etwas später im gleichen Verlag als vierstimmiger Männerchor a cappella veröffentlicht (Partitur); vgl. Hofmeister (1868–1873), S. 295.

Die Komponisten und ihre Werke

MARSCHNER, Adolph Eduard (1819–1853)

Bei Brandstaeter als *Am. Marschner* nachgewiesen und bisher nicht identifizierbar. Vermutlich handelt es sich um den kaum bekannten Bruder von Heinrich Marschner. Mendel nennt als Geburtsjahr *1810* (Bd. 7, S. 83); obige Lebensdaten nach Frank/Altmann Bd. 1, S. 379.

1579　Der Handschuh (»Vor seinem Löwengarten, das Kampfspiel zu erwarten«)
Für eine Singstimme mit Klavierbegleitung
QUELLE: Brandstaeter, S. 35.

MARSCHNER, Heinrich August (1795–1861)

1580　Die Kindesmörderin (»Horch, die Glocken hallen dumpf zusammen«)
Ballade für eine Singstimme mit Klavierbegleitung, op. 3
Prag: Cramer, o. A. – MGG1 Bd. 8, Sp. 1686. MGG2 *Personenteil* Bd. 11, Sp. 1139.

Wilhelm Tell. Schauspiel

1581　– V. 1ff. (Fischerknabe: »Es lächelt der See«); hier unter dem Titel: *Der Fischerknabe*
Für eine Singstimme zur Gitarre
Nr. 8 in: ders., *Zwölf Lieder*, op. 5. – Leipzig: Hofmeister, o. A. – Pazdírek Bd. 7, S. 790.

MARX, Adolph Bernhard (1795–1866)

1582　Semele. Eine lyrische Operette
Teilvertonung [vielleicht für eine Singstimme mit Klavierbegleitung]
... schon in Knabenjahren wurde unter Anderem von ihm eine Scene der ›Semele‹ von Schiller componirt (Schilling Bd. 4, S. 578); s. auch Ledebur, S. 351.

MASCAGNI, Pietro (1863–1945)

1583　An die Freude (»Freude, schöner Götterfunken«); hier in italienischer Übersetzung von Andrea Maffei unter dem Titel: *Alla gioia (»Gioia, bella scintilla divina«)*
Kantate für vier Soli (SATB), Chor und Orchester
Dem Grafen Florestano de Lardel gewidmet. – Uraufführung: Livorno, 27. März 1882 (Teatro degli Avvalorati), unter der Leitung von Alfredo Soffredini; es folgten nur noch zwei Aufführungen (2. April 1882 und – in überarbeiteter Fassung – 8. Juni 1883); s. WV/Mascagni, S. 164f. (W 47). – MGG1 (Bd. 8, Sp. 174) gibt als Datum der Uraufführung wohl irrtümlich den 22. März 1882 an. – Blieb unveröffentlicht.

MASCHEK, Ernst (?–?)

1584　*Nacht und Träume (»Heil'ge Nacht, du sinkest nieder«)*; Schiller zugeschriebener Text von Matthäus von Collin
Für eine Singstimme mit Klavierbegleitung
Nr. 1 in: ders., *Drei Gesänge*, op. 2. – Stuttgart: Hallberger, o. A. – HMB 1855/7, S. 800.

　　　　· Stuttgart: Deutsche Verlagsanstalt, o. A. – Pazdírek Bd. 7, S. 845.

Verzeichnis der musikalischen Werke

MATTAUSCH, Hans-Albert (1883–1960)

Veröffentlichte auch unter dem Pseudonym *H. A. Morel.*

Die Räuber. Ein Schauspiel

– 2. Akt, 3. Szene (Räuber Moor: »Ich kenne dich, Spiegelberg«)

1585 »Spiegelberg, ich kenne dich«
Duett mit Klavierbegleitung
Nr. 10 (einzeln) in: ders., *Ballettratten. Burleske*; Librettist unbekannt. – Berlin: Stahl, o. A. – Hofmeister (1909–1912), S. 499.

Stieger deest. – Hier wurde die volkstümliche Verschleifung des Zitats verwendet. – Die *Burleske* ist im gleichen Verlag vollständig im Klavierauszug erschienen (*Orchestermaterial nach Vereinbarung*); einige Musiknummern wurden einzeln veröffentlicht.

MATTHÄI, Heinrich August (1781–1835)

1586 Hoffnung (»Es reden und träumen die Menschen viel«)
Für zwei hohe Stimmen (auch chorisch) a cappella
Nr. 2 in: *Schiller-Gedenkfeier 1905. [8] Lieder von Friedrich von Schiller. Für die Schule mit zwei- und dreistimmigen Weisen versehen* und neu hg. von G. B. Geyer. – Schwarzenberg in Sachsen: Helmert, o. A. – Original (DLA). Hofmeister (1904–1908), S. 237.

Bei dem lexikalisch bisher nicht identifizierbaren Herausgeber handelt es sich um einen *Realgymnasialoberlehrer* aus Zwickau. – Im Gegensatz zur irrtümlichen, seinerzeit aber vielfach vertretenen Meinung, beklagt Geyer in seinem knappen Vorwort, man werde *vergebens in den Liederbüchern unsrer Schulen suchen nach Klängen, in denen Gaben der Schillerschen Muse zu Leben im Reiche der Töne gebracht sind,* und begründet damit die Notwendigkeit seiner vorliegende Sammlung. – Neben der bisher nur hier nachweisbaren, vermutlich aber bearbeiteten Vertonung Matthäis enthält das kleine Heft nur die entspr. eingerichteten geläufigen Kompositionen, darunter etwa den Satz »Holder Friede, süße Eintracht« aus der Kantate ›Das Lied von der Glocke‹ von A. Romberg (→ 2089), das »Schützenlied« (»Mit dem Pfeil, dem Bogen«) aus der Schauspielmusik zu ›Wilhelm Tell‹ von B. A. Weber (→ 2805) und das »Reiterlied« (»Wohl auf, Kameraden, auf's Pferd«) aus ›Wallensteins Lager‹ von Chr. J. Zahn (→ 2951) sowie die meist anonym überlieferte, evtl. von J. G. Naumann stammende Vertonung von ›An die Freude‹ (→ 1736); letztere wurde hier irrtümlich J. F. Reichardt [!] zugeschrieben.

1587 Würde der Frauen (»Ehret die Frauen! Sie flechten und weben«); hier unter dem Titel: *Die Würde der Frauen*
Männerchor mit Klavierbegleitung
QUELLE: Blaschke, S. 400.

MATTHEY, Julius Hermann (1853–1923)

1588 An den Frühling (»Willkommen, schöner Jüngling«)
Gemischter Chor a cappella
Nr. 30 in: *Orpheus, 4. Heft. Volkslieder-Sammlung für gemischten Chor,* zusammengestellt von Bernhard Jahn. – Leipzig: Dietrich, o. A. – Partitur, Stimmen. – Hofmeister (1886–1891), S. 551.

Die Komponisten und ihre Werke

MATTHUS, Siegfried (geb. 1934)

An die Freude (»Freude, schöner Götterfunken«)

1589 1. Komposition – 2005
Vertonung paraphrasierender Verse von Anton Perrey für Soli, Chor und Orchester

Der Aufbau der Verse orientiert sich inhaltlich, verbal und metrisch unverkennbar an Schillers Ode ›An die Freude‹, wobei mit »Götterfunken« außerdem ein speziell mit diesem Gedicht verbundenes Wort auftaucht:

> _Jubeln, jauchzen. Machtvoll schwingen_
> _Heit're Töne durch den Raum._
> _Vollendet klingt ein alter Traum_
> _Sinnestrunken_
> _steigt empor zum Schöpfer auf:_
> _Freude, strahlender Götterfunken._

1. Satz (_Jubilate_) und 12. (zugleich letzter) Satz (_Amen_) in: ders., _Te Deum._
Komposition zur Weihe der wieder aufgebauten Dresdner Frauenkirche für sechs Soli, Chor, Kinderstimmen, Orgel und Orchester

Auftragswerk der Stiftung Frauenkirche Dresden. Matthus vertonte noch Textfragmente aus dem Ambrosianischen Lobgesang und dem Alten Testament sowie Verse von Heinrich von Kleist, Friedrich Wilhelm Zachariae, Rainer Maria Rilke und Passagen aus Zeitdokumenten. Die gesamte dramaturgische Einrichtung stammt von Anton Perrey [d. i. der Sohn des Komponisten, der Schauspieler Frank Matthus]. – Uraufführung: Dresden, 11. November 2005 (Frauenkirche), mit Hyunju Park und Agnieszka Piass (Sopran), Ulrike Mayer (Mezzosopran), Carolin Masur (Alt), Pavol Breslik (Tenor), Friedemann Röhlig (Bass) und Samuel Kummer (Orgel), dem Philharmonischen Kinderchor Dresden, dem Rundfunkchor Berlin und den Dresdner Philharmonikern unter der Leitung von Kurt Masur. – Matthus bezeichnete den Kompositionsauftrag als einen _Glücksfall in einem Komponistenleben. In heutigen Zeiten gibt es wenig Anlässe zu einer ungetrübten Freude und zu einem großen Jubel._ Doch die Geschichte der Kirche hat die Textgestalt des Te Deums beeinflusst: Es wurden nicht nur zusätzlich Passagen aus dem Requiem aufgenommen, sondern auch zeitgenössische Berichte über ihre Zerstörung. – Außerdem Einarbeitung mehrerer Musikzitate, nämlich von Johann Sebastian Bach (Orgeltoccata d-Moll, BWV 565, und die Arie »Zerfließe, mein Herze, in Fluten der Zähren« aus der Johannespassion, BWV 245) und aus Matthus' Opernvision ›Die Weise von Liebe und Tod des Cornets Christoph Rilke‹ (→ 1592).

QUELLE: Programmheft der Uraufführung (Original; Sächsische Landesbibliothek – Staats- und Universitätsbibliothek Dresden; freundl. Mitteilung von Wolfgang Ritschel).

1590 2. Komposition – 2009
Neun Sinfonische Intermezzi zu Schillers ›Ode an die Freude‹ für großes Orchester
Berlin: Interklang Musikverlag 2009. – Homepage des Komponisten.

Im Auftrag des Akademischen Orchesters (Leipzig) zum 20. Jahrestag des Mauerfalls komponiert und gefördert aus Mitteln der Sächsischen Kulturstiftung (Dresden) sowie der Bürgerstiftung Leipzig. Das Werk sollte zum einen auf Beethovens 9. Sinfonie Bezug nehmen (→ 144), die im zweiten Teil des Uraufführungskonzertes gespielt wurde (der 4. Satz der _Intermezzi_ weist Anklänge an deren Scherzo-Rhythmus auf), zum anderen aber auch auf die Ereignisse der jüngsten Geschichte. – Uraufführung (Akademisches Sonderkonzert unter dem Motto »Freiheit, schöner Götterfunken«): Leipzig, 9. November 2009 (Gewandhaus), mit dem Akademischen Orchester unter der Leitung von Horst Förster.

Geschichte des Dreißigjährigen Krieges

1591 – 2. Buch (zwei Textauszüge: »Jetzt erhob sich ein Sturmwind [...] den Brand allgemein machte« und »Lebende, die unter den Leichen hervorkrochen [...]

Verzeichnis der musikalischen Werke

Säuglinge, die an den toten Brüsten ihrer Mütter saugten!«) für Soli, Chor und Orchester
5. Satz, Teil a, in: ders., *Te Deum* → 1589

Wallenstein. Ein dramatisches Gedicht – I. Wallensteins Lager

1592 – V. 384ff. (Rekrut: »Trommeln und Pfeifen«)
Für vierstimmigen gemischten Chor mit Alt solo (*Gedankenstimme* des Cornet) und Orchester
Takt 662ff. (Klavierauszug, S. 104ff.) in: ders., *Die Weise von Liebe und Tod des Cornets Christoph Rilke. Opernvision* in einem Akt nach Rainer Maria Rilke; Libretto vom Komponisten. – Leipzig: Deutscher Verlag für Musik, o. A. – Klavierauszug von Horst Karl Hessel (Verl.-Nr. *6139*). – Original (Slg. GG). DDR-Uraufführungen (1985), S. 72.

Uraufführung: Dresden, 16. Februar 1985 (zur Eröffnung der wieder aufgebauten Semperoper), unter der musikalischen Leitung von Hartmut Haenchen; Regie: Ruth Berghaus. – Neben Schillers »Rekrutenlied« und Rilkes berühmtem Prosagedicht enthält das Libretto noch Verse aus dessen ›Buch der Bilder‹ und den Beginn des »Dies irae«. In Erinnerung an die verheerende Bombardierung Dresdens in der Nacht vom 13. zum 14. Februar 1945, in der auch das Opernhaus zerstört worden war, stellte Matthus einen sechzehnstimmigen Chor a cappella mit der Vertonung des dritten Teiles von Rilkes Dichtung ›Aus einer Sturmnacht‹ voran (»In solchen Nächten ist auf einmal Feuer in einer Oper«).

MAURER, Franz Anton (1777–1803)

Wallenstein. Ein dramatisches Gedicht – II. Die Piccolomini

1593 – V. 1757ff. (Thekla: »Der Eichwald brauset«); hier unter dem Titel: *Der Eichwald brauset. Lied der Thecla aus Schillers Wallenstein*
Für eine Singstimme mit Klavierbegleitung
Mainz: Schott, o. A. – Verl.-Nr. *58.* – RISM A I: MM 1432a.

· Hier unter dem Titel: *Lied der Thecla aus Schillers Wallenstein.* – München: Falter, o. A. – Verl.-Nr. *58* (offenbar Titelauflage). – Original (Slg. GG). Schneider, *Falter*, S. 127 (datiert mit *1802*). RISM A I: MM 1432b.

Friedlaender weist diese Vertonung unter dem Titel ›Des Mädchens Klage‹ nach (*Das dt. Lied* Bd. 2, S. 581; demnach *vor 1803* entstanden).

MAURITIUS, Charlotte von (um 1788–?)

Mädchenname: *Siegfried.*

1594 Kassandra (»Freude war in Trojas Hallen«)
Für eine Singstimme mit Klavierbegleitung
Autograph, 1809. – RISM-OPAC.

MAUTNER, Michael (geb. 1959)

Körners Vormittag

1595 *Körners Vormittag.* Musikalischer Einakter

1982 als Auftragskomposition der Opernklasse am Mozarteum (Salzburg) entstanden. – Uraufführung: Salzburg, im April 1983 (Universität für Musik und Darstellende Kunst Mozarteum). – Unveröffentlicht. – Erläuterungen zu Schillers weitgehend unbekannt gebliebener Szenenfolge → 311.

QUELLE: Datenbank music austria.

_____Die Komponisten und ihre Werke

MAXSTADT, Karl (?–?)

1596   *Vorbei! (»Der Friederich von Schiller wohlbekannt«)*; Textverfasser unbekannt
Couplet für eine Singstimme mit Klavierbegleitung
Lieferung Nr. 93 in: ders., *Original-Couplets*. – Leipzig: Dietrich, o. A. – HMB
1899/8, S. 366.

Pazdírek weist insgesamt 113 ›Originalcouplets‹ nach (7. Bd., S. 920f.).

MAYER, August (?–?)

1597   Die Bürgschaft (»Zu Dionys, dem Tyrannen, schlich Damon« – hier in der Ge-
dichterstfassung: »… schlich Möros«)
Für eine Singstimme mit Klavierbegleitung
Braunschweig: *Musikalisches Magazin von I. P. Spehr*, o. A. – Verl.-Nr. *1159*. –
Whistling 1828, S. 1079. RISM A I deest. Original (DLA).

Seiner Majestät, dem Könige von Sachsen in tiefster Ehrfurcht gewidmet. – Vermutlich um
1800 veröffentlicht.

     • Hannover: Bachmann, o. A. – Hofmeister 1845 (*Vocalmusik*), S. 149.

MAYER, Eckehard (geb. 1946)

Don Carlos. Infant von Spanien. Ein dramatisches Gedicht

1598   Schauspielmusik

Uraufführung im Rahmen der Premiere: Dresden, 9. Dezember 1982 (Staatstheater, Großes
Haus); s. DDR-Uraufführungen 1982, S. 78.

MAYER, Emil (?–?)

Das Mädchen aus der Fremde (»In einem Tal bei armen Hirten«)

1599   *Das Mädchen aus der Fremde. Festspiel* in einem Aufzug; Text von Eduard
Lamprecht

Uraufführung im Rahmen der *Fest-Vorstellung zur Feier des hundertjährigen Geburtstages
Friedrich von Schiller's bei festlich decorirtem und erleuchtetem Theater*: Chemnitz, 10. No-
vember 1859 (*Actien-Theater*). Unter den Rollen befanden sich u. a. *Das Mädchen aus der
Fremde, Der Gutsherr, Die Gutsherrin, Ein älterer Hirt, Ein junger Hirt* und *Eine junge Hirtin*. –
Dem *Festspiel* folgte als zweiter Programmpunkt ›Wallensteins Lager‹ (ohne Angaben zur
Schauspielmusik).

QUELLE: Theaterzettel (Original im DLA).

MAYER, Friedrich Ludwig August (1790–1829)

Die Bürgschaft (»Zu Dionys, dem Tyrannen, schlich Damon«)

1600   *Die Bürgschaft, oder: Freundschaft und Treue*. Große Oper in zwei Akten; Libretto von Eduard Heinrich Gehe
Handschriftliche Partitur, 1822/23. – RISM-OPAC.

Die überlieferte Partitur enthält zwei Ouvertüren und vier Musiknummern je Akt. – Uraufführung: Dresden, 24. Februar 1823. – Vielleicht mit der gleichnamigen, aber 1821 in Breslau uraufgeführten Oper von *Meyer* identisch (→ 1645). – Nachgewiesen bei Stieger bzw.
Reischert, S. 211.

     • *Die Bürgschaft. Drama in zwei Akten*. – Ohne bibliogr. Angaben, 1823. –
Libretto. – Original (Digitalisat der BSB).

Verzeichnis der musikalischen Werke

MAYER, Joseph Anton (1855–1936)

1601 *Festhymne zu Friedrich Schillers hundertstem Todestag* (»*Geist, vom Geist aus Himmelshöh'n*«); Text von Otto Schairer
Achtstimmiger gemischter Chor (SSAATTBB) mit Orchester oder mit Klavierbegleitung, op. 20
Magdeburg: Heinrichshofen, o. A. – Chorstimmen; Klavierauszug. – Hofmeister (1904–1908), S. 489.
Dem Württembergischen König Wilhelm II. in tiefster Ehrfurcht gewidmet.
· Leipzig: Luckhardt, o. A. – Chorstimmen; Klavierauszug (Verl.-Nr. *988*). – Original (DLA).

1602 *Würde der Frauen* (»*Ehret die Frauen! Sie flechten und weben*«)
Kantate für Bariton solo, vierstimmigen Männerchor (TTBB) und Orchester oder mit Klavierbegleitung, op. 19
Leipzig: Leuckart, o. A. – Singstimmen; Klavierauszug (Verl.-Nr. *5014*). – HMB 1897/2, S. 62. Original (DLA).
Dem Stuttgarter Liederkranz zur Schillerfeier gewidmet.

MAYER, Max (um 1860–1931)

Wilhelm Tell. Schauspiel

1603 – V. 13ff. (Hirte: »Ihr Matten, lebt wohl«)
Für eine Singstimme mit Klavierbegleitung
Nr. 5 in: ders., *Fünfzehn Lieder*, op. 14 (in 3 Heften). – Mainz: Schott, o. A. – Hofmeister (1898–1903), S. 573.

1604 – V. 25ff. (Alpenjäger: »Es donnern die Höhen«)
Für eine Singstimme mit Klavierbegleitung
Nr. 4 in: ders., *Fünfzehn Lieder*, op. 14 → 1603

MAYER-MAHR, Moritz (1869–1947)

1605 An den Frühling (»Willkommen, schöner Jüngling«)
Für eine Singstimme mit Klavierbegleitung
Nr. 3 in: ders., *Drei Lieder*, op. 2. – Berlin: Ries & Erler, o. A. – HMB 1893/5, S. 184.

MEDERITSCH, Johann Gallus (1752–1835)

Macbeth. Zur Vorstellung auf dem Hoftheater in Weimar eingerichtet von Friedrich Schiller

1606 Schauspielmusik
Weitgehend unveröffentlicht. – Ursprünglich wohl für die Übersetzung von Gottfried August Bürger komponiert, später aber ebenso für andere deutsche Fassungen, darunter auch Schillers Bühneneinrichtung, verwendet. – Uraufführung: Pest, 5. Mai 1794 (Vereinigtes Pest-Ofener Theater, wo Mederitsch 1793/94 Theaterkapellmeister war). WV/Mederitsch nennt hingegen Wien, 5. März 1796 (Freihaustheater), und dokumentiert damit nur die zweite Version. – Immer wieder ist Mederitschs Beitrag sehr gelobt worden: *Sein bestes Werk für das Theater hat Mederitsch in der Bühnenmusik zu ›Macbeth‹ (fünf Ouvertüren zu den einzelnen Akten, Melodramen und Gesänge der Hexen, Geistermarsch, Finale) geliefert* (s. MGG2).

340

QUELLEN: WV/Mederitsch, S. 78ff. Radecke, S. 130ff. New Grove2 Bd. 16, S. 218. MGG2 *Personenteil* Bd. 11, Sp. 1447f.

Daraus veröffentlicht

· *Geistermarsch*; Ausgabe für Klavier. – Wien: Traeg 1800. – Verl.-Nr. *86*. – Weinmann (Traeg), S. 27. RISM A I: M 1713.

· *Die Geisterbeschwörung der drey Hexen* (*»Geister, schwarz und weiß und blau«*); Ausgabe als Terzett mit Klavierbegleitung. – Wien: Traeg 1801. – Verl.-Nr. *109*. – Weinmann (Traeg), S. 28. RISM A I: M 1712.

· *Ouvertüre*; Ausgabe für Klavier. – Wien: Traeg 1811. – Weinmann (Traeg), S. 55 (bisher nur über eine Zeitungsannonce nachweisbar, RISM deest).

   · Wien: Diabelli, o. A. – Whistling 1828, S. 783 (unter *Gallus* nachgewiesen).

· *Drei Märsche aus ›Macbeth‹* (1. *Geistermarsch*; 2. *Marsch der Bergschotten*; 3. *Marsch der Engländer*); Ausgabe für Klavier. – Wien: Traeg 1811. – Weinmann (Traeg), S. 55 (bisher nur durch eine Zeitungsannonce nachweisbar, RISM deest).

MEHLER, Carl (?–?)

Wohl mit *Karl* M. identisch, der 1903 in Leipzig einen Musikverlag gegründet hat (vgl. Frank/Altmann Bd. 1, S. 388).

Die Jungfrau von Orleans. Eine romantische Tragödie

– V. 383ff. (Johanna: »Lebt wohl, ihr Berge, ihr geliebten Triften«)

1607   *Lebt wohl, ihr meine Berge. Salonstück* für Klavier, op. 34
Leipzig: Staeglich, o. A. – HMB 1897/8, S. 338.

MÉHUL, Etienne-Nicolas (1763–1817)

1608   Sehnsucht (»Ach, aus dieses Tales Gründen«)
Männerchor a cappella
QUELLE: Blaschke, S. 398f.

MEIER, Burkhard (geb. 1943)

Die Verschwörung des Fiesco zu Genua. Ein republikanisches Trauerspiel

1609   Schauspielmusik
Uraufführung im Rahmen der Premiere: Rostock, 25. Dezember 1981 (Volkstheater), Mitglieder des Philharmonischen Orchesters unter der musikalischen Leitung von Christfried Göckeritz; unveröffentlicht (s. DDR-Uraufführungen 1981, S. 71).

MEISEL, Edmund (1894–1930)

Das Geburtsjahr *1874* (Frank/Altmann Bd. 1, S. 388) muss falsch sein, da der Vater des Komponisten 1859 geboren ist (vgl. *Dt. Musiker-Lex.* 1929, Sp. 910).

Die Räuber. Ein Schauspiel

1610   Schauspielmusik
Unveröffentlicht; s. *Dt. Musiker-Lex.* 1929, Sp. 910 (Aufführungen nicht dokumentiert).

Verzeichnis der musikalischen Werke

MEISSNER, E. (?–?)

Vielleicht fehlerhafter Nachweis des Vornamens für richtig: *Max (Clemens)* Meissner (geb. 1871); Oboist u. Harfenist in der Stadtkapelle Chemnitz; vgl. *Dt. Musiker-Lex.* 1929, Sp. 912, bzw. Frank/Altmann Bd. 1, S. 389.

1611 Berglied (»Am Abgrund leitet der schwindlichte Steg«)
Zweistimmiger *Schulgesang* (d. h. für gleiche Stimmen)
Nr. 1 in: ders., *Drei Schiller-Lieder. Leichte zweistimmige Schulgesänge.* – Chemnitz: Klemm, o. A. – Hofmeister (1904–1908), S. 492.

1612 Der Alpenjäger (»Willst du nicht das Lämmlein hüten«)
Zweistimmiger *Schulgesang* (d. h. für gleiche Stimmen)
Nr. 2 in: ders., *Drei Schiller-Lieder* → 1611

1613 Sehnsucht (»Ach, aus dieses Talers Gründen«)
Zweistimmiger *Schulgesang* (d. h. für gleiche Stimmen)
Nr. 3 in: ders., *Drei Schiller-Lieder* → 1611

MEISSNER, Werner (geb. 1926)

Die Jungfrau von Orleans. Eine romantische Tragödie

1614 Schauspielmusik

QUELLE: Reischert, S. 513 (ohne weitere Angaben).

MEJO, J. Franz (1798–1834)

Der Gang nach dem Eisenhammer (»Ein frommer Knecht war Fridolin«)

1615 *Fridolin.* Oper in drei Akten; Libretto von Karl Fischer *nach Franz Ignaz von Holbein*

Uraufführung: Breslau, im Dezember 1835 (Stadttheater). – Handschriftliches Aufführungsmaterial im Opernhaus Zürich (darunter eine Partitur mit dem Eintrag: *Mitglieder des Theaters zu Breslau*). Im Notenmaterial lautet der Titel ›*Der Gang nach dem Eisenhammer*‹, und unter den Rollen werden Fridolin und Robert genannt.

QUELLEN: Stieger. *Musikalienbibliothek des Opernhauses Zürich. Katalog*, zusammengestellt von Mireille Geering. Winterthur: Amadeus 1995, S. 153.

MENDELSSOHN, Arnold (1855–1933)

Wilhelm Tell. Schauspiel

1616 [Die drei »Eingangslieder«] für eine Singstimme zur Gitarre

1. V. 1ff. (Fischerknabe: »Es lächelt der See«); hier unter dem Titel: *Lied des Fischerknaben*
2. V. 13ff. (Hirte: »Ihr Matten, lebt wohl«); hier unter dem Titel: *Lied des Hirten*
3. V. 25ff. (Alpenjäger: »Es donnern die Höhen«); hier unter dem Titel: *Lied des Alpenjägers*

Ungefähr zwischen 1890 und 1915 entstanden; unveröffentlicht (s. WV/Mendelssohn-Arnold, S. 186f.).

MENDELSSOHN BARTHOLDY, Felix (1809–1847)

1617 Des Mädchens Klage (»Der Eichwald brauset«)
Für Sopran oder Tenor bzw. Alt oder Bariton mit Klavierbegleitung (o. op.)

342

Leipzig: Schuberth, o. A. – HMB 1866/8, S. 128. Todd, S. 735. WV/Mendelssohn-Felix (MWV), K 25.

Um 1825 oder etwas später entstanden; zu Lebzeiten des Komponisten nicht veröffentlicht.

Die Künstler (»Wie schön, o Mensch, mit deinem Palmenzweige«)

1618 – V. 443ff. (»Der Menschheit Würde ist in eu're Hand gegeben«); hier unter dem Titel: *Festgesang an die Künstler*
Vierstimmiger Männerchor (TTBB) mit Soli, Blechbläser und Orgel, op. 68
Bonn: Simrock, o. A. – Partitur (Verl.-Nr. *4603*), Solo-, Chor- und Instrumentalstimmen (Verl.-Nrr. *4593* u. *4595*); Klavierauszug (Verl.-Nrr. *4593*, später *5960*). – Original (DLA). HMB 1847/1, S. 14f. Todd, S. 562, 569f. u. 727. WV/Mendelssohn-Felix (MWV), D 6.

Am 19. April 1846 beendete Auftragskomposition für das erste deutsch-flämische Sängerfest in Köln. – Uraufführung: Köln, 14. Juni 1846. – Der Chorsatz wurde im Rahmen der Feierlichkeiten zu Schillers 100. Geburtstag häufig gegeben (vgl. die zeitgen. Presseberichte). Für die anhaltende Popularität des Stücks spricht außerdem, dass es dem Schlesischen Sängerbund im Januar 1866 als Muster für ein Preisausschreiben diente (→ 615).

- In englischer Übersetzung von William Bartholomew unter dem Titel: *The Sons of Art* (o. op. veröffentlicht). – London: Ewer, o. A. – Singstimmen; Klavierauszug. – WV/Mendelssohn-Felix (MWV), D 6.
- Mit Orchesterbegleitung bearb. von Max Carl Eberwein. – Bonn: Simrock, o. A. – Chor- und Solostimmen; Klavierauszug (Verl.-Nr. *6056*). – HMB 1848/10, S. 158, u. 1851/11, S. 212.

1619 Die vier Weltalter (»Wohl perlet im Glase der purpurne Wein«)
Gemischtes Vokalquartett (SATB) a cappella (o. op.)

Am 30. Oktober 1845 in Berlin beendete erste Fassung der Vertonung, die im Auftrag des Leipziger »Schiller-Vereins« entstanden ist und nur die Strophen 1 und 3 berücksichtigt (jetzt noch mit den Titelvarianten: *Der Gesang* bzw. *Dichter und Frauen*); unveröffentlicht, offenbar verloren. – Albert Lortzing führte im Auftrag des Vereins die notwendige Korrespondenz mit Mendelssohn Bartholdy, der sich damals in Berlin aufhielt, und schrieb diesem am 26. Oktober 1845: *... so würde ich mir zu proponieren erlauben, ein Quartettchen oder dergleichen, vielleicht für beiderlei Geschlechter und möglichst ohne Pianoforte-Begleitung – zu componieren, da unser Raum sehr beschränkt ist – etwas vocales wäre uns am liebsten – am 11.ten ist die Aufführung.* Aus Lortzings Schreiben vom 30. Oktober geht hervor, dass Mendelssohn zunächst ein bereits vorhandenes, aber größer besetztes Werk vorgeschlagen hatte (bisher nicht identifizierbar, jedenfalls ist nicht der kurz darauf komponierte ›Festgesang an die Künstler‹ gemeint; → 1618): *... wenn gleich nach dem provisorischen Entwurf des Programms zur zeitigen Feier ein vocal Quartett uns sehr wünschenswert gewesen wäre, so hieße es Ihre Güte mit Undank lohnen, wollte man ein bereits in's Leben gerufenes Werk zurückweisen.* Indessen lieferte Mendelssohn Bartholdy das gewünschte Vokalquartett doch noch rechtzeitig.
Uraufführung: Leipzig, 11. November 1845 (Schillerfest), unter der musikalischen Leitung von Albert Lortzing; es sangen *Frl. Bamberg, Frau* [Caroline] *Günther-Bachmann, Herr* [August] *Kindermann und Herr* [Carl] *Schneider* (Programmankündigung unter dem authentischen Gedichttitel ›Die vier Weltalter‹ in der ›Leipziger Zeitung‹ vom 8. November). Am 12. November bedankte sich Lortzing bei Mendelssohn und berichtete: *Ihr liebliches [...] Quartett fand, wie nicht anders zu erwarten war, den rauschendsten Beifall und bitte ich schließlich um die Erlaubnis, die reizende Komposition in einem gegen Ende des Monats von mir veranstalteten Konzerte wiederholen zu dürfen* (diese Aufführung fand am 29. November im Rahmen eines *großen Vocal- und Instrumentalconzertes* statt).

QUELLE: Einführungstext von Karl-Heinz Köhler zur nachstehend genannten Ausgabe (S. 7ff.). – WV/Mendelssohn-Felix deest.

- Sechsstimmiger gemischter Chor (SATTBB) a cappella; hier unter dem Titel: *Die Frauen und die Sänger*. – Basel: Bartholdy 1959. – Partitur (Faksimile des Autographs und Transkription). – Original (Slg. GG). Todd, S. 548 u. 735. WV/Mendelssohn-Felix (MWV), F 32.

    Zwischen dem 25. Januar und 12. März 1846 komponiert und gegenüber der vorstehend beschriebenen Quartettfassung erweitert. Hatte diese nur die 1. und 3. Strophe umfasst, so wurden jetzt noch die 5. und 12. (letzte) Strophe angehängt (numehr mit geteilten Männerstimmen); die Titelgebung spielt auf den Beginn der 12. Strophe an: »Drum soll auch ein ewiges zartes Band / Die Frauen, die Sänger umflechten ...« (V. 67f.). – Diese Erstausgabe wurde *der Deutschen Schillergesellschaft zum 200. Geburtstag von Friedrich Schiller am 10. November 1959 überreicht von der Internationalen Felix-Mendelssohn-Gesellschaft in Basel.* – Die Ausgabe wurde um 2002 vom Carus-Verlag, Stuttgart, übernommen (Verl.-Nr. *40.226*).

1620 Maria Stuart. Ein Trauerspiel

Die Annahme, Mendelssohn habe sich mit diesem Stoff (evtl. für eine Oper) beschäftigt, ergab sich aus dessen enger Beziehung zu Schottlands Geschichte und Kultur. Über eine Lektüre der Romane ›The Abbott‹ bzw. ›Kenilworth‹ von Walter Scott wird spekuliert, in denen Maria Stuart bzw. Elisabeth I. die zentrale Rolle spielen: *Doch aus deutscher Perspektive könnte Mendelssohn eine näher gelegene Quelle im Sinn gehabt haben: Schillers Tragödie ›Maria Stuart‹ [...], über die der Komponist während seiner Besuche in Weimar bei Goethe diskutierte* (Todd, S. 479).

Wilhelm Tell. Schauspiel

QUELLE (für beide anschließende Nachweise): *Reisebriefe von Felix Mendelssohn Bartholdy.* Hg. von Paul Mendelssohn Bartholdy. Leipzig: Mendelssohn 1861, S. 245.

1621 – 1. Akt, 1. Szene
Orgelimprovisation

Während seiner Reise durch die Schweiz berichtete Mendelssohn am 23. August 1831 aus Engelberg, was für einen großen Eindruck die Landschaft gerade in Zusammenhang mit Schillers ›Wilhelm Tell‹ auf ihn mache. Gerade habe er wieder den Anfang des Schauspiels gelesen und sei davon so ergriffen gewesen, dass er dies musikalisch ausleben musste: *Ich will nachher ins Kloster hinüber, und mich an der Orgel etwas austoben. Wundert Euch nicht darüber, sondern lest nur die erste Scene noch einmal durch, da werdet Ihr es begreiflich finden.*

1622 – Ende des 2. Aktes (nach V. 1464)
Orchesterstück

Nach dem Rütlischwur heißt es in der szenischen Anweisung: *Indem sie zu drei verschiedenen Seiten in größter Ruhe abgehen, fällt das Orchester mit einem prachtvollen Schwung ein ...* – Mendelssohn verweist in seinem vorstehend zitierten Brief noch auf weitere Stellen des Schauspiels hin und hebt dann speziell den Rütlischwur hervor: *Die Symphonie, die das Orchester am Ende spielen soll, habe ich heute früh in Gedanken componirt, weil auf der kleinen Orgel nichts recht zu machen war.* – Brandstaeter, der diese Zeilen kannte, ging sogar von der Existenz eines solchen Werkes aus: [Mendelssohn] *hatte eine Schluss-Symphonie fertig, die aber nicht edirt ist* (S. 38).

MERCADANTE, Saverio (1795–1870)

Die Räuber. Ein Schauspiel

1623 I briganti. *Melodramma* in drei Akten; Libretto von Jacopo Crescini
Mailand: Lucca 1837. – Klavierauszug. – Schaefer, S. 16.

Mercadantes einzige für Paris geschriebene Oper. – Uraufführung: Paris, 22. März 1836 (Théâtre Italien); obwohl mit Giulia Grisi (Amelia), Giovanni Battista Rubini (Corrado – d. i.

Franz), Antonio Tamburini (Ermanno – d. i. Karl) und Luigi Lablache (Conte Massimiliano – d. i. der alte Moor) die berühmtesten dortigen Sänger beteiligt waren, hatte das Stück keinen Erfolg. – Premiere der revidierten Fassung: Mailand, 6. November 1837 (Teatro alla Scala); vgl. Grove, Opera Bd. 1, S. 603, u. Bd. 3, S. 338. – Eine vieraktige Fassung des Librettos wurde 1869 als ›Amelia ossia Il bandito‹ von I. Zajc nochmals vertont (→ 2959).

Maria Stuart. Ein Trauerspiel

1624   *Maria Stuarda regina di scozia. Dramma serio* in zwei Akten; Libretto von Gaetano Rossi

Uraufführung: Bologna, 29. Mai 1821 (Teatro communale), unter Mitwirkung von Carolina Bassi-Manna, Feron (Sängerin – auch: Fearon) und Gaetano Crivelli (s. Schaefer, S. 44, bzw. Grove, Opera Bd. 3, S. 337). – Es ist offenbar lediglich die Ouvertüre als Klavierarrangement erschienen (Mailand: Ricordi); vgl Pazdírek Bd. 8, S. 85.

MERKEL, William – »Willi« (1870–1915)

Wallenstein. Ein dramatisches Gedicht – I. Wallensteins Lager

– V. 484ff. (Kapuziner: »Heisa, jucheia! Dudeldumdei! Das geht ja hoch her«)

1625   *Traurig, aber wahr! (»'ne Kapuzinerpredigt muss ich halten«)*; Textverfasser unbekannt
Couplet für eine Singstimme mit Klavierbegleitung
Nr. 8 (einzeln) in: ders., *Original-Couplets*. – Leipzig: Otto Teich, o. A. – Hofmeister (1904–1908), S. 500.

MESSER, Franz (1811–1860)

1626   *Nacht und Träume (»Heil'ge Nacht, du sinkest nieder«)*; Schiller zugeschriebener Text von Matthäus von Collin
Männerquartett a cappella
Nr. 4 in: ders., *Fünf Gesänge*, op. 15. – Mainz: Schott, o. A. – Partitur, Stimmen – HMB 1855/12, S. 893.

MESTRUM, Hermann (1875–?)

Wallenstein. Ein dramatisches Gedicht – I. Wallensteins Lager

– V. 484ff. (Kapuziner: »Heisa, jucheia! Dudeldumdei! Das geht ja hoch her«)

1627   *Der Mönch. Parodie auf die Kapuzinerrede aus Wallensteins Lager*; Textverfasser unbekannt
Vortrag [vermutlich für eine Singstimme mit Klavierbegleitung]
Recklinghausen: Iris, o. A. – Hofmeister (1919–1923), S. 295.

METHFESSEL, Adolph (1807–1878)

Die Jungfrau von Orleans. Eine romantische Tragödie

1628   Schauspielmusik

Vermutlich irrtümliche Zuweisung einer Komposition seines Neffen Ernst Methfessel (→ 1643); s. Reischert, S. 508. – A. Methfessel hat nur wenige Werke (und dann meist für Violoncello oder Flöte) hinterlassen, wovon vieles verschollen ist (vgl. MGG2 Personenteil Bd. 12, Sp. 101).

METHFESSEL, Albert Gottlieb (1785–1869)

1629 Das Mädchen aus der Fremde (»In einem Tal bei armen Hirten«)
Für eine Singstimme mit Klavierbegleitung

QUELLE: Brandstaeter, S. 33 (mit der Angabe: *Guirl., No. 20*). – Wohl irrtümliche Zuweisung, da diese Vertonung in A. G. Methfessels 1835 bei Hartmann in Wolfenbüttel erschienener Reihe ›*Guirlanden. Sammlung von Liedern und Gesängen*‹ (sechs Lieferungen mit insgesamt 36 Nummern) nicht enthalten ist; vgl. HMB 1835/1+2, S. 13, /3+4, S. 31, /5, S. 48, /9, S. 92 u. 1836/1+2, S. 13. Sicher ist das Lied des Bruders Friedrich gemeint, das um 1805 veröffentlicht worden ist (→ 1644).

1630 Die Blumen (»Kinder der verjüngten Sonne«)
Für eine Singstimme mit Klavierbegleitung
27. Februar 1821, Notenbeilage nach Sp. 336, in: *Zeitung für die elegante Welt*
→ 779

   • Idem; für eine Singstimme zur Gitarre oder mit Klavierbegleitung. – Nr. 6 in: *Liederkranz zur Sammlung von Gesängen und Liedern*, 1. Heft. – Rudolstadt: In Commission der Hofbuchhandlung, o. A. – Kurscheidt, S. 396.

1631 Die Worte des Glaubens (»Drei Worte nenn' ich euch, inhaltschwer«)
Für zweistimmigen Kinderchor (SA) a cappella
Nr. 37 in: *Fünfzig zweistimmige Gesänge* → 1408

Vermutlich handelt es sich um eine Bearbeitung; eine andere Quelle mit dieser Vertonung war jedoch bisher nicht nachweisbar.

Parodie

   • *Die Worte des Turners (»Vier Worte nenn' ich euch«)*; Text: [Karl Heinrich?] Heydenreich
Singweise
Nr. 83 in: *Allgemeines Commers- und Liederbuch* → 533

   Text nur mit dem Nachnamen des Dichters nachgewiesen.

Hoffnung (»Es reden und träumen die Menschen viel«)

1632 1. Komposition – ca. 1809
Für eine Singstimme mit Klavierbegleitung oder zur Gitarre
Nr. 6 in: ders., *Sechs Lieder*, op. 24. – Leipzig: Hofmeister, o. A. – Verl.-Nr. *158*. – Original (DLA).

Aufgrund der Verl.-Nr. wohl um 1809 erschienen. – Bewertung der Schiller-Vertonung bei Brandstaeter: *sehr schlecht* (S. 33).

   • Idem; hier unter dem Titel: *Die Hoffnung*; Ausgabe für zwei Singstimmen mit Klavierbegleitung. – Nr. 4 in: ders., *Vier Gesänge für zwei Singstimmen mit Begleitung des Pianoforte*, op. 29 [!]. – Hamburg: Cranz, o. A. – Original (Slg. GG).

Fassung für eine Singstimme nur mit Klavierbegleitung

   • Idem. – Nr. 1 des 10. Heftes in: *Lieder Kranz* → 979

   • Idem; hier unter dem Titel: *An die Hoffnung*. – 6. Bd. (1830), Nr. 253, in: *Arion. Sammlung auserlesener Gesangstücke mit Begleitung des Piano-Forte*. – Braunschweig: Busse 1828– ca. 1833. – Fellinger, S. 878.

Die Komponisten und ihre Werke

Die Sammlung erschien bis Mitte 1831 in zwölf, danach in sechs Heften jährlich. Die Lieferungen wurden in Bänden zusammengefasst und die Stücke bis zum Ende des Erscheinens fortlaufend nummeriert.

- Idem; 2. Lief., Nr. 7, in: ders., _Guirlanden. Sammlung von Liedern und Gesängen_ (in 6 Lief.). – Wolfenbüttel: Hartmann, o. A. – HMB 1835/1+2, S. 13, /3+4, S. 31, /5, S. 48, /9, S. 92; 1836/1+2, S. 13.

  Die Reihe enthält insgesamt 36 Vertonungen.

1633   2. Komposition – ca. 1815
Für gemischtes Vokalquartett (SATB) a cappella
Nr. 5 in: ders., _Sechs vierstimmige Gesänge ohne Begleitung_, op. 34. – Leipzig: Hofmeister, o. A. – Stimmen (Verl.-Nr. _341_). – Freundl. Mitteilung von Dr. Hans Rheinfurth (demnach _1815_ veröffentlicht).

1634   _Kurze Schilderung des menschlichen Lebens (»Wahrlich, wahrlich, arme Jammersöhne«)_; Schiller zugeschriebenes Gedicht von Johann Michael Armbruster; hier unter dem Titel: _Lebenslied_
Für vier Männerstimmen a cappella
Nr. 3 in: ders., _Sechs vierstimmige Männergesänge_, op. 120. – Braunschweig: Rademacher, o. A. – HMB 1847/7, S. 117.

Brandstaeter weist das zugrund liegende Gedicht als apokryph nach (S. 39). Vollst. Text s. NA Bd. 2 I, S. 441f. Im dortigen Kommentar wird eine unerheblich abweichende Fassung mit dem Titel ›_Menschenleben_‹ und dem Hinweis _nach J. B._ [!] _Roußeau_ (richtig: Jean Jacques Rousseau?) wiedergegeben (vgl. NA Bd. 2 II B, S. 265f.; hier fehlt diese Identifizierung).

1635   Laura am Klavier (»Wenn dein Finger durch die Saiten meistert«)
Für eine Singstimme mit Klavierbegleitung oder mit kleinem Orchester

1838 entstanden (s. Brandstaeter, S. 31; Vornamen Methfessels hier allerdings mit _J. G_ abgekürzt).

Lied (»Es tönen die Hörner von ferne herüber«); Textauthentizität unsicher

1636   1. Komposition – vor 1812
Gemischtes Vokalterzett (STB) mit Klavierbegleitung oder mit drei Hörnern, op. 22
Leipzig: Hofmeister, o. A. – Klavierpartitur und Hr.-Stimmen (Verl.-Nr. _190_). – Whistling 1828, S. 990 und S. 1017. Original (DLA). Freundliche Mitteilung von Dr. Hans Rheinfurth (demnach _1812_ veröffentlicht).

Dem Herrn Geheimen Finanz-Sekretair Caesar in Dresden gewidmet.

1637   2. Komposition – vor 1835; hier unter dem Titel: _Am Abend_
Für eine tiefe Singstimme mit Klavierbegleitung
Nr. 1 in: ders., _Sechs Gesänge in Musik gesetzt für eine tiefe Stimme mit Begleitung des Pianoforte_, op. 96. – Braunschweig: Meyer, o. A. – Verl.-Nr. _246_. – Original (Slg. GG). HMB 1835/3+4, S. 31.

Herrn Freiherr Eduard von Grote achtungsvoll gewidmet.

- Idem. – Nr. 2 in: ders., _Vier deutsche Lieder_ (o. op.). – Hamburg: Schuberth, o. A. – HMB 1836/6, S. 62.

1638   Punschlied (»Vier Elemente, innig gesellt«)
Für eine Singstimme mit Klavierbegleitung
4. Lief., Nr. 2, in: ders., _Guirlanden_ → 1632

Verzeichnis der musikalischen Werke

1639 Sehnsucht (»Ach, aus dieses Tales Gründen«)
Für eine Singstimme mit Klavierbegleitung
Wohl veröffentlicht (Schilling Bd. 4, S. 678; kann einen Druck aber nicht bibliographisch nachweisen).

1640 Thekla. Eine Geisterstimme (»Wo ich sei und wo mich hingewendet«)
Für eine Singstimme mit Klavierbegleitung
Nr. 2 in: ders., *Lieder*, op. 93. – Brandstaeter, S. 36 (Ausgabe bisher nicht nachweisbar).

Wilhelm Tell. Schauspiel

1641 – V. 1465ff. (Walter Tell: »Mit dem Pfeil, dem Bogen«); hier unter dem Titel: *Schützenlied*
Chor für zwei hohe Stimmen mit Klavierbegleitung ad lib.
Nr. 11 in: *Vierzig Schiller-Lieder* → 2685

METHFESSEL, Ernst (1811–1886)

1642 Der Taucher (»Wer wagt es, Rittersmann oder Knapp'«)
Für drei Soli (STB), zweistimmigen Männerchor (TB) und Orchester, op. 26
Undatiertes Autograph. – Partitur; Stimmen. – RISM-CH (Database).
Uraufführung: Berlin, 23. März 1878 (Tonkünstlerverein). – Rollennamen der Soli: *Königstochter, Jüngling, König*.

Die Jungfrau von Orleans. Eine romantische Tragödie

1643 Schauspielmusik
QUELLE: Gatti Bd. 2, S. 314 (Aufführungen nicht dokumentiert). – Reischert nennt wohl irrtümlich den Bruder Adolph als Komponisten (→ 1628); nur von Ernst M. ist bekannt, dass er auch Schauspielmusiken geschrieben hat (vgl. MGG2 *Personenteil* Bd. 12, Sp. 101).

METHFESSEL, Friedrich (1771–1807)

1644 Das Mädchen aus der Fremde (»In einem Tal bei armen Hirten«)
Für eine Singstimme mit Klavierbegleitung
Nr. 11 in: ders., *Zwölf Lieder*. – Leipzig: Breitkopf & Härtel, o. A. – Goethe-Museum (Katalog), Nr. 804 (datiert *um 1805*).
Ihro Kaiserlichen Hoheit, der Frau Erbprinzessin Maria Paulowna in tiefster Untertänigkeit gewidmet. – Schiller-Vertonung von Brandstaeter (S. 33) irrtümlich dem Onkel Adolph M. zugeschrieben (→ 1629)
· Nr. 6 in: *Vierzig Schiller-Lieder* → 2685
Hier mit eindeutiger Identifizierung des Komponisten.

MEYER, ... (?–?)

Die Bürgschaft (»Zu Dionys, dem Tyrannen, schlich Damon«)

1645 *Die Bürgschaft, oder: Freundschaft und Treue. Oper. Librettist unbekannt*
Uraufführung: Breslau, 1821 (s. Stieger). – Vielleicht Verwechslung mit der gleichnamigen Oper von F. L. A. Mayer nach dem Libretto von E. H. Gehe, die allerdings 1823 in Dresden uraufgeführt worden ist (→ 1600).

348

_____ Die Komponisten und ihre Werke

MEYER, Georg (1865–?)

Familienname manchmal auch: *Meier*; vgl. bspw. *Dt. Musiker-Lex.* 1929, Sp. 908, u. Frank/Altmann Bd. 1, S. 388.

1646 *Jubel-Hymne zur Schillerfeier 1905 (»Steigt empor, ihr Jubellieder«)*; Textautor unbekannt
Für eine Singstimme mit Klavierbegleitung
Regensburg: Fritz, o. A. – Hofmeister (1904–1908), S. 506.

MEYER, Heinrich (1836–1908)

1647 Des Mädchens Klage (»Der Eichwald brauset«)
Für eine Singstimme mit Klavierbegleitung, op. 11
Hamburg: Thiemer, o. A. – HMB 1881/1, S. 15.

· Leipzig: Forberg, o. A. – Pazdírek Bd. 8, S. 159.

MEYER, Julius Eduard (?–?)

1648 Graf Eberhard der Greiner von Wirtemberg (»Ihr – ihr dort außen«); hier mit englischer Übersetzung: *Count Eberhard the Growler (»Ha, ha! Take need!«)*
Für eine Singstimme mit Klavierbegleitung
New York: Reinking 1873. – Original (DLA).

MEYER, Krzysztof (geb. 1943)

1648+1 Die Teilung der Erde (»Nehmt hin die Welt«)
Vierstimmiger gemischter Chor (SATB) a cappella, op. 120
Hamburg: Sikorski, o. A. – Chorpartitur. – Original (Slg. GG).

Auftragswerk der 4. Internationalen Schostakowitsch-Tage, Gohrisch (27.–29. September 2013). – Uraufführung: Gohrisch, 28. September 2013 (Openair-Konzert), Vocal Concert Dresden unter der Leitung von Peter Kopp.

MEYERBEER, Giacomo (1791–1864)

Wirklicher Name: *Jakob Liebmann Meier Beer.*

1649 *Festgesang, aufgeführt in Paris und Wien zur Feier des 100jährigen Geburtsfestes von Friedrich Schiller (»Wohl bist du uns geboren, gestorben bist du nicht«)*; Text von Ludwig Pfau
Kantate für vier Soli (SATB), vierstimmigen gemischten Chor (SATB) und Orchester
Berlin: Schlesinger, o. A. / Paris: Brandus & Dufour, o. A. – Partitur; Klavierauszug. – HMB 1860/9+10, S. 163, u. 1860/11, S. 189.

Im Rahmen der Wiener Schiller-Feierlichkeiten (7.–12. November 1859) uraufgeführt: 7. November 1859 (Theater an der Wien), in einer *Rhetorisch-deklamatorischen Akademie, veranstaltet vom Journalistenverband Concordia*; Leitung: Johann Herbeck (vgl. die Ankündigung in: *Recensionen und Mittheilungen über Theater und Musik* vom 2. November 1859, S. 697). – Brandstaeter äußert sich über die Vertonung recht abfällig (... *ohne besonderen Aufschwung*) und zitiert dann aus der ›Neuen Musik-Zeitung‹ 1860 Nr. 12: *... eine wahrhaft ekelhafte, geschraubte, gedankenlose Musik von dem Allerwelts-Componisten* (S. 3); vgl. noch die ähnliche Einschätzung im unten zitierten Bericht von der Pariser Aufführung.
Der Verein »Concordia« war am 23. August d. J. gegründet worden und verstand sich als österreichischer »Schiller-Verein« (vgl. Friedrich Steinbach: *Die Schiller-Feier in Wien. Zur*

349

Verzeichnis der musikalischen Werke

Erinnerung an Schiller's hundertsten Geburtstag am 10. November 1859. Wien: Dirnböck 1859, S. 69).

Aufführung zur Schiller-Feier in Paris, bei der offenbar alle wortgebundenen Beiträge – ob gesungen oder gesprochen – auf Deutsch erfolgten: 10. November 1859 (Cirque de l'Impératrice), *mit den Damen* [Anna] *Bochholtz-Falconi und Maria Cruvelli, den Herren Morini und Schlosser,* unter der Leitung von Jules Etienne Pasdeloup. Vorausgegangen waren Meyerbeers ›Schiller-Marsch‹ (→ 1650; vgl. die Auszüge aus dessen Tagebuch zur Veranstaltung im dortigen Kommentar) und ein lyrischer Prolog, der ebenfalls von L. Pfau verfasst worden war. Diese Veranstaltung fand in der deutschen Presse anscheinend ein größeres publizistisches Echo als die eigentliche, drei Tage vorher stattgehabte Uraufführung in Wien. – Auch wenn man dessen deutsche Herkunft nicht vergaß, so sah man es doch eher kritisch, dass ausgerechnet ein gleichsam »französisch« gewordener Komponist wie Meyerbeer den »Nationaldichter« sogar mit zwei Werken feierte. Nicht ganz zu Unrecht mokierte man sich über den vertonten Text, konnte aber auch für die Komposition kein Lob finden: *Sie ist uns als ein Gemisch von populären Melodieen und geschraubten Effectstellen erschienen. Die Solo-Partieen sind keineswegs leicht;* [...]. *Chor und Orchester waren brav, im Ganzen wohl fünfhundert Personen* [...]. *Der Schlusschor machte den meisten Eindruck auf die Versammlung, die sich sonst ziemlich kalt zeigte* (*Niederrhein. MZtg.* vom 19. November 1859, S. 370).

1650   *Schiller-Marsch. Marche triomphale composée à l'occasion du festival donné à Paris le 10 Novembre 1859 pour la célébration du 100e anniversaire de la naissance de Schiller* für Orchester. – Paris: Brandus & Dufour 1859. – Klavierauszug (Verl.-Nr. *10225*). – BSB-Musik Bd. 11, S. 4253.

Deutsche Parallelausgabe

Fest-Marsch zu Schiller's 100jähriger Geburtstagsfeier für großes Orchester. – Berlin: Schlesinger, o. A. – Partitur (Verl.-Nr. *4884*), Orchesterstimmen (Verl.-Nr. *4885*). – HMB 1860/8, S. 128. Original (DLA).

Auf der Titelseite werden zahlreiche Bearbeitungen genannt; s. auch die entsprechenden Nachweise in: Hofmeister (1860–1867), S. 216 u. 327; Hofmeister (1892–1897), S. 571; Hofmeister (1919–1923), S. 299; Pazdírek Bd. 8, S. 198 u. 212, bzw. Bd. 10, S. 920. Außerdem fertigte Franz Liszt eine Bearbeitung *zum Konzertvortrag* an (s. WV/Liszt, Nr. 226).

Uraufführung zur Schiller-Feier in Paris: 10. November 1859 (Cirque de l'Impératrice), unter der Leitung von Jules Etienne Pasdeloup; die Veranstaltung wurde mit dem Marsch eröffnet, der *eigentlich für einen Festzug bestimmt* [war], *aber, da dieser nicht Statt fand, als Ouverture benutzt* [wurde]. Er wurde *da capo verlangt ...* (*Niederrhein. MZtg.* vom 19. November 1859, S. 370)

Meyerbeer berichtet in seinem Tagebuch von einem *ungeheuren Andrang und Teilnahme des Publikums: Es waren über 4000 Zuhörer gegenwärtig. Mein Festmarsch wurde unter großem Applaus da capo gerufen. Auch meine Cantate* [→ 1649] *ward sehr applaudirt, aber lange nicht so viel als der Marsch.* Außerdem wurden noch Szenen aus ›Don Carlos‹ deklamiert und eine Festrede gehalten; die weiteren Musikbeiträge bestanden aus *Mendelssohns Festgesang an die Künstler* [→ 1618], *dem Schlusssatz der 9. Symphonie Beethovens mit den Chören* [→ 144] *und Webers Oberon-Ouvertüre* (s. *Giacomo Meyerbeer, Briefwechsel und Tagebücher,* hg. u. kommentiert von Heinz Becker, Bd. 7: *1856–1859.* Berlin: de Gruyter 2004, S. 489).

- Außerdem unter dem Titel: *Marcia Schiller.* – Florenz: Guidi, o. A. (in: *Biblioteca del Sinfonista*). – Partitur (Verl.-Nr. *2203*). – Original (Antiquariat Drüner).

- *Schiller-Festmarsch.* – Berlin: Lienau, o. A. – Aufführungsmaterial (leihweise). – Homepage des Schott-Verlages, Mainz (ist heute hier erhältlich: Verl.-Nr. *ORL0080*).

MIESES, Carl Elias (1867–1940)

Veröffentlichte auch unter den Pseudonymen *Richard Bird*, *George Elbon*, *Ernest Tompa* und *Franz Wessobrunn*, am häufigsten aber unter *Camillo Morena*.

Don Carlos. Infant von Spanien. Ein dramatisches Gedicht

– V. 1 (»Die schönen Tage in Aranjuez«)

1651   *Die schönen Tage von* [!] *Aranjuez.* Walzer für Klavier, op. 44
Hamburg: Thiemer, o. A. – HMB 1898/3, S. 100.

   Der Titel gibt die volkstümlich gewordene Form des Zitats wieder.

MIESSNER, Hanns (1877–1957)

1652   Sehnsucht (»Ach, aus dieses Tales Gründen«)
Männerchor a cappella, op. 20
Berlin: Bote & Bock, o. A. – Partitur, Stimmen. – Hofmeister (1919–1923),
S. 301.

MIHALOVICH, Ödön (1842–1929)

Auch: *Edmund von* Mihalovich.

Hero und Leander (»Seht ihr dort die altergrauen Schlösser«)

1653   *Hero und Leander nach Schiller's Ballade* für großes Orchester
Mainz: Schott, o. A. – Partitur (Verl.-Nr. *22576*), Orchesterstimmen; Ausgabe
für Klavier zu vier Händen. – HMB 1879/3, S. 63 u. 71. Antiquariat Rekeszus
Kat. 51, Nr. 224.

   Frau Cosima Wagner-Liszt gewidmet.

MILARCH, Alfred (1878–1944)

1654   An den Frühling (»Willkommen, schöner Jüngling«)
Frauenchor a cappella
Berlin: Vieweg 1909. – *Dt. Musiker-Lex.* 1929, Sp. 939.

1655   Das Mädchen aus der Fremde (»In einem Tal bei armen Hirten«)
Frauenchor a cappella
Berlin: Vieweg 1909. – *Dt. Musiker-Lex.* 1929, Sp. 939.

MILTITZ, Karl Borromäus von (1780–1845)

Die Braut von Messina oder: Die feindlichen Brüder. Ein Trauerspiel mit Chören

1656   Ouvertüre für Orchester

   Uraufführung: Dresden, 20. März 1838 (Saal der Harmonie), im Rahmen eines Konzertes des
Cellisten Friedrich August Kummer: *Die Ouvertüre machte hier durch ihren Reichtum an schö-
nen Gedanken gute Wirkung, blieb jedoch, außer einer Vorführung noch in demselben Jahre in
Berlin, in weiteren Kreisen unaufgeführt.* Unveröffentlicht (Schaefer, S. 71; Pelker, S. 536).

Verzeichnis der musikalischen Werke

MITTELBACH, Otto (1926–?)

Macbeth. Zur Vorstellung auf dem Hoftheater in Weimar eingerichtet von Friedrich Schiller

1657 – V. 741ff. (Pförtner: »Verschwunden ist die finst're Nacht«); hier unter dem Titel: *Gesang des Pförtners*
Vierstimmiger gemischter Chor a cappella
Wien: Haslinger 1961 (= *Die neue Reihe*, Nr. 180). – Partitur (Verl.-Nr. *1346*). – Hofmeister (1965), S. 210. ÖNB (Online-Katalog).

MÖGELE, Franz (1834–1907)

Ritter Toggenburg (»Ritter, treue Schwesterliebe widmet Euch dies Herz«)

1658 *Ritter Toggenburg. Operette für Liedertafeln*, op. 6; Libretto von Moritz Schadeck
Für Chor mit Klavierbegleitung oder mit kleinem Orchester
Wien: Buchholz & Diebel, o. A. – Solo- und Chorstimmen, Orchesterstimmen; Klavierauszug, Text- und Regiebuch. – HMB 1882/10, S. 323 u. 334. Stieger (Uraufführung unbekannt).

  • *Potpourri für Pianoforte über Themen aus der Operette.* – Wien: Rebay & Robitschek, o. A. – HMB 1884/2, S. 25.

MÖHRING, Ferdinand (1816–1887)

1659 Des Mädchens Klage (»Der Eichwald brauset«)
Für gemischten Chor a cappella
Nr. 4 des 5. Heftes in: ders., [66] *Deutsche Chorgesänge, geistlich und weltlich, zum praktischen Gebrauch für die Chorklassen der Gymnasien, Real- und höheren Bürgerschulen, sowie für alle gemischten deutschen Gesangvereine*, op. 66 (in 5 Heften). – Neuruppin: Oehmigke, o. A. – Partitur, Stimmen. – HMB 1870/3, S. 79.

Jedes Heft mit eigenem Titel: 1. Heft – *Dreißig Choräle*; 2. Heft – *Zwölf biblische Sprüche*; 3. Heft – *Acht Motetten nach Worten der Heiligen Schrift*; 4. Heft – *Vier Psalmen*; 5. Heft – *Zwölf Gesänge* [weltliche Chorsätze]. – Eine zeitgenössische Rezension kritisiert diese Vertonung zusammen mit der Nr. 3 des Heftes, »Kennst du das Land, wo die Zitronen blüh'n« (J. W. Goethe): [Dazu] *müssten freilich andere Töne klingen, wenn sie neben den bekannten gültig werden sollten* (AMZ/2, 17. Februar 1869, S. 52).

1660 Die Gunst des Augenblicks (»Und so finden wir uns wieder«); hier unter dem Titel: *Gesellschaftslied*
Vierstimmiger Männerchor a cappella
Nr. 2 (einzeln) in: ders., *Fünf Lieder für vierstimmigen Männerchor*, op. 90. – Schleusingen: Glaser, o. A. – Partitur, Stimmen. – HMB 1877/9, S. 259.

MÖLLINGER, Christian (1754–1826)

1661 An den Frühling (»Willkommen, schöner Jüngling«)
Für eine Singstimme mit Klavierbegleitung

QUELLE: Kurscheidt, S. 396 (demnach auf S. 30 in einer Sammlung enthalten, bei der das Titelblatt fehlt und die deshalb nicht identifiziert werden konnte).

352

MOHLER, Philipp (1908–1982)

Wallenstein. Ein dramatisches Gedicht – I. Wallensteins Lager

1662 – vor V. 1 (Scharfschütze: »Es leben die Soldaten«); Text teilweise von Johann Wolfgang Goethe
Vierstimmiger Männerchor a cappella
Nr. 3 (einzeln) in: ders., *Soldatenlieder*, op. 9. – Mainz: Schott, o. A. – Partitur, Stimmen. – Hofmeister (1935), S. 102.

MOHR, Hermann (1830–1896)

Wilhelm Tell. Schauspiel

1663 – [3] *Scenen aus Schiller's Tell* [2. Akt, 2. Szene – »Rütlischwur«] für Männerchor mit Tenor solo und Orchester

1. V. 1255ff. (Stauffacher: »Sollen wir des neuen Joches Schändlichkeit erdulden?«)
Männerchor mit Orchester
2. V. 1323ff. (Konrad Hunn: »Ich war zu Rheinfeld an des Kaisers Pfalz«)
Rezitativ (Tenor solo) und Männerchor mit Orchester
3. V. 1438ff. (Reding: »Doch seht, indess wir nächtlich hier noch tagen«) mit dem Titel: *Sonnenaufgang und Schwur auf dem Rütli*
Männerchor mit Tenor solo und Orchester

New York: Luckhardt & Belder, o. A. – Chorstimmen; Klavierauszug. – Hofmeister (1904–1908), S. 518.

Daraus

· *Szene aus Schillers ›Wilhelm Tell‹* [vermutlich die Nr. 3] für Männerchor mit Tenor solo und Orchester bearb. von Max Ludwig. – Leipzig: Zschocher, o. A. – Partitur, Chor- und Orchesterstimmen. – Hofmeister (1936), S. 101.

MOLČANOV, Kirill Vladimirovič (1922–1982)

Maria Stuart. Ein Trauerspiel

1664 Schauspielmusik
Uraufführung: 1956 in Leningrad oder Moskau; unveröffentlicht (s. Gatti Bd. 2, S. 353).

MOLCK, Heinrich (1825–1889)

An Emma (»Weit in nebelgrauer Ferne«)

1665 1. Komposition – um 1854
Vierstimmiger Männerchor a cappella
Nr. 4 in: ders., *Fünf Lieder für vier Männerstimmen*, op. 39. – Hannover: Nagel, o. A. – Partitur, Stimmen. – HMB 1854/8, S. 594.

1666 2. Komposition – um 1877
Vierstimmiger Männerchor a cappella
Nr. 3 in: ders., *Drei Lieder für vier Männerstimmen*, op. 84. – Hannover: Riewe & Thiele, o. A. – Partitur, Stimmen. – HMB 1877/10, S. 302.

Verzeichnis der musikalischen Werke

MOLTKE, H. (?-?)

1667 Würde der Frauen (»Ehret die Frauen! Sie flechten und weben«)
Für eine Singstimme mit Klavierbegleitung oder zur Gitarre
Nr. 3 (einzeln) des 1. Heftes in: ders., *Lebensbilder in sechs Dichtungen von Ludwig, König von Bayern, Schiller etc.* - Hannover: Bachmann & Nagel, o. A. - HMB 1830/3+4, S. 31. Brandstaeter, S. 26.

Das 2. Heft ist als op. 2 bei Meyer in Braunschweig erschienen (ohne Schiller-Vertonung; vgl. HMB 1831/3+4, S. 30).

MONIUSZKO, Stanislaw (1819-1872)

Die Räuber. Ein Schauspiel

1668 Schauspielmusik zur polnischen Übersetzung unter dem Titel: *Zbójcy*
Uraufführung: Warschau, 1870.

QUELLEN: Gatti Bd. 2, S. 361 (demnach unveröffentlicht). New Grove2, Bd. 16, S. 939.

MONS, Carl (1865-1945)

1669 An den Frühling (»Willkommen, schöner Jüngling«)
Vierstimmiger Männerchor (TTBB) a cappella, op. 35
Leipzig: Glaser, o. A. - Partitur. - Hofmeister (1904-1908), S. 521. Pazdírek Bd. 8, S. 359.

MONTUORO, Achille (1836-?)

Die Verschwörung des Fiesco zu Genua. Ein republikanisches Trauerspiel

1670 *I Fieschi. Azione tragica* in drei Akten; Libretto von Giuseppe Sesto Giannini
Turin: Savojardo e Som 1866. - Libretto. - Original (BSB).

Auf der Titelseite ist noch vermerkt: ... *da rappresentarsi al Teatro Reale di Torino nella stagione invernale 1867.* - Die sonst kursierenden Uraufführungsdaten - Mailand, 20. März 1869 (Teatro alla Scala) - sind demnach falsch (s. Stieger bzw. Reischert, S. 363). - Auf den Bezug zu Schillers Schauspiel wird im Libretto extra hingewiesen.

MOORE, Graham Ponsonby (1859-1916)

Des Mädchens Klage (»Der Eichwald brauset«)

1671 *Des Mädchens Klage.* Etüde für Klavier
Nr. 2 in: ders., [14] *Chromatische Etüden*, op. 24 (in 4 Heften). - Leipzig: Breitkopf & Härtel, o. A. - HMB 1892/1, S. 9.

MORGENROT, Günther (1926-?)

Macbeth. Zur Vorstellung auf dem Hoftheater in Weimar eingerichtet von Friedrich Schiller

1672 - V. 741ff. (Pförtner: »Verschwunden ist die finst're Nacht«)
Vierstimmiger Männerchor a cappella
Recklinghausen: Iris 1960 (*Iris Chor-Sammlung*, Nr. *473*). - Partitur. - Hofmeister (1960), S. 224.

Die Komponisten und ihre Werke

Hinweis: _Satz_ (also vermutlich nur Bearbeitung der Vertonung eines anderen Komponisten).

MORI, Frank (1820–1873)

Der Gang nach dem Eisenhammer (»Ein frommer Knecht war Fridolin«)

1673 *Fridolin.* Kantate
Uraufführung: 1851 (Worcester Festival); s. Gatti Bd. 2, S. 380, bzw. New Grove2 Bd. 17, S. 119.

MOSCHELES, Ignaz (1794–1870)

Der Tanz (»Siehe, wie schwebenden Schritts im Wellenschwung«)

1674 *Der Tanz.* Charakterstück für Klavier, op. 129
Leipzig: Breitkopf & Härtel, o. A. – WV/Moscheles, S. 49. HMB 1860/2, S. 24.

Das Eigenthumsrecht und der Ertrag dieses Werkes ist vom Componisten der Leipziger Schiller-Stiftung zugewiesen (WV/Moscheles, S. 49). – Im gleichen Verlag ist noch eine Bearbeitung für Klavier zu vier Händen erschienen. – Sowohl dieses Charakterstück, das offenbar noch unveröffentlicht war, als auch Moscheles' Klavierfantasie ›Sehnsucht‹ (→ 1677) sind *beim Schiller-Feste in Leipzig am 11. November 1858 von E.[duard] Mertke aus St. Petersburg vorgetragen* worden (vgl. Wurzbach, Schiller-Buch, Nr. 636).

Die Erwartung (»Hör' ich das Pförtchen nicht gehen«)

1675 *Die Erwartung.* Fantasie für Klavier, op. 122
Hamburg: Cranz, o. A. – WV/Moscheles, S. 48. HMB 1851/12, S. 242.

· Fol. 115 des 2. Bandes in: *Schiller-Album* → 364

Datiertes Autograph: *Leipzig October 1851*; erste 22 Takte mit der Überschrift: *Fragment aus der Komposition zu Schillers Gedicht: Die Erwartung.*

Die Jungfrau von Orleans. Eine romantische Tragödie

1676 *Jeanne d'Arc.* Ouvertüre für großes Orchester, op. 91
Leipzig: Kistner, o. A. – Partitur in Abschrift, Orchesterstimmen (Verl.-Nr. *1107*). – WV/Moscheles, S. 34. HMB 1835/9, S. 82. Pelker, S. 543–545.

Entstanden: Herbst 1834 in London. Uraufführung: London, 27. April 1835 (5. Konzert der Philharmonic Society), Pelker, S. 543. – In einer zeitgenössischen Rezension zu einer späteren Aufführung in Leipzig wird zunächst berichtet, dass sich das Publikum *theilnahmsloser bezeigte als die Composition verdiente*, was allerdings erklärlich sei: *Vielleicht dachten Viele an die Schillersche prächtig costümirte Tragödie, während unsre Musik allerdings von jener berühmten Begebenheit und einer bewegten Zeit berichtet, aber ohne größeres Gepränge und leidenschaftlichen Ausdruck, gleich als ob uns nur die Geschichte interessiren sollte, nicht die Person des Erzählers. Es ist mir bei dieser Musik immer als läse ich in einer alten Ritterchronik, die sauber mit gothischen Buchstaben geschrieben und alterthümlich bunt ausgemalt. Nur gen Schluß hin wird es dem Componisten selbst wie wehmüthiger ums Herz an der schönen Stelle, wo Flöten und Clarinetten von oben herab rufen, – derselbe Augenblick, wo die Schillersche Johanna nach dem Regenbogen in die Luft zeigt bei den Worten »Nicht ohne meine Fahne darf ich kommen« u.s.w. Wollte man sonst Gestalten suchen, so würde man leicht die demüthige Helden-Jungfrau, den ritterlichen Thalbot u. A. erkennen können. Hier thut bei Jedem die Phantasie das ihrige; darin aber werden Alle übereinstimmen, daß die Ouvertüre kaum zu einem andern Süjet gedacht werden könne, so sehr scheint sie uns von dessen Geiste durchdrungen. Von einem Orchester, das mit der Ouvertüre zu Dank spielen sollte, würde ich mehr als gewöhnliches Beherrschen der Noten, ja mehr als blos feurigen Vortrag verlangen. Es müßte eine Musik sein, worauf man nicht klatschen dürfte, eine Musik, deren Bedeutung uns erst nach ihrem Verklingen aufginge* (NZfM vom 22. März 1836, S. 102). – Auch Schaefer lobt das Stück als *eine schöne, mit großer Darstellungswahrheit ausgeführte Illustration des Schillerschen*

Verzeichnis der musikalischen Werke

Trauerspiels, in der verschiedene Handlungsmomente eingefangen sei (bspw. beziehe sich das einleitende *Andante religioso* wohl auf den Prolog, weil es *dem reinen, frommen Gemüt, dem Vertrauen auf Gott, mit dem Johanna sich ihrer heiligen Sache hingibt*, entspreche). Es handelt sich also nicht um eine Schauspielouvertüre, sondern eher um eine Sinfonische Dichtung, die sich *durch Wohllaut wie eine reiche, gesunde und keusche Instrumentation* auszeichne; sie habe sich *eine allgemeine Anerkennung verschafft und wird ihre Wirkung nicht verfehlen* (S. 52f.).

   · Bearbeitung für Klavier zu vier Händen des Komponisten. – Leipzig: Kistner, o. A. – HMB 1835/6, S. 53.

Sehnsucht (»Ach, aus dieses Tales Gründen«)

1677 *Sehnsucht*. Fantasie für Klavier, op. 124
Leipzig: Siegel, o. A. – Verl.-Nr. *872*. – WV/Moscheles, S. 48. HMB 1856/1, S. 916. Original (DLA).

Seiner Tochter Serena gewidmet. – Zu einer frühen Aufführung s. den Kommentar zu Moscheles' Charakterstück ›Der Tanz‹ (→ 1674).

MOSCUZZA, Vincenzo (1827–1896)

Don Carlos. Infant von Spanien. Ein dramatisches Gedicht

1678 *Don Carlo, Infante di Spagna. Tragedia lirica* in drei Akten; Libretto von Leopoldo Tarantini

Uraufführung: Neapel, 25. Mai 1862 (Teatro San Carlo), u. a. mit Gottardo Aldighieri (Don Carlo), Maria Spezia-Aldighieri (Elisabetta), Luigi Brignole (Rodrigo), Marco Arati (Filippo II.) und Marianna Grassi (Tebaldo); musikalische Leitung: Nicola De Giosa.
QUELLEN: Clément/Larousse, S. 344. Schaefer, S. 27. Stieger. Internetrecherche (Almanacco di Gherardo Casaglia).

MOSEL, Ignaz Franz von (1772–1844)

1679 An den Frühling (»Willkommen, schöner Jüngling«)
Für eine Singstimme mit Klavierbegleitung
S. 2f. in: ders., *Sechs Gedichte*. – Wien: Haslinger, o. A. – Verl.-Nr. *3014*. – Goethe-Museum (Katalog), Nr. 823. Weinmann (Senefelder etc.) Bd. 1, S. 167 (demnach bereits am 7. April 1819 in der AMZ/1 rezensiert, aber erst am 22. März 1820 in der ›Wiener Zeitung‹ angezeigt).

Es handelt sich um Mosels erste und deshalb hier noch ungezählte Liedersammlung (insgesamt sind drei erschienen). Dieses Heft ist *Herrn Michael Vogel k. k. Hof-Opern-Sänger gewidmet*.

   · Idem. – 1. Heft, Nr. 6, in: *Hundert auserlesene deutsche Volkslieder* → 2825

1680 Des Mädchens Klage (»Der Eichwald brauset«)
Für eine Singstimme zur Gitarre oder mit Klavierbegleitung
Nr. 2 in: ders., *Sechs Lieder mit Begleitung der Guitarre oder des Pianoforte, in verschiedenen Schauspielen gesungen von Dlle. Sophie Müller, k. k. Hofschauspielerin*, 3. Sammlung. – Wien: Haslinger, o. A. – Verl.-Nr. *4716*. – Brandstaeter, S. 35. Schaefer, S. 39. Weinmann (Senefelder etc.) Bd. 1, S. 236 (demnach erstmals am 25. Januar 1826 in der ›Wiener Zeitung‹ angezeigt). ÖNB (Online-Katalog).

Die Komponisten und ihre Werke

Wilhelm Tell. Schauspiel

1681 Schauspielmusik
Uraufführung: Wien, 29. November 1827 (Burgtheater); s. Stieger.

Daraus veröffentlicht

· _Ouvertüre und Lieder aus dem Schauspiele Wilhelm Tell bei dessen Aufführung auf dem k. k. Hofburgtheater in Wien._ – Wien: Haslinger 1827. – Klavierauszug (Verl.-Nr. _5091_). – Weinmann (Senefelder etc.), Bd. 2, S. 10. ÖNB (Online-Katalog).

MOSES, Ad. (?–?)

1682 _Schillerfestklänge._ Walzer für Klavier
Berlin: Bote & Bock, o. A. – Pazdírek Bd. 8, S. 430.

MOSZKOWSKI, Moritz (1854–1925)

Die Jungfrau von Orleans. Eine romantische Tragödie

1683 _Johanna d'Arc._ Sinfonische Dichtung _nach Schiller's Jungfrau von Orleans in vier Abteilungen_ für großes Orchester, op. 19
1. Satz: _Johannas Hirtenleben. Eine Vision bringt sie zum Bewusstsein ihrer hohen Sendung_
2. Satz: _Innere Zerwürfnisse, Rückerinnerungen_
3. Satz: _Einzug der Sieger zur Krönung in Reims_
4. Satz: _Johanna in der Gefangenschaft; ihre Kettensprengung; Sieg, Tod und Verklärung_

Breslau: Hainauer, o. A. – Partitur (Verl.-Nr. _2014_), Orchesterstimmen. – HMB 1879/1, S. 3. Original (DLA).
Widmung: _Seinem lieben Freunde Philipp Scharwenka._ – Uraufführung: Berlin, 23. Februar 1877 (Saal der Singakademie), unter der musikalischen Leitung von Franz Mannstädt. – _Die überaus zahlreichen Aufführungen, welche die Symphonie seit ihrem Erscheinen erfuhr, haben derselben übrigens eine dauernde und wohlverdiente Anerkennung verschafft, und ihr einen vornehmen Platz unter den Tonschöpfungen ihrer Gattung gesichert_ (Schaefer, S. 53f.).

· Bearbeitet für Klavier zu vier Händen vom Komponisten. – Breslau: Hainauer, o. A. – Verl.-Nr. _2016._ – HMB 1879/1, S. 9. BSB-Musik Bd. 11, S. 4385.
Teilveröffentlichung dieser Ausgabe unter dem Titel: _Einzug der Sieger zur Krönung in Reims. Krönungs-Marsch aus der Sinfonie Johanna d'Arc_ (mit gleicher Verl.-Nr.); s. HMB 1880/5, S. 145, u. BSB-Musik Bd. 11, S. 4385.

MOZART, Franz Xaver (1791–1844)

1684 An Emma (»Weit in nebelgrauer Ferne«)
Für eine Singstimme mit Klavierbegleitung, op. 24
Hamburg: Cranz, o. A. – Original (DLA). Whistling 1828, S. 1082.
Herrn Friedrich Gerstäcker zugeeignet. – Im gleichen Verlag ist ungefähr zur selben Zeit eine Ausgabe für eine Singstimme zur Gitarre erschienen.

357

Verzeichnis der musikalischen Werke

MOZART, Wolfgang Amadeus (1756–1791)

1684+1 *Requiem* d-Moll für vier Soli (SATB), vierstimmigen gemischten Chor (SATB) und Orchester
Leipzig: Breitkopf & Härtel, o. A. – Partitur in 2 Bde. (*mit unterlegtem deutschen Texte*; o. Verl.-Nr.). – WV/Mozart (KV 626), S. 729 (demnach *1800* erschienen). RISM A I, M 4050/51.

Im Herbst 1791 komponiert; unvollendet hinterlassen und von Franz Xaver Süßmayr vervollständigt (mehrere Versuche anderer Bearbeiter folgten bis in die neueste Zeit). – Uraufführung: Wien, 2. Januar 1793 (Jahnscher Saal). – Ein Teil des Werkes (vermutlich nur ein Satz) wurde in Weimar am 12. Mai 1805 im Rahmen des Gedenkgottesdienstes für Schiller in der St. Jakobskirche gespielt (Beginn: 15.00 Uhr). Um welche Sätze es sich gehandelt und ob es sich um eine Aufführung mit reduzierter Besetzung gehandelt hat, lässt sich nicht mehr bestimmen. Da das Aufführungsmaterial erst 1812 veröffentlicht worden ist (Wien: Chemische Druckerei; Verl.-Nrr. *1806* u. *1812*), müssen damals noch Stimmenabschriften verwendet worden sein. – Das ›*Weimarische Wochenblatt*‹ berichtete am 15. Mai 1805, dass *die Todesfeyer mit einer Trauerrede von Sr. Hochwürd. Magnificenz, dem Herrn General-Superintendent* [Johann Ludwig Gottfried] *Vogt* [...] *begangen und von Fürstl. Capelle vor und nach der Rede eine Trauermusik aus Mozarts Requiem aufgeführt* worden sei.

Sehnsucht (»Ach, aus dieses Tales Gründen«)

1685 – V. 9–16 u. V. 29ff. (»Harmonien hör' ich klingen«); Satz und Textunterlegung von Paul Dehne
Vierstimmiger Frauenchor (SSAA) a cappella

Bearbeitung und Neutextierung der Nr. 21, *Duetto* (Ferrando–Guglielmo) *con coro (»Secondate, aurette amiche«)*, aus Mozarts Opera buffa ›*Così fan tutte*‹, WV/Mozart (KV 588).

Nr. 3 in: ders., *Sieben Lieder für Frauenchor*. – Darmstadt: Tonos 2006. – Partitur (Verl.-Nr. *4700/1*). – Original (Slg. GG).

Die Chorsätze (davon sechs a cappella, der letzte mit Klavierbegleitung) stammen von verschiedenen Bearbeitern.

MRACZEK, Joseph Gustav (1878–1944)

Semele. Eine lyrische Operette

1686 *Semele.* Oper; Libretto vom Komponisten *nach Schiller*
Nicht aufgeführt; unveröffentlicht; s. *Dt. Musiker-Lex.* 1929, Sp. 957. – Nicht bei Stieger.

MÜLLER jun., Adolf (1839–1901)

1687 Der Triumph der Liebe (»Selig durch die Liebe«)
Für eine Singstimme mit Klavierbegleitung, op. 12
Wien: Schreiber, o. A. – Hofmeister (1868–1873), S. 319.

 • Leipzig: Bosworth, o. A. – Pazdírek Bd. 8, S. 529.

MÜLLER sen., Adolf (1801–1886)

Vorname auch: *Adolph*. – Wirklicher Name: *Matthias Schmid* (auch: *Schmidt*). ... *warum er diesen seltenen Namen mit dem noch selteneren Müller vertauschte, ist* [...] *unbekannt* (Mendel Bd. 7, S. 187; hier irrtümlich mit *1802* als Geburtsjahr nachgewiesen).

Die Götter Griechenlands (»Da ihr noch die schöne Welt regieret«)

– V. 127f. (»Was unsterblich im Gesang soll leben«)

Die Komponisten und ihre Werke

1688   *Der Sänger (»Es zieht der Sänger durch das Leben«). Improvisirtes Gedicht nach dem Schillerschen Motto: »Was unsterblich im Gesang soll leben, Muß im Leben untergehen« von Caroline Leonhardt-Lyser. In ihrer Academie den 29ten Novbr. 1842 in Musik gesetzt von Adolf Müller, Kapellmeister*
Für eine Singstimme mit Klavierbegleitung, op. 52
Wien: Mollo & Witzendorf, o. A. – Verl.-Nr. 2958. – Original (Slg. GG).

Bei dem Schiller-Zitat handelt es sich um die beiden Schlussverse der Zweitfassung des Gedichts. – Die Textautorin (Mädchenname: *Leonhardt*) war zwei Mal verheiratet und ist für gewöhnlich unter dem Familiennamen ihres zweiten Ehemanns, *Pierson*, bekannt. Ihr kaum zugängliches Gedicht lautet:

> *Es zieht der Sänger durch das Leben*
> *so ernst und still, es kennt sein Herz*
> *vergebens Sehnen, Ringen, Streben,*
> *und Treu' bleibt ihm nur ew'ger Schmerz.*
> *Doch liebt er seine Schmerzen immer,*
> *hegt sie mit treuer Innigkeit,*
> *denn aus dem Weh' strahlt Rosenschimmer*
> *und Hoffnung auf Unsterblichkeit.*
>
> *Er singt sein Lied aus innerm Drange,*
> *und weil es tief im Herzen glüht,*
> *so kommt es, dass aus seinem Sange*
> *ein milder Trost für Andre blüht.*
> *Und darum zürnet er auch nimmer*
> *dem Schicksal, das ihm Qualen beut,*
> *denn aus dem Weh' strahlt Rosenschimmer*
> *und Hoffnung auf Unsterblichkeit.*

Die Jungfrau von Orleans. Eine romantische Tragödie

1689   Schauspielmusik

Uraufführung im Rahmen der Premiere: Wien, 1838 (Theater an der Wien). Bisher hatte man das Schauspiel, das hier am 28. Oktober 1811 erstmals aufgeführt worden war, mit Musik von I. v. Seyfried gegeben (→ 2438).

QUELLE: Bauer, *Theater a. d. Wien*, S. 289 (nennt nur das Jahr der Premiere).

Die Räuber. Ein Schauspiel

1690   Schauspielmusik

Uraufführung im Rahmen der Premiere: Wien, 5. Juli 1830 (Theater an der Wien). – Bisher hatte man das Schauspiel, das hier am 10. August 1808 erstmals aufgeführt worden war, mit Musik von I. v. Seyfried gegeben (→ 2439).

QUELLE: Bauer, *Theater a. d. Wien*, S. 284.

Kabale und Liebe. Ein bürgerliches Trauerspiel

1691   *Die verhängnisvolle Limonade, oder: Liebe und Kabale.* Parodie *mit Gesang* in zwei Akten; Libretto von Josef Schickh

Uraufführung: Wien, 3. Mai 1831 (Theater an der Wien). – Nach der dritten Aufführung am 5. Mai wieder abgesetzt und danach nicht mehr gespielt.

QUELLEN: Stieger. Bauer, *Theater a. d. Wien*, S. 331.

Turandot, Prinzessin von China. Ein tragikomisches Märchen nach Carlo Gozzi von Friedrich Schiller

1692   *Das Zauberrätsel. Großes dramatisches Phantasiegemälde* in vier Akten; Text nach Schillers Fassung von F. Blum

Verzeichnis der musikalischen Werke

Uraufführung: Wien, 5. Oktober 1839 (Theater an der Wien). – Nach der dritten Vorstellung am 7. Oktober wieder abgesetzt und nicht mehr gespielt. – Das Stück wurde offenbar *mit großem Pomp in Scene gesetzt* worden, hat aber *nur wenig Furore* gemacht, *da die Musik nur äußerlich wirkte und künstlerischen Wertes gänzlich ermangelte* (Schaefer S. 68).

QUELLEN: Bauer, *Theater a. d. Wien*, S. 349. Grove, *Opera* Bd. 3, S. 510.

MÜLLER, August Eberhard (1767–1817)

1693 Das Mädchen aus der Fremde (»In einem Tal bei armen Hirten«)
Für eine Singstimme mit Klavierbegleitung
S. 5f. in: ders., *Sechs deutsche Lieder*. – Braunschweig: Musikalisches Magazin auf der Höhe, o. A. – Verl.-Nr. *159*. – Original (DLA). RISM A I: M 7796.

MÜLLER, Christian Gottlieb (1800–1863)

Das Lied von der Glocke (»Fest gemauert in der Erden«)

1693+1 – V. 58ff. (»Vom Mädchen reißt sich stolz der Knabe«)
Ouvertüre für Orchester

Unveröffentlicht. – Dem Begriff *Ouverture* sind auf der Titelseite der autographen Partitur die V. 58–79 vorangestellt. – Uraufführung: Leipzig, Winter 1835/36 (Pelker, S. 550f.).

1694 Würde der Frauen (»Ehret die Frauen! Sie flechten und weben«)
Für zwei Soli (TB) und vierstimmigen Männerchor mit Klavierbegleitung
Handschriftliche Partitur, 1835. – RISM-OPAC.

MÜLLER, Friedrich (1819–1854)

Die Verschwörung des Fiesco zu Genua. Ein republikanisches Trauerspiel

1695 *Fiesco.* Oper in vier Akten; Libretto von einem unbekannten Verfasser *nach Schiller*

Uraufführung: Linz, 17. Januar 1852 (Landständisches Theater); bei Stieger irrtümlich Oktober 1851 oder Februar 1852.

QUELLE: Heinrich Wimmer, *Das Linzer Landestheater 1803–1958* (= *Schriftenreihe des Instituts für Landeskunde von Oberösterreich*, Bd. 11). Linz: Oberösterreichischer Landesverlag in Kommission 1958, S. 126.

1696 entfällt

MÜLLER, Hermann (1841–1907)

1697 Sehnsucht (»Ach, aus dieses Tales Gründen«)
Vierstimmiger Männerchor (TTBB) a cappella, op. 48
Falkenberg: Fischer, o. A. – Partitur, Stimmen. – Hofmeister (1898–1903), S. 624. Pazdírek Bd. 8, S. 539.

MÜLLER, J. G. (?–?)

Das Lied von der Glocke (»Fest gemauert in der Erden«)

1698 – V. 235ff. (»Dem dunkeln Schoß der heil'gen Erde«); hier unter dem Titel: *Grabgesang*
Vierstimmiger Männerchor (TTBB) a cappella
Nr. 4 in: ders., *Vier Gesänge*. – Leipzig: Klemm, o. A. – Pazdírek Bd. 8, S. 541.

MÜLLER, Johann Christian (1749–1796)

1699 An die Freude (»Freude, schöner Götterfunken«); hier unter dem Titel: *Friedrich Schiller's Ode an die Freude*
Rundgesang mit Klavierbegleitung
Leipzig: Breitkopf 1786. – RISM A I / M 7891.

Der gerechten und vollkommenen Loge ›zu den drei Flammen‹ in Görlitz gewidmet. – Ebenso wie Körners Version (→ 1243) noch vor der Veröffentlichung des Gedichts komponiert (welche der beiden tatsächlich die Erstvertonung ist, kann nicht mehr festgestellt werden). – Am 11. Dezember 1785 berichtete Friedrich Kunze dem Dichter: *Ich habe einen dummen Streich gemacht, und Dein Gedicht so vielen Menschen vorgelesen als ich bis jezt noch gesehen habe. Daher kömmts, daß es wenigstens schon 10 mahl in Abschriften existirt, und Müller es bereits componirt hat.* [...] *Der Kerl gerieht ganz in Enthusiasmus, als er das Gedicht las, und wenn ichs ihm nicht gutwillig gegeben hätte, so hätte er Gewalt gebraucht.* Hier wird deutlich, welch ungeheure Begeisterung das Gedicht damals hervorrief. – Der Melodiebeginn weist im übrigen eine große Ähnlichkeit mit dem Anfang von W. A. Mozarts Notturno »Luci care, luci belle«, KV 439a (346), auf (freundlicher Hinweis von Markus Müller-Benedict, Hamburger Bücherhallen), welches zwar bereits 1783 entstanden war, jedoch erst 1933 [!] veröffentlicht worden ist; eine wie auch immer geartete Beziehung zwischen beiden Kompositionen ist also unwahrscheinlich.

- Anonym veröffentlicht unter dem Titel: *Ode an die Freude von Schiller.* – Altona: Rudolphus, o. A. – Original (Hamburger Bücherhallen). RISM A I: AN 2030.

  Obwohl eine eigene Titelseite vorliegt, muss der Notenteil aufgrund seiner Paginierung (6 bzw. 7) zu einer umfangreicheren Ausgabe gehören. – Über den ersten Notensystem wurde im eingesehenen Original handschriftlich *W. A. Mozart* eingetragen (wohl zeitgenössisch); vermutlich hängt dies mit der Ähnlichkeit des Melodiebeginns mit dessen Notturno »Luci care, luci belle« zusammen (s. vorstehenden Kommentar).

- Nr. 3 in: *Schillers Ode an die Freude* → 369 (Ausgabe 1)
- Nr. 5 in: *Vierzehn Compostionen zu Schillers Ode an die Freude* → 369 (Ausgabe 2)
- Nr. 21 in: [41] *Frühe Schiller-Vertonungen bis 1825* → 141

MÜLLER, Johann Michael (1772–1835)

1700 An den Frühling (»Willkommen, schöner Jüngling«)
Für eine Singstimme mit Klavierbegleitung
S. 36f. in: ders., *Zwölf Gesänge.* – Kurscheidt, S. 397 (ohne weitere Angaben).
Ihrer Majestät der regierenden Königin von Baiern Allerunterthänigst gewidmet.

1701 An die Freude (»Freude, schöner Götterfunken«)
Rundgesang (mit dreistimmigem Chor) und Klavier
Notenbeilage zu S. 191 in: *Mnemosyne* → 141

1702 Der Jüngling am Bache (»An der Quelle saß der Knabe«); hier unter dem Titel: *Der Knabe an der Quelle*
Für eine Singstimme mit Klavierbegleitung
S. 24f. in: ders., *Zwölf Gesänge* → 1700

MÜLLER, Richard (1830–1904)

1703 Hoffnung (»Es reden und träumen die Menschen viel«)
Für zwei Singstimmen [mit Klavierbegleitung?]

QUELLE: Brandstaeter, S. 33 (ohne bibliogr. Angaben, aber mit der Datierung *1861*).

MÜLLER, Wenzel (1759–1835)

Die Jungfrau von Orleans. Eine romantische Tragödie

1704 *Die Jungfrau von Wien*. Posse in zwei Akten; Libretto von Hermann Herzenskron

Uraufführung: Wien, 29. Oktober 1813 (Theater in der Leopoldstadt).
QUELLEN: Stieger (hier: *Parodie*). Grove, *Opera* Bd. 3, S. 515.

Maria Stuart. Ein Trauerspiel

1705 *Maria Stuttgart*. Parodie in einem Akt; Libretto von Adolf Bäuerle

Uraufführung: Wien, 12. Mai 1815 (Theater in der Leopoldstadt). – Gelegentlich auch als
›Maria Stuttgartin‹ nachgewiesen.
QUELLEN: Stieger. Grove, *Opera* Bd. 3, S. 515.

MÜLLER, Wilhelm Adolf (1793–1859)

Das Lied von der Glocke (»Fest gemauert in der Erden«)

1706 *Aus Schillers Glocke*
Für Männerterzett (TTB) a cappella
Nr. 6 in: ders., *Sechs dreistimmige Gesänge*, op. 61. – Meissen: Gödsche, o. A. –
Partitur, Stimmen. – HMB 1830/11+12, S. 94.

Einzeltitel und Opuszahl (einschließlich Nr.) sowie Besetzung nachgewiesen (Brandstaeter
S. 36) und aufgrnd dieser Informationen in HMB identifiziert (hier fehlt eine Inhaltsangabe).
Der ausgewählte Textteil konnte nicht bestimmt werden.

MÜLLER-DECK, Volkmar (1925–1994)

1707 Punschlied. Im Norden zu singen (»Auf der Berge freien Höhen«); hier unter
dem Titel: *Weinlied*
Vierstimmiger Männerchor (TTBB) a cappella
Mülheim an der Ruhr: Engels 1963. – Partitur (Verl.-Nr. *1908*). – Original
(Slg. GG).

Widmung: *Dem Polizei-Gesangverein Mönchengladbach-Rheydt und seinem Dirigenten Hans
Schäfer.*

MÜLLER-WIELAND, Jan (geb. 1966)

An die Freude (»Freude, schöner Götterfunken«)

1707+1 – V. 7: »Alle Menschen werden Brüder«; in: ders., *Der Heimkehrer. Zarter
Marsch (Vaterbild)*; Textcollage vom Komponisten (nach dem Gedicht ›Soldaten‹, einer Szene aus dem Roman ›Die Kapuzinergruft‹ von Joseph Roth,
Paul Boldts Gedicht ›In der Welt‹ und einer Zeile aus Schillers ›Ode an die
Freude‹)
Für Tenor mit Klavierbegleitung

Die Komponisten und ihre Werke

2016 komponiert und bisher nicht gedruckt; beim Verlag Sikorski, Hamburg, ist allerdings eine Vervielfältigung der Komponistenhandschrift als Print-On-Demand-Ausgabe erhältlich. Dem Sänger der Uraufführung, Frieder Lang, zum 65. Geburtstag gewidmet. – Das Werk entstand in Erinnerung an den Vater des Komponisten, der – obwohl bereits für tot erklärt – Weihnachten 1949 aus sowjetischer Kriegsgefangenschaft zurückgekehrt war und von seiner überraschten Mutter begrüßt worden ist. Jan Müller-Wieland verglich sein Werk mit Heinrich Heines Gedicht ›Heimkehr‹ und dem Schauspiel ›Draußen vor der Tür‹ von Wolfgang Borchardts, die ähnliche Situationen und Erlebnisse (Überlebenssyndrom der Soldaten) thematisieren. Der Vers aus Schillers Gedicht befindet sich am Schluss der Textcollage. – Uraufführung im Rahmen des Konzertes ›Geburtstagstrommeln in der Nacht (anlässlich der 50. Geburtstage von Moritz Eggert und Jan Müller-Wieland und dem 65. Geburtstag von Frieder Lang)‹: München, 11. Januar 2017 (Reaktorhalle – Konzertsaal der Hochschule für Musik und Theater München), mit Frieder Lang (Tenor) und Moritz Eggert (Klavier).

QUELLEN: Informationsmaterial vom Verlag Sikorski, Hamburg (Konzertprogramm, Erläuterungen des Komponisten).

1708 _Wallensteins Stern nach einer Textcollage des Komponisten aus einem ›Xenion‹ von Schiller und/oder Goethe sowie nach Worten aus ›Wallenstein‹ und ›An die Freude‹_
Für Mezzosopran mit Klavierbegleitung

Die Textfragmente stammen aus:

1. An die Freude (»Freude, schöner Götterfunken«)
2. Wallenstein. Ein dramatisches Gedicht
3. Xenien von Schiller und Goethe
   – Nr. 380: Philosophen – Ein sechster (»Ich bin ich und setze mich selbst«)

Unveröffentlicht. – Vermischung einzelner oder mehrerer Worte, die ohne grammatikalische Rücksichten (und folglich ohne Interpunktion) aneinander gereiht sind und deren exakte Lokalisierung hier aus Platzgründen entfallen muss. – Uraufführung (im Rahmen ›Sommerfestival Alpenklassik – Reichenhaller Liederwerkstatt II‹): Bad Reichenhall, 9. August 2005 (Altes Königliches Kurhaus), mit Carola Schlüter (Mezzosopran) und Jan-Philip Schulze (Klavier).

QUELLEN: Konzertprogramm. WV/Müller-Wieland, S. 49.

MÜLLER-ZÜRICH, Paul (1898–1993)

Wilhelm Tell. Schauspiel

1709 Schauspielmusik, op. 13
1926 für die Freilichtaufführung in Pfäffikon/Zürich komponiert und vermutlich dort uraufgeführt.
QUELLEN: WV/Müller-Zürich, S. 43 (demnach unveröffentlicht). MGG2 _Personenteil_ Bd. 12, S. 810.

MÜNCH, August (?–?)

An die Freude (»Freude, schöner Götterfunken«)

1710 _An die Freude._ Walzer für Klavier
Köln: Tonger, o. A. – HMB 1880/1, S. 33.

MÜNNICH, Rudolf (1836–1915)

1711 Das Ideal und das Leben (»Ewig klar und spiegelrein«)
Für Chor und Orchester
QUELLE: Gatti Bd. 2, S. 407.

363

Verzeichnis der musikalischen Werke

MUHLY, Nico (geb. 1981)

Die Götter Griechenlands (»Da ihr noch die Welt regieret«)

1711+1 – V. 89ff. (»Schöne Welt, wo bist du?«); hier in englischer Übersetzung von Richard Wigmore: »*Faire world, where are you! Return again*«
Für Bariton mit Klavierbegleitung
Nr. 5 in: ders., *The Last Letter*. – Chester (NY): St. Rose Music Publishing and Chester Music 2015. – University of Michigan, Library (Online-Katalog).

Auftragswerk des Barbican Centre und der European Concert Hall Organisation mit Unterstützung des Kulturprogramms der Europäischen Union. Widmung: *... for Benjamin Appl*. – In den ersten vier des fünfsätzigen Werkes wurden Briefpassagen von Soldaten vertont, welche diese im Ersten Weltkrieg an ihre Familienangehörigen geschrieben hatten. Der letzte Satz beruht auf der gleichen Gedichtstrophe, wie sie schon Franz Schubert vertont hatte (→ 2314). – Uraufführung: London, 29. Oktober 2015 (Milton Court Concert Hall, Barbican Center), mit Benjamin Appl (Bariton) und Gary Matthewman (Klavier).

MUNDRY, Isabel (geb. 1963) · PAUSET, Brice (geb. 1965)

Das Mädchen aus der Fremde (»In einem Tal bei armen Hirten«)

1712 *Das Mädchen aus der Fremde*. Musiktheater für Tänzer, Schauspieler, Chor und Instrumentalensemble
Wiesbaden: Breitkopf & Härtel 2005. – Aufführungsmaterial. – Homepage des Verlags.

Dem Stück, bei dem es sich um eine Gemeinschaftsarbeit der beiden Komponisten unter Mitwirkung der Choreographin und Regisseurin Reinhild Hoffmann handelt, liegt auch noch Schillers Gedicht ›Der Tanz‹ (»Siehe, wie schwebenden Schritts im Wellenschwung«) zugrunde. – Uraufführung im Rahmen der 13. Internationalen Schillertage: Mannheim, 27. Mai 2005 (Nationaltheater). – Der Abend bestand aus drei Teilen: Zuerst fand eine Tanzvorführung statt (Choreographie von R. Hoffmann), dann folgten zwei Musikabschnitte (zuerst von I. Mundry, dann von B. Pauset gestaltet), an denen jeweils der andere beteiligt war.

QUELLEN: Zeitgenössische Presseberichte.

MUNZINGER, Eduard (1831–1899)

Wilhelm Tell. Schauspiel

– V. 13ff. (Hirte: »Ihr Matten, lebt wohl!«) und V. 1447ff. (Rösselmann: »Wir wollen sein ein einzig' Volk von Brüdern«)

1713 *Der Rütlischwur*. Kantate für Soli, Männerchor und Orchester

(Ur-?)Aufführung: Bern, 17. Juli 1864, im Rahmen der Hauptaufführung beim eidgenössischen Sängerfest (16.–18. Juli 1864), unter der Leitung von Adolph Methfessel. Dabei *wurde die von Eduard Munzinger in Zürich komponierte Kantate ›Der Rütlischwur‹ [...] aufgeführt. Begeisternd wirkte von den Gesamtchorsätzen des Tongedichts insbesonders der Bundesschwur der drei Eidgenossen mit dem ihre Sätze jeweils bekräftigenden Refrain des Chores, sowie der mächtige Schlußgesang, der das Nahen der Freiheit und ihre Verbreitung über alle Lande verkündet. Den Höhepunkt der ganzen Kantate bildete aber das Morgenlied des Hirtenknaben, das der Tenorsolist [Josef] Schild unübertrefflich schön sang* (Robert Thomann, *Der Eidgenössische Sängerverein 1842–1942. Geschichte des Vereins und seine Sängerfeste, als Denkschrift zum hundertjährigen Bestehen im Auftrag des Zentralverbandes verfaßt und der Sängerschaft gewidmet*. Zürich: Füßli 1942, S. 63). – In der AMZ/2 vom 3. August 1864 wurde das Stück hingegen als *eine langweilige, zerfahrene, formlose Composition, ohne Begeisterung, Schwung, Fluss, Leben und Steigerung* bezeichnet (Sp. 534).

364

Die Komponisten und ihre Werke

MUNZINGER, Emil (1821–1877)

1713+1 Würde der Frauen (»Ehret die Frauen! Sie flechten und weben«)
Für zwei Soli (TB) und vierstimmigen gemischten Chor (SATB) mit Klavierbegleitung
Nr. 8 in: ders., [14] _Ein- und Mehrstimige_ [!] _Gesänge._ – Autograph, 1838–1841.
– RISM-CH.

Datierung im Explicit der Schiller-Vertonung: _d. 18ten Juli 1839._

MUNZINGER, Victor (1798–1862)

Die Braut von Messina oder: Die feindlichen Brüder. Ein Trauerspiel mit Chören

1714 – V. 871ff. (Einer aus dem Chor: »Schön ist der Friede! Ein lieblicher Knabe«)
Vierstimmiger Männerchor (TTBB) a cappella mit Tenor solo
Nr. 4 in: _Festheft des Sängervereins am Zürichsee zu seiner 28. Gesangaufführung in Mänedorf._ – Zürich: Zürcher & Furrer 1852. – Partitur. – Original
(Slg. GG).

MUSONE, Pietro (1847–1879)

Wallenstein. Ein dramatisches Gedicht

1715 _Wallenstein. Dramma lirico_ in vier Akten; Libretto von Enrico Ettore Golisciani

Uraufführung: Neapel, 19. August 1873 (Real Teatro Mercadante); hiervon abweichend gibt
Schaefer _im September 1873_ und _Teatro del Fondo_ an (S. 37), das aber 1871 wie angegeben
umbenannt worden war.

QUELLEN: AMZ/2 vom 28. Januar 1874, Sp. 57f. (Tabelle auf der Grundlage eines Berichts der
›Gazzetta musicale di Milano‹ vom 21. Dezember 1873). Stieger. Internetrecherche (_Almanacco di Gherardo Casaglia_ – amadeusonline).

MUTZENBECHER, Ludwig Samuel Dietrich (1766–1838)

1716 Punschlied. Im Norden zu singen (»Auf der Berge freien Höhen«)
Für eine Singstimme mit Klavierbegleitung
Nr. 1 in: _Schillers Punschlied im Norden zu singen fürs Forte Piano und 2 Flöten
von Dr. Mutzenbecher und Zelter._ – Hamburg: Vollmer, o. A. – RISM A I: Z 133.
Original (DLA).

Im Unterschied zu C. F. Zelters Vertonung (→ 2992) sind bei diesem Stück Flötenstimmen
nicht gesondert notiert. – Wurzbach, _Schiller-Buch_ weist den Druck mit dem Vermerk _Mainz
1804_ nach (Schott?); vgl. Nr. 641.

— N —

NABHOLZ, Philipp (1882–1952)

1717 _Epigramme (Schiller)_ für einstimmigen Männerchor mit Klavierbegleitung
oder mit Orchester

Unveröffentlicht; s. _Dt. Musiker-Lex._ 1929, Sp. 973 (Inhalt nicht nachgewiesen).

Verzeichnis der musikalischen Werke

NÄGELI, Hans Georg (1773–1836)

Im »Nachlass Hans Georg Nägeli« (Zentralbibliothek Zürich) befinden sich mehrere unveröffentlichte Schiller-Vertonungen, die durch den dortigen Online-Katalog erschlossen sind.

1718 An die Freude (»Freude, schöner Götterfunken«)
Rundgesang für zwei Soli (SA) und gemischten Chor a cappella
Nr. 36 des 6. Heftes in: ders., *Teutonia. Rundgesänge und Liederchöre.* – Zürich:
Autor 1809. – Partitur, Stimmen. – Fellinger, S. 282.

Fellinger weist insgesamt zwölf Hefte mit zusammen 72 Stücken nach, die zwischen 1808 und 1814 fortlaufend nummeriert erschienen sind.

1719 An Emma (»Weit in nebelgrauer Ferne«)
Für eine hohe Singstimme mit Klavierbegleitung
Nr. 8 in: ders., *Der chromatische Gesang. Der praktischen Gesangschule für die Heranbildung zum höheren Sologesang.* – Handschriftliche Sammlung. – Nachlass Hans Georg Nägeli.

Das Lied von der Glocke (»Fest gemauert in der Erden«)

1720 – V. 244ff. (»Von dem Dome [hier: »*Hoch vom Turme*«], schwer und bang«)
Singweise
Nr. 26 in: ders., *Dreißig einstimmige Singstücke. Beylage A zur neuen Gesangschule.* – Zürich: Nägeli, o. A. – Original (Antiquariat Drüner).

Anmerkung auf der Titelseite: *Diese Singstücke sind auch im Violinschlüssel und mit leichter Klavierbegleitung zu haben.* – Die Sammlung ist eine Ergänzung zu Nägelis wichtigster musikpädagogischer Schrift (*Gesangbildungslehre nach Pestalozzischen Grundsätzen pädagogisch begründet von Michael Traugott Pfeiffer, methodisch bearbeitet von Hans Georg Nägeli.* Zürich: Nägeli 1810); beide Ausgaben sind wohl zeitgleich erschienen.

1721 Der Abend. Nach einem Gemälde (»Senke, strahlender Gott«)
Für eine Singstimme mit Klavierbegleitung
Handschrift. – Nachlass Hans Georg Nägeli.

Außerdem liegt ein Entwurf für eine Singstimme und gemischten Chor vor (Partitur).

1722 Des Mädchens Klage (»Der Eichwald brauset«)
Für eine Singstimme mit Klavierbegleitung
Nr. 1 in: ders., [7 Lieder]. – Handschrift. – Nachlass Hans Georg Nägeli.

1723 Die Erwartung (»Hör' ich das Pförtchen nicht gehen?«)
Kantate für zwei Singstimmen mit Klavierbegleitung
Nr. 1 in: ders., [4 Gesänge]. – Handschrift. – Nachlass Hans Georg Nägeli.

Die Jungfrau von Orleans. Eine romantische Tragödie

1724 – V. 383ff. (Johanna: »Lebt wohl, ihr Berge, ihr geliebten Triften«)
Für eine Singstimme, vier Bläser (Fl., Klar., Fg., Hr.) und Klavier
Handschriftliche Partitur mit Stimmen. – Nachlass Hans Georg Nägeli.

1725 Die Worte des Glaubens (»Drei Worte nenn' ich euch, inhaltschwer«)
Für eine Singstimme mit Klavierbegleitung
Handschrift. – Nachlass Hans Georg Nägeli.

1726 Hoffnung (»Es reden und träumen die Menschen viel«); hier unter dem Titel:
Die Hoffnung
Vierstimmiger Männerchor (TTBB) a cappella

366

In zwei verschiedene Sammelhandschriften enthalten [Mitte 19. Jahrhundert].
– Jeweils Partitur. – RISM-OPAC.

1727 Punschlied (»Vier Elemente, innig gesellt«)
Vierstimmiger gemischter Chor a cappella
Handschriftliche Partitur. – Nachlass Hans Georg Nägeli.

1728 *Unschuld (»Unschuld, Strahl von jenem Glanze«)*; Text von H.[einrich?] Schmidt
Für zwei Soli (SA) und gemischten Chor a cappella
Handschriftliche Partitur. – Nachlass Hans Georg Nägeli.

Diese Komposition wurde berücksichtigt, weil der gleiche Text von J. H.C. Bornhardt und J. F.
Reichardt unter dem Titel ›Ode an die Unschuld. Ein Gegenstück zu Schillers Ode an die Freude‹
vertont worden ist (→ 286 bzw. 1960).

Wallenstein. Ein dramatisches Gedicht – I. Wallensteins Lager

1729 – V. 1052ff. (Zweiter Kürassier: »Wohl auf, Kameraden, auf's Pferd«)
Für eine Singstimme mit Klavierbegleitung
Nr. 3 in: ders., [3 Lieder]. – Handschriftliche Sammlung. – Nachlass Hans
Georg Nägeli.

Im Bestand liegt noch eine Version für zwei Soli (TB) und zweistimmigen Männerchor a
cappella vor (handschriftliche Partitur) mit der Bemerkung: *Wahrscheinlich 1806 komponiert.*

1730 Würde der Frauen (»Ehret die Frauen! Sie flechten und weben«)
Rundgesang mit Klavierbegleitung
Nr. 40 im 7. Heft (1809) in: ders., *Teutonia* → 1718

NAPIERSKY, Herbert (1904–1987)

Die Räuber. Ein Schauspiel

1731 – 4. Akt, 5. Szene (Räuber: »Ein freies Leben führen wir«)
Singweise
S. 107 in: *Ars musica*, Bd. 1 → 13

NATORP, Paul (1854–1925)

1732 Der Abend. Nach einem Gemälde (»Senke, strahlender Gott«)
Für eine Singstimme mit Klavierbegleitung
Nr. 5 in: ders., *Fünf Lieder*, op. 2. – Marburg: Lorch, o. A. – HMB 1884/11,
S. 326.

NAUMANN, Arnold (?–?)

Das Lied von der Glocke (»Fest gemauert in der Erden«)

– V. 53f. (»Ihm ruhen noch im Zeitenschoße«)

1733 Motto zu: ders., *Acht Kinderlieder für eine Singstimme mit Klavierbegleitung*,
op. 2. – München: Zierfuß 1916. – Verl.-Nr. *32*. – Original (Slg. GG).

Frau Konzertsängerin Auguste Adorno zugeeignet. – Vollständiges Impressum: *Verlag für
moderne Musik – Joseph Aibl, Musikalienhandlung – Inhaber Ferdinand Zierfuß*; die Verl.-
Nr. wurde mit den Initialen *F.* und *Z.* ergänzt.

NAUMANN, Ernst Guido (1890–1956)

Wilhelm Tell. Schauspiel

1734 *Tell. Bühnenwerk*

Unveröffentlicht; verloren (s. WV/Naumann-Ernst, S. 41).

1735 – V. 1447ff. (Rösselmann: »Wir wollen sein ein einzig' Volk von Brüdern«) Sprechchor a cappella

> Vermutlich improvisiert ausgeführt: *Erstmalig im Rahmen eines Gausängertages machte ich den Versuch mit den Sängern einen Sprechchor aufzuführen. Ich wählte den bekannten »Rütlischwur« aus Schillers ›Wilhelm Tell‹ (Fest-Schrift zum Dritten Gauliedertag, verbunden mit dem 50-jährigen Jubiläum des Gesangvereins Niederwiesen am 28., 29. und 30. Juni 1930.* Alzey: Meschett, 1930; S. 16; freundlicher Hinweis von Karl Oriwohl).

NAUMANN, Johann Gottlieb (1741–1801)

Obwohl es keine zeitgenössischen Belege gibt, ist von der persönlichen Begegnung zwischen Naumann und Schiller während dessen Dresdner Zeit zwischen dem 11. September 1785 und dem 19. Juli 1787 auszugehen. Zudem hat dies Luisa Pistorius, Tochter des Mannheimer Hofbuchhändlers Christian Friedrich Schwan, in zwei – allerdings erst Jahrzehnte später verfassten – Briefen bezeugt (beide Dokumente im WV/Naumann-Joh. Gottl. Bd. 1, S. 139). Im Haus von Chr. G. Körner, Schillers Freund und Förderer, trafen sich die Persönlichkeiten der Dresdner Kulturszene, zu welcher selbstverständlich auch der dortige Hofkapellmeister gehörte. Da es zwischen den beiden aber keine Korrespondenz gibt und auch in Schillers Briefwechsel mit Körner keine entsprechenden Anhaltspunkte zu finden sind, kann es sich nur um eine ziemlich flüchtige Bekanntschaft gehandelt haben: Deren gelegentlicher Gedankenaustausch über den Kapellmeister klingt wie der über eine beiden bekannte, menschlich aber nicht näher stehende Person. Gleichwohl zeigte sich Schiller vom überraschenden Tod Naumanns am 23. Oktober 1801 betroffen, über den ihn Körner zwei Tage später informierte: *Sein Tod ist ein Verlust für die Kunst. In seinem Fache hatte er gewiss vorzügliches Talent.* Schiller antwortete am 2. November und pflichtete dem bei: *Naumanns Tod geht uns sehr nahe und hat meine Schwägerin* [Caroline von Wolzogen] *besonders, die ihn den Tag vorher noch gesehen, sehr erschreckt.*

Schillers Verhältnis zu Naumanns Schaffen war ambivalent und hing wohl mit der eigenen Unsicherheit in musikalischen Fragen zusammen. Auf der einen Seite fand er lobende Worte für dessen Musik zu ›An die Freude‹ (→ 1735+1), auf der anderen war er über die umfangreiche durchkomponierte Vertonung der ›Ideale‹ geradezu entsetzt (→ 1737). Auf Körners Bemühungen, Schiller möge für Naumann ein Libretto schreiben (→ 1738), ist der Dichter nicht eingegangen.

An die Freude (»Freude, schöner Götterfunken«)

Es sind zwei Vertonungen von ›An die Freude‹ bekannt, als deren Urheber Naumann gilt; zuverlässig lässt sich dies aber nur bei der älteren bestimmen. Diese ist bis in unsere Zeit offenbar nicht veröffentlicht worden und kursierte allenfalls handschriftlich (→ 1735+1). Während diese also keine große Wirkung entfalten konnte, wurde die andere sehr populär und gehörte zum festen Repertoire der Liederbücher; abgesehen von einigen Falschzuweisungen wurde sie dort jedoch immer als anonyme Komposition dokumentiert. Nur eine beiläufige, wissenschaftlich allerdings nicht zuverlässige Erwähnung Naumanns ist bisher nachweisbar (→ 1736).

1735+1 1. Komposition – 1786

Rundgesang

Undatiertes Autograph. – RISM-OPAC. WV/Naumann-Joh. Gottl. Bd. 2, Nr. 114.

Zu Lebzeiten des Komponisten unveröffentlicht. – Von dieser Vertonung wusste man bis in die jüngste Zeit nur aus Schillers Korrespondenz, aus der man außerdem 1786 als Entstehungsjahr zweifelsfrei erschließen kann. Der Dichter erzählte im Brief vom 5. Januar 1787 seinem Freund Chr. G. Körner, dass er *Naumanns Musik zu der Freude* gehört habe, *wo die vorlezten Verse der Strophe mir sehr gefielen*[:] *Bettler werden Fürstenbrüder / durch den Riss gesprengter Särge / laßt den Schaum zum Himmel sprüzzen* [...] *Dein Chor* [→ 1243] *gefällt mir ungleich beßer als seiner – aber im ganzen Lied ist ein herzliches strömendes Freudengefühl und eine volle Harmonie nicht zu verkennen. Sonst dünkt es mich ein wenig zu leicht und zu hüpffend.* Auch J. R. Zumsteeg erwähnte in seinem Brief vom 12. Februar 1800 an Schiller Naumanns Vertonung des Gedichts.

- Nr. 36 in: ders., [39] *Ausgewählte Lieder für Singstimme und Klavier.* Hg. von Kornél Magvas. – Beeskow: Ortus, 2013. – Verl.-Nr. *171.* – Original (Slg. GG).

  Erstveröffentlichung. – Der Herausgeber hatte zuvor das faksimilierte Autograph zwei Mal reproduziert (*Neue Quellenfunde. Zu Johann Gottlieb Naumanns Liedern ›An die Freude‹ und ›Nur wer die Sehnsucht kennt‹* in: *Johann Gottlieb Naumann und die europäische Musikkultur des ausgehenden 18. Jahrhunderts. Kongressbericht Dresden 2001.* Hildesheim: Olms 2006; nach S. 403. WV/Naumann-Joh. Gottl. Bd. 1, S. 138).

1736 2. Komposition – vor 1800 (Zuschreibung fraglich)
Rundgesang

Kurz vor 1800 ist eine meistens anonym überlieferte Singweise sehr populär geworden, die offenbar der 1792 komponierten »Marseillaise« von Claude-Joseph Rouget de l'Isle nachempfunden ist – eine Abhängigkeit, die wegen der politischen Rezeption des Gedichts durchaus überzeugt. Naumann wird einmal beiläufig als deren Urheber genannt, aber diese Angabe ist unter wissenschaftlichem Gesichtspunkt nicht belastbar. 1879 zitierte Richard Wagner nämlich in seiner Abhandlung ›*Über das Opern-Dichten und Komponiren im Besonderen*‹ als ein *merkwürdiges Beispiel* für schlechte Prosodie die *früher so populär gewordene Naumannsche Melodie zu Schillers Ode an die Freude* und gibt dabei den Beginn jener Singweise wieder (zitiert nach: Richard Wagner, *Gesammelte Schriften und Dichtungen,* Bd. 10. Leipzig: Fritzsch 1883, S. 211). Auch im Werkverzeichnis wird die Glaubwürdigkeit dieser Quelle bestritten (WV/Naumann-Joh. Gottl. Bd. 1, S. 136) und die Vertonung deshalb nicht weiter berücksichtigt.
Immer wieder kursieren in den Liederbüchern die abenteuerlichsten Zuweisungen, darunter in einer Veröffentlichung sogar gleich an zwei Komponisten (*Frau Musica. Ein Singbuch fürs Haus, aus dem einstimmig und mehrstimmig zu singen und dazu auf allerlei Instrumenten zu spielen ist.* Hg. von Fritz Jöde. Berlin: Deutsche Buchgemeinschaft 1929): Im Notenteil wird Andreas Romberg als Urheber genannt (S. 64), im Inhaltsverzeichnis bzw. im Register hingegen Johann Abraham Peter Schulz (S. 506 bzw. 518).
Die Melodie ist bis zur Gegenwart – allerdings nie unter Naumanns Name – in den meisten gängigen Liederbüchern enthalten, weshalb anschließend nur ein paar besondere Veröffentlichungen nachgewiesen werden.

- Anonym veröffentlicht unter dem Titel: *Schillers Ode an die Freude. Klavierauszug.* – Berlin: Lischke, o. A. – Verl.-Nr. *1766.* – RISM A I: ANAN 2488a. Original (Staatsbibl. zu Berlin).
- Nr. 1, hier als *Anonymus* nachgewiesen, in: *Schillers Ode an die Freude* → 369 (Ausgabe 1)
- Nrr. 1 (mit der Verfasserangabe *Anonymus*) bzw. 11 (*von einem Ungenannten*) in: *Vierzehn Compositionen zu Schillers Ode an die Freude* → 369 (Ausgabe 2)

  Es handelt sich um zwei Fassungen der gleichen Vertonung, wobei die zweite Variante einige zusätzliche Melismen im Vokalpart und eine unwesentlich aufwendigere Begleitung aufweist.
- *Eröffnungslied zur Schiller-Feier am 10. November 1859* [in Berlin] *für das Piano-Forte übertragen* von Carl Eduard Pax. – Berlin: Fr. Schmidt 1859. – Staatsbibl. zu Berlin (Online-Katalog).
- Nrr. 17 bzw. 27 in: [41] *Frühe Schiller-Vertonungen bis 1825* → 141

Verzeichnis der musikalischen Werke

1737 Die Ideale (»So willst du treulos von mir scheiden«); hier mit dem Untertitel: *nicht für Viele*
Für eine Singstimme mit Klavierbegleitung
Dresden: Hilscher [wohl Anfang 1797]. – Verl.-Nr. *171*. – RISM A I: N 253. Original (DLA). WV/Naumann-Joh. Gottl. Bd. 2, Nr. 220.

Chr. G. Körner erwähnt die zu diesem Zeitpunkt noch unveröffentlichte Vertonung am 25. November 1796 in einem Brief an Schiller und kritisierte dabei vor allem die durchkomponierte Form: *Naumann hat mir die Composition der Ideale gezeigt. Er wird sie drucken lassen und ich schicke sie Dir sodann. Musik ist viel darin, und an einigen Stellen der Ausdruck glücklich. Aber in seiner ganzen Methode ein solches Gedicht zu behandeln verstößt er noch gegen die ersten Grundsätze. Er hat eine Wuth einzelne Bilder zu mahlen, und seine Darstellung geht immer zuerst auf das Objekt von dem gesprochen wird, nicht auf den Zustand des Subjekts.* Körner schickte dem Dichter am 10. Juni 1797 ein gedrucktes Exemplar, wobei er mit Naumanns Vertonung nun nicht mehr ganz so streng ins Gericht ging – vielleicht hatte dieser seine Komposition vor der Veröffentlichung auch noch etwas überarbeitet: *Hier lege ich ein Dresdner Kunstwerk bey, das nicht ohne Werth ist, aber freylich nur für den Musiker. Der Dichter muß an der Art, wie hier declamirt worden ist, großen Theils seinen Gräuel finden. Ich schätze besonders die Melodie zu der Strophe: Wie einst mit flehendem Verlangen etc. Zu diesen Worten paßt sie gröstentheils nicht, aber an sich betrachtet ist sie ein schönes musikalisches Gemählde von der Stimmung, die in den 4. ersten Strophen herrscht. Nur ist am Schluße diesen Satzes auch eine geschmacklose Stelle.* Schiller antwortete am 18. Juni wenig begeistert: *Die Ideale von Naumann machen mir keine besondre Freude; ihre Existenz meine ich, denn gehört habe ich sie noch nicht.* Da er vermutete, Körner habe die Noten vielleicht im Auftrag Naumanns geschickt, erkundigte er sich noch besorgt: *Das Exemplar schickt Er mir doch nicht? Ich wüßte ihm nichts zu antworten und müßte es doch, Höflichkeits halber.* Körner beruhigte Schiller über diesen Punkt am 25. Juni: *Naumannen brauchst Du nicht zu schreiben. Das Exemplar kommt von mir.*
Offenbar erregte die Komposition damals einiges Aufsehen. Zelter, dem Naumanns Vertonung viel zu modern erschien, sprach sie am 15. November 1797 in einem Brief an Schiller kurz an: *Was sagen Sie dann zu Naumanns Composition, Ihrer Ideale? – Mir deucht, diese Ideale sind so ziemlich materiel[l] geworden. Wenigstens mich – weckt aus meinen frohen Träumen mit rauhem Arm, die Gegenwart.* – Mitte Mai 1829 schrieb an Goethe, Schiller habe *wie ein Rohrspatz auf Naumann,* der eben die Ideale komponiert hatte, geschimpft. In einem weiteren Brief Mitte November 1830 kam Zelter nochmals darauf gegenüber Goethe zurück: Eine Schülerin Naumanns habe jene Vertonung Schiller vorgesungen, *über welche er ganz entrüstet war: wie ein so gefeierter berühmter Mann ein Gedicht so zerarbeiten könne, daß über sein Geklimper die Seele eines Gedichts zu Fetzen werde, und so ging's über alle Komponisten her.* – Aber es gab auch andere Reaktionen, wie aus einem Brief Carl Theodor von Dalbergs vom 12. November 1798 an Schiller hervorgeht: *Neülich wurden hier Ihre Ideale nach Naumanns Musick gesungen! und entlockten manche Tränen tiefer Rührung!* Unter Hinweis auf Naumanns Vertonung bot die Schriftstellerin Esther Bernard (geb. Gad) Schiller am 13. April 1799 zwei eigene Gedichte für den nächsten ›Musen-Almanach‹ an: *Eins derselben hat die Eigenschaft, daß es der nämliche geistvolle Komponist in Musik setzte, der die Ideale des grösten [!] Dichters komponirt hat.*

1738 [Opernlibretto von Schiller]

Sujet nicht bestimmt; nicht ausgeführt. – Der Name des Komponisten taucht in Schillers Briefwechsel mit Körner erstmals am 20. April 1787 auf, als letzterer berichtet: *Ich habe Naumann wegen einer Oper vorläufig sondirt. Er scheint große Lust zu haben. Vielleicht wäre in Berlin eine Aufführung zu bewirken, wie man sie wünschen könnte. Auch denke ich mir die Schwierigkeit so groß nicht, wenn der Dichter nicht zu übermäßige Dekorationskosten veranlaßt.* Nachdem Schiller am 19. Dezember d. J. über eine geplante, letztlich aber nicht ausgeführte Librettobearbeitung von Chr. M. Wielands ›Oberon‹ für Johann Friedrich Kranz berichtete (→ 1290), zeigte sich Körner davon wenig erfreut und erinnerte stattdessen am 24. Dezember an Naumann: *Daß Du aus dem Oberon eine Oper machen willst, behagt mir nicht. Warum nicht selbst ein Sujet erfinden? [...] Auch mußt Du einen berühmten Componisten anstellen. Naumann wird gern für*

370

Dich arbeiten. Warum willst Du Dich mit einem Anfänger einlassen? Körner schrieb am 21. Januar 1788 nochmals an Schiller: _Naumann hat wieder mit mir von einer Oper gesprochen, die Du ihm machen solltest. Er geht auf den Herbst nach Berlin und hat sich vorgenommen den König zu einer National Oper_ [also nach einem deutschsprachigen Libretto anstelle eines immer noch üblichen italienischen Textes] _zu bereden. Er will seine ganze Kraft aufbieten um der Musik einen eigenthümlichen Charackter zu geben, der sich durch Wahrheit und Würde auszeichnet. Die Klopstockischen Schauspiele sind ihm fürs Theater zu mager. Von Dir erwartet er mehr Theaterkenntniß, weniger Härte in der Versification, und gleiche Gedrungenheit der Sprache. Er sprach in der That mit Geist und Wärme über die Sache, so daß er mich sehr eingenommen hat. Was sagst Du zu der Idee? Wenn Du nur so gescheut wärest künftigen Sommer wieder zu uns zu kommen, so könntest Du Dich mit Naumann selbst bereden._ – Danach geriet die ganze Angelegenheit in Vergessenheit und wurde nicht mehr aufgegriffen. – Die gelegentliche Vermutung, Schiller habe bereits im Mai 1786 ein Libretto für Naumann begonnen, dürfte nicht richtig sein; möglicherweise war es für F. Fränzl bestimmt (→ 670).

NEAL, Heinrich (1870–1940)

Wilhelm Tell. Schauspiel

1739   – V. 13ff. (Hirte: »Ihr Matten, lebt wohl«); hier unter dem Titel: _Der Senne_
Für eine Singstimme mit Klavierbegleitung
Nr. 3 in: [Drei Lieder], op. 5. – [Heidelberg]: Selbstverlag, o. A. – _Dt. Musiker-Lex._ 1929, Sp. 980 (ohne Sammeltitel nachgewiesen).

NEEB, Heinrich Adam (1805–1878)

1740   Die Macht des Gesanges (»Ein Regenstrom aus Felsenrissen«); hier unter dem Titel: _Macht des Gesanges_
Vierstimmiger Männerchor (TTBB) a cappella
Ried: Kränzl, o. A. – Partitur, Stimmen. – Hofmeister (1860–1867), S. 415. WV/Neeb, S. 170.

Bemerkung auf der Titelseite: _Vom Ausschusse des oberösterreichischen Sängerbundes aus 120 eingesandten Compositionen zur Gesammtaufführung beim oberösterreichischen Sängerfeste in Linz einstimmig gewählt._ – Hermann Zopff bemängelte allerdings, Neeb habe Schillers Gedicht _in ziemlich trocken hausbackener Weise mit billigen Wendungen in Musik untergebracht, und es läßt sich bei ihm_ […] _Nichts weiter anerkennen, als correcter Satz und routinirte Behandlung der Männerstimmen_ (Rezensension in der NZfM vom 11. Januar 1867, S. 20).
     · Wien: Robitschek, o. A. – Pazdírek Bd. 8, S. 665.

1740+1   Die Worte des Glaubens (»Drei Worte nenn' ich euch, inhaltschwer«)
Kantate für Tenor solo, Männerchor und Orchester

Für die Schillerfeier in Offenbach 1859 komponiert und dort unter der Leitung des Komponisten uraufgeführt. – Unveröffentlicht (s. WV/Neeb, S. 21 u. 173).

Wallenstein. Ein dramatisches Gedicht – I. Wallensteins Lager

1740+2   – vor V. 1 (Scharfschütze: »Es leben die Soldaten«); Text teilweise von Johann Wolfgang Goethe; hier unter dem Titel: _Soldatenlied_
Vierstimmiger Männerchor a cappella
In: _Der Deutsche Sängersaal_, 2. Heft. – Offenbach am Main: André, o. A. – WV/Neeb, S. 170 (offensichtlich viel zu spät _um 1870_ datiert; die Notenreihe ist bereits 1845/46 erschienen).

NEEF, Wilhelm (1916–1990)

Kabale und Liebe. Ein bürgerliches Trauerspiel

1741   *Kabale und Liebe*. Spielfilm. Drehbuch nach dem gleichnamigen Drama und Regie: Martin Hellberg
Filmmusik
Deutschland [Deutsche Demokratische Republik]: DEFA 1959. – 114 Minuten; in Farbe. – Mit Wolf Kaiser (Präsident), Otto Mellies (Ferdinand), Karola Ebeling (Luise), Marion van de Kamp (Lady Milford), Martin Hellberg (Miller), Marianne Wünscher (Millers Frau), Uwe-Jens Pape (Wurm) u. a.

Uraufführung: Gleichzeitig in Jena und Weimar, 9. November 1959 (Palast-Theater bzw. Theater des Friedens). – Kinostart in der DDR: 25. Dezember 1959 (*Lex. d. Internat. Films*, S. 2577). – Aus ideologischen Gründen wurde die geschichtliche Situation (hier die Zwangsrekrutierung von Soldaten, die zur Finanzierung des Hofes nach Amerika verkauft wurden) stärker als im Schauspiel hervorgehoben.

Quelle: DVD (Slg. GG).

NEGLIA, Francesco Paolo (?–?)

1742   An den Frühling (»Willkommen, schöner Jüngling«)
Für eine Singstimme mit Klavierbegleitung
Nr. 5 in: ders., *Sechs Lieder im Volkston*, op. 20. – Hamburg: von Festenberg-Pakisch, o. A. – Verl.-Nr. *48*. – Hofmeister (1909–1913), S. 558. Original (Slg. GG).

Dr. Joh. Heinemann gewidmet. – Im Inhaltsverzeichnis (Titelseite) sind die beiden Schiller-Vertonungen in der richtigen Reihenfolge, aber irrtümlich mit den Nrr. 4 und 6 aufgelistet. – Die Ausgabe ist später von Schlesinger (Berlin) übernommen worden (entsprechender Stempelvermerk auf dem vorliegenden Exemplar).

1743   Punschlied (»Vier Elemente, innig gesellt«)
Für eine Singstimme mit Klavierbegleitung
Nr. 6 in: ders., *Sechs Lieder im Volkston*, op. 20 → 1742

NEISSER, Alfred (?–?)

Des Mädchens Klage (»Der Eichwald brauset«)

1744   *Des Mädchens Klage*. Klavierstück
Nr. 4 in: ders., *Sechs ländliche Bilder (Pastorales)* für Klavier op. 7. – Berlin: Simon, o. A. – HMB 1878/4, S. 114.

NETZER, Johann Joseph (1808–1864)

1745   An Emma (»Weit in nebelgrauer Ferne«)
Für eine Singstimme mit Klavierbegleitung und Violoncello oder Horn (o. op.)
Nr. 6 in: *Lyra 1. Jahrgang*. – Wien: Ohne bibliographische Angaben, o. A. – Klavierpartitur, Stimmen. – Original (DLA).

       · Idem; jetzt aber als op. 5. – Berlin: Bote & Bock, o. A. – HMB 1844/8, S. 125. Brandstaeter, S. 34. Pazdírek Bd. 8, S. 693.

Die Komponisten und ihre Werke

NEUBECK, Ludwig (1882–1933)

Die Jungfrau von Orleans. Eine romantische Tragödie

1746 Schauspielmusik

Unveröffentlicht; s. _Dt. Musiker-Lex._ 1929, Sp. 988 (Aufführungen nicht dokumentiert). – Stieger datiert: _1910er Jahre._

NEUE ZEITSCHRIFT FÜR MUSIK

1747 _Neue Zeitschrift für Musik._ – Leipzig: Hartmann 1834, danach Barth, 1835f., dann Friese, 1837ff. (für das vorliegende Verzeichnis bis 1844 relevant). – Original (WLB).

Von Robert Schumann zusammen mit einigen Freunden als ›_Neue Leipziger Zeitschrift für Musik_‹ gegründet (erstes Heft: 3. April 1834); bereits hier war nach der Titelei und der Datierung ein dichterisches Motto eingerückt worden. Auf diese Konzeption wird aber erst in einer redaktionellen Vorbemerkung zur Nr. 1 vom 2. Januar 1835 (S. 2) eingegangen, die unter dem bis heute gebräuchlichen Zeitschriftentitel herauskam: _Jeder Nummer wird ein wo möglich den nächsten Inhalt andeutendes Motto vorangestellt_ (Textpassagen u. a. von Adelbert von Chamisso, Joseph von Eichendorff, Johann Wolfgang Goethe – mit Abstand am häufigsten vertreten, Justinus Kerner, Nikolaus Lenau, Novalis, Friedrich Rückert und Ludwig Uhland). Diese Aufmachung wurde auch noch nach Schumanns Ausscheiden im Sommer 1844 bis zum Ende des Jahres fortgesetzt; gelegentlich wurden Zitate wiederholt verwendet (bspw. → 1747.7). Trotz Schillers außerordentlicher Popularität dauerte es fast ein halbes Jahr, bis erstmals ein Ausspruch von ihm als Motto auftauchte (15. September 1834; → 1747.28). Dafür nimmt ab 1836 die Menge deutlich zu, und insgesamt ist Schiller der nach Goethe am häufigsten zitierte Dichter. – Ab 1845 wurde die Zeitschrift unter der Schriftleitung von Franz Brendel und nun ohne Motto fortgeführt (zuletzt in dieser Ausstattung am 26. Dezember 1844).

Sowohl die erste Nummer des ersten Jahrgangs als auch die erste Lieferung nach der »Neugründung« (2. Januar 1835) erschienen mit dem gleichen programmatischen Motto, das wohl auf das ganze Projekt gemünzt war und dem Prolog zu ›_Heinrich VIII._‹ (hier V. 13ff.) von William Shakespeare entlehnt war (weicht aber von der geläufigen Schlegel-Tieck-Übersetzung ab): »_Die allein, / die nur ein lustig' Spiel, Geräusch der Tartschen_ [altertümelnder Ausdruck für »Schild«] _/ Zu hören kommen, oder einen Mann / Im bunten Rock, mit Geld verbrämt, zu sehen, / Die irren sich_«. Beim zweiten Mal merkte Schumann dazu an (S. 2): _Deute sich der Leser das Motto von Shakspeare_ [!]_, welches diese von uns herausgegebenen Blätter schon einmal eröffnete, auf eine Weise, die uns seine Gunst erhalten möge._

Die Zitate befinden sich immer auf der Titelseite der betreffenden Ausgabe, weshalb im anschließenden Verzeichnis lediglich das Datum angegeben worden ist. Die Textwiedergabe erfolgt vollständig und in modernisierter Form; gelegentliche Wortabweichungen und Auslassungen sind kenntlich gemacht.

An den Herausgeber der Propyläen

1747.1 3. Mai 1841
Werke der Einbildungskraft haben das Eigentümliche, dass sie keinen müßigen Genuss zulassen, sondern den Geist des Beschauers zur Tätigkeit aufreizen. Das Kunstwerk führt auf die Kunst zurück, ja es bringt erst die Kunst in uns hervor

An Goethe, als er den ›Mahomet‹ von Voltaire auf die Bühne brachte (»Du selbst, der uns von falschem Regelzwange«)

1747.2 17. März 1840
– V. 12:   Selbst in der Künste Heiligtum zu steigen
Hat sich der deutsche Genius erkühnt,
– V. 10:   Wir können mutig einen Lorbeer zeigen,
Der auf dem deutschen Pindus selbst gegrünt.

Verzeichnis der musikalischen Werke

1747.3   1. Januar 1840
– V. 29ff.:   Es wär' ein eitel und vergeblich' Wagen
Zu fallen in's bewegte Rad der Zeit,
Geflügelt fort entführen es die Stunden,
Das Neue kommt, das Alte ist verschwunden.

Archimedes und der Schüler (»Zu Archimedes kam«)
1747.4   22. September 1835
– V. 5ff.:   »Göttlich nennst du die Kunst? Sie ist's«, versetzte der Weise,
»Aber das war sie, mein Sohn, eh' sie dem Staat noch gedient,
Willst du nur Früchte von ihr, die kann auch die Sterbliche zeugen;
Wer um die Göttin freit, suche in ihr nicht das Weib.«

Ausgang aus dem Leben
1747.5   25. Oktober 1839
Aus dem Leben heraus sind der Wege zwei dir geöffnet:
Zum Ideale führt einer, der and're zum Tod.
Siehe, wie du bei Zeit auf dem ersten entspringest,
Ehe die Parze mit Zwang dich auf dem andern entführt.

Breite und Tiefe (»Es glänzen viele in der Welt«)
1747.6   18. September 1835 / 20. August 1839
– V. 9ff.:   Wer etwas Treffliches leisten will
Hätt' gern was Großes geboren,
Der sammle still und unerschlafft
Im kleinsten Punkte die höchste Kraft.

Das Glück (»Selig, welchen die Götter, die gnädigen, vor der Geburt schon lieben«)
1747.7   1. März 1839 / 11. Oktober 1839 / 19. November 1841
– V. 51f.:   Freue dich, dass die Gabe des Lieds vom, Himmel herab kommt
Dass der Sänger dir singt, was ihn die Muse gelehrt.

1747.8   21. März 1837 / 7. November 1840
– V. 59ff.:   Alles Menschliche muss erst werden und wachsen und reifen,
Und von Gestalt zu Gestalt führt die bildende Zeit,
Aber das Glückliche siehest du nicht, das Schöne nicht werden,
Fertig von Ewigkeit her steht es vollendet vor dir.

Das Höchste
1747.9   3. Dezember 1841
Suchst du das Höchste, das Größte? Die Pflanze kann es dich lehren:
Was sie willenlos ist, sei du es wollend – das ist's!

Das Ideal und das Leben (»Ewigklar und spiegelrein«)
1747.10   29. Juli 1836
– V. 71ff.:   Wenn, das Tote bildend zu beseelen,
Mit dem Stoff sich zu vermählen,
Tatenvoll der Genius entbrennt,
Da, da spanne sich des Fleißes Nerve,
Und beharrlich ringend unterwerfe
Der Gedanke sich das Element.

1747.11   20. März 1838
– V. 87ff.:   Alle Zweifel, alle Kämpfe schweigen
In des Sieges hoher Sicherheit,
Ausgestoßen hat es jeden Zeugen
Menschlicher Bedürftigkeit.

_____ Die Komponisten und ihre Werke

Das Lied von der Glocke (»Fest gemauert in der Erden«)

1747.12   14. Juni 1836 / 25. Dezember 1838 / 25. Januar 1844
– V. 311ff.:   Tausend fleiß'ge Hände regen,
Helfen sich in munterm Bund,
Und in feurigem Bewegen
Werden alle Kräfte kund.

Das verschleierte Bild zu Sais (»Ein Jüngling, den des Wissens heißer Durst«)

1747.13   12. Dezember 1840 (bis V. 17)
– V. 10ff.:   Ist *denn die* [recte: deine] Wahrheit wie der Sinne Glück
Nur eine Summe, die man größer, kleiner
Besitzen kann und immer doch besitzt?
Ist sie nicht eine einz'ge, ungeteilte?

1747.14   14. Oktober 1842
– V. 14ff.:   Nimm einen Ton aus einer Harmonie,
Nimm eine Farbe aus dem Regenbogen,
Und alles, was dir bleibt, ist nichts, solang
Das schöne All der Töne fehlt und Farbe.

Der Antritt des neuen Jahrhunderts (»Edler Freund! Wo öffnet sich dem Frieden«)

1747.15   5. August 1836
– V. 33ff.:   In des Herzens heilig stille Räume
Musst du fliehen aus des Lebens Drang,
Freiheit ist nur in dem Reich der Träume,
Und das Schöne blüht nur im Gesang.

Der Genius (»›Glaub' ich‹, sprichst du, ›dem Wort ...‹«)

1747.16   2. September 1840
– V. 5ff.:   Muss ich dem Trieb misstrau'n, der leise mich, warnt, dem Gesetze
Das du selber, Natur, mir in den Busen geprägt,
Bis auf die ewige Schrift die Schul' ihr Siegel gedrücket
Und der Formel Gefäß bindet den flüchigen Geist?

Der Graf von Habsburg (»Zu Aachen in seiner Kaiserpracht«)

1747.17   29. April 1836
– V. 45ff.:   Wie in den Lüften der Sturmwind saust,
Man weiß nicht, von wannen er kommt und braust,
Wie der Quell aus verborgenen Tiefen,
So des Sängers Lied aus dem Innern schallt
Und wecket der dunkeln Gefühle Gewalt,
Die im Herzen wunderbar schliefen.

Der Spaziergang (»Sei mir gegrüßt, mein Berg«)

1747.18   7. Juli 1837 / 30. November 1841
– V. 71ff.:   Näher gerückt ist der Mensch an den Menschen. Enger wird um ihn,
Reger erwacht, es umwälzt rascher sich in ihm die Welt.
Sieh, da entbrennen in feurigem Kampf die eifernden Kräfte,
Großes wirket ihr Streit, Größeres wirket ihr Bund.

1747.19   16. Dezember 1836
– V. 73f.:   Sieh, da entbrennen in feurigem Kampf die eifernden Kräfte,
Großes wirket ihr Streit, Größeres wirket ihr Bund.

1747.20   13. September 1836
– V. 122:   Von der Freiheit gesäugt, wachsen die Künste der Lust.

1747.21   29. Januar 1841
– V. 135f.   Körper und Stimme leiht die Schrift dem stummen Gedanken,
Durch der Jahrhunderte Strom trägt ihn das redende Blatt.

Verzeichnis der musikalischen Werke

Der Tanz (»Siehe, wie schwebenden Schritts im Wellenschwung«)

1747.22   22. Juli 1836
– V. 19ff.:   Sprich, wie geschieht's, dass rastlos erneut die Bildungen schwanken
            Und die Ruhe besteht in der bewegten Gestalt?
            Jeder ein Herrscher, frei, nur dem eigenen Herzen gehorchet
            Und im eilenden Lauf findet die einzige Bahn?

1747.23   26. Juli 1836
– V. 23ff.:   Willst du es wissen? Es ist des Wohllauts mächtige Gottheit,
            Die zum geselligen Tanz ordnet den tobenden Sprung,
            Die, der Nemesis gleich, an des Rhythmus' goldenem Zügel
            Lenkt die brausende Lust und die verwilderte zähmt; ...

Die Antiken zu Paris (»Was der Griechen Kunst erschaffen«)

1747.24   12. August 1842
– V. 10f.:   Der allein besitzt die Musen,
            Der sie trägt im warmen Busen.

Die Braut von Messina oder: Die feindlichen Brüder. Ein Trauerspiel mit Chören

1747.25   19. Dezember 1840
– V. 2305f.:   Nicht an die Güter hänge dein Herz,
            Die das Leben vergänglich zieren, ...

Die deutsche Muse (»Kein Augustisch' Alter blühte«)

1747.26   14. Oktober 1840
– V. 10ff.   Rühmend darf's der Deutsche sagen,
            Höher darf das Herz ihm schlagen:
              Selbst erschuf er sich den Wert.
            Darum steigt in höher'm Bogen,
            Darum strömt in vollen Wogen
              Deutscher Barden Hochgesang.

Die Götter Griechenlands (»Da ihr noch die schöne Welt regieret«)

1747.27   11. Oktober 1836
– V. 127f.:   Was unsterblich im Gesang soll leben
            Muss im Leben untergeh'n.

Die Huldigung der Künste. Ein lyrisches Spiel

1747.28   15. September 1834
– V. 195f.:   Doch Schön'res find ich nichts, wie lang ich wähle,
            Als in der schönen Form – die schöne Seele.

1747.29   16. April 1839
– V. 197f.:   Der Töne Macht, die aus den Saiten quillet,
            Du kennst sie wohl, ...

1747.30   19. April 1839
– V. 199f.:   Was ahnungsvoll den tiefen Busen füllet,
            Es spricht sich nur in meinen Tönen aus.

Die Kraniche des Ibykus (»Zum Kampf der Wagen und Gesänge«)

1747.31   23. Oktober 1843
– V. 5f.:   Ihm schenkte des Gesanges Gabe,
            Der Lieder süßen Mund Apoll ...

1747.32   16. November 1838
– V. 89f.:   Wer zählt die Völker, nennt die Namen,
            Die gastlich hier zusammenkamen?

376

Die Künstler (»Wie schön, o Mensch, mit deinem Palmenzweige«)

1747.33   28. November 1837
– V. 254ff.:   Doch höher stets, zu immer höher'n Höhen
Schwang sich der schaffende Genie.
Schon sieht man Schöpfungen aus Schöpfungen erstehen,
Aus Harmonien Harmonie.

1747.34   5. Juni 1838
– V. 294ff.:   Wohin die laute Freude eilet,
Wohin der stille Kummer flieht,
Wo die Betrachtung denkend weilet,
Wo er des Elends Tränen sieht,
Wo tausend Schrecken auf ihn zielen,
Folgt ihm ein Harmonienbach,
Sieht er die Huldgöttinnen spielen
Und ringt in still verfeinerten Gefühlen
Der lieblichen Begleitung nach.

1747.35   21. Juli 1837 / 23. August 1842
– V. 398f.:   Die schöpferische Kunst umschließt mit stillen Siegen
Des Geistes unermess'nes Reich.

1747.36   1. Juli 1836
– V. 458ff.:   Der freisten Mutter freie Söhne,
Schwingt euch mit festem Angesicht
Zum Strahlensitz der höchsten Schöne,
Um andre Kronen buhlet nicht.
Die Schwester, die euch hier verschwunden,
Holt ihr im Schoß der Mutter ein;
Was schöne Seelen schön empfunden,
Muss trefflich und volkommen sein.
Erhebet euch mit kühnem Flügel
Hoch über euren Zeitenlauf;
Fern dämm're schon in eurem Spiegel
Das kommende Jahrhundert auf.

Die Macht des Gesanges (»Ein Regenstrom aus Felsenrissen«)

1747.37   16. Oktober 1834 / 6. November 1838
– V. 13ff.:   Wer kann des Sängers Zauber lösen,
Wer seinen Tönen widersteh'n?
Wie mit dem Stab der Götterboten
Beherrscht er das bewegte Herz,
Er taucht es in das Reich der Toten,
Er hebt es staunend himmelwärts.

Die vier Weltalter (»Wohl perlet im Glase der purpurne Wein«)

1747.38   26. Januar 1838
– V. 71f.:   Gesang und Liebe in schönem Verein,
Sie erhalten dem Leben den Jugendschein.

Don Carlos – Infant von Spanien. Ein dramatisches Gedicht

1747.39   12. März 1839
– V. 2992f.:   ... Wenn solche Köpfe feiern,
Wieviel Verlust [für meinen Staat]

1747.40   16. Februar 1843
– V. 4603ff.:   Wir müssen Abschied nehmen, Karl. Erschrick nicht,
O sei ein Mann. Was du auch hören wirst,
Versprich mir, Karl, nicht durch unbänd'gen Schmerz,
Unwürdig großer Seelen, diese Trennung
Mir zu erschweren ...

Einem jungen Freund (»Schwere Prüfungen musste der griechische Jüngling bestehen«)

1747.41 12. Oktober 1843
– V. 15f.: Manche gingen nach Licht und stürzten in tiefe Nacht nur,
Sicher im Dämmerschein wandelt die Kindheit dahin.

Für Christian von Mechel

1747.42 24. Januar 1840
– V. 1f.: Unerschöpflich an Reiz, an immer neuer Schönheit
Ist die Natur! Die Kunst ist unerschöpflich wie sie.

Kolumbus (»Steure, mutiger Segler!«)

1747.43 5. Januar 1836
– V. 7f.: Mit dem Genius steht die Natur in ewigem Bunde,
Was der eine verspricht, leistet die and're gewiss.

Licht und Wärme (»Der bess're Mensch tritt in die Welt«)

1747.44 8. Februar 1842 / 27. Juli 1843 (bis V. 16)
– V. 13ff.: Sie geben, ach, nicht immer *Glück* [richtig: Glut],
Der Wahrheit helle Strahlen,
Wohl denen, die des Wissens Gut
Nicht mit dem Herzen zahlen.
Drum paart, zu eurem schönsten Glück,
Mit Schwärmers Ernst des Weltmanns Blick.

1747.45 27. November 1835
– V. 15f.: Wohl denen, die des Wissens Gut
Nicht mit dem Herzen zahlen.

Monument Moors des Räubers (»Vollendet! Heil dir! Vollendet!«)

1747.46 20. April 1838
– V. 40f.: Mit des *Genius* [recte: Genies] gefährlichem Ätherstrahl
Lernt behutsamer spielen.

Sprüche des Konfuzius – Nr. 2

1747.47 1. Januar 1841
– V. 7ff.: Rastlos vorwärts musst du streben,
Nie ermüdet stille steh'n,
Willst du die Vollendung seh'n,
Musst ins Breite dich entfalten,
Soll sich dir die Welt gestalten,
In die Tiefe musst du steigen,
Soll sich dir das Wesen zeigen,
Nur Beharrung führt zum Ziel,
Nur die Fülle führt zur Klarheit,
Und im Abgrund wohnt die Wahrheit.

Tabulae votivae – An ***

1747.48 22. Oktober 1839
Dich erwähl' ich zum Lehrer, zum Freund. Dein lebendiges Bilden
Lehrt mich, dein lehrendes Wort rühret lebendig mein Herz.

Tabulae votivae – Das Naturgesetz

1747.49 19. August 1840 / 30. November 1843
So war's immer, mein Freund, und so wird's bleiben. Die Ohnmacht
Hat die Regel für sich, aber die Kraft den Erfolg.

Tabulae votivae – Das ungleiche Schicksal

1747.50 10. Dezember 1839 / 8. April 1842
Mit dem Philister stirbt auch sein Ruhm; du, himmlische Muse,
Trägst, die dich leben, die du liebst, in Mnemosynens Schoß.

Tabulae votivae – Das Werte und Würdige

1747.51 12. November 1839
Hast du etwas, so gib es her und ich zahle, was recht ist,
Bist du etwas, o dann tauschen die Seelen wir aus.

Tabulae votivae – Der Meister

1747.52 27. November 1843
Jeden anderen Meister erkennt man an dem, was er ausspricht,
Was er weise verschweigt, zeigt mir den Meister des Stils.

Tabulae votivae – Der Nachahmer und der Genius

1747.53 22. August 1840
Gutes aus Gutem, das kann jedweder Verständige bilden,
Aber der Genius ruft Gutes aus Schlechtem hervor.

Tabulae votivae – Deutscher Genius

1747.54 14. Mai 1841
Ringe, Deutscher, nach römischer Kraft, nach griechischer Schönheit,
Beides gelang dir, doch nie glückte der gallische Sprung.

Tabulae votivae – Mitteilung

1747.55 1. Februar 1841
Aus der schlechtesten Hand kann Wahrheit mächtig noch wirken,
Bei der Schönheit allein macht das Gefäß den Gehalt.

Tabulae votivae – Pflicht für jeden

1747.56 4. November 1840 / 7. Dezember 1841
Immer strebe zum Ganzen, und kannst du selber *kein Ganzes*
Werden, als dienendes Glied schließ' an ein Ganzes dich an.

Tabulae votivae – Wahl

1747.57 21. November 1835
Kannst du nicht allen gefallen, durch deine Tat und dein Kunstwerk,
Mach' es wenigen recht; vielen gefallen ist schlimm.

Tabulae votivae – Zweierlei Wirkungsarten

1747.58 28. Juni 1841
Wirke Gutes, du nährst der Menschheit göttliche Pflanze,
Bilde Schönes, du streust Keime der göttlichen aus.

Über die ästhetische Erziehung des Menschen

1747.59 30. April 1841
– 1. Brief: Wie der Scheidekünstler, so findet auch der Philosoph nur durch
Auflösung die Verbindung und nur durch die Marter der Kunst das
Werk der freiwilligen Natur.

1747.60 16. August 1842
– 3. Brief: [... denn] die Kunst ist eine Tochter der Freiheit, und von der Notwendigkeit der Geister, nicht von der Notdurft der Materie will sie
ihre Vorschrift empfangen.

1747.61 14. November 1840 / 19. April 1841
– 9. Brief: [Ganze] Jahrhunderte lang zeigen sich die Philosophen wie die
Künstler geschäftig, Wahrheit und Schönheit in die Tiefen gemeiner

Menschen hinab zu tauchen; jene gehen darin unter, aber mit eigner unzerstörbarer Lebenskraft ringen sich diese siegend empor.

1747.62 7. Oktober 1840
– ebd.: Der Künstler ist zwar der Sohn seiner Zeit, aber schlimm für ihn, wenn er zugleich ihr Zögling oder gar noch ihr Günstling ist.

1747.63 10. Oktober 1840
– ebd.: Wie verwahrt sich [aber] der Künstler vor den Verderbnissen seiner Zeit, die ihn von allen Seiten umfangen? Wenn er ihr Urteil verachet. Er blicke aufwärts nach seiner Würde und dem Gesetz, nicht niederwärts nach dem Glück und dem Bedürfnis.

Wallenstein. Ein dramatisches Gedicht – II. Die Piccolomini

1747.64 28. August 1835
– V. 409ff.: Er ist nun einmal nicht gemacht, nach andern
Geschmeidig sich zu fügen und zu wenden,
Es geht ihm wider die Natur, er kann's nicht.
Geworden ist ihm eine Herrscherseele.

1747.65 4. August 1835
– V. 444f.: Der selt'ne Mann will seltenes Vertrauen,
Gebt ihm den Raum, das Ziel wird er sich setzen.

Wallenstein. Ein dramatisches Gedicht – III. Wallensteins Tod

1747.66 21. August 1835
– V. 2555ff.: [Denn] Oft ergriff's ihn [plötzlich] wundersam,
Und der geheimnisvollen Brust entfuhr,
Sinnvoll und leuchtend, ein Gedankenstrahl,
Dass wir uns staunend ansah'n, nicht recht wissend,
Ob Wahnsinn, ob ein Gott aus ihr gesprochen.

Was heißt und zu welchem Ende studiert man Universalgeschichte?

1747.67 11. November 1840
Aus der Geschichte erst werden Sie lernen, einen Wert auf die Güter zu legen, denen Gewohnheit und unangefochtener Besitz so gern uns're Dankbarkeit rauben: Kostbare teure Güter, an denen das Blut der Besten und Edelsten klebt, die durch die schwere Arbeit so vieler Generationen haben errungen werden müssen.

1747.68 28. Juni 1836
[Letzter Satz:] Jedem Verdienste ist eine Bahn zur Unsterblichkeit aufgetan, zu der wahren Unsterblichkeit, meine ich, wo die Tat lebt und weiter eilt, wenn auch der Name des Urhebers [hinter ihr] zurück bleiben sollte

Xenien – Nr. 14: Der Kunstgriff

1747.69 13. März 1840
Wollt ihr zugleich den Kindern der Welt und den Frommen gefallen?
Malet die Wollust – nur malet den Teufel dazu.

Xenien – Mr. 290: Der Virtuose

1747.70 17. Dezember 1839
Eine hohe Noblesse bedien' ich heut' mit der Flöte,
Die, wie ganz Wien mir bezeugt, völlig wie Geige sich hört.

Xenien – Nr. 302: Neueste Kritikproben

1747.71 5. September 1840
Nicht viel fehlt, ein Meister nach meinen Begriff zu heißen,
Nehm' ich das einzige aus, dass du verrückt phantasierst.

Xenien – Nr. 303: [Neueste Kritikproben] Eine zweite

1747.72 21. Juni 1839
Lieblich und zart sind deine Gefühle, gebildet dein Ausdruck,
Eins nur tadl' ich, du bist frostig von Herzen und matt.

NEUKOMM, Sigismund (1778–1858)

Die Braut von Messina oder: Die feindlichen Brüder. Ein Trauerspiel mit Chören

1748 Schauspielmusik

Zwischen dem 3. März und 21. April 1805 in St. Petersburg komponiert (Angaben nach dem Julianischen Kalender; entspricht dem Zeitraum vom 15. März bis 3. Mai des Gregorianischen Kalenders); am 15. März 1857 in Rouen überarbeitet: *Refait l'ouvrage »Musik zu Schillers Trauerspiel Die Braut von Messina«*; s. WV/Neukomm, Nr. 15 bzw. Nr. 1111. – Aufführungen sind bisher nicht belegbar. – Weitgehend unveröffentlicht.

In seiner nur wenige Wochen vor seinem Tod abgeschlossenen Selbstbiographie berichtet Neukomm über die Entstehung der Komposition: *Meine Begeisterung für die ›Braut von Messina‹ von Schiller veranlaßte mich dazu, eine melodramatische Instrumentalbegleitung für das ganze Gedicht zu schreiben, die ich am 21. April (3. Mai) 1805 fertigstellte. Ich verfolgte mit dieser Komposition den Zweck, Text und Musik eng zu verschmelzen, um so alle Schönheiten hervortreten zu lassen. Die Musik dieses Werkes soll gewisse Situationen vorbereiten, sich mit dem Sinn der Worte identifizieren, sie soll mit solcher Umsicht instrumentiert werden, daß alles, selbst wenn es mit leiser Stimme vorgetragen wird, nicht vom Orchester zugedeckt wird. Jedoch die Ouverture, die trefflichen Märsche der beiden Brüder und einige andere vorbereitende Passagen sind, gemäß dem Effekt den sie machen sollen, stärker instrumentiert.*
Anschließend geht Neukomm auf das Problem der Textverständlichkeit ein, wenn mehrere Personen *dieselben Worte zur gleichen Zeit aussprechen*, und bietet (immer unter Bezug auf die eigene Schauspielmusik) dazu seine Lösung an: *Allein der Komponist kann diesem Übelstand zuvorkommen, wenn er die Deklamation mit einem strengen Takt vereinigt, was mit einer rhythmischen und syllabischen Begleitung leicht wird. Auf diese Weise habe ich die Stellen, die vom ganzen Chor vorgetragen werden, begleitet. Mein Wunsch während dieser Arbeit war es, die Meinung Schillers darüber, wie ich dieses Werk behandelte, kennenzulernen. Bevor aber meine Partitur, die ihm zugedacht, kopiert war, war Schiller tot. Darauf sandte ich dieses Werk an Ihre Kaiserliche Hoheit die Großherzogin, die mir dafür ein Dankschreiben zukommen ließ; aber die Abwesenden haben immer unrecht. Da ich seither zu keinem Theater mehr Verbindung hatte, konnte ich dieses Werk nicht aufführen lassen, es ist jetzt begraben wie viele meiner Kinder* (alle Zitate: WV/Neukomm, S. 34). – Wie einer Notiz im Werkverzeichnis zu entnehmen ist, bemühte sich Neukomm nach der Überarbeitung erneut (und wohl wieder vergeblich) um eine Aufführung: *La Partition a été envoyée au Roi d. Prusse en 1857.*
Obwohl bis auf die Ouvertüre nichts veröffentlicht worden ist, wird die Schauspielmusik bspw. um 1841 zu den *bekanntesten und auch bedeutendsten von Neukomm's unzähligen Compositionen* gerechnet: *Bei Composition der Musik zur ›Braut von Messina‹ [...] suchte er* [Neukomm] *sich eine bestimmte Vorstellung von der musikalischen Behandlung des Chores in der alten griechischen Tragödie zu bilden und dieselbe wo möglich unserer Musik und den Schillerschen Chören anzupassen, und das Werk ist in der That gelungen, so weit es menschlichen Kräften und Wissen gelingen konnte, wenn gleich es schwerlich auf irgend einem Theater zur Ausführung gebracht werden kann* (Schilling Bd. 5, S. 151f.).

Daraus veröffentlicht

· Ouvertüre; bearb. für Klavier zu vier Händen. – Kopenhagen: Müller, o. A. – Whistling 1828, S. 571.

Wallenstein. Ein dramatisches Gedicht – II. Die Piccolomini

– V. 1757ff. (Thekla: »Der Eichwald brauset«)

1749 1. Komposition – 1806; hier unter dem Titel: *Lied zu Schillers Wallenstein* Für eine Singstimme zur Gitarre

Kompositionsdatum: St. Petersburg, 5./17. Dezember 1806; unveröffentlicht (WV/Neukomm, Nr. 27).

1750 2. Komposition – 1814
Jetzt in französischer Übersetzung von Amable Guillaume Prosper Brugière, Baron de Barante als: *Romance de Thecla dans Wallenstein* (»*Dans la forêt le vent gémit*«)
Für eine Singstimme mit Klavierbegleitung,
Kompositionsdatum: Nantes, 4. April 1814; unveröffentlicht (WV/Neukomm, Nr. 129).

NEUMANN, Emil (1836–1922)

Bei Frank/Altmann mit der Namensergänzung: *gen. Bliemchen* (Bd. 1, S. 425).

1751 *Fesche Geister (»Schon Schiller sagte«)*; Textverfasser unbekannt
Komisches Duett mit Klavierbegleitung
Nr. 68 (einzeln) in: ders., *Der Leipziger Couplet-Sänger. Sammlung auserwählter Lieder, Couplets, komischer Scenen etc.* – Leipzig: Forberg, o. A. – HMB 1878/4, S. 124.

NEUNER, Carl Borromäus (1778–1830)

Wilhelm Tell. Schauspiel

1752 Schauspielmusik

1825 komponiert; unveröffentlicht; verschollen (s. Gatti Bd. 2, S. 451).

NÈVE, Paul de (1881–1994)

Der Taucher (»Wer wagt es, Rittersmann oder Knapp'«)

1753 *Harald der Taucher*. Oper, op. 16; Librettist unbekannt

1904 entstanden, unveröffentlicht; s. *Dt. Musiker-Lex.* 1929, Sp. 991. Während im dortigen Werkverzeichnis eine Uraufführung nicht nachgewiesen ist, gibt Stieger dafür einen Zeitraum zwischen 1900 und 1910 an.

1754 Die Gunst des Augenblicks (»Und so finden wir uns wieder«)
Für Alt solo und gemischten Chor mit Orgelbegleitung, op. 19

1906 in Wiesbaden uraufgeführt; unveröffentlicht; s. *Dt. Musiker-Lex.* 1929, Sp. 992.

NICKLAUS, Hans (1950–1997)

Des Mädchens Klage (»Der Eichwald brauset«)

1755 *Geburtstagsklage (»Geburtstag vorbei, die Glocke schlägt«)*; Text vom Komponisten
Gedichtparodie [ohne Musik]
S. 14 in: ders., *Happy Birthday. [10] Humoristische Variationen im Stil großer Meister für Klavier.* – Mainz: Schott 1998. – Verl.-Nr. *49088*; *ED 8755.* – Original (Slg. GG).

Zwischen den Variationen, die jeweils einen eigenen Titel aufweisen und bei denen es sich um Stilkopien verschiedener Komponisten handelt (darunter Johann Sebastian Bach, Wolfgang Amadeus Mozart, Frédéric Chopin und Scott Joplin), wurden mehrere Gedichtparodien eingefügt, die sich auf konkrete Beispiele beziehen (z. B. von Wilhelm Busch, Christian Morgenstern und Theodor Storm). Die Schiller-Parodie befindet sich zwischen den Variationen im Stile von Franz Liszt (*Geburtstags-Paraphrase*) und Richard Wagner (*Tristans Geburtstag*). – Während Variationszyklen über populäre Melodien im Stil verschiedener bekannter Komponisten inzwischen ein eigenes kleines Repertoire bildet (darunter mehrmals über das Volkslied »Kommt ein Vogel geflogen«), gibt es offenbar nur noch ein Werk, das auch Textparodien (darunter allerdings keine nach Schiller) einschließt (Hans Priegnitz: *Wie einst Lili Marleen. Varianten für Klavier und poetische Parodien*. Hamburg: Sikorski 1981).

NICODÉ, Jean Louis (1853–1919)

Des Mädchens Klage (»Der Eichwald brauset«)

1756 *Des Mädchens Klage*. Klavierstück
Nr. 5 in: ders., *Aphorismen. 13 kurze Klavierstücke*, op. 8 (in 3 Heften). – Berlin: Bote & Bock, o. A. – HMB 1877/1, S. 9.

Inhalt des op. 8: 1. Heft – Nrr. 1–5; 2. Heft – Nrr. 6–10; 3. Heft – Nrr. 11–13. – Eine zeitgenössische Rezension lobt die Klavierstücke als *kurz und bündig, zum Theil recht charakteristisch und leicht ausführbar*; sie seien *allerdings aber nicht für Anfänger bestimmt* (AMZ/2 vom 14. November 1877, Sp. 726).

Maria Stuart. Ein Trauerspiel

1757 *Maria Stuart. Eine sinfonische Dichtung* für großes Orchester, op. 4
Leipzig: Breitkopf & Härtel 1879. – Partitur (Verl.-Nr. *15221*), Orchesterstimmen. – HMB 1879/11, S. 319. AMZ/2, 11. Februar 1880, Sp. 91f. (Rezension). Sonneck, *Orchestral Music*, S. 321. Schaefer, S. 41.

Dem Herzog Ernst zu Sachsen-Coburg-Gotha ehrfurchtsvoll gewidmet. – Eine nicht veröffentlichte Frühfassung – allerdings noch ohne Bezug zu Schillers Trauerspiel unter dem formellen Titel ›Konzert-Ouvertüre‹ – ist bereits 1873 uraufgeführt worden. Nicodé arbeitete 1876/77 sie grundlegend um und stellte nun erst eine Verbindung zum Schauspiel her. Uraufführung dieser endgültigen Version: Gotha, 18. November 1880, Herzogliche Hofkapelle.

> · Bearbeitet für Klavier zu vier Händen vom Komponisten. – Leipzig: Breitkopf & Härtel, o. A. – Verl.-Nr. *15313*. – HMB 1880/2, S. 55. AMZ/2, 5. Mai 1880, Sp. 285 (Kurzrezension). Original (DLA).

> · London: Augener, o. A. – Pazdírek Bd. 8, S. 740.

NICOLAI, Otto (1810–1849)

Wilhelm Tell. Schauspiel

1758 – V. 2560ff. (Tell: »Durch diese hohle Gasse muss er kommen«); hier als Textparaphrase eines unbekannten Autors unter dem Titel: *Tell auf der Straße nach Küssnacht (»Dies ist der Ort«)*
Scene und Arie für Bass mit Klavierbegleitung, op. 22

1. *Recitativ (»Dies ist der Ort! Von dieser Stelle trifft mein schnell' Geschoss den sicher'n Feind«)*
2. *Andante (»Durch der Unschuld Schutz geborgen flohen meine Tage hin«)*
3. *Allegro maestoso (»Auf! Geworfen ist das Los, der Entscheidung Stunde dringet!«)*

Berlin: Challier, o. A. – Verl.-Nr. *417*. – WV/Nicolai, S. 63 u. 375. Original (BSB). HMB 1841/11, S. 173.

Vermutlich um 1832/33 entstanden und angeblich Gustav Neuendorf gewidmet (im Druck nicht genannt). – Für den Text wurden lediglich die Situation der Bühnenhandlung und einige Motive des dortigen Tell-Monologs aufgegriffen, ohne originale Formulierungen zu verwenden. Der gelegentliche Nachweis des Werkes mit dem o. g. authentischen Textbeginn ist falsch (vgl. bspw. bei Schäfer, S. 84). – Uraufführung: Berlin, 13. April 1833,

Verzeichnis der musikalischen Werke

im Rahmen von Nicolais erstem dortigen Konzert und offenbar von ihm selbst gesungen. – Auf eine Fassung mit Orchesterbegleitung weisen einige Instrumentationsangaben im Klaviersatz hin.

NICOLAI, Willem Frederik Gerard (1829–1896)

1759   Das Lied von der Glocke (»Fest gemauert in der Erden«)
Kantate für fünf Soli (SATBarB), siebenstimmigen gemischten Chor (SAATTBB) und Orchester, op. 17
Selbstverlag [Den Haag] mit dem Vermerk: *... binnen den tijd van 14 dagen, op steen gemaakt en gedrukt* [vermutlich Ende 1867 oder Anfang 1868]. – Klavierauszug. – Original (DLA).

Uraufführung: Den Haag, 13. Februar 1866, in einem *von der Maatschappy veranstaltetem Concert [...] unter vielem Beifall* (AMZ/2 vom 28. Februar 1866, S. 75, bzw. vom 21. März 1866, S. 99). Am 11. April folgte in der gleichen Zeitschrift noch ein etwas ausführlicherer *Bericht aus Holland* (S. 122): *Es gehörte unzweifelbar ein aussergewöhnlicher Muth dazu, gerade dieses Gedicht zur musikalischen Bearbeitung zu wählen, weil es neben grossen Vorzügen in dieser Hinsicht auch bedeutende Schwierigkeiten bietet. Die Concurrenz mit andern Componisten desselben Gedichts hat Herr Nicolai wohl weniger zu befürchten; Romberg's Werk* [→ 2089] *ist aus der Mode gekommen und andere Compositionen auf die Glocke sind hier nicht bekannt. Aber der Umfang der Dichtung brachte andere Schwierigkeiten und gerade diesen hat Nicolai mehr oder weniger unterliegen müssen. Hätte er, besonders in den Solostücken, mehr die Recitativform benutzt, er würde manche Länge umgangen haben; jedenfalls wird der Effect seiner Composition, deren Ausführung dreiviertel eines gewöhnlichen Concertabends (mehr wie zwei Stunden) in Anspruch nimmt, durch einige Kürzungen gewinnen, die er um so leichter anbringen kann, als das Stück noch nicht gedruckt ist. Seine Arbeit ist übrigens die eines gediegenen, gewandten Musikers, sie hat sehr hübsche, tief gefühlte und schön klingende Nummern, besonders im lezten Theil. Die Chöre sind durchgängig sehr schwierig, was stellenweise bemerkbar war [...]; auch die Orchestrirung hat hübsche Züge und ist mit Gewandtheit behandelt.*
Noch Anfang 1867 lag offenbar keine Ausgabe vor, weil am 24. Juni 1867 in der AMZ/2 unter der Rubrik ›Kurze Nachrichten‹ lediglich eine *geschriebene Partitur* des Werkes erwähnt wird (S. 243). Dabei betonte man, *dass Nicolai's Musik [...] bedeutende Schönheit enthält. Der Componist hat mit musikalischem Feingefühl die verschiedenen Momente des Gedichts erfasst und mit treffender Charakteristik wiedergeben, die bisherige Compositionen desselben in dieser Richtung weit übertreffen.* – Am 29. April 1868 meldet die AMZ/2 in ihrer Rubrik ›Übersicht neu erschienener Musikalien‹, dass nunmehr der *Clavierauszug im Selbstverlag des Componisten* veröffentlicht und das Werk *in Holland [...] mehrfach mit Erfolg aufgeführt worden sei [...]. Die Publikationsform interpretierte man als Hinweis darauf, dass die deutschen Musikverleger Anstand genommen haben, eine abermalige grosse Composition dieses Gedichts in Verlag zu nehmen, und wir glauben, dass, ganz abgesehen von dem Werth der Nicolai'schen Musik, auch die deutschen Concertinstitute Bedenken tragen werden, ihrem Publicum die etwas nach der sentimentalen Seite hin neigenden langathmigen Verse Schiller's vorsingen zu lassen* (S. 141).
Am 2. September 1868 folgte ebenfalls in der AMZ/2 eine Rezension dieser Ausgabe, die mit einer heftigen Kritik des enorm fehlerhaften Drucks begann: *... so etwas Miserables von Notendruck ist mir noch nicht vorgekommen. Herr Nicolaï hat weder ein anständiges Kleid für sein Werk gewählt, noch der Correctur die allernothdürftigste Aufmerksamkeit geschenkt.* Die Bewertung der Komposition fiel hingegen zwiespältig aus: *Der Kern ist jedoch besser als die Schale; wenn ihm auch das ursprünglich Geniale und die Einheit des Stiles fehlt, so ist doch die melodische Erfindung, die meist richtige Declamation, interessante harmonische Wendungen und eine oft recht schöne Stimmenführung anzuerkennen. Man kommt bei dem Werke als Beurtheiler in die merkwürdige Lage, das Lob, das man dem Componisten auf der einen Seite spendet, auf der folgenden Seite wieder zurücknehmen zu müssen [...]. Selbst die Begleitungsfiguren, welche meistentheils sehr ärmlich und langweilig sind, werden doch hin und wieder von so interessanten Einfällen unterbrochen, dass man dem Componisten nie ganz böse werden kann* (S. 286). – Erst am 18. März 1870 erschien in der NZfM eine kurze, wohlwollende Be-

sprechung des Werkes, dem gegenüber Andreas Rombergs Vertonung (... mag auch dieselbe in Dilettantenkreisen noch immer begeisterte Verehrer finden ...; → 2089) der Vorzug zu geben sei: Vor allen Dingen ist der Autor [Nicolai] bemüht gewesen, Mannigfaltigkeit in der Gruppirung der Soli und Chöre zu erzielen, durch welchen Umstand er Romberg's Langweiligkeit ganz glücklich umgeht [...]. Dann heißt es wenig konkret, daß sich die Composition im Großen und Ganzen den besseren Erzeugnissen auf dieses Gedicht anschließt und, soweit sich aus dem Clavierauszuge ersehen läßt, wesentliche Schönheiten enthält, neben denen allerdings auch Gewöhnliches mit unterlauft (S. 114f.).

- Amsterdam: Roothaan 1873. – Klavierauszug, Chorstimmen. – Original (DLA).

  Ihrer Majestät Sophia, Königin der Niederlande, ehrfurchtsvoll gewidmet, die bei der Uraufführung anwesend war (vgl. AMZ/2, 11. April 1866, S. 122). – Diese Zueignung wurde erst mit dieser regulären Verlagsausgabe veröffentlicht, und vermutlich ist der nunmehr prächtig gestaltete Druck von der Regentin finanziell unterstützt worden.

NICOLINI, Giuseppe (1762–1842)

Maria Stuart. Ein Trauerspiel

1760   _Il Conte di Lenosse. Opera seria_ in zwei Akten; Libretto von Gaetano Rossi

Uraufführung: Triest, Frühjahr 1820 (Teatro Nuovo); vgl. Grove, _Opera_ Bd. 3, S. 599 (... _after Schiller: Maria Stuart_).

NIEDERMAYR, Martin (?–?)

1761   _Friedrich Schiller. Eine Dichterjugend._ Stummfilm in neun Akten. Drehbuch: Kurt Götz [später: Curt Goetz] und Max Kaufmann; Regie: Kurt Götz
Filmmusik
Deutschland [Deutsches Reich]: Götzfilm 1923. – Schwarzweiß, viragiert; mehr als 102 Min. – Mit Theodor Loos (Friedrich Schiller), Hermann Vallentin (Karl Eugen, Herzog von Württemberg), Isabel Heermann (Franziska von Hohenheim), Paul Bildt (Andreas Streicher) u. a.

Uraufführung: Stuttgart, 26. März 1923 (Landestheater, Kleines Haus). – Niedermayr war bei den Königsbau-Lichtspielen Kapellmeister des Orchesters, das die Filmvorführung damals live begleitete; Noten sind nicht erhalten. – Der Film wurde erst 82 Jahre später, am 25. März 2005, in Stuttgart (Kammertheater) wieder gezeigt; die neue musikalische Untermalung stammte von Studierenden der Stuttgarter Musikhochschule (vgl. _Stuttgarter Zeitung_ vom 11. März 2005, S. 37; ohne detailliertere Informationen). – Veröffentlichung des Films auf DVD (2005) nach der einzigen bisher bekannten Kopie aus dem Gosfilmfond (Moskau), die allerdings nicht vollständig erhalten ist (von ursprünglich 2617 Metern fehlen ca. 400 Meter), mit neu eingespielter Musik von Joachim Bärenz (→ 98).

QUELLE: Horst Jaedicke, _Wiederentdeckt: »Friedrich Schiller. Eine Dichterjugend«. Curt Goetz und sein in Stuttgart gedrehter Schillerfilm (1923)_ (= _Spuren_, Heft 70). Marbach/Neckar: Deutsche Schillergesellschaft 2005. DVD.

NIEDERMEYER, Louis (1802–1861)

Maria Stuart. Ein Trauerspiel

1762   _Marie Stuart. Grande opéra_ in fünf Akten; Libretto von Théodore Anne

Die ersten vier Akte des Librettos beruhen auf dem Roman ›Der Abt‹ (›The Abbott‹ – 1820) von Walter Scott und nur der letzte auf den _zwei Hauptscenen des 3. und 5. Aktes des Schillerschen Trauerspiels_ (s. Schaefer, S. 44f.). – Uraufführung: Paris, 6. Dezember 1844, mit Rosine

Stoltz in der Titelrolle, deren *ausgezeichnetem Vortrag* (laut Schaefer) im wesentlichen der kurzzeitige Erfolg der Oper zu verdanken gewesen sei: *... denn das Werk selbst brachte es nicht weiter als zu einem Achtungserfolge und ist vom Repertoir längst vollständig verschwunden* (insgesamt haben 24 Aufführungen stattgefunden; s. *Pipers Enzyklopädie* Bd. 4, S. 429). Vom anwesenden König Louis-Philippe erhielt Niedermeyer gleichwohl das Kreuz der Ehrenlegion (s. Mendel Bd. 7, S. 278). Außerhalb von Paris wurde das Werk damals offenbar nicht gegeben, doch haben in der deutschen Übersetzung von Ferdinand Gumbert in Stuttgart noch einige späte Folgeaufführungen stattgefunden (Premieren: 18. November 1877 bzw. 20. April 1887; insgesamt aber nur fünf Vorstellungen), die keine weiteren Nachwirkungen hatten.

QUELLEN: NZfM, Nr. 35/36 vom 27. August 1902, S. 445ff. (besonders S. 447). Stieger. Loewenberg, Sp. 843.

Klavierauszug

- Paris: Legouix, o. A. – Original (WLB).
  - Paris: Choudens, o. A. – Original (WLB).

Einzelnummer

- *Romance* (»*Adieux donc, belle France*« / »*Leb' denn wohl, schönes Frankreich*«). – Mainz: Schott, o. A. – Klavierauszug. – HMB 1847/7, S. 119.

Schaefer weist ausdrücklich darauf hin, dass *die Rolle der Maria Stuart mit überaus zarten und rührenden Melodien bedacht* worden sei. *Eine Romanze des ersten Aktes, Maria Stuarts Abschiedslied [...], ist sogar berühmt und populär geworden* (S. 44). Dies lässt sich durch verschiedene Ausgaben v. a. in französischen und deutschen Verlagen belegen; vgl. die zahlreichen Nachweise einschließlich vieler Bearbeitungen in: Hofmeister (1874–1879), S. 318, ebd. (1880–1885), S. 127, ebd. (1886–1891), S. 537; Pazdírek Bd. 8, S. 752.

NIEMANN, Walter (1876–1953)

Der Geisterseher. Eine Geschichte aus den Memoires des Grafen von O**

– 2. Buch, 7. Brief (Ausschnitte)

1763   *Venezianische Gärten. Dramolet in zwei Bildern* [2 Sätzen] *nach Schillers ›Geisterseher‹* für Klavier, op. 132

     1. *Erstes Bild: Schwermütige Szene am Springbrunnen* (»Vor einem Bassin ...«)
     2. *Zweites Bild: Die Flucht* (»Schneller, als die andre ...«)

   Braunschweig: Litolff 1934 (= *Collection Litolff*, Nr. *2798*). – Original (DLA).

Widmung: *An Serge Bortkiewicz* [d. i. der Pianist und Komponist Sergej Ėduardovič Bortkevič]. – Es handelt sich um zwei Klavierstücke, denen die angegebenen Textausschnitte vorangestellt sind (keine weiteren programmatischen Hinweise in den Noten). – Uraufführung: Hamburg [vermutlich November oder Dezember] 1934, Hans Hermanns (ungenaue Notiz in: *Zeitschrift für Musik*, 1935, 1. Heft – Januar, S. 69).

NIEMEYER, Johann Karl Wilhelm (1780–1839)

Wilhelm Tell. Schauspiel

1764   – V. 2833ff. (Barmherzige Brüder: »Rasch tritt der Tod den Menschen an«); hier unter dem Titel: *Lied der barmherzigen Brüder*
     Sechsstimmiger Männerchor (TTTBBB) a cappella
     Leipzig: Hofmeister, o. A. – Whistling 1828, S. 1019. Brandstaeter, S. 38 (hier unter dem Titel: *Grabgesang*). Pazdírek Bd. 8, S. 756.

Die Komponisten und ihre Werke

NOACK, Kurt (1895–1945)

Als Geburtsjahr kursiert auch _1893_.

Don Carlos. Infant von Spanien. Ein dramatisches Gedicht

– V. 1 (Domingo: »Die schönen Tage in Aranjuaez«)

1765   _Die schönen Tage von_ [!] _Aranjuez. Tango-Serenade d'amour_ für Salonorchester bzw. für Klavier, op. 25
Stettin: Mörike, o. A. – Hofmeister (1924–1928), S. 481.

Der Titel gibt die volkstümlich gewordene Form des Verses wieder.

NOCE, Ugo dalla (1869–?)

Nachname auch: _Dalla Noce, Della Noce_ bzw. _Dallanoce_.

Die Räuber. Ein Schauspiel

1766   _La morte di Francesco Moor_ bzw. _La fine di Francesco Moor_ [es sind zwei Titelfassungen dokumentiert]. Lyrische Oper in einem Akt; Libretto von L. Tumazolli

Es muss sich um eine Bearbeitung der 1. Szene des 5. Aktes handeln, die _eigens für Signor Cavaliere Leone Fumagalli gedichtet und komponiert_ worden ist. In allen belegbaren Aufführungen Mitte der 1890er Jahre hat dieser Sänger die Titelfigur verkörpert, und möglicherweise besaß er mindestens für einige Zeit die exklusiven Rechte an dem Stück. – Uraufführung (allerdings in der deutschen Übersetzung von Max Kalbeck unter dem Titel ›_Franz Moors Ende_‹): Graz, 23. September 1894. Kurzzeitig scheint die Oper v. a. im deutschsprachigen Raum mehrfach gespielt worden zu sein; Folgeaufführungen fanden etwa im Stadttheater Bremen am 9. Januar 1895 bzw. am 13. Februar 1895 in Augsburg statt. In einer dortigen Vorankündigung hieß es, das Stück biete _dem Künstler neben hohen gesanglichen Aufgaben auch Gelegenheit, seine große schauspielerische Begabung in das glänzendste Licht zu stellen_ (_Augsburger Neueste Nachrichten_ vom 9. Februar 1895, S. 4). Aus der Besprechung der Premiere geht dann hervor, dass der Text für damalige Verhältnisse ziemlich derb, die Musik für eine italienische Oper ungewöhnlich modern und die Darbietung dementsprechend drastisch waren: _Die Scene wirkt schon bei Schiller grauenhaft, zugleich aber doch, da sie dort im Zusammenhang der ganzen Handlung steht und Franz' Schurkenleben würdig abschließt, im Sinne einer höheren Gerechtigkeit erlösend und befriend. [...]; bei allen Leuten von künstlerischem Empfinden, das von der durchaus unkünstlerischen Eigenart dieser um ihrer selbst willen ausgesuchten Scheußlichkeit sich abgestoßen fühlen mußte, dürfte er_ [der Gesamteindruck] _aber ein für den verehrten Gast_ [Fumagalli] _wenig schmeichelhafter gewesen sein. Namentlich am Schluß die Selbsterdrosselung, die Fumagalli, mit der Gardinenschnur köpflings über die halbe Bühne hinpurzelnd, virtuos wie ein Zirkusmensch ausführte, erregte Abscheu, der sich auch laut kund gab. Wenn es dem werthen Gast um eine solche Wirkung zu thun war, so kann er mit seinem Erfolg höchlich zufrieden sein. Wir würden ihm rathen, mit seinem Moor Amerika zu bereisen. Für den Yankeegeschmack ist das etwas, nicht für den deutschen._ Dann äußerte sich der Berichterstatter sehr negativ über die Musik und meinte: _Die Arioso-Deklamation Moors ist von einer Trostlosigkeit, die allein schon Strafe genug für seine Sünden wäre_ (ebd., 16. Februar 1895, S. 4).

QUELLEN: Stieger. Hubert Wania: _Dreissig Jahre Bremen, 1876–1905._ Bremen: Schünemann 1906, S. 138. Theaterzettel des Stadttheaters Augsburg (Stadtarchiv Augsburg).

NOELTE, A. Albert (1885–1946)

Hektors Abschied (»Will sich Hektor ewig von mir wenden«)

1767   _Hektors Abschied und Tod._ Sinfonische Dichtung
Unveröffentlicht; s. _Dt. Musiker-Lex._ 1929, Sp. 1002.

Verzeichnis der musikalischen Werke

NOHR, Christian Friedrich (1800–1875)

1768 Der Alpenjäger (»Willst du nicht das Lämmlein hüten«)
Für eine Singstimme mit Klavierbegleitung
Nr. 6 in: ders., *Sechs Gesänge*, op. 5. – Leipzig: Peters, o. A. – HMB 1833/3+4,
S. 30.

1769 Der Jüngling am Bache (»An der Quelle saß der Knabe«)
Für eine Singstimme mit Klavierbegleitung
Nr. 4 in: ders., *Sechs Gesänge*, op. 5 → 1768

NORDAHL, Eugen (?–?)

Nachname auch: *Nordal.*

Don Carlos. Infant von Spanien. Ein dramatisches Gedicht

1770 *Don Carlos.* Oper
Uraufführung: Linz, Dezember 1843 (Stieger).

NORDTHURN, Justus von (?–?)

Die vier Weltalter (»Wohl perlet im Glase der purpurne Wein«)

1771 – V. 71f. (»Gesang und Liebe in schönem Verein«)
Kanon zu vier Stimmen
Nr. 6 in: ders., *Sechs Canons für drey und vier Singstimmen.* – Ohne bibliogr.
Angaben. – Partitur. – Original (ÖNB; freundl. Mitteilung von Dr. Teresa
Hrdlicka).
Es handelt sich um die Vertonung der beiden letzten Verse des Gedichts.

1772 Freund und Feind (»Teuer ist mir der Freund, doch auch den Feind kann ich
nützen«)
Kanon zu vier Stimmen
Nr. 5 in: ders., *Sechs Canons* → 1771

NOWAK, Ludger (geb. 1962)

Turandot, Prinzessin von China. Ein tragikomisches Märchen nach Carlo Gozzi
von Friedrich Schiller

1773 Schauspielmusik
QUELLE: Einladungsschreiben zur Premiere am 15. Juni 2002 im Rahmen der Reihe »Sommer Nächte« (Freie Kammerspiele) in Magdeburg (Archiv des DLA).

NÜRNBERG, Hermann (1831–1894)

Wilhelm Tell. Schauspiel

1774 – V. 2833ff. (Barmherzige Brüder: »Rasch tritt der Tod den Menschen an«)
Männerchor a cappella, op. 65
Berlin: Stempelmann, o. A. – Partitur, Stimmen. – HMB 1867/9, S. 152.

388

Die Komponisten und ihre Werke

NUNN, Edward Cuthbert (1868–1914)

Wilhelm Tell. Schauspiel

1775   *William Tell*. Operette
Uraufführung in den 1890er Jahren (s. Stieger; keine weiteren Angaben).

— O —

OBERHOLZER, Otto (1860–1901)

Wallenstein. Ein dramatisches Gedicht

1776   *Ouvertüre zu Schiller's Wallenstein* für großes Orchester
Autographe Partitur, 1884. – RISM-CH (Database; im Oktober 1884 komponiert).

Wilhelm Tell. Schauspiel

1777   *Ouvertüre ›Tell‹* für Orchester
Autographe Partitur, 1884. – RISM-CH (Database; 1884 komponiert).

OCHS, Siegfried (1895–1982)

Veröffentlichte auch unter dem Pseudonym: *Diego Fischers*.

1778   Der Handschuh (»Vor seinem Löwengarten, das Kampfspiel zu erwarten«)
Zum heiteren Vortrag für Deklamation mit melodramatischer Klavierbegleitung *eingerichtet* oder mit Orchester
Berlin: Raabe & Plothow, o. A. – Klavierausgabe (Verl.-Nr. *1158*); *Partitur und Orchesterstimmen sind nur durch die Verlagshandlung zu beziehen*. – HMB 1882/3, S. 79. Original (DLA).

Unter dem genannten Pseudonym publiziert und so bei HMB nachgewiesen (dort allerdings mit dem richtigen Namen ergänzt). – *Fräulein Ernestine Wegner gewidmet*.

OEHRING, Helmut (geb. 1961)

Die Jungfrau von Orleans. Eine romantische Tragödie

1779   – V. 81ff. (Thibaut: »Sie flieht der Schwestern fröhliche Gemeinschaft«)
Innerhalb von Teil 4a ›Angst und Überwindung – Der Ort‹ von: ders., *Blau-WaldDorf. weit-aus-ein-ander liegende Tage. Eine musiktheatralische OrtSuche* [in 10 Teilen und Epilog]
Für drei *Gebärdensolistinnen*, zwei Solosänger (BarB), gemischten Chor, E-Gitarre, Orchester und Live-Elektronik

Außerdem mit Texten von Helmut Oehring, Hans Christian Andersen, Ottavio Rinuccini und Thomas Morus. – 2001 im Auftrag des Stadttheaters Aachen komponiert und dort am 27. April 2002 uraufgeführt mit den gehörlosen Gebärdensolistinnen Christine Schönfeld, Gerlinde Deml sowie Heike Lüdecke, Chor und Orchester des Stadttheaters Aachen unter der Leitung von Jeremy Hulin; Inszenierung Claus Guth.

QUELLEN: MGG2 *Personenteil* Bd. 12, Sp. 1310. Homepage des Komponisten.

Verzeichnis der musikalischen Werke

1780 – V. 383 ff. (Johanna: »Lebt wohl, ihr Berge, ihr geliebten Triften«)
Innerhalb von Teil 5, ›Der Ort – HeimWeh‹, von: ders., BlauWaldDorf → 1779

OERTZEN, Carl Ludwig Graf von (1801–1872)

Die Braut von Messina oder: Die feindlichen Brüder. Ein Trauerspiel mit Chören

1781 Die Fürsten von Messina. Tragische Oper in vier Akten; Libretto frei nach Schiller bearbeitet von Johann Friedrich Bahrdt

Uraufführung (... mit großem Beifall): Neustrelitz, 5. April 1840 (Großherzogliches Hoftheater).

QUELLEN: Schaefer, S. 73 f. Stieger. Reischert, S. 211.

Daraus veröffentlicht

- Ouvertüre für Klavier zu vier Händen. – Lübeck: Kaibel, o. A. – HMB 1871/1, S. 7.

    - Leipzig: Portius, o. A. – Hofmeister (1868–1873), S. 335.

Die Jungfrau von Orleans. Eine romantische Tragödie

1782 – 4. Akt, 4. Szene: Krönungsmarsch für Klavier zu zwei bzw. zu vier Händen
Berlin: Schlesinger, o. A. – HMB 1832/9+10, S. 72. Schaefer, S. 53. Pazdírek Bd. 8, S. 889.

OERTZEN, Rudolf von (1910–1990)

1783 Die Macht des Gesanges (»Ein Regenstrom aus Felsenrissen«)
Für vierstimmigen gemischten Chor und zwei Klaviere (o. op.)
Unveröffentlicht (s. Simbriger Erg.bd. 2, S. 104).

1784 Die Teilung der Erde (»Nehmt hin die Welt«)
Für Bariton und großes Orchester, op. 39 Nr. 1
Unveröffentlicht (s. Simbriger Erg.bd. 2, S. 109). Bei Gatti als op. 39 Nr. 1 verzeichnet (ohne Gesamttitel) und auf 1960 datiert (Bd. 2, S. 497).

1785 Nänie (»Auch das Schöne muss sterben!«)
Für Bariton und großes Orchester, op. 39 Nr. 2
Unveröffentlicht (s. Simbriger Erg.bd. 2, S. 109). Bei Gatti als op. 39 Nr. 2 verzeichnet (ohne Gesamttitel) und auf 1960 datiert (Bd. 2, S. 497).

OHMANN, Anton Ludwig Heinrich (1775–1833)

1786 Des Mädchens Klage (»Der Eichwald brauset«); hier unter dem Titel: Die Trostlose
Für eine Singstimme mit Klavierbegleitung
Nr. 7 in: ders., [8] Vermischte Dichtungen mit Begleitung des Forte-Piano's. – 2. Auflage. – Reval: Heinz 1819. – Lex. dt.-balt. Musik, S. 187.
Titel ohne Textincipit, jedoch mit Schiller als Autor, nachgewiesen.

1787 Sehnsucht (»Ach, aus dieses Tales Gründen«)
Für ein Singstimme mit Klavierbegleitung
Nr. 1 in: ders., Sammlung vermischter Dichtungen. – Wahrscheinlich um 1827 bei Steffenhagen in Mitau veröffentlicht. – Lex. dt.-balt. Musik, S. 187.

Das Sammelwerk besteht aus vier Liedern, die vermutlich zwischen 1820 und 1826 entstanden sind.

OPHOVEN, Hermann (1914–2004)

Das Lied von der Glocke (»Fest gemauert in der Erden«)

1788 – V. 91f. (»Drum prüfe, wer sich ewig bindet«)
Für vierstimmigen Männerchor und Klavier oder a cappella
In: ders., *Seufzer eines Ehemannes* für vierstimmigen Männerchor und Klavier oder a cappella. – Mülheim an der Ruhr: Engels 1971. – Partitur (Verl.-Nr. *2131-1*). – Original (Slg. GG).

> Mit den beiden Versen Schillers wird ein mehrfach wiederholter Vierzeiler eingerahmt: »*Seit uns des Priesters Hand / Am Traualtar verband, / Hat meine Frau, was bin ich doch geplagt, / Nie wieder ›ja‹ gesagt!*« In der Ausgabe wird Heinrich von Kleist als dessen Urheber genannt, doch stammen die Verse von Ludwig Giseke, der sie am 18. Mai 1810 unter dem Titel ›*Seufzer eines Ehemannes*‹ in der ›*Zeitung für die elegante Welt*‹ veröffentlicht hat (S. 792).

1789 Sehnsucht (»Ach, aus dieses Tales Gründen«)
Vierstimmiger Männerchor a cappella
Köln: Würges 1958. – Partitur. – Hofmeister (1964), S. 274.

Tabulae votivae – Pflicht für jeden (»Immer strebe zum Ganzen«)

1790 *Immer strebe zum Ganzen*; nach Texten von Friedrich Schiller und Johann Wolfgang Goethe
Für vierstimmigen Männerchor a cappella
Bonn: Braun-Peretti 1964. – Partitur. Hofmeister (1964), S. 274 (Inhalt nicht nachgewiesen).

ORFF, Carl (1895–1982)

1791 Der Abend. Nach einem Gemälde (»Senke, strahlender Gott«)
Für bis zu achtstimmigen gemischten Sprechchor (SSAATTBB) a cappella
Nr. 11 in: ders., [15] *Stücke für Sprechchor*. – Mainz: Schott 1969. – Partitur (= *Edition Schott*, Nr. *5583*). – Original (Slg. GG). *Schiller und die Musik* 2007, S. 273.

> Das ungezählte Heft gehört zum ›*Orff-Schulwerk*‹. – In seinem kurzen Vorwort erklärt Werner Thomas zu diesem besonderen Repertoire: *Die Stücke für Sprechchor zeigen Möglichkeiten, das dichterische Wort als ein ursprünglich und wesenhaft Erklingendes zu verwirklichen. [...] Die Einrichtung für Sprechchor stellt eine Endform vor der Musikalisierung dar, gleichsam eine Komposition ohne Töne. – Zur Schiller-Vertonung selbst erläutert er noch an anderer Stelle: Die Einrichtung stellt die differenzierteste und am konsequentesten »komponierte« Sprechklangpartitur des ganzen Heftes dar. Es ist eine Komposition ohne Töne; sie kann als Paraform zu einer Chorpartitur, aber auch als Endform vor einer musikalischen Komposition angesehen werden* (Werner Thomas: *Musica poetica. Gestalt und Funktion des Orff-Schulwerks*. Tutzing: Schneider 1977, S. 169).

1792 Die Sänger der Vorwelt (»Sagt, wo sind die Vortrefflichen hin«)
Elegische Hymne für sechsstimmigen gemischten Chor (SAATTT) mit Instrumentalbegleitung
Mainz: Schott 1956. – Partitur (= *Edition Schott*, Nr. *4699*), Chorpartitur (Verl.-Nr. *39256*), Instrumental- und Chorstimmen; Klavierauszug (= *Edition Schott*, Nr. *4367*). – Original (DLA). Orff-*Dok.*, S. 360ff.

Instrumentalbesetzung: Pk., Schlagwerk, Klav. 1 2, Hrf. 1 2, Kb. – *Komponiert im Auftrag des Deutschen Sängerbundes für das 14. DSB-Fest 1956 in Stuttgart.* – Uraufführung: Stuttgart, 3. August 1956, der Philharmonische Chor unter der Leitung von Heinz Mende.

- *Neufassung 1981.* – 1. Teil in: ders., *Dithyrambi.* – Mainz: Schott 1981. – Partitur (Verl.-Nr. *45043*). – Original (DLA).

  Zusammenfassung dreier älterer, für diese Neuausgabe überarbeiteter Vertonungen von Schillers ›Die Sänger der Vorwelt‹, ›Dithyrambe‹ u. ›Nänie‹ (verschieden ausfallende Erweiterung des Instrumentariums und Retuschen bei der Instrumentierung sowie bei ›Nänie‹ einige Kürzungen; insgesamt dennoch ohne grundlegende Eingriffe in die musikalische Substanz).

1793 Dithyrambe (»Nimmer, das glaubt mir, erscheinen die Götter«)
Für vierstimmigen gemischten Chor (SATB) mit Instrumentalbegleitung
Nr. 2 in: ders., *Nänie und Dithyrambe.* – Mainz: Schott, o. A. – Partitur (Verl.-Nr. *39451*). – Original (DLA). Orff-*Dok.*, S. 366ff.

Instrumentalbegleitung dieses Satzes: Fl. 1–6, Schlagwerk, Klav. 1–4, Hf. 1 2. – *Der Philharmonischen Gesellschaft Bremen zugeeignet.* – Uraufführung des Doppelwerkes innerhalb eines Ballettabends (Choreographie: Heinz Rosen) mit einer vorausgehenden, ebenfalls von Orff stammenden ›Entrata‹: München, 3. Dezember 1963 (im Rahmen der Eröffnungsfestwoche des wieder aufgebauten Nationaltheaters), unter der musikalischen Leitung von Peter Maag. Die ganze Vorstellung war als ›Triptychon‹ angekündigt, in der auf Orffs Beitrag zwei weitere Programmpunkte folgten: ›Dance – Panels in seven movements‹ von Aaron Copland und Karl Amadeus Hartmanns 7. Sinfonie (ebenfalls in einer Ballettinterpretation); vgl. *Karl Amadeus Hartmann und die Musica Viva. Essays. Bisher unveröffentlichte Briefe an Hartmann. Katalog* [zur Ausstellung in der Bayerischen Staatsbibliothek, München, 19. Juni bis 29. August 1980]. Mainz: Schott 1980, S. 290.

- Ausgabe für Chor, vier Klaviere und Schlagwerk. – Ebd., 1957. – Partitur (= *Edition Schott*, Nr. 4939; Verl.-Nr. *39451*). – Antiquariat Schneider Kat. 479, Nr. 219.

- *Neufassung 1981.* – 3. Teil in: ders., *Dithyrambi* → 1792

1794 Nänie (»Auch das Schöne muss sterben!«)
Für vierstimmigen gemischten Chor (SATB) mit Instrumentalbegleitung
Nr. 1 in: ders., *Nänie und Dithyrambe* → 1793

1956 komponiert. – Instrumentalbegleitung: Fl. 1–6, Schlagwerk, Klav. 1–4, Hf. 1 2. – Uraufführung: Bremen, 4. Dezember 1956, unter der Leitung von Hellmut Schnackenburg.

- *Neufassung 1981.* – 2. Teil in: ders., *Dithyrambi* → 1792

ORTH, Philipp (1844–1903)

Wilhelm Tell. Schauspiel

1795 – V. 13ff. (Hirte: »Ihr Matten, lebt wohl«); hier unter dem Titel: *Der Sennenhirt*
Vierstimmiger Männerchor a cappella
Nr. 4 in: ders., *Vier Lieder für vierstimmigen Männerchor,* op. 10. – Darmstadt: Thies, o. A. – Partitur, Stimmen. – HMB 1878/3, S. 89.

ORTWEIN, Carlernst (1916–1986)
Veröffentlichte einige Zeit Unterhaltungsmusik unter dem Pseudonym *Conny Odd*.

Die Räuber. Ein Schauspiel

1796 Musik zu einer Hörspielbearbeitung des Theaterstücks

Die Komponisten und ihre Werke

Unveröffentlicht; s. _Komponisten und Musikwissenschaftler in der Deutschen Demokratischen Republik. Kurzbiographien und Werkverzeichnisse._ Berlin: Verlag Neue Musik 1967 (2., _erweiterte Auflage_), S. 157.

OSSWALD, Heinrich Siegmund (1751–1834)

Nachname auch: _Oswald_ oder _Oßwald_ bzw. _Otzwald._

1797   Der Jüngling am Bache (»An der Quelle saß der Knabe«)
Für eine Singstimme mit Klavierbegleitung

QUELLE: Blaschke, S. 399 (hier unter _Oswald_ [!] und ohne nähere Angaben nachgewiesen).

OSTERHOFF, Thomas (geb. 1961)

1798   _Schiller._ Spielfilm. Drehbuch: Hendrik Hölzemann und Martin Weinhart; Regie: Martin Weinhart
Filmmusik
Deutschland: Arte/Südwestrundfunk 2004. – In Farbe; 90 Min. – Mit Matthias Schweighöfer (Friedrich Schiller), Christian Näthe (Andreas Streicher), Robert Dölle (August Wilhelm Iffland), Jürgen Tarrach (Wolfgang von Dalberg), Teresa Weißbach (Katharina Baumann), Barbara Auer (Caroline Wiethoeft) u. a.
Ursendung: 29. April 2005 (Arte).

QUELLEN: Zeitgenössische Presseberichte.

OSTRČIL, Otakar (1879–1935)

1798+1   Amalia (»Schön wie Engel, voll Walhallas Wonne«)
Für eine Singstimme mit Klavierbegleitung
Nr. 2 in: ders., [4] _Pisně na texty německych básniků_ [Lieder nach deutschen Dichtern], hg. von Markéta Kratochvil. – Prag: Academus 2015. – Bibliothèque Nationale, Paris (Online-Katalog)

OTTO, Julius (1804–1877)

1798+2   _Festlied_ [Textbeginn nicht dokumentiert]; Textverfasser unbekannt
Vermutlich Singweise mit Bläserbegleitung
Uraufführung (im Rahmen der Schiller-Feier): Dresden, 10. November 1859 (während des Fackelzuges gesungen); s. _Recensionen und Mittheilungen über Theater und Musik_ vom 9. November 1859, S. 726.

OTTO, Reinhold (1867–1946)

1799   Das Lied von der Glocke (»Fest gemauert in der Erden«)
Kantate für fünf Solostimmen, gemischten Chor und Frauen- sowie Männerchor mit Orgelbegleitung
1927 komponiert; unveröffentlicht; s. _Dt. Musiker-Lex._ 1929, Sp. 1022.

OVEREEM, Mario van (1872–1946)

Wilhelm Tell. Schauspiel
1800   _Wilhelm Tell. Lyrisches Drama_; Libretto von H. Wannyn _nach Schiller_
Uraufführung: Brüssel, im September 1906 (Flämisches Theater).
QUELLEN: Stieger (Name hier irrtümlich: _Overeen_). Internetrecherchen.

393

Verzeichnis der musikalischen Werke

OVERWEG, Carl (?–?)

1801 An die Freude (»Freude, schöner Götterfunken«)
Für Soli und Chor vermutlich mit Orchesterbegleitung, op. 27
Naumburg: Overweg, o. A. – Klavierauszug. – HMB 1855/12, S. 894.

OWEN, Morfydd (1891–1918)

Nachname auch: *Llwyn-Owen.*

1802 Morgenphantasie (»Frisch atmet des Morgens lebendiger Hauch«); hier in der
englischen Übersetzung der Texterstfassung: *The Refugee* (Original: Der
Flüchtling)
Gemischtes Vokalquartett (SATB) mit Klavierbegleitung
1911 veröffentlicht (s. *Women Composers,* S. 356).

— **P** —

PABST, August (1811–1885)

Wallenstein. Ein dramatisches Gedicht – III. Wallensteins Tod
1803 Schauspielmusik

Uraufführung im Rahmen der Premiere: Königsberg in Preussen, 1859 (Stadttheater). –
Schaefer unterstreicht die *außerordentliche Charakteristik* der Musik und meint: *Das Werk
hätte wohl verdient, in weiteren Kreisen beachtet zu werden, [...]. Der Inhalt erstreckte sich auf
Ouverture, Zwischenakts- und der zur Handlung gehörigen Musik. Der Pappenheimer Marsch
ist in seiner alten Original-Melodie* [wohl derjenigen von Friedrich II. – »des Großen«; →
1878] *im dritten Akt aufgenommen, und findet sich auch in einigen der anderen Nummern
charakteristisch verwebt* (S. 31).

PACHULSKI, Ladislaus (?–?)

1804 *Lied (»Es ist so angenehm, so süß«)*; hier unter dem Titel: *Lied von Fr. von Schil-
ler;* Textauthentizität unsicher
Für eine Singstimme mit Klavierbegleitung
Wiesbaden: Wolff, o. A. – Verl.-Nr. *445.* – Original (Slg. GG).

PACINI, Giovanni (1796–1867)

Die Jungfrau von Orleans. Eine romantische Tragödie
1805 *Giovanna d'Arco. Opera seria* in zwei Akten; Libretto von Gaëtano Barbieri

Uraufführung: Mailand, 14. März 1830 (Teatro alla Scala). – Laut Schaefer, der das Datum
der Uraufführung allerdings zwei Tage früher ansetzt, ist die Oper nur drei Mal gespielt und
danach nie wieder aufgeführt worden (S. 55). – Pazdírek weist lediglich drei 1830 bei
Ricordi in Mailand veröffentlichte Nummern nach (vgl. Bd. 9, S. 14).
QUELLEN: Stieger. Grove, *Opera* Bd. 3, S. 811.

Maria Stuart. Ein Trauerspiel
1806 *Maria Stuarda.* Oper; Librettist nicht nachgewiesen

Die Komponisten und ihre Werke

Nachweise bei Stieger u. Reischert (S. 640) mit dem Paralleltitel ›*I Carbonari di Scozia*‹ (demnach nicht aufgeführt). Vermutlich handelt es sich jedoch um eine Verwechslung mit Pacinis *tragedia lirica* in drei Akten ›*Malvina di Scozia*‹ nach dem Libretto von Salvatore Cammarano, die am 27. Dezember 1851 in Neapel (Teatro San Carlo) uraufgeführt worden ist. – Nicht in den Werkverzeichnissen von Grove, *Opera* Bd. 3, S. 810ff., u. MGG2 *Personenteil* Bd. 12, Sp. 1523ff.

PAËR, Ferdinando (1771–1839)

1807   Hektors Abschied (»Will sich Hektor ewig von mir wenden.«); hier in italienischer Übersetzung unter dem Titel: *L'Addio di Ettore*
Duetto (ST) mit Klavierbegleitung
Berlin: Kunst- und Industrie-Comptoir, o. A. – Verl.-Nr. *132*. – BSB-Musik Bd. 12, S. 4818.

     • Berlin: Schlesinger, o. A. – Hofmeister 1845 (*Vocalmusik*), S. 75. Pazdírek Bd. 9, S. 25.

     • Bonn: Simrock, o. A. – Hofmeister 1845 (*Vocalmusik*), S. 75. Pazdírek Bd. 9, S. 25.

     • Hier aber ausdrücklich mit Cembalobegleitung. – Wien: Witzendorf, o. A. – Verl.-Nr. *1275*. – Hofmeister 1845 (*Vocalmusik*), S. 75. Weinmann (Cappi bis Witzendorf), S. 62 (demnach *1806* veröffentlicht).

PALME, Rudolf (1834–1909)

Wallenstein. Ein dramatisches Gedicht – Prolog

– V. 138 (»Ernst ist das Leben, heiter ist die Kunst«)

1808   *Dem Gesang (»Ernst ist das Leben«)*; hier mit dem Untertitel: *Toast*; Textverfasser unbekannt
Vierstimmiger Männerchor a cappella
Nr. 1 in: ders., *Drei frische Lieder für vierstimmigen Männerchor*, op. 35. – Berlin: Simon, o. A. – Partitur, Stimmen. – HMB 1884/3, S. 72.

PALUMBO, Constantino (1843–1926)

Maria Stuart. Ein Trauerspiel

1809   *Maria Stuarda*. Oper; Libretto von Enrico Ettore Golisciani
Mailand: Ricordi, o. A. – Klavierauszug. – Pazdírek Bd. 9, S. 69.
Uraufführung: Neapel, 23. April 1874 (Teatro San Carlo), mit Elena Sanz in der Titelrolle.
QUELLEN: Schaefer, S. 45. Stieger. Gatti Bd. 2, S. 550. New Grove2 Bd. 19, S. 18.

PANNY, Josef (1794–1838)

1810   An den Frühling (»Willkommen, schöner Jüngling«)
Männerquartett a cappella
Nr. 2 in: ders., *Sechs Lieder für vier Männerstimmen*, op. 31. – Mainz: Schott *in Commission*, o. A. – HMB 1832/7+8, S. 62.

     • Idem; Ausgabe für eine Singstimme zur Gitarre. – S. 132f. in: *Der Sänger an der Donau. Eine Sammlung ernster und heiterer Gesänge mit leichter*

Guitarre-Begleitung, hg. von J. A. Fuchs. – Ulm: Heerbrandt & Thämel, o. A. – RISM-CH (Database).

Die Sammlung enthält 82 Lieder und 16 Duette.

1811   Der Jüngling am Bache (»An der Quelle saß der Knabe«)
Für eine Singstimme mit Klavierbegleitung oder zur Harfe, op. 10
Wien: Artaria, o. A. – Verl.-Nr. *793*. – Original (DLA). Whistling 1828, S. 1086.

Dem Andenken des 23. April 1825 gewidmet. [...] Der Ertrag ist als Beitrag dem Vereine für Schillers Monument zu diesem Zwecke zugedacht. – Auch bei Diabelli (Wien) nachgewiesen (vgl. Wurzbach, *Schiller-Buch*, Nr. 643).

1812   Die Gunst des Augenblicks (»Und so finden wir uns wieder«)
Männerquartett a cappella
Nr. 1 in: ders., *Sechs Lieder für vier Männerstimmen*, op. 31 → 1810

PANZER, Wilhelm (?–?)

1813   Punschlied (»Vier Elemente, innig gesellt«)
Für eine Singstimme mit Klavierbegleitung
Nr. 19 in: ders., *Neunzehn heitere Lieder*. – Dresden-Weinböhla: Aurora, o. A. – Hofmeister (1914–1918), S. 343.

PAPENDICK, Gustav Adolph (1839–1908)

Nachname auch: *Papendieck*.

1814   An den Frühling (»Willkommen, schöner Jüngling«)
Für eine Singstimme mit Klavierbegleitung
Nr. 4 in: ders., *Vier Lieder*. – Berlin: Timm, o. A. – Verl.-Nr. *23*. – Original (DLA). HMB 1861/11, S. 211.

     • Berlin: Schlesinger, o. A. – Hofmeister (1860–1867), S. 502.
     • Berlin: Simrock, o. A. – Pazdírek Bd. 9, S. 91.

PAPIR, Louis (1829–1878)

Nachname auch: *Papier*.

Die Räuber. Ein Schauspiel

1814+1   *Ouverture für grosses Orchester zu dem Friedr. v. Schillerschen Drama ›Die Räuber‹*

Unveröffentlicht; nur in einer undatierten Partiturreinschrift überliefert. – *Seinem hochverehrten Gönner und Freunde Herrn Wilh. Uhlrich, Hof-Capellmeister Sr. Durchlaucht des Fürsten Schwarzburg-Sondershausen hochachtungsvoll gewidmet* (Pelker, S. 574).

PAPPERT, Robert (1930–2010)

1815   Punschlied. Im Norden zu singen (»Auf der Berge freien Höhen«); hier unter dem Titel: *Funkelnd wie die Sonne*
Vierstimmiger gemischter Chor (SATB) a cappella
Hamm: Gomesia, o. A. – Partitur (Verl.-Nr. *5984*). – Original (Slg. GG).

Die Komponisten und ihre Werke

PÂQUE, Marie Joseph Léon Désiré (1867–1939)

Die Jungfrau von Orleans. Eine romantische Tragödie

1816 Schauspielmusik, op. 65

Uraufführung im Rahmen der Premiere: Rostock, 25. September 1909.

QUELLEN: Stieger. MGG1 Bd. 10, Sp. 740. MGG2 _Personenteil_ Bd. 13, Sp. 98 (hier unter den Orchesterwerken).

PAUER, Ernst (1826–1905)

1817 _Festlied der Deutschen in London zur Feier von Schillers hundertjährigem Geburtstage. 10. November 1859 (»Dem Genius, der heil'gen Flammen wunderbaren Lohen«)_; Text von Ferdinand Freiligrath
Chor [a cappella?]
London: Petsch, o. A. – Textheft. – Digitalisat (BSB). Wilpert/Gühring, S. 433.

Offenbar ist nur das Textheft erschienen (gedruckte Musikalien bisher nicht nachweisbar). – Ergänzende Informationen auf der Titelseite zur Uraufführung am 10. November 1859: _Vorgetragen im Krystall-Palast zu Sydenham von den Männergesang-Vereinen: Islington Gesangverein, Harmonie, Bund deutscher Männer, Concordia, Arbeiter-Bildungsverein._ Hinweis auf der Rückseite: _Der Ertrag ist für die Schillerstiftung bestimmt._ Vor Textbeginn eine Vignette mit der Inschrift: _Schiller, Burns, 1759, Haendel._ Auf den gleichfalls 1759 geborenen Robert Burns und den in diesem Jahr verstorbenen Georg Friedrich Händel wird im vertonten Text kurz eingegangen und so – trotz einiger patriotischer Töne – eine Geistesverwandtschaft zwischen deutscher und englischer Kultur beschworen. – Das ›Festlied‹ sei _sehr gelobt_ worden (Brandstaeter, S. 3). Eine zeitgenössische Kritik bezeichnete es hingegen als _äußerst langweilig. Abgeleierte Phrasen winden sich wie eine Seeschlange ohne Anfang und Ende [...]. Man fing schon an zu gähnen rechts und links ob dieser Festmusik_ (NZfM vom 25. November 1859, S. 190).

PAUL, Emil (1868–?)

1818 Der Taucher (»Wer wagt es, Rittersmann oder Knapp'«)
Für Chor (in verschiedenen Besetzungen) mit Deklamation und Klavierbegleitung
Leipzig: Brockhaus, o. A. – Stimmen für Männer- bzw. gemischten Chor oder zweistimmigen Schulchor, Klavierauszug, Textheft. – HMB 1896/2, S. 76.

PAX, Carl Eduard (1802–1867)

1819 An Emma (»Weit in nebelgrauer Ferne«)
Für eine Singstimme mit Klavierbegleitung
Hannover: Bachmann, o. A. – Hofmeister 1845 (_Vocalmusik_), S. 158.

Ledebur weist eine undatierte, _dem Fräulein Marie von Tippelskirch dedicirte_, Ausgabe bei Spehr in Braunschweig nach (S. 411).

PEDERSEN, F. W. C. (1779–1854)

1820 Der Jüngling am Bache (»An der Quelle saß der Knabe«); hier in dänischer Übersetzung unter dem Titel: _Ynglingen Ved Kilden_
Für eine Singstimme zur Gitarre
Kopenhagen: Lose 1839. – Fog-Verlagskatalog, S. 103.

PEJKÓ, Nikoláj Ivánovič (1916–1995)

Die Jungfrau von Orleans. Eine romantische Tragödie

1821 *Shanna d'Ark*. Ballett in drei Akten (sieben Bilder). Libretto: B. Pletnjow; Choreographie: Wladimir Pawlowitsch Burmeister

Der Plan eines Balletts über diesen Stoff war 1956 auf einer Gastspielreise des Stanislawski-Musiktheaters in Frankreich entstanden, nachdem Burmeister anlässlich des Geburtstages der Heiligen und ihr zu Ehren in Rouen ein Passionsspiel gesehen hatte. Gleichwohl ging man bei der Konzeption zunächst von Schillers Schauspiel aus, zog dann aber auch noch historische Quellen heran. – Bei der Komposition ließ sich Pejkó *besonders in den Volkstänzen und den Szenen der Hirten* durch *französische Volksmusik* beeinflussen. – Uraufführung: Moskau, 29. Dezember 1957 (Stanislawski-Musiktheater), mit Violetta Bowt (Johanna), E. Kusmin (Lionel) und E. Kusnetzowa (Agnes Sorel).

QUELLE: *Eberhard Rebling, Ballett A–Z*. Berlin: Henschel 1977, S. 195ff.

PENSCH, Robert (1881–1940)

Wilhelm Tell. Schauspiel

1822 – V. 1447ff. (Rösselmann: »Wir wollen sein ein einzig' Volk ein einzig' Volk von Brüdern«); hier unter dem Titel: *Was wir wollen*
Männerchor a cappella
Wien: Kliment, o. A. – Partitur, Stimmen. – Hofmeister (1929–1933), S. 494.

> · Für Männerchor mit Klavierbegleitung bzw. für Männerchor und Bläser. – Ebd. – Partitur; Stimmen. – Hofmeister (1938), S. 120.
>
> Vermutlich in Zusammenhang mit dem 1938 erfolgten »Anschluss« Österreichs ans Deutsche Reich veröffentlicht.

PENTENRIEDER, Franz Xaver (1813–1867)

1823 Der Jüngling am Bache (»An der Quelle saß der Knabe«); hier unter dem Titel: *Aus dem Lustspiele: Der Parasit; Gedicht von Schiller*
Für eine Singstimme mit Klavierbegleitung
Musikbeilage zur Nr. 11 in: *Europa*, hg. von August Lewald, Jg. 1838. – Karlsruhe: Artistisches Institut 1838. – BSB-Musik Bd. 12, S. 4893.

> · Idem. – Nr. 2 (einzeln) in: ders., *Sechs Lieder*. – München: Falter, o. A. – HMB 1849/12, S. 157.
>
> · Idem. – Nr. 2 des 2. Heftes in: *Lieder-Kranz, gewunden von den vorzüglichsten Tonsetzern*. – München: Aibl, o. A. – BSB-Musik, Bd. 1, S. 33, bzw. Bd. 9, S. 3841.

PERSCHK, Max (?–?)

1824 *Der große Dichter Stiller* [!] *(»Das Dichten bringt viel Freud' und Leid«)*; Textverfasser unbekannt
Solovortrag für eine Singstimme mit Klavierbegleitung
Bonn: Heidelmann, o. A. – Hofmeister (1904–1908), S. 581.

Die Komponisten und ihre Werke

PESCHKA, D. M. (?-?)

1825 Sehnsucht (»Ach, aus dieses Tales Gründen«)
Aria für eine Singstimme mit Klavierbegleitung
Wien: Mechetti, o. A. – Verl.-Nr. *337*. – Weinmann (Mechetti), S. 10 (demnach *1815* veröffentlicht). RISM A I: P 1531 (hier ohne Verlagsangabe; lediglich als *Wiener Druck* bezeichnet).

PESTALOZZA, Alberto (1851–1934)

Die Jungfrau von Oleans

1826 *Giovanna d'Arco. Leggenda (per marionette)*; Libretto vom Komponisten
Uraufführung: Turin, 17. September 1921 (Teatro Gianduja); s. Stieger bzw. Reischert, S. 511.

PETER, Georg (?-?)

Der Taucher (»Wer wagt es, Edelmann oder Knapp'«)

1827 *Der Taucher (»Höret an den Roman«)*; Textverfasser unbekannt
Original-Potpourri für eine Singstimme mit Klavierbegleitung
Heidelberg: Hochstein, o. A. – Hofmeister (1904–1908), S. 583. Pazdírek Bd. 9, S. 258 (hier als Einzelausgabe Nr. 29 und mit der Titelergänzung *frei nach Schiller* in der Reihe ›*Humoristische Soloszenen*‹).

Die Räuber. Ein Schauspiel

– 4. Akt, 5. Szene (Räuber: »Ein freies Leben führen wir«)

1828 *Ein Spitzbuben-Genie (»Ein freies Leben führen wir«)*; Textverfasser unbekannt
Komisches Duett nach bekannten Melodien für zwei Herren mit Klavierbegleitung
Heidelberg: Hochstein, o. A. – Hofmeister (1904–1908), S. 582.

PETERMANN, Ernst (1889–1970)

Wirklicher Name: *Pethke*.

Kabale und Liebe. Ein bürgerliches Trauerspiel

1829 *Links geht der Ferdinand und rechts Luise (»Nach Feierabend ist es still im Städtchen«)*; Text vom Komponisten
Für eine Singstimme mit Klavierbegleitung oder zur Laute, op. 90
Berlin: Reibenstein, o. A. – Hofmeister (1919–1923), S. 344.
Anspielung im Titel auf die beiden Hauptpersonen des Schauspiels.

· Für Mandolinenquartett. – Leipzig: Benjamin, o. A. – Hofmeister (1924–1928), S. 498.

· *Kleines Vortragslied* für eine Singstimme mit Klavierbegleitung oder zur Gitarre. – Hamburg: Benjamin 1954. – Hofmeister (1954), S. 275.

Verzeichnis der musikalischen Werke

PETERS, Max (1849–1927)

Der gleichnamige, 1888 geborene Komponist hatte bis 1929 offenbar noch nichts veröffentlicht; vgl. *Dt. Musiker-Lex.* 1929, Sp. 1048.

Parabeln und Rätsel

1830   – Nr. 1 (»Kennst du das Bild auf zartem Grunde?«); hier unter dem Titel: *Das Auge*
Gemischter Chor a cappella
Nr. 2 (einzeln) in: ders., *Zwei Dichtungen von Schiller*, op. 62. – Leipzig: Forberg, o. A. – Partitur, Stimmen. – Hofmeister (1909–1913), S. 598.

1831   – Nr. 4 (»Von Perlen baut sich eine Brücke«); hier unter dem Titel: *Der Regenbogen*
Gemischter Chor a cappella
Nr. 1 (einzeln) in: ders., *Zwei Dichtungen von Schiller*, op. 62 → 1830

PETZOLDT, G. (?–?)

1832   *Fest-Jubelmarsch zur 100jährigen Geburtstagsfeier Schillers* für Klavier, op. 36
Leipzig: Katzsch, o. A. – HMB 1859/12, S. 205.

PEUSCHEL, Moritz (1838–1892)

Der Handschuh (»Vor seinem Löwengarten, das Kampfspiel zu erwarten«)

1833   3. Teil in: ders., *Flotte Sänger (»Flotte Sänger sind gar wir«). Komische Gesangs-Quadrille für vier Männerstimmen* (TTBB) mit Klavierbegleitung, op. 45; Textverfasser unbekannt
Leipzig: Eulenburg, o. A. – Partitur, Stimmen. – HMB 1879/10, S. 309.

Die Quadrille besteht aus sechs Teilen, bei denen zu Beginn des dritten (*Poule*) die Schiller-Ballade zitiert wird (vgl. den Nachweis einer Stimmenabschrift in RISM-OPAC).

     • Ausgabe für Klavier mit unterlegtem Text. – Ebd. – HMB 1880/4, S. 125.

PFAFF, Karl (1795–1866)

1834   *»Auf, Brüder, auf, beginnt das Lied der Weihe«*; Text vom Komponisten
Vierstimmiger Männerchor (TTBB) a cappella
Nr. 1 in: *Drei Lieder, gesungen* [in Stuttgart] *bei der Feier der Enthüllung des Denkmals für Schiller im Jahre 1839*. – Stuttgart: Metzler 1839. – Chorpartitur. – Original (DLA).

Ob die Vertonung wirklich von Pfaff stammt, ist unsicher.

PFEFFER, Carl (1833–1897)

1835   Sehnsucht (»Ach, aus dieses Tales Gründen«)
Für eine Singstimme mit Klavierbegleitung
Wien: Schreiber, o. A. – Hofmeister (1868–1873), S. 345.

     • Wien: Spina, o. A. – Verl.-Nr. *22560*. – HMB 1873/4, S. 123. ÖNB (Online-Katalog).

Die Komponisten und ihre Werke

PFEIFFER, Carl (?–?)

1836 Des Mädchens Klage (»Der Eichwald brauset«)
Für eine Singstimme mit Klavierbegleitung, op. 3
Hannover: Nagel, o. A. – HMB 1889/10, S. 445.

PFEIL, Heinrich (1835–1899)

1837 _Die Heimkehr (»Jugendfreunde«)_; Text von Herrmann Marggraff
Für Bass oder Bariton mit Klavierbegleitung, op. 2
Leipzig: Selbstverlag 1859. – Büchting, S. 66. HMB 1859/11, S. 188.

... dem Dichter hochachtungsvoll gewidmet. – Ergänzender Hinweis: _Der Ertrag ist für die Schiller-Stiftung bestimmt._

• Leipzig: Siegel, o. A. – Pazdírek Bd. 9, S. 305.

PFEILSTICKER, Friedrich (?–?)

1838 _Zwölf Lieder verschiedener Dichter mit Klavierbegleitung._ – Augsburg: Gombart, o. A. – Rheinfurth, _Gombart_, Nr. 566 (demnach _1799_ erschienen).

Seinem Vater, dem Herrn Amtmann Pfeilsticker (wie soll er denn sonst heißen?) zugeeignet. – Ein Exemplar war bisher nicht nachweisbar, doch zitiert Rheinfurth aus einer Rezension der AMZ/1 vom 20. November 1799: _Wie unglaublich hat sich der Verfasser an den Liedern von Schiller,_ [Friedrich von] _Matthisson, Salis_ [d. i. Johann von Gaudenz Salis-Seewis], [August Friedrich Ernst] _Langbein und_ [Gottlieb Konrad] _Pfeffel, die alle schon vielfach komponirt sind, versündigt!_ (Sp. 154).

PFITZNER, Hans (1869–1949)

1839 Kolumbus (»Steure, mutiger Segler!«); hier mit dem Untertitel: _Zum 9. Mai 1905_
Achtstimmiger gemischter Chor (SSAATTBB) a cappella, op. 16
Berlin: Ries & Erler 1905. – Partitur (Verl.-Nr. _7832_), Stimmen. – Hofmeister (1904–1908), S. 586. BSB-Musik, S. 4948.

PFOHL, Adolf (?–?)

Turandot, Prinzessin von China. Ein tragikomisches Märchen nach Carlo Gozzi von Friedrich Schiller

1840 Schauspielmusik

(Ur-?)Aufführung: Ludwigsburg, 3. Oktober 1934 (Ordenssaal des Schlosses), _zur Feier des 70. Geburtstages der Schirmherrin des Königin Charlotte-Gymnasiums._ Gemeint ist Charlotte von Württemberg (1864–1946), geborene Prinzessin von Schaumburg-Lippe (zweite Ehefrau des letzten Königs von Württemberg, Wilhelm II.).

QUELLE: Programmzettel (DLA).

PFUSCH, Ernst (1864–1946)

Wilhelm Tell. Schauspiel

1841 – V. 25ff. (Alpenjäger: »Es donnern die Höhen«); hier unter dem Titel: _Der Alpenjäger_
Vierstimmiger Männerchor (TTBB) a cappella, op. 5

401

Leipzig: Hug, o. A. – Partitur (Verl.-Nr. *3794*), Stimmen. – Hofmeister (1904–1908), S. 587. RISM-CH (Database).

PIBER, Josef (1857–1922)

1842   Der Taucher (»Wer wagt es, Rittersmann oder Knapp'«)
Ein heiteres Oratorium nach Friedrich Schiller – textlich frei bearbeitet
Für Männerchor (TTBB), Soloquartett (auch für Quartett allein ausführbar) mit Klavierbegleitung, op. 23
Wien: Robitschek, o. A. – Singstimmen; Klavierauszug (Verl.-Nr. *3579*). – HMB 1900/9, S. 469. ÖNB (Online-Katalog). Pazdírek Bd. 9, S. 330.

Dem Quartett »Udel« verehrungsvoll gewidmet.

1843   Die Bürgschaft (»Zu Dionys, dem Tyrannen, schlich Damon«); hier mit dem Untertitel: *Eine leider unvollendet gebliebene Composition aus dem Nachlasse eines verkannten musikalischen Genies*
Heiteres Gesangsterzett für drei Männerstimmen mit Klavierbegleitung ad libitum
Nr. 1 (einzeln) in: ders., [2] *Heitere Gesangsterzette*, op. 12. – Wien: Rebay & Robitschek, o. A. – Verl.-Nr. *1888*. – HMB 1892/11, S. 477. ÖNB (Online-Katalog). Pazdírek Bd. 9, S. 329.

Erschien zugleich als Nr. 3 in der Reihe: *Aus dem Repertoire des humoristischen Terzettes Pi-Hu, heitere Gesangterzette für drei Männerstimmen mit Clavierbegleitung.*

Kabale und Liebe. Ein bürgerliches Trauerspiel

1844   *Cabale und Liebe.* Singspiel (*Travestie*) in einem Akt; Librettist unbekannt
Für vier Männerstimmen (TTBB) a cappella, op. 32
Quedlinburg: Vieweg, o. A. – Klavierauszug, Singstimmen. – HMB 1896/12, S. 631. Pazdírek Bd. 9, S. 330.

Daraus einzeln

- Nr. 6: *Ein feiner Hecht (»Ich war noch in den Jünglingsjahren«).* – Couplet für eine Singstimme mit Klavierbegleitung. – Ebd. – HMB 1896/12, S. 631. Pazdírek Bd. 9, S. 330.

PICCINNI, Louis-Alexandre (1779–1850)

Wilhelm Tell. Schauspiel

1845   *Guillaume Tell.* Oper

QUELLE: Gatti Bd. 2, S. 646 (Nachweis zweifelhaft, da die Oper in keiner anderen Werkliste berücksichtigt wird; vgl. Stieger oder Grove, *Opera* Bd. 3, S. 1005).

PICHLER, Charles (?–?)

Das Lied von der Glocke (»Fest gemauert in der Erden«)

1846   – V. 74ff. (»O! Zarte Sehnsucht, süßes Hoffen«); hier unter dem Titel: *Lied aus Schillers Glocke*
Für eine Singstimme mit Klavierbegleitung
Wien: Diabelli, o. A. – Verl.-Nr. *1353*. – Whistling 1828, S. 1087. Weinmann (Cappi etc.), S. 117 (demnach *um 1823/24* erschienen).

Zugleich als Nr. 107 in der Verlagsreihe ›*Philomele für das Pianoforte*‹ erschienen.

Die Komponisten und ihre Werke

PICHOFSKY, Johann (?-?)

1847 Die Erwartung (»Hör' ich das Pförtchen nicht gehen?«)
Für eine Singstimme mit Klavierbegleitung, op. 3
Autograph, 1840. – RISM-OPAC.

... der Hochgebornen Frau Leopoldine Gräfinn [!] _von Thürheim, gebornen Fürstin von Star-hemberg in tiefster Ehrfurcht gewidmet._

PIERSON, Henry Hugo (1815–1873)

Die Jungfrau von Orleans. Eine romantische Tragödie

1848 _Die Jungfrau von Orleans._ Konzertouvertüre für großes Orchester, op. 101
Leipzig: Schuberth 1876. – Partitur (Verl.-Nr. _5310_), Orchesterstimmen. –
Sonneck, _Orchestral Music_, S. 338. HMB 1876/3+4, S. 38. Pelker, S. 579f. Schae-fer, S. 53.

Maria Stuart. Ein Trauerspiel

1848+1 Ouvertüre für Orchester
Wird 1843 in einer Fachzeitschrift erwähnt (Pelker, S. 577).

Wallenstein. Ein dramatisches Gedicht – II. Die Piccolomini

1849 – V. 1757ff. (Thekla: »Der Eichwald brauset«); hier unter dem Titel: _Thekla's Klage_
Für eine Singstimme mit Klavierbegleitung
Nr. 5 (einzeln) in: ders., _Sechs Concert-Lieder_, op. 33. – Leipzig: Schuberth, o. A. – HMB 1865/4, S. 66.

Veröffentlichung der Einzelausgaben (jew. mit deutschem und englischem Text) mit größeren Zeitunterschieden (Nr. 1 – HMB 1860/5, S. 91, bis Nr. 6 – HMB 1866/11, S. 181).

PIETSCH, Wolfgang (1929–1974)

Wallenstein. Ein dramatisches Gedicht – I. Wallensteins Lager

1850 Schauspielmusik
Uraufführung im Rahmen der Premiere: Berlin, 6. März 1959 (Deutsches Theater). – Ur-sprünglich sollte H. Eisler die vollständige Schauspielmusik schreiben, vertonte damals aber nur das »Rekrutenlied« (»Trommeln und Pfeifen«; → 570), worauf P. Fischer (→ 654) und W. Pietsch die übrigen Teile komponierten.

Quelle: WV/Eisler, S. 167.

PILZ, Carl Philipp Emanuel (1771–1810?)

1851 Sehnsucht (»Ach, aus dieses Tales Gründen«)
Vierstimmiger Männerchor a cappella, op. 1
Bautzen: Reichel, o. A. – Partitur. – HMB 1/1848, S. 11.

PISLING, K. (?-?)

1852 Des Mädchens Klage (»Der Eichwald brauset«)
Für Sopran oder Tenor mit Klavierbegleitung, op. 7
Prag: Christoph & Kuhe, o. A. – HMB 1860/1, S. 19.

· Prag: Hoffmann, o. A. – Pazdírek Bd. 9, S. 384.

Verzeichnis der musikalischen Werke

PITTERLIN, Friedrich Adolf (um 1780–?)

Wallenstein. Ein dramatisches Gedicht – II. Die Piccolomini

1853   – V. 1757ff. (Thekla: »Der Eichwald brauset«); hier mit dem Untertitel: *Lied aus Die beiden* [!] *Piccolomini*
Für eine Singstimme mit Klavierbegleitung
Leipzig: Breitkopf & Härtel, o. A. – RISM A I: P 2480. Whistling 1828, S. 1087. Original (DLA).

> · Notenbeilage Nr. 5, hier unter dem Titel: *Lied aus Schillers Piccolomini*, in: *Allgemeine Musikalische Zeitung* vom 27. März 1805. – Leipzig: Breitkopf & Härtel 1805. – Original (WLB).

PITTRICH, George Washington (1870–1934)

In den meisten Nachschlagewerken wird als Vorname *Georg* angegeben.

Die Jungfrau von Orleans. Eine romantische Tragödie

1854   Schauspielmusik

Uraufführung im Rahmen der Premiere: Dresden, 1894 (Hoftheater, wo Pittrich von 1890–1898 als Korrepetitor angestellt war); s. Stieger.

Daraus veröffentlicht

· *Krönungsmarsch.* – Dresden: Seeling, o. A. – In Ausgaben für Orchester, *Militär-, Harmonie-, Infanterie-, Kavallerie-, Messingmusik* oder Klavier. – HMB 1896/5, S. 220 u. 242, bzw. 1896/7, S. 318 u. 320. Pazdírek Bd. 9, S. 389. Dupont, *Nürnberger Komponisten*, S. 247.

Turandot, Prinzessin von China. Ein tragikomisches Märchen nach Carlo Gozzi von Friedrich Schiller

1855   Schauspielmusik
Berlin: Oesterheld, o. A. – *Dt. Musiker-Lex.* 1929, Sp. 1069.

Uraufführung im Rahmen der Premiere: Nürnberg, 1923 (Stadttheater, wo Pittrich seit 1914 als Kapellmeister tätig war). – Im Werkverzeichnis bei ›Dupont, *Nürnberger Komponisten*‹, das bereits 1908 endet, nicht erwähnt (vgl. dort S. 247ff.).

PLATO, Georg (?–?)

1856   An die Freude (»Freude, schöner Götterfunken«)
Zweistimmige Singweise
Nr. 1 in: *Zwölf Schiller-Lieder* → 715

PLÜDDEMANN, Martin (1854–1897)

1857   Der Gang nach dem Eisenhammer (»Ein frommer Knecht war Fridolin«)
Für eine Singstimme mit Klavierbegleitung

1885 in Landsberg a. W. komponiert (s. *Steir. Musiklex.*/2, S. 524; Veröffentlichung nicht nachgewiesen).

1858   Der Kampf mit dem Drachen (»Was rennt das Volk, was wälzt sich dort«)
Für eine Singstimme mit Klavierbegleitung

1885 in Landsberg a. W. komponiert (s. *Steir. Musiklex.*/2, S. 524; Veröffentlichung nicht nachgewiesen).

404

_____ Die Komponisten und ihre Werke

1859   Der Taucher (»Wer wagt es, Rittersmann oder Knapp'«)
Für eine Singstimme mit Klavierbegleitung
Nr. 8 in: ders., [8] *Balladen und Gesänge* für Bariton, 1. Folge. – München:
Schmid, o. A. – HMB 1891/8, S. 327.
Dem Königlich Bayerischen Kammersänger Herrn Eugen Gura zugeeignet.
    · Leipzig: Leede, o. A. – Verl.-Nr. *1*. – Original (DLA).

1860   Die Bürgschaft (»Zu Dionys, dem Tyrannen, schlich Damon«)
Für eine Singstimme mit Klavierbegleitung
1885 in Landsberg a. W. komponiert (s. *Steir. Musiklex.*/2, S. 524; Veröffentlichung nicht
nachgewiesen).

1861   Die deutsche Muse (»Kein Augustisch' Alter blühte«)
Für eine Singstimme mit Klavierbegleitung
Nr. 1 in: ders., [8] *Balladen und Gesänge*, 1. Folge → 1859
    · Idem; für mittlere Stimme. – Nr. 20 in: ders., *27 ausgewählte Balladen
und Gesänge*, 3. Bd. (von 3 Bd.). – Nürnberg: Schmid, o. A. – Hofmeister
(1909–1913), S. 607.

1862   Elysium. Eine Kantate (»Vorüber die stöhnende Klage«)
Für mittlere Stimme mit Klavierbegleitung
Nr. 1 in: ders., *Vier Gesänge*. – Berlin: Thelen, o. A. – HMB 1896/7, S. 355.

1863   Ritter Toggenburg (»Ritter, treue Schwesterliebe widmet Euch dies Herz«);
hier unter dem Titel: *Toggenburg*
Für Bariton oder Bass mit Klavierbegleitung
Nr. 4 in: ders., [5] *Balladen und Gesänge*, Bd. 4. – Nürnberg: Schmid, o. A. –
Verl.-Nr. *5*. – HMB 1893/6, S. 239. Original (DLA).

POISOT, Charles Emile (1822–1904)

Die Räuber. Ein Schauspiel

1864   – 3. Akt, 2. Szene; hier unter dem Titel: *Karl Moor an der Donau*
Lyrisch-dramatische Szene für Bass [wahrscheinlich mit Klavierbegleitung]
Vermutlich Auswahl einiger Textpassagen, die als Monolog aufgefasst worden sind (er-
wähnt in: WV/Püttlingen, S. 115).

POKORNY, Johann Ferdinand (1797–1870)

1865   Der Pilgrim (»Noch in meines Lebens Lenze«)
Für eine Singstimme mit Klavierbegleitung, op. 10
Wien: Diabelli, o. A. – Verl.-Nr. *1706*. – Original (Slg. GG). Whistling 1828,
S. 1087. Weinmann (Diabelli), S. 113 (demnach *1824* veröffentlicht).
*... dem Fräulein Wilhelmine Amalie Hoffmeister von Hoffenegg gewidmet. – Erschien zugleich
und mit derselben Verl.-Nr. ebd. als Nr. 155 in der Verlagsreihe ›Philomele, eine Sammlung der
beliebtesten Gesänge mit Begleitung für das Pianoforte‹, eingerichtet u. hg. von Anton Diabelli.*

405

Verzeichnis der musikalischen Werke

POLGAR, Tibor (1907–1993)

Der Handschuh (»Vor seinem Löwengarten, das Kampfspiel zu erwarten«)

1866   *The Glove.* Komische Oper in einem Akt; Libretto von George Jonas

Auftragswerk von »Prologue to the Performing Arts«. – Uraufführung: New Liskeard (Ontario), 23. Februar 1975 (Produktion der Canadian Opera Company), unter der Leitung von Alan Lund.

QUELLEN: Grove, *Opera* Bd. 3, S. 1045. Internetrecherchen.

POLLAK, Franz (1870–1938)

Veröffentlichte auch unter den Pseudonymen *C. Haper, Fred Robert* und *Volkwarth.*

Wallenstein. Ein dramatisches Gedicht – Prolog

– Schlussvers (»Ernst ist das Leben, heiter ist die Kunst«)

1867   *Ernst ist das Leben, heiter ist die Kunst.* Ouvertüre für Harmoniemusik, op. 81 München: Neuer Münchener Musikverlag, o. A. – Ausgaben für große Harmoniemusik (*Schweizer Besetzung*) bzw. für kleine Harmonie- oder Blechmusik. – HMB 1934/8+9, S. 153.

POLT, Johann Joseph (1775–1861)

1868   An die Freude (»Freude, schöner Götterfunken«); hier unter dem Titel: *Lied der Freude*
Für eine Singstimme mit Klavierbegleitung
Nr. 7 in: *Der fröhliche Sänger. Eine Sammlung ergötzlicher Lieder. Zur Erheiterung für Freunde des Gesanges und aller fröhlichen Gesellschaften.* – Wien: Lechner 1825. – Brandstaeter S. 32.

1869   Die Freundschaft (»Freund! Genügsam ist der Wesenlenker«); hier unter dem Titel: *Schiller's ›Freundschaft‹*
Für eine Singstimme mit Klavierbegleitung

QUELLE: Kurscheidt, S. 398.

POMPECKI, Bernhard (1850–1912)

Wilhelm Tell. Schauspiel

1870   – V. 25ff. (Alpenjäger: »Es donnern die Höhen«); hier unter dem Titel: *Der Alpenjäger*
Singweise
Nr. 230 in: *H. Burckhardts Jagd- und Waldlieder. Allgemeines Deutsches Lieder- und Kommersbuch für Forstmänner, Jäger und Jagdfreunde.* – Zweite, sehr vermehrte und mit den Singweisen versehene Auflage. Bearbeitet und hg. von Bernhard Pompecki. – Neudamm: Neumann 1901. – Original (Slg. GG; hier: *3. Reprint-Auflage*; Melsungen: Neumann 1987).

Heinrich Christian Burckhardt (1811–1879) hatte seine Liedersammlung erstmals 1866 bei Riewe & Thiele (Hannover) veröffentlicht.

POSA, Oscar C. (1873–1951)

Wallenstein. Ein dramatisches Gedicht – I. Wallensteins Lager

1871 – V. 384ff. (Rekrut: »Trommeln und Pfeifen«)
Für Bariton mit Klavier- oder Orchesterbegleitung
Nr. 5 in: ders., *Fünf Soldatenlieder*, op. 8. – Leipzig: Zimmermann, o. A. – Partitur, Orchesterstimmen; Ausgabe mit Klavierbegleitung. – Hofmeister (1909–1913), S. 612.

PRACHT, August Wilhelm (1763–1824)

1872 Die Kindesmörderin (»Horch, die Glocken hallen dumpf zusammen«); hier in der Gedichterstfassung: Die Kindsmörderin (»Horch – die Glocken weinen dumpf zusammen«)
Für eine Singstimme mit Klavierbegleitung
Berlin: Rellstab, o. A. – Verl.-Nr. *Op. CCLXIII*. – RISM A I: P 5317. Original (DLA).

Zur Besonderheit von Rellstabs Zählung der Verl.-Nrr. → 369 (Ausgabe 1).

PRAEGER, Heinrich Aloys (1783–1854)

Die Jungfrau von Orleans. Eine romantische Tragödie

1873 – *Krönungsmarsch* für Klavier
S. 89f. des 6. Heftes, 5. Jg. (1829), in: *Polyhymnia. Eine musikalische Monatsschrift für das Pianoforte*. – Meissen: Klinkicht 1825–1839. – Fellinger, S. 763ff. (hier: S. 780).

Der Untertitel der Reihe wechselte phasenweise: *Anthologie als Monatsschrift* (1830/31); *Anthologie in Original-Compositionen für das Piano-Forte* (ab 1832). Als Herausgeber und Bearbeiter waren nacheinander Friedrich August Kummer, Heinrich Aloys Praeger (ab dem 2. Jg., 1826) und Franz Louis Schubert (ab dem 11. Heft des 7. Jg., 1831) tätig. – Praeger wird auf der Titelseite des vorliegenden Heftes als *Kapellmeister am königlich-großbritannischen Hoftheater zu Hannover* bezeichnet, ein Amt, das er zwischen April 1829 und Anfang Januar 1832 bekleidete (vgl. Georg Fischer: *Opern und Concerte am Hoftheater zu Hannover bis 1866.* Hannover: Hahn 1899, S. 78f.). Weiterer Nachweis s. Goethe-Museum (Katalog), Nr. 921.

Turandot, Prinzessin von China. Ein tragikomisches Märchen nach Carlo Gozzi von Friedrich Schiller

1874 *Tanz und Marsch für Orchester*

1825 komponiert; unveröffentlicht (s. MGG1 Bd. 10, Sp. 1538).

Wallenstein. Ein dramatisches Gedicht – I. Wallensteins Lager

1875 – V. 384ff. (Rekrut: »Trommeln und Pfeifen«); hier unter dem Titel: *Lied des Rekruten*
Für eine Singstimme mit Klavierbegleitung
S. 171 des 11. Heftes, 2. Jg. (1826), in: *Polyhymnia* → 1873

Fellinger, S. 770.

Verzeichnis der musikalischen Werke

PRESSLER, Alfred (?–?)

1876   Punschlied (»Vier Elemente, innig gesellt«)
Romanze für Mezzosopran mit Klavierbegleitung, op. 6
Erfurt/Kronach: Pressler, 1913. – BSB-Musik Bd. 12, S. 5082.

PRESUHN, Alexander Theodor (1870–1950)

QUELLE der folgenden Nachweise: WV/Presuhn, S. 202–204.

Schauspielmusiken zu:

1876+1   Die Braut von Messina oder: Die feindlichen Brüder. Ein Trauerspiel mit Chören
Uraufführung im Rahmen der Premiere: Stuttgart, 26. Juni 1934 (Württembergisches Staatstheater, Kleines Haus).

1876+2   Die Jungfrau von Orleans. Eine romantische Tragödie
Uraufführung im Rahmen der Premiere: Stuttgart, 10. November 1921 (Württembergisches Landestheater, Kleines Haus).

1876+3   Die Räuber. Ein Schauspiel
Uraufführung im Rahmen der Premiere: Stuttgart, 21. Mai 1933 (Württembergisches Staatstheater, Kleines Haus).

1876+4   Die Verschwörung des Fiesco zu Genua. Ein republikanisches Trauerspiel
Uraufführung im Rahmen der Premiere: Stuttgart, 3. Mai 1930 (Württembergisches Landestheater, Kleines Haus).

PREU, Friedrich (?–?)

1877   An die Freude (»Freude, schöner Götterfunken«)
Vermutlich Rundgesang
In: *Freimaurer Lieder in Musik.* – Riga, o. bibliogr. Angaben. – *Lex. dt.-balt. Musik*, S. 202.

Das Heft, das bei Breitkopf & Härtel in Leipzig gedruckt worden ist, soll 1785 erschienen sein. Das Gedicht kursierte zwar schon vor seiner Erstveröffentlichung (›Thalia‹, Februar 1786) in mehreren Abschriften, doch ist es eher unwahrscheinlich, dass dem damals in Riga tätigen Preu der Text so früh bekannt war.

PREUSSEN, Friedrich II. (»Der Große«), König von (1712–1786)

Wallenstein. Ein dramatisches Gedicht – III. Wallensteins Tod

1878   *Pappenheimer Marsch* für Harmoniemusik (Hr. 1 2, Tr. 1–3, Pos., Pk.)
Handschriftliche Stimmen [ca. 1890–1899]. – RISM-OPAC.

Aufführungen am Weimarer Theater als Ersatz für die entsprechende Nr. aus Wilhelm Reifs Schauspielmusik (→ 1981) verwendet. – A. Pabst zitierte ihn außerdem in der Schauspielmusik zu ›Wallensteins Tod‹ (→ 1803).

PREVETZ, Anton J. (?–?)

Der Jüngling am Bache (»An der Quelle saß der Knabe«)

1879   *Der Jüngling am Bache.* Fantasie für Zither, op. 11
Wien: Kratochwill, o. A. – HMB 1892/3, S. 80.

Die Komponisten und ihre Werke

PREYER, Gottfried (1807–1901)

1880   _Nacht und Träume (»Heil'ge Nacht, du sinkest nieder«)_; Schiller zugeschriebenes Gedicht von Matthäus von Collin
Für eine bzw. zwei Singstimmen (oder für Frauenchor) mit Physharmonika- oder Klavierbegleitung, op. 51
Wien: Diabelli, o. A. – HMB 1848/9, S. 146, u. 1848/10, S. 163.

PRINGSHEIM, Klaus (1883–1972)

Die Räuber. Ein Schauspiel

1881   _Zwei Lieder der Amalia aus Schillers ›Die Räuber‹ für eine Singstimme mit Klavierbegleitung_

- 2. Akt, 2. Szene (Amalia: »Willst dich, Hektor, ewig mir entreißen«); hier unter dem Titel: _Abschied Andromachas und Hektors_
- 3. Akt, 1. Szene (Amalia: »Schön wie Engel, voll Walhallas Wonne«); hier unter dem Titel: _Amalia im Garten_

Berlin: Ries & Erler, o. A. – Hofmeister (1919–1923), S. 359.

PROCH, Heinrich (1809–1878)

1882   Der Alpenjäger (»Willst du nicht das Lämmlein hüten«)
Für eine Singstimme mit Klavierbegleitung, op. 13
Wien: Diabelli, o. A. – Verl.-Nr. _6128._ – Original (Slg. GG). HMB 1836/12, S. 140.

… seinem Freunde Herrn Carl Friedrich Welker gewidmet.

1883   Der Jüngling am Bache (»An der Quelle saß der Knabe«)
Für eine Singstimme mit Klavierbegleitung und Violoncello ad libitum, op. 1
Wien: Diabelli, o. A. – Verl.-Nr. _6243._ – Original (DLA). HMB 1837/5, S. 61.

Erschien nach 1852 als Titelauflage in Wien bei Spina. – Von dem populären Lied sind zahlreiche Bearbeitungen veröffentlicht worden; vgl. Hofmeister 1845 (_Vocalmusik_), S. 205, bzw. Pazdírek Bd. 9, S. 547.

1884   _Der Sänger und der Wanderer (»Es singt im tiefsten Haine ein Sänger«)_; in RISM-OPAC irrtümlich Schiller zugeschriebener Text von _Friedrich B.b...k_
Für eine Singstimme mit Klavierbegleitung und Horn
Wien: Diabelli, o. A. – Verl.-Nrr. _6200_ u. _6201_ (nur mit Klavierbegleitung). – RISM-OPAC. HMB 1837/2, S. 28.

Herrn S. Sulzer freundschaftlich gewidmet. – Zum Gedicht vgl. ›_Zeitung für die elegante Welt_‹ vom 5. April 1814, S. 530, oder ›_Der Sammler_‹ vom 28. April 1814, S. 271f.

PROCHÁZKA, Rudolph Freiherr (1864–1936)

Die Götter Griechenlands (»Da ihr noch die schöne Welt regieret«)

1885   _Die Götter Griechenlands._ Sinfonische Dichtung für großes Orchester
Nr. 2 in: ders., _Zwei symphonische Lieder_, op. 24. – Wien: Universal Edition, o. A. – Partitur. – Hofmeister (1914–1918), S. 360.

Titel des ersten Stücks: ›_Eine Mitternachtsstunde_‹.

PUCCINI, Giacomo (1858–1924)

Turandot, Prinzessin von China. Ein tragikomisches Märchen nach Carlo Gozzi von Friedrich Schiller

1886 *Turandot. Dramma lirico* in drei Akten (fünf Bilder); Libretto von Giuseppe Adami und Renato Simoni

Schon 1905 war ›Turandot‹ kurzzeitig als möglicher Opernstoff im Gespräch gewesen, den Puccini zuerst durch Schillers Bearbeitung in der Übersetzung von Andrea Maffei kennenlernte (damals entschied sich der Komponist jedoch für ›*La Fanciulla del West*‹). Erst im Frühjahr 1920 begann er mit der Arbeit an ›Turandot‹, welche er aber nicht mehr beenden konnte. Nach Puccinis Tod (29. November 1924) vervollständigte Franco Alfano das Werk um die fehlenden beiden letzten Szenen (Liebesduett Turandot-Calaf und Finale), zu denen nur einige Skizzen vorlagen (vermutlich waren hierfür zunächst auch Franco Vittadini und Riccardo Zandonai im Gespräch). Ursprünglich bestand die Ergänzung aus 377 Takten, die aber auf Betreiben Arturo Toscaninis auf 268 Takte gekürzt werden mussten; dabei entfielen auch einige Passagen des ursprünglich zur Vertonung vorgesehenen Textes. Obwohl von Alfano nie akzeptiert, hat sich diese Fassung in der Praxis etabliert. Erst seit Anfang der 1980er Jahre wurden immer wieder Versuche mit neuen Lösungen unternommen.

›Turandot‹ ist ein Fragment, wenn auch ganz in der Nähe der Vollständigkeit. Als Puccini die einigermaßen kontinuierliche Arbeit [...] im Frühjahr 1924 abbrach, hatte er (am Umfang der Partitur gemessen) fast sieben Achtel des Stücks komponiert, instrumentiert und dem Verlag zur Herstellung des Aufführungsmaterials übergeben. Bis zum Beginn des Schlussduetts ist die uns bekannte ›Turandot‹ also authentischer Puccini. Es bleibt allerdings zu bedenken, dass er keine Gelegenheit mehr hatte, seine Schreibtischarbeit an der Bühnenwirksamkeit zu messen, und wir wissen, dass er fast immer erhebliche nachträgliche Korrekturen vornahm. Wie wir ›Turandot‹ kennen, ist sie also jedenfalls ein Stück ohne Puccinis Werkstatterfahrungen und folglich auch eine Art Fragment außerhalb des nicht zu Ende komponierten Schluss-Aktes (Dieter Schickling: *Giacomo Puccini. Biografie. Erweiterte Neuausgabe.* Stuttgart: Carus und Reclam 2007, S. 354).

Die wichtigsten Fassungen:

1. Uraufführung des Fragments (Abbruch der Vorstellung mit dem Ende von Puccinis Originalkomposition): Mailand, 25. April 1926 (Teatro alla Scala), mit Rosa Raisa (Turandot), Maria Zamboni (Liù), Miguel Fleta (Calaf) und Carlo Walter (Timur) unter der musikalischen Leitung von Arturo Toscanini.

2. Uraufführung mit dem gekürzten Schluss von F. Alfano (also die seither übliche Fassung): Mailand, 27. April 1926 (Teatro alla Scala), mit den gleichen Sängern, aber jetzt unter der musikalischen Leitung von Ettore Panizza (nicht – wie meistens angegeben – Arturo Toscanini; vgl. WV/Puccini-2, S. 393).

3. a. Konzertante Uraufführung mit dem ursprünglichen (also längeren) Schluss von F. Alfano: London, 3. November 1982 (Barbican Centre), mit Sylvia Sass (Turandot), Barbara Hendricks (Liù), Franco Bonisolli (Calaf), unter der musikalischen Leitung von Owain Arwell Hughs.

   b. Szenische Uraufführung dieser Fassung: New York, 7. Juli 1983 (City Opera), mit Judith Telep-Ehrlich (Turandot) und Jon Fredric West (Calaf) unter der musikalischen Leitung von Daniel Oren.

4. Szenische Uraufführung einer von Jürgen Maehder angefertigten Mischfassung aus Alfanos Original und der von Toscanini erzwungenen Kürzung: Saarbrücken, 19. September 1993 (Saarländisches Staatstheater).

5. a. Konzertante Uraufführung mit dem neu angefertigten Schluss von Luciano Berio im Rahmen des 36. *Festival de Música de Canarias*: Las Palmas, 24. Januar 2002 (Alfredo-Kraus-Auditorium), mit Eva Urbanová (Turandot) und Dennis O'Neill (Calaf) sowie dem Concertgebouw Orchester unter der Leitung von Riccardo Chailly (dieser hatte Berio zu der Arbeit angeregt).

Die Komponisten und ihre Werke

b. Szenische Uraufführung dieser Fassung: Los Angeles, 4. Juni 2002 (Dorothy Chandler Pavillon), mit Audrey Stottler (Turandot) und Franco Farina (Calaf) unter der musikalischen Leitung von Kent Nagano.

Originalausgabe

Partitur, Aufführungsmaterial; verschiedensprachige Klavierauszüge; zahlreiche Bearbeitungen usw. – Mailand: Ricordi 1926ff.

QUELLEN: WV/Puccini-1, S. 52ff. WV/Puccini-2, Nr. 91. _Pipers Enzyklopädie_ Bd. 5, S. 135f. Lo, S. 289ff. Internetrecherchen.

PUCHAT, Max (1859–1919)

Das Ideal und das Leben (»Ewig klar und spiegelrein«)

1887 _Leben und Ideal. Eine sinfonische Dichtung nach Schiller'schen Worten_ für großes Orchester, op. 24
Leipzig: Siegel, o. A. – Partitur (Verl.-Nr. _9676_), Stimmen. – HMB 1892/5, S. 179. Sonneck, _Orchestral Music_, S. 347.

PÜRINGER, August (um 1870–1925)

Wilhelm Tell. Schauspiel

1888 – V. 1ff. (Fischerknabe: »Es lächelt der See«); hier unter dem Titel: _Lied des Fischerknaben_
Für eine Singstimme mit Klavierbegleitung
Nr. 1 in: ders., _Fünf Gedichte_, op. 2. – Leipzig: Fritzsch, o. A. – HMB 1899/10, S. 492f.

· Leipzig: Siegel, o. A. – Pazdírek Bd. 9, S. 568.

PUGNI, Cesare (1802–1870)

Wilhelm Tell. Schauspiel

1889 _Guglielmo Tell._ Ballett; Choreographie von Louis Henry
Uraufführung: Mailand, 19. Februar 1833 (s. MGG2 _Personenteil_ Bd. 13, Sp. 1040).

— Q —

QUIEL, Hildegard (1888–1971)

Wilhelm Tell. Schauspiel

1890 – V. 1ff. (Fischerknabe: »Es lächelt der See«)
Für eine Singstimme mit Klavierbegleitung
Autograph, 1934. – Original (DLA).

Geschrieben für die Schillerfeier des Lyceums Wittenberg im November 1934. – Vermutlich unveröffentlicht.

Verzeichnis der musikalischen Werke

— R —

RABE, Gerhard (geb. 1944)

Macbeth. Zur Vorstellung auf dem Hoftheater in Weimar eingerichtet von Friedrich Schiller

1891 – V. 741ff. (Pförtner: »Verschwunden ist die finst're Nacht«); hier unter dem Titel: *Morgenlied*
Vierstimmiger gemischter Chor a cappella
Nr. 5 in: ders., [5] *Lieder der Sonne. Kleiner Morgenliederzyklus.* – Bad Heilbrunn: Concertino 2001. – Partitur (Verl.-Nr. *21349*). – Homepage des Komponisten.

Der ganze Zyklus ist *dem Kammerchor des Eugen Jaeckle-Gaues und seinem Leiter Maximilian Fischer herzlichst gewidmet.*

RABICH, Ernst (1856–1933)

1892 Das eleusische Fest (»Windet zum Kranze die goldenen Ähren«)
Für Soli, gemischten Chor und Orchester

1879 komponiert; unveröffentlicht; s. *Dt. Musiker-Lex.* 1929, Sp. 1104.

Die Braut von Messina oder: Die feindlichen Brüder. Ein Trauerspiel mit Chören

1893 *Szenen aus Schillers ›Braut von Messina‹ für Soli, Chor und Orchester*
Uraufführung: Gotha, 1925 (Hoftheater), unter der musikalischen Leitung von Ernst Schwaßmann; unveröffentlicht; s. *Dt. Musiker-Lex.* 1929, Sp. 1104.

RABSCH, Edgar (1892–1964)

Wallenstein. Ein dramatisches Gedicht – I. Wallensteins Lager

1894 – V. 1104f. (Erster Jäger: »Und setzet ihr nicht das Leben ein«)
Kanon zu drei Stimmen
S. 68 in: *Das Singe-Rad. Eine Sammlung neuer Kanons.* Unter Mitarbeit von Walter Rein und Ernst-Lothar von Knorr hg. von Carl Hannemann in Verbindung mit der NS.-Gemeinschaft »Kraft durch Freude«. – Hamburg: Hanseatische Verlagsanstalt 1938. – Original (Slg. GG).

Es handelt sich um eine ideologisch geprägte Sammlung, die ungefähr zweihundert Kanons zeitgenössischer Komponisten enthält. Das Vorwort wird bereits mit einem »Hitler-Zitat« eingeleitet, worauf der Herausgeber unterstreicht, dass der Kanon der nationalsozialistischen Weltanschauung besonders gut entspricht: *Ein klares Spiegelbild unseres völkischen Lebens zu allen Zeiten ist der Kanon. Seine Geschichte ist ein Stück deutscher Geschichte. [...] Der Kanon ist in seiner Grundhaltung linear-polyphon, also nicht ein auseinandergezogener harmonischer Satz, wie er landläufig aufgefasst wird. Seine Form ist zugleich das Sinnbild der Gemeinschaft, ist die Vereinigung von Gebundensein und Ungebundensein zur wahren Freiheit. [...] Der Kanon ist die Spruchform unserer Zeit. Alles, was wir leben im Kreislauf des natürlichen und politischen Jahres und der Grund, aus dem wir leben: unser Glaube an die Werte unseres Volkstums findet seinen Ausdruck am stärksten gedichtet im Kanon.* – Rund zwanzig Jahre später erschien in der »DDR« die Kanonsammlung ›Rundadinella‹, in deren Vorwort diese Musizierform für den Sozialismus ideologisch reklamiert wurde (→ 1300).

Die Komponisten und ihre Werke

RACEK, Fritz (1911–1975)

Maria Stuart. Ein Trauerspiel

1895 Schauspielmusik

1935 in Wien komponiert; dort im gleichen Jahr uraufgeführt; unveröffentlicht (s. MGG1 Bd. 10, Sp. 1838, u. Reischert, S. 640).

RADZIWIL, Anton Heinrich Fürst (1775–1833)

1896 An Emma (»Weit in nebelgrauer Ferne«); hier auch mit polnischer Übersetzung: _Do Emmy_
Für eine Singstimme mit Klavierbegleitung
Undatierte Handschriften. – Original (DLA). Goethe-Museum (Katalog), Nr. 927.

RAFF, Joachim (1822–1882)

Wilhelm Tell. Schauspiel

1897 [Die drei Eingangslieder] für vierstimmiger Männerchor (TTBB) a cappella

1. V. 1ff. (Fischerknabe: »Es lächelt der See«); hier unter dem Titel: _Fischerlied_
2. V. 13ff. (Hirte: »Ihr Matten, lebt wohl«); hier unter dem Titel: _Hirtenlied_
3. V. 25ff. (Alpenjäger: »Es donnern die Höhen«); hier unter dem Titel: _Alpenjägerlied_

Nrr. 1–3 in: ders., _Zehn Gesänge für Männerchor_, op. 195 (in 2 Heften). – Leipzig: Kahnt, o. A. – Partitur, Stimmen. – WV/Raff, S. 97f. HMB 1876/3+4, S. 75.

Zwischen 1860 und 1870 komponiert. – 1. Heft: Nrr. 1–5; 2. Heft: Nrr. 6–10.

RANDEGGER, Alberto (1832–1911)

Der Gang nach dem Eisenhammer (»Ein frommer Knecht war Fridolin«)

1898 _Fridolin or The Message to the Forge._ Dramatische Kantate für Chor und Orchester; Textfassung von Erminia (Hermine) Rudersdorff
London: Chappell 1873. – Klavierauszug. – Pazdírek Bd. 9, S. 645. MGG1 Bd. 10, Sp. 1916. New Grove2 Bd. 20, S. 819.

Uraufführung: Birmingham, 28. August 1873 (Birmingham Festival). – Neben dem vollst. Klavierauszug wurden im gleichen Verlag einige Nummern separat veröffentlicht (vgl. Pazdírek Bd. 9, S. 645).

Außerdem

· Franz Nava: [3] _Subjects from Randegger's Cantata ›Fridolin‹_ für Klavier. – London: Chappell, o. A. – Pazdírek Bd. 8, S. 655.

Inhalt: 1. _Hunting Chorus_; 2. _Chorus of Handmaidens_; 3. _Chorus of Villagers_.

RANDHARTINGER, Benedict (1802–1893)

1899 An die Freude (»Freude, schöner Götterfunken«)
Für zwei Singstimmen (ST) mit Klavierbegleitung
Nr. 5 in: ders., [5] _Lieder nach Texten von Friedrich von Schiller._ – Ruprechtshofen: Selbstverlag der Benedict Randhartinger Gesellschaft 2006. – Original (Slg. GG).

413

Verzeichnis der musikalischen Werke

1900 An Emma (»Weit in nebelgrauer Ferne«)
Für eine Singstimme mit Klavierbegleitung
Nr. 2 in: ders., [3 Lieder], op. 14. – Wien: Pennauer, o. A. – Verl.-Nr. *429*. – ÖNB
(Online-Katalog). HMB 1829/4, S. 34 (hier unter dem Titel: *Drei Gedichte*).

*Ohne Sammeltitel veröffentlicht. – ... den Hochgebornen Fräulein Flore und Cornelie Freyinnen
von der Trenck gewidmet.*

- Nr. 1 in: ders., [5] *Lieder nach Texten von Friedrich von Schiller* → 1899
- Nr. 1 des 2. Heftes in: ders., [20] *Lieder* (in 2 Heften). – Wien: Doblinger 2002 (= *Diletto Musicale*, Nr. *1353*). – Verl.-Nr. *19176*. – Original (Slg. GG).

Sammelausgabe, die Erich Wolfgang Partsch im Auftrag der »Benedict Randhartinger-Gesellschaft« herausgegeben hat (zehn Lieder je Heft).

1901 Des Mädchens Klage (»Weit in nebelgrauer Ferne«)
Für eine Singstimme mit Klavierbegleitung
Nr. 2 in: ders., [5] *Lieder nach Texten von Friedrich von Schiller* → 1899

- Nr. 2 in: ders., [20] *Lieder*, 2. Heft → 1900

1902 Sehnsucht (»Ach, aus dieses Tales Gründen«)
Für eine Singstimme mit Klavierbegleitung
Nr. 4 in: ders., [5] *Lieder nach Texten von Friedrich von Schiller* → 1899

Wilhelm Tell. Schauspiel

1903 – V. 1465ff. (Walter Tell: »Mit dem Pfeil, dem Bogen«); hier unter dem Titel: *Jägerlied*
Für eine Singstimme mit Klavierbegleitung
Nr. 3 in: ders., [5] *Lieder nach Texten von Friedrich von Schiller* → 1899

- Idem (unter dem gleichen Titel); Fassung für Männerchor mit Klavierbegleitung
Undatierte autographe Partitur. – ÖNB (Online-Katalog).

RAUBUCH, Erhard (1909–1967)

1903+1 Sprüche des Konfuzius – Nr. 2 (»Dreifach ist des Raumes Maß«); hier mit dem Titel: *Fest und bestimmt*
Für gemischten Chor a cappella
Nr. 2 in: ders., *Geh, ruf den Morgenstern. Ein Zyklus für gemischten Chor nach Gedichten der Weisheit*. – Heidelberg: Süddeutscher Musikverlag (Müller) 1950. – Partitur (Verl.-Nr. *2367*). – Badische Landesbibliothek, Karlsruhe (Online-Katalog; freundliche Mitteilung von Simone Scheurer).

Meiner Frau gewidmet. – Aus sechs Sätzen bestehend. Enthält noch Vertonungen nach Gedichten von Richard Dehmel, Johann Wolfgang Goethe, Gotthold Ephraim Lessing und Angelus Silesius.

RAUCHENECKER, Georg (1844–1906)

1904 Das Lied von der Glocke (»Fest gemauert in der Erden«)
Kantate für Soli, vierstimmigen gemischten Chor oder dreistimmigen Frauenchor und Klavierbegleitung mit Deklamation
Düsseldorf: Schwann, o. A. – Partitur, Stimmen. – HMB 1895/3, S. 98.

Die Komponisten und ihre Werke

REBENSBURG, Thomas (geb. 1958)

1905 Die Teilung der Erde (»Nehmt hin die Welt«); hier unter dem Titel: _Die Verteilung der Erde_
Gemischter Chor a cappella, op. 4

1981 entstanden und im gleichen Jahr am Tegernsee uraufgeführt; unveröffentlicht; Aufführungsmaterial beim Komponisten (s. _Komp. d. Ggw._, S. 563).

RECHENBERG, Ernst (1800–?)

1906 _Zu Schillers hundertjährigem Geburtstag (»O Tag der hohen Feier«)_; Textverfasser unbekannt
Für eine Singstimme mit Klavierbegleitung, op. 31
Berlin: Westphal 1859. – Verl.-Nr. _22._ – Original (DLA).

RECHNITZER-MØLLER, Henning (1889–?)

Die Räuber. Ein Schauspiel

1907 – 3. Akt, 1. Szene (Amalia: »Schön wie Engel, voll Walhallas Wonnen«); hier unter dem Titel: _Amaliens Lied_
Für Sopran mit Klavierbegleitung, op. 41 Nr. 3
Berlin: Afa, o. A. – Hofmeister (1938), S. 120 (ohne Informationen zum ganzen Opus).

REEDE, J. F. (?–?)

1908 An Emma (»Weit in nebelgrauer Ferne«)
Für eine Singstimme mit Klavierbegleitung
Nr. 1 in: ders., _Drei Lieder_, op. 3 – Utrecht: Rahr, o. A. – Verl.-Nr. _4._ – Original (DLA).

Fräulein Betsy Tobias gewidmet. – Der dritte Text stammt nicht von Schiller.

1909 Des Mädchens Klage (»Der Eichwald brauset«)
Für eine Singstimme mit Klavierbegleitung
Nr. 2 in: ders., _Drei Lieder_, op. 3 → 1909

REHBAUM, Theobald (1835–1918)

Die Braut von Messina oder: Die feindlichen Brüder. Ein Trauerspiel mit Chören

1910 Ouvertüre für Orchester

1883 entstanden; unveröffentlicht. – Uraufführung: Berlin, 22. November 1884 (Sinfoniekonzert der Königlichen Hofkapelle), unter der Leitung von Robert Radecke. – _Ein Werk von reicher Phantasie und vorzüglicher Orchestration, fand es den lebhaftesten Beifall. Der Inhalt des Trauerspiels zeigt sich in demselben in kurzer Form sehr glücklich musikalisch illustriert_ (s. Schaefer, S. 72f.); s. a. Pelker, S. 604.

Verzeichnis der musikalischen Werke

REICHA, Anton (1770–1836)

Vorname auch: *Antonín* oder *Antoine-Joseph*; Nachname auch: *Rejcha*.

Die Jungfrau von Orleans. Eine romantische Tragödie

1911   – V. 383ff. (»Lebt wohl, ihr Berge, ihr geliebten Triften«); hier unter dem Titel: *Abschied der Johanna d'Arc von ihrer Heimath*
Deklamation mit melodramatischer Begleitung der Glasharmonika und des Orchesters

Anfang 1806 in Wien für die gastierende blinde Glasharmonikavirtuosin Marianne [auch: Mariane] Kirchgeßner komponiert; unveröffentlicht. – Uraufführung: Wien, 12. März 1806.

QUELLE: MGG2 *Personenteil* Bd. 13, Spp. 1455 u. 1459.

REICHARDT, Gustav (1797–1884)

1912   Punschlied (»Vier Elemente, innig gesellt«)
Für vierstimmigen gemischten Chor (SATB) oder Männerchor (TTBB) a cappella, op. 37
Berlin: Challier, o. A. – Partitur (in 2 Ausgaben). – HMB 1872/2, S. 35. Pazdírek Bd. 9, S. 726.

1913   Würde der Frauen (»Ehret die Frauen! Sie flechten und weben«)
Vierstimmiger Männerchor (TTBB) a cappella
Nr. 2 in: ders., *Sechs Lieder für die Liedertafel zu Berlin*, op. 18 (*Tafelgesänge für Männerstimmen*, 16. Heft). – Leipzig: Hofmeister 1841. – Partitur, Stimmen.
– HMB 1841/12, S. 188. Pazdírek Bd. 9, S. 726. Ledebur, S. 430 (nennt irrtümlich *Hoffmeister* als Verlag).

REICHARDT, Johann Friedrich (1752–1814)

Obwohl Reichardt einer der wichtigsten Komponisten seiner Zeit ist, gibt es bisher (2016) kein zuverlässiges Werkverzeichnis. Daher sind Unsicherheiten in Zusammenhang mit Mehrfachvertonungen und Lücken in der anschließenden Liste, in der vorwiegend Erstausgaben und frühe Veröffentlichungen nachgewiesen werden, kaum vermeidbar.

J. F. Reichardt gehört zwar zu dem kleinen Kreis von Komponisten, die in direkter Verbindung mit Schiller gestanden haben; speziell ihre Beziehung war jedoch von Anfang an von einer tiefen persönlichen Abneigung geprägt. Die beiden hatten sich 1789 während Reichardts Besuch bei Goethe in Weimar kennengelernt (zwischen dem 23. April und dem 4. Mai), worüber Schiller am 30. April seiner späteren Frau, Charlotte von Lengefeld, und deren Schwester sichtlich aufgebracht berichtete: *Noch ein Fremder ist hier, aber ein unerträglicher [...]. Einen impertinentern Menschen findet man schwerlich* (vgl. auch seinen im gleichen Ton gehaltenen Brief an Chr. G. Körner des selben Tages). Entsprechend knapp fällt deshalb auch ihre Korrespondenz aus, die ausschließlich mit den Vorbereitungen zum ›Musen-Almanach für das Jahr 1796‹ zusammenhängt (Reichardt lieferte dazu alle sieben Musikbeiträge). Sie beginnt mit Schillers Brief vom 10. Juli 1795 und umfasst jeweils vier Schreiben (wobei Schillers letzter Brief vom 5. Oktober 1795 nicht überliefert ist; vgl. NA Bd. 35, S. 623).

Es entbehrt deshalb nicht einer gewissen Ironie, dass ausgerechnet Reichardt nach Franz Schubert mit Abstand die meisten Gedichte Schillers vertont hat: Es handelt sich um 56 Kompositionen (darunter die Opernbearbeitung einer Ballade; → 1935), von denen aber nur zwei (›Die Macht des Gesanges‹ bzw. ›Würde der Frauen‹) während der kurzen direkten Verbindung in der zweiten Jahreshälfte 1795 entstanden sind (→ 1948 bzw. 1972). Hinzu kommen eine abgebrochene Vertonung (→ 1934) sowie die nicht von Schiller stammende ›Ode an die Unschuld‹, dem ›Gegenstück zu Schillers Ode An die Freude‹, die hier ebenso zu berücksichtigen

Die Komponisten und ihre Werke

war (→ 1960), wie die ursprünglich für Bürgers Bearbeitung von ›Macbeth‹ komponierte Schauspielmusik (→ 1958).

Später suchte Schiller den Komponisten außerdem als Künstler anzugreifen; dies schlug sich 1796 in zahlreichen verfassten ›Xenien‹ nieder, zu denen er auch Goethe aufforderte: _Denken Sie darauf Reichardten unsern soi disant Freund mit einigen Xenien zu beehren_ (brieflich am 27. Januar 1796). Zuverlässig sind die im ›Musenalmanach für das Jahr 1797‹, dem sog. »Xenien-Almanach«, veröffentlichten Nrr. 50, 145–147, 208–217, 219–229 und 251 gegen Reichardt gerichtet. Es ist kaum verwunderlich, dass sich dieser in seinem eigenen Journal ›Deutschland‹ rasch revanchierte und im Hinblick auf den soeben erschienenen Almanach _seine herzliche Verachtung gegen Schillers nichtswürdiges und niedriges Betragen_ öffentlich verkündete (1796, 4. Bd., 10. Stück, S. 105). In einer Besprechung von Schillers zweitem Band der Gedichte verstieg er sich 1804 sogar zu der Behauptung, dieser _habe im eigentlich lyrischen Fache nie etwas Vollendetes geleistet_ (_Ueber Schiller, bei Gelegenheit seiner: Gedichte, zweiter Theil_; in: _Der Freimüthige_ vom 3. Februar 1804, S. 93).

1914 Amalia (»Schön wie Engel, voll Walhallas Wonne«)
Für eine Singstimme mit Klavierbegleitung
S. 46 des 2. Heftes in: ders., _Schillers lyrische Gedichte_ (in 2 Heften). – Leipzig: Breitkopf & Härtel, o. A. – Verl.-Nr. _1483_. – RISM A I: R 840. Original (DLA).

Das 1811 erschienene 2. Heft enthält 19 Vertonungen ebenso vieler Gedichte und ist wie bereits das erste (→ 1916) _Ihrer Königlichen Hoheit der Prinzessin Wilhelm_ [1. Heft: _Wilhelmine_] _von Preussen, gebohrnen Prinzessin von Hessen-Homburg, zugeeignet._

An den Frühling (»Willkommen, schöner Jüngling«)
Für eine Singstimme mit Klavierbegleitung

1915 1. Komposition – um bzw. vor 1799
S. 12f. des 2. Heftes in: ders., _Lieder für die Jugend_ (in 3 Heften). – Leipzig: Fleischer d. J., o. A. – RISM A I: R 862. Original (DLA).

In der mit _12. November 1799_ datierten Vorrede des ersten Heftes erklärt Reichardt: _Der erwachsenen Jugend wollt' ich diese Sammlung gerne angenehm machen; denn sie soll noch nicht leidenschaftliche Gesänge singen, und so ein unheilbringendes Feuer anfachen helfen, das in jungen empfänglichen Herzen für das reine Glük der unbefangnen Jugend nur zu leicht auflodert, und dem folgenden Leben [...] oft nur ausgebrannte Schlacken zurücklässt._

1916 2. Komposition – um bzw. vor 1810
S. 24 des 1. Heftes in: ders., _Schillers lyrische Gedichte_ (in 2 Heften). – Leipzig: Breitkopf & Härtel, o. A. – Verl.-Nr. _1452_. – RISM A I: R 838. Original (DLA).

Das 1810 erschienene Heft, das nicht gezählt ist und für das demnach wohl zunächst kein Folgeband vorgesehen war, enthält 31 Vertonungen von 26 Gedichten (›Die Ideale‹ liegen z. B. in drei verschiedenen Versionen vor; → 1943 bis 1945) und ist _Ihrer Königlichen Hoheit der Prinzessin Wilhelmine von Preussen, gebohrnen Prinzessin von Hessen-Homburg, zugeeignet._ – Eine vermutlich etwas später im gleichen Verlag veröffentlichte Ausgabe trägt die Verl.-Nr. _2207_ (vgl. RISM A I: R 839). – Bereits 1811 erschien das zweite und letzte Heft (→ 1914). – Ein Teil der Schiller-Vertonungen beider Hefte kam in bearbeiteter Form heraus: _Ausgewählte Gesänge aus Schillers Gedichten_ [...] _für die Guitarre arrangirt_ von August Harder (in 2 Heften); Leipzig/Berlin: Kunst und Industrie-Comptoir, o. A. (Verl.-Nrr. _254_ u. _255_); s. RISM A I: R 841 bzw. R 842. Diese Ausgabe wurde später von Schlesinger in Berlin übernommen (vgl. Whistling 1828, S. 1121).

· Idem (s. Fellinger, S. 868). – Nr. 60 des 2. Bandes (1828) in: _Arion_ → 1632

· Idem. – S. 29 in: ders., [31] _Lieder und Oden in Auswahl_, hg. von Fritz Jöde. – Hannover: Nagel 1929 (= _Nagels Musik-Archiv_, Nr. 37). – Original (Slg. GG).

417

Jöde erklärt im Vorwort, dass das vorliegende Heft nicht aus musikhistorischen oder anderen wissenschaftlichen Absichten vorgelegt worden sei, wenngleich damit auch ein wichtige Vorläufer zu F. Schuberts Liedschaffen dokumentiert werde, sondern *aus einer unmittelbaren Freude an der edlen Melodik dieser Lieder*. Es ist also zuerst für die Praxis bestimmt, wobei die Lieder, die hier *im Urtext herausgebracht wurden*, nicht *im oft so schädlichen Konzert-Ton, sondern in der schlichtesten Weise zu singen* und auf *einem Cembalo, einem Spinett oder Klavichord* zu begleiten sind.

- Idem. – Nr. 287 in: *Musikalischer Hausschatz* → 1145
- Idem; für vierstimmigen gemischten Chor (SATB) a cappella. – Nr. 5 in: [8] *Schiller-Lieder* (Erk) → 587
- Idem; für zwei oder drei hohe Stimmen a cappella. – Nr. 3 in: *Sechs Schiller-Lieder* (Gild) → 761
- Idem; für zwei Singstimmen mit Klavierbegleitung. – Nr. 2 in: *Sechs Schiller-Lieder für Schülerchor mit Klavierbegleitung. Für die Feier des 100. Todestages des Dichters, 9. Mai 1905*, bearb. von Carl Kühnhold. – Groß Lichterfelde: Vieweg, o. A. – Partitur, Stimmen. – Original (DLA). Hofmeister (1904–1908), S. 422.

  Enthält neben fünf Schiller-Vertonungen Reichardts nur noch eine eines anderen Komponisten (J. R. Zumsteeg; → 3030). – Der Vokalpart ist unterschiedlich zu besetzen (ein- oder mehrstimmig).

- Idem; für zwei hohe Stimmen oder vierstimmige gemischten Chor a cappella bearb. von Ferdinand Tritremmel. – Nr. 27 in: *Vierzig Schiller-Lieder* → 2685
- Idem; für dreistimmigen Frauen- oder Kinderchor bearb. von Ernst Rabich. – Nr. 2 des 2. Heftes, in: *Zur Schillerfeier in Schule und Haus. Neun Gesänge*, bearb. u. hg. von Ernst Rabich (in drei Hefte). – Langensalza: Beyer, o. A. – Partitur, Stimmen – Hofmeister (1904–1908), S. 611.

  Die ersten beiden Hefte enthalten jeweils vier Schiller-Vertonungen, das letzte noch eine weitere Komposition.

An die Freude (»Freude, schöner Götterfunken«)
Rundgesang mit Klavierbegleitung

1917 1. Komposition – um bzw. vor 1796
Kalenderblatt *November* in: *Musikalischer Almanach*, hg. von Johann Friedrich Reichardt. – Berlin: Unger 1796. – Original (DLA).

- Idem. – Nr. 34 des 1. Heftes in: [100] *Lieder geselliger Freude*, hg. von Johann Friedrich Reichardt (in 2 Heften). – Leipzig: Fleischer 1796 u. 1797. – Goethe-Museum (Katalog), Nr. 726.

  Die Sammlung, welche die *sangbarsten frölichen* [!] *Lieder unserer beliebtesten Dichter und Komponisten* enthält und zur *Verbreitung des besseren Gesanges und zu angenehmer Belebung guter Gesellschaften* beitragen soll (Vorwort), besteht aus vier Abteilungen mit jew. 25 Stücken: 1. ›*Frühlingslieder*‹; 2. ›*Sommerlieder*‹; 3. ›*Herbstlieder*‹; 4. ›*Winterlieder*‹. – Hierzu ist 1799 ebd. eine ›*Instrumentalmusik*‹ in fünf Stimmheften erschienen (Hr. 1 2, Vl. 1 2, Vc. oder Fg.); Original (DLA); RISM B II, S. 219. – Es folgten ebenfalls in zwei Heften 1799 bzw. 1804 ebd. ›*Neue Lieder geselliger Freude*‹ (→ 1961).

- Idem. – Nr. 7 in: *Schillers Ode an die Freude* → 369 (Ausgabe 1)

Die Komponisten und ihre Werke

- Idem. – Nr. 4 in: _Vierzehn Compositionen zu Schillers Ode an die Freude_ → 369 (Ausgabe 2)
- Idem. – S. 35 des 1. Heftes in: ders., _Schillers lyrische Gedichte_ → 1916
- Idem. – Nr. 20 in: [41] _Frühe Schiller-Vertonungen bis 1825_ → 141

1918 2. Komposition – um bzw. vor 1810
S. 36f. des 1. Heftes in: ders., _Schillers lyrische Gedichte_ → 1916
- Idem; bearb. für vierstimmigen gemischten Chor von Josef Müller-Blattau. – Nr. 1 in: ders., [7] _Schiller-Chöre. Zum praktischen Gebrauch für vierstimmigen gemischten Chor zum Teil mit Klavierbegleitung oder mit Instrumente_, hg. von Josef Müller-Blattau. – Berlin-Lichterfelde: Vieweg, o. A. – Partitur. – Hofmeister (1934), S. 101.

1919 An die Freunde (»Lieben Freunde! Es gab schön're Zeiten«)
Rundgesang für vierstimmigen gemischten Chor (SSTB) mit Klavierbegleitung
S. 22f. des 2. Heftes in: ders., _Schillers lyrische Gedichte_ → 1914

1920 An Emma (»Weit in nebelgrauer Ferne«)
Für eine Singstimme mit Klavierbegleitung
S. 25 des 1. Heftes in: ders., _Schillers lyrische Gedichte_ → 1916

1921 Berglied (»Am Abgrund leitet der schwindlichte Steg«)
Für eine Singstimme mit Klavierbegleitung
S. 6f. des 2. Heftes in: ders., _Schillers lyrische Gedichte_ → 1914

1922 Das eleusische Fest (»Windet zum Kranze die goldenen Ähren«)
Vierstimmiger gemischter Chor (SATB) a cappella
S. 8 des 1. Heftes in: ders., _Schillers lyrische Gedichte_ → 1916
- Idem; bearb. für vierstimmigen gemischten Chor von Josef Müller-Blattau. – Nr. 6 in: ders., [7] _Schiller-Chöre_ → 1918
- Umtextierung und Bearbeitung als: _Festlied zum 25jährigen Regie-rungs-Jubiläum Kaiser Wilhelms II._ (»Brüder und Schwestern, nun win-det die Kränze«). – Vierstimmiger Frauenchor (SSAA) a cappella, ge-setzt von Adolf Zander. – Berlin: Oehmigke [1913]. – Partitur. – Hof-meister (1909–1913), S. 638.
  Wilhelm II. war seit 1888 Deutscher Kaiser.

1923 Das Geheimnis (»Sie konnte mir kein Wörtchen sagen«)
Für eine Singstimme mit Klavierbegleitung
S. 2f. des 1. Heftes in: ders., _Schillers lyrische Gedichte_ → 1916

1924 Das Geheimnis der Reminiszenz. An Laura (»Ewig starr an deinem Mund«)
Für eine Singstimme mit Klavierbegleitung
S. 20f. des 1. Heftes in: ders., _Schillers lyrische Gedichte_ → 1916

1925 Das Kind in der Wiege (»Glücklicher Säugling!«)
Für eine Singstimme mit Klavierbegleitung
Nr. 12 in: ders., _Wiegenlieder für gute deutsche Mütter._ – Leipzig: Fleischer, o. A. – RISM A I: R 880. Original (DLA).
Reichardt erklärt in seiner Vorrede zur Sammlung: _Die kleinen Schreier und Gaukler in der Wiege bedürfen nur einer sanften einlullenden Melodie [...]. Die Sängerin an der Wiege will aber auch zuleich wach dabei bleiben und angenehm unterhalten sein. [...] Alle diese Lieder_

Verzeichnis der musikalischen Werke

aber können auch sehr wohl beim ersten Clavier- und Singunterricht benutzt werden [...]. –
Das Titelmedaillon (Mutter mit Säugling auf dem Arm) stammt von Hans Veit Schnorr von
Carolsfeld und ist mit *1798* datiert.

1926 Das Mädchen aus der Fremde (»In einem Tal bei armen Hirten«)
Für eine Singstimme mit Klavierbegleitung
S. 1 des 1. Heftes in: ders., *Schillers lyrische Gedichte* → 1916

- Idem. – S. 27 in: ders., [31] *Lieder und Oden in Auswahl* → 1916
- Idem. – Nr. 57 des 2. Heftes in: *Hundert Gesänge der Unschuld, Tugend und Freude* → 2824
- Idem. – Nr. 291 in: *Musikalischer Hausschatz* → 1145
- Idem. – Nr. 140 des 2. Bandes (hier unter dem Titel: *Das Mädchen in der Fremde*) in: *Unsere Lieder* → 17
- Idem. – Nr. 1 in: *Sechs Schiller-Lieder* (Kühnhold) → 1916

1927 Das Mädchen von Orleans (»Das edle Bild der Menschheit zu verhöhnen«)
Für eine Singstimme mit Klavierbegleitung
S. 25 des 2. Heftes in: ders., *Schillers lyrische Gedichte* → 1914

1928 Das Unwandelbare (»Unaufhaltsam enteilet die Zeit«)
Für eine Singstimme mit Klavierbegleitung
S. 34 des 1. Heftes in: ders., *Schillers lyrische Gedichte* → 1916

- Idem (s. Fellinger, S. 879). – Nr. 276 des 7. Bandes (1831) in: *Arion* → 1632
- Idem; bearb. für vierstimmigen gemischten Chor von Josef Müller-Blattau. – Nr. 3 in: ders., [7] *Schiller-Chöre* → 1918

1929 Der Alpenjäger (»Willst du nicht das Lämmlein hüten«)
Für eine Singstimme mit Klavierbegleitung
S. 2f. des 2. Heftes in: ders., *Schillers lyrische Gedichte* → 1914

- Idem (s. Fellinger, S. 879). – Nr. 141 des 4. Bandes (1829) in: *Arion* → 1632
- Idem. – Nr. 129 des 4. Bandes in: *Unsere Lieder* → 17
- Idem; für Sopran und Alt mit drei hohen Stimmen und Klavierbegleitung. – Nr. 5 in: *Sechs Schiller-Lieder* (Kühnhold) → 1916
- Idem; für Chor (zwei hohe Stimmen) oder vierstimmigen gemischten Chor mit Klavierbegleitung bearb. von Ferdinand Tritremmel. – Nr. 24 in: *Vierzig Schiller-Lieder* → 2685

Der Antritt des neuen Jahrhunderts (»Edler Freund! Wo öffnet sich dem Frieden«)

1930 – V. 25ff. (»Ach, umsonst auf aller Länder Karten«); hier mit der Überschrift: *Lied*
Für eine Singstimme mit Klavierbegleitung
S. 10, 3. Heft des 1. Jg. (Oktober 1803) in: *Monats-Früchte* → 824
Dieses Heft mit der Verl.-Nr. *19*. – Fellinger, S. 165.

- S. 27 des 1. Heftes, hier unter dem Titel: *Aechtes Glück*, in: ders., *Schillers lyrische Gedichte* → 1916

Die Komponisten und ihre Werke

- Nr. 179 des 5. Bd. (1830), hier unter dem Titel: *Ächtes Glück* (Fellinger, S. 875), in: *Arion* → 1632

Ausgaben für eine Singstimme zur Gitarre
- Berlin: Concha, o. A. – Verl.-Nr. *250*. – RISM A I: R 886. BSB-Musik, S. 5234. Antiquariat Greve Kat. 48, Nr. 193 (auf *ca. 1810* datiert).
- S. 7 des 4. Heftes (ca. 1807) in: *Hamburgisches Journal des Gesanges mit Guitarre-Begleitung*. Eingerichtet von Amadeus Eberhard Rodatz. – Hamburg: Böhme 1804ff. – Fellinger, S. 173ff. (hier: S. 177).

Fellinger kann sechs Hefte mit insgesamt 150 Stücken nachweisen.

Außerdem
- Bearbeitet für eine Flöte (Fellinger, S. 295). – Nr. 22, 3. Heft des 1. Jg., 1. Quartal (*91 vermischte Lieder*), in: *Neues musikalisches Wochenblatt für eine Flöte* → 817

1931 **Der Graf von Habsburg** (»Zu Aachen in seiner Kaiserpracht«)
Für eine Singstimme mit Klavierbegleitung
S. 26ff. des 2. Heftes in: ders., *Schillers lyrische Gedichte* → 1914

1932 **Der Jüngling am Bache** (»An der Quelle saß der Knabe«)
Für eine Singstimme mit Klavierbegleitung
S. 1 des 2. Heftes in: ders., *Schillers lyrische Gedichte* → 1914
- Idem (Einzelausgabe). – Berlin: Paez, o. A. – Wurzbach, *Schiller-Buch*, Nr. 651.

1933 **Der Pilgrim** (»Noch in meines Lebens Lenze«)
Für eine Singstimme mit Klavierbegleitung
S. 8f. des 2. Heftes in: ders., *Schillers lyrische Gedichte* → 1914

1934 **Der Tanz** (»Siehe, wie schwebenden Schritts im Wellenschwung« – hier in der Gedichterstfassung: »Sieh, wie sie durcheinander in kühnen Schlangen«)
Vertonungsvorschlag Schillers; nach einigen Kompositionsversuchen schließlich abgebrochen. – Schiller hatte Reichardt am 10. Juli 1795 zunächst einige Gedichte Goethes zur Vertonung geschickt, deren Noten im ›Musen-Almanach für das Jahr 1796‹ erscheinen sollten. Reichardt überreichte seine Kompositionen am 20. Juli, worauf Schiller am 3. August weitere Gedichte schickte (darunter ›Der Tanz‹ und wahrscheinlich ›Die Macht des Gesanges‹; → 1948). Dabei entwickelte er eigene Vorstellungen, wie ›Der Tanz‹ wohl zu vertonen sei, und seine Bemerkungen wirken immer wieder ironisch, fast spöttisch; dieses Gedicht sei *zwar in einer Versart abgefaßt, die für den Musiker nicht sehr bequem ist* [es handelte sich eben nicht um ein »lyrisches Gedicht«]. *Da aber das Sujet desto musikalischer und das Stück an sich nicht gross ist, so setzen Sie Sich vielleicht über jene Schwierigkeiten hinweg – und dann was könnte für einen Meister Schwierigkeiten haben? Mir kömmt es vor, als müßte es eine gute Wirkung thun, wenn die Musik zu diesem Stück einen ordentlichen Tanz ausdrückt, nur in einer sehr idealischen Manier gedacht und ausgeführt. Auch glaub ich brauchte nicht alles gesungen zu werden, besonders könnten die einzelnen Stellen »Jetzt verliert es der suchende Blick« und »Nein, dort schwebt es frohlockend herauf« so wie auch einige ins philosophische gehende Stellen bloß recitativ seyn – doch ich vergeße, daß ich ein erbärmlicher Laye bin und mit einem Meister rede.* Am 28. August ging Schiller auf das Gedicht erneut ein, mit dessen Vertonung durch Reichardt er immer noch fest rechnete: *In meinem Tanz bin ich genöthigt worden, einige kleine Veränderungen vorzunehmen, von denen Sie aber in der Composition nicht mehr Notiz zu nehmen brauchen, wenn es Sie genirt* [es folgen hierzu die entsprechenden Angaben]. Dieser Brief hatte sich offensichtlich mit einem zwei Tage zuvor an Schiller gerichteten Nachricht Reichardts überkreuzt, mit der dieser mehrere für den Almanach be-

421

Verzeichnis der musikalischen Werke

stimmte Vertonungen schickte und zugleich eingestand, beim ›Tanz‹ gescheitert zu sein: ... *das Wesen will aber keine musikalische Gestalt gewinnen und so leg' ichs lieber für iezt bei Seite. Auch würd' es für den Almanach eine zu große musikalische Composition werden, wenn es überall eine giebt: denn noch weiß ich in die Mannigfaltigkeit die der unmusikalische Zuschnitt [!] durchaus erfordert keine Einheit zu bringen.*

Der Taucher (»Wer wagt es, Rittersmann oder Knapp'«)

1935 *Der Taucher. Romantische Oper* in zwei Akten; Libretto von Samuel Gottlieb Bürde

Uraufführung: Berlin, 18. März 1811 (Königliches Nationaltheater). – C. F. Zelter berichtete am 8. April 1811 Goethe von seinen wenig günstigen Eindrücken: *Reichardt hat eine neue Oper aufgeführt: ›Der Taucher‹, der aber wohl nicht wieder zum Vorschein kommen wird. Das Gedicht [Libretto] ist zu mittelmäßig, und der Komponist, der es weniger mit der Hexerei als mit der Geschwindigkeit hält, hätte sich wohl etwas mehr Zeit nehmen und diese etwas besser ausfüllen können, statt dessen er sich aus einem Hause ins andere frißt und politische Anekdoten sammelt oder verbreitet.* – Tatsächlich blieb Reichardts letztes musikdramatisches Werk erfolglos. – Weitgehend unveröffentlicht (s. MGG2 *Personenteil* Bd. 13, Spp. 1474 u. 1478).

Daraus

- *Auswahl der vorzüglichsten Gesänge und Tänze aus dem Taucher [...] im Clavierauszug, vom Autor.* – Berlin: Schlesinger, o. A. – RISM A I: R 818. MGG2 *Personenteil* Bd. 13, Sp. 1476 (demnach *1811* erschienen).

1936 Des Mädchens Klage (»Der Eichwald brauset«)
Für eine Singstimme mit Klavierbegleitung
Oranienburg: Werckmeister, o. A. – Verl.-Nr. *25.* – RISM A I: R 952.

- S. 9 des 1. Heftes in: ders., *Schillers lyrische Gedichte* → 1916
- Berlin: Paez, o. A. – Wurzbach, *Schiller-Buch*, Nr. 651.
- *Zur Harfe und zum Clavier zu singen.* – S. 10f. der 2. Sammlung in: ders., *Lieder der Liebe und der Einsamkeit*, (in 2 Teilen). – Leipzig: Fleischer 1798 bzw. 1804. – RISM A I: R 868. Original (DLA). Goethe-Museum (Katalog), Nr. 962.

Hier in der zweistrophigen Textvariante des Schauspiels veröffentlicht.

Dido. Freie Übersetzung des vierten Buches der Aeneide (»Längst aber krank vom Pfeil«)

1937 – V. 489ff. (»Sie schweigt, und Zeus Gebot getreu«); hier unter dem Titel: *Aeneas zu Dido*
Für eine Singstimme mit Klavierbegleitung
Beul am Rhein: Musikmagazin, o. A. – Verl.-Nr. *80.* – RISM A I: R 926.

MGG2 charakterisiert das Stück als *ausgedehntes Rezitativ mit ariosen Einschüben [...] für eine tiefe Männerstimme mit Klavier (Personenteil* Suppl., Sp. 1016).

- S. 32ff. des 2. Heftes in: ders., *Schillers lyrische Gedichte* → 1914

1938 Die Begegnung (»Noch seh' ich sie, umringt von ihren Frauen«)
Für eine Singstimme mit Klavierbegleitung
S. 12f. des 1. Heftes in: ders., *Schillers lyrische Gedichte* → 1916

1939 Die Blumen (»Kinder der verjüngten Sonne«)
Für eine Singstimme mit Klavierbegleitung
S. 10f. des 1. Heftes in: ders., *Schillers lyrische Gedichte* → 1916

Die Komponisten und ihre Werke

1940 Die Entzückung, an Laura (»Laura, über alle Welt zu flüchten«)
Für eine Singstimme mit Klavierbegleitung
S. 4 des 2. Heftes in: ders., *Schillers lyrische Gedichte* → 1914

1941 Die Erwartung (»Hör' ich das Pförtchen nicht gehen«)
Für eine Singstimme mit Klavierbegleitung
S. 14ff. des 1. Heftes in: ders., *Schillers lyrische Gedichte* → 1916

    · Idem. – Hamburg/Altona: Rudolphus/Cranz, o. A. – RISM A I: R 946.

1942 Die Gunst des Augenblicks (»Und so finden wir uns wieder«)
Vierstimmiger gemischter Chor (SATB) a cappella
S. 38 des 1. Heftes in: ders., *Schillers lyrische Gedichte* → 1916

    · Idem, bearb. für vierstimmigen gemischten Chor von Josef Müller-Blattau. – Nr. 5 in: ders., [7] *Schiller-Chöre* → 1918

Die Ideale (»So willst du treulos von mir scheiden«)

1943 1. Komposition
Für eine Singstimme mit Klavierbegleitung
S. 4 des 1. Heftes in: ders., *Schillers lyrische Gedichte* → 1916

1944 2. Komposition
Für eine Singstimme mit Klavierbegleitung
S. 5 des 1. Heft in: ders., *Schillers lyrische Gedichte* → 1916

1945 3. Komposition
Vierstimmiger gemischter Chor (SATB) a cappella
S. 6f. des 1. Heftes in: ders., *Schillers lyrische Gedichte* → 1916

    · Idem; bearb. für vierstimmigen gemischten Chor von Josef Müller-Blattau. – Nr. 2 in: ders., [7] *Schiller-Chöre* → 1918

Die Jungfrau von Orleans. Eine romantische Tragödie

1946 – V. 383ff. (Johanna: »Lebt wohl, ihr Berge, ihr geliebten Triften«)
Für eine Singstimme mit Klavierbegleitung
S. 38ff. des 2. Heftes in: ders., *Schillers lyrische Gedichte* → 1914

    · Idem. – Beul am Rhein: Musikmagazin, o. A. – Verl.-Nr. *81*. – RISM A I: R 917.

    · Idem; hier unter dem Titel: *Erster Monolog der Johanna aus Schillers Jungfrau von Orleans.* – Bonn: Simrock, o. A. – Whistling 1828, S. 1089.

1947 – V. 2518ff. (»Die Waffen ruh'n, des Krieges Stürme schweigen««)
Für eine Singstimme mit Klavierbegleitung

1. Fassung
S. 51ff. des 1. Heftes in: ders., *Schillers lyrische Gedichte* → 1916

Im Vergleich zur anschließenden Vertonung mit weniger rezitativischen Passagen (mehr im Liedcharakter).

2. Fassung
S. 53ff. des 1. Heftes in: ders., *Schillers lyrische Gedichte* → 1916

Mit neuem Beginn (mehr rezitativische Abschnitte und damit im Operncharakter); ab V. 2542 des Textes mit der vorangehenden Version identisch.

    · Idem; hier für eine Singstimme zur Gitarre eingerichtet von E. Seidler. – Nr. 2 in: *Fünf Monologe von Schiller, grösstentheils nach den Komposi-*

423

Verzeichnis der musikalischen Werke

tionen von [Johann Friedrich] *Reichardt und* [Johann Rudolf] *Zumsteeg mit leichter Guitarrenbegleitung.* – Leipzig: Fleischer, o. A. – Hofmeister 1845 (*Vocalmusik*), S. 208. Original (DLA). RISM A I: SS 2717 I,1.

Die Ausgabe ist dem *Hochwohlgebornen Fräulein Henriette von Seebach zugeeignet.* – Im Gegensatz zur Formulierung im Titel sind ausschließlich Stücke der beiden genannten Komponisten enthalten. – Bei der Wiedergabe dieses Monologs wurden beide Fassungen berücksichtigt.

1948 Die Macht des Gesanges (»Ein Regenstrom aus Felsenrissen«)
Für eine Singstimme mit Klavierbegleitung
Musikbeilage vor S. 1 in: *Musen-Almanach für das Jahr 1796*, hg. von Friedrich Schiller. – Neustrelitz: Michaelis [1795]. – Original (DLA).

Schillers erster und zugleich einziger bei Michaelis erschienener ›Musen-Almanach‹, dem noch vier weitere, nun aber bei Cotta in Tübingen verlegte Jahrgänge folgten (ein weiterer für 1801 war im Gespräch, ist aber nicht mehr realisiert worden); nur noch die nächsten beiden enthalten Musikbeilagen. – Aufgrund seiner besonderen Stellung in Schillers Herausgebertätigkeit sollen hier zunächst einige grundsätzliche Bemerkungen folgen, wie damals üblicherweise Noten in solche Veröffentlichungen einbezogen worden sind.

Die Komponisten erhielten einige Zeit vor der Drucklegung die bis dahin noch nicht publizierten Gedichte als Abschrift, weshalb es sich für gewöhnlich bei den daraus entstandenen Stücken gleichzeitig um Erstvertonungen und -veröffentlichungen handelt. Noten erfordern ein eigenes Herstellungsverfahren und sind in diesem Rahmen für gewöhnlich auf unpaginierten, meist einseitig bedruckten Einschaltblättern wiedergegeben und für gewöhnlich an der Stelle eingebunden, wo sich auch das vertonte Gedicht befindet. Da das winzige Taschenformat eines Almanachs zum Musizieren zu klein ist, sind die Noten auf gefalteten Blättern größeren Formats wiedergeben. Dennoch durften die Kompositionen nicht sehr umfangreich sein, da man das Format der Beilage nicht beliebig vergrößern konnte und das ganze Stück aus praktischen Gründen auf eine Seite passen musste. Es kamen in diesem Rahmen deshalb nur strophische Vertonungen in Frage, die außerdem den Vorzug hatten, leichter fasslich und sangbar zu sein; damit eigneten sie sich gleichzeitig für das heterogene Publikum eines Almanachs, das sich für gewöhnlich aus Liebhaberei mit den Stücken beschäftigte.

Wilhelm von Humboldt hatte die Verbindung zwischen Schiller und Salomo Heinrich Karl August Michaelis hergestellt, die den Vertrag am 15. August 1794 unterzeichneten. Da der Verleger (allerdings wohl unverschuldet) den ursprünglich vereinbarten Veröffentlichungstermin (Michaelismesse 1795) nicht einhalten konnte und das Bändchen erst gegen Ende des Jahres erschien, kündigte Schiller die weitere Zusammenarbeit auf. – Michaelis hatte den Kontakt zu Reichardt vermittelt, so dass sich Schiller trotz seiner persönlichen Abneigung gegen den Komponisten zu einer Zusammenarbeit gezwungen sah (sein erster Brief an Reichardt datiert vom 10. Juli 1795, enthielt aber nur Gedichte von Goethe; er selbst werde, *wenn Sie es erlauben in einigen Wochen noch einige Lieder von mir selbst nachfolgen lassen*). Reichardt sagte umgehend zu und lieferte schließlich alle sieben Musikbeiträge dieses Jahrgangs, darunter neben der hier dokumentierten Komposition mit ›Würde der Frauen‹ (→ 1972) noch eine weitere Schiller-Vertonung.

Schiller hatte ›Die Macht des Gesanges‹ vermutlich seinem Brief vom 3. August 1795 an Reichardt beigelegt, der die Vertonung am 26. August zurückschickte und dabei – trotz lobender Worte – einmal mehr das dichterische Handwerk kritisierte: *Wenn Sie sich Ihr herrliches Gedicht [...] vorsingen lassen wollen, so werden Sie vielleicht mit mir fühlen, daß sich am Ende die kalten Regeln, mit den kräftigen Tönen, die den übrigen Strophen zukommen, nicht wohl singen lassen, und so ändern Sie viel[l]eicht noch dem Gesang zu Liebe, die beiden letzten Verse ...*

· Idem, in der Fassung für vierstimmigen gemischten Chor a cappella. – S. 32 des 1. Heftes in: ders., *Schillers lyrische Gedichte* → 1916

Die Komponisten und ihre Werke

· Idem; bearb. für vierstimmigen gemischten Chor von Josef Müller-Blattau. – Nr. 7 in: ders., [7] *Schiller-Chöre* → 1918

1949 Die vier Weltalter (»Wohl perlet im Glase der purpurne Wein«)
Vierstimmiger gemischter Chor (SATB) a cappella
S. 33 des 1. Heftes in: ders., *Schillers lyrische Gedichte* → 1916

1950 Die Worte des Glaubens (»Drei Worte nenn' ich euch, inhaltschwer«)
Vierstimmiger gemischter Chor (SATB) a cappella
S. 16f. des 2. Heftes in: ders., *Schillers lyrische Gedichte* → 1914

· Idem. – Nr. 297 in: *Musikalischer Hausschatz* → 1145

· Idem. – Nr. 19 in: *Vierzig Schiller-Lieder* → 2685

· Idem; für vierstimmigen gemischten Chor a cappella bearb. von Ernst Rabich. – Nr. 2 des 1. Heftes in: *Zur Schillerfeier in Schule und Haus* → 1916

· Idem; für bis zu drei hohe Stimmen mit Klavierbegleitung bearb. von Carl Kühnhold. – Nr. 6 in: *Sechs Schiller-Lieder* (Kühnhold) → 1916

· Idem; für vierstimmigen gemischten Chor bearb. von Josef Müller-Blattau. – Nr. 4 in: ders., [7] *Schiller-Chöre* → 1918

1951 Die Worte des Wahns (»Drei Worte hört man, bedeutungsschwer«)
Vierstimmiger gemischter Chor (SATB) a cappella
S. 18f. des 2. Heftes in: ders., *Schillers lyrische Gedichte* → 1914

1952 Dithyrambe (»Nimmer, das glaubt mir, erscheinen die Götter«)
Rundgesang mit vierstimmigem gemischtem Chor (SATB) und Klavierbegleitung
S. 20f. des. 2. Heftes in: ders., *Schillers lyrische Gedichte* → 1914

1953 Fantasie an Laura (»Meine Laura, nenne mir«)
Für eine Singstimme mit Klavierbegleitung
S. 5 des 2. Heftes in: ders., *Schillers lyrische Gedichte* → 1914

1954 Hektors Abschied (»Will sich Hektor ewig von mir wenden«)
Für zwei Singstimmen (MezSB) mit Klavierbegleitung
S. 28ff. des 1. Heftes in: ders., *Schillers lyrische Gedichte,* → 1916

Hoffnung (»Es reden und träumen die Menschen viel«)
Für eine Singstimme mit Klavierbegleitung

1955 1. Komposition
Nr. 20 in: ders., *Wiegenlieder für gute deutsche Mütter* → 1925

1956 2. Komposition
S. 20 des 2. Heftes in: ders., *Schillers lyrische Gedichte* → 1914

· Idem. – In: *Nachrichten von dem deutschen Schulwesen im Königreiche Baiern*, 12. Jg. – München: *Im königlichen Zentral-Schulbücher-Verlage* 1814. – RISM A I: R 900.

· Idem. – S. 28 in: ders., [31] *Lieder und Oden in Auswahl* → 1916

· Idem, hier unter dem Titel: *Die Hoffnung.* – Nr. 289 in: *Musikalischer Hausschatz* → 1145

425

Bearbeitungen

- Idem, hier unter dem Titel: *Die Hoffnung*; für vierstimmigen gemischten Chor a cappella bearb. von Ernst Rabich. – Nr. 1 des 1. Heftes in: *Zur Schillerfeier in Schule und Haus* → 1916

- Idem; für zwei bis drei hohe Stimmen mit Klavierbegleitung bearb. von Carl Kühnhold. – Nr. 3 in: *Sechs Schiller-Lieder* (Kühnhold) → 1916

- Idem; für zweistimmigen Knabenchor a cappella bearb. von Ferdinand Tritremmel. – Nr. 15 in: *Vierzig Schiller-Lieder* → 2685

- Idem; für Männerchor a cappella bearb. von Simon Breu

  Unveröffentlicht (s. WV/Breu, S. 117).

1957 Licht und Wärme (»Der bess're Mensch tritt in die Welt«)
Für eine Singstimme mit Klavierbegleitung
S. 14f. des 2. Heftes in: ders., *Schillers lyrische Gedichte* → 1914

Macbeth. Zur Vorstellung auf dem Hoftheater in Weimar eingerichtet von Friedrich Schiller

1958 Schauspielmusik [ursprünglich zur Übersetzung von Gottfried August Bürger]

Weitgehend unveröffentlicht. – Uraufführung: Berlin, 28. Dezember 1787 (Königliches Nationaltheater), unter der Leitung des Komponisten. – Teile dieser Schauspielmusik (und hier besonders die ›Hexenscenen‹) sind später auch bei Aufführungen anderer Übersetzungen (darunter auch der Übertragung von Schiller) verwendet worden. Deshalb und aufgrund ihres künstlerischen Ausnahmecharakters wird auf die ›Hexenscenen‹ hier ausführlich eingegangen.

Anscheinend war Reichardts berühmte Schauspielmusik schon während den Vorbereitungen zur Uraufführung von Schillers Bearbeitung in Betracht gezogen worden, wie aus dessen Brief vom 26. April 1800 an den Berliner Theaterdirektor August Wilhelm Iffland zu schließen ist. Mit diesem Schreiben bot er seine eigene Bearbeitung zur dortigen Aufführung an und wies dabei ausdücklich darauf hin: *Von Reichardts Komposition zu dem Bürgerschen Macbeth möchte sich außer der Ouvertüre manches einzelne brauchen lassen, besonders in der dritten Hexenszene im vierten Aufzug, wo die Beschwörungen vorgehen.* – Für die Uraufführung von Schillers Bühneneinrichtung hatte man sich dann das Notenmaterial aus Halle schicken lassen (vgl. Goethes Brief an Schiller vom 10. April 1800). Die Musik wurde vom Weimarer Korrepetitor und Theaterkapellmeister J. F. A. Eylenstein eingerichtet (→ 610) und dort am 14. Mai 1800 verwendet; es traten auf: Johann Heinrich Andreas Vohs [auch: Voss] (Macbeth), Marie Louise Teller (Lady Macbeth), Johann Jacob Graff (Macduff), Friedrich Johann Michael Jakob Haide [eigentlich: Heydt] (Banquo) u. a.

QUELLE: Erich Schumacher, *Shakespeares Macbeth auf der deutschen Bühne* (= *Die Schaubühne*, Bd. 22). Emsdetten: Lechte 1938, S. 118. Radecke, S. 123ff.

Daraus veröffentlicht

- *Einige [4] Hexenscenen aus Schakespear's* [!] *Macbeth nach Bürgers Verdeutschung*, für drei Singstimme mit Klavierbegleitung (... *fürs Clavier ausgezogen* vom Komponisten). – Berlin: Rellstab [1787]. – Verl.-Nr. *Op. LII.* – RISM A I: R 811. RISM OPAC.

Der Komponist erinnerte sich an ein gespenstisches Jugenderlebnis aus dem Jahr 1762, an das er bei der Komposition der ›Hexenscenen‹ habe denken müssen (in der dritten Person geschildert, obwohl als Autobiographie verfasst): *Von der Rückreise, die er* [Reichardt] *mit seinem Vater allein und von Memel aus, in einer fatalen Fahrt von mehreren Tagen, über das curische Haff machte, sind ihm von diesem stürmischen Wasser, seiner öden traurigen Ufer und den wüsten, wilden Bewohnern manche groteske Bilder zurück geblieben, die ihm später, bei der Bearbeitung der Hexenchöre aus Shakespares Makbeth* [!]*, oft sehr lebhaft* *vor der Seele schwebten. Auf dem weithin öden, aus Sandflächen und Sandbergen bestehenden Ufer [...] sah er das stürmende tobende Haff entlang häufig Trupps von alten braunen Weibern, halb nackt, den kurzen rothen Friesrock über die Schulter gezogen mit weißen im Winde fliegenden Tüchern um den Kopf, auf ganz kleinen Pferden mit gewaltigem Gequick [!] und Geheul durch Sturm und Regen galoppieren* (Johann Friedrich Reichardt: *Autobiographie*, in: *Berlinische Musikalische Zeitung*, 1. Jg., Nr. 79, S. 311f.).

Im Vorwort der Ausgabe berichtet Reichardt über die Entstehung des Werkes und die damit verbundenen kompositorischen Schwierigkeiten (im Folgenden zitiert nach Schaefer, S. 149f.): *Im Jahre 1787 ersuchte mich die Direktion des hiesigen Nationaltheaters, die Hexenscenen aus Shakespeares Macbeth nach Bürgers meisterhafter Verdeutschung in Musik zu setzen, weil der König das Stück in seiner ganzen Pracht zu sehen wünschte. Lange schon war mir diese höchst eigenmächtige, ungeheure Schöpfung Shakespeares eine der interessantesten Natur- und Kunsterscheinungen [...]. Je tiefer und inniger ich indes die Natur dieses originalen Wesens sentierte, je schwerer und fast möcht ich sagen, je unmöglicher mußt' es mir scheinen, sie in der musikalischen Komposition zu erreichen. [...] Auf jeden Fall mußt' ich dabei das meiste auf die Instrumentalmusik rechnen und darauf sinnen in diese, mit gänzlicher Ausschließung des eigentlich Angenehmen, alle mir mögliche rhythmische, melodische und harmonische Mannigfaltigkeit, Wildheit und Kraft zu legen; [...]. Was ich hier nur irgend zur Ausführung bringen konnte, das zog ich herbei. Außer den gewöhnlichen Saiteninstrumenten eines Orchesters mußten mir Hoboen, Klarinetten, Waldhörner, Trompeten, Querpfeifen, Triangel, Becken, Trommeln und Pauken dienen. Die Hexen sollten nach Reichardts Vorstellung höchst ungewöhnlich interpretiert werden: ... drei starke, durchdringende Weiberstimmen, die sich durchschreien könnten, durch das immerwährende Tosen und Toben des Orchesters, das die Unholde unaufhörlich umgiebt, wie Sausen und Brausen des Sturmes und Rasseln und Prasseln des Donners mit Heulen und Wimmern unseliger Geisterstimmen in den Lüften darunter. Tanzen mußten die drei Hexen können um alles, was sich irgend dazu fügte, hüpfend und springend in wildem Kunstgewerbe zu singen. [...] Zur Hexenaltfrau dacht' ich mir die männliche Tenorstimme eines komischen Schauspielers. Schon im gemeinen Leben nennt man ein altes Weib mit Bart und tiefer Stimme, eine alte Hexe. Auch ist die rufende Stimme hinter dem Theater im Tenor geschrieben.*

Die Teilveröffentlichung rechtfertigt Reichardt wie folgt: *Die Scenen haben bei der Aufführung die allerallgemeinste und lebhafteste Wirkung gethan und thun sie noch. Das hat viele Musikfreunde bewogen, oft nach einem Klavierauszuge zu fragen, der sich vom Ganzen unmöglich machen läßt. Nur die wenigen eigentlich gesungenen Momente, die größtentheils auch getanzt werden, konnt' ich einigermaßen deutlich und ausführbar fürs Klavier setzen. Von allen eigentlich charakteristischen, bloß deklamierten Scenen vermocht ich nicht eine einzige so fürs Klavier zu geben, daß sie bei einiger Deutlichkeit, Ausführbarkeit nur einen treuen Schatten von ihrem Wesen gegeben hätten. Dieser Klavierauszug kann also wohl nur dazu dienen, denen die die Scenen auf dem Theater sahen und hörten eine angenehme Erinnerung zu geben, oder solchen die noch gar keine Vorstellung, vielleicht auch noch keine Nachricht davon hatten, auf das Ganze aufmerksam zu machen.*

Schaefer hebt besonders den geradezu »avantgardistischen« Charakter des letzten Teiles (Nr. 4: 1. Szene des 4. Aktes) hervor: *... eine Art Melodram in der Weise der Wolfsschluchtscene* [in Carl Maria von Webers ›Freischütz‹], *mit den barockesten und tollsten Figuren, die das Miauen des Katers, das Schreien des Leichhuhns, das Quaken der Frösche, das Meckern der Böcke, kurz den ganzen »Hexenplunder« auszumalen suchen* (S. 148).

> • Berlin: Schlesinger, o. A. – Hofmeister (1829–1833), S. 284.
>
> Pazdírek weist diese Ausgabe irrtümlich als ein Werk von Gustav Reichardt (1797–1884) nach (Bd. 9, S. 726).

Außerdem

Hexenchöre von Bürger zu dem Trauerspiel Makbeth von Schiller. – Ohne bibliogr. Angaben, 1809. – Libretto. – Digitalisat (BSB).

Diese separate Textausgabe der Hexenszenen in der Übersetzung von Bürger, die aber ausdrücklich für eine Aufführung von Schillers Bearbeitung bestimmt waren, dokumentiert eindrücklich die Vermischung der verschiedenen Versionen der deutschen Fassung.

Verzeichnis der musikalischen Werke

1959 Männerwürde (»Ich bin ein Mann! Wer ist es mehr?«)
Für eine Singstimme mit Klavierbegleitung
S. 34 des 1. Heftes in: ders., *Schillers lyrische Gedichte* → 1916

Unter Berücksichtung von Reichardts heftigen Angriffen auf die dichterischen Fähigkeiten
Schillers ist bereits die Anzahl von Vertonungen erstaunlich groß. Dass er aber gerade auch
dieses Gedicht in Musik gesetzt hatte, überrascht besonders. In seiner Besprechung von
Schillers zweiter Gedichtsammlung hob er nämlich gerade die ›Männerwürde‹ als ein Beispiel extrem schlechten Geschmacks hervor und meinte, dass man mit Rücksicht auf das
schöne Geschlecht kaum etwas daraus zitieren könne (*Der Freimüthige* vom 28. Janur 1804,
S. 78).

1960 *Ode an die Unschuld. Ein Gegenstück zu Schillers Ode an die Freude* (»*Unschuld,
Strahl von jenem Glanze*«); Text von H.[einrich?] Schmidt
Rundgesang für eine Singstimme und vierstimmigen gemischten Chor (SSTB)
mit Klavierbegleitung

Der Text dieses »Gegenstücks« ist nicht leicht zugänglich und wird deshalb in der Fassung
der ersten nachgewiesenen Ausgabe (bei Werckmeister in Berlin), jedoch in modernisierter
Schreibweise, wiedergegeben. Die Dichtung orientiert sich in strophen- und verstechnischer
Hinsicht eng an Schillers Vorbild.

> *Unschuld, Strahl von jenem Glanze,*
> *Der des Ew'gen Thron umhüllt,*
> *Engel mit dem Lilienkranze,*
> *Des Erhab'nen Ebenbild.*
> *Du beseelst den Keim der Freude,*
> *Den die Gottheit in uns schuf.*
> *Und vor deinem lichten Kleide*
>   *Flieht der Leidenschaften Ruf.*
>   *Als mit rosigem Gefieder*
>   *Einst die gold'ne Zeit erschien,*
>   *Schwebtest du ins junge Grün*
>   *An der Tugend Hand hernieder.*
>
> *Wer ein reines Herz erworben,*
> *Wer der Wollust Stimme flieht,*
> *Wessen Blick, noch unverdorben,*
> *Jedem frei ins Auge sieht;*
> *Wem der Keuschheit holde Blume*
> *Auf der heitern Wange blüht;*
> *O der singe dir zum Ruhme,*
> *Was in seinem Busen glüht!*
>   *Brüder aller Nationen,*
>   *Kommt und bringt der Unschuld Dank;*
>   *Heute steig' ein Weihgesang*
>   *Auf von aller Erden Zonen!*
>
> *Unschuld führt die Wesen alle*
> *Näher zu dem Ewigen;*
> *Zu des Frohsinns gold'ner Halle*
> *Leitet sie die Sterblichen.*
> *Sie zersprengt des Kerkers Bande,*
> *Macht den Rudersklaven frei,*
> *Und im blutbefleckten Sande*
> *Windet sich die Tyrannei.*
>   *Jauchzt zum Himmel, meine Brüder,*
>   *Denn die Unschuld triumphiert!*
>   *Alle Völker sind gerührt,*
>   *Fried' und Eintracht herrschen wieder.*

428

Die Komponisten und ihre Werke

Unschuld haucht dem schwachen Greise
Männerkühnheit in das Herz;
Stillt auf uns'rer Lebensreise
Jeden Kummer, jeden Schmerz;
Unschuld hält vor unser Leben
Ihren demantfesten Schild.
Brüder, nimmer dürft ihr beben,
Selbst wenn Sturm und Woge brüllt.
  Lasst die Elemente toben,
  Lasst uns Ungewitter droh'n!
  Arm in Arme sind wir schon
  Über Erdenrund erhoben.

Unter allen Regionen
Wird der Mensch von ihr beglückt;
Sieh, wie selbst auf Königsthronen
Unschuld den Regenten schmückt.
Unschuld winkt mit Rosenmunde,
Und die Liebe keimt herauf;
Dem erhab'nen Freundschaftsbunde
Schließt sie Edens Pforten auf.
  Unschuld weckt in rohen Wilden
  Menschenlieb' und Edelmut,
  Wer an ihrem Busen ruht,
  Lebt in himmlischen Gefilden.

Von der Unschuld Rosenlippen
Schöpft die Weisheit ihren Rat,
Durch der Alpen schroffe Klippen
Ebnet sie des Pilgers Pfad.
In des Äthers blauen Lüften
Preist der Seraph ihre Macht,
Und in tiefen Felsenklüften
Wird der Göttin Lob gebracht.
  Weiht zum festen Freundesbunde,
  Brüder, eure Seelen ein!
  Schwört der Unschuld treu zu sein,
  Treu bis zu der Sterbestunde!

Brüder, das Verdienst zu krönen,
Jeden Edeln zu erhöh'n,
Feindesherzen auszusöhnen,
Biedermänner froh zu seh'n;
Alle Sterblichen zu lieben,
Fordert unser's Bundes Pflicht.
Freunde, lasst uns Tugend üben,
Bis der Bau der Welten bricht!
  Tröstend und mit raschem Gange
  Eilt zu jedem Dürftigen.
  Trocknet sanft dem Leidenden
  Seine Zähren von der Wange.

Tönt der Trennung bitt're Stunde,
Naht des Grabes trübe Nacht,
Ist im schönen Erdenrunde
Unser's Daseins Bahn vollbracht;
O so duldet, duldet gerne,
Dass das Auge sterbend bricht,
Leuchtend glänzt in blauer Ferne
Der Erstehung Morgenlicht.

Verzeichnis der musikalischen Werke

> *Die verklärten Väter blicken*
> *Liebevoll auf uns herab.*
> *Brüder, lasst uns Tod und Grab*
> *Kühn an unser'n Busen drücken!*

Oranienburg: Werckmeister, o. A. – Verl.-Nr. *3.* – Original (BSB). RISM A I: R 956.

• Hamburg: Rudolphus, o. A. – RISM A I: R 956a.

• Berlin: *Günthers Notenstecherei*, o. A. – RISM A I: R 957.

Punschlied (»Vier Elemente, innig gesellt«)

1961 1. Komposition (C-Dur) – vor 1804
Vierstimmiger gemischter Chor (SATB) mit Klavier- und/oder Instrumental-begleitung (vermutlich auch für eine Singstimme mit Klavierbegleitung aus-führbar)
Nr. 16 des 2. Heftes in: [50] *Neue Lieder geselliger Freude* (in 2 Heften). – Leipzig: Fleischer 1799 u. 1804. – Original (DLA). RISM B II, S. 255. Goethe-Museum (Katalog), Nr. 897.

Fortsetzung der ›Lieder geselliger Freude‹ (→ 1917). – Obwohl das ›Punschlied‹ in vierstim-migem Chorsatz wiedergegeben ist, legt die Konzeption der Sammlung auch die solistische Ausführung nahe.

1962 2. Komposition (A-Dur) – vor 1810
Vierstimmiger gemischter Chor (SATB) a cappella
S. 33 des 1. Hefte in: ders., *Schillers lyrische Gedichte* → 1916

1963 Punschlied. Im Norden zu singen (»Auf der Berge freien Höhen«)
Einstimmiger Gesang (Bar) ohne Begleitung
S. 24 des 2. Heftes in: ders., *Schillers lyrische Gedichte* → 1914

1964 entfällt

1965 Ritter Toggenburg (»Ritter, treue Schwesterliebe widmet Euch dies Herz«)
Für eine Singstimme mit Klavierbegleitung
S. 10ff. des 2. Heftes in: ders., *Schillers lyrische Gedichte* → 1914

Sehnsucht (»Ach, aus dieses Tales Gründen«)
Für eine Singstimme mit Klavierbegleitung

1966 1. Komposition (A-Dur) – vor 1809
Notenbeilage nach S. 236 in: *Morgenblatt für gebildete Stände*, 3. Jg., Nr. 59 vom 10. März 1809. – Tübingen: Cotta 1809. – Original (DLA).

1967 2. Komposition (C-Dur) – vor 1810
S. 26 des 1. Heftes in: ders., *Schillers lyrische Gedichte* → 1916

1968 Thekla. Eine Geisterstimme (»Wo ich sei und wo mich hingewendet«)
Für eine Singstimme mit Klavierbegleitung
S. 18f. des 1. Heftes in: ders., *Schillers lyrische Gedichte* → 1916

• Idem. – In: *Studien, hg. zur Unterstützung der abgebrannten Stadt Hei-ligenbeil in Ostpreußen von F. M. G. Schenk von Schenkendorf*, 1. Heft. – Berlin: *Auf Kosten des Herausgebers* 1808. – Goethe-Museum (Katalog), Nr. 1059.

Die Komponisten und ihre Werke

Wallenstein. Ein dramatisches Gedicht – I. Wallensteins Lager

1969 – vor V. 1 (Scharfschütze: »Es leben die Soldaten«); Text teilweise von Johann Wolfgang Goethe
Wohl für eine Singstimme mit Instrumentalbegleitung

Unveröffentlicht. Gespielt bei der Uraufführung des Schauspiels in Weimar am 12. Oktober 1798 anlässlich der Wiedereröffnung des Herzoglichen Hoftheaters. – Das Lied wurde nach einer Melodie aus Reichardts Vertonung von Goethes Singspiel ›Claudine von Villa Bella‹ gesungen (s. den Bericht von Karl Eberwein, der aber die Uraufführung irrtümlich auf den 18. Oktober datiert, in: _Goethes Schauspieler und Musiker. Erinnerungen von Eberwein und Lobe. Mit Ergänzungen von Wilhelm Bode._ Berlin: Mittler 1912, S. 41). Ein gleicher Hinweis s. NA Bd. 30, S. 325 (Kommentar zu Schillers Brief an Goethe vom 4. November 1799).

Wallenstein. Ein dramatisches Gedicht – II. Die Piccolomini

– V. 1757ff. (Thekla: »Der Eichwald brauset«)
Für eine Singstimme mit Klavierbegleitung

Meistens ist die Vertonung mit der vierstrophigen Gedichtfassung erschienen und deshalb dort katalogisiert (→ 1936).

1970 – V. 1887ff. (Thekla: »Dank dir für deinen Wink«)
Für eine Singstimme mit Klavierbegleitung
S. 39ff. des 1. Heftes in: ders., _Schillers lyrische Gedichte_ → 1916

· Idem; hier für eine Singstimme zur Gitarre. – Nr. 3 in: _Fünf Monologe_ → 1947b

Wallenstein. Ein dramatisches Gedicht – III. Wallensteins Tod

1971 – V. 3155ff. (Thekla: »Sein Geist ist's, der mich ruft«)
Für eine Singstimme mit Klavierbegleitung
S. 46ff. des 1. Heftes in: ders., _Schillers lyrische Gedichte_ → 1916

· Idem; hier für eine Singstimme zur Gitarre. – Nr. 4 in: _Fünf Monologe_ → 1947b

1972 Würde der Frauen (»Ehret die Frauen! Sie flechten und weben«)
Für eine Singstimme mit Klavierbegleitung
Notenbeilage nach S. 186 in: _Musen-Almanach für das Jahr 1796_ → 1948

Schiller schickte Reichardt das Gedicht am 28. August 1795 _noch ganz warm, wie es aus der Feder und aus dem Herzen kommt. Ich denke, daß es sich zur Composition nicht übel qualifiziren wird. Nur müßte ich Sie ein wenig damit pressiren, weil die Erscheinungszeit des Almanachs bald heranrückt, und damit kein unnöthiger Aufenthalt entsteht, so bitte ich Sie, von den Noten eine Copie sogleich wenn sie fertig sind an Herrn Legationsrath_ [Wilhelm] _von Humboldt in Berlin zu schicken, der die Besorgung meines Almanachs übernommen hat; damit aber meine Ungeduld nicht zu lange unbefriedigt bleibe, so sind Sie ja so gütig, mir zugleich eine Copie nach Jena zu senden._ Tatsächlich beeilte sich Reichardt mit der Vertonung, legte die Noten seinem Brief vom 4. September an Schiller bei (es sollte zugleich sein letzter in der kurzen Korrespondenz sein) und konnte sich neben Lob ein tadelndes Wort wieder nicht verkneifen: _Ihr schönes Gedicht hat sich gar gern und leicht komponirt: nur haben Sie, theurer Freund, in mehreren Strophen noch das Sylbenmaaß zu ergänzen, damit die Musik zu allen Strophen passe._

· S. 22f. des 1. Heftes in: ders., _Schillers lyrische Gedichte_ → 1916

431

Verzeichnis der musikalischen Werke

REICHARDT, Louise (1779–1826)

1973 Der Jüngling am Bache (»An der Quelle saß der Knabe«)
Für eine Singstimme mit Klavierbegleitung
Berlin: Lischke, o. A. – Ledebur, S. 443.

REICHEL, Adolph (1820–1896)

1974 Des Mädchens Klage (»Der Eichwald brauset«)
Für Mezzosopran mit Klavierbegleitung
Nr. 4 in: ders., *Fünf Lieder*, op. 7. – Leipzig: Breitkopf & Härtel, o. A. – HMB
1842/9, S. 145.

REICHEL, Friedrich (geb. 1948)

Maria Stuart. Ein Trauerspiel

1975 Schauspielmusik

Uraufführung im Rahmen der Premiere: Plauen, 14. Mai 1988 (Stadttheater); s. DDR-Uraufführungen 1988, S. 79.

REIF, Wilhelm (1833–1890)

Schauspielmusiken:

Bis auf eine Ausnahme (→ 1980) in Kopien erhalten, die für das Großherzogliche Hoftheater
in Weimar angefertigt worden sind. – Uraufführungsdaten nicht nachweisbar.

1976 Die Braut von Messina oder: Die feindlichen Brüder. Ein Trauerspiel mit Chören
Handschriftliche Partitur mit Stimmen, 1897. – RISM-OPAC.

Folgende musikalischen Nrr. können einzeln nachgewiesen werden: *Großer Doppelmarsch*;
Trauermarsch; *»Adoramus te Christe et benedicimus tibi«*; *Trauermusik*. – In einer separaten,
ebenfalls für Weimar angefertigten Handschrift (undatierte Partitur mit Stimmen; s. RISM-
OPAC) liegt hierfür noch ein ›*Neuer Trauermarsch*‹ Reifs vor, der um 1910 und 1920 auch
für ›*Clavigo*‹ von J. W. Goethe und William Shakespears ›*Hamlet*‹, ›*Macbeth*‹ und ›*Richard III.*‹
verwendet worden ist. – Der Theaterzettel einer dortigen Aufführung vom 30. März 1905
mit Reifs Musik konnte eingesehen werden (DLA).

1977 Die Jungfrau von Orleans. Eine romantische Tragödie
Handschriftliche Partitur mit Stimmen, 1894. – RISM-OPAC.

Von den insgesamt 24 musikalischen Nrr. (darunter auch Orgelimprovisationen oder Signale) sind nachgewiesen: *Vorspiel*; *Marsch*; *Burgunderfanfare*; *Verwandlungsmarsch*; *Vorspiel
zum vierten Akt*; *Krönungsmarsch*; *»Domine salvum fac regem«* für Chor a cappella; *Tusch*;
»Popule meus qui ficilibi« für Chor a cappella; [Orchestersatz ohne Titel]; *Marcia funebre*.

1978 Die Räuber. Ein Schauspiel
Handschriftliche Partitur mit Stimmen, 1896. – RISM-OPAC. Aber, S. 96.

Nur zwei Gesangsnrr. nachweisbar: *Amalia* bzw. *Hectors Abschied* (jeweils mit Harfenbeglei-
tung oder zur Gitarre, letztere mit dem Wortlaut der späteren Gedichtfassung: »Will sich
Hektor ewig von mir wenden«). Aufgrund der genannten Besetzung (S solo, TTBB, Hr. 1–4,
Hrf., Vl. 1 2, Va. Vc.) dürfte die Musik aber umfangreicher sein, was durch Abers Studie be-
stätigt wird. Die ursprünglich für die Meiningen komponierte Musik enthält demnach noch
Spiegelbergs Lied »Geh' ich vorbei am Rabensteine« (2. Akt, 3. Szene; einstimmig ohne Be-
gleitung) und den Räuber-Chor »Die Nürenberger henken keinen« (ebd.) sowie Amaliens
Gesang »Schön wie Engel, voll Walhallas Wonnen« (3. Akt, Beginn der 1. Szene) für eine
Singstimme zur Harfe; außerdem habe man dort F. Schuberts Lied ›Hektors Abschied‹

432

Die Komponisten und ihre Werke

(→ 2332.2) verwendet, das in der dokumentierten Partitur für Weimar hingegen durch Reifs eigene Vertonung (ebenfalls in der späteren Gedichtfassung) ersetzt wurde. Darüber hinaus seien noch _zwei ganz kleine Instrumentalstücke_ vorhanden, _darunter ein Hornquartett mit wirkungsvollen Echowirkungen zu der Szene am Turm_ (4. Akt, 5. Szene).

1979 Die Verschwörung des Fiesco zu Genua. Ein republikanisches Trauerspiel
Handschriftliche Partitur mit Stimmen, 1890. – RISM-OPAC.

Nur ein Orchesterwerk (Ouvertüre?) erhalten. – Es handelt sich sonst um _ganz kurze Instrumentalsätze bei den Tanzszenen_, wo Reif außerdem noch L. van _Beethovens Kontertänzen_ (wohl aus den ›Zwölf Contretänzen für Orchester‹, WoO 14) verwendet hat (s. Aber, S. 96).

1980 Maria Stuart. Ein Trauerspiel

QUELLE: Theaterzettel einer Aufführung in Weimar am 25. Februar 1905, Großherzogliches Hoftheater (Original; DLA).

1981 Wallenstein. Ein dramatisches Gedicht
Handschriftliche Partitur mit Stimmen, 1898. – RISM-OPAC.

Der Theaterzettel einer dortigen Gesamtaufführung der Trilogie an einem Tag mit Reifs Musik (7. Mai 1905) konnte im DLA eingesehen werden (die Vorstellungen der Teile begannen um 11⁴⁵ Uhr, 14⁰⁰ Uhr und 19⁰⁰ Uhr).

Aus der wohl umfangreicheren Schauspielmusik sind einzeln nachgewiesen zu ›Wallensteins Lager‹ das »Rekrutenlied« (»Trommeln und Pfeifen«), zu ›Die Piccolomini‹ ein _Signal_ für vier Trompeten und zu ›Wallensteins Tod‹ eine ›Fanfare‹ für vier Trompeten und Posaune. – Ein offenbar in ›Wallensteins Tod‹ ebenfalls enthaltener Marsch ist durch den ›Pappenheimer Marsch‹ von Friedrich II. (»der Große«) von Preussen ersetzt worden (→ 1878), das »Rekrutenlied« durch eine Vertonung von K. Götze (→ 778); in diesem Zusammenhang sind weitere anonym überlieferte Musiknummern (darunter ein ›Tusch‹ und ein ›Schwedisches Signal‹) in RISM-OPAC nachweisbar.

1982 Wilhelm Tell Schauspiel
Handschriftliche Partitur mit Stimmen, 1895, sowie undatiertes Notenmaterial, wohl aus den 1920er Jahren. – RISM-OPAC.

Für das Großherzogliche Hoftheater in Weimar angefertigtes Notenmaterial, aus dem folgende musikalische Nrr. nachgewiesen sind: _Schalmeienmelodie_ für Klar. solo; »Es lächelt der See« (V. 1ff.; Fischknabe); »Ihr Matten, lebt wohl« (V. 13ff.; Hirte).

REIMANN, Aribert (geb. 1936)

1983 Amalia (»Schön wie Engel, voll Walhallas Wonne«)
Aria für Sopran mit Klavierbegleitung
Nr. 1 in: ders., _Aria e Canzona._ – Mainz: Schott 2006. – Verl.-Nr. _52068 (ED 9971)._ – Original (Slg. GG).

Uraufführung der Schiller-Vertonung: Bad Reichenhall, 8. August 2005 (Altes Königliches Kurhaus im Rahmen des »Sommerfestivals Alpenklassik«, hier: »Reichenhaller Liederwerkstatt I«), mit Mojca Erdmann (Sopran) und Axel Bauni (Klavier), denen das ganze Werk gewidmet ist. – Beim selben Festival war im Jahr zuvor (12. August 2004) mit den gleichen Interpreten die ›Canzona‹ (Vertonung eines Gedichtfragments von Friedrich Hölderlin) uraufgeführt worden.

An die Freude (»Freude, schöner Götterfunken«)

1983+1 – Ausschnitte, beginnend mit V. 91 (»Untergang der Lügenbrut«); hier unter dem Titel: _Prolog zu Beethovens 9. Sinfonie auf einen Text von Friedrich Schiller_
Für vierstimmigen gemischten Chor (auch mehrfach geteilt) und Streicher

433

Mainz: Schott 2015. – Partitur (Verl.-Nr. *54613*), Aufführungsmaterial; leihweise. – Homepage des Verlags.

2012/13 als Auftragswerk des Wiener Konzerthauses anlässlich des 100. Jahrestages seiner Einweihung komponiert und ohne Pause getrennt als Vorspiel zu Beethovens 9. Sinfonie geplant (Anweisung im Explicit der Partitur: *attacca: Beethoven IX. Sinfonie*; → 144). Reimann wählte dafür zwischen V. 86 und 101 acht nicht zusammengehörende Verse des Gedichts aus, die Beethoven nicht vertont hatte, und veränderte außerdem deren Reihenfolge (beginnend mit V. 91, danach V. 97, 88 u. a., zuletzt V. 101: »Auch die Toten sollen leben«). – Uraufführung: Wien, 19. Oktober 2013 (Wiener Konzerthaus), die Wiener Singakademie und die Wiener Philharmoniker unter der Leitung von Gustavo Dudamel.

1984   *Rätsel*
Duett mit Klavierbegleitung
Nr. 2 in: ders., *Zwei Duette*. – WV/Reimann, S. 80.

1951 komponiert; unveröffentlicht. – Nur unter diesem Titel mit entsprechendem Dichternachweis dokumentiert; der Text dürfte aus den ›Parabeln und Rätseln‹ stammen.

REIN, Walter (1893–1955)

Unter dem Titel ›*An das Leben*‹ *(»Schmeichelnd hold und lieblich klingend«)* wurde in WV/Rein eine Teilbearbeitung von Beethovens ›*Chorfantasie*‹ op. 80 als zweistimmige Singweise für Sopran und Alt nachgewiesen (S. 302 – Nr. 1258) und dabei der Text irrtümlich F. Schiller zugeschrieben (beim Autor handelt es sich jedoch höchstwahrscheinlich um Christoph Kuffner; gelegentlich wird auch Georg Friedrich Treitschke als Verfasser angenommen).

Das Lied von der Glocke (»Fest gemauert in der Erden«)

1985   – V. 235ff. (»Dem dunkeln Schoß der heil'gen Erde«)
Für vierstimmigen gemischten Chor und Streichorchester
2. Teil in: ders., *Erntefeier. Kantate* [in 5 Teilen] *für gemischten Chor, Bariton-Solo und kleines Orchester*. – Köln: Tonger, o. A. – Partitur mit unterlegtem Klavierauszug von P. Greven (Verl.-Nr. *8429*), Chor- und Orchesterstimmen. – WV/Rein, S. 114 (Nr. 437) und S. 235f. (Nr. 446). Original (»Stiftung Dokumentations- und Forschungs-Zentrum des Deutschen Chorwesens« – Sängermuseum Feuchtwangen). Hofmeister (1938), S. 121.

1938 komponiert; es wurden noch Verse von Conrad Ferdinand Meyer, Hermann Claudius, Carl Rostock, Josef Bauer und G. Tollemann vertont. – Die Blasinstrumente (Tr. 1 2, Pos. 1 2) werden nicht in allen Teilen herangezogen; der Gesangssolist ist nur im dritten Teil zu besetzen (hier kein Chor), kann aber auch noch vier rezitierte Verse im vierten Teil übernehmen. – Für die Aufführung wird gefordert, dass *den vier Blechbläsern ein stark besetzter Streichkörper gegenübertritt. [...] Einzelne Teile der Kantate können auch für sich aufgeführt werden, [...]. Auch ist es möglich, in Ermangelung eines Solobaritons den III. Teil fortzulassen. Bei einer Verwendung der Kantate in einer »Chorfeier« kann zwischen den einzelnen Teilen geeignete Dichtung gesprochen, vor Teil V gegebenenfalls auch eine Ansprache gehalten werden.* – Eine vermutlich aus politischen Gründen gekürzte Neuveröffentlichung – ohne den dritten Teil (»Wir pflügten und säten«, einem Text aus dem ›Erntedanklied der Deutschen‹ von Hermann Claudius) – ist 1960 im gleichen Verlag erschienen.

1986   – V. 322ff. (»Holder Friede, süße Eintracht«)
Kanon zu vier Stimmen
S. 31 in: *Das* [!] *musische Almanach*. – Boppard am Rhein: Fidula, o. A. – WV/Rein, S. 170f. (Nr. 731).

1987   – V. 398ff. (»Hoch über'm niedern Erdenleben«); hier mit den vorausgehenden Worten: »*Die Glocke hängt in Turmeshöh'n, zu Gottes Lobe ausersehn*«
Für eine Singstimme mit Orgelbegleitung und zwei Violinen

Nr. 2 (Rezitativ) in: ders., *Glockenkantate nach Worten der Bibel, Glocken-sprüchen und -Inschriften und Versen Schillers* (»*Die Glocke hängt in Turmes-höh'n«*). Kantate in sechs Teilen für eine Singstimme, vierstimmigen gemischten Chor (SATB) bzw. für vierstimmigen Frauenchor (SSAA), zwei Violinen (auch chorisch besetzbar) und Orgel
Kassel: Bärenreiter 1952. – Partitur (Verl.-Nr. *2192*), Instrumentalstimmen. – Original (Hochschule für Kirchenmusik der Evangelischen Landeskirche in Württemberg, Tübingen). WV/Rein, S. 151 (Nr. 632), S. 232 (Nr. 307) u. S. 267 (o. Nr.). Hofmeister (1952), S. 246.

Das relativ kurze Werk (*Aufführungsdauer ca. 11 Minuten*) ist zwischen dem 27. Februar und dem 3. März 1949 entstanden. – In der knappen Vorbemerkung von W. Rein heißt es, dass die Kantate *für eine kleine Schweizer Dorfgemeinde im Toggenburgischen geschrieben* worden und *dort anläßlich der Weihe zweier neuer Kirchenglocken zur ersten Aufführung* gelangt sei. *Die Besetzung rechnet mit einfachen Aufführungsverhältnissen, einem kleinen, aber beweglichen gemischten Chor [...]. Die Solostimmen sind für stimmlich befähigte Chor-mitglieder gedacht. Die beiden Violinstimmen können in solistischer oder chorischer Beset-zung ausgeführt werden. [...] Einige textliche Ergänzungen stammen vom Komponisten.* – Neutextierung von Herbert Köhler als ›*Kantate zur Schuleinweihung*‹ (»*Nun klingt's wie heller Glockenton«*).

Macbeth. Zur Vorstellung auf dem Hoftheater in Weimar eingerichtet von Friedrich Schiller

1988 – V. 741ff. (Pförtner: »Verschwunden ist die finst're Nacht«); hier unter dem Titel: *Morgenlied*
Zweistimmige Singweise für Sopran und Alt
S. 4 in: *Auf froher Fahrt*. – Berlin: Sirius 1953. – WV/Rein, S. 325 (Nr. 1360).
1951 komponiert.

Maria Stuart. Ein Trauerspiel

1989 – V. 2192f. (Shrewsbury: »Gehorcht der Zeit und dem Gesetz der Stunde«)
Kanon zu drei Stimmen
S. 6 in: *Der Ring bind't alle Dinge*. Siebzig Kanons zu zwei bis sechs Stimmen.
– Kassel: Bärenreiter 1951. – Verl.-Nr. *2706*. – WV/Rein, S. 149 (Nr. 620).

1990 Tabulae votivae – Pflicht für jeden (»Immer strebe zum Ganzen«)
Gemischtes Vokalterzett (SA, *Männerstimme*) a cappella
Unveröffentlicht; s. WV/Rein, S. 190 (Nr. 829).

REINECKE, Carl Heinrich Carsten (1824–1910)

Veröffentlichte auch unter dem Pseudonym *Hinrich Carsten*.

1991 Die Künstler (»Wie schön, o Mensch, mit deinem Palmenzweige«); hier: *An die Künstler*
Für dreistimmigen Männerchor und Orchester
Schlusschor in: ders., *Festouvertüre*, op. 218. – Leipzig: Reinecke 1893. – Partitur (Verl.-Nr. *107*), Chor- und Orchesterstimmen. – HMB 1893/9, S. 325 u. 335. Sonneck, *Orchestral Music*, S. 365. Pelker, S. 616f.

Anfang 1893 in Leipzig entstanden. – Uraufführung: Leipzig, 10. März 1893 (Festkonzert aus Anlass des 50jährigen Bestehens des Konservatoriums im dortigen Saal), Chor und Or-chester des Instituts, unter der Leitung des Komponisten. – *Man kann die Ouvertüre auch ohne Männerchor aufführen, dessen Part zu diesem Zwecke in die Blasinstrumente eingezogen ist. Empfehlenswert ist das jedoch nicht* (Müller-Reuter Bd. 1, S. 524).

Verzeichnis der musikalischen Werke

Wilhelm Tell. Schauspiel

1992 Schauspielmusik, op. 102

Es handelt sich um ein Beispiel jener aufwendigen Schauspielmusiken mit anspruchsvollen Vokalpartien, für die man noch ein ganzes Opernorchester benötigt und bei der die »Bühnenmusik« nur einen Bestandteil bildet (vergleichbar etwa mit den seinerzeit viel gespielten Schauspielmusiken zu den beiden Teilen von Goethes ›Faust‹ von Eduard Lassen, 1876, oder von Felix Weingartner, 1908). Diese Aufführungspraxis ging im 20. Jahrhundert verloren und wäre heute kaum mehr realisierbar. Deshalb soll dieses Werk stellvertretend hier detaillierter beschrieben werden (Übernahme der Nummerierung des Klavierauszuges).

1. *Introduction* und die drei »Eingangslieder« für drei Solostimmen (STBar) und Orchester
   - V. 1ff. (Fischerknabe: »Es lächelt der See«)
   - V. 13ff. (Hirte: »Ihr Matten, lebt wohl«)
   - V. 25ff. (Alpenjäger: »Es donnern die Höhen«)
   Die »Eingangslieder« sind jeweils nicht solistisch, sondern immer als Terzett vorzutragen.
2. *Einleitung zum 2. Aufzuge* für Orchester
3. *Zum Schluss des 2. Aufzuges* für Orchester
   - Stichworte: V. 1463f. (Stauffacher: »Denn Raub begeht am allgemeinen Gut ...«)
4. *Einleitung zum 3. Aufzuge (Idylle)* für Orchester
5. *Lied des Walther (Hinter der Scene)* – Für Tenor mit Ob. 1 2 u. Hr. 1 2
   - V. 1465ff. (Walter Tell: »Mit dem Pfeil, dem Bogen«)
6. *Jagdfanfare zur Verwandlung nach der ersten Scene* für Hr. 1–4
7. *Einleitung zum 4. Aufzuge (Gewitter)* für Orchester
8. *Zur 2. Scene des 4. Aufzuges* für Orchester
   - Stichworte: V. 2450f. (Attinghausen: »Dass sich der Bund zum Bunde rasch versammle ...«)
   Nicht auf Schillers Vorgabe zurückgehende Bühnenmusik zur Sterbeszene dieser Bühnenfigur.
9. *Brautzugsmusik (Hinter der Scene)* für Ob. 1 2, Klar. 1 2, Fg. 1 2, Hr. 1 2, Trgl.
   - Stichworte: V. 2642f. (Wilhelm Tell: »Hier gilt es einen köstlicheren Preis ...«)
10. *Gesang der barmherzigen Brüder* für vierstimmigen Männerchor (TTBB) mit Pos. 1 2 3, Tb. u. Pk.
    - V. 2833ff. (Barmherzige Brüder: »Rasch tritt der Tod den Menschen an«)
11. *Einleitung zum 5. Aufzuge* für Orchester
11b. *Zur 1. Scene* für Orchester
    - Stichworte: V. 2912f. (Walter Fürst: »Wohl euch, dass ihr den reinen Sieg ...«)
12. *Zur 2. Scene (Hinter der Scene)* für Ob., Klar. u. Hr. 1–4
    - Stichworte: V. 3269f. (Tell: »Und muntern Laufs führt Euch ein and'rer Strom ...«)
13. *Schlussmusik* für Orchester
    - Stichworte: V. 3290 (Rudenz: »Und frei erklär' ich alle meine Knechte«)

Leipzig: Breitkopf & Härtel, o. A. – Partitur (Verl.-Nr. *12332*), Orchesterstimmen, Stimmen für die Bühnenmusik; Klavierauszug zu vier Händen bearb. vom Komponisten (Verl.-Nr. *12334*). – Original (DLA). HMB 1871/2, S. 26f.

Im Frühling 1870 im Auftrag Heinrich Laubes (seit 1869 Direktor des Neuen Stadttheaters in Leipzig) entstanden. – Uraufführung im Rahmen der Premiere: Leipzig, 17. Juli 1870 (Neues Stadttheater), unter der Leitung des Komponisten. – *Die Musik Reineckes gehört gleichfalls zu den vorzüglichsten Schöpfungen auf dem Gebiet der Schauspielmusik; sie ist zweifellos ein Kunstwerk von hoher Bedeutung, vollwichtig, edel und erhaben, durch charakteristische, harmonische Färbung, wie durch melodische Schönheit ausgezeichnet. Die ouverturenartigen Einleitungen zu den verschiedenen Akten sind wahre symphonische Stimmungsbilder. [...] Leider bekommt man diese herrliche Musik mit all ihren Schönheiten im Theater viel zu selten zu hören; es wäre wohl zu wünschen, daß dieselbe durch Aufführungen im Konzertsaale, sei es ganz (mit verbindendem*

Texte) oder in Bruchstücken, allgemeiner bekannt und solchermaßen gebührender gewürdigt würde (Schaefer, S. 78f.).

Zahlreiche Bearbeitungen verschiedener Teile, darunter v. a. die Ouvertüre und die Einleitung zum 3. Akt, sind (meistens einzeln) veröffentlicht worden (letzterer erschien dann unter dem Titel ›_Idylle_‹); vgl. Pazdírek Bd. 9, S. 746, 761 und 763.

Teilausgabe

· Einleitung zum 3. Aufzug unter dem Titel ›_Idylle_‹. Nr. 3 in: ders., _Fünf Tonbilder für Orchester._ – Leipzig: Breitkopf & Härtel, o. A. – Partitur, Stimmen. – HMB 1881/10, S. 246.

REINECKE, Moritz (?–?)

Lexikalisch bisher nicht nachweisbarer Komponist; evtl. irrtümliche Angabe des Vornamens (richtig: _Carl?_).

Wilhelm Tell. Schauspiel

1993 – V. 2833ff. (Barmherzige Brüder: »Rasch tritt der Tod den Menschen an«); hier unter dem Titel: _Gesang der Mönche_
Männerchor a cappella
Nr. 2 in: ders., _Zwei Grablieder_ (o. op.). – Breslau: Michaelis, o. A. – Partitur. – Hofmeister (1904–1908), S. 624.

Es könnte sich um den entsprechenden Chorsatz aus Carl Reineckes Schauspielmusik handeln (→ 1992, Nr. 10).

REINER, Joseph Ewald (1784– nach 1850)

1994 Das Geheimnis (»Sie konnte mir kein Wörtchen sagen«)
Für eine Singstimme zur Gitarre
Nr. 4 in: ders., _Sechs Gesänge für die Guitarre_, op. 2. – Leipzig: Hofmeister, o. A. – Verl.-Nr. _31._ – Original (freundl. Mitteilung von Dr. Hans Rheinfurth; demnach _1808_ erschienen).

Ihro Hochgeboren der Comtesse Jenny von Frankenberg in Warthau ergebenst zugeeignet.

REINHARDT, Heinrich (1865–1922)

Vorname gelegentlich auch _Henri._

Wallenstein. Ein dramatisches Gedicht – I. Wallensteins Lager

1995 – vor V. 1 (Scharfschütze: »Es leben die Soldaten«); Text teilweise von Johann Wolfgang Goethe; hier unter dem Titel: _Soldatenlied_
Vierstimmiger Männerchor a (TTBB) cappella
Nr. 2 (einzeln) in: ders., _Zwei Männerchöre_, op. 44. – Wien: Tandler, o. A. – Partitur, Stimmen. – HMB 1899/2, S. 72.

Später als op. 105a (bei Bosworth in Leipzig bzw. bei Blaha in Wien) nachgewiesen; vgl. Hofmeister (1904–1908), S. 624, bzw. Pazdírek Bd. 9, S. 780.

REINHARDT, Johann Christoph (?–1821)

Macbeth. Zur Vorstellung auf dem Hoftheater in Weimar eingerichtet von Friedrich Schiller

1996 Schauspielmusik

Angeblich bei der Uraufführung des Schauspiels in Weimar am 14. Mai 1800 verwendet (vgl. den Kommentar in der Schiller-Werkausgabe von Fricke/Göpfert, Bd. 3, S. 993): ... *mit der Musik von Reinhardt.* Es handelt sich jedoch offenbar um einen Übertragungsfehler, da man hierfür damals in Halle die Noten der Schauspielmusik von J. F. Reichardt bestellt hatte (vgl. Goethes Brief an Schiller vom 10. April 1800); diese war allerdings ursprünglich zur Übersetzung von Gottfried August Bürger geschrieben worden (→ 1958). Auch als Schiller seine Bearbeitung am 26. April 1800 A. W. Iffland zur Aufführung in Berlin anbot, wies er ausdrücklich auf die Verwendbarkeit von Reichardts Werk hin. – Stieger und MGG2 (*Personenteil* Bd. 5, Sp. 925) nennen hingegen F. S. Destouches (→ 471).

REINHOLD, Hugo (1854–1935)

Das Mädchen aus der Fremde (»In einem Tal bei armen Hirten«)

1997   *Das Mädchen aus der Fremde.* Charakterstück für Klavier zu vier Händen
Nr. 2 in: ders., *Fantasie-Bilder. Sechs leichte Tonstücke,* op. 9. – Wien: Schmidt, o. A. – HMB 1878/5+6, S. 149.

REINTHALER, Carl Martin (1822–1896)

1998   An Emma (»Weit in nebelgrauer Ferne«)
Für eine Singstimme mit Klavierbegleitung
Nr. 2 in: ders., *Sechs Lieder,* op. 10. – Leipzig: Breitkopf & Härtel 1859. – HMB 1859/2, S. 31.

1998+1 *Cantate* [zum Schiller-Fest 1859 in Bremen]; Text von F. Ruperti
Männerchor und Orchester (o. op.)

Offenbar unveröffentlicht; Text nicht dokumentiert. – Uraufführung: Bremen, 9. November 1859; die Kantate sei *sowohl in den Proben als bei der Ausführung am Tage der Vorfeier* [des Schiller-Festes] *im Künstler-Verein mit solchem Enthusiasmus aufgenommen worden* [...], *dass dieselbe hoffentlich dem Schicksal des Ad-acta-Legens, welches so vielen Gelegenheits-Compositionen zu Theil wird, entgehen wird*; s. die Konzertnotiz in der *Niederrhein. MZtg.* vom 3. Dezember 1859, S. 390.

1999   *Hymne an Schiller. Zur Feier des 10. November 1859 (»Heut', über allem deutschen Volke«);* Text von Otto Gildemeister (o. op.)
Vierstimmiger Chor (entweder SATB oder TTBB) a cappella oder für eine Singstimme mit Klavierbegleitung
Bremen: Cranz, o. A. – Die Chorausgaben sind in Partitur und Stimmen erschienen. – HMB 1860/1, S. 15 u. 19. Original (DLA).

Uraufführung (*zur Schiller-Feier*): Bremen, 10. November 1859, *von einem Massen-Chor, aus etwa 500 Sängern und stark besetztem Orchester* ausgeführt (Niederrhein. MZtg., Nr. 49 vom 3. Dezember 1859, Konzertnotiz). Brandstaeter nennt hingegen irrtümlich *Wismar* (vgl. S. 3). – Hinweis auf der Titelseite auf eine weitere, allerdings nicht gedruckte Fassung: *Partitur und Orchesterstimmen zu obigem Werk sind in korrekter Abschrift durch die Verlagshandlung zu beziehen.*

· Zwei Ausgaben (für eine hohe Singstimme oder einstimmigen Schulchor mit Klavierbegleitung bzw. für eine mittlere Singstimme oder einstimmigen Volkschor mit Klavierbegleitung). – Leipzig: Leuckart, o. A. – Hofmeister (1904–1908), S. 626.

Wohl zum Schiller-Jahr 1905 erschiene Neuausgabe.

Die Komponisten und ihre Werke

REISSIGER, Karl Gottlieb (1798–1859)

2000 Des Mädchens Klage (»Der Eichwald brauset«)
Für Mezzosopran oder Bariton mit Klavierbegleitung
Nr. 5 in: ders., [7] _Gesänge für Mezzosopran oder Bariton mit Pianofortebeglei-_
tung, op. 61. – Berlin: Schlesinger 1829. – HMB 1830/1+2, S. 12. Ledebur, S. 446.

2001 _Lied (»Es tönen die Hörner von Ferne herüber«)_; Textauthentizität unsicher
Für eine Singstimme mit Klavierbegleitung
Nr. 2 in: ders., _Sechs Gesänge_, op. 3. – Leipzig: Hoffmeister, o. A. – Ledebur, S. 446
(datiert die Ausgabe mit _1820_). Pazdírek Bd. 9, S. 792 (hier unter dem Titel: _Der_
Abend).

2002 _Rätselcanon (»Dein Name ist unsterblich: Schiller!«)_; Text vermutlich vom
Komponisten
Kanon zu acht Stimmen für gemischten Chor (SSAATTBB) a cappella (o. op.)
Fol. 36 des 1. Bandes in: _Schiller-Album_ → 364

Autographe Reinschrift mit der Datierung: _Dresden, im Februar 1848_. – Reissiger notierte
zunächst die einstimmige Melodie in ein Notensystem, dem die acht verschiedenen stimmentypischen Schlüssel vorangestellt sind; anschließend übertrug er den Kanon noch in eine Partitur.

Turandot, Prinzessin von China. Ein tragikomisches Märchen nach Carlo Gozzi
von Friedrich Schiller

2003 _Turandot_. Tragikomische Oper in zwei Akten; Libretto vermutlich vom Komponisten

Uraufführung: Dresden, 22. Januar 1835 (Königliches Hoftheater). – Schilling, der von der Oper
aber nur aus Berichten wusste, merkte an: _In Dresden ist sie bereits 8 Mal bei immer vollem_
Hause gegeben, und dortige Kenner sprechen sich äußerst günstig über sie aus (Bd. 5, S. 695). –
Obwohl die Oper in jeder Hinsicht eine gute Arbeit gewesen sei, _hat dieselbe doch keinen nach-_
haltigen Erfolg erzielt. Die Schuld daran trägt wohl der Stoff, welcher für die Oper ein wenig pas-
sendes Sujet bildet. Der Text ist treu nach Schiller, in Versbau und Dialog fließend behandelt, häu-
fig finden sich sogar Stellen aus dem Original wörtlich wieder (Schaefer, S. 66f.; datiert aber die
Uraufführung irrtümlich einen Tag später).
QUELLEN: Grove, _Opera_ Bd. 3, S. 1286. Lo, S. 160ff. (demnach nur das Libretto veröffentlicht;
Musik verloren).

Wilhelm Tell. Schauspiel

2004 Schauspielouvertüre für Orchester

QUELLE: Brandstaeter, S. 38 (Existenz unsicher, da keine weiteren Belege bekannt).

REISSMANN, August (1825–1903)

Wilhelm Tell. Schauspiel

2005 Schauspielmusik

Besteht nach Brandstaeter aus der Ouvertüre und den Zwischenaktsmusiken (S. 38). –
Unveröffentlicht. – Uraufführung der Ouvertüre: Berlin, November 1859 (Liebig'sche Kapelle); Pelker, S. 625f.

Verzeichnis der musikalischen Werke

REITER, Ernst Michael Quirin (1814–1875)

Wallenstein. Ein dramatisches Gedicht – III. Wallensteins Tod

2005+1 Ouvertüre für Orchester

> Oktober 1841 in Basel entstanden. Unveröffentlicht; zwei autographe Partituren und Stimmen bekannt. – Uraufführung: Basel, 2. Januar 1842 (Pelker, S. 626f.).

REITER, Josef (1862–1939)

2006 Die deutsche Muse (»Kein Augustisch' Alter blühte«)
Gemischter Chor a cappella, op. 74
Leipzig: Bosworth, o. A. – Partitur, Stimmen (Verl.-Nr. *6810*). – Hofmeister (1904–1908), S. 627. *Dt. Musiker-Lex.* 1929, Sp. 1132. ÖNB (Online-Katalog).

> Pazdírek nennt irrtümlich TTBB als Besetzung (s. Bd. 9, S. 805).

2007 *Hymne zur Gedenkfeier des 100. Todestages Friedrich von Schillers über Anregung des Wiener Schiller-Gedenkfeier-Komités (»Schwellender Hochgesang rausche im Feierklang«);* Text von Ferdinand von Saar
Für gemischten Chor oder Männerchor und großes Orchester (Symphonie- oder Militärorchester), op. 70
Leipzig: Bosworth 1905. – Chorstimmen; Ausgabe für Symphonieorchester bzw. für Militärmusik: Jew. Partitur, Orchesterstimmen; Klavierauszug (Verl.-Nr. *6172*). – Original (Slg. GG). *Dt. Musiker-Lex.* 1929, Sp. 1132.

> Der Text liegt in zwei Versionen vor (Anm. in den Noten zur zweiten Variante: *wird bei Aufführungen, die ausserhalb Wiens stattfinden, gesungen*). Es folgen beide Fassungen der ersten von insgesamt vier Strophen:
>
> Version A: *Schwellender Hochgesang*
> *Rausche im Feierklang*
> *Heute durch Wien!*
> *Rausche darüber hin,*
> *Brause den Strom entlang,*
> *Schwellender Feierklang*
> *Töne posaunengleich*
> *Weit über Österreich.*
>
> Version B: *Schwellender Hochgesang*
> *Rausche im Feierklang*
> *Heute weithin!*
> *So wie die Ströme zieh'n,*
> *Schwellender Hochgesang*
> *Brause im Feierklang*
> *Töne posaunengleich*
> *Über das ganze Reich.*
>
> Uraufführung zum Abschluss der »Akademie des Schillergedenkfeiercomités«: Wien, 8. Mai 1905 (Großer Musikvereinssaal), der Wiener Singverein und Männergesangverein, das Hofopernorchester, unter der musikalischen Leitung des Komponisten (vgl. *Neue Freie Presse,* Morgenblatt vom 9. Mai 1905, S. 8).

2008 Sehnsucht (»Ach, aus dieses Tales Gründen«)
Für Männerchor und großes Orchester, op. 121

> Unveröffentlicht; s. *Dt. Musiker-Lex.* 1929, Sp. 1133.

Wilhelm Tell. Schauspiel

2009 *Der Tell. Ein deutsches Drama in drei Aufzügen*, op. 100; Libretto von Max Millenkovich-Morold
Leipzig: Hug, o. A. – Klavierauszug *vom Tondichter* (Verl.-Nr. *5470*). – BSB-Musik Bd. 13, S. 5273 (demnach *1917* veröffentlicht). Stieger.

Uraufführung: Wien, 3. November 1917 (Wiener Volksoper), mit Richard Kubla (Tell), Arthur Fleischer (Landvogt), Käthe Rantzau (Elsbeth, seine Frau) *fand für die große Rolle bewältigende* [!] *dramatische Akzente* (*Österreichische Volks-Zeitung* vom 4. November 1917, S. 3), unter der Leitung von ... Auderieth. – Da sich das Werk mit G. Rossinis ›Guilleame Tell‹ (→ 2123) vergleichen lassen mussten, begegnete man ihm vorsichtig: *Herr Reiter bemüht sich in deutscher Art von heute, dem Stoffe beizukommen, starkes Wollen und gefestigtes Können sind sein Rüstzeug, Wagner und Richard Strauss seine Vorbilder. Seine Stärke liegt aber in der Lyrik und an empfindsamer Melodik, auf diesem Gebiet treibt seine Musik schöne Blüten [...]. Als Musikdramatiker ist der Komponist leider nicht stark, auch nicht selbständig genug, um der ihm gestellten, enorm schwierigen Aufgabe Herr zu werden. Trotzdem ist die Partitur aber eine schöne, auch im orchestralen Teile vielfach interessante Arbeit ...* (*Der Humorist. Zeitschrift für Theater und Kunstwelt* vom 10. November 1917, S. 3; andere Blätter äußerten sich ähnlich).

2010 – V. 2833ff. (Barmherzige Brüder: »Rasch tritt der Tod den Menschen an«);
hier unter dem Titel: *Grabgesang*
Männerchor (*Ausgabe A*) bzw. gemischter Chor (*Ausgabe B*) a cappella, op. 32
Nr. 3 in: ders., *Drei Männerchöre*, op. 32a, bzw. *Drei gemischte Chöre*, op. 32b.
– Wien: Robitschek, o. A. – Partitur, Stimmen. – HMB 1898/11, S. 559, bzw. 1899/3, S. 119. *Dt. Musiker-Lex.* 1929, Sp. 1132.

2011 *Zwölf Lieder* für eine Singstimme zur Laute bzw. Gitarre oder mit Klavierbegleitung, op. 114
Unveröffentlicht (unter den sieben vertonten Dichtern findet sich auch Schiller); s. *Dt. Musiker-Lex.* 1929, Sp. 1133 (Inhalt nicht nachgewiesen).

RELLSTAB, Johann Carl Friedrich (1759–1813)

2012 An die Freude (»Freude, schöner Götterfunken«)
Rundgesang für ein oder zwei Singstimmen und Chor mit Klavierbegleitung ad lib.
Nr. 8 in: *Schillers Ode an die Freude* → 369 (Ausgabe 1)

· Idem. – Nr. 9 in: *Vierzehn Compostionen zu Schillers Ode an die Freude* → 369 (Ausgabe 2)

· Idem. – Nr. 25 in: [41] *Frühe Schiller-Vertonungen bis 1825* → 141

Wallenstein. Ein dramatisches Gedicht – III. Wallensteins Tod

2013 – V. 3155ff. (Thekla: »Sein Geist ist's, der mich ruft«); hier unter dem Titel: *Thekla's Monolog a. d. Wallenstein, theils recitativisch, theils melodramatisch bearbeitet*
Für eine Singstimme mit Klavierbegleitung
Unveröffentlicht (s. Ledebur, S. 453).

REMDE, Johann Christian (1786– ca. 1850)

Die hier nachgewiesene Vertonung ist 1802 im selben Verlag in zwei weitgehend identischen Ausgaben veröffentlicht worden (Unterscheidungen nur in der Urheberangabe und der Widmung). Bei einer Namensform des Komponisten – »Edmer« bzw. »Remde« – handelt es sich offensichtlich um ein Palindrom, wobei derzeit offen bleiben muss, welches von beiden das Pseudonym ist (die Vornamen sind jeweils gleich). – Bisher war nur »Remde« lexikalisch belegbar, weshalb die vollständige Titelaufnahme an dieser Stelle erfolgt (vgl. Gustav Schilling: *Das musikalische Europa oder Sammlung von durchgehends authentischen Lebens-Nachrichten über jetzt in Europa lebende ausgezeichnete Tonkünstler, Musikgelehrte, Componisten, Virtuosen, Sänger &c. &c.* Speier: Neidhard 1842, S. 280; hier mit dem wohl zu spät angesetzten Geburtstag *um 1790* und dem dritten Vornamen *Heinrich*). Die *Vorrede* ist in beiden Notenausgaben identisch; aus ihr kann das jugendliche Alter des Komponist ungefähr erschlossen werden. Die biographischen Angaben des vorliegenden Nachweises folgen aber denen von Fellinger (S. 1026). – RISM weist unter »Remde« zwei verschiedene gedruckte Werke nach (A I: RR 1149 I,1 u. I,2), ist sich aber in Zusammenhang mit dem ersten über die Identität Remdes unsicher: *Komponist identisch mit Johann Christian Rempt?* Von »Edmer« ist hingegen ›Der Taucher‹ als einziger Druck bekannt.

2014 Der Taucher (»Wer wagt es, Rittersmann oder Knapp'«)
Für eine Singstimme mit Klavierbegleitung
Halle/Saale: Hendel 1802.

Titelillustration (fast formatfüllender Stich; bez.: *Liebe Sc.* und *Scylla und Charybdis v. Joach. Sandrart gez.*); die *Vorrede* mit angehängtem Druckfehlerverzeichnis (*Verbesserungen*) und der Notenteil sind in beiden Ausgaben identisch. – In der *Vorrede* bezeichnet der Komponist das Werk als *Kind meiner jugendlichen Muse* und fährt dann fort: *Es ist ja das erste, was ich seinem eigenen Schicksale in einem weiteren Kreise überlasse, wenn es auch nicht das erste ist, was mir die innigst geliebte Kunst geschenkt hat [...]. Dennoch setze ich es kühn dem freien Urtheile Aller aus, die es desselben für werth erkennen. Mögen diese Urtheile nun günstig oder ungünstig ausfallen, in jedem Falle werde ich mich darüber freuen, wenn sie belehrend sind, und zu meiner Vervollkommnung in der Kunst, der ich mich ausschließlich geweiht habe, etwas mitzuwirken vermögen.*

· »Remde-Ausgabe«. – RISM A I: RR 1149 I,2. Original (Dessau-Roßlau, Stadtarchiv).

Widmung auf der Titelseite: *... allerunterthänigst zugeeignet Ihro Durchlaucht Louise Caroline Theodore Amalia, Erbprinzessin zu Anhalt-Cöthen etc. etc. etc.* Es folgt auf das Titelblatt ein weiteres, ebenfalls unpaginiertes Blatt mit einem kurzer Huldigungstext an die Widmungsträgerin, in dem Remde das Überreichen der *Composition eines herrlichen Gedichts von unserm unsterblichen Schiller als eine süsse trefliche Gelegenheit* bezeichnet, *die so lange und tief in meinem Herzen gehegte Verehrung, wenn auch auf eine nur unvollkommne Weise, an den Tag zu legen – Noch erinnere ich mich stets mit innigem Vergnügen an Dero Aufenthalt in Halle, wo ich das Glück hatte, vor Ew. Hochfürstl. Durchl. einige kleine Proben im Singen abzulegen, und zugleich einen mir unvergesslichen Beweis Ihrer Zufriedenheit und Gnade zu erhalten.* Dieser Teil ist mit *Halle, an der Saale, den 21ten April, 1802* datiert; der Komponist firmiert als *Studir.[ender] a. d. Waisenhaus.*

· »Edmer-Ausgabe«. – RISM A I: EE 457 II,3. Original (DLA). Whistling 1828, S. 1060.

Widmung auf der Titelseite: *... unterthänigst zugeeignet Ihro Durchlaucht der verwittweten Anna Amalia, Herzogin zu Sachsen-Weimar, Eisenach etc.* Das weitere Blatt der vorigen Ausgabe mit dem Huldigungstext fehlt jetzt; es schließt sich gleich die *Vorrede* an. – Nachweis dieser Ausgabe auch in: Wurzbach, *Schiller-Buch*, Nr. 579.

Die Komponisten und ihre Werke

REMPT, Johann Christian (?–?)

2015 Die vier Weltalter (»Wohl perlet im Glase der purpurne Wein«); hier unter dem Titel: _Gesang und Liebe_
Für eine Singstimme mit Klavierbegleitung
30. Mai 1815, Notenbeilage nach Sp. 840, in: _Zeitung für die elegante Welt_ → 779

Im Druck ist der Komponist als _J. C. Rempt_ ausgewiesen, von dem RISM einzig eine Sammlung mit Kinderliedern kennt (A I: RR 1151 I,1; hier mit den o. g. Vornamen) und dessen Identität bisher nicht klärbar war.

RENEBY, Robert (?–?)

Wallenstein. Ein dramatisches Gedicht – I. Wallensteins Lager

– V. 1052ff. (Zweiter Kürassier: »Wohl auf, Kameraden, auf's Pferd«)

2016 _Der Radfahrer (»Frisch auf, Kameraden, auf's Rad«)_; Textverfasser unbekannt
Sport-Couplet für eine Singstimme mit Klavierbegleitung
Berlin: Platt, o. A. – HMB 1898/8, S. 376.

RESPIGHI, Ottorino (1879–1936)

Wallenstein. Ein dramatisches Gedicht – Prolog

– V. 138 (»Ernst ist das Leben, heiter ist die Kunst«)

2017 Motto zum Streichquartett d-Moll. – Mailand: Ricordi 1986. – Verl.-Nr. _134178_. – Homepage des Verlages.

1909 komponiert, aber erst posthum veröffentlicht.

QUELLE: Friedhelm Krummacher, _Geschichte des Streichquartetts_. Laaber: Laaber 2005; Bd. 3, S. 211.

REUTER, Florizel von (1890–1985)

Immer wieder irrtümlich mit dem Geburtsjahr 1903 nachgewiesen.

Die Jungfrau von Orleans. Eine romantische Tragödie

2018 _Tod und Verklärung von Jeanne d'Arc_. Sinfonische Dichtung für großes Orchester
1906 komponiert; unveröffentlicht; s. _Dt. Musiker-Lex._ 1929, Sp. 1143.

REUTTER, Hermann (1900–1985)

Demetrius [dramatisches Fragment]

2019 – V. 1087ff. (Marfa: »Himmelsmächte, führt ihn glücklich her«); hier unter dem Titel: _Szene und Monolog der Marfa_
Konzertarie für Sopran und Orchester
Mainz: Schott 1968. – Klavierauszug (= _Edition Schott_, Nr. _5923_). – Original (DLA). Hofmeister (1967), S. 251.

Ferdinand Leitner in dankbarer Verehrung zugeeignet. – Im Wesentlichen handelt es sich um den mehrfach vertonten Monolog der Marfa (für gewöhnlich mit V. 1172, »Es ist mein Sohn«, beginnend).

Verzeichnis der musikalischen Werke

2020 Der Abend. Nach einem Gemälde (»Senke, strahlender Gott«)
Für Tenor solo, vierstimmigen Frauenchor (SSAA) und Orchester
Nr. 2 in: ders., *Triptychon nach Gedichten von Friedrich Schiller* für Tenor solo,
bis zu achtstimmigen gemischten Chor und Orchester. – Mainz: Schott 1960
(*Ed. Schott 5074*). – Orchestermaterial nach Vereinbarung; Klavierauszug. –
Original (Slg. GG). Hofmeister (1960), S. 224.

Peter Paul Fuchs und der Louisiana State University dankbar zugeeignet. – Uraufführung:
Stuttgart, Herbst 1959 (Liederhalle), der Stuttgarter Liederkranz unter der Leitung von
Walter Schneider (s. *Hermann Reutter. Werk und Wirken. Festschrift der Freunde.* Hg. von
Heinrich Lindlar. Mainz: Schott 1965, S. 106). Selbst diese ungenaue Datierung ist jedoch
nicht zuverlässig; ein Konzert hat zwar in der fraglichen Zeit unter Mitwirkung von Reutter
stattgefunden (in der Zeitungsausschnittsammlung des DLA dokumentiert), das ›Tryptichon‹
ist dabei aber nicht aufgeführt worden.

2021 Punschlied (»Vier Elemente, innig gesellt«)
Für Tenor solo, bis zu achtstimmigen gemischten Chor (SSAATTBB) und Or-
chester
Nr. 3 in: ders., *Triptychon* → 2020

2022 Sprüche des Konfuzius – Nr. 2 (»Dreifach ist des Raumes Maß«)
Für Tenor solo, vierstimmigen Männerchor (TTBB) und Orchester
Nr. 1 in: ders., *Triptychon* → 2020

REUTTER, Otto (1870–1931)

Wirklicher Name: *Pfützenreutter.*

Der Kampf mit dem Drachen (»Was rennt das Volk«)

2023 *Das ist der Max, der Regisseur. Ein Lobgesang auf die Oedipus-Vorstellungen
(»Was rennt das Volk«)*; Textverfasser unbekannt
Für eine Singstimme mit Klavierbegleitung
Nr. 224 (einzeln) in: ders., *Vorträge für eine Singstimme mit Klavierbegleitung.*
– Mühlhausen i. Th.: Danner, o. A. – Hofmeister (1909–1913), S. 646.

Der Titel dürfte auf den Regisseur Max Reinhardt anspielen.

Die Bürgschaft (»Zu Dionys, dem Tyrannen, schlich Damon«)

2024 *So weit geht uns're Freundschaft nicht (»Die Bürgschaft kennt ein Jeder wohl«)*;
Textverfasser unbekannt
Couplet für eine Singstimme mit Klavierbegleitung
Nr. 2 (einzeln) in: ders., *Original-Couplets und Vorträge.* – Leipzig: Teich, o. A. –
HMB 1896/8, S. 400.

Wallenstein. Ein dramatisches Gedicht – I. Wallensteins Lager

– V. 1052ff. (Zweiter Kürassier: »Wohl auf, Kameraden, auf's Pferd«)

2025 *Der kluge Hans, das Wunderpferd. Parodistische Szene (»Wohl auf, Kameraden, auf's Pferd«)*; Textverfasser unbekannt
Couplet für eine Singstimme mit Klavierbegleitung
Nr. 141 (einzeln) in: ders., *Original-Couplets und Vorträge.* – Leipzig: Teich,
o. A. – Hofmeister (1904–1908), S. 630.

Die Komponisten und ihre Werke

REYL, Emil (?–?)

2026 Die Worte des Glaubens (»Drei Worte nenn' ich euch, inhaltschwer«); hier unter dem Titel: _Die drei Worte des Glaubens_
Männerchor a cappella, op. 16
New York: Fischer, o. A. – Partitur, Stimmen. – Hofmeister (1904–1908), S. 631.

REZNICEK, Emil Nikolaus von (1860–1945)

Die Jungfrau von Orleans. Eine romantische Tragödie

2027 _Die Jungfrau von Orleans._ Große Oper in drei Akten. Libretto vom Komponisten, frei nach Schiller
Mainz: Voltz 1887. – Partitur. – Sonneck, _Dramatic Music_, S. 140. WV/Reznicek, S. 49f., 58f. u. 221 (hier irrtümlich als _verschollen_ gemeldet). Grove, _Opera_ Bd. 3, S. 1303 (hier ebenfalls mit dem Hinweis: _lost_). Stieger.

Rezniceks erste Oper soll bereits 1884 im Verlauf von zwei Monaten in Jena komponiert worden sein (vgl. WV/Reznicek, S. 49f.), doch ist die Partitur im Explicit mit _Windisch-Feistriz, 16. 6. 86_ datiert; vgl. den Nachweis des Autographs in der ÖNB (Online-Katalog). – Uraufführung (Datierung nach WV/Reznicek, S. 58): Prag, 15. Juni 1887 (Deutsches Theater), unter der Leitung von Karl Muck (in der Literatur wird meistens jedoch der 19. Juni genannt): _Das Werk ist genial aufgefaßt und durchgeführt. Der jubelnde Beifall, den die Künstler und der Komponist fanden, ward in Prag selten gehört_ (zeitgenössische Kritik, zitiert nach WV/Reznicek, S. 58f.). Nach einigen Aufführungen vom Spielplan abgesetzt und nie wieder gegeben.

RHEINBERGER, Josef Gabriel (1839–1901)

Demetrius [dramatisches Fragment]

2028 _Ouvertüre zu Schillers ›Demetrius‹_ für großes Orchester, op. 110
Leipzig: R. Forberg, o. A. – Partitur (Verl.-Nr. _2600_), Orchesterstimmen; für Klavier zu vier Händen bearb. vom Komponisten. – WV/Rheinberger, S. 278f. HMB 1879/10, S. 10, 291 u. 297. Sonneck, _Orchestral Music_, S. 370. Schaefer, S. 84f. Pelker, S. 633–635.

In der ersten Hälfte Juni 1878 komponiert. – _Niels W. Gade gewidmet._ – Uraufführung: Leipzig, 30. Oktober 1879 (Gewandhaus; 4. Abonnementskonzert), unter der musikalischen Leitung von Carl Reinecke.

- Nr. 2 in: ders., _Sämtliche Werke_, hg. vom Josef Rheinberger-Archiv Vaduz, Bd. 25 – _Kleinere Orchesterwerke: Konzertouvertüren_, hg. von Felix Loy (zugl. 3. Bd. der Abt. V: _Orchestermusik_). – Stuttgart: Carus 2006. – Partitur (Verl.-Nr. _50.225_). – Verlagskatalog.

  Die Reihe besteht aus insgesamt 48 Bd., die systematisch in neun Abteilungen gegliedert sind und in denen alle Werke mit Opuszahl erscheinen (Werke ohne Opuszahl werden nur in einer Auswahl als Supplement bzw. in Einzelausgaben veröffentlicht).

2029 Des Mädchens Klage (»Der Eichwald brauset«)
Für mittlere Singstimme mit Klavierbegleitung
Nr. 7 in: ders., _Wache Träume. Sieben Lieder_, op. 57. – Offenbach am Main: André 1873. – Verl.-Nr. _11175_. – WV/Rheinberger, S. 152ff. HMB 1872/8+9, S. 192. RISM-CH (Database).

Am 14. Dezember 1866 in München beendet. – Anmerkung zu Beginn der Vertonung: *Vorstudie zum 2ten Satz (Thekla) der ›Wallenstein-Sinfonie‹* (→ 2032). Die Melodie des Liedes scheint im 1. und 2. Satz des ungefähr gleichzeitig entstandenen Orchesterwerkes auf (vgl. Schaefer, S. 36). – Die zweistrophige Fassung des Gedichts aus ›Die Piccolomini‹ liegt in einer anderen Vertonung aus dem Jahr 1854 vor (→ 2033).

- Idem. – S. 112ff. in: ders., *Sämtliche Werke*, Bd. 15 – *Lieder für Singstimme und Klavier*, hg. von Manuela Jahrmärker (zugleich 1. Bd. der Abt. IV: *Weltliche Vokalmusik*). – Stuttgart: Carus 2004. – Verl.-Nr. *50.215*. – Verlagskatalog.

Die Jungfrau von Orleans. Eine romantische Tragödie

2030 Schauspielmusik für Orchester

1856 in Vaduz komponiert; vermutlich nie aufgeführt; unveröffentlicht; s. WV/Rheinberger, S. 531 (JWV 58).

Die Verschwörung des Fiesco zu Genua. Ein republikanisches Trauerspiel

2031 Ouvertüre für Orchester

Am 2. Dezember 1856 in München beendet und 14. März 1857 uraufgeführt; unveröffentlicht; s. WV/Rheinberger, S. 532 (JWV 60); Pelker, S. 630.

Wallenstein. Ein dramatisches Gedicht

2032 *Wallenstein. Sinfonisches Tongemälde* in vier Sätzen für großes Orchester, op. 10

1. Satz: *Vorspiel*
Motto: Wallenstein – II. Die Piccolomini; V. 722f. (Wallenstein: »Ja! Schön ist mir die Hoffnung aufgegangen. / Ich nehme sie zum Pfande größer'n Glücks«). – Ursprünglicher Satztitel: *Wallenstein.*
2. Satz: *Thekla*
Motto: Wallenstein – II. Die Piccolomini; V. 1729f. (Thekla: »Wir haben uns gefunden, und halten uns / Umschlungen fest und ewig«)
3. Satz: *Wallensteins Lager* (mit Trio: *Kapuzinerpredigt*)
Ohne Motto. – [In diesem Satz] *taucht plötzlich die Melodie eines holländischen Reiterliedes aus der Reformationszeit »Wilhelm von Nassau« auf* (Schaefer, S. 36), worauf auch in den Noten ausdrücklich hingewiesen wird. – Im Trio habe Rheinberger dann *den richtigen Predigerton* getroffen (vgl. AMZ/2 vom 8. Januar 1868, S. 12).
4. Satz: *Wallensteins Tod*
Motto: Wallenstein – III. Wallensteins Tod; V. 2847f. (Buttler: »Der Sonne Licht ist unter, / Herab steigt ein verhängnisvoller Abend«). – Ursprünglicher Satztitel: *Verschwörung, Seni, Trauermarsch.*

Leipzig: Fritzsch. – Partitur (Verl.-Nr. *12*), Orchesterstimmen; für Klavier zu vier Händen bearb. vom Komponisten (Verl.-Nr. *14*). – WV/Rheinberger, S. 45ff. HMB 1867/10, S. 154 u. 158, sowie 1869/4, S. 62. AMZ/2 vom 11. September 1867, S. 299 (... *ist jetzt in Partitur und im vierhändigen Clavierauszug […] erschienen*). Schaefer, S. 35ff.

Das »Sinfonische Tongemälde« ist im Winter 1865 und Frühjahr 1866 in München komponiert worden; dabei fällt auf, dass durch die Berücksichtigung von ›Wallensteins Lager‹ an dritter Stelle die programmatische Konzeption vom Handlungsverlauf der Schauspieltrilogie abweicht. – Widmung: *Dem regierenden Fürsten Johann von Liechtenstein.* – Uraufführung (hier noch mit der Gattungsbezeichnung *Sinfonie*): München, 26. November 1866 (zweites Abonnementskonzert), unter der Leitung des Komponisten. – *Der Hörer wird finden, dass ihm im Laufe des Werks hübsche, interessante Motive, eigenthümliche Klänge, ein bunter Wechsel von allerlei Themen ziemlich heterogener Beschaffenheit begegnet sind. Genügt ihm dies, so wird er das Werk loben, wo nicht, Bedenken dagegen aussprechen* (AMZ/2, 8. Januar 1868, S. 13). – Im

Die Komponisten und ihre Werke

1. und 2. Satz _kommt das Thema des Liedes der Thekla: »Der Eichwald brauset«_ [→ 2029], _nach der Komposition Rheinbergers vor_ (Schaefer, S. 36). – Das _Tongemälde_ wurde auch in Zusammenhang mit Theatervorstellungen des »Dramatischen Gedichts« gespielt (vgl. etwa den Bericht über Aufführungen 1878/79 am Großherzoglichen Hoftheater in Darmstadt; _Schauspielmusiken Darmstadt_, S. 196f.). – Größere Rezensionen: AMZ/2 vom 1. u. 8. Januar 1868, S. 4ff. bzw. 11ff. NZfM vom 27. März u. 3. April 1868, S. 113ff. bzw. 126ff.

Zunächst war das Aufführungsmaterial nur _abschriftlich von der Verlagshandlung zu beziehen_ (AMZ/2 vom 1. Januar 1868, S. 4). – Nach dem Tod des Verlagsbesitzers (1902) gingen alle Ausgaben an Siegel in Leipzig über (vgl. die entspr. Nachweise bei Pazdírek Bd. 9, S. 860).

- _Sämtliche Werke_, Bd. 23 – _Sinfonien_, hg. von Hartmut Schick (zugl. 1. Bd. der Abt. V: _Orchestermusik_). – Stuttgart: Carus 2003. – Partitur (Verl.-Nr. _50.223_). – Verlagskatalog.

  Die Bearbeitung für Klavier zu vier Händen vom Komponisten ist in Bd. 45 der ›Sämtlichen Werke‹ enthalten (Verl.-Nr. _50.245_).

Daraus einzeln der 3. Satz

- _Wallensteins Lager._ – Leipzig: Fritzsch, o. A. – Partitur, Orchesterstimmen; Klavierauszug zu vier Händen. – WV/Rheinberger, S. 45. HMB 1868/11, S. 184; 1869/4, S. 62.

  In der Rezension der AMZ/2 vom 1. Januar 1868 wird dieser Satz als das _interessanteste Stück des Werks_ bezeichnet (S. 6). Auch beim Publikum war er offenbar besonders beliebt und wurde deshalb als einziger separat veröffentlicht: _Das Scherzo_ [...] _wird vielfach als der gelungenste Satz bezeichnet und erzielte durch seine frischen, energischen Rhythmen, seinen sprudelnden, geistvollen Humor stets den größten Erfolg_ (Schaefer, S. 36).

Wallenstein. Ein dramatisches Gedicht – II. Die Piccolomini

2033 – V. 1757ff. (Thekla: »Der Eichwald brauset«); hier unter dem Titel: _Lied aus Schillers ›Piccolomini‹_
Für eine Singstimme mit Klavierbegleitung
Am 8. Mai 1854 komponiert; unveröffentlicht; s. WV/Rheinberger, S. 565 (JWV 157).

RHEINECK, Christoph (1748–1797)

2034 An die Freude (»Freude, schöner Götterfunken«)
Für eine Singstimme mit Klavierbegleitung
S. 12 in: ders., _Fünfte Lieder-Sammlung mit Klavier-Melodien._ – Memmingen: _In Verlag des Componisten_ 1790. – Rheinfurth, _Lotter_, Nr. 312. RISM A I: R 1242. Friedlaender, _Das dt. Lied_ Bd. 2, S. 391.

Der Komponist firmiert hier als _Gastgeber zum weissen Ochsen in Memmingen._ – Im Explizit befindet sich noch der Herstellervermerk: _Augsburg, gedruckt bey Johann Jakob Lotter und Sohn._

RICCIUS, August Ferdinand (1819–1886)

Die Braut von Messina oder: Die feindlichen Brüder. Ein Trauerspiel mit Chören

2035 Ouvertüre für Orchester
... _eigens zu dem_ [Schiller-] _Feste componirt_; unveröffentlicht. – Uraufführung: Leipzig, 10. November 1859 (Stadttheater), im Rahmen einer Festaufführung des Trauerspiels aus Anlass von Schillers hundertstem Geburtstag (vgl. den Theaterzettel im DLA). – _Die Riccius'sche Ouverture ist eine gut gearbeitete, in allen Theilen wohlgegliederte Composition, das erste Thema von Schumann'schem Zuge, das Gesangsthema freilich weniger ergiebig und wegen einer nicht günstigen_

Instrumentirung minder in die Ohren fallend; s. NZfM vom 18. November 1859, S. 182 (Bericht über die Leipziger Feierlichkeiten); s. a. Pelker, S. 637.

RICCIUS, Karl August Gustav (1830–1893)

2036 Dithyrambe (»Nimmer, das glaubt mir, erscheinen die Götter«)
Für Soli, gemischten Chor und Orchester

Unveröffentlicht (Frank/Altmann Bd. 1, S. 498). *Seine Dithyrambe von Schiller für gemischten Chor und Soli wurde 1854 beim Schillerfeste in Loschwitz* [ur-?] *aufgeführt* (Mendel Bd. 8, S. 331). – *Wurde bei der Pflanzung der Schiller-Eiche in Loschwitz bei Dresden am 10. Mai 1855 von der zahllos versammelten Volksmenge gesungen* (Wurzbach, *Schiller-Buch*, Nr. 654).

RICHARD, ... (?–?)

2037 Das Mädchen aus der Fremde (»In einem Tal bei armen Hirten«)
Für eine Singstimme mit Klavierbegleitung
Nr. 1 in: ders., *Drei Lieder*, op. 1. – Berlin: Fröhlich, o. A. – HMB 1837/2, S. 29.

Der Verlag erlosch 1838 und wurde von Bote & Bock, Berlin, übernommen; später sind die Musikalien deshalb dort nachgewiesen; vgl. Hofmeister 1845 (*Vocalmusik*), S. 166, und Pazdírek Bd. 9, S. 891.

RICHARD, August (1875–1942)

Macbeth. Zur Vorstellung auf dem Hoftheater in Weimar eingerichtet von Friedrich Schiller

2038 – V. 1ff. (Erste Hexe: »Wann kommen wir drei uns wieder entgegen«)
Deklamation mit melodramatischer Orchesterbegleitung
Handschriftliche Partitur mit Stimmen (autograph?), 1901. – RISM-OPAC.

Für die Neu-Einstudierung [im Deutschen Nationaltheater in Weimar] *am 3. Mai 1901 eingerichtet*. Mit diesem Melodram wurde offenbar eine Schauspielmusik von Carl Stör ergänzt, die aber – im Unterschied zu Richards Zusatz – nicht ausdrücklich für Schillers Bearbeitung entworfen worden war und deshalb in das vorliegende Verzeichnis nicht aufgenommen worden ist.

RICHTER, Ernst Friedrich (1808–1879)

2039 Dithyrambe (»Nimmer, das glaubt mir, erscheinen die Götter«)
Vierstimmiger gemischter Chor (SATB) mit Klavierbegleitung, op. 48
Leipzig: Siegel, o. A. – Partitur (Verl.-Nr. *5645*), Stimmen; Klavierauszug. – AMZ/2, 2. Oktober 1878, Sp. 637 (Verlagsannonce: *Soeben erschienen*). HMB 1877/5+6, S. 168. Original (DLA).

Die Vertonung soll zu einer *Schillerfeier componirt* worden sein (Mendel Bd. 8, S. 334).

· Für dreistimmigen Schulchor (SSA) mit Klavierbegleitung, bearb. von Franz Theodor Cursch-Bühren. – Leipzig: Siegel, o. A. – Partitur, Stimmen. – Hofmeister (1904–1908), S. 634.

2039+1 *Kantate zur Schillerfeier* [1859 in Breslau]; Text [nicht dokumentiert] von Christian Leopold Julius Pulvermacher
Vermutlich für Soli, Chor und Orchester

Wohl unveröffentlicht. – Uraufführung: Breslau, 10. November 1859 (im *besonders dekorirten Kärger'schen Cirkus*), unter der Leitung von Leopold Damrosch (das Konzert war mit dessen Festouvertüre eröffnet worden; → 443+1).

QUELLE: *Recensionen und Mittheilungen über Theater und Musik* vom 9. November 1859, S. 725.

Die Komponisten und ihre Werke

2040   _Kantate zur Schillerfeier_ [1859 in Leipzig]; Text [nicht dokumentiert] von Adolar Gerhard
Für Soli, Chor und Orchester

Wohl unveröffentlicht. – Uraufführung: Leipzig, 11. November 1859 (Gewandhaus), im Rahmen eines Festkonzertes unter der Leitung des Komponisten, für das sie geschrieben worden ist. Vorausgegangen waren eine Ouvertüre von J. Rietz (→ 2065) und die Festrede; es folgte die 9. Sinfonie von L. van Beethoven (→ 144).

QUELLEN: _Recensionen und Mittheilungen über Theater und Musik_ vom 16. November 1859, S. 744. NZfM vom 18. November 1859, S. 182 (Bericht über die Leipziger Feierlichkeiten zu Schillers 100. Geburtstag). Brandstaeter, S. 3 (Komponist dort irrtümlich als _C. F. Richter_ nachgewiesen). Mendel Bd. 8, S. 334.

RICHTER, Ernst Heinrich (1859–1918)

2041   An den Frühling (»Willkommen, schöner Jüngling«)
Gemischter Chor a cappella
Nr. 2 in: ders., _Zwei Lieder für gemischten Chor_, op. 39. – Leipzig: Portius, o. A. – Partitur, Stimmen. – Hofmeister (1898–1903), S. 747.

RICHTHOFFEN, C. v. (?–?)

2042   Die Worte des Wahns (»Drei Worte hört man, bedeutungsschwer«); hier unter dem Titel: _Die drei Worte des Wahns_
Für eine Altstimme mit Klavierbegleitung
Nr. 2 des 3. Heftes (_Drei Lieder für Alt_) in: ders., _Sammlung deutscher Lieder_, op. 1. – Breslau: Pelz, o. A. – HMB 1833/3+4, S. 31.

Das op. 1 besteht aus drei Heften mit je drei Liedern (1. u. 2. Heft für Sopran).
      · Breslau: Weinhold, o. A. – Hofmeister 1845 (_Vocalmusik_), S. 166.

RIEDEL, ... (?–?)

2043   An Emma (»Weit in nebelgrauer Ferne«)
Vermutlich für eine Singstimme mit Klavierbegleitung, op. 15
QUELLE: Brandstaeter, S. 34.

RIEDEL, G. C. (?–?)

2044   An die Freude (»Freude, schöner Götterfunken«); hier unter dem Titel: _Hymne an die Freude_
Für vierstimmigen gemischten Chor (SATB) mit Soli und Orchester
Handschriftliche Partitur mit Stimmen, o. A. – RISM-OPAC.

Schillers Gedicht wurde mit einem weiteren Text unbekannte Herkunft ergänzt (»_Freudig singt in frohen Chören_«). Vermutlich hängt damit die Bestimmung auch für religiöse Anlässe zusammen, worauf eine Beifügung auf der Titelseite verweist: _Festo Paschalis et Pentecostes F. Asc. Xsti._

RIEDER, Ambros (1771–1855)

2045   Der Alpenjäger (»Willst du nicht das Lämmlein hüten«); hier mit der Titelergänzung: ... _ein beliebtes Gedicht von Schiller_
Für eine Singstimme mit Klavierbegleitung, op. 32

Wien: Chemische Druckerei, o. A. – Verl.-Nr. *1952*. – ÖNB (Online-Katalog: demnach *1812* erschienen).

Achtungsvoll gewidmet seiner Schülerin Josephine Schimmer. – Bei Weinmann (Senefelder etc.) als Titelauflage mit derselben Verl.-Nr. und gleichem Erscheinungsjahr, jetzt aber mit dem Impressum von Steiner, nachgewiesen (Bd. 1, S. 106).

2046 Ritter Toggenburg (»Ritter, treue Schwesterliebe widmet Euch dies Herz«)
Für eine Singstimme mit Klavierbegleitung, op. 15
Wien: Hoffmeister, o. A. – Original (Slg. GG). Weinmann (Hoffmeister), S. 218 (hier auf *1801* datiert).

Ohne Verl.-Nr. veröffentlicht. Mit der Widmung: *Seiner Freundinn* [!] *Therese Dollinger.* Im Explicit: *Gedruckt von dem Kupferdrucker Jakob Nitsch.* – 1803, jetzt mit der Verl.-Nr. *402* und dem Impressum der Chemischen Druckerei (Wien) erschienen; vgl. Weinmann (Hoffmeister), S. 218, u. Weinmann (Senefelder etc.) Bd. 1, S. 42 (hier mit der Bemerkung: *von Hoffmeister*).

RIEDL, ... (?–?)

2047 Der Handschuh (»Vor seinem Löwengarten, das Kampfspiel zu erwarten«)
Vermutlich für eine Singstimme mit Klavierbegleitung

QUELLE: Brandstaeter, S. 35 (hier mit *1802* datiert; bisher anderweitig nicht belegbar).

RIEFF, Georg Joseph v. (um 1760 – nach 1821)

2048 Laura am Klavier (»Wenn dein Finger durch die Saiten meistert«)
Für eine Singstimme mit Klavierbegleitung

QUELLE: Blaschke, S. 398 (Einzeldruck nicht nachweisbar).

2049 Würde der Frauen (»Ehret die Frauen! Sie flechten und weben«); hier unter dem Titel: *Frauenwürde*
Für eine Singstimme mit Klavierbegleitung
Bonn: Simrock, o. A. – Verl.-Nr. *72*. – Whistling 1828, S. 1090. RISM A I: R 1391.

RIEHL, Wilhelm Heinrich (1823–1897)

2050 Der Jüngling am Bache (»An der Quelle saß der Knabe«)
Für eine Singstimme mit Klavierbegleitung
Nr. 9 in: ders., *Hausmusik. Fünfzig Lieder deutscher Dichter.* – Stuttgart: Cotta 1855. – Original (Slg. GG). HMB 1856/1, S. 925.

Riehl war im 19. Jahrhundert v. a. als Musikschriftsteller bekannt, der besonders mit der Biographiensammlung ›*Musikalischen Charakterköpfe*‹ [Stuttgart: Cotta 1853; 2. bzw. 3. Folge 1860 bzw. 1878] *im pikantesten Feuilletonstil* […] *ein grosses und dankbares Publikum gewonnen habe.* Im Unterschied dazu sah man ihn als Komponisten kritisch: *Mit seiner ›Hausmusik‹, Lieder seiner Composition, die nach der Vorrede ein Beitrag zur Hebung der Musik im Hause sein sollte, machte er ein klägliches Fiasco. Er zeigte nur, dass die dilettantische Fachbildung wohl zu pikannten Raisonnements, nimmer aber zur Selbstschöpfung befähigt* (Mendel Bd. 8, S. 342).

Das Sammelwerk enthält 47 Lieder für eine Singstimme mit Klavierbegleitung und drei *Duette*, bei denen es sich aufgrund ihrer schlichten Beschaffenheit eigentlich um »Lieder für zwei Singstimmen mit Klavierbegleitung« handelt. Gliederung in fünf Teile (*... nach den Gruppen und Schulen der Dichter*): 1. *Aus dem siebzehnten Jahrhundert* (Nrr. 1–6); 2. *Aus der classischen Zeit* (Nrr. 7–14); 3. *Aus den Tagen der Romantiker* (Nrr. 15–22); 4. *Nach den Befreiungskriegen* (Nrr. 23–34); 5. *Poeten der Gegenwart* (Nrr. 35–50). – Prächtiger Umschlag-

Die Komponisten und ihre Werke

titel von Ludwig Richter (formatfüllender Holzschnitt; ein Bildsegment zeigt eine hausmusikalische Idylle); unverändert für die zweite Auflage nochmals verwendet.

Im umfangreichen, mit _München, im Sommer 1855_ datierten Vorwort ›Des Tonsetzers Geleitbrief‹ äußert sich Riehl über Ziel und Zweck der Liedersammlung, die _nur schlichte, ehrliche deutsche Hausmusik_ enthalte. Diese sei _im Lauf der Jahre für das eigene Haus geschrieben und fleissig im Hause gesungen_ worden. _Wollte man die Lieder im Salon singen, so würde man sie profaniren und den Salon langweilen. Nur im Heiligthum des Hauses sollen sie gesungen werden. Auf den Schimmer des äusseren Effektes sind sie gar nicht berechnet; desto mehr wünscht der Tonsetzer, dass ihnen die innere Wirkung einwohnen möge._ Das Heft stehe in engem Zusammenhang mit seinem Buch ›Die Familie‹ (Stuttgart: Cotta 1855 – zugleich 2. von 4 Bd. in: ders., ›_Die Naturgeschichte des Volkes als Grundlage einer deutschen Social-Politik_‹; ebd., 1851–1869), in dem er sich über die Bedeutung der »Hausmusik« _für Kunst und Gesittung der Gegenwart_ mehrfach ausgesprochen habe. _Es verhält sich darum dieses Liederbuch zu jener Schrift, wie etwa ein Bilderatlas zu einem naturwissenschaftlichen Werke: was ich dort in Worten untersucht und dem Verstande vorgelegt, das wollte ich hier im Tonbilde veranschaulichen, ..._

Riehl nennt vier Charakteristika für solche schlichten und »volkstümlichen« Kompositionen: Zunächst handelt es sich um _Strophenlieder,_ dann aber auch um _Lieder mit Klavierbegleitung_ [...] _und nicht_ [um] _Klavierbegleitung mit Liedern_ (also mit anspruchsloser Instrumentalpartie); drittens meint er, _dass bei deutscher Musik die Mollweisen möglichst sparsam zu gebrauchen seyen_ [und] _dass man mit grellen, überraschenden, schnell wechselnden Modulationen vorsichtig seyn solle._ Viertens habe er sich bei den Vortragsanweisungen (Tempo und Dynamik) auf das absolut Notwendige beschränkt. Damit suchte sich Riehl von der neueren, seiner Meinung nach ausländisch geprägten Musik abzugrenzen, die nur Unheil über die heimische Kunst gebracht habe: _Durch den Einfluss von Franzosen, Polaken und Magyaren_ [vermutlich Anspielung auf Hector Berlioz, Frédéric Chopin, der an anderer Stelle heftig angegriffen wird, und Franz Liszt] _ist unsere vor fünfzig Jahren noch so kerngesunde und frische deutsche Tonkunst in ein wahres Gewinsel ausgeartet,_ ähnlich wie _die italienische Modemusik vor bald anderthalb hundert Jahren._

Die _zweite, umgearbeitete Auflage_ der ›Hausmusik‹ enthält keine Schiller-Vertonung mehr (1860 im gleichen Verlag erschienen). Insgesamt sind neun Lieder, darunter ›Der Jüngling am Bache‹, durch andere Vertonungen ersetzt worden, _weil sie mir entweder in ihrem Text nicht zu der Idee einer »Hausmusik« zu passen schienen oder weil mir die Musik von Grund aus nicht mehr genügte_ (so Riehls allgemein gehaltene, nicht näher erläuterte Begründung im dortigen Vorwort).

RIEM, Wilhelm Friedrich (1779–1857)

2051 Der Abend. Nach einem Gemälde (»Senke, strahlender Gott«)
Für eine Singstimme mit Klavierbegleitung
Nr. 3 in: ders., _Vier Gesänge._ – Leipzig: Breitkopf & Härtel, o. A. – Verl.-Nr. _608._ – Goethe-Museum (Katalog), Nr. 1111 (hier _um 1809_ datiert).

RIES, Ferdinand (1784–1838)

2052 An den Frühling (»Willkommen, schöner Jüngling«)
Für eine Singstimme mit Klavierbegleitung oder zur Gitarre
Nr. 9 des 7. Heftes in: _Lieder Kranz_ → 979

2053 _Der Mensch_ (»_Was ist der Mensch? Halb Tier, halb Engel_«); Schiller zugeschriebener Text von Joachim Lorenz Evers (vollst. wiedergegeben → 275)
Für eine Singstimme mit Klavierbegleitung
Nr. 1 (auch einzeln) in: ders., _Sechs Lieder,_ op. 7. – Bonn: Simrock, o. A. – Verl.-Nr. _755._ – Hofmeister 1845 (_Vocalmusik_), S. 167. Original (freundl. Mitteilung von Matthias Wessel).

Verzeichnis der musikalischen Werke

... gewidmet seinem Freunde Wegeler Doktor der Medizin ...; damit kann nur der Arzt Franz Gerhard Wegeler gemeint sein, der – wie Ries – zum Freundeskreis Beethovens gehörte; gemeinsam veröffentlichten sie 1838 bei Bädeker in Koblenz eine wichtige frühe Beethoven-Biographie.

- Idem (Einzelausgabe). – Berlin: Trautwein, o. A. – Wurzbach, *Schiller-Buch*, Nr. 656.

Die Braut von Messina oder: Die feindlichen Brüder. Ein Trauerspiel mit Chören

2054 *Ouvertüre zu dem Trauerspiele von Schiller* für großes Orchester, op. 162
Bonn: Simrock, o. A. – Orchesterstimmen nebst einer Direktions-Stimme (Verl.-Nr. *2908*); für Klavier zu vier Händen (Verl.-Nr. *2897*). – Pelker, S. 642–644. HMB 1831/7+8, S. 53 u. 57.

1829 komponiert. – *... gewidmet dem hochgebornen Grafen Wilhelm von Redern, Kammerherr I. K. H. der Kronprinzessin von Preussen und General-Intendant der königl. Schauspiele, etc., etc.* – Uraufführung: Düsseldorf, 30. Mai 1830 (zur Eröffnung des 13. Niederrheinischen Musikfestes), unter der Leitung des Komponisten. – *Ein Werk voll großartiger Intentionen und frappierender Instrumentaleffekte, über dessen Wirkung die namhaftesten Musiker seiner Zeit das günstigste Urteil abgegeben haben. Überaus zahlreiche Aufführungen, namentlich in der dreißiger und vierziger Jahren, verschafften der Ouverture allgemeinste Anerkennung* (Schaefer, S. 71).

2055 Die Gunst des Augenblicks (»Und so finden wir uns wieder«)
Für eine Singstimme mit Klavierbegleitung
S. 4f. in: ders., *Sechs Lieder*, op. 35 (*Vierte Sammlung der Gesangstücke*). – Hamburg: Böhme, o. A. – Original (Antiquariat Drüner).

Don Carlos. Infant von Spanien. Ein dramatisches Gedicht

2056 Konzertouvertüre für Orchester, op. 94
Bonn: Simrock, o. A. – Stimmen (Verl.-Nr. *2880*). – Pelker, S. 640–642. HMB 1830/9+10, S. 66, u. 1832/5+6, S. 40.

1815 in London komponiert und dort am 13. Februar 1815 (1. Konzert der Philharmonic Society) uraufgeführt. – *... gewidmet seinem Freunde dem Herrn geheimen Ober Medicinal- u. Regierungsrath Wegeler, Ritter mehrerer Orden.* – Uraufführung der endgültigen Fassung nach einigen Umarbeitungen (bspw. Ergänzung mit Posaunen): Frankfurt am Main am 28. März 1828 (Museumskonzert); eine spätere Aufführung fand unter der Leitung des Komponisten in Köln, 26. Mai 1828, statt (11. Niederrheinisches Musikfest). – *Eine Zeit lang muss das Stück in Deutschland häufig gespielt worden sein: Das tief Großartige, das im Don Carlos waltet, hat der Komponist in anerkennenswerter Weise musikalisch erschöpft, [...]. Vor allem rühmte man dem Werke große Lebendigkeit, angemessene, effektvolle Instrumentation und interessante Verwebung der Hauptgedanken nach* (Schaefer, S. 24f.).

- Bearbeitungen für Klavier zu vier Händen bzw. Klavier zu zwei Händen. – Bonn: Simrock, o. A. – Verl.-Nr. *2889*. – HMB 1830/11+12, S. 87. Schaefer, S. 24. ÖNB (Online-Katalog). Pelker, S. 640.

Resignation (»Auch ich war in Arkadien geboren«)

2057 *Fantasie nach Schillers Gedicht ›Resignation‹. Siebte Fantasie* für Klavier, op. 109
Leipzig: Breitkopf & Härtel, o. A. – Pazdírek Bd. 9, S. 936. MGG2 *Personenteil* Bd. 14, Sp. 87 (demnach *1823* erschienen).

Die Komposition orientiert sich eng am Inhalt des Gedichts, das im Verlauf der Noten vollständig wiedergegeben wird.

2058 Sehnsucht (»Ach, aus dieses Tales Gründen«)
Für eine Singstimme mit Klavierbegleitung
S. 8 in: ders., *Sechs Lieder*, op. 35 → 2055.

RIESCH, ... (?–?)

Des Mädchens Klage (»Der Eichwald brauset«)

2059 *Des Mädchens Klage.* Klavierstück
Nr. 3 in: ders., *Worte und Töne*, op. 5. – Leipzig: Peters, o. A. – HMB 1851/12,
S. 242.

Das op. 5 umfasst sechs Klavierstücke.

RIESE, Erich (1898– nach 1954)

Die Jungfrau von Orleans. Eine romantische Tragödie

2060 Schauspielmusik
Unveröffentlicht; s. *Dt. Musiker-Lex.* 1929, Sp. 1154 (Aufführungen nicht dokumentiert).

RIESE, Helene (1796– nach 1859)

Nach ihrer Heirat: *Liepmann* (auch: *Liebmann*).

2061 Sehnsucht (»Ach, aus dieses Tales Gründen«)
Für eine Singstimme mit Klavierbegleitung
Nr. 1 in: dies., *Sechs Lieder.* – Berlin: Rücker, o. A. – Hofmeister 1845 (*Vocalmusik*), S. 107. Ledebur, S. 463.

Die letzten Compositionen erschienen 1819 (Mendel Bd. 8, S. 348).

RIETZ, Johannes (1905–1976)

2062 Sprüche des Konfuzius – Nr. 1 (»Dreifach ist der Schritt der Zeit«)
Für vierstimmigen gemischten Chor und sieben Blechbläser (Hr. 1 2, Tr. 1 2,
Pos. 1–3) oder mit Klavierbegleitung
Darmstadt: Tonos 1959. – Chor- und Bläserstimmen; Klavierauszug (Verl.-Nr.
4958). – Original (Slg. GG).

RIETZ, Julius (1812–1877)

Rietz komponierte noch eine Konzertouvertüre ›Hero und Leander‹ für Orchester, op. 11
(Leipzig: Breitkopf & Härtel, o. A.), die sich aber wohl nicht auf das musikalisch kaum beachtete Gedicht Schillers bezieht. Dies wäre im Rahmen eines Berichts in einer Fachzeitschrift
sicherlich erwähnt worden (vgl. NZfM vom 24. April 1843, S. 131f.; s. a. Pelker, S. 652f.).

Das Mädchen aus der Fremde (»In einem Tal bei armen Hirten«)

2063 *Das Mädchen aus der Fremde*; musikalisches Festspiel von Karl Leberecht
Immermann
Unveröffentlicht. *1839 bei Anwesenheit des Kronprinzen Friedrich Wilhelm (IV.) v. Pr. in Düsseldorf aufgeführt* (s. Ledebur, S. 465).

2064 Dithyrambe (»Nimmer, das glaubt mir, erscheinen die Götter«)
Für vierstimmigen Männerchor (TTBB) mit Soli und Orchester, op. 20
Leipzig: Klemm, o. A. – Partitur, Singstimmen; Klavierauszug. – Hofmeister
(1844–1851), S. 245 u. S. 268. HMB 1846/7, S. 111 (für Klavier zu 2 Hd.). Ledebur, S. 465.

Verzeichnis der musikalischen Werke

2065 *Ouvertüre* [auch: *Festouvertüre*] *zur Schillerfeier 1859* [in Leipzig] für Orchester (o. op.)

In dieser Fassung unveröffentlicht. – Uraufführung: Leipzig, 11. November 1859 (Gewandhaus), zu Beginn eines Festkonzertes unter der Leitung des Komponisten, wofür die Ouvertüre geschrieben worden war; es folgten die Festrede, eine Festkantate von E. F. Richter (→ 2040) und L. van Beethovens 9. Sinfonie (→ 144). – Das Werk ist 1872 umgearbeitet worden.

QUELLEN: *Recensionen und Mittheilungen über Theater und Musik* vom 16. November 1859, S. 744. NZfM vom 18. November 1859, S. 182 (Bericht über die Leipziger Feierlichkeiten zu Schillers 100. Geburtstag). Ledebur, S. 464 u. 466 (hier mit dem Hinweis, dass Rietz *bei Gelegenheit des Schiller-Jubiläums zum Ehrendoktor der Universität Leipzig ernannt* worden war).

> • Ouvertüre für Orchester, op. 53. – Leipzig: Seitz, o. A. – Partitur (Verl.-Nr. *350*); Klavierauszug zu 4 Händen von August Horn. – Pelker, S. 654f.
>
> *1872 zur Feier der goldenen Hochzeit Ihrer Majestäten des Königs und der Königin von Sachsen* umgearbeitet (jetzt mit Werkzählung) und in dieser Form in Leipzig am 7. Dezember 1872 uraufgeführt (Altes Theater zum Besten der Beethoven-Stiftung).

RIGHINI, Vincenzo (1756–1812)

2066 Der Jüngling am Bache (»An der Quelle saß der Knabe«)
Für eine Singstimme mit Klavierbegleitung
Nr. 52 des 1. Heftes in: *Hundert auserlesene deutsche Volkslieder* → 2825

> • Nr. 40 des 1. Heftes in: *Gesang und Saitenspiel. Eine Auswahl der schönsten Lieder [...] wie auch der beliebtesten Volkslieder.* – Wesel: Bagel, o. A. – HMB 1846/6, S. 98. Kurscheidt, S. 401 (datiert die Ausgabe auf *1845*).

RIHM, Wolfgang (geb. 1952)

Sprüche des Konfuzius

2067 – Nr. 1 (»Dreifach ist der Schritt der Zeit«)
Für Bariton mit Klavierbegleitung
Nr. 1 in: ders., *Zwei Sprüche nach Texten von Friedrich Schiller* für Bariton und Klavier. – Wien: Universal Edition 2005. – Verl.-Nr. *33072.* – Original (Slg. GG).

Die beiden Vertonungen sind am 19. bzw. 20. April 2005 beendet worden. – Uraufführung im Rahmen des »Sommerfestival Alpenklassik« (hier: »Reichenhaller Liederwerkstatt I«): Bad Reichenhall, 8. August 2005 (Altes Königliches Kurhaus), mit Peter Schöne (Bariton) und Jan Philip Schulze (Klavier).

QUELLE: Konzertprogramm.

2068 – Nr. 2 (»Dreifach ist des Raumes Maß«)
Für Bariton mit Klavierbegleitung
Nr. 2 in: ders., *Zwei Sprüche* → 2067

RIOTTE, Philipp Jakob (1776–1856)

2069 Der Jüngling am Bache (»An der Quelle saß der Knabe«)
Für eine Singstimme mit Klavierbegleitung
Wien: Kunst- und Industrie-Comptoir, o. A. – Verl.-Nr. *690.* – Weinmann (Kunst- und Industrie-Comptoir), S. 245 (demnach *1811* veröffentlicht).

Die Komponisten und ihre Werke

RITTER, Peter Julius (1763–1846)

Wilhelm Tell. Schauspiel

2070 Schauspielmusik

Der Nachlass von Ritter befindet sich in Washington (Library of Congress). In Zusammenhang mit einer Schauspielmusik zu ›Wilhelm Tell‹ lassen sich dort vier Partituren nachweisen; vgl. Sonneck, _Orchestral Music_, S. 381:

1. _Ouvertüre und Tanz zu ›Wilhelm Tell‹_ für Orchester (undatiertes Autograph)
   MGG2 nennt hierfür als unsichere Datierung die Mannheimer Premiere: _15. Juli 1804_ (_Personenteil_ Bd. 14, Sp. 199).
2. _Entre Actes_ (undatiertes Autograph)
3. _Ouvertüre zu ›Wilhelm Tell‹_ (undatierte Handschrift)
4. _Harmonien_ (undatierte Handschrift)
   Enthält 13 Kompositionen (darunter auch die Ouvertüre zu ›Wilhelm Tell‹), bei denen es unklar ist, ob alle oder welche der teilweise betitelten Stücke für das Schauspiel bestimmt waren.

Davon veröffentlicht

• _Ouvertüre zum Schauspiel_, bearb. für Klavier. – Mannheim: Heckel, o. A. – HMB 1833/3+4, S. 25). RISM A I deest.

RITTER VON RITTERSBERG, Ludwig (1809–1858)

Die Jungfrau von Orleans. Eine romantische Tragödie

2071 – V. 383ff. (Johanna: »Lebt wohl, ihr Berge, ihr geliebten Triften«); hier unter dem Titel: _Monolog aus dem Trauerspiel ›Die Jungfrau von Orleans‹_
Für Sopran mit Klavierbegleitung
Handschrift, o. A. – RISM-OPAC.

ROCHLITZER, Ludwig (1880–1945)

Die Räuber. Ein Schauspiel

2072 Schauspielmusik

Unveröffentlicht; s. _Dt. Musiker-Lex._ 1929, Sp. 1162 (Aufführungen nicht dokumentiert).

RODA, Ferdinand von (1815–1876)

2072+1 Das Siegesfest (»Priams Feste war gesunken«)
Symphonie-Kantate für Chor und Orchester
QUELLE: Blaschke, S. 399 (einziger Nachweis des vermutlich unveröffentlichten Werkes).

RODATZ, Amadeus Eberhard (1775–1836)

2073 _Der Mensch (»Was ist der Mensch? Halb Tier, halb Engel«)_; Schiller zugeschriebener Text von Joachim Lorenz Evers (vollst. wiedergegeben → 275)
Für eine Singstimme zur Gitarre
Mainz: Schott, o. A. (= _Auswahl von Arien mit Guitarre Begleitung_, Nr. 21) – Verl.-Nr. _351_. – Original (Mainz: Schott, Verlagsarchiv; freundl. Mitteilung von Monika Motzko-Dollmann). Hofmeister 1845 (_Vocalmusik_), S. 206.

455

Verzeichnis der musikalischen Werke

2074 *Gegenstück zur Ode ›Der Mensch‹ (»Was ist der Mensch? Nicht Tier, nicht Engel«)*; Text eines unbekannten Autors (vollst. wiedergegeben → 15)
Für eine Singstimme zur Gitarre
Mainz: Schott, o. A. – Hofmeister 1845 (*Vocalmusik*), S. 206.
Vermutlich mit der Ausgabe ohne Nennung des Komponisten identisch (→ 15a).

ROECKEL, Joseph Leopold (1838–1923)

Maria Stuart. Ein Trauerspiel

2075 *Mary Stuart.* Kantate
QUELLE: Gatti Bd. 2, S. 860.

RÖDERER, H. (?–?)

Das Lied von der Glocke (»Fest gemauert in der Erden«)

– V. 91 (»Drum prüfe, wer sich ewig bindet«)

2076 *Es prüfe Jeder, der sich bindet (»Ein Mädchen, das sich nicht geziert«)*; Text von Gustav Schöpl
Für eine Singstimme mit Klavierbegleitung
Nr. 1 (einzeln) in: ders., [6] *Neue Wiener Orpheum-Lieder. Sammlung beliebter lustiger Gesänge.* – Wien: Jaegermeyer & Germ, o. A. – Verl.-Nr. *448.* – HMB 1879/6, S. 190. ÖNB (Online-Katalog).

- Idem; hier mit dem Untertitel: *Original-Lied von C.* [recte: G.] *Schöpl. Gesungen von Frl. Anna Geißler in Danzer's Orpheum.* – Wien: Moßbeck, o. A. – ÖNB (Online-Katalog).

Die Nachfolgebühne des Wiener ›Harmonietheaters‹ war 1872 von Eduard Danzer gegründet worden.

RÖDGER, Emil (1870–1940)

2077 Die Schlacht (»Schwer und dumpfig, eine Wetterwolke«)
Für Soli, Männerchor und Orchester
Unveröffentlicht; s. *Dt. Musiker-Lex.* 1929, Sp. 1165. Auch als *Oratorium* nachgewiesen (vgl. Prieberg/*Handbuch*, S. 5802).

RÖGNER, Heinz (1929–2001)

Die Jungfrau von Orleans. Eine romantische Tragödie

2078 *Hirtenlied* für Englisch Horn mit Instrumentalbegleitung (Fl. 1 2, Hr., Tamb., Vl., Vc.)
Handschriftliche Stimmen, o. A. – RISM-OPAC.
Einzelne Musiknummer zu einer Schauspielmusik (Weimar, Deutsches Nationaltheater, um 1950–1975); Aufführungen nicht dokumentiert.

Die Komponisten und ihre Werke

RÖNTGEN, Julius (1855–1932)

2079 Der Abend. Nach einem Gemälde (»Senke, strahlender Gott«)
Männerchor a cappella
Nr. 1 (einzeln) in: ders., _Zwei Männerchöre_, op. 55. – Leipzig: Leuckart, o. A. –
Partitur, Stimmen. – Hofmeister (1909–1913), S. 660.

RÖTH, Philipp (1779–1850)

Der Kampf mit dem Drachen (»Was rennt das Volk«)

2080 _Der Kampf mit dem Drachen._ Historisch-romantisches Schauspiel in vier Aufzügen nach Schiller _und_ [René Aubert] _Vertots historischen Annalen_ in vier Akten von Cäsar Max Heigel
Schauspielmusik

Uraufführung des Schauspiels vermutlich in München (... _für das Königlich Bayerische Theater am Isartor neu bearbeitet_). Premiere mit der Musik von Röth: Wien, 10. September 1825
(Theater an der Wien); dort folgten bis zum 24. September d. J. noch zwei Vorstellungen
(s. Bauer, _Theater a. d. Wien_, S. 319; demnach unveröffentlicht). – In einer knappen Notiz der
AMZ/1 vom 26. Oktober 1825 wird Röth, von dem die _Zwischensymphonien, nebst zwei Chören der Rhodiser Ritter_ stammten, als _höchst unbedeutend_ abqualifiziert. ... _der Erfolg war
nichts weniger als günstig, wiewohl der greuliche Lindwurm (ein Erbstück aus der Palmyra)
im Angesichte der Zuschauer zu Pferde und mit Beyhülfe eines Bullenbeisserpaares erledigt
wurde_ (Sp. 721f.). Der Drache sei ein Versatzstück aus ›Palmira, regina di Persia‹ (_Dramma
eroicomico_ in zwei Akten) gewesen, einer 1795 in Wien uraufgeführten Oper von Antonio
Salieri (Libretto: Giovanni De Gamerra); sie hielt sich dort bis ins 19. Jahrhundert auf dem
Spielplan.

ROHDE, Eduard (1828–1883)

2081 An den Frühling (»Willkommen, schöner Jüngling«)
Zweistimmige Singweise
Nr. 5 in: _Zwölf Schiller-Lieder_ → 715

Das Lied von der Glocke (»Fest gemauert in der Erden«)

2082 – V. 311ff. (»Tausend fleiß'ge Hände regen«)
Zweistimmige Singweise
Nr. 11 in: _Zwölf Schiller-Lieder_ → 715

2083 Das Mädchen aus der Fremde (»In einem Tal bei armen Hirten«)
Zweistimmige Singweise
Nr. 4 in: _Zwölf Schiller-Lieder_ → 715

2084 Die Worte des Glaubens (»Drei Worte nenn' ich euch, inhaltschwer«)
Zweistimmige Singweise
Nr. 10 in: _Zwölf Schiller-Lieder_ → 715

Macbeth. Zur Vorstellung auf dem Hoftheater in Weimar eingerichtet von
Friedrich Schiller

2085 – V. 741ff. (Pförtner: »Verschwunden ist die finst're Nacht«)
Zweistimmige Singweise
Nr. 2 in: _Zwölf Schiller-Lieder_ → 715

ROHLOFF, Max (1877–1955)

Elysium. Eine Kantate (»Vorüber die stöhnende Klage«)

2086 *Elisium. Sinfonische Tondichtung* für großes Orchester

Unveröffentlicht. Uraufführung: Posen, 1912; vgl. *Dt. Musiker-Lex.* 1929, Sp. 1170. – Der Bezug zu Schillers musikalisch kaum beachteter Dichtung war bisher nicht zuverlässig belegbar.

ROMBERG, Andreas (1767–1821)

2087 An die Freude (»Freude, schöner Götterfunken«)
Rundgesang für zwei Solostimmen (TB), vierstimmigen Männerchor (TTBB) und Orchester (o. op. – nachgelassenes Werk)

Eine Aufführung (Uraufführung?) ist für den 6. April 1811 in Hamburg (Salon d'Apollon) nachweisbar.

QUELLE: WV/Romberg, Nr. 291 (demnach in der Originalfassung unveröffentlicht).

- Ausgabe mit Klavierbegleitung, eingerichtet von Wilhelm Koehler-Wümbach. – Berlin-Lichterfelde: Vieweg, o. A. – Stimmen; Klavierauszug (Verl.-Nr. *448*). – Hofmeister (1898–1903), S. 759. Original (DLA).

An die Freunde (»Lieben Freunde! Es gab schön're Zeiten«)

2088 – V. 47ff. (»Alles wiederholt sich nur im Leben«)
Kanon für gemischtes Vokalquartett (SATB) a cappella

Am 21. Oktober 1815 komponiert; unveröffentlicht (s. WV/Romberg, Nr. 377; hier irrtümlich genannte Textquelle: An die Freude).

2089 Das Lied von der Glocke (»Fest gemauert in der Erden«)
Kantate für sieben Soli (SSATTBB), vierstimmigen gemischten Chor (SATB) und Orchester, op. 25 (*7tes Werk der Gesangstücke*)

Die Komposition wurde am 12. Oktober 1808 beendet. – Die umfangreichste Solopartie ist die des »Meisters« (B); während die beiden Solotenöre ebenfalls größere Abschnitte zu singen haben, sind die übrigen Soli nur verhältnismäßig kurz und wurden sicher häufig von Mitgliedern des Chores übernommen. – Uraufführung: Hamburg, 7. Januar 1809 (Salon d'Apollo), unter der Leitung des Komponisten. Romberg berichtete seinem Verleger Simrock am 29. Februar 1809 über den großen Erfolg der Veranstaltung: ... *meine neue Arbeit, die Komposition über Schillers Lied von der Glocke, ist in meinem Konzert mit solchem Beifall aufgenommen worden, daß ich öffentlich aufgefordert worden bin, noch ein zweites Konzert zu geben und sie darin wieder aufzuführen.* – In diesem Zusammenhang erfolgte auch Rombergs akademische Ehrung durch die Universität Kiel am 15. Mai 1809; im Begleitschreiben hieß es: *Die Philosophische Fakultät bei der hiesigen Universität hat sich durch ihre Achtung für ausgezeichnetes Künstler-Verdienst veranlaßt gesehen, Ew. Wohlgeboren, in Hinsicht der einstimmigen Urteile, welche bewährte Kenner über die von Ihnen gelieferten musikalischen Meisterwerke fällen, und der allgemein anerkannten Vortrefflichkeit Ihrer Talente und Kenntnisse in der Kunst, die in denjenigen Kreis von Künstlern gehört, deren Meister Ansprüche auf akademische Würden zu machen haben, durch einen darüber gefaßten Beschluß, zum Doctor der freien Künste, inbesondere der Musik, zu ernennen, [...].* Die Erstveröffentlichung, für die Romberg ein Honorar von fünfzig Carolin erhielt, muss also erst danach erfolgt sein, da bereits die frühesten Drucke den akademischen Rang nachweisen. – Eine umfangreiche Rezension ist in der AMZ vom 28. März 1810 erschienen (Sp. 401–412).

Abgesehen von den beiden »Volksmelodien« – B. A. Webers »Schützenlied« (→ 2805) und Chr. J. Zahns »Reiterlied« (→ 2951) – dürfte Rombergs Kantate mindestens im deutschen Sprachraum bis zur 2. Hälfte des 19. Jahrhunderts die populärste Schiller-Vertonung gewesen sein – ein Rang, den in der Zwischenzeit (und nun international) L. van Beethovens »Freudenmelodie« aus dem Schlusssatz der 9. Sinfonie errungen hat (→ 144). Rombergs

_____ Die Komponisten und ihre Werke

eingängige, geradezu volkstümlich wirkende Vertonung des Gedichts, das man damals als poetische Idealisierung des bürgerlichen Wertekanons und Lebens verehrte, passte bestens in die Zeit: Selbst Laien, die sich in den immer zahlreicher werdenden deutschen Liederkränzen organisierten, konnten das gleichwohl repräsentative Werk aufführen, *das alle seine [Rombergs] anderen überdauern sollte und noch heute nicht aus unseren Concertsälen verdrängt ist [...]. Er wurde damit der Hauptvertreter jener sogenannten guten Musik, die für die Durchschnittskreise der allgemeinen Bildung immer Geltung behält* (Mendel Bd. 8, S. 404). Allerdings gingen um die Jahrhundertmitte die Aufführungszahlen offenbar zurück, und es regten sich v. a. in den Fachkreisen kritische Stimmen, die das Stück als veraltet ablehnten; als etwa in der AMZ/2 vom 11. April 1866 ein Bericht über die Uraufführung von Wilh. Fr. G. Nicolais Kantatenvertonung erschien (→ 1759), wird bereits beiläufig erwähnt, Rombergs Werk sei *aus der Mode gekommen* (S. 122). Noch deutlicher zeigt sich dies bspw. um 1930 in dem Hinweis, dass es nur noch *gelegentlich aufgeführt* werde (Hans Joachim Moser: *Musiklexikon*. Berlin: Hesse 1933, S. 705). Inzwischen ist die Kantate aus dem Konzertleben nahezu verschwunden,

Auf zwei wirkungsgeschichtliche Besonderheiten soll hier noch hingewiesen werden: Zum einen hat man Rombergs Vertonung auch szenisch aufgeführt, wie bspw. ein Programm des Stadttheaters Rostock vom 9. November 1859 zur *Vorfeier des hundertjährigen Geburtstagsfestes Friedrich's von Schiller* dokumentiert (Original im DLA); dabei zeigte man zehn »lebende Bilder«: 1. *Die sorgsame Mutter*; 2. *Die Zurückkunft des Sohnes*; 3. *Erste Liebe*; 4. *Die Brautschmückung*; 5. *Häusliches Leben*; 6. *Die Brandstätte*; 7. *Das Erndtefest*; 8. *Der Aufruhr*; 9. u. 10. *Die Glockentaufe* (vgl. die gleiche Aufführungspraxis bei P. Lindpaintners Vertonung; → 1459). – Zum anderen setzten sich andere Komponisten mit Rombergs Stück auseinander: J. G. Frech ergänzte es mit einer (allerdings unveröffentlicht gebliebenen) Ouvertüre (→ 676), und O. Rosenberg entwarf (vermutlich in Zusammenhang mit den zahlreichen Veranstaltungen zu Schillers 100. Geburtstag) einen ›*Schiller-Marsch nach Motiven der Kantate Rombergs*‹ (→ 2112).

QUELLEN: Stephenson, *Romberg*, S. 83f. und S. 93. WV/Romberg, Nr. 275.

Die musikgeschichtliche Bedeutung der Kantate zeigt sich an den zahlreichen frühen Ausgaben, die im Folgenden möglichst umfangreich dokumentiert werden und durch eine ergänzende Nummerierung einzeln bezeichnet sind. Die Liste wurde systematisch in zwei Abteilungen gegliedert: I. Veröffentlichungen des vollständigen Werkes (Nrr. 1–27); II. Teilausgaben (Nrr. 28–50).

I. Vollständiges Werk

Erstausgabe

1. Bonn: Simrock, o. A. – Partitur (Verl.-Nr. *681*), Stimmen (Verl.-Nr. *683*); Klavierauszug (Verl.-Nr. *680*). – RISM A I: R 2115 u. 2116. Original (DLA bzw. Slg. GG).

   Auf der Titelseite befindet sich eine Kanonvertonung des Vorspruchs (»Vivos voco ...«), welche aber offensichtlich nicht für die Aufführung in Zusammenhang mit der Kantate vorgesehen ist (→ 2090). Diese Noten sind in den späteren Ausgaben nicht übernommen worden.

2. • *Neue Auflage*. – Bonn: Simrock, o. A. – HMB 1834/5+6, S. 47.

   Spätere Gesamtausgaben in Auswahl (vgl. auch Pazdírek Bd. 10, S. 33)

   Partitur

3. Leipzig: Peters, o. A. – HMB 1894/9, S. 398.

   Aufführungsmaterial (Solostimmen)

4. Bonn: Simrock, o. A. – HMB 1845/10, S. 156 (hier mit dem Hinweis: *Die 4 Solostimmen*).

459

Aufführungsmaterial (Chor- und Orchesterstimmen)

5. Leipzig: Breitkopf & Härtel, o. A. – Hofmeister (1904–1908), S. 645.

Aufführungsmaterial (nur Chorstimmen)

6. Leipzig: Peters, o. A. – HMB 1878/10, S. 305.
7. Wien: Universal Edition, o. A. – Hofmeister (1904–1908), S. 645.
8. Berlin: Kunz, o. A. – Hofmeister (1909–1913), S. 659.

Aufführungsmaterial (nur Orchesterstimmen)

9. Leipzig: Peters, o. A. – HMB 1894/9, S. 398.
10. Braunschweig: Litolff, o. A. – Hofmeister (1904–1908), S. 645.

Klavierauszug (chronologisch)

11. Mit englischer Übersetzung: *The Lay of the Bell (»Firmly by the earth surrounded«).* – London: Novello, o. A. – Original (DLA).

    1854 oder etwas später erschienen; Übersetzer nicht genannt. Die Begleitung kann auch auf einer Orgel ausgeführt werden. – RISM verzeichnet im Nachtrag zwei englische, im gleichen Verlag erschienene Ausgaben, bei denen es sich zwar um andere (wahrscheinlich frühere) Auflagen, aber vielleicht um die gleiche Bearbeitung handelt; vgl. RISM A:I RR 2116a (*The english translation and adaption by the Rev. J. Troutbeck*) u. 2116b (*... in vocal score with a separate accompaniment for the organ or pianoforte*).

12. Braunschweig: Litolff, o. A. – HMB 1879/3, S. 86.
13. Leipzig: Breitkopf & Härtel, o. A. – Hofmeister (1904–1908), S. 645.
14. Berlin: Kunz, o. A. (= *Edition Kunz*, Bd. 17) – Original (Slg. GG). Hofmeister (1909–1913), S. 659.
15. Leipzig: Peters 1953 (= *Edition Peters*, Nr. *755*). – Hofmeister (1953), S. 295.
16. Wiesbaden: Breitkopf & Härtel 1955 (= *Edition Breitkopf*, Nr. *2065*). – Hofmeister (1955), S. 271.

Textbuch (chronologisch)

17. *Das Lied von der Glocke von Schiller. In Musik gesezt von Andreas Romberg. Aufgeführt vom Stadt-Cantor Scherzer in den Winter-Concerten zu Ansbach.* – Ohne Verlagsangabe 1816. – Original (DLA).
18. *Andreas Romberg. Das Lied von der Glocke. Deutsch, mit darunterstehender norwegischer Uebertragung von –.* – Bergen: Dahl 1817. – Wurzbach, *Schiller-Buch*, Nr. 260.
19. *Das Lied von der Glocke. Gedicht von Schiller. Musik von A. Romberg – in's lateinische übersetzt von Professor L.[eonz] Füglistaller. Als 2te Abtheilung des grossen Konzerts von der schweizer'schen Musikgesellschaft aufgeführt in Luzern den 21. July 1824.* – Luzern: Thüring 1824. – Original (Slg. GG).

    Zweisprachige Ausgabe (Originaltext verso, lateinische Übersetzung recto). – Es handelt sich um den bisher einzigen Nachweis einer Aufführung in dieser Fassung (zu Füglistallers Übertragungen → 53).

20. *Sången om Klockan. Öfversatt af Henrik Sandström. Mit der Musik von Romberg.* – Stockholm: Hörberg 1844. – Wurzbach, *Schiller-Buch*, Nr. 261.

Die Komponisten und ihre Werke

21. _Schiller's Lied von der Glocke. Für Solostimmen, Chor und Orchester in Musik gesezt von Andreas Romberg. Aufgeführt bei der Schillers-Feier im großen Rathaus-Saale zu Nürnberg am 11. November 1859._ – Nürnberg: Sebald'sche Officin 1859. – Original (DLA).

Bearbeitungen der ganzen Kantate (chronologisch)

22. _Als Quartett eingerichtet für zwei Violinen, Alt u. Violoncello von C. A. Romili._ – Bonn: Simrock, o. A. – Stimmen (Verl.-Nr. _2472_). – RISM A I: RR 2116d.

23. Für Klavier solo von Friedrich Wilhelm Kretschmar. – Bonn: Simrock, o. A. – HMB 1858/12, S. 191.

24. Neu revidiert für gemischten Chor, Deklamation mit Klavierbegleitung von Richard Heuberger. – Wien: Universal Edition, o. A. – Klavierpartitur. – Hofmeister (1898–1903), S. 759.

25. Für gemischten Chor, Deklamation mit Klavierbegleitung bearb. und _zum praktischen Gebrauche an höheren Lehranstalten eingerichtet_ von Friedrich Kriegeskotten. – Lichterfelde: Vieweg, o. A. – Partitur, Chorstimmen. – HMB 1899/6, S. 273.

26. Für dreistimmigen Chor (SABar) bearb. von Ernst Schmidt. – Berlin-Lichterfelde: Vieweg, o. A. – Stimmen. – Hofmeister (1914–1918), S. 381.

27. Für Soli, Frauenchor oder dreistimmigen Schulchor mit Klavierbegleitung von Willy Herrmann. – Leipzig: Kistner & Siegel, o. A. – Chorstimmen; Klavierauszug. – Hofmeister (1924–1928), S. 547.

II. Teilausgaben

a) Sammlungen

28. _Die Glocke_ [vier Nummern, bearbeitet für eine Singstimme zur Gitarre]

1. Arie (V. 102–132: »Die Leidenschaft flieht«)
   Original für Tenor solo mit Orchesterbegleitung.

2. Duett (V. 74–79: »O! Zarte Sehnsucht, süßes Hoffen«)
   Original: Duett für Sopran und Tenor mit Orchesterbegleitung.

3. Solo-Gesang (V. 49–57: »Denn mit der Freude Feierklang«)
   Original für Sopran solo mit Streicherbegleitung.

4. Solo (V. 58–73: »Vom Mädchen reißt sich stolz der Knabe«)
   Original für Tenor solo mit Orchesterbegleitung.

Bonn: Simrock, o. A. – Hofmeister 1845 (_Vocalmusik_), S. 206.

29. _Vier Chöre_, bearbeitet für gemischten Chor mit Instrumentalbegleitung (Vl. 1 2 3, Vc., Klav. oder Harm.) von Wilhelm Koehler-Wümbach

1. _Saatchor_ (V. 235–243: »Dem dunklen Schoß der heil'gen Erde«)
   Original für vierstimmigen gemischten Chor mit Streicherbegleitung.

2. _Begräbnis-Chor_ (V. 244–249: »Von dem Dome schwer und bang«)
   Original für vierstimmigen gemischten Chor mit Orchesterbegleitung.

3. _Arbeitschor, oder: Lob der Arbeit_ (V. 311–321: »Tausend fleiß'ge Hände regen«)
   Original für vierstimmigen gemischten Chor mit Orchesterbegleitung.

4. _Friedenschor_ (V. 322–325: »Holder Friede, süße Eintracht«)
   Original für vierstimmigen gemischten Chor und vier Soli (SATB) mit Orchesterbegleitung.

461

Berlin: Vieweg, o. A. – Partitur, Chor- und Streicherstimmen. – Hofmeister (1924–1928), S. 547.

b) Einzelne Nummern

- V. 1ff. (»Festgemauert in der Erden«)
Original für Bass solo (*Meister*) mit Orchesterbegleitung.

30. Einstimmige Singweise; hier unter dem Titel: *Meisterspruch.* – Nr. 178 in: *Hilfsbuch für den Unterricht* → 2381

- V. 49–57 (»Denn mit der Freude Feierklang«)
Original für Sopran solo mit Streicherbegleitung.

31. Für Sopran zur Gitarre und Flöte bearbeitet; hier unter dem Titel: *Arie aus Schiller's Glocke.* – Hannover: Kruschwitz, o. A. – Whistling 1828, S. 1122.

32. ·Leipzig: Hofmeister, o. A. – Hofmeister 1845 (*Vocalmusik*), S. 206.

- V. 74ff. (»O! Zarte Sehnsucht, süßes Hoffen«)
Original für zwei Soli (ST) mit Orchesterbegleitung.

33. Für zwei Soli (ST) mit Klavierbegleitung. – Nr. 51 (einzeln) in: *Sammlung beliebter Duette für Sopran und Tenor.* – Bonn: Simrock, o. A. – HMB 1837/3+4, S. 45.

- V. 235ff. (»Dem dunkeln Schoß der heil'gen Erde«)
Original für vierstimmigen gemischten Chor mit Streicherbegleitung.

34. *Totenfeier (»Flüchtig sind des Menschen Freuden«).* Kantate mit neuem Text vom Komponisten für vier Soli (SSTB), vierstimmigen gemischten Chor (SSTB) und Orchester
Autographe Partitur, 22. September 1822. – RISM-OPAC. WV/Romberg, Nr. 281 (demnach unveröffentlicht).

Rombergs selbst verfasste Parodie unter teilweiser Verwendung dieses Stückes ist *am 23. September* [1822], *Begräbnistag der Caroline Herzfeld*, aufgeführt worden.

35. Für vierstimmigen gemischten Chor mit Klavierbegleitung ad lib. bearb. von Ferdinand Tritremmel. – Nr. 36 in: *Vierzig Schiller-Lieder* → 2685

36. Für vierstimmigen gemischten Chor (SATB) a cappella bearbeitet. – Stuttgart: Hänssler, o. A. – Partitur (Verl.-Nr. *1426*). – Original (Slg. GG).

- V. 311ff. (»Tausend fleiß'ge Hände regen«)
Original für vierstimmigen gemischten Chor und Orchester.

37. Klavierauszug. – 4. Lief. in: *Schiller-Liederblatt* → 45

- V. 322ff. (»Holder Friede, süße Eintracht«)
Original für vierstimmigen gemischten Chor mit vier Soli (SATB) und Orchesterbegleitung.

Bearbeitungen für vierstimmigen gemischten Chor a cappella (teilweise mit Soli)

38. Nr. 20 in: *Sammlung (Breitenbach)* → 1464

39. Köln: Tonger, o. A. – Partitur, Stimmen. – Hofmeister (1904–1908), S. 645.

Die Komponisten und ihre Werke

40. Leipzig: Rühle & Wendling, o. A. – Partitur, Stimmen. – Hofmeister (1904–1908), S. 645.

41. Heidelberg: Hochstein, o. A. – Partitur. – Hofmeister (1919–1923), S. 382.

42. Hannover: Hampe, o. A. – Partitur. – Hofmeister (1929–1933), S. 549. Hofmeister (1951), S. 243.

43. Stuttgart: Hänssler, o. A. – Partitur (Verl.-Nr. *1563*). – Original (Slg. GG). Weitere Einzelbearbeitungen dieses Abschnitts

44. Chorsatz mit Klavierbegleitung. – Nr. 2 in: *Gesang-Album* → 2827

45. Für vierstimmigen gemischten Chor mit Klavierbegleitung a cappella bearb. von Ferdinand Tritremmel. – Nr. 35 in: *Vierzig Schiller-Lieder* → 2685

46. Für Harmonie- bzw. Blechmusik bearb. von S. Müller. – Adliswil-Zürich: Ruh, o. A. – Hofmeister (1914–1918), S. 294 und S. 381.

   Zusammen mit dem ›*Morgengebet*‹ aus ›*Joseph*‹ von Etienne-Nicholas Méhul ohne Sammeltitel in einer Ausgabe veröffentlicht.

47. Für dreistimmigen Schülerchor mit Sopran solo und Klavierbegleitung bearb. von Fritz Neuert. – Heidelberg: Hochstein, o. A. – Stimmen, Klavierauszug. – Hofmeister (1904–1908), S. 644.

48. Für zwei Soli und dreistimmigen Chor mit Klavierbegleitung bearb. von Moritz Vogel; hier unter dem Titel: *Chor aus ›Die Glocke‹.* – Nr. 14 in der Reihe: Moritz Vogel, *Klassische Chorstücke zum Gebrauch an höheren Schulen für Mädchen, Lehrerinnen-Seminaren sowie für Frauenchöre.* – Leipzig: Hug, o. A. – Chorstimmen, Klavierauszug. – Hofmeister (1904–1908), S. 820.

49. Mit Vorspiel von Karl Heinrich Zöllner für Harmonium bearb. von H[ugo?] Hartmann. – Berlin: Kunz, o. A. – Hofmeister (1909–1913), S. 659.

50. Für dreistimmigen Kinder- oder Frauenchor a cappella bearb. von Willy Herrmann. – Frankfurt an der Oder: Bratfisch, o. A. – Partitur. – Hofmeister (1929–1933), S. 548.

2090 – [Vorspruch] (»Vivos voco, mortuos plango, fulgura frango«)
Kanon für acht Stimmen (SSAATTBB) a cappella

   Auf der Titelseite der Originalausgabe (→ 2089 – Ausgabe 1) wiedergegeben, offensichtlich jedoch nicht für eine Aufführung in Zusammenhang mit der Kantate bestimmt. Die beiden jeweils gleichen Stimmlagen sind in parallelen Terzen geführt (zweistimmig in einem System mit den vier stimmentypischen Schlüsseln notiert). – WV/Romberg, Nr. 390.

2091 Der Graf von Habsburg (»Zu Aachen in seiner Kaiserpracht«)
Ballade für eine Singstimme mit Orchesterbegleitung, op. 43 (*15tes Werk der Gesangstücke*)
Bonn: Simrock, o. A. – Orchesterstimmen (Verl.-Nr. *1382*); Klavierauszug (Verl.-Nr. *1300*). – WV/Romberg, Nr. 283 (hier ausdrücklich für *Sopran* als Solostimme nachgewiesen); RISM A I: R 2129 bzw. R 2130. Original (DLA).

   Die Komposition ist am 11. Dezember 1815 beendet worden. – *Der Frau Professorin Angelica Schlüter geb. Romberg gewidmet* (Schwester des Komponisten). – Philipp Fries kompo-

463

Verzeichnis der musikalischen Werke

nierte ein Melodram (→ 682), für das er Musik aus Rombergs bzw. Carl Loewes Vertonung (→ 1504) verwendete.

- Für eine Singstimme zur Gitarre bearb. von Theodor Gaude. – Bonn: Simrock, o. A. – WV/Romberg, Nr. 183. Whistling 1828, S. 1122.

2092   Der Triumph der Liebe (»Selig durch die Liebe«)
Kantate für gemischtes Vokalquartett (STTB) zur Gitarre

Am 5. Februar 1810 beendet. – Bis auf das Textbuch (Hamburg: Nestler, o. A.) unveröffentlicht, hier mit der gedruckten Zueignung: *Dem Herrn J. J. Fischer und der Demoiselle Charlotte Syllingk zu Ihrer Hochzeitsfeier gewidmet* (demnach rein privater Kompositionsanlass). Beim gleichfalls auf der Titelseite wiedergegebenen Datum (*11. Februar 1810*) dürfte es sich um den Tag der Uraufführung (und der Trauung) gehandelt haben.

QUELLE: WV/Romberg, Nr. 278.

2093   Die deutsche Muse (»Kein Augustisch' Alter blühte«)
Männerquartett (TTBB) a cappella
Nr. 5 in: ders., *Sechs Lieder von Schiller für zwei Tenor- und zwei Bassstimmen*

Alle Vertonungen des Sammelwerks sind zwischen dem 13. April und dem 16. Mai 1821 wohl in Gotha entstanden.

QUELLE: WV/Romberg, Nrr. 384–389 (demnach unveröffentlicht).

2094   Die Gunst des Augenblicks (»Und so finden wir uns wieder«)
Männerquartett (TTBB) a cappella
Nr. 6 in: ders., *Sechs Lieder* → 2093

Die Jungfrau von Orleans. Eine romantische Tragödie

2095   – V. 2518ff. (Johanna: »Die Waffen ruh'n, des Krieges Stürme schweigen«); hier unter dem Titel: *Monolog aus Schillers Jungfrau von Orleans*
Konzertszene für Sopran und Orchester, op. 38 (*12tes Werk der Gesangstücke*)
Hamburg: Böhme, o. A. – Partitur; Klavierauszug. – WV/Romberg, Nr. 282 (der Verfasser vermutete allerdings irrtümlich, dass keine Partitur erschienen sei). RISM A I: R 2125 bzw. R 2126. Original (DLA). Schaefer, S. 61.

Am 4. Oktober 1812 beendet. – *Der Frau Emilie Schröder geb. Schrödter aus wahrer Hochachtung gewidmet.* – Stieger nennt wohl irrtümlich ohne weitere Angaben eine ganze Schauspielmusik.

2096   Die Kindesmörderin (»Horch, die Glocken hallen dumpf zusammen«)
Kantate für Sopran, vierstimmigen gemischten Chor (SATB) und Orchester, op. 27 (*9tes Werk der Gesangstücke*)
Hamburg: Böhme, o. A. – Partitur; Klavierauszug. – RISM A I: R 2117 u. 2118. Original (DLA).

Am 27. August 1809 beendet. – Uraufführung: Hamburg, 3. Februar 1810 (Salon d'Apollo) unter der Leitung von A. Romberg mit seiner Schwester Therese als Solistin: *In ihrem Vortrage herrschte durchgängig fromme Andacht und die heilige Resignation, die dieser Poesie gebührt.* – Romberg erhielt für die Veröffentlichung ein Honorar von 25 Friedrichs d'or (s. Stephenson, *Romberg*, S. 84f., bzw. WV/Romberg, Nr. 276).

- Mainz: Schott, o. A. – Klavierauszug (Verl.-Nr. *452*). – RISM A I: R 2119. Original (DLA).

464

Die Komponisten und ihre Werke

2097 Die Macht des Gesanges (»Ein Regenstrom aus Felsenrissen«)
Kantate für vier Soli (SATB), vierstimmigen gemischten Chor (SATB) und
Orchester, op. 28 (*10tes Werk der Gesangstücke*)

Am 2. Oktober 1809 beendet. – *Dem Herrn J. R. Flor, Lizenziaten beider Rechte in Hamburg gewidmet*. Als Dedikationsgeschenk hatte Romberg *3 halbe Portugalöser* erhalten. – Uraufführung: Hamburg, 14. April 1810 (unter der Leitung des Komponisten). – Die Ausgaben bei Böhme (Hamburg) sind im selben Jahr erschienen; das Honorar betrug vierzig Friedrich d'or (s. Stephenson, *Romberg*, S. 85, bzw. WV/Romberg, Nr. 277).

Hamburg: Böhme, o. A. – Partitur; Klavierauszug. – RISM A I: R 2120.

- Bonn: Simrock, o. A. – Chorstimmen (Verl-Nr. *58*). – RISM A 1: R 2123.
- Ebd. – Chorstimmen; Klavierauszug (beide Ausgaben mit der Verl.-Nr. *797*). – RISM A I: R 2124 bzw. R 2122. Original (DLA).
- Ebd. – Orchesterstimmen. – HMB 1854/1, S. 486.

2098 Die Teilung der Erde (»Nehmt hin die Welt«)
Männerquartett (TTBB) a cappella
Nr. 2 in: ders., *Sechs Lieder* → 2093

2099 Dithyrambe (»Nimmer, das glaubt mir, erscheinen die Götter«)
Männerquartett (TTBB) a cappella
Nr. 1 in: ders., *Sechs Lieder* → 2093

2100 Punschlied. Im Norden zu singen (»Auf der Berge freien Höhen«)
Männerquartett (TTBB) a cappella
Nr. 3 in: ders., *Sechs Lieder* → 2093

2101 Sehnsucht (»Ach, aus dieses Tales Gründen«)
Für Sopran oder Tenor mit Orchester, op. 44 (*16tes Werk der Gesangstücke*)

Der Frau Betti Toderhorst geb. Schröder aus wahrer Freundschaft zugeeignet. Romberg hatte für die Widmung eine *schöne Zikkaren-Dose* erhalten (s. WV/Romberg, Nr. 284).

Bonn: Simrock [1816/17]. – Partitur (Verl.-Nr. *1256*), Orchesterstimmen (Verl.-Nr. *1319*); Klavierauszug (Verl.-Nr. *1250*). – RISM A I: R 2131, R 2131 u. R 2132. Original (DLA). WV/Romberg, Nr. 284 (der Verfasser vermutete allerdings irrtümlich, dass keine Partitur erschienen sei).

Der Klavierauszug erschien wenig später noch in einer zweisprachigen Ausgabe, bei der die italienische Übersetzung (ohne Titel) nachträglich unter den deutschen Text gestochen worden ist (»*Ah! di questa oscura valle dove l'esito trovar!*«).

- Ausgabe für Alt oder Bariton. – Ebd. – HMB 1859/9+10, S. 166.

Bearbeitungen

- Für eine Singstimme zur Gitarre bearb. von Theodor Gaude (mit deutschem und italienischem Text). – Bonn: Simrock, o. A. – Verl.-Nr. *2423*. – RISM A I: R 2133. Whistling 1828, S. 1122. Antiquariat Schneider Kat. 191, Nr. 377 (hier auf *1826* datiert).

  Sicher wurde dafür die Übersetzung der etwas älteren Klavierausgabe wiederverwendet (s. o.).

- Für eine Singstimme zur Gitarre und Flöte bearbeitet. – Hannover: Kruschwitz, o. A. – Whistling 1828, S. 1122.
- Leipzig: Hofmeister, o. A. – Hofmeister 1845 (*Vocalmusik*), S. 206.

Verzeichnis der musikalischen Werke

> • Für Klavier zu vier Händen bearb. von Christian Traugott Brunner. – Bonn: Simrock, o. A. – Verl.-Nr. *3071.* – HMB 1833/9+10, S. 72.

2102 Sprüche des Konfuzius – Nr. 1 (»Dreifach ist der Schritt der Zeit«)
Männerquartett (TTBB) a cappella
Nr. 4 in: ders., *Sechs Lieder* → 2093

Wallenstein. Ein dramatisches Gedicht – I. Wallensteins Lager

2103 – V. 1052ff. (Zweiter Kürassier: »Wohl auf, Kameraden, auf's Pferd«); hier unter dem Titel: *Rundgesang aus ›Wallensteins Lager‹*
Für Bass solo, Chor und Harmoniemusik

> Im August 1802 komponiert; unveröffentlicht. – Besetzung der Orchesterbegleitung: je zwei Picc., Ob., Klar., Fg., Hr. u. Tr.; Pk., Gr. Tr., Becken, Tamburin, Kb.; vgl. WV/Romberg, Nr. 265.

ROMBERG, Cyprian (1807–1865)

2104 Des Mädchens Klage (»Der Eichwald brauset«)
Für eine Singstimme mit Klavierbegleitung
Nr. 1 in: ders., *Sechs Lieder und Gedichte*, op. 7 (*Erstes Heft der Gesänge*). – Hamburg: Böhme, o. A. – HMB 11/1838, S. 152.

ROMBERG, Heinrich Maria (1802–1859)

2105 Sehnsucht (»Ach, aus dieses Tales Gründen«)
Männerterzett (TTB) a cappella
Nr. 53 in: ders., [59 Vokalstücke]. – Undatierte autographe Partitur. – RISM-OPAC.

ROMER, Frank (1810–1889)

Der Gang nach dem Eisenhammer (»Ein treuer Knecht war Fridolin«)

2106 *Fridolin.* Romantische Oper in drei Akten; Libretto von Mark Lemon
> Uraufführung: London, 26. November 1840 (Princesstheatre). – Die Handlung der Oper beruht auf einem Vorfall im Leben der Heiligen Elisabeth von Portugal und Schillers Ballade.
> QUELLE: Stieger.

Daraus veröffentlicht (vermutlich 1840)

> • *The Songs, Duets, Trios, Choruses &c. in the new grand operatic burletta (in three acts) of Fridolin.* – London: Pattie, o. A. – WorldCat.

RONG, Johann Wilhelm Friedrich (1759–1842)

2107 Der Gang nach dem Eisenhammer (»Ein frommer Knecht war Fridolin«)
Für eine Singstimme und Orchester

> In dieser Version unveröffentlicht. Im Explicit der nachstehend dokumentierten Ausgabe mit Klavierbegleitung wird darauf hingewiesen, dass die *vollständige Partitur* und das Orchestermaterial abschriftlich beim Komponisten erhältlich seien.

Veröffentlicht

> • Für eine Singstimme mit Klavierbegleitung. – Berlin: *Bei dem Verfasser,* o. A. – RISM A I: R 2453. Original (DLA). Ledebur, S. 479 (datiert die Ausgabe auf *1809*).

Die Komponisten und ihre Werke

Ihro Königlichen Majestät Louise Auguste Wilhelmine Amalie, regierende Königin von Preussen etc. etc. (mit allerhöchster Erlaubnis) in tiefster Verehrung zugeeignet.

· Nr. 33 in: [41] *Frühe Schiller-Vertonungen bis 1825* → 141

RORICH, Karl (1869–1941)

Turandot, Prinzessin von China. Ein tragikomisches Märchen nach Carlo Gozzi von Friedrich Schiller

2108   *Turandot.* Ouvertüre für Orchester

Uraufführung in Nürnberg (undatiert, aber wohl Anfang 1933).

QUELLE: *Zeitschrift für Musik*, 100. Jg., 4. Heft (April 1933), S. 379 (undatierte Notiz in der Rubrik ›Musikberichte‹).

ROSELIUS, Ludwig (1902–1977)

2109   Der Jüngling am Bache (»An der Quelle saß der Knabe«)
Für mittlere Stimme mit Klavierbegleitung
Nr. 1 in: ders., *Acht Lieder im Volkston*, op. 21. – Berlin: Bote & Bock 1951. – Verl.-Nr. *20965*. – Original (Slg. GG).

Mit Widmung: *Für Helgard.*

ROSENBERG, Otto (?–?)

2110   *Charlotten-Walzer. Schnell-Walzer zu Ehren der Gattin Schillers, geborene Charlotte von Lengsfeld* [!] *für Klavier,* op. 109
Hamburg: Lehmann 1859. – Büchting, S. 66f. HMB 1860/1, S. 12.

Ergänzender Hinweis: *Mit Schiller's Portrait.*

2111   Der Jüngling am Bache (»An der Quelle saß der Knabe«)
Für eine Singstimme mit Klavierbegleitung, op. 102
Hamburg: Lehmann 1859. – Büchting, S. 67. HMB 1860/1, S. 19.

Ergänzender Hinweis: *Mit Schiller's Portrait.*

2112   *Schiller-Festmarsch nach Motiven aus Rombergs Glocke* für Klavier (o. op.)
Hamburg: Lehmann, o. A. – Büchting, S. 67. HMB 1860/1, S. 13.

Ergänzender Hinweis: *Mit Schiller's Portrait.* – Bezieht sich auf A. Rombergs populäre Kantate ›Das Lied von der Glocke‹ (→ 2089).

ROSENBERGER, Fritz (?–?)

Wallenstein. Ein dramatisches Gedicht – I. Wallensteins Lager

– V. 1052ff. (Zweiter Kürassier: »Wohl auf, Kameraden, auf's Pferd«)

2113   *Soldatenlied (»Frisch auf, Kameraden, zum Kampf und Sieg«)*
Für mittlere Stimme mit Klavierbegleitung
Potsdam: Ehrlich, o. A. – Hofmeister (1914–1918), S. 382.

Vermutlich handelt es sich um eine Parodie von Chr. J. Zahns populärer Melodie (→ 2951).

ROSENFELD, Isidor (1834–?)

2114 An den Frühling (»Willkommen, schöner Jüngling«)
Für eine Singstimme mit Klavierbegleitung, op. 11
Berlin: Challier, o. A. – HMB 1874/11, S. 274.

Die Braut von Messina oder: Die feindlichen Brüder. Ein Trauerspiel mit Chören

2115 Ouvertüre für Orchester, op. 25
Berlin: Bote & Bock, o. A. – Partitur (Verl.-Nr. *10135*). – AMZ/2, 30. September
1874, Sp. 621 (Verlagsannonce: *Nova*). HMB 1874/9, S. 168. Schaefer, S. 72 (datiert das Erscheinen der Notenausgabe bereits auf *Juni 1873*). Pelker, S. 656f.

Anfang der 1850er Jahre komponiert. – Uraufführung: Berlin, 20. Mai 1854 (Konzert der alten Liebigschen Kapelle). – Alle bibliographischen Quellen weisen nur die gedruckte Partitur nach.

ROSENKRANZ, Friedrich (1818–1903)

Wallenstein. Ein dramatisches Gedicht – I. Wallensteins Lager

2116 Schauspielouvertüre für Harmoniemusik; hier unter dem Titel: *Ouverture
militaire zu Schillers 100jährigen Geburtsfeste und dessen ›Wallensteins Lager‹*
Handschriftliche Partitur, 1859. – RISM-OPAC.

In der Originalfassung unveröffentlicht (s. Schaefer, S. 33). – *Dem Prinzregenten Wilhelm
gewidmet.* – Uraufführung: Augsburg, 10. November 1859 (Stadttheater), unter der Leitung
des Komponisten. – Das Stück beginnt mit der Melodie von Chr. J. Zahns berühmter Vertonung des »Reiterliedes« (→ 2951).

> • Für Orchester bzw. für Salonorchester sowie für Pariser Besetzung
> bearb. von August Oertel. – Hannover: Lehne, o. A. – Hofmeister
> (1909–1913), S. 661.

ROSENKRANZ, Otto (?–?)

2117 Der Jüngling am Bache (»An der Quelle saß der Knabe«)
Für eine Singstimme mit Klavierbegleitung, op. 102
Hamburg: Lehmann, o. A. – HMB 1860/1, S. 19.

ROSER, Franz de Paula (1779–1830)

Der Gang nach dem Eisenhammer (»Ein frommer Knecht war Fridolin«)

2118 *Fritzl, oder: Der Gang nach dem Backofen. Musikalisches Quodlibet* in drei Akten; Libretto von Carl Schorch
Uraufführung: Wien, 23. Januar 1813 (Theater in der Josefstadt); kurz darauf als zweite
Premiere: ebd., 3. April 1813 (Theater in der Leopoldstadt); s. Stieger (hier versehentlich
Scorsch als Nachname des Librettisten), bzw. Grove, *Opera* Bd. 4, S. 48.

2119 Die Teilung der Erde (»Nehmt hin die Welt«)
Für eine Bassstimme mit Klavierbegleitung
Alle anschließend nachgewiesenen Ausgaben sind unter dem Namen von Joseph Haydn
erschienen (→ 900); vgl. auch WV/Haydn-Joseph Hob. XXVIa:C1.

Wien: Diabelli, o. A. – Verl.-Nr. *1228* (= *Auserlesene Sammlung von Gesängen
für eine Bass-Stimme*, Nr. 30). – Whistling 1828, S. 1068. Original (DLA).

Die Komponisten und ihre Werke

- Wien: Diabelli, o. A. – Verl.-Nr. _1928_ (= _Auserlesene Sammlung von Ge-_
  sängen für eine Bass-Stimme, Nr. 30). – Weinmann (Diabelli), S. 128
  (auf _1827_ datiert).
- Frankfurt am Main: Fischer, o. A. – HMB 1837/7, S. 93.
- Offenbach am Main: André, o. A. – Verl.-Nr. _9644_. – HMB 1867/1, S. 19.
  BSB-Musik Bd. 7, S. 2697.

Bearbeitungen

- Für dreistimmigen Frauenchor mit Soli a cappella bearb. von Carl Kühnhold
  (als dessen op. 82 verzeichnet). – Regensburg: Coppenrath 1900. – Partitur,
  Stimmen. – Hofmeister (1898–1903), S. 339. Pazdírek Bd. 6, S. 813. BSB-
  Musik Bd. 7, S. 2697.
- Für Chor mit Klavierbegleitung bearb. von Ferdinand Tritremmel in drei
  Ausgaben: Für Männerchor, für gemischten Chor bzw. für dreistimmigen
  Schulchor (d. h. für gleiche Stimmen). – Wien: Eberle, o. A. – Partitur, Stim-
  men. – Hofmeister (1904–1908), S. 290.

Die Verschwörung des Fiesco zu Genua. Ein republikanisches Trauerspiel

2120   _Fiesko, der Salamikrämer. Musikalisches Quodlibet_ in zwei Akten; Libretto von
Josef Alois Gleich

Uraufführung: Wien, 17. Mai 1813 (Theater in der Josefstadt); s. Stieger. Grove, _Opera_ Bd. 4,
S. 48.

ROSETTI, Antonio (ca. 1750–1792)

Bisher wurde vermutet, dass es sich hier um eine Italianisierung des Geburtsnamens _Anton_
Rösler (auch: _Rössler_) handelt; dies wird aber inzwischen bezweifelt (vgl. MGG2 _Personenteil_
Bd. 14, Sp. 418).

2121   An den Frühling (»Willkommen, schöner Jüngling«)
Für eine Singstimme und Klavierbegleitung mit Violine
S. 38 in: _Blumenlese für Klavierliebhaber. Eine musikalische Wochenschrift_, hg.
von Heinrich Philipp Bossler. – Speier: Bossler 1785. – WV/Rosetti, S. 383f.
(F 7). RISM B II, S. 116.

ROSSENBACH, Sven (geb. 1966)
VOLXEM, Florian van (geb. 1973)

Die beiden Komponisten waren Studienkollegen und arbeiten seit 1994 immer wieder zusammen.

2122   _Die geliebten Schwestern_. Spielfilm. Drehbuch und Regie: Dominik Graf
Filmmusik
Deutschland / Österreich: Senator 2012. – In Farbe; 171 Min. (Kinofassung:
139 Min.). – Mit Florian Stetter (Friedrich Schiller), Henriette Confurius (Char-
lotte von Lengefeld), Hannah Herzsprung (Caroline von Beulwitz, ihre
Schwester) u. a.

In der 2. Jahreshälfte 2012 gedreht. – Uraufführung (als Wettbewerbsbeitrag der 64. Internationalen Filmfestspiele in Berlin – »Berlinale«): Berlin, 8. Februar 2014 (Berlinale Palast); wurde jedoch nicht ausgezeichnet. Kinostart: 31. Juli 2014. – Im Zentrum steht die Dreiecksge-
schichte zwischen den beiden Schwestern Caroline bzw. Charlotte von Lengefeld und Schiller
(Rudolstadt 1788), von denen die erstere zu dieser Zeit mit Friedrich Wilhelm Ludwig von

Beulwitz unglücklich verheiratet ist. Der Dichter ließ sich schließlich am 22. Februar 1790 mit Charlotte in der Dorfkirche von Wenigenjena trauen. – Der Film ist im August 2014 bei der Vorauswahl für den »Auslands-Oscar« 2015 eingereicht, dann aber nicht nominiert worden.
QUELLEN: Zeitgenössische Presseberichte. Internetrecherchen. DVD.

ROSSI, Lauro (1812–1885)

Der Gang nach dem Eisenhammer (»Ein frommer Knecht war Fridolin«)

2122+1 *Le Fucine di Bergen. Melodramma semi-serio* in zwei Akten; Libretto von Bartolomeo Merelli
Rom: Puccinelli, o. A. – Libretto (offenbar einzige gedruckte Quelle). – Worldcat.

Uraufführung (s. Grove, *Opera* Bd. 4, S. 54): Rom, 16. November 1833 (Teatro Valle), mit Giorgio Ronconi (Alberto Conte d'Aggerkus), Adelina Spech (Elga, sua sposa), Angelina Carocci (Edvigia, Sorella d'Elga) und Antonio Poggi (Ericio, Paggio d'Elga) unter der musikalischen Leitung von Giacomo Orzelli (Angaben nach den Informationen der Libretto-Ausgabe). – Vermutlich handelt es sich um die Bearbeitung von Franz Ignaz von Holbeins seinerzeit mehrfach aufgeführtem Schauspiel ›Fridolin‹, einer Dramatisierung der Ballade Schillers. – In einem Bericht der AMZ/1 heißt es: *Die vierte Herbstoper: Le Fucine de Bergen (nach Fridolin) war neu componirt von Hrn. Lauro Rossi. Das Buch wollte nicht behagen. Von der nach dem Ritus der neuesten musikal. Zeitrechnung geschriebenen, ganz und gar nicht ausgezeichneten, langen Musik wurden einige Stücke applaudirt, und zu Ende beyder Acte schrieen Freunde: Fuora! Maestro und Sänger. In der zweyten Vorstellung wurde die Oper abgestutzt, und als ganz zu Ende gesungen wurde: Oh celeste Providenza, schrieen die Zuhörer: Amen, amen!* (30. Juli 1834, Sp. 517).

ROSSINI, Gioacchino (1792–1868)

Wilhelm Tell. Schauspiel

2123 *Guillaume Tell. Opéra en quatre actes*; Libretto von Victor-Joseph Etienne de Jouy und Hippolyte Louis Florent Bis nach dem Schauspiel ›Wilhelm Tell‹ von Friedrich Schiller und der Erzählung ›*Guillaume Tell ou la Suisse libre*‹ von Jean Pierre Claris de Florian
QUELLEN: Loewenberg, Sp. 719ff. *Pipers Enzyklopädie* Bd. 5, S. 453ff. Grove, *Opera* Bd. 2, S. 573ff.

Uraufführung: Paris, 3. August 1829 (Opéra, Salle de la rue Le Peletier), unter der Leitung von François-Antoine Habeneck, mit Henri-Bernard Dabadie (Tell), Adolphe Nourrit (Arnold), Laure Cinti-Damoreau (Mathilde), Alexandre Prévost (Gesler), Nicolas Levasseur (Walter Fürst), Zulme Dabadie (Jemmy) u. a.; im Ballett (Choreographie: Jean-Pierre Aumer) wirkten Lise Noblet, Maria Taglioni und Pauline Montessu mit, die als die führenden Tänzerinnen ihrer Zeit galten. – Es handelt sich um Rossinis letzte Oper, die nach dem ›Barbiere di Seviglia‹ sein größter Erfolg war. In Paris fand am 17. September 1834 die hundertste bzw. am 10. Februar 1868 die fünfhundertste Aufführung statt, und bis 1912 wurde das Stück hier insgesamt 868 Mal gegeben. – Rossini stellte noch eine dreiaktige Fassung her, für die er ein neues Finale komponierte und die erstmals am 1. Juni 1831 in Paris gegeben wurde.

Im 19. Jahrhundert erzwangen die Zensurbehörden immer wieder Textänderungen, die oftmals groteske Formen annehmen konnten und nicht zuletzt auch zu entstellenden Neufassungen der Titel führten (anschließende Auswahl in der Reihenfolge der Premieren):

1. *Hofer, the Tell of the Tyrol.* Bearbeitung des Librettos von James Robinson Planché; musikalische Neufassung von Henry Rowley Bishop (→ 226). – Premiere: London, 1. Mai 1830 (Drury Lane).
Vgl. auch Bishops andere Bearbeitungen (→ 225 u. 227).

Die Komponisten und ihre Werke

2. *Andreas Hofer.* Deutsche Fassung der vorstehend genannten Londoner Bearbeitung von Carl August Ludwig Baron von Lichtenstein. – Premiere: Berlin, 18. Oktober 1830.

Offenbar gab es von Theaterseite keinerlei Hinweise auf die originale Fassung, wie dem Brief C. F. Zelters vom 26. Oktober 1830 an Goethe zu entnehmen ist; man tat vielmehr so, als handle es sich dabei um eine authentische Version: *Zum Schluß der Vermählungsfeiern hat unsere Oper einen großen – ›Wilhelm Tell en musque‹ gehen lassen. Der eigentliche ›Wilhelm Tell‹ ist von Rossini für Paris gemacht, hat aber wegen revolutionären Inhalts Anstoß gefunden; so haben sie einen ganz neuen andern Text in die Musik hofiert, und die Oper heißt nun ›Andreas Hofer‹. Das soll nun keiner merken. Sind sie doch wie die besch– Kinder, die sich einbilden, man riecht's nicht, wenn sie die Augen zuhalten. Wie man hört, soll auch Rex* [d. i. der preußische König Friedrich Wilhelm III.] *die Metamorphose nicht ganz gnädig bezeichnet haben.* Zelter konnte krankheitsbedingt erst am 31. Oktober eine Aufführung besuchen und berichtete am folgenden Tag nach Weimar: *Der Komponist hat diesmal eine Oper für Paris geschrieben, das ein vorzügliches Orchester und zu Sängern Schreier hat. Ihn selbst habe ich in seiner ganzen Eigenheit wiedererkannt, doch sein Werk ist ein Neues, wie sein neues Terrain, und ich halte diese Oper sogar in Italien für unausführbar, weil die Sänger sie nicht werden singen wollen und die Orchester sie nicht spielen können. Die Oper hat 4 Akte, und überall ist Geist und Leben. Läßt man sich in seinen italienischen Opern manche longueurs gefallen, so ist hier nichts als beständiges Aufleben durch flammende Variation. Das Gedicht ist eine lächerliche Verfälschung der Geschichte unserer Zeit und erinnert an die unzähligen Niederlagen der Triumphierer, ja an den schmählichen Untergang eines braven Patrioten, um den sich niemand bekümmert hat als der Feind des Vaterlandes. Zuletzt erscheint ein Graf Hugniatti und bringt ein Stückchen weißes Blech, etwas größer als ein Kopfstück, hängt es dem guten Hofer um den Hals und geht still wieder ab. Die Musik hat mich so in Bewegung gesetzt, daß ich die Nacht nicht* [habe] *schlafen können;* ...

3. *Il governatore Gessler e Guglielmo Tell*; italienische Fassung von Calliosto Bassi. – Premiere: Lucca, 17. September 1831.

4. *Karl Smily* [Karl der Kühne]; russische Fassung von Rafail Michailowitsch Sotow. – Premiere: St. Petersburg, 11. November 1836.

5. *Guglielmo Vallace.* – Premiere: Mailand, 26. Dezember 1836.

6. *Rodolfo di Sterlinga.* – Premiere: Rom, 30. Mai 1840.

7. *Carlo il Temerario.* – Premiere: St. Petersburg, Karneval 1847; jetzt auf Italienisch.

8. *Wilhelm Tell. Oper in vier Aufzügen (neun Bildern)* [...]. Für die deutsche Opernbühne völlig neu bearbeitet von Julius Kapp. Musikalische Einrichtung von Robert Heger. – Wien: Universal Edition 1934. – Libretto (Verl.-Nr. *10608*). – Original (Slg. GG).

Deutsche Neubearbeitung, die allerdings nicht durch die Zensur erzwungen worden war, sondern mit der man der ideologischen Rolle des ›Wilhelm Tell‹ im »Dritten Reich« Rechnung trug. – Kapp erklärt in seinem Vorwort zur Libretto-Ausgabe (S. 5ff.), dass er eine Neubearbeitung des Textes schon einige Jahre zuvor geplant habe; die jetzt vorgelegte Konzeption sei aber durch die aktuellen Ereignisse in Deutschland maßgeblich beeinflusst worden: *Das Wiedererwachen unseres Volkes gibt ihr nun erhöhte Resonanz. Ich habe absichtlich das Schweizer Lokalkolorit auf das Mindestmaß beschränkt und den Freiheitskampf eines Volkes und das Schicksal seines Führers allgemein menschlich zu gestalten versucht.* Besonders in Zusammenhang mit der »Rütliszene« (2. Akt, 3. Bild), die *im wesentlichen unverändert* geblieben sei, habe er *die Gestalt Tells, als Führer seines Volkes,* [...] *stärker herausgearbeitet*; hier eingestreute Ausrufe, wie *»Tell, führe uns* [...] *Du, Tell, du sollst unser Führer sein* [...] *Heil Tell! Heil unserm Führer!«* (in der letzten Szene: *»Heil unserm Führer, unserm Befreier«*), die im 19. Jahrhundert keineswegs ungebräuchlich waren, erhielten so eine neue Qualität und spielten also direkt auf Adolf Hitler an.

J. Kapp betrachtete die *sehr einschneidende* Neufassung als zeitbedingte Notwendigkeit: *Erstens ist die Übersetzung geradezu jammervoll und stellt in ihrer Verballhornung Schillers an deutsche Hörer unmögliche Forderungen. Dann hat die Oper keinen Schluß. Alles was im Original nach der Apfelschußszene kommt, ist unmöglich und auch musikalisch ganz schwach.* Erforderlich seien aber nicht nur die üblichen Kürzungen und Retuschen am Text, sondern auch *einschneidende musikalische Eingriffe.* Kapp verweist in diesem Zusammenhang auf Rossinis eigener Arbeitsweise, bei der er ohne weiteres Musik aus früheren Werken wieder verwendete (so habe dieser schon bei der Komposition von ›Guillaume Tell‹ Anleihen aus der ›*Diebischen Elster‹, ›Semiramis‹* und ›*Zelmira‹* gemacht). Für die vorgelegte Neufassung habe man die *erforderlichen neuen Musikstücke aus Rossinis ›Moses‹ übernommen,* und zwar das dortige erste Vorspiel (jetzt: Orchesterzwischenspiel als Überleitung vom 3. zum 4. Bild des 2. Aktes), die ›*Preghiera‹* (»*Dal tuo stellato soglio«*) – jetzt (4. Akt, 7. Bild) als Dankgebet Tells nach seiner geglückten Flucht vom Boot (»*Du Gott in Himmelshöhen«*) – und *ein Marsch aus ›Moses‹* als Überleitung zum 8. Bild (die hohle Gasse bei Küssnacht); die Musik für den großen, abschließenden *Freiheitsjubelhymnus* (»*Besiegt ist uns'rer Feinde Schar«*) sei dann *dem Allegro vivace der Ouvertüre entnommen, das in der ganzen Oper sonst nicht verwendet ist.*

Die unübersehbare Anzahl der Gesamt- und Einzelausgaben, die seit 1829 erschienen sind (außerdem eine Unmenge von Bearbeitungen – meistens einzelner Nummern – für alle denkbaren Besetzungen), können in diesem Rahmen auch nicht einmal annäherungsweise dokumentiert werden. Für die Zeit bis um 1910 bietet Pazdírek einen eindrucksvollen Überblick, der aber keinerlei Anspruch auf Vollständigkeit erheben kann (Bd. 10, S. 125ff.). Im folgenden werden deshalb nur wenige wichtige Veröffentlichungen berücksichtigt, darunter die im Uraufführungsjahr erschienene Erstausgabe der Partitur bzw. des Klavierauszugs.

Partitur (vollständig)

· Paris: Troupenas, o. A. – Verl.-Nr. *347.* – Antiquariat Schneider Kat. 222, Nr. 143 (demnach *1829* erschienen).

Erstausgabe. – *Dédié au Roi* [Karl X.]. – Nach 1849 erschien die Partitur bei Brandus in Paris (vgl. Antiquariat Schneider Kat. 252, Nr. 252: ... *von den Platten der Originalausgabe gedruckt*).

Klavierauszug (vollständig)

· Bearbeitung von Louis Niedermeyer. – Paris: Troupenas, o. A. – Verl.-Nr. *329.* – Original (Antiquariat Drüner).

Erstausgabe. – 1849 ist hier eine Neuauflage erschienen (Verl.-Nr. *2323*), die im folgenden Jahr von Brandus & Dufour (Paris) übernommen wurde.

· *Mit freier teutscher Bearbeitung* von Theodor Haupt, unterlegt von Josef Panny. – Mainz: Schott 1829. – Verl.-Nr. *3173* (mit französischem und deutschem Text). – Original (Antiquariat Drüner).

Es handelt sich um die deutsche Erstausgabe.

· Paris: Tallandier (*Publié avec l'autorisation de L.*[éon] *Grus, Éditeur*), o. A. (in der ungezählten Verlagsreihe ›*Éditions musicales économiques‹* erschienen). – Original (Slg. GG).

Titelauflage der zuvor bei Grus (Paris) veröffentlichten Ausgabe, die mit ganzseitigen Holzschnitten von Charles Cléricey illustriert worden ist. Sie dokumentieren eindrücklich den Inszenierungsstil der Zeit.

Außerdem

· Texteinrichtung von Schillers Schauspiel als Monodram (Deklamation mit Orchesterbegleitung) von Rudolf Bunge; musikalisch nach Rossinis Oper bearb. von Friedrich Riede; s. Brandstaeter, S. 38 (mit *1862* datiert).

ROTH, Johannes (1852–1926)

Wilhelm Tell. Schauspiel

2124   – V. 2833ff. (Barmherzige Brüder: »Rasch tritt der Tod den Menschen an«)
Männerchor a cappella
Nr. 16 in: *Sammlung von Volksgesängen*, Bd. 3, hg. von Ignaz Heim; Redaktion: Friedrich Hegar. – Zürich: Selbstverlag der Liederbuchanstalt, o. A. – Partitur. – Hofmeister (1898–1903), S. 342.

ROTH, Louis (1843–1929)

Wallenstein. Ein dramatisches Gedicht

2125   *Thecla. Valse de Salon* für Klavier zu zwei Händen, op. 23
Hamburg: Cranz, o. A. – Verl.-Nr. *24845*. – BSB-Musik Bd. 13, S. 5475.

Roth komponierte mehrere Stücke, deren Titel auf klassische Literatur anspielen – z. B. die Klavierstücke ›Wahrheit und Dichtung‹ [!], op. 21, oder ›Freudvoll und leidvoll‹, op. 25; vgl. *Dt. Musiker-Lex.* 1929, Sp. 1183. Der Bezug zu Schillers Dramenfigur ist also sehr wahrscheinlich.

ROTHER, Michael (geb. 1950)

Die Räuber. Ein Schauspiel

2125+1   *Les brigands*; deutscher Verleihtitel: *Die Räuber* [auch: *Die Räuber – sehr frei nach Schiller*]. Spielfilm. Drehbuch: Érick Malabry und Frank Hoffmann frei adaptiert nach dem Drama von Friedrich Schiller; Regie: Frank Hoffmann und Pol Cruchten
Filmmusik
Luxemburg, Deutschland, Belgien: Red Lion Productions Sàrl 2014. – In Farbe; 80 Min. – Mit Eric Caravaca (Karl Escher), Robinson Stevenin (Franz Escher), Maximilian Schell (Mr. Escher, Vater von Karl und Franz), Isild Le Besco (Amalia), Tchéky Karvo (Alter Mann), Wolfram Koch (Henry), Serge Wolf (Serge) u. a.

Uraufführung (Eröffnungsfilm beim 36. Film Festival Max Ophüls Preis): Saarbrücken, 19. Januar 2015 (nicht ausgezeichnet). – Kinostart: 19. März 2015. – Bearbeitung als moderner Thriller mit Anklängen an den Film noir und Verlegung der Handlung ins 21. Jahrhundert. – Letzte Filmrolle von M. Schell.

QUELLEN: DVD. Zeitgenössische Presseberichte.

ROTT, Hans (1858–1884)

Das Lied von der Glocke (»Fest gemauert in der Erden«)

2126   – V. 9ff. (»Zum Werke, das wir ernst bereiten«); hier unter dem Titel: *Eine Szene aus Schillers ›Glocke‹*
Besetzung unklar

Es handelt sich um eine undatierte Skizze von 39 Takten ohne Text, deren geplante Erscheinungsform (wohl als Lied) und textliche Zuordnung sich nur vermuten lassen. – Uraufführung: Florenz, 15. September 2004 (Santo Stefano al Ponte), Gregorio Nardi (Klavier).

QUELLEN: Leopold Nowak, *Die Kompositionen und Skizzen von Hans Rott in der Musiksammlung der Österreichischen Nationalbibliothek* in: *Beiträge zur Musikdokumentation. Franz Grasberger zum 60. Geburtstag*, hg. von Günter Brosche. Tutzing: Schneider 1975, S. 273ff. (hier: Nr. 66). Homepage der Internationalen Hans Rott-Gesellschaft.

Verzeichnis der musikalischen Werke

ROTTMANNER, Eduard (1809–1843)

2127 Der Jüngling am Bache (»An der Quelle saß der Knabe«)
Männerquartett (TTBB) a cappella
Nr. 1 in: [14 Chorstücke mit oder ohne Begleitung]. – Autographe Partitur. –
RISM-OPAC.

Die gesamte Niederschrift der Sammlung erstreckte sich über einen längeren Zeitraum; die
Schiller-Vertonung datiert von 1829.

ROZE, Raymond (1875–1920)

Die Jungfrau von Orleans. Eine romantische Tragödie

2128 *Joan of Arc, the Merry Maid of Orléans.* Oper in drei Akten; Text vom Komponisten

Es handelt sich vermutlich um eine Parodie. – Uraufführung (Internetrecherchen): London,
1. November 1913 (Covent Garden); Reischert gibt hingegen London, Mai 1911 (Queen's
Hall), an (S. 511).

RUBENSOHN, Goldine (?–?) und Frida (?–?)

Turandot, Prinzessin von China. Ein tragikomisches Märchen nach Carlo Gozzi
von Friedrich Schiller

2129 *Turandot. Prinzessin von China.* Oper
Hamburg: Benjamin, o. A. – Klavierauszug. – HMB 1896/5, S. 227. Stieger deest.

Hofmeister (1892–1897) nennt Cranz in Hamburg als Verlag (S. 718).

Daraus

- *Kaisermarsch*, op. 16. – In Ausgaben für Infanteriemusik (Partitur) oder Klavier. – Hamburg: Benjamin, o. A. – HMB 1899/7, S. 294 u. 311.

RUCKGABER, Johann (1799–1876)

Die Jungfrau von Orleans. Eine romantische Tragödie

2130 *Einzugs-Marsch zur ›Jungfrau von Orleans‹* für Klavier, op. 25
Undatiertes Autograph. – RISM-OPAC.

Vielleicht handelt es sich um den »Krönungsmarsch«.

RUDEE, Gustav (?–?)

Die Jungfrau von Orleans. Eine romantische Tragödie

2131 Schauspielmusik

QUELLE: *Koblenzer Generalanzeiger* vom 10. April 1935 (Kritik zur Premiere im Stadttheater
Koblenz; mit Emilie Altvater in der Titelrolle); s. Zeitungsausschnitt (DLA).

RUDERSDORFF, Josef (1799–1866)

2132 An Emma (»Weit in nebelgrauer Ferne«); hier unter dem Titel: *Das Vergangene*
Für eine Singstimme zur Gitarre
Mainz: Schott, o. A. – Verl.-Nr. *1692.* – Original (DLA).

Aufgrund der Verl.-Nr. dürfte die Ausgabe um 1822 erschienen sein.

474

Die Komponisten und ihre Werke

- _Für 3 Singstimmen eingerichtet von Emilie Zumsteeg mit Gitarre Beglei-_
  tung ad libitum; hier unter dem Titel: _Schillers Lied an Emma._ – Mainz:
  Schott, o. A. – Verl.-Nr. _1705._ – Whistling 1828, S. 1030.

  Aufgrund der Verl.-Nr. dürfte die Ausgabe um 1823 erschienen sein. Sie enthält
  keinerlei Angaben zum Vornamen, weshalb die Vertonung auch der Tochter des
  Komponisten, der Sängerin Hermine Rudersdorff (später: Küchenmeister-Ruders-
  dorff), zugeschrieben worden ist (vgl. Martina Rebmann: _»Wie Deine Kunst, so edel_
  war Dein Leben«. Ein Werkverzeichnis der Stuttgarter Komponistin Emilie Zumsteeg,
  in: _Musik in Baden-Württemberg – Jahrbuch 1995._ Stuttgart: Metzler 1995, S. 63;
  aus dieser Quelle stammt die Verl.-Nr.). Auf der Titelseite der zuerst nachgewiesenen Veröffentlichung ist der abgekürzte Vorname aber mit _J._ angegeben.

- Für vier gemischte Stimmen (SSTB) a cappella bearb. von Conrad Ko-
  cher. – Nr. 2 in: Conrad Kocher, _Bardenhain_ → 1224
- Für eine Singstimme mit Klavierbegleitung oder zur Gitarre. – Nr. 4
  des 7. Heftes in: _Lieder Kranz_ → 979
- Für eine Singstimme mit Klavierbegleitung. – Nr. 4 des 43. Heftes in:
  Flora. Liebliche Spende für Freunde und Freundinnen des Piano-Forte,
  hg. _von einem Vereine rheinländischer Tonkünstler,_ 1. Jg.; redigiert von
  Friedrich Wilhelm Arnold. – Köln: Gaul & Tonger, o. A. – Original
  (Beethoven-Haus, Bonn).

  Begleitung im Klaviersatz, vor der Akkolade jedoch mit dem eindeutigen Beset-
  zungshinweis _Guitarre._

Wilhelm Tell. Schauspiel

2133 – V. 25ff. (Alpenjäger »Es donnern die Höhen«); hier unter dem Titel: _Der Al-_
penjäger
Vokalterzett für hohe Stimmen (SSA) a cappella
Nr. 117 in: _Lieder für Jung und Alt,_ hg. von Johann Jakob Schäublin. – Basel:
Bahnmaier 1863. – 4., vermehrte Aufl. – Partitur. – RISM-CH (Database).

Das Liederbuch ist erstmals 1855 erschienen (Basel: Detloff) und _zunächst für mittlere_
und obere Schulen bestimmt (Vorwort zur 1. Aufl.). Es soll aber auch nach der Schule weiter benützt werden und dann der Pflege des _edlen Volksgesanges_ dienen (dem Vorwort
zur 91. Aufl. entnommen; s. anschließende Titelaufnahme).

- Idem; Nr. 226 in: [242] _Lieder für Jung und Alt._ – Basel: Reich 1900. –
  91. Aufl. – Original (Slg. GG).

  Hier ist noch das Vorwort zur 80. Auflage enthalten (1895), in dem auf den erweiterten Inhalt der Neuausgabe hingewiesen wird (zuletzt _60 neue Lieder_): _Deshalb_
  mußte die bisherige Reihenfolge der Lieder verändert werden (so habe sich die hier
  nachgewiesene Schiller-Vertonung früher unter Nr. 192 befunden).

- Idem; bearb. für zweistimmigen Chor (hohe Stimmen) oder vierstimmigen gemischten Chor a cappella von Ferdinand Tritremmel. – Nr. 31
  in: _Vierzig Schiller-Lieder_ → 2685

RUDHARD, C. F. A. (?–?)

Die Jungfrau von Orleans. Eine romantische Tragödie

2134 Schauspielouvertüre für Klavier zu vier Händen, op. 34
Koblenz: Falckenberg, o. A. – HMB 1874/11, S. 233.

Vermutlich ursprünglich für Orchester komponiert, aber nur in dieser Fassung veröffentlicht.

475

Verzeichnis der musikalischen Werke

RUDOLPH, Oscar (1856–1913)

Wilhelm Tell. Schauspiel

2135 – V. 921ff. (Attinghausen: »An's Vaterland, an's teure, schließ' dich an«)
Vierstimmiger Männerchor (TTBB) a cappella, op. 49
Leipzig: Hug, o. A. – Partitur, Stimmen. – Hofmeister (1904–1908), S. 655.
Pazdírek Bd. 10, S. 228.

RÜBBEN, Hermannjosef (geb. 1928)

2136 Punschlied (»Vier Elemente, innig gesellt«)
Männerchor a cappella
Wiesbaden: Breitkopf & Härtel, o. A. (= *Chorbibliothek,* Nr. *3650*). – Verlagska-
talog ›*Chormusik*‹ 1991/92, S. 49.

2137 *Schillers* ›*Lob der Frauen*‹ *(»Ehret die Frauen! Sie stricken die Strümpfe«);* Text
von August Wilhelm von Schlegel
Dreistimmiger Frauenchor (SSA) mit Klavierbegleitung oder zur Harfe
Nr. 3 in: ders., *An die Männer. Liedertrio für Frauenchor mit Klavier oder Harfe.*
– Rodenkirchen: Engels 1983. – Partitur (Verl.-Nr. *7752*). – Original (Slg. GG).

Beim Text handelt es sich um eine der frühesten Parodien des nachmals häufig angegriffe-
nen Gedichts. – Dem 1. Satz liegt das Gedicht ›*Kleiner Rat. An seine Schwester Nannerl*‹ *(»Du
wirst im Eh'stand viel erfahren«)* von Wolfgang Amadeus Mozart zugrunde.

RUHBERG, F. A. von (?–?)

2138 Die Teilung der Erde (»Nehmt hin die Welt«)
Für eine Singstimme mit Klavierbegleitung
Meissen: Gödsche, o. A. – Whistling 1828, S. 1092.

Ein zeitgenössischer Rezensent äußerte sich über mehrere Lieder Ruhbergs sehr kritisch
und meinte außerdem: ... *die Theilung der Erde ist kein musikalisch gutes Gedicht* (AMZ/1
vom 18. Juni 1828, Sp. 416).

2139 Sehnsucht (»Ach, aus dieses Tales Gründen«)
Für eine Singstimme mit Klavierbegleitung
QUELLE: Blaschke, S. 399.

RUIZ, Gustave-Raphael (1840–?)

Wallenstein. Ein dramatisches Gedicht

2140 *Wallenstein.* Opera seria in vier Akten; Libretto von Enrico Panzacchi und Achille de Lauzières

Uraufführung: Bologna, 4. Dezember 1877 (Teatro Communale). – *Das Hauptgewicht der
Handlung ist in die Liebesepisode gelegt, und diese nach Herzenslust ausgebeutet, bez. für die
Oper zurechtgestutzt, ohne die geringsten Gewissensskrupel um das klassische Werk des gro-
ßen deutschen Dichters* [...] *Das Werk erzielte einen Achtungserfolg* (Schaefer, S. 37).

RUMOHR, W. (?–?)

An die Freude (»Freude, schöner Götterfunken«)

2141 *Götterfunken.* Marsch für Harmoniemusik
Berlin: Parrhysius, o. A. – Hofmeister (1909–1913), S. 671. Pazdírek Bd. 10,
S. 251.

· Berlin: Birnbach, o. A. – Hofmeister (1929–1933), S. 563.

RUNGENHAGEN, Carl Friedrich (1778–1851)

2142 An den Frühling (»Willkommen, schöner Jüngling«)
Für ein oder zwei Singstimmen mit Klavierbegleitung
Nr. 20 des 3. Heftes in: ders., *Lieder im Volkston für Jung und Alt* (in 6 Heften).
– Berlin: Lehranstalt der chemischen Schreib- und Druckkunst, o. A. – Ledebur, S. 486.

Die Sammlung besteht aus sechs Heften, die 1822/1823 erschienen sind, von denen Ledebur aber nur den Inhalt der ersten fünf mit insgesamt 42 Nrn. nachweisen konnte (davon einige auch für 2, eine für 3 Singstimmen); er zeigt aber noch das 1823 veröffentlichte 6. Heft an.

Die Räuber. Ein Schauspiel

2143 – 3. Akt, 1. Szene (Amalia: »Schön wie Engel, voll Walhallas Wonne«)
Arie [vermutlich für eine Singstimme mit Klavierbegleitung]
QUELLE: Singakademie-Katalog, S. 665 (demnach unveröffentlicht).

2144 Elysium. Eine Kantate (»Vorüber die stöhnende Klage«)
Duett [vermutlich mit Klavierbegleitung]
QUELLE: Singakademie-Katalog, S. 665 (demnach unveröffentlicht).

2145 Tonkunst (»Leben atme die bildende Kunst«)
Für eine Singstimme mit Klavierbegleitung
Nr. 1 in: ders., *Sechs Lieder*, op. 7. – Berlin: Schlesinger, o. A. – Whistling 1828,
S. 1092. Ledebur, S. 485.

Dem Fräulein Henriette von Schukmann gehorsamst gewidmet.

· Idem. – Fol. 45 des 1. Bandes in: *Schiller-Album* → 364

Datiertes Autograph: ... *im Februar 1848.*

RUPP, Heinrich (gest. 1917)

2146 Das Mädchen aus der Fremde (»In einem Tal bei armen Hirten«)
Für eine hohe bzw. tiefe Singstimme mit Klavierbegleitung
Mainz: Schott, o. A. – Hofmeister (1904–1908), S. 657.

RUST, Friedrich Wilhelm (1739–1796)

An die Freude (»Freude, schöner Götterfunken«)
Rundgesang für Einzelstimme und bis zu vierstimmigen Chor mit Klavierbegleitung

2147 1. Komposition
S. 45 in: ders., *Oden und Lieder aus den besten Dichtern.* – Leipzig: Grieshammer 1796. – RISM A I: R 3240. Original (DLA).

Verzeichnis der musikalischen Werke

Das Heft ist der *Erbprinzessin Christiana Amalia von Anhalt-Dessau, geborne Prinzessin von Hessen-Homburg* gewidmet. – Dass zwei verschiedene Vertonungen von ›An die Freude‹ in einem Sammelwerk parallel vorgelegt worden sind, belegt zum einen die geradezu magische Anziehungskraft, die das Gedicht damals offenbar auf Komponisten ausgeübt hat; zum anderen kann man dies aber ebenso als Eingeständnis verstehen, eine wirklich »gültige« Melodie immer noch nicht finden zu können.

2148   2. Komposition
S. 46 in: ders., *Oden und Lieder aus den besten Dichtern* → 2147

RUST, Wilhelm (1822–1892)

2149   Punschlied (»Vier Elemente, innig gesellt«)
Gemischtes Vokalquartett (SATB) a cappella
Nr. 5 in: ders., *Sechs Gesänge*, op. 6 (in 2 Heften). – Leipzig: Leuckart, o. A. – Partitur, Stimmen. – HMB 1860/6, S. 110. Mendel Bd. 8, S. 494 (datiert auf *1860*).

1. Heft: Nrr. 1–3; 2. Heft: Nrr. 4–6. – Über zwanzig Jahre später erschienen die Vertonungen als Einzelausgaben im gleichen Verlag (vgl. HMB 1883/6, S. 139).

Wilhelm Tell. Schauspiel

2150   – V. 23ff. (Hirte: »Es donnern die Höhen«); hier unter dem Titel: *Auf der Alp*
Gemischtes Vokalquartett (SATB) a cappella
Nr. 2 in: ders., *Zwei vierstimmige Lieder für Sopran, Alt, Tenor und Bass, im Freien zu singen*, op. 30. – Berlin: Schlesinger, o. A. – Partitur, Stimmen. – HMB 1875/6, S. 130. Mendel Bd. 8, S. 495f.

— S —

SAALBACH, J. G. F. (?–?)

2151   Die vier Weltalter (»Wohl perlet im Glase der funkelnde Wein«)
Für eine Singstimme mit Klavierbegleitung
Nr. 1 in: ders., [7] *Gesänge mit Begleitung des Pianoforte*, Nr. 7. – Leipzig: *Auf Kosten des Verfassers* (*gedruckt bei Breitkopf & Härtel*), o. A. – Verl.-Nr. *1802* (um 1813 erschienen). – Original (Slg. GG). RISM A I: SS 1 II,3.

SACKUR, Carl (?–?)

Der Kampf mit dem Drachen (»Was rennt das Volk, was wälzt sich dort«)

2152   *Die Soldata kumma* (»*Was rennt das Volk*«); Textverfasser unbekannt
Marsch-Couplet für eine Singstimme mit Klavierbegleitung, op. 79
Breslau: Sackur, o. A. – HMB 1892/4, S. 169.

Ebd. auch in instrumentaler Fassung für Klavier erschienen (vgl. HMB 1892/4, S. 147).

SADLER, Helmut (geb. 1921)

2152+1 Tabulae votivae – Pflicht für jeden (»Immer strebe zum Ganzen«)
Für einstimmigen Männerchor, zwei Gitarren und zwei Klaviere
In: ders., *Kleine Kantate als Quodlibet für Frauen- und Männerchor, zwei Gitarren und zwei Klaviere* nach Texten von Martin Luther und Friedrich Schiller. –

Karlsruhe: Latzina 2010. – Partitur und Chorpartitur (Verl.-Nr. *131-10*). – Original (Slg. GG).

Vorbemerkung in der Notenausgabe: *Die Kantate wird dreimal gesungen und gespielt. Erstes Mal: Frauenchor* [mit Martin Luthers Text: *»Wer sich die Musik erkiest«*)] *und Instrumente. Zweites Mal: Männerchor* [mit Schillers Versen] *und Instrumente. Drittes Mal: Alle* [beide Texte simultan].

SÄMANN, Carl Heinrich (1790–1860)

2153 Der Jüngling am Bache (»An der Quelle saß der Knabe«)
Für eine Singstimme mit Klavierbegleitung
Nr. 1 in: ders., *Drei Lieder*, op. 5. – Leipzig: Breitkopf & Härtel, o. A. – HMB 1830/9+10, S. 79.

SÄNGER, Bertrand (?–?)

Kabale und Liebe. Ein bürgerliches Trauerspiel

2154 *O unglückseliges Flötenspiel* (*»Kabale und Liebe, wer hat's nicht geseh'n«*); Textverfasser unbekannt
Couplet für eine Singstimme mit Klavierbegleitung
Offenbach am Main: André, o. A. – HMB 1898/11, S. 577.
· Prag: Porges, o. A. – Hofmeister (1898–1903), S. 786.

SALBACH, Oscar (?–?)

2155 An den Frühling (»Willkommen, schöner Jüngling«)
Für eine Singstimme mit Klavierbegleitung, op. 1
Altona: Schreiner, o. A. – HMB 1873/4, S. 134.

Mit Übersetzungstitel ›A la primavera‹ nachgewiesen und also offenbar zugleich mit italienischem Text veröffentlicht.
· Altona: Hinz, o. A. – Pazdírek Bd. 10, S. 319.

SALIERI, Antonio (1750–1825)

2156 Die Malteser. Tragödie mit Chören

Schiller hat sich zwischen 1788 und 1804 immer wieder mit diesem Projekt beschäftigt und geplant, die Tragödie nach griechischem Vorbild mit Chören auszustatten. Körner empfahl ihm brieflich am 10. Juni 1797 zunächst J. Haydn für eine Vertonung (→ 899), ergänzte dann aber noch: *Freylich Salieri noch lieber, wenn er Deutsch versteht.* Dass es im übrigen bei Salieri diesbezüglich keine Sprachbarriere gab, zeigen seine zahlreichen Vertonungen deutscher Texte (darunter nicht zuletzt auch die beiden anschließend genannten Stücke).

2157 Sprüche des Konfuzius – Nr. 1 (»Dreifach ist der Schritt der Zeit«)
Gemischtes Vokalterzett (SSB) a cappella
Undatiert; unveröffentlicht (s. WV/Salieri, Nr. 373).

Wallenstein. Ein dramatisches Gedicht – Prolog

2158 – V. 138 (»Ernst ist das Leben«)
Kanon zu drei Stimmen
Am 17. August 1813 in Baden bei Wien komponiert; unveröffentlicht (s. WV/Salieri, Nr. 220).

Verzeichnis der musikalischen Werke

SALLENEUVE, Eduard (1800–1882)

Der Antritt des neuen Jahrhunderts (»Edler Freund! Wo öffnet sich dem Frieden«)

2159   – V. 25ff. (»Ach, umsonst auf allen Länderkarten«)
Für Sopran oder Tenor mit Klavierbegleitung
Nr. 2 in: ders., *Vier Lieder*, op. 11. – Berlin: Westphal, o. A. – HMB 1834/7+8, S. 65.

> • Berlin: Bote & Bock, o. A. – Pazdírek Bd. 10, S. 322 (Nr. 2 hier unter dem Titel: *Lied von Schiller*).

SALMHOFER, Franz (1900–1975)

Maria Stuart. Ein Trauerspiel

2160   Musik zur Verfilmung des Schauspiels nach einer Aufführung des Wiener Burgtheaters; Regie: Alfred Stöger
Österreich: Thalia 1959. – Schwarzweiß; 104 Min. – Mit Judith Holzmeister (Maria Stuart), Liselotte Schreiner, Albin Skoda, Vera Balser-Eberle, Fred Liewehr u. a.

Uraufführung: 11. September 1959; s. *Lex. d. Internat. Films*, S. 3705 (hier nur eine Rolle dokumentiert).

Wallenstein. Ein dramatisches Gedicht

2161   Schauspielmusik (für das Burgtheater neu eingerichtet)

Vermutlich handelt es sich (mindestens teilweise) um Arrangements bereits vorhandender Kompositionen, da nur von einer *musikalischen Einrichtung* die Rede ist. – Aufführungsnachweis: Wien, 6. November 1943 (Burgtheater); alle drei Teile sind entsprechend stark gekürzt an einem Abend gegeben worden (gesamte Aufführungsdauer knapp vier Stunden). – Zeitgemäß wurde auf dem Theaterzettel auf einen evtl. ausgelösten Fliegeralarm und die damit verbundenen Verhaltensmaßnahmen hingewiesen; außerdem enthält das Programm noch die Aufforderung: *Das Publikum wird gebeten, sich vor Beginn der Vorstellung beim Erscheinen unserer verwundeten Frontsoldaten in der Mittelloge von den Plätzen zu erheben.*

QUELLE: Theaterzettel (DLA).

SALMON, Eugène (?–?)

Das Lied von der Glocke (»Fest gemauert in der Erden«)

  – [Vorspruch] »Vivos voco, mortuos plango, fulgura frango«
2161+1   *La Cloche! J'appelle les vivants, j'enterre les morts. Souvenir de la Cloche de Schiller*; Text von H. Séré
Für eine Singstimme mit Klavierbegleitung
Paris: Magnier, o. A. – Bibliothèque Nationale, Paris (Online-Katalog; hier mit *1854* datiert).

SALOMAN, Siegfried (1816–1899)

Wallenstein. Ein dramatisches Gedicht – II. Die Piccolomini

2162   – V. 1757ff. (Thekla: »Der Eichwald brauset«); hier unter dem Titel: *Theklas Gesang aus Schillers ›Wallenstein‹*
Für eine Singstimme mit Klavierbegleitung

Nr. 2 in: ders., *Zwei Lieder*, op. 31. – Leipzig: E. Stoll, o. A. – HMB 1857/7, S. 109.

SALVINI, Joseph de (1740–1804)

Auch: *Salvini von Sonnenthal.*

2163 Die Worte des Glaubens (»Drei Worte nenn' ich euch, inhaltschwer«); hier unter dem Titel: *Die drei Worte des Glaubens*
Für eine Singstimme mit Klavierbegleitung
Bonn: Simrock, o. A. – Verl.-Nr. *719*. – RISM A I: SS 657 I, 7.

Weitere Ausgabe ohne bibliographische Angaben unter dem Titel ›*Schillers drey Worte des Glaubens*‹ s. RISM A I: SS 657 I, 8.
· Hamburg: Cranz, o. A. – Whistling 1828, S. 1093.

SAMSON, Ludwig (?–?)

Vorname gelegentlich auch *Louis.*

2164 Der Abend. Nach einem Gemälde (»Senke, strahlender Gott«)
Duett (ST) mit Klavierbegleitung
Nr. 5 (einzeln) in: ders., *Fünf Duette*, op. 46. – Zittau: Loebel, o. A. – HMB 1893/10, S. 419.

In Hofmeister (1892–1897) wird als Verlagssitz *Leipzig* angegeben (S. 731).
· Leipzig: Reinecke, o. A. – Pazdírek Bd. 10, S. 348.

SANTNER, Carl (1819–1885)

2165 Die Macht des Gesanges (»Ein Regenstrom aus Felsenrissen«)
Für Männerchor a cappella
Nr. 41 in: *Neue Regensburger Sängerhalle. Original-Kompositionen für vier- und mehrstimmigen Männer- und gemischten Chor. Gesammelt und hg. von Joseph Renner. Ausgabe A (für Männerchor), 4. Heft.* – Regensburg: Coppenrath, o. A. – Partitur. – HMB 1882/4, S. 120.

Bei Brandstaeter auf *1861* datiert (S. 33).

ŠAPORIN, Jurij Aleksandrovič (1887–1966)

Auch: *Schaporin.*

Die Räuber. Ein Schauspiel

2166 Schauspielmusik
Uraufführung: Vermutlich Moskau, 1919 (Bolschoi-Theater); s. Gatti Bd. 2, S. 968.

SARTORIUS FREIHERR VON WALTERSHAUSEN, Hermann Wolfgang (1882–1954)

Die alphabetische Einordnung und Namensform des Komponisten orientiert sich am Eintrag im ›*Dt. Musiker-Lex.*‹, welcher mit dessen Kenntnis erfolgt ist (sonst häufig unter: *Waltershausen, Hermann Wolfgang Freiherr von*).

Hero und Leander (»Seht ihr dort die altergrauen Schlösser«)

2167 *Hero und Leander.* Sinfonische Dichtung für Orchester
Köln: Tischer & Jagenberg, o. A. – *Dt. Musiker-Lex.* 1929, Sp. 1207.
Uraufführung: Hamburg, 1925.

SATTER, Gustave (1832– ca. 1879)

An die Freude (»Freude, schöner Götterfunken«)

2168 *An die Freude.* Ouvertüre [wohl für Orchester]
QUELLE: Gatti Bd. 2, S. 975 (ohne weitere Angaben).

SATTLER, Heinrich (1811–1891)

2169 Der Taucher (»Wer wagt es, Rittersmann oder Knapp'«)
Kantate für Soli, Chor und Orchester

Uraufführung: Blankenburg am Harz, wohl 9. oder 10. November 1859 (*Schillerfeier*); von Sattler ging noch eine nicht näher benannte *Festouvertüre* voraus (s. NZfM vom 25. November 1859, S. 191; der genaue Konzerttermin wird nicht genannt): s. auch Brandstaeter, S. 35 (hier mit *1859* datiert).

SATZENHOVEN, Friedrich (1772– nach 1825)

2170 An die Freude (»Freude, schöner Götterfunken«); hier unter dem Titel: *Schiller's Lied an die Freude*
Für's große Orchester so wie für's Forte-Piano [vermutlich mit Chor]
St. Petersburg: *Verfasser*/Pätz 1816. – Partitur und Klavierausgabe (Verl.-Nr. *115*). – RISM A I: SS 1088f.

> • Klavierausgabe unter dem Titel: *Pesn' radosti* [Lied an die Freude]. *Sočinei Šillera pereložena na noty dlja fortepian.* – St. Petersburg: *Verfasser*, o. A. – RISM A I: SS 1088g.

SAUGUET, Henri (1901–1989)

2171 Amalia (»Schön wie Engel, voll Walhallas Wonne«); hier in französischer Übersetzung: *Le Souvenir (»Il éclipsait tous les jeunes gens«)*
Für eine Singstimme mit Klavierbegleitung

In der sehr freien Übersetzung ist vom Wortlaut des originalen Gedichts fast nichts mehr wiederzuerkennen.

Nr. 1 in: ders., *Quatre mélodies sur des poèmes de Schiller.* – Paris: Rouart & Lerolle 1929. – Verl.-Nrr. *11709–11712*. – WV/Sauguet-1, Nr. 60. WV/Sauguet-2, S. 52.

Der kleine Zyklus ist 1928/29 entstanden (Übersetzer nicht genannt). – *À la chère mémoire de mon Ami Christian Hardouin.* – Uraufführung: Paris, 8. März 1929 (Salle Erard), mit Jane Bathori (Sopran) und Henri Sauguet (Klavier).

> • Unveränderter Nachdruck der Erstausgabe. – Paris: Salabert 1990. – Verl.-Nr. *0551*. – Original (Slg. GG).

2172 Das Mädchen aus der Fremde (»In einem Tal bei armen Hirten«); hier in französischer Übersetzung: *La jeune étrangère*
Für eine Singstimme mit Klavierbegleitung

Die Komponisten und ihre Werke

Nr. 2 in: ders., _Trois Mélodies des poèmes de Schiller_

Die drei 1926 komponierten Schiller-Vertonungen gehören zu jenen Werken, die Sauguet zur Veröffentlichung nicht vorgesehen hatte. Deren französische Incipits sind nicht nachgewiesen.

QUELLEN: WV/Sauguet-1, W229. WV/Sauguet-2, S. 104.

2173 Der Alpenjäger (»Willst du nicht das Lämmlein hüten«); hier in französischer Übersetzung: _Le chasseur des Alpes_
Für eine Singstimme mit Klavierbegleitung
Nr. 3 in: ders., _Trois Mélodies des poèmes de Schiller_ → 2172

2174 Der Jüngling am Bache (»An der Quelle saß der Knabe«); hier in französischer Übersetzung: _Le jeune homme sur les bords du ruisseau_
Für eine Singstimme mit Klavierbegleitung
Nr. 1 in: ders., _Trois Mélodies des poèmes de Schiller_ → 2172

2175 Der Pilgrim (»Noch in meines Lebens Lenze«); hier in französischer Übersetzung: _Le Pèlerin (»J'étais encore au printemps de ma vie«)_
Für eine Singstimme mit Klavierbegleitung
Nr. 2 in: ders., _Quatre mélodies sur des poèmes de Schiller_ → 2171

2176 Der Sämann (»Siehe, voll Hoffnung vertraust du der Erden den goldenen Samen«); hier in französischer Übersetzung: _Le laboureur_
Für eine Singstimme mit Klavierbegleitung

1923 entstanden; gehört zu jenen Kompositionen, die Sauguet zur Veröffentlichung nicht vogesehen hatte.

QUELLEN: WV/Sauguet-1, W277. WV/Sauguet-2, S. 103.

2177 Die Führer des Lebens (»Zweierlei Genien sind's, die dich durch's Leben führen«); hier in französischer Übersetzung: _Les guides de la vie (»Il est deux génies qui te guident«)_
Für eine Singstimme mit Klavierbegleitung
Nr. 4 in: ders., _Quatre mélodies sur des poèmes de Schiller_ → 2171

2178 Thekla. Eine Geisterstimme (»Wo ich sei, und wo mich hingewendet«); hier in französischer Übersetzung: _L'Apparition (»Lorsque mon ombre fugitive voltige autour de toi«)_
Für eine Singstimme mit Klavierbegleitung
Nr. 3 in: ders., _Quatre mélodies sur des poèmes de Schiller_ → 2171

SCHAAB, Robert (1817–1887)

Das Lied von der Glocke (»Fest gemauert in der Erden«)
– V. 74 (»O! Zarte Sehnsucht, süßes Hoffen«)

2179 _Zarte Sehnsucht, süßes Hoffen. Tonstück_ für Klavier, op. 94
Leipzig: E. Stoll, o. A. – HMB 1871/9, S. 191.

SCHAEFER, Albert (?–?)

Maria Stuart. Ein Trauerspiel

2180 Vorspiel zum fünften Akt für Orchester (o. op.)
Hannover: Oertel 1886. – Partitur, Stimmen. – Schaefer, S. 41.

483

Verzeichnis der musikalischen Werke

Im April 1884 in Zürich komponiert: *Das Stück bezieht sich mit seiner Trauermusik [...] direkt auf den Beginn des fünften Aktes des Trauerspiels. Die Melodie in den Violinen [...] bezeichnet die Klage der unglücklichen Königin; der Schluß charakterisiert in einfachen, religiösen Harmonien die fromme Ergebung in das Schicksal, die ruhige Fassung, mit der Maria Stuart ihrem Tode entgegengeht.* – Uraufführung: Maloja, 20. Oktober 1884 (Kurkonzert).

SCHÄFFER, August (1814–1879)

Maria Stuart. Ein Trauerspiel

2180+1 Ouvertüre für Orchester

Autographe, undatierte Partitur, Stimmen und zwei Bearbeitungen für Klavier bekannt (Pelker, S. 668f.).

Turandot, Prinzessin von China. Ein tragikomisches Märchen nach Carlo Gozzi von Friedrich Schiller

2180+2 Ouvertüre für Orchester

Unveröffentlicht; autographe, undatierte Partitur, Stimmen und Bearbeitung für Klavier bekannt. – Uraufführung: Berlin, erste Januarwoche 1855 (›Réunion musicale‹ in Sommers Salon); s. Pelker, S. 667f.

SCHÄFFER, Heinrich (1808–1874)

Das Lied von der Glocke (»Fest gemauert in der Erden«)

2181 – V. 322ff. (»Holder Friede, süße Eintracht«)
Vierstimmiger Männerchor a cappella
Nr. 62 in: *Germania. Billige Volks-Ausgabe älterer und neuerer Lieder für vierstimmigen Männerchor*, hg. von Carl Gramm, 26. Lieferung. – Hamburg: Thiemer, o. A. – Partitur. – HMB 1889/11, S. 494.

Diese Lieferung enthält drei Chorsätze (Nrn. 62–64).

SCHÄFFER, Julius (1823–1902)

2182 Die Worte des Glaubens (»Drei Worte nenn' ich euch, inhaltschwer«); hier unter dem Titel: *Die drei Worte des Glaubens*
Gemischtes Vokalterzett (SAB) mit Klavierbegleitung, op. 2
Berlin: Challier, o. A. – HMB 1841/11, S. 171.

SCHAFFRANKE, Franz (1905–1978)

2183 *Fünf Klavierlieder auf Worte von Schiller und Heinrich August Hofmann von Fallersleben*

Offenbar unveröffentlicht; s. *Lex. z. dt. Musikkultur* Bd. 1, Sp. 1186 (Inhalt nicht nachgewiesen).

SCHALLER, J. N. (?–?)

2184 Hoffnung (»Es reden und träumen die Menschen viel«)
Für eine Singstimme mit Klavierbegleitung
Nr. 1 in: ders., *Drei Lieder*, op. 1. – Hamburg: Jowien, o. A. – HMB 1852/1, S. 17.

Die Komponisten und ihre Werke

SCHEFBEK, Josef Rudolf (1876–?)

2185 Eine Leichenphantasie (»Mit erstorb'nem Scheinen«)
Vermutlich für eine Singstimme mit Klavierbegleitung, op. 5

Unveröffentlicht; s. _Dt. Musiker-Lex._ 1929, Sp. 1226 (Nachweis ohne Besetzungsangaben, doch handelt es sich bei Schefbeks Kompositionen meistens um Klavierlieder).

SCHEFER, Leopold (1784–1862)

2186 Nänie (»Auch das Schöne muss sterben!«)
Für gemischtes Vokalquartett (SATB) mit Klavierbegleitung oder _bei grosser Aufführung durch volle_[n] _Chor_ [SATB mit Soli], begleitet von 1 Flöte, 2 Oboen, 2 Fagotte und 3 Posaunen
Handschriftliche Klavierpartitur mit Instrumentalbezeichnung, o. A. – Original (GSA).

... der einzigen lebende Tochter des Dichters Emilie Freifrau von Gleichen fromm geweiht.

SCHEIBENHOFER, Hermann (1872–?)

Verwendete auch die Pseudonyme _Friedrich Frimmel, Fritz German_ und _Harry Waens._

Das Lied von der Glocke (»Fest gemauert in der Erden«)

– V. 79 (»Die schöne Zeit der jungen Liebe«)

2187 _Hänschen Rheinländer (»O schöne Zeit der ersten Liebe«)_; Textverfasser unbekannt
Für eine Singstimme mit Klavierbegleitung
Gesangsnummer aus: ders., _Ihr Cousin. Operette_ in einem Akt. Libretto von Otto Saldau. – Berlin: Apollo, o. A. – HMB 1900/6, S. 301. Stieger.

Uraufführung: Berlin, 12. April 1899 (Friedrich-Wilhelm-Stadttheater).

SCHENCK, Pëtr Petrovič (1870–1915)

Hero und Leander (»Seht ihr dort die altergrauen Schlösser«)

2188 _Ero e Leandro. Sinfonische Dichtung_ für Orchester, op. 38
QUELLE: Gatti Bd. 2, S. 968.

SCHIBLER, Armin (1920–1986)

Die Jungfrau von Orleans. Eine romantische Tragödie

2189 Schauspielmusik

1958 entstanden (s. Reischert, S. 512; Aufführungen nicht dokumentiert). – WV/Schibler deest.

Wilhelm Tell. Schauspiel

2190 – V. 1447ff. (Rösselmann: »Wir wollen sein ein einzig' Volk von Brüdern«); hier unter dem Titel: _Hymnus_
Für einstimmigen Männerchor mit Klavierbegleitung
Zürich: Eulenburg 1966. – Partitur (Verl.-Nr. _EE 6398_). – WV/Schibler, Nr. 57. Original (DLA).

1966, einer Anregung Hans Erismanns folgend, entstanden (außerdem existiert eine Version mit Bläserbegleitung). – Schibler erklärte dazu: _Ob es eine antiquierte oder zukunftsorien-_

485

Verzeichnis der musikalischen Werke

tierte Haltung sei, sich als Schweizer zur Schweiz zu bekennen, ist heute auch eine Frage der Generation, der man angehört. Aufgrund der ihm vom Staate gewährten Möglichkeiten (u. a. zum Studieren) habe er aber *Grund zur Dankbarkeit* gehabt. Vermutlich in Anspielung auf eine Zeit, in welcher der Patriotismus eher obsolet geworden ist, meint er dann: *Dieser »Hymnus« dürfte allerdings dem Normalempfinden so fern liegen, daß er kaum je eine Chance haben wird, praktisch gebraucht zu werden.* – Der Nachweis im Werkverzeichnis ist äußerst dürftig (Dichter und Wortlaut des vertonten Textes sind nicht angegeben).

SCHILLING, Gustav (1805–1880)

Über die ästhetische Erziehung des Menschen in einer Reihe von Briefen

2191 – Aus dem 9. Brief (»... gib der Welt, auf die du wirkst [...] Entwicklung bringen«)
Motto (S. II des 1. Bandes) zu: ders., *Encyclopädie der gesammten musikalischen Wissenschaften oder Universal-Lexicon der Tonkunst.* – Stuttgart: Köhler 1835. – Original (Slg. GG).

Das »Grundwerk« des Lexikons besteht aus sechs Bänden, von denen der letzte 1838 erschienen ist (Supplement: 1842). – Obwohl Schiller durch das Motto besonders hervorgehoben wird und Schilling in Zusammenhang mit dem Artikel »Kunst« (Bd. 4, S. 263) noch zwei Verse aus ›Die Künstler‹ zitiert (V. 32f.: »Dein Wissen teilest du mit vorgezog'nen Geistern, / Die Kunst, o Mensch, hast du allein«), enthält das Lexikon keinen Personenartikel über den Dichter.

SCHILLING, Otto-Erich (1910–1967)

2192 Bauernständchen (»Mensch! Ich bitte, guck heraus!«)
Vier- bis fünfstimmiger Männerchor mit Klavierbegleitung
Nr. 3 in: ders., *Drei Klassiker-Sprüche.* – München: Leuckart 1966. – Partitur, Stimmen. – Hofmeister (1966), S. 304.

SCHILLINGS, Max (1868–1933)

1912 in den persönlichen Adelsstand erhoben und seitdem Max *von* Schillings.

2193 Das eleusische Fest (»Windet zum Kranze die goldenen Ähren«)
Deklamation mit melodramatischer Orchesterbegleitung
Nr. 2 (einzeln) in: ders., *Kassandra. Das eleusische Fest,* op. 9. Zwei Melodramen mit Orchesterbegleitung. – Berlin: Bote & Bock, o. A. – Partitur, Orchesterstimmen. – Hofmeister (1904–1908), S. 683.

Ernst von Possart zugeeignet. – Ohne zusammenfassenden Titel in Einzelausgaben veröffentlicht.

　　　• Ausgabe mit Klavierbegleitung. – Berlin: Bote & Bock 1900. – Verl.-Nrr. *15051* u. *15052.* – HMB 1900/10, S. 558. Original (Antiquariat Voerster).

2194 Das Geheimnis (»Sie konnte mir kein Wörtchen sagen«)
Für mittlere Stimme mit Klavierbegleitung
Nr. 5 (auch einzeln) in: ders., *Fünf Lieder,* op. 13. – Berlin: Bote & Bock 1902. – Hofmeister (1898–1903), S. 805. BSB-Musik Bd. 14, S. 5680.

2195 Das Ideal und das Leben (»Ewigklar und spiegelrein«)
Auszüge

– V. 23ff.: »Frei von jeder Zeitgewalt«; hier mit englischer Übersetzung: *»From times finite power free«*

– V. 131ff.: »Tief erniedrigt zu des Feigen Knechte«; hier mit englischer Übersetzung: *»Sore degraded as the slave of the coward«*

In: ders., *Dem Verklärten. Eine hymnische Rhapsodie nach Worten von Friedrich Schiller*
Für Bariton, vierstimmigen gemischter Chor (SATB) und großes Orchester, op. 21
Leipzig: Forberg 1905. – Partitur (Verl.-Nr. *5871*), Chor- und Orchesterstimmen; Klavierauszug (Verl.-Nr. *5873*); Textheft. – Hofmeister (1904–1908), S. 683. Original (DLA).

Ludwig Thuille zugeeignet. – Schillers Textpassagen sind nicht getrennt vertont, sondern tauchen an verschiedenen Stellen auf, die hier aus Platzgründen nicht einzeln dokumentiert werden. – Der Klavierauszug enthält noch eine englische Textfassung mit dem Titel: *To the Deified. A hymn of praise* (Übersetzer nicht genannt). – *Die Musik* 1905 (*»Schiller-Heft«*), Anzeigenteil, S. I: *Unter der Presse.* [...] *Zur Aufführung bereits angenommen in: München (Schillerfeier), Karlsruhe (Hoftheater), Bonn (Gesellschaft für Literatur u. Kunst), Graz (Tonkünstlerfest).*

2196   Elysium. Eine Kantate (»Vorüber die stöhnende Klage«); hier mit englischer Übersetzung: *»Away all lamenting and moanting«*
In: ders., *Dem Verklärten* → 2195

Vertonung der ersten 15 Verse.

2197   Kassandra (»Freude war in Trojas Hallen«)
Deklamation mit melodramatischer Orchesterbegleitung
Nr. 1 (einzeln) in: ders., *Kassandra. Das Eleusische Fest*, op. 9 → 2193

SCHINAGL, Max (1868–1939)

2198   Die Schlacht (»Schwer und dumpfig, eine Wetterwolke«)
Männerchor mit Klavierbegleitung

Unveröffentlicht; s. *Dt. Musiker-Lex.* 1929, Sp. 1241.

SCHINDLER, Peter (geb. 1960)

2199   Der Handschuh (»Vor seinem Löwengarten, das Kampfspiel zu erwarten«)
Für Mezzosopran oder Bariton mit Klavierbegleitunng
Nr. 12 in: ders., *Rosenzeit. Ein Liederzyklus über die Liebe.* [30] *Chansons für eine Singstimme und Klavier.* – Stuttgart: Carus 2014. – Verl.-Nr. *5.304*. – Original (Slg. GG).

Der Titel des Zyklus' ist dem Gedicht ›Agnes‹ (*»Rosenzeit, wie schnell vorbei«*) von Eduard Mörike entlehnt, welcher mit 19 Vertonungen der am häufigsten vertretene Dichter des Sammelwerkes ist.

2200   Punschlied. Im Norden zu singen (»Auf der Berge freien Höhen«)
Vierstimmiger gemischter Chor (SATB) a cappella (mit Klavier bzw. Orchester ad lib.)
Nr. 5 in: ders., *Sonne, Mond und Sterne. Szenische Kantate* in zwei Akten nach Texten verschiedener Dichter für zwei Soli (S – *Frau*, Bar – *Mann*), vierstimmigen gemischten Chor (SATB), Orchester, Klavier, Bass und Schlagzeug. – Stuttgart: Carus 2012. – Partitur, Klavierauszug (Verl.-Nr. *10601*). – Original (Slg. GG).

Verzeichnis der musikalischen Werke _____

Auftragswerk der Hugo Wolf-Akademie nach Texten von 22 Autoren (aus dem Mittelalter bis nach 1900, darunter Oswald von Wolkenstein, Johann Wolfgang Goethe, Nikolaus Lenau, Friedrich Nietzsche und Paula Dehmel) sowie anonym überlieferter Lyrik aus der ›*Rastatter Liederhandschrift*‹ und ›*Des Knaben Wunderhorn*‹. Die insgesamt vierzig Musiknummern sind innerhalb der Akte unter acht Überschriften zusammengefasst, wie bspw. die Nrr. 1–7 als ›*Betrachtungen der Zeit, des Kreislaufs, des Todes, des Moments*‹. Zu den beiden Protagonisten erklärt Schindler im Vorwort: *Die männliche Figur übernimmt die Rolle des Mahners, des armen Schwartenhalses, des liebeskranken Mannes, des Verführers und des Enthusiasten. Die weibliche Figur schlüpft in die Rolle der widerspenstigen Braut, des Veilchens und der unglücklich Liebenden. [...] der Chor kommentiert das Geschehen.* – Das Stück kann konzertant oder szenisch aufgeführt werden. Während im Rahmen der Kantate nur die erste Strophe des ›*Punschliedes*‹ gesungen werden soll, ist bei einer Interpretation als einzelnes Chorstück der Text vollständig zu singen; alternativ kann die Vertonung auch mit einer Singstimme vorgetragen werden. – Vorauffführung einer unvollständigen kammermusikalischen Fassung: Stuttgart, 9. Mai 2009 (Liederhalle – Mozartsaal), mit dem Jungen Kammerchor Baden-Württemberg, Peter Schindler (Klavier) und Herbert Wachter (Schlagzeug) unter der Leitung von Jochen Woll. Auszugsweise Vorauffführung der Orchesterfassung: Karlsruhe, 11. Juni 2011 (Evangelische Stadtkirche, Innenhof), mit Sandra Hartmann (Sopran), Georg Gädker (Bariton), dem Coro Piccolo Karlsruhe und der Camerata 2000 unter der Leitung von Christian-Markus Reiser. Uraufführung des ganzen Werkes: Stuttgart, 20. Juli 2011 (Liederhalle – Beethovensaal); Interpreten wie 11. Juni 2011, jetzt aber unter der Leitung des Komponisten.

QUELLEN: Zeitgenössische Presseberichte. Informationen des Verlages.

SCHIRA, Francesco Vincenzo (1809–1883)

Die Braut von Messina oder: Die feindlichen Brüder. Ein Trauerspiel mit Chören

2201 *La sposa di Messina*. Ballett; Choreographie von Giovanni Galzerani
Uraufführung: Mailand, 14. Oktober 1826 (Teatro alla Scala); s. Stieger bzw. Reischert, S. 211.

SCHISKE, Karl (1916–1969)

2202 Unsterblichkeit (»Vor dem Tod erschrickst du«)
Vierstimmiger Männerchor a cappella
Nr. 14 in: ders., *Vom Tode*. Oratorium *nach Worten großer Dichter* für vier Soli (SATB), vierstimmigen gemischten Chor (SATB), großes Orchester und Orgel, op. 25. – Wien: Universal Edition 1948. – Partitur (Verl.-Nr. *11875*), Chorpartitur (Verl.-Nr. *11976*), Stimmen (Verl.-Nr. *11876*); Klavierauszug (*eingerichtet von Steffi und Karl Schiske*; Verl.-Nr. *11873*). – Original (Slg. GG). Karlheinz Roschitz: *Karl Schiske. Eine Studie* (= *Österreichische Komponisten des XX. Jahrhunderts*, Bd. 16). Wien: Lafite 1970, S. 19ff. *Österreichs Neue Musik nach 1945: Karl Schiske* (= *Wiener Veröffentlichungen zur Musikgeschichte*, Bd. 7); hg. von Markus Grassl, Reinhard Kapp und Eike Rathgeber. Wien: Böhlau 2008, S. 255ff., 481f., 539f., 567 u. 574.

Dem Andenken meines geliebten Bruders Hubert (bei Riga am 24. September 1944 gefallen). – 1946 nach Vorarbeiten (1938, 1941 und 1945) in Groß Sölk (Obersteiermark) komponiert und am 4. November d. J. beendet. Vertont wurden noch Texte von Joseph von Joseph von Eichendorff, Johann Wolfgang Goethe, Friedrich Hölderlin, Friedrich Gottlieb Klopstock, Detlev von Liliencron, Conrad Ferdinand Meyer, Eduard Mörike, Rainer Maria Rilke, Ina Seidel, Thomas a Kempis und Joseph Weinheber. – Das Oratorium besteht aus sechs Abschnitten mit insgesamt 24 Musiknummern: 1. *Prolog* (Nrr. 1–3); 2. *Frühling* (Nrr. 4–7); 3. *Sommer* (Nr. 8–11); 4. *Herbst* (Nrr. 12–15); 5. *Winter* (Nrr. 16–20); *Epilog* (Nrr. 21–24). – Bei der Mitarbeiterin am Klavierauszug handelt es sich um die Mutter des Komponisten (eigentlich »Stephanie« Schiske). – Uraufführung: Wien, 18. Juni 1948 (Großer Konzerthaussaal), mit Maud Cunitz

Die Komponisten und ihre Werke

(Sopran), Rosette Anday (Alt), Julius Patzak (Tenor) und Otto Edelmann (Bass), der Wiener Singakedemie und den Wiener Symphonikern unter der Leitung von Karl Böhm. – 1970 fand in der Galerie 10 (Wien) eine Ausstellung unter dem Titel ›Vom Tode‹ mit Bildern von Christa Strackes statt, die unter dem Eindruck des Oratoriums entstanden waren.

Daraus sind im gleichen Verlag erschienen (unveränderter Teildruck des Klavierauszugs)

- *Sieben Lieder* [für eine oder ggf. mehrere Singstimmen mit Klavierbegleitung] *aus dem Oratorium ›Vom Tode‹*, op. 25 (enthält die Nrr. 2, 5, 7, 9, 13, 17 und 23).

- *Drei Sätze für Chor a cappella aus dem Oratorium ›Vom Tode‹*, op. 25. – Chorpartitur (enthält die Nrr. 6, 10 und 20).

SCHLEGEL, Leander (1844–1913)

Das Lied von der Glocke (»Fest gemauert in der Erden«)

– [Vorspruch] »Vivos voco, mortuos plango, fulgura frango«

2203   *Vivos voco*. Fantasie für Klavier
Nr. 1 in: ders., *Sechs Fantasien*, op. 15 (in 2 Heften). – Straßburg: Süddeutscher Musikverlag, o. A. – Hofmeister (1898–1903), S. 807. Pazdírek Bd. 10, S. 497.

1. Heft: Nrr. 1–3; 2. Heft: Nrr. 4–6.

2204   *Mortuos plango*. Fantasie für Klavier
Nr. 2 in: ders., *Sechs Fantasien*, op. 15 → 2203

SCHLENSOG, Martin (1897–1987)

Das Lied von der Glocke (»Fest gemauert in der Erden«)

2205   – V. 311ff. (»Tausend fleiß'ge Hände regen«)
Vierstimmger gemischter Chor (SATB) mit Harmoniemusik
Nr. 6 in: ders., *Ehre der Arbeit. Kantate zum Tag der Arbeitsfeier* für vierstimmigen gemischten Chor (SATB) und Harmoniemusik. – Autographer Klavierauszug, 1935. – RISM-OPAC.

Für die sechssätzige Kantate, einem typischen Beispiel der »Festkultur« des »Dritten Reiches«, wurden außerdem Texte von Heinrich Anacker, Ferdinand Freiligrath, K. Klaeber und Heinrich Lersch vertont.

SCHLIER, Johann Evangelist (1792–1873)

2206   An die Freude (»Freude, schöner Götterfunken«); hier unter dem Titel: *Schiller's Ode an die Freude*
Für vier Männerstimmen (TTBB) mit vier Hörnern oder Klavierbegleitung
München: Falter, o. A. – HMB 1830/1+2, S. 12.

SCHLÖSSER, Louis (1800–1886)

Macbeth. Zur Vorstellung auf dem Hoftheater in Weimar eingerichtet von Friedrich Schiller

2207   Schauspielmusik

489

Unveröffentlicht; weitgehend verschollen. Bestand aus fünf Teilen, von denen nur noch eine Nummer, die Musik zur »Hexenküche«, erhalten ist (handschriftliches Aufführungsmterial). – Vermutlich 1841 (5. Februar?) in Darmstadt uraufgeführt (s. *Schauspielmusiken Darmstadt*, S. 154 u. 275).

SCHLÖZER, Karl von (1780–1859)

2208 An die Freude (»Freude, schöner Götterfunken«); hier unter dem Titel: *Huldigung der Freude nach dem Schiller'schen Gedichte: An die Freude*
Chor mit Orchester, op. 15 (8. *Werk der Gesangstücke*)
Hamburg: Cranz, o. A. – Klavierauszug. – HMB 1834/3+4, S. 31.

Offenbar nur in dieser Ausgabe veröffentlicht und deshalb bei Hofmeister 1845 (Vocalmusik) einzig in der Abteilung Mehrstimmige Gesänge, meistens ohne, zum Theil mit Pianoforte (od. Guit.) nachgewiesen (S. 80).

2209 Das Mädchen aus der Fremde (»In einem Tal bei armen Hirten«)
Für zwei Singstimmen mit Klavierbegleitung
Nr. 2 in: ders., *Zwei Gedichte von Schiller* (o. op.) – Hamburg: Cranz, o. A. – Whistling 1828, S. 1094. RISM-CH (Database).

... der Frau Emilie Schroeder hochachtungsvoll gewidmet. – Bei Wurzbach, Schiller-Buch, wohl irrtümlich als op. 6 nachgewiesen (S. 403).

2210 *Kurze Schilderung des menschlichen Lebens (»Wahrlich, wahrlich, arme Jammersöhne«)*; Schiller zugeschriebenes Gedicht von Johann Michael Armbruster; hier unter dem Titel: *Lied des Lebens*
Wohl für eine Singstimme mit Klavierbegleitung, op. 10

QUELLE: Brandstaeter, S. 39 (hier als apokryphes Gedicht nachgewiesen); s. auch die Vertonung von A. G. Metthfessel (→ 1634).

2211 Punschlied (»Drei Elemente, innig gesellt«)
Männerterzett (TTB) a cappella
Nr. 3 in: ders., [Drei Terzette], op. 10. – Hamburg: Cranz, o. A. – Hofmeister (*Vocalmusik*), S. 80.

2212 Thekla. Eine Geisterstimme (»Wo ich sei, und wo mich hingewendet«)
Für eine Singstimme mit Klavierbegleitung
Nr. 1 in: ders., *Zwei Gedichte* → 2209

2213 Würde der Frauen (»Ehret die Frauen! Sie flechten und weben«)
Kantate für sechs Soli (SATTBB) und vierstimmigen Männerchor (TTBB) mit Klavierbegleitung zu zwei bzw. vier Händen

Die Kantate besteht aus elf Sätzen, von denen nur das Vorspiel für Klavier zu vier Händen gesetzt ist.

Nr. 11 in: [17 Vokalkompositionen, davon nur eine nicht von Schlözer]. – Sammelhandschrift (teilw. autograph?), 1825. – RISM-OPAC.

SCHLOTTMANN, Louis (1826–1905)

2214 An den Frühling (»Willkommen, schöner Jüngling«)
Männerquartett (TTBB) a cappella
Nr. 3 in: ders., *Sechs Quartette für vier Männerstimmen*, op. 29. – Berlin: Müller, o. A. – Partitur, Stimmen. – HMB 1870/3, S. 39.

Recht frisch, wenn auch nicht frei von Phrasen; s. NZfM vom 26. August 1870, S. 323 (*Kritischer Anzeiger*).

· Berlin: Schlesinger, o. A. – Pazdírek Bd. 10, S. 513.

Wallenstein. Ein dramatisches Gedicht – I. Wallensteins Lager

2215 *Ouvertüre zu Schiller's Wallenstein's Lager* für Orchester, op. 23
Berlin: Bote & Bock, o. A. – Partitur (Verl.-Nr. *8517*); für Klavier zu vier Händen bearbeitet. – HMB 1869/12, S. 205, u. 1870/6, S. 80. Sonneck, *Orchestral Music*, S. 412. Pazdírek Bd. 10, S. 512. Pelker, S. 678.

1866 komponiert. – Die AMZ/2 berichtete am 22. Mai 1867 über ein *Scholz'sches Abonnement-Concert* vom 6. April 1867 in Berlin, wobei *eine Ouvertüre zu ›Wallenstein's Lager‹ von Schlottmann* aufgeführt worden ist (S. 170). Schaefer bestätigt diese Daten (... *in einem Orchesterabende der Singakademie in Berlin* ...), spricht aber ausdrücklich von der Uraufführung, und zeichnet dann den programmatischen Hintergrund des Werkes detailliert nach (S. 33f.).

Wilhelm Tell. Schauspiel

2215+1 Ouvertüre für Orchester
Unveröffentlicht. – Uraufführung: Berlin, 14. Februar 1862 (3. Abonnementkonzert der königlichen Kapelle); s. Pelker, S. 677.

SCHMEZER, Elise (1810–1856)

Gelegentlich kursiert als Geburtsjahr auch *1813*.

2216 Das Geheimnis (»Sie konnte mir kein Wörtchen sagen«)
Für eine Singstimme mit Klavierbegleitung
Nr. 11 (auch einzeln) in: dies., [12] *Lieder, Romanzen und Balladen*, 4. Heft, op. 7. – Magdeburg: Heinrichshofen, o. A. – Verl.-Nr. *663*. – Original (DLA). HMB 1850/8, S. 128.

Das op. 7 ist *Herrn Henry Litolff zugeeignet*. – Diese Sammlung besteht aus vier Heften mit jeweils eigener Opuszahl. Jedes enthält drei Lieder, die bis Nr. 12 durchnummeriert sind.

SCHMID OSB, Andreas (1765–1839)

Nachname auch: *Schmidt, Schmied* oder *Schmitt*; nach der Säkularisation (1803) als *Abbé André* bekannt.

2217 An die Freude (»Freude, schöner Götterfunken«)
Für eine Singstimme mit Klavierbegleitung
Nr. 6 in: ders., *Sechs Lieder*. – Augsburg: Böhm 1805. – RISM A I: S 1669. MGG2 *Personenteil* Suppl., Sp. 805.

2218 An Emma (»Weit in nebelgrauer Ferne«)
Für eine Singstimme mit Klavierbegleitung
Nr. 1 in: ders., *Sechs Lieder* → 2217

2219 Das Mädchen aus der Fremde (»In einem Tal bei armen Hirten«)
Für eine Singstimme mit Klavierbegleitung
Nr. 4 in: ders., *Sechs Lieder* → 2217

2220 Hoffnung (»Es reden und träumen die Menschen viel«); hier unter dem Titel: *Die Hoffnung*
Für eine Singstimme mit Klavierbegleitung
Nr. 5 in: ders., *Sechs Lieder* → 2217

SCHMID, Walter (1906–1983)

Macbeth. Zur Vorstellung auf dem Hoftheater in Weimar eingerichtet von Friedrich Schiller

2221 – V. 741ff. (Pförtner: »Verschwunden ist die finst're Nacht«)
Gemischter Chor a cappella
Zürich: Hug, o. A. – Partitur. – Hofmeister (1941), S. 86.
- Ausgabe für vierstimmigen Männerchor a cappella. – Ebd., 1942. – Partitur. – Hofmeister (1949), S. 180.

Wilhelm Tell. Schauspiel

2222 – V. 1447ff. (Rösselmann: »Wir wollen sein ein einzig' Volk von Brüdern«); hier in rätoromanischer Übersetzung (»Un unic pövel d'frers«)
Männerchor a cappella
Zürich: Hug, o. A. – Partitur. – Hofmeister (1942), S. 66.
- Mit originalem deutschen Text unter dem Titel: Rütlischwur. – Ebd., 1961. – Partitur (Verl.-Nr. 10455). – Hofmeister (1965), S. 276.
- In Ausgaben für verschiedene Chorbesetzungen (vierstimmiger gemischter Chor, vierstimmiger Männerchor oder einstimmiger Volkschor) mit Orgel- oder Klavierbegleitung bzw. mit Blechbläsern ad libitum. – Ebd., 1962. – Jeweils Partitur. – Hofmeister (1962), S. 248.

SCHMIDT, ... (?–?)

2223 Würde der Frauen (»Ehret die Frauen! Sie flechten und weben«)
Für gemischten Chor und Orchester
Uraufführung (im Rahmen des Schiller-Festes): Bremen, 9. November 1859, als Festgabe des Concertmeisters Schmidt.
QUELLEN: Niederrhein. MZtg. vom 3. Dezember 1859, S. 390 (Aufführungsnotiz). Brandstaeter, S. 33.

SCHMIDT, Friedrich (um 1790–?)

Wallenstein. Ein dramatisches Gedicht – II. Die Piccolomini

2224 – V. 1757ff. (Thekla: »Der Eichwald brauset«); hier unter dem Titel: Aus Schiller's Wallenstein
Für eine Singstimme mit Klavierbegleitung
Musikbeilage nach S. 480 zu: Lewalds Europa, Bd. 1. – Karlsruhe: Artistisches Institut 1836. – Original (Slg. GG).
Hier mit dem Hinweis zu Schmidt: Mitglied des k. Hoftheaters in Stuttgart; vgl. ÖNB (Online-Katalog). Es dürfte sich um den hier identifizierten Korrepetitor, Chordirektor und Schauspieler handeln; vgl. Krauß, Stuttgarter Hoftheater, S. 160.

SCHMIDT, Gustav (1816–1882)

2225 Festouvertüre zur Vorfeier von Schiller's hundertjährigem Geburtstage [wohl für Orchester]
(Ur-?)Aufführung: Frankfurt am Main, 9. November 1859 (Theater). An vierter Stelle folgte zum Abschluss der Festveranstaltung als weiterer musikalischer Programmpunkt ›Die Worte des Glaubens‹ von G. Goltermann (→ 790).
QUELLE: Theaterzettel (DLA).

SCHMIDT, Heinrich (1861–1923)

Wallenstein. Ein dramatisches Gedicht

2226 *Die Wallenstein-Trilogie. Sinfonisches Tongemälde*

1885 in Bayreuth komponiert; unveröffentlicht. – *Die Musik ist in dem Stile der neudeutschen Richtung gehalten und veranschaulicht den Inhalt der Tragödie in seinem ganzen Umfange* (Schaefer, S. 37).

SCHMIDT, Johann Philipp Samuel (1779–1853)

Die Jungfrau von Orleans. Eine romantische Tragödie

2227 – V. 2518ff. (Johanna: »Die Waffen ruh'n, des Krieges Stürme schweigen«)
Für eine Singstimme mit Klavierbegleitung
Berlin: *Gestochen von Günther* 1802. – Eitner Bd. 10, S. 42. Ledebur, S. 512.

Ihro Majestät, der regierenden Königin von Preussen, Luise Auguste Wilhelmine Amalie, ehrfurchtsvoll zugeeignet. – In der Rezensension der AMZ/1 vom 9. Februar 1803 (Sp. 335ff.) wird auch auf die Problematik von Vertonungen einzelner Passagen aus Schauspielen eingegangen. In Zusammenhang mit den Libretti von Metastasio habe man dies v. a. in Italien zwar schon lange praktiziert, doch überlagere dann die Musik in der Regel den Text und mache denselben so fast unwichtig. *Jenes ist aber nicht der Fall bey den vortrefflichen lyrischen Stellen der Schillerschen Tragödien.* Indessen habe Schmidt mit dieser Textpassage [die aber im Gegensatz zu anderen Monologen sehr selten als Einzelwerk vertont worden ist] eine gute Wahl getroffen: *Indess ist das wahr – sollte ein Monolog zu solchem Zweck gewählt werden, so konnte man sich wohl für keinen unter allen Monologen deutscher Schauspiele mit mehr Glück entscheiden, als für diesen; denn, ausser dem innigen Gefühl, das darin wehet, ausser dem so bestimmt angegebenen Gange der Empfindung, ausser dem Wohlklang der Verse – alles Vortheile auch für die Musiker – kann man auch wohl schwerlich bey irgendeinem voraussetzen, wie bey diesem, dass jeder, der Neigung und Geschick hat, irgend ein einigermassen bedeutendes musikalisches Stück auszuführen, auch das im Andenken haben werde, was man aus dem ganzen Drama im Andenken haben muss, um die Worte und die Situation, in welcher sie gesprochen werden, zu verstehen: denn welcher Deutsche, der nur einen Sinn für Poesie hat, hat sich nicht mit Schillers Jungfrau, und besonders auch mit diesem ihren vortrefflichen Monolog befreundet? – Soll nun ein solches Stück einzeln in Musik gesezt werden, so vergreifen es wohl die Komponisten am allermeisten, die es, wie bey diesem und ähnlichen geschehen, des äussern Zuschnitts wegen, als Lied nehmen. Das hat Hr. S. nicht gethan, sondern es als freye, dramatische Scene behandelt, und als solche, wie schon gesagt, recht gut.* Besonders würdigte man, dass *das Akkompagnement nicht ausschweifend, den Ausdruck unterstützend und doch leicht,* ausgeführt, und dass *die Deklamation* bis auf wenige Ausnahmen *richtig, und im Satz rein* sei.

2228 Hoffnung (»Es reden und träumen die Menschen viel«)
Besetzung nicht nachgewiesen
Berlin: Gröbenschütz & Seiler, o. A. – Eitner Bd. 10, S. 42.

2229 Würde der Frauen (»Ehret die Frauen! Sie flechten und weben«)
Besetzung nicht nachgewiesen

Unveröffentlicht (s. Eitner Bd. 10, S. 42).

SCHMIDT, Max (1869–1940)

2230 *Censur-Couplet (»Selbst Schiller gilt jetzt wenig«)*; Textverfasser unbkannt
Couplet für eine Singstimme mit Klavierbegleitung
Einzelnummer aus: ders., *Der Kadetten-Vater.* Gesangsposse. – Berlin: Augustin, o. A. – Hofmeister (1898–1903), S. 813.

Verzeichnis der musikalischen Werke

SCHMITT, Aloys (1788–1866)

2231 Die Bürgschaft (»Zu Dionys, dem Tyrannen, schlich Damon« – hier in der Gedichterstfassung: »... schlich Möros«)
Für vier Soli (SATB) und vierstimmigen gemischten Chor mit vierhändiger Klavierbegleitung (o. op.)
Autographe Partitur und Klavierauszug, 1816. – RISM-OPAC.

Spohr berichtet über ein Konzert der Offenbacher Sing-Akademie, das er während seines Besuches bei dem Verleger Johann Anton André am 13. Januar 1816 in Offenbach am Main gehört hatte und in dem neben der ›Bürgschaft‹ als weitere Schiller-Vertonung A. Schmitts noch ›Die Worte des Glaubens‹ (→ 2233) gegeben worden ist. Seiner Meinung nach erwies sich die umfangreiche Ballade jedoch als ziemlich ungeeignet für eine solche (offenbar durchkomponierte) Vertonung, in welcher *der Componist die redend eingeführten Personen unter die verschiedenen Solostimmen vertheilt* [hatte]*; es klingt aber sehr sonderbar, von diesen auch das singen zu hören, was der Dichter erzählt. Ebenso willkürlich ist dem Chor sein Antheil am Texte zugetheilt.* Obwohl ihm einige Stellen durchaus gelungen schienen, meinte Spohr zusammenfassend: *Das ganze Gedicht ist überhaupt mit viel Phantasie aufgefaßt und wiedergegeben, nur leidet die Musik an Formlosigkeit durch zu häufiges Wechseln der Tempo's und der Taktart. Auch ist das Wiederholen einzelner Worte, die für sich keinen Sinn geben, sehr zu tadeln und klingt oft wahrhaft komisch. Die vierhändige Clavierbegleitung ist so reich an Figuren, Passagen und Modulationen, daß sie sich ohne bedeutende Vereinfachung nicht für's Orchester umschreiben ließe* (s. Spohr/*Selbstbiographie* Bd. 1, S. 235). Gleichwohl hat Schmitt wenig später eine Bearbeitung mit Orchesterbegleitung angefertigt, bei der aber noch ein Sprecher mitwirkt.

Die Jungfrau von Orleans. Eine romantische Tragödie

2232 *Marsch aus der Jungfrau von Orleans* für Klavier (o. op.)
Mainz: Schott, o. A. – Pazdírek Bd. 10, S. 539.

Das Stück ist zwar nicht näher charakterisiert, doch dürfte es sich um den »Krönungsmarsch« handeln.

2233 Die Worte des Glaubens (»Drei Worte nenn' ich euch, inhaltschwer«)
Cantate für Soli (SATB) und vierstimmigen gemischten Chor (SATB) mit Klavierbegleitung, op. 30
Offenbach am Main: André, o. A. – Partitur und Singstimmen (Verl.-Nr. *4223*).
– Original (DLA). Whistling 1828, S. 1023. Constapel, S. 246 (Veröffentlichung auf *1820* datiert).

Dem Caecilienverein in Frankfurt a/m gewidmet. – In L. Spohrs Bericht über ein Konzert der Offenbacher Sing-Akademie am 13. Januar 1816, bei dem auch A. Schmitts Vertonung der ›Bürgschaft‹ gegeben worden ist (→ 2231), heißt es zur Kantate: *Die Musik zu den »drei Worten« gefiel mir sehr. Sie verräth ein großes Talent für solche Gesangs-Compositionen. Auch das Gedicht eignet sich recht gut dazu* (s. Spohr/*Selbstbiographie* Bd. 1, S. 235). – Wurzbach, *Schiller-Buch*, gibt zur Besetzung *zwei* [!] *Chöre mit Pianoforte* an (Nr. 674). – Daneben existiert noch eine Fassung mit Orchesterbegleitung (vgl. RISM-OPAC; hier Nachweis einer undatierten handschriftlichen Partitur mit Stimmen).

2234 Hoffnung (»Es reden und träumen die Menschen viel«)
Cantate für vierstimmigen Chor [vermutlich TTBB] mit Soli und mit Klavierbegleitung (o. op.)
Mainz: Schott, o. A. – Partitur (Verl.-Nr. *852*). – Original (Slg. GG). Whistling 1828, S. 1023.

Der verehrlichen Singgesellschaft bey Herrn Ewald in Offenbach hochachtungsvoll gewidmet. – Jeweils zwei der vier Vokalpartien stehen im Violin- bzw. Bassschlüssel, doch die Stimmlagen sind (abgesehen vom beginnenden Solo-Bass) nicht näher bezeichnet; die Stimmführung weist gleichwohl unmissverständlich auf die o. g. Besetzung hin.

SCHMITT, C. J. (?–?)

Die Verzeichnisse von Hofmeister geben den Namen mit *C. F. Schmitt* wieder.

Die Jungfrau von Orleans. Eine romantische Tragödie

2235 *Krönungs Marsch aus der Jungfrau von Orleans* für Klavier
Mainz: Schott, o. A. – Verl.-Nr. *371.* – RISM A I: SS 1768 I, 1. Hofmeister (1829–1833), S. 240.

RISM A I weist noch eine Ausgabe ohne bibliographische Angaben nach (s. SS 1768 I, 2).

SCHMITT, Georg Aloys (1827–1902)

Maria Stuart. Ein Trauerspiel

2236 Schauspielmusik für Orchester

QUELLE: Clemens Meyer, *Geschichte der Mecklenburg-Schweriner Hofkapelle.* Schwerin: Davids 1913, S. 209 (Aufführungen nicht dokumentiert).

SCHMITT, Julius (1906–1983)

Macbeth. Zur Vorstellung auf dem Hoftheater in Weimar eingerichtet von Friedrich Schiller

2237 – V. 741ff. (Pförtner: »Verschwunden ist die finst're Nacht«); hier unter dem Titel: *Morgenlied*
Vierstimmiger Männerchor a cappella
Augsburg: Böhm 1953. – Partitur. – Hofmeister (1954), S. 312.

Das Stück wurde 1953 mit dem »Valentin-Eduard-Becker-Preis« ausgezeichnet.

SCHMITT-LERMANN, Frieda (1885–?)

Nachname auch: *Schmitt-Lehmann.*

2238 Das Lied von der Glocke (»Fest gemauert in der Erden«)
Deklamation mit Chor und melodramatischer Klavierbegleitung

Uraufführung: Augsburg, 19. März 1923; unveröffentlicht; s. *Dt. Musiker-Lex.* 1929, Sp. 1265. – Mit anderer Besetzung (... *für Soli, Chor und Orchester*) nachgewiesen in: *Frau und Musik,* hg. u. eingeleitet von Eva Rieger. Frankfurt am Main: Fischer 1980, S. 252 (hier auch mit der o. g. Namensvariante).

SCHMITZ, L. A. (?–?)

Maria Stuart. Ein Trauerspiel

2239 *Ouvertüre zu Schillers ›Maria Stuart‹* für Klavier zu vier Händen
Offenbach am Main: André, o. A. – HMB 1843/12, S. 181. Constapel deest.

Vermutlich für Orchester komponiert, aber nur in dieser Ausgabe veröffentlicht.

495

Verzeichnis der musikalischen Werke

SCHNAUBELT, Heinrich (1814–1871)

2240 An Emma (»Weit in nebelgrauer Ferne«)
Für zwei Singstimmen mit Klavierbegleitung
Nr. 1 (einzeln) in: ders., *Vier zweistimmige Gesänge*, op. 23. – Leipzig: Breitkopf
& Härtel, o. A. – AMZ/2, 3. November 1869, S. 44 (Verlagsannonce: *Neue Musikalien*). HMB 1869/12, S. 216.

SCHNEIDER, Friedrich (1786–1853)

Die Braut von Messina oder: Die feindlichen Brüder. Ein Trauerspiel mit Chören
2241 Schauspielmusik
Autographe Partitur, 1817. – RISM-OPAC (außerdem einige spätere Teilabschriften). Stieger.

Weitgehend unveröffentlicht. – Besteht aus der Ouvertüre, drei Entreacts, zwei Märschen (*Marcia auf dem Theater* bzw. ein *Trauermarsch*), einem Instrumentalsatz ohne Titel sowie dem Chor »Requiem aeternam«. Die Musik *bildet eine ebenso würdige, wie charakteristische und effektvolle Begleitung der Schillerschen Tragödie* [und] *ist die vollständigste von allen, welche zu dem Trauerspiele geschrieben worden sind; sie repräsentiert zudem einen vorzüglichen musikalischen Wert und genoß bei Lebzeiten des Komponisten die Achtung des ganzen musikalischen Deutschlands* (Schaefer, S. 70). – Uraufführung im Rahmen der Premiere: Leipzig, 26. August 1817 (zur Eröffnung des Neuen Stadttheaters), unter der Leitung des Komponisten.

Daraus veröffentlicht

• Ouvertüre für Orchester, op. 42
Leipzig: Peters, o. A. – Whistling 1828, S. 17. Schaefer, S. 70 (hier auf *1819* datiert).

Dieses Orchesterwerk *bildete früher eine oft und gern gehörte Konzertnummer* (Schaefer). – Ein Aufführungsbeleg aus dem Jahr 1859 → 655.

• Für Klavier zu vier Händen bearbeitet. – Leipzig: Peters, o. A. – Whistling 1828, S. 574. Schaefer, S. 70.

Außerhalb der Schauspielmusik

2242 – V. 1542ff. (Don Manuel: »Das ist der Liebe heil'ger Götterstrahl«)
Vokalterzett (SSB bzw. TTB) a cappella
In zwei Sammelhandschriften enthalten, davon eine mit *1893* datiert [die andere wohl 1. Hälfte des 19. Jahrhunderts]. – RISM-OPAC.

2243 Dithyrambe (»Nimmer, das glaubt mir, erscheinen die Götter«)
Für drei Soli (TTB) und fünfstimmigen Männerchor (TTTBB) a cappella
Nr. 6 in: ders., *Sechs Gesänge für Männerstimmen*, op. 64. – Berlin: Trautwein, o. A. – Partitur (Verl.-Nr. *233*). – Original (DLA). Hofmeister 1845 (*Vocalmusik*), S. 80.
Pazdírek weist die Ausgabe bei Heinrichshofen (Magdeburg) nach (Bd. 10, S. 559).

• Fassung für vierstimmigen Männerchor (TTBB) a cappella. – Fol. 55 des 2. Bandes in: *Schiller-Album* → 364
Autographe Partitur: *Dessau, 27. Mai 1848.*

496

Die Komponisten und ihre Werke

2244 Hoffnung (»Es reden und träumen die Menschen viel«)
Männerquartett a cappella
Nr. 1 in: ders., *Sechs altdeutsche Lieder für vier Männerstimmen*, op. 97
(*13. Sammlung der Gesänge*). – Leipzig: Breitkopf & Härtel, o. A. – Partitur,
Stimmen. – Pazdírek Bd. 10, S. 559.

2245 Sehnsucht (»Ach, aus dieses Tales Gründen«)
Für eine Singstimme mit Klavierbegleitung
S. 14 der 1. Abt. in: *Mozart-Album*, hg. von August Pott. – Braunschweig: Spehr
1842. – HMB 1842/9, S. 147. Kurscheidt, S. 404.

Das ›*Mozart-Album*‹ besteht aus insgesamt drei Abteilungen.

SCHNEIDER, Georg Abraham (1770–1839)

Die Jungfrau von Orleans. Eine romantische Tragödie

2246 Schauspielmusik

Es handelt sich um eine Ergänzung von B. A. Webers Schauspielmusik (→ 2796). Schneiders
Beiträge bestanden offenbar nur aus einer Ouvertüre sowie fünf Zwischenaktsmusiken und
war sehr erfolgreich, was *die Veranlassung zu dem langjährigen, unausgesetzten Gebrauch an
der Berliner Hofbühne gegeben* habe. Es handle sich außerdem um *die einzige von den vielen
Schauspielmusiken, welche dieser Komponist für die genannte Bühne geschrieben hat, die heu-
te* [1886] *noch benutzt wird* (Schaefer, S. 48). – Premiere (nach Stieger): Berlin, 13. Juli 1818
(Königliches Theater); Schaefer gibt hiervon abweichend *um das Jahr 1825* an (so auch
Mirow, S. 146). –

SCHNEIDER, Johann Georg Wilhelm (1781–1811)

Abweichende Lebensdaten bei Kurscheidt: *1783–1843* (s. S. 404). Gelegentlich wird der
Komponist nur mit dem Vornamen »Wilhelm« nachgewiesen.

2247 Sehnsucht (»Ach, aus dieses Tales Gründen«)
Für eine Singstimme mit Klavierbegleitung
Nr. 1 in: ders., [11] *Lieder und Gesänge*, op. 2. – Leipzig: Breitkopf & Härtel,
o. A. – Verl.-Nr. *632*. – Goethe-Museum (Katalog), Nr. 1181 (hier auf *1809* datiert).

Der Demoiselle Amalia Sebald zugeeignet.

SCHNEIDER, Walther (1916–2010)

Das Lied von der Glocke (»Fest gemauert in der Erden«)

2248 – V. 322 (»Holder Friede, süße Eintracht«)
Für vierstimmigen Chor a cappella oder mit Bläsern (Hr., Tr. 1 2., Pos. 1 2,
TenorHr.)
3. Vers in: ders., *Freude – Freiheit – Friede – Liebe*. Kanon zu vier Stimmen
für gemischten Chor oder für gleiche Stimmen (Männer- bzw. Frauenchor) –
entweder allein in einer der genannten Besetzungen oder in beliebiger
Kombination – a cappella oder mit Bläsern. – Köln: Tonger 1991. – Partitur
mit eingezogenem Klavierauszug (Verl.-Nr. *2303*). – Original (Slg. GG).

Der vertonte Text setzt sich aus insgesamt fünf Versen zusammen, von denen drei (1., 3.
u. 4.) Gedichten Schillers entnommen sind (→ 2249 u. 2250). Die Herkunft der beiden anderen Verse (2. »*Freiheit sei des Menschen Streben*« bzw. 5. »*Freude, Freiheit, Freude, Liebe*«) war nicht klärbar (vielleicht vom Komponisten).

Verzeichnis der musikalischen Werke

2249   – V. 382 (»Freude hat mir Gott gegeben«)
Verschiedene Chorbesetzungen mit oder ohne Begleitung
1. Vers in: ders., *Freude – Freiheit – Friede – Liebe* → 2248

Der Triumph der Liebe (»Selig durch die Liebe«)

2250   – V. 109 (»Liebe sonnt das Reich der Nacht«)
Verschiedene Chorbesetzungen mit oder ohne Begleitung
4. Vers in: ders., *Freude – Freiheit – Friede – Liebe* → 2248

SCHNEIDER-BOBBY, Franz (1872–?)

Das Lied von der Glocke (»Fest gemauert in der Erden«)

– V. 79 (»Die schöne Zeit der jungen Liebe«)

2251   *O schöne Zeit der ersten Liebe (»Es war des Nachbars holdes Kätchen«)*; Textverfasser unbekannt
Für eine Singstimme mit Klavierbegleitung, op. 35
Berlin: Fischer, o. A. – HMB 1896/10, S. 528.

Nochmals mit Falkenberg als Erscheinungsort (vgl. HMB 1900/8, S. 142). – Auch in einer Bearbeitung für Zither mit unterlegtem Text von Heinrich Seifert erschienen (vgl. HMB 1898/8, S. 340); eine Ausgabe für Cornet à Pistons mit Orchester- oder Klavierbegleitung vgl. Hofmeister (1898–1903), S. 819.

SCHNEIDER-HEISE, Alfred (1891–?)

Macbeth. Zur Vorstellung auf dem Hoftheater in Weimar eingerichtet von Friedrich Schiller

2252   – V. 741ff. (Pförtner: »Verschwunden ist die finst're Nacht«); hier unter dem Titel: *Pförtners Morgenlied*
Vierstimmiger Männerchor a cappella
Recklinghausen: Iris 1950. – Partitur (*Iris-Chor-Sammlung, Nr. 191*). – Hofmeister (1950), S. 246.

SCHNITTKE, Alfred (1934–1998)

Eigentlich: *Al'fred Garrievič Šnitke.*

Don Carlos. Infant von Spanien. Ein dramatisches Gedicht
Schauspielmusik

1975 komponiert.

Daraus

2253   • *Eight Songs from Incidental music to Schiller's ›Don Carlos‹.* – New York: Schirmer, o. A. (*Schirmer Russian Music*). – Music Sales Classic (Homepage). Sikorski-Musikverlag, Hamburg (Homepage).

Inhalt (englische Satzbezeichnungen nach den Angaben der amerikanischen, deutsche nach denen der Verlagsquelle)

1. *Prelude – Prolog*
2. *Hope – Hoffnung*
3. *A Path in the Mountains – Der Bergpfad*
4. *Evil Monks – Böse Mönche* (für gemischten Chor und Instrumente: Marimba, Vibraphon, Glocken, Pauken, Tamtam, elektrische Gitarre und Bassgitarre)

Die Komponisten und ihre Werke

5. *Love Song – Liebeslied*
6. *About Theatre – Über das Theater*
7. *To my Friends – Den Freunden*
8. *Song of the Marauders – Lied der Marodeure*

Die Sologesänge sind mit Gitarre zu begleiten (die amerikanische Quelle gibt noch Klavier als Alternativbesetzung an). – Nach Auskunft des Sikorski-Musikverlages liegen diese Noten nur als Kopie einer Handschrift in eingeschränkter Qualität und ausschließlich russischer Sprache vor.

2253+1 · *Requiem aus der Bühnenmusik zu Friedrich Schillers ›Don Carlos‹* für fünf Soli (SSSAT), gemischten Chor und Instrumente. – Leipzig: Peters 1977. – Partitur (Verl.-Nr. *12912*, zugl. [= Edition Peters, Nr. *5790a*]). – Original (Slg. GG).

1974/75 *zum Gedächtnis an seine Mutter komponiert, die eine gläubige Katholikin war* (Boris Schwarz: *Musik und Musikleben in der Sowjetunion 1917 bis zur Gegenwart.* Teil VI: *Chronik des letzten Jahrzehnts 1970–1981.* Wilhelmshaven: Heinrichshofen 1982, S. 990f.). Das Requiem sollte als Beispiel katholischer Kirchenmusik den Hintergrund der Schauspielaufführung bilden. Es sei *ursprünglich als vereinheitlichende zweite Schicht einer Bühnenmusik zu Schillers Don Carlos komponiert worden* (Ulrich Dibelius: *Moderne Musik.* Teil II: *1965–1985.* München: Piper 1989, S. 173). – Uraufführung: Budapest, Herbst 1977. – Die Chorstimmen werden im Verlauf des Werkes abschnittsweise vielfach geteilt. Die Instrumentalbegleitung besteht neben einem größeren Schlagwerk (darunter Glocken, Vibraphon, Marimbaphon und Flexaton) aus je einer Trompete und Posaune, drei Tasteninstrumenten (Orgel, Klavier – *kann elektrisch verstärkt werden,* Celesta) sowie zwei Gitarren.

· Lizenzausgabe. – Hamburg: Sikorski 1977. – Partitur (Ed.-Nr. *2257*). – Original (Slg. GG).

SCHNOOR, Heinrich Christian (1762–1828)

Nachname gelegentlich auch: *Schnorr.*

2254 *Gesellschaftslied* (»*Vom hoh'n Olymp herab ward uns die Freude*«); Schiller zugeschriebener Text, der aber wohl vom Komponisten stammt
Singweise
Nr. 374 in: *Illustriertes Kommersbuch* → 12 (Parodie 19)

Der Text wird hier ausdrücklich *Friedrich Schiller* zugeschrieben. – Die Vertonung ist (mit geringen melodischen Varianten) seit dem späten 18. Jahrhundert bekannt und gehört (i. d. R. aber mit richtigem Urhebernachweis) zum festen Repertoire der meisten Kommersbücher (s. Holzapfel Bd. 2, S. 1344). Dort kursiert das Lied auch häufig mit einer Nachdichtung von Carl Georg Neumann (»*Vom hohen Göttersitz ward uns die Freude*«), die unter dem Titel ›*Aufmunterung zur Freude*‹ z. B. auch als Einzeldruck bei Böhme (Hamburg) veröffentlicht worden ist (vgl. RISM A I: S 1910).

SCHNYDER VON WARTENSEE, Franz Xaver (1786–1868)

Der Antritt des neuen Jahrhunderts (»*Edler Freund! Wo öffnet sich dem Frieden*«)

2255 – V. 25ff. (»*Ach, umsonst auf allen Länderkarten*«; hier: »*Freund, umsonst auf allen Karten*«); hier unter dem Titel: *Gesang von Schiller für vier Männerstimmen für das Schillerfest in Frankfurt* [am Main 1859]
Vierstimmiger Männerchor (TTBB) a cappella
Luzern: Hindermann, o. A. – Partitur, Stimmen. – RISM-CH (Database).

Die Bibliothèque Nationale, Paris, verzeichnet eine Ausgabe beim Verlag Hospenthal in Luzern (s. Online-Katalog).

Verzeichnis der musikalischen Werke

Wilhelm Tell. Schauspiel

2256 Wilhelm Tell. Oper
QUELLE: Brandstaeter, S. 38 (ohne nähere Angaben). – Nicht bei Stieger oder in anderen Verzeichnissen; vermutlich irrtümlicher Nachweis.

SCHODL, Carl (?–?)

2257 *Liebesgeständnis. Glosse nach Schiller* [Textincipit und -verfasser nicht nach-
weisbar]
Für eine Singstimme mit Klavierbegleitung
Wien: Witzendorf, o. A. – Verl.-Nr. *172*. – Weinmann (Cappi bis Witzendorf),
S. 94 (datiert den Druck auf *1825*). Whistling 1828, S. 1095.

2258 Sehnsucht (»Ach, aus dieses Tales Gründen«)
Für eine Singstimme mit Klavierbegleitung
Wien: Diabelli, o. A. (zugleich Nr. 214 in: *Philomele, eine Sammlung der belieb-
testen Gesänge mit Begleitung des Pianoforte*). – Weinmann (Diabelli), S. 79.

SCHÖNBERG, Arnold (1874–1951)

Die Räuber. Ein Schauspiel

2259 *Räuber-Phantasie.* Sinfonische Dichtung für Orchester
Nach 1883 entstanden; unveröffentlicht und verschollen. – Schönberg berichtet über frühe
(wohl noch im Kindesalter geschriebene) Kompositionsversuche: *Endlich gelangte ich so
weit, daß ich einmal eine Art symphonische Dichtung nach Friedrich von Schillers Drama ›Die
Räuber‹ komponierte, die ich ›Räuber-Phantasie‹ nannte.*
QUELLE: Arnold Schönberg, *Bemerkungen zu den vier Streichquartetten*, in: ders., *Stil und
Gedanke. Aufsätze zur Musik* (= *Gesammelte Schriften*, Bd. 1), hg. von Ivan Vojtěch. Frankfurt
am Main: Fischer 1976, S. 409.

SCHOENDLINGER, Anton (1919–1983)

Macbeth. Zur Vorstellung auf dem Hoftheater in Weimar eingerichtet von
Friedrich Schiller

2260 – V. 741ff. (Pförtner: »Verschwunden ist die finst're Nacht«); hier unter dem
Titel: *Morgenlied (Lied des Pförtners)*
Vierstimmiger Männerchor mit Jugendstimmen a cappella
München: Leuckart 1957. – Partitur (*Leuckart-Chorblatt*, Nr. *43*). – BSB-
Musik Bd. 14, S. 5770. Hofmeister (1958), S. 310.

SCHÖNFELD, Carl Anton (?–?)

Der Gang nach dem Eisenhammer (»Ein frommer Knecht war Fridolin«)

2261 *Fridolin. Romantische Oper* in drei Akten; Libretto von Karl August Görner
Uraufführung: Neustrelitz, 1832 (s. Clément/Larousse, S. 490). Stieger datiert aber die Ur-
aufführung bereits auf *1831*.
Daraus veröffentlicht

· *»Ich war ein armer Knabe«.* – Romanze für eine Singstimme mit Klavierbegleitung. – Leipzig: Breitkopf & Härtel 1832. – Kurscheidt, S. 404.

Don Carlos. Infant von Spanien. Ein dramatisches Gedicht

2262 Schauspielmusik

Unveröffentlicht; verschollen. – Die Komposition, die nicht datiert werden kann, vermutlich aber in Schwerin erstmals gegeben worden ist, dürfte *aus der Ouvertüre und vier Zwischenaktsmusiken bestanden haben, da Schiller in dem Schauspiele selbst nirgends die Mitwirkung der Tonkunst gefordert oder sonst eine Gelegenheit geboten hat, die Dichtung mit Musik ausstatten zu können* (Schaefer, S. 24). Weitere Einzelheiten sind nicht bekannt; die Handschrift (und zugleich das einzige Exemplar) ist wohl dem Schweriner Theaterbrand von 1882 zum Opfer gefallen.

SCHOLTYS, Hans Heinz (1900–1945)

2263 *14 Lieder* [wohl für eine Singstimme mit Klavierbegleitung]

Zwischen 1919 und 1927 nach Gedichten von Ludwig Finckh, Hermann Hesse, Friedrich Hölderlin, Novalis, Schiller, Frank Wedekind u. a. entstanden; unveröffentlicht; s. *Dt. Musiker-Lex.* 1929, Sp. 1284 (Einzeltitel nicht nachgewiesen).

SCHOLZ, Bernhard (1835–1916)

An die Freunde (»Lieben Freunde! Es gab schön're Zeiten«)

– V. 10 (»Und der Lebende hat recht«)

2264 *Der Lebende hat recht (»Uns're Väter sind gesessen«)*; Text von Heinrich August Hoffmann von Fallersleben
Vierstimmiger Männerchor a cappella
Nr. 1 in: ders., *Drei Lieder*, op. 13. – Mainz: Schott, o. A. – HMB 1860/1, S. 15.

2265 Das Lied von der Glocke (»Fest gemauert in der Erden«)
Kantate für Soli, gemischten Chor und Orchester mit Orgel, op. 61
Breslau: Hainauer, o. A. – Chorstimmen, Klavierauszug (Verl.-Nr. *3217*). – HMB 1888/10, S. 421. Antiquariat Voerster Kat. 33, Nr. 424.

Eine *Neuauflage* des Klavierauszugs ist 1905 im gleichen Verlag erschienen (vgl. BSB-Musik Bd. 14, S. 5789).

2266 Das Siegesfest (»Priams Feste war gesunken«)
Für vier Soli (ATBarB), vierstimmigen Männerchor (TTBB) und Orchester, op. 59
Mainz: Schott, o. A. – Partitur (Verl.-Nr. *23782*), Sing- und Orchesterstimmen; Klavierauszug. – HMB 1884/7, S. 193. Original (Slg. GG).

Die Braut von Messina oder: Die feindlichen Brüder. Ein Trauerspiel mit Chören

2267 – V. 981ff. (Beatrice: »Er ist es nicht«); hier unter dem Titel: *Szene der Beatrice aus Schiller's ›Braut von Messina‹*
Für eine Singstimme und Orchester, op. 89
Frankfurt am Main: Firnberg, o. A. – Orchesterstimmen, Klavierauszug. – Hofmeister (1904–1908), S. 696. Pazdírek Bd. 10, S. 585.

2268 Dithyrambe (»Nimmer, das glaubt mir, erscheinen die Götter«)
Gemischter Chor mit Klavierbegleitung ad libitum, op. 88
Frankfurt am Main: Firnberg, o. A. – Partitur, Chorstimmen. – Hofmeister (1904–1908), S. 696.

Verzeichnis der musikalischen Werke

2269   Nänie (»Auch das Schöne muss sterben!«)
Vierstimmiger Männerchor (TTBB) mit Soli (letztere *sind je nach Stärke des Chors ein- bis zehnfach zu besetzen*) a cappella (einige Violoncelli ad lib.), op. 87
Frankfurt am Main: Firnberg, o. A. – Partitur (Verl.-Nr. *266*), Stimmen. – Hofmeister (1904–1908), S. 696. Original (DLA).

Herrn Professor Maximilian Fleisch freundschaftlich gewidmet. – Der zweite Chorbass mag, um die Intonation rein zu erhalten, durch einige Violoncelle unterstützt werden (Anmerkung zu Beginn des Notenteils). – Hinweis im Verlagsverzeichnis (Umschlag der Partitur): *Eine Begleitung für Blechmusik ist abschriftlich zu haben.*

SCHOOF, J. (?–?)

2270   *Siegeshymne zu Schillers hundertjährigem Geburtstage (»Heraus aus dem Grabe, empor an das Licht«)*; Textverfasser unbekannt
Vierstimmiger Männerchor a cappella
Handschriftliche Partitur [1859]. – Original (GSA).

Schoof stammte aus Calvörde bei Helmstedt im Braunschweig'schen (entspr. Hinweis in der Quelle).

SCHRAMEK, Johann (1814–1874)

2271   *Kantate zur Schiller-Feier* [ohne Text- und Besetzungsangaben]; Textverfasser unbekannt

Zum Schiller-Gedenkjahr 1859 komponiert und in der zweiten Jahreshälfte (vermutlich zum Geburtstag des Dichters) in Riga uraufgeführt, wo Schramek ab der Saison 1859/60 als Kapellmeister am Stadttheater tätig war.
QUELLEN: *Lex. z. dt. Musikkultur* Bd. 2, Sp. 2480. *Lex. dt.-balt. Musik*, S. 233.

SCHREIBER, Christian (1781–1857)

2272   Dithyrambe (»Nimmer, das glaubt mir, erscheinen die Götter«)
Für eine Singstimme mit Klavierbegleitung
Musikbeilage zur Nr. 98 vom 17. Mai 1805 in: *Der Freimüthige*. – Kurscheidt, S. 404.

       · Idem. – Nr. 8 in: ders., *Gesänge*, 2. Sammlung. – Leipzig: Breitkopf & Härtel, o. A. – Pazdírek Bd. 10, S. 598.

       Am 22. Januar 1806 erschien in der AMZ/1 eine Rezension der Sammlung, in der auf diese Vertonung allerdings nicht eingegangen wird (Sp. 257ff.).

SCHREIBER, Friedrich Gustav (1817–1899)

Die Braut von Messina oder: Die feindlichen Brüder. Ein Trauerspiel mit Chören
2272+1 Ouvertüre für Orchester

Unveröffentlicht. – Uraufführung: Mühlhausen i. Th., Herbst 1862 (Pelker, S. 709).

SCHREINER, Adolf (1841–1894)

Die Räuber. Ein Schauspiel
– 4. Akt, 5. Szene (Räuber: »Ein freies Leben führen wir«)
2273   *Allotria (»Ein freies Leben führen wir«)*; Textverfasser unbekannt

Humoristisches Quodlibet für vierstimmigen Männerchor a cappella, op. 153
Offenbach am Main: André, o. A. – Partitur, Stimmen. – Hofmeister (1880–
1885), S. 584.

SCHRÖDER, ... (?-?)

2274 An die Freude (»Freude, schöner Götterfunken«); hier unter dem Titel: _Ode an die Freude_
Für eine Singstimme mit Klavierbegleitung oder zur Gitarre
Nr. 6 (einzeln) in: _Sammlung beliebter Gesellschaftslieder in fröhlichen Zirkeln zu singen mit Begleitung von Pianoforte oder Guitarre._ – Hamburg: Cranz, o. A.
– RISM A I: SS 2129 I,1. Hofmeister 1845 (_Vocalmusik_), S. 172.

Vermutlich enthält die Sammlung nur Rundgesänge, bei denen im Refrain für gewöhnlich mit einer chorischen Ausführung gerechnet wird.

SCHRÖTER, Corona (1751–1802)

Beide nachfolgend dokumentierten Vertonungen sind unveröffentlicht geblieben und verschollen. Charlotte Schiller erwähnte sie im Brief vom 6. März 1801 an ihren in Jena weilen-
den Ehemann.

2275 Der Taucher (»Wer wagt es, Rittersmann oder Knapp'«)
Vermutlich für eine Singstimme mit Klavierbegleitung oder zur Gitarre

Die Schröter hat uns den Taucher gesungen, dem [sic] _sie sehr glücklich componirt hat, und so gut vorgetragen daß es einem einen rechten Genuß gab. Sie hat so einen Schwung in der Composition wie sie selten in andern Liedern hat, das ganze ist sehr einfach._

2276 Würde der Frauen (»Ehret die Frauen! Sie flechten und weben«)
Vermutlich für eine Singstimme mit Klavierbegleitung oder zur Gitarre

Auch die Würde der Frauen hat sie [Corona Schröter] _sehr glücklich componirt, und die verschiedenen Strofen in einen sehr hübschen ton gegeben._

SCHUBART, Christian Friedrich Daniel (1739–1791)

2277 An die Freude (»Freude, schöner Götterfunken«)
Vermutlich Rundgesang mit Klavierbegleitung oder zur Gitarre

Unveröffentlicht; verschollen. – Schiller erwähnt die Vertonung am 19. Dezember 1787 in einem Brief an Christian Gottfried Körner: _Von Schubarth_ [!] _existiert auch eine Composition meiner Freude, ..._

SCHUBERT, Artur (1890–1960)

Schauspielmusiken zu

2278 Die Jungfrau von Orleans. Eine romantische Tragödie

21./22. November 1924 beendet. – Uraufführung: Saarbrücken (Stadttheater; undatiert). –
WV/Schubert-Artur, S. 32.

2279 Die Verschwörung des Fiesco zu Genua. Ein republikanisches Trauerspiel

Am 1. September 1924 beendet. – Uraufführung: Saarbrücken (Stadttheater; undatiert). –
WV/Schubert-Artur, S. 32.

2280 Turandot, Prinzessin von China. Ein tragikomisches Märchen nach Carlo Gozzi von Friedrich Schiller

Verzeichnis der musikalischen Werke

Zwischen 1924 und 1927 komponiert. – Uraufführung: Saarbrücken, 9. November 1927 (Stadttheater). – WV/Schubert-Artur, S. 32.

Daraus

· Turandot. Chinesische Suite für großes Orchester

1. *Ouvertüre*
2. *Sarkastischer Tanz der Eunuchen*
3. *Intermezzo (Nachtstimmung mit gespensterhaften Erscheinungen)*
4. *Morgenstimmung und Aufmarsch des kaiserlichen Hofes in Peking zum Diwan*
1959 vom Komponisten außerdem für Blasorchester bearbeitet (vgl. WV/Schubert-Artur, S. 133).

Uraufführung der Suite: Saarbrücken, 1. April 1932 (Stadttheater), Städtisches Orchester unter der Leitung von Felix Lederer. – WV/Schubert-Artur, S. 132f.

SCHUBERT, Franz (1797–1828)

Zentrale Informationsquelle für die Nachweise ist das Werkverzeichnis von O. E. Deutsch (WV/Schubert-Franz), aus dem auch die Datierungen der genannten Notenausgaben stammen. Dessen Werkzählung wurde hier jeweils angegeben, womit die betreffenden Belegstellen ausreichend dokumentiert sind. Bis auf wenige Ausnahmen beschränken sich die Einträge auf die jeweilige Erstveröffentlichung, die z. T. erst in den beiden Gesamtausgaben erfolgte (→ 2283 bzw. 2291). – Gelegentlich enthalten die Titelseiten historischer Sammelwerke lediglich die Aufzählung der enthaltenen Vertonungen; in solchen Fällen wurde zur Charakterisierung der ganzen Publikation ein fiktiver Sammeltitel ergänzt (→ 2320).

F. Schubert hat sich mit vierzig Gedichten Schillers schöpferisch auseinandergesetzt. Der Gesamtertrag beläuft sich aber auf 68 Werke, weil er sich zum Teil bis zu drei Mal mit einem Gedicht beschäftigt hat (s. bspw. ›An den Frühling‹; → 2282 bis 2284); hinzu kommen selbstständige Teilvertonungen, wie die fünf Beispiele aus ›Der Triumph der Liebe‹ (→ 2301 bis 2305).

Vorwiegend handelt es sich um Lieder, zu denen mit den Männerterzetten bzw. -quartetten weitere populäre Vokalbesetzungen der Zeit hinzu kommen. Angesichts des umfangreichen »Schiller-Werkbestands« ist es allerdings erstaunlich, dass dessen Schauspiele für Schubert weder als Librettovorlage noch in der Form eines herausgelösten Textteils (etwa eine der darin für den Gesang bestimmten Passagen oder ein Monolog) eine Rolle gespielt haben. Sein einziger musiktheatralischer Beitrag, der auf eine Dichtung Schillers zurückgeht, ist die Opernbearbeitung der Ballade ›Die Bürgschaft‹ (→ 2310).

2281 Amalia (»Schön wie Engel, voll Walhallas Wonne«); hier unter dem Titel: *Amalie*
Für eine Singstimme mit Klavierbegleitung (WV/Schubert-Franz D 195)
1815 komponiert.

Nr. 1 in: ders., *Sechs Lieder*, op. posth. 173 (Nachlass). – Wien: Spina [1867]. – Verl.-Nrr. *19174–19179*.

An den Frühling (»Willkommen, schöner Jüngling«)

2282 1. Komposition – 1815
Für eine Singstimme mit Klavierbegleitung (WV/Schubert-Franz D 283)
Nr. 5 in: ders., *Sechs Lieder*, op. posth. 172 (Nachlass). – Wien: Spina [1865]. – Verl.-Nr. *16784*.

2283 2. Komposition – ca. 1816
Männerquartett (TTBB) a cappella (WV/Schubert-Franz D 338)
Ser. XVI: *Für Männerchor* (1891), Nr. 40, in: *Franz Schubert's Werke. Kritisch durchgesehene Gesammtausgabe* [künftig: Schubert-AGA]. – Leipzig: Breitkopf & Härtel 1884–1897.

504

Die Komponisten und ihre Werke

Die »AGA« [= Alte Gesamtausgabe] umfasst insgesamt 39 Bd. und ist systematisch nach musikalischen Gattungen in 20 Serien gegliedert (darüber hinaus als Serie XXI: _Supplement_), die aus einem oder mehreren Bänden bestehen (bspw. die Serie XX, _Lieder und Gesänge_, aus 10 Bd.) und zahlreiche Erstveröffentlichungen enthalten. – Im Folgenden werden die Serie (bei mehreren Bänden noch die betr. Nr.) mit Erscheinungsjahr und die Position des betr. Werkes angegeben. – Da die AGA gleichwohl nicht alle Werke erfasst und editorisch den modernen Anforderungen nicht mehr genügt, erscheint seit 1964 eine neue Gesamtausgabe, die nahezu abgeschlossen ist (→ 2291).

2284   3. Komposition – 1817 in zwei Fassungen
Für eine Singstimme mit Klavierbegleitung (WV/Schubert-Franz D 587)

1. Fassung
Nr. 15 in: ders., _Nachgelassene (bisher ungedruckte) Lieder_, rev. u. hg. von Max Friedländer. – Leipzig: Peters 1885.

2. Fassung
Ser. XX: _Lieder und Gesänge_, Bd. 3 (1895), Nr. 107, in: Schubert-AGA → 2283

2285   An die Freude (»Freude, schöner Götterfunken«)
Rundgesang für eine Singstimme und einstimmigen Chor mit Klavierbegleitung (WV/Schubert-Franz D 189)
Nr. 1 in: ders., _Drey Gedichte_, op. post. 111. – Wien: Czerny [1829]. – Verl.-Nr. _335_.
1815 komponiert. – Siehe auch Schuberts Oper ›Die Bürgschaft‹ (→ 2310).

2286   An Emma (»Weit in nebelgrauer Ferne«)
Für eine Singstimme mit Klavierbegleitung (WV/Schubert-Franz D 113)
1814 in drei Fassungen komponiert.

1. Fassung
Ser. XX: _Lieder und Gesänge_, Bd. 1 (1894), Nr. 26, in: Schubert-AGA → 2283

2. Fassung
Notenbeilage in: _Wiener Zeitschrift für Kunst, Literatur, Theater und Mode_ vom 30. Juni 1821.

3. Fassung; hier unter dem Titel: _Emma_
Nr. 2 in: ders., [3] _Gedichte von Fried. Schiller_, op. 58. – Wien: Weigl [1826]. – Verl.-Nrr. _2491–2493_.
Zuerst als op. 56 erschienen, was aber bald wie angegeben geändert worden ist.

Das Geheimnis (»Sie konnte mir kein Wörtchen sagen«)
Für eine Singstimme mit Klavierbegleitung

2287   1. Komposition – 1815 (WV/Schubert-Franz D 250)
Nr. 28 in: ders., _Neueste Folge nachgelassener Lieder und Gesänge_. – Wien: Gotthard 1872. – Verl.-Nrr. _325–361_.

2288   2. Komposition – 1823 (WV/Schubert-Franz D 793)
Nr. 2 in: ders., _Sechs Lieder_, op. posth. 173 (Nachlass) → 2281
Diese Vertonung hat U. Süße 2005 in seine ›Schiller-Trilogie‹ einbezogen (→ 2570).

Das Mädchen aus der Fremde (»In einem Tal bei armen Hirten«)
Für eine Singstimme mit Klavierbegleitung

2289   1. Komposition – 1814 (WV/Schubert-Franz D 117)
Ser. XX: _Lieder und Gesänge_, Bd. 1 (1894), Nr. 30, in: Schubert-AGA → 2283

Verzeichnis der musikalischen Werke

2290 2. Komposition – 1815 (WV/Schubert-Franz D 252)
Nr. 41 in: ders., *Schubert-Album*, rev. von Max Friedländer. – Leipzig: Peters 1887.

2291 Der Alpenjäger (»Willst du nicht das Lämmlein hüten?«)
Für eine Singstimme mit Klavierbegleitung (WV/Schubert-Franz D 588)
1817 in zwei Fassungen komponiert:

1. Fassung
Ser. IV: *Lieder*, Bd. 2b (1975), S. 226ff., in: *Franz Schubert. Neue Ausgabe sämtlicher Werke*, hg. von der Internationalen Schubert-Gesellschaft [künftig: Schubert-NGA]. – Kassel: Bärenreiter 1964ff.

Die »NGA« [= Neue Gesamtausgabe] ist auf insgesamt 83 Bd. konzipiert und noch nicht vollständig erschienen. Sie wurde systematisch nach musikalischen Gattungen in sieben Serien gegliedert, zu der als *Supplement* eine achte hinzukommt. Jede Serie besteht aus mehreren Bänden. – Im Folgenden werden die Serie und der jeweilige Bd. (mit Erscheinungsjahr) samt der Position des betr. Werkes angegeben. – Die NGA löst die zwischen 1884 und 1897 veröffentliche alte Gesamtausgabe (→ 2283) ab, die noch Lücken aufweist und den modernen editorischen Anforderungen nicht mehr genügt.

2. Fassung
Nr. 2 in: ders., [2 Lieder] *Der Pilgrim und der Alpenjäger*, op. 37. – Wien: Cappi [1825]. – Verl.-Nr. *71.*

Die Ausgabe ist *seinem Freunde L.*[udwig] *F.*[erdinand] *Schnorr von Karolsfeld* [eigentlich: Carolsfeld] *gewidmet.*

2292 entfällt

2293 entfällt

2294 Der Graf von Habsburg (»Zu Aachen in seiner Kaiserpracht«)
Für eine Singstimme mit Klavierbegleitung (WV/Schubert-Franz D 990)
Ser. IV: *Lieder*, Bd. 14a (1988), S. 169ff., in: Schubert-NGA → 2291
Nicht datierbare Komposition (vermutl. zwischen 1815 und 1820 entstanden).

Erstveröffentlichung

· Bearbeitet für zwei Singstimmen mit Klavierbegleitung. – Nr. 25 in: *Der kleine Sänger. Eine Sammlung von zweistimmigen Liedern mit Baßbegleitung für Knaben und Mädchen in Schulen und Erziehungsanstalten.* – Wien: Schweiger 1853.

Die Sammlung enthält noch fünf weitere Kompositionen Franz Schuberts (jedoch keine andere Schiller-Vertonung), bei denen es sich gleichfalls um Bearbeitungen handelt. – Die Ausgabe ist *Seiner Excellenz Herrn Herrn Andreas Grafen von Hohenwart* [...] *als ein Zeichen der tiefsten Ehrfurcht geweiht von Ferdinand Schubert.*

Der Jüngling am Bache (»An der Quelle saß der Knabe«)
Für eine Singstimme mit Klavierbegleitung

2295 1. Komposition – 1812 (WV/Schubert-Franz D 30)
Ser. XX: *Lieder und Gesänge*, Bd. 1 (1894), Nr. 5, in: Schubert-AGA → 2283

2296 2. Komposition – 1815 (WV/Schubert-Franz D 192)
Nr. 40 in: *Schubert-Album* → 2290

Die Komponisten und ihre Werke

2297   3. Komposition – 1819 in zwei Fassungen (WV/Schubert-Franz D 638)

1. Fassung
Ser. XX: _Lieder und Gesänge_, Bd. 6 (1895), Nr. 359, in: Schubert-AGA → 2283

2. Fassung
Nr. 3 in: ders., [3 Lieder] _Der Unglückliche_ [...] _Die Hoffnung. Der Jüngling am Bache_, op. 84. – Wien: Pennauer [1827]. – Verl.-Nr. _330_.

Ohne Sammeltitel veröffentlichte Ausgabe. – Später wurde die Werkzählung in _op. 87_ geändert.

2298   Der Kampf (»Nein, länger werd' ich diesen Kampf nicht kämpfen«)
Für eine Bassstimme mit Klavierbegleitung, op. post. 110 (WV/Schubert-Franz D 594)
Wien: Czerny [1829]. – Verl.-Nr. _334_.

1817 komponiert.

2299   Der Pilgrim (»Noch in meines Lebens Lenze«)
Für eine Singstimme mit Klavierbegleitung (WV/Schubert-Franz D 794)

1823 in zwei Fassungen komponiert. – Siehe auch Schuberts Oper ›Die Bürgschaft‹ (→ 2310).

1. Fassung
Notenbeilage zu: _Der Merker_, Wien, 10. November 1909.

2. Fassung
Nr. 1 in: ders., [2 Lieder] _Der Pilgrim und der Alpenjäger_, op. 37 → 2291

2300   Der Taucher (»Wer wagt es, Rittersmann oder Knapp'«)
Für eine Bassstimme mit Klavierbegleitung (WV/Schubert-Franz D 77)

1813/14 in zwei Fassungen komponiert. – Es handelt sich um Schuberts längste Liedvertonung.

1. Fassung
Erschien als _Nachlaß-Lieferung_ 12. – Wien: Diabelli [1831]. – Verl.-Nr. _3709_.

Hier wurde allerdings eine Mischversion veröffentlicht, in die auch Teile der zweiten Fassung eingegangen sind.

2. Fassung
Ser. XX: _Lieder und Gesänge_, Bd. 1 (1894), Nr. 12, in: Schubert-AGA → 2283

Der Triumph der Liebe. Eine Hymne (»Selig durch die Liebe«)

Die ersten vier hier nachgewiesenen Teilvertonungen sind wohl 1813 in Zusammenhang mit Schuberts Unterricht bei A. Salieri entstanden, eine fünfte (→ 2305) kann nicht datiert werden. – Zu diesen »Schülerkompositionen« gehören auch die Teilvertonungen von ›Elysium‹ (→ 2323 bis 2328).

2301   – V. 1ff. (»Selig durch die Liebe«)
Männerterzett (TTB) a cappella (WV/Schubert-Franz D 55)
Ser. XIX: _Kleinere drei- und zweistimmige Gesangwerke_ (1892), Nr. 12, in: Schubert-AGA → 2283

2302   – V. 39ff. (»Ein jugendlicher Maienschwung«)
Kanon zu drei Stimmen (WV/Schubert-Franz D 61)
Ser. XXI: _Supplement_ (1897), Nr. 39, in: Schubert-AGA → 2283

2303   – V. 73ff. (»Thronend auf erhab'nem Sitz«)
Männerterzett (TTB) a cappella (WV/Schubert-Franz D 62)
Ser. XXI: _Supplement_ (1897), Nr. 40, in: Schubert-AGA → 2283

507

Hier allerdings nur unvollst. wiedergegeben.

- S. 108f. (erstmals vollständig) in: Fritz Racek, *Von den Schubert-Hand-schriften der Stadtbibliothek*, in: *Festschrift zum hundertjährigen Beste-hen der Wiener Stadtbibliothek 1856–1956.* Wien: 1956 (= *Wiener Schrif-ten*, Heft 4).

2304 – V. 83ff. (»Majestätische Sonnenrosse«)
Männerterzett (TTB) a cappella (WV/Schubert-Franz D 64)
Ser. XXI: *Supplement* (1897), Nr. 41, in: Schubert-AGA → 2283

2305 – V. 153ff. (»Liebe rauscht der Silberbach«); hier unter dem Titel: *Liebe*
Männerquartett (TTBB) a cappella (WV/Schubert-Franz D 983 A)
Nr. 2 in: ders., *Vier Gesänge für vier Männerstimmen ohne Begleitung*, op. 17. –
Wien: Cappi & Diabelli [1823]. – Verl.-Nr. *1176*.
Nicht datierbare Vertonung.

Des Mädchens Klage (»Der Eichwald brauset«)
Für eine Singstimme mit Klavierbegleitung

2306 1. Komposition – 1811 oder 1812 (WV/Schubert-Franz D 6)
Ser. XX: *Lieder und Gesänge*, Bd. 1 (1894), Nr. 2, in: Schubert-AGA → 2283

2307 2. Komposition in zwei Fassungen – 1815 (WV/Schubert-Franz D 191)
Siehe auch die wirkungsgeschichtlichen Nachwirkungen dieses Liedes in einem Tanzspiel
von H. Hauska (→ 892), M. Kagels musiktheatralischem Werk ›Aus Deutschland‹ (→ 1109+1)
und Schuberts Oper ›Die Bürgschaft‹ (→ 2310).

1. Fassung
Ser. XX: *Lieder und Gesänge*, Bd. 2 (1894), Nr. 67, in: Schubert-AGA → 2283

2. Fassung
Nr. 3 in: ders., [3] *Gedichte von Fried. von Schiller*, op. 58 → 2286

2308 3. Komposition – 1816 (WV/Schubert-Franz D 389)
S. 12ff. der Notenbeilage in: August Reissmann, *Franz Schubert. Sein Leben und seine Werke.* – Berlin: Guttentag 1873 (hier aber irrtümlich als *Erste Bearbei-tung* bezeichnet).

Die Bürgschaft (»Zu Dionys, dem Tyrannen, schlich Damon«; hier in der Ge-dichterstfassung: »... schlich Möros«)

2309 1. Komposition – 1815 (WV/Schubert-Franz D 246)
Für eine Singstimme mit Klavierbegleitung
Nachlaß-Lieferung 8. – Wien: Diabelli [1830]. – Verl.-Nr. *3705*.
1815 komponiert. – Einen Abschnitt der Vertonung verwendete Schubert als Orchestervor-spiel zum letzten Teil der Nr. 14 in der Opernfassung (s. anschließenden Nachweis).

2310 2. Komposition – 1816 (WV/Schubert-Franz D 435)
Die Bürgschaft. Oper in drei Akten; Libretto von einem unbekannten Verfasser
Ser. XV: *Dramatische Musik*, Bd. 7 (1893), in: Schubert-AGA → 2283
1816 komponiert; 1. und 2. Akt vollständig ausgeführt, vom 3. Akt liegen nur das Vorspiel
und unvollständig die darauf folgende Musiknummer vor. Vom verschollenen Libretto sind
nur die vertonten Passagen erhalten (gesprochene Dialoge und Text nach der letzten Mu-siknummer fehlen). – Konzertante Uraufführung des Fragments: Wien, 7. März 1908 (Wie-ner Schubertbund); s. WV/Schubert-Franz, S. 257ff.

Die Komponisten und ihre Werke

Sebastian Krahnert vervollständigte die letzte erhaltene Musiknummer (Ensemble Theages und Chor der Wachen) und fügte noch fünf orchestrierte Lieder von F. Schubert nach Schiller-Texten für die szenische Aufführung hinzu:

- An die Freude (WV/Schubert-Franz D 189) → 2285
- Der Pilgrim (WV/Schubert-Franz D 794) → 2299
- Des Mädchens Klage (WV/Schubert-Franz D 191) → 2307
- Hoffnung (WV/Schubert-Franz D 637) → 2334
- Sehnsucht (WV/Schubert-Franz D 636) → 2343

Uraufführung dieser Version: Jena, 25. Juni 2005 (Innenhof des Hauptgebäudes der Friedrich-Schiller-Universität), mit Patrick Rohbeck (Dionys), Ingolf Seidel (Möros), Florian Hartfield (Theages) u. a., dem Universitäts- und Studentenchor, dem Vokalkomitee der Universität sowie der Jenaer Philharmonie unter der Leitung von Universitätsmusikdirektor Sebastian Krahnert; Inszenierung: Patrick Rohbeck; s. Programmheft (von S. Krahnert freundlicherweise zur Verfügung gestellt).

Die Entzückung, an Laura (»Laura, über diese Welt zu flüchten«)
Für eine Singstimme mit Klavierbegleitung

2311 1. Komposition – 1816 (WV/Schubert-Franz D 390)
Ser. XX: _Lieder und Gesänge_, Bd. 4 (1895), Nr. 195, in: Schubert-AGA → 2283

2312 2. Komposition – 1817 (WV/Schubert-Franz D 577)
Ser. XX: _Lieder und Gesänge_, Bd. 10 (1895), Nr. 597, in: Schubert-AGA → 2283

Nur als Entwurf ausgeführt (zwei Bruchstücke).

2313 Die Erwartung (»Hör' ich das Pförtchen nicht gehen?«)
Für eine Singstimme mit Klavierbegleitung (WV/Schubert-Franz D 159)

1816 in zwei Fassungen komponiert.

1. Fassung
Ser. IV: _Lieder_, Bd. 7 (1968), S. 141ff., in: Schubert-NGA → 2291

2. Fassung (op. posth. 116)
Wien: Leidesdorf [1829]. – Verl.-Nr. _1153_.

... seinem Freunde Joseph Hüttenbrenner gewidmet.

Die Götter Griechenlands (»Da ihr noch die Welt regieret«)

2314 – V. 89ff. (»Schöne Welt, wo bist du?«); hier unter dem Titel: [12.] _Strophe von Schiller_
Für eine Singstimme mit Klavierbegleitung (WV/Schubert-Franz D 677)

1819 in zwei Versionen komponiert, die jeweils auf der kürzeren Zweitfassung von Schillers Gedicht beruhen.

1. Fassung
Ser. XX: _Lieder und Gesänge_, Bd. 6 (1895), Nr. 371, in: Schubert-AGA → 2283

2. Fassung
Nr. 1 in: ders., [5 Lieder] _Nachlaß-Lieferung_ 42. – Wien: Diabelli [1848]. – Verl.-Nr. _8819_.

Siehe auch: Rudi Spring, _Schubert-Tryptichon_ (→ 2497).

Die Schlacht (»Schwer und dumpfig, eine Wetterwolke«)
Beide anschließend nachgewiesenen Vertonungen werden mit einem Marsch in h-Moll eingeleitet (jeweils etwas mehr als 30 Takte), der später in einer vierhändigen Fassung die Nr. 1 der ›Trois Marches Héroiques‹ op. 27 (WV/Schubert-Franz D 602) bildet (1818 oder 1824 komponiert).

Verzeichnis der musikalischen Werke

2315   1. Komposition – 1815 (WV/Schubert-Franz D 249)
Vermutlich für eine Singstimme mit Klavierbegleitung
Ser. III: *Mehrstimmige Gesänge*, Bd. 2b (2006), Nr. 11, in: Schubert-NGA
→ 2291

Die Vertonung liegt nur in einem frühen Entwurfsstadium vor (Klavierpartie ohne Vokal-
stimme), weshalb die vorgesehene Besetzung nicht sicher klärbar ist (im WV/Schubert-
Franz gleichwohl als *Lied* charakterisiert).

2316   2. Komposition – 1816 (WV/Schubert-Franz D 387)
Kantate für Soli, Chor und Klavier
Ser. XXI: *Supplement* (1897), Nr. 44, in: Schubert-AGA → 2283

Aufgrund des frühen Entwurfsstadiums sind nähere Besetzungsangaben nicht möglich.

2317   Die vier Weltalter (»Wohl perlet im Glase der purpurne Wein«)
Für eine Singstimme mit Klavierbegleitung (WV/Schubert-Franz D 391)
Nr. 3 in: ders., *Drey Gedichte*, op. posth. 111 → 2285

1816 komponiert.

2318   Die zwei Tugendwege (»Zwei sind der Wege«)
Männerterzett (TTB) a cappella (WV/Schubert-Franz D 71)
Ser. XIX: *Kleinere drei- und zweistimmige Gesangwerke* (1892), Nr. 14, in:
Schubert-AGA → 2283

Am 15. Juli 1813 komponiert (wohl in Zusammenhang mit F. Schuberts Unterricht bei
A. Salieri).

Dithyrambe (»Nimmer, das glaubt mit, erscheinen die Götter«)

2319   1. Komposition – 1813 (WV/Schubert-Franz D 47)
Für zwei Soli (TB) und vierstimmigen gemischten Chor (SATB) mit Klavierbegleitung
Ser. III: *Mehrstimmige Gesänge*, Bd. 2b (2006), S. 295ff., in: Schubert-NGA
→ 2291

Nicht vollständig ausgearbeitet (nur zwei Bruchstücke überliefert).

2320   2. Komposition – 1826 (WV/Schubert-Franz D 801)
Für Bass mit Klavierbegleitung
Nr. 2 in: ders., [Zwei Lieder] *Greisen-Gesang [...] und Dithyrambe*, op. 60. –
Wien: Czerny [1826]. – Verl.-Nr. *195* [Pl.-Nr. *192*].

2321   Eine Leichenphantasie (»Mit erstorb'nem Scheinen steht der Mond«)
Für eine Singstimme mit Klavierbegleitung (WV/Schubert-Franz D 7)
Ser. XX: *Lieder und Gesänge*, Bd. 1 (1894), Nr. 3, in: Schubert-AGA → 2283

Wahrscheinlich 1811 komponiert. – Das Lied wurde aufgrund einer missverständlichen Formulierung in Ferdinand Schuberts Verzeichnis gelegentlich mit der vierhändigen Klavierfantasie D 1 verwechselt. – Von U. Süße 2005 in seiner ›Schiller-Trilogie‹ einbezogen (→ 2571).

Elysium. Eine Kantate (»Vorüber die stöhnende Klage«).

2322   Für eine Singstimme mit Klavierbegleitung, *Nachlaß-Lieferung* 6 (WV/Schu-
bert-Franz D 584)
Wien: Diabelli [1830]. – Verl.-Nr. *3636*.

1817 komponiert.

Die anschließend dokumentierten Teilvertonungen sind 1813 komponiert
worden; alle entstanden vermutlich im Rahmen des Unterrichts bei A. Salieri.

510

Die Komponisten und ihre Werke

2323 – V. 1ff. (»Vorüber die stöhnende Klage«)
Männerterzett (TTB) a cappella (WV/Schubert-Franz D 53)
Ser. XIX: *Kleinere drei- und zweistimmige Gesangwerke* (1892), Nr. 9, in: Schubert-AGA → 2283

– V. 13ff. (»Unendliche Freude durchwallet das Herz«)

2324 1. Komposition (WV/Schubert-Franz D 51)
Männerterzett (TTB) a cappella
Ser. XXI: *Supplement* (1897), Nr. 137, in: Schubert-AGA → 2283

2325 2. Komposition (WV/Schubert-Franz D 54)
Kanon zu drei Männerstimmen (TTB) a cappella
S. 3 des Notenteils von: A. Reissmann, *Franz Schubert* → 2308

· Idem. – S. 255 des 3. Bandes in: *Der Kanon* → 155

2326 – V. 17ff. (»Hier strecket der wallende Pilger«)
Männerterzett (TTB) a cappella (WV/Schubert-Franz D 57)
Ser. XXI: *Supplement* (1897), Nr. 38, in: Schubert-AGA → 2283

2327 – V. 23ff. (»Dessen Fahne Donnerstürme wallte«)
Männerterzett (TTB) a cappella (WV/Schubert-Franz D 58)
Ser. XIX: *Kleinere drei- und zweistimmige Gesangwerke* (1892), Nr. 10, in: Schubert-AGA → 2283

2328 – V. 29ff. (»Hier umarmen sich getrennte Gatten«)
Männerterzett (TTB) a cappella (WV/Schubert-Franz D 60)
Ser. XIX: *Kleinere drei- und zweistimmige Gesangwerke* (1892), Nr. 11, in: Schubert-AGA → 2283

Gruppe aus dem Tartarus (»Horch – wie Murmeln des empörten Meeres«)
Für eine Singstimme mit Klavierbegleitung

2329 1. Komposition (Fragment) – 1816 (WV/Schubert-Franz D 396)
Ser. IV: *Lieder*, Bd. 2b (1975), Anh. 1, S. 271f., in: Schubert-NGA → 2291

2330 2. Komposition – 1817 (WV/Schubert-Franz D 583)
Nr. 1 in: ders., *Gruppe aus dem Tartarus* [...] *Schlummerlied* [...] *Zwey Gedichte*, op. 24. – Wien: Sauer & Leidesdorf [1823]. – Verl.-Nr. *429*.

· Bearbeitet für eine Singstimme mit Orchesterbegleitung von Johannes Brahms. – Hg. von Otto Erich Deutsch. – London: Oxford Press 1937. – Partitur. – WV/Schubert-Franz, S. 639f. WV/Brahms, S. 639f. (Anh. Ia Nr. 14). Hofmann, Brahms, S. 366f.

2331 – V. 4ff. (»Schmerz verzerret ihr Gesicht«)
Kanon zu drei Männerstimmen (TTB), Entwurf (WV/Schubert-Franz D 65)
Ser. XIX: *Kleinere drei- und zweistimmige Gesangwerke*, Anh. I (1892), Nr. 35, in: Schubert-AGA → 2283

1813 wohl in Zusammenhang mit F. Schuberts Unterricht bei A. Salieri entstanden.

2332 Hektors Abschied (»Will sich Hektor ewig von mir wenden«)
Für eine Singstimme mit Klavierbegleitung (WV/Schubert-Franz D 312)
1815 in zwei Fassungen komponiert.

1. Fassung
Ser. XX: *Lieder und Gesänge*, Bd. 3 (1895), Nr. 159, in: Schubert-AGA → 2283

Verzeichnis der musikalischen Werke

2. Fassung
Nr. 1 in: ders., [3] *Gedichte von Fried. von Schiller*, op. 58 → 2286

Hoffnung (»Es reden und träumen die Menschen viel«)
Für eine Singstimme mit Klavierbegleitung

2333   1. Komposition – 1815 (WV/Schubert-Franz D 251)
Nr. 23 in: ders., *Neueste Folge nachgelassener Lieder* → 2287

2334   2. Komposition – wahrscheinlich 1819 (WV/Schubert-Franz D 637); hier unter dem Titel: *Die Hoffnung*
Nr. 2 in: ders., [3 Lieder], op. 84 → 2297
Siehe auch Schuberts Oper ›Die Bürgschaft‹ (→ 2310). – Von U. Süße 2005 in seiner ›Schiller-Trilogie‹ einbezogen (→ 2572).

2335   **Klage der Ceres (»Ist der holde Lenz erschienen«)**
Für eine Singstimme mit Klavierbegleitung (WV/Schubert-Franz D 323)
Ser. XX: *Lieder und Gesänge*, Bd. 3 (1895), Nr. 172, in: Schubert-AGA → 2283
1815/16 komponiert. – Die T. 143–203 (von insgesamt 463 T.) liegen in zwei Fassungen vor, von denen in der AGA die zweite veröffentlicht worden ist.

2336   **Laura am Klavier (»Wenn dein Finger durch die Saiten meistert«)**
Für eine Singstimme mit Klavierbegleitung (WV/Schubert-Franz D 388)
Ser. XX: *Lieder und Gesänge*, Bd. 4 (1895), Nr. 193, in: Schubert-AGA → 2283
1816 in zwei Fassungen komponiert, die beide hier veröffentlicht worden sind.

2337   *Lied (»Es ist so angenehm, so süß«)*; Textauthentizität unsicher
Für eine Singstimme mit Klavierbegleitung (WV/Schubert-Franz D 284)
Ser. XX: *Lieder und Gesänge*, Bd. 3 (1895), Nr. 137, in: Schubert-AGA → 2283
1815 komponiert.

Morgenphantasie (»Frisch atmet des Morgens lebendiger Hauch«); hier in der Gedichterstfassung mit dem Titel: Der Flüchtling

2337+1 1. Komposition – 1813 (Vertonung lediglich der ersten Strophe)
Männerterzett (TTB) a cappella (WV/Schubert-Franz D 67)
Ser. XXI: *Supplement* (1897), Nr. 42, in: Schubert-AGA → 2283

2337+2 2. Komposition – 1816 (vollst. Vertonung)
Für eine Singstimme mit Klavierbegleitung (WV/Schubert-Franz D 402)
Nr. 36 in: ders., *Neueste Folge nachgelassener Lieder und Gesänge von Franz Schubert* → 2287

2338   *Nacht und Träume (»Heil'ge Nacht, du sinkest nieder«)*; Schiller zugeschriebener Text von Matthäus von Collin
Für eine Singstimme mit Klavierbegleitung (WV/Schubert-Franz D 827)
Vor Juni 1823 in zwei Fassungen komponiert.

1. Fassung
Ser. IV: *Lieder*, Bd. 2b (1975), S. 267f, in: Schubert-NGA → 2291

2. Fassung
Nr. 2 in: [2 Lieder] *Die junge Nonne* [...] *Nacht und Träume*, op. 43. – Wien: Pennauer [1825]. – Verl.-Nr. *136*. – WV/Schubert-Franz, S. 522f.

512

Die Komponisten und ihre Werke

2339 Punschlied (»Vier Elemente, innig gesellt«)
Männerterzett (TTB) mit Klavierbegleitung (WV/Schubert-Franz D 277)
Ser. XIX: _Kleinere drei- und zweistimmige Gesangwerke_ (1892), Nr. 7, in: Schubert-AGA → 2283

1815 komponiert.

2340 Punschlied. Im Norden zu singen (»Auf der Berge freien Höhen«)
1815 in zwei Fassungen komponiert (beide WV/Schubert-Franz D 253).

1. Fassung
Für eine Singstimme mit Klavierbegleitung

2. Fassung
Für zwei Singstimmen a cappella

Beide Fassungen unter Nr. 42 in: _Schubert-Album_ → 2290

2341 Ritter Toggenburg (»Ritter, treue Schwesterliebe widmet Euch dies Herz«)
Für eine Singstimme mit Klavierbegleitung (WV/Schubert-Franz D 397)
Nr. 2 in: ders., [2 Lieder], _Nachlass-Lieferung_ 19. – Wien: Diabelli [1832]. –
Verl.-Nr. _4267._

1816 komponiert.

Sehnsucht (»Ach, aus dieses Tales Gründen«)
Für eine Singstimme mit Klavierbegleitung

2342 1. Komposition – 1813 (WV/Schubert-Franz D 52)
Nr. 1 in: ders., _Sechs bisher ungedruckte Lieder_, hg. von Franz Espagne. – Berlin: Müller 1868.

2343 2. Komposition – 1821 (WV/Schubert-Franz D 636), op. 39

1. Fassung
Ser. IV: _Lieder_, Bd. 2b (1975), S. 250ff., in: Schubert-NGA → 2291

2. Fassung
Ser. XX: _Lieder und Gesänge_, Bd. 6 (1895), Nr. 357, in: Schubert-AGA → 2283

3. Fassung
Wien: Pennauer [1826]. – Verl.-Nr. _207._

Siehe auch Schuberts Oper ›Die Bürgschaft‹ (→ 2310) bzw. Rudi Spring, _Schubert-Tryptichon_
(→ 2497).

Sprüche des Konfuzius – Nr. 1 (»Dreifach ist der Schritt der Zeit«)
1813 in drei Versionen vermutlich für den Unterricht bei A. Salieri entstanden, der diesen
Text ebenfalls vertont hat (→ 2157).

2344 1. Komposition (WV/Schubert-Franz D 43)
Männerterzett (TTB) a cappella
Ser. XXI: _Supplement_ (1897), Nr. 43, in: Schubert-AGA → 2283

2345 2. Komposition (WV/Schubert-Franz D 69)
Kanon zu drei Stimmen
Ser. XIX: _Kleinere drei- und zweistimmige Gesangwerke_ (1892), Nr. 23, in:
Schubert-AGA → 2283

· Idem. – S. 252 des 3. Bandes in: _Der Kanon_ → 155

· Idem. – S. 200 in: _Rundadinella_ → 1300

513

Verzeichnis der musikalischen Werke

2346   3. Komposition (WV/Schubert-Franz D 70)
       Männerterzett (TTB) a cappella
       Ser. III: *Mehrstimmige Gesänge*, Bd. 4 (1974), Anh. I, S. 177, in: Schubert-NGA
       → 2291

       Thekla. Eine Geisterstimme (»Wo ich sei und wo mich hingewendet«)
       Für eine Singstimme mit Klavierbegleitung
2347   1. Komposition – 1813 (WV/Schubert-Franz D 73)
       Nr. 2 in: ders., *Sechs bisher ungedruckte Lieder* → 2342
2348   2. Komposition – beide Fassungen 1817 (WV/Schubert-Franz D 595)
       1. Fassung
       Ser. XX: *Lieder und Gesänge*, Bd. 5 (1895), Nr. 334, in: Schubert-AGA → 2283
       2. Fassung
       Nr. 2 in: [4 Lieder], op. 88. – Wien: Weigl [1827]. – Verl.-Nr. *2696*.

SCHUBERT, Heino (geb. 1928)

Macbeth. Zur Vorstellung auf dem Hoftheater in Weimar eingerichtet von
Friedrich Schiller
2349   – V. 741ff. (Pförtner: »Verschwunden ist die finst're Nacht«); hier unter dem
       Titel: *Morgenlied*
       Dreistimmiger gemischter Chor a cappella bzw. dreistimmiger Frauenchor a
       cappella
       Freiburg im Breisgau: Christophorus 1959 (= *Christophorus Chorblätter*, Nr.
       22 bzw. Nr. 33). – Jeweils Partitur. – Hofmeister (1961), S. 268.

SCHUBERT, Louis (1828–1884)

2350   *Ouvertüre zur Schiller-Feier* 1859 [wohl für Orchester]
       Uraufführung: Vermutlich Königsberg um den 10. November 1859. – Die einschlägigen Lexi-
       ka schweigen sich über Schuberts Wirkungsort zwischen 1852 und 1862 aus, doch ist für
       1861 die Uraufführung einer Oper in Königsberg nachweisbar.
       QUELLE: *Lex. dt.-balt. Musik*, S. 235; Erwähnung innerhalb des Artikels über Ludwig Schubert
       (1806–1850 oder nach 1859), allerdings mit dem Hinweis, dass es sich beim Komponisten
       der Ouvertüre doch um Louis Schuberth handeln müsste.

SCHUBRING, Marc (geb. 1968)

Wilhelm Tell. Schauspiel
2351   *Tell – Das Musical.* Textbuch: Hans Dieter Schreeb; Liedtexte: Wolfgang Aden-
       berg

       Berlin: Gallissas 2012. – Aufführungsmaterial. – Homepage des Verlages.
       Ab 2010 komponiert; Orchestrierung von Stefan Mens. – Uraufführung: Walenstadt, 18. Juli
       2012 (Walensee-Bühne), mit Fabian Egli (Wilhelm Tell), Annette Huber (Walter Tell), Bruno
       Grassini (Heinrich Gessler, Reichsvogt in Schwyz und Uri), Christoph Wettstein (Walther
       Fürst) u. a. unter der musikalischen Leitung von Andreas Felber; Regie: Nico Rabenald (zog
       sich allerdings eine Woche vor der Premiere wegen Meinungsverschiedenheiten aus dem
       Projekt zurück) und Christopher Töller.
       QUELLEN: Zeitgenössische Presseberichte. Programmheft der Uraufführung.

Die Komponisten und ihre Werke

SCHUCKER, Louis (?–?)

2352 Die Schlacht (»Schwer und dumpfig, eine Wetterwolke«)
Für Chor und Orchester
Autographe Partitur, 1840. – RISM-OPAC.

Seiner Gnädigsten Durchlaucht, dem Fürsten [Carl Egon?] *von Fürstenberg aus besonderer Hochachtung unterthänigst gewidmet.*

SCHULTZ, Adam (?–1891)

Die Bürgschaft (»Zu Dionys, dem Tyrannen, schlich Damon«)

2353 *Die Bürgschaft.* Operette

QUELLE: Stieger (ohne weitere Angaben).

SCHULTZ, Ch. (?–?)

Bisher nicht zuverlässig identifizierbar. Zeitübliche Ungenauigkeiten beim Familienname lassen auch andere Schreibweisen zu (etwa »Schulz« oder sogar »Schulze«); der abgekürzte Vorname könnte für »Charles« (und damit auch »Carl« oder »Karl«) sowie »Christian« oder »Christoph« stehen. Immerhin denkbar wäre, dass damit Johann Philipp Christian Schulz gemeint ist, von dem aber keine Vertonung des Gedichts bekannt ist (→ 2359 bis 2365).

2354 Der Jüngling am Bache (»An der Quelle saß der Knabe«); hier unter dem Titel:
Hohe Liebe
Für eine Singstimme mit Klavierbegleitung
Nr. 37 des 1. Bandes in: *Unsere Lieder* → 17

Anonym mit etwas abweichender Melodie überliefert (→ 8).

SCHULTZ, Wilhelm (?–?)

2355 An die Freude (»Freude, schöner Götterfunken‹)
Rundgesang mit Klavierbegleitung
Nr. 5 in: *Schillers Ode an die Freude* → 369 (Ausgabe 1)

· Idem. – Nr. 6 in: *Vierzehn Compostionen zu Schillers Ode an die Freude*
→ 369 (Ausgabe 2)

· Idem. – Nr. 22 in: [41] *Frühe Schiller-Vertonungen bis 1825* → 141

SCHULTZE, Martin (1835–1899)

2356 Der Spaziergang (»Wie herrlich leuchtet mir die Natur«); *lyrisch erweitert von Dr. Adolf Prowe*
Für Solo, vierstimmigen gemischten Chor (SATB) mit verbindender Deklamation und Orchester oder mit Klavierbegleitung
Darmstadt: Schultze 1909. – Stimmen; Klavierauszug. – BSB-Musik Bd. 14, S. 5904.

· Bremen: Praeger & Meier, o. A. – Chor- und Orchesterstimmen; Klavierauszug. – Pazdírek Bd. 10, S. 708.

515

Verzeichnis der musikalischen Werke

SCHULZ, Ferdinand (1821–1897)

2357 Sehnsucht (»Ach, aus dieses Tales Gründen«)
Zweistimmiger Chor (SA) mit Klavierbegleitung
Nr. 23 in: _Vierzig Schiller-Lieder_ → 2685

Dortige Quellenangabe: _Arion. Sammlung ein- und zweistimmiger Lieder und Gesänge mit Pianoforte_, hg. von Bernhard Brähmig in drei Heften (Leipzig: Merseburger, o. A.); s. HMB 1861/5, S. 88, 1864/10, S. 207, u. 1868/6, S. 103 (3. Aufl.: HMB 1872/7, S. 148).

• Idem; für vierstimmigen gemischten Chor (SATB) a cappella bearb. von Ferdinand Tritremmel. – Nr. 22 in: _Vierzig Schiller-Lieder_ → 2685

SCHULZ, Johann Abraham Peter (1747–1800)

2358 An die Freude (»Freude, schöner Götterfunken«)
Unterschobene Vertonung von Chr. G. Körner (→ 1243).

SCHULZ, Johann Philipp Christian (1773–1827)

Die Klärung der tatsächlichen (oder wenigstens wahrscheinlichen) Urheberschaft der hier aufgelisteten Werke gehört zu den besonders schwierigen Fällen des vorliegenden Verzeichnisses, was bereits an der zeitüblich unterschiedlichen Schreibweise des Familiennamens – _Schultz, Schultze, Schulz, Schulze_ – liegt. Außerdem ist oftmals kein Vorname – oder aber dieser nur mit _C._ abgekürzt – vorhanden, und letzteres erlaubt auch eine andere Identifizierung (bspw. »Carl«). Unter Berücksichtigung der spärlichen biographischen Informationen und ungeachtet der dürftigen Quellenlage sind aber alle nachstehend genannten Werke höchstwahrscheinlich ihm zuzuschreiben.

2359 Das Geheimnis (»Sie konnte mir kein Wörtchen sagen«)
Für eine Singstimme mit Klavierbegleitung
Nr. 1 in: ders., _Sechs Gedichte von Schiller_, [Friedrich de la Motte] _Fouqué und_ [?] _Schmidt_, op. 11. – Leipzig: Hofmeister, o. A. – Whistling 1828, S. 1097. Freundliche Mitteilung von Dr. Hans Rheinfurth (datiert die Ausgabe auf _1814_).

• Mainz: Schott, o. A. – Kurscheidt, S. 405.

Die Jungfrau von Orleans. Eine romantische Tragödie

2360 Schauspielmusik

Zur Uraufführung des Schauspiels komponiert, die in Leipzig am 11. September 1801 stattgefunden hat (Theater am Rannstädter Tor); vgl. hierzu den anschließenden Kommentar in Zusammenhang mit der Teilausgabe des Monologs der Johanna. – Schiller kam zusammen mit Körner zur Aufführung am 17. September, doch ist von keinem der beiden ein Kommentar zur musikalischen Ausstattung überliefert. – Schilling weist den Komponisten unter der Namensansetzung _Christian Joh. Philipp Schulz_ nach und erwähnt hier die Schauspielmusik (Bd. 6, S. 276). – Schaefer kannte diese Komposition nicht und bezeichnete außerdem die Berliner Premiere vom 23. November 1801 irrtümlich als »Uraufführung«, bei der B. A. Webers Schauspielmusik verwendet worden ist (→ 2796).

Daraus

Obwohl zur vorstehenden Schauspielmusik gehörend, wird diese Teilausgabe aufgrund ihrer wirkungsgeschichtlichen Bedeutung separat gezählt.

2361 – V. 2518ff. (»Die Waffen ruh'n, des Krieges Stürme schweigen«)
Deklamation mit melodramatischer Bläserbegleitung
Klavierauszug ohne Text. Musikbeilage, nach Sp. 1092, in: _Zeitung für die elegante Welt_ vom 10. November 1801→ 779

_____ Die Komponisten und ihre Werke

In der Ueberzeugung, daß Schillers romantische Tragödie: Johanna von Orleans da, wo sie noch nicht auf das Theater gebracht wurde, doch wenigstens schon durch das schöne Ungersche Taschenbuch gekannt seyn wird [die Erstausgabe des Schauspiels war am 12. Oktober 1801 bei Unger in Berlin in dessen ›Kalender auf das Jahr 1802‹ erschienen], *oder bald werden muß – wird heute die Musik zum Monolog der Johanna, zu Anfang des 4ten Aufzugs, gegeben. Diese Musik wurde auf unserm Leipziger Theater hinter der Szene von blasenden Instrumenten gespielt, und brachte in diesem feierlichen Momente, wo das Weib das Göttliche liebend herniederzieht und die Zukunft sich vor uns aufthut, wegen ihrer schönen Einfalt und Innigkeit große Wirkung hervor. [...] Bühnen, welche statt dieses Klavierauszugs die Partitur zu haben wünschen, können diese bei dem Komponisten, Herrn Schulz in Leipzig erhalten* (Zeitung für die elegante Welt vom 10. November 1801, Sp. 1092). Auch danach ist nur die Klavierfassung veröffentlicht worden.

1. Hier unter dem Titel: *Monolog aus Friedrich Schillers Jungfrau von Orleans mit einer harmonischen Begleitung im Clavierauszuge* (hier mit der Namensvariante des Komponisten: *Schulze*). – Leipzig: Richter, o. A. – Verl.-Nr. *77*. – Original (DLA). RISM A I: AN 3135. *Intelligenz-Blatt* Nr. 5 zum 23. Dezember 1801 in: AMZ/1 (Ankündigung der Veröffentlichung mit der Namensvariante *C. Schulz*).

   Ohne genauere Angaben zum Instrumentarium wird in den Noten auf die Originalbesetzung mit Bläserstimmen hingewiesen: *Während daß vorstehender Monolog gesprochen wird, hört man folgende Harmonie hinter der Szene*; obwohl Besetzungshinweise fehlen, so dürfte es sich – gemäß Schillers Anweisung im Dramentext – um *Flöten und Hoboen* gehandelt haben, die allenfalls noch mit Bassinstrumenten (Fagotte?) ergänzt worden sind. – Angehängter Hinweis: *Sollten Theaterdirektionen und Liebhaber sowohl dieses Stück in Partituren, als auch die Ouvertüre und Märsche zu diesem Schauspiele von demselben Componisten verlangen, so können sie sich an den Verleger wenden.* – Beim Exemplar, das in RISM nachgewiesen ist, fehlt das Titelblatt, weshalb es dort nicht identifiziert werden konnte. Die Identität mit der im DLA befindlichen Ausgabe ist jedoch zweifelsfrei geklärt.

2. Hier unter dem Titel: *Harmonie zum Monolog im Schiller'schen Schauspiel: Die Jungfrau von Orleans.* – 1. Jg., 48. Lieferung (29. August 1807; Verl.-Nr. *1280*), S. 381, in: *Musikalisches Wochenblat*[t], *das ist: Eine Sammlung der besten Arien, Duetten, Terzetten, Maersche, Rondos und Ouverturen aus den vorzüglichsten Opern und Ballet*[t]*en für Gesang und Forte-Piano.* Hg. von Matthäus Stegmayer. – Wien: Cappi 1806–1812. – Fellinger, S. 212ff. (hier: S. 222).

   Die Reihe erschien jahrgangsweise in 52, jeweils neu nummerierten Heften mit Verlagsnummern, die zunächst je Quartal, später aber auch für jedes Heft vergeben wurden. – Name des Komponisten hier: *Schulz.*

3. Bearbeitet für Streichquartett. – Nr. 5 des 19. Heftes in: *Journal für Quartetten Liebhaber auf zwey Violinen, Alt et Basso.* – Wien: Chemische Druckerei 1807. – Stimmen (Verl.-Nr. *1173*). – Fellinger, S. 259.

   Fellinger weist 24 Hefte nach, die zwischen dem 25. Juli 1807 und ca. 1810 erschienen sind.

4. Bearbeitet für Klavier. – 4. Jg. (1824), 4. Heft, S. 62f., in: *Polyhymnia* → 1873

   Fellinger, S. 776.

5. Für Physharmonika und Klavier bearb. von Carl Kraegen; hier unter dem Titel: *Zum Monolog in Schillers Jungfrau von Orleans.* – Nr. 2 in: *Piecen für*

517

Verzeichnis der musikalischen Werke

die Physharmonica und das Pianoforte (von einer Person zugleich zu spielen). – Leipzig: Hofmeister, o. A. – Verl.-Nr. *1566.* – Freundliche Mitteilung von Dr. Hans Rheinfurth. HMB 1830/7+8, S. 54.

Knapper Hinweis in: AMZ/1, 5. Januar 1831 (Sp. 15f.).

Außerdem aus der Schauspielmusik

6. *8 pièces de diverses Comédies favorites (Die Jungfrau von Orléans, Die Kreutzfahrer).* – Harmoniemusik *à 6 et 7 Parties.* – Leipzig: Peters, o. A. – Whistling 1828, S. 47.

Beim zweiten der genannten Bühnenwerke dürfte es sich um das seinerzeit häufig gegebene Schauspiel von August von Kotzebue handeln.

7. *Zwei Märsche* für Klavier. – Leipzig: Peters, o. A. – Whistling 1828, S. 884.

2362 Hoffnung (»Es reden und träumen die Menschen viel«)
Vokalquartett mit *willkührlicher* Klavierbegleitung
Nr. 3 in: ders., *Acht vierstimmige Lieder.* – Leipzig: Breitkopf & Härtel, o. A. – Kurscheidt, S. 405. Pazdírek Bd. 10, S. 711.

• Idem. – Nr. 17 in: *Vierzig Schiller-Lieder* → 2685

2363 *Sechs deutsche Lieder von Schiller* mit Klavierbegleitung
Leipzig: [Breitkopf & Härtel?], o. A. – Eitner Bd. 9, S. 95 (ohne Inhaltsnachweis).

Turandot, Prinzessin von China. Ein tragikomisches Märchen nach Carlo Gozzi von Friedrich Schiller

2364 [Zwei Märsche für Klavier zu vier Händen]
Nrr. 4 u. 6 in: ders., *Six Marches pour le Pianoforte à 4 mains,* op. 8. – Leipzig: Breitkopf & Härtel, o. A. – AMZ/1, 26. November 1806, Sp. 140f. (Rezension).

Hier mit dem Komponistennachweis: *C. Schulze.* – ... *déd. à Msr. le Docteur Wendler et son epouse.* – Im Verlauf der Rezension wird ausdrücklich darauf hingewiesen, dass diese Märsche für dieses ›Turandot‹ bestimmt und vom Verfasser für Klavier bearbeitet worden seien.

Wallenstein. Ein dramatisches Gedicht – I. Wallensteins Lager

2365 – V. 1052ff. (Zweiter Kürassier: »Wohl auf, Kameraden, auf's Pferd«)
Rundgesang mit Klavierbegleitung
Nr. 518 in: *Musikalischer Hausschatz* → 1145

Komponistenangabe nur mit dem Vornamen *Christian.* – Am 22. August 1800 in Leipzig (als Teil einer ganzen Schauspielmusik?) erstmals gegeben (Mirow, S. 145).

SCHULZ-BEUTHEN, Heinrich (1838–1915)

Der Gang nach dem Eisenhammer (»Ein frommer Knecht war Fridolin«)

2366 *Fridolin.* Operette; Librettist nicht bekannt

1862 in Breslau uraufgeführt (s. Stieger; keine weiteren Angaben).

Wilhelm Tell. Schauspiel

2367 *Wilhelm Tell.* Sinfonische Dichtung für Orchester

QUELLE: Gatti Bd. 2, S. 1057.

SCHULZ-SCHWERIN, Karl (1845–1913)

Die Braut von Messina oder: Die feindlichen Brüder. Ein Trauerspiel mit Chören

2368 Ouvertüre für Orchester (o. op.)
Leipzig: Eulenburg, o. A. – Partitur (Verl.-Nr. *271*), Orchesterstimmen; Klavier-
auszug zu vier Händen. – HMB 1884/11, S. 292. Sonneck, *Orchestral Music*,
S. 418.

1867 komponiert. – Uraufführung *zur Feier des Geburtstages des Großherzogs Friedrich
Franz II. von Mecklenburg-Schwerin*: Schwerin, 28. Oktober 1869 (*Konzert der Hofkapelle*);
vgl. Schaefer, S. 72.

SCHULZE, A. B. (?–?)

Familienname auch: *Schulz*.

2369 An die Freude (»Freude, schöner Götterfunken«); hier unter dem Titel: *Frei-
maurerlied*
Rundgesang mit Klavierbegleitung
S. 6f. in: ders., *Clavier-Gesänge nebst zwölf Veränderungen auf das Lied aus dem
Wunder-Igel: Flink wie mein Rädchen etc.*, 2. Sammlung. – Königsberg: Ohne
bibliographische Angaben. – RISM A I: S 2403. Original (DLA).

Eine *1. Sammlung* lässt sich bisher (2016) nicht nachweisen. – Das Variationsthema stammt
aus: *Der Wunder-Igel. Eine comische Operette in einem Aufzuge*; Musik von Carl Siegmund
Schönebeck (1758–1800), Libretto von Friedrich Ernst Jester; Uraufführung: Königsberg,
30. August 1795 (vgl. Stieger). Veröffentlichung des Klavierauszugs s. RISM A I: S 2035 (Kö-
nigsberg/Leipzig: Nicolovius/*Breitkopfische Notendruckerei*, o. A.); hier sind die Vornamen
des Librettisten allerdings mit *T. E.* abgekürzt.

- Idem. – Nr. 8 in: *Vierzehn Compostionen zu Schillers Ode an die Freude*
  → 369 (Ausgabe 2)
- Idem. – Nr. 24 in: [41] *Frühe Schiller-Vertonungen bis 1825* → 141

SCHUMANN, Clara (1819–1896)

2370 *Andante* g-Moll für Klavier
Fol. 63a des 2. Bandes in: *Schiller-Album* → 364

Autographe Reinschrift der ersten neun Takte mit der Datierung: *Dresden d. 3ten April 1849.*
Darunter notierte Robert Schumann die Chorfassung seiner Vertonung von ›Der Handschuh‹ (→ 2373).

SCHUMANN, Georg (1866–1952)

Die Braut von Messina oder: Die feindlichen Brüder. Ein Trauerspiel mit Chören

2371 – V. 2267ff. (Erster Chor: »Durch die Straßen der Stadt«); hier unter dem Titel: *Totenklage*
Für vierstimmigen gemischten Chor (SATB) und Orchester, op. 33
Leipzig: Leuckart (Constantin Sander) 1903. – Partitur, Chor- und Streicherstimmen, Bläserstimmen *in Abschrift*; Klavierauszug (Verl.-Nr. *5648*). – Original (DLA). Hofmeister (1904–1908), S. 713.

Uraufführung: Berlin, 22. November 1903 (Berliner Singakademie), unter der Leitung des
Komponisten. – Heute ist das Aufführungsmaterial leihweise bei Thomi-Berg (Planegg bei
München) erhältlich.

Verzeichnis der musikalischen Werke

Hierzu erschien

- Paul Hilscher: *Totenklage aus Schillers Braut von Messina für Chor und Orchester von Georg Schumann Op. 33. Thematisch erläutert.* – Leipzig: Leuckart, o. A. – Original (Slg. GG).

  Georg Schumann hat von vornherein darauf verzichtet, etwa ein Bruchstück einer Oper ›Die Braut von Messina‹ zu geben. Er hat vielmehr den berühmten Chor, der ein Stück der Tragödie des Menschen enthält, losgelöst vom Drama, als ein abgeschlossenes Ganzes aufgefasst und [...] Todesfurcht, Todessehnen und die herbe Ermahnung an die Vergänglichkeit alles Irdischen – diese allgemein menschlichen Seelenvorgänge – von seinem Gesichtspunkt als Musiker betrachtet und dargestellt. Damit hat er das Richtige, oder vielmehr das Innerlich-Wahre, getroffen, denn er hat damit glücklich die gefährliche Klippe vermieden, die antikisierende Chorsprache Schiller's durch eine gleichfalls antikisierende Tonsprache dem griechischen Vorbilde nahe bringen zu wollen, ein Versuch, der noch immer gescheitert ist (S. 3).

2372 Sehnsucht (»Ach, aus dieses Tales Gründen«)
Für vierstimmigen gemischten Chor (SATB) und Orchester, op. 40
Leipzig: Leuckart 1905. – Chorstimmen, Klavierauszug (Verl.-Nr. *5864*). – Original (DLA). Hofmeister (1904–1908), S. 714.

Widmung: *Frau Helene Ahl.* – Uraufführung: Berlin, 28. Oktober 1904 (Berliner Singakademie), unter der Leitung des Komponisten. – *Der Direktor der Berliner Singakademie kennt ausser seinem Bach und Beethoven nicht minder auch den in einer besonderen harmonischen Farbenmischung liegenden, mehr glutvollen Glanz und sinnlichen Zauber der nach-Wagnerschen Aera. Dies beweist deutlich dieses sein neuestes Chorwerk. [...] Ungewöhnliche Schwierigkeiten bietet das Ganze nirgends, und wir empfehlen das nicht übermässig lang ausgesponnene, [...] edle und ungemein klangschöne Werk unseren Chorgesangvereinen wärmstens* (NZfM vom 26. Juli 1905, S. 627). – Heute ist das Aufführungsmaterial leihweise bei Thomi-Berg (Planegg bei München) erhältlich.

Hierzu erschien

- Paul Hilscher: *Sehnsucht [...] von Georg Schumann Op. 40. Thematisch erläutert.* – Leipzig: Leuckart, o. A. – Original (DLA).

SCHUMANN, Robert (1810–1856)

Diee Kompositionen von R. Schumann sind heute leicht zugänglich. Die anschließenden Nachweise beschränken sich deshalb auf den Erstdruck (Erscheinungsjahr jeweils nach den Angaben des WV/Schumann ergänzt).

1834 gründete Schumann zusammen mit einigen Freunden die *›Neue Zeitschrift für Musik‹* (zuerst unter dem Titel *›Neue Leipziger Zeitschrift für Musik‹* erschienen), die er bis Sommer 1844 herausgab. Während dieser Zeit und noch bis Ende 1844 beginnt jede Nummer mit einem dichterischen Motto, unter denen sich auch viele Schiller-Zitate befinden; diese sind im vorliegenden Kompendium separat unter *›Neue Zeitschrift für Musik‹* nachgewiesen (→ 1747).

2373 Der Handschuh (»Vor seinem Löwengarten, das Kampfspiel zu erwarten«)
1. Fassung – 1849
Vierstimmiger gemischter Chor (SATB) a cappella (o. op.)
Fol. 63a des 2. Bandes in: *Schiller-Album* → 364

Zu Lebzeiten des Komponisten nicht veröffentlicht. – Autographe Reinschrift der Partitur mit der Datierung: *Dresden den 3ten April 1849.* Auf der gleichen Seite befindet sich darüber der Beitrag von Clara Schumann (→ 2370).

- Mainz: Schott 1988. – Partitur, hg. von Bernhard R. Appel (Verl.-Nr. *46488*). – WV/Schumann S. 385f.

Die Komponisten und ihre Werke

Uraufführung im Rahmen des 3. Schumannfestes: Düsseldorf, 1. Juni 1988, Niederrheinische Chorgemeinschaft, unter der Leitung von Hartmut Schmidt.

2. Fassung – 1850
Für eine Singstimme mit Klavierbegleitung, op. 87
Leipzig: Whistling, o. A. – Verl.-Nr. _636_. – Original (DLA). Hofmann, _Schumann_, S. 190f. WV/Schumann, S. 386 (demnach _1850_ erschienen).

Umarbeitung des Chorsatzes, dessen musikalische Substanz nahezu unangetastet blieb. Daraus erklärt sich der statisch wirkende Charakter der »Liedfassung«, der für diese Gattung, besonders aber für eine Ballade, völlig ungewöhnlich ist.

Die Braut von Messina oder: Die feindlichen Brüder. Ein Trauerspiel mit Chören

2374 Oper. – WV/Schumann, S. 433 u. 711 (H 36; nicht ausgeführter Kompositionsplan aus dem Jahr 1850).

2375 Chöre. – WV/Schumann, S. 433f. u. 725 (L 5; nicht ausgeführter Kompositionsplan aus dem Jahr 1850).

Realisiert wurde

2376 _Ouvertüre zur ›Braut von Messina‹_ für großes Orchester, op. 100.
Leipzig: Peters 1851. – Partitur (Verl.-Nr. _3450_), Orchesterstimmen (Verl.-Nr. _3436_); für Klavier zu zwei Händen bearb. vom Komponisten (Verl.-Nr. _3444_), zu vier Händen von Heinrich Enke und vom Komponisten revidiert (Verl.-Nr. _3481_). – Hofmann, Schumann, S. 218f. WV/Schumann, S. 433ff. Original (DLA). Pelker, S. 722–726.

1850/51 entstanden, nachdem sich Schumann zunächst mit den Kompositionsplänen zu einer Oper bzw. zu Chören beschäftigt hatte (→ 2374 u. 2375). – Uraufführung: Düsseldorf, 13. März 1851 (Geislerscher Saal, 8. Konzert des Allgemeinen Musikvereins), unter der Leitung des Komponisten.

Die Verschwörung des Fiesco zu Genua. Ein republikanisches Trauerspiel

2377 Oper. – WV/Schumann, S. 706 (H 22; nicht ausgeführter Kompositionsplan aus dem Jahr 1850).

Eine Leichenphantasie (»Mit erstorb'nem Scheinen steht der Mond«)

2378 _Leichenphantasie_ für Klavier
Zeitweise Titelgebung für: ders., [4] _Nachtstücke_, op. 23. – Wien: Mechetti, o. A. – Verl.-Nr. _3288_. – Hofmann, _Schumann_, S. 58f. WV/Schumann, S. 94ff. (demnach _1840_ erschienen)

Schumann schrieb während der Arbeit an seinem op. 23 am 7. April 1839 aus Wien an Clara Wieck, seine spätere Frau: Er habe gerade eine Ahnung, dass sein Bruder Eduard gestorben sei: _... ich hatte sie in den Tagen vom 24sten bis 27sten März bei meiner neuen Composition; es kommt darin immer eine Stelle vor, auf die ich immer zurückkam; die ist, als seufzte Jemand recht aus schwerem Herzen ‚ach Gott' – ich sah bei der Composition immer Leichenzüge, Särge, unglückliche verzweifelte Menschen, und als ich fertig war und lang nach einem Titel suchte, kam ich immer auf den: Leichenphantasie_ (zitiert nach WV/Schumann, S. 94f.). Den gleichen Titel erwähnte er kurz zuvor in seinem Tagebuch (Eintrag vom 31. März 1839; vgl. WV/Schumann, ebd.). Ob sich dies tatsächlich auf Schillers Gedicht bezieht, kann zwar nicht zweifelsfrei belegt werden, doch ist in solchen Fällen immer die große Popularität des »Nationaldichters« zu berücksichtigen; außerdem kann man beim literarisch bestens bewanderten Schumann mindestens von einer unbewussten Assoziation ausgehen. – Der endgültig gewählte Titel hat gleichfalls einen literarischen Bezug, nämlich zu den 1817 erstmals veröffentlichten ›Nachtstücken‹ von Ernst Theodor Amadeus Hoffmann.

Verzeichnis der musikalischen Werke

Maria Stuart. Ein Trauerspiel

2379 Oper. – WV/Schumann, S. 711 (H 36; nicht ausgeführter Kompositionsplan aus dem Jahr 1845).

Wilhelm Tell. Schauspiel

2380 – V. 13ff. (Hirtenknabe: »Ihr Matten, lebt wohl«); hier unter dem Titel: *Des Sennen Abschied*
Für eine Singstimme mit Klavierbegleitung
Nr. 23 in: ders., [29] *Lieder für die Jugend*, op. 79. – Leipzig: Breitkopf & Härtel, o. A. – Verl.-Nr. *8062*. – Hofmann, *Schumann*, S. 172f. WV/Schumann, S. 338ff. (demnach *1849* erschienen).

Die angegebene Fassung des Gesamttitels entspricht derjenigen auf der Haupttitelseite; der Umschlagtitel lautet hingegen ›*Lieder-Album für die Jugend*‹ (diese Version wird meistens für das op. 79 verwendet).

2381 – V. 1465ff. (Walter Tell: »Mit dem Pfeil, dem Bogen«); hier unter dem Titel: *Des Buben Schützenlied*
Für eine Singstimme mit Klavierbegleitung
Nr. 26 in: ders., [29] *Lieder für die Jugend*, op. 79 → 2380

· Idem. – Nr. 125 in: *Hilfsbuch für den Unterricht im Gesange auf den höheren Schulen*. Nach neuen Gesichtspunkten bearb. von Karl Schmidt. – Leipzig: Breitkopf & Härtel 1902. – Original (Slg. GG).

Enthält überwiegend einstimmig, vielfach auch zweistimmig notierte Gesänge (223 Nrn., darunter gelegentlich unter einer Nr. zwei oder drei verschiedene Vertonungen eines Textes), deren Auswahl *zur Erfassung der Volksseele* beitragen soll (Vorwort, S. VIII). Sofern es sich um Kunstlieder handelt, sind ggf. Pausentakte einbezogen, die den Instrumentalabschnitten des Originals entsprechen. Zu jedem Stück wurden knappe Informationen zur Textquelle und (soweit möglich) zum Komponisten beigefügt (dabei noch Hinweise auf berühmte Liedersammlungen, wie z. B. die von Franz Magnus Böhme, Ludwig Erk oder Gottfried Wilhelm Fink). – Das Buch, *welches in seiner jetzigen Form für Lehrer und Schüler gedacht ist* und mit dem *in erster Linie das eigentliche Volkslied, daneben das volkstümliche Lied*, vermittelt werden soll (S. III), besteht aus acht, jeweils einem Thema gewidmeten Kapiteln, unter denen in diesem Zusammenhang das fünfte, ›*Goethe und Schiller im Liede. Zur Balladenkunde*‹, von besonderem Interesse ist (betrifft die Nrn. 174–190; darunter auch Vertonungen von Gedichten Ludwig Uhlands und Johann Nepomuk Vogls): *Goethe und Schiller spielen auf der Schule eine grosse Rolle. Ihre Bekanntschaft zu erleichtern, sie einmal auch von einer andren Seite kennen zu lernen, dazu diene dieser Abschnitt. Dass im Anschluss an dieses Kapitel, in dem Litteratur- und Musikgeschichte Hand in Hand gehen müssen, das Spezialgebiet der Ballade behandelt wird, kann dem Kenner nicht ungerechtfertigt erscheinen* (S. VI).

SCHUMMEL, Johann Gottlieb (?–?)

Vielleicht handelt es sich um J. G. Schummel (1748–1843), der aber nur als Schriftsteller bekannt geworden ist.

Maria Stuart. Ein Trauerspiel

2382 – V. 2098ff. (Maria Stuart: »Eilende Wolken, Segler der Lüfte«); hier unter dem Titel: *Arie aus Schillers* ›*Maria Stuart*‹
Für Sopran mit Klavierbegleitung
S. 12ff. des 3. Heftes in: *Schlesische Musikalische Blumenlese*, 1. Jg.; Redaktion: Justinus Heinrich Knecht. – Breslau: Grass 1802. – Fellinger, S. 143.

Die Komponisten und ihre Werke

Fellinger kann zwischen 1801 und 1805 drei Jahrgänge (jeweils vier Hefte) des Periodikums nachweisen.

SCHUNCKE, Ludwig (1810–1834)

2383 Der Jüngling am Bache (»An der Quelle saß der Knabe«)
Für eine Singstimme mit Klavierbegleitung
Nr. 5 in: ders., _Fünf Lieder_, op. 8

Unveröffentlicht (s. WV/Schuncke, S. 188).

2384 Würde der Frauen (»Ehret die Frauen! Sie flechten und weben«)
Vierstimmiger gemischter Chor a cappella bzw. vierstimmiger Männerchor a
cappella (o. op.)

Komposition durch Briefe des Komponisten vom 7. August bzw. 3. Oktober 1828 belegt: _Zum
Geburtstag der Mutter._ – Beide Versionen unveröffentlicht und verschollen (s. WV/Schuncke,
S. 190).

SCHUPPERT, Carl (1823–1865)

2385 Die Macht des Gesanges (»Ein Regenstrom aus Felsenrissen«)
[Vokalbesetzung unklar] _mit Orchester_

QUELLE: Brandstaeter, S. 33 (mit der Datierung _1860_).

SCHUSTER, Ignaz (1779–1835)

Der Gang nach dem Eisenhammer (»Ein frommer Knecht war Fridolin«)

2386 _Der travestierte Fridolin. Karikatur-Oper_ in drei Akten; Libretto von Joachim
Perinet

Uraufführung: Wien, 24. April 1813 (Theater in der Leopoldstadt); s. Grove, _Opera_ Bd. 4,
S. 258 (Stieger setzt das Datum zehn Tage früher an).

2387 Hoffnung (»Es reden und träumen die Menschen viel«)
Männerquartett (TTBB) mit Klavierbegleitung
Nr. 6 in: ders., _Sechs Gesänge komischen und ernsten Inhalts._ – Wien: Diabelli,
o. A. – Verl.-Nr. _6411._ – ÖNB (Online-Katalog). Weinmann (Diabelli), S. 414
(hier auf _1838_ datiert).

Nur für die Nrr. 5 u. 6 ist eine Klavierbegleitung vorgesehen (sonst a cappella). – Das posthum erschienene Heft ist _Seiner Majestät dem Könige Friedrich Wilhelm III. von Preussen in
tiefster Unterthänigkeit gewidmet vom Sohne des Compositeurs._ – Kurscheidt weist eine Ausgabe bei Ascher in Wien nach (S. 405).

SCHWARZLOSE, Otto (1858–?)

Die Worte des Glaubens (»Drei Worte nenn' ich euch, inhaltschwer«)

2388 _Frisch, fromm, fröhlich, frei (»Vier_ [!] _Worte nenn' ich euch, inhaltschwer«)_
Männerchor a cappella, op. 139
Breslau: Frankenstein, o. A. – Stimmen. – HMB 1896/10, S. 521.

Weitere (wohl etwas spätere) Ausgabe in Partitur und Stimmen bei Hoffmann in Striegau;
vgl. Hofmeister (1892–1897), S. 790.

Verzeichnis der musikalischen Werke

SCHWEGLER, Johann David (1759–1827)

Die Braut von Messina oder: Die feindlichen Brüder. Ein Trauerspiel mit Chören

2389 *Märsche zu Schillers Braut von Messina* für Harmoniemusik

Uraufführung: Stuttgart, 7. Dezember 1804 (Königliches Hoftheater). – Ein Trauermarsch daraus wurde noch am 9. Mai 1825 beim ersten »Schiller-Fest« in Stuttgart aufgeführt (s. *GeistesSpuren. Friedrich Schiller in der Württembergischen Landesbibliothek.* Hg. von Jörg Ennen und Vera Trost. Stuttgart: Württembergische Landesbibliothek 2005, S. 156). – Brandstaeter weist nur auf einen Trauermarsch zum 5. Akt hin und datiert diesen zu spät auf *1839* (S. 37).

SCHWEINSBERG, F. J. (?–?)

2389+1 An den Frühling (»Willkommenn, schöner Jüngling«)
Für eine Singstimme (MS oder Bar) mit Klavierbegleitung
Nr. 1 in: ders., *Drei Lieder.* – Nijmegen: Peters, o. A. – Verl.-Nr. *1*. – Original (Slg. GG).

Offenbar *1860* erschienen (s. Brandstaeter, S. 33).

SCHWEIZER, Theodor (1916–?)

Die Jungfrau von Orleans. Eine romantische Tragödie

2390 Schauspielmusik, op. 25

Premiere 1941 in Luzern (s. Reischert, S. 511).

SCHWERS, Paul (1874–1939)

QUELLE (für beide Nachweise): *Dt. Musiker-Lex.* 1929, Sp. 1325.

Schauspielmusiken zu

2391 Die Jungfrau von Orleans. Eine romantische Tragödie

2392 Wilhelm Tell. Schauspiel

ŠEBALIN, Vissarion Jakovlevič (1902–1963)

Auch: *Schebalin.*

Maria Stuart. Ein Trauerspiel

2393 Schauspielmusik

1940 komponiert (s. Reischert, S. 641; Aufführungen nicht dokumentiert); s. a. Gatti Bd. 2, S. 1074.

ŠEBOR, Karel (1843–1903)

Auch: *Carl Schebor.*

Wallenstein. Ein dramatisches Gedicht – III. Wallensteins Tod

2394 *Wallensteins Tod.* Ouvertüre für Orchester, op. 16

Uraufführung: Prag, 18. März 1860 (s. New Grove2 Bd. 23, S. 27); s. a. Gatti Bd. 2, S. 1075.

Die Komponisten und ihre Werke

SECHTER, Simon (1788–1867)

Einige unveröffentlichte Werke sind bei Schilling nachgewiesen, der sich auf Sechters selbst geführten Katalog bezieht; darin habe dieser seine Kompositionen _in chronologischer Reihenfolge seit dem Jahre 1806 eigenhändig verzeichnet_ (vgl. Bd. 6, S. 312f.).

2395   Das eleusische Fest (»Windet zum Kranze die goldenen Ähren«)
Vokalbesetzung unklar mit Orchesterbegleitung

QUELLEN: Schilling Bd. 6, S. 313. Wurzbach, _Lexikon_ Bd. 33, S. 259 (hier auf _1812_ datiert). MGG2 _Personenteil_ Bd. 14, Sp. 1352.

2396   Das Ideal und das Leben (»Ewig klar und spiegelrein«)
Wahrscheinlich für eine Singstimme mit Klavierbegleitung

Da Schilling diese Vertonung nicht erwähnt, dürfte sie um oder nach 1838 entstanden sein.
QUELLE: MGG2 _Personenteil_ Bd. 14, Sp. 1352.

2397   Das Lied von der Glocke (»Fest gemauert in der Erden«); hier unter dem Titel: _Schiller's Lied von der Glocke. Gesungen von den Zöglingen des Blinden-Instituts in Wien_
Vermutlich mehrstimmiger Chor mit Instrumentalbegleitung
Wien: Hof- und Staatsdruckerei [1813]. – Schilling Bd. 6, S. 312. MGG2 _Personenteil_ Bd. 14, Sp. 1352.

(Ur-?)Aufführung: Wien, im Mai 1813 (Landständischer Saal); s. Wurzbach, _Lexikon_ Bd. 33, S. 251.

2398   Der Gang nach dem Eisenhammer (»Ein frommer Knecht war Fridolin«)
Wahrscheinlich für eine Singstimme mit Klavierbegleitung

QUELLEN: Schilling Bd. 6, S. 313. MGG2 _Personenteil_ Bd. 14, Sp. 1352.

2399   Der Graf von Habsburg (»Zu Aachen in seiner Kaiserpracht«)
Für Bass mit Klavierbegleitung, op. 78
Wien: Mechetti, o. A. – Verl.-Nr. _4836._ – Original (Slg. GG). Weinmann (Mechetti), S. 136. HMB 1854/10, S. 641.

Erschien wenig später im Nachfolgeverlag Spina (Wien); vgl. Hofmeister (1852–1859), S. 435.

2400   Der Tanz (»Siehe, wie schwebenden Schritts im Wellenschwung«)
Besetzung unklar

QUELLE: Wurzbach, _Lexikon_ Bd. 33, S. 259 (Identifizierung als »Schiller-Vertonung« nicht ganz zweifelsfrei).

2401   Der Taucher (»Wer wagt es, Rittersmann oder Knapp'«)
Wahrscheinlich für eine Singstimme mit Klavierbegleitung

QUELLEN: Schilling Bd. 6, S. 313. MGG2 _Personenteil_ Bd. 14, Sp. 1352.

Die Braut von Messina oder: Die feindlichen Brüder. Ein Trauerspiel mit Chören

2402   Ouvertüre für Orchester

QUELLE: Brandstaeter, S. 37 (nennt nur dieses Stück).

2403   _Chöre aus der ›Braut von Messina‹_

Das Trauerspiel ist in Wien zwar schon 1804 zur Aufführung eingereicht, aber erst 1810 aufgeführt worden: _Die Zensur beanstandet, dass am Ende des Stücks ein Blick in das Innere einer Kirche vorgesehen ist, und verlangt die Umwandlung der Kirche in eine Familiengruft wie in ›Romeo und Julia‹ (Schiller-Handbuch/Luserke-Jaqui, S._ 197). – Sechters Chöre aus

525

Verzeichnis der musikalischen Werke

Schillers ›Braut von Messina‹ werden bei Schilling erwähnt (Bd. 6, S. 312); ein Satz ist im April 1822 unter der Leitung von Franz Xaver Gebauer in Wien (Stadtsaal zur Mehlgrube) aufgeführt worden (Wurzbach, *Lexikon* Bd. 33, S. 252).

2404   Die Bürgschaft (»Zu Dionys, dem Tyrannen, schlich Damon«)
Wahrscheinlich für eine Singstimme mit Klavierbegleitung
QUELLEN: Schilling Bd. 6, S. 313. MGG2 *Personenteil* Bd. 14, Sp. 1352.

2405   Macht des Weibes (»Mächtig seid ihr«)
Für eine Singstimme mit Klavierbegleitung
Notenbeilage zur Nr. 18 vom 11. Februar 1834 in: *Wiener Zeitschrift.* – Wien: *Gedruckt bey Anton Strauss's sel. Witwe.* – Original (Slg. GG).

Die Komposition sei deshalb besonders interessant, *indem sie, so weit wir uns erinnern, den ersten Versuch enthält, deutsche Hexameter in Musik zu setzen* (Hinweis zur Beilage, S. 144).

SECKENDORFF, Franz Karl Leopold von (1775–1809)

Wallenstein. Ein dramatisches Gedicht – II. Die Piccolomini

2406   – V. 1757ff. (Thekla: »Der Eichwald brauset«)
Recitativo ed Aria für eine Singstimme mit Fagott, Gitarre und Klavier
Autograph, 1801. – RISM-OPAC.

An Carolinchen [d. i. Caroline von Egloffstein] *zum 2ten November 1801.*

SEEGER, Peter (1919–2008)

Macbeth. Zur Vorstellung auf dem Hoftheater in Weimar eingerichtet von Friedrich Schiller

2407   – V. 741ff. (Pförtner: »Verschwunden ist die finst're Nacht«); hier unter dem Titel: *Morgenlied*
Vierstimmiger gemischter Chor (SATB) a cappella
Mainz: Schott 1958 (= *Schotts Chorblätter,* Nr. *335*). – Partitur. – Original (Slg. GG).

SEHLBACH, Erich (1898–1985)

2408   Die Künstler (»Wie schön, o Mensch, mit deinem Palmenzweige«); hier unter dem Titel: *An die Künstler*
Für Bariton, gemischten Chor und Orchester
1940 komponiert (s. Gatti Bd. 2, S. 1078, bzw. Prieberg/*Handbuch*, S. 6532).

SEIBERT, Louis (1833–1903)

2409   Das Mädchen aus der Fremde (»In einem Tal bei armen Hirten«)
Männerchor a cappella, op. 4
Nr. 2 in: ders., *Zwanzig Männerchöre.* – Leipzig: Lichtenberger, o. A. – Partitur, Stimmen. – HMB 1884/2, S. 34.

Die Sammlung enthält Werke mit verschiedenen Opuszahlen.

SEIDEL, Friedrich Ludwig (1765–1831)

2410 An den Frühling (»Willkommen, schöner Jüngling«)
Für eine Singstimme mit Klavierbegleitung
Notenbeilage IV zur Nr. 39, S. 2, in: *Berlinische Musikalische Zeitung*, hg. von Johann Friedrich Reichardt. – Berlin: Frölich 1806. – Original (Slg. GG).
Im Hinweis zur Beilage als *ein sehr gefälliges Liedchen* bezeichnet (S. 156).

2411 An die Freude (»Freude, schöner Götterfunken«)
Rundgesang mit Klavierbegleitung
S. 20f. in: ders., [40] *Gesänge am Claviere*. – Berlin: Franke 1793. – Original (DLA). RISM A I: S 2693.

   • Idem. – Nr. 6 in: *Schillers Ode an die Freude* → 369 (Ausgabe 1)
   Hinweis auch bei Ledebur (S. 543).

   • Idem. – Nr. 10 in: *Vierzehn Compostionen zu Schillers Ode an die Freude* → 369 (Ausgabe 2)

   • Idem. – Nr. 26 in: [41] *Frühe Schiller-Vertonungen bis 1825* → 141

2412 Das Geheimnis (»Sie konnte mir kein Wörtchen sagen«)
Für eine Singstimme mit Klavierbegleitung
Berlin: Ohne bibliographische Angaben 1808. – Brandstaeter, S. 34.

2413 Das Mädchen aus der Fremde (»In einem Tal bei armen Hirten«)
Für eine Singstimme mit Klavierbegleitung
Nr. 1 des 6. Heftes (5 Lieder) in: ders., *Lieder mit Begleitung des Pianoforte*. – Berlin: Im Kunst- und Industrie-Comptoir, o. A. – Goethe-Museum (Katalog), Nr. 1352. RISM A I: S 2695.

2414 Der Alpenjäger (»Willst du nicht das Lämmlein hüten?«)
Für eine Singstimme mit Klavierbegleitung
S. 4 des 5. Heftes in: ders., *Lieder mit Begleitung des Pianoforte*. – Berlin: Im Kunst- und Industrie-Comptoir, o. A. – Kurscheidt, S. 406.

2415 Der Jüngling am Bache (»An der Quelle saß der Knabe«)
Für eine Singstimme mit Klavierbegleitung
Dritte musikalische Beilage (nach S. 372) der Nr. 93 vom 10. Mai 1805 in: *Der Freimüthige*. – Berlin: Frölich. – Original (DLA). Ledebur, S. 543.

   • Idem. – Nr. 1 des 1. Heftes (4 Lieder) in: *Lieder mit Begleitung des Pianoforte* (6 Hefte). – Berlin: Kunst- und Industrie-Comptoir, o. A. – Goethe-Museum (Katalog), Nr. 1351 (demnach möglicherweise *1808* erschienen). RISM A I: S 2695.

2416 Des Mädchens Klage (»Der Eichwald brauset«)
Für eine Singstimme mit Klavierbegleitung oder zur Gitarre
S. 36 in: ders., *Vier und zwanzig Lieder verschiedener Art zum Singen beim Pianoforte*. – Berlin: Rellstab, o. A. – Verl.-Nr. *Op. CCCI*. – RISM A I: S 2692.
Antiquariat Greve Kat. 48, Nr. 638 (hier auf *ca. 1801* datiert).
Ihro Königl. Hoheit der Prinzeßinn Louise von Preußen vermählten Fürstinn von Radzivil [!] *unterthänigst zugeeignet.* – Zu Rellstabs besonderer Gestaltung der Verl.-Nrr. → 369 (Ausgabe 1)

Verzeichnis der musikalischen Werke

2417 Hero und Leander (»Seht ihr dort die altergrauen Schlösser«)
Lyrisches Melodram
QUELLEN: Ledebur, S. 542 (unter den *Opern* nachgewiesen). Clément/Larousse, S. 556 (Uraufführung: *Berlin, vers 1815*). Stieger (ohne Uraufführungsdaten). Eitner Bd. 10, S. 130.

2418 Hoffnung (»Es reden und träumen die Menschen viel«)
Für eine Singstimme mit Klavierbegleitung
Notenanhang in: *Almanach fürs Theater 1809*, hg. von August Wilhelm Iffland.
– Berlin: Brannes 1809. – Original (DLA).

2419 Licht und Wärme (»Der bess're Mensch tritt in die Welt«)
Für eine Singstimme mit Klavierbegleitung
Nr. 4 des 6. Heftes (5 Lieder) in: ders., *Lieder mit Begleitung des Pianoforte*
→ 2413

Macbeth. Zur Vorstellung auf dem Hoftheater in Weimar eingerichtet von Friedrich Schiller

2420 Schauspielmusik für Orchester
1. Ouvertüre
2. Hexenszene (1. Akt, 1. Szene: *unter Donnern und Blitzen erscheinen die 3 Hexen*)
3. Hexenszene (1. Akt, 4. Szene, nach der Verwandlung)
4. Hexenszene (4. Akt, 2. Szene)
5. Hexenszene (4. Akt, 4. Szene: *Macbeth und die Hexen*)
6. *Marsch des englischen Heeres*

Handschriftliche Partitur, 1825. – RISM-OPAC.

Uraufführung im Rahmen der Premiere: Berlin, 11. Dezember 1809 (Königliches Nationaltheater), unter der Leitung des Komponisten. Zu besetzen sind vier Sprechstimmen (drei Hexen und Macbeth). – Es soll sich um die *erste erhaltene, durchgängige* Schauspielmusik zu Schillers ›Macbeth‹-Bearbeitung handeln. – *Die Ouvertüre ist ein gut und sorgfältig gearbeitetes Musikstück, welches seiner Zeit oft gerühmt wurde. Das dämonische Element ist in der Einleitung mit vielem Glück und künstlerischem Geschmack, ohne Überschreitung des musikalischen Anstandes, erschöpft. [...] Die Hexenscenen [...] sind melodramatisch ausgeführt, da in Schillers Bearbeitung der Tragödie die Hexen nicht singen, sondern nur sprechen. Seidels Musik erhielt sich bis 1825 [...] in Berlin, dann trat die Spohrsche Komposition [→ 2495] an ihre Stelle* (Schaefer, S. 151f.). Siehe auch Ledebur, S. 543, bzw. Radecke, S. 132 u. 234ff.

2421 Sehnsucht (»Ach, aus dieses Tales Gründen«)
Für eine Singstimme mit Klavierbegleitung
Berlin: *gestochen und verlegt bei Günther*, o. A. – Ledebur, S. 543. *Berlinische Musikalische Zeitung*, hg. von Johann Friedrich Reichardt, 1. Jg., Nr. 50 (Berlin/Oranienburg: Frölich/Werckmeister 1805), S. 195 (Rezension).
Diese Ausgabe ist bisher verschollen. – In der genannten Rezension wird zunächst aus der Titelei mitgeteilt: *Durchgesetzt (durchcomponirt)*; dann folgt die Widmung: *Ihro Majestät* [Luise] *der Königin von Preußen allerunterthänigst zugeeignet vom Herausgeber (Verleger)*. Zum Charakter der Vertonung heißt es: *Der Componist hat absichtlich eine größere als die bekannte Liedform diesem Gedichte anzumessen gesucht; deswegen ist er in sofern nicht zu tadeln als der Dichter selbst über die Grenzen dieser Form, durch die endliche Entwicklung seiner Idee, hinaus gegangen ist, und aus der so oft besungenen Sehnsucht hier einmahl etwas hervorgehn soll, das über der Sehnsucht steht. [...] Der Stich und Druck ist sehr rein und schön, und empfielt einen neuen Notenstecher Herrn Günther aufs beste.*

· Berlin: Werckmeister, o. A. – Verl.-Nr. *127*. – RISM A I: S 2698 (Titelergänzung: *Durchgesetzt mit Begleitung des Pianoforte*). AMZ/1 vom 2. April 1806, Sp. 431f. (Rezension).

_____ Die Komponisten und ihre Werke

- Berlin: Concha, o. A. – Verl.-Nr. *97.* – RISM A I: S 2699. Whistling 1828, S. 1098.
- Berlin: Lischke, o. A. – Whistling 1828, S. 1098.
- Berlin: Paez, o. A. – Hofmeister 1845 (*Vocalmusik*), S. 176.
- Bearbeitet für Sopran und Orchester. – Handschrift, o. A. – Original (DLA).

  Wird gelegentlich in dieser Fassung nachgewiesen (s. Eitner Bd. 9, S. 130, bzw. Gatti Bd. 2, S. 1079). Eine gedruckte Ausgabe dieser Bearbeitung ist nicht bekannt.

2422 entfällt

2423 Thekla. Eine Geisterstimme (»Wo ich sei und wo mich hingewendet«); hier unter dem Titel: *Thecla's Geisterstimme*
Für eine Singstimme mit Klavierbegleitung
Erste musikalische Beilage (nach S. 12) der Nr. 5 vom 4. Januar 1805 in: *Der Freimüthige.* – Berlin: Frölich. – Original (DLA).

1. Ohne bibliographische Angaben. – RISM A I: S 2706 und vermutlich SS 2705b (*... mit Begleitung des Pianoforte oder der Guitarre*). Original (DLA).

   RISM A I: SS 2705b ist ebenfalls ohne bibliographischen Angaben erschienen und die einzige unter den bekannten Veröffentlichungen mit identischer Titelformulierung (jetzt allerdings mit der Verl.-Nr. *704*).

   Weitere Einzelausgaben (alphabetisch nach Verlagen)

2. Hamburg: Böhme, o. A. – RISM A I: S 2707 (*... mit Begleitung der Guitarre*).

3. Hamburg: Cranz, o. A. – RISM A I: SS 2705a (*... für Piano Forte und Guitarre*).

4. Hier unter dem Titel: *Thekla, eine Geisterstimme.* – Frankfurt am Main: Fischer, o. A. – Original (DLA; hier: *... mit Guitarre Begleitung*). Goethe-Museum (Katalog), Nr. 1353 (hier: *... mit Piano Forte Begleitung*). RISM A I deest.

   Offenbar in zwei verschiedenen Ausgaben erschienen, aber beide Male mit der Verl.-Nr. *43.*

5. Worms: Kreitner, o. A. (= *Sammlung deutscher Gedichte*, Nr. 9). – Original (DLA). RISM A I deest.

6. Hier unter dem Titel: *Theklas Geisterstimme.* – Hamburg: Rudolphus / Altona: Cranz, o. A. – RISM A I: S 2705 (*... für Fortepiano & Guitarre*).

7. Stuttgart: Zumsteeg, o. A. – RISM A I: SS 2705c (*... mit Pianoforte- oder Guitarre-Begleitung*). Hofmeister 1845 (*Vocalmusik*), S. 176.

   Außerdem

8. Idem; hier unter dem Titel: *Thekla's Geisterstimme.* – Nr. 3 des 1. Heftes (4 Lieder) in: ders., *Lieder mit Begleitung des Pianoforte* → 2415

9. Idem. – Nr. 204 des 5. Bandes (1830) in: *Arion* → 1632

   Fellinger, S. 876.

   Bearbeitungen

10. Für eine Singstimme zur Gitarre bearb. von Amadeus Eberhart Rodatz. – S. 10 des 5. Heftes (ca. 1808) in: *Hamburgisches Journal des Gesanges* → 1930

529

Verzeichnis der musikalischen Werke

11. Für eine Singstimme zur Gitarre mit Flöte. – Hamburg: Rudolphus, o. A. – RISM A I: S 2704.

Auf der Titelseite wurde nur angegeben: *Mit Begleitung der Guitarre*. Der Druck weist aber noch eine Flöten-Partie auf.

Turandot, Prinzessin von China. Ein tragikomisches Märchen nach Carlo Gozzi von Friedrich Schiller

2424 Schauspielmusik

Uraufführung im Rahmen der Premiere: Berlin, 23. Februar 1806 (Königliches National-theater). – Das Gesamtwerk soll aus der *Ouvertüre und der zur Handlung gehörigen Musik* (drei Märsche, drei Melodramen *nach Lösung der Rätsel* und ein Trauermarsch) bestanden haben (Schaefer, S. 62; s. auch Ledebur, S. 543).

Wilhelm Tell. Schauspiel

2425 Zwischenaktsmusiken für Orchester

Uraufführung: Berlin, 4. Juli 1804 (Königliches Nationaltheater); s. *Zeitung für die elegante Welt* vom 2. August 1804, Sp. 737. – Es handelt sich um die dortige Premiere des Bühnen-stücks, wofür B. A. Weber seine nachmals berühmte Schauspielmusik komponiert hatte (→ 2805); die dort fehlenden Zwischenaktsmusiken und vielleicht auch die Musik nach dem »Rütli-Schwur« am Ende des 2. Aktes sind von Seidel ergänzt worden, der damals B. A. We-bers Assistent gewesen ist.

SEIDEL, Fritz (1890–1972?)

Turandot, Prinzessin von China. Ein tragikomisches Märchen nach Carlo Gozzi von Friedrich Schiller

2426 Schauspielmusik für Bläser (Fl. 1 2, Klar. 1 2, Tr. 1 2, Pos.) und Schlagzeug

Besteht aus: *Fanfaren-Einzugsmusiken: Sklaven, kaiserliches Gefolge, Großkhan Altoum – kriegerische Musik – Grotesker Trauermarsch usw.* Unveröffentlicht (s. Simbriger Erg.bd. 1, S. 137; Entstehungsjahr und Aufführungen nicht dokumentiert).

SEIDELMANN, Eugen (1806–1864)

2427 *Erdenwallen und Apotheose. Allegorisches Festspiel*; Text von Rudolph Gott-schall

Uraufführung: Breslau, 10. November 1859 (Theater); dabei ließ man nicht nur Friedrich Schiller selbst auftreten, sondern auch verschiedene Figuren aus seinen Schauspielen (u. a. Karl Moor, Marquis Posa, Wallenstein, Maria Stuart, Jeanne d'Arc und Wilhelm Tell). – Es handelte sich um den ersten Programmpunkt im Rahmen der *Säkularfeier Schiller's*, dem sich ›Wallensteins Lager‹ (angeblich mit Musik von J. R. Zumsteeg, was offensichtlich auf ei-nem Irrtum beruht), ›Das Lied von der Glocke‹ in der Vertonung von P. Lindpaintner (→ 1459) und ›Dithyrambe‹ von J. Rietz (→ 2064) anschlossen.

QUELLE: Theaterzettel (DLA).

2428 Punschlied (»Vier Elemente, innig gesellt«); hier unter dem Titel: *Politisch' Lied von Schiller*
Vierstimmiger Männerchor (TTBB) a cappella
Nr. 2 in: [2 Männerchöre]. – Undatierte Sammelhandschrift (Stimmen). – RISM-OPAC.

Die Komponisten und ihre Werke

SEIDL, Hans (?-?)

An die Freude (»Freude, schöner Götterfunken«)

2429   _Götterfunken._ Marsch für Salonorchester, op. 30
Köln: Seidl, o. A. – Hofmeister (1929–1934), S. 611.

SEIDLER, Karl August (1778–1840)

2430   Thekla. Eine Geisterstimme (»Wo ich sei und wo mich hingewendet«); hier
unter dem Titel: _Thecla's Geisterstimme_
Für eine Singstimme mit Klavierbegleitung oder zur Gitarre
Berlin: Lischke, o. A. – Eitner Bd. 9, S. 132 (hier aber mit fehlerhaftem Textincipit: »Wo ich _sitz_ und wo mich hingewendet«).

SEIFFART, Selmar (?-?)

2431   Hoffnung (»Es reden und träumen die Menschen viel«)
Vierstimmiger Männergesang (TTBB) a cappella
Nr. 3 in: ders., _Vier Gesänge_, op. 12. – Leipzig: Hofmeister, o. A. – Verl.-Nr. _2089._
– Original (freundliche Information von Dr. H. Rheinfurth). HMB 1833/5+6,
S. 40.

SEIFFERT, Karl (1856–1929)

Wilhelm Tell. Schauspiel

2432   – V. 921ff. (Attinghausen: »An's Vaterland, ans teure, schließ' dich an«)
Männerchor a cappella, op. 25
Groß-Lichterfelde: Vieweg, o. A. – Partitur. – Hofmeister (1909–1913),
S. 740.

SEIFRIZ, Max (1827–1885)

Die Jungfrau von Orleans. Eine romantische Tragödie

2433   Schauspielmusik für Orchester

1. Ouvertüre
2. Erster Zwischenakt (nach dem Prolog)
3. Zweiter Zwischenakt
4. Dritter Zwischenakt
5. _Schlachtmusik_ (zur Verwandlung zwischen der 3. und 4. Szene des 3. Akts)
6. Vierter Zwischenakt
7. Melodram – Monolog der Johanna, V. 2518ff. (»Die Waffen ruh'n, des Krieges Stürme schweigen«)
8. _Krönungsmarsch_
9. Musik zur Schlussapotheose (5. Akt, 14. Szene)

Leipzig: Kahnt, o. A. – Partitur; vierhändiger Klavierauszug _vom Componisten_
(Verl.-Nr. _764_). – HMB 1861/7, S. 118. Original (DLA).

1853/54 komponiert. – Uraufführung der Ouvertüre: Löwenberg, 25. März 1858 (nicht –
wie Schaefer angibt – Stuttgart, 5. Dezember 1871); Uraufführung der gesamten Musik in
Verbindung mit einer Theatervorstellung: Stuttgart, 15. Mai 1872 (Königliches Hoftheater).
– Schaefer charakterisiert die Komposition als ein _großartig angelegtes Werk_ [...], _welches
sich all die musikalischen Fortschritte und Errungenschaften der neueren Zeit wohl zunutze_

531

Verzeichnis der musikalischen Werke

gemacht hat. [...] *Wir wollen nicht verfehlen, dasselbe allen Theatern und Konzert-Instituten aufs angelegentlichste zu empfehlen, letzteren, da fast sämtliche der in dem Werke enthaltenen Nummern auch als selbständige wirkungsvolle Musikstücke im Konzertsaal aufzuführen sind* (S. 48ff.). – Die Partitur enthält in Kleinstich Alternativbesetzungen, die für Aufführungen mit kleineren Theaterorchestern bestimmt waren (z. B. können die eigentlich verlangten vier Naturhörner einschließlich Alt- und Tenorposaune durch zwei Ventilhörner ersetzt werden).

Im Rahmen der Rezension, die am 3. Januar 1862 in der NZfM erschienen ist, wird zunächst grundsätzlich auf die Notwendigkeit und besondere Eignung dieses Schauspiels für musikalische Beiträge hingewiesen: *Schillers ›Jungfrau von Orleans‹ enthält so viel musikalisches Element, daß ein Componist einen glücklichen Griff thut, indem er die Tragödie mit Musik versieht. Es sind nicht nur mehrere Scenen in der Dichtung, welche Musik verlangen; sondern es ist überhaupt der ganze Gefühlszug ein fast opernhafter (in zulässigem Sinne), insofern die Sprache in den lyrischen Stellen außerordentlich musikalisch ist und die Personen vielfältig fast zum Gesange gestimmt scheinen. Darum verträgt man bei diesem Werke nicht nur die Musik gut, sondern wünscht sie auch, als angepaßte Einleitung und Zwischenactsmusik, um das Gemüth entsprechend vorzubereiten und die Eindrücke nach- und ausklingen zu lassen.* In aufführungspraktischer Hinsicht für die damalige Zeit besonders interessant ist noch folgende Anmerkung: *Aber nicht nur für die Bühnenaufführung scheint eine Musik annehmbar, sondern auch für das Concert, wenn die Dichtung in zweckmäßig zusammengezogener Form declamirt wird* [...] (S. 4). Tatsächlich existierte noch eine offenbar unveröffentlichte Version für Aufführungen *mit verbindendem Texte von Rudolph Bunge* (s. Schaefer, S. 48).

Die Schauspielmusik von Seifriz wird in der NZfM uneingeschränkt begrüßt, *seine Phantasie schafft auch hochkünstlerischem Geistesgrunde, und er fühlt frei genug, um selbst dann, wenn er auch keineswegs ›Zukunftsmusik‹ macht, doch nicht als ausgedörrter Regelmann zu erscheinen. Seifriz' Musik athmet gesund und frisch, und die poetische Begeisterung regte sie an.* Nachdem die einzelnen Nummern kurz charakterisiert worden sind, heißt es zusammenfassend: *Sehr befriedigt von Seifriz' Partitur, empfehlen wir selbige zur Berücksichtigung allen Directionen; es ist als sicher anzunehmen, daß die Musik einen sehr guten Eindruck machen werde* (a. a. O.). – Siehe auch: Clytus Gottwald, *Herr Seifriz hält mit dem Jahrhundert Schritt. Max Seifriz (1827–1885) – Ein Dirigent der »Neudeutschen Schule«*, in: *Musik in Baden-Württemberg – Jahrbuch.* Stuttgart: Metzler 2003, S. 225f.

SEIPELT, Joseph (1787–1847)

2434   *Lied (»Wie der Tag mir schleichet«)*; hier unter dem Titel: *Sehnsucht*; Schiller zugeschriebener Text von Friedrich Wilhelm Gotter
Ein vierstimmiger Vocal-Gesang [TTBB] *mit willkührlicher Begleitung des Pianoforte oder der Guitarre,* op. 3
Wien: Diabelli, o. A. – Stimmen (Verl.-Nr. *1418*). – Original (ÖNB; freundl. Mitteilung von Dr. Teresa Hrdlicka). Whistling, S. 1028.

Irrtümlich als Schiller-Vertonung im Verzeichnis von Kurscheidt nachgewiesen (vgl. S. 406).

SELLE, Gustav F. (1829–1913)

Die Braut von Messina oder: Die feindlichen Brüder. Ein Trauerspiel mit Chören

2435   *Chöre aus Schillers ›Braut von Messina‹ mit Klavierbegleitung,* op. 20
Für Männerchor bzw. gemischten Chor mit Klavierbegleitung
Berlin: Augustin, o. A. – Klavierpartitur, Chorstimmen (*die mehrstimmigen Chorsätze in Partitur enthaltend*). – Hofmeister (1904–1908), S. 726 (in zwei Ausgaben für die beiden Besetzungen).

Der ›Württembergische Staatsanzeiger‹ (1906, Nr. 296) berichtet über die (Ur-?) Aufführung am 10. Dezember 1906 in einem *Konzert des Gesangvereins und des Seminarchors* in Urach (Bergsaal) unter der Leitung von August Bopp. Hier wird als Besetzung *Bariton solo, Chor und Klavier* genannt; außerdem heißt es, dass die Texte teilweise melodramatisch vertont worden seien (DLA, Zeitungsausschnittsammlung – Erscheinungsdatum nicht dokumentiert).

SEYFFARDT, Ernst (1859–1942)

2436 *Schiller* [Textincipit fehlt]; Dichtung von Martin Vollmer
Für gemischten Chor, Orgel und Orchester, op. 42
1929 in Stuttgart uraufgeführt; unveröffentlicht; s. *Dt. Musiker-Lex.* 1929, Sp. 1340.

SEYFRIED, Ignaz von (1776–1841)

Der Gang nach dem Eisenhammer (»Ein frommer Knecht war Fridolin«)

2437 [Titel nicht dokumentiert]; Oper
QUELLE: Blaschke, S. 400 (zweifelhafter Nachweis, der bisher durch keine andere Quelle gestützt wird). – WV/Seyfried deest.

Die Jungfrau von Orleans. Eine romantische Tragödie

2438 Schauspielmusik
Besteht aus der Ouvertüre, den Entr'acts, Gesängen und Märschen. – Uraufführung im Rahmen der Premiere: Wien, 18. Oktober 1811 (Theater an der Wien). Ab 1838 wurde die Schauspielmusik von Adolf Müller sen. verwendet (→ 1689).
QUELLEN: WV/Seyfried, S. 331f. (Nr. VI 2/3). Bauer, *Theater a. d. Wien*, S. 289, und Stieger (die beiden letzteren datieren jedoch auf den 28. Oktober 1811).

Daraus veröffentlicht (jeweils in Ausgaben für Klavier)

• *Ouvertüre.* – Nr. 15 der 25. Lieferung vom 23. November 1820 in: *Die musikalische Biene. Ein Unterhaltungsblatt für das Pianoforte.* – Wien: Im K. K. Hoftheater Musik Verlag in der Burg. – Pl.-Nr. *174.* – WV/Seyfried, S. 332. Fellinger, S. 580.
Das Periodikum ist nur in zwei Jahrgängen mit durchgehender Nummerierung der Lieferungen erschienen. – Auch einzeln bei Haslinger in Wien veröffentlicht (vgl. Whistling 1828, S. 802).

• *Marsch bei der Krönung.* – Wien: Chemische Druckerei, o. A. – Verl.-Nr. *1814.* – WV/Seyfried, S. 332. Weinmann (Senefelder etc.) Bd. 1, S. 100 (demnach *1812* veröffentlicht).

Die Räuber. Ein Schauspiel

2439 Schauspielmusik
Besteht aus der Ouvertüre, den Entr'acts und dem *Räuberlied* (»Ein freies Leben führen wir«), wobei Seyfried die Melodie des bekannten Studentenliedes »Gaudeamus igitur« verwendete (→ 12). – Uraufführung im Rahmen der Premiere: Wien: 10. August 1808 (Theater an der Wien). Ab 5. Juli 1830 ebd. in neuer Inszenierung, jetzt aber mit Musik von Adolf Müller sen. (→ 1690).
QUELLEN: WV/Seyfried, S. 329f. (Nr. VI 2/1). Bauer, *Theater a. d. Wien*, S. 284.

Daraus veröffentlicht (jeweils 1808 in der Chemischen Druckerei, Senefelder, Wien)

– 4. Akt, 5. Szene (Räuber: »Ein freies Leben führen wir«)
  • Hier unter dem Titel: *Das Räuberlied aus: Die Räuber*; für eine Singstimme mit Klavierbegleitung. – Verl.-Nr. *985.* – Weinmann (Senefelder etc.) Bd. 1, S. 67. WV/Seyfried deest.

Verzeichnis der musikalischen Werke

- Hier unter dem Titel: *Das Räuberlied aus dem Trauerspiel die Räuber*; für Männerquartett (TTBB) und zwei Hörner ad libitum. – Partitur (Verl.-Nr. *1001*). – WV/Seyfried, S. 329. Weinmann (Senefelder etc.) Bd. 1, S. 68. ÖNB (Online-Katalog).

Wallenstein. Ein dramatisches Gedicht – I. Wallensteins Lager

Das österreichische Feldlager. Militärisches Gemälde mit Gesang ohne Zwischen-akt nach Friedrich Schillers ›Wallensteins Lager‹; Text von Heinrich Schmidt

2440 Schauspielmusik

Unveröffentlicht. – Uraufführung: Wien, 4. Oktober 1813 (Theater an der Wien); WV/Sey-fried nennt bis zum 22. Dezember d. J. acht weitere Aufführungen. Andernorts heißt es aber, dass das Stück bis zum 22. November d. J. zehn Mal gespielt worden sei (vgl. Bauer, *Theater a. d. Wien*, S. 293). Vermutlich steht das Schauspiel in Zusammenhang mit dem Kampf gegen die französischen Heere. – Vgl. hierzu eine offenbar andere Bearbeitung gleichen Titels (al-lerdings ohne Nachweis des Verfassers), das aus Anlass des Sieges über die französischen Truppen in der »Völkerschlacht« bei Leipzig (19. Oktober 1813) am 24. Oktober in Prag mit Musik von C. M. v. Weber gegeben worden ist (→ 2808).

QUELLE: WV/Seyfried, S. 353 (Nr. VI 4/14).

SIBELIUS, Jean (1865–1957)

2441 *An die Musik (»Du holde Kunst«)*; Schiller zugeschriebenes Gedicht von Franz von Schober, hier in finnischer Übersetzung von Eino Leino: *Suloinen aate (»Suloinen aate«)*

Die Übersetzung lautet eigentlich *»Suloinen taide«*; Sibelius hat allerdings zu Beginn eine kleine Textänderung vorgenommen (in deutscher Rückübersetzung jetzt: *»Du holdes Ideal«*).

Für Tenor mit Harmoniumbegleitung

Nr. 2 (hier ohne Titel mit englischer Übersetzung von Marshall Kernochan: *»Thoughts that are healing«*) in: ders., *Masonic Ritual Music for male voices (so-lo or quartet) and piano or organ*, op. 113. – New York: Grand Lodge 1935. – WV/Sibelius, S. 474ff. (besonders S. 481).

Spätestens im Januar 1927 komponiert. – Das op. 113 (mit dem Gesamttitel ›Musique réligi-euse‹ und dem Paralleltitel ›Rituelle Freimaurermusik‹; s. WV/Sibelius, a. a. O.) ist Wäinö Sola gewidmet. – Teiluraufführung in privatem Rahmen (umfasste die Nrn. 2, 5 u. 10): 7. Januar 1927 (ohne Ortsnachweis), mit Wäinö Sola (Tenor) und Arvi Karvonen (Harmonium). Öf-fentliche Uraufführung (umfasste die Nrn. 2–7): Helsinki, 26. September 1928 (Festsaal der Universität), mit den gleichen Interpreten. – In der aus nur acht Sätzen bestehenden Erst-ausgabe fehlt der irrtümliche Hinweis auf Schiller, taucht aber aus bisher ungeklärten Gründen in den folgenden Veröffentlichungen und außerdem in vielen Lexikon-Nachweisen auf.

- Idem (Nr. 2 mit geänderter englischer Übersetzung ohne Titel: *»Thoughts be our comfort«*) als *Revised Edition*. – New York: Grand Lodge 1950. – WV/Sibelius, S. 481.

  Hier wird Schiller erstmals als Textverfasser genannt. – Das Sammelwerk besteht nun aus zwölf Sätzen.

- Idem (Nr. 2 mit neuem Titel: *Alttarin valmistus*); hier mit dem Gesamt-titel: *Avaushymni*. – Helsinki: Loosi 1969. – WV/Sibelius, S. 481f.

  Jetzt noch mit deutschen Überschriften und Texten in einer Rückübersetzung von Friedrich Ege, darunter die Nr. 2 erneut mit der Dichterangabe *Frei nach Friedrich von Schiller* und dem Titel ›Herrichtung des Altars‹ (*»Hehrer Gedanke«*); außerdem in schwedischer Übersetzung von Samuli Sario unter dem Titel ›Beredning av altaret‹

(»Ljuvliga tanke«) und weiterhin der englischen Fassung von M. Kernochan (jetzt mit dem Titel: ›_Adjusting the Altar_‹). Der erstmals hier in Deutsch angegebene Sammeltitel des ganzen op. 113 lautet: _Ritualmusik._ – Eine revidierte Neuauflage, jetzt mit korrekten Textnachweisen, ist erst 1992 erschienen; vgl. WV/Sibelius, S. 483.

SIEBER, Ferdinand (1822–1895)

2442 An Emma (»Weit in nebelgrauer Ferne«)
Für Alt oder Bass mit Klavierbegleitung
Nr. 5 in: ders., _Sechs Lieder,_ op. 1. – Leipzig: Breitkopf & Härtel, o. A. – HMB
1844/5, S. 80.

SIEGROTH, Hilarius von (1832– nach 1878)

2443 Der Jüngling am Bache (»An der Quelle saß der Knabe«)
Für Sopran mit Klavierbegleitung
Nr. 2 in: ders., _Drei Lieder,_ op. 12. – Nürnberg: Schmid, o. A. – Verl.-Nr. _162._ –
Original (DLA). HMB 1862/9, S. 181.

2444 Die Blumen (»Kinder der verjüngten Sonne«)
Für Sopran oder Tenor mit Klavierbegleitung, op. 16
Leipzig: Schuberth, o. A. – HMB 1862/10, S. 205.

SIEWERT, Friedrich (?–?)

2445 Hoffnung (»Es reden und träumen die Menschen viel«)
Vierstimmiger Männerchor a cappella
Nr. 3 in: ders., _Fünf Lieder für vierstimmigen Männerchor._ – Berlin: Paez, o. A. –
Partitur. – HMB 1880/9, S. 260.
· Leipzig: Hofmeister, o. A. – Hofmeister (1880–1885), S. 610.

SIGRIST, Peter (geb. 1946)

Wilhelm Tell. Schauspiel

2446 Schauspielmusik
Uraufführung im Rahmen der Premiere: Altdorf, 24. Juli 1976; Regie: Erwin Kohlund.
QUELLE: Tellspiele Altdorf (Homepage).

SIKLÓS, Albert (1878–1942)

Wirklicher Name: _Albert Schönwald._

Das verschleierte Bild zu Sais (»Ein Jüngling, den des Wissens heißer Durst«)

2447 _Das verschleierte Bild zu Sais._ Ouvertüre für Orchester
1901 komponiert (s. Gatti Bd. 2, S. 1114).

SIKORSKI, Józef (1813–1896)

2448 Das Lied von der Glocke (»Fest gemauert in der Erden«); hier in der polnischen Übersetzung von Józef Dionisy Minasowicz unter dem Titel: _Dzwon_ [Die Glocke]
Kantate
QUELLEN: Gatti Bd. 2, S. 1115. New Grove1 Bd. 17, S. 312.

Verzeichnis der musikalischen Werke

SILBER, Philipp (1876– vermutlich 1942)

Würde der Frauen (»Ehret die Frauen! Sie flechten und weben«)

2449   *Ehret die Frauen.* Walzer für Klavier
Wien: Eberle, o. A. – HMB 1900/1, S. 22.

Später ebd. bei Pawliska erschienen (vgl. Pazdírek Bd. 10, S. 923). – Eine Ausgabe für Salon-Orchester kam nach 1900 ebd. bei Blaha heraus; vgl. Hofmeister (1904–1908), S. 732.

SILCHER, Friedrich (1789–1860)

2450   Die Gunst des Augenblicks (»Und so finden wir uns wieder«)
Besetzung unklar

QUELLE: Brandstaeter, S. 37 (mit *1859* datiert).

2451   Sehnsucht (»Ach, aus dieses Tales Gründen«)
Für eine Singstimme mit Klavierbegleitung
Nr. 3 des 1. Heftes, in: ders., [12] *Melodien aus Beethovens Sonaten und Sinfonien zu Liedern* (in 3 Heften). – Stuttgart: Zumsteeg, o. A. – Verl.-Nr. *4–6.* – Vermutlich erstmals angezeigt in: *Der Beobachter* (Stuttgart), Nr. 240 vom 26. November 1844, S. 960. HMB 1846/6, S. 100.

Jedes Heft enthält vier Stücke. – Die Schiller-Vertonung mit folgendem Hinweis auf Beethovens Originalkomposition: *Aus der Sonate (op. 2 N° 1) F moll [...] das Rondo u. den Schluss vom ersten Allegro.* – Silchers Texterung geht über die einfache Parodie hinaus, da in den musikalischen Satz substantiell eingegriffen worden ist. – Arnold Schering behauptete, dass Schillers Gedicht ›Sehnsucht‹ Beethoven zum 2. Satz seiner 4. Sinfonie inspiriert habe (→ 160).

2452   *»Was schwellt uns heut' so hoch die Brust?«*; Text von Friedrich Ritter
Vierstimmiger Männerchor (TTBB) a cappella
Nr. 2 in: *Drei Lieder, gesungen* [in Stuttgart] *bei der Feier der Enthüllung des Denkmals für Schiller* → 1834

SILPHIN VOM WALDE (?–?)

Wirklicher Name: *Bernhard Schneler.*

2453   *Lebewohl (»Mein Lieb', ich muss dich meiden«)*; Textverfasser unbekannt
Vierstimmiger Männerchor (TTBB) a cappella
Fol. 71 des 2. Bandes in: *Schiller-Album* → 364

Autographe Reinschrift der Partitur (undatiert).

SILVESTRI, Constantin (1913–1969)

2454   *Nacht und Träume (»Heil'ge Nacht, du sinkest nieder«)*; Schiller zugeschriebener Text von Matthäus von Collin
Fünfstimmiger Chor mit Klavierbegleitung, op. 2

1929 komponiert (s. MGG2 *Personenteil* Bd. 15, Sp. 810).

SIMON, Ernst (1850–1916)

2455   *Das war der Schluss-Refrain (»Wie so ergreifend unser Schiller«)*; Textverfasser unbekannt
Couplet für eine Singstimme mit Klavierbegleitung

536

Nr. 1 (einzeln) in: ders., *Lustige Gesellen*. [6] *Couplets*, op. 246. – Leipzig: Glaser, o. A. – HMB 1892/9, S. 365.

Die Bürgschaft (»Zu Dionys, dem Tyrannen, schlich Damon«)

2456 *Die Bürgschaft (»Immer rein in den deutschen Bund«). Frei nach Schiller*; Textverfasser unbekannt
Lustiges Terzett für Männerstimmen, op. 289
Leipzig: Siegel, o. A. – HMB 1893/11, S. 488.

2457 Ritter Toggenburg (»Ritter, treue Schwesterliebe widmet Euch dies Herz«)
Humoristisches Melodram mit bekannten Volksmelodien mit Klavierbegleitung, op. 93
Bremen: Praeger & Meier, o. A. – HMB 1885/4, S. 99.

Wallenstein. Ein dramatisches Gedicht – I. Wallensteins Lager

– V. 1052ff. (Zweiter Kürassier: »Wohl auf, Kameraden, auf's Pferd«)

2458 *Sangesbrüder auf der Reise (»Frisch auf Kameraden! Nun geht's in die Welt«)*; Textautor unbekannt
Humoristisches Männerquartett unter Benutzung bekannter Melodien mit Klavierbegleitung, op. 110
Bremen: Praeger & Meier, o. A. – Klavierpartitur, Vokalstimmen. – HMB 1885/2, S. 45.

SIMON, Hans (1897–1982)

Die Jungfrau von Orleans

2458+1 Schauspielmusik

Unveröffentlicht; verschollen. – Für das Hessische Landestheater Darmstadt komponiert, wo Simon zwischen 1927 und 1933 als Solorepetitor und Schauspielkomponist tätig war (s. WV/Simon, S. 228).

Macbeth. Zur Vorstellung auf dem Hoftheater in Weimar eingerichtet von Friedrich Schiller

2458+2 – V. 741ff. (Pförtner: »Verschwunden ist die finst're Nacht«); hier unter dem Titel: *Morgenlied*
Dreistimmiger Knabenchor a cappella
Nr. 1 in: ders., *Drei Gesänge für dreistimmigen Knabenchor*, op. 10

1932 komponiert; unveröffentlicht. – 1948 für vierstimmigen Männerchor mit Klavierbegleitung überarbeitet und seiner Frau Emmy gewidmet (ebenfalls unveröffentlicht). Uraufführung dieser Fassung: St. Ingbert, 15. Mai 1949 (Karlsbergsaal), Männergesangverein »Frohsinn«, mit dem Komponisten am Klavier (s. WV/Simon, S. 229).

SIMON, Hermann (1896–1948)

Die Worte des Glaubens (»Drei Worte nenn' ich euch, inhaltschwer«)

2459 – V. 7ff. (»Der Mensch ist frei geschaffen«)
Vierstimmiger gemischter Chor (SATB) a cappella
Nr. 1 in: ders., [5] *Choräle der Nation*. – Zugleich S. 12ff. in: *Zeitgenössische Chorwerke – Gemischte Chöre a cappella*. – Braunschweig: Litolff, o. A. (= *Chor-Collection Litolff, Partituren-Katalog*, Nr. 2). – Partitur (Verl.-Nr. *14338*), Stimmen. – Original (Slg. GG). Hofmeister (1934), S. 115.

Verzeichnis der musikalischen Werke _____

Das Heft enthält drei Sammelwerke mit insgesamt 24 Chorsätzen, nämlich ›*Arbeiter, Bauern, Soldaten*‹ (neun Nrn.) und die ›*Choräle der Nation*‹ von Hermann Simon sowie ›*Deutscher Minnesang*‹ (zehn Chöre zu drei bis fünf Stimmen) von Wilhelm Weismann.

- Idem (Einzelausgabe). – Frankfurt am Main: Litolff 1955 (= *Collection Litolff*, Nr. *5822*). – Hofmeister (1964), S. 342.

Wilhelm Tell. Schauspiel

2460   – V. 1447ff. (Rösselmann: »Wir wollen sein ein einzig' Volk von Brüdern«); hier unter dem Titel: *Schwur*
Vierstimmiger Männerchor a cappella
Nr. 1 in: *Zwei Zeitsprüche für vierstimmigen Männerchor*. – Berlin: Deutscher Sängerbund, o. A. – Partitur, Stimmen. – Hofmeister (1929–1933), S. 619.

Beim anderen, von Hermann Erdlen komponierten Chorsatz handelt es sich um die Vertonung eines Gedichts von Richard Dehmel. – Nochmals im ›*Liederblatt des Deutschen Sängerbundes*‹, Nr. 67; vgl. Prieberg/*Handbuch*, S. 6622.

- Idem; Fassung für vierstimmigen gemischten Chor a cappella, hier unter dem Titel: *Der Schwur*. – Lippstadt: Kistner & Siegel 1951 (*Der Landchor* – Reihe B, Nr. *102*). – Partitur. – Hofmeister (1951), S. 277.

In dieser Besetzung auch als ›*Liederblatt des Deutschen Sängerbunds*‹, Nr. 84, erschienen (s. Prieberg/*Handbuch*, S. 6622).

SINICO, Giuseppe (1836–1907)

Don Carlos. Infant von Spanien. Ein dramatisches Gedicht

2461   *Don Carlo*. Oper; Librettist unbekannt

1865 begonnen, aber offenbar nicht beendet; unveröffentlicht (s. Gatti Bd. 2, S. 1126).

SIOLY, Johann (1843–1911)

An die Freude (»Freude, schöner Götterfunken«)

2462   *Freude, schöner Götterfunken (»Ungestört und unbehelligt«)*; Text von Wilhelm Wiesberg
Couplet für eine Singstimme mit Klavierbegleitung
Nr. 1 in der Reihe: ders., [4] *Wiener Couplets*. – Leipzig: Dietrich, o. A. – HMB 1891/12, S. 559. HMB 1892/3, S. 113 (hier unter Wilhelm Wiesberg nachgewiesen, von dem alle Gesangstexte stammen).

2463   *Das hat ka Goethe g'schrieb'n, das hat ka Schiller 'dicht! (»Zur blonden Resi sagt der Drechsler-Franz«)*; Text von Wilhelm Wiesberg

> *Zur blonden Resi sagt der Drechsler-Franz:*
> *»Hörst, Schatzerl, i bin in di wurlet ganz,*
> *Geh, leg dein Pratzerl in mei Hand hinein,*
> *Und in ein' Monat wirst du g'heirat sein.*
> *Wann wir a nix als wia a Kammerl hab'n,*
> *So ruck ma halt a bisserl näher z'samm',*
> *Wann nur die Herzen schlag'n in Einigkeit,*
> *Das andre gibt si mit der Zeit.*
>
>   *Ja, ja – ja, ja.*
>
> *Das hat ka Goethe g'schrieb'n, das hat ka Schiller 'dicht',*
> *'s is von kein' Klassiker, von kein' Genie,*
> *Das ist a Wiener, der zu aner Wien'rin spricht,*
> *Und 's klingt halt doch so voll Poesie.«*

538

Die Komponisten und ihre Werke

Couplet für eine Singstimme mit Klavierbegleitung
Wien: Krämer, o. A. – Verl.-Nr. _1259_. – Original (Slg. GG).

- Nr. 80 (auch einzeln) in: Wilhelm Wiesberg, _Wiener Couplets, verfasst und gesungen von Wilhelm Wiesberg_ (in 23 Heften) – Wien: Krämer, o. A. – Verlagswerbung (s. vorstehendes Exemplar).

  Es handelt sich um eine Sammlung mit 230 Couplets (jedes Heft zehn Nrr. enthaltend), die auch alle einzeln erhältlich waren. In dem Verzeichnis, das irreführender Weise suggeriert, Wiesberg sei auch der Komponist, ist unter Nr. 14 eine weitere Schiller-Parodie nachgewiesen: _An der Quelle saß der Knabe_ (Komponist nicht zuverlässig klärbar). – W. Wiesberg (1850–1896), der als Schriftsteller und Baurat in Wien lebte, trat auch als Sänger auf.

- Amerikanische Ausgabe unter dem Titel: _These are no Schiller's Words._ – Chicago: National Music, o. A. – Pazdírek Bd. 123, S. 653 (hier unter Wiesberg nachgewiesen).

  Das Stück ist noch in mehreren Ausgaben (z. T. auch in anderen Verlagen) für eine Singstimme mit Instrumentalbegleitung (u. a. zur Gitarre bzw. zur Zither) oder auch als Instrumentalbearbeitung erschienen. Vgl. HMB 1893/6, S. 209; Hofmeister (1892–1897), S. 812; Hofmeister (1904–1908), S. 740; Hofmeister (1950), S. 244; Hofmeister (1951), S. 278; ÖNB (Online-Katalog).

Don Carlos. Infant von Spanien. Ein dramatisches Gedicht

2464 _Gemischte Gesellschaft aus der Theaterwelt (»Der Hamlet, Prinz von Dänemark, und der Don Carlos a«)_; Text von Wilhelm Wiesberg
Für zwei Singstimmen mit Klavierbegleitung
Nr. 5 des 1. Bandes in: ders., _Wiesberg-Duetten_. – Leipzig: Hofbauer, o. A. – HMB 1895/11, S. 488.

Der 1. Bd. enthält zehn Nrr.

Maria Stuart. Ein Trauerspiel

2465 _Bretter und Brett'l (»Wan i a kan ›Maria Stuart‹ und kan ›Shappo‹ g'wesen bin«)_; Text wahrscheinlich von Wilhelm Wiesberg
Couplet für eine Singstimme mit Klavierbegleitung
Nr. 1 in: ders., [4] _Wiener Couplets (gesungen von Poldi Pitsch)_. – Wien: Krämer, o. A. – HMB 1891/9, S. 380.

SIXT, Paul (1908–1964)

Wilhelm Tell. Schauspiel

2466 – 4. Akt, 3. Szene (nach V. 2650, zu V. 2773ff. sowie V. 2797ff.): _Hochzeitsmusik_
Für Klarinette, Fagott, Horn und Violine
Autographe Partitur mit Stimmen, 1938. – RISM-OPAC.

Erstaufführung (Eintrag in der Partitur): Weimar, 1. November 1938 (Deutsches Nationaltheater).

SMETANA, Bedřich (1824–1884)

Vorname meistens in eingedeutschter Form: _Friedrich_.

2467 Der Pilgrim (»Noch in meines Lebens Lenze«); hier in tschechischer Übersetzung unter dem Titel: _Poutník_
Für eine Singstimme mit Klavierbegleitung
QUELLE: New Grove2 Bd. 23, S. 550 (verschollenes Fragment).

539

Verzeichnis der musikalischen Werke

Der Taucher (»Wer wagt es, Rittersmann oder Knapp'«)
– V. 31 bzw. V. 67 (»Und es wallet und siedet und brauset und zischt«)

2468   *Es siedet und brauset / Je slyšet sykot, hukot a svist*
        Nr. 3 aus: [3] *Stammbuchblätter / Listky do památhíku* für Klavier, op. 3
        S. 25ff. in: ders., *Stammbuchblätter für Klavier*. – Kassel: Bärenreiter 2009. –
        Verl.-Nr. *9525*. – Original (Slg. GG).

        Nach der im Vorwort von Jarmila Gabrielová skizzierten Publikationsgeschichte sind nur die
        Nrr. 1 und 2 des op. 3 noch zu Lebzeiten des Komponisten im 2. bzw. 6. Heft der von Franz
        Liszt hg. Musikalienreihe ›Das Pianoforte. Ausgewählte Sammlung älterer und neuerer Origi-
        nal-Compositionen‹ veröffentlicht worden (Stuttgart: Hallberger 1857). Die Nr. 3 erschien
        posthum im ersten Heft der Edition ›Z pozůstalých skladeb Bedřich Smetany‹ [Kompositionen
        aus dem Nachlass Bedřich Smetanas] (Prag: Umělecka Beseda 1903).

Maria Stuart. Ein Trauerspiel

2469   *Maria Stuart*. Sinfonische Dichtung für Orchester

        1860 entstanden; blieb Fragment (s. New Grove1 Bd. 17, S. 406, bzw. MGG2 *Personenteil*
        Bd. 15, Sp. 939).

Wallenstein. Ein dramatisches Gedicht – I. Wallensteins Lager

2470   *Wallensteins Lager*. Sinfonische Dichtung für großes Orchester, op. 14
        Berlin: Simrock, o. A. – Partitur (Verl.-Nr. *10567*); Klavierauszug zu 4 Hd. –
        HMB 1896/3, S. 94 u. 112. Sonneck, *Orchestral Music*, S. 437.

        1858 in Göteborg begonnen und ebd. am 4. Januar 1859 beendet. – Uraufführung: Prag, 5. Ja-
        nuar 1862 (Sophiensaal), unter der Leitung des Komponisten. – Smetana hatte zu Schillers Tri-
        logie mindestens eine weitere Sinfonische Dichtung geplant (nämlich ›Wallensteins Tod‹),
        dann aber nicht ausgeführt (vgl. MGG2 *Personenteil* Bd. 15, Sp. 939).

SMIT, Leo (1921–1999)

Nicht zu verwechseln mit dem in Sobibor ermordeten holländisch-jüdischen Komponisten
Leo Smit (1900–1943).

Die Jungfrau von Orleans. Eine romantische Tragödie

2471   *Joan of Arc*. Sinfonische Dichtung für Orchester
        1942 komponiert (s. New Grove1 Bd. 17, S. 411).

SOBOLEWSKI, Edward (1804–1872)

An die Freude (»Freude, schöner Götterfunken«)

2472   *An die Freude*. [Bühnen-] Melodram

        Der Zelter-Schüler lebte seit 1859 in Milwaukee (USA) und führte das Stück anlässlich des
        dort stattfindenden Schiller-Festes auf.

        Quellen: New Grove, *American Music* Bd. 4, S. 254 (unter den Bühnenwerken nachgewie-
        sen). Internetrecherchen.

SÖDERMAN, August Johan (1832–1876)

Die Jungfrau von Orleans. Eine romantische Tragödie

2473   Schauspielmusik zur schwedischen Übersetzung unter dem Titel: *Orleanska
        Jungfrun*

Weitgehend unveröffentlicht. – Uraufführung: Stockholm, 1867 (zugleich schwedische Erstaufführung der romantischen Tragödie). Offenbar blieb die Schauspielmusik wirkungsgeschichtlich auf Schweden beschränkt.

QUELLEN: Schaefer, S. 51f. Gatti Bd. 2, S. 1148. Reischert, S. 509.

Daraus veröffentlicht

- Ouvertüre für Orchester. – Stockholm: Hirsch, o. A. – Partitur (Verl.-Nr. *1723*); bearb. für Klavier zu 4 Hd. von Bernhard Fexer. – HMB 1880/2, S. 55. Sonneck, *Orchestral Music*, S. 437. Schaefer, S. 52. MGG2 *Personenteil* Bd. 15, Sp. 994f.

  Söderman hatte das Stück ursprünglich 1858 für das Schauspiel ›*Några timmar på Kronoborgs slott*‹ [Ein paar Stunden im Schlosse Kronoborg] von Oscar Fredrik (dem späteren schwedischen König Oscar II.) komponiert und 1867 offenbar unverändert für Schillers Tragödie wieder verwendet. *Aufgrund des schwedisch-patriotischen Tonfalls ist die Ouvertüre auch unter dem Namen ›Svenskt festspel‹ (Schwedisches Festspiel) bekannt* (vgl. MGG2 *Personenteil*, a. a. O.). Die offenbar populäre Ouvertüre erschien in verschiedenen Berabeitungen; vgl. z. B. Hofmeister (1880–1885), S. 616, oder Hofmeister (1929–1933), S. 624.

- Krönungsmarsch für Orchester; hier unter dem Titel: *Kröningsmarsch ur Skådespelet Orleanska Jungfru*
  Erschien nur in Bearbeitungen für Klavier zu zwei bzw. zu vier Händen. – Stockholm: Elkan & Schildknecht, o. A. – HMB 1880/10, S. 282 u. 293. Schaefer, S. 52. Pazdírek Bd. 11, S. 92.

Die Verschwörung des Fiesco zu Genua. Ein republikanisches Trauerspiel

2474 Schauspielmusik

QUELLE: Gatti Bd. 2, S. 1148 (Entstehung und Aufführungen nicht dokumentiert).

SOHNIUS, Elfriede (?–?)

2475 Breite und Tiefe (»Es glänzen viele in der Welt«)
Vierstimmiger gemischter Chor a cappella

Unveröffentlicht (s. *Internationaler Arbeitskreis Frau und Musik, Archivbestand – Noten.* Hg. von Martina Oster, Christel Nies und Roswitha Azulenkamp. Kassel: Archiv Frau und Musik 1990, S. 202).

SOMMER, Franz (1852–1908)

2476 *Schiller-Vereins-Ball-Tänze.* Walzer für Klavier, op. 93
Wien: Robitschek, o. A. – Verl.-Nr. *2874.* – HMB 1897/6, S. 244 u. 261 (auch für Orchester veröff.). *Lex. z. dt. Musikkultur*, S. 1360. ÖNB (Online-Katalog).

2477 *Schillervereins-Jubiläum.* Polka-Mazurka für Klavier, op. 57
Triest: Schmidl, o. A. – Verl.-Nr. *98.* – HMB 1886/5, S. 126. *Lex. z. dt. Musikkultur*, S. 1360. ÖNB (Online-Katalog).

Dem hochlöblichen Schiller-Verein in Triest zu dessen 25jährigen Gründungsjubiläum hochachtungsvollst gewidmet. – Dieser Klub wird nach 1866 in der AMZ/2 mehrfach erwähnt und muss seinerzeit demnach sehr aktiv gewesen sein.

SONTAG, Henriette (1806–1854)

Seit 1827 mit dem Grafen Carlo Rossi verheiratet.

2478 Parabeln und Rätsel – Nr. 1 (»Kennst du das Bild auf zartem Grunde«)
Für eine Singstimme mit Klavierbegleitung
Fol. 42 des 1. Bandes in: *Schiller-Album* → 364

Autographe Reinschrift mit der Datierung: *Berlin den 24ten Juni 1849* [Vertonung der ersten vier Verse]. – Die Komponistin unterschrieb den Eintrag mit: *Rossi, geb. Sonntag* [!].

SOPP, F. A. (?–?)

2479 Thekla. Eine Geisterstimme (»Wo ich sei und wo mich hingewendet«)
Für eine Singstimme mit Klavierbegleitung oder zur Gitarre
Leipzig: Aibl, o. A. – Pazdírek Bd. 11, S. 138. *Verlags-Catalog der Musikalien-Handlung von Jos. Aibl in München,* 1847, S. 38 (Digitalisat der BSB).

SOUBRE, Etienne-Joseph (1813–1871)

2480 An die Freude (»Freude, schöner Götterfunken«)
Vierstimmiger Männerchor a cappella
Nr. 13 in: ders., *Vierzehn vierstimmige Chöre für den deutschen Männergesang, mit deutschem und französischem Text.* – Lüttich: Soubre, o. A. – HMB 1882/11, S. 364.

Die Räuber. Ein Schauspiel

2481 *Ouverture des Brigands* [wohl für Orchester]

1837 komponiert (mit ausdrücklichem Hinweis auf Schillers Schauspiel). – *Keines seiner großen Werke wurde veröffentlicht* (MGG2 *Personenteil* Bd. 15, Sp. 1121; s. auch New Grove2 Bd. 23, S. 754).

SPÄTH, ... (?–?)

2482 Des Mädchens Klage (»Der Eichwald brauset«)
Für eine Singstimme zur Gitarre
Nr. 1 des 7. Heftes in: *Orpheon. Album für Gesang* → 37
HMB 1849/1, S. 14.

SPAZIER, Johann Gottlieb Karl (1761–1805)

2483 An die Freude (»Freude, schöner [hier: *sanfter*] Götterfunken«)
Für eine Singstimme mit Klavierbegleitung
Nr. 23 in: [43 Vokalkompositionen]. – Sammelhandschrift, 1810. – RISM-OPAC.

SPECH, Johann (1767–1836)

Vornamen eigentlich: *Johannes Baptista*; auch: *János*.

2484 Die Ideale (»So willst du treulos von mir scheiden«)
Für eine Singstimme mit Klavierbegleitung, op. 36
Wien: Pennauer, o. A. – Verl.-Nr. *377.* – Whistling 1828, S. 1098. Weinmann (Pennauer), S. 36 (demnach *1828* erschienen). RISM A I: SS 4062 I,24.

... gewidmet Ihrer Excellenz der hochgebornen Gräfinn [!] *Theres Nádasd.*
· Wien: Diabelli, o. A. – Hofmeister 1845 (*Vocalmusik*), S. 177.

SPENGEL, Henry Louis Ritter von (?–?)

Die Braut von Messina oder: Die feindlichen Brüder. Ein Trauerspiel mit Chören

2485 Zwei Entr'actes

Spengel hatte um 1821 dem Großherzoglichen Hoftheater in Darmstadt eine größere Anzahl von Schauspielmusiken angeboten, bei denen es sich offenbar lediglich um Bearbeitungen von Werken anderer bekannter Komponisten handelt. Zwei Entr'actes werden ausdrücklich in Zusammenhang mit Schillers Trauerspiel erwähnt (s. *Schauspielmusik Darmstadt.* S. 79, 84 u. 276).

SPIES, Fritz (1893–1981)

Wilhelm Tell. Schauspiel

2486 – V. 1465ff. (Walter Tell: »Mit dem Pfeil, dem Bogen«)
Männerchor a cappella
Köln: Tonger, o. A. – Verl.-Nr. *S1069-1.* – Homepage des Verlages.

SPIES, Leo (1899–1965)

Die Braut von Messina oder: Die feindlichen Brüder. Ein Trauerspiel mit Chören

2487 Schauspielmusik

1934 komponiert; wohl unveröffentlicht. – Es handelt sich um Spies' erste Schauspielmusik; sie *hatte einen überraschenden Erfolg und brachte Leo Spies in den folgenden Jahren eine Vielzahl von ähnlichen Aufträgen.* – Siehe: *Aus dem Leben und Schaffen von Komponisten der Deutschen Demokratischen Republik* (= *Aus dem Leben und Schaffen großer Meister*, Heft 4). Berlin: Volk und Wissen 1978, S. 38 (Aufführungen nicht dokumentiert).

SPITTA, Heinrich (1902–1972)

An die Freude (»Freude, schöner Götterfunken«)

2488 – V. 37ff. (»Freude heißt die starke Feder«); hier unter dem Titel: *Freude*
Für einen Vorsänger und einstimmigen Chor a cappella (o. op.)
S. 3 der Ausgabe Nr. 72 von: *Die Singstunde* → 980

1934 komponiert. – Vertont wurden nur die V. 37–48, 53–56 und 101–104, die sicherlich auf das »Dritte Reich« bzw. die NSDAP zu beziehen sind (darunter etwa V. 53f.: »Auf des Glaubens Sonnenberge / Sieht man ihre Fahnen weh'n«).

2489 Die Macht des Gesanges (»Ein Regenstrom aus Felsenrissen«)
Hymne für Sopran oder Tenor, vierstimmigen, gemischten Chor, Streichorchester und Trompete, op. 91
Wolfenbüttel: Möseler 1968. – Partitur, Chorpartitur, Stimmen. – MGG1 Bd. 12, Sp. 1058. Deutsche Nationalbibliothek (Online-Katalog).

2490 Tabulae votivae – Pflicht für jeden (»Immer strebe zum Ganzen«)
Fünfstimmiger gemischter Chor a cappella (o. op.)
Mainz: Schott 1956. – Partitur. – Hofmeister (1956), S. 364.

Wallenstein. Ein dramatisches Gedicht – I. Wallensteins Lager

– V. 1104f. (Erster Jäger: »Und setzet ihr nicht das Leben ein«)

Verzeichnis der musikalischen Werke

2491   Kanon für vierstimmigen gemischten Chor a cappella
Vertonung wiederholt eingefügt im 3. Teil von: ders., *Deutsches Bekenntnis*.
Kantate für Bariton solo, Chor und Orchester, op. 30
Leipzig: Peters, o. A. – Prieberg/*Handbuch*, S. 6723.

Die Komposition wurde am 1. Januar 1934 beendet und besteht aus vier Teilen: 1. *Einleitung
– Schau um dich, deutsches Land*; 2. *Gott*; 3. *Kampf und Treue*; 4. *Vaterland*; 5. *Beschluß – Blick
auf, o Vaterland*. Hinweis am Schluss der Kantate: *Sinngemäß singen alle Hörer stehend den
letzten Vers von ›Heilig' Vaterland‹ mit* (dabei handelt es sich um ›*Deutscher Schwur*‹, eines
der bekanntesten Gedichte des Ersten Weltkrieges, von Rudolf Alexander Schröder). – Mit
dem o. g. Textausschnitt beginnt der 3. Teil der Kantate und durchzieht diesen im Wechsel
mit Textfragmenten von Johann Wolfgang Goethe, Johann Gottlieb Fichte, Ernst Moritz
Arndt, Paul de Lagarde und *alten Volksliedern* (vgl. Otto Schumann, *Meyers Konzertführer –
Chormusik*. Leipzig: Bibliographisches Institut 1938, S. 389ff.).

2492   Kanon zu drei Stimmen (o. op.); hier unter dem Titel: *Vorspruch*
S. 2 der Ausgabe Nr. 62 (Januar 1934) ›*Frisch auf in Gottes Namen. Lieder
zum Aufbruch*‹ von: *Die Singstunde* → 980

Der Untertitel dieser Lieferung bezieht sich auf das noch am Beginn seiner Schreckenszeit
stehende »Dritte Reich«. Neben Vertonungen älterer Dichtungen sind noch zwei weitere
enthalten, denen »Nazi-Lyrik« zugrunde liegt: Nr. 5 – *Wir Jungen* (Text u. Musik von H. Spitta); hier heißt es in der 3. Strophe: »*... himmlische Gnade uns den Führer gab, wir geloben
Hitler Treue bis ins Grab*«. Nr. 6 – *Ein neues Banner* (Text u. Musik von Christoph Tucher);
hier wird zu Textbeginn das »Horst Wessel-Lied« paraphrasiert: »*Die Reihen geschlossen, die
Trommeln gerührt ...*«; der Kehrreim lautet: »*Es ist ein neues Banner uns aufgericht': die Heimat, sie nimmt uns in Dienst und Pflicht*«.

Wilhelm Tell. Schauspiel

2493   – V. 1447ff. (Rösselmann: »Wir wollen sein ein einzig' Volk von Brüdern«);
hier unter dem Titel: *Volk*
Zweistimmiger Chor a cappella, Instrumentalbegleitung ad lib. (o. op.)
S. 2 der Ausgabe Nr. 72 von: *Die Singstunde* → 980

1934 komponiert.

SPOHR, Louis (1784–1859)

Die Jungfrau von Orleans. Eine romantische Tragödie

2494   – Schlussvers (Johanna: »Kurz ist der Schmerz, und ewig ist die Freude!«)
Kanon zu drei Stimmen (SSS), WoO 134
Fol. 73a des 1. Bandes in: *Schiller-Album* → 364

Autographe Reinschrift mit der Datierung: *Cassel den 12ten Februar 1848*. – WV/Spohr
kennt nur ein späteres, am 18. Juni 1854 in Kassel entstandenes Autograph (S. 496). –
Vielleicht wurde dieser Vers in Erinnerung an L. van Beethovens gleichfalls dreistimmgen
Kanon gewählt, den dieser 1815 in Spohrs Autographenalbum eingetragen hatte (→ 155).

Macbeth. Zur Vorstellung auf dem Hoftheater in Weimar eingerichtet von
Friedrich Schiller

2495   – V. 741ff. (Pförtner: »Verschwunden ist die finst're Nacht«)
Für eine Bassstimme mit Orchesterbegleitung
Nr. 5 in: ders., *Macbeth*. Schauspielmusik zur deutschen Bearbeitung von
Samuel Heinrich Spiker, WoO 55

Bis auf die Ouvertüre (op. 75; 1827 in Stimmen und als Bearbeitung für Klavier zu zwei
bzw. vier Händen bei Peters in Leipzig erschienen; Verl.-Nrn. *1973–1975*) unveröffent-

544

licht. – Dass Schillers »Pförtnerlied« in Spikers Übersetzung einbezogen worden ist, beweist einmal mehr die Popularität des häufig vertonten Gedichts.

Die gesamte Schauspielmusik, die insgesamt acht, meistens sehr kurze Nummern umfasst (Ouvertüre, Musik zu den verschiedenen Hexenszenen, eine Verwandlungsmusik und eine abschließende *Marcia*), ist im Auftrag des Berliner General-Intendanten der Königlich Preußischen Hofschauspiele, Karl Friedrich Graf Brühl, zwischen Anfang April und Anfang Mai 1825 entstanden (die Partitur traf am 10. Mai in Berlin ein); darüber hinaus sind in Berlin noch Zwischenaktmusiken von P. Lindpaintner verwendet worden, bei denen es sich aber nicht um speziell zu diesem Schauspiel komponierte Sätze gehandelt hat (s. Radecke, S. 241). – Die Uraufführung von Spohrs Schauspielmusik fand jedoch zu Schillers Textbearbeitung [!] statt: Leipzig, 8. November 1825 (Stadttheater); die Berliner Premiere mit der zum Auftrag gehörenden Fassung von Spiker folgte am 15. Dezember 1825 (s. Radecke, S. 139). Übrige Informationen vgl. WV/Spohr, S. 129 u. 366ff.

Zelter hatte die Berliner Premiere besucht, wobei ihm Spohrs Musik zu modern und zugleich fast harmlos erschien. Am folgenden Tag berichtete er Goethe: *Gestern ist eine ganz neue Übersetzung des ›Macbeth‹ (von unserm Königlichen Bibliothekar Spiker) über unsere Bretter gegangen. [...] Die Übersetzung ist fließend und mir nirgend anstößig vorgekommen, da ich die frühern wohl meistens kenne. – Den wollte ich auch sehn, der solch ein Werk ruiniert! Doch sie gehn hinein und kommen wieder nach Hause mit dem bloßen Schauer über alle dem Spuk. Das besondere dabei war hier eine ganz neue dazu gesetzte Ouvertüre, die Hexenchöre und -tänze. Der Komponist (Kapellmeister Spohr aus Kassel) ist ein geschickter Mann, und wäre nicht des Guten zuviel, so möchte alles besser sein. Gegen die Intention ist nichts zu sagen; denn wenn das Orchester einmal da ist, so wäre nicht abzusehn, warum es was anderes spielen sollte, als was hingehört. Doch – was hingehört ist die Frage. Die Nacht braucht keiner schwarz zu machen, und da mag der Hase im Pfeffer liegen. Das Stück ist eine grobe Gesellschaft und erfordert einen derben Stil. Dieser fehlte, und so war man froh, wenn die Mörder oben wieder ihr Wesen trieben. Fein ausgesonnene Häppchen aus ganz neuen Kochbüchern, kurz ein sogenannter Kammerstil will hier nicht greifen, und da hilft kein Farbenverquisten, das Stück geht seinen Gang, ja selbst der Birnamswald muß mit, und alle die schönen dreimal gestrichenen und geschwänzten Noten bleiben unterwegs liegen.*

Bis 1867 kann für Berlin eine Aufführungstradition dieser Schauspielmusik belegt werden, wobei man allerdings spätestens seit *1851 die Übersetzung von Dorothea Tieck in der Bühneneinrichtung von Ludwig Tieck verwendete. Damit stellt diese Partitur ungeachtet ihres anfänglich ausbleibenden Erfolges die nach Reichardts »Hexenszenen« [→ 1958] beständigste (vielleicht auch weil flexibelste) deutsche ›Macbeth‹-Musik dar; Reichardts Musik aber ist noch bis fünfzehn Jahre nach ihr aufgeführt worden* (Radecke, S. 265f.).

SPRING, Rudi (geb. 1962)

2496 Das Mädchen aus der Fremde (»In einem Tal bei armen Hirten«)
Vierstimmiger Frauenchor a cappella, op. 74b

Unveröffentlicht. – Uraufführung: München, 18. Dezember 2001 (Herz-Jesu-Kirche), Eve Voices (d. s. Sängerinnen des Philharmonischen Chores München), unter der Leitung von Andreas Herrmann. – Op. 74 besteht aus mehreren selbstständigen Kompositionen (s. WV/Spring, S. 75).

2497 *Schubert-Tryptichon. Ländler und Lieder von Franz Schubert*, op. 75
Zusammengestellt und bearb. für Alt (oder Mezzosopran), Flöte, Trompete, Klarinette, Harfe und Streichorchester
München: Verlag vierunddreissig 2001. – WV/Spring, S. 76.

2000/01 im Auftrag des Internationalen Bodensee-Festivals komponiert. – Uraufführung: Tettnang, 19. Mai 2005 (Schloss), mit Christa Mayer (Mezzosopran) und Instrumentalsolisten sowie der Kammerphilharmonie Bodensee-Oberschwaben unter der Leitung des Komponisten.

Verzeichnis der musikalischen Werke

Von Schuberts Schiller-Vertonungen sind darin enthalten
- Die Götter Griechenlands, D 677 (hier aber nur die zwölfte Strophe; → 2314.2); bildet zugleich den zweiten Satz des ›Tryptichons‹
- Sehnsucht, D 636 (→ 2343.3); innerhalb des dritten und letzten Satzes des ›Tryptichons‹

SPRINGER, A. (?–?)

2498   An Emma (»Weit in nebelgrauer Ferne«)
Für eine Singstimme mit Klavierbegleitung und obligate Klarinette oder Violine, op. 4
Frankfurt am Main: Hedler, o. A. – HMB 1845/6, S. 89.

STADE, Wilhelm (1817–1902)

Die Braut von Messina oder: Die feindlichen Brüder. Ein Trauerspiel mit Chören

2498+1 Ouvertüre für Orchester

Unveröffentlicht. – Uraufführung: Jena, Winter 1839/40 (Pelker, S. 757).

2499   Die Worte des Glaubens (»Drei Worte nenn' ich euch, inhaltschwer«)
Vierstimmiger Männerchor (TTBB) mit Blasinstrumenten oder mit Klavierbegleitung
Leipzig: Kahnt, o. A. – Vokal- und Instrumentalstimmen, Klavierpartitur. – HMB 1876/7+8, S. 177. Pazdírek Bd. 11, S. 236.

STAHLKNECHT, Adolf (1813–1887)

Regelmäßig werden Kompositionen von A. Stahlknecht als Gemeinschaftsarbeiten mit seinem Bruder, dem Cellisten Julius Stahlknecht (1817–1892), nachgewiesen. Im Unterschied zu letzterem, dessen *Compositionen* [...] *in Concertpiecen für sein Instrument* bestanden (Mendel Bd. 9, S. 400), ist Adolfs Schaffen wesentlich vielseitiger.

2500   Sehnsucht (»Ach, aus dieses Tales Gründen«)
Für eine Singstimme mit Klavierbegleitung
Nr. 1 in: dies., *Sechs Lieder*, op. 2. – Magdeburg: Heinrichshofen, o. A. – HMB 1842/12, S. 199.

Komponistennachweis: *A. u. J. Stahlknecht.*

STAHMER, Edgar (1911–1996)

Wallenstein. Ein dramatisches Gedicht – I. Wallensteins Lager

2501   – vor V. 1 (Scharfschütze: »Es leben die Soldaten«); Text teilweise von Johann Wolfgang Goethe
Singweise
Nr. 2 in: ders., *Vier Soldatenlieder*. – Wolfenbüttel: Kallmeyer, o. A. (= *Musikblätter der Hitler-Jugend*, Nr. 35). – Hofmeister (1938), S. 106. Prieberg/*Handbuch*, S. 6767.

STANGE, Max (1856–1932)

Die Braut von Messina oder: Die feindlichen Brüder. Ein Trauerspiel mit Chören

2502 – V. 1542ff. (Don Manuel: »Das ist der Liebe heil'ger Götterstrahl«)
Duett (MS oder A u. T) mit Klavierbegleitung
Nr. 2 in: ders., *Vier Duette für Mezzosopran oder Alt und Tenor* mit Klavierbegleitung, op. 59. – Berlin: Raabe & Plothow, o. A. – HMB 1897/2, S. 72.

Macbeth. Zur Vorstellung auf dem Hoftheater in Weimar eingerichtet von Friedrich Schiller

2503 – V. 741ff. (Pförtner: »Verschwunden ist die finst're Nacht«); hier unter dem Titel: *Frühgesang*
Für tiefe Stimme mit Klavierbegleitung
Nr. 2 in: ders., *Vier Lieder und Gesänge*, op. 94. – Berlin: Raabe & Plothow, o. A. – Hofmeister (1904–1908), S. 755.

STARK, Ludwig (1831–1884)

2504 An den Frühling (»Willkommen, schöner Jüngling«)
Gemischtes Vokalquartett (SATB) a cappella
Nr. 1 in: ders., *Fünf Lieder für Sopran, Alt, Tenor und Bass* (o. op.; in 2 Heften). –
Mainz: Schott, o. A. – Partitur, Stimmen. – HMB 1864/11, S. 229. Pazdírek
Bd. 11, S. 272.
1. Heft: Nrr. 1–3; 2. Heft: Nrr. 4 u. 5.

STARKE, Hermann (ca. 1870–ca. 1920)

2505 *Schiller und Sudermann (»Als jüngstens in Berlin ich ging spazieren«)*; Textverfasser unbekannt
Couplet für eine Singstimme mit Klavierbegleitung, op. 509
Leipzig: Teich, o. A. – HMB 1893/9, S. 360.
Im Titel wird auf den Schriftsteller Hermann Sudermann (1857–1928) angespielt.

STAUDIGL, Joseph (1807–1861)

2506 An Emma (»Weit in nebelgrauer Ferne«)
Für eine Singstimme mit Klavierbegleitung, op. 3
Wien: Diabelli, o. A. – HMB 1841/6, S. 93.
· Leipzig: Cranz, o. A. – Pazdírek Bd. 11, S. 278.

STEFFENS, Gustav (1842–1912)

Der Taucher (»Wer wagt es, Rittersmann oder Knapp'«)

– V. 93 (»Da unten aber ist's fürchterlich«)

2507 *Da unten aber ist's fürchterlich (»Wer kennt wohl unser'n Schiller nicht«)*;
Textverfasser unbekannt
Couplet für eine Singstimme mit Klavierbegleitung
Nr. 3 (einzeln) in: ders., *[3] Couplets*. – Coburg: Glaser, o. A. – HMB 1889/10,
S. 449.

Die Jungfrau von Orleans. Eine romantische Tragödie

– Schlussvers (Johanna: »Kurz ist der Schmerz, und ewig ist die Freude!«)

2508 *»Kurz ist der Schmerz, und ewig ist die Freude«*; Textverfasser unbekannt
Komisches Duett (oder Solo-Vortrag) mit Klavierbegleitung
Einzelausgabe in der ungezählten Reihe: ders., *Couplets und Duette.* – Berlin:
Kunz, o. A. – Hofmeister (1909–1913), S. 770.

STEGMANN, Carl David (1751–1826)

2509 Das Mädchen aus der Fremde (»In einem Tal bei armen Hirten«)
Für Sopran mit Klavierbegleitung
Bonn: Simrock, o. A. – Hofmeister (1829–1833), S. 318. Pazdírek Bd. 11,
S. 294. RISM A I deest.

Die Jungfrau von Orleans. Eine romantische Tragödie

2510 Schauspielmusik

Uraufführung im Rahmen der Premiere: Hamburg, 14. November 1801. – Weitgehend unveröffentlicht. – Schilling kennt keine ganze Schauspielmusik, sondern nur den *Monolog zu
Schiller's ›Jungfrau von Orleans‹* (Bd. 6, S. 475).

QUELLEN: Mirow, S. 146. New Grove2 Bd. 24, S. 324. Reischert, S. 508.

Daraus veröffentlicht

· *Kriegsmarsch aus der Jungfrau von Orleans* für Klavier
Ohne bibliographische Angaben. – RISM A I: SS 4748a.

Maria Stuart. Ein Trauerspiel

2511 Schauspielmusik

Uraufführung im Rahmen der Premiere: Hamburg, 16. Oktober 1801 (s. Mirow, S. 146, bzw.
New Grove2 Bd. 24, S. 324).

Wallenstein. Ein dramatisches Gedicht – I. Wallensteins Lager

2512 Schauspielmusik

Weitgehend unveröffentlicht. – Uraufführung im Rahmen der Premiere (nach Stieger):
Hamburg, 20. September 1805 (Mirow nennt den 20. April d. J.; S. 146). – Von Stegmann ist
unter dem Titel ›*Marsch aus Wallenstein‹* als Nr. 10 im Rahmen einer undatierten Sammelhandschrift mit 16 Vokalkompositionen eine Bearbeitung der berühmten Vertonung des
»Reiterliedes« (»Wohl auf, Kameraden, auf's Pferd«) von Chr. J. Zahn (→ 2951) für eine
Singstimme zur Gitarre nachweisbar (vgl. RISM-OPAC), die vielleicht fester Bestandteil dieser Schauspielmusik war.

Daraus veröffentlicht

– vor V. 1 (Scharfschütze: »Es leben die Soldaten«); Text teilweise von Johann
Wolfgang Goethe; hier mit dem Untertitel: *Soldaten-Lied aus Wallensteins
Lager*
Rundgesang mit Klavierbegleitung
Hamburg: Böhme, o. A. – RISM A I: S 4754.

STEGMANN, Eduard (?–?)

Macbeth. Zur Vorstellung auf dem Hoftheater in Weimar eingerichtet von Friedrich Schiller

2513 – V. 741ff. (Pförtner: »Verschwunden ist die finst're Nacht«); hier unter dem Titel: *Morgenlied des Pförtners*
Für eine Singstimme mit Klavierbegleitung
Nr. 5 des 1. Bandes, 2. Heft (1824/25), in: *Musikalisch-Dramatische Blumenlese* → 1308

E. Stegmann hatte eine ganze Schauspielmusik zu Gottfried August Bürgers Übersetzung komponiert.

STEGMAYER, Ferdinand (1803–1863)

2514 Sehnsucht (»Ach, aus dieses Tales Gründen«)
Für Bariton oder Mezzosopran mit Klavierbegleitung, op. 26
Leipzig: Kistner, o. A. – HMB 1847/1, S. 18. Ledebur, S. 573. Pazdírek Bd. 11, S. 294.

STEIN, Bruno (1873–1915)

Wilhelm Tell. Schauspiel

2515 – V. 921ff. (Attinghausen: »An's Vaterland, an's teure, schließ' dich an«); hier unter dem Titel: *Ans Vaterland!*
Festgesang für Männerchor und Orchester oder mit Klavierbegleitung, op. 54
Breslau: Kothe, o. A. – Chor- und Orchesterstimmen, Klavierpartitur. – Hofmeister (1909–1913), S. 772.

STEINACKER, Carl (1785–1815)

2516 Hoffnung (»Es reden und träumen die Menschen viel«)
Vierstimmiger Männerchor (TTTB) a cappella
Nr. 2 in: ders., *Sieben Gesänge für vier Männerstimmen*, op. 11. – Leipzig: Breitkopf & Härtel, o. A. – Pazdírek Bd. 11, S. 305. Blaschke, S. 400.

STEINHART, Wilhelm Wenzel (1819–1899)

Hero und Leander (»Seht ihr dort die altergrauen Schlösser«)

2517 *Hero und Leander.* Komische Oper in drei Akten; Libretto von Ernst Pasqué und Heinrich von Rustige

Uraufführung: Magdeburg, 23. Februar 1868 (s. Clément/Larousse, S. 536, bzw. Stieger); *... von dem Stuttgarter Contrabassisten und Concertmeister W. W. Steinhart* (AMZ/2 vom 18. März 1868, S. 95).

STENGE, Christoph Wilhelm (?–?)

Turandot, Prinzessin von China. Ein tragikomisches Märchen nach Carlo Gozzi von Friedrich Schiller

2518 Schauspielmusik

1820 komponiert und vermutlich im selben Jahr im Stadttheater Riga uraufgeführt, wo Stenge damals als Flötist tätig war (s. *Lex. dt.-balt. Musik*, S. 253). – Auf Schillers Bearbeitung

Verzeichnis der musikalischen Werke

wird zwar nicht ausdrücklich hingewiesen, doch hat es sich sehr wahrscheinlich um diese seinerzeit viel gespielte Fassung gehandelt.

STEPHANI, Hermann (1877–1960)

Die Jungfrau von Orleans. Eine romantische Tragödie

2519 – V. 383ff. (Johanna: »Lebt wohl, ihr Berge, ihr geliebten Triften«)
Für eine Singstimme mit Klavierbegleitung
Nr. 1 in: ders., *Vom Scheiden. Fünf Gesänge*, op. 19. – Berlin: Ries & Erler, o. A.
– Hofmeister (1909–1913), S. 776.

Wilhelm Tell. Schauspiel

2520 Schauspielmusik
QUELLE: Gatti Bd. 2, S. 1207 (Entstehung und Aufführungen nicht dokumentiert).

STERK, Norbert (geb. 1968)

2521 Sehnsucht (»Ach, aus dieses Tales Gründe«)
Für eine Singstimme mit Klavierbegleitung
Nr. 1 in: ders., *Drei Lieder*

1982 entstanden und 1983 überarbeitet; 1984 uraufgeführt; unveröffentlicht (s. Datenbank music austria).

STERKEL, Johann Franz Xaver (1750–1817)

2522 An Emma (»Weit in nebelgrauer Ferne«)
Für eine Singstimme mit Klavierbegleitung
Nr. 6 in: ders., *Sechs Lieder von* [Christoph August] *Tiedge, Schiller etc.*, op. 11. –
Oranienburg: Werckmeister 1804. – Verl.-Nr. *70*. – Antiquariat Raab Kat. 26,
Nr. 170. RISM A I: S 5820 (unterscheidet nicht die beiden Verlagsorte der 1805
nach Berlin umgezogenen Firma).

· Berlin: Werckmeister, o. A. – Verl.-Nr. *70*. – RISM A I: S 5820. Whistling
1828, S. 1100.

· Bonn: Simrock [1808]. – Verl.-Nr. *571*. – RISM A I: S 5821. Original
(Bonn, Beethoven-Haus).

... der talentvollen Künstlerin Madame Schick gewidmet.

2523 Das Geheimnis (»Sie konnte mir kein Wörtchen sagen«)
Für eine Singstimme mit Klavierbegleitung
Nr. 2 in: ders., [3] *Gesänge mit Begleitung des Piano-Forte*, 15. Sammlung. –
Leipzig: Breitkopf & Härtel, o. A. – Verl.-Nr. *535*. – RISM A I: S 5829.
Beethoven-Haus, Bonn (Online-Katalog).

Das Heft ist *Frau von Hepp, geb: von Heller gewidmet.*

2524 Das Mädchen aus der Fremde (»In einem Tal bei armen Hirten«)
Für eine Singstimme mit Klavierbegleitung
Nr. 4 in: ders., *Sechs Lieder von Tiedge, Schiller etc.*, op. 11 → 2522

2525 Des Mädchens Klage(»Der Eichwald brauset«)
Für eine Singstimme zur Gitarre
Nr. 7 in: ders., [7 Lieder zur Gitarre]. – Sammelhandschrift, 1800. – RISM-OPAC.

Die Komponisten und ihre Werke

2526 Die Blumen (»Kinder der verjüngten Sonne«)
Für eine Singstimme mit Klavierbegleitung
Nr. 5 in: ders., *Sechs Gesänge*, op. 14. – Berlin: Unger 1805. – Rezension in: *Berlinische Musikalische Zeitung*, hg. von Johann Friedrich Reichardt, Nr. 39. Berlin: Frölich 1806 (2. Jg.), S. 154f.

Das Heft ist *der Madem. Nannette Tirinanzi gewidmet.*

2527 Thekla. Eine Geisterstimme (»Wo ich sei und wo mich hingewendet«)
Für eine Singstimme mit Klavierbegleitung
Nr. 4 in: ders., *Gesaenge*, 9. Sammlung. – Augsburg: Gombart, o. A. – Verl.-Nr. *421*. – Rheinfurth, *Gombart*, Nr. 738 (demnach *1804* erschienen).

Das Heft ist *Seiner Durchlaucht der Frau Erbprinzessin von Thurn und Taxis in tiefster Ehrfurcht gewidmet.*

STIEGMANN, Eduard (um 1810–1880)

2528 *Schiller-Citaten-Couplets* für eine Singstimme mit Klavierbegleitung; Text von Julius Stettenheim
Nr. 2 (einzeln) in: *Stettenheim's Thalia Album. Sammlung von Couplets, komischen Liedern etc.* – Hamburg: Berens, o. A. – HMB 1864/12, S. 259.

Die Ausgabe war bisher nicht auffindbar; näheren Angaben zu den Textquellen können deshalb nicht gemacht werden. – Das ›Album‹ enthält vier Couplets verschiedener Komponisten nach Texten des Berliner Schriftstellers J. Stettenheim (1831–1916).

- Idem. – Wien: Bösendorfer, o. A. – HMB 1879/9, S. 262.
- Idem; hier als *Soloszene mit Gesang.* – Leipzig: Rühle, o. A. – Pazdírek Bd. 11, S. 327.

STÖHR, Richard (1874–1967)

Erwartung und Erfüllung (»In den Ozean schifft mit tausend Masten der Jüngling«)

2529 Motto zu: *Vom Leben.* Sinfonische Dichtung *nach Schiller*, op. 51
Leipzig: Kistner & Siegel, o. A. – Partitur (Verl.-Nr. *16707*). – Original (ÖNB; freundl. Mitteilung von Dr. Teresa Hrdlicka). *Dt. Musiker-Lex.* 1929, Sp. 1406.

Auf der ersten Partiturseite ist das vollständige Epigramm als Motto wiedergegeben. Im weiteren Verlauf tauchen programmatische Hinweise auf, die sich darauf beziehen (etwa *Mit volen* [!] *Segeln in froher Hoffnung* oder *In männlicher Kraft*). – Ein Verzeichnis der Konzerte der Wiener Symphoniker listet das Werk im Programm zum 10. Dezember 1919 (Uraufführung?) mit der Titelergänzung ›*... nach dem Distichon von Schiller*‹ auf (Internetrecherche).

STOELTZNER, Willy (?–?)

Wilhelm Tell. Schauspiel

– V. 1449 (Rösselmann: »Wir wollen frei sein, wie die Väter waren«)

2530 *Wir wollen frei sein, wie die Väter waren. Ein Sing-, Sprech- und Bewegungschor, zusammengestellt* von Willy Stoeltzner
Wuppertal-Barmen: Eichenkreuz 1933. – Hofmeister (1929–1933), S. 638.

STÖR, Carl (1814–1889)

Das Lied von der Glocke (»Fest gemauert in der Erden)

2531 *Tonbilder für Orchester zu Schiller's Lied von der Glocke*
Deklamation mit melodramatischer Orchesterbegleitung, op. 20
Leipzig: Seitz, o. A. – Partitur (Verl.-Nr. *210*), Orchesterstimmen; Klavierauszug zu vier Händen. – HMB 1872/8+9, S. 157 u. 160. Original (DLA). Sonneck, *Orchestral Music*, S. 448.

Ihrer Majestät Augusta, Kaiserin von Deutschland, Königin von Preussen gewidmet. – Uraufführung im Rahmen der zwischen dem 3. und 5. September 1857 stattfindenden Festveranstaltungen zum hundertsten Geburtstag des Großherzogs Karl August (Einzelheiten des kplt. Programms s. Müller-Reuter Bd. 1, S. 331f.): Weimar, 4. September 1857 (Großherzogliches Hoftheater); vorausgegangen waren einzelne Szenen aus verschiedenen Dramen Schillers und Johann Wolfgang Goethes; nach Störs ›Tonbildern‹ folgte noch *ein von Transparenten begleiteter Epilog von* [Franz] *Dingelstedt* (Müller-Reuter, ebd.). – Mendel hebt die ›Tonbilder‹, *die mehrfach aufgeführt sich zahlreiche Freunde erwarben*, extra hervor (Bd. 9, S. 463).
Weiterer Aufführungsnachweis: Weimar, 9. November 1859 (Großherzogliches Hoftheater), im Rahmen der *Vorfeier zu Schillers hundertjährigem Geburtstage*, jetzt mit lebenden Bildern, zu denen folgende Titel genannt werden: 1. *Die Taufe*; 2. *Der Brautzug*; 3. *Die Häuslichkeit*; 4. *Der Brand*; 5. *Das Begräbniß der Mutter*; 6. *Das Erndtefest*; 7. *Die Friedens-Feier* (Theaterzettel – DLA). Vorausgegangen war das Festspiel ›Vor hundert Jahren‹ von Friedrich Halm mit Musik von Franz Liszt (→ 1488), und als Abschluss der Veranstaltung folgte noch der ›Epilog zu Schillers Glocke‹ von Johann Wolfgang Goethe (offenbar ohne Musik).

- Unter dem Titel: *Le Chant de la Cloche.* hier in der französischen Übersetzung von Emile Crémieux – Paris: Durand et Schoenewerk, o. A. – Partitur, Orchesterstimmen; Klavierauszug zu vier Händen. – Pazdírek Bd. 11, S. 351. Bibliothèque Nationale, Paris (Online-Katalog; hier mit *1875* datiert).

2532 Die Huldigung der Künste. Ein lyrisches Spiel
Schauspielmusik

Uraufführung im Rahmen einer Festveranstaltung *zum 50jährigen Jubiläum des Einzugs der verwitweten Grossherzogin-Grossfürstin Maria Paulowna in Weimar*, aus dessen Anlass Schiller das Stück einst geschrieben hatte: Weimar, 9. November 1854 (Großherzogliches Hoftheater). – Als Ouvertüre wurde die Sinfonische Dichtung ›Festklänge‹ von Franz Liszt gespielt (→ 1480), und danach schloss sich die Uraufführung von Anton Rubinsteins einaktiger Oper ›Die sibirischen Jäger‹ an.

QUELLE: Müller-Reuter Bd. 1, S. 321.

STOESSEL, Nicolaus (1793–1839)

2533 Die Blumen (»Kinder der verjüngten Sonne«)
Für *vier Frauenzimmerstimmen* (SSAA) mit Klavierbegleitung (Fl. u. 2 Hr. ad lib.), op. 6
Augsburg: Gombart, o. A. – Partitur und Bläserstimmen (Verl.-Nr. *629*). – Original (DLA). Rheinfurth, *Gombart*, Nr. 753 (demnach *1819* erschienen).

STOLLE, Fritz (1908–1988)

Schauspielmusiken zu:

2534 Die Braut von Messina oder: Die feindlichen Brüder. Ein Trauerspiel mit Chören
1944 entstanden; bestand aus *Chören, Zwischenaktsmusiken usw.* – Aufführungen nicht dokumentiert.
QUELLEN: Simbriger Erg.bd. 2, S. 139. *Lex. z. dt. Musikkultur* Bd. 2, Sp. 2676.

2535 Turandot, Prinzessin von China. Ein tragikomisches Märchen nach Carlo Gozzi von Friedrich Schiller
Zwischen 1955 und 1960 entstanden; s. *Lex. z. dt. Musikkultur* Bd. 2, Sp. 2676 (Aufführungen nicht dokumentiert).

STOLZ, Leopold (1866–1957)

Die Jungfrau von Orleans. Eine romantische Tragödie

2536 Schauspielmusik
Uraufführung: Wiesbaden, Mai 1905 (s. Stieger).

STORCH jun., Anton M. (1815–1887)

Die Räuber. Ein Schauspiel

2537 *Der Räuber Moor* (auch unter dem Titel: *Der Vetter von Ybbs*). Posse in einem Akt; Libretto von J.[indřich?] Böhm
Uraufführung: Wien, 5. November 1868 (Theater in der Josefstadt); s. Stieger.

STORCH, Emanuel (1841–1877)

2538 Sehnsucht (»Ach, aus dieses Tales Gründen«)
Männerquartett a cappella
Nr. 3 in: ders., *Drei leicht ausführbare Quartette für Männerstimmen*, op. 10. – Leipzig: Siegel, o. A. – Partitur, Stimmen. – HMB 1873/3, S. 104.

STRAUMANN, Bruno (1889–1973)

Wilhelm Tell. Schauspiel

2539 – V. 2833ff. (Barmherzige Brüder: »Rasch tritt der Tod den Menschen an«)
Großer Männerchor a cappella
Nr. 2 in: ders., *Im Alter. Vier Gesänge*, op. 8. – Leipzig: Hug, o. A. – Partitur. – Hofmeister (1919–1923), S. 453.

STRAUS, Oscar (1870–1954)

Des Mädchens Klage (»Der Eichwald brauset«)

– V. 14 (»Ich habe gelebt und geliebet!«)

2540 *»Ich habe gelebt, und ich habe geliebt«*
Walzerlied für eine Singstimme mit Klavierbegleitung
Nr. 6 (auch einzeln) in: ders., *Liebeszauber. Operette in drei Akten*; Libretto von Viktor Leon. – Leipzig: Doblinger 1916. – Klavierauszug (Verl.-Nr. *5599*). –

Verzeichnis der musikalischen Werke

ÖNB (Online-Katalog). Hofmeister (1914–1918), S. 454. Grove, *Opera* Bd. 4, S. 562.

Uraufführung: Wien, 28. Februar [bei Stieger: Januar!] 1916 (Bürger-Theater). – Irrtümlich immer wieder als vieraktige Operette nachgewiesen. – Nur im Klavierauszug veröffentlicht.

Wallenstein. Ein dramatisches Gedicht – III. Wallensteins Tod

– V. 897 (Wallenstein: »Es gibt im Menschenleben Augenblicke«)

2541   *Man erlaubt's nicht (»Es gibt im Leben manchmal Augenblicke«)*
Chanson für eine Singstimme mit Klavierbegleitung
Nr. 1 (auch einzeln) in: ders., *Didi.* Operette in einem Bild und zwei Akten; Libretto von Viktor Leon frei nach dem Schauspiel ›*Marquise*‹ von Victorien Sardou. – Leipzig: Doblinger 1909. – Klavierauszug. – Hofmeister (1909–1913), S. 783. Grove, *Opera* Bd. 4, S. 562.

Uraufführung: Wien, 23. Oktober 1909 (Carl-Theater). – Stieger nennt irrtümlich drei Akte; vgl. aber die Titelaufnahme des Klavierauszugs in der ÖNB (Online-Katalog). – Nur in dieser Fassung veröffentlicht.

STRAUSS, Eduard (1835–1916)

Würde der Frauen (»Ehret die Frauen! Sie flechten und weben«)

2542   *Ehret die Frauen.* Walzer, op. 80
Wien: Spina, o. A. – Alexander Weinmann: *Verzeichnis sämtlicher Werke von Josef und Eduard Strauß (= Beiträge zur Geschichte des Alt-Wiener Musikverlages,* Reihe 1: *Komponisten,* 3. Folge). Wien: Krenn 1967, S. 44. HMB 1872/8+9, S. 157 u. 177.

Hofmeister (1868–1873) weist Ausgaben für Klavier zu zwei Händen und für Orchester nach (jetzt allerdings beim Nachfolgeverlag Schreiber in Wien; vgl. S. 474).

STRAUSS (Sohn), Johann (1825–1899)

An die Freude (»Freude, schöner Götterfunken«)

– V. 9 (»Seid umschlungen, Millionen!«)

2543   *Seid umschlungen Millionen. Walzer für die Internationale Ausstellung für Musik und Theaterwesen in Wien,* op. 443
Berlin: Simrock, o. A. – WV/Strauß-Johann, S. 114. HMB 1892/10, S. 378f., 386f. u. 395.

Johannes Brahms gewidmet. – Bereits vor der Ausstellungseröffnung am 7. Mai 1892 erfolgte die Uraufführung: Wien, 27. März 1892 (Musikverein), unter der Leitung des Komponisten.

In der Originalausgabe für verschiedene Besetzungen erschienen, darunter für großes Orchester (Verl.-Nr. *9758*), kleines Orchester (Verl.-Nr. *9772*), deutsche und österreichische Militärmusik arrangiert von Johann Nepomuk Král (Verl.-Nr. *9788*), Klavier zu zwei Händen (Verl.-Nr. *9756*) bzw. zu vier Händen (Verl.-Nr. *9762*) oder für Violine mit Klavierbegleitung (Verl.-Nr. *9765*). – Später in weiteren Bearbeitungen bei Cranz in Leipzig veröffentlicht; vgl. z. B. Hofmeister (1929–1933), S. 656, und Hofmeister (1935), S. 150. – Mit Textunterlegung von Hans Werner und Carl Auchmann (»*O, du schöne Welt*«) bei Krenn in Wien; vgl. Hofmeister (1962), S. 274.

• Wien: Doblinger 1998. – Partitur, hg. von Norbert Rubey (Verl.-Nr. *D. 18429*; zugleich: [= *Diletto musicale,* Nr. *1037*]; zugleich: *Doblingers Jo-*

554

hann Strauß Gesamtausgabe in Zusammenarbeit mit dem Wiener Institut für Strauß-Forschung). – Original (Slg. GG).

Würde der Frauen (»Ehret die Frauen! Sie flechten und weben«)

– V. 1 u. 2 als Motto zu

2544   *Lob der Frauen. Polka-Mazurka*, op. 315
Wien: Spina, o. A. – WV/Strauß-Johann, S. 95. HMB 1867/5, S. 80, S. 124 u. 126. Original (Slg. GG).

Bereits in der Originalausgabe für verschiedene Besetzungen erschienen, darunter für Klavier (Verl.-Nr. *19223*), Violine und Klavier (Verl.-Nr. *19229*) oder für Orchester (Verl.-Nr. *19260*). – Später in weiteren Bearbeitungen bei Cranz in Leipzig; vgl. bspw. Hofmeister (1898–1903), S. 913 (darunter für 14stimmige Artilleriemusik oder 16- bis 33stimmige Harmoniemusik).

STRAUSS, Josef (1827–1870)

Würde der Frauen (»Ehret die Frauen! Sie flechten und weben«)

2545   *Frauenwürde. Walzer*, op. 277
Wien: Spina, o. A. – Alexander Weinmann: *Verzeichnis sämtlicher Werke von Josef und Eduard Strauß (= Beiträge zur Geschichte des Alt-Wiener Musikverlages*, Reihe 1: *Komponisten*, 3. Folge). Wien: Krenn 1967, S. 31. Franz Mailer: *Joseph Strauß – Genie wider Willen*. Wien: Jugend und Volk 1977, S. 124. HMB 1871/1, S. 2, 7 u. 12.

Dem Comitée des Juristenballes achtungsvoll gewidmet. – Uraufführung: Wien, 30. Januar 1870 (Redoutensaal in der Hofburg). – Das Gedicht wird in den Ausgaben zwar nicht erwähnt, doch handelt es sich bei der Titelgebung zweifelsfrei um eine Anspielung.

Bereits in der Originalausgabe für verschiedene Besetzungen erschienen, darunter für Klavier zu zwei Händen (Verl.-Nr. *21980*) bzw. zu vier Händen (Verl.-Nr. *22080*) oder für Orchester (Verl.-Nr. *22037*). – Spätere Ausgaben folgten bei Eulenburg in Leipzig; vgl. Hofmeister (1909–1913), S. 377 (auch als Partitur, Stimmen sowie Textheft für Männerchor mit Klavierbegleitung, bearbeitet von Victor Keldorfer, nach dem Text eines nicht genannten Autors: »*Schon der Fratz im kurzen Röckchen*«, als Nr. 4 in: *Berühmte Tanzweisen von Josef Strauß für vierstimmigen Männerchor mit Klavierbegleitung bearbeitet*, op. 73). – Außerdem bei Cranz in Leipzig veröffentlicht; vgl. bspw. Hofmeister (1929–1933), S. 660.

STRAUSS, Joseph (1793–1866)

2546   Die Teilung der Erde (»Nehmt hin die Welt«)
Für Bass mit Klavierbegleitung
Leipzig: Hofmeister, o. A. – Verl.-Nr. *655*. – Whistling 1828, S. 1100. Original (DLA).

1819 erschienen. – Auch irrtümlich als Komposition von Josef Strauß aus der Wiener »Walzer-Dynastie« nachgewiesen (vgl. S. 36 in: Alexander Weinmann: *Verzeichnis sämtlicher Werke von Josef und Eduard Strauß ...* → 2545).

STRAUSS, Richard (1864–1949)

2547   Der Abend. Nach einem Gemälde (»Senke, strahlender Gott«)
Sechzehnstimmiger gemischter Chor (SSSSAAAATTTTBBBB) a cappella
Nr. 1 (einzeln) in: ders., *Zwei Gesänge für 16stimmigen gemischten Chor a cappella*, op. 34. – München: Aibl [1897]. – Partitur (Verl.-Nr. *2879a*), Chorstim-

Verzeichnis der musikalischen Werke

men (Verl.-Nr. *2880a*). – WV/Strauss-1 Bd. 1, S. 206ff. WV/Strauss-2, Nr. 182. Original (DLA).

Die Schiller-Vertonung ist in München am 16. März 1897 und die Nr. 2, eine Komposition nach Friedrch Rückerts ›Hymne‹ (»*Jakob! Dein verlorner Sohn*«), ebd. zwei Monate später beendet worden. – Jeder der beiden Chöre mit einem eigenen Widmungsträger; Nr. 1: *Meinem Freunde Julius Buths* (Nr. 2: *Meinem Freunde Philipp Wolfrum*). – Uraufführung von Nr. 1 (vgl. WV/Strauss-2, Nr. 182, bzw. MGG2 *Personenteil* Bd. 16, Sp. 73): Köln, 19. April 1898 (Konservatorium), unter der Leitung von Franz Wüllner (Nr. 2 wurde erst fünf Jahre später uraufgeführt); für Nr. 1 ist als Datum der Uraufführung auch der 2. Mai 1898 überliefert (vgl. Willi Schuh: *Richard Strauss. Jugend und frühe Meisterjahre. Lebenschronik 1864–1898*; Zürich: Atlantis 1976, S. 472).

2548   *Hymnus. Im Oktober 1788* (»*Dass du mein Auge wecktest*«); Schiller zugeschriebener Text eines unbekannten Autors
Für Mezzosopran oder Bariton mit Orchesterbegleitung
Nr. 3 in: ders., *Vier Gesänge mit Orchesterbegleitung*, op. 33. – Berlin: Bote & Bock, o. A. – Partitur und Orchesterstimmen (Verl.-Nr. *14547*); Klavierausgabe (Verl.-Nr. *14549*). – WV/Strauss-1 Bd. 1, S. 200ff. WV/Strauss-2, Nr. 180. HMB 1897/9, S. 408 u. 415.

Das op. 33 ist 1896/97 komponiert worden (Nr. 3 am 5. Januar 1897 in München beendet). – Uraufführung (Nr. 3): Köln, 15. Februar 1898 (Gürzenich).

2549   Tabulae votivae – Licht und Farbe (»Wohne [hier: *Licht*], du ewiglich Eines«); hier unter dem Titel: *Hymne zur Eröffnung der Münchner Kunstausstellung 1897*
Vierstimmiger Frauenchor (SSAA) mit separatem Bläserchor und Orchester, WoO 91

Am 10. Mai 1897 in München begonnen und vier Tage später dort beendet; einige Textänderungen gehen auf R. Strauss zurück; unveröffentlicht. – Uraufführung: München, 1. Juni 1897 (Glaspalast), unter der Leitung des Komponisten (s. WV/Strauss-2, Nr. 183).

Wilhelm Tell. Schauspiel

2550   – V. 13ff. (Hirte: »Ihr Matten, lebt wohl«); hier unter dem Titel: *Des Alpenhirten Abschied*
Für eine Singstimme mit Klavierbegleitung

Um 1872 komponiert; unveröffentlicht und verschollen (s. WV/Strauss-2, Nr. 13).

STREBEN, Ernst (1819–1871)

2551   *Des Mädchens Klage* (»*Einmal lass mich deinen Atem*«); Schiller zugeschriebenes Gedicht von Ludwig Otto
Für eine Singstimme mit Klavierbegleitung, op. 22
Berlin: Bote & Bock, o. A. – Verl.-Nr. *3993*. – Staatsbibl. zu Berlin (Online-Katalog; hier mit dem Nachweis des Textverfassers). Challier 1885, S. 548.
Vermutlich aufgrund des Titels von Schaefer irrtümlich nachgewiesen (S. 39).

STREDICKE, W. (?–?)

Semele. Eine lyrische Operette

2552   *Finale aus* ›Semele‹ *für Orchester*, bearbeitet von Ernst Schmidt-Cöthen
Köthen i. A.: Schmidt, o. A. – Hofmeister (1904–1908), S. 777.

556

Die Komponisten und ihre Werke

STREICHER, Andreas (1761–1833)

Am 22. September 1782 war Schiller zusammen mit seinem Mitschüler A. Streicher (Pianist, Komponist, später berühmter Klavierbauer in Wien, dort in Beethovens Freundeskreis) aus Stuttgart geflohen.

2553   Eine Leichenphantasie (»Mit erstorb'nem Scheine«)
Vermutlich für eine Singstimme mit Klavierbegleitung

Unveröffentlicht; verschollen (s. Brandstaeter, S. 31). Wahrscheinlicher ist allerdings, dass J. R. Zumsteeg der Urheber dieser ersten nachweisbaren Schiller-Vertonung war (→ 3039). – Schiller hatte das Trauergedicht für August von Hoven, einen Mitschüler der Stuttgarter Militärakademie, verfasst, der am 13. Juni 1780 gestorben war. Es erschien seinerzeit lediglich mit dem etwas unbestimmten Hinweis _in Musik zu haben beim Herausgeber_ in der ›_Anthologie auf das Jahr 1782‹_ (Stuttgart: Ohne Verlagsangabe [Metzler] 1782, S. 82); vielleicht kursierten abschriftliche Noten.

STREICHER, Theodor (1874–1940)

Urenkel von Schillers Freund, dem nachmals bekannten Wiener Klavierbauer Andreas Streicher (→ 2553).

2554   Die Teilung der Erde (»›Nehmt hin die Welt!‹ rief Zeus von seinen Höhen«)
Für eine Singstimme mit Klavierbegleitung
Nr. 19 (auch einzeln) in: ders., _Zwanzig Lieder_ (o. op.). – Leipzig: Lauterbach & Kuhn, o. A. – Verschiedene Verl.-Nrr. (Schiller-Vertonung: Verl.-Nr. _119_). – Original (Slg. GG).

Die Nr. 19 mit der Widmung: _Dr. Heinrich Potpeschnigg zugeeignet._

- · Idem. – Notenbeilage zu: _Die Musik_ 1905 (»_Schiller-Heft_«). – Original (Slg. GG).
- · Nr. 4 des 1. Heftes, _Klassiker,_ in: ders., _24 Lieder für mittlere Stimme_ (in 4 Heften). – Leipzig: Breitkopf & Härtel, o. A. – Verl.-Nr. _2942._ – ÖNB (Online-Katalog; demnach _1909_ erschienen).

  Das 2. Heft enthält Lieder nach Gedichten Richard Dehmels, das 3. u. 4. nach Gedichten moderner Dichter.

Wilhelm Tell. Schauspiel

2555   – V. 1ff. (Fischerknabe: »Es lächelt der See«); hier unter dem Titel: _Gesang des Hirten_ [!]
Für eine Singstimme mit Klavierbegleitung
Nr. 3 in: ders., _Drei Lieder,_ op. 1. – Leipzig: Rättig, o. A. – Verl.-Nr. _229._ – HMB 1895/10, S. 440. ÖNB (Online-Katalog).

STROHM, Kurt (?–?)

Die Jungfrau von Orleans. Eine romantische Tragödie

2556   Musik zur Hörspielbearbeitung von Hermann Weninger

Regie: Hermann Weninger; mit Angela Salloker in der Titelrolle. – _Musik, oft nur wenige Takte, Fanfaren, Signale unterstreichen die Vorgänge, kurze Zwischenspiele schaffen überleitend die Stimmungsfarbe_ (Rezension der Ursendung beim Reichssender München in: _Völkischer Beobachter_ vom 30. November 1935).

QUELLE: Zeitungsausschnitt ohne weitere Angaben (DLA).

557

Verzeichnis der musikalischen Werke

STROOPE, Z. Randall (geb. 1953)

2557 An die Freude (»Freude, schöner Götterfunken«); hier unter dem Titel: *Ode to Joy*
Für vierstimmigen gemischten Chor (SATB) mit Klavierbegleitung zu vier Händen, Schlagzeug ad lib. (Alternativbegleitung mit Bläsern)
Houston (Texas): Alliance 2002. – Verl.-Nr. *0475*. – Homepage des Komponisten.

Commissioned by Alliance Music Publications, Inc. In memory of Founding Partner, Hugh D. Sanders. – Uraufführung: 2003, Texas All-State Choir unter der Leitung des Komponisten. – Stroope vertonte eine wechselweise aus deutschem Original und englischer Übersetzung bestehende Textfassung.

STRUBE, Gustav (1867–1953)

Die Jungfrau von Orleans. Eine romantische Tragödie
2558 Ouvertüre für Orchester, op. 8
QUELLE: Riemann/Einstein 1929, S. 1786.

STRUKOW, Valery (1937–2005)

Maria Stuart. Ein Trauerspiel
2559 *Maria Stuart.* Oper
Eine konzertante Aufführung (Uraufführung?) ist 1995 in Moskau belegbar
QUELLEN: Reischert, S. 641 (undatiert). Internetrecherchen.

STRUNZ, Jacob Georg (1781–1852)

Frank/Altmann gibt als Geburtsjahr *1783* an (Bd. 1, S. 615).

Wilhelm Tell. Schauspiel
2560 *Guillaume Tell.* Ballett
Uraufführung: Paris, 1834 (s. Gatti Bd. 2, S. 1239; keine weiteren Angaben).

STRUTH, Adam (1810–1895)

2561 An Emma (»Weit in nebelgrauer Ferne«)
Für eine Singstimme zur Gitarre
Nr. 1 in: ders., *Fünf Lieder.* – Frankfurt am Main: Dunst, o. A. – HMB 1836/6, S. 63.

STUDER, Edeltraut (?–?)

Das Lied von der Glocke (»Fest gemauert in der Erden«)
2561+1 – V. 79 (»Die schöne Zeit der jungen Liebe«); hier unter dem Titel: *Die junge Liebe*
Kanon zu drei Stimmen
Schwanau: Studer 2004. – Partitur. – Badische Landesbibliothek, Karlsruhe (Online-Katalog).
2561+2 – V. 322ff. (»Holder Friede, süße Eintracht«)
Kanon zu drei Stimmen

558

Schwanau: Studer 2004. – Partitur. – Badische Landesbibliothek, Karlsruhe (Online-Katalog).

2561+3 Das Mädchen aus der Fremde (»In einem Tal bei armen Hirten«)
Für dreistimmigen Frauen- oder Männerchor bzw. gemischten Chor a cappella
Schwanau: Studer 2004. – Drei Ausgaben der Chorpartitur. – Badische Landesbibliothek, Karlsruhe (Online-Katalog).

Der Triumph der Liebe, eine Hymne (»Selig durch die Liebe«)

2561+4 – V. 1 u. 2 (»Selig durch die Liebe«)
Kanon zu drei Stimmen
Schwanau: Studer 2004. – Partitur. – Badische Landesbibliothek, Karlsruhe (Online-Katalog; freundliche Mitteilung von Simone Scheurer).

STUDER, Fredy (geb. 1948)

Wilhelm Tell. Schauspiel

2562 Schauspielmusik
Uraufführung im Rahmen der Premiere: Altdorf, 15. August 2004; Regie: Louis Naef.
QUELLE: Tellspiele Altdorf (Homepage).

STÜMER, Johann Daniel Heinrich (1789–1857)

Wird vereinzelt irrtümlich unter *Stürmer* nachgewiesen.

2563 An den Frühling (»Willkommen, schöner Jüngling«)
Für Sopran oder Tenor mit Klavierbegleitung
Nr. 5 in: ders., *Fünf Gesänge* (o. op.). – Berlin: Trautwein, o. A. – Ledebur, S. 582. HMB 1837/5, S. 62.
... der Prinzessin Elisabeth von Hessen und bei Rhein, geb. Prinzessin von Preußen dediziert.
• Magdeburg: Heinrichshofen, o. A. – Pazdírek Bd. 11, S. 470.

STUNTZ, Joseph Hartmann (1793–1859)

2564 *Freie Kunst* (»*Singe, wem Gesang gegeben, in dem deutschen Dichterwald!*«); Text von Ludwig Uhland
Vierstimmiger Männerchor (TTBB) a cappella
Nr. 3 in: *Drei Lieder, gesungen* [in Stuttgart] *bei der Feier der Enthüllung des Denkmals für Schiller* → 1834

2565 *Schützenruf* (»*Schützen vor, wenn das Hüfthorn schallt*«); Schiller zugeschriebener Text eines unbekannten Dichters
Vierstimmiger Männerchor (TTBB) a cappella
Nr. 66 in: *Liederbuch für Männerchöre*, hg. von Ch. Schnyder. – Rathausen: *Zu haben bei Ch. Schnyder* / Zürich: Walder & Schiller 1862. – Partitur. – RISM-CH (Database).
Auf der Titelseite wird Schnyder als *Seminar-Musiklehrer in Rathausen* bezeichnet. – Der Band enthält fast 150 Chorsätze.

Wallenstein. Ein dramatisches Gedicht – I. Wallensteins Lager

2566 – vor V. 1 (Scharfschütze: »Es leben die Soldaten«); Text teilweise von Johann Wolfgang Goethe
Dreistimmiger Männerchor mit Klavierbegleitung oder zur Gitarre
Mainz: Schott, o. A. – Partitur (Verl.-Nr. *2691*). – Original (DLA). Whistling 1828, S. 1026.

STURM, Wilhelm (1842–1922)

Der Handschuh (»Vor seinem Löwengarten, das Kampfspiel zu erwarten«)

2567 *König Wullrisching und sein Hof, oder: Der umgeänderte Handschuh. Große romantisch-komische und lyrisch-plastische Ritteroper mit Gesängen, Chören, Märschen und Tänzen in zwei Akten [...] mit Benutzung bekannter Melodien, besonders für Gesangvereine*; Textverfasser unbekannt
Für Männerstimmen mit Klavierbegleitung, op. 18
Leipzig: Siegel, o. A. – Klavierpartitur, Solo- und Chorstimmen; Text der Gesänge. – HMB 1877/9, S. 263 u. 277.

Offenbar im Original mit Orchesterbegleitung, doch vermutlich nur in der vorstehend genannten Fassung veröffentlicht (vgl. Pazdírek Bd. 11, S. 476).

Der Taucher (»Wer wagt es, Rittersmann oder Knapp'«)

2568 *Der Taucher. Parodistische Operette in einem Aufzug [...] nach bekannten und beliebten Melodien, besonders für Liedertafeln oder Gesangvereine*; Textverfasser unbekannt
Für Männerstimmen mit Klavierbegleitung, op. 14
Leipzig: Siegel, o. A. – Klavierpartitur, Solo- und Chorstimmen, Textbuch. – HMB 1875/11, S. 263.

2569 Hoffnung (»Es reden und träumen die Menschen viel«)
Gemischter Chor a cappella, op. 146
Leipzig: Hug, o. A. – Partitur. – Hofmeister (1904–1908), S. 781.

Pazdírek weist dieses Stück als vierstimmigen Männerchor (TTBB) a cappella, op. 149 [!], nach (Bd. 11, S. 477; op. 146 wäre demnach ›Frohsinn‹, ein vierstimmiger Männerchor a cappella).

SÜSSE, Ulrich (geb. 1944)

2570 Das Geheimnis (»Sie konnte mir kein Wörtchen sagen«)
Für Bariton mit Klavierbegleitung (ein zweiter Spieler für wenige Takte ad lib.)
Nr. 2 in: ders., *Schiller-Trilogie*. – Original (freundl. Mitteilung von Stefan Laux).

Auftragskomposition der Süddeutschen Schubertgesellschaft zum Schillerjahr 2005 mit einigen musikalischen Anspielungen auf Lieder von F. Schubert nach diesen Gedichten (→ 2288, 2321 u. 2334). – Uraufführung: Ludwigsburg, 29. Mai 2005 (Musikhalle am Bahnhof), mit Christoph Sökler (Bariton) und Stefan Laux (Klavier). – Bisher unveröffentlicht.
QUELLE: Programmheft zur Uraufführung.

2571 Eine Leichenphantasie (»Mit erstorb'nem Scheinen«)
Für Bariton mit Klavierbegleitung (ein zweiter Spieler für wenige Takte ad lib.)
Nr. 1 in: ders., *Schiller-Trilogie* → 2570

Die Komponisten und ihre Werke

2572 Hoffnung (»Es reden und träumen die Menschen viel«)
Für Bariton mit Klavierbegleitung (ein zweiter Spieler für wenige Takte ad lib.)
Nr. 3: in: ders., *Schiller-Trilogie* → 2570

SUPPÉ, Franz von (1819–1895)

2573 An Emma (»Weit in nebelgrauer Ferne«)
Für eine Singstimme mit Klavierbegleitung und Violoncello (oder Horn) bzw.
nur mit Klavierbegleitung
Wien: Mechetti, o. A. – Verl.-Nr. *2984.* – HMB 1838/6, S. 89 u. 94. ÖNB (Online-
Katalog).
    · Leipzig: Cranz, o. A. – Pazdírek Bd. 11, S. 501.

2574 *Schiller-Marsch, aufgeführt bei dem Festzuge zur 100jährigen Jubelfeier von
Schiller's Geburt* für Klavier
Wien: Glöggl, o. A. – HMB 1860/2, S. 30.

Uraufführung im Rahmen der »Schillerwoche« (6.–12. November 1859): Wien, 8. November
1859 (Großer Fackelzug, der um 18 Uhr am Praterstern begann und an dem alle wichtigen
Gremien und Vereine der Stadt teilgenommen haben). Es spielten *mehrere Militärbanden*
[Harmoniemusik]. – *Die HH. Titl* [→ 2643], *Hofburgtheater-Kapellmeister, v. Suppé (*[vom
Theater] *an der Wien), Binder (Carltheater)* [→ 222+1] *haben die Komposition der Märsche
übernommen, und benützen dazu die auf Schiller'sche Stücke bezughabende Melodien: »Ein
freies Leben führen wir« (›Räuber‹)* [nach der anonymen Melodie »Gaudeamus igitur« → 12],
»Auf [!]*, auf, Kameraden, auf's Pferd, auf's Pferd« (›Wallenstein's Lager‹)* [von Chr. J. Zahn →
2951] *und »Freude, schöner Götterfunken« (Beethoven's »Neunte«)* [→ 144]; vgl. *Recensionen
und Mittheilungen über Theater und Musik* vom 2. November 1859, S. 697f. – Der Marsch
wurde offenbar nur in der hausmusikalisch verwertbaren Klavierfassung veröffentlicht.
    · Wien: Spina, o. A. – Hofmeister (1860–1867), S. 330.
    · Leipzig: Cranz, o. A. – Pazdírek Bd. 11, S. 509.

Wallenstein. Ein dramatisches Gedicht – I. Wallensteins Lager

2575 Schauspielmusik

Uraufführung im Rahmen der »Schillerwoche« (6.–12. November 1859): Wien, 10. November 1859 (Theater an der Wien).

QUELLEN: *Recensionen und Mittheilungen über Theater und Musik*, Nr. 44 vom 2. November
1859, S. 698. Friedrich Steinebach: *Die Schiller-Feier in Wien. Zur Erinnerung an Schiller's
hundertsten Geburtstag am 10. November 1859.* Wien: Dirnböck 1859, S. 73. Bauer, *Theater
an der Wien*, S. 402. Stieger (hier irrtümlich: 11. November 1859).

SUTERMEISTER, Heinrich (1910–1995)

2576 *Kantate Nr. 6 nach Worten von Friedrich Schiller*
Für zwei Soli (SBar), vierstimmigen gemischten Chor (SATB) und Orchester

Der vertonte Text besteht aus einer Mischung von Bruchstücken aus sieben verschiedenen
Gedichten (teilweise mit deutlichen Änderungen des Wortlauts), die anschließend alphabetisch aufgelistet sind; die Reihenfolge sagt also nichts über die jeweilige Position innerhalb
der Kantate aus.

1. Die Größe der Welt (»Die der schaffende Geist«)
2. Die Worte des Glaubens (»Drei Worte nenn ich euch, inhaltschwer«)
3. Die Worte des Wahns (»Drei Worte hört man, bedeutungschwer«)
4. Für Karl Theodor von Dalberg (»Wenn rohe Kräfte feindlich sich entzweien«)
5. Hoffnung (»Es reden und träumen die Menschen viel«)

561

Verzeichnis der musikalischen Werke

6. Sprüche des Konfuzius   – Nr. 1 (»Dreifach ist der Schritt der Zeit«)
7.   – Nr. 2 (»Dreifach ist des Raumes Maß«)

Mainz: Schott 1964 (= *Edition Schott*, Nr. *5294*). – Klavierauszug mit deutschem Text und französischer Übersetzung von Géo H. Blanc (Verl.-Nr. *41071*). – WV/Sutermeister, S. 33. Original (DLA).

Kompositionswerk im Auftrag der Schweizerischen Landesausstellung 1964. – Uraufführung: Lausanne, 30. April 1964, mit Elisabeth Blanc-Helfer (Sopran), Etienne Bettens (Bariton), dem Chor Radio Lausanne, sowie den Choeurs de Jeunes Lausanne, unter der musikalischen Leitung von André Charlet.

SUTOR, Wilhelm (1774–1828)

2577   Hoffnung (»Es reden und träumen die Menschen viel«)
Männerquartett a cappella
Nr. 7 in: ders., *Vierstimmige Gesänge*. – Hannover: Bachmann, o. A. – Verl.-Nr. *3883*. – Kurscheidt, S. 407. Staatsbibl. zu Berlin (Online-Katalog).

SZELIGOWSKI, Tadeusz (1896–1963)

Maria Stuart. Ein Trauerspiel

2578   Schauspielmusik

QUELLE: Gatti Bd. 2, S. 1260 (Entstehung und Aufführungen nicht dokumentiert).

— T —

TÄGLICHSBECK, Thomas (1799–1867)

Der Antritt des neuen Jahrhunderts (»Edler Freund! Wo öffnet sich dem Frieden«)

2579   – V. 33ff. (»In des Herzens heilig stille Räume«)
Für eine Singstimme mit Klavierbegleitung
Fol. 81 des 2. Bandes in: *Schiller-Album* → 364

Autographe Reinschrift mit der Datierung: *Hechingen, am 23. Juni 1848.* Beigefügte Zueignung: *Den Manen unseres unsterblichen Schiller's in tiefster Verehrung geweiht ...*

TAG, Christian Gotthilf (1735–1811)

2580   Das Mädchen aus der Fremde (»In einem Tal bei armen Hirten«)
Für eine Singstimme mit Klavierbegleitung
In: *Leipziger Taschenbuch für Frauenzimmer* [auch: *Frauenzimmer-Almanach*] *zum Nutzen und Vergnügen auf das Jahr 1798*, hg. von Franz Ehrenberg [d. i. Georg Carl Claudius]. – Leipzig: Böhme, o. A. – Goethe-Museum (Katalog), Nr. 1413 (ohne Positionsangabe der Noten).

Die Quelle nennt irrtümlich *Göthe* als Autor.

562

TANÉEV, Sergéj Ivánovič (1856–1915)

2581 *Von Schiller* [Textincipit nicht belegt]; Text (Übersetzung?) von Fëdor Ivanovič Tjutčev
Für zwei Singstimmen (TB) mit Klavierbegleitung (o. op.)

1881 komponiert (s. Mühlbach, *Russ. Musikgeschichte*, S. 532; keine weiteren Angaben).

Wilhelm Tell. Schauspiel

2582 – V. 1ff. (Fischerknabe: »Es lächelt der See, er ladet zum Bade«); hier in russischer Übersetzung von Fëdor Ivanovič Tjutčev: *»S ozera veet prochlada i nega«* [Rückübersetzung: *»Vom See her weht wohlige Kühle«*]
Für zwei Singstimmen (AT) mit Klavierbegleitung, op. 25
Moskau: Jurgenson 1909. – MGG2 *Personenteil* Bd. 16, Sp. 485.

1906 komponiert. – 1915 im gleichen Verlag in einer Ausgabe mit Orchesterbegleitung als Partitur erschienen (vgl. Mühlbach, *Russ. Musikgeschichte*, S. 532; hier mit der Rückübersetzung: *»Es stürmt vom See her«*).

TAUBERT, Wilhelm Karl Gottfried (1811–1891)

2583 An den Frühling (»Willkommen, schöner Jüngling«)
Für Sopran mit Klavierbegleitung

Frau Anna Betz, geborene Düringer, zugeeignet.

Nr. 3 (einzeln) in: ders., [5] *Dichtungen von Friedrich von Schiller*, op. 144. – Berlin: Trautwein, o. A. – Verl.-Nr. *2025*. – HMB 1864/4, S. 83. Staatsbibl. zu Berlin (Online-Katalog).

Sammelwerk mit wechselnden Vokalbesetzungen und Widmungen (→ 2586, 2588, 2589 u. 2591). – Später bei Bahn in Berlin bzw. Heinrichshofen in Magdeburg erschienen (vgl. Schaefer, S. 84, sowie die Originale im DLA).

Das Lied von der Glocke (»Fest gemauert in der Erden«)

2584 – V. 74ff. (»O! Zarte Sehnsucht, süßes Hoffen«)
Vierstimmiger Männerchor (TTBB) a cappella
Nr. 2 in: ders., *Sechs Gesänge für vierstimmigen Männerchor*, op. 165 (in 2 Heften). – Mainz: Schott, o. A. – Partitur, Stimmen (Verl.-Nr. *19776*). – HMB 1871/3, S. 50. Staatsbibl. zu Berlin (Online-Katalog).

1. Heft: Nrn. 1–3 (enthält alle drei Schiller-Vertonungen des op. 165); 2. Heft: Nrn. 4–6.

Die Künstler (»Wie schön, o Mensch, mit deinem Palmenzweige«)

2585 – V. 443ff. (»Der Menschheit Würde ist in eu're Hand gegeben«)
Vierstimmiger Männerchor (TTBB) mit Soli und vier Posaunen
Fol. 82 des 2. Bandes in: *Schiller-Album* → 364

Autographe Reinschrift der Partitur mit der Datierung: *Berlin, den 9ten April 1849*, im Explicit ist aber *1833* festgehalten (vermutlich Entstehungszeit der Vertonung). – Offenbar handelt es sich hierbei um die Erstfassung, die nicht veröffentlicht worden ist.

· Vierstimmiger Männerchor (TTBB) a cappella. – Nr. 1 in: ders., *Sechs Gesänge für vierstimmigen Männerchor*, op. 165 → 2584

Verzeichnis der musikalischen Werke

2586 Dithyrambe (»Nimmer, das glaubt mir, kommen die Götter«)
Für zwei Singstimmen (TBar) mit Klavierbegleitung
Den Königlichen Sängern Herrn [Anton] Woworski und [Julius] Krause zugeeignet. – Für das Album zur Schiller-Tiedge-Stiftung (demnach dort o. op. erschienen; vgl. Ledebur, S. 591, der das op. 144 noch nicht kannte).

Nr. 2 (einzeln) in: ders., [5] *Dichtungen von Friedrich von Schiller*, op. 144 → 2583

Macbeth. Zur Vorstellung auf dem Hoftheater in Weimar eingerichtet von Friedrich Schiller

2587 – V. 741ff. (Pförtner: »Verschwunden ist die finst're Nacht«)
Vertonung mit Klavierbegleitung in drei vokalen Besetzungsvarianten (jew. o. op.): 1. Gemischtes Vokalquartett (SATB); 2. Frauenterzett (SSS); 3. Für eine Singstimme
Berlin: Bote & Bock, o. A. – Verl.-Nrn. *4690–4692*; Chorfassungen in Partitur und Stimmen. – HMB 1860/1, S. 15 (Chorfassungen; hier unter dem Titel: *Morgenlied*). HMB 1860/1, S. 19 (Klavierlied; hier unter dem Titel: *Nachtlied*). Pazdírek Bd. 11, S. 589. Staatsbibl. zu Berlin (Online-Katalog). Original (DLA).

Zuerst am 12. November 1859 bei der Schillerfeier im [Berliner] Opernhause gesungen (Ledebur, S. 591); unter der Leitung des Komponisten erklang hier eine offenbar nicht veröffentlichte Fassung für Chor und Orchester, die *als Gelegenheitscomposition einen sehr achtbaren Rang einnimmt und eine bedeutende Wirkung hervorzurufen nicht verfehlen kann* (s. *Berliner Musikzeitung* vom 16. November 1859, S. 364f.); es wirkten mit die Sing-Akademie, der Stern'sche und der Jähn'sche Gesangverein sowie die königliche Kapelle (vgl. NZfM vom 25. November 1859, S. 188f.). – Das ungemein populäre Gedicht aus Schillers Bühnenbearbeitung hinterließ auch in Tauberts 1857 uraufgeführter Oper ›Macbeth‹ (Libretto von Friedrich Hartwig Eggers) seine Spuren, wo es sich unter dem Titel ›Lied des Pförtners‹ und in textlich veränderter Gestalt (»Nun ist die Nacht vergangen«) wiederfindet.

2588 Sehnsucht (»Ach, aus dieses Tales Gründen«)
Für Mezzosopran oder Bariton mit Klavierbegleitung
Herrn Julius Krause, Königlich Preussischem Hof-Opernsänger, zugeeignet.

Nr. 1 (einzeln) in: ders., [5] *Dichtungen von Friedrich von Schiller*, op. 144 → 2583

Wilhelm Tell. Schauspiel

2589 – V. 1ff. (Fischerknabe: »Es lächelt der See«); hier unter dem Titel: *Fischerknabe*
Für Sopran mit Klavierbegleitung
Nr. 4 (einzeln) in: ders., [5] *Dichtungen von Friedrich von Schiller*, op. 144 → 2583

Im Rahmen der Erstausgabe von op. 144 erschien der ›Fischerknabe‹ als einziges Stück in einer zweiten, transponierten Fassung (für Alt mit Klavierbegleitung); s. HMB 1864/4, S. 83.

2590 – V. 13ff. (Hirte: »Ihr Matten, lebt wohl«)
Gemischtes Vokalquartett (SATB) a cappella
Nr. 4 in: ders., *Vier Chorlieder*, op. 81. – Leipzig: Breitkopf & Härtel, o. A. – Partitur, Stimmen. – HMB 1851/3, S. 51; wieder in Hofmeister (1892–1897), S. 861. Ledebur, S. 590.

Die Komponisten und ihre Werke

2591   – V. 25ff. (Alpenjäger: »Es donnern die Höhen«); hier unter dem Titel: *Der Alpenjäger*
Für mittlere Stimme mit Klavierbegleitung
Seinem Franz zugeeignet.
Nr. 5 (einzeln) in: ders., [5] *Dichtungen von Friedrich von Schiller*, op. 144
→ 2583

2592   Würde der Frauen (»Ehret die Frauen! Sie flechten und weben«)
Vierstimmiger Männerchor (TTBB) a cappella
Nr. 3 in: ders., *Sechs Gesänge für vierstimmigen Männerchor*, op. 165 → 2584

TAYLOR, Sedley (1834–1920)

Wilhelm Tell. Schauspiel

2593   – V. 1465ff. (Walter: »Mit dem Pfeil, dem Bogen«); hier unter dem Titel: *Walther Tells Lied*, mit englischer Übersetzung des Komponisten (»*Bow and arrow springing*«)
Für Sopran mit Klavierbegleitung
Undatierte Handschrift. – RISM-OPAC.

TECKINGER, Konrad (?–?)

2594   Der Schlüssel (»Willst du dich selbst erkennen«)
Kanon zu drei Stimmen
Undatiertes Autograph. – Original (DLA).
Vom Komponisten am 13. Oktober 1984 ans DLA geschickt. – Widmung: *Für Ernst Krehl.*

TEICH, Otto (1866–1935)

Die Bürgschaft (»Zu Dionys, dem Tyrannen, schlich Damon«)

– V. 139f. (»Ich sei, gewährt mir die Bitte«)

2595   *Ich sei, gewährt mir die Bitte, in eurem Bunde der Dritte (»Der klassische Schiller, berühmt und geehrt«)*; Textverfasser unbekannt
Original-Couplet für eine Singstimme mit Klavierbegleitung, op. 32
Leipzig: Teich, o. A. – HMB 1891/8, S. 328. Pazdírek Bd. 11, S. 608.
    · Nr. 6 in: *Couplet-Album. Elf zündende Vorträge der beliebtesten Humoristen.* – Leipzig: Teich, o. A. – HMB 1893/9, S. 361.

TEICHGRÄBER, Ludwig (1840–1904)

An die Freude (»Freude, schöner Götterfunken«)

2596   *Freude, schöner Götterfunken.* Walzer für Klavier
Dortmund: Teichgräber, o. A. – HMB 1892/11, S. 456.

TELONIUS, Christian Gottfried (1742–1802)

2597   An die Freude (»Freude, schöner Götterfunken«)
Rundgesang
S. 12 in: *Freymäurer-Lieder mit Melodien*, 2. Sammlung (Anhang). – Hamburg:
Ohne bibliographische Angaben. – Friedlaender, *Das dt. Lied* Bd. 2, S. 391.

Verzeichnis der musikalischen Werke

TEMMEL, H. (?–?)

2598 An Emma (»Weit in nebelgrauer Ferne«); hier unter dem Titel: *Durch Nacht zum Licht*
Für eine Singstimme mit Klavierbegleitung
Braunschweig: Graff, o. A. – Hofmeister (1868–1873), S. 489.

TEPPER DE (bzw. »VON«) FERGUSON, Wilhelm (1768–1838)

2599 An die Freude (»Freude, schöner Götterfunken«); hier unter dem Titel: *Schillers Ode an die Freude*
Für vier Soli (SATB) und vierstimmigen gemischten Chor (SATB) mit Cembalobegleitung
Hamburg: Günther & Böhme, o. A. – Partitur (Verl.-Nr. *38*). – RISM A I: T 505. Original (DLA).

Außerordentlich ambitionierte Komposition des für gewöhnlich als schlichter Rundgesang (und also strophisch) vertonten Gedichts, hier hingegen als umfangreiche, 653 Takte umfassende Kantate mit solistischen Abschnitten und Chören, bei denen allerdings polyphone Passagen fehlen. Es handelt sich vor L. van Beethovens Schlusschor in der 9. Sinfonie (→ 144) um die wahrscheinlich erste und einzige Vertonung diesen Zuschnitts. – Aufgrund der Informationen der Subscribentenliste ist die Veröffentlichung nahezu zweifelsfrei um den Jahreswechsel 1796/97 zu datieren, wobei in diesem Zusammenhang die Gestaltung der Titelseite allerdings rätselhaft ist: Medaillon mit Schillers Porträt (seitenverkehrte Fassung nach Anton Graffs 1791 vollendetem Gemälde), welches an einem Baumtorso lehnt und so den Eindruck vermittelt, als sei der Dichter zu diesem Zeitpunkt bereits verstorben gewesen (Falschmeldungen über Schillers Tod kursierten indessen 1791 bzw. 1804). – Friedlaender, der die Ausgabe ebenfalls auf 1797 datiert, gibt zum Titel an: *... für mehrere Stimmen mit Begleitung des Orchesters oder Claviers* (*Das dt. Lied* Bd. 2, S. 579).

- Mainz: Schott, o. A. – RISM A I: T 506.

- Nr. 31 in: [41] *Frühe Schiller-Vertonungen bis 1825* → 141

TERRY, Léonard (1816–1882)

Der Gang nach dem Eisenhammer (»Ein frommer Knecht war Fridolin«)
2600 *Fridolin. Drame lyrique* in einem Akt; Librettist unbekannt
Uraufführung: Lüttich, Anfang der 1840er Jahre.
QUELLEN: Clément/Larousse, S. 490. Fétis Bd. 8, S. 202. Stieger.

TERZAKIS, Dimitri (geb. 1938)

Hero und Leander (»Seht ihr dort die altergrauen Schlösser«)
2601 – V. 225–240 (»Fließt das Meer in Spiegelsglätte«) und 251–260 (»Und mit fliegendem Gewande«)
In: ders., *Rapsodia* [für Sprecher, Viola, Klavier und Tonband] *nach Texten von Ovid und Friedrich Schiller*
Bad Schwalbach: Edition Gravis 2003. – Partitur (Verl.-Nr. *857*). – Original (Slg. GG).

Die genannten Textausschnitte des Schiller-Gedichts finden sich erst kurz vor Ende des Werks (letzte Seite der Notenausgabe). – Das Stück soll szenisch aufgeführt werden, wozu der Komponist in einer Vorbemerkung erläutert: *Ich erblicke in Elementen der Rhapsodenkunst – besonders in unserer Zeit, in der die Vollkommenheit der visuellen Mittel die*

566

Phantasie erlahmen lässt – den Keim einer Form zwischen Erzählung und Aktion (letzteres gab es in der Antike nicht), die zugleich die Phantasie belebt. [...] Die Besetzung [...] ist absichtlich eng begrenzt, weil zum Stil dieser Gattung die Einfachheit des Ausdrucks gehört. Der Erzähler (Rhapsode) liest und spielt zugleich. Es versteht sich, dass es nicht in meiner Absicht liegt, einen archaisierenden Versuch zu unternehmen. Vielmehr geht es hier um eine Gattung, die sich an der Schwelle zwischen Rapsodia und Theater bewegt. – Uraufführung: Frankfurt am Main (im Rahmen des interdisziplinären Symposions »Intime Textkörper. Liebesbriefe in den Künsten«): 4. Juli 2003 (Hochschule für Musik und Darstellende Kunst), mit Christian Oliveira (Rhapsode, Leander), Tatjana Masurenko (Viola) und Eike Wernhard (Klavier); freundl. Mitteilung von Prof. Dr. Ute Jung-Kaiser.

THADEWALDT, Hermann (1827–1909)

Die Jungfrau von Orleans. Eine romantische Tragödie

2602 *Sinfonische Illustrationen zu Schillers ›Jungfrau von Orleans‹ in drei Abteilungen und einem Vorspiel* für großes Orchester

- · Vorspiel: *Hirtenleben*
- · 1. Abteilung: *Kriegs- und Lagerszenen; vor dem Könige*
- · 2. Abteilung: *Verstoßen*
- · 3. Abteilung: *Erfüllung der Mission (in der Gefangenschaft – Sprengung der Ketten – Erneuter Kampf, Sieg und Tod)*

Uraufführung: Dresden, 13. März 1886 (Sinfoniekonzert der Kapelle des Gewerbehauses), unter der Leitung des Komponisten; unveröffentlicht (s. Schaefer, S. 54f.).

THEIL, Fritz (1886–1972)

2603 Der Kampf (»Nein – länger werd' ich diesen Kampf nicht kämpfen«)
Für Bariton solo und Orchester

Unveröffentlicht; s. *Dt. Musiker-Lex.* 1929, Sp. 1445 (ohne weitere Angaben).

THEIMER, Em. V. (?–?)

2604 An den Frühling (»Willkommen, schöner Jüngling«)
Für eine Singstimme mit Klavierbegleitung
Nr. 2 (einzeln) in: ders., *Drei Lieder*, op. 3. – Mainz: Schott, o. A. – HMB 1851/8, S. 156.

2605 Sehnsucht (»Ach, aus dieses Tales Gründen«)
Für eine Singstimme mit Klavierbegleitung
Nr. 1 (einzeln) in: ders., *Drei Lieder*, op. 3 → 2604

THERN, Karl (1817–1886)

2606 *Fürstengruft.* Klavierstück
Nr. 7 in: ders., [8] *Musikalische Bilder aus Weimar* für Klavier, op. 32. – Weimar: Kühn, o. A. – HMB 1869/2, S. 36.

Schillers Beerdigung hatte in der Nacht vom 11. zum 12. Mai 1805 im Landschaftskassengewölbe auf dem alten Friedhof der St. Jakobskirche in Weimar stattgefunden. Sterbliche Überreste wurden am 16. Dezember 1827 in die Fürstengruft überführt, bei denen es sich allerdings nicht um die des Dichters handelt (entsprechende Untersuchung 2009). – Titel der anderen Sätze: 1. *Promenade im Park*; 2. *Tempelherrenhaus*; 3. *Lauschiges Plätzchen*; 4. *Bal champêtre*; 5. *Aus der Burgmühle*; 6. *Genius Loci*; 8. *Wachtparade* (dieser Satz ist auch als Einzelausgabe erschienen).

Verzeichnis der musikalischen Werke

- Leipzig: Sulzer, o. A. – HMB 1883/2, S. 32.

Hier erschien im gleichen Jahr eine vierhändige Ausgabe des Sammelwerks (vgl. HMB 1883/2, S. 26). – Im Jahr zuvor war ebd. die Nr. 8 für Infanteriemusik bearbeitet einzeln veröffentlicht worden (vgl. HMB 1882/11, S. 338).

THEUSS, Carl Theodor (1785–1847)

2607 Berglied (»Am Abgrund leitet der schwindlichte Steg«)
Für eine Singstimme mit Klavierbegleitung, Flöte und Gitarre
Nr. 5 des 2. Heftes in: ders., [16] *Lieder und Balladen* (in 3 Heften). – Leipzig: Hofmeister, o. A. – Verl.-Nr. *560*. – Freundliche Mitteilung von Hans Rheinfurth (demnach *1818/1819* erschienen).

Herrn August Müller, großherzoglich sächsisch weimarischen Hauptmann gewidmet. – 1. u. 2. Heft: Jeweils 6 Lieder; 3. Heft: 4 Lieder.

- Idem; Nr. 1 in: ders., *Sechs Lieder*. – Leipzig: Hofmeister, o. A. – Verl.-Nr. *627*. – Freundliche Mitteilung von H. Rheinfurth (demnach *1819* erschienen).

Der fröhlichen Gesellschaft unter den Linden in Töplitz gewidmet.

THIELE, Richard (1847–1903)

Das Lied von der Glocke (»Fest gemauert in der Erden«)

– V. 78f. (»O! Dass sie ewig grünen bliebe«)

2608 *O dass sie ewig grünen bliebe, die schöne Zeit der jungen Liebe (»Wenn ich ein Hochzeitspärchen sehe«)*; Textverfasser unbekannt
Heiteres Hochzeitslied für eine Singstimme mit Klavierbegleitung
Nr. 7 (einzeln) in: ders., *Für Familienfeste*. [15] *Lieder zum Vortrage bei festlichen Gelegenheiten*, op. 300. – Berlin: Scheithauer, o. A. – HMB 1895/3, S. 144.

– V. 374 (»Gefährlich ist's, den Leu zu wecken«)

2609 *»Gefährlich ist's am Leim zu lecken«*; Textverfasser unbekannt
Männerterzett (TTB) mit Klavierbegleitung, op. 40
Berlin: Kühling & Güttner, o. A. – *Ernst Challier's großer Frauen- und Kinderchor-Katalog mit einem Anhange Terzette*. Giessen: Challier 1904, S. 147.

2610 Das Mädchen aus der Fremde (»In einem Tal bei armen Hirten«)
Deklamation mit melodramatischer Klavierbegleitung
Nr. 2 (einzeln) in: ders., [12] *Melodramatische Parodien klassischer Gedichte* (o. op.). – Berlin: Bloch, o. A. – Hofmeister (1892–1897), S. 870. Staatsbibl. zu Berlin (Online-Katalog).

Neben drei weiteren Gedichten von Schiller (→ 2612, 2615 u. 2620) finden sich u. a. noch ›Erlkönig‹ von Johann Wolfgang Goethe (Nr. 1), ›Lorelei‹ von Heinrich Heine (Nr. 7) und ›Lenore‹ von Gottfried August Bürger (Nr. 8).

2611 Der Gang nach dem Eisenhammer (»Ein frommer Knecht war Fridolin«); hier unter dem Titel: *Fridolin oder Der Gang nach dem Eisenhammer*
Großes humoristisches Quodlibet für sechs Solostimmen (MezSTBarBarBB) und einen Chor *von 1–999 Personen* mit Klavierbegleitung, op. 68

Die Komponisten und ihre Werke

Berlin: Güttner, o. A. – Solo- und Chorstimmen; Klavierauszug. – HMB 1889/10, S. 437. Hofmeister (1886–1891), S. 793 (hier mit der Verlagsangabe: Kühling & Güttner).

Der Handschuh (»Vor seinem Löwengarten, das Kampfspiel zu erwarten«)

2612   1. Komposition – um 1890
Der Handschuh. Große Oper, frei nach Schiller, bedeutend verbessert von C. Quidde, op. 75
Für Soli und Chor mit Klavierbegleitung
Berlin: Güttner, o. A. – Solo- und Chorstimmen, Klavierauszug. – HMB 1889/10, S. 437. Hofmeister (1886–1891), S. 794 (hier mit der Verlagsangabe: Kühling & Güttner).

2613   2. Komposition – um 1895
Für Deklamation mit melodramatischer Klavierbegleitung
Nr. 4 (einzeln) in: ders., [12] _Melodramatische Parodien klassischer Gedichte_
→ 2610

2614   Der Ring des Polykrates (»Er stand auf seines Daches Zinnen«)
Großes humoristisches Quodlibet für vier Solostimmen und Chor _von 1–999 Personen_ mit Klavierbegleitung, op. 82
Berlin: Güttner, o. A. – Solo- und Chorstimmen; Klavierauszug. – HMB 1889/10, S. 437. Hofmeister (1886–1891), S. 794 (hier mit der Verlagsangabe: Kühling & Güttner).

Der Taucher (»Wer wagt es, Rittersmann oder Knapp'«)

2615   1. Komposition – um 1889
Der Taucher (»Wer wagt es nun, Rittersmann oder Knapp'«); Text von C. Quidde
Großes humoristisches Quodlibet für drei Soli (STB oder T12B), Chor _von 1–999 Personen_ mit Klavierbegleitung, op. 59
Berlin: Güttner, o. A. (_Parodierte Klassiker_, Nr. 1). – Verl.-Nr. 73. – Solo- und Chorstimmen; Klavierpartitur. – Original (Slg. GG). HMB 1889/10, S. 437. Hofmeister (1886–1891), S. 794 (hier mit der Verlagsangabe: Kühling & Güttner).

Der Gesellschaft ›Blaue Zwiebel‹ gewidmet. – Hinweis zur Decoration (S. 2): Felsiger Strand. Im Hintergrund ein wildbewegtes Meer. Der König sitzt vorn rechts auf einem hohen Felsen auf einem Stuhl, raucht eine lange Pfeife und sieht ins Meer. Hinter ihm ein Page mit einem goldenen Becher, aus welchem der König während der Anfangsmusik trinkt. Weiter zurück Kunigunde [seine Tochter] und Damen. Auf der linken Seite Ritter, Knappen, unter denen sich auch August befindet. Außerdem noch der Hinweis: Die Costüme u. Requisiten sind vorräthig bei Lehnig, Berlin [folgt Adresse].

2616   2. Komposition – um 1895
Für Deklamation mit melodramatischer Klavierbegleitung
Nr. 12 (einzeln) in: ders., [12] _Melodramatische Parodien klassischer Gedichte_
→ 2610

2617   Die Bürgschaft (»Zu Dionys, dem Tyrannen, schlich Damon«)
Große Oper, frei nach Schiller, bedeutend verbessert von Leopold Ely, op. 80
Für Soli und Chor mit Klavierbegleitung

Berlin: Güttner, o. A. – Solo- und Chorstimmen, Klavierauszug. – HMB 1889/10, S. 437. Hofmeister (1886–1891), S. 794 (hier mit der Verlagsangabe: Kühling & Güttner).

Die Räuber. Ein Schauspiel

– 4. Akt, 5. Szene (Räuber: »Ein freies Leben führen wir«)

2618   *Auguste hat's erreicht (»Ein freies Leben führe ich«)*; Textverfasser unbekannt
Couplet für eine Frauenstimme mit Klavierbegleitung
Nr. 2 (einzeln) in: ders., *Damen-Salon.* [6] *Humoristische Damen-Vorträge.* – Berlin: Paul Fischer, o. A. – Hofmeister (1898–1903), S. 940.

2619   *Im Verfall ist die Literatur (»Vorbei ist die Schiller- und Goethezeit«)*; Textverfasser unbekannt
Couplet für eine Singstimme mit Klavierbegleitung
Nr. 267 (einzeln) in: *Komiker-Album. Sammlung wirksamer Couplets für eine Singstimme (zum Vortrag für Herren) mit leichter Klavierbegleitung.* – Berlin: Kühling & Güttner, o. A. – HMB 1885/11, S. 342.
HMB weist vor 1900 insgesamt 322 Nrr. der Reihe nach.

2620   Ritter Toggenburg (»Ritter, treue Schwesterliebe widmet Euch dies Herz«)
Deklamation mit melodramatischer Klavierbegleitung
Nr. 3 (einzeln) in: ders., [12] *Melodramatische Parodien klassischer Gedichte*
→ 2610

Würde der Frauen (»Ehret die Frauen! Sie flechten und weben«)

2621   *Ehret die Frauen (»Gar viele Männer auf uns Weiber schelten«)*; Textverfasser unbekannt
Couplet für eine Frauenstimme mit Klavierbegleitung
Nr. 145 in: *Soubretten-Album. Sammlung wirksamer Couplets zum Vortrage für Damen für eine Singstimme mit leichter Pianofortebegleitung.* – Berlin: Kühling & Güttner, o. A. – HMB 1884/10, S. 287.
Die Sammlung besteht aus 171 Nummern.

THIELE, Rudolf (1866–?)

Publizierte auch unter den Pseudonymen *R. Blank, M. Lichterfeld* u. *Schultze-Buch.*

Das Lied von der Glocke (»Fest gemauert in der Erden«)

– V. 74 (»O! Zarte Sehnsucht, süßes Hoffen«)

2622   *O zarte Sehnsucht, süßes Hoffen.* Boston für Salonorchester mit Jazz-Stimmen
Berlin-Schöneberg: Thiele, o. A. – Hofmeister (1929–1933), S. 678.

THIELE, Siegfried (geb. 1934)

2623   An die Sonne (»Preis dir, die du dorten heraufstrahlst«)
Für Tenor solo, vierstimmigen gemischten Chor (SATB) und Orchester
Nr. 2 in: ders., [4] *Gesänge an die Sonne,* für zwei Soli (AT), vierstimmigen gemischten Chor (SATB), Orgel und Orchester. – Leipzig: Peters 1980. – Partitur
(= *Edition Peters,* Nr. *5589,* zugleich: *Autograph Edition*). – Original (Slg. GG).

Die Komponisten und ihre Werke

Hofmeister (1981), S. 270 (hier irrtümlich unter dem Namen Siegfried _Thide_ nachgewiesen).

1979/80 als Auftragskomposition entstanden, wozu sich in der Partitur folgende Erklärung des Dirigenten Kurt Masur befindet: _Siegfried Thiele ist uns seit langer Zeit verbunden. Einige seiner bedeutendsten Werke wurden im Gewandhaus uraufgeführt. Wir übertrugen Siegfried Thiele das Auftragswerk zur Eröffnung des Neuen Gewandhauses in der Überzeugung, daß seine musikalischen Absichten auch die Unseren sind und dieses Werk die Tradition der Musikstadt Leipzig gleichermaßen zum Ausdruck bringen wird._ – Neben dem Schiller-Gedicht sind Texte von Johann Wolfgang Goethe (Nrr. 1 und 4; beide Male aus dem ›Prolog im Himmel‹ aus ›Faust I‹) und Friedrich Hölderlin (Nr. 2) vertont worden. – Widmung: _Dieses Werk ist dem Ensemble des Gewandhauses sowie seinen Hörern und Freunden zugeeignet anläßlich der Einweihung des Neuen Hauses im Oktober 1981._ Es konnte damals allerdings erst nach Intervention von Kurt Masur gespielt werden, da die Textwahl der SED offenbar missfallen hatte. – Uraufführung: Leipzig, 8. Oktober 1981 (Neues Gewandhaus), mit Rosemarie Lang (Alt), Peter Schreier (Tenor), Matthias Eisenberg (Orgel), dem Rundfunkchor Leipzig, dem Gewandhauschor und dem Gewandhausorchester unter der musikalischen Leitung von Kurt Masur. Im gleichen Konzert erklang mit L. van Beethovens 9. Sinfonie (→ 144) eine weitere Schiller-Vertonung.

QUELLEN: DDR-Uraufführungen 1981, S. 121 (Uraufführung hier irrtümlich mit _9./10. Oktober 1981_ angegeben). Rudolf Skoda: _Neues Gewandhaus Leipzig. Baugeschichte und Gegenwart eines Konzertgebäudes._ Berlin: Verlag für Bauwesen 1985, S. 109 u. 183.

THIEME, Karl (1909–2001)

Macbeth. Zur Vorstellung auf dem Hoftheater in Weimar eingerichtet von Friedrich Schiller

2624 – V. 741ff. (Pförtner: »Verschwunden ist die finst're Nacht«); hier unter dem Titel: _Das Leben_
Fünfstimmiger gemischter Chor a cappella
Nr. 5 in: ders., _Tröstliche Einkehr. Fünf Motetten._ – Heidelberg: Süddeutscher Musikverlag (Müller) 1949. – Partitur. – Hofmeister (1949), S. 213.

Es handelt sich um Vertonungen nicht-kirchlicher Texte (außerdem von Matthias Claudius, Joseph von Eichendorff und Friedrich Rückert).

THIERIOT, Ferdinand (1838–1919)

2625 Die Macht des Gesanges (»Ein Regenstrom aus Felsenrissen«)
Kantate für Sopran, vierstimmigen gemischten Chor (SATB) und Orchester
QUELLE: Wikipedia/Personenartikel.

Turandot, Prinzessin von China. Ein tragikomisches Märchen nach Carlo Gozzi von Friedrich Schiller

2626 Schauspielouvertüre für Orchester, op. 43
Leipzig: Eulenburg, o. A. – Partitur (Verl.-Nr. _584_), Stimmen. – HMB 1/1889, S. 3. Sonneck, _Orchestral Music_, S. 468. Original (Slg. GG).

In den Verzeichnissen wird ausdrücklich auf Schillers Gozzi-Bearbeitung hingewiesen. – Mit der Widmung: _Herrn Dr. Carl Reinecke in Hochachtung._

Verzeichnis der musikalischen Werke

THIERRY, Amalia (?-?)

2627 Das Mädchen aus der Fremde (»In einem Tal bei armen Hirten«)
Für eine Singstimme mit Klavierbegleitung
Nr. 2 in: dies., *Drei Lieder*. – Offenbach am Main: André, o. A. – Verl.-Nr. *2521*. –
Original (Verlagsarchiv André). Constapel, S. 173 (demnach wohl *1808* erschienen). RISM A I deest.

Einzige Schiller-Vertonung des Heftes, das Constapel irrtümlich unter dem Titel: *Drei Lieder von Schiller* nachweist.

2628 Die Erwartung (»Hör' ich das Pförtchen nicht gehen«)
Für eine Singstimme mit Klavierbegleitung
Offenbach am Main: André, o. A. – RISM A I: T 665.

2629 Die Ideale (»So willst du treulos von mir scheiden«)
Für eine Singstimme mit Klavierbegleitung
Hamburg: Böhme, o. A. – Hirsch Bd. 3, Nr. 1125. RISM A I deest.

2630 Würde der Frauen (»Ehret die Frauen! Sie flechten und weben«)
Für eine Singstimme mit Klavierbegleitung
Hamburg: Französische Musik-Handlung (C. Lau), o. A. – RISM A I: T 666.

THILMANN, Johannes Paul (1906–1973)

Würde der Frauen (»Ehret die Frauen! Sie flechten und weben«)

2631 *»Ehret den Menschen!«* Text von Johannes Robert Becher
Vierstimmiger Männerchor a cappella
Leipzig: Hofmeister 1959. – Partitur (Verl.-Nr. *G1970*). – Hofmeister (1960),
S. 340. Freundliche Mitteilung des Verlags.

THOMA, Rudolph (1829–1908)

Des Mädchens Klage (»Der Eichwald brauset«)

2632 *Des Mädchens Klage.* Fantasie (*Volkslied*) für Klavier, op. 6
Berlin: Trautwein (Bahn), o. A. – Ledebur, S. 596. Hofmeister (1852–1859),
S. 219 (hier: Bahn).

THOMAS, J. G. (?-?)

2633 Der Taucher (»Wer wagt es, Rittersmann oder Knapp'«)
Deklamation mit melodramatischer Klavierbegleitung, op. 9
Magdeburg: Heinrichshofen, o. A. – Verl.-Nr. *2765*. – Original (Slg. GG). HMB
1881/7, S. 171.

Die am 9. März 1883 in der NZfM veröffentlichte Rezension von Wilhelm Kienzl, in der diese Ausgabe aber ausdrücklich als *Clavierauszug* bezeichnet wird, fällt recht zwiespältig aus und beschäftigt sich zugleich grundsätzlich mit der Vertonungsproblematik dieser Ballade: *Eine Arbeit voll Talent, wenn auch vielfach auf ausgefahrenen Geleisen sich bewegend. Das herrliche Gedicht Schiller's bietet wohl Anlaß genug zur tonmalerischen Schilderung, doch läßt sich ein Nachtheil desselben für die musikalische Bearbeitung nicht hinwegläugnen, es ist das etwas lang ausgedehnte, also von der musikalischen Schilderung zu gleichartiger Gestaltung fordernde Beschreiben unterseeischer Vorgänge. Man kommt hier schwer über ein gewisses landläufiges musikalisches Gewoge hinaus und dieses den Musiker lockende Moment ist auch zugleich das Riff, an dem er scheitern muß; ... Dennoch habe der Komponist seine Aufgabe recht glücklich gelöst [...]. Das Stück erinnert uns also an die Intentionen, welche Liszt bei seinen Melodramen mit Clavier geleitet haben; nur ist der hier aufgebotene Apparat ein viel gewöhnlicherer, vielleicht mitunter für den Moment wirksamerer aber ein entschieden alltäglicher, [...]. Der mitunter störende Mangel an Einheit, ein Begriff, der allerdings beim Melodram an und für sich keine bestimmte Grenze hat, wird doch den vorwiegend interessanten Eindruck dieser Arbeit kaum verwischen; ich rechne dieselbe sogar zu den dankbaren Aufgaben für jene musikalisch gebildete Declamatoren, denen das spärliche melodramatische Repertoire zu klein ist* (S. 119). – Eine Fassung mit Orchesterbegleitung war in Abschrift (Partitur, Orchesterstimmen) beim Verlag erhältlich (entsprechende Angabe auf der Titelseite der Klavierausgabe).

THOMASSIN, Désiré (1858–1933)

Die Braut von Messina oder: Die feindlichen Brüder. Ein Trauerspiel mit Chören

2634 Schauspielouvertüre für Orchester

Unveröffentlicht. – Uraufführung: Baden-Baden; s. *Dt. Musiker-Lex.* 1929, Sp. 1455 (undatierter Nachweis).

2635 Die Macht des Gesanges (»Ein Regenstrom aus Felsenrissen«)
Kantate für Soli, Chor und Orchester

Unveröffentlicht. – Uraufführung: Gera, 1923 (Musikfest); s. *Dt. Musiker-Lex.* 1929, Sp. 1455.

THOMSON, John (1805–1841)

2636 Nadowessische Totenklage (»Seht, da sitzt er auf der Matte«)
Für eine Singstimme mit Klavierbegleitung
Nr. 2 in: ders., *Drei Lieder*. – Frankfurt am Main: Dunst, o. A. – Text: Deutsch/Englisch. – HMB 1838/10, S. 143. NZfM vom 20. September 1839, S. 93 (Rezension).

THOOFT, Willem Frans (1829–1900)

Familienname gelegentlich auch: *Tooft*.

2637 Des Mädchens Klage (»Der Eichwald brauset«)
Für Sopran oder Tenor mit Klavierbegleitung
Nr. 1 in: ders., *Drei Lieder für Sopran oder Tenor*, op. 7. – Leipzig: Whistling, o. A. – HMB 1859/9+10, S. 167.

Die Jungfrau von Orleans. Eine romantische Tragödie

2637+1 Schauspielouvertüre für Orchester

QUELLE: Aber, S. 98.

THUILLE, Ludwig (1861–1907)

Der Gang nach dem Eisenhammer (»Ein frommer Knecht war Fridolin«)

2638 *Fridolin*; Textfassung von Robert Kathan
Burleske für Soli, Männerchor und Orchester (o. op.)
1893 komponiert (s. MGG2 *Personenteil* Bd. 16, Sp. 800).

Verzeichnis der musikalischen Werke

Wilhelm Tell. Schauspiel

2639 – V. 13ff. (Alpenhirte: »Ihr Matten, lebt wohl«); hier unter dem Titel: *Sennenlied*
Für eine Singstimme mit Klavierbegleitung

Gehört zu drei, 1877 in Innsbruck komponierten, unveröffentlicht gebliebenen Liedern op. 3 (Werkzählung der Juvenilia nachmals »ungültig« erklärt; unter dieser Nummer sind später ›Drei Klavierstücke‹ erschienen).

QUELLE: Alexander Asteriades, *Die Lieder für eine Solostimme und Klavier von Ludwig Thuille. Inaugural-Dissertation.* Nürnberg: Masch. 1979, S. 13.

THURM, Joachim (1927–1995)

Wallenstein. Ein dramatisches Gedicht – I. Wallensteins Lager

2640 Zur Schauspielmusik

1. *Tanz der Bergknappen* für Orchester
2. [Schlussgesang] – V. 1052ff. (Zweiter Kürassier: »Wohl auf, Kameraden, auf's Pferd«) für zwei Singstimmen und Orchester

Handschriftliche Partitur mit Stimmen, 1964. – RISM-OPAC.

Im Deutschen Nationaltheater, Weimar, verwendete Komposition. – Ob die Nr. 1 tatsächlich zu dieser Schauspielmusik gehört, ist unwahrscheinlich.

TIEFENSEE, Siegfried (1922–2009)

Wallenstein. Ein dramatisches Gedicht

2641 Schauspielmusik zur ganzen Trilogie

1974 entstanden. Dabei wird *ein Reiterlied in verschiedenen Gesten vorgetragen und so eine emotionale Kritik am Bühnengeschehen* geäußert (s. *Musikgeschichte der DDR*, S. 413).

TITL, Anton Emil (1809–1882)

Die Räuber. Ein Schauspiel

2642 Schauspielmusik

Neben der Ouvertüre und den Zwischenaktsmusiken besteht das Werk aus *einer Reihe ganz kurzer Instrumentalstücke, die an besonders wichtigen Stellen des Schauspiels eingefügt werden und gewissermaßen nur blitzartig die Szene erleuchtet.* So erklingt *nach dem Treueschwur der Räuber* (1. Akt, Ende des 2. Auftritts) *ein kurzer wilder Lauf und wuchtige Akzente des vollen Orchesters,* nach Moors Worten »Tod oder Freiheit! Wenigstens sollen sie keinen lebendig haben!« (Schluss des 2. Aktes, hier mit der Regieanweisung: *Man bläst zum Angriff. Lärm und Getümmel*) setzen *Hörner und Trompeten* ein, gefolgt vom *vollen Orchester.* Ebenso schließen sich nach den Schlussworten des 3. bzw. 4. Aktes kurze Orchesterpassagen an. *Diese kleinen Orchestersätze Titls beleuchten so recht die Verschwendung, die man in jener Zeit mit dem Orchester trieb.* – Uraufführung im Rahmen der Premiere: Wien, 18. Oktober 1850 (Burgtheater). – Weitgehend unveröffentlicht.

QUELLE: Aber, S. 95f. Stieger.

Daraus

• Ouvertüre (Ausgabe für Klavier). – Wien: Glöggl, o. A. – HMB 1856/8, S. 1030.

2643 [Marsch zum Fackelzug aus Anlass der Wiener »Schillerwoche« 1859]
Für Harmoniemusik

Blieb offenbar unveröffentlicht. – Uraufführung: Wien, 8. November 1859 (Großer Fackelzug, der um 18 Uhr am Praterstern begann und an dem alle wichtigen Gremien und Vereine der

Stadt teilgenommen haben). Es spielten *mehrere Militärbanden* (Harmoniemusik). – *Die HH. Titl, Hofburgtheater-Kapellmeister, v. Suppé (*[vom Theater] *an der Wien*) [→ 2574], *Binder (Carltheater)* [→ 222+1] *haben die Komposition der Märsche übernommen, und benützen dazu die auf Schiller'sche Stücke bezughabende Melodien:* »Ein freies Leben führen wir« (›Räuber‹) [anonyme Melodie »Gaudeamus igitur« → 12], »Auf [!], auf, Kameraden, auf's Pferd, auf's Pferd« (›Wallenstein's Lager‹) [von Chr. J. Zahn → 2951] *und* »Freude, schöner Götterfunken« (*Beethoven's* »Neunte«) [→ 144].

QUELLE: *Recensionen und Mittheilungen über Theater und Musik* vom 2. November 1859, S. 697f.

Vor hundert Jahren. Allegorisches Festspiel in einem Akt; Text von Friedrich Halm (d. i. Eligius Franz Joseph Freiherr von Münch-Bellinghausen)

2644   Schauspielmusik

Unveröffentlicht. – Zum hundertsten Geburtstag Schillers für das Wiener Hofburgtheater gedichtetes und am 10. November 1859 im Rahmen der »Schillerwoche« ebd. uraufgeführtes Festspiel. – Es sind insgesamt fünf Rollen zu besetzen: *Germania, Die Poesie* und die drei *Parzen (Clotho, Lachesis* und *Atropes*). – Die Erstausgabe ist 1859 bei Gerold in Wien erschienen und enthielt folgende Erklärung: *Verfasser und Verleger widmen das Erträgniß der ersten Auflage dieses Festspieles ohne Abzug der Kosten dem Schillerverein.*

Offenbar sind zeitgleich und unabhängig von einander Schauspielmusiken für verschiedene Orte entstanden (→ 1341 bzw. 1488). Da Titl seit 1850 Kapellmeister am Hofburgtheater war, handelt es sich bei der *sorgsam gearbeiteten, im Ganzen wohl passenden Musik* um den Originalbeitrag (s. *Recensionen und Mittheilungen über Theater und Musik* vom 16. November 1859, S. 733; hier außerdem eine unvorteilhafte Besprechung des Festspieles).

QUELLE: Erstausgabe des Schauspiels (Digitalisat).

TOBLER, Töbi (geb. 1953)

Wilhelm Tell. Schauspiel

2645   Schauspielmusik

Uraufführung im Rahmen der Premiere: Altdorf, 16. August 2008; Regie: Volker Hesse; ab 2012 mit neuer Musik von J. Kienberger (→ 1157).

QUELLE: Tellspiele Altdorf (Homepage).

TOMASCHEK, Ph. (?–?)

2646   An Emma (»Weit in nebelgrauer Ferne«)
Vermutlich für eine Singstimme mit Klavierbegleitung, op. 2

Angabe des Namens nach Brandstaeter (S. 34; richtig vielleicht *Tomášek*?), der für die Vertonung neben Václav Jan Tomášek (→ 2649) auch diesen lexikalisch bisher nicht nachweisbaren Komponisten anführt.

TOMÁŠEK, Václav Jan (1774–1850)

Namensschreibung auch: *Wenzel Johann Tomaschek.*

Eine eigentümliche, speziell im Zusammenhang mit dem vorliegenden Verzeichnis unbedingt erwähnenswerte Würdigung überliefert das NTL: *Sein* [Tomášeks] *Vaterland hat ihn bereits unter seinen Tonkünstlern als den Schiller in der Musik anerkannt* (Bd. 4, Sp. 367). Schon gegen Ende seines Lebens wurde er jedoch als zu konservativ und nicht mehr zeitgemäß beurteilt (MGG2 *Personenteil* Bd. 16, Sp. 905); gleichwohl hielt sich im 19. Jahrhundert die allgemeine Anerkennung gerade für sein Vokalschaffen: Seine *Lieder und Gesänge* [seien] *wohl das Kostbarste seiner Vermächtnisse,* heißt es noch am 23. April 1873 in einer Würdigung der AMZ/2 (Sp. 258).

Verzeichnis der musikalischen Werke

Die verfügbaren historischen und neueren Werkverzeichnisse enthalten unklare bzw. lückenhafte Angaben, weshalb die anschließend genannten Nachweise weder den Anspruch auf Vollständigkeit, noch den auf Richtigkeit aller Einzelheiten erheben können. Es zeigt sich hier einmal mehr das Fehlen detaillierter Studien über einige der bedeutendsten Komponisten dieser Zeit.

2647 Amalia (»Schön wie Engel, voll Walhallas Wonne«)
Für eine Singstimme mit Klavierbegleitung
Nr. 2 des 1. Heftes, op. 85, in: ders., [14] *Gedichte von Friedrich von Schiller* [in 5 Heften, opp. 85–89]. – Hamburg: Cranz, o. A. – HMB 1840/3, S. 47 (Hefte 1 bis 4), bzw. HMB 1843/9, S. 14 (5. Heft; Original im DLA).

Die ›*Gedichte von Friedrich von Schiller*‹ sind heftweise jeweils mit eigener Opuszahl erschienen und *den Manen des Dichters gewidmet* (immer auf der Titelseite vermerkt). Es handelt sich um 14 klavierbegleitete Gesangskompositionen, davon zwölf Lieder für eine Singstimme in den ersten vier Heften (jeweils mit drei Gesangsstücken); das letzte Heft enthält zwei mehrstimmige Gesänge. Offenbar hatte Tomášek noch die Fortsetzung in zwei weiteren Heften für größere Besetzungen geplant und dafür die Kompositionen ausgearbeitet; sie sind aber unveröffentlicht geblieben (vgl. das Werkverzeichnis in MGG2 *Personenteil* Bd. 16, Sp. 901ff.).

2648 An den Frühling (»Willkommen, schöner Jüngling«)
Gemischtes Vokalterzett (STB) und dreistimmiger gemischter Chor mit Klavierbegleitung
Nr. 2 des 5. Heftes, op. 89, in: ders., [14] *Gedichte von Friedrich von Schiller*
→ 2647

2649 An Emma (»Weit in nebelgrauer Ferne«)
Für eine Singstimme mit Klavierbegleitung
Nr. 3 in: ders., *Drei Gesänge*, op. 34. – Leipzig: Peters, o. A. – Hofmeister 1845 (*Vocalmusik*), S. 182. MGG2 *Personenteil* Bd. 16, Sp. 902 (demnach *1807/08* komponiert).

2650 Das Geheimnis (»Sie konnte mir kein Wörtchen sagen«)
Für eine Singstimme mit Klavierbegleitung
Nr. 1 des 1. Heftes, op. 85, in: ders., [14] *Gedichte von Friedrich von Schiller*
→ 2647

2651 Das Mädchen aus der Fremde (»In einem Tal bei armen Hirten«)
Für eine Singstimme mit Klavierbegleitung
Nr. 1 des 2. Heftes, op. 86, in: ders., [14] *Gedichte von Friedrich von Schiller*
→ 2647

2652 Der Jüngling am Bache (»An der Quelle saß der Knabe«)
Für eine Singstimme mit Klavierbegleitung
Nr. 1 des 3. Heftes, op. 87, in: ders., [14] *Gedichte von Friedrich von Schiller*
→ 2647

2653 Der Pilgrim (»Noch in meines Lebens Lenze«)
Für eine Singstimme mit Klavierbegleitung
Nr. 3 des 2. Heftes, op. 86, in: ders., [14] *Gedichte von Friedrich von Schiller*
→ 2647

2654 Des Mädchens Klage (»Der Eichwald brauset«)
Für eine Singstimme mit Klavierbegleitung

Die Komponisten und ihre Werke

Nr. 2 des 2. Heftes, op. 86, in: ders., [14] *Gedichte von Friedrich von Schiller*
→ 2647

Die Braut von Messina oder: Die feindlichen Brüder. Ein Trauerspiel mit Chören

2655 Schauspielmusik, op. 104
Ganze Schauspielmusik erwähnt bei Gatti (Bd. 2, S. 1324). – Die AMZ/2 vom 22. April 1874
berichtet über eine separate Aufführung der *Schlussszene* (für drei Soli, Männerchor und Orchester) im Rahmen der *Tomaschek-Feier in Prag* (Sp. 253); nur sie ist im Werkverzeichnis
von MGG2 nachgewiesen (vgl. *Personenteil* Bd. 16, Sp. 904; demnach unveröffentlicht).

2656 Die Entzückung, an Laura (»Laura! Welt und Himmel weggeronnen«)
Für eine Singstimme mit Klavierbegleitung
Nr. 3 des 3. Heftes, op. 87, in: ders., [14] *Gedichte von Friedrich von Schiller*
→ 2647

2657 Die Erwartung (»Hör' ich das Pförtchen nicht gehen«)
Für eine Singstimme mit Klavierbegleitung
Nr. 1 in: ders., [2] *Lyrische Gedichte von Schiller*. – Leipzig: Hofmeister, o. A. –
Verl.-Nr. *443*. – Whistling 1828, S. 1101 (hier als *op. 29*). Original (freundliche
Mitteilung von Dr. Hans Rheinfurth; demnach *1818* erschienen).

Auf diese Ausgabe (einschl. Inhalt) wird noch im Rahmen von HMB 1840/3, S. 47 (Anzeige der
›Gedichte von Friedrich von Schiller‹; → 2647), extra hingewiesen: *Von demselben Componisten
erschienen früher: Fr. Schillers lyrische Gedichte. 1stes Heft* (Leipzig: Hofmeister, o. A.). Auch
später wusste man offenbar nur von jenem *Ersten Heft*, wie z. B. in der AMZ/2 vom 30. April
1873: ... *so mögen denn wohl mehrere erschienen sein, die ich aber nicht kenne* (Sp. 273).

2658 Dithyrambe (»Nimmer, das glaubt mir, erscheinen die Götter«); hier in tsche-
chischer Übersetzung unter dem Titel: *Ditiramba*
Für gemischtes Vokalterzett (STB), Chor und Orchester bzw. Männerquartett
(TTBB) und -chor mit Klavierbegleitung
Nr. 1 des 6. Heftes, op. 90, in: ders., *Gedichte von Friedrich von Schiller*

Offenbar als Fortsetzung der bei Cranz in Hamburg erschienenen Sammlung mit Schiller-
Vertonungen geplant, die wohl aus sieben Heften bestehen sollte, von denen aber nur fünf
veröffentlicht worden sind (→ 2647). Von den ungedruckten Stücken konnte bisher nur dieser eine Titel nachgewiesen werden (s. MGG2 *Personenteil* Bd. 16, Sp. 902).

2659 Eine Leichenphantasie (»Mit erstorb'nem Scheinen«); hier unter dem Titel:
Schillers Leichenfantasie
Für Sopran mit Klavierbegleitung (o. op.)
Prag: *Auf Kosten des Verfassers*, o. A. – NTL Bd. 4, Sp. 367.

In der Literatur wird außerdem noch eine ›Leichenfantasie auf Schillers Tod‹, op. 25, genannt
(→ 2662) und oftmals mit der hier nachgewiesenen Vertonung gleichgesetzt. Es ist deshalb
bisher unklar, welches Werk wirklich gemeint ist, das bspw. unter dem Titel ›Leichenphantasie‹ bei Whistling 1828, S. 1101, bzw. Hofmeister 1845 (*Vocalmusik*), S. 182, verzeichnet
ist.

2660 Elegie auf den Tod eines Jünglings (»Banges Stöhnen, wie vor'm nahen Stur-
me«)
Für eine Singstimme bzw. gemischtes Vokalquartett (SSTB) mit Klavierbegleitung, op. 31
1807/08 komponiert; unveröffentlicht (s. MGG2 *Personenteil* Bd. 16, Sp. 902). – Im NTL als
Schillers Elegie auf den Tod eines Jünglings, für Sopran mit Klavierbegleitung nachgewiesen
(Bd. 4, Sp. 368).

Verzeichnis der musikalischen Werke

2661 Hektors Abschied (»Will sich Hektor ewig von mir wenden«)
Für zwei Singstimmen (SBar) mit Klavierbegleitung
Nr. 1 des 5. Heftes, op. 89, in: ders., [14] *Gedichte von Friedrich von Schiller*
→ 2647

Im NTL unter dem Titel *Hector und Andromache* nachgewiesen (Bd. 4, Sp. 367). – Die AMZ/2 vom 22. April 1874 berichtet von einer Version mit Orchesterbegleitung, die im Rahmen der *Tomaschek-Feier in Prag* aufgeführt worden ist (Sp. 253). Diese findet sich auch in den Werkverzeichnissen von MGG1 (Bd. 13, Sp. 469) bzw. MGG2 (*Personenteil* Bd. 16, Sp. 903) wieder und ist demnach unveröffentlicht.

• Idem. – Nr. 36 in: [41] *Frühe Schiller-Vertonungen bis 1825* → 141

2662 *Leichenfantasie auf Schillers Tod*; Text [nicht belegt] *nach einem Gedicht seines* [des Komponisten] *Bruders*
Für eine Singstimme mit Klavierbegleitung, op. 25
Prag: Enders, o. A. – Eitner Bd. 9, S. 420 (weist den angegebenen Titel nach).
AMZ/2 vom 30. April 1873, Sp. 273 (mit dem genannten Nachweis des Text-verfassers). Wurzbach, *Schiller-Buch*, Nr. 709 (hier aber: *Leichenphantasie, Gedicht von Schiller* [!],op. 25).

Das Autograph ist 1905 in Wien bei der Schiller-Ausstellung aus Anlass des 100. Todestages gezeigt worden (*Neue Freie Presse*, Abendblatt vom 10. Mai 1905, S. 8). – Bei Whistling 1828, S. 1101, bzw. Hofmeister 1845 (*Vocalmusik*), S. 182, wird eine ›Leichenphantasie‹ nachge-wiesen, womit ebenso die Vertonung von Schillers gleichnamigem Gedicht gemeint sein könnte (→ 2659).

2663 *Lied (»Es ist so angenehm, so süß«)*; hier unter dem Titel: *Das Lied*; Textauthen-tizität unsicher
Für eine Singstimme mit Klavierbegleitung
Nr. 2 in: ders., [2] *Lyrische Gedichte von Schiller* → 2657

Maria Stuart. Ein Trauerspiel

2664 – V. 2087ff. (Maria Stuart: »O Dank, Dank diesen freundlich grünen Bäumen«)
Dramatische Szene für Gesang und Orchester, op. 99
QUELLEN: MGG2 *Personenteil* Bd. 16, Sp. 903 (demnach unveröffentlicht). ÖNB (Online-Katalog; hier Handschrift des Klavierauszugs, jedoch o. op.).

2665 Sehnsucht (»Ach, aus dieses Tales Gründen«)
Für eine Singstimme mit Klavierbegleitung
Nr. 3 des 1. Heftes, op. 85, in: ders., [14] *Gedichte von Friedrich von Schiller*
→ 2647

2666 Thekla. Eine Geisterstimme (»Wo ich sei und wo mich hingewendet«)
Für eine Singstimme mit Klavierbegleitung
Nr. 2 des 3. Heftes, op. 87, in: ders., [14] *Gedichte von Friedrich von Schiller*
→ 2647

Wallenstein. Ein dramatisches Gedicht – II. Die Piccolomini

2667 – V. 1887ff. (Thekla: »Dank dir für deinen Wink!«); hier unter dem Titel: *Thecla*
Dramatische Szene für Gesang und Orchester, op. 100
Unveröffentlicht (s. MGG2 *Personenteil* Bd. 16, Sp. 903).

Die Komponisten und ihre Werke

Wilhelm Tell. Schauspiel

2668 [Die drei »Eingangslieder«] für eine Singstimme mit Klavierbegleitung]
1. V. 1ff. (Fischerknabe: »Es lächelt der See«); hier unter dem Titel: _Der Fischerknabe_
2. V. 13ff. (Hirte: »Ihr Matten, lebt wohl«); hier unter dem Titel: _Der Hirt auf dem Berge_
3. V. 25ff. (Alpenjäger: »Es donnern die Höhen«); hier unter dem Titel: _Der Alpenjäger_

4. Heft, op. 88, von: ders., [14] _Gedichte von Friedrich Schiller_ → 2647

TOMIČICH, Hugo (1879–1956)

Veröffentlichte auch unter dem Pseudonym _Emmerich Kühne._

2669 An den Frühling (»Willkommen, schöner Jüngling«)
Für eine Singstimme mit Klavierbegleitung
Mailand: Ricordi, o. A. – Text: Italienisch/Deutsch. – Hofmeister (1898–1903),
S. 950 (hier mit dem Vornamen _Ugo_). Pazdírek Bd. 11, S. 779 (hier unter _op. 2_
nachgewiesen).

2670 Hektors Abschied (»Will sich Hektor ewig von mir wenden«)
Dramatische Szene für zwei Soli (ST) und Orchester
Unveröffentlicht; s. _Dt. Musiker-Lex._ 1929, Sp. 1461.

TONGERS MUSIKSCHATZ

Angabe eines Herausgebers fehlt. Daher mussten die folgenden Nachweise – abweichend
vom Konzept des Gesamtverzeichnisses – unter dem Titel der Publikation eingereiht werden. – Mottos sind nur auf den ungezählten Seiten der Inhaltsverzeichnisse der ersten beiden von insgesamt fünf Bänden der Reihe zu finden.

Das eleusische Fest (»Windet zum Kranze die goldenen Ähren«)

– V. 169ff. (»Aber aus den gold'nen Saiten«)

2671 Motto zum Abschnitt ›_Salon- und Vortragsstücke, Liederfantasien und Opern-
musik für Klavier_‹. – Inhaltsverzeichnis [S. 2] des 1. Bandes in: _Tongers Mu-
sikschatz_. – Köln: Tonger, o. A. – Original (Slg. GG).

Der Tanz (»Siehe, wie schwebenden Schritts im Wellenschwung«)

– V. 5ff. (»Wie, vom Zephir gewiegt, der leichte Rauch«)

2672 Motto zum Abschnitt ›_Tänze und Märsch_‹. – Inhaltsverzeichnis [S. 3] des
2. Bandes in: _Tongers Musikschatz._ – Köln: Tonger, o. A. – Original (Slg. GG).

2673 Tonkunst (»Leben atme die bildende Kunst«)
Motto zum Abschnitt ›_Salon- und Vortragsstücke_‹. – Inhaltsverzeichnis [S. 2]
des 2. Bandes in: _Tongers Musikschatz_ → 2672

TOTZAUER, Hans (1909–1987)

Wilhelm Tell. Schauspiel

2674 Musik zur Verfilmung des Schauspiels nach einer Aufführung des Wiener Burg-
theaters. Drehbuch und Inszenierung: Joseph Gielen; Filmregie: Alfred Stöger
Österreich: Mundus / Thalia 1956. – Schwarzweiß; 90 Min. – Mit Ewald Balser
(Wilhelm Tell), Albin Skoda (Gessler), Raoul Aslan (Attinghausen), Paul Hart-
mann (Stauffacher) u. a.
QUELLE: _Lex. d. Internat. Films_, S. 6495.

579

Verzeichnis der musikalischen Werke

TOULON VAN DER KOOG, L. J. van (1822–1901)

An den Frühling (»Willkommen, schöner Jüngling«)

2675   Motto zu: *Frühling*. Walzer für Klavier, op. 1
Utrecht: Rahr, o. A. – Verl.-Nr. *1*. – Original (Slg. GG).
Wiedergabe der ersten Gedichtstrophe auf der Titelseite.

TOURBIÉ, Richard (1867–1943)

Verwendete auch die Pseudonyme *Richard Berndt* und *Rolf Wieland*.

Das Lied von der Glocke (»Fest gemauert in der Erden«)

– V. 78f. (»O! Dass sie ewig grünen bliebe«)

2676   *O dass sie ewig grünen bliebe, die schöne Zeit der jungen Liebe (»Als ich sie sah zum ersten Mal«)*; Textverfasser unbekannt
Für eine Singstimme mit Klavierbegleitung, op. 25
Berlin: Uhse, o. A. – HMB 1887/8, S. 372.
    • Mühlhausen i. Th.: Danner, o. A. – *Dt. Musiker-Lex.* 1929, Sp. 1462.

TRÄDER, Willi (1920–1981)

2677   Tabulae votivae – Pflicht für jeden (»Immer strebe zum Ganzen«); hier unter dem Titel: *Chorspruch*
Vierstimmiger gemischter Chor a cappella
Wolfenbüttel: Möseler 1957. – Partitur (= *Das singende Jahr. Chorblattreihe*, zugl.: *Lose Blätter*, Nr. *534*). – Hofmeister (1957), S. 343.

TRÄGNER, Richard (1872–1952)

2678   An den Frühling (»Willkommen, schöner Jüngling«)
Für eine Singstimme mit Klavierbegleitung
Nr. 5 (einzeln) in: ders., [5] *Schlichte Lieder für's Haus*, op. 15. – Chemnitz: Hochmuth & Friske, o. A. – Hofmeister (1909–1913), S. 817.

TRAPP, Max (1887–1971)

2679   An die Sonne (»Preis dir, die du dorten heraufstrahlst«)
Für zwei Solostimmen (SBar), vierstimmigen gemischten Chor (SATB) und Orchester
1. Satz in: ders., *Vom ewigen Licht.* Kantate in vier Sätzen nach Worten von Friedrich von Schiller für zwei Solostimmen (SBar), vierstimmigen gemischten Chor (SATB) und Orchester, op. 44. – Leipzig: Leuckart 1943. – Klavierauszug (Verl.-Nr. *9424*). – Original (Leuckart-Verlagsarchiv, heute Musikverlag Thomi-Berg; freundl. Mitteilung von Klaus-Peter Berg).

1942 entstanden (s. MGG2 *Personenteil* Bd. 16, Sp. 1010). Es handelt sich um die satzweise Vertonung von drei frühen Schiller-Gedichten, zwischen denen an zweiter Stelle ein ›Dionysischer Tanz‹ für Orchester eingefügt ist (ein Hinweis auf die Verbindung zu einer Dichtung Schillers fehlt). Die Kantate ist *meiner lieben Frau* [Anna, geb. Kühne] *gewidmet.* – Uraufführung: Berlin, 23. Oktober 1943 (Alte Philharmonie), mit Tiana Lemnitz (Sopran), Karl Wolfram (Bariton), dem Deutschen Philharmonischen Chor und dem Berliner Philharmonischen Orchester unter der Leitung von Bruno Kittel (Homepage der Berliner Philharmoniker). – Die für 1944 geplante Auslieferung der Musikalien kam *wegen Feindeinwirkung* nicht zu

580

Stande (vgl. Prieberg/*Handbuch*, S. 7231); gleichwohl sind Exemplare der Originalausgabe erhalten. – Heute ist das Aufführungsmaterial leihweise im Musikverlag Leuckart (München), vertreten durch Thomi-Berg (Planegg bei München), erhältlich (Verl.-Nr. *172*; s. dessen Homepage).

2680 Die Herrlichkeit der Schöpfung (»Vorüber war der Sturm, der Donner Rollen«)
Für zwei Solostimmen (SBar), vierstimmigen gemischten Chor (SATB) und Orchester
4. Satz in: ders., *Vom ewigen Licht* → 2679

2681 Hymne an den Unendlichen (»Zwischen Himmel und Erd', hoch in der Lüfte Meer«)
Für Bariton, vierstimmigen gemischten Chor (SATB) und Orchester
3. Satz in: ders., *Vom ewigen Licht* → 2679

TRAUTNER, Friedrich Wilhelm (1855–1932)

2682 An den Frühling (»Willkommen, schöner Jüngling«)
Für eine Singstimme mit Klavierbegleitung, op. 9
Berlin: Kunz, o. A. – Verl.-Nr. *3538*. – Staatsbibl. zu Berlin (Online-Katalog).

Wird bei Hofmeister (1909–1913) als Nr. 2 der Lieder opp. 8–12 nachgewiesen (S. 818); vgl. auch das *Dt. Musiker-Lex.* 1929, Sp. 1469 (Ausgabe jetzt bei Teich in Leipzig).

2683 *Schiller-Lieder*, op. 41
Für gemischten Chor a cappella

Unveröffentlicht. – Uraufführung: Nördlingen, 1905; s. *Dt. Musiker-Lex.* 1929, Sp. 1469 (Inhalt nicht nachgewiesen).

Wilhelm Tell. Schauspiel

2684 – *Idylle* für gemischten Chor a cappella bzw. 3stg. (keine Besetzungsangaben), op. 61a bzw. 61b

Nähere Angaben liegen nicht vor, doch handelt es sich vermutlich um eine Vertonung der drei »Eingangslieder« (V. 1ff.); vgl. die verwandte Titelgebung beim entsprechenden Werk von Friedrich Götzloff (→ 781). – Uraufführung von op. 61a: Nördlingen, 1905; s. *Dt. Musiker-Lex.* 1929, Sp. 1469 (demnach beide Fassungen unveröffentlicht).

TRITREMMEL, Ferdinand (?–?)

Macbeth. Zur Vorstellung auf dem Hoftheater in Weimar eingerichtet von Friedrich Schiller

2685 – V. 741ff. (Pförtner: »Verschwunden ist die finst're Nacht«); hier mit dem Titel: *Morgenlied*
Dreistimmiger Knabenchor a cappella
Nr. 14 in: *Vierzig Schiller-Lieder. Eine Auswahl von Kompositionen zu Dichtungen von Friedrich von Schiller für ein- bis vierstimmigen Chor, mit oder ohne Klavierbegleitung zum Schulgebrauch* gesammelt, bearb. und hg. von Ferdinand Tritremmel. – Wiener Neustadt: Folk 1905. – Partitur. – Original (DLA).

Besteht aus 34 verschiedenen Kompositionen (einige davon für verschiedene Besetzungen). – Neben vielen gängigen Stücken sind auch weniger bekannte Vertonungen bzw. Erstveröffentlichungen vorhanden.

Verzeichnis der musikalischen Werke

Wilhelm Tell. Schauspiel

2686 – V. 13ff. (Hirte: »Ihr Matten, lebt wohl«)
Chor für zwei hohe Stimmen mit Klavierbgleitung
Nr. 29 in: *Vierzig Schiller-Lieder* → 2685

2687 – V. 921ff. (Attinghausen: »An's Vaterland, an's teure, schließ' dich an«)
Für vierstimmigen Männerchor (TTBB) a cappella bzw. für zwei hohe
Stimmen mit Klavierbegleitung
Nr. 1 bzw. 2 in: *Vierzig Schiller-Lieder* → 2685

TRUHN, Friedrich Hieronymus (1811–1886)

2688 An Emma (»Weit in nebelgrauer Ferne«)
Für eine Singstimme mit Klavierbegleitung
Nr. 2 in: ders., *Zwei Poesien*, op. 112a. – Leipzig: Peters, o. A. – HMB 1863/10,
S. 196 (hier als *op. 112*). Hofmeister (1860–1867), S. 522 (hier: *op. 112a*).

Als op. 112 ist Truhns Klavierlied ›*Ständchen*‹ nach einem Gedicht von Rudolf Löwenstein
bereits drei Jahre früher nachweisbar (vgl. HMB 1860/3, S. 58).

TRUNK, Richard (1879–1968)

Wilhelm Tell. Schauspiel

2689 – V. 2833ff. (Barmherzige Brüder: »Rasch tritt der Tod den Menschen an«);
hier unter dem Titel: *Mahnung*
Vier- bis achtstimmiger Männerchor (TTBB bis TTTTBBBB) mit Orgel- oder
Klavierbegleitung
Nr. 1 in: ders., *Von der Vergänglichkeit. Drei Gesänge für Männerchor mit Vor-
und Zwischenspielen für die Orgel*, op. 60. – Leipzig: Leuckart 1929. – Partitur
(zugl. Orgelstimme), Chorstimmen. – WV/Trunk, S. 13.

Zwischen 1927 und 1928 komponiert. – *Die Orgel kann gegebenenfalls durch Klavier ersetzt werden* (Anm. im WV).

- Jetzt mit dem Gesamttitel: *Von der Vergänglichkeit. Ein Tryptichon*,
op. 60. – München: Leuckart 1956. – Orgelpartitur (mit beigefügter Alternativbegleitung für Klavier zu vier Händen von A. Davidts); Chorstimmen. – Hofmeister (1956), S. 387 (im WV/Trunk noch nicht nachgewiesen).

- S. 43ff. in: *Richard Trunk. Ausgewählte Werke*, Bd. 1: *Chorwerke*, ausgewählt u. hg. von Siegfried Goslich und Heinz Auner. – Neustadt/Aisch:
Schmidt 1982. – Original (Slg. GG).

TUČEK, Vincenc (1773–1821)

Auch: *Tuczek, Tučzek, Tuscheck* oder *Duczek*

Die Schlacht (»Schwer und dumpfig, eine Wetterwolke«)

2690 *Musikalisches Schlachtengemälde als Ouvertüre zum militärischen Gemälde von
Friedrich Schiller für Orchester*

Unveröffentlicht. – Uraufführung: Budapest, 25. September 1820 (Stadttheater); s. MGG1
Bd. 13, Sp. 936, bzw. MGG2 *Personenteil* Bd. 16, Sp. 1099.

Die Komponisten und ihre Werke

TUCH, Heinrich Agatius (1766–1821)

2691 An die Freude (»Freude, schöner Götterfunken«)
Vermutlich Rundgesang mit Klavierbegleitung oder zur Gitarre

QUELLE: MGG2 _Personenteil_ Bd. 16, Sp. 1100 (ohne Besetzungsangaben; demnach _1815_ einzeln veröffentlicht. RISM A I deest).

2692 _Der Mensch (»Was ist der Mensch?«)_; Schiller zugeschriebener Text von Joachim Lorenz Evers (→ 275)
Für eine Singstimme mit Klavierbegleitung
Dessau/Leipzig: Musik-Comptoir, o. A. – Verl.-Nr. _124_. – RISM A I: TT 1320a.

· Leipzig: Kollmann, o. A. – Hofmeister 1845 (_Vocalmusik_), S. 184.

2693 Die Bürgschaft (»Zu Dionys, dem Tyrannen, schlich Damon«)
Vermutlich für eine Singstimme mit Klavierbegleitung oder zur Gitarre

1817 einzeln veröffentlicht; s. MGG2 _Personenteil_ Bd. 16, Sp. 1100 (ohne Besetzungsangaben). – RISM A I deest.

TURCHI, Guido (1916–2010)

Wilhelm Tell. Schauspiel

2694 Schauspielmusik

1955 komponiert; s. Gatti Bd. 2, S. 1357 (Aufführungen nicht dokumentiert).

TURNER, Louis (?–?)

2695 Der Gang nach dem Eisenhammer (»Ein frommer Knecht war Fridolin«); hier unter dem Titel: _Der Gang zum Eisenhammer_
Für eine Singstimme mit Klavierbegleitung
Undatierte Handschrift. – RISM-OPAC.

TUSCHE, ... (?–?)

2696 An die Freude (»Freude, schöner Götterfunken«); hier unter dem Titel: _Das Lied an die Freude_
Für Solo, Chor und Orchester

Aufführungsankündigung im Rahmen der Schiller-Feierlichkeiten in Stettin am 9. November 1859 (NZfM vom 28. Oktober 1859, S. 155).

TZSCHASCHEL, Timm (geb. 1943)

2696+1 _Schillergarten-Polka_ für Kammerorchester

Für das Ausfluglokal »SchillerGarten« [!] in Dresden-Blasewitz komponiert und dort uraufgeführt: 29. August 2015, Philharmonisches Kammerorchester [Mitglieder der Dresdner Philharmonie] unter der Leitung von Wolfgang Hentrich (Konzertbericht in: _Potz Blitz. Hauszeitung des SchillerGartens zu Dresden-Blasewitz_, 11. Jg., 2015, 4. Heft, S. 4f.). – Zwischen 1785 und 1787 besuchte Schiller mehrmals die »Fleischersche Schenke« in Blasewitz, die 1859 in »SchillerGarten« umbenannt worden ist. Hier lernte er die Gastwirtstochter Johanna Justine Segedin kennen, der er mit der Figur der Marketenderin in ›Wallensteins Lager‹ ein literarisches Denkmal gesetzt hat (V. 124f. – Erster Jäger): »Was? der Blitz! Das ist ja die Gustel aus Blasewitz.«

583

— U —

UBER, Friedrich Christian Hermann (1781–1822)

2697 Der Taucher (»Wer wagt es, Rittersmann oder Knapp'«)
Deklamation mit melodramatischer Orchesterbegleitung
Handschriftliches Stimmenmaterial, Mai 1862. – RISM-OPAC.

Die Nachweise in der einschlägigen Fachliteratur sind undatiert. Schilling verweist das
Werk in Ubers Kasseler Zeit zwischen 1809 und 1814 (vgl. Bd. 6, S. 716). – Unveröffentlicht
(s. MGG2 *Personenteil* Bd. 16, Sp. 1167; hier jedoch bei den Bühnenwerken eingeordnet).

UHRMACHER, David (?–?)

Die Räuber. Ein Schauspiel

2698 *I masnadieri.* Operette; Librettist nicht bekannt

Uraufführung: Trient, im Juni 1835 (Teatro sociale) s. Stieger. – Gilt als erster Versuch,
dieses Schauspiel in musikdramatischer Form auf die italienische Bühne zu bringen: *Das
allgemeine Urteil lautete nicht ungünstig, mehrere Stücke der Musik sollen sogar gefallen haben* (Schaefer, S. 15f.).

ULLMANN, Viktor (1898–1944)

Die Jungfrau von Orleans. Eine romantische Tragödie

2699 *Der 30. Mai 1431.* Oper in zwei Akten; Libretto vom Komponisten

1944 im Konzentrationslager Theresienstadt begonnen (Libretto, einige Skizzen); s. MGG2
Personenteil Bd. 16, Sp. 1197. Das titelgebende Datum bezieht sich auf den Tag, an dem
Jeanne d'Arc auf dem Scheiterhaufen verbrannt wurde. – Ullmann ist am 16. Oktober 1944
nach Auschwitz gebracht und dort zwei Tage später in den Gaskammern ermordet worden.

UNGER, Robert (1859–1926)

2700 Sehnsucht (»Ach, aus dieses Tales Gründen«)
Gemischter Chor a cappella, op. 21
Breslau: Kothe, o. A. – Partitur, Stimmen. – Hofmeister (1909–1913), S. 826.

UNGLAUBE, Richard (1883–?)

2701 Der Taucher (»Wer wagt es, Rittersmann oder Knapp'«)
Für Soli, Chor und Orchester

Unveröffentlicht; s. *Dt. Musiker-Lex.* 1929, Sp. 1483.

UNKEL, Rolf (1912–1990)

Don Carlos. Infant von Spanien. Ein dramatisches Gedicht

2702 Musik zur Hörspielfassung. Bearbeitung und Regie: Leopold Lindtberg
Stuttgart: Süddeutscher Rundfunk 1959. – Mit Ewald Balser (Phillipp II.), Eve
Zilcher (Elisabeth), Wolfgang Stendar (Don Carlos), Gerd Brüdern (Marquis
von Posa), Gisela Mattishent (Prinzessin Eboli) u. a.

QUELLE: CD-Veröffentlichung (Berlin: Der Audio-Verlag 2005).

Die Komponisten und ihre Werke

URBAN, Christian (1778–1860)

Die Braut von Messina oder: Die feindlichen Brüder. Ein Trauerspiel mit Chören

2703 Schauspielmusik

Uraufführung im Rahmen der Premiere: Berlin (Stieger nennt _Königsberg_), 1825, unter der Leitung des Komponisten (1826 nochmals in Elbing). – [Urbans] _Compositionen, worunter auch eine [...] Musik zur ›Braut von Messina‹, sind wenig bekannt geworden_ (Schilling Suppl., S. 424; vgl. auch Fétis Bd. 8, S. 286). Urban soll zwischen 1824 und 1830 in Berlin gelebt haben, was Eitner hingegen ebenso bezweifelt, wie die Existenz dieser Schauspielmusik (Bd. 10, S. 12); es fällt immerhin auf, dass Urban von Ledebur nicht erwähnt wird. – Als Entstehungs- und Bestimmungsort wird auch Danzig erwähnt (Aber, S. 94).

QUELLEN: Schaefer, S. 71. Clément/Larousse, S. 452. Reischert, S. 211.

URBAN, Friedrich Julius (1838–1918)

2704 Sehnsucht (»Ach, aus dieses Tales Gründen«)
Gemischtes Vokalquartett (SATB) a cappella
Nr. 3 (einzeln) in: ders., _Drei Gesänge_, op. 6. – Berlin: Raabe & Plothow, o. A. – Partitur, Stimmen. – HMB 1887/7, S. 320.

URBAN, Heinrich (1837–1901)

Die Verschwörung des Fiesco zu Genua. Ein republikanisches Trauerspiel

2705 Ouvertüre für großes Orchester, op. 6
Berlin: Bote & Bock, o. A. – Partitur (Verl.-Nr. _9708_), Orchesterstimmen; Klavierauszug zu vier Händen (Verl.-Nr. _9710_). – HMB 1872/5, S. 99 u. 103. Sonneck, _Orchestral Music_, S. 480. AMZ/2, 6. November 1872, Sp. 727 (Verlagsannonce). Original (DLA). Pelker, S. 801f.

Widmung: _An Georg Vierling. – Das Werk ist im großen tragischen Stil geschrieben, zeichnet sich durch edle Haltung, glücklich erfundene, charaktervolle Themen und geschickte Verarbeitung derselben aus. Im Konzertsaale hat die Ouverture bei ihren Aufführungen eine außerordentliche, wohlverdiente Aufnahme gefunden und sich den Beifall und die Anerkennung des musikalisch gebildeten Publikums zu erringen gewußt_ (Schaefer, S. 20; datiert die Veröffentlichung auf September 1871).

— V —

VACCAI, Nicola (1790–1848)

Die Braut von Messina oder: Die feindlichen Brüder. Ein Trauerspiel mit Chören

2706 _La Sposa di Messina. Melodramma_ in drei Akten; Libretto von Jacobo Cabianca
Uraufführung: Venedig, 2. März 1839 (Teatro la Fenice); Schaefer nennt aber hiervon abweichend _im Scalatheater zu Mailand im Januar 1839_, wo nur zwei Aufführungen stattgefunden hätten (S. 73). – Inasaridse gibt den Namen des Librettisten irrtümlich mit _Jacopo Bianco_ an (S. 25).

QUELLEN: Stieger. Grove, _Opera_ Bd. 4, S. 882.

Daraus veröffentlicht (vermutlich ausschließlich mit Klavierbegleitung)

- *Pezzi scelti.* – Mailand: Lucca, o. A. – Hofmeister 1845 (*Vocalmusik*), S. 100.
- *Cavatina (»Figlia, una sola patria«).* – Mailand: Ricordi, o. A. – Pazdírek Bd. 11, S. 966.
- *Romanza (»Emanuel, così tu m'hai lascita«).* – Mailand: Ricordi, o. A. – Pazdírek Bd. 11, S. 966.

Die Jungfrau von Orleans. Eine romantische Tragödie

2707 *Giovanna d'Arco. Melodramma romantico* in vier Akten; Libretto von Gaetano Rossi

Uraufführung: Venedig: 17. Februar 1827 (Teatro La Fenice); Stieger datiert zehn Tage früher. Eine revidierte Fassung ist 1828 in Neapel erstmals aufgeführt worden.

QUELLEN: Schaefer, S. 55. Grove, *Opera* Bd. 4, S. 882. MGG2 *Personenteil* Bd. 16, Sp. 1248.

Daraus veröffentlicht (vermutlich ausschließlich mit Klavierbegleitung)

- *Pezzi scelti.* – Mailand: Ricordi, o. A. – Hofmeister 1845 (*Vocalmusik*), S. 100.
- *Duetto (»Qui sul campo di vittoria«).* – Mailand: Ricordi, o. A. – Pazdírek Bd. 11, S. 965.
- *Sorte aversa, duetto per soprano e contralto nella Giovann d'Arco.* – Paris: Pacini, o. A. – Klavierauszug (Verl.-Nr. *2764*). – BSB-Musik Bd. 16, S. 6686.

VAGEDES, Adolph von (1777–1842)

2708 An den Frühling (»Willkommen, schöner Jüngling«)
Für eine Singstimme mit Klavierbegleitung
Nr. 5 des 2. Heftes in: ders., [14] *Lieder am Clavier* (in 2 Heften). – Merseburg: Böhme, o. A. – Goethe-Museum (Katalog), Nrr. 1451 und 1452.

Beide Hefte mit jeweils sieben Liedern und eigener Nummerierung sind *Ihro Erlaucht der Frau Reichsgräfin Josephine von und zu Plettenberg Mietingen, gebornen Gräfin von Gallenberg etc. etc. unterthänigst gewidmet* (freundl. Mitteilung von Dr. Matthias Wessel).

2709 An Emma (»Weit in nebelgrauer Ferne«)
Für eine Singstimme mit Klavierbegleitung
Nr. 7 des 1. Heftes in: ders., [14] *Lieder am Clavier* (in 2 Heften) → 2708

2710 Die Blumen (»Kinder der verjüngten Sonne«)
Für eine Singstimme mit Klavierbegleitung
Nr. 3 des 2. Heftes in: ders., [14] *Lieder am Clavier* (in 2 Heften) → 2708

Dichternachweis hier irrtümlich *Goethe*; vgl. Goethe-Museum (Katalog), Nr. 1452.

2711 Die Worte des Glaubens (»Drei Worte nenn' ich euch, inhaltschwer«)
Für eine Singstimme mit Klavierbegleitung
Nr. 7 des 2. Heftes in: ders., [14] *Lieder am Clavier* (in 2 Heften) → 2708

2712 Sehnsucht (»Ach, aus dieses Tales Gründen«)
Für eine Singstimme mit Klavierbegleitung
Nr. 5 des 1. Heftes in: ders., [14] *Lieder am Clavier* (in 2 Heften) → 2708

Die Komponisten und ihre Werke

VALEN, Fartein (1887–1952)

2713 Gruppe aus dem Tartarus (»Horch – wie Murmeln des empörten Meeres«)
Für eine Singstimme mit Klavierbegleitung
Nr. 1 in: ders., _Zwei Lieder_, op. 31. – Oslo: Lyche 1954. – Music Information
Center Norway (Online-Katalog).

1939 komponiert (s. MGG2 _Personenteil_ Bd. 16, Sp. 1271).

VEIT, Wenzel Heinrich (1806–1864)

2714 Hoffnung (»Es reden und träumen die Menschen viel«)
Vierstimmiger Männerchor (TTBB) a appella
Nr. 1 in: ders., [6] _Tafelgesänge für Männerstimmen_, op. 12. – Leipzig: Hofmeister, o. A. – Partitur, Stimmen. – HMB 1840/6+7, S. 91 (hier unter dem Titel: _Sechs Gesänge für vier Männerstimmen_). NZfM vom 29. März 1841, S. 103 (Rezension). Pazdírek Bd. 12, S. 2.

2715 Punschlied (»Vier Elemente, innig gesellt«)
Für eine Singstimme mit Klavierbegleitung
Nr. 4 in: ders., _Sechs Lieder_, op. 8. – Leipzig: Breitkopf & Härtel, o. A. – HMB 1840/5, S. 80.

VENTH, Karl (1860–1938)

2716 Das Lied von der Glocke (»Fest gemauert in der Erden«); hier unter dem Titel: _Die Glocke_

QUELLE: Frank/Altmann, Bd. 1, S. 649 (keine weiteren Angaben).

VERDI, Giuseppe (1813–1901)

Im 19. Jahrhundert wurden Opern in Italien für gewöhnlich erstmals im Jahr der Uraufführung und nur als vollständiger Klavierauszug veröffentlicht, dessen Musiknummern auch einzeln erhältlich waren und die deshalb jeweils eine eigene Verlagsnummer aufweisen; Partituren kursierten hingegen lange Zeit lediglich in Kopistenabschriften und sind (wenn übergaupt) erst gegen Ende des 19. und im 20. Jahrhundert gedruckt worden. – Verdis Werke sind weitgehend erstmals bei Ricordi in Mailand erschienen, wo heute das Aufführungsmaterial generell erhältlich und inzwischen in zahllosen Folgeausgaben verhältnismäßig leicht verfügbar ist; auf eine detaillierte Darstellung ihrer Publikationsgeschichte konnte deshalb hier verzichtet werden.

Die Jungfrau von Orleans. Eine romantische Tragödie

2717 _Giovanna d'Arco. Dramma lirico_ in drei Akten mit Prolog (sechs Bilder); Libretto von Temistocle Solera
Neapel: Girard [1845]. – Klavierauszug (Verl.-Nrr. _6954–6976_).

Schon im folgenden Jahr und ebenfalls im Klavierauszug bei Ricordi (Mailand) veröffentlicht, hier mit der Widmung: ... _dedicato a S. E. Signora Contessa Giulia Samoyloff nata Contessa di Pahlen_.

Zwischen Dezember 1844 und Februar 1845 komponiert. – Uraufführung: Mailand, 15. Februar 1845 (Teatro alla Scala), mit Erminia Frezzollini (Giovanna), Antonio Poggi (Carlo VII) und Filippo Colini (Giacomo, Schäfer in Domrémy, Giovannas Vater). – Für eine Folgeaufführung in Venedig (1845, Teatro la Fenice) komponierte Verdi für Sofia Loewe, die dortige Sängerin der Titelfigur, eine neue, heute allerdings verschollene Kavatine für den Prolog (»_Potrei lasciare il margine_«). Vor allem im mittleren und südlichen Italien (bspw. in Rom,

587

Verzeichnis der musikalischen Werke

1845, oder Neapel, 1855) kursierte eine zensierte Fassung unter dem Titel ›Orietta di Lesbo‹, bei der man alle christlichen Attribute getilgt hatte.

Bereits die Reduzierung der handelnden Personen von original 27 Rollen auf nunmehr fünf zeigt die umfassende Bearbeitung Soleras, wodurch das Original *bis zur Unkenntlichkeit entstellt* war (Piper): *Das Textbuch ist [...] gewissenlos dem Schillerschen Original wie auch der Geschichte gegenüber* (Schaefer). – Anfangs war ›Giovanna d'Arco‹ – nicht zuletzt wegen den effektvollen Ensembles, etwa die Dämonenchöre (Prolog, 2. Bild) und der Schlachtenmusik mit ihren Kanonenschüssen (3. Akt) – in Italien (hier an ca. siebzig Bühnen nachgespielt) und international erfolgreich (u. a. Madrid – 1846, St. Petersburg – 1849 und Buenos Aires – 1854); spätestens um 1860 verdrängten die neueren Opern Verdis jedoch das Werk, obwohl dessen kompositorische Qualitäten durchaus anerkannt wurden. *Leider stand das unwürdige und ungeschickte Textbuch einer besseren Anerkennung und weiterer Verbreitung der Musik entgegen, auch ist dieselbe zu innig an den Gang einer durch die gewissenlose Entstellung der Thatsachen verletzenden Handlung gebunden, als daß die Oper um einzelner musikalischer Schönheiten willen gerettet zu werden verdiente* (Schaefer).

Aufgrund ihres Sujets stieß die Oper in Frankreich auf heftige Ablehnung. Anlässlich der dortigen Erstaufführung (Paris, 28. März 1868; Théâtre Italien, mit Adelina Patti in der Titelrolle) habe sie *einen Sturm der Entrüstung* hervorgerufen. *Volk und Presse wehrten sich gegen diese Verhöhnung des Patriotismus, und brachten das beleidigte Nationalbewußtsein zum Ausdruck.* Nur fünf Tage später (2. April) *stürzte urplötzlich mit fürchterlichem Getöse der ›Turm der Jungfrau‹ zu Compiègne ein, nachdem er 400 Jahre der Zeit getrotzt, – ein eigentümliches Zusammentreffen, das von Abergläubischen keineswegs als zufällig angesehen wurde* (Schaefer).

Für die späte deutsche Erstaufführung 1941 an der Berliner Volksoper – offenbar zugleich als Beitrag zur antibritischen Propaganda – wurde das Libretto neu übersetzt (*... frei ins Deutsche übertragen von Erich Orthmann und Hans Hartleb*); vgl. Hofmeister (1941), S. 102.

QUELLEN: WV/Verdi Bd. 2, S. 37ff. Schaefer, S. 58. Loewenberg, Sp. 845f. Stieger. *Pipers Enzyklopädie* Bd. 6, S. 404ff. *Verdi-Handbuch*, S. 334ff.

Die Räuber. Ein Schauspiel

2718 *I masnadieri. Melodramma tragico* in vier Teilen (neun Bilder); Libretto von Andrea Maffei
Mailand: Lucca [1847]. – Klavierauszug (Verl.-Nrr. *6531–6550*).

Ende 1846 begonnen und am 20. Juni 1847 abgeschlossen; zugleich Verdis erste Oper, die er im Auftrag einer Bühne außerhalb Italiens komponierte. – Uraufführung: London, 22. Juli 1847 (Her Majesty's Theatre), unter der Leitung des Komponisten, mit Jenny Lind (Amalia), Italo Gardoni (Carlo), Filippo Coletti (Francesco), Luigi Lablache (Massimiliano, Graf von Moor), Leone Corelli (Arminio) und Lucien Bouché (Pastor Moser). – Trotz der wenig erfolgreichen Premiere, der sich nur noch zwei Vorstellungen anschlossen (zunächst nochmals von Verdi, die letzte von Michael William Balfe geleitet), handelte es sich um eine bis um 1860 international viel gespielte Oper. Eine geänderte Fassung wurde 1853 unter dem Titel ›Adele di Cosenza‹ in Odessa aufgeführt.

Generell wurde und wird das Libretto als äußerst schwach angesehen, doch – im Unterschied bspw. zu ›Giovanna d'Arco‹ – gilt auch Verdis Komposition als wenig gelungen: ... *denn seine Musik ragt im entferntesten nicht an die Dichtung [Schillers] heran. Die Melodien sind wenig charakteristisch; und die allgemeine Färbung ist matt und glanzlos. In der ganzen Oper findet sich auch nicht ein einiges ansprechendes oder gar ergreifendes Motiv, welches sich der Handlung würdig anschlösse und die Tragik des Stoffes erschöpfte* (Schaefer, S. 16ff.).

Wie meistens bei italienischen »Schiller-Opern«, stieß die Erstaufführung im deutschen Sprachraum (Wien, 6. Juni 1854) auf heftigste Ablehnung: *Könnte ich doch das ganze musikalische Deutschland mit einem Ruf jetzt hier concentriren, damit es in einem Wiener Hoftheater den Skandal ansähe und hörte, wie Franz Moor singt! Doch nein, es ist so besser, denn jeder Deutsche muß sich bei einem solchen Hohn auf Friedrich Schiller vor Abscheu und Ekel das Herz im Leibe herumdrehen* (Signale für die musikalische Welt; zitiert nach Jahn, S. 182f.). Aus diesem Anlass hieß es speziell zu Verdis Komposition: *Die Musik ist nicht etwa schlechtweg*

588

und einfach schlecht; nein, sie ist haarsträubend gemein, entstetzlich dumm-komisch, ein wüster, lächerlicher Spektakel. Pflicht aber wäre es der ganzen hiesigen Kritik, daß sie mit einem Munde mit mir riefe: Hinaus aus Deutschland mit diesem Skandal! (Neue Wiener Musikzeitung vom 8. Juni 1854; zitiert nach Jahn, S. 183).

QUELLEN: WV/Verdi Bd. 2, S. 58ff. Loewenberg, Sp. 863. _Pipers Enzyklopädie_ Bd. 6, S. 417ff. _Verdi-Handbuch_, S. 358ff.

Don Carlos. Infant von Spanien. Ein dramatisches Gedicht

2719 _Don Carlos_ [auch: _Don Carlo_]. Oper in fünf bzw. vier Akten; Libretto von François Joseph Pierre Méry und Camille Du Locle nach Schillers dramatischem Gedicht und unter Berücksichtigung der ›Histoire de Dom Carlos‹ von César Vichard Abbé de Saint-Real, der Tragödie ›Don Carlos, Prince of Spain‹ von Thomas Otway und dem Drama ›Philippe II roi d'Espagne‹ von Eugène Cormon

Zur Werkgeschichte gehört eine ca. zwanzigjährige Bearbeitungszeit durch den Komponisten. Die Abgrenzung der verschiedenen Stadien ist außerordentlich kompliziert und kann hier nicht in allen Details nachgezeichnet werden. Die folgenden Ausführungen orientieren sich in erster Linie am WV/Verdi, das sechs Fassungen der Oper unterscheidet.

- 1. Fassung (Französisch): _Grand Opéra_ in fünf Akten (zehn Bilder)
  Paris: Escudier 1867. – Klavierauszug (Verl.-Nrr. _2765_ u. _2766_).

  Von Ende 1865 bis Februar 1867 entstanden. – Uraufführung: Paris, 11. März 1867 (Opéra), u. a. mit Jean Morère (Don Carlos), Marie-Constance Sass (Elisabeth), Pauline Gueymard-Lauters (Prinzessin Eboli), Louis-Henri Obin (Philipp II.) und Jean-Baptiste Faure (Rodrigue) unter der Leitung des Komponisten; Choreographie: Lucien Petipa. Trotz ihres mäßigen Erfolges wurde diese Fassung in der italienischen Übersetzung von Achille de Lauzières-Thémines und Angelo Zanardini bereits am 4. Juni 1867 erstmals in London nachgespielt.

- 2. Fassung (Italienisch): mit einigen Strichen und neu komponierten Übergängen

  Premiere: Neapel, 2. Dezember 1872 (Teatro San Carlo), mit Teresa Stolz (Elisabetta), Maria Waldmann (Prinzessin Eboli), Filippo Patierno, Ladislao Miller und Virgilio Collini unter der Leitung von Giuseppe Puzone.

- 3. Fassung (Italienisch): Vier Akte (sieben Bilder), ohne Ballett
  Mailand: Ricordi 1883. – Klavierauszug (Verl.-Nr. _48552_).

  Die markantesten Änderungen waren die Streichung des ganzen ersten Aktes (»Fontainebleau-Akt«) und die Neukomposition des Duetts Filippo-Rodrigo (jetziger erster Akt). – Erstaufführung: Mailand, 10. Januar 1884 (Teatro alla Scala) mit Abigaille Bruschi-Chiatti (Elisabetta), Giuseppina Pasqua (Prinzessin Eboli), Francesco Tamagno (Don Carlo), Alessandro Silvestri (Filippo II) und Paul Lhérie (Rodrigo) unter der Leitung von Franco Faccio.

- 4. Fassung (Italienisch): Fünf Akte, ohne Ballett
  Mailand: Ricordi 1886. – Klavierauszug (Verl.-Nr. _51104_).

  Erstaufführung: Modena, 29. Dezember 1886 (Teatro Municipale), mit Maria Peri, Eugenia Mantelli, Francesco Signorini, Alfonso Mariani und Agostino Gnaccarini unter der Leitung von Guglielmo Zuelli. – Heute meistens gespielt.

- 5. Fassung (Deutsch): Fünf Akte, ohne Ballett; _textlich neu gefasst und unter Mitwirkung von Franz Werfel für die deutsche Bühne bearbeitet von Lothar Wallerstein_
  Mailand: Ricordi 1932. – Klavierauszug (Verl.-Nr. _122578_).

  Premiere: Wien, 10. Mai 1932 (Staatsoper).

Verzeichnis der musikalischen Werke

- 6. Fassung (Deutsch): Vorspiel und vier Akte; ... *für die deutsche Bühne neu bearbeitet von Julius Kapp und Kurt Soldan*
Leipzig: Peters [1948]. – Klavierauszug (Verl.-Nr. *11538*).

Vermutlich 1944 angefertigt, damals aber wegen des Krieges nicht mehr aufgeführt; Premiere: Berlin, 1948, mit Dietrich Fischer-Dieskau (Rodrigo) unter der Leitung von Ferenc Fricsay.

Simultanausgaben der Fassungen 1–4. – Mailand: Ricordi 1974 bzw. 1980. – Partitur bzw. Klavierauszug (Verl.-Nrr. *132210* bzw. *132213*). – Original (Slg. GG).

QUELLEN: WV/Verdi Bd. 2, S. 139ff. Schaefer, S. 27ff. Loewenberg, Sp. 987ff. *Pipers Enzyklopädie* Bd. 6, S. 470ff. *Verdi-Handbuch*, S. 448ff. Grove, *Opera* Bd. 1, S. 1198ff.

Kabale und Liebe. Ein bürgerliches Trauerspiel

2720 *Luisa Miller. Melodramma tragico* in drei Akten (sieben Bilder); Libretto von Salvatore Cammarano
Mailand: Ricordi [1850]. – Klavierauszug (Verl.-Nrr. *22191–22214*).

Zueignung: ... *alla tragica Poetessa cultrice estimia delle Arti Belle Signora Laura Beatrice Mancini nata Oliva.*

Mailand: Ricordi 1937. – Partitur (Verl.-Nr. *123951*).

In der zweiten Jahreshälfte 1849 entstanden. Die Akte tragen jeweils programmatische Titel: 1. Akt – *L'amore* (»Liebe«); 2. Akt – *L'intrigo* (»Intrige«); 3. Akt – *Il veleno* (»Gift«). – Uraufführung: Neapel, 8. Dezember 1849 (Teatro San Carlo), mit Antonio Selva (Graf von Walter), Settimio Malvezzi (Rodolfo, dessen Sohn), Achille de Bassini (Miller, alter Soldat außer Diensten), Marietta Gazzaniga (Luisa, seine Tochter), Teresa Salandri (Federica, Herzogin von Ostheim, des Grafen Nichte) und Marco Arati (Wurm, des Grafen Burgverwalter). Nach ca. 1875 verschwand das Werk weitgehend aus den Spielplänen und wurde erst wieder ab der Mitte des 20. Jahrhunderts aufgeführt. – Um Problemen mit der Zensur aus dem Weg zu gehen, eliminierte Cammarano alle gesellschaftskritischen Bestandteile der Handlung und unterdrückte die oftmals derbe Sprache des Originals. Nicht zuletzt deshalb wurde die Oper (besonders in Deutschland) lange Zeit heftig abgelehnt: *Das Libretto ist eine schonungslose »Bearbeitung« des Schillerschen Originalstoffes* (Schaefer, S. 22).

QUELLEN: WV/Verdi Bd. 2, S. 75ff. *Pipers Enzyklopädie* Bd. 6, S. 424ff. *Verdi-Handbuch*, S. 373ff.

Wallenstein. Ein dramatisches Gedicht – I. Wallensteins Lager

– V. 484ff. (Kapuziner: »Heisa, juchheia! Dudeldumdei! Das geht ja hoch her«) – sog. »Kapuzinerpredigt«

2721 3. Akt (gegen Schluss des 3. Bildes; hier als »Strafpredigt« des Franziskaners [!] Fra Melitone), in: ders., *La forza del destino. Opera* in vier Akten (acht Bilder); Libretto von Francesco Maria Piave nach dem Drama ›Don Alvaro o La fuerza del sino‹ von Angel de Saavedra y Ramírez de Baquedano, Herzog von Rivas, und einer Szene aus ›Wallensteins Lager‹ in der italienischen Übersetzung von Andrea Maffei

- 1. Fassung der Oper – 1861/62
Mailand: Ricordi [1863]. – Klavierauszug (Verl.-Nrr. *34681–34715*).

Im Auftrag des Bolschoi-Theaters (St. Petersburg) im wesentlichen zwischen August und November 1861 entstanden. – Uraufführung: St. Petersburg, 29. Oktober (10. November) 1862 (Bolschoi-Theater), mit Caroline Douvry-Barbot (Leonora), Enrico Tamberlik (Alvaro), Francesco Graziani (Carlo) und Constance Nantier-Didiée (Preziosilla) unter der Leitung des Komponisten. – Die erste italienische Aufführung fand am 7. Fe-

590

Die Komponisten und ihre Werke

bruar 1863 in Rom (Apollo-Theater) unter dem Titel ›_Don Alvaro_‹ statt. – Die Erstfassung war nirgends besonders erfolgreich.

- 2. Fassung der Oper mit Ergänzungen und Korrekturen des Librettos von
  Antonio Ghislanzoni – 1868
  Mailand: Ricordi [1869]. – Klavierauszug (Verl.-Nr. _41381_).

  Neben kleineren musikalischen Überarbeitungen ersetzte Verdi u. a. das ursprüngliche
  ›_Preludio_‹ durch eine umfangreichere Ouvertüre, und das Werk hat nun einen versöhnlicheren Schluss. Diese weitaus erfolgreichere Version wird seitdem allgemein gespielt. –
  Premiere: Mailand, 27. Februar 1869 (Teatro alla Scala), mit Teresa Stolz (Leonora), Luigi
  Colonnese (Carlo), Mario Tiberini (Alvaro), Ida Benza (Preziosilla), Antonio Tasso (Trabuco), Marcel Junca (Padre Guardiano, Franziskaner) und Giacomo Rota (Fra Melitone, Franziskaner) unter der Leitung von Eugenio Terziani (einige Quellen verzeichnen als Dirigenten Angelo Mariani; vgl. bspw. Grove, _Opera_); das WV nennt hingegen den 20. Februar
  1869. – Mit der von Georg Göhler revidierten Fassung begann am 20. September 1913
  (Hamburg) die »Verdi-Renaissance« in Deutschland. Franz Werfel fertigte später eine
  Neuübersetzung an (1926 im Klavierauszug bei Ricordi veröffentlicht), die erstmals am
  8. November 1925 in Altenburg gespielt wurde.

  QUELLEN: WV/Verdi Bd. 2, S. 133ff. Loewenberg, Sp. 959f. _Pipers Enzyklopädie_ Bd. 6,
  S. 465ff. Grove, _Opera_ Bd. 2, S. 261ff. _Verdi-Handbuch_, S. 437ff.

VERSTÓVSKIJ, Aléksej Nikoláevič (1799–1862)

Semele. Eine lyrische Operette

2722 Schauspielmusik; hier für die russischer Übersetzung (in einem Akt) von
Andrej Andreevič Žandr: _Semella ili Mščenie Junony_ [Semella oder Die Rache
Junonas]

Uraufführung: Moskau, 1828 (s. MGG2 _Personenteil_ Bd. 16, Sp. 1516; ohne weitere Angaben).

VESQUE VON PÜTTLINGEN, Johann Freiherr (1803–1883)

Pseudonyme: _Johann Hoven_ bzw. _Hans Hoven._

2723 An die Freude (»Freude, schöner Götterfunken«)
Vierstimmiger Männerchor a cappella

Unveröffentlicht (s. WV/Püttlingen, S. 278).

2724 Der Handschuh (»In seinem Löwengarten, das Kampfspiel zu erwarten«); hier
mit dem Untertitel: _Erzählung von Schiller_ [bezieht sich vielleicht auf Zelters
Vertonung; → 2971]
Für Bass mit Klavierbegleitung, op. 59
Fol. 112 recto in: ders., [63 Lieder]. – Teilautographe Sammelhandschrift. –
RISM-OPAC. WV/Püttlingen, S. 95 u. 278.

Das Heft wurde seit den 1870er Jahren geführt und enthält überwiegend nicht veröffentlichte Lieder. Diese Vertonung ist hier auf den 13. April 1874 datiert (wahrscheinlich Datum
der Niederschrift), soll aber schon vor 1848 entstanden sein.

Die Jungfrau von Orleans. Eine romantische Tragödie

2725 _Johanna d'Arc._ Romantische Oper in drei Akten; Libretto von Otto Prechtler

Hinweis in der NZfM vom 15. Mai 1840, S. 159: _Er_ [Vesque von Püttlingen] _hat jetzt eine neue
Oper: Johanna von Orleans vollendet. – Seiner kaiserlichen Hoheit, dem durchlauchtigsten Prinzen und Herrn Franz Carl, Kaiserlichem Prinzen und Erzherzog von Österreich [...] in tiefster Ehrfurcht zugeeignet._ – Uraufführung: Wien, 30. Dezember 1840 (Kärntnertor-Theater), mit Wil-

Verzeichnis der musikalischen Werke

helmine Hasselt-Barth (Johanna), Christine Kern (Agnes Sorel), Joseph Staudigl sen. (Dunois), *Hr.* Schunk (Carl VII.) u. a. unter der musikalischen Leitung von Wilhelm Reuling.

In einer zeitgenössischen Besprechung wurde v. a. das gelungene Libretto hervorgehoben: ... *sowohl die Art der Bearbeitung als das sichtbare Streben des Autors, dem Kompositeur in die Hände zu arbeiten, [verdient] alles Lob.* So habe der Verfasser *die wesentlichsten Personen des Trauerspiels beibehalten, und mit Haltung an das Original, Scene für Scene mit richtig versifizierten Versen, rythmisch schöner Sprache, und zur Melodie geeigneten Arien und Kantabiles ausgestattet.* Hoven habe *bereits in seiner ersten Oper ›Turandot‹* [→ 2727] *auf sein achtbares Talent aufmerksam gemacht* und sich weiter entwickelt: *Der größte und wesentliche Kunstfortschritt* [...] *ist eine vollständigere Charakteristik; es ist das Ganze mehr aus einem Guße, kein so großes Schwanken zwischen italienischer und deutscher Schule, die wir dem Kompositeur bei dem getheilten Geschmack des Publikums beinahe nicht verdenken könnten. Bis auf einige Reminiszenzen herrscht ein lobennswerthes Ringen nach Originalität, die auch im Ganzen vom besten Erfolg gekrönt wurde. Es fehlt allerdings nicht an Gebrechen, die Oper ist nicht frei von Mängeln, sie ist kein Meisterstück, aber sie ist ein Stück, in dem man den werdenden Meister erkennt.* Zunächst hob der Rezensent einige besonders *schöne Stellen,* woran die Oper reich ist, hervor – dabei handle es sich v. a. um Solo-Nummern. *Die Chöre sind im Ganzen schwächer gehalten, die Ouverture werthvoll, aber von geringer Wirksamkeit.* Unter den Mitwirkenden sei Wilhelmine Hasselt wegen *ihres herrlichen Gesanges* und *ihres richtigen Spieles* ganz außergewöhnlich gut gewesen. *Die Dekorationen waren neu und sehr schön, hinter ihnen blieben Ausstattung und Kostüme. Herr Kapellmeister Reuling dirigirte mit großer Umsicht das Orchester. Das Haus war sehr voll und die Besuchenden schienen vollkommen befriedigt (Der Adler. Welt- und National-Chronik; Unterhaltungsblatt, Literatur- und Kunstzeitung für die Oesterreichischen Staaten,* Wien, 5. Januar 1841, S. 30).

Es handelt sich um Vesque von Püttlingens erfolgreichste Oper, die bspw. noch 1842 in Karlsruhe, 1845 in Dresden und Breslau sowie an österreichischen Provinzbühnen gespielt wurde (vgl. Loewenberg, Sp. 813; hier aber irrtümlich mit fünf Akten nachgewiesen); gelegentlich habe sie damals sogar *enthusiastische Aufnahme* gefunden: *Der Librettist, mit Pietät dem Original möglichst treu folgend, hat aus dem Gange der Handlung, mit Beibehaltung der Charaktere, Hauptsituationen und effektreichsten Momente, ein schön versifiziertes, zur musikalischen Wiedergabe geeignetes, schätzbares Poem gebildet. Von dem Schillerschen Personal sind bloß König Karl, Agnes Sorel, Dunois, La Hire, Lionel, Thibaut mit seinen drei Töchtern und Bertrand beibehalten.* [...] *Der Komponist hat diesem, zur musikalischen Bearbeitung so recht geschaffenen Gegenstande sein ganzes Talent zugewandt. Seine Komposition verdient ein Tongemälde voll Wahrheit, Kraft und seelenvollen Ausdrucks genannt zu werden, mit Melodien, wie sie irgend nur einem deutschen Gemüte entströmen können. Poetische Tiefe, begeisternden Aufschwung atmen vorzüglich die lyrischen, stets effektvoll charakterisierten Stellen* (Schaefer, S. 56f.).

Wien: Diabelli, o. A. – Vollst. Klavierauszug *vom Componisten* (Verl.-Nrr. *7173–7193*). – HMB 1841/7, S. 108 (unter *Hoven* nachgewiesen). WV/Püttlingen, S. 270f. Antiquariat Drüner Kat. 51, Nr. 72.

Die Musiknummern sind auch einzeln erschienen (vgl. die entsprechende Liste mit zwanzig Einzelausgaben bei Pazdírek Bd. 6, S. 41). Darunter befindet sich auch ein ›*Recitativ, Arioso und Duett*‹ (»*Johanna, du Engel des Krieges*«), welches für die Dresdner Aufführungen (1845) hinzu komponiert und damals bei Diabelli in Wien erschienen (vgl. WV/Püttlingen, S. 271). – Außerdem wurden mehrere Bearbeitungen veröffentlich; vgl. etwa Hofmeister 1845 (*Musik für das Pianoforte*), S. 115, oder Hofmeister (1844–1851), S. 122.

Daraus

- Ouvertüre, bearb. für Klavier zu vier bzw. zwei Händen. – Wien: Diabelli, o. A. – HMB 1841/6, S. 84 bzw. 86 (unter *Hoven* nachgewiesen).

Die Komponisten und ihre Werke

2726 Ritter Toggenburg (»Ritter, treue Schwesterliebe widmet Euch dies Herz«)
Für eine Singstimme mit Klavierbegleitung
Nr. 1 in: ders., [2] _Balladen_, op. 6. – Wien: Mechetti, o. A. – Verl.-Nr. _2158_. –
HMB 1831/9+10, S. 88 (unter _Püttlingen_ nachgewiesen). Weinmann (Mechetti), S. 52. ÖNB (Online-Katalog). WV/Püttlingen, S. 260.

Seiner Königlichen Hoheit dem Allerdurchlauchtigsten Herrn Leopold Johann Joseph, königlichen Prinzen beider Sicilien, Prinzen von Salerno & & in tiefster Ehrfurcht gewidmet.

Turandot, Prinzessin von China. Ein tragikomisches Märchen nach Carlo Gozzi von Friedrich Schiller

2727 _Turandot, Prinzessin von Schiras_. Große Oper in zwei Akten; Libretto von Julius Zerboni di Sposetti

Der Schauplatz wurde nach Persien verlegt (zum meistens nicht genannten Verfasser des Librettos s. WV/Püttlingen, S. 270, bzw. Lo, S. 170). – Uraufführung: Wien, 3. Oktober 1838 (Kärntnertortheater), mit Jenny Lutzer (Prinzessin), Franz Wild (Kalaf), Joseph Staudigl sen. (König Orosman) u. a. Einige Folgeaufführungen fanden in Berlin statt (Premiere: 3. August 1839). – In einer zeitgenössischen Besprechung wird darauf hingewiesen, dass sich der Text _sehr treu an das Schiller'sche Stück_ [halte]. _Vieles ist selbst wörtlich aus demselben aufgenommen, so die drei Räthsel, die Schlußscene u. a. m._ [...] _Wir können nicht umhin, schließlich noch im Allgemeinen unsere Achtung vor dieser Arbeit eines Dilettanten auszusprechen; bekanntlich ist der Componist, von dem muthmaßlich auch die Bearbeitung des Textes herrührt, ein hochgestellter Beamter und der obige Name_ [Hoven] _ein angenommener._ Allerdings wunderte sich der Rezensent, die Rätsel _liedermäßig aufgefaßt zu finden; eine recitirende Behandlung hätten wir für richiger gehalten; doch haben gerade diese Stücke bei den Aufführungen in Wien angesprochen_ (NZfM vom 15. Mai 1840, S. 158f.). – Auch die Wiener Presse reagierte wohlwollend auf die erste öffentlich aufgeführte Oper des Komponisten: _Schon die fugirte Ouvertüre, so wie der zweite Chor der Sclaven mit Barak, führte zur Ueberzeugung, daß Herrn Hovens Erstlingsprodukt durchaus nicht den gewöhnlichen Leistungen von Dilettanten zuzuzählen sei,_ [...]. _Er habe die ältere deutsche Methode mit dem dermalen obwaltenden Geschmack an leichterer und geräuschvollerer Durchführung_ zu verbinden gesucht. Mehrere Musiknummern hätten wiederholt werden müssen. Besonders originell wirkte in drei Arien die Verwendung konzertierender Soloinstrumente (Klarinette, Violine bzw. Violoncello). _Wenn Hr. Hoven, der in diesem ersten Werke sein ausgezeichnetes Talent auf glänzende Weise bewährte, so ließe sich ihm nur das günstigste Prognostikon stellen. Uebrigens dürfte sich die Oper Turandot noch länger auf dem Repertoire erhalten, wenn auch einige Kürzungen notwendig seien. Chor und Orchester waren wie immer sehr gut. Die neuen Dekoratonen_ [...] _hatten sehr gefallen, wie das Hervorrufen der Künstler zeigte; das Kostüme ist prachtvoll. Das Haus war in allen Räumen überfüllt (Der Adler. Welt- und National-Chronik; Unterhaltungsblatt, Literatur- und Kunstzeitung für die Oesterreichischen Staaten_, Wien, 5. Oktober 1838, S. 938f.).

Leipzig: Friese _in Commission_. – Vollst. Klavierauszug _vom Componisten_ mit deutschem u. italienischem Text. – HMB 1839/4, S. 43, bzw. 1840/4, S. 60 (jew. unter _Hoven_ nachgewiesen).

Die Nummern sind auch einzeln erschienen (vgl. die entsprechende Liste mit elf Einzelausgaben bei Pazdírek Bd. 6, S. 41). – Bereits am 14. Dezember 1838 kündigte die NZfM an: _Von der in Wien mit Beifall aufgenommenen Oper erscheint demnächst ein Klavierauszug_ (S. 194). – Außerdem kamen damals weitere Bearbeitungen einzelner Nummern in verschiedenen Verlagen heraus; vgl. etwa Hofmeister 1845 (_Vocalmusik_), S. 49 und S. 93, oder Pazdírek Bd. 6, S. 41.

· Mainz: Schott, o. A. – Verl.-Nr. _7240_. – Original (WLB). HMB 1843/6, S. 95 (unter _Hoven_ nachgewiesen). WV/Püttlingen, S. 270 (die Erstausgabe bei Friese blieb hier unerwähnt).

Verzeichnis der musikalischen Werke

Einzelne Musiknummern (chronologisch)

· *Schlummerlied aus der Oper Turandot (»O lindre meinen Kummer«)*
Für eine Singstimme mit Klavierbegleitung und Violoncello oder Horn
Mainz: Schott, o. A. (*2te Folge der Lieder-Sammlung mit Pianoforte-Begleitung*, Nr. 66). – WV/Püttlingen, S. 270. HMB 1843/9, S. 143 (unter *Hoven* nachgewiesen).

· Ouvertüre, bearb. für Klavier zu vier Händen
Mainz: Schott, o. A. – HMB 1844/2, S. 21 (unter *Hoven* nachgewiesen).

· *Erstes Räthsel der Princessin Turandot (»Der Baum, auf dem die Kinder der Sterblichen verblüh'n«)*
Für eine Singstimme mit Klavierbegleitung
Fol. 91f. des 2. Bandes in: *Schiller-Album* → 364

Undatierte autographe Reinschrift (Klavierauszug), wobei der Komponist neben der Überschrift zunächst das Pseudonym *J. Hoven* eingetragen, im Explicit jedoch seinen richtigen Namen, *Johann Vesque von Püttlingen*, angegeben hat.

VETTERLING, Arno (1903–1963)

Das Mädchen aus der Fremde (»In einem Tal bei armen Hirten«)

2728 *Das Mädchen aus der Fremde.* Operette in drei Akten; Libretto von Hermann Hermecke
Berlin: Dreiklang-Dreimasken 1939. – Klavierauszug. – Hofmeister (1939), S. 127.

Es dürfte sich lediglich um die Übernahme des bekannten Gedichttitels ohne inhaltliche Bezüge handeln. – Weitere Ausgaben sind ein Jahr später im selben Verlag erschienen: *Potpourri* für Orchester bzw. für Salon-Orchester bzw. ein *Schlagerheft* (vier Gesänge mit Klavierbegleitung), darin 1. *»Ich liebe dich, wie ich noch nie geliebt« (Tango)*, 2. *»Schöne Senorita aus Mexiko« (Paso doble)*, 3. *»Du bist meine Sehnsucht« (Langsamer Walzer)* und 4. *»Ach, sprich mir bloß von Liebe nicht«*; vgl. Hofmeister (1940), S. 103.

VIERECK, Georg (1820–1901)

2728+1 Das Mädchen aus der Fremde (»In einem Tal bei armen Hirten«); hier mit englischer Übersetzung: *The maiden from afar (»Once in a vale, each infant year«)*
Für eine Singstimme mit Klavierbegleitung
Philadelphia: Fiot 1843. – Library of Congress (Digitalisat).

... most respectfully dedicated to J. G. Lang Esq.e. – Erläuterung zum Gedicht (erste Notenseite): *This exquisite conception of this simple allegory need scarcely to be pointed out. It is the Spring which the Poet has thus characterized.*

VIERLING, Georg (1820–1901)

2729 *Fest-Marsch zur 100jährigen Geburtstagsfeier Schillers [...] instrumentirt* von [Wilhelm Friedrich] Wieprecht für Orchester
Handschriftliche Partitur, 1859. – RISM-OPAC.

Die Komponisten und ihre Werke

Maria Stuart. Ein Trauerspiel

2730   *Maria Stuart.* Ouvertüre *zu Schillers Trauerspiel* für Orchester, op. 14
Berlin: Schlesinger, o. A. – Partitur (Verl.-Nr. *4501*), Orchesterstimmen; bearb.
für Klavier zu vier Händen. – HMB 1856/7, S. 1008 u. 1010. Original (DLA).
Pelker, S. 810–813.

Seiner Durchlaucht dem Fürsten Günther von Schwarzburg-Sondershausen in tiefster Ehrfurcht gewidmet. – Uraufführung (Angaben nach Schaefer, S. 40): Berlin, 1853 (in einem Konzerte der alten Liebigschen Konzertkapelle); Pelker nennt hingegen Sondershausen, 15. Juli 1854 (S. 811), Ledebur nur das Jahr 1854 (S. 615). – Das Werk wurde offenbar *dank [...] der schönen, wohlgebildeten und klassischen Form international schnell sehr beliebt: Wohl schwerlich dürfte irgend ein Orchesterwerk dieser Gattung von einem glänzenderen Erfolge begleitet gewesen sein, als diese Stuart-Ouvertüre [...], denn nicht nur alle größeren Konzertkapellen Nord- und Süddeutschlands brachten dieselbe kurz nacheinander zur Aufführung, sie verbreitete sich auch mit großer Schnelligkeit im Auslande: Holland, Belgien und Amerika* (Schaefer, ebd.).

VIHMAND, Mari (geb. 1967)

2731   An die Freude (»Freude, schöner Götterfunken«)
Für vier Soli (SMezTBar), vierstimmigen gemischten Chor und Orchester
5. Satz in: dies., *Unterwegs* [in 7 Sätzen], für vier Soli (SMezTBar), vierstimmigen gemischten Chor und Orchester

Auftragskomposition der »Herbstlichen Musiktage Bad Urach« für 2010; außerdem sind Texte von Hermann Hesse, Justinus Kerner und Eduard Mörike vertont. – Uraufführung: Bad Urach, 9. Oktober 2010 (Stiftskirche St. Amandus), mit Melanie Diener (Sopran), Barbara Hölzl (Mezzosopran), Mirko Roschkowski (Tenor), Michael Kraus (Bariton), der Staatsphilharmonie Rheinland-Pfalz und dem Maulbronner Kammerchor unter der musikalischen Leitung von George Pehlivanian. – Grundlage sind die V. 1–8, 25–32 und 37–44 (Zweitfassung von ›An die Freude‹). Innerhalb des fünften Teils geht noch die Vertonung von H. Hesses Gedicht ›Flötenspiel‹ (»*Ein Haus bei Nacht durch Strauch und Baum*«) voraus; dessen Verse »*Es war ein Lied so altbekannt ...*« (V. 5ff.) bereiten (untermalt mit einem Zitat aus dem 4. Satz von Ludwig van Beethovens 9. Sinfonie; → 144) gleichsam auf Schillers berühmtestes Gedicht vor, das sich dann aber in der Vertonung der Komponistin anschließt.

QUELLEN: Freundliche Information der Komponistin. Programmheft des Festivals.

VIOTTA, Johannes Josephus (1814–1859)

2732   An den Frühling (»Willkommen, schöner Jüngling«)
Für Bariton oder Alt mit Klavierbegleitung
Amsterdam: Theune, o. A. – Hofmeister (1834–1838), S. 384.

VITÁŠEK, Jan Nepomuk August (1770–1839)

Familienname auch: *Wittassek* oder *Wittasseck* u. ä.

2733   *»Bild der Sanftmut, Staatsmann sondergleichen«*; Textverfasser nicht bekannt
Fünfstimmiger gemischter Chor (SSTTB) mit Klavierbegleitung
Undatierte autographe Partitur. – RISM-OPAC.

Von fremder Hand stammt eine Notiz, wonach es sich bei dem Stück um *eine Gelegenheits Composition zur Feier eines Festes, welches dem Dichterfürsten Fr. Schiller zu Ehren, in Prag statt fand,* handelt.

Verzeichnis der musikalischen Werke

VIVIANI, V. (?–?)

Maria Stuart. Ein Trauerspiel

2734   *Marie Stuart.* Oper

QUELLE: Reischert, S. 641 (datiert ohne weitere Angaben auf *1974*).

VÖRÖS, Miska (?–1926)

Würde der Frauen (»Ehret die Frauen! Sie flechten und weben«)

2735   *Frauenwürde. Polka-Mazurka* für Klavier (o. op.)
Leipzig: Bosworth, o. A. – Pazdírek Bd. 12, S. 166.

VOGEL, Charles-Louis-Adolphe (1808–1892)

Maria Stuart. Ein Trauerspiel

2736   *Marie Stuart.* Oper in drei Akten; Librettist nicht bekannt

1833 komponiert (Stieger nennt irrtümlich 1853); nicht aufgeführt (s. Grove, *Opera* Bd. 4, S. 1034, bzw.. MGG2 *Personenteil* Bd. 17, Sp. 162.

VOGEL, Max (1893–1959)

Veröffentlichte auch unter dem Pseudonym *Max Legov.*

2737   An die Freude (»Freude, schöner Götterfunken«)
Für drei [vermutlich hohe] Singstimmen mit Klavierbegleitung
Nr. 2 in: ders., *Zwei Lieder von Schiller* für drei [vermutlich hohe] Stimmen mit Klavierbegleitung, bearb. von Max Vogel. – Nr. 12 in der Reihe: ders., *Klassische Chorstücke zum Gebrauch an höheren Schulen für Mädchen, Lehrerinnen-Seminaren sowie für Frauenchöre.* – Leipzig: Hug, o. A. – Chorstimmen, Klavierpartitur. – Hofmeister (1904–1908), S. 819.

Die Sammlung enthält offensichtlich keine Originalkompositionen; ›An die Freude‹ dürfte auf der verbreiteten, anonym überlieferten Melodie beruhen, die von Johann Gottlieb Naumann stammen soll (→ 1736).

2738   Der Kampf mit dem Drachen (»Was rennt das Volk, was wälzt sich dort«)
Humoristisches Gesamtspiel für vier Herren mit Klavierbegleitung, op. 50
Koburg: Glaser, o. A. – Klavierpartitur, Stimmen. – HMB 1898/9, S. 422.

Unter dem o. g. Pseudoym veröffentlicht. – Hofmeister (1898–1903) nennt Leipzig als Verlagsort (S. 511).

    · Leipzig: Klinner, o. A. – Pazdírek Bd. 7, S. 155.

2739   Hoffnung (»Es reden und träumen die Menschen viel«)
Für drei [vermutlich hohe] Singstimmen mit Klavierbegleitung
Nr. 1 in: ders., *Zwei Lieder von Schiller* → 2737

VOGEL, Wladimir Rudolfowitsch (1896–1984)

2740   Das Lied von der Glocke (»Fest gemauert in der Erden«)
Für Sprecher und gemischten Doppelsprechchor (SATB/SATB) a cappella
Ascona: Selbstverlag 1959. – Partitur. – WV/Vogel, S. 62 (VWV 59).

Im Auftrag von Radio Beromünster zum Schiller-Jahr 1959 komponiert, wobei auch der Vorspruch (»Vivos voco ...«) Bestandteil der Vertonung ist. – Ursendung: Radio Beromünster

596

(Zürich), 15. November 1959, der Kammersprechchor Zürich unter der Leitung von Fred Barth und Ellen Widmann.

VOGRICH, Max (1852–1916)

Auch: *Wogritsch*. Vermutlich handelt es sich bei der lexikalisch geläufigen Namensform um die anglisierte Fassung; der Komponist stammte aus Hermannstadt (Siebenbürgen), lebte aber einige Zeit in den USA und ist in New York verstorben.

2741 Der Taucher (»Wer wagt es, Rittersmann oder Knapp'«)
Ballade für Soli, Chor und Orchester
Leipzig: Hofmeister, o. A. – Partitur und Orchesterstimmen in Abschrift; Gesangsstimmen, Klavierauszug. – *Die Musik* 1905 (*»Schiller-Heft«*), S. VI des Anzeigenteils.

VOGT, Hans (1911–1992)

Wilhelm Tell. Schauspiel

2742 Schauspielmusik
Uraufführung im Rahmen der Premiere: Altdorf, 7. Juli 1962; Regie: Tino Arnold.
QUELLE: Tellspiele Altdorf (Homepage).

VOIGT, Friedrich Wilhelm (1833–1894)

An die Freude (»Freude, schöner Götterfunken«)

2743 *Schillermarsch über Schiller's Ode: An die Freude*
Ausgabe für Klavier, op. 31
Berlin: Trautwein, o. A. – HMB 1862/8, S. 152.

Vermutlich ist die populäre Melodie verwendet worden, die von Joh. Gottl. Naumann stammen soll (→ 1736).
· Magdeburg: Heinrichshofen, o. A. – Pazdírek Bd. 12, S. 179.

VOJTIŠEK, Antonín Fabián Jan Aloys (1771– nach 1820)

Familienname auch mit der Schreibweise: *Wojtischek*.

2744 Punschlied (»Vier Elemente, innig gesellt«)
Für eine Singstimme mit Klavierbegleitung
Nr. 4 in: ders., [4] *Gesänge mit Begleitung des Piano Forte*. – Undatierte Sammelhandschrift. – RISM-OPAC.

Das ganze Heft ist *seinem Verehrungswürdigen Gönner dem Hochedelgebornen Herrn Herrn Johann v. Kanka* [d. i. Jan Nepomuk Kaňka, von dem eine eigene Schiller-Vertonung nachweisbar ist; → 1121] *Hochachtend gewidmet*.

VOLÁNEK, Antonín (1761–1817)

Familienname auch als: *Josef Alois Wolaneck, Wollaneck* oder *Wollanek*

Die Räuber. Ein Schauspiel

2745 *Die Räuber*. Ballett in einem Akt; Choreographie: ... Barchielli.
Uraufführung: Prag, 17. Mai 1797 (Nostitz'sches Theater); unveröffentlicht (s. New Grove2 Bd. 26, S. 878). – Stieger nennt hingegen: Erfurt, 1798.

VOLKERT, Franz Joseph (1778–1845)

Geburtsjahr auch *1767*; vgl. ÖNB (Online-Katalog).

Der Geisterseher. Eine Geschichte aus den Memoires des Grafen von O**; *neu nach Schiller als Schauspiel in fünf Aufzügen mit Chören und Tänzen*; Text von Joachim Perinet

2746 Schauspielmusik

Uraufführung: Wien, 6. Februar 1810 (Theater in der Leopoldstadt); s. Grove, *Opera* Bd. 4, S. 1038.

Die Jungfrau von Orleans. Eine romantische Tragödie

Das Mädchen von Orleans. Romantische Tragödie mit Gesang in drei Akten; Text von Johann Kachler nach Friedrich Schiller und Jean-Guillaume Cuvellier

2747 Schauspielmusik

Uraufführung: Wien, 11. November 1817 (Theater in der Leopoldstadt); Grove, *Opera* datiert auf den 14. November 1817 (Bd. 4, S. 1038). – Stieger weist das Werk als vieraktige Tragödie nach, welche aber am 4. November 1817 uraufgeführt worden sei. – In ihrer knappen Notiz weist die AMZ/1 auf F. J. Volkert hin, *der in dieser Arbeit Talent für den ernsten Tonsatz offenbarte. Die Bearbeitung selbst missfiel gänzlich* (7. Januar 1818, Sp. 17).

VOLLBEDING, J. E. (?–?)

2748 Der Alpenjäger (»Willst du nicht das Lämmlein hüten«)
Für eine Singstimme zur Gitarre
Nr. 4 in: ders., *Vier Gesänge mit Begleitung der Guitarre.* – Leipzig: Hofmeister, o. A. – Verl.-Nr. *159.* – RISM A I: VV 2557 I,1. Freundliche Mitteilung von Dr. Hans Rheinfurth (demnach *1811* erschienen).

2749 Hoffnung (»Es reden und träumen die Menschen viel«)
Für eine Singstimme zur Gitarre
Nr. 2 in: ders., *Vier Gesänge* → 2748

VOLLMER, Ludger (geb. 1961)

Die Räuber. Ein Schauspiel

2750 *Schillers Räuber. Rap'n Breakdance Opera* [auch: »Jugendoper«]; Libretto vom Komponisten; Rap Lyrics von Philip Kapala
Mainz: Schott 2009. – Aufführungsmaterial. – Verlagskatalog.

2008 im Auftrag der Stadt Jena zum Schiller- und Bauhaus-Jahr 2009 unter Einbeziehung von Hiphop-, Braekdance- und Rapelementen komponiert. Die Handlung wurde in eine ostdeutsche Plattenbausiedlung des 21. Jahrhunderts verlegt. – Uraufführung: Jena, 8. Juni 2009 (Theaterhaus), u. a. mit Oliver Liebl (Karl Moor), Ulf Dirk Mädler (dessen Bruder Franz), Christel Lötzsch (Amalia), Ralf Zimmermann (Spiegelberg), Tänzern des Jenaer Vereins »Bewegungsküche«, sowie Schülern der Musik- und Kunstschule (Weimar), des Otto-Schott-Gymnasiums (Jena) und des Musikgymnasiums Schloss Belvedere (Weimar) unter der musikalischen Leitung von Domenik Beykirch; Choreographie: Amira Shemeis; Inszenierung: Dorotty Szalma.

QUELLEN: Homepage des Komponisten. Internetrecherchen (zeitgenössische Presseberichte).

Die Komponisten und ihre Werke

VOLLSTEDT, Robert (1854–1919)

Veröffentlichte auch unter dem Pseudonym _Robert Roberti_.

An die Freude (»Freude, schöner Götterfunken«)

2751 _Gerbe d'Etincelles (Götterfunken)._ Walzer für Klavier, op. 105
Leipzig: Cranz, o. A. – HMB 1897/11, S. 494.

Weitere Ausgaben im gleichen Verlag s. Hofmeister (1898–1903), S. 979, und Pazdírek
Bd. 12, S. 222.

VOSS, Charles (1815–1882)

2752 Sehnsucht (»Ach, aus dieses Tales Gründen«)
Für eine Singstimme mit Klavierbegleitung
Nr. 3 in: ders., _Drei Lieder_, op. 14. – Leipzig: Kahnt, o. A. – Pazdírek Bd. 12,
S. 242.

VOULLAIRE, Jacques Louis Richard (1822–1897)

2753 Dithyrambe (»Nimmer, das glaubt mir, erscheinen die Götter«)
Vierstimmiger Männerchor (TTBB) a cappella
Nr. 16 in: ders., [32 Kompositionen]. – Undatierte autographe Partitur. –
RISM-OPAC.

Das Heft ist ungefähr zwischen 1840 und 1860 angefertigt worden und enthält vorwiegend
Vokalkompositionen. – Die Schiller-Vertonung ist mit _Gnadenfeld, den 14. September 1840_,
datiert.

VRIESLANDER, Otto (1880–1950)

2754 _Schillers Bestattung (»Ein ärmlich düsterbrennend' Fackelpaar«)_; Gedicht von
Conrad Ferdinand Meyer
Für eine Singstimme mit Klavierbegleitung
Nr. 3 in: ders., [46] _Gedichte von Conrad Ferdinand Meyer_ (in 4 Bänden). –
Leipzig: Breitkopf & Härtel, o. A. – Hofmeister (1909–1913), S. 842. Original
(Slg. GG).

1. Bd: Nrr. 1–11; 2. Bd.: Nrr. 12–25; 3. Bd.: Nrr. 26–38; 4. Bd.: Nrr. 39–46. – Die zwischen
1907 und 1908 entstandenen Lieder sind zunächst exklusiv für die Subskribenten in einer
Auflage von zweihundert Exemplaren als nummerierter und vom Komponisten signierter
Gesamtband in München erschienen (Alfred Schmid Nachf. Unico Hensel), in dem auch das
Subskribenten-Verzeichnis enthalten ist.

Verzeichnis der musikalischen Werke

— W —

WACKENTHALER, Joseph (1795–1869)

2754+1 Sehnsucht (»Ach, aus dieses Tales Gründen«)
Für Bass mit Klavierbegleitung
Strasbourg: Pitois et Frost, o. A. – Bibliothèque Nationale, Paris (Online-Katalog).

WAGENBLASS, Wilhelm (?–?)

Das Lied von der Glocke (»Fest gemauert in der Erden«)

– V. 78f. (»O! Dass sie ewig grünen bliebe, die schöne Zeit der jungen Liebe«)

2755 *Ach wenn sie ewig bliebe, die schöne Zeit der jungen Liebe*
Walzer-Rondo für eine Singstimme mit Klavierbegleitung, op. 59
Berlin: Jäger, o. A. – HMB 1896/7, S. 357.
 • Berlin: Augustin, o. A. – Pazdírek Bd. 12, S. 279.

WAGENSEIL, Christian Jacob (1756–1839)

2756 An die Freude (»Freude, schöner Götterfunken«); hier unter dem Titel: *Hymnus an die Freude*
Für drei Soli (SSB), dreistimmigen gemischten Chor (SSB) und Orchester
Augsburg: Gombart, o. A. – Verl.-Nr. *1148*. – RISM A I deest. Rheinfurth, *Gombart*, Nr. 878 (demnach *1833* erschienen).

Motto (Titelseite): *Phoebe, fave! Senex ingreditur tua templa sacerdos!* Es handelt sich dabei um ein leicht verändertes Zitat aus dem zweiten Band der Elegien des Tibull (richtig: »Phoebe: fave: novus ...«). – Im Vorwort erklärte der Komponist, dass ihm Schillers Gedicht, *so lang' ich es kenne, ein's der hochgeschätztesten* gewesen sei; *die dazu gesetzte Melodie durfte nicht gesucht werden, sondern sie strömte frisch aus dem Herzen. Später kam die Instrumentalbegleitung dazu, und mit dieser ist es* [...] *von Kennern u. Liebhabern mit Beifall aufgenommen worden. In Hoffnung, dass ihr dieser Beifall vielleicht auch anderswo nicht fehlen dürfte, habe ich mich bereden lassen, diese Musik der Öffentlichkeit zu übergeben, mit dem Wunsche, dass sie geneigt aufgenommen werden u. fähig sein möge, frohe Menschen zur Freude zu begeistern. Ich bemerke nur noch, dass die Soli durch eine oder zwei Stimmen verstärkt werden kön[n]en, dass der Chor möglichst stark durch Sänger besetzt* [...] *werden wolle. Dann könnten – meine ich –* [...] *»Kaiser und Könige wohl auch mit singen«.*

WAGNER, A. (?–?)

Festspiel zu Schillers [100.] *Geburtstage mit Erscheinungen der Haupthelden aus Schillers Dramen*

2757 Begleitmusik
Uraufführung: Sondershausen, 9. November 1859 (Fürstliches Hoftheater).
QUELLE: Theaterzettel (DLA).

600

Die Komponisten und ihre Werke

WAGNER, Carl Jacob (1772–1822)

Die Jungfrau von Orleans. Eine romantische Tragödie

2758 Schauspielmusik

Uraufführung im Rahmen der Premiere: Darmstadt, 14. Januar 1817 (Großherzogliches Hoftheater); die bei Schaefer angegebenen Datierungen sind zu spät angesetzt (vgl. S. 52). – Vom ganzen Werk ist nur die veröffentlichte Ouvertüre erhalten. Wie zeitgenössischen Berichten zu entnehmen ist, muss die Schauspielmusik aber außergewöhnlich umfangreich gewesen sein. Sie bestand nicht nur aus den von Schiller geforderten Beiträgen, sondern ging _weit darüber hinaus, indem nicht nur deutlich mehr Szenen musikalisch unterstützt wurden als vorgesehen und der Komponist zudem mit einer dramaturgisch geschlossenen Konzeption aufwartete, für die es – zumindest nach gegenwärtigem Kenntnisstand – kein vergleichbares Vorbild gab._ So verband Wagner die Auftritte der Johanna _mit einer persönlichen musikalischen Chiffre in Form eines Marsches_, welche leitmotivische Qualitäten besaß. Außerdem ergänzte er den 3. bzw. 5. Akt mit Schlussmusiken (vgl. _Schauspielmusik Darmstadt_, S. 38f., 119 mit der Abb. des Theaterzettels u. besonders S. 121f.).

Daraus veröffentlicht

- Ouvertüre für Orchester, op. 31. – Offenbach am Main: André, o. A. – Partitur; Orchesterstimmen (Verl.-Nr. _4087_). – Whistling 1828, S. 18. Constapel, S. 241 (demnach _1820_ erschienen). Original (DLA).

Wallenstein. Ein dramatisches Gedicht – II. Die Piccolomini

2759 – V. 1757ff. (Thekla: »Der Eichwald brauset«); hier unter dem Titel: _Gesang aus Piccolomini_
Für eine Singstimme zur Gitarre
Mainz: Schott, o. A. – Hofmeister 1845 (_Vocalmusik_), S. 210.

WAGNER, Gerhardt (1884–1967)

2760 Sehnsucht (»Ach, aus dieses Tales Gründen«)
Für Männerchor und großes Orchester

1922 in Elbing uraufgeführt; unveröffentlicht; s. _Dt. Musiker-Lex._ 1929, Sp. 1512.

WAGNER, Hans (1872–1940)

Nannte sich später nach seinem Geburtsort _Wagner-Schönkirch_.

2761 _Schillerhymne (»Hundert Mal schon glüht die Maienblust«)_; Text von Hans Sommert
Für vierstimmigen Männerchor (TTBB) bzw. vierstimmigen gemischten Chor (SATB) mit Klavier- oder Harmonium- bzw. Orgelbegleitung ad libitum, op. 50
Wien: Pichler, o. A. – In zwei Ausgaben: Partitur, Stimmen. – Hofmeister (1904–1908), S. 833. Pazdírek Bd. 12, S. 299.

Für die Gedenkfeiern zu Schillers 100. Todestag komponiert und in diesem Rahmen uraufgeführt: Wien, 9. Mai 1905 (Prälatensaal des Sophienstifts), gesungen von Schülern des Obergymnasiums zu den Schotten unter Leitung von Benedikt Lofert. – Das Stück wurde vom Akademischen Gesangverein am nächsten Tag zu Beginn der Schiller-Feier der Universität Wien erneut vorgetragen (s. _Neue Freie Presse_, Abendblatt vom 10. Mai 1905, S. 7).

- Wien: Eberle, o. A. – Stimmen. – ÖNB (Online-Katalog).

Verzeichnis der musikalischen Werke

2762   *Schillerlied (»Wo deutsch man spricht und deutsch versteht«)*; Textautor unbekannt
Für zwei- oder dreistimmigen Schülerchor mit Harmoniumbegleitung ad libitum, op. 51
Wien: Pichler, o. A. – Partitur, Stimmen. – Hofmeister (1904–1908), S. 833. Pazdírek Bd. 12, S. 299.

WAGNER, Hugo (1873–1951)

Die Räuber. Ein Schauspiel

2763   Schauspielmusik

Uraufführung im Rahmen der Premiere: Reichenberg, 1919 (Simbriger datiert ein Jahr später; vgl. Erg.bd. 6, S. 178); unveröffentlicht; s. *Dt. Musiker-Lex.* 1929, Sp. 1513.

2764   *Festchor zur Schillerfeier* [Textincipit nicht nachgewiesen]
Für Männerchor und Blasorchester

QUELLE: Simbriger Erg.bd. 6, S. 120.

WAGNER, Richard (1813–1883)

Wagners große Verehrung für Schiller ist nicht nur in der Selbstbiographie ›Mein Leben‹ oder seiner Korrespondenz mehrfach dokumentiert, sondern auch in weiteren Lebenszeugnissen. Es zeigt sich hier exemplarisch die Bedeutung, die der Dichter (auch als Stifter nationaler Identität) im Alltag des deutschen Bürgertums im 19. Jahrhundert hatte. So enthalten Cosima Wagners Tagebücher fast jährlich Notizen, wonach man des Geburtstages am 10. November (häufig übrigens zusammen mit demjenigen Martin Luthers und deshalb 1872 bzw. 1874 einfach *Schiller-Luther-Tag* bzw. *Luther- und Schillertag* genannt) im Familienkreis gedacht habe, wie etwa auch 1878, und dann sogar gleich zwei Mal (zum Mittagessen und abends): *... wir lassen erst Luther (mit St. Perey), dann Schiller (mit Champagner) leben [...]. Wir gedenken Luther's und Schiller's noch einmal, »ach! alles Deutsche ist ein Traum den man an solche Erscheinungen knüpft, ...«* (*Cosima Wagner. Die Tagbücher*; Bd. 2: *1878–1883*. Ediert und kommentiert von Martin Gregor-Dellin und Detrich Mack. München: Piper 1977, S. 223 u. 225). Auf der anderen Seite entwickelte man geradezu ein schlechtes Gewissen, wenn dies einmal vergessen worden war, wie Cosimas Eintrag am 11. November 1869 zu entnehmen ist: *Beim Frühstück sagte ich ihm* [Richard]*, es sei doch nicht recht, daß wir Schiller's Geburtstag nicht gedacht hätten, er sei gestern gewesen ...* (Bd. 1: *1869–1877*. Ebd., 1976, S. 168).

Die Braut von Messina oder: Die feindlichen Brüder. Ein Trauerspiel mit Chören

2765   Schauspielouvertüre für Orchester mit Chören

Im Sommer oder Herbst 1830 in Leipzig komponiert; unveröffentlicht; weitgehend verschollen. – WV/Wagner rubriziert die Komposition als *verschollen*, doch wurde 1984 ein Partitur-Autograph der Ouvertüre im Antiquariatshandel angeboten (vgl. Antiquariat Schneider Kat. 275, Nr. 153). – Wagner berichtet sowohl in der ›Roten Brieftasche‹ als auch in seiner Autobiographie über eine vollständig komponierte Ouvertüre zu dem Schauspiel; es könnte sich dabei um das nicht näher charakterisierte »Orchesterwerk« (WWV 13) handeln, dessen Autograph jedoch nur unvollst. erhalten ist (u. a. fehlt der Beginn und somit ein Titel).

QUELLEN: WV/Wagner, S. 70ff. (WWV 12). Richard Wagner: *Sämtliche Briefe*, hg. im Auftrag des Richard-Wagner-Familien-Archivs Bayreuth von Gertrud Strobel und Werner Wolf. Bd. 1: *Briefe der Jahre 1830–1841*. Leipzig: Deutscher Verlag für Musik 1967, S. 81 (vollst. Text der ›Roten Brieftasche‹ S. 81–84). Richard Wagner: *Mein Leben*. Einzige vollständige Ausgabe, hg. von Martin Gregor-Dellin. München: List 1963, S. 61. Pelker, S. 827f.

Die Jungfrau von Orleans. Eine romantische Tragödie

2766 *Die Jungfrau von Orleans.* Oper
Nicht ausgeführtes Projekt (s. *Schiller-Handbuch*/Luserke-Jaqui, S. 192). WV/Wagner deest.

2767 [Festkomposition zu Schillers 100. Geburtstag]
Nicht ausgeführt. WV/Wagner deest. – Wagner erwähnt eine entsprechende Anfrage aus Berlin erstmals in seinem Brief vom 29. Oktober 1859 aus Paris an Mathilde Wesendonck in Zürich: *Wie leid thut es mir, einer Aufforderung, die mir kürzlich vom Comité der Schillerfeier in Berlin zuging (einen Gesang dazu zu schreiben) nicht entsprechen zu können. [...] Bald hätte ich vielleicht die Musse gehabt, einen Schillergesang zu Stande zu bringen: doch ist die Frist zu kurz, und noch hat die Muse* [!] *keinen Raum in meinem Häuschen.* Am folgenden Tag schrieb er an Julius Stern (Gründer und Leiter des berühmten »Stern'schen Gesangvereins« in Berlin und damals maßgeblich an der Vorbereitung der dortigen Schiller-Feier beteiligt) einen etwas verlegenen, äußerst wortreichen Brief, in dem er das Ersuchen letztlich ablehnt: *Fast muss ich mir nun einen Vorwurf daraus machen, so lange mit meiner Antwort auf Ihren freundschaftlichen Brief, sowie auf die an mich gerichtete ehrenvolle Aufforderung des Central-Comités für die bevorstehende Schillerfeier in Berlin, gezögert zu haben. Ihre Einladung freute mich zu sehr, als dass ich eine ablehnende Entgegnung nicht längere Zeit erwägen zu sollen glaubte. Ich hoffte wirklich der, für jede künstlerische Sammlung durchaus übelgestimmte Lage, in der ich mich gerade jetzt befinde, doch vielleicht noch die zu der von Ihnen gewünschten Arbeit nöthige Gunst abzugewinnen. Allein, vergebens; und ich erkenne es nun an der höchsten Zeit Ihnen bestimmt zu erklären, dass ich der mir zugedachten Ehre nicht entsprechen kann.* Schuld daran sei vor allem seine miserable Wohnungssituation: Schon seit Wochen werde er unablässig vom Lärm der Handwerker belästigt, was ihn zwar *zu allen möglichen Betrachtungen über das Elend der Welt und meine eigene Thorheit, nur nicht aber zu Kunstconzeptionen* veranlasst habe. *Da nun die Schillerfeier nothwendig am 10n November stattfinden muss, und meine Arbeit mindestens jetzt schon fertig zu sein hätte, vermag ich nun nicht mehr zu zögern, und sehe mich verpflichtet, die mir so leidvolle abschlägliche Antwort Ihnen ertheilen zu müssen.*
QUELLE: Richard Wagner, *Sämtliche Briefe*, Band 11: *1. April bis 31. Dezember 1859*; hg. von Martin Dürrer. Wiesbaden: Breitkopf & Härtel 1999; Briefe Nrr. 188 und 189.

WAGNER, Rudolf (1851–1915)

Angegebenes Geburtsjahr nach: *Steirisches Musiklexikon*/2, S. 747; bei Frank/Altmann wohl irrtümlich: *1850*.

Der Jüngling am Bache (»An der Quelle saß der Knabe«)

2768 *Der Jüngling bei der Back (»An der Quellen seins gesessen«)*
Für Männerquartett a cappella
Nr. 1 in: ders., *Zwei humoristische Männerquartette*, op. 132. – Graz: Pock, o. A. – Partitur, Stimmen. – HMB 1898/3, S. 115.

WAGNER, Siegfried Helferich (1869–1930)

Sehnsucht (»Ach, aus dieses Tales Gründen«)

2769 *Sehnsucht.* Sinfonische Dichtung für großes Orchester
Bonn-Bad Godesberg: Brockhaus 1979. – Partitur, Stimmen.

In einer offenbar noch stark abweichenden Frühfassung ist das Werk bereits im Februar 1895 in Bayreuth und am 6. März d. J. in Budapest gespielt worden. – Uraufführung in endgültiger Gestalt: London, 6. Juni 1895, unter der Leitung des Komponisten. – Zu Lebzeiten S. Wagners nicht veröffentlicht, der sich aber für private Zwecke von der Roederschen Offizin in Leipzig die Partitur samt Orchestermaterial herstellen ließ.

QUELLEN: Peter P. Pachl, *Siegfried Wagner. Genie im Schatten*. München: Nymphenburger 1988, S. 450. Ders.: *Ein mit Schillers »Sehnsucht« verknüpfter Opernkosmos. Siegfried Wagners Schiller-Rezeption*, in: *Musik in Baden-Württemberg – Jahrbuch 2005*. München: Strube 2005, S. 71ff.

WAGNER-RÉGENY, Rudolf (1903–1969)

Die Jungfrau von Orleans. Eine romantische Tragödie

2770   *Die Jungfrau von Orleans*. Oper

QUELLE: Reischert, S. 512 (datiert: 1969); offenbar irrtümlicher Nachweis, da in der Literatur sonst nirgends erwähnt (vgl. bspw. das ausführliche WV im KDG).

Die Räuber. Ein Schauspiel

2771   Schauspielmusik

Uraufführung: Berlin, zwischen 1938 und 1940; unveröffentlicht; verschollen (s. KDG, WV, Seite E).

Wilhelm Tell. Schauspiel

2772   Musik zu einer Hörspielfassung

1934 komponiert; unveröffentlicht; verschollen (s. KDG, WV, Seite E).

WALDBERG, E. F. (?–?)

Der lexikalisch nicht dokumentierbare Komponist könnte mit dem gleichfalls nicht nachweisbaren A. F. Bergfeld identisch sein (→ 2774). Die nachstehenden Musikalien sind ca. 1967 veröffentlicht worden, wie auch die im selben Verlag erschienenen Werke Bergfelds (→ 185 bis 195).

2773   Die vier Weltalter (»Wohl perlet im Glase«)
Vierstimmiger Männerchor (TTBB) a cappella
Stuttgart: Scholing, o. A. – Partitur (= *Stuttgarter Chorblätter / Männerchor*, Nr. *1210*). – Original (DLA).

2774   Hoffnung (»Es reden und träumen die Menschen viel«)
Vierstimmiger Männerchor (TTBB) a cappella
Stuttgart: Scholing, o. A. – Partitur (= *Stuttgarter Chorblätter / Männerchor*, Nr. *1212*). – Original (DLA).

Die Vertonung ist in zwei Besetzungsvarianten als dreistimmiger Chor a cappella von A. F. Bergfeld [!] dokumentiert (→ 191).

2775   Punschlied (»Vier Elemente, innig gesellt«)
Vierstimmiger Männerchor (TTBB) a cappella
Stuttgart: Scholing, o. A. – Partitur (= *Stuttgarter Chorblätter / Männerchor*, Nr. *1203*). – Original (DLA).

WALDMANN, Ludolf (1840–1919)

Wilhelm Tell. Schauspiel

2776   – V. 921ff. (Attinghausen: »An's Vaterland, an's teure, schließ' dich an«)
Für eine Singstimme mit Klavierbegleitung, op. 121
Nr. 10 in: ders., *Zehn volkstümliche Vaterlandslieder*. – Berlin: Waldmann, o. A. – Hofmeister (1914–1918), S. 513f.

Die Komponisten und ihre Werke

WALLNÖFER, Adolf (1854–1946)

Der Gang nach dem Eisenhammer (»Ein frommer Knecht war Fridolin«)

2777　_Fridolin. Donaumärchen_ in fünf Akten; Libretto von Franz Keinz

Uraufführung: Krems 28. Juni 1907 (Volksfestspielhaus); s. Stieger.

WALTER, Bruno (1876–1962)

Eigentlich: Bruno Walter _Schlesinger_.

2778　Das Siegesfest (»Priams Feste war gesunken«)
Kantate für Soli, Chor und Orchester

Uraufführung: Straßburg, 1909; unveröffentlicht (s. MGG1 Bd. 14, Sp. 188).

WALTER, Ernst (?–?)

2779　An den Frühling (»Willkommen, schöner Jüngling«)
Männerchor a cappella
Nr. 2 in: ders., _Zwei Lieder für Männerchor_, op. 26. – Leipzig: Kahnt, o. A. – Partitur, Stimmen. – HMB 1892/5, S. 201.

WALTER, Ignaz (1755–1822)

2780　An die Freude (»Freude, schöner Götterfunken«)
Rundgesang für eine Singstimme und dreistimmigen gemischten Chor (SSB) zur Gitarre
S. 7f. in: [3] _Romanze_ [!] _und Oden_. – Braunschweig: Musikalisches Magazin auf der Höhe [um 1790]. – Verl.-Nr. _370_. – RISM B II, S. 341. Original (DLA).

> · Einzelausgabe unter dem Titel: _Ode an die Freude_. – Hannover: Kruschwitz, o. A. – RISM A I: W 153. MGG2 _Personenteil_ Bd. 17, Sp. 443 (demnach _um 1810_ veröffentlicht).

Schillers Todtenfeyer. Schauspiel in einem Akt von Christian Ernst Graf von Bentzel-Sternau

2781　Schauspielmusik

Uraufführung: Regensburg, 22. Februar 1806 (s. MGG1 Bd. 14, Sp. 191).

WALTER, John (1886–1941)

Eigentlich: John Walter _Rühle_.

Wilhelm Tell. Schauspiel

2782　– V. 1447ff. (Rösselmann »Wir wollen sein ein einzig' Volk von Brüdern«)
Marsch für Klavier mit unterlegtem Text
Berlin: Fidelio, o. A. – Hofmeister (1919–1923), S. 491 (auch für Salon-Orchester bearb. von Otto Rathke).

> · Für Militärmusik bearb. von B. Bernards [d. i. Bernhard Kutsch]. – Ebd., o. A. – Hofmeister (1929–1933), S. 714.

605

Verzeichnis der musikalischen Werke

WALTER, Leopold Emil (?-?)

Das Lied von der Glocke (»Fest gemauert in der Erden«)

2783 – V. 235ff. (»Dem dunkeln Schoß der heil'gen Erde«); hier unter dem Titel: *Totenfest (Köstliche Saat)*
Für eine Singstimme mit Klavierbegleitung
Nr. 3 des 4. Heftes in: ders., *Hymnodia. Liederkreis des geistlichen Lebens* (in 8 Heften). – Berlin: Eisoldt & Rohrkrämer, o. A. – Mit deutschem u. englischem Text. – Hofmeister (1898–1903), S. 1000f.

Der Zyklus besteht aus 32 Liedern (jeweils vier in einem Heft); 1. Heft: *Tageszeiten*; 2. Heft: *Jahreszeiten*; 3. *Festzeiten I*; 4. Heft: *Festzeiten II*; 5. Heft: *Psalmen*; 6. Heft: *Gebete*; 7. Heft: *Trost im Leid*; 8. Heft: *Ewige Heimat*.

WAND, Günter (1912–2002)

Die Jungfrau von Orleans. Eine romantische Tragödie

2784 Schauspielmusik

Uraufführung im Rahmen der Premiere: Wuppertal, 1934 (Stadttheater); Regie: Paul Smolny; mit Edith Dammann in der Titelrolle. – Im Bericht von der Aufführung wird der »Krönungsmarsch« hervorgehoben; allerdings bleibt unklar, ob auch die übrige Schauspielmusik von G. Wand stammte, der zwischen 1932 und 1934 als *Korrepetitor mit Dirigierverpflichtung* am Theater in Wuppertal angestellt war und damals mehrere Schauspielmusiken komponiert hat (vgl. MGG2 *Personenteil* Bd 17, Sp. 462).

QUELLE: *Stadtanzeiger für das Wuppertal*, 1934 (Premierenkritik; Zeitungsausschnitt ohne genaue Datierung im DLA).

WANDERSLEB, Adolf (1810–1884)

2785 Der Jüngling am Bache (»An der Quelle saß der Knabe«)
Vierstimmiger Männerchor a cappella
Nr. 2 in: ders., *Sechs vierstimmige Gesänge für Männerstimmen*, op. 4. – Gotha: Müller, o. A. – Partitur, Stimmen. – HMB 1841/8, S. 123.

Eine zeitgenössische Rezension bemängelt, dass diese Vertonung *im Menuettentacte mit obligater Tenormelodie zur streng rhythmischen Begleitung der übrigen Stimmen gar zu drollig* und deshalb völlig unangemessen sei (NZfM vom 18. März 1842, S. 90).

WANECK, Alfred Walter Franz (1888–?)

Wilhelm Tell. Schauspiel

2786 – V. 1447ff. (Rösselmann: »Wir wollen sein ein einzig' Volk von Brüdern«)
Für eine Singstimme mit Klavierbegleitung
München: Deutsche Worte 1923. – *Dt. Musiker-Lex.* 1929, Sp. 1526.

Es handelt sich offenbar um eine neuere Dichtung, die aber mit dem Zitat aus ›Wilhelm Tell‹ eingeleitet wird; als Autor ist *Hausmann* angegeben.

WASSMER, Berthold (1886–1969)

2787 An die Freude (»Freude, schöner Götterfunken«)
Satz für vierstimmigen gemischten Chor a cappella, op. 98c
Augsburg: Böhm 1954. – Partitur. – Hofmeister (1954), S. 374.

606

Die Komponisten und ihre Werke

Vermutlich nur Bearbeitung der verbreiteten, anonym überlieferten und möglicherweise von J. G. Naumann stammenden »Volksmelodie« (→ 1736).

WATERHOUSE, Graham (geb. 1962)

2788   Der Handschuh (»Vor seinem Löwengarten, das Kampfspiel zu erwarten«); hier mit englischer Übersetzung: *The Glove (»Before his lion-court, impatient for the sport«)*
Für eine Sprechstimme und Violoncello
Wilhelmshaven: Heinrichshofen 2007. – Verl.-Nr. *2614.* – Original (Slg. GG).

> 2005 entstanden. – Uraufführung: Idstein, 9. April 2005 (Katholische Kirche St. Martin), durch den Komponisten (Rezitation und Violoncello) im Rahmen eines Gesprächskonzertes mit eigenen Werken. – Im Vorwort erklärt Waterhouse zur Vertonung: *Leitmotive begleiten die dramatischen Szenen, die sich abwechselnd zwischen den Tieren in der Arena und den Adligen auf der Empore abspielen. Das Werk kann von zwei Personen, einem Sprecher und einem Cellisten, aufgeführt werden, obgleich es eigentlich dafür bestimmt ist, von einem einzigen Ausführenden gesprochen und gespielt zu werden.* – Zur Übersetzung ist angegeben: *Anonymous translation (1902).*

WAUER, Wilhelm (1827–1902)

2789   Das eleusische Fest (»Windet zum Kranze die goldenen Ähren«); hier unter dem Titel: *Erntelied*
Vierstimmiger gemischter Chor (SATB) a cappella, op. 6
Leipzig: Bosse, o. A. – Partitur, Stimmen. – HMB 1891/2, S. 61. Pazdírek Bd. 12, S. 430.

WEBER, Bernhard (1912–1974)

2790   An die Freude (»Freude, schöner Götterfunken«)
Vierstimmiger gemischter Chor a cappella
Rodenkirchen: Tonger 1959 (*Männer-, Frauen- und gemischte Chöre zeitgenössischer Komponisten*). – Partitur. – Hofmeister (1959), S. 352.

> Ambitionierte Bearbeitung der verbreiteten, anonym überlieferten und möglicherweise von Johann Gottlieb Naumann stammenden »Volksmelodie« (→ 1736).

- Für vierstimmigen Männerchor (TTBB) a cappella, *gesetzt nach einer unbekannten Komposition aus dem Jahr 1799.* – Rodenkirchen: Tonger 1961. – Partitur. – Hofmeister (1962), S. 360.

  - S. 2ff. in: *Sängerbund der deutschen Polizei, Erstes Liederheft.* – Darmstadt: Tonos 1975. – Partitur. – Original (Slg. GG).

- Für fünfstimmigen gemischten Chor (zwei Frauen- und drei Männerstimmen) mit Blechmusik ad libitum, *nach der Melodie eines unbekannten Komponisten gesetzt. – Liedgabe des Fränkischen Sängerbundes zum 16. Bundeschorfest 1960* (Würzburg 1960). – Hofmeister (1960), S. 356.

  - Rodenkirchen: Tonger 1960. – Partitur, Instrumentalstimmen. – Hofmeister (1960), S. 356.

WEBER, Bernhard Anselm (1764–1821)

Die Korrespondenz zwischen B. A. Weber und Schiller ist zwar nicht besonders umfangreich, enthält aber einen wichtigen Gedankenaustausch zur Entstehung einiger Kompositionen und dokumentiert darüber hinaus ästhetische und theaterpraktische Überlegungen der Zeit (s. die anschließenden Kommentare). – Da bei Webers Schauspielmusiken meistens jene Teile fehlen, die nicht unmittelbar zur Handlung, traditionell aber zu einer damaligen Theateraufführung gehörten (nämlich Ouvertüre und Entr'acts), ist davon auszugehen, dass an diesen Stellen – wie seinerzeit üblich – Orchesterstücke anderer Komponisten (etwa Einzelsätze aus Sinfonien) gespielt wurden (vgl. etwa die entspr. Beiträge G. A. Schneiders zur Schauspielmusik von ›Die Jungfrau von Orleans‹; → 2246).

B. A. Weber stammte aus Mannheim, hatte dort die legendäre Uraufführung der ›Räuber‹ am 13. Januar 1782 miterlebt und fühlte sich deshalb dem Dichter besonders verbunden. So schrieb er Schiller am 20. März 1804, dass er *diese goldne Jugend Zeit, wo Ihr Genius mein Herz oft so zart anrührte, oft stürmend bedrängte, niemals vergessen werde; so können Sie sich denken, mit welcher innigen Liebe ich zeither alle ihre Geistesproducte in meine Seele aufnahm, und mit welcher Freude ich jedesmal mit meinen schwachen Tönen auszudrücken suchte, was Ihre Fantasie so unerreichbar schuf. Vergessen Sie mich nicht.*

Der Gang nach dem Eisenhammer (»Ein treuer Knecht war Fridolin«)

2791 1. Komposition – ca. 1807
Romanze (»Ein Raugraf groß und mächtiglich«). Gesangseinlage in: Franz Ignaz von Holbein, *Fridolin. Schauspiel in fünf Aufzügen nach Schillers Gedicht*
Für zwei Singstimmen mit Klavierbegleitung *oder mit variierter Begleitung der Guitarre.* – Berlin: Concha, o. A. – Verl.-Nr. *313.* – WV/Weber-B. A., S. 414. RISM A I: W 428.

Uraufführung im Rahmen der Schauspielpremiere: Berlin, 30. November 1807. – Das Schauspiel, das auch als »dramatisches Gedicht« bezeichnet wurde, ist in Wien am 14. Januar 1806 uraufgeführt worden (vgl. *Wiener Hof-Theater-Taschenbuch auf das Jahr 1807*, 4. Jg. Wien: Wallishauser, o. A., S. 39).

- Berlin: Schlesinger, o. A. – Staatsbibl. zu Berlin (Online-Katalog).
- Hamburg: Böhme, o. A. – RISM A I: WW 428a.
- Nr. 69 des 9. Heftes, 1. Jg., 1. Quartal (*91 vermischte Lieder*) in: *Neues musikalisches Wochenblatt für eine Flöte* → 817

  Fellinger, S. 297.

2792 2. Komposition – ca. 1820
Deklamation mit melodramatischer Orchesterbegleitung und vierstimmigem gemischtem Chor (SATB)
Leipzig: *Bureau de Musique von C. F. Peters*, o. A. – Partitur (Verl.-Nr. *1569*); Klavierauszug *von Musikdir.* [Johann Philipp] *Chr.*[istian] *Schulz* (Verl.-Nr. *1577*). – WV/Weber-B. A., S. 412. RISM A I: W 462 u. 463. Whistling 1828, S. 999 und S. 1103. Original (DLA).

Ca. 1821 erschienen (Datierung aufgrund der Verl.-Nr.). – Eine Besonderheit stellt die Texterweiterung durch die Einfügung eines Chorsatzes nach V. 168 mit der Vertonung des »Sanctus« aus dem Messordinarium dar (»Kirchenszene«; Spielanweisung: *In der Entfernung sehr leise*). – Das Werk, auf das z. B. Schilling 1838 im Personenartikel über den Komponisten ausdrücklich hinweist (Bd. 6, S. 819), scheint bis ungefähr zur Jahrhundertmitte recht populär gewesen zu sein, worauf auch die anschließend nachgewiesene Bearbeitung von C. Loewe hindeutet.

Die Komponisten und ihre Werke

Daraus

- *Heilig (»Heilig der Gott Zebaoth« / »Sanctus Dominus Deus Sabaoth«).* – Vierstimmiger gemischter Chor (SATB) a cappella. – Nr. 91 in: *Sammlung (Breitenbach)* → 1464

Vollst. Bearbeitung

- Für eine Singstimme und Orchester oder mit Klavierbegleitung *mit Beibehaltung von B. A. Weber's melodramatischer Instrumentalmusik* von Carl Loewe, op. 17 (→ 1503). – Leipzig: *Bureau de Musique von C. F. Peters*, o. A. – Klavierausgabe (Verl.-Nr. *2356*). – Original (DLA). HMB 1833/1+2, S. 14.

  Die »Kirchenszene« mit dem *»Sanctus«* wurde zwar übernommen, der im Original unbegleitete Chorsatz aber mit der Bemerkung *Ferner Chor* in den Klavierpart eingezogen (Textunterlegung des Basses). Die gesungenen Passagen sollten also instrumental (gleichsam ideell) vom Pianisten vorgetragen werden, wenn auch eine vokale Aufführung durchaus in Betracht kam. – Loewe weist in seine knappen Vorwort darauf hin, dass *melodramatische Arbeiten dieser Art nur einen kleinen Kreis Verehrer finden.* Webers *vortreffliche* Vertonung solle nun als *Ballade für Gesang* und unter Beibehaltung von *Webers Zwischenspielen* einem größeren Publikum näher gebracht werden. *Meine hier folgende Composition kann eben sowohl für sich allein ohne Orchester am Pianoforte gesungen, als auch mit dem Orchester zusammen vorgetragen werden.* Dann berichtet er über eine *gelungene Aufführung* in Stettin, wo man die »Kirchenszene« (... *die Stelle, wo die Orgel angezeigt ist*) sehr effektvoll umgesetzt habe, nämlich *auf einem Positive* (in dessen Ermanglung solche pianissimo mit Clarinetten und Fagotten vorgetragen werden kann) *im Nebenzimmer gespielt, wo auch der Chor sang, und im vorangehenden Adagio con sordini ahmte man das Geläute einer Glocke ganz vortrefflich auf folgende Art nach: eine Trommel war oben an der Thüre des Seitenzimmers angehängt, und mitten am untersten Fell ein Faden befestigt, woran ein Metallstab, etwa eine halbe Elle lang, frei herab hing. An diesem wurden mit einem hölzernen, jedoch überzogenem Schlägel, tiefe Glockentöne sehr erhaben nachgeahmt.*

2793 Der Jüngling am Bache (»An der Quelle saß der Knabe«)
Für eine Singstimme mit Klavierbegleitung
2. Heft des 2. Jg. (1805; ohne Monatsangabe), S. 8f., in: *Monats-Früchte* → 824

Dieses Heft mit der Verl.-Nr. *80*. – Fellinger, S. 167. WV/Weber-B. A., S. 420.

2794 Des Mädchens Klage (»Der Eichwald brauset«)
Für eine Singstimme mit Klavierbegleitung
Nr. 1 in: ders., [7] *Gesänge beim Pianoforte zu singen*, 2. Sammlung. – Leipzig: Hoffmeister, o. A. – Verl.-Nr. *202 (353)*. – WV/Weber-B. A., S. 420. RISM A I: W 451. Ledebur, S. 628.

Vermutlich etwas später unter gleichem Titel und mit gleicher Verl.-Nr., aber erweitertem Impressum erschienen (Wien/Leipzig: Hoffmeister/Hoffmeister & Kühnel, o. A.; vgl. WV/Weber-B. A., S. 423). Goethe-Museum (Katalog), Nr. 1466 (datiert auf *1804*). – Wird auch in Zusammenhang mit Webers unveröffentlichter Schauspielmusik zu ›Die Piccolomini‹ erwähnt (→ 2803).

Die Braut von Messina oder: Die feindlichen Brüder. Ein Trauerspiel mit Chören

2795 Schauspielmusik

Schillers Schauspieltext weist keine Akt- und Szeneneinteilung auf, doch gibt es eine solche Variante in Schillers Theatermanuskript für die Aufführungen in Hamburg (Premiere: 6. Mai 1803); die folgenden Positionsangaben orientieren sich am Verzeichnis von Schaefer (S. 69):

1. *Marsch* [1. Akt, 2. Szene; es dürfte sich um eine Begleitmusik zum ersten Auftritt des Chores, nach V. 131, handeln]

Verzeichnis der musikalischen Werke

2. *Trauermarsch* [4. Akt, 3. Szene; entspr. Hinweis nach V. 2252 – *Ein Trauermarsch lässt sich in der Ferne hören*]
3. *Melodram* [4. Akt, 4. Szene; V. 2411ff. – Erster Chor: »Brechet auf, ihr Wunden«]
4. *Trauermusik* [letzte Szene; nach V. 2821 – ... *man sieht in der Kirche den Katafalk*]

Weitgehend unveröffentlicht. – *Weber hat sich somit nur auf die zur Handlung gehörige Musik beschränkt und derselben weder Ouverture noch Zwischenaktsmusik beigefügt* (Schaefer, S. 69). – Uraufführung im Rahmen der Berliner Premiere: 14. Juni 1803 (Königliches Nationaltheater); s. WV/Weber-B. A., S. 414, bzw. Stieger. – C. F. Zelter, der die dritte Vorstellung am 3. Juli 1803 besucht hat, lobte am folgenden Tag in einem Brief an Goethe besonders die Schlussszene und hob dabei auch Webers Komposition hervor: *Die letzte Dekoration mit dem Sarkophag und einer neuen dazu gemachten Theatermusik kann ich vortrefflich nennen.* – Nachdem Schiller wohl im Februar oder Anfang März 1804 Weber um die Zusendung von Noten der Schauspielmusik zu ›Die Jungfrau von Orleans‹ gebeten hatte, empfahl ihm der Komponist in seinem Brief vom 20. März 1804 u. a. auch *die Märsche und die Trauermusick zur Braut von Messina.* – Am 4. Mai 1804 besuchte Schiller eine Aufführung in Berlin.

Daraus in der Fassung für Klavier veröffentlicht

· *Marsch.* – Berlin: Unger 1805. – Schaefer, S. 69 (gibt irrtümlich an: *Im Druck erschien nur der Marsch Nr. 1*).

> · Hier unter dem Titel: *Marsch aus dem grossen Trauerspiel: Die Braut von Messina.* – 5. Jg. (1808), 56. Heft (Verl.-Nr. *1000*), Nr. 41, in: *Pot Pourri für das Forte Piano.* – Wien: Weigl 1804–1813. – Fellinger, S. 184ff. (hier: S. 199).
>
> Die Reihe erschien jährlich in zwölf Heften mit jeweils eigener Verl.-Nr.; während die enthaltenen Stücke je Jahrgang neu nummeriert worden sind, hat man die Hefte durchgezählt. – Das Periodikum war bisher nur lückenhaft nachweisbar.

· *Trauer-Marsch aus der Tragödie: Die Braut von Messina.* – 1. Jg., 52. Lieferung (26. September 1807; Verl.-Nr. *1280*), Nr. 173, in: *Musikalisches Wochenblat*[t] → 2361.2

Fellinger, S. 223. – Auch einzeln unter B. A. Weber nachgewiesen (vgl. RISM A I: WW 420a).

Außerdem (alphabetisch nach Verlagen geordnet)

> · Hannover: Bachmann, o. A. – Hofmeister 1845 (*Musik für das Pianoforte*), S. 316.
> · Berlin: Concha, o. A. – Whistling 1828, S. 886.
> · Berlin: Lischke, o. A. – Whistling 1828, S. 886.
> · Berlin: Paez, o. A. – Verl.-Nr. *187*. – Hofmeister 1845 (*Musik für das Pianoforte*), S. 316. Antiquariat Greve Kat. 48, Nr. 187 (datiert auf *ca. 1808*).
> · Braunschweig: Spehr, o. A. – Nr. 22 (einzeln), hier unter dem Titel: *Aus der Tragoedie ›Die Braut von Messina‹*, in: *Sammlung schöner Märsche für das Piano Forte.* – Verl.-Nr. *930a*. – Whistling 1828, S. 886. RISM A I: W 420.

Die Jungfrau von Orleans. Eine romantische Tragödie

2796 Schauspielmusik

1. *Schlachtmusik* [3. Akt, 5. Szene; nach V. 2291]
Szenischer Hinweis in Schillers Tragödie: *Trompeten erschallen mit mutigem Ton und gehen, während dass verwandelt wird, in ein wildes Kriegsgetümmel über, das Orchester fällt ein bei offener Szene und wird von kriegerischen Instrumenten hinter der Szene begleitet.*
2. *Melodram* [4. Akt, 1. Szene; V. 2518ff. – Johanna: »Die Waffen ruh'n, des Krieges Stürme schweigen«]

610

Die Komponisten und ihre Werke

3. *Krönungsmarsch* [4. Akt, 3. Szene; nach V. 2759]
4. *Chor in der Kirche (»Salvum fac regem«)* [4. Akt, 7. Szene; vermutlich vor V. 2795]
Es handelt sich hier um den sogenannten »Königspsalm«, der nicht Bestandteil des
Schauspieltextes ist. – Weber muss diesen Teil gemeint haben, als er am 20. März 1804
an Schiller schrieb: *Der Choralgesang, so unbedeutend er scheint, thut auf der Bühne große
Wirkung. Zwölf Trommeln mit bedeutenden Schlägen werden gehört, der Gesang hebt hinter der Scene ganz leise an, das vor der Kirche versammelte Volk nim[m]t ehrfurchtsvoll
Hüte und Mützen ab, und fällt, wann der Chor das zweitemal fortissimo anfangt, mit der
dastehenden Wache auf die Knie.* – Dieses Stück dürfte nach dem vollständigen Einzug in
die Kiche gesungen worden sein (hier die szenische Anweisung: *Wenn der Zug in die Kirche hinein ist, schweigt der Marsch*).

Im Sommer 1801 komponiert. – Nur teilweise veröffentlicht. – Uraufführung im Rahmen der
Premiere: Berlin, 23. November 1801 (Königliches Nationaltheater). – Weber verzichtete auch
bei dieser Schauspielmusik auf die traditionellen, aber nicht unmittelbar zur Handlung gehörenden Teile (Ouvertüre und Zwischenaktsmusiken; diese sind bspw. von G. A. Schneider ergänzt worden; → 2246): *... aber das, was er zu dem Trauerspiele geschrieben, ist höchst passend
gewählt und schmiegt sich in die betreffenden Situationen des Dramas mit großer Feinheit an,
[...]. Im Berliner kgl. Schauspielhause wird diese Musik bis auf den heutigen Tag* [1886] *bei der
Aufführung des Trauerspiels benutzt* (Schaefer, S. 46f.). Tatsächlich berichteten die Zeitzeugen
übereinstimmend von der pompösen Inszenierung, die – nicht zuletzt durch Webers Kompositionen – überwältigend gewesen sein muss: *Wenn Schiller seine Jungfrau von Orleans jetzt sehn
will; so muß er nach Berlin kommen. Die Pracht und der Aufwand unserer Darstellung dieses
Stücks ist mehr als Kaiserlich, der vierte Akt desselben ist hier mit mehr als 800 Personen besetzt
und Musik und alles andere inbegriffen, von eklatanter Wirkung, daß das Auditorium jedes Mal in
unwillkürliche Extase davon gerät* (C. F. Zelter, 7. September 1803, brieflich an J. W. Goethe).
Auch der Verleger Johann Friedrich Gottlieb Unger rühmte am 13. Mai 1802 gegenüber
Schiller gerade diese Szene und hob dabei die dazu gehörende Komposition B. A. Webers
hervor: *Das Gefolge bei der Krönung besteht aus mehr denn 200 Personen auf das prächtigste
gekleidet, und die schöne Music von Weber dazu, macht einen gar herrlichen Effect.* Ebenso
schwärmte der Komponist selbst von der enormen Wirkung dieses Teils der Inszenierung in
einem Brief an Schiller vom 20. März 1804: *Kommen Sie doch zu uns, und sehen Sie diese
prachtvolle Vorstellung. Iffland hat alle seine Kräfte aufgeboten. Sie werden gewiß recht zufrieden davon sein. Selbst in Paris hab' ich nichts prächtigeres gesehen, als der Zug im IVten Act ihrer
Jungfrau hier geordnet ist.* – Als aber Schiller während seines Berlinaufenthaltes (1. bis 18. Mai
1804) am 6. und 12. Mai zwei Vorstellungen besuchte, zeigte er sich gerade von diesem thea-
tralischen Aufwand wenig begeistert und warf Iffland in Zusammenhang mit dem »Krönungsmarsch« vor, sein Stück werde daduch geradezu erdrückt.
In seinem Brief vom 20. März 1804 an Schiller ging Weber auf ein Schreiben des Weimarer Kammermusikers Daniel Gottlieb Schlömilch ein, das er *kürzlich bei meiner Zurückkunft
von Paris vorfand*; demnach *wünschen Sie den Monolog, und den Choralgesang* [gemeint ist
wohl das »Salvum fac regem«, mit dessen Einnfügung Schiller demnach einverstanden war]
*aus Ihrer Jungfrau von Orleans von meiner Composition zu haben. Möge sie Ihren Empfindun-
gen entsprechen.* Da Schiller bereits von Unger, dem Berliner Musikverleger, den Klavierauszug hierzu erhalten hatte, dürfte es nun um die Partituren gegangen sein, zumal Weber sich
anschließend noch erkundigte: *Wollen Sie den Monolog mit den Blasinstrumenten haben, so
wie er hier auf dem Theater gegeben wird? so sagen Sie mirs, er soll leicht folgen.*

QUELLEN: WV/Weber-B. A., S. 415. Stieger.

Daraus einzeln veröffentlicht

**– V. 2518ff. (Johanna: »Die Waffen ruh'n, des Krieges Stürme schweigen«)
Deklamation mit melodramatischer Bläserbegleitung**

Im Unterschied zu Schiller, der hierfür *Flöten und Hoboen* verlangte, besteht die Besetzung von Webers Harmoniemusik in der Originalfassung aus je zwei Klarinetten, Fagotten
und Hörnern (in dieser Form nicht veröffentlicht). – Schaefer betont, dass diese Komposition *zu dem Schönsten und Ergreifendsten gerechnet werden darf, was wir auf dem Gebiete*

Verzeichnis der musikalischen Werke

der Schauspielmusik besitzen. Sie zeugt von tiefer Empfindung und drückt die ganze romantische Haltung des Moments ungemein wahr aus (S. 47).

Ausgaben mit Klavierbegleitung

Berlin: Unger 1805. – RISM A I: W 430. Original (DLA).

Erstausgabe. – Hinweis des Verlags: *Letzte Probe vollendeter Neuer Noten* (Erläuterung hierzu s. anschließend: *Krönungsmarsch*).

- Berlin: Concha, o. A. – Verl.-Nr. *88*. – Hofmeister (1829–1833), S. 319. RISM A I: W 435. Antiquariat Greve Kat. 48, Nr. 1906 (datiert auf *1809*).
- Hier unter dem Titel: *Monolog aus der Jungfrau von Orleans*. – Berlin: Paez, o. A. – Hofmeister 1845 (*Vocalmusik*), S. 186.
  - *Neue Auflage*. – Berlin: Paez, o. A. – Hofmeister (1860–1867), S. 271.
- Nr. 2 (einzeln) in: *Zwei Monologe von Schiller mit Begleitung des Pianoforte*. – Leipzig: Junne, o. A. – Verl.-Nr. *1580*. – Original (Slg. GG).

  Nr. 1: Monolog der Maria Stuart in der Vertonung von J. R. Zumsteeg (→ 3040).

– *Krönungsmarsch* für Klavier

Berlin: Unger 1803. – RISM A I: W 431. Original (DLA).

Erstausgabe. – Herstellervermerk auf der Titelseite: *Zweite Probe neuer Noten.* Damit ist ein besonders ausgefeiltes Verfahren des Typendrucks gemeint, der damals gegenüber dem Stich als minderwertig galt. Am Schluss der Noten erklärte der Verleger (*October 1803*): *Mein Bestreben bei diesem Unternehmen gieng dahin: alle in Kupfer oder Zinn gestochenen Noten an Gleichförmigkeit und Sauberkeit zu übertreffen.* Verglichen mit den ebenso hergestellten Musikalien von Breitkopf & Härtel, wo diese Technik erstmals verwendet worden ist, oder mit den geradezu grob wirkenden Typendrucken von Lotter in Augsburg, unterscheidet sich das Erscheinungsbild der betreffenden Ausgaben von Unger tatsächlich kaum vom Notenstich. – Der Verleger kündigte Schiller die Zusendung der gedruckten Musikalien zweier Stücke aus der Schauspielmusik am 13. Mai 1802 an: *Nächstens werde ich Ihnen seinen* [B. A. Webers] *Marsch und den Monolog der Junfrau von Orleans mit meinen neu erfundenen Noten gedrukt, zu übersenden die Ehre haben; hoffentlich werden Ihnen beide Stücke sehr gefallen.*

- Hier unter dem Titel: *Krönungs-Marsch aus dem grossen Schauspiel: Die Jungfrau von Orleans*. – 4. Jg. (1807), 38. Heft (Verl.-Nr. *946*), Nr. 8, in: *Pot Pourri für das Forte Piano* → 2795

  Fellinger, S. 198.

Weitere Einzelausgaben (alphabetisch nach Verlagen geordnet):

- Braunschweig: Auf der Höhe, o. A. – Verl.-Nr. *1363*. – Staatsbibl. zu Berlin (Online-Katalog).
- Hannover: Bachmann, o. A. – Hofmeister 1845 (*Musik für das Pianoforte*), S. 316.
- Wien: Bermann, o. A. – Whistling 1828, S. 886.
- Prag: Berra, o. A. – Hofmeister 1845 (*Musik für das Pianoforte*), S. 316.
- Berlin: Concha, o. A. – Verl.-Nr. *299*. – Staatsbibl. zu Berlin (Online-Katalog).
- München: Falter, o. A. – RISM A I: W 433.
- Berlin: Herbig, o. A. – Hofmeister 1845 (*Musik für das Pianoforte*), S. 316.
- Berlin: Hummel, o. A. – Vgl. Cari Johansson: *J. J. & B. Hummel. Music-Publishing and Thematic Catalogues*, Vol. I: *Text*. Stockholm: Kungl. Musikaliska Akademiens bibliothek 1972, S. 67 (demnach am 17. März 1804 angezeigt; hier unter dem Titel: *Marsch aus der Jungfrau von Orleans*).

_____Die Komponisten und ihre Werke

- Berlin: Lischke, o. A. – Verl.-Nr. *956.* – RISM A I: W 432.
- Berlin: Paez, o. A. – Hofmeister 1845 (*Musik für das Pianoforte*), S. 316.
- Berlin: Schlesinger, o. A. – Verl.-Nr. *1057.* – Staatsbibl. zu Berlin (Online-Katalog). Hofmeister 1845 (*Musik für das Pianoforte*), S. 316.
- Braunschweig: Spehr, o. A. – Whistling 1828, S. 886.
- Berlin: Trautwein, o. A. – Hofmeister 1845 (*Musik für das Pianoforte*), S. 316. RISM A I: W 434.

Die Räuber. Ein Schauspiel

2797 **Schauspielmusik [wohl weitgehend improvisiert]**

WV/Weber-B. A. deest. – 1782 oder etwas später entstanden und schriftlich offenbar nicht festgehalten. – B. A. Webers alleinige Urheberschaft erscheint allerdings fraglich. Im Brief vom 20. März 1804 wies er Schiller darauf hin, dass er *und viele meiner Jugendfreunde nach der ersten Vorstellung ihrer Räuber trunken nach Heidelberg fuhren, wo ich damals studierte, und öffters zur Nachtszeit bei großem Feuer, und Trompeten und Hörner Klang auf den romantischen Gebirgen Heidelbergs viele Scenen daraus aufführten.*

2798 *Kantate zu Schillers und Lessings Gedächtnisfeyer*; Text von Karl Friedrich Müchler
Für Soli, Chor und Orchester

Uraufführung (aus Anlass von Schillers fünftem Todestag): Berlin, 15. April 1810, unter der Leitung des Komponisten. – Es handelt sich um die Umarbeitung (darunter neue Rezitative) der Kantate ›*Lessing's Todtenfeier*‹ (ebenfalls mit Text von K. F. Müchler), die während Webers Aufenthalt in Schweden (1790–1792) entstanden und in Stockholm uraufgeführt worden war; in den 1790er Jahren in Deutschland mehrfach gespielt, sollten die dabei eingehenden Erträge für ein Lessing-Denkmal in Wolfenbüttel verwendet werden.

QUELLEN: WV/Weber-B. A., S. 281f. u. 419 (hier: *Lessings und Schillers Gedächtnisfeier* [!]). MGG2 *Personenteil* Bd. 17, Sp. 564 (demnach unveröffentlicht). Ledebur, S. 628 (hier mit einigen irrtümlichen Details und dem Titel: *Lessing's und Schiller's Todtenfeier*).

2799 **[Opernlibretto von Schiller]**

Gegenüber Schiller geäußerte Bitte des Komponisten; Sujet nicht bestimmt; nicht ausgeführt. – Der Berliner Verleger Johann Friedrich Gottlieb Unger erkundigte sich zunächst am 6. März 1802 bei Schiller nach dessen nächsten Schauspielen, die er gerne veröffentlichen wolle, und kommt dann auf den Komponisten zu sprechen: *Der Musik-Direktor am hiesigen National-Theater, Herr Weber, ein talentvoller Mann, der zu Ihrer Jungfrau von Orleans ganz vortreflich Musik gemacht, wünscht mahl eine schöne Oper zu componiren, und sein sehnlichster Wunsch ist eine von Ihrer Meisterhand; wo er alle seine Kräfte anwenden würde, zu Ihrer Zufriedenheit zu componiren. Darf er wohl dazu Hoffnung fassen?*

Zwei Jahre später, als es um die Vorbereitung der Berliner Premiere von ›Wilhelm Tell‹ ging, wofür Weber den größten Teil der Schauspielmusik komponierte (→ 2805), äußerte dieser in seinem Brief vom 20. März 1804 *meinen Wunsch in Betref eines Opern Sujet* [...]. Vom Weimarer Kammermusiker Daniel Gottlob Schlömilch habe er erfahren, *daß Sie nicht ganz abgeneigt wären meine Bitte zu erfüllen. Thun Sie's doch, Sie machen mich glücklich. Für ungefähr ein Jahr sei er noch durch andere Verpflichtungen ausgelastet. Wollten Sie unter dieser Zeit, wenn Sie Muse haben, auf einen großen heroischen Gegenstand denken, ich würde, sollten wir nicht so glücklich sein. Sie Verehrungswürdigster! hier sehen, selbst nach Weimar kommen um mich mit Ihnen darüber zu besprechen? Wir haben immer noch keine einzige große deutsche OriginalOper, warum wollen wir immer aus der Fremde hohlen, was wir im Vaterlande weit besser haben können?*

Wie schon zwei Jahre zuvor bei J. R. Zumsteeg (→ 3045) kam Schiller der Bitte nicht nach und berichtete Iffland am 14. April 1804, dass er zwar mit Michael Rudolph Pauli, dem Berliner Theatersekretär, *wegen einer großen Oper gesprochen* habe; ... *ich hätte längst auch Lust zu einem solchen Unternehmen gehabt, aber wenn ich mir den Kopf zerbreche, um von meiner Seite etwas rechtes zu leisten, so möchte ich freilich auch gewiß seyn können, daß der*

613

Verzeichnis der musikalischen Werke

Componist das gehörige leiste. Schließlich erwarte er, dass ein solches Werk auch aufgeführt werde. Offenbar hatte Schiller in dieser Hinsicht kein besonderes Vertrauen in B. A. Webers künstlerische Fähigkeiten!

2800 Sehnsucht (»Ach, aus dieses Tales Gründen«)
Für eine Singstimme mit Klavierbegleitung
Notenanhang in: *Almanach fürs Theater 1808*, hg. von August Wilhelm Iffland. – Berlin: Oemigke 1808. – WV/Weber-B. A., S. 420 u. 423. Original (DLA). Ledebur, S. 628. Wurzbach, *Schiller-Buch*, Nr. 711 (ohne Vornamen dokumentiert). Goethe-Museum (Katalog), Nr. 1468.

Diese Notenbeilage enthält keine bibliographischen Angaben und wurde als Einzelexemplar ungeklärter Herkunft in RISM A I unter WW 456a nachgewiesen.

Wallenstein. Ein dramatisches Gedicht – I. Wallensteins Lager

2801 Schauspielmusik

Unveröffentlicht; verschollen. – Im Unterschied zu den beiden anderen Teilen der Trilogie, die in Berlin schon im Uraufführungsjahr nachgespielt worden waren, fand die dortige Premiere von ›Wallensteins Lager‹ aus Furcht vor politischen Schwierigkeiten, die Iffland dem Dichter brieflich am 10. Februar 1799 erläuterte, erst über vier Jahre später statt: *Es scheint mir bedencklich [...], in einem militairischen Staate, ein Stück zu geben, wo über die Art und Folgen eines großen stehenden Heeres, so treffende Dinge, in so hinreißender Sprache gesagt werden. Es kann gefährlich seyn, oder doch leicht gemißdeutet werden, wenn die Möglichkeit, daß eine Armee in Maße deliberirt, ob sie sich da oder dorthin schicken laßen soll und will, anschaulich dargestellt wird.* – Uraufführung im Rahmen der Berliner Premiere: 28. November 1803 (Königliches Nationaltheater). – Über die Schauspielmusik wusste Schaefer kaum etwas, *doch soll die Musik, wie aus den alten Zeitungsberichten zu entnehmen ist, recht gut und charakteristisch komponiert gewesen sein, namentlich fand die Komposition des Reiterliedes [...] eine häufige, lobenswerte Erwähnung* [vermutlich Verwechslung mit dem populären »Reiterlied« von Chr. J. Zahn; → 2951]. *Die Musik lebte in gutem Angedenken bis um die Mitte dieses Jahrhunderts in den musikalischen Kreisen Berlins fort* (S. 29). – WV/Weber-B. A. nennt einen bisher nicht nachweisbaren Druck (S. 416).

Hierzu

2802 • *Einlage: Lob des Krieges (»Es lebe der Krieg«)*; Text von *Major von Knesebeck*
Besetzung unbekannt

Das Stück sei, *den 16. Oct. 1805 in ›Wallenstein's Lager‹ eingelegt, mit Beifall gesungen* worden (ohne Angaben zur Position innerhalb des Schauspiels). – Unveröffentlicht; verschollen (s. Ledebur, S. 628). – WV/Weber-B. A. deest.

Ebd. – II. Die Piccolomini

2803 Schauspielmusik

Uraufführung im Rahmen der Premiere: Berlin, 18. Februar 1799. – Unveröffentlicht (s. WV/Weber-B. A., S. 416; nennt als Bestandteile einen Marsch und die *Romanze* »Der Eichwald brauset«, letztere → 2794).

Ebd. – III. Wallensteins Tod

– nach dem 2. Akt [?]

2804 *Marche et sinfonie guerrière sur le second acte de la Mort de Wallenstein* für Orchester
Berlin-Oranienburg: Werckmeister, o. A. – Stimmen (Verl.-Nr. *83*). – Schaefer, S. 31f. (datiert auf 1804). RISM A: W 437 (Verlagsort: Oranienburg) bzw. 438 (Verlagsort: Berlin).

Dem Prinzen Louis Ferdinand von Preußen gewidmet. – Die Komposition ist vermutlich für die Berliner Premiere des Schauspiels am 17. Mai 1799 oder bald danach für Folgeaufführungen entstanden. Schiller hatte offenbar den Weimarer Kammermusiker Daniel Gottlieb Schlömilch gebeten, sich bei einem Besuch in Berlin (wohl im Februar oder Anfang März 1804) für ihn bei Weber nach Noten von dessen Schauspielmusik zu ›Die Jungfrau von Orleans‹ zu erkundigen (→ 2796); als dieser am 20. März 1804 in einem Brief an den Dichter darauf einging, bot er auch noch den _Marsch und die Schlacht-Symphonie nach dem IIten Act von Wallensteins Tod_ an.

Schaefer nennt als Position des Marsches den 3. Akt, 23. Szene (hier mit dem Aufführungshinweis: _Kürassiere mit gezogenem Gewehr treten in den Saal und sammeln sich im Hintergrund. Zugleich hört man unten einige mutige Passagen aus dem Pappenheimer Marsch_ [wohl die Komposition von Friedrich II. – »des Großen«; → 1878]_, welche dem Max zu rufen scheinen_) und ergänzt noch: _... die Bemerkung »sur le second acte« auf dem Titelblatte der gedruckten Stimmen kann wohl nur auf Irrtum beruhen_ (S. 32).

• Leipzig: Kühnel, o. A. – Schaefer, S. 31 (datiert auf _1815_).

Nach der Vereinigung dieses Verlages mit der Firma C. F. Peters [1814] von dieser nicht wieder erneuert und nur noch im antiquarischen Musikhandel (C. F. Schmid in Heilbronn) zu finden.

Wilhelm Tell. Schauspiel

2805 Schauspielmusik

Dieses Mal komponierte Weber neben den ausdrücklich geforderten Vertonungen nicht nur eine Ouvertüre, sondern plante zunächst auch Zwischenaktsmusiken (vgl. seinen Brief vom 20. März 1804 an Schiller, aus dem unten im Kommentar zitiert wird). Diese wurden aber nicht ausgeführt und deshalb (ebenso wie wahrscheinlich eine Schlussmusik zum 2. Akt) vom zweiten Kapellmeister des Berliner Nationaltheaters, F. L. Seidel, beigesteuert (→ 2425). – Die nachfolgenden Bemerkungen zu den einzelnen Musiknummern sind dem Kommentar von Schaefer entnommen (S. 76f.).

1. Ouvertüre
   Sie beginnt mit einem lieblichen Pastorale [...], dem ländlichen Frieden der stillen Alpenthäler, in welchen hinein die Hörner den Kuhreigen ertönen lassen, das Hirtenleben in den Alpen charakterisierend.
2. [Die drei »Eingangslieder«]
   V. 1ff. (Fischerknabe: »Es lächelt der See«)
   V. 13ff. (Hirte: »Ihr Matten, lebt wohl«)
   V. 25ff. (Alpenjäger: »Es donnern die Höhen«)
   Die Lieder sind echt idyllisch gehalten, der Situation vortrefflich angemessen.
3. V. 1465ff. (Walter Tell: »Mit dem Pfeil, dem Bogen«)
   ... begleitet von zwei Hörnern auf dem Theater.
4. nach V. 1726: _Jagdstück_ für zwei Hörner
5. nach V. 2650 bzw. zu V. 2797: _Marsch zur Bauernhochzeit_ für Harmoniemusik
   ... ist reinste Bauernmusik, prächtig in Melodie wie Instrumentation [mit Fl., Klar. 1 2, Fg. 1 2, Hr. 1 2, Tr.].
6. V. 2833ff. (Barmherzige Brüder: »Rasch tritt der Tod den Menschen an«)
   ... meisterhaft in der Weise der alten Kirchengesänge komponiert, ist mächtig ergreifend, von wesentlichster dramatischer Wirkung. Er wird von 4 Fagotten den vier Singstimmen entsprechend, hinter der Scene begleitet. Der Chor soll nach Webers Vorschrift ungefähr von 20–24 Sängern auf dem Theater sehr stark gesungen werden und ist so eingerichtet, daß die Strophen von 4 Solosängern hinter der Scene, wie eine Antwort, sehr piano wiederholt werden.
7. nach V. 2913: _Das Horn von Uri_
8. nach V. 3270: _Kuhreigen (... ein Horn hinter der Szene)_
9. nach V. 3281 bzw. nach V. 3290 (zugleich letzter Vers): _Harmoniemusik hinter der Szene_
10. _Schlussmusik_
    Wiederholung des mittleren Teils aus der Ouvertüre.

Die Uraufführung des Schauspiels sollte ursprünglich in Berlin stattfinden, weshalb Schiller noch während der Entstehung regelmäßig mit Iffland korrespondierte und am 16. Januar 1804 zunächst Zelter um die Komposition einer zugehörigen Musik bat; der Komponist erhielt dieses Schreiben aus nicht mehr klärbaren Gründen aber erst am 14. Oktober 1805 [!], weshalb damals eine Antwort ausblieb. Iffland teilte Schiller am 4. Februar 1804 mit, *Weber – der seltne Genialität hat und hohes Gefühl, hat schon die Musick begonnen*, womit sich der Dichter am 20. Februar 1804 einverstanden erklärte: *In beiliegendem Blatte bitte ich Herrn Weber um Mittheilung seiner Composition für den Tell. Haben Sie die Güte meine Bitte bei ihm zu unterstützen* (Beilage nicht erhalten).

Webers außergewöhnlich langer Brief an Schiller vom 20. März 1804 enthält zahlreiche Erläuterungen zur Entstehung der Komposition und zu deren Konzeption. – Nachdem Schiller die beiden ersten Akte des Schauspiels am 23. Januar 1804 Iffland zugeschickt hatte, reichte dieser den Text wohl wenig später an Weber weiter. Dieser berichtete dem Dichter im erwähnten Brief rückblickend, er sei *durch den romantischen und zugleich erhabenen Schwung ganz hingerissen* gewesen und habe umgehend (wohl um den 15. Februar 1804) mit der Komposition begonnen: *Ich nahm mir gleich vor die Ouverture, alle Zwischenacte, und Gesänge dazu zu setzen, und schrieb im Augenblicke etliche Ideen zur Ouverture nieder. Doch ohne das Stück ganz zu kennen, und den Geist davon zu aufgefaßt zu haben, ist ein solches Unternehmen nicht möglich.* Den Rest des Textes habe er allerdings zu einem Zeitpunkt erhalten, als er durch andere Arbeiten für das Theater völlig in Anspruch genommen war.

Erst nach der Festaufführung zum Geburtstag der Königin Luise von Preußen am 10. März konnte er die Arbeit fortsetzen, und somit ist die bald darauf so ungeheuer populäre Komposition in kürzester Zeit entstanden. *Die Ouverture kann nach meinem Empfinden – wie Sie auch schon selbst in Ihrem Schreiben bemerkt haben – mit einer Pastoral-Melodie – oder Kuhreihen – anfangen. An diesen Eingang schließt sich die Vorbereitung einer großen tragischen Handlung an. Es ist der Schmerz der Unterdrückung, und das Gefühl der emporstrebenden Freiheit, die am Ende obsiegt. Siegesgetümmel und ein prachtvoller Ausgang der Ouverture, die nach und nach wieder zur ersten Pastoral-Melodie übergehet. Der Vorhang wird aufgezogen, die Melodie gehet fort, Fischerknabe singt.* Momentan suche er aber noch einen authentischen Kuhreihen. Abschließend nennt Weber mehrere Quellenwerke über die Schweiz, in denen er eine geeignete Melodie zu finden hoffe.

Für das Ende des zweiten Aktes hatte Schiller zwar selbst den von ihm gewünschten Charakter der Musik anschaulich skizziert (nach dem geleisteten »Rütli-Schwur« sollen die Teilnehmer *zu drei verschiedenen Seiten in größter Ruhe abgehen*, worauf *das Orchester mit einem prachtvollen Schwung* beginnt und bei weiterhin geöffnetem Vorhang die *aufgehende Sonne über den Eisgebirgen* zu sehen ist). Doch der Theaterpraktiker Weber hatte diesen Aktschluss *anderst empfunden. Es will mir nicht in den Sinn, daß hier das Orchester mit einem prachtvollen Schwung gleich einfalle. Es ist Nacht, der fürchterliche Schwur ist gethan, sie gehen einzeln still auseinander, der Mond schwindet, die Sonne steigt herauf. – Sollte mich meine Fantasie trügen: wenn das Orchester schon unter Staufachers letzter Rede ganz pianissimo nur mit etlichen Violinen anfinge, crescendo fortginge, mit der aufgehenden Sonne sich endlich prachtvoll hinauf schwänge, und so, auch nach gefallenem Vorhange fortführe!! – Ich kann mich sehr gut in Ihre Idee hinein denken. Sie wollen durch diesen prachtvollen Schwung die große feierliche Handlung fortgeführt wissen; aber der Zuschauer siehet mehr mit den Augen des äussern, als des inneren Sinnes. So ist unser deutsches Publicum noch nicht gebildet. Doch, dieses alles abgerechnet, würde eine starke und gleich zu Anfange prachtvolle Musik in dieser schauerlich stillen Situation, die in diesem Augenblick auf den Zuschauer so mächtig wirkt wie die Handlung selbst, meine Empfindung stöhren. Belehren Sie mich eines Bessern, wenn ich mich trügen sollte. Ich erwarte deswegen mit freudiger Ungeduld eine Antwort von Ihnen.* Offenbar hat sich Schiller dazu jedoch nicht geäußert, und Weber hat diese Musiknummer schließlich nicht komponiert. Gleichwohl wurde an der betreffenden Stelle bei der Berliner Premiere ein Orchesterstück gespielt, das vielleicht ebenfalls von F. L. Seidel, dem damaligen Assistenten Webers, stammte (→ 2425).

Uraufführung bei der Berliner Premiere des Schauspiels: 4. Juli 1804 (Königliches Nationaltheater), unter der Leitung des Komponisten. – Am 24. Juli 1804 berichtete er dem Dichter: *Tell ist mit entschiedenem Beifall sech[s]mal innerhalb 14 Tagen gegeben worden. Mit meiner Musick, besonders mit der Ouverture war man zufrieden. Nehmen Sie beikommende*

Die Komponisten und ihre Werke

Gesänge als ein Zeichen meiner Hochachtung gütig auf (Musikbeilage des Briefes nicht erhalten).

Ebenso wie Webers Schauspielmusik zur ›Jungfrau von Orleans‹ (→ 2796) hat sich diejenige zu ›Wilhelm Tell‹ lange auf dem Theater behauptet: *Darf man eine Schauspielmusik »populär« nennen, so ist es diese, die nicht nur an der Berliner Hofbühne bis zum heutigen Tage* [1886] *beibehalten, sondern während des langen Zeitraumes ihres Daseins auch von unzähligen anderen Theatern mit Erfolg und Vorliebe benutzt worden ist. Der einfache Volkston, gepaart mit der treffendsten Charakteristik, verschaffte dem Werke die weiteste Verbreitung und allgemeinste Anerkennung, einzelne seiner Melodien sind, man kann sagen, in der ganzen Welt volksthümlich geworden* (Schaefer, S. 76).

1. Erstausgabe der vollständigen Schauspielmusik

   Gesänge, Marsch und Chor zum Schauspiel Wilhelm Tell. – Berlin: *In Commission bei Rellstab* [1804]. – Klavierauszug (Verl.-Nr. *Op. CCCXLIX*). – RISM A I: W 444. Ledebur, S. 628 (hier aber: *Fünf* [!] *Gesangstücke*). Schaefer, S. 75ff.

   Zur Besonderheit der Rellstab-Drucke, die statt der Verlags- oder Platten-Nummern mit Opus-Zahlen versehen wurden → 369 (Ausgabe 1). – Titelseite mit dem Hinweis: ... *die vollständige Orchester-Partitur durch die Rellstabsche Musikhandlung* [sicher leihweise in einer Kopistenschrift]. – Am 5. September 1804 erschien in der AMZ/1 eine ausführliche und lobende Besprechung (Sp. 825ff.). Man beglückwünschte darin dem Komponisten, den adäquaten Ton gefunden zu haben: *Die Melodieen sind äusserst einfach, volksmässig, sagen aber wirklich aus, was sie aussagen sollen, so dass man allenfalls hin und wieder alle Begleitung entbehren könnte. Durch diese – überall ebenfalls sehr einfache – Begleitung hat aber der Komp. nicht nur den so sehr eingeschränkten Melodieen einen neuen Reiz geben, sondern er hat sie dadurch zugleich – wenn man so sagen darf – scharf individualisiren wollen, weshalb er auch sorgfältig in der Wahl der begleitenden Instrumente gewesen ist. Das Hirtenlied und das Fischerlied sind in jedem Betracht die schönsten.* Der Rezensent fügt als Beispiel dann das Jägerliedchen (»Mit dem Pfeil, dem Bogen«) an, das inzwischen zu den populärsten »Schiller-Vertonungen« gehört.

2. Ausgaben mit mehreren Nummern aus der Schauspielmusik

   [4] *Gesänge aus Wilhelm Tell.* [...] *Für Pianoforte oder Guitarre.* – Leipzig: Kühnel, o. A. – Verl.-Nr. *815.* – RISM A I: W 448.

       · Leipzig: Peters, o. A. – Verl.-Nr. *815.* – RISM A I: W 449. Original (DLA).

   Wilhelm Tell. Gesänge zur Gitarre. – Berlin: Paez, o. A. – Hofmeister 1845 (*Vocalmusik*), S. 210.

   Gesänge aus Wilhelm Tell für eine Singstimme zur Gitarre arrangiert von F.[riedrich] Westenhol[t]z. – Berlin: Werckmeister, o. A. – Verl.-Nr. *205.* – RISM A I: WW 449a.

   Nach dem Nekrolog für die Pianistin und Komponistin Eleonore Sophia Maria Westenholtz (1759–1838), die Mutter des Bearbeiters, soll diese das Arrangement angefertigt haben (hier auf *1807* datiert, allerdings mit dem Erscheinungsort *Leipzig*); diese irrtümliche Zuschreibung wird seitdem regelmäßig wiederholt (vgl. etwa MGG2 *Personenteil* Bd. 17, Sp. 830f.).

   Gesänge, Marsch et [!] *Chor.* – Hamburg: Böhme, o. A. – Klavierauszug. – RISM A I: W 445.

   Im selben Verlag erschien offenbar eine unwesentlich geänderte Ausgabe unter dem Titel: *Gesänge und Marsch* (s. RISM A I: W 446).

   [Die ersten beiden »Eingangslieder«] bearb. für eine Singstimme mit Klavierbegleitung oder zur Gitarre. – S. 18 bzw. S. 34 des 1. Halbjahres, 1. Heft,

617

Verzeichnis der musikalischen Werke

in: *Wöchentliche Musikalische Blaetter für das Pianoforte, die Guitarre und für Gesang.* – Würzburg: Bonitas 1811. – Fellinger, S. 311.

Nur 1811 erschienenes Periodikum (je Halbjahr zwei Hefte mit insgesamt 97 Stücken).

3. Frühe Einzelausgaben (Auswahl)

a) Ouvertüre

Originalausgabe für Orchester, op. 7 [!]. – Berlin: Werckmeister, o. A. – Stimmen (Verl.-Nr. *143*). – RISM A I: W 447.

Aus Anlass einer Berliner Konzertaufführung vom 30. März 1806 wurde das Stück als *genialisch* und *charakteristisch* gerühmt; es erscheine auch ohne Verbindung mit dem Schauspiel als *ein äußerst sinniges Gemälde des uns sonst so romantischen Schweizerlandes. Der erste Eingang, eine sanfte wirklich romantische Blasinstrumental-Parthie, in die sich unvermerkt die Saiteninstrumente mischen und nun zusehends mit jenen in eine große gewaltige Masse sich vereinigen: Schweizerisches Hirtenleben, große, oft schauderlich erhabene Naturscenen im alten Freiheitslande! Ein wahrhaft schönes, großes originelles musikalisches Gemälde!* – In einer zeitgenössischen Rezension der Stimmenausgabe wird sie als *Eine Kraft und charaktervolle Composition* verherrlicht, *wie man sie von dem sehr braven Meister gewohnt ist. Eine artige Nachbildung des bekannten schweizer Kuhreihen macht die Einleitung, der ein majestätisches Allegro folgt, in welchem ein kräftiger Satz mit Kunst und Feuer durchgeführt wird. Die hie und da wieder durchtönenden Alphörner geben dem Ganzen einen pikanten, romantischen Charakter* (beide Zitate aus: *Berlinische Musikalische Zeitung*, hg. von Johann Friedrich Reichardt, 2. Jg., Nrr. 28 bzw. 39. Berlin: Frölich 1806, S. 111 bzw. 155).

Bearbeitungen für Klavier zu zwei Händen (alphabetisch nach Verlagen)

- Berlin: Concha, o. A. – Verl.-Nr. *725*. – Staatsbibl. zu Berlin (Online-Katalog).
- Berlin: Lischke, o. A. – Verl.-Nr. *779*. – Staatsbibl. zu Berlin (Online-Katalog). Whistling 1828, S. 804. RISM A I: WW 447c.
- Leipzig: Hofmeister, o. A. (= *Ouverturen für das Pianoforte aus 70 Opern gewählt*, Nr. 56). – Verl.-Nr. *651*.– Whistling 1828, S. 804. RISM A I: WW 447d.
- Berlin: Werckmeister, o. A. – Verl.-Nr. *148*. – Schaefer, S. 75. RISM A I: WW 447b. Antiquariat Greve-Kat. 48, Nr. 907 (auf *1806* datiert).

Bearbeitung für Klavier zu vier Händen

- Arrangement von Carl Klage. – Berlin: Schlesinger, o. A. – Verl.-Nr. *112*. – RISM A I: WW 447a. Whistling 1828, S. 575. Hofmeister 1845 (*Musik für das Pianoforte*), S. 119. Antiquariat Greve Kat. 48, Nr. 689 (auf *1812* datiert).

  ... der Frau Kapellmeisterinn [!] Friederike Weber hochachtungsvoll zugeeignet.

  - Paris: Richault, o. A. – Whistling 1828, S. 575.

b) – V. 13ff. (Hirte: »Ihr Matten, lebt wohl«)

Für eine Singstimme mit Klavierbegleitung Nr. 137 vom 10. Juli 1804, S. 26f., in: *Der Freimüthige und Ernst und Scherz*, 2. Jg.; hg. von August von Kotzebue und Garlieb Helwig Merkel. – Berlin: Frölich 1804. – Original (DLA).

In Zusammenhang mit dem Bericht über die Berliner Erstaufführung erschienen.

Die Komponisten und ihre Werke

c) – V. 1465ff. (Walter Tell: »Mit dem Pfeil, dem Bogen«)

Gehört zu den populärsten »Schiller-Vertonungen« überhaupt und ist (v. a. in Zusammenhang von Liederbüchern und Chorsammlungen) unzählige Male in allen denkbaren Versionen veröffentlicht worden, weshalb man hier auf Einzelnachweise verzichten konnte. Trotz seiner großen Beliebtheit gibt es offenbar kaum Parodien:

- »*Auf Arkonas Berge* [!] *ist ein Adlerhorst*« – ›*Der Adler auf Arkona*‹; Text von Wilhelm Müller. – Nr. 5 in: *Schauenburgs Allgemeines Deutsches Commersbuch* [...] 53. Aufl. → 12 (Parodie 2)
  Hier mit der Bemerkung, dass dies auch nach der Melodie von »*Freiheit, die ich meine*« gesungen werden kann (1818 von Karl Groos nach dem um 1810 entstandenen Gedicht von Max von Schenkendorf komponiert).
- »*Blaue Nebel steigen von der Erde auf*« – ›*Abendlied vom Jahre 1813*‹; Text von Karl Jung. – Nr. 10 in: *Schauenburgs Allgemeines Deutsches Commersbuch* [...] 53. Aufl. → 12 (Parodie 2)
- »*In meinen jungen Jahren, da ging ich oft zum Wald*« – [ohne Titel]; Textverfasser unbekannt. – In: *Deutsches Jägerliederbuch*, hg. vom Deutschen Jagdverband. – München: Mayer 1951. – Volksliedarchiv (Online-Verzeichnis).

d) – V. 2833ff. (Barmherzige Brüder: »Rasch tritt der Tod den Menschen an«)

Vielfach in der Version für vierstimmigen Männerchor (TTBB) a cappella veröffentlicht.

e) Außerdem

Valse favorite de Guillaume Tell pour Piano Forté. – Mainz: Schott, o. A. – Verl.-Nr. *568*. – RISM A I: WW 449b.

WEBER, Carl Maria von (1786–1826)

2806 An die Freude (»Freude, schöner Götterfunken«)
Für Soli, Chor und Orchester

Nachweis mit dürftiger Quellenlage: Mündliche Mitteilung Joseph Joachims aus dem Jahr 1879 an George Grove, wonach Weber im Juni 1811 dem Verleger Nicolaus Simrock von seiner Arbeit an dieser Vertonung berichtet habe (vgl. Friedlaender, *Das dt. Lied* Bd. 2, S. 581). – Im WV/Weber-C. M. nicht dokumentiert.

2807 Der Jüngling am Bache (»An der Quelle saß der Knabe«); hier unter dem Titel: *Liebeskummer*
Für eine Singstimme mit Klavierbegleitung
Nr. 62 des 3. Heftes in: *Hundert auserlesene deutsche Volkslieder mit Begleitung des Klaviers*, hg. von Wilhelm Wedemann (in 3 Heften). – Weimar: Voigt 1841. – Original (Slg. GG). HMB 1841/10, S. 160. WV/Weber-C. M. deest.

Nicht authentische Textunterlegung von: *Lied der Preciosa* (»*Einsam bin ich nicht alleine*«), Nr. 7 aus der Musik zum Schauspiel ›*Preciosa*‹ von Pius Alexander Wolff (Uraufführung: Dresden, 15. Juli 1820), die erstmals 1821 bei Schlesinger in Berlin veröffentlicht worden war (zahlreiche Ausgaben; vgl. WV/Weber-C. M., J 279). – Zu Wedemanns ganzer Liedersammlung → 2825.

Verzeichnis der musikalischen Werke

Turandot, Prinzessin von China. Ein tragikomisches Märchen nach Carlo Gozzi von Friedrich Schiller

2808 Schauspielmusik für Orchester, op. 37

1. Ouvertüre
Es handelt sich um die Umarbeitung der heute verschollenen *Overtura Chinesa*, die Weber bereits 1804/05 komponiert und in Breslau am 1. Juli 1806 uraufgeführt hatte; vgl. WV/Weber-C. M. Anh. II, Nr. 28. – Anmerkung auf der Titelseite zur Stimmenausgabe der Schauspielmusik: *Die Ouverture ist nach einer ächt Chinesischen Melodie, welche sich im Dictionaire du Music von J. J. Rousseau befindet, bearbeitet.*
2. *Marcia* [nach V. 532]
Hier die szenischen Anweisung: *Man hört einen Marsch in der Ferne.*
3. *Marcia maestoso* [nach V. 748]
Hier mit *die* szenischen Anweisung: *Man hört einen Marsch.*
4. Drei verschiedene kurze Musikstücke zu den drei Rätseln [nach V. 877 bzw. 913 und 995]
Szenische Anweisung zu den beiden ersten Einsätzen: *Musik fällt ein*; beim dritten Mal: *Alle Instrumente fallen ein mit großem Geräusch.*
5. *Marcia funebre* [nach V. 2417]
Hier mit der szenischen Anweisung: *Man hört einen lugubren Marsch mit gedämpften Trommeln.*

Berlin: Schlesinger, o. A. – Orchesterstimmen. – Verl.-Nr. *453*. – WV/Weber-C. M., S. 88 (J 75; demnach *1809* erschienen).

Im Frühherbst 1809 in Ludwigsburg komponiert und am 12. September d. J. beendet. – Uraufführung im Rahmen der Premiere: Stuttgart, 20. September 1809 (Hoftheater). – P. Lindpaintner hat die Schauspielmusik mit einigen Stücken ergänzt (→ 1470).

Einzelveröffentlichung der Ouvertüre

- Berlin: Schlesinger, o. A. – Partitur. – WV/Weber-C. M., S. 88 (demnach *1818* erschienen). Schaefer, S. 62.

Außerdem erschienen zeitgleich im selben Verlag noch Arrangements für Klavier zu zwei bzw. vier Händen (ersteres vom Komponisten). – Solche Bearbeitungen sind später auch in anderen Verlagen noch veröffentlicht worden. – Darüber hinaus haben sich P. Hindemith (→ 1006) und P. J. Korn (→ 1281) mit der Ouvertüre schöpferisch auseinandergesetzt.

Wallenstein. Ein dramatisches Gedicht – I. Wallensteins Lager

Das österreichische Feldlager; Verfasser unbekannt

2809 Schauspielmusik

Anlässlich des Sieges über die französischen Truppen in der »Völkerschlacht« bei Leipzig (19. Oktober 1813) wurde von einem unbekannten Autor in aller Eile eine »aktualisierende« Bearbeitung von ›Wallensteins Lager‹ mit dem o. g. Titel angefertigt, zu der die Weber eine Schauspielmusik beisteuerte (offenbar unter Verwendung bereits vorhandener Kompositionen). Drei Stücke können näher bezeichnet werden, wobei unklar ist, ob es sich dabei um alle Bestandteile handelt: *Ouvertüre* für Orchester; *Ungarese* (vermutlich mit Violine solo); *Quodlibet* für Chor. – Uraufführung: Prag, 24. Oktober 1813. – Eine Schauspielbearbeitung gleichen Titels, aber in anderem historischen Zusammenhang von H. Schmidt mit Musik von I. v. Seyfried war am 4. Oktober 1813 in Wien uraufgeführt worden (→ 2440).

QUELLE: WV/Weber-C. M. Anh. II, Nrn. 43–45 (Musik demnach unveröffentlicht und verschollen).

620

Die Komponisten und ihre Werke

Wilhelm Tell. Schauspiel

2810 – V. 1ff. (Fischerknabe: »Es lächelt der See«)
Zweistimmiger Gesang
Nr. 6 in: *Zwölf Schiller-Lieder* → 715

Es handelt sich um eine nachträgliche Textunterlegung des »Chores der Meermädchen«
aus ›Oberon‹.

2811 – V. 2833ff. (Barmherzige Brüder: »Rasch tritt der Tod den Menschen an«)
Männerchor a cappella
Berlin: Fr. Luckhardt, o. A. – Partitur, Stimmen. – HMB 11/1888, S. 494.

Sicher Verwechslung mit Bernhard Anselm Webers Vertonung (→ 2805).

WEBER, Gottfried (1779–1839)

2812 An den Frühling (»Willkommen, schöner Jüngling«)
Für eine Singstimme mit Klavierbegleitung oder zur Gitarre
Nr. 8 (auch einzeln) in: ders., *Liebe, Lust und Leiden in* [8] *Liedern und Gesängen*, op. 36. – Mainz: Schott, o. A. – Vollst. Heft (Verl.-Nr. *1400*); Einzelausgaben
(Verl.-Nrr. *1401–1408*). – WV/Weber-Gottfried, S. 128ff. (auf *1820* datiert).

Die Abfolge der Verl.-Nrr. in den Einzelveröffentlichungen entspricht nicht derjenigen im
vollst. Heft (Nr. 8 ist bspw. einzeln mit der Verl.-Nr. *1406* erschienen; vgl. WV/Weber-Gott-fried, S. 128). Die Melodie der Schiller-Vertonung soll an ein italienisches Volkslied (»*Lässt sich Amor bei euch schauen*«) erinnern (ebd., S. 130).

2813 An die Freude (»Freude, schöner Götterfunken«)
Gemischter Chor mit oder ohne Begleitung

Sicher irrtümlicher Nachweis, wonach die *Tonweise* [...] *G. Webers* neben denjenigen von J. F.
Reichardt (→ 1917 oder 1918) und A. P. Schulz (gemeint ist die vermutlich von J. G. Nau-mann stammende Melodie; → 1736) *am meisten ins Volk gedrungen und in vielen Sammlun-gen aufgenommen worden* sei (s. Blaschke, S. 398; nicht im WV/Weber-Gottfried).

2814 Des Mädchens Klage (»Der Eichwald brauset«)
Für eine Singstimme mit Klavierbegleitung oder zur Gitarre
Nr. 3 in: ders., [6] *Lieder von Schiller, Goethe, H. v.* [Helmina von] *Chezy*, [Chris-tian August Heinrich] *Clodius und* [Johann Christoph Friedrich] *Haug*, op. 25. –
Augsburg: Gombart, o. A. – Verl.-Nr. *572*. – WV/Weber-Gottfried, S. 107. Rhein-furth, *Gombart*, Nr. 913 (datiert auf *1817*).

Schiller-Vertonung am 30. März 1813 komponiert.

Die Räuber. Ein Schauspiel

2814+1 Ouvertüre für Orchester

Unveröffentlicht. – Uraufführung: Leipzig, 5. Dezember 1837 (Euterpe); s. Pelker, S. 853.

2815 Die vier Weltalter (»Wohl perlet im Glase der funkelnde Wein«); hier unter
dem Titel: *Gesang und Liebe*
Für eine Singstimme mit Klavierbegleitung oder zur Gitarre
Nr. 7 (auch einzeln) in: ders., *Liederkranz für eine oder mehrere Singstimmen*,
op. 31 (in 3 Heften). – Mainz: Schott, o. A. – Verl.-Nrr. *1194–1196*; Einzelveröf-fentlichung der Nr. 7: Verl.-Nr. *1150*. – WV/Weber-Gottfried, S. 116ff. (Einzel-ausgaben 1818, vollst. Ausgabe um 1818/19 erschienen). AMZ/1, 28. Februar
1821, Sp. 148 (Rezension; hier aber als 51. Werk nachgewiesen). Hofmeister
1845 (*Vocalmusik*), S. 187.

621

Verzeichnis der musikalischen Werke

1. Heft (Lieder): Nrr. 1–6; 2. Heft (Lieder): Nrr. 7–12; 3. Heft (mehrstimmige Gesänge): Nrr. 13–18. – Die zuerst einzeln veröffentlichten Lieder haben jeweils eigene Verlagsnummern. – Die andernorts nachgewiesene Verl.-Nr. *1149* von Nr. 7 dürfte ebenso auf einem Versehen (»Zahlendreher«?) beruhen, wie deren Verweis ins 1. Heft von op. 31; vgl. *Studien zu Gottfried Webers Wirken und seiner Musikanschauung* (= *Beiträge zur mittelrheinischen Musikgeschichte*, Bd. 30), hg. von Christine Heyter-Rauland. Mainz: Schott 1993, S. 93.

WEBER, Gustav (1845–1887)

2816 Dithyrambe (»Nimmer, das glaubt mir, erscheinen die Götter«)
Männerchor mit Orchesterbegleitung (o. op.)

Unveröffentlicht (s. MGG1 Bd. 14, Sp. 332, bzw. MGG2 *Personenteil* Bd. 17, Sp. 578).

WEBER, Johann Baptist (1792–1823)

2817 Das Mädchen aus der Fremde (»In einem Tal bei armen Hirten«)
Für eine Singstimme mit Klavierbegleitung
Nr. 3 in: ders., *Vier deutsche Lieder mit Clavierbegleitung.* – Breslau: Förster, o. A. – RISM-CH (Database).

... dankbar gewidmet seinem verehrten Lehrer, dem Musik Director Herrn Bernh.[ard] Förster.

2818 Des Mädchens Klage (»Der Eichwald brauset«)
Für eine Singstimme mit Klavierbegleitung
Nr. 4 in: ders., *Vier deutsche Lieder* → 2817

WEBER, Max (?–?)

2819 An den Frühling (»Willkommen, schöner Jüngling«)
Für eine Singstimme mit Klavierbegleitung, op. 11
Nr. 1 (einzeln) in: ders., *Drei Schiller-Lieder*, opp. 11–13. – Bremen: Klinner, o. A. – Hofmeister (1909–1913), S. 865

Obwohl einzeln und mit jeweils eigener Opuszahl, wurden die Lieder mit dem genannten Sammeltitel veröffentlicht.

2820 Die Teilung der Erde (»Nehmt hin die Welt«)
Für eine Singstimme mit Klavierbegleitung
Nr. 1 in: ders., *Drei Lieder* (o. op.). – München: Seiling, o. A. – Hofmeister (1904–1908), S. 848. BSB-Musik Bd. 17, S. 6944 (mit der Datierung *ca. 1906*).

2821 Die Weltweisen (»Der Satz, durch welchen alles Ding«)
Für eine Singstimme mit Klavierbegleitung, op. 12
Nr. 2 (einzeln) in: ders., *Drei Schiller-Lieder* → 2819

2822 Punschlied (»Vier Elemente, innig gesellt«)
Für eine Singstimme mit Klavierbegleitung, op. 13
Nr. 3 (einzeln) in: ders., *Drei Schiller-Lieder* → 2819

WEDEL, Søren (1765–1826)

2823 Des Mädchens Klage (»Der Eichwald brauset«)
Für eine Singstimme mit Klavierbegleitung
Hamburg: Böhme, o. A. – RISM A I: W 477. Original (DLA).

WEDEMANN, Wilhelm (1805–1845)

Der Antritt des neuen Jahrhunderts (»Edler Freund! Wo öffnet sich dem Frieden«)

2824 – V. 25ff. (»Ach umsonst auf allen Länderkarten«); hier unter dem Titel: *Aechtes Glück*
Für eine Singstimme mit Klavierbegleitung
Nr. 83 des 2. Heftes in: *Hundert Gesänge der Unschuld, Tugend und Freude mit Begleitung des Claviers. Gemüthlichen Kinderherzen gewidmet* von Wilhelm Wedemann (in 3 Heften). – *Dritte, durchaus vermehrte Auflage* – Ilmenau: Voigt, o. A. – Original (Slg. GG). Whistling, S. 1104 (1. Heft). HMB 1830/7+8, S. 63 (2. Heft). Hofmeister 1845 (*Vocalmusik*), S. 187 (3. Heft).

Diese Schiller-Vertonung ohne Komponistennachweis. Ob sie wirklich von Wedemann stammt, dessen Name gelegentlich an anderer Stelle gleichwohl genannt wird, muss hier offen bleiben. – Zur Darstellung des Inhalts konnte nur diese Ausgabe eingesehen werden, die aber auch Wedemanns datierte Vorrede zum ersten Heft in der ersten bzw. zweiten Auflage enthält (jew. *Buttstädt, 29. Februar 1828* bzw. *15. Oktober 1829*). – Die Sammlung war bis über die Jahrhundertmitte offenbar recht beliebt: Die sechste Auflage der ersten beiden Hefte ist in HMB 1839/4, S. 46, angezeigt, die 9. Auflage des 2. Heftes 1858/4, S. 60.

2825 Der Pilgrim (»Noch in meines Lebens Lenze war ich«)
Für eine Singstimme mit Klavierbegleitung, op. 13
Nr. 19 des 2. Heftes in: *Hundert* [insgesamt zunächst 200, später 300] *auserlesene deutsche Volkslieder mit Begleitung des Claviers*, gesammelt von Wilhelm Wedemann (zunächst in 2, später in 3 Heften). – *Dritte verbesserte Auflage.* – Weimar: Voigt 1843. – Original (Slg. GG).

Die Hefte enthalten jeweils (!) hundert Lieder, darunter einige ohne Komponistennachweis (dies gilt auch für ›Der Pilgrim‹); ob dieses wirklich von Wedemann stammen, dessen Name gelegentlich gleichwohl genannt ist, muss hier offen bleiben. – Zur Darstellung des Inhalts konnte nur diese Ausgabe eingesehen werden, die aber auch Wedemanns »Vorrede zur ersten Auflage« enthält (ebenfalls bei Voigt, aber in Ilmenau, erschienen – vgl. HMB 1830/9+10, S. 79; diese »Vorrede« mit der Datierung: *Buttstädt, den 1. November 1830*); hier heißt es unter Bezug auf seine bereits erschienenen, damals noch aus zwei Heften bestehenden ›Hundert Gesänge der Unschud, Tugend und Freude‹ (→ 2824): *Der Beifall, welchen die beiden Hefte der von mir gesammelten Kinderlieder gefunden haben, lässt mich auch für die schon früher versprochenen Gesänge für Erwachsene, welche ich jetzt dem Gesangliebenden* [!] *Publikum vorlege, eine günstige Aufnahme hoffen.* Dabei definiert er den zentralen Begriff des Titels in einer etwas eigenwilligen Weise: *Unter Volksliedern verstehe ich nämlich solche, die nach ihrem Charakter für jeden Stand des Volkes passen und die durch allgemein verständlichen Sinn und leichte ansprechende Melodie werth und wohlgeeignet sind, in den Mund des Volkes überzugehen.* Zur Ausgabeform erklärt Wedemann: *Um manches schöne Lied auch für die weniger Geübten brauchbar zu machen, habe ich bei einigen die Singstimme mit der Klavierbegleitung für die rechte Hand verbunden, ohne jedoch die Melodie zu verändern.* – Das 3. Heft ist 1841 ergänzt worden (→ 2807).
Aus der »Vorrede« zur dritten Auflage mit der Datierung *Weimar, im December 1843*, geht hervor, dass die vorausgegangene mit der Erstausgabe noch identisch ist und die nunmehr vorgenommene Umgestaltung weitgehend aus Korrekturen bestand: *Bei dieser neuen* [3.] *Auflage schienen mir wesentliche Umänderungen nicht eben nöthig, doch habe ich die Klavierbegleitung hie und da durch kleine Abänderungen noch zweckmässiger einzurichten gesucht und mich bemüht, das Ganze möglichst fehlerfrei der Oeffentlichkeit zu übergeben. Auch habe ich einige Lieder mit andern vertauscht, wobei ich besonders Rücksicht auf Moll-Melodieen nahm, an welchen es in den beiden ersten Auflagen etwas fehlte.*

Verzeichnis der musikalischen Werke

WEDIG, Hans Josef (1898–1978)

Der Genius (»Glaub' ich, sprichst du«)

2826   – V. 13f. (»Muss ich ihn wandeln, den nächtlichen Weg«)
Für Sopran solo, vierstimmigen gemischten Chor und Orchester
Nr. 2 in: ders., *Chorkantate nach Texten von* [Friedrich] *Hölderlin und Schiller*, op. 2. – Berlin: Bote & Bock 1927. – Klavierauszug (Verl.-Nr. *19808*). – Hofmeister (1924–1928), S. 710. *Dt. Musiker-Lex.* 1929, Sp. 1531. Original (DLA).

Uraufführung: Aachen, 1927, unter der Leitung von Peter Raabe. – Die Chorstimmen sind 1961 im gleichen Verlag erschienen; vgl. Hofmeister (1961), S. 314

WEHE, Hermann (?–?)

2827   An die Freude (»Freude, schöner Götterfunken«)
Chorsatz mit Klavierbegleitung
Nr. 4 in: *Gesang-Album. Sammlung einfacher Lieder und Chorsätze* mit Klavierbegleitung, *für den Gebrauch in höheren Töchterschulen und in Famlienkreisen* (in 4 Heften), hg. von Hermann Wehe. – Magdeburg: Heinrichshofen, o. A. – Partitur. – Hofmeister (1868–1873), S. 525.

1. Heft: Nrr. 1–6; 2. Heft: Nrr. 7–12; 3. Heft: Nrr. 13–17; [4. Heft] *Anhang (Lieder, a cappella zu singen)*: Nrr. 18–22.

WEIDLE, Hermann (1901–1986)

Wilhelm Tell. Schauspiel

2828   – V. 1447ff. (Rösselmann: »Wir wollen sein ein einzig' Volk von Brüdern«); hier unter dem Titel: *Ein einig* [!] *Volk*
Männerchor (und Frauenchor ad libitum) mit Klavier- oder Blasorchesterbegleitung
Stuttgart: Auer, o. A. – Partitur, Chor- und Orchesterstimmen. – Hofmeister (1929–1933), S. 719.

Vermutlich handelt es sich um eine der vielen Vertonungen »geflügelter Worte« Schillers, mit denen das soeben ausgerufene »Dritte Reich« gefeiert wurde.

WEIDNER, ... (?–?)

Identität des nur bei Brandstaeter erwähnten Komponisen (S. 35) bisher nicht klärbar. In HMB taucht bis 1848 einige Male ein *G. Weidner* auf, nach 1866 ein *Georg* bzw. *Joseph Weidner*. Letztere kommen für Brandstaeter nicht mehr in Betracht.

2829   Der Taucher (»Wer wagt es, Rittersmann oder Knapp'«)
Wohl für eine Singstimme mit Klavierbegleitung

2830   Die Bürgschaft (»Zu Dionys, dem Tyrannen, schlich Damon«)
Wohl für eine Singstimme mit Klavierbegleitung

WEIDT, Heinrich (1824–1901)

2831   Der Taucher (»Wer wagt es, Rittersmann oder Knapp'«)
Für Soli, Männerchor und Orchester, op. 91
Uraufführung: Budapest, 1864.

_____Die Komponisten und ihre Werke

QUELLEN: Franz Metz, *Societatea filarmonică din Timişoara. 125 de ani de la înfiinţare (1871–1996)* [ohne bibliographische Angaben] 1996, S. 43. Edition Musik SüdOst (Homepage).

WEIGL, Joseph (1766–1846)

Wilhelm Tell. Schauspiel

2832   *Wilhelm Tell. Großes pantomimisches Ballett* in vier Akten; Choreographie von Louis Henry

Musik teilweise auch von A. Gyrowetz (→ 845).

WEINBERG, Miczysław (1919–1996)

Vornamen auch: *Moisej Samuilovič* oder *Mečislav Samuilovič*; Nachname auch: *Vajnberg*.

2833   *Elegie* nach Schiller
Für Bariton mit Klavierbegleitung, op. 32

1946 entstandene Vertonung eines bisher nicht identifizierbaren Textes.

QUELLEN: New Grove2 Bd. 27, S. 236. MGG2 *Personenteil* Bd. 17, Sp. 689. Russisches Musikarchiv (Internetrecherche).

WEINBERGER, Jaromír (1896–1967)

Wallenstein. Ein dramtisches Gedicht

2834   *Valdštejn (Wallenstein). Musikalische Tragödie* in sechs Bildern; Libretto von Miloš Kareš
Wien: Universal Edition 1937. – Klavierauszug mit tschechischem Text und der deutschen Übersetzung von Max Brod (Verl.-Nr. *10925*). – Hofmeister (1937), S. 164. BSB-Musik Bd. 17, S. 6967. Antiquariat Schneider Kat. 374, Nr. 490.

Dem damaligen österreichischen Bundeskanzler Kurt Schuschnigg gewidmet. – Uraufführung (mit deutscher Textfassung): Wien, 18. November 1937 (Staatsoper), mit Alfred Jerger (Wallenstein), Esther Réthy (Thekla) und Friedrich Ginrod (Max), unter der musikalischen Leitung von Wolfgang Martin. – Bei der deutschen Übersetzung verwendete M. Brod einige Originalpassagen aus Schillers Dichtung. – Die Erstaufführung in tschechischer Sprache fand 1938 in Olmütz statt.
    Da die Rezeption Weinbergers von seiner populärsten Oper, ›*Švanda Dudák*‹ [›*Schwanda der Dudelsackpfeifer*‹], geprägt war (in Prag am 27. April 1927 uraufgeführt; Wiener Premiere: 16. Oktober 1930), vermisste man nun eine ähnlich komponierte böhmisch-volkstümliche Musik, wie sie sich bspw. für die Soldatenchöre angeboten hätte, und kritisierte seinen nunmehr völlig geänderten Stil: *... ein rezitativisches Verfahren mit lebhaft untermalendem Orchester. Unansehnliche Motive erhalten erst durch häufige Wiederholung erkennbare Bedeutung* [...]. *Neben den Chören äußert sich auch sonst, in Sarabande und Fuge, Weinbergers Vorliebe für geschlossene Formen.* Auf der anderen Seite bemängelte man, dass es in Wallensteins Lager *ein wenig operettenhaft* zugehe. Gleichwohl habe es sich um *eine glanzvolle Aufführung* gehandelt, die wohl *dem freundlichen äußeren Erfolg der Novität Nachhaltigkeit* verleihen würde (*Neue Freie Presse*, Morgenblatt vom 19. November 1937, S. 1ff.).

Daraus

- *Wallenstein.* Suite für Orchester
New York: Associated Press 1939. – Partitur (Vervielfältigung einer Handschrift). – Fleisher Collection, S. 868.

In drei Sätzen: 1. *Präludium und Tambourin*; 2. *Sarabande und Fuge*; 3. *Die böhmischen Grenadiere (Marsch)*.

625

Verzeichnis der musikalischen Werke

WEINBERGER, Karl Rudolf (1861–1939)

Vorname auch *Charles*.

Hektors Abschied (»Will sich Hektor ewig von mir scheiden«)

2835   *Hector's Abschiedslied – Puppenlied (»Lieb Mamachen, leb wohl«)*
Nr. 7 (einzeln) in: ders., *Die Karlsschülerin*. Operette in drei Akten. Libretto von Hugo Wittmann. – Wien: Doblinger, o. A. – Klavierauszug. – HMB 1895/4, S. 163.

Uraufführung: Wien, 21. März 1895 (Theater an der Wien); vgl. Bauer, *Theater a. d. Wien*, S. 447 (Stieger nennt zwar den gleichen Tag, aber wohl irrtümlich *1897*).

WEINBRENNER, L. (?–?)

2836   Des Mädchens Klage (»Der Eichwald brauset«)
Für Alt oder Bass mit Klavierbegleitung
Elberfeld: Arnold, o. A. – HMB 1867/9, S. 155.

WEINGARTNER, Felix von (1863–1942)

2837   An Emma (»Weit in nebelgrauer Ferne«); hier unter dem Titel: *Emma*
Für tiefere Singstimme mit Klavierbegleitung
Nr. 3 in: ders., *Drei Lieder*, op. 13. – Mannheim: Heckel, o. A. – HMB 1890/12, S. 576.

      · Berlin: Challier, o. A. – HMB 1892/9, S. 366.

      · Ausgabe für hohe bzw. tiefe Stimme (einzeln). – Berlin: Birnbach, o. A. – WV/Weingartner, S. 3. *Dt. Musiker-Lex.* 1929, Sp. 1539 (hier unter dem Titel: *An Emma*).

WEINHÖPPEL, Hans Richard (1867–1928)

Veröffentlichte hauptsächlich unter dem Pseudonym *Hannes Ruch*.

Turandot, Prinzessin von China. Ein tragikomisches Märchen nach Carlo Gozzi von Friedrich Schiller

2838   Schauspielmusik

Uraufführung: Köln, 19. Oktober 1910 (s. Stieger).

WEINWURM, Rudolf (1835–1911)

2839   An die Freude (»Freude, schöner Götterfunken«)
Männerchor a cappella (o. op.)
Leipzig: Bosworth, o. A. – Partitur, Stimmen. – NZfM vom 19. April 1905, S. 358 (Rezension). Hofmeister (1904–1908), S. 853.

Weitere Ausgaben im gleichen Verlag für gemischten Chor a cappella bzw. für Sopran und Alt mit Klavier- oder Harmoniumbegleitung ad libitum.

WEISMANN, Wilhelm (1900–1980)

2840   Bibliothek schöner Wissenschaft (»Jahrelang schöpfen wir schon in das Sieb«); hier unter dem Titel: *Die Danaiden*
Kanon zu drei *gemischten* Stimmen (SS und *Männerstimmen*)

S. 368f. in: *Rundadinella* →1300

Wurde als einer der wenigen Kanons des Bandes als Partitur wiedergegeben.

WEISSHEIMER, Wendelin (1838–1910)

Ritter Toggenburg (»Ritter, treue Schwesterliebe widmet Euch dies Herz«)

2841   *Ritter Toggenburg*. Sinfonie in einem Satz (fünf Teilen) für großes Orchester

Unveröffentlicht; wahrscheinlich verschollen. – Nachdem ein erster Teil bereits vorlag, komponierte Weißheimer im Herbst 1862 unter widrigen Umständen *noch ein Adagio, ein Scherzo und ein Finale* für ein gemeinsam mit Richard Wagner in Leipzig geplantes Konzert und wurde damit [jetzt in fünf Teilen] *noch gerade vor Thorschluß acht Tage vor dem Konzert und 136 Seiten stark fertig.* – Uraufführung: Leipzig, 1. November 1862 (Gewandhaus), unter der Leitung des Komponisten.

Weil die anderen Stücke des Konzerts sehr ausführlich geprobt werden mussten, blieb zur Vorbereitung der Sinfonie *nur wenig Zeit übrig: ihre Aufführung war darum kein kleines Wagnis. Immerhin ging sie so gut, daß ich hoffen durfte, damit Verständnis zu erzielen, um so mehr als zur Erleichterung desselben die Schillersche Dichtung mit Bezeichnung der einzelnen Musikteile, die ohne Unterbrechung weiter gingen, auf dem Programm stand. Auch ohne ein solches wäre es gegangen; denn jedem nur einigermaßen Musikkundigen konnte es nicht schwer fallen, zu merken, daß es aus dem ersten Satz in ein Adagio, aus diesem in ein Scherzo und dann in das Finale überging, welches gegen den Schluß immer langsamer und leiser wurde, bis es, den Intentionen des Dichters folgend, schließlich in Verklärung dahinstarb. Lärmender Applaus pflegt da selten loszubrechen, wo es sich um derartige Pianissimoschlüsse handelt. Es sei ihm* aber mehr um einen starken inneren Eindruck gegangen, *den ich auch bei nicht wenig einzelnen erreichte, deren Ergriffenheit ich sah. [...] Ein solches den Spektakel meidendes Werk will nicht einmal, sondern öfters gehört werden und muß vor allem gut vorbereitet sein [...].*

Im Gegensatz zu Wagners Werken, hatte Weißheimer mit dem seinigen wenig Erfolg: *Die Symphonie ›Ritter Toggenburg‹ ward schweigend aufgenommen,* wie die ›Mitteldeutsche Volkszeitung‹ berichtete. *Die Schuld davon trägt ihre Länge, und daß ihre fünf Teile dennoch einen Satz bilden, was wenigstens, wenn man viel gehört, ermüdend wirkt.* Auch die ›Illustrierte Zeitung‹ war ratlos: *Man vermochte aus den Tönen derselben nicht herauszuhören, was das Programm zu schildern versprach.* In den ›Signalen für die musikalische Welt‹ hieß es aber kurz und bündig: *Die Toggenburg-Sinfonie ist das Schrecklichste, was uns seit Jahren von zukünftlerischer Seite geboten worden ist.*

QUELLEN: Wendelin Weißheimer, *Erlebnisse mit Richard Wagner, Franz Liszt und anderen Zeitgenossen nebst deren Briefen.* Stuttgart: Deutsche Verlags-Anstalt 1898, S. 165, 176, 182, 190, 193f., 198, 200 u. 204 (hier sind auch die zeitgen. Kritiken dokumentiert). MGG1 Bd. 14, Sp. 449. Richard Wagner, *Sämtliche Briefe*, Band 14: *Briefe des Jahres 1859*; hg. von Andreas Mielke. Wiesbaden: Breitkopf & Härtel 2002, S. 403f.

WELCKER, Max (1878–1954)

Das Lied von der Glocke (»Fest gemauert in der Erden«)

2842   *Der Leberkas (»Fest gemauert im Bratreindel«)*; Text von Maximilian Huber
Für gemischte Stimmen bzw. Männerstimmen bzw. drei Frauenstimmen, jeweils mit Klavierbegleitung
Nr. 12 (einzeln) in: ders., [Ohne Sammeltitel], op. 130. – Augsburg: Böhm, o. A. – Klavierpartitur, Stimmen (Verl.-Nrr. *7899, 7900* u. *8163*). – Hofmeister (1929–1933), S. 727 (hier Familienname des Textverfassers wohl irrtümlich *Müller*). BSB-Musik Bd. 17, S. 7007.

Im gleichen Verlag nach dem Zweiten Weltkrieg als *heiteres Männerquartett* mit Klavierbegleitung bzw. für vierstimmigen gemischten Chor oder vierstimmigen Männerchor mit Klavier-

Verzeichnis der musikalischen Werke

begleitung (jeweils Klavierpartitur) nochmals veröffentlicht; vgl. Hofmeister (1950), S. 301, und Hofmeister (1951), S. 313.

WELKER, Carl Friedrich (?–?)

Nachname auch: *Welcker*.

2843 *Schiller-Fest-Marsch* für Klavier, op. 62
Leipzig: Kahnt, o. A. – HMB1859/12, S. 205.

Uraufführung (im Rahmen der Schillerfeier): Leipzig, 10. November 1859 (sicherlich in einer Fassung für Harmoniemusik). Nach der abendlichen Aufführung der ›Braut von Messina‹ fand ein *solenner Fackelzug* statt: *Sammelplatz vor dem Augusteum. Unter den Klängen des von Hrn. Musikdirektor Welker komponirten Festmarsches bewegt sich der Zug vom Augustusplatz durch die Grimmasche Straße und den Neumarkt die Petersstraße herab über den Markt nach der Hainstraße* [...]. *An dem Haus, wo Schiller 1785 und 1789 gewohnt, wird* [...] *eine vom Schillervereiin errichtete Gedenktafel enthüllt, ...* (Recensionen und Mittheilungen über Theater und Musik vom 16. November 1859, S. 743). – Offenbar wurde noch eine Orchesterfassung veröffentlicht (vgl. Brandstaeter, S. 2, u. Pazdírek Bd. 12, S. 534; in beiden Verzeichnissen aber o. op.).

WELLMANN, Otto (1863–?)

Die Braut von Messina oder: Die feindlichen Brüder. Ein Trauerspiel mit Chören

– V. 2838 (Chor: »Das Leben ist der Güter höchstes nicht«)

2844 *Geflügelte Worte (»Das Leben ist das Höchste nie gewesen«)*
Zitaten-Couplet für eine Singstimme mit Klavierbegleitung, op. 146
Berlin: Hermann Augustin, o. A. – Hofmeister (1898–1903), S. 1018. Pazdírek Bd. 12, S. 537.

Der Textbeginn des Couplets spielt zweifellos auf den genannten Vers an; ob noch weitere Zitate aus Schillers Dichtungen enthalten sind, konnte nicht festgestellt werden.

WENDT, Johann Amadeus (1783–1836)

2845 An die Freude (»Freude, schöner Götterfunken«)
Rundgesang mit einem Vorsänger und vierstimmigen Männerchor (TTBB) a cappella
In zwei Sammelhandschriften nachweisbar. – Jeweils Stimmen. – RISM-OPAC.
Eine Quelle ist im Explicit auf den 17. März 1817 datiert.

2846 Der Jüngling am Bache (»An der Quelle saß der Knabe«)
Für eine Singstimme mit Klavierbegleitung
S. 3 in: ders., *Sechs Lieder von Schiller,* [Johann Wolfgang] *Göthe,* [Johann Gottfried] *Herder und* [Ludwig] *Tieck.* – Bonn: Simrock, o. A. – Verl.-Nr. *1531.* – Whistling 1828, S. 1105. Goethe-Museum (Katalog), Nr. 1495 (hier auf *1818* datiert).

- Idem. – In: *Viertes Toiletten-Geschenk. Ein Jahrbuch für Damen.* – Leipzig: Voß 1808. – Goethe-Museum (Katalog), Nr. 1498.
- Idem; hier in flämischer Übersetzung: *De Jongeling by de beck.* – Brüssel: Sacre, o. A. – ÖNB (Online-Katalog).

Die Komponisten und ihre Werke

WENGERT, Julius (1871–1925)

2847   _Die Seerose im Schillersee bei Schloss Solitude (»Ein Röslein stand im stillen See«)_; Textverfasser unbekannt
Männerchor a cappella, op. 18
Heidelberg: Hochstein, o. A. – Partitur, Stimmen. – Hofmeister (1898–1903), S. 1020.

WENZEL, Eberhard (1896–1982)

Macbeth. Zur Vorstellung auf dem Hoftheater in Weimar eingerichtet von Friedrich Schiller

2848   – V. 741ff. (Pförtner: »Verschwunden ist die finst're Nacht«); hier unter dem Titel: _Morgenlied_
Vierstimmiger gemischter Chor a cappella
Nr. 2 (auch einzeln) in: ders., _Drei Chorlieder._ – Leipzig: Kistner & Siegel 1938. – Partitur (Verl.-Nr. _29471_). – WV/Wenzel, Nr. 309. Hofmeister (1939), S. 132. BSB-Musik Bd. 17, S. 7032.

WENZEL, Fritz (?–?)

Das Lied von der Glocke (»Fest gemauert in der Erden«)

– V. 74 (»O! Zarte Sehnsucht, süßes Hoffen«)

2849   _Zartes Sehnen, süßes Hoffen. Salonstück_ für Klavier, op. 150
Leipzig: Heinze, o. A. – HMB 1894/11, S. 493.

WERLE, Lars Johan (1926–2001)

Maria Stuart. Ein Trauerspiel

2850   _Kvinnogräl_ [Streit der Frauen]. Kammeroper für zwei Solistinnen und Kammerensemble (Schlagwerk, Vl. 1 2, Kb., Klav.) in einem Akt; Libretto von Kerstin Forsmark nach ›Maria Stuart‹ von Friedrich Schiller

1986 komponiert. – Uraufführung: Göteborg, 18. Oktober 1986 (Cosmorama), mit Elisabeth Ericson (Sopran), Marie-Louise Hasselgren (Mezzosopran) und Musikern des Stora Theaters unter der Leitung von Håkan Parkman.

QUELLEN: Swedish Music Information Center (Internetrecherche; hier maßgeblich). MGG2 _Personenteil_ Bd. 17, Sp. 784.

WERNER, Max (1864–1932)

2851   An den Frühling (»Willkommen, schöner Jüngling«)
Für eine Singstimme mit Klavierbegleitung
Nr. 1 in: ders., _Die Jahreszeiten. Vier kleine Lieder_, op. 8. – Leipzig: Rühle & Wendling, o. A. – Hofmeister (1904–1908), S. 862 (gibt wohl versehentlich als Textincipit »... schöner _Frühling_« an).

Verzeichnis der musikalischen Werke

WERNER, Rudolf (1876–1951)

Wilhelm Tell. Schauspiel

2852 – V. 1447ff. (Rösselmann: »Wir wollen sein ein einzig' Volk von Brüdern«); hier unter dem Titel: *Der Schwur auf dem Rütli*
Für Soli, Männerchor und Orchester

Uraufführung: Frankfurt am Main, 1920; unveröffentlicht; s. *Dt. Musiker-Lex.* 1929, Sp. 1560.

WERTHER, Franz (1872–1940)

Wallenstein. Ein dramatisches Gedicht – Prolog

– V. 138 (»Ernst ist das Leben«)

2853 *Walzerlied (»Ernst ist das Leben, Cilli«)* für zwei Singstimmen mit Klavierbegleitung
In: ders., *Die ungetreue Adelheit. Schwank-Operette*; Librettist unbekannt. – München: Zierfuß, o. A. – Klavierauszug; Einzelausgaben einiger Nummern. – Hofmeister (1914–1918), S. 527.

WESTENHOLTZ, Eleonore Sophia Maria (1759–1838)

Geborene Fritscher (auch: *Fritsche*). Familienname lexikographisch meistens: *Westenholz*. In einer Sammelhandschrift werden noch die Titel ›*Resignation*‹ und ›*Der Mensch*‹ genannt (vgl. MGG2 *Personenteil* Bd. 17, Sp. 830); beim ersten Stück könnte es sich um eine Schiller-Vertonungen, beim anderen um die des mehrfach Schiller zugeschriebenen Gedichts gleichen Titels von J. L. Evers handeln (→ 275).

2854 Sehnsucht (»Ach, aus dieses Tales Gründen«)
Für eine Singstimme mit Klavierbegleitung

QUELLEN: MGG2 *Personenteil* Bd. 17, Sp. 830 (demnach unveröffentlicht; Autorschaft der Komponistin jedoch zweifelhaft). – RISM-OPAC weist die Vertonung innerhalb dreier Sammelhandschriften nach (auch in der Version für eine Singstimme zur Gitarre), nennt jedoch Carl August Friedrich Westenholz (1736–1789) als Urheber; das Gedicht ist aber 1803 erstmals veröffentlicht worden.

Wilhelm Tell. Schauspiel

2855 *Gesänge aus Wilhelm Tell* [Instrumentalbegleitung nicht nachgewiesen]. – Leipzig: ohne Verlagsnachweis 1807. – Rentzow, S. 157. MGG2 *Personenteil* Bd. 17, Sp. 830.

Im Nekrolog der Komponistin erwähnte, bisher aber nicht auffindbare und ihr wohl irrtümlich zugeschriebene Ausgabe. Ihr Sohn, Friedrich Ludwig Franz Westenholtz (1778–1840), hatte unter diesem Titel 1807 – allerdings bei Werckmeister in Berlin – Bearbeitungen aus B. A. Webers Schauspielmusik mit Gitarrenbegleitung veröffentlicht (→ 2805).

WETTE, Hermann Maria (1900–1982)

Macbeth. Zur Vorstellung auf dem Hoftheater in Weimar eingerichtet von Friedrich Schiller

2856 – V. 741ff. (Pförtner: »Verschwunden ist die finst're Nacht«); hier unter dem Titel: *Morgenlied*
Vierstimmiger Männerchor a cappella

Nr. 2 in: ders., *Was die Erdennot besiegt*. Zyklus von fünf vierstimmigen Männerchören. – Augsburg: Böhm, o. A. – Partitur, Stimmen (Verl.-Nr. *8401*). – BSB-Musik Bd. 17, S. 7053.

WETZGER, Paul (1870–?)

An die Freude (»Freude, schöner Götterfunken«)

2857   *Götterfunken. Bravour-Polka*, op. 34, für Soloflöte (oder Piccolo) mit Instrumentalbegleitung
Heilbronn: Schmidt, o. A. – Hofmeister (1904–1908), S. 866. Pazdírek Bd. 12, S. 595.

Nachweisbare Ausgaben: *Amerikanische Besetzung* (Fl. solo, Vl., Vc., Cornet, Klar. u. Klav., Tambour ad lib.) und *französische Besetzung* (Fl. solo, Vl., Vc., Cornet u. Klav.); sodann für Picc. (oder Fl.) mit Orchester bzw. Picc. (oder Fl.) und *Militärmusik*, als *Gesellschafts-Quartett* (Picc. oder Fl., Vl., Vc. u. Klavier) und für Picc. (oder Fl.) mit Klav.

WEYL, Maximilian (?–?)

Wilhelm Tell. Schauspiel

– V. 1447ff. (Rösselmann: »Wir wollen sein ein einzig' Volk von Brüdern«)

2858   *Ein Volk von Brüdern woll'n wir sein* (»*Des Volkes Wille bricht sich Bahn*«); Textverfasser unbekannt
Für eine Singstimme mit Klavierbegleitung, op. 20
Berlin-Tempelhof: Laufer, o. A. – Hofmeister (1919–1923), S. 506.

WEYRAUCH, August Heinrich von (1788–1865)

2859   An den Frühling (»Willkommen, schöner Jüngling«)
Für eine Singstimme mit Klavierbegleitung
Nr. 8 in: ders., *Zwölf deutsche Lieder von* [Johann Wolfgang] *Goethe, Schiller,* [Friedrich Gottlob] *Wetzel und* [Ernst Moritz] *Arndt* (*1. Sammlung*). – Dorpat: Akademische Buchhandlung 1820. – WV/Weyrauch, S. 290.

... der hochwohlgeborenen Frau Julie von Reutern, geb. von Schwärzel, ergebenst zugeeignet.

2860   An Emma (»Weit in nebelgrauer Ferne«)
Für eine Singstimme mit Klavierbegleitung
Nr. 5 in: ders., *Zehn deutsche Lieder* (*2. Sammlung der Lieder*). – Dorpat: Akademische Buchhandlung 1820. – Verl.-Nr. *20*. – Goethe-Museum (Katalog), Nr. 1503. WV/Weyrauch, S. 290f.

Herrn J. F. La Trobe verehrend geweiht.

2861   Das Mädchen aus der Fremde (»In einem Tal bei armen Hirten«)
Für eine Singstimme mit Klavierbegleitung
Nr. 1 in: ders., *Elf deutsche Lieder von Schiller,* [Johann Wolfgang] *Goethe und andern* (*der Lieder 3. Sammlung*). – Dorpat: Akademische Buchhandlung 1822. – Verl.-Nr. *26*. – Goethe-Museum (Katalog), Nr. 1502. WV/Weyrauch, S. 291.
Dem hochwohlgebornen Fräulein Jenny von Lilienfeld dankbarlichst zugeeignet.

2862   Der Jüngling am Bache (»An der Quelle saß der Knabe«)
Für eine Singstimme mit Klavierbegleitung
Nr. 3 in: ders., *Elf deutsche Lieder von Schiller, Goethe und andern* → 2861

Verzeichnis der musikalischen Werke

2863 Dithyrambe (»Nimmer, das glaubt mir, erscheinen die Götter«)
Für eine Singstimme mit Klavierbegleitung
Nr. 9 in: ders., *Zwölf deutsche Lieder* → 2859

2864 Sehnsucht (»Ach, aus dieses Tales Gründen«)
Für eine Singstimme mit Klavierbegleitung
Nr. 6 in: ders., *Zehn deutsche Lieder* → 2860

2865 Thekla. Eine Geisterstimme (»Wo ich sei und wo mich hingewendet«)
Für eine Singstimme mit Klavierbegleitung
Nr. 10 in: ders., *Elf deutsche Lieder von Schiller, Goethe und andern* → 2861

WEYSE, Christof Ernst Friedrich (1774–1842)

2866 An die Freude (»Freude, schöner Götterfunken«)
Für eine Singstimme mit Klavierbegleitung
Nr. 8 in: ders., *Acht Gesänge.* – Kopenhagen: Lose & Delbanco, o. A. – Intelligenzblatt Nr. 6 zur NZfM, Oktober 1839 (Verlagsannonce: *Neue Musikalien*).
HMB 1839/10+11, S. 142.
1839 komponiert. – Später von Hansen in Kopenhagen übernommen (vgl. Pazdírek Bd. 12, S. 598).

Macbeth. Zur Vorstellung auf dem Hoftheater in Weimar eingerichtet von
Friedrich Schiller

2867 Schauspielmusik zur dänischen Übersetzung von Peter Foersom
Kopenhagen: Lose 1825. – Klavierauszug. – Radecke, S. 135 u. 254ff. Whistling
1828, S. 1044. New Grove2 Bd. 27, S. 333.
1817 entstanden, wobei Weyse auf musikalisches Material älterer Werke zurückgriff (u. a. auf
seine 1795 komponierte vierte Sinfonie). – Uraufführung im Rahmen der Premiere: Kopenhagen, 15. November 1817 (Königliches Theater). – ... *besteht aus Ouvertüre, Gesängen und Tänzen der Hexen, die Zurüstung des Zaubers am Kessel, die Erscheinungen, welche Macbeth weissagen, Tafelmusik zum Gelage des Usurpators, bei dem Banquos Geist erscheint, Lied des Pförtners und Marsch des englischen Heeres. Davon werden die Hexenszenen besonders hervorgehoben, welche den Hauptbestandteil der zur Handlung des Trauerspiels gehörigen Musik bilden [...]. Besonders wirksam erscheint das Orchester zur Malerei des Nächtlichen, Unheimlichen und Grausenden. Alle Mittel zu einer Abscheu und Entsetzen erregenden Darstellung sind zusammengefaßt, ein greller Accord und Vorhalt folgt dem andern, diesem verwickelten Harmoniengange des Orchesters sind mehrmals sogar die Singstimmen geopfert, um das tierische Kreischen und Aufschreien der spukhaften Wesen in ihrer tollen, wilden Lust zu charakterisieren, absichtlich in das Unnatürliche gezerrt. [...] daß die Komposition nicht durch häufigere Aufführung in den Theatern allgemein bekannt geworden, ist nur zu bedauern* (Schaefer, S. 152f.).

Daraus einzeln (alle im gleichen Verlag)

· Ouvertüre (Ausgabe für Klavier). – Whistling 1828, S. 805.

· *Tafelmusik* (Ausgabe für Klavier). – Fog-Verlagskatalog, S. 134 (datiert auf *1818*).

· *Borgvægterens Sang* (»Den mørke Nat«); dänische Übersetzung von V. 741ff.
(Pförtner: »Verschwunden ist die finst're Nacht«)
Klavierauszug. – Fog-Verlagskatalog, S. 134 (datiert auf *1818*).

Die Komponisten und ihre Werke

Wallenstein. Ein dramatisches Gedicht – II. Die Piccolomini

2868 – V. 1757ff. (»Der Eichwald brauset«); hier mit dänischer Übersetzung von Adam Oehlenschläger (»Dybt Skoven bruser«)
Für eine Singstimme mit Klavierbegleitung
Kopenhagen: Hansen, o. A. – Verl.-Nr. *2364*; Text: Deutsch/Dänisch. – Original (DLA). MGG2 _Personenteil_ Bd. 17, Sp. 843 (demnach *1801* komponiert und *1802* veröffentlicht).

- Hier unter dem Titel: _Teklas Sang._ – S. 70f. des 1. Bandes von: _Nye Apollo et Maaneds Skrift for Pianoforte_, 8. Jg. – Kopenhagen: Lose 1822. – Fellinger, S. 420.

  Die Zeitschrift ist in zwölf Jahrgängen zwischen 1814/15 und 1826/27 erschienen. Dan Fog weist einen Einzeldruck im gleichen Verlag mit der Verl.-Nr. *88* nach (Fog-Verlagskatalog, S. 134).

- Nr. 86 in: ders., _Romancer og Sange_, 2. Serie. – Kopenhagen: Hansen, o. A. – Pazdírek Bd. 12, S. 598.

- Bearbeitung für eine Singstimme zur Gitarre, hier unter dem Titel: _Teklas Gesang aus Schillers Wallenstein._ – Kopenhagen: Lose, o. A. – Kurscheidt, S. 411 (demnach _ca. 1820_ veröffentlicht).

WHITE, Maude Valérie (1855–1937)

2869 Des Mädchens Klage (»Der Eichwald brauset«); hier unter dem Titel: _Ich habe gelebt und geliebt_ (Übersetzungstitel: _I have lived and loved_)
Für eine Singstimme mit Klavierbegleitung
Nr. 17 in: dies., _Zwanzig Lieder und Gesänge_ (in 2 Bden.). – Leipzig: Hatzfeld, o. A. – HMB 1891/9, S. 381 (demnach mit deutschem und englischem Text erschienen).

1. Bd.: Nrr. 1–10; 2. Bd.: Nrr. 11–20.
- London: Chappell, o. A. – Pazdírek Bd. 12, S. 61.

WICHMANN, Hermann (1824–1905)

2870 Des Mädchens Klage (»Der Eichwald brauset«)
Für eine Singstimme mit Klavierbegleitung
Nr. 1 in: ders., _Zwei Lieder_, op. 43. – Dresden: Ries, o. A. – HMB 1879/5, S. 142.
- Berlin: Ries & Erler, o. A. – Pazdírek Bd. 12, S. 622.

WICHTL, Georg (1805–1877)

2871 Die Bürgschaft (»Zu Dionys, dem Tyrannen, schlich Damon«)
Deklamation mit melodramatischer Orchesterbegleitung

Aus zwei Mitteilungen in der AMZ/1 ist zu schließen, dass das Werk um 1836 in Hechingen uraufgeführt worden ist (bei Stieger irrtümlich in die 1850er Jahre datiert, nach Reischert, der von einer _Oper_ spricht, sogar erst 1877): _Sie_ [Die Bürgschaft] _ist namentlich in München zweimal mit grossem Beifalle aufgeführt worden ... Der Berichterstatter betont noch, dass Alles zweckmässig und wirksam behandelt worden ist_ (25. Januar 1837, Sp. 63). Nach einer weiteren Meldung aus Hechingen (ebd., 8. März d. J., Sp. 161) zählt das Stück zu _3 Declamatorien, die in Süddeutschland viel Eingang finden_, neben Wichtls Melodram nämlich noch ›Das Lied von der Glocke‹ von P. Lindpaintner (→ 1459) und ›Der Gang nach dem Eisenhammer‹ von B. A. Weber (→ 2792).

Verzeichnis der musikalischen Werke

Die Räuber. Ein Schauspiel

2872 Schauspielouvertüre für Orchester

Uraufführung: Löwenberg, 7. Februar 1861. – Ob sich Wichtls hier noch erwähnte Sinfonische Dichtung mit dem Titel ›Die Schlacht‹ auf das Gedicht Schillers bezieht, ist derzeit nicht feststellbar, aber eher unwahrscheinlich.

QUELLE: *Clytus Gottwald: Herr Seifriz hält mit dem Jahrhundert Schritt. Max Seifriz (1827–1885) – Ein Dirigent der »Neudeutschen Schule«,* in: *Musik in Baden-Württemberg – Jahrbuch.* Stuttgart: Metzler 2003, S. 223.

WICKEDE, Friedrich von (1834–1904)

Die Jungfrau von Orleans. Eine romantische Tragödie

2873 – V. 383ff. (Johanna: »Lebt wohl, ihr Berge, ihr geliebten Triften«); hier unter dem Titel: *Johannas Lebewohl*
Für eine Singstimme mit Klavierbegleitung, op. 7
Leipzig: Kahnt, o. A. – HMB 1865/3, S. 49.

WIDMANN, Jörg (geb. 1973)

An die Freude (»Freude, schöner Götterfunken«)

2873+1 – V. 97ff.: »Rettung von Tyrannenketten«

Nach V. 104 folgen noch die V. 69f. (»Unser Schuldbuch sei vernichtet! / Ausgesöhnt die ganze Welt«).

Alle Fragmente der insgesamt drei Schiller-Gedichte befinden sich im 4. Teil des Oratoriums und sind mit Ausschnitten des »Dies irae« aus dem ›Requiem‹ und einigen Versen anderer Dichter vermengt. Eine exaktere Position kann deshalb nicht angegeben werden. – Widmann erläuterte, dass sich im ›Dies irae‹ die Vorstellung eines strafenden Gottes ausdrücke: *Da fand ich diese Schiller-Zeilen, diese ungeheuerlichen Worte aus einer frühen Fassung der ›Ode an die Freude‹,* und Widmann stellte sie dem alten Kirchentext als *Antithese* entgegen: *Auf einmal bricht eine andere Sprache, die Worte Schillers, ins Lateinische des ›Dies irae‹ ein; plötzlich besetzen diese fast januskopfartigen, ungeheuren Worte Schillers das Geschehen und lösen alles auf.* Musikalisch paraphrasiert Widmann dazu den Schluss von Beethovens ›Chorfantasie‹, op. 80: *Ein Stück, das aus heutiger Sicht einen doch arg betulichen, bildungsbürgerlich beflissenen Text als Grundlage hat. Ich habe nun diese Musik radikal auseinander geschnitten und gegen bruitistische ›Dies irae‹-Klangblöcke gesetzt und vor allem die Beethoven'sche Musik mit diesen radikalen Schiller-Texten neu unterlegt.*

4. Teil, ›Dies irae‹, in: ders., *Arche.* Ein Oratorium in fünf Teilen für zwei Soli (SBar), zwei Chöre, Kinderchor, Orgel und Orchester
Mainz: Schott 2016. – Partitur. – Homepage des Verlages.

Auftragswerk des Philharmonischen Staatsorchesters Hamburg für ein Konzert im Rahmen des Eröffnungsfestivals der Hamburger Elbphilharmonie (11. bis 29. Januar 2017), gefördert von der ZEIT-Stiftung Ebelin und Gerd Bucerius. Für das Libretto wurden neben den Texten Schillers noch Passagen aus dem Requiem, der Messe und der Bibel sowie aus Werken von Hans Christian Andersen, Franz von Assisi, Clemens Brentano, Thomas von Celano, Adelbert von Chamisso, Matthias Claudius, Heinrch Heine, Klabund, Michelangelo, Friedrich Nietzsche, Roland Schimmelpfennig und Peter Sloterdijk zusammengestellt und in fünf Teile gegliedert: 1. ›Fiat lux‹; 2. ›Sintflut‹; 3. ›Die Liebe‹; 4. ›Dies irae‹; 5. ›Dona nobis pacem‹. – Uraufführung: Hamburg, 13. Januar 2017 (Elbphilharmonie, Großer Saal), mit Marlis Petersen (Sopran), Thomas E. Bauer (Bariton), dem Chor der Hamburgischen Staatsoper, der Audi Jugendchorakademie, den Hamburger Alsterspatzen und dem Philharmonischen Staatsorchester Hamburg unter der Leitung von Kent Nagano.

Die Komponisten und ihre Werke

Der Kompositionsauftrag lautete lediglich auf ein abendfüllendes Werk für Chor und Orchester. Erst unter dem Eindruck des Aufführungsortes entschied sich Widmann für ein Oratorium: _Eine wirklich sakrale Aura schwingt in diesem Raum mit._ Das gesamte Gebäude führte dann zum Titel und dem Stoff: _Von außen gleicht dieses Gebäude einem Schiff [...]. Das Innere habe ich wie den Schiffsbauch einer Arche empfunden; es atmet den Geist von Demokratie!_ (alle vorausgegangenen Zitate aus: _Es werde Klang! Jörg Widmann im Gespräch mit Dieter Rexroth_; Programmheft der Uraufführung, S 9ff.).

An die Freunde (»Lieben Freunde! Es gab schön're Zeiten«)

2873+2 – V. 10: »Und der Lebende hat recht«
4. Teil in: ders., _Arche. Ein Oratorium_ → 2873+1

Voraus gehen die Worte »_Doch wir leben!_«, die dem Anfang des 9. Verses (»Wir, wir leben!«) abgelauscht sind.

Die Gunst des Augenblicks (»Und so finden wir uns wieder«)

2873+3 – V. 21ff.: »Von dem allerersten Werden«
4. Teil in: ders., _Arche. Ein Oratorium_ → 2873+1

Vollständige Vertonung der sechsten Strophe.

Teufel Amor [verlorenes Gedicht Schillers; Textincipit nicht bekannt]

– Überliefertes Textfragment: »Süßer Amor verweile / Im melodischen Flug«

Wie Schillers Jugendfreund A. Streicher berichtet, soll das Gedicht im Oktober 1782 in Oggersheim entstanden sein. Er konnte sich aber nur noch an den Titel und die beiden genannten Verse erinnern. Er rühmte das _ziemlich lange Gedicht_ als _eines der vollkommendsten, die Schiller bisher gemacht, und an schönen Bildern, Ausdruck und Harmonie der Sprache so hinreißend, daß er selbst [...] ganz damit zufrieden schien_ (Andreas Streicher: _Schillers Flucht von Stuttgart und Aufenthalt in Mannheim von 1782 bis 1785._ Stuttgart: Cotta 1836, S. 114).

2874 _Teufel Amor. Sinfonischer Hymnos nach Schiller_ für großes Orchester
Mainz: Schott 2009. – Partitur; Orchesterstimmen (Leihmaterial). – Homepages des Komponisten bzw. des Verlags (hier Digitalisat der Partitur).

Auftragswerk der Wiener Konzerthausgesellschaft, des Théâtre des Champs-Élysées Paris, der KölnMusik GmbH und Het Concertgebouw Amsterdam. – Uraufführung: Wien, 13. April 2012 (Konzerthaus), die Wiener Philharmoniker unter der Leitung von Antonio Pappano.
Widmanns Kommentar zum Gedicht und seiner musikalischen Umsetzung: _Eine Bewegung als Zustand, auch ein Zustand als Bewegung. Scheinbar ein Gegensatzpaar, wie auch der Titel ›Teufel Amor‹. Aber mehr als alles andere ist doch die Liebe immer beides: Himmel und Hölle, Lust und Leid, Paradies und Schlangengrube. Der vom Liebespfeil Getroffene ist auch immer ein vom Pfeil verwundeter Mensch. Das Schillersche Fragment hat meine Fantasie melodisch beflügelt. Seine Imagination des Amor-Flugs als Höhen und Tiefen eines Melodieverlaufs inspirierte mich zu einem sinfonischen Hymnos, der die Liebe besingt. Auch in ihrer teuflischen Gestalt_ (Homepage des Verlags).

WIEBUSCH, Marcus (geb. 1968)
BUSTORFF, Reimer (geb. 1971)

Die Räuber. Ein Schauspiel

2874+1 _Die Räuber. Eine Rockoper nach Friedrich Schiller_

Modernisierte Textfassung des Schauspiels mit einigen eingestreuten Songs. Der Terminus »Oper« ist demnach eigentlich nicht passend (vgl. die gleichartige und ebenso unzutreffende Bezeichnung für ›The Räuber‹; → 271+1). – Uraufführung (Sommerproduktion des Kieler Theaters): Kiel, 1. Juli 2016 (Open-Air-Bühne am Seefischmarkt), u. a. mit Marko Gebbert (Franz), Oliver E. Schönfeld (Karl), Magdalena Neuhaus (Amalia), Zacharias Preen (der alte

Moor); musikalische Leitung: Ture Rückwardt (Band) und Axel Riemann (Gesang). Regie: Daniel Karasek. – Die beiden Komponisten gehören der Hamburger Indie-Rock-Band »Kettcar« an. Wohl deshalb wird gelegentlich gemeldet, diese habe auch bei dieser Theaterproduktion mitgewirkt; dies trifft jedoch nicht zu.

QUELLEN: Zeitgenöss. Presseberichte. Internetrecherchen..

WIEDEBEIN, Johann Mathias (?–?)

2875 Des Mädchens Klage (»Der Eichwald brauset«)
Für eine Singstimme mit Klavierbegleitung
Nr. 6 in: ders., [6] *Romanzen und Lieder.* – Braunschweig/Leipzig: Musik-Comptoir/Bender, o. A. – Verl.-Nr. *85.* – Kurscheidt, S. 411. Staatsbibl. zu Berlin (Online-Katalog).

WIEDEMANN, Max (1875–1932)

2876 *Hymnus (»Kommt der Lenz ins Land gefahren«)*; Text von Paul Risch
Dreistimmiger Chor (wohl SSA) a cappella
S. 74f. in: Paul Risch, *Schiller-Gedenkbuch* [...]. Mit einem Vorwort von *Schulrat* Dr. L. H. Fischer. Buchschmuck und Illustrationen von Franz Stassen. – Berlin: Kittel 1905. – Partitur. – Original (Slg. GG).

Die zeittypische Huldigungsschrift, die aus Anlass von Schillers 100. Todestag erschienen ist, besteht aus dem Vorwort und zwei Teilen: 1. *Schiller, sein Leben und Wirken*; 2. *Unter der Schiller-Linde. Festspiel zur Schiller-Feier.* Ohne dies künstlerisch bewerten zu wollen, kann man bei dem Büchlein fast von einem kleinen »Gesamtkunstwerk« sprechen, in dem die biographische Verherrlichung des Dichters sowohl durch ein Theaterstück zu seinen Ehren (einschließlich einer musikalischen Beigabe) als auch durch die pathetischen Illustrationen und Vignetten Stassens zu einem eindrucksvollen Ganzen verschmelzen. Im 1. Teil werden verschiedene Schlüsselmomente aus Schillers Leben dargestellt (bspw. *Schiller mit dem treuen* [Andreas] *Streicher in der Dorfherberge Oggersheim*), im 2. Teil einige Szenen aus jenen Theaterstücken, die im Verlauf des *Festspiels* angesprochen werden. Letzteres war v. a. für Schulaufführungen bestimmt (*... ob höhere oder Volksschule, ob Knaben- oder Mädchenschule*), die *mit geringem Aufwand von Zeit und Mühe* realisierbar seien.

Dementsprechend ist auch der Chorsatz für drei gleiche Stimmen (Oberstimmen) konzipert, die der o. a. Besetzung entspricht (in den Noten wird noch auf eine im gleichen Verlag für gemischten Chor a cappella erschienene Fassung hingewiesen). Im zweistrophigen Huldigungstext kommt nicht nur der Anlass der Publikation zum Ausdruck, sondern auch Schillers Wertung als »Nationaldichter«: »*... doch im Mai vor hundert Jahren schluchzend sang die Nachtigall; / aus dem grünen Kirchhofshaine klang's von Blütenzweigen her: / Deutsche Seele, weine, weine! Ach, dein Schiller ist nicht mehr!*« Das Gesangsstück sollte zwischen dem Prolog und der ersten Szene vorgetragen werden. Eine Wiederholung (jetzt aber mit einem anderen Text) bildet dann die letzte Szene, wo ausdrücklich auf den vorne wiedergegebenen Chorsatz verwiesen wird: *Unter dem Gesang der Schlußhymne zieht der Chor an die Linde heran. Nach der ersten Strophe wird die verhüllte Büste, welche dem Zug vorangetragen wurde, auf ein Postament vor den Stamm der Linde gestellt.*

Der Aufbau des »Festspiels« orientiert sich weitgehend am ›Lied von der Glocke‹, aus dem mehrfach zitiert wird. Darüber hinaus hat Risch möglichst viele »geflügelte Worte« aus Schillers Schauspielen und Gedichten in den Text einbezogen. Als ein Beispiel musikalischen Allgemeinguts singt ein Soldat das berühmte »Reiterlied« aus ›Wallensteins Lager‹, wobei weder der Text noch die Noten wiedergegeben werden mussten; der Komponist – Chr. J. Zahn – ist nicht genannt (→ 2951).

WIEDERMANN, Friedrich (1856–1918)

Macbeth. Zur Vorstellung auf dem Hoftheater in Weimar eingerichtet von Friedrich Schiller

2877   – V. 741ff. (Pförtner: »Verschwunden ist die finst're Nacht«); hier unter dem Titel: *Morgenlied*
Zweistimmige Singweise
Nr. 114 des 1. Bandes (*Für die Vorschule und die unteren Klassen*) in: [263] *Gesänge für höhere Lehranstalten* von Friedrich Wilhelm Sering. *Auf Grund der preußischen Lehrpläne neu bearbeitet* von Georg Rolle. – Lahr: Schauenburg 1923. – *12. bis 15. Auflage.* – Original (Slg. GG).

Diese Ausgabe, die 1912 von G. Rolle (1855–1934) ebd. erstmals veröffentlicht worden war, soll zwei bisher weit verbreitete Schulliederhefte von F. W. Sering (1822–1901) ersetzen, nämlich dessen ›Auswahl von Gesängen für Gymnasien und Realschulen. Mit Berücksichtigung der Stimmen jeder Entwicklungsstufe angemessen gesetzt und bearbeitet‹, op. 105, und ›Gesänge für Progymnasien, Prorealgymnasien, Realschulen und höhere Bürgerschulen‹, op. 115 (erstmals 1878 bzw. 1885 auch bei Schauenburg erschienen; mehrere Auflagen folgten). Während die Vorgängerpublikationen auf das »passivere« Singen nach Gehör setzte, wird nun das »aktive« Singen nach Noten propagiert (alle Stücke sind ein- oder zweistimmig ohne Instrumentalbegleitung wiedergegeben).

WIELAND, W. (?–?)

2878   *Schiller-Fest-Marsch zum 100jährigen Geburtsfeste des grossen Dichters* für Klavier
Stuttgart: Ebner, o. A. – HMB 1860/11, S. 186.

WIEMANN, Robert (1870–1965)

Kassandra (»Freude war in Trojas Hallen«)

2879   *Kassandra. Tondichtung* für Orchester, op. 35
Unveröffentlicht; s. *Dt. Musiker-Lex.* 1929, Sp. 1573.

WIEPRECHT, Wilhelm (1802–1872)

2880   *Schiller-Marsch* für Orchester bzw. für Klavier
Berlin: Schlesinger 1860. – Ledebur, S. 644.

WILDE, ... (?–?)

Wilhelm Tell. Schauspiel

2881   – V. 1ff. (Fischerknabe: »Es lächelt der See«); hier unter dem Titel: *Fischerlied*
Für eine Singstimme mit Klavierbegleitung
Nr. 2 in: ders., *Sechs Lieder.* – Magdeburg: Heinrichshofen, o. A. – Pazdírek Bd. 12, S. 658.

WILDT-BURWIG, ... (?–?)

2882   Der Handschuh (»Vor seinem Löwengarten, das Kampfspiel zu erwarten«)
Musikalisch-deklamatorisch eingerichtet mit melodramatischer Klavierbegleitung
Berlin: Ries & Erler, o. A. – HMB 1883/5, S. 96.

Verzeichnis der musikalischen Werke

· Für Deklamation und Männerchor eingerichtet von A. Paehtz. – Berlin: Ries & Erler, o. A. – Partitur. – HMB 1887/9, S. 414.

WILHELM, Karl (?–?)

Die Räuber. Ein Schauspiel

– 4. Akt, 5. Szene (Der alte Moor: »Bis du's, Hermann, mein Rabe?«)

2883 *Bist du es, Hermann? (»In den Räubern sitzt der alte Moor im tiefen Burgverließ«)*; Text vom Komponisten
Couplet für eine Singstimme mit Klavierbegleitung
Nr. 32 (einzeln) in: *Münchener Original-Couplets* → 1037

WILHELM, Rolf Alexander (1927–?)

Don Carlos. Infant von Spanien. Ein dramatisches Gedicht

2884 Musik zur Filmaufzeichnung des stark gekürzten Schauspiels nach einer Aufführung des Wiener Burgtheaters. Inszenierung: Joseph Gielen; Filmregie: Alfred Stöger
Österreich: Thalia 1960. – Schwarzweiß; 100 Min. – Mit Ewald Balser (Philipp II.), Walter Reyer (Don Carlos), Aglaja Schmid (Elisabeth), Fred Liewehr (Marquis von Posa), Judith Holzmeister (Prinzessin Eboli) u. a.
Uraufführung im Rahmen der Filmpremiere: 22. September 1961 (s. *Lex. d. Internat. Films*, S. 1123f.; Familienname des Komponisten hier versehentlich: *Wilhelms*).

WILLING, Johann Ludwig (1755–1805)

2885 An die Freude (»Freude, schöner Götterfunken«)
Rundgesang mit Klavierbegleitung
Nr. 12 in: *Vierzehn Compostionen zu Schillers Ode an die Freude* → 369 (Ausgabe 2)

· Idem. – Nr. 28 in: [41] *Frühe Schiller-Vertonungen bis 1825* → 141

WILLMERS, Rudolf (1821–1878)

2886 Sonate für Klavier b-Moll
Fol. 103 des 1. Bandes in: *Schiller-Album* → 364
Autographe Reinschrift der ersten 16 Takte des ersten Satzes (*Allegro maestoso*); hier unter dem Titel: *Albumblatt für das Schiller-Museum*. Datierung: *Weimar, den 25ten Januar 1848.* – Bisher nicht identifizierbar, da ohne Opuszahl. Es könnte sich aber um die *Sonate heroïque* b-Moll, op. 33, handeln, die ca. zwei Jahre zuvor bei Meyer in Braunschweig erschienen war (vgl. HMB 1846/2, S. 25).

WILSING, Friedrich Daniel Eduard (1809–1893)

Macbeth. Zur Vorstellung auf dem Hoftheater in Weimar eingerichtet von Friedrich Schiller

2887 – V. 741ff. (Pförtner: »Verschwunden ist die finst're Nacht«); hier unter dem Titel: *Morgenlied*
Vierstimmiger Männerchor a cappella
Nr. 101 in: *Deutscher Liederschatz* → 716

638

Die Komponisten und ihre Werke

1859 komponiert und in einer offenbar nicht veröffentlichten Fassung für Männerchor und Harmoniemusik im Rahmen der Schiller-Woche aus Anlass von dessen 100. Geburtstag (7. bis 12. November) uraufgeführt: Berlin, 10. November 1859, _bei der feierlichen Grundsteinlegung zum Schiller-Denkmal auf dem Gensdarmenmarkt vor der Freitreppe des Königl. Schauspielhauses_ [...]. _Punct 11 Uhr eröffneten die unter dem oberen Säulengange des Schauspielhauses aufgestellten Männergesangvereine unter_ [Ludwig] _Erk's Leitung und mehrere Militairmusikcorps unter_ [Carl] _Liebig's Leitung die Feier_ mit dieser Komposition (s. NZfM vom 25. November 1859, S. 188). Danach hielt der Oberbürgermeister eine Festrede, auf die noch ein Chor von L. Erk folgte ($\rightarrow$ 587).

· Idem. – Nr. 13 in: _Vierzig Schiller-Lieder_ $\rightarrow$ 2685

> Hier mit dem Hinweis: _Aus ›Neue Liederquelle‹ von Ludwig Erk und Benedikt Widmann_ (mit dem Untertitel ›Periodische Sammlung ein- und mehrstimmiger Lieder für Schule und Leben‹ in drei Heften bei Merseburger in Leipzig erschienen; vgl. HMB 1868/7, S. 103, 1869/3, S. 56, u. 1869/11, S. 169).

WILTBERGER, August (1850–1928)

Macbeth. Zur Vorstellung auf dem Hoftheater in Weimar eingerichtet von Friedrich Schiller

2888   – V. 741ff. (Pförtner: »Verschwunden ist die finst're Nacht«); hier unter dem Titel: _Morgenlied_
Männerchor a cappella
Nr. 1 (einzeln) in: ders., _Vier Männerchöre_, op. 110. – Köln: Tonger, o. A. – Partitur, Stimmen. – Hofmeister (1904–1908), S. 874.

Wilhelm Tell. Schauspiel

2889   – V. 921ff. (Attinghausen: »An's Vaterland, an's teure, schließ' dich an«); hier unter dem Titel: _Vaterlandslied_
Männerchor a cappella (o. op.)
Freiburg im Breisgau: Ruckmich, o. A. – Partitur, Stimmen. – Hofmeister (1898–1903), S. 1039.

WILTBERGER, Hans (1887–1970)

2890   _Drei Lieder nach Schiller,_ [...] _Linker und Owlglas_ [d. i. Hans Erich Blaich]
Für eine Singstimme mit Klavierbegleitung, op. 63

> Zwischen 1940 und 1950 entstanden; unveröffentlicht (s. WV/Wiltberger, S. 26; Einzeltitel nicht nachgewiesen).

Wilhelm Tell. Schauspiel

2891   – V. 921ff. (Attinghausen: »An's Vaterland, an's teure, schließ' dich an«); hier unter dem Titel: _Spruch_
Ein- bis zweistimmiger _Volkschor_ mit Klavierbegleitung oder mit verschiedenen Instrumenten
Nr. 1 in: ders., _Vier Festlieder_, op. 32. – Berlin-Lichterfelde: Vieweg, o. A. – Partitur, Chorstimmen. – WV/Wiltberger, S. 27. Hofmeister (1935), S. 168.

Verzeichnis der musikalischen Werke

WINDT, Herbert (1894–1965)

Die Räuber. Ein Schauspiel

2892 Schauspielmusik

Uraufführung im Rahmen der Premiere: Berlin, 1934 (Theater des Volkes); s. Prieberg/*Handbuch*, S. 1934.

2893 *Friedrich Schiller. Der Triumph eines Genies*. Spielfilm. Drehbuch: Walter Wassermann und Lotte Neumann nach ›*Leidenschaft. Ein Schiller- Roman*‹ von Norbert Jacques (Berlin: Deutscher Verlag 1938); Regie: Herbert Maisch
Filmmusik

Deutschland [Deutsches Reich]: Tobis-Film 1940. – Schwarzweiß; 90 Min. – Mit Horst Caspar (Friedrich Schiller), Heinrich George (Herzog Carl Eugen von Württemberg), Lil Dagover (Franziska von Hohenheim), Eugen Klöpfer (Christian Friedrich Daniel Schubart), Friedrich Kaysler (Vater Schiller), Hildegard Grethe (Mutter Schiller), Hannelore Schroth (Laura Rieger), Heinz Welzel (Andreas Streicher) u. a.

Uraufführung: Stuttgart, 13. November 1940 (Lichtspieltheater Universum). – Der Film ist im »Dritten Reich« mit den Prädikaten *Staatspolitisch wertvoll, Künstlerisch wertvoll* und *jugendwert* ausgezeichnet worden. – Die hier dargestellte Auflehnung Schillers gegen die Obrigkeit ist keine verborgene Kritik an der Nazi-Diktatur. Vielmehr sollte sich nach damaliger Lesart im Genie des jungen Dichters die Persönlichkeit des »Führers« widerspiegeln: *Wer denkt hier nicht an den Augenblick, in dem Hitler seine Berufung spürt und Politiker wird*, wie es in einer zeitgenössischen »Kunstbetrachtung« des ›*Illustrierten Film-Kuriers*‹ hieß (zitiert nach: Erwin Leiser, »*Deutschland erwache!*«. *Propaganda im Film des Dritten Reiches*. Reinbek bei Hamburg: Rowohlt 1986, S. 92). Es handelt sich also um eine ebenso abstruse Verdrehung der Tatsachen, wie etwa bei Wilhelm Tell, in dem man damals nicht den Tyrannenmörder, sondern (ebenso wie in Hitler) ausschließlich den Einiger seines Volkes sehen wollte. – Im Verlauf des Filmes erklingen u. a. noch die »Räuberlieder« von J. R. Zumsteeg (→ 3038) und das Präludium es-Moll, BWV 853, aus dem ersten Teil von Johann Sebastian Bachs ›*Wohltemperiertem Klavier*‹. Während Andreas Streicher das Klavierstück spielt, dichtet Schiller, von der Musik inspiriert, in rasendem Tempo die ersten Verse von ›Die Größe der Welt‹ (»Die der schaffende Geist einst aus dem Chaos schlug«).

QUELLEN: *Lex. d. Internat. Films*, S. 1759. Ulrich J. Klaus: *Deutsche Tonfilme*, Bd. 11: *Jahrgang 1940/41*. Berlin: Klaus-Archiv 2000, S. 50ff. DVD.

Wilhelm Tell. Schauspiel

2894 *Wilhelm Tell. Das Freiheitsdrama eines Volkes*. Spielfilm. Drehbuch: Hanns Johst, Heinz Paul, Hans Curjel und Wilhelm Stöppler; Regie: Heinz Paul und H. Henning Hayes
Filmmusik

Deutschland [Deutsches Reich] / Schweiz: Terra-Film / Film Finanzierungs-AG 1934. – Schwarzweiß; 99 Min. – Mit Hans Marr (Wilhelm Tell), Conrad Veidt (Gessler), Emmy Sonnemann (Hedwig) u. a.

Uraufführung: Berlin, 12. Januar 1934 (UfA-Palast am Zoo). – Die französische Fassung wurde musikalisch neu gestaltet und dabei Kompositionen von Jean Yatore, Marceau van Hoorebeke und Gioacchino Rossini verwendet. – Premiere der gekürzten englischen Fassung (70 Min.) unter dem Titel ›*William Tell*‹ am 1. Oktober 1935 in den USA. – Nach dem Zweiten Weltkrieg wegen Verherrlichung des »Führer-Gedankens« verboten.

QUELLE: Ulrich J. Klaus, *Deutsche Tonfilme*, Bd. 5: *Jahrgang 1934*. Berlin: Klaus-Archiv 1993, S. 237f.

Die Komponisten und ihre Werke

WINEBERGER, Paul Anton (1758–1821)

Auch: _Winneberger._

2895 Das Mädchen aus der Fremde (»In einem Tal bei armen Hirten«)
Für eine Singstimme mit Klavierbegleitung
S. 7f. in: ders., _Lieder der Liebe, Freundschaft und des Genusses._ – Hamburg:
Vollmer, o. A. – RISM A I: W 1264. Original (DLA).

Herrn Gerh. von Hofstrup achtungsvoll gewidmet. – Der Druck ist zwar undatiert, doch befindet sich im Explicit des letzten Liedes der Hinweis: _Hamburg im Jahre 1804._

2896 Der Handschuh (»Vor seinem Löwengarten, das Kampfspiel zu erwarten«)
Für eine Singstimme mit Klavierbegleitung
Hamburg: Böhme, o. A. – Whistling 1828, S. 1105. RISM A I deest.

2897 Der Taucher (»Wer wagt es, Rittersmann oder Knapp'«)
Für eine Singstimme mit Klavierbegleitung
Hamburg: Böhme, o. A. – Whistling 1828, S. 1105. RISM A I deest.

2898 Die Ideale (»So willst du treulos von mir scheiden«)
Für eine Singstimme mit Klavierbegleitung
Autograph, 1796. – RISM-OPAC.

WINKELHAGE, Adolf (1877–?)

2899 An die Freude (»Freude, schöner Götterfunken«)
Vierstimmiger Männerchor a cappella
Hannover: Hampe 1951. – Partitur. – Hofmeister (1951), S. 319.

WINTER, Peter von (1754–1825)

2900 An die Freude (»Freude, schöner Götterfunken«); hier unter dem Titel: _Schiller's Ode an die Freude_
Für vier Singstimmen mit Klavierbegleitung
Leipzig: Breitkopf & Härtel, o. A. – Verl.-Nr. _2704._ – RISM A I: W 1636. Whistling 1828, S. 1029.

In der AMZ/1 vom 22. April 1818 (Sp. 299) beschäftigte sich der Rezensent zunächst grundsätzlich mit der Vertonungsproblematik dieses Gedichts: _Als Lied muss es doch behandelt werden: hält sich nun der Componist an das Gemeinsame aller Strophen, so wird er so allgemein, dass er hinter dem begeisterten und doch scharf bezeichneten Fluge des Dichters weit zurückbleibt; schliesst er sich an Einzelnes, so passt seine Musik, bey der grossen Verschiedenheit des Stoffs der Strophen unter einander, kaum für einige gut, für noch einige nothdürftig, für die andern gar nicht, und widerspricht ihnen wohl gar. Hr. v. W. hat versucht, sich zwischen beyden Wegen durchzuzwingen: er fasst das Ganze als Lied auf, setzt aber alle Strophen aus, und lässt die, wenigstens in einigen Hauptsachen, sich gleichbleibende Musik, wo es ihm nöthig schien, und das war oftmals, abweichen, und an Einzelnes sich näher anschliessen. So wird freylich der Knoten nicht gelöset, sondern nur lockerer gemacht: doch wird es damit möglich, das Gedicht als Gesellschaftslied anständig und passend zu singen. – Ist man mit der Idee des Componisten einverstanden, so wird man wahrscheinlich auch mit der Ausführung zufrieden seyn, doch kaum den Wunsch unterdrücken können, dass die Hauptmelodien der Soli mehr durch Neuheit und Schwung hervortreten möchten. Dahingegen macht die Schlusszeile des Chors, zu welcher Hr. v. W. mehr oder weniger in jeder Strophe zurückkehrt, einen schönen Eindruck. – Auszuführen ist alles so leicht, wie es bey einem Gesellschaftsliede seyn sollte._

Verzeichnis der musikalischen Werke

- Bearbeitet für vierstimmigen gemischten Chor mit Klavierbegleitung von Carl August Vogt. – Mannheim: Mannheimer Musik-Verlag 1959. – Partitur. – Hofmeister (1980), S. 271.

2901 Der Triumph der Liebe, eine Hymne (»Selig durch die Liebe«)
Kantate für vier Singstimmen und Orchester
Leipzig: Breitkopf & Härtel [1815/16]. – Vokal- und Orchesterstimmen (Verl.-Nr. *2099*); Klavierauszug (Verl.-Nr. *2092*). – Whistling 1828, S. 1001 und S. 1029. RISM A I: W 1611 u. 1612. BSB-Musik Bd. 17, S. 7108. Original (DLA).

2902 Die Bürgschaft (»Zu Dionys, dem Tyrannen, schlich Damon«)
Deklamation mit melodramatischer Orchesterbegleitung
Zwei Handschriften, 1820 bzw. 1835. – Jeweils Partitur mit Stimmen. – RISM-OPAC.

2903 Elysium. Eine Kantate (»Vorüber die stöhnende Klage«)
Kantate für gemischtes Vokalquartett (SATB) mit Orchesterbegleitung
Leipzig: Breitkopf & Härtel, o. A. – Klavierauszug (Verl.-Nr. *2245*). – Whistling 1828, S. 1029. RISM A I: W 1635. Original (DLA).

Gedrucktes Aufführungsmaterial ist nicht nachweisbar und wohl nur handschriftlich vertrieben worden (Hinweis auf der Titelseite des Klavierauszugs: *Die Orchesterbearbeitung hierzu ist besonders zu haben*).

2904 Fantasie an Laura (»Meine Laura! Nenne mir den Wirbel«); hier unter dem Titel: *Phantasie der Liebe*
Wohl für eine Singstimme mit Klavierbegleitung

QUELLE: Brandstaeter, S. 31 (anderweitig allerdings nicht nachweisbar).

Wilhelm Tell. Schauspiel
2905 Schauspielmusik

QUELLE: MGG2 *Personenteil* Bd. 17, Sp. 1024 (ohne weitere Angaben).

WIRTZ, Franz (1877–1955)

Wilhelm Tell. Schauspiel
2906 – V. 1ff. (Fischerknabe: »Es lächelt der See«)
Männerchor a cappella
Nr. 1 (einzeln) in: ders., *Zwei Männerchöre*. – Köln: Tonger, o. A. – Partitur, Stimmen. – Hofmeister (1909–1913), S. 897.

WISE GUYS

Deutsche Popgruppe (fünf Männerstimmen a cappella), seit 2008 in der Besetzung Clemens Tewinkel (T), Daniel »Dän« Dickopf (Bar), Edzard »Eddi« Hüneke (Bar), Marc »Sari« Sahr (Bar) und Ferenc Husta (B).

2907 Die Bürgschaft (»Zu Dionys, dem Tyrannen, schlich Damon«)
Rezitation innerhalb des Musikstücks ›Schiller‹ → 2908

2908 *Schiller* (»*Es ist Geisterstunde, das Mondlicht liegt ganz fahl*«); Text von Daniel »Dän« Dickopf
Männerquintett (TBarBarBarB) mit elektronischer Musikzuspielung nach der Komposition ›*Thriller*‹ von Rodney Lynn Temperton

642

>Thriller< ist von R. L. Temperton (geb. 1947) für Michael Jackson getextet und komponiert worden; dieser veröffentlichte es 1982 als viertes von acht Stücken auf seinem Album gleichen Titels, das einen sensationellen Erfolg hatte und als die meistverkaufte Schallplatte aller Zeiten gilt. Vermutlich ergab sich die Verbindung zu Schiller für die Wise Guys durch die phonetische Ähnlichkeit des Originaltitels.

Nr. 7 der CD: *Frei!* – Bergisch-Gladbach: Pavement Records 2008. – Homepage der Produktionsfirma.

Es handelt sich um das zehnte Studio-Album der »Wise Guys« (mit 21 Titeln), das noch im Jahr der Veröffentlichung über 100000 Mal verkauft und deshalb mit der »Goldenen Schallplatte« ausgezeichnet worden ist. – Eine Kommentierung oder Bewertung des holprigen Textes, der mit seiner Bildungsferne kokettiert, erübrigt sich. Soeben aus dem Schlaf aufgeschreckt, fällt der Blick auf ein Buch: »... *vielleicht macht mir Lesen etwas Mut* [...] *Doch es ist Schiller! Schiller schreibt so schrecklich kompliziert und manchmal geradezu blasiert! Ja, es ist Schiller! Schiller macht mir Sterbenslangeweile, ich les' jede Zeile dreimal.* [...] *So gut ich kann, kämpf' ich mich durch 'nen endlos langen Satz durch. Doch komm' ich hinten an, erinner' ich mich leider nicht mehr daran, wie er begann. Ja das ist Schiller!* [...] *Jeder Schleimer, der scheinbar in Weimar zwei-, dreimal dabei war, gilt heut' als Klassiker pur, das ist Leitkultur ...*« Kurz darauf beginnt zu ostinaten Musikabschnitten die Rezitation der *>Bürgschaft<*.

Notenveröffentlichung:

- Nr. 7 in: *Frei! Songbook. Zwanzig Original-Arrangements* [von Daniel Dickopf, Georg Di Filippo und Edzard Hüneke] *für fünf Stimmen mit Akkordsymbolen und Gitarrengriffen.* – Köln: Edition Wise Guys 2008. – Original (Slg. GG).

WISS, H. B. (?–?)

2909   An Emma (»Weit in nebelgrauer Ferne«)
Für eine Singstimme mit Klavierbegleitung (o. op.)
Mannheim: Heckel, o. A. – Hofmeister 1845 (*Vocalmusik*), S. 188.

WITTRICH, Peter (geb. 1959)

2910   Der Ring des Polykrates (»Er stand auf seines Daches Zinnen«)
Dramatisches Gedicht für sechs Solostimmen (STTTBarB) a cappella

Uraufführung: Marbach am Neckar, 30. Juli 2005 (Alexanderkirche) im Rahmen der »Ludwigsburger Schlossfestspiele«, in deren Auftrag die Vertonung für das Ensemble »Singer Pur«, zugleich die Interpreten der Uraufführung, komponiert wurde (→ 894 u. 895).

QUELLE: Programmheft der Uraufführung (Slg. GG).

WITZKA, Carl Bonaventura (1768–1848)

Familienname auch: *Wilzka, Witczka, Witschga, Witschkay, Witscka* oder *Witska*; Vornamen auch: *Carl Borromaeus.*

2911   Die Macht des Gesanges (»Ein Regenstrom aus Felsenrissen«)
Vierstimmiger Männerchor (TTBB) a cappella
Zwei undatierte handschriftliche Partituren. – RISM-OPAC. MGG2 *Personenteil* Suppl., Sp. 1145 (demnach unveröffentlicht).

WÖLFEL, E. (?–?)

2912   Das Mädchen aus der Fremde (»In einem Tal bei armen Hirten«)
Romanze für Mezzosopran oder Bariton mit Klavierbegleitung
Dresden: Brauer, o. A. – HMB 1885/7, S. 186. Pazdírek Bd. 12, S. 756.

Verzeichnis der musikalischen Werke

WÖLFL, Joseph (1773–1812)

Familienname auch: *Wölffl*.

2913 Das Mädchen aus der Fremde (»In einem Tal bei armen Hirten«)
Für eine Singstimme mit Klavierbegleitung
QUELLE: Blaschke, S. 400.

WÖSS, Josef Venantius (1863–1943)

Veröffentlichte auch unter dem Pseudonym: *Krafft von Toggenburg*.

Wilhelm Tell. Schauspiel

2914 – V. 1447ff. (Rösselmann: »Wir wollen sein ein einzig' Volk von Brüdern«);
hier unter dem Titel: *Der Rütlischwur*
Für einstimmigen Chor mit Instrumentalbegleitung (wahlweise Orchester,
Blech- bzw. *Harmoniemusik*, Klavier oder Orgel)
Adliswil-Zürich: Ruh & Walser, o. A. – Hofmeister (1924–1928), S. 738.

WOHLFARTH, ... (?–?)

2915 Würde der Frauen (»Ehret die Frauen! Sie flechten und weben«)
Vierstimmiger Männerdoppelchor (2×TTBB) a cappella
Nr. 65 in: [71 Männerchöre]. – Undatierte Sammelhandschrift (Partitur mit
Stimmen; wohl 2. Hälfte des 19. Jahrhunderts). – RISM-OPAC.

WOLFENSPERGER, Johann (1845–1906)

Wilhelm Tell. Schauspiel

2916 *Wilhelm Tell. Defilier-Marsch für die Tell-Aufführungen in Altdorf*, op. 32
Für Klavier bzw. *Blechmusik*
Zürich: Fries, o. A. – Partitur. – HMB 1899/7, S. 311.
   • Bearbeitet für *Militärmusik* von E. Mast. – Ebd. – HMB 1900/4, S. 152.

WOLFF, C. A. Hermann (1888–1915)

Würde der Frauen (»Ehret die Frauen! Sie flechten und weben«)

2917 *Frauenwürde. Salon-Gavotte* für Klavier, op. 41
Hamburg: Lorentz, o. A. – HMB 1891/7, S. 261.

WOLFF, Carl Gottlieb (1824–1901)

Wilhelm Tell. Schauspiel

2918 – V. 2833ff. (Barmherzige Brüder: »Rasch tritt der Tod den Menschen an«)
Vierstimmiger gemischter Chor (SATB) a cappella
Nr. 71 in: *Liedersammlung für gemischten Chor. Zunächst für Gymnasien und
Industrieschulen. Neue, umgearbeitete Auflage des Winterthurer Gesangbuchs
(III. Theil)*, hg. von Oswald Lorenz. – 2., mit einem Anhang von neuen Lie-
dern vermehrte Auflage. – Schaffhausen: Brodtmann 1870. – Partitur. –
RISM-CH (Database).

644

Die Komponisten und ihre Werke

WOLFF, L. (?–?)

2919   _Schiller-Marsch_ für Klavier
Berlin: Bote & Bock, o. A. – HMB 1860/3, S. 51.

WOLLANK, Friedrich (1781–1831)

Familienname auch: _Wollanck._

Die Braut von Messina oder: Die feindlichen Brüder. Ein Trauerspiel mit Chören

2920   – V. 981ff. (Beatrice: »Er ist es nicht«)
Für eine Singstimme mit Klavierbegleitung (o. op.)
Berlin: Gröbenschütz & Seiler, o. A. – Whistling 1828, S. 1106. Original
(DLA).

> Offenbar in zwei zeitlich nahe beieinander liegenden Ausgaben ohne Verl.-Nr. mit jeweils
> eigener Titelseite und verschiedenem Notenstich erschienen (vgl. Antiquariat Greve Kat.
> 48, Nrr. 280 u. 281; hier beide mit _ca. 1812_ datiert). – Außerdem ein Exemplar mit der
> Verl.-Nr. _125_ nachweisbar; vgl. Staatsbibl. zu Berlin (Online-Katalog).

     · Berlin: Ende, o. A. – Hofmeister 1845 (_Vocalmusik_), S. 189.
     · Hamburg: Schuberth, o. A. – Hofmeister 1845 (_Vocalmusik_), S. 189.

2921   Dithyrambe (»Nimmer, das glaubt mir, erscheinen die Götter«)
Für eine hohe bzw. mittlere Stimme und vierstimmigen gemischten Chor
(SATB) mit _obligater_ Klavierbegleitung, op. 18
Berlin: Trautwein, o. A. – Klavierpartitur (Verl.-Nr. _359_). – HMB 1830/9+10,
S. 78. Original (DLA).

> Vermutlich handelt es sich bei einigen zweistimmig notierten Takten des Vokalsolos ledig-
> lich um Alternativversionen für den Interpreten.

     · Magdeburg: Heinrichshofen, o. A. – Pazdírek Bd. 12, S. 801.

Maria Stuart. Ein Trauerspiel

2922   – V. 2134ff. (Maria Stuart: »Hörst du das Hifthorn? Hörst du's klingen«); hier
unter dem Titel: _Scene aus Schiller's Maria Stuart_
Für eine Singstimme mit Klavierbegleitung (o. op.)
Berlin: Concha, o. A. – Verl.-Nr. _701_. – Whistling 1828, S. 1106. Staatsbibl. zu
Berlin (Online-Katalog).

> Schaefer datiert die Ausgabe (allerdings ohne Verlagsangabe) auf _1817_ (S. 46).

     · Berlin: Paez, o. A. – Hofmeister 1845 (_Vocalmusik_), S. 189.

WOLLER, Theodor (1861–?)

Richtiger Name: _Theodor Wenzlik._

Das Lied von der Glocke (»Fest gemauert in der Erden«)

– V. 75 bzw. 79 (»Der ersten Liebe gold'ne Zeit« / »Die schöne Zeit der jungen
Liebe!«)

2923   _O erste Zeit der schönen Liebe_ (»Als ich noch war sehr jung an Jahren«);
Textverfasser unbekannt
Couplet für hohe Stimme mit Klavierbegleitung, op. 5
Wien: Blaha, o. A. – HMB 1896/5, S. 257, bzw. 1896/8, S. 368 (bearb. von
Theodor F. Schild für Zither mit unterlegtem Text).

Verzeichnis der musikalischen Werke

WOLTERECK, Friedrich August Andreas (1797–1866)

2924 An Emma (»Weit in nebelgrauer Ferne«)
Für Bass mit Klavierbegleitung
Zwei Sammelhandschriften, 1850 bzw. 1860. – RISM-OPAC

WOYRSCH, Felix von (1860–1944)

Hektors Abschied (»Will sich Hektor ewig von mir wenden«)

– V. 19 (»All mein Sehnen will ich, all mein Denken«)

2925 *»All mein Sehnen, all mein Denken«*
Cavatine für eine Singstimme mit Klavierbegleitung
Einzelausgabe aus: ders., *Der Pfarrer von Meudon*. Komische Oper in einem
Akt, op. 20; Libretto vom Komponisten
Hamburg: Leichssenring, o. A. – Partitur; Klavierauszug. – HMB 1887/10,
S. 492. Stieger. MGG2 *Personenteil* Bd. 17, Sp. 1172.

Uraufführung: Hamburg, 23. November 1886. – Die Ausgabe wurde später von *Rühle &
Wendling* (Leipzig) übernommen (vgl. Pazdírek Bd. 12, S. 822, bzw. die Homepage der
Pfohl-Woyrsch-Gesellschaft).

WREDE, Bert (geb. 1961)

Die Räuber. Ein Schauspiel

2926 Schauspielmusik

Aufführung am 16. Oktober 1998 in Stuttgart belegt (Kleines Haus); Regie: Wilfried Minks
(Theaterzettel im DLA).

WÜLLNER, Franz (1832–1902)

2927 *Festgesang zur Aachener Schillerfeier 1859* [Textincipit nicht nachgewiesen]
Für Männerchor und Orchester

Unveröffentlicht (s. WV/Wüllner, S. 147).

WÜRSLIN, Fr. (?–?)

2928 Der Jüngling am Bache (»An der Quelle saß der Knabe«)
Für eine Singstimme mit Klavierbegleitung
Mainz: Schott, o. A. – HMB 1844/2, S. 31. Pazdírek Bd. 12, S. 830.

Auch als Nr. 88 innerhalb der Verlagsreihe ›Lieder-Sammlung‹, 2. Folge, veröffentlicht.

WÜRST, W. F. (?–?)

Die Bürgschaft (»Zu Dionys, dem Tyrannen, schlich Damon«)

2929 *Die Bürgschaft.* Oper

Uraufführung: Königsberg in Preußen, April 1840 (Stadttheater). – Stieger weist auf Schillers Gedicht als Quelle ausdrücklich hin, gibt aber den Namen des Komponisten mit *W. F. L.
Wurst* an und als Gattung *Melodrama*.

QUELLEN: Stieger. Reischert, S. 219.

WÜRTTEMBERG, Herzog Eugen von (1788–1857)

2930 An Emma (»Weit in nebelgrauer Ferne«)
Für eine Singstimme mit Klavierbegleitung
Nr. 21 des 3. Heftes in: ders., *Kompositionen*, 3. Folge: [33] *Gesangstücke mit Klavierbegleitung* (in 4 Heften). – Ohne bibliographische Angaben (Herstellervermerk: *Lithographieanstalt E. Raabe in Oppeln*). – Original (DLA).

Die Kompositionen sind meistens datiert; demnach muss das 3. Heft nach 1822, das 4. Heft nach 1829 gedruckt worden sein. – ›An Emma‹ ist 1805 entstanden

· Idem. – Nr. 21 in: ders., [61] *Lieder und Gesänge, ein- und mehrstimmig.* – Breslau: Leuckart, o. A. – Verl.-Nr. *2005.* – Hofmeister (1868–1873), S. 548. Original (DLA).

2931 Der Abend. Nach einem Gemälde (»Senke, strahlender Gott«)
Gemischtes Vokalquartett (SATB) mit Klavierbegleitung
Nr. 8 in: ders., *Kompositionen*, 4. Folge: [22] *Mehrstimmige Gesänge mit Klavierbegleitung.* – Ohne bibliographische Angaben [vermutlich wie → 2930]. – Original (DLA).

Des Mädchens Klage (»Der Eichwald brauset«)

2932 – V. 22ff. (»Lass rinnen der Tränen vergeblichen Lauf«)
Gemischtes Vokalquartett (SATB) mit Klavierbegleitung
Nr. 5 in: ders., *Kompositionen*, 4. Folge → 2931

2933 Graf Eberhard der Greiner von Wirtemberg (»Ihr – ihr dort außen in der Welt«)
Rundgesang mit Klavierbegleitung

1804 komponiert.

Nr. 32 des 4. Heftes in: ders., *Kompositionen*, 3. Folge → 2930

· Idem. – Nr. 32 in: ders., [61] *Lieder und Gesänge* → 2930

WÜRZ, Anton (1903–1995)

2934 Das Kind in der Wiege (»Glücklicher Säugling!«)
Für eine Singstimme mit Klavierbegleitung
Nr. 3 in: ders., *Drei Epigramme*, op. 29

1947 komponiert; unveröffentlicht (s. WV/Würz, S. 113; Nr. 1 nach einem Text von Johann Wolfgang Goethe).

2935 Erwartung und Erfüllung (»In den Ozean schifft mit tausend Masten der Jüngling«)
Für eine Singstimme mit Klavierbegleitung
Nr. 2 in: ders., *Drei Epigramme*, op. 29 → 2934

2936 Kolumbus (»Steure, mutiger Segler!«)
Für eine Singstimme mit Klavierbegleitung
Nr. 1 in: ders., *Fünf Epigramme*, op. 21

1944 komponiert; unveröffentlicht (s. WV/Würz, S. 113).

Verzeichnis der musikalischen Werke

WÜST, Karl (1874–1946)

Wallenstein. Ein dramatisches Gedicht – I. Wallensteins Lager

– vor V. 1 (Scharfschütze: »Es leben die Soldaten«); Text teilweise von Johann Wolfgang Goethe

2937   *Es leben die Soldaten!* [5] *Soldatenlieder unserer Zeit* [Liedersammlung]; Texte von Walther Stein
Männerchor mit Instrumentenbegleitung oder a cappella
Heidelberg: Hochstein, o. A. – Partitur, Vokal- und Instrumentalstimmen. – Hofmeister (1936), S. 166.

Es handelt sich um ein typisches Soldatenliederbuch des »Dritten Reiches«, in dem aber eine Vertonung des titelgebenden Textes fehlt; Inhalt: 1. *Einzug in die Garnison* (»*Wir ziehen ins Städtchen*«); 2. »*Wir Soldaten exerzieren*«; 3. *Reiterlied* (»*Wir sind des Führers Reiter*«); 4. *Lied der Panzertruppen* (»*Was kraucht dort und faucht dort*«); 5. *Lied der Flieger* (»*Mit Wolken zu fliegen*«). – In einer Besprechung der ›*Fränkischen Sängerzeitung*‹ vom 15. Oktober 1936 hieß es: *Entstanden sind die Lieder aus Anlaß der Wiederaufrichtung unserer Wehrmacht durch den Führer und Reichskanzler. Insbesondere nehmen die Gedichte des bekannten Saarkampfdichters Bezug auf den Einzug der Truppen in das Rheinland und das Saargebiet* (S. 248; zitiert nach: Prieberg/*Handbuch*, S. 7942).

WYLDE *the Younger*, Henry (1822–1890)

Zur Unterscheidung von seinem Vater mit gleichem Vornamen, dem Organisten Henry Wylde (1790–?), mit der angegebenen Beifügung.

2938   Des Mädchens Klage (»Der Eichwald brauset«); hier in englischer Übersetzung von *Mrs.* T. Lemercier: *The Maiden's Petition* (»*The strong oaks bend 'neath the storms dim roar*«); beigefügte Rückübertragung des Titels: *Des Mädchens Bitte*
Für eine Singstimme mit Klavierbegleitung
Nr. 3 in: ders., *Three German Songs, the poetry by Schiller.* – London: Mils 1845. – Text: Englisch/Deutsch. – Original (British Library; freundl. Mitteilung von Dr. Rupert Ridgewell).

Die zweisprachige Ausgabe enthält neben der englischen Übersetzung zwar den deutschen Originaltext, orientiert sich aber bei der Titelgebung jeweils an der englischen Fassung.

Die Räuber. Ein Schauspiel

2939   – 3. Akt, 1. Szene (Amalia: »Schön wie Engel, voll Walhallas Wonne«); hier in englischer Übersetzung von *Mrs.* T. Lemercier: *Amelia's Song* (»*Fair as a spirit, fill'd with heavn'ly bliss*«); hier mit beigefügter Rückübertragung des Titels: *Amalias Gesang*
Für eine Singstimme mit Klavierbegleitung
Nr. 2 in: ders., *Three German Songs* → 2938

Macbeth. Zur Vorstellung auf dem Hoftheater in Weimar eingerichtet von Friedrich Schiller

2940   – V. 741ff. (Pförtner: »Verschwunden ist die finst're Nacht«); hier in englischer Übersetzung von *Mrs.* T. Lemercier: *The Warder's Song* (»*The gloomy night is past away*«); hier mit beigefügter Rückübertragung des Titels: *Des Thürhüters Gesang*
Für eine Singstimme mit Klavierbegleitung
Nr. 1 in: ders., *Three German Songs* → 2938

— Z —

ZAFRED, Mario (1922–1987)

Wallenstein. Ein dramatisches Gedicht

2941 *Wallenstein.* Oper in drei Akten; Libretto vom Komponisten und Lilyan Zafred
Uraufführung; Rom, 18. März 1965 (s. MGG2 *Personenteil* Bd. 17, Sp. 1302).

ZAHN, Christian Jakob (1765–1830)

Chr. J. Zahn ist lediglich ein komponierender Dilettant gewesen, der seinerzeit kaum etwas veröffentlicht hat, und bis heute wird er deshalb in keinem Musiknachschlagewerk berücksichtigt. Gleichwohl spielt er in der musikalischen Wirkungsgeschichte Schillers eine herausragende Rolle, wenn auch seine ungemeine Popularität nur auf einer Vertonung beruht, der Melodie des »Reiterliedes« aus ›Wallensteins Lager‹ (→ 2951). Sie ist rasch zum »Volkslied« geworden und fehlt seit ca. 1800 in kaum einem Liederbuch mehr; oft taucht sie dort allerdings anonym auf oder kursiert gelegentlich sogar unter dem Namen anderer Komponisten. Aufgrund ihrer enormen Bekanntheit verwendete man die Melodie bald sogar als »musikalisches Versatzstück« und zitierte sie aus programmatischen Gründen in Instrumentalwerken. Hinzu kommen zahlreiche Parodien, die sich weniger auf den Text beziehen, sondern fast immer durch Zahns Vertonung verursacht worden sind. Die Bedeutung seines »Reiterliedes« kann nur mit B. A. Webers »Schützenlied« aus dessen Schauspielmusik zu ›Wilhelm Tell‹ oder L. van Beethovens Hymnus ›An die Freude‹ aus der 9. Sinfonie verglichen werden (→ 144).

Zahn war eine vielseitige Persönlichkeit – *Jurist, Teilhaber der Cottaschen Buchhandlung, Liederkomponist, Industrieller und Politiker* (vgl. den Personenartikel von Ernst Rheinwald in: *Schwäbische Lebensbilder*, Bd. 2; Stuttgart: Kohlhammer 1942, S. 522ff.). Schiller erwähnte ihn erstmals und zunächst lediglich in geschäftlichem Zusammenhang am 29. September 1794 in seinem Brief an J. W. Goethe, als es um die geplante Herausgabe der ›Horen‹ bei Cotta ging. Hier bezeichnete er Zahn als *Associé* des Verlegers und erklärte, dass dieser *zu der HandelsCompagnie in Calb* [Calw] *gehört, die das Cottaische Unternehmen deckt [...] Ich glaube daher, daß man wohl thut, diesen Mann so sehr als möglich in das Intereße unsrer Unternehmung zu ziehen, und ihm also wohl eine rathgebende Stimme in unserm Ausschuß zugestehen kann.* Nach Goethes Einverständnis teilte Schiller am 2. Oktober 1794 dem Verlag mit: *H.*[err] *Zahn ist in unsre Societät aufgenommen* und könne in den ›Horen‹ auch eigene Beiträge veröffentlichen. Obwohl dieser sich nicht abgeneigt zeigte (vgl. seinen Brief vom 16. Mai 1795 an Schiller), ist es nie dazu gekommen. Von Zahns kompositorischen Neigungen erfuhr Schiller vermutlich erst Ende November 1797 (s. den Kommentar zum »Reiterlied«; → 2951).

2942 An die Freude (»Freude, schöner Götterfunken«)
Rundgesang mit Klavierbegleitung
Notenbeilage zum 3. Heft (März 1792), nach S. 264, in: *Amaliens Erholungsstunden, Monatsschrift* (3. Jg.), hg. von Marianne Ehrmann. – Tübingen: Cotta 1792. – Original (DLA).

Hier zwar ohne Komponistennachweis veröffentlicht, doch findet sich im April-Heft 1793 der gleichfalls bei Cotta erscheinenden Monatsschrift ›Flora‹ folgender Hinweis Zahns: *Um keinen Unschuldigen meine musikalischen Sünden aufzubürden, erkläre ich hiemit, daß ich alle musikalischen Beilagen zu Amaliens Erholungsstunden vom Septemberheft 1791 an gesetzt habe* (Anm. auf S. 1 der dortigen Notenbeilage mit seiner Vertonung von Schillers ›Kindsmörderin‹; → 2946).

> · Idem. – Nr. 15 in: ders., [27] *Musikalische Kompositionen.* Hg. *und zu dessen Gedächtnis der Familie gewidmet* von Georg M.[artin] Doertenbach. – Stuttgart: [ohne Verlagsnachweis] 1883. – Original (WLB).
>
> Beim Hg. handelt es sich um einen Enkel des Komponisten. – Einige Vertonungen der Sammlung, welcher der Charakter einer Gesamtausgabe zukommt, wurden un-

Verzeichnis der musikalischen Werke

ter einer Nummer zusammengefasst, weshalb der Inhalt in 19 Abschnitten gezählt ist; faktisch handelt es sich jedoch um 27 verschiedene, zu einem großen Teil vorher unveröffentlichte Stücke. Später konnten nur noch zwei weitere Kompositionen Zahns nachgewiesen werden (vgl. die Werkliste bei Gebauer, S. 370f.).

2943   Des Mädchens Klage (»Der Eichwald brauset«)
Für eine Singstimme mit Klavierbegleitung

Diese Vertonung ist vermutlich als »Lied der Thekla« (wohl aber in der zweistrophigen Schauspielfassung) bei der Uraufführung der ›Piccolomini‹ am 31. Januar 1799 in Weimar gesungen worden sein (freundliche Mitteilung von Prof. Dr. Norbert Oellers).

Nr. 12 in: ders., [27] *Musikalische Kompositionen* → 2942

2944   Die Blumen (»Kinder der verjüngten Sonne«)
Für eine Singstimme mit Klavierbegleitung
Nr. 14 in: ders., [27] *Musikalische Kompositionen* → 2942

Die Jungfrau von Orleans. Eine romantische Tragödie

2945   – V. 383ff. (Johanna: »Lebt wohl, ihr Berge, ihr geliebten Triften«)
Für eine Singstimme mit Klavierbegleitung
Nr. 3 in: ders., [27] *Musikalische Kompositionen* → 2942

2946   Die Kindesmörderin (»Horch, die Glocken hallen dumpf zusammen«); hier in der Gedichterstfassung: Die Kindsmörderin (»Horch – die Glocken weinen dumpf zusammen«)
Für eine Singstimme mit Klavierbegleitung
Notenbeilage, 1. Heft des 2. Bandes, nach S. 96 in: *Flora. Teutschlands Töchtern geweiht. Eine Monatsschrift von Freunden und Freundinnen des schönen Geschlechts*, 1. Jg. – Tübingen: Cotta 1793. – Original (DLA).

Das Lied war offenbar zu Beginn des 19. Jahrhunderts mindestens in Süddeutschland populär, gehörte aber zu den Kompositionen Zahns, deren wahren Urheber man kaum kannte: *Das war namentlich mit Schillers Kindsmörderin der Fall, welche ich allerwärts mit Zumsteegs Namen überschrieben fand, was mir schmeichelte*, wie Zahn in seinen autobiographischen Aufzeichnungen berichtet und dort nicht ohne Genugtuung ergänzt, dass *ein Aufwärter die Melodie gepfiffen habe, während er das Feuer in meinem Ofen anmachte* (zitiert nach Hermann Mall: *Zur Erinnerung an Christian Jakob Zahn [...], den Komponisten des Schillerschen Reiterliedes*. Unpaginierter Druck, 7 S., ohne bibliographische Angaben; Original im DLA).

• Idem. – Nr. 7 in: ders., [27] *Musikalische Kompositionen* → 2942

2947   Die Macht des Gesanges (»Ein Regenstrom aus Felsenrissen«)
Für eine Singstimme mit Klavierbegleitung
Nr. 17 in: ders., [27] *Musikalische Kompositionen* → 2942

Maria Stuart. Ein Trauerspiel

2948   – V. 2075ff. (Maria Stuart: »Lass mich der neuen Freiheit genießen«)
Für eine Singstimme mit Klavierbegleitung
Nr. 2 in: ders., [27] *Musikalische Kompositionen* → 2942

Zu Beginn des fünften Teils der Vertonung (»Hörst du das Hifthorn«) mit der Instrumentierungsangabe: *Corni Solo*.

2949   Thekla. Eine Geisterstimme (»Wo ich sei, und wo mich hingewendet«)
Für eine Singstimme mit Klavierbegleitung
Nr. 13a in: ders., [27] *Musikalische Kompositionen* → 2942

650

Die Komponisten und ihre Werke

Wallenstein. Ein dramatisches Gedicht – I. Wallensteins Lager

2950 – V. 384ff. (Rekrut: »Trommeln und Pfeifen«)
Für eine Singstimme zur Gitarre
Nr. 1b in: ders., [27] _Musikalische Kompositionen_ → 2942

2951 – V. 1052ff. (Zweiter Kürassier: »Wohl auf, Kameraden, auf's Pferd«)
Rundgesang mit Klavierbegleitung

Zahn lernte das Gedicht wohl Mitte 1797 in Zusammenhang mit den Korrekturarbeiten am
›Wallenstein‹ und der Vorbereitung des ›Musen-Almanachs für das Jahr 1798‹ kennen. Auf
wessen Veranlassung seine Vertonung dann in die dortige Musikbeilage gelangte, ist unklar,
und weil darin statt des Komponistennamens nur die Initiale »Z.« angegeben war, vermutete Schiller zunächst J. R. Zumsteeg als deren Urheber. Am 20. Oktober 1797 schickte er Körner die Notenbeilage zu, wobei er sich über die Vertonung ebenso lobend wie amüsiert zeigte: _Unter den Melodien, die ich hier mitschicke, mußt Du das Reiterlied tiefer spielen, als es gesetzt ist, wie Du sehen wirst. Es war eine sonderbare Idee vom Musicus, die Cuirassire so hoch
singen zu lassen, als kaum eine Weiberstimme hinaufreicht. Sonst aber hat die Melodie mir
wohlgefallen_ (am selben Tag äußerte sich Schiller brieflich gegenüber Zelter in gleicher Weise).

Aus einem Schreiben Schillers an den Verleger Johann Friedrich Cotta vom 15. Dezember d. J. geht hervor, dass er in Zusammenhang mit dem »Reiterlied« auch an Zumsteeg
geschrieben hatte (dieser Brief ist nicht erhalten): _Ich hatte vor einiger Zeit Zumsteegen
wegen der Melodie zu dem Reiterlied, die dem Almanach beigedruckt ist, mein Compliment
gemacht, erfahre aber von ihm, daß nicht Er, sondern Herr Zahn der Verfaßer derselben sey.
Ich muss gestehen, daß mir die Melodie äuserst wohl gefällt und mich, so wie alle die solche
bei mir singen gehört, recht tief bewegt hat. Sagen Sie Herrn Zahn recht viel Schönes darüber von meinetwegen._ In einem Postscriptum heißt es dann: _Wenn Sie Zahn für künftge
Musen Almanache eine Composition anvertrauen wollen, so wird er sichs zur Ehre schäzen._
Cotta leitete das Lob weiter und teilte Schiller am 24. Dezember 1797 mit: _Zahn, der sich
Ihnen bestens empfiehlt, hat Ihr Urteil über seine Composition des Reuterlieds unendliche
Freude gemacht._ Am 5. Januar 1798, forderte Schiller Cotta dann ausdücklich auf: _Zahn
soll uns allerdings noch mehr componieren, denn so oft ich seine Melodie zum Reiterlied hö-
re, macht sie mir Vergnügen._ – Zumsteeg hatte den für ihn etwas peinlichen Sachverhalt
am 24. November in einem Brief an Schiller aufgeklärt und zu seiner »Ehrenrettung« eine
eigene Vertonung beigelegt (→ 3049), die übrigens eine gewisse Verwandtschaft mit
Zahns Melodie nicht verleugnen kann.

Zahns Vertonung wurde bei der Uraufführung des Schauspiels in Weimar am 12. Oktober
1798 zur Wiedereröffnung des Hoftheaters gesungen, wie Karl Eberwein in seinem Artikel
›Goethe als Theaterdirektor‹ (_Europa_, 1856, Nr. 17) berichtet (zitiert nach: _Goethes Schauspieler und Musiker. Erinnerungen von Eberwein und Lobe_. Mit Ergänzungen von Wilhelm
Bode. Berlin: Mittler 1912, S. 28ff, hier: S. 41, allerdings mit der falschen Datierung der Vorstellung auf den _18. Oktober_). – Am 4. November 1799 wandt sich Schiller an Goethe mit der
Bitte, ihm für eine weitere Aufführung von ›Wallensteins Lager‹ _die Melodien 1) zu dem An-
fangslied in Wallensteins Lager_ [»Es leben die Soldaten«] _2) dem Rekrouten- 3) dem Reiter-
Lied und 4) des Mädchens Klage_ zuzuschicken. Es handelt sich um alle Gesangseinlagen der
Trilogie und zugleich wohl um die Vertonungen, die bei der Uraufführung gespielt worden
waren; davon beruht das erste Lied auf einer nicht identifizierbare Melodie aus ›Claudine
von Villa Bella‹ in der Vertonung von J. F. Reichardt (→ 1969), der Komponist des zweiten
Liedes ist nicht mehr ermittelbar (›Des Mädchens Klage‹ evtl. auch von Zahn; → 2943). Außerdem erklang Musik von Johann Friedrich Kranz (→ 1291).

Bis ins 20. Jahrhundert hielten sich die Fehlzuschreibungen der Urheberschaft (vgl. bspw.
noch MGG1 Bd. 3, Sp. 124), die schon früh kursierte. So meldete die AMZ/1 am 22. Januar
1845 (Sp. 62): _Am 9. December v._[origen] _J._[ahres] _starb in München der landgräflich hessen-
homburg'sche Hofcapellmeister v. Destouches, 73 Jahr alt, ein in früherer Zeit geschätzter Kir-
chencomponist. Er war ein Freund Mozart's, Weber's, Schiller's, zu dessen ›Wallenstein's Lager‹
er eine characteristische Musik schrieb._ Rund fünf Monate später (25. Juni 1845, Sp. 446)
musste man allerdings folgende Richtigstellung einrücken: _Im Morgenblatte erklären die bei-_

651

Verzeichnis der musikalischen Werke

den Söhne des 1830 verstorbenen Dr. jur. Ch. Jacob Zahn von Hirsau, dass ihr Vater Verfasser der bekannten Melodie des Schiller'schen Reiterliedes sei, nicht aber der verstorbene [...] Hofcapellmeister v. Destouches.

Die volkstümliche Melodie wurde in zahlreichen Kompositionen zitiert bzw. paraphrasiert. Das Publikum konnte sie leicht identifizieren und somit den Bezug zum Schauspiel herstellen (→ 42, 222+1, 903, 959, 1151, 1545+1, 2116, 2512, 2574 u. 2643). – Jeder Versuch, ein auch nur annähernd repräsentatives Verzeichnis der Veröffentlichungen von Zahns »Reiterlied« anfertigen zu wollen, ist aufgrund der enormen Verbreitung unmöglich und auch nicht erforderlich; deshalb wird hier lediglich die Erstausgabe sowie die Veröffentlichung in Zahns Werksammlung nachgewiesen.

Notenbeilage vor S. 137 in: *Musen-Almanach für das Jahr 1798*, hg. von Friedrich Schiller. – Tübingen: Cotta [1797]. – Original (DLA).

Erstausgabe. – Aufgrund der zahlreichen entsprechenden Beiträge, die in der Art eines freundschaftlichen Wettstreits mit Goethe entstanden waren, bezeichnet man diesen Jahrgang als »Balladen-Almanach« (u. a. sind hier von Schiller ›Der Handschuh‹, ›Der Taucher‹ sowie ›Ritter Toggenburg‹ und von Goethe ›Der Schatzgräber‹, ›Der Zauberlehrling‹ und ›Die Braut von Corinth‹ erstmals veröffentlicht). – Schiller erhielt im September 1797 die ersten Belegexemplare noch ohne Notenbeilage, die bei Breitkopf & Härtel angefertigt wurde (vgl. Schillers Brief an den Verlag vom 1. September 1797), und reichte eines davon am 2. Oktober mit der Bemerkung an Körner weiter: *Die Musik kommt über 8 Tage nach.* Diese traf am 7. Oktober ein, und Schiller schickte Zelter am 20. Oktober *unsern Almanach nebst einigen Abdrücken der Melodien.*

Die Notenbeilage umfasst neun Gesangsstücke (wieder auf unpaginierten, teilweise aber hier auch beidseitig bedruckten Einschaltblättern), darunter zwei Schiller-Vertonungen (neben Zahns »Reiterlied« noch ›An Emma‹ von C. F. Zelter; → 2966). – Zelter war im übrigen mit der Notenwiedergabe aus praktischen Erwägungen unzufrieden, was er Schiller unter Hinweis auf zwei seiner Vertonungen am 15. November 1797 mitteilte: *Mit dem Abdrucke meiner Melodieen ist das Unglück geschehen, das ich einen Augenblick lang geahndet und zu erinnern vergeßen habe. Die Indische Legende* [Goethes ›Der Gott und die Bajadere‹] *und der Feenreigen* [Gedicht von Friedrich Matthisson] *sind nicht zu gebrauchen weil man jedes mal mitten in jeder Stanze das Blatt wenden muß. Wenn der Corrector ein Musikus ist verzeih ich diese Nachläßigkeit ihm ungern. Die Melodieen, wie ich sie mir denke, gewinnen erst durch die öftere Wiederholung der Stanzen, den vollen Werth welchen sie haben und dienen so dem Gedichte gleichsam zur Pointe, die durch die Unbequemlichkeit des vielen Umwendens für die faulen Teutschen nur zu oft verloren geht. Ich weis gar zu wohl daß man den Leuten ihr eigenes Vergnügen bequem machen muß und wenn ich diese Faulheit respectire so geschiehts aus Achtung für die Kunst.*

- Idem. – Nr. 1a in: ders., [27] *Musikalische Kompositionen* → 2942

  Natürlich findet man die Vertonung regelmäßig auch in Sammlungen mit Soldatenliedern, für die hier stellvertetend je eine aus der Zeit des Ersten Weltkriegs und des »Dritten Reiches« dokumentiert werden soll:

- Singweise. – Nr. 1 in: *Wohlauf, Kameraden!* [23] *Soldatenlieder zum »heiligen Krieg«.* – Jena: Diederichs 1914 (= *Kriegslieder fürs deutsche Volk mit Noten*, Heft 3). – Original (Slg. GG).

- Für eine Singstimme mit Klavierbegleitung bearb. von Paul Schwadtke. – S. 11 in: *Unsere Kampflieder.* Hg. vom Nationalsozialistischen Pfarrer- und Lehrerkreis des Wieratales / Thüringen. – Weimar: Verlag »Deutsche Christen«, o. A. – Original (Slg. GG).

  Gedruckte Widmung: *Unserm verehrten Mitkämpfer, Herrn Volksbildungsminister Fritz Wächtler zugeeignet!* – In einem kurzen, mit *Ostern 1933* datierten Geleitwort heißt es: *Diese Lieder, aus alter und neuer Zeit, begleiteten uns auf hartem, gemeinsamen Wege der letzten Jahre. Gar oft haben wir ihren Wert im Kampf um Deutschland erprobt.* – Enthalten sind Lieder aus vergangenen Jahrhunderten, aus der Zeit des Ersten Weltkriegs so-

Die Komponisten und ihre Werke

wie Parteigesänge, unter denen ›*Volk ans Gewehr*‹ von Arno Pardun (Text und Musik) das bekannteste ist. Außerdem steuerte P. Schwadtke eigene Vertonungen verschiedener Nazilyriker bei (darunter Heinrich Anacker, Annemarie Koeppen und Ernst Leibl).

Parodien (alphabetisch nach Textanfängen)

Schillers »Reiterlied« in der Vertonung von Chr. J. Zahn gehört wohl zu den am häufigsten parodierten Stücken der Musikgeschichte, und selbst die hier dokumentierten 49 Beispiele können deshalb kaum einen Anspruch auf Vollständigkeit erheben. Neben selbst eingesehenen Liederbüchern, in denen meistens nur die Texte mit dem Hinweis auf die dazu gehörende und geläufige Singweise wiedergegeben sind, wurde auch auf zwei Online-Verzeichnisse (»Deutsches Lied« bzw. »Volksliederarchiv«) zurückgegriffen, die allerdings nur knappe Quellenangaben vermitteln. – Da manchmal kein Titel vorliegt und diese sich ohnehin als unzuverlässiges Identifizierungsmerkmal erwiesen haben, ist die anschließende Liste alphabetisch nach Textanfängen angeordnet.

1. »*Allheil! Concorden auf's stählerne Ross*« – ›*Concordentrutz*‹; Text: *Theobald*. – Volksliederarchiv (Online-Verzeichnis).
   Aus dem ›*Concordia-Liederbuch*‹ von 1911.

2. »*Auf, auf, ihr Brüder, den Becher zur Hand*« – ›*Burschenleben*‹; Textverfasser unbekannt. – Nr. 248 in: *Göpel's deutsches Lieder- und Commers-Buch. Sammlung von gegen fünfhundert* [= 485] *der beliebtesten Lieder mit ihren Singweisen in mehrstimmiger Bearbeitung* hg. von Thomas Täglichsbeck und Julius Müleisen. – Stuttgart: Göpel, o. A. – Original (Slg. GG).

3. »*Auf, auf, ihr Knappen, die Gläser gefüllt*« – [ohne Titel]; Textverfasser unbekannt. – Volksliederarchiv (Online-Verzeichnis).
   Es handelt sich um ein Bergarbeiterlied; Quelle oder Entstehungszeit nicht nachgewiesen.

4. »*Auf, auf, Kaiserstühler, in den Wald nach Wyhl*« – [ohne Titel]; Textverfasser unbekannt. – Gebauer, S. 398.
   1973 von den Atomkraftgegnern am Kaiserstuhl gesungen.

5. »*Auf, auf, Kameraden, zum Rundgesang*« – ›*Gesellschaftslied*‹; Text: *nach Ludwig*. – Singweise (Vorsänger und Chor) mit Klavierbegleitung oder zur Gitarre. – Nr. 31 in: *Das Buch der Lieder* → 12 (Parodie 8)
   Das »Reiterlied« ist hier im Notensatz für die angegebene Besetzung als Nr. 29 enthalten. Die Vokalpartie wurde teilweise mit einer 2. Stimme versehen.

6. »*Auf, lasst uns begraben das alte Jahr*« – ›*Beim Jahreswechsel*‹; Text: Ernst Klaar. – Volksliederarchiv (Online-Verzeichnis).
   Aus ›*Der frei Turner*‹ (1913).

7. »*Das Rohr im Munde, das Glas in der Hand*« – ›*Schwelgenlied*‹; Text: *Rudolf in Amerika*. – Nr. 569 in: *Schauenburgs Allgemeines Kommersbuch* → 12 (Parodie 2)

8. »*Der brausende Sang, er durchtönet die Nacht*« – ›*Zecherlust*‹; Text: K. E. O. Fritsch. – Nr. 570 in: *Schauenburgs Allgemeines Kommersbuch* → 12 (Parodie 2)

9. »*Der König rief, und das Volk stand auf*« – ›*Zur Sedanfeier*‹; Text: Liebermann von Sonnenberg, 1881. – Nr. 16 in: *Schauenburgs Allgemeines Kommersbuch* → 12 (Parodie 2)

10. »*Der Wissenschaft sei unser Lied geweiht*« – ›*Naturwissenschaftliches Festlied*‹; Text: Edwin Bormann. – Nr. 152 in: *Schauenburgs Allgemeines Kommersbuch* → 12 (Parodie 2)

11. »*Drei Tage schon währte das heiße Gefecht*« – [ohne Titel]; Text: P. Schroeder (Peter von der Mosel). – Ohne Besetzungsangaben – Nr. 4 in: [92] *Feldgraue Lieder. Kriegs= und Siegeslieder von 1914/1915*. Im Auftrage des »Kaiser-Wilhelm-Dank«, Verein der Soldatenfreunde, gesammelt und hg. von Robert Gersbach. – Berlin: Verlag Kameradschaft [1915]. – Original (Slg. GG).
    Zusätzlicher Herkunftsnachweis des Textes: *Trierische Landeszeitung*. – Diese Ausgabe enthält nur Gesangstexte. Während es sich bei den Nrr. 1–43 um Parodien be-

Verzeichnis der musikalischen Werke

kannter Singweisen handelt (darunter vielfach Volkslieder), stammen die übrigen Stücke aus den Sammlungen ›Heil deutschem Schwert. Kriegs- und Vaterlandslieder von 1914/1915‹ oder ›Deutschland singt‹ (beide im Verlag Kameradschaft, Berlin, erschienen); in diesem Fall handelt es sich um neu komponierte Lieder (darunter Vertonungen von Max Battke oder Bogumil Zepler nach Gedichten von Hermann Löns oder Hugo Zuckermann).

12. »Ein Ruf ist ergangen, ihr Schläfer erwacht!« – [ohne Titel]; Text: A. Otto-Walster. – Volksliederarchiv (Online-Verzeichnis).
Dem von Max Kegel hg. ›Sozialdemokratischen Liederbuch‹ (1898) entnommen.

13. »Frisch auf, Fußballspieler [auch: Kameraden], zum fröhlichen Spiel« – [ohne Titel]; Textverfasser unbekannt. – Volksliederarchiv (Online-Verzeichnis).
Dem ›Fußball-Liederbuch‹ (um 1920) entnommen.

14. »Frisch auf, ihr Spieler, ins grüne Feld« – [ohne Titel]; Text: H. Klein aus Dortmund. – Volksliederarchiv (Online-Verzeichnis).
Dem ›Sport-Liederbuch‹ von 1921 entnommen.

15. »Frisch auf, Kameraden, in Reih' und Glied, die Freiheit gilt's zu erstreben« – [ohne Titel]; Textverfasser unbekannt. – Gebauer, S. 398.
1873 als »Arbeiter-Lied« gesungen.

16. »Frisch auf, Kameraden, stoßt ab, stoßt ab« – ›Lied vom Fußballspieler‹; Textherkunft: Cannstatter S.C. – Volksliederarchiv (Online-Verzeichnis).
Dem ›Fußball-Liederbuch‹ (um 1920) entnommen.

17. »Hallo, wack're Brüder, es brennt, es brennt« – [ohne Titel]; Textverfasser unbekannt. – Volksliederarchiv (Online-Verzeichnis).
Stammt aus dem ›Chemnitzer Feuerwehrliederbuch‹ (vor 1890).

18. »Herbei, Spielgenossen, auf's Feld, auf's Feld« – [ohne Titel]; Text: R. K. – Volksliederarchiv (Online-Verzeichnis).
Aus ›Fußball Sang und Klang‹ (um 1900).

19. »Hinauf, Patrioten, zum Schloss, zum Schloss« – [ohne Titel]; Textverfasser unbekannt. – Gebauer, S. 398.
1832 beim Hambacher Fest gesungen.

20. »Im rauschenden Haine saß und sang« – ›Der Professor‹; Text: K. Blind. – Nr. 560 in: Allgemeines Deutsches Kommersbuch, 30. Auflage → 12 (Parodie 3)

21. »In Liebe zu Freiheit und Vaterland« – [ohne Titel]; Text: Karl Schaumlöffel. – Volksliederarchiv (Online-Verzeichnis).
Aus ›Lieder des jungdeutschen Ordens‹ (1921).

22. »Kredenze den Becher uns, Vater Rhein« – ›Mit Gott für Kaiser und Vaterland‹; Textverfasser unbekannt. – Volksliederarchiv (Online-Verzeichnis).
Dem ›Neuen Liederbuch für Artilleristen‹ (1893) entnommen

23. »Nach Frankreich, nach England, nach Russland hinein« – [ohne Titel]; Text: Friedrich Fischer, ca. 1914. – Volksliederarchiv (Online-Verzeichnis).
Der ›Weltkriegs-Liedersammlung‹ von 1926 entnommen.

24. »Nun vorwärts, Proleten, schließt fester die Reih'n« – ›Marsch der Antifaschisten‹; Textverfasser unbekannt. – Gebauer, S. 398.
In den 1940er Jahren in den Konzentrationslagern gesungen.

25. »Nur Thoren verachten den Bauernstand« – ›An die Landleute‹; Text: August Friedrich Ernst Langbein. – S. 247f. in: Deutscher Liederkranz. Eine Auswahl der besten Gesänge für fröhliche Gesellschaften. Mit Beiträgen einiger neuer Lieder, hg. von August Friedrich Ernst Langbein. Berlin: Amelang 1820. – Original (Antiquariat Drüner).
Es handelt sich um eine Textsammlung vorwiegend mit Rundgesängen (teilweise mit einem Hinweis auf die dazu gehörende Melodie).

Die Komponisten und ihre Werke

26. »*Sei hoch uns gefeiert, der Deutschen Tag*« – ›*Der 18. Oktober*‹; Text: Wilhelm Hey. – Einstimmiger Gesang (Vorsänger und Chor) mit Klavierbegleitung oder zur Gitarre. – Nr. 30 in: *Das Buch der Lieder* → 12 (Parodie 8)

27. »*Trompeten erschallen, das Waldhorn ruft*« – ›*Bürgerwehrlied*‹; Textautor unbekannt. – Nr. 135 in: *Germania. Ein Freiheitsliederkranz für deutshe Sänger aller Stände. Mit alten und neuen Sangweisen der besten Tonsetzer für vierstimmigen Chor*, hg. von Thomas Täglichsbeck. Stuttgart: Göpel 1848.

28. »*Und wenn sich der Schwarm verlaufen hat*« – ›*Die Ritter der Gemütlichkeit*‹; Text: Friedrich Adolf Krummacher. – Nr. 613 in: *Schauenburgs Allgemeines Kommersbuch* → 12 (Parodie 2)
Text mit dem Verweis *Singw.: Wohlauf, Kameraden, aufs Pferd etc.* – Es handelt sich um eine der verbreitetsten Parodien, die 1850 als *Nach-Revolutionsgedicht* entstanden und vielfach in Kommersbüchern enthalten ist (Gebauer, S. 398).

29. »*Vier Worte nenn' ich euch, inhaltschwer*« – ›*Die vier Worte*‹; Text: Adolf Friedrich Seubert. – Nr. 647 in: *Allgemeines Deutsches Kommersbuch, 30. Auflage* → 12 (Parodie 3)
Das Gedicht ist zugleich eine Parodie auf Schillers ›Die Worte des Glaubens‹; die immer wieder im Textverlauf angesprochenen »vier Worte« werden hier jedoch nicht enträtselt.

30. »*Warum stehst du noch so fern als deutscher Mann*« – [ohne Titel]; Text: Adolf Gast. – Deutsches Lied (Online-Verzeichnis).
Dem ›*Hitler-Liederbuch der NS-Revolution*‹ (1934) entnommen.

31. »*Was ist des Bergmanns Losungswort*« – ›*Bergmännische Schätze*‹; Text: Peter Zöge von Manteuffel. – Deutsches Lied (Online-Verzeichnis).
Dem ›*Liederbuch für Berg- und Hüttenleute*‹ (1903) entnommen.

32. »*Was kracht in den Bergen, was wallt für Dampf, was donnert mit dampfenden Blitzen*« – ›*Rundgesang im Lager*‹; Textverfasser unbekannt
Nr. 23 in: *Sang und Klang aus Appenzell. Eine Sammlung älterer Lieder für vierstimmigen Männerchor* [TTBB], hg. von Alfred Tobler. – 2. vermehrte Aufl. – Zürich: Hug, o. A. – Partitur (Verl.-Nr. *2721*). – RISM-CH (Database; die Ausgabe enthält 172 Chorsätze und wird auf 1899 datiert).

33. »*Was schallet vom Turme so schaurig, so bang*« – [ohne Titel]; Textverfasser unbekannt. – Volksliederarchiv (Online-Verzeichnis).
Stammt aus dem ›*Chemnitzer Feuerwehrliederbuch*‹ (vor 1890).

34. »*Was wogt dort im Walde die tosende Schlacht*« – [ohne Titel]; Text beruht auf dem *Lied einer Munitionskolonne.* – Deutsches Lied (Online-Verzeichnis).
Dem ›*Liederbuch der Feldartillerie*‹ (1926) entnommen.

35. »*Wenn einer die Reize Clausthals zuhauf im Liede will aufzählen*« – ›*Festgesang Clausthaler Bergschüler*‹; Text: *nach Karl Fiege.* – Deutsches Lied (Online-Verzeichnis).
Aus ›*Es ragen dunkle Tannen – Ein Clausthaler Kommersbuch*‹ (1992).

36. »*Wenn Feuerlärm tönet, dann eilten wir herbei*« – [ohne Titel]; Textverfasser unbekannt. – Volksliederarchiv (Online-Verzeichnis).
Stammt aus dem ›*Chemnitzer Feuerwehrliederbuch*‹ (vor 1890).

37. »*Wer nie vom Geist unsrer Sache beseelt*« – [ohne Titel]; Textverfasser unbekannt. – Volksliederarchiv (Online-Verzeichnis).
Dem ›*Deutschen Fußball-Liederbuch*‹ (um 1920) entnommen.

38. »*Wer steht für die Heimat in Not und Gefahr*« – [ohne Titel]; Text: Rudolf Roddewig. – Deutsches Lied (Online-Verzeichnis).
Dem ›*Liederbuch des jungdeutschen Ordens*‹ (1925) entnommen.

39. »*Wie eine Mauer düstert der Wald*« – [ohne Titel]; Text: F. von Romberg. – Deutsches Lied (Online-Verzeichnis).
Aus ›*Jungstürmers Singborn*‹ (1922).

Verzeichnis der musikalischen Werke

40. *»Willkommen, du köstliche Frühlingszeit«* – [ohne Titel]; Textverfasser unbekannt. – Volksliederarchiv (Online-Verzeichnis).
Dem ›*Sport-Liederbuch*‹ von 1921 entnommen.

41. *»Wir graben und schaufeln mit fleißiger Hand«* – [ohne Titel]; Textverfasser unbekannt. – Deutsches Lied (Online-Verzeichnis).
Dem ›*Liederbuch für deutsche Pioniere*‹ (1930) entnommen.

42. *»Wir hielten die Front vier Jahre lang«* – [ohne Titel]; Text: *Kamerad Billig*. – Deutsches Lied (Online-Verzeichnis).
Dem ›*Stahlhelm Bundesliederbuch*‹ (1924) entnommen.

43. *»Wir sind die Reserve der stolzen SA«* – [ohne Titel]; Textverfasser unbekannt. – Deutsches Lied (Online-Verzeichnis).
Dem ›*Neuen deutschen Liederbuch*‹ (1942) entnommen.

44. *»Wir sind ein frohes, gewaltiges Korps«* [auch: *»... freies, geweihtes Korps«*] – ›*Artillerielied*‹; Textverfasser unbekannt. – Volksliederarchiv (Online-Verzeichnis). Deutsches Lied (Online-Verzeichnis).
Dem ›*Feuerwehr-Liederbuch*‹ von 1883 entnommen.

45. *»Wohlauf, ihr Renner, nun sattelt das Pferd«* – [ohne Titel]; Text: Ludwig Hertel. – Volksliederarchiv (Online-Verzeichnis).
›*Rennsteigwanderers Liederbuch*‹ von 1907 entnommen.

46. *»Wohlauf, Kameraden, vom Pferd, vom Pferd«* – ›*Reiter-Lied*‹; Text: F.
Ohne nähere Angaben auf S. 13 in: *1914. Der Deutsche Krieg im Deutschen Gedicht*, hg. von Julius Bab; 7. Bd.: *Soldatenlachen*. – Berlin: Morawe & Scheffel 1915. – Original (Slg. GG).

47. *»Wohlauf, Kameraden, wir sind in Paris«* – [Ohne Titel]; Textautor unbekannt. – Für gemischten Chor a cappella oder mit Begleitung. – Ohne bibliographische Angaben. – Challier, *Chor-Katalog* (1903), S. 335 (hier mit dem Hinweis *Nr. 250*, vermutlich die Lieferung einer Heftreihe, vielleicht auch die Nummerierung in einem Liederbuch).
Diese Parodie dürfte in Zusammenhang mit dem deutsch-französischen Krieg von 1870/71 nach dem Einmarsch deutscher Truppen in Paris entstanden sein.

48. *»Wohlauf, Kameraden, wohl alles bereit«* – ›*Nelson vor Kopenhagen*‹; Textautor unbekannt
Friedlaender, *Das dt. Lied* Bd. 2, S. 581 (demnach eine der frühesten Parodien).

49. *»Wohl auf, Kameraden, zum Wald, zum Wald«* – ›*Jägerlied am Hubertusfeste zu singen*‹; Text: *von Wildungen*. – S. 281ff. in: *Deutscher Liederkranz* → Parodie Nr. 25

Wilhelm Tell. Schauspiel

2952 – V. 1ff. (Fischerknabe: »Es lächelt der See«)
Für eine Singstimme mit Klavierbegleitung
Nr. 4a und b in: ders., [27] *Musikalische Kompositionen* → 2942
Die beiden musikalischen Teile wurden mit a und b gezählt.

2953 – V. 13ff. (Hirte: »Ihr Matten, lebt wohl«)
Für eine Singstimme mit Klavierbegleitung
Nr. 4c in: ders., [27] *Musikalische Kompositionen* → 2942

2954 – V. 25ff. (Alpenjäger: »Es donnern die Höhen«)
Für eine Singstimme mit Klavierbegleitung
Nr. 4d in: ders., [27] *Musikalische Kompositionen* → 2942

2955 – V. 1465ff. (Walter: »Mit dem Pfeil, dem Bogen«)
Für eine Singstimme mit Klavierbegleitung
Nr. 4e in: ders., [27] *Musikalische Kompositionen* → 2942

Die Komponisten und ihre Werke

2956 — V. 2833ff. (Barmherzige Brüder: »Rasch tritt der Tod den Menschen an«)
Einstimmige Singweise mit Klavierbegleitung
Nr. 4f in: ders., [27] *Musikalische Kompositionen* → 2942

ZAICZEK, Julius (1877–1929)

Familienname auch: *Zaiczek-Blankenau.*

Kabale und Liebe. Ein bürgerliches Trauerspiel

2957 *Ferdinand und Luise.* Oper in vier Akten; Libretto von August Koppits

Uraufführung: Stuttgart, 16. Januar 1914 (Königliches Hoftheater), mit Rudolf Ritter (Ferdinand), Erna Ellmenreich (Luise), Reinhold Fritz (Miller) und Theodor Scheidl (Präsident von Walter), unter der musikalischen Leitung von Erich Band. – Widmung: *Ihrer Erlaucht Gräfin Gabriele Rechberg und Rotenlöwen.* – In einer Besprechung der Uraufführung heißt es zur Textbearbeitung, dass A. Koppits *in der Hauptsache das Original [...] verkürzt, teilweise den Originaltext benützt, auch geändert und geflickt* [hat], *so dass ein etwas seltsames dichterisches Produkt, eine Art matten Abklatsches der Vorlage entstanden ist. Wurm scheidet fast ganz aus, Lady Milford bekommt dafür dessen schwarze Seele eingehaucht [...]. Der Komponist zeigt sich insofern seinem Mitarbeiter verwandt, als auch er einen weichen Zug hat, infolgedessen seine Musik mehr lyrisch, häufig stimmungmalend, selten dagegen grosszügig-dramatisch ausgefallen ist.* Generell seien *veristische Einflüsse* unverkennbar, in denen sich v. a. Richard Strauss und Giacomo Puccini erkennen ließen. *Die Aufnahme von ›Ferdinand und Luise‹ gestaltete sich zu einem freundlichen Erfolg für den anwesenden Komponisten. Das Publikum wurde von Akt zu Akt fühlbar wärmer. Von einer dem Eindruck von Schillers bürgerlichem Schauspiel gleichkommenden Wirkung war freilich nichts zu bemerken* (NZfM vom 5. Februar 1914, S. 90).
Für die Wiener Aufführungen überarbeitete der Komponist die Oper, wovon aber offenbar nur das Libretto als *Zweite, geänderte Ausgabe* bei Krämers Nachfolger (Wien) erschienen ist (Original in der Slg. GG). – Premiere: Wien, 23. November 1917 (Hofoper), mit Lotte Lehmann (Luise – *wie geschaffen für Schillers süßes Mädel, sah bildhaft aus und gebot über all die Sanftmut, all die berühende Hingebung, die man der Millerin wünschen kann*), ... Schmieter (Ferdinand), Richard Mayr (Miller), Friedrich Weidemann (Präsident von Walter), unter der musikalischen Leitung von Franz Schalk. *Das Publikum spendete dem Werke und der Aufführung allerreichsten Beifall und rief ungezählte Male den Komponisten und die Sänger*; alle Zitate aus der Premierenkritik von Julius Korngold, dem seinerzeit gefürchteten Wiener Kritiker, Vater des berühmten Komponisten (→ 1282), in: *Neue Freie Presse, Morgenblatt* vom 24. November 1917, S. 1ff.

Wien: Krämer 1914. – Partitur; Klavierauszug (Verl.-Nr. *3092*). – Original (DLA).

Daraus (im gleichen Verlag)

· Nr. 5 unter dem Titel: *Madrigal (»Ihr schönen Stunden seid so weit«)* für eine Singstimme mit Klavierbegleitung

Luise singt dieses Lied kurz nach Beginn des 4. Aktes; im Libretto wurde zum Text angemerkt: *Madrigal, frei nach Hoffmann von Hoffmannswaldau.*

· Drei Orchesterstücke für Klavier bearbeitet (einzeln): Vorspiel zum 2. Akt bzw. zum 3. Akt sowie *Menuett* [Mitte des 3. Aktes]

Die Musik wurde seinerzeit zwar als nicht wirklich neuartig bewertet, aber doch sehr gelobt und dabei hervorgehoben: *Ein reizendes Menuett schmeichelt sich angenehm ins Ohr, und das Vorspiel zum dritten Akt ist ein prächtiges, wohlklingendes Orchesterstück* (*Der Humorist. Zeitschrift für Theater und Kunstwelt* vom 1. Dezember 1917, S. 2).

Verzeichnis der musikalischen Werke

ZAJC, Ivan (1832–1914)

Namensgebung auch: *Giovanni von Zaytz.*

Die Braut von Messina oder: Die feindlichen Brüder. Ein Trauerspiel mit Chören

2958   *Die Braut von Messina* (auch unter dem Titel: *Romilda di Messina* bzw. *Romilda di Sicilia*). *Grand opéra* in vier Akten. Librettist nicht bekannt

Vor 1862 komponiert; nicht aufgeführt (s. Grove, *Opera* Bd. 4, S. 1203).

Die Räuber. Ein Schauspiel

2959   *Amelia ossia Il bandito.* Tragische Oper [*Melodramma*] in vier Akten; Libretto von Jacopo Crescini

Weitgehend unveröffentlicht. – Beim Libretto handelt es sich um eine überarbeitete Version des ursprünglich für S. Mercadante geschriebenen Textes (→ 1623). – Uraufführung: Fiume (damals zu Italien gehörend; heute: Rijeka, Kroatien), 14. April 1860 (Teatro Communale). – Stieger weist im Nachtrag unter *Giovanni von Zaytz* vier Titelvarianten nach: *Amalia / Il bandito / Amelia / I briganti.*

QUELLEN: Loewenberg, Sp. 947. *Pipers Enzyklopädie* Bd. 6, S. 775. Grove, *Opera* Bd. 4, S. 1203. MGG2 *Personenteil* Bd. 17, Sp. 1311 (gibt als Jahr der Uraufführung aber irrtümlich *1869* an).

Daraus erschienen (jew. bei Ricordi in Mailand; vgl. HMB 1861/2, S. 35)

· *Scena e Cavatina (»Io l'adoro«)* für Sopran mit Klavierbegleitung

· *Gran Scena e Racconto (»Nell'avito castel«)* für Tenor mit Klavierbegleitung

ZANDONAI, Riccardo (1883–1944)

Der Taucher (»Wer wagt es, Rittersmann oder Knapp'«)

2960   *La coppa del re. Leggenda melodramatica in un atto*; Libretto von Gustavo Chiesa

1902/03 komponiert; nicht aufgeführt; unveröffentlicht (s. WV/Zandonai, S. 5ff.).

ZECKWER, Richard (1850–1922)

Die Braut von Messina oder: Die feindlichen Brüder. Ein Trauerspiel mit Chören

2961   Ouvertüre

QUELLE: Gatti Bd. 2, S. 1558.

ZEHNTNER, Louis (1868–1949)

Wilhelm Tell. Schauspiel

2962   – V. 1447ff. (Rösselmann: »Wir wollen sein ein einzig' Volk [hier: *ein Volk*] von Brüdern«); hier unter dem Titel: *Rütlischwur*
Männerchor a cappella
Leipzig: Hug, o. A. – Partitur. – Hofmeister (1924–1928), S. 743.

Die Komponisten und ihre Werke

ZEITZ, Wilhelm (?-?)

2963   Des Mädchens Klage (»Der Eichwald brauset«)
Für eine Singstimme mit Klavierbegleitung
Nr. 5 in: ders., _Sechs Lieder._ – Augsburg Gombart, o. A. – Verl.-Nr. _1026._ –
Rheinfurth, _Gombart_, Nr. 960 (demnach _1827_ erschienen).

Der allerdurchlauchtigsten, allergnädigsten Frau Ihrer Majestät der Königin von Bayern Therese Charlotte Louise in allertiefster Unterthänigkeit gewidmet.

ZELTER, Carl Friedrich (1758–1832)

Da es für Zelters Schaffen bis heute (2018) noch kein detailliertes Werkverzeichnis gibt, ist eine lückenlose Bestandsaufnahme sowie die Identifizierung von Mehrfachvertonungen einzelner Gedichte derzeit kaum oder nur eingeschränkt möglich. Die _Zelteriana als Teil des Notenarchivs der Sing-Akademie zu Berlin_ befinden sich seit _2001 als Depositum in der Staatsbibliothek zu Berlin_ und _sind noch größtenteils unerschlossen_ (MGG2 _Personenteil_ Bd. 17, Sp. 1403); inzwischen ist ein Katalog dieses Sonderbestandes zwar erschienen, aufgrund der viel zu dürftigen Aufbereitung für das vorliegende Verzeichnis aber kaum nutzbar (s. _Singakademie-Katalog_).

Schiller schätzte Zelter gleichermaßen als Komponisten wie als Persönlichkeit. So rühmte er etwa den Musiker in seinem Brief vom 20. Juni 1803 an Körner: _Seine Balladen- und Liedermelodien sind trefflich, und er trägt sie mit großem Ausdruck vor._ Im folgenden nannte er einige Vertonungen, die _meisterhaft gesetzt_ seien, und ergänzte später: _Er ist übrigens ein Mann voll Bildung und tüchtigem Schrot und Korn, wie es nicht viele gibt_ (vgl. hierzu auch den Kommentar zu ›Der Taucher‹; → 2973). Zu seiner Zeit war die Fachwelt von Zelters musikalischen Fähigkeiten hingegen keineswegs uneingeschränkt überzeugt: Im ATL wird er um 1792 in einer knappen Notiz zwar als _erfindungsreicher und geschmackvoller Komponist,_ ja, _auch als ein vortreflicher Komponist für den Gesang_ anerkannt und doch zuerst als _Dilettant_ bezeichnet (Bd. 2, Sp. 847f.). Später widmete ihm zwar das NTL einen umfangreichen und höchst achtungsvollen Artikel, gibt aber zu Beginn Zelters Beruf mit _Maurermeister_ an (Bd. 4, Sp. 631).

In ähnlicher Weise wie J. F. Reichardt sah sich Zelter von Schillers Lyrik zur Vertonung herausgefordert und war sich doch der verstechnischen Problematik bewusst, wie etwa aus seinem Brief vom 7. April 1802 an den Dichter hervorgeht: _... indeßen fahren Sie fein fort mir Ihre Gedichte zu senden an denen ich gern arbeite, schon deswegen, weil jedes derselben eine neue Aufgabe für den Musikus ist. Ihr Versbau und Ihre Accentstellung sind allerdings musikalisch und ich kann mich einer entschiednen Herzhaftigkeit rühmen die dabey eintretenden Schwierigkeiten anzugreifen, indem die Composition Ihrer Verse nicht auf dem allgemeinen Wege der italienischen Cantilena liegt. Bei dieser Gelegenheit kam er noch auf ein damals sehr aktuelles Problem zu sprechen: Wenn ich nun gleich die von mir componirten noch ungedruckten Ihrer Gedichte, meinen Freunden hier vorsinge; so können Sie doch sicher seyn, daß sie niemand aus meinen Händen erhält, sie müßten mir denn geraubt werden. Wenn ich Ihnen also Compositionen Ihrer noch ungedruckten Gedichte zusende; so hat sie ausser uns beiden niemand, als der dem Sie solche geben wollen._

Die große und anhaltende Verehrung Zelters für den Dichter schlägt sich noch lange nach dessen Tod im Briefwechsel mit Goethe nieder. Anlässlich der Berliner Aufführung von G. Rossinis Oper ›_Guillaume Tell‹_ im Oktober 1830 (→ 2123), welche dort wegen der Zensur mit geändertem Libretto als ›_Andreas Hofer‹_ gespielt wurde, meinte er: _O wie viel Schmerz und Freude macht mir der liebe Schiller, wenn der unter soviel eigenen und anderen Leiden die trefflichen Werke in die Welt setzt. Man muß ihn zehnfach verehren_ (26. Oktober 1830). Einen Monat später (13. November 1830), während der Lektüre von Thomas Carlyles Schiller-Biographie (Originalausgabe: _The Life of Friedrich Schiller._ London: Taylor & Hessey 1825; deutsche Erstausgabe: _Leben Schillers._ Frankfurt am Main: Wilmans 1830; mit einer Einleitung von Goethe), äußerte sich Zelter dann noch ausführlicher über sein »Schiller-Erlebnis« und berichtete zunächst über die zwiespältige Wirkung der ›Räuber‹ (... _ein Stück, das mich ebenso schwer verwundete als hoch erfreute_) sowie seinen positiven Eindruck von ›Kabale und Liebe‹. Der ›Fiesco‹ habe ihn hingegen befremdet – es _entstand eine Kühle in mir, die_

659

Verzeichnis der musikalischen Werke

beinahe in Kälte überging. Dafür habe ihn der ›Wallenstein‹ begeistert, und es *entstand das größte Verlangen, den Dichter persönlich zu kennen. Aufrichtig zu sagen, war ich das erstemal meistens zu euch gekommen, um Schillern kennenzulernen, ...* (Zelter bezieht sich auf seinen ersten Besuch in Weimar vom 23. bis 28. Februar 1802). Am 15. Oktober 1831 ergänzte Zelter noch: *Von mir kann ich sagen, ich bewundre Schillern erst nach seinem Tode, wenn ich sehe, was nach ihm geleistet ist, den kaum Einer verleugnen kann, der sein Fach treibt. Im geringsten Schiller'schen Stücke lebt ein Genius, wenn man bei seinen Nachfolgern ein caput mortuum wiederzukäuen hat.*

2964 An die Freude (»Freude, schöner Götterfunken«)
Rundgesang für vierstimmigen Chor mit Klavierbegleitung
Musikbeilage zum Dezember-Heft, S. 613, in: *Journal für Gemeingeist*, 1. Jg. – Berlin: Franke 1792. – RISM A I: Z 132. Goethe-Museum (Katalog), Nr. 1593. Staatsbibl. zu Berlin (Online-Katalog).

Laut Brandstaeter hat Zelter das Gedicht fünf Mal vertont (S. 32); das WV/Zelter-2 listet drei verschiedene Versionen (Vertonungen?) auf (S. 196, 204 u. 206). Die hier nachgewiesenen gedruckten Ausgaben dürften die gleiche Vertonung enthalten.

Außerdem

- Hier unter dem Titel: *Schiller's Ode an die Freude.* – Berlin: Franke 1793. – RISM A I: ZZ 132a.
- Nr. 9 in: *Schillers Ode an die Freude* → 369 (Ausgabe 1)
- Nr. 13 in: *Vierzehn Compostionen zu Schillers Ode an die Freude* → 369 (Ausgabe 2)
- Nr. 29 in: [41] *Frühe Schiller-Vertonungen bis 1825* → 141
- Vierstimmiger Männerchor mit Soli a cappella

  Unveröffentlicht (s. MGG2 *Personenteil* Bd. 17, Sp. 1404). – Ledebur berichtet in Zusammenhang mit Schillers Berlinbesuch (1. bis 17. Mai 1804): *Im J.[ahr] 1804 führte Z.[elter] seine Composition des Liedes ›An die Freude‹, von Schiller, in Gegenwart des Dichters und der Gattin desselben in der Sing-Akademie auf* (S. 666). Es könnte sich dabei um diese Vertonung gehandelt haben.

2965 An die Freunde (»Lieben Freunde! Es gab schön're Zeiten«)
Rundgesang mit Begleitung von zwei Hörnern
Nr. 25 des 2. Heftes in: [50] *Neue Lieder geselliger Freude* → 1961

Wie Schiller am 20. März 1802 Goethe berichtet, hatte er Zelter während dessen Weimaraufenthaltes (23. bis 28. Februar 1802) den Text zusammen mit ›Die vier Weltalter‹ *mit auf den Weg gegeben.* – Als Zelter am 7. April 1802 die Vertonung von ›Die vier Weltalter‹ Schiller zuschickte (→ 2981), gab er sich noch unsicher, ob er sich auch mit ›An die Freunde‹ befassen würde: *... es bleibt vielleicht gar von mir unkomponirt indem ich Ihnen keine Composition senden mag die mir nicht selber gefällt; ...* Obwohl brieflich nicht ausdrücklich erwähnt, hatte Zelter seine später dennoch verfasste Vertonung von ›An die Freunde‹ am 3. Februar 1803 an Goethe geschickt. Schiller lernte sie jedenfalls damals kennen und schrieb am 28. Februar 1803 an Zelter: *Ihre Melodie zu den vier Weltaltern und An die Freunde ist vortreflich und hat mich höchst erfreut.*

2966 An Emma (»Weit in nebelgrauer Ferne«)
Für eine Singstimme mit Klavierbegleitung
Notenbeilage vor S. 115 in: *Musen-Almanach für das Jahr 1798* → 2951

Am 6. Juli 1797 schickte Schiller an Zelter *wieder einige Texte zum komponiren, aus meinem dießjährigen MusenAlmanach,* unter denen sich neben zwei Gedichten von J. W. Goethe noch ›An Emma‹, die ›Nadowessische Totenklage‹ (→ 2989) und das »Reiterlied« aus ›Wallensteins Lager‹ (→ 2996) befanden.

660

Die Komponisten und ihre Werke

2967 Berglied (»Am Abgrund leitet der schwindlichte Pfad« – hier: »... *schwindliche Steg*«)
Für eine Singstimme mit Klavierbegleitung

Am 21. Mai 1804 komponiert; Zelter schickte die Vertonung am 12. Juli 1804 an Goethe und bemerkte dazu: *Ich habe Schillers ›Berglied‹ komponiert und sende es anbei mit der Bitte, solches an Schiller abzugeben. Wenn ich es ihm nur auch vorsingen könnte, denn schwerlich wird einer den rechten Punkt treffen.* Am 24. Juli 1804 kam er auf die Vertonung auch gegenüber Schiller zu sprechen: *Das Berglied ist nach meiner Weise gelungen und es wird jetzt wohl in Ihren Händen sein. Herr Gern* [der damals in Berlin tätige Opernsänger Johann Georg Gern] *hat sichs von mir ausgebeten um es Ihnen, da er über Weimar zurück zu kommen gedenkt vorzusingen, dennoch wünschte ich, es Ihnen vorher mit meiner schlechten Stimme vorsingen zu können, denn der Vortrag des Gedichtes selber muß das Beste daran thun.* – Laut Schillers Kalender erfolgte J. G. Gerns Besuch erst am 5. September 1804.

Nr. 7 des 3. Heftes in: ders., *Zelter's sämmtliche Lieder, Balladen und Romanzen* (in 4 Heften). – Berlin: Kunst und Industrie-Comptoir, o. A. – Verl.-Nrr. *79, 111, 137* u. *503*. – RISM A I: Z 124 (mit dem irrtümlichen Hinweis, dass das letzte Heft keine Verl.-Nr. besitze).

Die Hefte mit jeweils zwölf Liedern sind zwischen 1810 und 1813 veröffentlicht worden (3. Heft: 1812). – Ein Faksimiledruck dieser Sammlung ist 1984 bei Olms (Hildesheim) erschienen (*Dokumentation zur Geschichte des deutschen Liedes*, Bd. 4).

- Reprint: EDM Bd. 106, S. 85ff.
  Das Erbe deutscher Musik, Bd. 106 (zugleich: *Abteilung Frühromantik*, Bd. 5): *Carl Friedrich Zelter. Lieder. Faksimile der wichtigsten gedruckten Sammlungen nebst Kritischem Bericht*. Hg. von Reinhold Kubik u. Andreas Meier. München: Henle 1995. – Original (Slg. GG).
- Berlin: Schlesinger, o. A. – Verl.-Nr. *192–195*. – RISM A I: Z 125.
  Der Originalverlag war 1816 an Schlesinger übergegangen (s. das Vorwort von L. Landshoff in: C. F. Zelter, *Fünfzig Lieder*, S. VII; → anschließender Nachweis). – Diese Sammlung ist außerdem in neun Lieferungen mit bis zu vier Liedern und unter Beibehaltung der Verl.-Nrr. erschienen; vgl. HMB 1834/1+12, S. 105; Ledebur, S. 671; Original (DLA).
- Nr. 33 in: ders., *Fünfzig Lieder. 32 Lieder nach Gedichten von Goethe und 18 Lieder nach Worten verschiedener Dichter für eine Singstimme und Klavier*, ausgewählt u. mit Unterstützung der Goethe-Gesellschaft hg. von Ludwig Landshoff. – Mainz: Schott 1932. – Verl.-Nr. *33463* (= *Edition Schott*, Nr. *115*). – Original (Slg. GG).
  Enthält ein kurzes Vorwort sowie Einzelanmerkungen zu den Liedern. – 1958 Neuausgabe im gleichen Verlag.

— Das Geheimnis (»Sie konnte mir kein Wörtchen sagen«) → 2987

Das Lied von der Glocke (»Fest gemauert in der Erden«)

2968 Begleitmusik zu einer szenischen Aufführung

Neben der Korrespondenz zwischen Goethe und Zelter wurden für die anschließende Darstellung im wesentlichen die beiden Beiträge im ›Goethe-Handbuch‹ herangezogen: Bd. 1 – *Gedichte*, S. 283ff., bzw. *Suppl.* Bd. 1 – *Musik und Tanz in den Bühnenwerken*, S. 434ff. (Stuttgart: Metzler 1996 bzw. 2008).

Musik von Zelter teilweise ausgeführt, größtenteils verschollen; unveröffentlicht. – Eine musiktheatralische Aufführung des Gedichtes war von Schiller noch selbst befürwortet worden, nachdem ihm Körner am 25. Februar 1805 von einem solchen (damals allerdings missglückten) Versuch in Dresden berichtet hatte. Schiller antwortete ihm am 5. März: *Ich glaube mit*

661

Dir, daß sich die ›Glocke‹ recht gut zu einer musikalischen Darstellung qualifizierte [...]. Dem Meister Glockengießer muß ein kräftiger, biederer Charakter gegeben werden, der das Ganze trägt und zusammenhält. Die Musik darf nie Worte malen und sich mit kleinlichen Spielereien abgeben, sondern muß nur dem Geist der Poesie im Ganzen folgen.

Bereits in seinem ersten Brief nach Schillers Tod an Zelter skizzierte Goethe am 1. Juni 1805 den Plan zu einer Gedenkfeier: *Da indessen die Menschen aus jedem Verlust und Unglück sich wieder einen Spaß herauszubilden suchen, so geht man mich von Seiten unsres Theaters und von mehrern Seiten dringend an, das Andenken des Abgeschiedenen auf der Bühne zu feiern. Ich mag hierüber weiter nichts sagen, als daß ich dazu nicht abgeneigt bin und jetzt nur bei Ihnen anfragen möchte, ob Sie mir dabei behülflich sein wollen, ...* Er bat Zelter um die Zusendung seiner zweichörigen Motette »*Der Mensch lebt und bestehet*«; außerdem solle er *noch einiges andre in feierlichem Stile* entweder neu komponieren oder passende, bereits existierende Werke dafür nennen, *deren Charakter ich Ihnen angeben würde, zu Unterlegung schicklicher Worte [...]. Sobald ich hierüber Ihre nähere Gesinnung weiß, so erfahren Sie das Weitere.* Schließlich lud er Zelter für *Ende Juli nach Lauchstädt* ein, *um daselbst jene obengedachte Arbeit einzuleiten und ausführen zu helfen.*

Zelter schickte die gewünschte Motette am 8. Juni, meinte aber, dass sie wegen der hierfür erforderlichen Besetzung (achtstimmiger Chor mit *wenigstens 32 guten Chorsängern*) wohl kaum in Frage käme; sein Requiem, *mit welchem ich Schillers Andenken am 21. Mai in der Singakademie [...] begangen habe* (→ 2993) und dessen Noten er ebenfalls beifügte, wäre sicher besser geeignet, doch seien beide Stücke *auf eine Kirche berechnet, und ich fürchte, daß sie außer dieser Sphäre nicht ihre volle Wirkung haben werden. Warum aber wollen wir uns mit geborgten Gütern behelfen? Ich sollte denken, es werde Ihnen eben nicht schwer fallen, etwas Besonderes zu machen oder anzuordnen, wozu ich Ihnen die Musik, so bald als es mir nur möglich ist, liefern will.* Er erhoffe sich ein Werk, *das sich daurend an einen dauernden Gegenstand anschließt. [...] Wenn Sie nicht zu sehr angegriffen sind, so kann es eine lindernde wohltätige Arbeit für Sie sein, und ich will mich zusammennehmen und leisten, was ich kann. Um so mehr, da eigentlich in dieser Art nichts Rechtes existiert, das sich für eine Bühne eignete. Vielleicht könnte unsere Arbeit etwas Allgemeines werden, das sich wie ein ordentliches Stück bei jeder feierlichen Gelegenheit anwenden ließe.* – Am 19. Juni bedankte sich Goethe, der zu dieser Zeit an einer szenischen Kantate mit dem Titel ›*Schillers Todtenfeyer*‹ für Soli, Chöre und Orchester arbeitete (→ 2995), für die Zusendung: *Sie sollen aber baldmöglichst wenigstens zuerst mein Schema [Aufbau] erfahren und mir Ihre Gedanken darüber eröffnen. Sowohl Vorsatz aber als Arbeit bleibt unter uns, bis wir fertig sind und getrost auftreten können.*

Zwischen dem 2. Juli und 5. September 1805 hielt sich Goethe mit einigen Unterbrechungen in Bad Lauchstädt zur Kur auf und lud Zelter am 22. Juli erneut ein: *Ich gedenke in dieser Zeit die Schillersche »Glocke« dramatisch aufzuführen, was könnte das nicht durch Ihre Beihülfe werden!* In den nächsten Tagen muss der Plan konkrete Formen angenommen haben, und Goethe, der nicht unbedingt mit einer eigenen Arbeit Zelters rechnete, sondern die dafür erforderliche Musik auch aus bereits existierenden Stücken anderer Komponisten zusammenstellen wollte, forderte diesen am 4. August auf: *Lesen Sie das Gedicht durch und schicken Sie mir eine passende Symphonie dazu von irgend einem Meister.* Während dies für Bad Lauchstädt offenbar ausreichen sollte, wünschte er sich allerdings für eine spätere Gelegenheit wesentlich umfangreichere Musikbeiträge und entwickelte nun ziemlich konkrete Vorstellungen, wo diese zu integrieren seien: *Dann wünschte ich in der Mitte des fünften Verses, den der Meister spricht, nach den Worten: »Betet einen frommen Spruch!« [V. 150] einen kurzen Chorgesang, zu dem die Worte: »In allem, was wir unternehmen, / Sei deine Gnade, Herr, uns nah!« zum Texte dienen können. Darauf würden die folgenden vier Zeilen bis: »Schließt's mit feuerbraunen Wogen« [V. 154] wieder gesprochen, darauf aber das Chor wiederholt oder,* wenn Sie wollen, musikalisch weiter ausgeführt. Das lateinische Motto des Gedichts solle aber erst am Ende der Aufführung erklingen: *Zum Schlußchor wünschte ich die Worte: »Vivos voco. Mortuos plango. Fulgura frango.« in einer Fuge zu hören, die, insofern es möglich wäre, das Glockengeläute nachahmte und sich der Gelegenheit gemäß in: »Mortuos plango« verlöre. Wenn Ihnen hierzu ein glücklicher Gedanke kommt, so tun Sie mir wohl die Liebe und arbeiten ihn aus und schicken mir die Partituren gerade nach Weimar, wo ich bald eintreffen möchte. Wäre es möglich, daß diese Ihre Gabe zum 19. oder 20. bei mir sein könnte, so käme sie sehr gelegen: denn ich wollte in Weimar mit dieser Vorstellung anfangen.*

Zelter kam tatsächlich am 9. August nach Bad Lauchstädt und blieb drei Tage. Die szenische Aufführung fand hier am 10. August statt, wobei man zuerst ›Maria Stuart‹ ab dem 3. Akt spielte. Nach der Bühnendarstellung mit verteilten Rollen von Schillers ›Lied von der Glocke‹ folgte noch Goethes ›Epilog zu Schillers Glocke‹ (»Und so geschah's! Dem friedenreichen Klange«), der von der Schauspielerin Anna Amalia Wolff deklamiert wurde. Die ›Berlinische Musikalische Zeitung‹ berichtete darüber in Nr. 73 des 1. Jg. und versicherte: Zelter [...] hatte in der Eil zu den bedeutendsten Momenten der Vorstellung eine passende Instrumentalmusik aufgesetzt, die von dem Orchester, das zum Theil aus Weimarschen herzoglichen Capellisten bestand, mit Sorgfalt und Diskretion ausgeführt wurde, und ihre Wirkung nicht verfehlte (S. 290); die ›Allgemeine Zeitung‹ vom 27. August informiert hingegen über die Aufführung einer Schlußmusik, die Zelter eiligst beigesteuert habe. Ob und ggf. in welchem Umfang er damals eigene oder fremde, von ihm lediglich arrangierte Musikbeiträge geliefert hat, kann nicht mehr festgestellt werden.

Die Arbeit an einer eigenen Begleitmusik kam nicht voran, weshalb sich Zelter am 25. August 1805 bei Goethe entschuldigen musste: ... soeben bin ich erst mit der Sinfonie [Ouvertüre] fertig worden (s. auch WV/Zelter-1, S. 79, wo aber nur das Orchesterstück genannt wird). Alltagsverpflichtungen hätten ihn bisher von der weiteren Beschäftigung abgehalten: Ich fahre nun fort, alle Tage etwas zu machen, und so wird die Sache mit der Zeit fertig sein, doch wennehe weiß ich wirklich nicht zu sagen, indem die Arbeit sehr langsam geht, wenn man nicht im Zuge bleiben kann und durch alles Äußere gestört wird. Goethe blieb indessen geduldig und erkundigte sich erst am 12. Oktober, wie weit Sie mit der Musik zur »Glocke« gekommen. Aus Zelters zwei Wochen später erfolgten Antwort geht dann hervor, dass die Komposition inzwischen sehr umfangreich geworden war: Unterdessen habe ich doch die Musik zur »Glocke« bis zum letzten Stück fertig, aber ich werde einige ruhige Tage brauchen, ehe ich wieder en train damit komme, welches letztere mir mein Verhältnis sehr erschwert. Heute ist nun schon der 26. Oktober, und es kommt darauf an, ob sich die Sache wohl in die letzten Tage des Novembers wird verschieben lassen, denn die künftige Woche will ich in allen Fällen wieder darangehen und hineinzukommen suchen; von meinen Progressen sollen Sie dann sogleich unterrichtet werden. Goethe, der in Zusammenhang mit Schillers Geburtstag eine Festvorstellung der »Glocke« für Weimar geplant hatte, ließ daraufhin am 9. November stattdessen ›Wallensteins Lager‹ aufführen. Etwas kleinlaut meldete sich Zelter erst wieder am 14. Dezember 1805 und teilte mit, dass er seit drei Monaten krank sei; deswegen ist die Musik zur »Glocke« bis daher nicht fertig geworden, ohne daß ich sagen kann, daß ich mich besser fühle [...]. Deshalb aber bleibt mein Anteil an der Arbeit nicht liegen, und sobald ich nur wieder daranbin, soll es hintereinander fertig sein.

Zelter begann am 12. Januar 1806 einen Brief an Goethe, den er aber erst am 11. März beendete; hier erfährt man, dass er mit der Komposition inzwischen sehr weit fortgeschritten sei: Ich hatte mir einen köstlichen Plan ausgedacht. Die Musik zur »Glocke« ist so weit fertig, um sie einem bestimmten Orchester gleichsam auf- und anzupassen. Zu dem Ende wollte ich auf einige Wochen nach Weimar kommen und das Letzte daselbst vollenden; alles dies hat der gelinde läppische Winter vereitelt, während dessen ich fast durchaus habe müssen arbeiten lassen, damit meine Leute nicht verhungern. Nachdem aber am 16. März Zelters Frau verstorben war, rückten alle künstlerischen Vorhaben in den Hintergrund; auch das »Glocken-Projekt« blieb unvollendet liegen und geriet dann wohl in Vergessenheit. In der Korrespondenz ist davon jedenfalls nicht mehr Rede. – Ähnliche Versuche Goethes (immer mit seinem ›Epilog‹, aber offenbar nie mit musikalischen Beiträgen Zelters) fanden in den nächsten Jahren in Weimar statt (etwa am 10. Mai 1806, 9. Mai 1810 oder am 10. Mai 1815).

2969 **Der Alpenjäger (»Willst du nicht das Lämmlein hüten?«)**
Vermutlich für eine Singstimme mit Klavierbegleitung

Unveröffentlicht; verschollen? – Schiller bat Zelter am 16. Juli 1804 u. a. um einen Bericht über die Berliner Aufführung des ›Wilhelm Tell‹ (Premiere: 4. Juli 1804) und legte dieses Gedicht bei, das im Zusammenhang mit dem Schauspiel entstanden war; aus dem Gesamtzusammenhang ist zu schließen, dass Schiller eine Vertonung begrüßt hätte: Ihre Melodien zu den neuesten Liedern [deren Titel sind unklar] erwarten wir mit Verlangen, hier sende noch etwas [aus] der schweizerischen Welt. Zelter antwortete am 24. Juli 1804: Ihr neues Lied [Der Alpenjäger]

Verzeichnis der musikalischen Werke

ist schon in Noten gesetzt. Ob es so bleiben wird weis ich noch nicht und gelegentlich sollen Sie die Composition erhalten. – Weitere Dokumente sind nicht bekannt.

2970 Der Graf von Habsburg (»Zu Aachen in seiner Kaiserpracht«)
Für eine Singstimme mit Klavierbegleitung
Autograph, 10. Mai 1804. – RISM-OPAC. Kurscheidt, S. 412.

2971 Der Handschuh (»Vor seinem Löwengarten, das Kampfspiel zu erwarten«); hier mit dem Untertitel: *Eine Erzälung* [!]
Für eine Singstimme mit Klavierbegleitung
Nr. 9 in: ders., *Zwölf Lieder am Klavier zu singen.* – Berlin: *Auf Kosten des Verfassers und in Commission bey David Veit* 1801. – RISM A I: Z 122 (Reprint: EDM Bd. 106, S. 25ff. → 2967).

In einer umfangreichen Rezension der AMZ/1 vom 20. und 27. Januar 1802 lobte man die Lieder, *die ein Lernbegieriger sich zum Muster nehmen kann [...]. Sie erfüllen [...] beynahe durchgängig die strengsten Forderungen, die man an einen Liederkomponisten machen kann,* ... (Sp. 272ff. u. Sp. 289ff.). ›Der Handschuh‹ sei allerdings kein konventionelles Lied sondern *eine Erzählung [...] für eine kräftige Bassstimme, die um sich greifen und den Löwen und Tigern ihr Recht anthun kann. Ein vortreffliches Stück in der erzählenden und mahlenden Manier. Es ist durchaus gut und richtig gehalten, voller Charakter, und sehr wohl überlegt ist es, dass eigentlich wenig Melodie darin vorkommt. Dass es mit Hülfe der Ideen-Association nicht schwer und auch, an seinem gehörigen Orte so unrecht nicht sey, sichtbare Gegenstände selber (nicht den Eindruck, den sie machen) durch Tonfiguren und Verhältnisse zu mahlen, kann man hier wieder sehen, wo der Löwe die Mähnen schüttelt, die Glieder von sich streckt und sich niederlegt, der Tiger einen furchtbaren Reif schlägt und die Zunge reckt.* Besonders angetan zeigte sich der Rezensent von der musikalischen Umsetzung des letztgenannten Vorgangs und veranschaulichte dies mit einem kurzen Notenbeispiel. – Die Ausgabe darf nicht mit Zelters Sammlung gleichen Titels verwechselt werden, die bereits 1796 bei Nicolai (Berlin und Leipzig) erschienen war (RISM A I: Z 120), aber keine Schiller-Vertonung enthält (vgl. EDM Bd. 106, S. 3ff. → 2967).
Körner greift am 20. Juni 1802 in einem Brief an Schiller auf diese Vertonung kurz ein; ... *und der Handschuh besonders hat sehr glückliche Stellen. Nur ist das Einzelne zu sehr gemahlt,* und etwas später kritisiert er noch *manche kleinliche Spielerey in der Composition des Handschuh's.* – Vermutlich reagierte F. X. Kleinheinz mit seiner eigenen, 1802 in Wien veröffentlichten Vertonung auf Zelters Komposition (→ 1195).

- Hamburg: Böhme, o. A. – RISM A I: Z 153.

- Nr. 12 des 3. Heftes in: ders., *Zelters sämmtliche Lieder* (Reprint: EDM Bd. 106, S. 91ff.) → 2967

- Unter dem Titel: *The Glove.* – Leeds: Muff, o. A. – Staatsbibl. zu Berlin (Online-Katalog; hier mit der Datierung: *nach 1803*).

- Für eine Singstimme zur Gitarre bearb. von C. [richtig: Sebastian?] Molitor. – Mainz: Schott, o. A. – Verl.-Nr. *666.* – RISM A I: Z 152. Whistling 1828, S. 1127.

2972 Der Kampf mit dem Drachen (»Was rennt das Volk, was wälzt sich dort«)
Für eine Singstimme mit Klavierbegleitung
Nr. 6 in: ders., *Sammlung* [12] *kleiner Balladen und Lieder – Erster* [!] *Heft.* – Hamburg: Böhme [1802]. – RISM A I: Z 123 (Reprint: EDM Bd. 106, S. 42f. → 2967).

Ein weiteres Heft ist nicht erschienen. – Zelter berichtet Schiller am 7. April 1802, dass er *das Gedicht soeben vertont habe, welches der zwölfzeiligen Strophen wegen eine schwierige Aufgabe für die Modulation war, vielleicht ist es das erste Stück welches ich Ihnen nun wieder sende.* In gleichem Sinn schrieb er Goethe am selben Tag und meinte noch: *Wäre das Gedicht nicht so lang, daß der Sänger beinahe daran erliegt, so würde ich es unter meinen Arbeiten*

664

Die Komponisten und ihre Werke

dem ›Taucher‹ [→ 2973] *an die Seite setzen.* – Erst am 3. Februar 1803 schickte Zelter die Vertonung zusammen mit weiteren Kompositionen an Goethe (vgl. NA Bd. 39 II, S. 552).

2973   Der Taucher (»Wer wagt es, Rittersmann oder Knapp'«)
Für eine Singstimme mit Klavierbegleitung
Hamburg: Böhme, o. A. – Ledebur, S. 672. Goethe-Museum (Katalog), Nr. 1569
(hier mit der Datierung: *um 1802/03*). RISM A I: Z 150.

Vor 1802 entstanden. – Mehr als fünfundzwanzig Jahre später erzählte Zelter in einem undatierten Brief an Goethe (Nr. 670 der Korrespondenz; ca. Anfang Mai 1829) über die Entstehung: *Einer unserer Freunde war unzufrieden mit den Balladenformen unserer Dichter und rief aus: »Wer mag solche Verse, solch einen ›Taucher‹ in Musik setzen?« Wir waren unser viele, und ich, der das alles schweigsam gehört hatte, schrie auf: »Ich! und Schiller selbst soll's loben!« So setzte ich die Noten auf der Stelle zu Papier, und so sind sie geblieben, wie barock auch sie sich dem Auge darstellen mögen. Als ich sie gleich drauf produzierte (denn das Gedicht war mir gegenwärtig und mundgerecht), hatte sich eine eben nicht musikalische Matrone neben mich gepflanzt und machte mit ihrem Strickstrumpf die Bewegung des Metrums mit. Kaum war das letzte Wort heraus, so rief sie unter dicken Tränen aus: »Das ist ja ein infamer König!«*
Während seines Weimarbesuchs im Februar 1802 hatte Zelter seine Vertonung in Schillers Haus vorgetragen. Er erinnerte sich am 13. November 1830 gegenüber Goethe an die heitere Situation: *Es war vor Tische. Schiller und ich sollten bei Dir essen. Die Frau kam und sagte:* »Schiller, du mußt dich anziehn, es ist Zeit!« *So geht Schiller ins andere Zimmer und läßt mich allein. Ich setze mich ans Klavier, schlage einige Töne an und singe ganz sachte für mich den ›Taucher‹. Gegen das Ende der Strophe geht die Tür auf, und Schiller tritt leise heran, in der Linken die halb aufgezogene Hosen, mit der Rechten nach obenauf schwingend: »So ist's recht, so muß es sein!« und so weiter.* – Auch im bereits erwähnten Brief Nr. 670 (ca. Anfang Mai 1829) hatte Zelter betont: *Übrigens war Schiller mit meinen Noten zum ›Taucher‹ ganz zufrieden* [...]. – Am 7. April 1802 kündigte Zelter dem Dichter die Zusendung der ausgearbeiteten Komposition an: *Ich habe die Beyfälligkeit, womit Sie den Taucher angehört haben, für baar angenommen und mit meinem nächsten Briefe sollen Sie die Musik zu einem Ihrer Gedichte vollendet erhalten.* – Zelter schickte am 3. Februar 1803 einige Kompositionen an Goethe, unter denen sich wohl auch die gedruckte Ausgabe des ›Tauchers‹ befunden hat (vgl. NA Bd. 39 II, S. 552).
Schiller selbst äußerte sich mehrfach lobend über Zelters Vertonung, wie etwa am 28. Februar 1802 in einem Brief an Körner: *Er [Zelter] hat neuerdings meinen Taucher componiert und auf so eine glückliche Art, wie wir hier noch keine Romanze gehört haben. Die Melodie bleibt sich gleich durchs ganze Gedicht; sehr wenige kleine Variationen abgerechnet; aber sie ist so ausdrucksvoll und gefügig zugleich, daß sie auf jeden einzelnen Vers besonders berechnet scheint.* Körner, der Mitte Juni 1802 von Charlotte Schiller eine Kopie des noch unveröffentlichten Liedes erhalten hatte, stimmte in seinem Brief vom 20. Juni 1802 an Schiller dessen günstigen Beurteilung zwar grundsätzlich zu und lobte ebenfalls die *sehr glücklich gewählte* Melodie. Gleichzeitig kritisierte er aber das für einen Sänger aufgrund der Länge sehr anstrengenden Lied: *Nur möchte ich wissen ob Zelter allein alle Strophen bis zu Ende singt. Da das Clavier keine Zwischenspiele hat, so ist es für die Brust des Sängers sehr angreifend, oder wenn er sich im Anfange schonen will, wird der Vortrag matt. Ich getraue mir nicht alle Strophen durchzusingen, ohngeachtet die Melodie sehr passend für meine Stimme ist. Auch verliert die schönste Musik ihren Reiz, wenn man sie über 20mal nacheinander unverändert hört.* Körner entwarf nun eine originelle Lösung: *Ich würde vorschlagen einen Theil der Ballade in der Mitte zu declamiren, etwa von dem Verse an: Und stille wirds über dem Wasserschlund bis zur Erzählung der Knappen* [entspricht den V. 49–90]. *Mit dieser träte die Musik wieder ein bis zum Schluß. Oder verschiedene Personen singen zu lassen, den König, den Erzähler, den Knappen, die Zuschauer, die Tochter des Königs.* – Am 5. Juli 1802 betonte Schiller gegenüber Körner gleichwohl erneut: *Mir ist auch nicht leicht etwas musikalisch vorgekommen, das in seiner Gattung so trefflich wäre.*

Verzeichnis der musikalischen Werke

2974   Des Mädchens Klage (»Der Eichwald brauset«)
        Für eine Singstimme mit Klavierbegleitung
        Nr. 6 in: ders., *Zwölf Lieder am Klavier zu singen* → 2971 (Reprint: EDM Bd. 106,
        S. 22f. → 2967)

        Zelter hatte das Lied nach der vierstrophigen Gedichtfassung komponiert, die im ›Musen-
        Almanach für das Jahr 1799‹ erschienen war. Schiller übernahm davon nur die beiden ersten
        Strophen in den zweiten Teil der Wallenstein-Trilogie, wo sie von Thekla gesungen werden.
        Nachdem Zelter das im Sommer 1800 veröffentlichte »dramatische Gedicht« kennen gelernt
        hatte (Berliner Premiere der ›Piccolomini‹ am 18. Februar 1799), betrachtete er seine Ver-
        tonung kritisch und schrieb am 21. September 1799 an Goethe: *Das Lied der Thekla hatte ich
        aus dem Almanach komponiert. Ich habe es einem Harfenschläger in den Mund gelegt, der es
        bald erzählend, bald, vom Anteil ergriffen, handelnd vorträgt. Hätte ich dazumal schon die
        ›Piccolomini‹ gekannt, so wäre es wahrscheinlich anders ausgefallen, wenn auch die Schwere
        und Tiefe der Klage auch außer dem Zusammenhange eingreifend sein müßte.* – In der Rezen-
        sion vom 27. Januar 1802 in der AMZ/1 wird besonders der strophische Aufbau des Liedes
        gelobt: *... ist hier auch sehr glücklich behandelt und da Ein Gegenstand durch das Lied hin-
        durch geführt ist, so kann man auf diese Weise hier sehr gut auch alle übrigen Strophen vor-
        tragen* (Sp. 289).

2975   Die Blumen (»Kinder der verjüngten Sonne«)
        Vermutlich für eine Singstimme mit Klavierbegleitung
        QUELLE: Blaschke, S. 398 (ohne nähere Angaben; bisher sonst nicht nachweisbar).

        Die Braut von Messina oder: Die feindlichen Brüder. Ein Trauerspiel mit Chören

2976   Vertonung von Chorabschnitten

        Auf Anregung Schillers begonnen, aber letztlich nicht ausgeführt. – Am 28. Februar 1803
        bedauerte Schiller gegenüber Zelter, dass ein erneut in Aussicht genommener Besuch des
        Komponisten in Weimar nicht zustande gekommen war; offenbar hätte er dabei gern über
        die musikalische Ausgestaltung der ›Braut von Messina‹ gesprochen. Er werde aber den
        Text an Iffland in Berlin schicken, bei dem Zelter das Stück dann einsehen könne: *Wir [Goe-
        the und Schiller] hielten es nicht für unmöglich, die lyrischen Intermezzos des Chores, deren
        fünf oder sechs sind, nach GesangsWeise recitieren zu laßen und mit einem Instrument zu be-
        gleiten. Uebrigens verließen wir uns auf Ihr sachverständiges Gutachten, und auf die Einge-
        bungen Ihres Genies. Ihr Wegbleiben zernichtet nun zwar diese Hofnung und wir werden das
        Stück mit samt den Chören bloß declamieren laßen. Vielleicht aber interessieren Sie Sich doch
        für diese Arbeit und Sie überraschen uns einmal mit einer musikalischen Ausführung dersel-
        ben.*
            Zelter antwortete am 16. März 1803: *Ihre Braut von Messina habe ich so eben gelesen. Mir
        ist ein Einfall gekommen, der mir neu scheint. Jetzt, da ich das Manuscript nur einen Tag in
        Händen gehabt, kann ich Ihnen darüber nur so viel sagen: Die Vermischung des Gesanges mit
        der Rede scheint mir sehr schwierig, wenn sich nicht eins an dem andern hart stossen soll. Die
        Schauspieler werden den ganzen 3 Auftritt des ersten Akts in einem angewiesen strengen mu-
        sikalischen Takte sprechen müßen, dem eine blos modulatorische Musik unterlegt werden
        müßte, damit das Ohr schon an musikalische Töne gewöhnt ist, wenn der Chorus singend ein-
        tritt [V. 132ff.]. Jetzt kann ich nicht deutlich sein, weil ich wirklich noch selber nicht weis, wie
        sich diese Idee praktisch realisiren lassen wird. Aber das neue Genre kön[n]te eine Schule wer-
        den für die Recitation der Schauspieler, die einen wohlthätigen Einfluß auf den Vortrag aller
        Verse haben müßte.*
            Die Berliner Premiere des »Trauerspiels« fand mit Musik von B. A. Weber (→ 2795) am
        14. Juni 1803 statt. Zelter besuchte am 3. Juli die dritte Aufführung, worüber er am nächsten
        Tag Goethe berichtete. Neben einer ziemlich genauen Schilderung der Inszenierung äußerte
        sich Zelter dabei auch über eine musikalische Bearbeitung, die nicht zuletzt eine rhythmisch
        möglichst exakte Deklamation des Chores ermöglichen sollte: *Es wäre zu versuchen, ob der
        Takt nicht noch besser erhalten und das Ganze von bestimmterer Wirkung sein möchte, wenn
        der Takt durch gedämpfte Paukenschläge angegeben würde. Der Chor auf beiden Seiten müßte*

666

Die Komponisten und ihre Werke

auch wohl in zwei Chöre geteilt sein, die nach Art der Antiphonen der Alten abwechselten, auch wohl gar in Fragen und Antworten bestehn könnten. Ein Tonkünstler müßte in jedem Falle dazugezogen werden, der da wüßte, was erreicht werden soll. Zusammenfassend verwies Zelter auf die enormen Schwierigkeiten, die aus der Neuartigkeit der Behandlung des Chores entstünden: *Ich weiß mein eigenes Gefühl hierüber nicht deutlicher zu machen, es müßte durch Proben geschehn, zu welchen man der Leichtigkeit wegen am Anfange würkliche Sänger nähme, indem das Ganze erst wieder muß erfunden werden.* Goethe schickte am 28. Juli d. J. ein gedrucktes Exemplar der ›Braut von Messina‹ an Zelter und beschrieb dabei den Gebrauch des Chores in den antiken Tragödien.

Anfang August 1803 begann Zelter offenbar mit ersten Skizzen, doch seine Briefe an Goethe beweisen, wie schwierig ihm diese Beschäftigung gefallen sein muss. Das Schauspiel wirkte offenbar so neuartig, dass es sich der konventionellen Bearbeitung entzog. Am 7. August berichtete er, dass er *bereits Hand an einen Versuch gelegt* [habe], *die Chöre des Stücks in eine musikalische Form zu bringen. Soviel habe ich bis jetzt gesehn, daß ich ein ruhiges Jahr haben müßte, glücklich in das neue Genre hineinzugeraten. Sobald etwas soviel fertig ist, daß man es erkennen kann, schreibe ich Ihnen über meinen Fund.* Zelter betonte bei dieser Gelegenheit erneut, dass es sich bei den Chören der ›Braut von Messina‹ eigentlich um etwas völlig Neues handle: *Der Musiker ist so auf eine horrible Art unter dem Dichter geordnet und bedarf außerdem der ganzen Kraft seiner Kunst.* Drei Tage später erzählte Zelter von der weiteren Arbeit an den Chören, wobei er eine grundsätzliche Entscheidung getroffen habe: *Es muß nämlich alles gesungen werden, was der Chor produziert.* Außerdem frage er sich, *ob ich nicht die Rolle der Braut durch eine Sängerin besetzen muß. Nicht als ob sie alles singen sollte, allein hin und wider wird sie singen müssen.* Darüber hinaus wünschte er den Text gegen Ende zu kürzen und *statt dessen, was im Manuskript der 4. Akt ist* [wohl ab V. 2029; vgl. die Akteinteilung im Hamburger Bühnenmanuskript], *eine Art von Epilog stattfinden zu lassen, worin der Chorus in seiner ganzen ungebundenen Hoheit als Hauptperson erschiene und sich in den höchsten Regionen, die der Musikmeister erreichen kann, gleichsam zu Hause befände.* – Dann scheint dieses Projekt durch andere Arbeiten verdrängt worden zu sein. Über eine Musik zu Schillers ›Braut von Messina‹ ist in der weiteren Korrespondenz mit Goethe jedenfalls nicht mehr die Rede.

— Die Erwartung (»Hör' ich das Pförtchen nicht gehen«) → 2987

2977 Die Gunst des Augenblicks (»Und so finden wir uns wieder«)
Für vier Soli (SATB), vierstimmigen gemischten Chor (SATB) und Klavier sowie Orchester
Berlin: Günther 1805. – Partitur (Verl.-Nr. 9). – RISM A I: Z 141.

WV/Zelter-2 datiert die Veröffentlichung irrtümlich auf 1792 (vgl. S. 206). – Am 19. Januar 1805 teilte Zelter Goethe mit: *In diesen Tagen habe ich ein neues Lied von Schillers: Die Gunst des Augenblicks, komponiert, worin eine anwachsend größere Form versucht ist ...* Der Komponist spielte mit dieser Bemerkung auf den originellen Aufbau an, der mit einem klavierbegleiteten Sologesang beginnt und in einer großen Steigerung über Soli und Chor mit Klavierbegleitung bis zum Tutti mit Orchester führt. Dabei ergänzte er am Schluss den Text durch weitere vier Verse, die er aus früheren Passagen entlehnte. Darauf geht eine umfangreiche Rezension in der ›Berlinischen Musikalischen Zeitung‹ von 1805 ein. Demnach sei jeder Versuch einer Vertonung aufgrund der Textgestalt zunächst *eine sehr schwierige Aufgabe*, weil das Gedicht aus zwei völlig gegensätzlichen *Hälften* [bestehe], *deren eine dem Scherz, die andere dem Ernst geweiht* ist; so könne eigentlich kein *Ganzes* entstehen, und eine *Dißharmonie* sei die Folge.

Zelter hatte daher bei der Komposition *einen eigenen Weg* eingeschlagen: *Aus den beiden verschiedenen Seiten des Gedichts nämlich zog er sich einen Geist, den er in einer einnehmenden, sehr bequemen, aber nichts weniger als lustigen Melodie, die je zweien Versen angepaßt ist, wiedergab. Eine innige herzliche Freude, die nicht tobt und lärmt, sondern wie ein ruhiger, klarer Strom fortbewegt, ist der Charakter derselben, in der sich auch die einfließenden, ernsten Stellen des Gedichts den fröhlichen sanft assimiliren ließen.* Da aber im Text die düsteren Passagen am Schluss stehen, müsse eine Vertonung danach für eine Wende in der Stimmung sorgen – *die Composition* [konnte] *mit diesem elegischen Gesange unmöglich schließen,*

667

Verzeichnis der musikalischen Werke

denn das Gedicht gilt dem Gott, der die Freude schaffen soll. Frei und kühn hat sich der Componist daher noch einen Vers [richtig: Strophe] *aus den vorigen zusammengesetzt* [...]. *Das vorige Chor nämlich beginnt noch einmal den Gesang der Freude, ein ganzes Orchester fällt kräftig darein, anfangs nur Saiteninstrumente, sodann aber versetzt uns der frohe Jubel, der mit Pauken, Trompeten und Hörnerschall, dem schönsten Gotte! gebracht wird, plötzlich in hellerleuchtete Säle, in ein frohes und lustiges Leben, wo der Schönsten und dem Schönsten ein jauchzendes: Es lebe! unter dem schmetternden Klang der Trompeten gebracht wird. So erhebt sich gleichsam aus der stillen Nacht des Grabes wiederum der heitere Himmel der Lust und der Freude.* (Nr. 87 des 1. Jg., S. 344ff.; hier auch mit der Datierung der Ausgabe auf *1805*).

- Berlin: Werckmeister, o. A. – Partitur (Verl.-Nr. *129*). – Original (DLA). RISM A I: Z 142.

- Berlin: Lischke, o. A. – Verl.-Nr. *1296*. – Whistling 1828, S. 1030. RISM A I: Z 143.

- Berlin: Paez, o. A. – Hofmeister 1845 (*Vocalmusik*), S. 88.

- Für zweistimmigen Chor (hohe Stimmen) oder vierstimmigen gemischten Chor a cappella bzw. vierstimmigen Männerchor a cappella bearb. von Ferdinand Tritremmel. – Nrr. 20 bzw. 21 in: *Vierzig Schiller-Lieder* → 2685

- Hier unter dem Titel: *Der Augenblick.* – Bearbeitet für zwei Kinderstimmen mit Bass von Ernst Rabich. – Nr. 3 in: *Zur Schillerfeier*, 2. Heft → 1916

- Für vier Solo-Stimmen, Chor und kleines Orchester oder mit Klavierbegleitung neu hg. und eingeleitet von Josef Müller-Blattau. – Hannover: Nagel 1932 (= *Nagels Musik-Archiv*, Nr. 92). – Singstimmen; Klavierauszug. – Hofmeister (1929–1933), S. 757. BSB-Musik Bd. 17, S. 7210.

  - Neuausgabe. – Kassel: Bärenreiter 1953. – Partitur, Instrumentalstimmen. – Hofmeister (1953), S. 401.

2978 Die Ideale (»So willst du treulos von mir scheiden«)
Für eine Singstimme mit Klavierbegleitung
Nr. 33 in: ders., *Fünfzig Lieder* → 2967

Späte Erstveröffentlichung innerhalb dieser Sammlung nach dem auf den 3. August 1797 datierten Autograph (Teilvertonung: 1., 2. und 10. von insgesamt 11 Strophen).

2979 Die Sänger der Vorwelt (»Sagt, wo sind die Vortrefflichen hin«)
Für Bass mit Klavierbegleitung
Nr. 5 in: ders., *Sechs deutsche Lieder für die Bass-Stimme.* – Berlin: Trautwein, o. A. – Verl.-Nr. *201*. – RISM A I: Z/ZZ 127 (Reprint: EDM Bd. 106, S. 142ff.; demnach *1826* erschienen; → 2967).

Am 3. Februar 1803 schickte Zelter einige unveröffentlichte Kompositionen an Goethe, unter denen sich wahrscheinlich auch dieses Lied befand (vgl. den Kommentar in der NA Bd. 40 II, S. 55). – Seinem Brief vom 16. März d. J. an Schiller legte Zelter noch eine (weitere?) Vertonung bei; es muss allerdings offen bleiben, ob es sich dabei wirklich um ›Die Sänger der Vorwelt‹ gehandelt hat, da die Beilage verloren ist: *Der beyfolgende neue Versuch mit dem Hexameter soll Ihnen bezeugen, daß wir hier nicht stille stehen und die Kunst gern weiter bringen möchten. Sie finden Ihr vortreffliches Gedicht in eine musikalische Fantasie eingewickelt, durch welche es nicht hat verstellt werden sollen. Es geht mir nahe, Ihnen die Musik Nicht selber insinuiren zu können. Die Production derselben muß kräftig und ruhig seyn; frey, ohne Poltern und Affectation. Der Sänger muß das Gedicht singen, wie Sie selber es lesen würden, ...*

Die Komponisten und ihre Werke

2980 Die Teilung der Erde (»Nehmt hin die Welt«)
Für eine Singstimme mit Klavierbegleitung
2. Heft, Nr. 11, in: ders., *Zelter's sämmtliche Lieder, Balladen und Romanzen*
(Reprint: EDM Bd. 106, S. 73ff.) → 2967

1806 komponiert.

2981 Die vier Weltalter (»Wohl perlet im Glase der purpurne Wein«)
Für eine Singstimme mit Klavierbegleitung
Nr. 11 in: ders., *Sammlung* [12] *kleiner Balladen und Lieder* (Reprint: EDM
Bd. 106, S. 49f.) → 2967

Wie Schiller am 20. März 1802 Goethe berichtet, hatte er Zelter während dessen Weimaraufenthaltes (23. bis 28. Februar 1802) den Text zusammen mit ›An die Freunde‹ [→ 2965] *mit auf den Weg gegeben*. – Am 7. April 1802 schickte Zelter die Vertonung der ›Vier Weltalter‹ an Schiller und merkte dazu an: *Herr* [Johann Wilhelm] *Ehlers* [Sänger, Schauspieler und Komponist, seit 1801 in Weimar], *der meine Art kennt, wird wohl sein Bestes daran thun und sich besonders mit dem Gedichte vorher recht bekannt machen um die mehrsylbigen Zeilen gehörig unter die Musik legen zu können*. Es verbirgt sich letztlich hinter dieser Bemerkung die von Komponisten mehrfach geäußerte Kritik an Schillers unregelmäßigem Versmaß, was bei strophischen Vertonungen regelmäßig zu Problemen bei der Prosodie führte. Da sich die beiden erst seit kurzem persönlich kannten, beließ es Zelter an dieser Stelle zunächst bei dieser zurückhaltenden Äußerung. – Schiller antwortete offenbar erst am 28. Februar 1803, äußerte sich dafür aber sehr anerkennend über das Lied: *Ihre Melodie zu den vier Weltaltern und An die Freunde ist vortreflich und hat mich höchst erfreut*. – Ebenfalls am 7. April 1802 schrieb Zelter an Goethe: *Mit Schillers ›Vier Weltaltern‹ bin ich vielleicht glücklicher gewesen* [als mit einem andern Lied], *wenigstens habe ich damit erlangt, was ich machen kann*.

2982 Die Worte des Glaubens (»Drei Worte nenn' ich euch, inhaltschwer«)
Für mehrere Singstimmen (Besetzung unklar)

Unveröffentlicht; verschollen. – Am 7. August 1797 zusammen mit ›Im Garten‹ (→ 2987) und ›Ritter Toggenburg‹ (→ 2994) mit einem kurzen Kommentar an Zelter geschickt: *Ob das dritte Gedicht: die Worte des Glaubens gesungen werden kann, weiß ich nicht; vielleicht im Geiste der Kirchengesänge. Ich überlaße es Ihrem Genius*. – Zelter schickte die Vertonung zusammen mit dem »Reiterlied« aus ›Wallenstein Lager‹ (→ 2996) am 15. November 1797 an Schiller: *Es erfolgten zugleich die beiden Melodieen zum Reuterliede und zu den Glaubensworten, so wie ich sie gleich nach dem Empfange komponirt habe. Ich wol*[l]*te noch immer gern daran beßern aber ich kann sie nicht ganz von meiem Herzen loskriegen. Meine Melodieen zu beiden Liedern haben eine Art von Sprödigkeit die mein Gefühl choquirt. Nehmen Sie sie also hin, so gut sie haben werden wollen.*

Dithyrambe (»Nimmer, das glaubt mir, erscheinen die Götter«)

2983 1. Komposition; hier unter dem Titel der Gedichterstfassung: Der Besuch –
1796
Rundgesang mit Klavierbegleitung
S. 6f. des Notenteils in: *Musen-Almanach für das Jahr 1797*, hg. von Friedrich
Schiller. – Tübingen: Cotta [1796]. – Original (DLA).

Der Almanach enthält u. a. 414 gemeinsam mit Goethe verfasste Distichen (›Xenien‹), mit denen viele Zeitgenossen (darunter auch Reichardt; ↑1914) in verschlüsselter Form angegriffen wurden (deshalb als »Xenien-Almanach« bezeichnet). Die Zeitgenossen empfanden dies als höchst unterhaltsam, und es wurde beinahe zu einem »Volkssport«, die jeweiligen »Opfer« zu identifizieren. Bis heute gelang es nicht in allen Fällen zuverlässig. Das Bändchen hatte einen sensationellen Erfolg, der zu zwei weiteren Auflagen führte.

Im Unterschied zu den meisten Almanachen der Zeit wurden hier die Kompositionen in einem gesonderten Teil aus 16 Seiten mit eigener Titelseite (›*Melodieen zum Schillerschen Musenalmanach*‹) veröffentlicht, der offenbar auch einzeln vertrieben wurde. Schiller be-

669

Verzeichnis der musikalischen Werke

gründete dies am 18. August 1796 gegenüber Zelter: *Geheimerath Göthe sowohl als ich wünschen, daß die Melodien nicht wie gewöhnlich an das Gedicht, worauf sie sich beziehen gebunden werden, welches immer viel Inconvenienzen hat. Unsre Meinung ist, daß sie entweder alle zusammen ganz hinten angebunden oder auch ganz aparte ausgegeben werden.* Zelter schloss sich dieser Überlegung an und schlug am 26. August 1796 noch vor: *Ich bin ganz vollkommen Ihrer und des H. v. Göthe Meinung: daß die Melodieen nicht an die Gedichte selbst gebunden würden, allein es beßer einzurichten ist nicht ohne Schwierigkeiten. Nach meiner Einsicht wäre es vielleicht das Beste, aus der Musik einen besondern kleinen Band zu machen [...].* Dieser könnte zusammen mit dem Almanach ausgegeben und *mit in das nehmliche Futteral gesteckt, mit den Gedichten ausgegeben werden.*

Zelter, von dem alle sieben Musikbeiträge stammen (darunter diese einzige Schiller-Vertonung), wurde durch die Vermittlung Goethes, der bisher nur Vertonungen eigener Gedichte kannte, als Mitarbeiter gewonnen (die Korrespondenz zwischen Schiller und Zelter beginnt erst drei Jahre später). – Nachdem Schiller am 10. Juni 1796 Goethe *an den Brief den Sie Seltern* [sic] *in Berlin schreiben wollen* erinnert hatte, wandt sich letzterer am 13. Juni nach Berlin an Friederike Helene Unger (Frau des Berliner Verlegers Johann Friedrich Gottlieb Unger), die ihrerseits wohl Zelter über den geplanten ›Musen-Almanach‹ informierte. Nach einer entsprechenden Rückmeldung von dort, teilte Goethe am 21. Juni Schiller mit: *Zelter in Berlin ist präparirt. Es wäre gut, wenn Sie nun auch gleich an ihn schrieben.* Doch dies geschah erst am 8. August 1796, weshalb die Vertonungen nun sehr rasch geliefert werden mussten. Aus dem Schreiben geht hervor, dass man schon zu diesem Zeitpunkt ausschließlich mit Kompositionen von Zelter rechnete: *... Ihre schönen Melodien zu den Göthischen Liedern haben mir den Wunsch eingeflößt, die musikalischen Stücke meines dießjährigen MusenAlmanachs von Ihnen gesetzt zu sehen. [...] Ich ersuche Sie daher gehorsamst, mich nur in ein paar Zeilen zu benachrichtigen, ob ich Ihnen die dazu bestimmten Gedichte zusenden darf. Der Almanach wird mit Anfang des nächsten Monats im Drucke fertig, ich müßte Sie also freilich zugleich bitten, die Melodien noch vor Ende Augusts fertig zu machen. Es sind nicht mehr als etwa 6, 7 kleine Gedichte, denen ich diesen Dienst zu leisten bitte.*

Zelter, der Schillers Brief am 13. August 1796 erhalten hatte, antwortete noch am selben Tag und zeigte sich ebenso geehrt wie (angesichts des Zeitdrucks) vorsichtig: *Der Termin [...] für die Composition der 6 oder 7 Lieder Ihres Almanachs [...] ist fast zu kurz, weil ich bey meinen vielen und heterogenen Geschäften, selten gleich mit meinen Arbeiten zufrieden bin; indessen haben Sie die Güte, mir die Lieder mit umgehender Post zu schicken und, schreiben Sie mir dabey genau den längsten Termin in welchem solche entweder alle auf einem Male oder nach und nach geliefert werden müßen und was ich in der kurzen Zeit leisten kann soll geschehen, wenigstens werde ich Sie nicht umsonst hoffen laßen. Es macht mir eine wahre Freude, die ich unverhofft nicht gleich weis wie ich sie genug schätzen soll, zwey Männer unter den Freunden meiner Muse zu sehn wie Sie und Herr v. Göthe sind ...* Schiller schickte die ausgewählten Gedichte am 18. August nach Berlin; um welche es sich im einzelnen gehandelt hat, ist nicht mehr feststellbar, doch befand sich darunter auch seine ›Klage der Ceres‹, welche Zelter aber nicht vertonte (→ 2988). – Die Kompositionen wurden nicht rechtzeitig fertig, was für Schiller sehr unangenehm war und zusätzliche Kosten verursachte: *Die Music-Noten habe ich leider noch nicht,* schrieb er am 5. Oktober an Cotta, *und da die Versendung des Almanachs nun nicht länger verschoben werden kann, so bleibt nichts übrig als die Musik nachzuliefern.* Zelters Vertonungen traf wenig später bei Schiller ein, wie aus dessen Antwort vom 16. Oktober hervorgeht: *Empfangen Sie meinen wärmsten Dank für die Melodien, die ich vor 9 Tagen erhalten und auch schon weiter befördert habe.* Zugleich bat er den Komponisten, *wenn es nicht allzu zudringlich ist, eine gleiche Gefälligkeit auch für den künftigen* [Musen-Almanach] *aus* (→ 2951].

Schiller berichtete Goethe am 9. Oktober 1796 über *einen sehr unvollkommenen Vortrag* der Kompositionen, die Zelter für den ›Musen-Almanach‹ geschrieben hatte, meinte aber zur Vertonung des eigenen Gedichts: *... auch der Besuch von mir hat einen sehr angenehmen Ausdruck.* Etwas vorsichtiger äußerte er sich am 21. November 1796 gegenüber Chr. G. Körner: *Der Besuch von Zelter scheint mir doch auch nicht verunglückt zu seyn, wenigstens mir macht er einen recht angenehmen Eindruck.* Dieser antworte am 25. November deutlich kritischer: *An Zelters Composition des Besuchs habe ich nur zu tadeln, daß er den lieblichen Rhythmus des Gedichts zerstört hat.* Offenbar hatte er außerdem eine eigene und – wie er glaubte – bessere Vertonung dem Brief beigelegt, die allerdings nicht erhalten ist (→ 1246).

Die Komponisten und ihre Werke

> • Idem (hier auch mit Begleitung mehrerer Instrument). – Nr. 72 in: [100] *Lieder geselliger Freude* → 1917

2983+1 2. Komposition – 1813
Für Bass solo und Männerchor. – Nr. 7 in: ders., *Zehn Lieder für Männerstimmen* (in 2 Heften). – Berlin: Trautwein 1813. – Ledebur, S. 672. Friedlaender, *Das dt. Lied* Bd. 2, S. 395.

Bei Ledebur auf den 10. August 1813 datiert.

> • Idem; als vierstimmiger Männerchor a cappella unter dem Titel: *Hoher Besuch.* – Nr. 7 des 2. Heftes in: ders., *Zehn Lieder für Männerstimmen* (in 2 Heften). – Magdeburg: Heinrichshofen, o. A. – Stimmen (Verl.-Nrr. *5887* u. *5888*). – Goethe-Museum (Katalog), Nrr. 1573 u. 1574.

> 1. Heft: Nrr. 1–5; 2. Heft: Nrr. 6–10.

> • Einzelausgabe. – Berlin: Guttentag, o. A. – Partitur, Stimmen. – HMB 1844/8, S. 126.

2984 *Epilog zu Schillers Glocke (»Und so geschah's«)*; Text: Johann Wolfgang Goethe
Unvollendet gebliebenes Projekt, mit dem sich Zelter auf Anregung Goethes 1805/06 befasste; die in Aussicht genommene musikalische Ausgestaltung lässt sich nicht näher rekonstruieren (→ 2968).

2985 Hero und Leander (»Seht ihr dort die altergrauen Schlösser«)
Vermutlich für eine Singstimme mit Klavierbegleitung
Unveröffentlicht; verschollen. – Am 3. Februar 1803 schrieb Zelter an Goethe, dass diese Vertonung und einige weitere Kompositionen *die letzte Hand bekommen* hätten; vermutlich lagen die Lieder diesem Brief bei.

QUELLE: Brandstaeter, S. 38.

2986 [Hymne zur Begrüßung des Königs Friedrich Wilhelm III. von Preußen in der Singakademie; Text von Friedrich Schiller]
Vermutlich für gemischten Chor a cappella
Nicht verwirklichtes Projekt. – Am 28. Oktober 1803 erkundigte sich Zelter bei Goethe: *Wäre wohl Schiller willig, mir einige Strophen im Hymnenstil zu dichten, die ich komponieren möchte, um meinen König auf der Singakademie damit zu bewillkommnen? Der König, der seinen aufrichtigen Wunsch und Willen zu erkennen gibt, dem Kunstwesen die Hand zu bieten, ist noch niemals auf der Singakademie gewesen. Es ist möglich, daß er bald kömmt, und ich möchte ihn gern würdig empfangen. Der Dichter hat ganz seinen Willen; vier oder fünf Strophen sind hinlänglich, und ein ziemlich starker Chor, von wenigstens 150 Stimmen, kann wie Eine Person angesehn werden, die das Ganze produziert.* – Über Goethes Bemühungen in dieser Angelegenheit ist nichts bekannt.

2987 Im Garten (»Hör' ich das Pförtchen nicht gehen?«)
Ein Gedicht diesen Titels findet sich in keiner Werkausgabe Schillers. Es handelt sich dabei gleichwohl um einen authentischen Text, der aber nur durch Zelters Vertonung überliefert und von Schiller wohl später zu zwei Gedichten – ›Das Geheimnis‹ und ›Die Erwartung‹ – umgearbeitet worden ist.

Für eine Singstimme mit Klavierbegleitung
Nr. 7 in: ders., *Zwölf Lieder am Klavier zu singen* → 2971 (Reprint: EDM Bd. 106, S. 24 → 2967)
Am 7. August 1797 schickte Schiller drei eigene Gedichte an Zelter zur Vertonung, zu denen neben ›Ritter Toggenburg‹ und ›Die Worte des Glaubens‹ offenbar auch noch ›Im Garten‹ gehörte, dessen Titel aber im Brief nicht genannt wird. Die daraus hervorgehenden Kompo-

Verzeichnis der musikalischen Werke

sitionen sollten in den ›Musen-Almanach für das Jahr 1798‹ als Musikbeilage aufgenommen werden. Gerade ›Im Garten‹ beurteilte Schiller recht skeptisch und rechnete damit, dass es wohl noch nicht die endgültige Gestalt besitze: *... ein Lied, das ich vielleicht noch nicht aus den Händen geben sollte, da wahrscheinlich noch einige Strophen dazu kommen. Indeßen da ich nicht weiß, ob ich so bald eine Stimmung dazu finde und der Zusatz vielleicht auch ganz unterbleibt, so will ich es doch lieber senden als liegen lassen, denn musikalisch scheint es mir zu seyn, und sollte auch noch etwas dazu kommen, so schmiegt es sich entweder ganz an den hier angegebenen Ton an, oder mit dem veränderten Ton wird dann auch ein neues Silbenmaaß eingeführt, also auch eine neue Melodie angefangen, so daß Sie das hier folgende als fertig ansehen können.*

Zelter konnte sich damals noch nicht zur Komposition entschließen, reichte die Vertonung aber am 20. Februar 1798 nach. Seinem Begleitbrief ist zu entnehmen, dass es sich bei der ihm seinerzeit zugeschickten Gedichtfassung um eine Mischversion von ›Das Geheimnis‹ und ›Die Erwartung‹ gehandelt haben muss, von denen damals aber nur das erstgenannte im aktuellen ›Musen-Almanach‹ erschien (das letztere wurde erst im ›Musen-Almanach für das Jahr 1800‹ veröffentlicht). Zelter bemerkte zur Vertonung und zum zugrunde liegenden Text: *Sie sollen mich in Ihrem Andenken behalten, Sie mögen wollen oder nicht und so schicke ich Ihnen ferner eins Ihrer Gedichte mit meiner Musik. Es wird doch einmahl gelingen und solte es auch dieses mahl wieder nicht geschehen seyn, wie ich denn selbst allerley gegen meine Noten einzuwenden habe. Indeßen ist Ihnen vielleicht, selbst eine mißrathene Composition, wenigstens als Dichter, nicht ohne Nutzen und darum schicke ich Ihnen die meinige zu; vielleicht gibt es Ihnen auch neue Lust, das Gedicht in seiner erstgebohrnen Gestalt fertig zu machen. Ich gesteh Ihnen, daß ich nicht recht einsehe warum Sie die liebliche geheimnißvolle Form, welche das Gedicht in dem mir gesandten Manuscript hat, im Almanach abgeändert haben. Ich weis nicht mehr was mich abgehalten hat es gleich in Musik zu setzen als ich es erhielt, doch halte ich es unter Ihren übrigen Gedichten für ziemlich musikalisch, wenn der Vortrag des Sängers dabey das seinige thut. Sie könten mich wohl fragen, was ich unter musikalisch verstehe und so will ich Ihnen nur gleich sagen, daß ich es selbst nicht recht wes; daß ich aber von andern Musikern weis, daß sie es auch nicht wißen; und daß die meisten unter ihnen so unwißend sind nicht zu wißen, daß sie es nicht wißen.*

Ohne auf die Textfassung und den nicht mehr geläufigen Titel einzugehen, äußerte sich Körner am 20. Juni 1802 über diese Vertonung, die er aus Zelters 18001 erschienenen ›Zwölf Liedern‹ kannte: *Der Komponist verfalle zuweilen ins Gesuchte, aber der Schluß ist sehr schön. Er [Zelter] scheint einen Hang zu Bachischen Modulationen zu haben, die im Gesange nur sehr selten brauchbar sind. Daß er den Takt zu oft ändert will mir auch nicht gefallen. Er zerstört den poetischen Rhythmus.* – In einer Rezension der Liedersammlung wird diese Vertonung zwar insgesamt gelobt, doch besonders die Stelle »*... zu viele Lauscher waren da*« stieß auf ironischen Widerspruch: *Ein Mann, der darum, weil er sein Mädchen einmal nicht sprechen kann, so singen und sich haben wollte* [folgt Notenbeispiel] *würde wohl verdienen, dass man ihn einen Pinsel nennt* (AMZ/1 vom 27. Januar 1802, Sp. 289). – Dass die Vermengung der beiden Gedichte auf Zelter selbst zurückgeht, wie dies in WV/Zelter-2 vermutet wird (vgl. S. 85), ist sehr unwahrscheinlich. Zum einen widerspricht einem so fundamentalen Eingriff Zelters Schiller-Verehrung, und zum andere hätte Schiller darauf gewiss in der Korrespondenz reagiert.

- Idem. – Musikbeilage Nr. 4 in: *Zeitung für die elegante Welt*, hg. von Carl Spazier. – Leipzig: Voß 1802. – Goethe-Museum (Katalog), Nr. 1604 (ohne genaue Datierung der Ausgabe).

2988 Klage der Ceres (»Ist der holde Lenz erschienen?«)
Vermutlich für eine Singstimme mit Klavierbegleitung

Vertonungsofferte Schillers an Zelter; nicht ausgeführt. – Schiller erkundigte sich am 24. Juni 1796 bei Goethe: *An Zelter schreibe ich, sobald ich ihm etwas zu senden weiß. Riethen Sie mir, meine Ceres componieren zu lassen? Für den Gesang wär sie wohl ein gutes Thema, wenn sie nicht zu groß ist.* Goethe stimmte dem Vorschlag zu (vgl. seinen Brief vom 25. Juni 1796 an Schiller), worauf Schiller das Gedicht am 18. August 1796 an Zelter mit folgender Bemerkung schickte (→ 2983): *Die Ceres fürchte ich wird für ein Singstück zu groß seyn. Er spielte damit*

Die Komponisten und ihre Werke

darauf an, dass Notenbeilagen in Almanachen relativ kurz sein mussten. Der Komponist bestätigte dies und schrieb am 26. August an Schiller: _Die schöne Klage der Ceres mögt ich gar zu gern komponiren, allein das Gedicht hat, der 12zeiligen Stanzen wegen für die Music große Schwierigkeiten, die sich nur durch lang überdachte Kunst werden aus dem Weg räumen laßen._

2989 Nadowessische Totenklage (»Seht, da sitzt er auf der Matte«)
Vermutlich für eine Singstimme mit Klavierbegleitung

Nach einigen Entwürfen beiseite gelegte Vertonung. Unveröffentlicht; verschollen. WV/Zelter-1 u. WV/Zelter-2 deest. – Am 6. Juli 1797 schickte Schiller _wieder einige Texte zum komponiren, aus meinem dießjährigen MusenAlmanach_ an Zelter, unter denen sich neben zwei Gedichten Goehes auch ›An Emma‹ (→ 2966), die ›Nadowessische Totenklage‹ und das »Reiterlied« aus ›Wallensteins Lager‹ (→ 2996) befanden. Am 28. Juli sendete der Komponist vier Vertonungen, erklärte aber zu diesem Gedicht: _Meine Versuche damit sind nicht zu meiner Zufriedenheit ausgefallen ich will Ihnen dafür lieber einige andere in Musik setzen._

Punschlied (»Vier Elemente, innig gesellt«)

2990 1. Komposition – 1806
Für eine Singstimme mit Klavierbegleitung (D-Dur). – Handschrift, 1806. – RISM-OPAC.

2991 2. Komposition – 1807
Für Bass solo und vierstimmigen gemischten Chor a cappella (B-Dur). – Nr. 1 in: ders., [2 Chöre]. – Undatierte autographe Partitur. – RISM-OPAC.

Am 16. Dezember 1807 wandte sich Goethe an Zelter mit einer Bitte: _Dürfte ich Sie gelegentlich um das Schiller'sche »Punschlied« bitten? Es ist davon leider bei mir nur eine Stimme übrig; die andern sind verschleppt._ Damit ist zwar wahrscheinlich diese Komposition gemeint, doch geht aus Zelters Antwort vom 9. Januar 1808 hervor, dass er beide ›Punschlieder‹ vertont hatte: _Von Schiller schicke ich zwei von mir komponierte »Punschlieder« mit, Sie werden schon das rechte herausfinden_ ... (→ 2992).

> · Idem; für eine Singstimme mit Klavierbegleitung oder zur Gitarre bearb. unter dem Titel ›_Punsch Recept_‹ als Nr. 4 in: _Sammlung_ [5] _Deutscher Gesänge aus den besten Dichtern, mit Begleitung des Pianoforte oder der Chitara_, 2. Lief., hg. von Wilhelm Ehlers. – Wien: Chemische Druckerei, o. A. – Verl.-Nr. _2156._ – RISM-OPAC.
>
> Die erste Lieferung mit der Verl.-Nr. _1981_ ist 1812 erschienen; vgl. ÖNB (Online-Katalog).

2992 Punschlied. Im Norden zu singen (»Auf der Berge freien Höhen«)
Für dreistimmigen gemischten Chor (SAB) mit Soli und zwei Hörnern. – Nr. 2 in: ders., [2 Chöre] → 2991

> · Idem. – Vor S. 163 in: _Taschenbuch zum geselligen Vergnügen_, hg. von Wilhelm Gottlieb Becker. – Leipzig: Hempel 1804. – Original (DLA).
>
> Es handelt sich zugleich um die Erstveröffentlichung des Gedichts.
>
> · Idem; für drei Singstimmen und zwei Flöten. – Nr. 2 in: _Schillers Punschlied_ → 1716
>
> WV/Zelter-1 deest. – Die andere Vertonung der Ausgabe stammt von L. S. D. Mutzenbecher (→ 1716).
>
> · Idem; für zwei Singstimmen mit Klavierbegleitung. – Mainz: Schott, o. A. – Staatsbibl. zu Berlin (Online-Katalog).

Verzeichnis der musikalischen Werke

2993 **Requiem zum Gedächtnis für Fasch**
Für vier Soli und Chor mit Orchesterbegleitung ad libitum

Carl Friedrich Fasch, der 1791 in Berlin die Singakademie gegründet und bei dem Zelter Unterricht gehabt hatte, war am 3. August 1800 verstorben. Zu seinem Gedenken komponierte Zelter dieses Requiem (am 25. Juni 1802 beendet). Uraufführung: Berlin, 3. August 1803, Singakademie. – Zelter schickte am 8. Juni 1805 auf Bitten Goethes einige Musikalien nach Weimar, die dieser im Rahmen einer Trauerfeier für Schiller eventuell verwenden könne (→ 2968), und erklärte zu diesem Stück: *Das Requiem, welches ich Ihnen anbei sende, ist das nämliche, mit welchem ich Schillers Andenken am 21. Mai in der Singakademie [...] begangen habe. Für die Aufführung sei dazu nur ein Chor von 16 bis 20 Sängern und 4 Solostimmen erforderlich [...]; der Chor könnte dann auch durch das Orchester verstärkt werden.* – Zelter arbeitete das ›Requiem‹ später für fünfstimmigen gemischten Chor (SATTB) a cappella um (s. WV/Zelter-1, S. 75, bzw. Ledebur, S. 670).

2994 **Ritter Toggenburg (»Ritter, treue Schwesterliebe widmet Euch dies Herz«)**
Vermutlich für eine Singstimme mit Klavierbegleitung

Vermutlich zusammen mit ›Im Garten‹ (→ 2987) von Schiller am 7. August 1797 an Zelter zum Vertonen geschickt; ggf. hätte die Komposition, zu der sich Zelter aber nicht entschließen konnte, im *Musen-Almanach für das Jahr 1798‹* erscheinen sollen.

2995 **Schillers Todtenfeyer; szenische Kantate für Soli, Chor und Orchester. Text: Johann Wolfgang Goethe**

Unvollendet gebliebenes Projekt, mit dem sich Zelter auf Anregung Goethes im Sommer 1805 befasste; näheres über die musikalische Ausgestaltung lässt sich nicht mehr rekonstruieren (→ 2968).

Wallenstein. Ein dramatisches Gedicht – I. Wallensteins Lager

– V. 1052ff. (Zweiter Kürassier: »Wohl auf, Kameraden, auf's Pferd«)

2996 **1. Komposition – 1797**
Vermutlich Rundgesang für zwei Solostimmen mit Männerchor

Unveröffentlicht; verschollen. – Am 6. Juli 1797 schickte Schiller *wieder einige Texte zum komponiren, aus meinem dießjährigen MusenAlmanach*, unter denen sich neben zwei Gedichten Goethes auch ›An Emma‹ (→ 2966), die ›Nadowessische Totenklage‹ (→ 2989) und das »Reiterlied« aus ›Wallensteins Lager‹ befanden. Zu letzterem erklärte er: *Das Reiterlied ist aus einem Schauspiel Wallenstein, das ich jetzt unter der Feder habe. Ich wünschte, daß das Lied Sie interessieren und in Stimmung setzen möchte, weil es auf unsern deutschen Theatern gesunen werden wird und so manchen musikalischen Pfuscher reizen möchte es zu setzen. Es wird von zwey Personen, einem Kuirassier und einem Jäger abgesungen, davon der erste einen ernsten und männlichen, der andre aber einen leichte und lustigen Character hat.*
Offenbar war Zelter zu einer Vertonung durchaus bereit, wollte aber noch mehr Infomationen zur Bühnensituation und erkundigte sich am 14. Juli bei Schiller: *Es ist mir zu wissen nöthig: wer die Personen sind die den Chor des Reuterliedes ausmachen? vermuthlich sind es lauter Männerstimmen, indeßen könnte es doch auch wohl anders seyn; [...]. Am liebsten hätte ich die ganze Scene selbst gelesen. Es ist nicht so wohl schwer als fast ganz unmöglich in ein Drama etwas durch die zweite Hand hineinzuarbeiten dessen Ton man nicht kennt, wenn man auch noch so bekannt mit dem Charakter der einzelnen Personen wäre, dahingegen es glücklichere Arbeit gibt wenn man den Haupton des Ganzen kennt.*
Unter den vier Vertonungen, die Zelter am 28. Juli Schiller zusammen mit einem Brief durch Abraham Mendelssohn überreichen ließ, fehlte *das Reuterlied [...], ob es gleich fertig ist, die Ursache davon künftig ... Der Dichter bedankte sich am 7. August *für Ihre lieblichen und herzlichen Melodien [...]. Herr Mendelssohn sagte mir sehr viel Schönes von der Melodie zu dem Reiterliede und machte mich verlangend darnach. Ihrem Wunsche gemäß Ihnen etwas aus dem Stücke selbst zu senden war mir unmöglich, es liegt noch zu roh hingeworfen da, als daß ich mich entschließen könnte, es aus der Hand zu geben. Soviel bemerke ich indeß, daß bloß Soldaten den Chor ausmachen, [...] Dann wiederholt er die bereits mitgeteil-

674

_____Die Komponisten und ihre Werke

ten Charakterisierungen der beiden Bühnenfiguren, präzisierte nun aber: ... *der erste* [Kürassier] *sieht unter dem Soldatenrocke mehr die Freiheit des wahren Menschen, der andre* [Jäger] *mehr die Freiheit des Wilden und des Libertin.*

Als Schiller dem Komponisten am 20. Oktober 1797 ein Exemplar des ›Musen-Almanachs‹ *nebst einigen Abdrücken der Melodien* zuschickte, kam er nochmals auf die ihm offenbar so wichtige und immer noch ausstehende Komposition Zelters zu sprechen: *Die Melodie zum Reiterlied, die Ihnen so treflich gelungen seyn soll, habe ich schon seit etlichen Monaten mit Ungeduld aber vergebens erwartet. Machen Sie mir doch bald die Freude und senden sie.* Außerdem wies der Dichter lobend auf die im Almanach wiedergegebene Vertonung von Chr. J. Zahn hin, die bald volkstümlich geworden ist (→ 2951). Nach einigem Zögern schickte Zelter die eigene Version zusammen mit ›Die Worte des Glaubens‹ (→ 2982) am 15. November 1797 an Schiller.

2997   **2. Komposition – vermutlich 1802/03**
          Für sechs Singstimmen (BBBBBB) a cappella
          Undatierte Stimmenabschrift [vermutlich 1802/03]. – RISM-OPAC.

Unveröffentlicht. – Am 3. Februar 1803 schickte Zelter die Partitur dieser Version an Goethe. Die in Weimar danach angefertigte Stimmenabschrift wird im GSA aufbewahrt und ist im RISM-OPAC nachgewiesen (jede Stimme mit Namenseintrag des damaligen Schauspielers, der die Partie zu singen hatte). Der Komponist meinte im Begleitbrief: *Ich habe mit dem beigehenden »Reuterlied« seit Jahren nicht zufrieden werden können. Sie erhalten es deswegen in Partitur, um allenfalls für das Theater davon Gebrauch machen zu können. Wollen Sie dieses, so haben Sie die Güte, wenn Sie solches für sich in Stimmen kopieren lassen, mir die Partitur gelegentlich wieder zurückzusenden, weil ich keine Abschrift behalten habe. Sie werden wohl darauf halten, daß das Stück sowohl vom Orchester als von den Sängern mehr frei, lebendig und leicht als schwer und schleppend vorgetragen werde, und weiter habe ich nichts daran zu erinnern, als daß es mir lieb wäre, wenn es Schillern so, wie es nun ist, gefallen könnte, denn alle mir bis jetzt bekannten Kompositionen dieses Liedes sind unglückliche Versuche.* Damit verwarf Zelter also auch die schon bald zum »Volkslied« gewordene und von Schiller sehr geschätzte Vertonung von Chr. J. Zahn, die im ›Musen-Almanach für das Jahr 1798‹ erschienen war (→ 2951).

Vermutlich wurde Zelters neue Fassung damals tatsächlich in Weimarer Theateraufführungen verwendet, denn Goethe antwortete dem Komponisten am 10. März 1803: *Alle Freunde gedenken Ihrer mit Enthusiasmus, welcher durch die gestern erst wieder aufgeführte Kompositionen des »Reiterliedes« und der »Zwerge«* [bisher ungeklärte Komposition] *aufs neue angefacht worden ist. Schiller dankt sehr lebhaft.* – Offenbar gingen die Noten aber bald im Theaterbetrieb verloren, und Goethe schrieb am 5. November 1804 an Zelter: *Möchten Sie mir wohl die Partitur von Ihrem »Wohl auf, Kameraden« zuschicken; ich finde sie nicht, eben da sie für diesen Winter einstudiert werden und den alten Gassenhauer* [!] *vertreiben soll.* Aus Zelters Antwort vom 15. November geht hervor, dass dies allerdings mit Schwierigkeiten verbunden war: *Die Partitur des »Reuterliedes« werde ich Ihnen mit der nächsten Post senden. Ich habe Ihnen solche in Weimar gelassen, ohne eine Abschrift als ein kleines Brouillon auf einem Stückchen Papiere, und muß es also aus dem Gedächtnisse wiederherzustellen suchen.* Wegen anderer Verpflichtungen kam Zelter nicht dazu, doch am 13. Dezember konnte nun Goethe melden: *Die Partitur des »Reuterlieds« habe* [ich] *aus den Stimmen herstellen lassen. Bemühen Sie sich deshalb nicht weiter damit.* – RISM-OPAC weist ein »Reiterlied« von Zelter aus Vorbesitz Goethes nach, bei dem es sich wohl um diese Version handelt (undatierte Abschrift).

Wilhelm Tell. Schauspiel

Zwar hat Zelter zu ›Wilhelm Tell‹ weder eine vollständige Schauspielmusik komponiert, noch Textpassagen einzelner Gesangsnummern daraus vertont, doch Schiller erkundigte sich am 16. Januar 1804 bei ihm in Zusammenhang mit der ursprünglich für Berlin geplanten Uraufführung (die aber am 17. März 1804 in Weimar stattfand), ob er die benötigten Musikbeiträge dazu liefern könne. Aber aus nicht mehr klärbaren Gründen kam der Brief damals bei Zelter nicht an (→ 2999) und wurde folglich auch nicht beantwortet. Einen Mo-

675

Verzeichnis der musikalischen Werke

nat später forderte Schiller deshalb den Berliner Kapellmeister B. A. Weber dazu auf, dessen Schauspielmusik dann zu einem der größten Erfolge dieser Gattung wurde (→ 2805).

2998 – 1. Akt, Anfang: *Kuhreihen*
Instrumentalstück

Erster, damals aber nur indirekt geäußerter Kompositionsvorschlag Schillers; nicht ausgeführt. – Als Schiller im Sommer 1803 mit Iffland wegen der ursprünglich für Berlin geplanten Uraufführung des ›Wilhelm Tell‹ korrespondierte, kam er auch auf die hierfür erforderliche Schauspielmusik zu sprechen und schrieb am 5. August: *Auf ein schönes Geläut müssen Sie denken, denn dieses Schweitzerische Stück fängt billig mit dem Klang der Heerden, mit dem Kuhhirten und dem Kuhreihen an. Laßen Sie doch etwa Zelter einen recht schönen Kuhreihen ausdenken, worinn das Eigenthümliche der Schweitzerischen beibehalten ist.*

2999 – *Verschiedene Lieder* und *Kuhreihen*
Für eine Singstimme (vermutlich mindestens teilweise mit Instrumentalbegleitung)

Weiterer Kompositionsvorschlag Schillers; nicht ausgeführt. – Schiller schrieb am 16. Januar 1804 (also noch vor der Fertigstellung des ›Wilhelm Tell‹) an Zelter: *Ich habe in dem Wilhelm Tell, der mich jezt beschäftigt und in 6 Wochen fertig seyn wird verschiedene Lieder, besonders aber am Anfang des Stücks einen Kuhreihen nöthig, den ich von niemand lieber als von Ihnen componiert wünsche. Da ich die Theaterverhältnisse in Berlin nicht kenne* [hier war die Uraufführung zunächst geplant]*, so weiß ich nicht, ob es nicht gewiße Leute für einen Eingriff in ihre Rechte halten würden, wenn man zu einem andern mehr Vertrauen hätte. Deßwegen wünschte ich nur einen Wink von Ihnen und schickte Ihnen dann die Texte zu. Auch können Sie, zur Zeit wenn Sie diesen Brief erhalten, die ersten Akte meines Stücks schon bei Iffland sehen. Wie es aber auch mit Berlin seyn mag, so würden Ihre Compositionen uns hier in Weimar höchst willkommen seyn, denn niemand wird beßer als Sie den Charakter davon treffen.*

Schiller gab den Brief dem *Secretair Wengk* [d. i. Adam Heinrich Ludwig Wenck] *aus Gotha, einem Harmonicaspieler*, mit. Wie einer eigenhändigen Anmerkung Zelters am Ende des Schreibens zu entnehmen ist, erreichte dieses aus unbekannten Gründen damals nicht den Adressaten: *Diesen Brief habe ich am 14. October 1805 also fünf Monate nach dem Tode seines Schreibers erhalten.* Zelter war davon sehr berührt und berichtete Goethe darüber am 15. Oktober 1805: *Gestern habe ich einen Brief erhalten vom seligen Schiller über Holland* [...]. *Das hat einen eigenen Eindruck auf mich gemacht; es hat mich nie etwas auf so angenehme Art traurig gemacht, und ich habe den Brief viele Male mit unendlichem Vergnügen gelesen.* – Während seines Berlinaufenthaltes zwischen dem 1. und 17. Mai 1804 traf sich Schiller mindestens zwei Mal mit Zelter; bei dieser Gelegenheit dürfte auch die ganze Angelegenheit zur Sprache gekommen und aufgeklärt worden sein.

3000 Würde der Frauen (»Ehret die Frauen! Sie flechten und weben«)
Vermutlich für eine Singstimme mit Klavierbegleitung

QUELLEN: Brandstaeter, S. 33. – WV/Zelter-1 bzw. WV/Zelter-2 deest (Existenz demnach fraglich).

ZENGER, ... (?–?)

3001 Der Abend. Nach einem Gemälde (»Senke, strahlender Gott«)
Vierstimmiger Männerchor (TTBB) a cappella
Nr. 32 in: [40 Männerchöre]. – Undatierte Sammelhandschrift (Stimmen). – RISM-OPAC.

Das Notenmaterial ist wohl zwischen 1833 und 1841 angefertigt worden.

Die Komponisten und ihre Werke

ZENGER, Max (1837–1911)

3002 An den Frühling (»Willkommen, schöner Jüngling«)
Für Tenor mit Klavierbegleitung
Nr. 6 (einzeln) in: ders., _Sechs Lieder_, op. 2. – Mainz: Schott, o. A. – Verl.-Nr.
_17626._ – HMB 1864/9, S. 189. BSB-Musik Bd. 17, S. 7215.

3003 Die Kraniche des Ibykus (»Zum Kampf der Wagen und Gesänge«)
Für Männerchor bzw. gemischten Chor, Deklamation und Orchester oder mit
Klavierbegleitung, op. 80
Leipzig: Brockhaus, o. A. – Partitur, Chor- und Orchesterstimmen; Klavierauszug. – HMB 1895/8, S. 328, bzw. 1895/9, S. 378.

ZENTNER, Johannes (1903–1989)

Macbeth. Zur Vorstellung auf dem Hoftheater in Weimar eingerichtet von
Friedrich Schiller

3004 – V. 741ff. (Pförtner: »Verschwunden ist die finst're Nacht«); hier unter dem
Titel: _Der Tag erwacht_
4. Satz in: ders., _Woher, wohin?_ Kantate für vier- bis achtstimmigen gemischten Chor (mit ein- bis zweistimmigem Jugend- oder Kinderchor ad libitum)
und Orchester oder mit Klavier- bzw. Orgelbegleitung
Zürich: Zum Pelikan 1958. – Chorpartitur. – Hofmeister (1958), S. 387.

ZIEGLER, ... (?–?)

3005 An die Freude (»Freude, schöner Götterfunken«); hier unter dem Titel: _Ode an_
die Freude
Rundgesang für Sopran und vierstimmigen gemischten Chor (SATB) mit Klavierbegleitung
Bonn: Simrock, o. A. – Partitur, Vokalstimmen. – HMB 1829/7+8, S. 67. Pazdírek Bd. 12, S. 927.

Eine (autographe?) Abschrift aus dem Jahr 1839 konnte im DLA eingesehen werden (hier mit
der Titelformulierung ›An die Freude. Ode von Schiller‹). Diese ist _Ihrer Koniglichen Hoheit der_
Frau Churfürstin von Hessen zum Geburtstage 1829 gewidmet vom Regierungsrat Ziegler.

ZIEHRER, Carl Michael (1843–1922)

An die Freude (»Freude, schöner Götterfunken«)

– V. 10 (»Diesen Kuss der ganzen Welt«)

3006 _Diesen Kuss der ganzen Welt._ Walzer, op. 442
Leipzig: Cranz, o. A. – HMB 1892/8, S. 276 u. 294, bzw. 1893/3, S. 75, 77, 85 u.
87.

Nahezu zeitgleich für verschiedene Besetzungen veröffentlicht (darunter für kleines und Salon-Orchester, 16- bis 33stimmige Harmoniemusik und zahlreiche kammermusikalische Besetzungen). – Spätere Ausgaben im selben Verlag s. Hofmeister (1924–1928), S. 745.

3007 _Ein Blick nach ihr. Polka (schnell)_, op. 55
Wien: Haslinger, o. A. – Ausgaben f. Klav. bzw. Vl. u. Klav. (Verl.-Nrr. _13472_
bzw. _13473_). – Weinmann (Senefelder etc.) Bd. 3, S. 144. HMB 1866/5, S. 70 u.
72. ÖNB (Online-Katalog; weist die spätere Ausgabe von Doblinger nach).

Mit der Widmung: _Dem Wiener Schiller-Vereine ›Die Glocke‹._

677

Verzeichnis der musikalischen Werke

ZILCHER, Hermann (1881–1948)

3008 Die Künstler (»Wie schön, o Mensch, mit deinem Palmenzweige«); hier unter dem Titel: *An die Künstler*
Für Sopran solo, Männerchor und Orchester mit Orgel ad libitum, op. 86
1938 komponiert; unveröffentlicht (s. Moser, *Musiklexikon* 1943, S. 1071 u. 1459, bzw. Hermann-Zilcher-Gesellschaft (Homepage).

ZILCHER, Paul (1855–1943)

Wilhelm Tell. Schauspiel

– V. 1465ff. (Walter Tell: »Mit dem Pfeil, dem Bogen«)

3009 Titelgebend für: *Mit dem Pfeil dem Bogen. Eine Sammlung unserer Volks- und Kinderlieder für die Jugend*, ausgewählt und eingerichtet von Paul Zilcher. – Für Klavier zu vier Händen. – Berlin: Krentzlin, o. A. – Hofmeister (1919–1923), S. 523.

Das »Jägerliedchen« ist hier als Nr. 14 in der Vertonung von B. A. Weber (→ 2805) enthalten.

· Berlin: Krentzlin/Lienau 1950. – Hofmeister (1950), S. 315.

ZIMMERMANN, Bernd Alois (1918–1970)

An die Freude (»Freude, schöner Götterfunken«)

3010 – V. 11f. (»Brüder – über'm Sternenzelt«)
Enthalten im 3. Teil (*Requiem II*), innerhalb des ›Lamento‹, in: ders., *Requiem für einen jungen Dichter. Lingual* für Sprecher, Sopran- und Bass-Solo, drei Chöre, Orchester, Jazz-Combo, Orgel und elektronische Klänge nach Texten verschiedener Dichter, Berichten und Reportagen. – Mainz: Schott 1969. – Aufführungsmaterial. – WV/Zimmermann, S. 660ff.

Im Auftrag des Westdeutschen Rundfunks, Köln, zwischen 1967 und 1969 unter Verwendung älterer Ideen komponiert. Drei Teile: *Prolog – Requiem I – Requiem II.* Neben dem Requiemtext wurden Textfragmente u. a. von Konrad Bayer, Winston Churchill, Joseph Goebbels, James Joyce, Vladímir Vladímirovič Majakóvskij, Mao Tse-Tung, Ezra Pound und Ludwig Wittgenstein sowie aus dem Grundgesetz der Bundesrepublik Deutschland einbezogen (teilweise live vorgetragen – so auch die Schiller'schen Verse –, teilweise als originale Tondokumente vom Zuspielband). – Widmung: *Ad Honorem St. Hermanni-Josephi.* – Uraufführung: Düsseldorf, 11. Dezember 1969 (Rheinhalle), mit Edda Moser (Sopran), Günter Reich (Bariton) und Hans Franzen sowie Matthias Fuchs (Sprecher), dem Manfred-Schoof-Quintett, dem Kölner Rundfunkchor, dem RIAS-Kammerchor, dem Chor des ORF Wien, einem Männerchor und dem Kölner Rundfunk-Sinfonie-Orchester, unter der Leitung von Michael Gielen.
Zimmermann erklärte, bei dem Requiem nicht an eine bestimmte Persönlichkeit gedacht zu haben, *sondern gewissermaßen an den jungen Dichter schlechthin*, und mit der Textauswahl habe er besonders *die geistige, kulturelle, geschichtliche und sprachliche Situation* in Europa *von 1920–1970* einfangen wollen. Zur ungewöhnlichen Benennung »Lingual« (von ihm mit *Sprachstück* übersetzt) heißt es dann: Im Requiem *treffen sich sich die Formen der [...] Dichtungen mit denen des Hörspiels, des Features, der Reportage mit solchen der Kantate und des Oratoriums. Es gibt darin vielfache Übergänge von der gesprochen Sprache zum in Musik gesetzten Sprechen und endlich bis zum gesungenen Wort. [...] Zwischen Sprache und Musik befindet sich das Lingual gewissermaßen auf einer dritten Ebene. Das eine wird nicht der Herrschaft des anderen unterworfen, sondern beide zu einer*

Die Komponisten und ihre Werke

weitestgehenden Durchdringung geführt (Bernd Alois Zimmermann: *Intervall und Zeit. Aufsätze und Schriften zum Werk*, hg. von Christof Bitter. Mainz: Schott 1974, S. 116f.).

Die Verschwörung des Fiesco zu Genua. Ein republikanisches Trauerspiel

3011 Musik zur Hörspielbearbeitung von Friedhelm Ortmann. Regie: Wilhelm Semmelroth
Köln: Nordwestdeutscher Rundfunk 1955. – 83 Minuten. – Mit Albert Florath (Andreas Doria), Will Quadflieg (Fiesco), Hansjörg Felmy (Bourgognino), René Deltgen (Muley Hassan) u. a. – WV/Zimmermann, S. 925ff.

Anfang 1955 im Auftrag des Nordwestdeutschen Rundfunks, Köln, entstanden; unveröffentlicht. – Besteht aus zwanzig, meist nur wenige Takte umfassenden Stücken, deren Musik zu einem erheblichen Teil Kompositionen des 16. und 17. Jahrhunderts entlehnt ist (darunter von William Byrd, Hans Leo Hassler und Tilman Susato). – Ursendung: Nordwestdeutscher Rundfunk, 12. Mai 1955. – Die Tonbänder wurden auch für Theateraufführungen in Essen verwendet; Premiere: Essen, 19. September 1955 (Opernhaus). – Zimmermann übernahm einige Stücke in bearbeiteter Form für sein Ballett ›Giostra Genovese‹ und für die ›Musique pour les soupers du Roi Ubu‹.

ZOCCHI, Angelo (?–?)

Die Räuber. Ein Schauspiel

3012 *Amalia*. Oper; Librettist unbekannt

Uraufführung: Tiflis, 27. Februar 1876; s. Stieger (mit dem Hinweis: *nach Schillers ›Räuber‹*).

ZÖLLNER, Carl Friedrich (1800–1868)

3013 Die Worte des Glaubens (»Drei Worte nenn' ich euch, inhaltschwer«); hier unter dem Titel: *Die drei Worte des Glaubens*
Vierstimmiger Männerchor (TTBB) a cappella
Leipzig: Forberg, o. A. – Partitur, Stimmen. – HMB 1865/5, S. 84. Pazdírek Bd. 12, S. 979.

- Nr. 436 in der Reihe: *Deutsche Eiche. Lieblingsgesänge der Deutschen Männergesangvereine*. – Leipzig: Eulenburg, o. A. – Partitur, Stimmen (Verl.-Nr. *2579*). – Hofmeister (1898–1903), S. 199. BSB-Musik Bd. 17, S. 7258.

- Nr. 76 in der Reihe: *Beliebte Männerchöre*, durchgesehen und teils neu bearb. von Josef Schwartz. – Köln: Tonger, o. A. – Partitur, Stimmen. – Hofmeister (1898–1903), S. 854.

3014 Dithyrambe (»Nimmer, das glaubt mir, erscheinen die Götter«)
Vierstimmiger Männerchor (TTBB) a cappella
Nr. 111 des 3. Bandes [ca. 1829], in: *Orpheus. Sammlung auserlesener mehrstimmiger Gesänge ohne Begleitung*. – Braunschweig: Busse 1828 bis ca. 1830. – Partitur, Stimmen. – Fellinger, S. 894.

Das Periodikum erschien jährlich in sechs bis zwölf Heften, die jeweil in einem Band zusammengefasst wurden. Die Stücke sind bis zum Ende des Erscheinens durchnummeriert.

- Idem. – Nr. 111 des 1. Bd. in: *Orpheus. Sammlung von Liedern und Gesängen für vier Männerstimmen […] enthaltend gegen dreihundert und funfzig der beliebtesten Componisten älterer und neuerer Zeit. Neue*

679

Verzeichnis der musikalischen Werke

wohlfeile Gesamtausgabe. – Leipzig: Friedlein & Hirsch, o. A. – Partitur, Stimmen. – Original (DLA).

Es handelt sich um den *Zweiten Stereotyp-Abdruck*; im *Laufe des Jahres 1847* sollten weitere Lieferungen erscheinen (entspr. Ankündigung in den Noten).

ZÖLLNER, Heinrich (1854–1941)

3015 Die Macht des Gesangs (»Ein Regenstrom aus Felsenrissen«)
Vierstimmiger Männerchor (TTBB) a cappella, op. 51
Leipzig: Siegel, o. A. – Partitur, Stimmen (mit deutsch-englischem Text). – HMB 1891/9, S. 419. Pazdírek Bd. 12, S. 976.

• Leipzig: Rieter-Biedermann, o. A. – *Dt. Musiker-Lex.* 1929, Sp. 1637.

3016 *Zur Schillerfeier (am 9. Mai 1905) (»Hundert Jahre sind entschwunden«)*; Textverfasser unbekannt
Vierstimmiger Männerchor (TTBB) und Harmoniemusik, op. 86
Leipzig: Leuckart, o. A. – Partitur, Chor- und Instrumentalstimmen; Klavierauszug. – Hofmeister (1904–1908), S. 903. Pazdírek Bd. 12, S. 977. *Dt. Musiker-Lex.* 1929, Sp. 1638.

ZOLL, Carl (?–?)

3017 An die Freude (»Freude, schöner Götterfunken«)
Vierstimmiger Männerchor a cappella
Frankfurt am Main: Frankfurter Chorverlag Paul 1954. – Partitur. – Hofmeister (1954), S. 396.

Mit dem Hinweis *Satz*; es dürfte sich deshalb um die Bearbeitung der populären Melodie handeln, die vielleicht von J. G. Naumann stammt (→ 1736).

ZOLL, Paul (1907–1978)

3018 An die Freude (»Freude, schöner Götterfunken«); hier unter dem Titel: *Freude*
Für vierstimmigen Männerchor und sechs Blechbläser (Tr. 1 2, Hr. 1 2, Pos. 1 2) oder mit Klavierbegleitung
Partitur, Stimmen. – Bonn: Braun-Peretti 1955. – Hofmeister (1955), S. 360.

Macbeth. Zur Vorstellung auf dem Hoftheater in Weimar eingerichtet von Friedrich Schiller

3019 – V. 741ff. (Pförtner: »Verschwunden ist die finst're Nacht«); hier unter dem Titel: *Morgenlied*
Vierstimmiger Männerchor a cappella
Neheim-Hüsten: Hoppe 1958. – Partitur. – Hofmeister (1959), S. 374.

3020 Sprüche des Konfuzius – Nr. 2 (»Dreifach ist des Raumes Maß«); hier unter dem Titel: *Spruch*
Für vierstimmigen Männerchor und sechs Blechbläser (je 2 Tr., Hr., Pos.) oder mit Klavierbegleitung
Bonn: Braun-Peretti 1955. – Partitur, Stimmen. – Hofmeister (1955), S. 361.

Die Komponisten und ihre Werke

ZOPFF, Hermann (1826–1883)

3021 Der Triumph der Liebe (»Selig durch die Liebe«); hier unter dem Titel: _Festhymne zu Schillers Geburtstag_
Für zwei Soli (SA) und vierstimmigen gemischten Chor mit Klavierbegleitung, op. 18
Leipzig: Leuckart, o. A. – Partitur, Chorstimmen. – HMB 1872/2, S. 36. Original (DLA).

Wilhelm Tell. Schauspiel

Von Zopff sind in diesem Zusammenhang drei musikalische Werke ganz unterschiedlichen Charakters bekannt, deren gegenseitige Abhängigkeit hier nicht vollständig geklärt werden kann.

3022 _Tell._ Oper
Was es mit Zopffs Oper ›Wilhelm Tell‹ auf sich hat, bleibe dahingestellt, gab sich MGG1 bereits 1968 völlig unsicher (Bd. 14, Sp. 1394), wies aber in diesem Zusammenhang auf dessen opp. 31 u. 41 hin, die sich auf das Bühnenwerk bezögen (→ 3023 bzw. 3024).
QUELLEN: Grove, _Opera_ Bd. 4, S. 1243 (demnach _ca. 1876_ entstanden und nicht aufgeführt). Stieger (datiert mit _1876_).

3023 _Wilhelm Tell. Ouvertüre in Form einer größeren Sinfonischen Dichtung_ für großes Orchester, op. 31
Leipzig: Kahnt, o. A. – Partitur. – Pazdírek Bd. 12, S. 985. Schaefer, S. 80.

In der AMZ/2 vom 20. Mai 1874 erschien eine kurze Notiz über ein Konzert in Güstrow, das am 21. April d. J. zum Gesellschafts-Abend des dortigen Schillervereins stattgefunden hatte. Zu Beginn wurde demnach _Wilhelm Tell, Symphonische Dichtung in drei Sätzen zu Schillers Drama_ von H. Zopff aufgeführt und darauf hingewiesen: _Vom Componisten aus dessen Op. 31 und Op. 41 zusammengestellt_ (Sp. 316; → 3024). Schäfer nennt hingegen sechs Abschnitte: _Zufriedenheit des schlichten Hirtenvolkes – Gessler – Schweizertrotz – Rütlischwur – Vertreibung der Landvögte – Wiederaufleben._

3024 – V. 2560ff. (Wilhelm Tell: »Durch diese hohle Gasse muss er kommen«); hier unter dem Titel: _Monolog aus Schiller's Drama ›Wilhelm Tell‹ als Concertarie_
Für Bariton mit Klavierbegleitung, op. 41 (_Konzert-Gesänge,_ Nr. 6)
Leipzig: Hofmeister, o. A. – Verl.-Nr. _6980._ – Original (Slg. GG). HMB 1873/10, S. 356. Pazdírek Bd. 12, S. 985. Schaefer, S. 84.

Anmerkung auf der Titelseite: _Fragment aus dessen Oper ›Wilhelm Tell‹._ – Offenbar ist nur diese Ausgabe veröffentlicht worden (darin zahlreiche Hinweise zur Orchestrierung); auf der Titelseite befindet sich noch die Erklärung: _Orchesterpartitur und Orchesterstimmen durch die Verlagshandlung_ (HMB meldet hierzu: _... in Abschrift_).

ZOUBEK, Franz (1885–1962)

QUELLE: _Lex. zur dt. Musikkultur_ Bd. 2, Sp. 3072 (nachfolgende Werke demnach unveröffentlicht; wie die meisten Kompositionen Zoubeks nach seiner Vertreibung aus Littau 1945 wohl verloren).

Maria Stuart. Ein Trauerspiel

3025 _Maria Stuart._ Ouvertüre für Orchester

Wallenstein. Ein dramatisches Gedicht

3026 _Wallensteinouvertüre_ für Orchester

Verzeichnis der musikalischen Werke

ZUMPE, Herman (1850–1903)

3027   *Schillers Bestattung (»Ein düster brennend' ärmlich' Fackelpaar«)*; Text von Conrad Ferdinand Meyer
Für eine Singstimme mit Klavierbegleitung
Ebenso wie eine Orchesterfassung von Max Schillings unveröffentlicht (s. WV/Zumpe, S. 176).

Wallenstein. Ein dramatisches Gedicht – II. Die Piccolomini

3028   *Ouvertüre zu Max Piccolomini* [vermutlich zu ›*Die Piccolomini*‹] für Orchester
1872 komponiert; unveröffentlicht (s. WV/Zumpe, S. 174).

ZUMSTEEG, Emilie (1796–1857)

3029   [Vertonungen einiger nicht mehr identifizierbarer Gedichte Schillers; vermutlich für eine Singstimmme mit Klavierbegleitung]
QUELLEN: Anna Blos, *Emilie Zumsteeg*, in: *Frauen in Schwaben. 15 Lebensbilder – Die bunten und oft dramatischen Schicksale schwäbischer Frauengestalten! Ein Heimatbuch und ein Frauenbuch zugleich*, Stuttgart: Silberburg 1929, S. 140 (lediglich summarische Erwähnung; demnach unveröffentlicht und verschollen). Rebmann, S. 369.

ZUMSTEEG, Johann Rudolf (1760–1802)

Zumsteeg war acht Jahre lang Schillers Mitschüler auf der Stuttgarter Militärakademie gewesen. Die Biographik hat bis heute daraus auf eine lebenslange enge Freundschaft geschlossen, die besonders für den Komponisten schöpferisch vorteilhaft gewesen sei: *Er pflog viel Umgang mit Schillern, und andern talentvollen Jünglingen, sezte mehrere von den frühesten Poesien des ersteren in Musik, und sog im Lenz des Lebens schon grosse Gesinnung, edlen Ehrgeiz und höhern Geschmack bey ähnlich gestimmten Seelen ein*, hieß es zum Beispiel schon in einem zeitgenössischen Nachruf auf Zumsteeg (AMZ/1 vom 10. Februar 1802, Sp. 325). Doch die erstaunlich wenigen Dokumente widersprechen dieser Sichtweise. Für die Zeit nach der Flucht des Dichters aus Stuttgart am 22. September 1782 bis zu Zumsteegs Tod am 27. Januar 1802 sind nämlich insgesamt nur elf Briefe nachweisbar, von denen acht erhalten sind (sechs von Zumsteeg, zwei von Schiller) und drei weitere zweifelsfrei erschlossen werden können.

Bereits während Schillers Mannheimer Zeit (ab Herbst 1782) drohte der Kontakt abzureißen und wurde dann auch wirklich ganz unterbrochen. Es ist sogar nicht einmal sicher, dass sie sich während Schillers Aufenthalt in der Heimat (1793/94) persönlich begegnet sind. Der Dichter berichtete jedenfalls nichts davon, als er am 17. März 1794 aus Stuttgart an Körner schrieb und es stattdessen bei einer kurzen und keineswegs besonders freundlichen Charakterisierung des Komponisten beließ: *Unter den Tonkünstlern ist Zumsteeg der geschickteste, der aber mehr Genie als Ausbildung besitzt*. In völliger Verdrehung der Tatsachen, aber im Einklang mit der traditionellen Sichtweise, wurde dies später verklärt: *Schillers Besuch in der Heimat 1794 brachte die alten Freunde für schöne Stunden zusammen und zeitigte einen regen* [!] *Briefwechsel (Stuttgarter Neues Tagblatt* vom 6. März 1902, S. 1).

In Wirklichkeit hatte sich Schiller erst während der Vorbereitung des ›*Musen-Almanachs für das Jahr 1798*‹ wieder an seinen Stuttgarter »Freund« erinnert. Damals forderte er Zumsteeg – allerdings durch einen Brief an den Verleger Cotta und somit auch nur auf indirektem Weg – zur Mitarbeit an dem Bändchen auf. Unter dessen vier Kompositionsbeiträgen befindet sich bezeichnenderweise dann aber keine einzige Vertonung eines Gedichts von Schiller! Überdies kam es in Zusammenhang mit dem dort veröffentlichten »Reiterlied« (»Wohl auf, Kameraden, auf's Pferd«) von Chr. J. Zahn (→ 2951) zu einem für Zumsteeg peinlichen Missverständnis. Nach dessen Klärung (→ 3049) hat sich Schiller nie wieder bei ihm gemeldet. 1800 und 1802 folgten noch zwei Briefe Zumsteegs (→ 3033), die aber unbeantwortet blieben.

Gleichwohl nimmt Zumsteeg innerhalb der musikalischen Rezeption des Dichters eine Sonderrolle ein: Von ihm stammt wahrscheinlich die früheste, allerdings verlorene und die erste erhaltene Schiller-Vertonung (→ 3039 bzw. 3038).

Die Komponisten und ihre Werke

Ausführliche Darstellung des Themas s. [41] _Frühe Schiller-Vertonungen bis 1825_ (→ 141), S. XXVIff.

Bei den anschließenden Nachweisen wird bei Mehrfachveröffentlichung zu Beginn jeweils die Erstausgabe genannt.

3030   An den Frühling (»Willkommen, schöner Jüngling«)
Für eine Singstimme mit Klavierbegleitung (Maier, Nr. 9)
S. 37 in: _Blumenlese für Klavierliebhaber. Eine musikalische Wochenschrift_, 1. Teil (10. Woche) – Speyer: Bossler 1783. – Original (WLB). RISM B II, S. 115.

> • Idem. – Nr. 5 in: [41] _Frühe Schiller-Vertonungen bis 1825_ → 141

An die Freude (»Freude, schöner Götterfunken«)

3031   1. Komposition – um 1790
Rundgesang mit Klavierbegleitung (Maier, Nr. 72)
S. 32f. in: _Musikalischer Potpourri_, hg. von Johann Abeille, Johann Christian Gottlob Eidenbenz, Johann David Schwegler und Johann Rudolf Zumsteeg (3. Vierteljahr). – Stuttgart: Buchdruckerei der Herzoglichen Hohen Carlsschule 1790. – RISM B II: S. 249f. Original (DLA).

> • Idem. – Nr. 15 in: [41] _Frühe Schiller-Vertonungen bis 1825_ → 141

3032   2. Komposition – um 1796
Rundgesang mit Klavierbegleitung (Maier, Nr. 93)
S. 102 in: _Melodien zum Taschenbuch für Freunde des Gesanges_, 1. Abt. – Stuttgart: Steinkopf 1796.

Einzelausgaben (alphabetisch nach Verlagen)

1. Wien: Diabelli, o. A. (zugleich Nr. 203 in: _Philomele, eine Sammlung der beliebtesten Gesänge mit Begleitung des Pianoforte_). – Verl.-Nr. _2566_. – Hofmeister 1845 (_Vocalmusik_), S. 190. Weinmann (Diabelli), S. 79 u. 162 (demnach _1827_ veröffentlicht).

2. Leipzig: Hoffmeister & Kühnel, o. A. – Verl.-Nr. _258_. – RISM A I: Z 568.

3. Leipzig: Peters, o. A. – Verl.-Nr. _258_. – RISM A I: Z 569. Hofmeister 1845 (_Vocalmusik_), S. 190.

   Titelauflage der vorigen Ausgabe unter Beibehaltung der Verl.-Nr.

4. Mainz: Schott, o. A. – Verl.-Nr. _1387_. – RISM A I: Z 570. Hofmeister 1845 (_Vocalmusik_), S. 190.

Veröffentlichungen in Sammlungen

5. S. 22ff. des 6. Heftes in: ders., [170] _Kleine Balladen und Lieder_ (in 7 Heften). – Leipzig: Breitkopf & Härtel, o. A. – Original (DLA). RISM A I: Z 420–432 (teilweise in verschiedenen Auflagen mit bzw. ohne Verl.-Nrr und Abweichungen in der Formulierung des Impressums).

   Zwischen 1800 und 1805 erschienen. Obwohl die Sammlung nur etwas mehr als die Hälfte von Zumsteegs Liedschaffen enthält, erhebt sie den Anspruch einer Gesamtausgabe. – Schiller-Vertonungen sind in den Heften 1–6 enthalten.

   > • Vollst. Reprint. – Farnborough: Gregg 1969. – WLB (Online-Katalog).

6. Nr. 16 in: [41] _Frühe Schiller-Vertonungen bis 1825_ → 141

Bearbeitung

7. Für eine Singstimme zur Gitarre. – Wien: Diabelli, o. A. – Hofmeister 1845 (_Vocalmusik_), S. 211.

683

Verzeichnis der musikalischen Werke

3033 **3. Komposition – 1800**
Vermutlich Rundgesang mit Klavierbegleitung (Maier deest)

Geplant, aber nicht realisiert. – Die wichtigsten Dokumente für diese Neuvertonung bilden zwei Briefe Zumsteegs (Februar 1800), von denen der erste durch eine bisher nicht auffindbare, angeblich im ›*Allgemeinen Intelligenzblatt für Gelehrte, Buchhändler, Buchdrucker und Antiquare*‹ veröffentlichte Aufforderung zur Neukomposition des Gedichts und dessen (offenbar negativer) Rezension in einer nicht identifizierbaren Musikzeitung veranlasst worden war. Zumsteeg schrieb am 5. Februar 1800 an den Verlag Breitkopf & Härtel in Leipzig und wies dabei auf die grundsätzlichen Probleme einer Vertonung von ›An die Freude‹ hin: *Es sind schon Kompositionen von den ersten musikal. Köpfen über diß Gedicht erschienen. Übrigens will ich an Schiller schreiben u. ihn ersuchen einige Stellen des Gedichts zu ändern. Die Abhandlung darüber ist sehr richtig durchdacht; ich stimme dem Rezensenten ganz bei!* In der Erwartung, Schiller werde daraufhin den Text überarbeiten, bat Zumsteeg den Verlag, die Kritik an den Dichter weiter zu reichen: *Da er [Schiller] ohnediß im Begriff ist seine älteren Gedichte zu feilen, so wird er, wenn sie gefeilt ist, mir diese Ode sogleich schiken, u. ich werde dann einen Versuch machen.* Der Verlag antwortete am 22. Februar, dass die Rezension bereits an Schiller geschickt worden sei, man aber noch keine Reaktion erhalten habe (eine solche ist wohl nie erfolgt). – Wie angekündigt, wendete sich Zumsteeg auch noch direkt an Schiller (12. Februar 1800): *In dem Intelligenzblatt für Gelehrte, Buchhändler u.s.w. welches in Marburg erscheint, befindet sich ein an meinen Verleger adressirter mich betreffender Aufruf: Dein vortreffliches Gedicht an die Freude zu komponiren. Nun findet sich aber in der neuesten musikalischen Zeitung eine Rezension über dieses Gedicht, welche von Dir gelesen zu werden verdient. Ich habe meinen Verleger aufgetragen sie an Dich zu senden.*

QUELLE: Landshoff, S. 172.

3034 **Die Entzückung, an Laura (»Laura, Welt und Himmel weggeronnen«)**
Für eine Singstimme mit Klavierbegleitung (Maier, Nr. 241)
S. 40ff. des 6. Heftes in: ders. [170] *Kleine Balladen und Lieder* → 3032.5

 • Idem. – Nr. 6 in: [41] *Frühe Schiller-Vertonungen bis 1825* → 141

3035 **Die Erwartung (»Hör' ich das Pförtchen nicht gehen«)**
Für eine Singstimme mit Klavierbegleitung (Maier, Nr. 154)
S. 6ff. des 2. Heftes in: ders., [170] *Kleine Balladen und Lieder* → 3032.5

 • Idem. – Nr. 2 in: ders., *Drei Gesänge. Als Muster zu Franz Schubert's gleichnamigen Gesängen*, neu hg. von Eusebius Mandyczweski. – Leipzig: Breitkopf & Härtel, o. A. (= *Deutscher Lieder-Verlag, Nr. 540*). – HMB 1895/4, S. 172.

 Neben ›Ritter Toggenburg‹ (→ 3046) als zweiter Schiller-Vertonung enthält das Heft noch Zumsteegs Lied ›Hagar's Klage‹ (»Hier am Hügel heißen Sandes«) nach einem Gedicht von Clemens August Schücking. Alle drei Texte hatte auch F. Schubert vertont, und die Ausgabe sollte sicher zuerst als musikhistorisches Dokument verstanden werden und weniger der Praxis dienen.

 • Idem. – Nr. 7 in: [41] *Frühe Schiller-Vertonungen bis 1825* → 141

 Die Jungfrau von Orleans. Eine romantische Tragödie

3036 – V. 383ff. (Johanna: »Lebt wohl, ihr Berge, ihr geliebten Triften«); hier unter dem Titel: *Johanna (Aus Schillers Jungfrau von Orleans)*
 Für eine Singstimme mit Klavierbegleitung (Maier, Nr. 191)
 Notenbeilage Nr. 2 (nach Sp. 192) in: *Allgemeine Musikalische Zeitung* vom 16. Dezember 1801. – Leipzig: Breitkopf & Härtel 1801.

 Es handelt sich um eine vergleichsweise kurze, nur bis V. 392 reichende Vertonung (für gewöhnlich wurde sonst der ganze Monolog – also bis V. 432 – komponiert). – Die zahlreichen Ausgaben belegen die außergewöhnliche Popularität des Stücks.

Die Komponisten und ihre Werke

Einzelausgaben (alphabetisch nach Verlagen geordnet und – soweit bekannt – jeweils mit dem Titel der jeweiligen Veröffentlichung)

1. _Johannen's Lebewohl._ – Hamburg: Böhme, o. A. – RISM A I: Z 535.

2. _Johanna's Abschied._ – Wien: Diabelli, o. A. – Hofmeister (1844–1851), S. 363.

3. _Johannens Lebewohl, aus der Jungfrau von Orleans._ – Köln: Eck, o. A. – Hofmeister (1834–1838), S. 386. Hofmeister 1845 (_Vocalmusik_), S. 190.

4. _Johannas Abschied._ – Berlin: Kunz, o. A. – Hofmeister (1909–1913), S. 923.

5. _Johannens Lebewohl, aus der Jungfrau von Orleans._ – Leipzig: Peters, o. A. – Hofmeister 1845 (_Vocalmusik_), S. 190.

6. _Johanna._ – Einzeln in der ungezählten Reihe: ders., _Balladen und Lieder._ – Hamburg-Altona: Rudolphus, o. A. – RISM A I: Z 451.

7. _Abschiedslied Johannens, aus Schillers Jungfrau von Orleans._ – Für eine Singstimme mit Klavierbegleitung oder zur Gitarre. – Mainz: Schott, o. A. – Verl.-Nr. _339._ – RISM A I: Z 542. BSB-Musik Bd. 17, S. 7269.

8. _Johanna's Abschiedslied._ – Für eine Singstimme mit Klavierbegleitung oder zur Gitarre. – Bonn: Simrock, o. A. – Verl.-Nr. _1098._ – RISM A I: Z 540. Hofmeister (1829–1833), S. 321.

    Ab 1870 mit Erscheinungsort Berlin; vgl. RISM A I: Z 541 bzw. Antiquariat Schneider Kat. 191, Nr. 617.

In Sammlungen

9. S. 18f. des 5. Heftes in: ders., [170] _Kleine Balladen und Lieder_ → 3032.5

10. _Johanna's Abschied._ – Nr. 427 in: _Musikalischer Hausschatz_ → 1145

11. Nr. 19 in: ders., [22] _Ausgewählte Lieder._ Eingeleitet u. hg. von Ludwig Landshoff. – Berlin: Dreililien 1901. – Original (DLA).

12. 3. Heft von: _Zur Schillerfeier in Schule und Haus_ → 1916.8

13. Nr. 4 in: _Sechs Schiller-Lieder_ (Kühnhold) → 1916.6

14. _Johanna._ – Nr. 3 in: ders., [21] _Kleine Balladen und Lieder in Auswahl,_ hg. von Fritz Jöde. – Hannover: Nagel 1932 (= _Nagels Musik-Archiv,_ Nr. 82). – Original (WLB; freundl. Mitteilung von Hans Ryschawy).

15. Nr. 9a in: [41] _Frühe Schiller-Vertonungen bis 1825_ → 141

    Bearbeitungen für eine Singstimme zur Gitarre (alphabetisch nach Verlagen geordnet; ggf. mit dem jew. Individualtitel und Nennung des Bearbeiters soweit bekannt)

16. Berlin: Concha, o. A. – Verl.-Nr. _122._ – RISM A I: Z 543.

17. _Johannas Abschied._ – Nr. 21 (einzeln) in: _Philomele, eine Sammlung der beliebtesten Gesänge mit Begleitung der Guitarre._ – Wien: Diabelli, o. A. – Verl.-Nr. _80._ – RISM A I: ZZ 543a. Weinmann (Cappi etc.), S. 18 (datiert auf _1819_). Weinmann (Diabelli), S. 65.

18. Köln: Eck, o. A. – Hofmeister 1845 (_Vocalmusik_), S. 211.

19. Wien: Hoffmeister / Leipzig: Hoffmeister & Kühnel, o. A. – Verl.-Nr. _120._ – RISM A I: Z 538.

Verzeichnis der musikalischen Werke

20. *Abschiedslied Johannens aus Schillers Jungfrau von Orleans.* Bearbeitet von L. C. Reinicke. – Leipzig: Kühnel (Bureau de Musique), o. A. – Verl.-Nr. *120.* – RISM A I: Z 536. BSB-Musik Bd. 17, S. 7269.

Titelauflage der vorigen Ausgabe.

21. Berlin: Paez, o. A. – Hofmeister 1845 (*Vocalmusik*), S. 211.

22. Leipzig: Peters, o. A. – Verl.-Nr. *120.* – RISM A I: Z 537. Hofmeister 1845 (*Vocalmusik*), S. 211.

Titelauflage der Hoffmeister & Kühnel-Ausgabe unter Beibehaltung der alten Verl.-Nr.

23. Mainz: Schott, o. A. – Hofmeister 1845 (*Vocalmusik*), S. 211.

24. Bonn: Simrock, o. A. – Hofmeister 1845 (*Vocalmusik*), S. 211.

25. Bearbeitet von Johann Heinrich Carl Bornhardt. – Braunschweig: Spehr, o. A. – Whistling 1828, S. 1127.

26. Nr. 1 in: *Fünf Monologe* → 1947b

Bearbeitung für vierstimmigen gemischten Chor mit Klavierbegleitung

27. *Johanna's Abschied*; bearb. von Ferdinand Tritremmel. – Nr. 30 in: *Vierzig Schiller-Lieder* → 2685

Erweiterte Fassung für eine Singstimme mit Klavierbegleitung: ... *beendigt v. Winzingerode* [d. i. Heinrich Karl Friedrich Levin von Wintzingerode]

Wintzingerode erweiterte (vielleicht sogar im Auftrag der befreundeten Familie Zumsteeg) die ungewöhnlich knappe Komposition Zumsteegs mit der Vertonung des übrigen Monologs. Dadurch wurde aus dem nur 41 Takte umfassenden, von melancholischer Stimmung erfüllten Original eine große, im dramatischen Stil durchkomponierten Ballade mit einer Gesamtlänge von 278 Takten.

28. Hamburg: Böhme, o. A. – RISM A I: Z 532. Whistling 1828, S. 1107. Hofmeister 1845 (*Vocalmusik*), S. 190.

29. Leipzig: Breitkopf & Härtel, o. A. – RISM A I: Z 533.

30. · Ebd., jetzt mit Verl.-Nr. *612.* – RISM A I: Z 534.

31. · Ebd., jetzt: *Neue Ausgabe.* – HMB 1846/2, S. 30.

32. Leipzig: Kühnel, o. A. – Verl.-Nr. *532.* – RISM A I: Z 539.

33. Nr. 9b in: [41] *Frühe Schiller-Vertonungen bis 1825* → 141

Die Räuber. Ein Schauspiel

3037 Schauspielouvertüre

Unveröffentlicht; verschollen. – Während den Vorbereitungen zur Uraufführung der ›Räuber‹ schrieb Schiller am 6. Oktober 1781 dem Direktor des Mannheimer Nationaltheaters, Wolfgang Heribert von Dalberg: *Ein vortreflicher junger Componist arbeitet wirklich an einer Simfonie für meinen verlornen Sohn* [dies der zunächst geplante Titel des Schauspiels]; *ich weiß, daß sie meisterlich wird.* Auch wenn kein Name genannt wird, so kann kaum ein anderer als Zumsteeg gemeint sein. Ob er die Komposition des Stücks damals beendet hat, ist unklar.

3038 *Die Gesænge aus dem Schauspiel die Räuber* (Maier, Nrr. 4–7)

Es handelt sich um die frühesten erhaltenen Schiller-Vertonungen. – Für die Mannheimer Uraufführung der ›Räuber‹ am 13. Januar 1782 zwar komponiert, damals aber nicht verwendet. Besonders die im dramatischen Balladenstil gehaltenen, sehr langen solistischen Stücke waren für Schauspieler völlig ungeeignet. Die Gesangstexte sind in der anonym erschienenen Erstausgabe (*Die Räuber. Ein Schauspiel*; Stuttgart – aber mit der fingierten Ortsangabe *Frankfurt und Leipzig*: Selbstverlag 1781) und in der *Zwoten verbesserten Auflage*

_____ Die Komponisten und ihre Werke

(Mannheim – wieder mit der vorgeschobenen Ortsangabe *Frankfurt und Leipzig*: Löffler 1782), fehlen dann aber folgerichtig im »Mannheimer Soufflierbuch« und in der eng mit der dortigen Aufführung zusammenhängenden dritten Version: *Die Räuber, ein Trauerspiel; Neue für die Mannheimer Bühne verbesserte Auflage*; Mannheim: Schwan, 1782.

Auf der Titelseite der *Zwoten verbesserten Ausgabe* befindet sich eine Vignette (ein zum Sprung ansetzender Löwe) mit dem Motto »In Tirannos«. Diese »Löwenausgabe« hat die Rezeptionsgeschichte des Schauspiels wesentlich geprägt. Schiller distanzierte er sich allerdings energisch von ihr in der Zeitschrift ›*Zustand der Wissenschaften und Künste in Schwaben*‹ vom 28. Februar 1782: Man habe in diese Veröffentlichung zwar die alten Druckfehler beseitigt, dafür seien aber jetzt *ungleich mehr neue und wichtigere enthalten. Auch ist die ohnehin heillose Edition durch ein höchst elendes Kupfer verunstaltet. Der Verfasser ist durch die Stümpereien im höchsten Grade beleidigt.* Doch diese Ausgabe enthält ein Vorwort, in dem Schiller die ungefähr zeitgleich erschienenen Kompositionen Zumsteegs außerordentlich lobte: *Es sind dieser zwoten Auflage zerschiedene Klavierstüke* [!] *zugeordnet, die ihren Werth bei einem großen Theil des Musikliebenden Publikums erheben werden. Ein Meister sezte die Arien, die darinn vorkommen, und ich bin überzeugt, daß man den Text bei der Musik vergessen wird.* Diese begeisterten Worte werden immer wieder als Beweis für Schillers große Wertschätzung von Zumsteegs Arbeit zitiert, doch muss ihre Authentizität nach der heftigen Schelte des Dichters an der »Löwenausgabe« bezweifelt werden.

Die Anordnung der Stücke in der gedruckten Notenausgabe entspricht nicht ihrer Reihenfolge im Schauspiel; außerdem wird das fünfte der sog. »Räuberlieder« bereits im zweiten Akt gesungen und gehört eigentlich nicht zu dieser Gruppe. Schließlich weichen die Texte mehrfach von allen Buchpublikationen ab, was aber vermutlich nicht auf Eigenmächtigkeiten Zumsteegs zurückzuführen ist: Es dürfte sich vielmehr um frühe Versionen handeln, die Schiller dem Komponisten aus dem noch nicht abgeschlossenen Bühnenwerk überlassen hat.

Die anschließende Liste des Inhalts folgt der veröffentlichten Fassung:

1. 4. Akt, 5. Szene (Karl Moor: »Sei willkommen, friedliches Gefilde«); hier unter dem Titel: *Brutus und Caesar*
   Für eine Singstimme mit Cembalobegleitung und obligater Violine
2. 3. Akt, 1. Szene (Amalia: »Schön wie Engel, voll Walhallas Wonne«); hier unter dem Titel: *Amalia im Garten*
   Für eine Singstimme mit Cembalobegleitung und obligater Violine
3. 2. Akt, 2. Szene (Amalia: »Willst dich, Hektor, ewig von mir reißen«); hier unter dem Titel: *Abschied Andromachas und Hektors*
   Für eine Singstimme mit Cembalobegleitung und obligater Violine
4. 4. Akt, 5. Szene [im Anschluss an ›*Brutus und Cäsar*‹]; hier unter dem Titel: *Melodien zu den Räuber-Lieder*
   Einstimmiger Männerchor mit Cembalobegleitung
   1. Alle: »Karessieren, saufen, balgen«
   2. Spiegelberg: »Ein freies Leben führen wir«
   3. Razmann: »Heut' laden wir bei Pfaffen uns ein«
   4. Schweizer: »Und haben wir im Traubensaft«
   5. Spiegelberg: »Geh' ich vorbei am Rabensteine«
      Dieser Text ist bereits in der 3. Szene des 2. Aktes enthalten. Die nur wenige Zeilen später zu singenden Verse (»Die Nürenberger henken keinen, / Sie hätten ihn denn vor«) sind nicht vertont worden.
   6. Spiegelberg: »Das Wehgeheul geschlag'ner Väter«
   7. Alle: »Und wenn das Stündlein kommen nun«

Mannheim: Götz [1782]. – Verl.-Nr. 77. – RISM A I: Z 464. Original (DLA).

Schiller war mit den ›Räubern‹ bei seinem Landesherrn, Herzog Karl Eugen, in Ungnade gefallen, und jeder, der damit in Verbindung gebracht wurde, musste in Württemberg gleichfalls mit Sanktionen rechnen. Es ist deshalb naheliegend, dass bei der Notenausgabe weder der Urheber der Illustration auf der Titelseite, die auch von einem Eleven der Stuttgarter Militärakademie stammen könnte, noch der Komponist genannt werden. Aus den historischen Dokumenten geht jedoch zweifelsfrei hervor, dass Zumsteeg die Musik geschrieben

687

Verzeichnis der musikalischen Werke

hat. – Lange Zeit galt diese Ausgabe als verschollen, bis am 2. Juni 1913 das Stuttgarter ›Neue Tagblatt‹ meldete: *Zumsteegs ›Räuber‹-Lieder‹ aufgefunden.*

- Vollständiges Faksimile des Erstdruckes nach S. 129 in: Michael Mann, *Sturm- und Drang-Drama. Studien und Vorstudien zu Schillers ›Räubern‹.* – Bern: Francke 1974. – Original (Slg. GG).

- Vollständiger Neudruck in: [41] *Frühe Schiller-Vertonungen bis 1825* → 141

Daraus einzeln

- *Amalia im Garten.* – Augsburg: Gombart, o. A. – Verl.-Nr. *360.* – RISM A I: Z 596. Hofmeister 1845 (*Vocalmusik*), S. 52. Rheinfurth, *Gombart*, Nr. 967 (demnach *1803* erschienen).

3039   Eine Leichenphantasie (»Mit erstorb'nem Scheine«)
Vermutlich für eine Singstimme mit Klavierbegleitung (Maier, Nr. 289)

Erste nachweisbare, aber unveröffentlichte und verschollene Schiller-Vertonung. – Schiller hatte das Trauergedicht für August von Hoven, einen Mitschüler an der Stuttgarter Militärakademie, verfasst, der am 13. Juni 1780 gestorben war. Das Gedicht erschien seinerzeit lediglich mit dem etwas unbestimmten Hinweis *in Musik zu haben beim Herausgeber* in der ›Anthologie auf das Jahr 1782‹ (Stuttgart: Ohne Verlagsangabe [Metzler] 1782, S. 82); wahrscheinlich kursierten die Noten nur in Abschriften. – Dass Zumsteeg damals die Komposition angefertigt hat, ist sehr wahrscheinlich, wenn auch nicht eindeutig belegbar; Brandstaeter (S. 31) nennt als möglichen Urheber Andreas Streicher, einen anderen Jugendfreund Schillers von der Stuttgarter Militärakademie (→ 2553).

Maria Stuart. Ein Trauerspiel

3040   – V. 2087ff. (Maria Stuart: »O Dank, Dank diesen freundlich grünen Bäumen«)
Für eine Singstimme mit Klavierbegleitung (Maier, Nr. 163)
Unter dem Titel: *Maria Stuart,* S. 3ff. des 3. Heftes in: ders., [170] *Kleine Balladen und Lieder* → 3032.5

Die zahlreichen frühen Ausgaben zeigen, dass es sich bei dieser Monologvertonung um die populärste Gesangskomposition Zumsteegs gehandelt hat.

Einzelausgaben (alphabetisch nach Verlagen geordnet und – soweit bekannt – mit den jeweiligen Titeln), häufig in Simultanausgaben mit Klavierbegleitung bzw. zur Gitarre

1. *Monolog der Maria Stuart [...] mit Begleitung des Pianoforte oder der Guitarre.* – Hannover: Bachmann, o. A. – Verl.-Nr. *440.* – RISM A I: Z 559. HMB 1829/9+10, S. 83.

2. *Monolog aus Schiller's Maria Stuart.* – Hannover: Bachmann & Nagel, o. A. – Hofmeister (1829–1833), S. 321 (auch für eine Singstimme zur Gitarre).

3. *Scene aus dem Trauerspiel Maria Stuart.* – Hamburg: Böhme, o. A. – RISM A I: Z 560. BSB-Musik Bd. 17, S. 7272.

4. *Monolog aus dem Trauerspiel Maria Stuart von Schiller.* – Berlin: Concha, o. A. – Verl.-Nr. *102.* – Original (Antiquariat Drüner). Whistling 1828, S. 1107. RISM A I: Z 554.

5. *Scene aus Schiller's Maria Stuart.* – Hamburg: Cranz, o. A. – RISM A I: Z 562. Original (DLA).

6. *Maria Stuart von Schiller* [Kopftitel:] *Scene aus Maria Stuart.* – Hamburg: Cranz, o. A. – RISM ZZ 562a.

Die Komponisten und ihre Werke

7. *Monolog. Scene aus Schiller's Maria Stuart.* – Köln: Eck, o. A. – Hofmeister (1834–1838), S. 386.

8. *Aus Schiller* [!] ›*Maria Stuart‹.* – Münster: Espagne, o. A. – RISM A I: Z 564.

9. *Maria Stuart.* – Mannheim: Götz, o. A. (= *Gesänge beim Clavier,* Nr. 2). – Verl.-Nrr. *678* (für die Einzelausgabe) u. *652* (für die Verlagsreihe). – RISM A I: Z 469. Original (WLB).

10. Nr. 1 (einzeln) in: *Zwei Monologe von Schiller mit Begleitung des Pianoforte.* – Leipzig: Junne, o. A. – Original (Slg. GG).
    Enthält als Nr. 2 den Monolog der Johanna »Die Waffen ruh'n« aus ›Die Jungfrau von Orleans‹ in der Vertonung von B. A. Weber (→ 2796).

11. *Monolog aus dem Trauerspiel Maria Stuart.* – Berlin: Lischke, o. A. – Bisher nur in der 2. Auflage nachweisbar (→ 12).

12. • *2. Auflage.* – Berlin: Lischke, o. A. – Verl.-Nr. *1184.* – RISM A I: Z 555. Whistling 1828, S. 1107. Antiquariat Greve Kat. 48, Nr. 447 (datiert mit *ca. 1821*).

13. *Maria Stuart.* – Braunschweig: Musikalisches Magazin auf der Höhe, o. A. (*Auswahl der schönsten Stücke aus J. R. Zumsteegs kleinen Balladen und Lieder* [...]. *Zum bequemen Gebrauch für Viele in zwey Linien gebracht,* Nr. 1). – Verl.-Nr. *624a.* – RISM A I: Z 443. Original (DLA).

14. *Monolog. Scene aus Schiller's Maria Stuart.* – Hannover: Nagel, o. A. – Hofmeister 1845 (*Vocalmusik*), S. 190.

15. *Monolog, Scene aus Schiller's Maria Stuart.* – Berlin: Paez, o. A. – Hofmeister 1845 (*Vocalmusik*), S. 190.

16. *Monolog aus Maria Stuart.* – Mainz: Schott, o. A. – Verl.-Nr. *1349.* – RISM A I: Z 557 und 558 (erweitertes Impressum mit den Verlagsorten Mainz, Brüssel, London). Whistling 1828, S. 1107.

17. *Maria Stuart. Ballade.* – Bonn: Simrock [1811]. – Verl.-Nr. *907.* – RISM A I: Z 565. BSB-Musik, S. 7271. Antiquariat Schneider Kat. Nr. 306, Nr. 559.

18. Braunschweig: Spehr, o. A. – Whistling 1828, S. 1107.

Veröffentlichung in Sammlungen

19. 23. Lieferung in: *Sammlung deutscher Gedichte mit Begleitung des Piano Forte.* – Worms: Kreitner, o. A. – Verl.-Nr. *39.* – RISM A I: Z 566.

20. Nr. 10 in: [41] *Frühe Schiller-Vertonungen bis 1825* → 141

Für eine Singstimme zur Gitarre bearb. (alphabetisch nach Verlagen und unter Angabe des Titels sowie des Bearbeiters soweit bekannt)

21. *Scene aus Maria Stuart.* – Hamburg: Cranz / Altona: Rudolphus, o. A. – RISM A I: Z 563.
    Später mit dem alleinigen Impressum von Cranz (s. Whistling 1828, S. 1128).

22. Wien: Diabelli, o. A. – Whistling 1828, S. 1128.

23. Köln: Eck, o. A. – Hofmeister (1834–1838), S. 391.

24. *Gesaenge aus Maria Stuart für die Guitarr* [!] *eingerichtet und dem Fräulein Therese von Strassburger gewiedmet,* op. 3. – München: Falter (*In Commission*), o. A. – Original (BSB). Schneider, *Falter,* S. 336 (demnach *1814* erschienen). BSB-Musik Bd. 4, S. 1494.

689

Verzeichnis der musikalischen Werke

Allgemein unter dem Namen des Bearbeiters, Georg Heinrich Derwort, nachgewiesen (→ 463); Zumsteeg wird in der Ausgabe nicht genannt.

25. *Monolog der Maria Stuart.* – Nr. 15 (einzeln) in: *Auswahl beliebter Gesänge für die Guitarre von Albert Methfessel.* – Leipzig: Hofmeister, o. A. – Verl.-Nr. *109.* – Freundlich Mitteilung von Dr. Hans Rheinfurth.

26. Berlin: Lischke, o. A. – Freundliche Mitteilung von Dr. Hans Rheinfurth.

27. *... eingerichtet von Albert Methfessel.* – Mainz: Schott, o. A. – Verl.-Nr. *669.* – RISM A I: Z 558.

28. Bonn: Simrock, o. A. – Whistling 1828, S. 1128.

29. Bearbeitet von Theodor Gaude. – Bonn-Köln-Berlin: Simrock, o. A. – Verl.-Nr. *2463.* – RISM A I: Z 567.

30. Braunschweig: Spehr, o. A. – Whistling 1828, S. 1128.

31. Nr. 5 in: *Fünf Monologe* → 1947b

Für eine Singstimme zur Gitarre und Flöte bearbeitet (alphabetisch nach Verlagen geordnet)

32. Leipzig: Hofmeister, o. A. – Hofmeister 1845 (*Vocalmusik*), S. 211.

33. Berlin: Lischke, o. A. – Whistling 1828, S. 1128.

34. Berlin: Paez, o. A. – Hofmeister 1845 (*Vocalmusik*), S. 211.

35. Mainz: Schott, o. A. – Whistling 1828, S. 1128.

3041   – V. 2134ff. (Maria Stuart: »Hörst du das Hifthorn«)
Für eine Singstimme mit Klavierbegleitung

In der Literatur irrtümlich nachgewiesen; vgl. Maier, Nr. 300 (unter den verschollenen Kompositionen), bzw. Schaefer, S. 46 (sei bei Breitkopf & Härtel in Leipzig erschienen). Es handelt sich lediglich um einen Ausschnitt von Maria Stuarts Monolog »O Dank, Dank diesen freundlich grünen Bäumen« (→ 3040).

3042   Morgenphantasie (»Frisch atmet des Morgens lebendiger Hauch«)
Für eine Singstimme mit Klavierbegleitung
S. 48ff. des 5. Heftes in: ders., [170] *Kleine Balladen und Lieder* (Maier, Nr. 227)
→ 3032.5

     · Idem. – Nr. 2 in: ders., [21] *Kleine Balladen und Lieder* (Jöde) → 3036.14

     · Idem. – Nr. 11 in: [41] *Frühe Schiller-Vertonungen bis 1825* → 141

3043   Nadowessische Totenklage (»Seht, da sitzt er auf der Matte«)
Für eine Singstimme mit Klavierbegleitung (Maier, Nr. 179)
S. 42f. des 3. Heftes in: ders., [170] *Kleine Balladen und Lieder* → 3032.5

     · Idem. – Nr. 12 in: [41] *Frühe Schiller-Vertonungen bis 1825* → 141

     · Idem; für vierstimmigen gemischten oder einstimmigen Chor mit Klavierbegleitung bearb. von Ferdinand Tritremmel. – Nr. 34 in: *Vierzig Schiller-Lieder* → 2685

3045   [Opernlibretto von Schiller]

Nicht erfüllter Wunsch des Komponisten an Schiller. Sujet nicht bestimmt; nicht ausgeführt. – In der schmalen Korrespondenz zwischen Schiller und Zumsteeg war nach der Zusammenarbeit am ›Musen-Almanach für das Jahr 1798‹ eine Pause entstanden. Sie wurde erst am 12. Februar 1800 durch einen Brief Zumsteegs beendet, der ›An die Freude‹ ein drittes Mal vertonen wollte (→ 3033). Darin wiederholte er eine offenbar schon zuvor geäußerte Bitte: *Mein sehn-*

690

_____Die Komponisten und ihre Werke

lichster Wunsch ist noch immer der: »eine Oper von Dir zu erhalten.« Sollte dieser nie befriedigt werden können? Erkundige Dich, welche Sensation meine Komposition der Geisterinsel gemacht [am 7. November 1798 in Stuttgart uraufgeführte und Zumsteegs mit Abstand erfolgreichste Oper, Libretto von Friedrich Wilhelm Gotter nach William Shakespeares ›The Tempest‹], *vielleicht entschliessest Du Dich dann eher! Falls Du nicht abgeneigt wärest, so erwart' ich Deine Bedingungen indem ich natürlicherweise Dich bitten müßte, mir das Manuskript zu überlassen. Schon Du würdest mich begeistern – stelle Dir vollends meine Anstrengung vor: nicht unter dem Werth des Gedichts zu stehen! – Die Wahl des Stoffs ist Dir, so wie die Ausführung, Kleinigkeit! – Ich würde Dich jedoch bitten, ihn Heroisch-komisch zu greifen. Auch müßten zwey Finale's nothwendig dabei seyn. Überlege diese meine Bitte – vielleicht thust Du eher etwas für den Freund als für den Komponisten.* – Schiller blieb die Antwort schuldig und reagierte auch nicht mehr auf Zumsteegs nächsten und zugleich letzten Brief vom 17. Januar 1802.

3046   Ritter Toggenburg (»Ritter, treue Schwesterliebe widmet Euch dies Herz«)
Für eine Singstimme mit Klavierbegleitung (Maier, Nr. 134)
S. 1ff. des 1. Heftes in: ders., [170] *Kleine Balladen und Lieder* → 3032.5

Einzelausgaben (alphabetisch nach Verlagen geordnet)

1. Hamburg: Böhme, o. A. – RISM A I: Z 586 bzw. (mit geringfügig geändertem Impressum) Z 587 (Slg. GG).

2. Berlin: Concha, o. A. – Verl.-Nr. *509.* – RISM A I: Z 583.

3. Hamburg: Cranz, o. A. – RISM A I: Z 585. Hofmeister 1845 (*Vocalmusik*), S. 190.

4. Göttingen: Hübner, o. A. – RISM A I: Z 589.

5. In englischer Übersetzung (*Done by the translator of the German Erato*) unter dem Titel: *The faithfull knight* (»Love, but such as brothers claim«). – London: Lavenu 1800. – RISM A I: Z 594. Original (DLA).

   Bei ›*The German Erato*‹ handelt es sich um eine Sammlung von zwölf Liedern deutscher Komponisten, die 1797 bei Dale in London erschienen ist. Als Übersetzer wird James bzw. Benjamin Beresford genannt (BUC, S. 371, bzw. NA Bd. 39 II, S. 306; die letzte Zuschreibung ist vermutlich richtig, da von diesem u. a. eine Übersetzung von Gottfried August Bürgers ›*Lenore*‹ in der Vertonung von J. F. Reichardt nachweisbar ist).

6. Berlin: Lischke, o. A. – Verl.-Nr. *509.* – RISM A I: Z 584. ÖNB (Online-Katalog).

7. Berlin: Paez, o. A. – Hofmeister 1845 (*Vocalmusik*), S. 190.

8. Mainz: Schott [1817]. – Verl.-Nr. *1371.* – Original (Antiquariat Drüner). RISM A I: ZZ 590a.

9. Ohne bibliographische Angaben. – RISM A I: Z 588.

Veröffentlichung in Sammlungen

10. Nr. 24 (einzeln) in: *Sammlung deutscher Gedichte mit Begleitung des Piano Forte.* – Worms: Kreitner, o. A. – Verl.-Nr. *166.* – RISM A I: Z 590.

11. S. 1ff. des 5. Heftes, in: ders., *Sammlung kleiner Balladen und Lieder.* – Wien: Mollo [1810]. – Verl.-Nr. *1616.* – Weinmann (Mollo), S. 66.

    Inhaltlich identisch mit dem 1. Heft der bei Breitkopf & Härtel erschienenen Originalausgabe (vgl. Antiquariat Schneider Kat. 266, Nr. 829).

12. Nr. 3 in: ders., *Drei Gesänge* → 3035

13. Nr. 1 in: ders., [21] *Kleine Balladen und Lieder* (Jöde) → 3036.14

14. Nr. 14 in: [41] *Frühe Schiller-Vertonungen* bis 1825 → 141

691

Verzeichnis der musikalischen Werke

Bearbeitungen für eine Singstimme zur Gitarre

15. Hamburg: Cranz, o. A. – Whistling 1828, S. 1127. Hofmeister 1845 (*Vocalmusik*), S. 211.

16. Bearbeitet von Carl Glaeser. – Leipzig: Hofmeister [1810]. – Verl.-Nr. *139*. – RISM A I: Z 593. Whistling 1828, S. 1127. Hofmeister 1845 (*Vocalmusik*), S. 211. Information von H. Rheinfurth.

17. Bearbeitet von I. G. H. Hübner. – Göttingen: Hübner, o. A. – Original (DLA). RISM A I: Z 589.

Bearbeitungen für eine Singstimme zur Gitarre mit Violine und Violoncello

18. Bonn: Simrock, o. A. – Verl.-Nr. *966*. – RISM A I: Z 591. Whistling 1828, S. 1127. Hofmeister 1845 (*Vocalmusik*), S. 211. *Intelligenz-Blatt* Nr. 19 zum 11. August 1802 in: AMZ/1.

19. Braunschweig: Musikalienverlag in der Neuen Straße, o. A. – Verl.-Nr. *8*. – RISM A I: Z 592.

20. • Braunschweig: Spehr, o. A. – Whistling 1828, S. 1127.

21. Hannover: Bachmann, o. A. – Hofmeister 1845 (*Vocalmusik*), S. 211.

3047   Semele. Eine lyrische Operette

Ebenso wie bei der ›Leichenphantasie‹ (→ 3039) ist eine Vertonung durch Zumsteeg (bzw. ein Plan oder Schillers Auftrag dazu) nicht zweifelsfrei belegbar, was gelegentlich behauptet wird (vgl. etwa Hermann Fähnrich, *Schillers Musikalität und Musikanschauung*. Hildesheim: Gerstenberg 1977, S. 17). Wenn es aber damals (um 1779/80) eine Komposition gab, so stammte sie höchst wahrscheinlich von ihm.

3048   Thekla. Eine Geisterstimme (»Wo ich sei, und wo mich hingewendet«)

Irrtümliche Identifizierung; Zumsteeg hat dieses Gedicht nicht vertont (vgl. Maier). Es handelt sich um eine Verwechslung mit dem »Lied der Thekla« (»Der Eichwald brauset«) aus ›Wallenstein – II. ›Die Piccolomini‹, das auch unter dem Titel des hier nachgewiesenen Gedichts veröffentlicht worden ist (→ 3050; Ausgabe bei Rudolphus in Hamburg-Altona).

Wallenstein. Ein dramatisches Gedicht – I. Wallensteins Lager

3049   – V. 1052ff. (Zweiter Kürassier: »Wohl auf, Kameraden, auf's Pferd«) Rundgesang mit Klavierbegleitung (Maier, Nr. 197)

Wohl Ende Oktober/Anfang November 1797 komponiert und in Abschrift Zumsteegs Brief vom 24. November 1797 an Schiller beiliegend. – Schiller hatte am 30. August 1797 Cotta aufgefordert: *Treiben Sie doch Zumsteeg, daß er das Reiterlied aus dem Wallenstein [...] recht bald setze, wenn es noch nicht geschehen ist.* Der Dichter durfte also annehmen, dass die im ›Musen-Almanach für das Jahr 1798‹ mit der Initiale »Z.« veröffentlichte Komposition von seinem Stuttgarter Freund stammte. Folglich bedankte er sich am 20. Oktober 1797 bei diesem für die Vertonung des »Reiterliedes« (Brief nicht erhalten, aber erschließbar), was für Zumsteeg um so ärgerlicher war, als es sich beim tatsächlichen Urheber, Chr. J. Zahn, um einen Dilettanten handelte (→ 2951). Also klärte er Schiller am 24. November d. J. über den wahren Sachverhalt auf, besaß aber doch den Ehrgeiz eine eigene (übrigens mit Zahns Version musikalisch verwandte) Vertonung mitzuschicken: *Hier folgt ein Reiterlied von mir, denn das in Deinem Almanach gedrukte hat jemand anders zum Verfasser; ich gebe Dir also hiemit, sowohl Deine Lobeserhebungen, als auch Deinen Tadel wegen der Höhe der Komposition, wieder zurück. Sein Verfasser ist wahrscheinlich Herr Zahn in Tübingen. Ehre, dem Ehre gebührt!* Neben der aus Selbstachtung sicher gerne aufgegriffenen Kritik Schillers an der Stimmlage, erlaubte sich Zumsteeg auch noch eine Beanstandung am Text: *Da Du in Hinsicht des Sylbenmaßes in diesem Liede beinah' in jeder Strophe abweichst, so ist es auf Eine und dieselbe Melodie etwas schwer zu singen. Ich habe daher, nur als Leitfaden, auch die zweite Stro-*

phe geschrieben; die übrigen Strophen lassen sich alsdann, musikalisch behandelt, leicht nach diesem Maasstabe einrichten. Eine Antwort Schillers ist nicht bekannt und vermutlich nach dieser Kritik auch nicht erfolgt.

S. 4f. des 4. Heftes in: ders., [170] _Kleine Balladen und Lieder_ → 3032

Einzelausgaben (nach Verlagen geordnet)

- Hamburg: Böhme, o. A. – RISM A I: Z 610.
- Berlin: Rellstab, o. A. – Original (freundliche Mitteilumg von Heino Poley). RISM A I deest.
- Altona: Rudolphus, o. A. – RISM A I: Z 612.
- Ohne bibliographische Angaben. – RISM A I: Z 611.

Veröffentlichung in Sammlungen

- Nr. 2 in: _Reiterlied von Schiller._ – Stuttgart / Tübingen: _In der Steindruckerey_ / Cotta 1807. – RISM A I: Z 613 und ZZ 13 I,1. Original (DLA).

  Bei der Nr. 1 handelt es sich um die populäre Vertonung von Chr. J. Zahn (→ 2951).

- Nr. 4, hier unter dem Titel: _Reiterlied_; in: ders., [21] _Kleine Balladen und Lieder_ (Jöde) → 3036
- Nr. 13 in: [41] _Frühe Schiller-Vertonungen bis 1825_ → 141

Wallenstein. Ein dramatisches Gedicht – II. Die Piccolomini

3050   – V. 1757ff. (Thekla: »Der Eichwald brauset«); hier unter dem Titel: _Thekla (Aus Schillers Wallenstein)_
Für eine Singstimme mit Klavierbegleitung (Maier, Nr. 174)
S. 33f. des 3. Heftes in: ders., [170] _Kleine Balladen und Lieder_ → 3032.5

Einzelausgabe (alphabetisch nach Verlagen geordnet mit den jeweiligen Titelvarianten)

- _Thekla._ – Hamburg: Böhme, o. A. – RISM A I: Z 608.
- _Lied der Thekla_ in einer Ausgabe mit Klavier- bzw. Gitarrenbegleitung. – Hamburg: Cranz, o. A. – RISM A I: Z 607.
- _Lied der Thekla aus Wallenstein._ – Wien: Diabelli [1827] (zugleich Nr. 204 in: _Philomele, eine Sammlung der beliebtesten Gesänge mit Begleitung des Pianoforte_). – Verl.-Nr. _2567._ – Hofmeister 1845 (_Vocalmusik_), S. 190. Weinmann (Diabelli), S. 79 u. 162.
- _Thekla, aus Wallenstein._ – Mannheim: Götz, o. A. (= _Gesänge beim Clavier,_ Nr. 5). – Verl.-Nr. _681_ (für die Einzelausgabe) und _652_ (für die Verlagsreihe). – RISM A I: Z 472.
- _Thekla._ – Hamburg-Altona: Rudolphus, o. A. – RISM A I: Z 452.
- _Thekla's Geisterstimme._ – Hamburg-Altona: Rudolphus, o. A. – RISM A I: Z 453.

  Irreführende Titelgebung; es handelt sich nicht um eine Vertonung von ›Thekla. Eine Geisterstimme‹.

- _Thekla._ – Mainz: Schott [1817]. – Verl.-Nr. _1353._ – RISM A I: ZZ 608a.

Veröffentlichung in Sammlungen
- 3. Bd. (1829), Nr. 118, in: *Arion* (Fellinger, S. 871) → 1632
- Nr. 10 in: ders., [22] *Ausgewählte Lieder* → 3036.11
- Nr. 8 in: *Frühe Schiller-Vertonungen bis 1825* → 141

Für eine Singstimme zur Gitarre bearbeitet
- Nr. 2 in: ders., *Zwei Balladen.* – Mainz: Schott, o. A. (= *Auswahl von Arien mit Guitarre Begleitung*, Nr. 62). – Verl.-Nrr. *626* (für die Einzelausgabe) und *605* (für die Verlagsreihe). – RISM A I: Z 458.
- Hamburg: Cranz, o. A. – Hofmeister 1845 (*Vocalmusik*), S. 211.
- Mainz: Schott, o. A. – Hofmeister 1845 (*Vocalmusik*), S. 211.
- Wien: Diabelli, o. A. – Hofmeister 1845 (*Vocalmusik*), S. 211.

Weitere Bearbeitungen
- Für eine Singstimme mit Klavierbegleitung und Flöte. – Mainz: Schott, o. A. – Pazdírek Bd. 12, S. 994.
- Für eine Singstimme zur Gitarre mit Flöte. – Hamburg: Cranz, o. A. – Hofmeister 1845 (*Vocalmusik*), S. 211.

ZUYLEN VAN NYEVELT, J. J. van (?–?)

Maria Stuart. Ein Trauerspiel

3051 *Maria Stuart. Ouverture pour servir d'introduction à la tragédie de Schiller* für Orchester
Paris: Hamelle 1885. – Partitur (Verl.-Nr. *2031*). – Sonneck, *Orchestral Music*, S. 326. Schaefer, S. 41 (Nachname des Komponisten hier irrtümlich als *Neyvelt* nachgewiesen).

ZWETKOFF, Peter (geb. 1925)

Nachname des aus Bulgarien stammenden Komponisten auch in der Schreibweise *Zwetkow*.

Kabale und Liebe. Ein bürgerliches Trauerspiel

3052 Musik zur Hörspielfassung. Textbearbeitung und Regie: Paul Hoffmann.
Baden-Baden: Südwestfunk 1955. – Mit Gert Westphal (Präsident von Walter), Jürgen Goslar (Ferdinand), Elfriede Kuzmany (Luise), Hans Mahnke (Miller) u. a.
QUELLE: CD-Veröffentlichung in ›*Friedrich Schiller, Dramen*‹ (Berlin: Der Audio-Verlag 2005).

ZWYSSIG, Peter Josef (1814–1872)

3053 Der Jüngling am Bache (»An der Quelle saß der Knabe«)
Für Sopran oder Tenor mit Klavierbegleitung und Violine
QUELLE: RISM-CH (Database; nennt zwei Manuskripte).

Werke mit ungesichertem Schiller-Bezug

Im Verlauf der Datenerhebung zum vorliegenden Verzeichnis sind auch Titel einiger Werke aufgetaucht, die einen Bezug zu Schiller bzw. zu seinem Schaffen vermuten lassen. Da in den Informationsquellen genauere Informationen meistens fehlten, lassen sich solche Fälle nur anhand der Originale klären, was aber selten möglich war. Indessen legt Schillers Popularität eine Verbindung so nahe, dass die Dokumentation der betreffenden Kompositionen in diesem Zusammenhang gerechtfertigt ist.

Natürlich gibt es auch in diesem Repertoire unerwartete Ausnahmen. 1883 veröffentlichte Ernst Pauer z. B. bei Senff in Leipzig eine Neuausgabe der ›Lieder ohne Worte‹ von Felix Mendelssohn Bartholdy (Verl.-Nr. *1674*) und stellte darin jedem Klavierstück das poetische Motto eines namhaften deutschen Dichters voran. Dabei hätte man erwarten dürfen, dass sich darunter auch Schiller-Zitate befinden, was sich bei der Durchsicht des Heftes aber nicht bestätigt hat.

DAMAS, Paul (?–?)

Familienname auch: *Dammas*. – Vermutlich stammen fast alle Texte seiner selbst vorgetragenen Couplets von Jakob Geis (1840–1908; auch *Papa Geis* genannt), einem Volkssänger, Humoristen und Singspielhallen-Direktor sowie Besitzer des Münchner Restaurants »Oberpollinger«, wo Damas als Pianist tätig war (vgl. den Personenartikel über Jakob Geis in: NDB Bd. 6, S. 153).

3054   *Citaten-Couplet (»Ält'res Fräulein, unvermöglich«)* für eine Singstimme mit Klavierbegleitung; Text von Jakob Geis
Nr. 4 (einzeln) in: ders., [12] *Münchener Couplets.* – München: Werner, o. A. – HMB 1888/3, S. 126 (Nrr. 1–6), u. 1889/3, S. 126 (Nrr. 7–12); jeweils unter *Paul Damas* nachgewiesen.

- Nr. 4 (einzeln) in: ders., [18] *Münchener Couplets.* – München: Werner, o. A. – HMB 1889/11, S. 504 (hier unter *J. Gleis* [richtig: Geis] nachgewiesen; Damas wird lediglich beim Titel von Nr. 1 genannt).
- Nr. 4 (einzeln) in: ders. [33] *Münchener Original-Couplets* (hier unter J. Geis und der Namensergänzung *Papa Geis* nachgewiesen; Damas wird nur beim Titel von Nr. 1 genannt) → 1037

DIEBELS, Franz (?–?)

3055   *Leicht fassliche Kompositionen zu Perlen deutscher Dichtungen, hergestellt zum Gebrauche für die Lehrer- und Lehrerinnen-Seminare, des Gymnasiums und anderer höherer Lehranstalten, wie dem Vereinschor freundlichst dargeboten*
Vierstimmiger Männerchor (TTBB) oder vierstimmiger Frauenchor (SSAA) a cappella
Münster in Westfalen: Aschendorff, o. A. – HMB 1899/6, S. 262. Pazdírek Bd. 3, S. 680 (weist wohl irrtümlich den alternativen Frauenchor mit der Besetzung STA nach).

Verzeichnis der musikalischen Werke

EPLER, Ernst (?–?)

3056 *Zwölf charakteristische Präludien nach Worten deutscher Dichter* für Klavier, op. 43
Hamburg: Heintze, o. A. – HMB 1879/9, S. 288.
· Hamburg: Leichssenring, o. A. – HMB 1882/4, S. 111.

KNÖCHEL, Wilhelm (1881–1959)

3057 *Kampf und Ziel. Ein Zyklus nach Dichterworten (»Denkst du daran, wie du zum ersten Mal«)* für zwei Soli (ABar), Männerchor und Orchester, op. 37
Berlin-Wilmersdorf: Knöchel, o. A. – Orchestermaterial leihweise; Klavierauszug, Textbuch. – Hofmeister (1929–1933), S. 336.

KREYMANN, Louis (?–?)

3058 *Geflügelte Worte (»Nicht selten ist im Leben man verlegen«)*; Couplet für eine Singstimme mit Klavierbegleitung, op. 63
Magdeburg: Haushahn, o. A. – HMB 1895/12, S. 544.

KUNZ, Ernst (1891–1980)

3059 *Dichterworte.* Fünf Klavierstücke, op. 29
Zürich: Hüni, o. A. – *Dt. Musiker-Lex.* 1929, Sp. 785.

LEHNHARDT, Gustav (ca. 1840–1890)

3060 *Zitaten-Couplet (»Singe, wem Gesang gegeben«)* für eine Singstimme mit Klavierbegleitung – Textincipit dem Beginn des Gedichts ›Freie Kunst‹ von Ludwig Uhland entlehnt
Nr. 130 in: *Soubretten-Album. Sammlung wirksamer Couplets zum Vortrage für Damen für eine Singstimme mit leichter Pianofortebegleitung.* – Berlin: Kühling & Güttner, o. A. – HMB 1880/12, S. 384.

LIEBE, Eduard Ludwig (1819–1900)

3061 *Sechs kleine Tondichtungen mit Ueberschriften deutscher Dichter* für Klavier, op. 38 (in 2 Heften)
Kassel: Luckhardt, o. A. – HMB 1862/12, S. 238 (1. Heft), bzw. 1867/8, S. 130 (2. Heft).
· Leipzig: Rühle, o. A. – Pazdírek Bd. 7, S. 297.

9783476046192VOL02